Kohlhammer

Die Religionen der Menschheit

Begründet von
Christel Matthias Schröder

Fortgeführt und herausgegeben von
Peter Antes, Manfred Hutter und Jörg Rüpke

Band 32

Jens Holger Schjørring
Norman A. Hjelm (Hrsg.)

Geschichte des globalen Christentums

1. Teil: Frühe Neuzeit

unter Mitarbeit von Katharina Kunter

Verlag W. Kohlhammer

Übersetzungen: Gerlinde Baumann, Priska Komaroni

1. Auflage 2017

Alle Rechte vorbehalten
© W. Kohlhammer GmbH, Stuttgart
Gesamtherstellung: W. Kohlhammer GmbH, Stuttgart

Print:
ISBN 978-3-17-21931-1

E-Book-Formate:
pdf: ISBN 978-3-17-31500-6
epub: ISBN 978-3-17-31501-3
mobi: ISBN 978-3-17-31502-0

INHALT

CHRISTEN UNTER OSMANISCHER HERRSCHAFT (1453–1800) 177

Bruce Masters

DAS CHRISTENTUM IN AFRIKA ZWISCHEN 1500 UND 1800 211

Kevin Ward

DAS LATEINEUROPÄISCHE CHRISTENTUM IM 16. JAHRHUNDERT 243

Thomas Kaufmann

Inhalt

Inhalt

Vorwort

Die drei Bände zur globalen Geschichte des Christentums seit der Reformation im 16. Jahrhundert bis in das 20. Jahrhundert gehen auf die Notwendigkeit einer Erweiterung der viel beachteten, im Kohlhammer-Verlag Stuttgart erschienenen Reihe „Religionen der Menschheit" zurück.

Jens Holger Schjørring, emeritierter Kirchenhistoriker der Universität Aarhus/ Dänemark, wurde vom Kohlhammer-Verlag angefragt, dieses Projekt zu leiten. Schjørring seinerseits bat den amerikanischen theologischen Lektor Norman Hjelm, mit ihm zu Werke zu gehen. Die beiden Wissenschaftler hatten bereits lange und erfolgreich zusammen gearbeitet und haben diese gemeinsame Tätigkeit nun fortgesetzt. Von Beginn an war deutlich, dass die drei Bände inhaltlich global ausgerichtet und der Kreis der Autoren international und interkonfessionell zusammengesetzt sein würde. Mehr als dreißig Wissenschaftler aus Afrika, Amerika, Europa, Lateinamerika, dem Nahen Osten sowie Neuseeland konnten für das Projekt gewonnen werden. Die Verfasser haben eng kooperiert, damit sich ihre Beiträge inhaltlich aufeinander beziehen. Dabei hat jeder von ihnen zu Beginn einen Ausblick formuliert, der dann im Gespräch und in gegenseitiger Beratung überprüft und überarbeitet wurde. Selbstverständlich sind die Verfasser für Inhalt und Stil ihrer Beiträge selbst verantwortlich. Einer der Verfasser, Hartmut Lehmann, Emeritus der Universität Göttingen sowie Direktor des Deutschen Historischen Instituts in Washington/DC, hat dieses Projekt nicht nur durch seine Beiträge im vorliegenden Band bereichert, sondern auch von den ersten Entwürfen an durch seine redaktionelle Mitarbeit sehr unterstützt.

Während des Entstehungsprozesses gab es zwei größere Treffen der Verfasser: eines im September 2011 im Tagungszentrum der Universität Aarhus in Sandbjerg und ein weiteres im Mai 2015 an der Universität Göttingen. Autorentreffen in kleinerem Rahmen wurden 2012 in Göttingen und 2013 im englischen Chichester abgehalten. Diese Treffen wurden durch großzügige Zuschüsse der Universität Aarhus, des Kohlhammer-Verlags, der Universität Göttingen sowie des George Bell Instituts in Chichester ermöglicht. Das letzte und größte dieser Treffen fand 2015 unter der Leitung des Kirchenhistorikers Thomas Kaufmann an der Universität Göttingen statt; die Mittel hierfür wurden von der Deutschen Forschungsgemeinschaft (DFG) sowie der Theologischen Fakultät der Universität Göttingen bereitgestellt.

Angesichts des globalen Charakters dieses Projekts werden die Bände nun sowohl in deutscher als auch in englischer Sprache veröffentlicht. Der Kohlhammer-Verlag publiziert die deutschsprachige Ausgabe, und der internationale Wissenschaftsverlag Brill zeichnet für die englische Ausgabe verantwortlich. Unser Dank gilt Jürgen Schneider, Sebastian Weigert und Julia Zubcic vom Kohlhammer-Verlag sowie Mirjam Elbers von Brill. Katharina Kunter hat die redaktionelle Betreuung übernommen; Gerlinde Baumann und Priska Komoroni haben einzelne Beiträge für Kohlhammer aus dem Englischen ins Deutsche übersetzt; David Orton hat für Brill Übersetzung vom Deutschen ins Englische angefertigt. Sie haben die mühevolle Aufgabe des Übersetzens kompetent und mit viel Sprachgefühl gemeistert.

Neben den bereits genannten Institutionen und Personen möchten die Herausgeber und Verlage auch drei dänischen Stiftungen für ihre großzügige Unterstützung dieses Projekts danken: der Velux-Stiftung in Kopenhagen, der Forschungsstiftung der Universität Aarhus sowie dem G. E. C. Gads Fond in Kopenhagen.

Die drei Bände befassen sich in umfassender Weise mit der globalen Geschichte des Christentums, auch wenn dieses Vorhaben nicht im Sinne der traditionellen „Kirchengeschichte" zu verstehen ist. Natürlich widmen sich historische Betrachtungen auch den Kirchen. Doch die Prägungen, die das Christentum im Leben der Menschen hinterlassen hat, lassen sich nicht auf institutionelle oder dogmatische Einflüsse reduzieren. Vielmehr geht es hier um *Kultur* im weitesten Sinne. Im Fokus stehen die zahlreichen Wechselwirkungen, die zwischen dem Christentum und den einzelnen Gesellschaften, der Politik, der Ökonomie, der Philosophie, der Kunst sowie den vielfältigen Bemühungen bestehen, welche die Kulturen, Nationen und menschlichen Gemeinschaften ausmachen. Wie war das Christentum in die größeren Strukturen des menschlichen Lebens verwoben?

Darüber hinaus geht es in den vorliegenden Bänden um die *globale* Entwicklung des Christentums im Laufe der vergangenen 400 bis 500 Jahre. Zuvor war das Christentum – abgesehen von wenigen Außenposten in anderen Zentren der Welt – überwiegend auf Europa und Russland beschränkt. Nun aber erreichte der Wirkungsbereich des Christentums vor allem durch die Mission an der Seite der wirtschaftlichen Kräfte sowie durch Eroberungs- und Migrationsbewegungen ein Stadium, in dem sein demographischer Schwerpunkt jetzt zu Beginn des 21. Jahrhunderts nicht mehr auf der Nordhalbkugel, sondern dezidiert auf der Südhalbkugel liegt. Es ist ein zentrales Anliegen des Projekts, diese Geschichte der globalen Schwerpunktverschiebung nachzuzeichnen. Dabei hat diese Veränderung eigentlich, was in den einzelnen Kapiteln dieses Bandes deutlich wird, bereits vor 1500 durch das spanische wie das portugiesische Weltreich in Lateinamerika und Asien sowie durch das Osmanische Reich, durch Russland und Afrika begonnen. Im ersten der drei Bände wird es zu Beginn um diese frühe Expansion des Christentums außerhalb Europas gehen.

Zu diesem Band: „Geschichte des Globalen Christentums. Teil 1: Frühe Neuzeit"

Wie bereits erwähnt, war das Christentum schon vor seiner in diesem Band dargestellten Geschichte eine globale Religion gewesen. Auf manchen Kontinenten gab es bereits einheimische christliche Gemeinschaften wie etwa die Thomaschristen in Südasien oder alte koptische Gemeinden in Ägypten und Äthiopien. Die iberischen Reiche – Spanien und Portugal – unterstützten gegen Ende des 15. Jahrhunderts die ersten Missionsversuche in Zentral- und Südamerika und auch in Asien. In Afrika waren der Kongo und Mosambik die Zentren der portugiesischen Mission im 16. Jahrhundert. Die Jesuiten – sowie die niederländisch-protestantische Mission vor allem in China und Südostasien haben eine wesentliche Rolle bei der frühen Ausbreitung des Christentums außerhalb Europas gespielt. In Indien begann die dänische Mission mit Unterstützung von Hallenser Pietisten 1706 ihre Tätigkeit in Tranquebar.

Zeitgleich zu diesen Anfängen der christlichen Mission existierte das Christentum auch in Russland. Dort hatte es ausgehend von Konstantinopel im 8. und 9. Jahrhundert mit der Entstehung der russisch-orthodoxen Kirche Verbreitung gefunden. In gleicher Weise gab es das orthodoxe Christentum ebenfalls schon in dieser Region, die nach der Eroberung Konstantinopels 1453 zum Osmanischen Reich gehörte. Die nordamerikanischen Kolonien wurden historisch gesehen relativ spät durch verschiedene ethnische Gruppen gegründet, die mehrheitlich christliche Vorstellungen und Bräuche einführten.

Dass das Christentum schon früh eine *globale Religion* war, wird durch die Geschichte belegt, die hinter den folgenden zehn Kapitel steht: „Katholizismus in Spanien, Portugal und ihren Weltreichen", „Die Russische Kirche 1448–1701", „Das Christentum unter osmanischer Herrschaft (1453–1800)", „Das Christentum in Afrika zwischen 1500 und 1800", „Das Christentum in Asien bis etwa 1800" sowie „Christliche Kirchen und Gemeinschaften in Nordamerika bis 1800".

Das europäische Christentum wurde in dem Zeitraum, mit dem sich der vorliegende Band befasst – in den 250 Jahren zwischen den ersten Anfängen der Reformation und dem Beginn der Französischen Revolution (1789) –, durch zahlreiche Ereignisse, Personen und weitere Faktoren stark geprägt. Besonders folgenreich war dabei die Spaltung der westlichen Kirche in zwei tonangebende Gruppen: einerseits das Lager der „alten römischen Kirche" und andererseits die verschiedenen Bewegungen und Gruppierungen, die sich als „neuer Glaube" bezeichnen lassen, und die weitgehend aus der Reformation auf dem europäischen Kontinent hervorgegangen sind.

Die „Konfessionalisierung" wurde eine wichtige Dimension im Kontakt zwischen diesen beiden Zweigen des Christentums. Im römischen Katholizismus lag das Hauptaugenmerk darauf, die Beschlüsse des Konzils von Trient (1545–1563, in drei Sitzungsperioden) umzusetzen und auch positive Reaktionen von Katholiken gegenüber den reformatorischen Lehren zu verhindern. Die Protestanten wiederum widmeten sich stark der Ausbildung der Geistlichen, um die Basis für eine selbstbewusste Identität zu legen. Indirekt wollten sie so auch verhindern, dass die Lehren des römischen Katholizismus wie auch der „radikalen Reformation", vor allem der Wiedertäufer, unter ihnen auf Wohlwollen stießen.

Ungefähr in der Mitte des 17. Jahrhundert war die Konfessionalisierung weitgehend abgeschlossen. Die beiden Gruppen, die „Alten" wie die „Neuen", hatten sich in zwei getrennten und konkurrierenden Gemeinschaften eingerichtet. Im römisch-katholischen Lager machten sich die französische wie die spanische Krone bestimmte konfessionelle und kirchenpolitische Strategien zu Eigen. Die römische Kurie sorgte sich vor allem um Gruppierungen, die bei der Entwicklung der religiösen und spirituellen Identität der „alten Kirche" bestimmte theologische Schwerpunktsetzungen verfolgten, wie es etwa im Jansenismus und Gallikanismus der Fall war. Im protestantischen Lager gab es große Unterschiede zwischen Orthodoxen und Pietisten, die jeweils für sich beanspruchten, den alleinigen Weg zum Heil zu kennen.

So sah die Lage aus, als in Europa in den ersten Jahrzehnten des 18. Jahrhundert die Aufklärung aufkam. Von da an war der Protestantismus in drei Richtungen gespalten: erstens in die Orthodoxen, die sich auf die klassischen Lehren der Reformation beriefen; zweitens in diejenigen, die – wie die Pietisten in Deutschland und den skandinavischen Ländern sowie die Methodisten in England – eine Art erweckter Frömmigkeit proklamierten; sowie drittens die Anhänger der Aufklärung, die von der Macht des gottgegebenen Verstandes überzeugt waren, der den persönlichen wie gesellschaftlichen Fortschritt bringen sollte. Durch die Französische Revolution wurden die religiösen Kräfte weiter gespalten.

Vier Kapitel widmen sich im vorliegenden Band diesen Entwicklungen in Europa: Drei Kapitel befassen sich mit dem Christentum in Europa im 16., 17. und 18. Jahrhundert; ein weiteres Kapitel hat die globale Verschlechterung des Klimas in der Zeit zwischen 1570 und dem frühen 18. Jahrhundert – die manchmal als „kleine Eiszeit" bezeichnet wird – und ihre Auswirkungen auf die Religion und vor allem den europäischen Pietismus zum Thema.

In diesem sowie den beiden folgenden Bänden, die sich mit dem 19. und 20. Jahrhundert befassen, wird versucht, die – positiven wie negativen – Auswirkungen des Christentums auf die demographischen, kulturellen, gesellschaftlichen und politischen Aspekte der Weltgeschichte auszuloten. Alle, die Beiträge zu diesen Bänden beigesteuert haben, haben dies in wissenschaftlich integerer Weise und inhaltlich entsprechend ihren persönlichen Überzeugungen getan, und sie wünschen sich, damit zu einem globalen und weitreichenderen Verständnis beitragen zu können.

Übersetzung: Gerlinde Baumann

Jens Holger Schjørring
Aarhus, Dänemark
Norman A. Hjelm
Wynnewood, Pennsylvania, USA
April 2017

Einleitung
Europäisches und globales Christentum in der Frühen Neuzeit

Hartmut Lehmann

Auch am Beginn des 21. Jahrhunderts ist es immer noch eine Herausforderung, eine Geschichte des Weltchristentums zu schreiben. Das gilt besonders für die Jahrhunderte vom Beginn des 16. Jahrhunderts bis zum Ende des 18. Jahrhunderts. Wer sich dieser Aufgabe stellt, sieht sich mit verschiedenen gravierenden Problemen konfrontiert.

Nationale Vorurteile

Das erste Problem besteht darin, dass die gesamte neuere Geschichtsschreibung zur Frühen Neuzeit, nicht zuletzt auch die über Fragen des Christentums, das heißt Theologie, Kirchen, kirchliche Gemeinschaften und Frömmigkeitsformen, bis heute in hohem Maße von nationalen Wertungen beeinflusst ist. Englische Historiker, denen wir ausgezeichnete Studien zur Geschichte des 17. und 18. Jahrhunderts verdanken, auch englische Kirchenhistoriker, interessierten sich zum Beispiel seit Beginn einer von wissenschaftlichen Kriterien geleiteten Geschichtsschreibung vor allem für die Geschichte der christlichen Kirchen und Bewegungen in ihrem eigenen Land. Aus ihrer Feder stammen deshalb ausgezeichnete Studien über den Puritanismus, über die große religiöse Revolution gegen das englische Königshaus und den Anglikanismus sowie über die Ära Cromwell, auch über den Methodismus. Für die Kirchenhistoriker anderer Länder lässt sich, von einigen wenigen Ausnahmen abgesehen, die gleiche Aussage treffen. So haben sich französische Kirchenhistoriker etwa als Spezialisten für die Geschichte des Gallikanismus und des Jansenismus profiliert. Für ihre niederländischen Kollegen galt und gilt die gleiche historische Epoche als die „goldene Zeit" der Toleranz und einer einmaligen kulturellen und wirtschaftlichen Blüte, während sich die frühneuzeitlichen polnischen Kirchenhistoriker vor allem mit der Geschichte der katholischen Erneuerung in ihrem eigenen Land beschäftigten. Das sind nur einige von vielen Beispielen.

Die Forschungen, die eine Geschichte des Weltchristentums vom Beginn des 16. bis zum Ende des 18. Jahrhunderts behandeln, sind somit weithin national orientierte Einzelstudien. In den vergangenen zwei, drei Jahrzehnten wurden die auf die jeweils eigenen nationalen Probleme gerichteten Arbeiten zwar ergänzt und exemplifiziert durch zahlreiche regionale und insbesondere auch durch lokale Forschungen. Dabei wurde der Blick aber nur selten über den nationalen Horizont hinaus gerichtet. Was weitgehend fehlt, sind somit Entwürfe, oder zumindest Vorschläge, für eine Konzeption des Weltchristentums in der Frühen Neuzeit, die jenseits nationaler Kategorien, auch jenseits nationaler Themenfelder angesiedelt sind. In dem vorliegenden Band wird dagegen der Versuch unternommen, die je unterschiedlichen nationalen Blickrichtungen zu überwinden und jene Fragestellungen und Themen zu diskutieren, die das Christentum im Zeitalter zwischen Luther und Voltaire, zwischen Calvin und Rousseau, man könnte auch sagen zwischen Ferdinand von Aragon, Isabella von Kastilien sowie Friedrich dem Weisen und Karl V. und Napoleon insgesamt prägten. Das ist nicht einfach, aber durchaus möglich.

Konfessionelle Wertungen

Ausgeprägte konfessionelle Wertungen bilden eine zweite Schwierigkeit, die bei einer reflektierten Darstellung der in diesem Band diskutierten kirchlichen und religiösen Zusammenhänge bewältigt werden musste. Denn mit der von Luther, Zwingli und Calvin initiierten Reformbewegung und mit den katholischen Reaktionen auf die reformatorischen Positionen, die in eine umfassende Erneuerung der alten Kirche mündeten, setzte eine heftige und kontroverse Polemik ein, die die Geschichtsschreibung über dieses Zeitalter von Anfang an färbte. Was in den Jahren nach 1517 von Wittenberg, Zürich und Genf aus angestoßen wurde, galt als Beginn einer neuen Epoche der Weltgeschichte. Reformbewegungen in der mittelalterlichen Kirche wurden demgegenüber als „vorreformatorisch" bezeichnet. Protestantische Autoren verteufelten mit Luther und seit Luther das Papsttum und dessen Gefolgsleute. Katholische Autoren verteufelten ebenso ungehemmt die protestantischen Reformatoren. Die Konfessionalisierung, das heißt die konfessionelle Disziplinierung und Indoktrinierung der eigenen Anhänger, wurde seit der Mitte des 16. Jahrhunderts für viele Jahrzehnte das beherrschende Thema in beiden Lagern. Auf diese Weise entstanden höchst unterschiedliche konfessionelle Milieus mit höchst unterschiedlichen Bildungseinrichtungen samt unterschiedlichen Universitäten, Verlagen, Bibliotheken und wissenschaftlichen Autoritäten sowie einem durchaus eigenständigen, wiederum heterogenen und höchst unterschiedlichen religiösen Alltagsleben. Ressentiments und Vorurteile gegen die jeweils anderen Parteien setzten sich in den Köpfen der Gläubigen fest und wurden an die nächste Generation weitergegeben. So wurde für viele Protestanten der Antikatholizismus zu einem festen Bestandteil ihrer Identität, wie umgekehrt viele Katholiken überzeugt waren, alles Unheil rühre von Luther her.

Im Laufe des 17. Jahrhunderts kam es zu einer gewissen Binnendifferenzierung der großen konfessionellen Lager, ohne dass dies zu einer grundsätzlichen Überwindung der konfessionellen Differenzen geführt hätte. Im Gegenteil: Im 19. Jahrhundert flammte der konfessionelle Streit wieder auf, so dass diese Periode von Olaf Blaschke nicht zu Unrecht als das Zeitalter einer zweiten Konfessionalisierung bezeichnet wurde.[1] Es gab jedoch auch Ausnahmen. Weitgehend unabhängig von den die Kultur, die Politik und selbst die Wirtschaft beherrschenden konfessionellen Milieus und der von diesen praktizierten religiös-politischen Apartheid entstanden bereits seit dem 16. Jahrhundert in einigen, wenngleich nicht allen Teilen Europas eigenständige freikirchliche Traditionen. Diese entwickelten wiederum eigene Formen der Erinnerung und im Laufe der Zeit auch eine eigene Geschichtsschreibung. Vor allem in Nordamerika konnten sich Freikirchen zunächst in einzelnen Kolonien und seit der amerikanischen Unabhängigkeit im späten 18. Jahrhundert im ganzen Land weitgehend ohne staatliche Behinderung entfalten.

In unserem Zusammenhang ist es von Bedeutung, dass die auf wissenschaftliche Anerkennung zielende religiös-kirchliche Geschichtsschreibung bis weit ins 20. Jahrhundert deutlich von konfessionellen Gesichtspunkten geprägt war. Große kirchenhistorische Sammelwerke, auch große kirchenhistorische Lexika, waren selbst im 20. Jahrhundert nach wie vor entweder protestantischer oder katholischer Provenienz. Konfessionsgrenzen bewusst überwindende Werke, wie die von Bernd Moeller und Raymund Kottje 1970 in erster und 2006 in zweiter Auflage herausgegebene *Ökumenische Kirchengeschichte* blieben die Ausnahme, wobei auch dieses Werk aus Artikeln von Autoren unterschiedlicher Konfession besteht, die jeweils über die Geschichte ihrer eigenen Konfession schreiben.[2] Das heißt, dass konfessionelle Interessen auch die internationale Kirchengeschichtsschreibung über das Zeitalter der Konfessionalisierung hinaus außerordentlich lange und zwar bis in die Fragestellungen und die Materialerschließung hinein beeinflussten.

Demgegenüber gilt es festzuhalten, dass das Christentum zu allen Zeiten mehr war als konfessionelle Selbstvergewisserung, mehr als die Bestärkung der eigenen konfessionellen Identität. Mit großem Nachdruck muss deshalb versucht werden, die Geschichtsschreibung über das Weltchristentum auch für die in diesem Band behandelte Ära von konfessionellen Wertungen zu befreien, ohne zugleich die Tatsache der Konfessionalisierung in der Frühen Neuzeit zu ignorieren.

---

1 Blaschke, Olaf, Konfessionen im Konflikt. Deutschland zwischen 1800 und 1970: Ein zweites konfessionelles Zeitalter? Göttingen 2002.

2 Vgl. Kaufmann, Thomas/Kottje, Raymund/Moeller, Bernd/Wolf, Hubert (Hrsg.), Ökumenische Kirchengeschichte, Band 1–3, Darmstadt 2006–2008.

Europazentrische Positionen

Eine dritte Herausforderung ist nicht minder schwierig. Sie besteht darin, dass – auf eine, wie es scheint, geradezu fast selbstverständliche Weise – in allen bisherigen Darstellungen der Geschichte von Kirche und Theologie, von der Frömmigkeit und dem Eigenleben religiöser Gemeinschaften in der Frühen Neuzeit das kulturell und politisch vielgestaltige Ensemble der europäischen Länder das Zentrum bildet. Das Christentum in anderen Teilen der Welt wird dagegen in der Regel wie ein Anhängsel an die europäische Christentumsgeschichte behandelt. Eine solche Einstellung wird aus Sicht der Länder außerhalb Europas seit einigen Jahren zurecht als unerträglicher Eurozentrismus kritisiert. Einige europäische und amerikanische – und somit selbst von der westlichen Wissenschaftstradition geprägte – Kirchenhistoriker wie Andrew F. Walls[3] und Philip Jenkins[4] haben in den vergangenen Jahren zwar versucht, eine neue, globale Sichtweise zu propagieren und die Geschichte des Christentums außerhalb Europas unvoreingenommen zu würdigen. Es dürfte jedoch ein langer Weg sein, bis sich ihre Vorschläge durchgesetzt haben. Zu wünschen wäre, dass Historiker und Kirchenhistoriker, die aus wissenschaftlichen und kulturellen Traditionen jenseits von Europa stammen, möglichst bald ihre eigene Sicht einer globalen Christentumsgeschichte in die Debatten einbringen.

Auf die von Jenkins und Walls aufgeworfenen Fragen gibt es, wenn man auf die Frühe Neuzeit blickt, keine einfachen Antworten. Denn auf der einen Seite lag der Schwerpunkt des frühneuzeitlichen Christentums ohne allen Zweifel in Europa. Die weit überwiegende Zahl aller Christen lebte damals in Europa, ohne dass es möglich wäre, eine solche Behauptung mit auch nur einigermaßen exakten Zahlen zu belegen. In Europa lehrten die Theologen von Rang. Hier bestanden trotz aller Unterschiede und Kontroversen besonders lebendige christliche Gemeinden. Hier wurde intensiv und produktiv über religiöse Fragen gestritten. Hier wurden glaubwürdige neue Wege gefunden, um die christliche Botschaft im Leben der verschiedenen sozialen Schichten zu verankern. Von Europa aus wurde seit dem 16. Jahrhundert außerdem versucht, die christliche Botschaft in andere Länder zu tragen, zunächst nach Südamerika, in die Karibik und in den Fernen Osten, später auch

---

3 Walls, Andrew F., The Missionary Movement in Christian History. Studies in the Transmission of Faith, Maryknoll, N. Y.: Orbis 1996; Ders., The Cross-Cultural Process in Christian History. Studies in the Transmission and Appropriation of Faith, Maryknoll, N. Y.: Orbis 2002.

4 Jenkins, Philip, The Next Christendom. The Coming of Global Christianity, New York 1999; 2nd and expanded edition 2007; Ders., The New Faces of Christianity. Believing the Bible in the Global South, New York 2006.

nach Nordamerika. Das alles ist unbestreitbar richtig und doch nicht die ganze Wahrheit.

Denn auf der anderen Seite entwickelten die christlichen Gemeinschaften in den Ländern außerhalb von Europa relativ früh, das heißt binnen weniger Jahre nach ihrer Gründung, ein distinktes Eigenleben mit eigenen religiösen Formen und Traditionen, zunächst in Lateinamerika und der Karibik, dann in Ostasien und Nordamerika. Daraus folgt, dass diese Gemeinden und Kirchen im Verhältnis zum Christentum in Europa nicht mehr nur als nachgeordnete Erscheinungen betrachtet werden sollten. Das gilt auch für die älteren christlichen Gemeinden in Afrika, auch wenn gerade auf diesem Gebiet noch längst nicht alle relevanten Quellen erschlossen sind und man mit Wertungen deshalb vorsichtig sein sollte.

Patriarchale Strukturen

Wer eine globale Christentumsgeschichte in der Frühen Neuzeit schreibt, hat sich schließlich mit der Tatsache auseinanderzusetzen, dass im größten, im allergrößten Teil der Literatur, auch der neueren kirchengeschichtlichen Literatur, Männer als Akteure im Zentrum stehen. Man kann fragen, ob dadurch die kirchliche, kirchenpolitische, kulturelle und religiöse Lage einer höchst komplexen religions- und kirchenhistorischen Struktur angemessen abgebildet wird, oder ob wir es mit Vorurteilen, mit tradierten und inzwischen durchaus problematischen Vorurteilen auf der Seite jener zu tun haben, denen wir die neueren Forschungen zur Christentumsgeschichte verdanken. Ehe man diese neuere Literatur zur Christentumsgeschichte als Kleriker-, Theologen- und Pfarrerhistoriographie verwirft, ist aber in jedem Fall eine umsichtige historische Kontextualisierung notwendig.

Nicht zu bestreiten ist, dass es in der Hierarchie der Orthodoxen Kirchen und der Katholische Kirchen Kleriker, also Männer waren, die vom frühen 16. bis ins späte 18. Jahrhundert den Gläubigen den Weg zum ewigen Heil zeigten, vor dem Konzil von Trient ebenso wie danach. In Priesterseminaren und auf Universitäten wurden sie auf ihre Aufgabe vorbereitet. Kaum weniger einflussreich war aber auch die Rolle von Männern in den neuen reformatorischen Kirchen. An Theologischen Fakultäten erhielten sie das Expertenwissen, das sie auf ihre spätere Position als Pastor vorbereitete und das sie legitimierte, für alle anderen Gruppen der Gesellschaft Entscheidungen zu treffen, für Frauen ebenso wie für Kinder. Selbst in den religiösen Bewegungen am linken Rand der Reformation, bei Täufern und später bei den Puritanern, nahmen in aller Regel Männer die Führungspositionen ein. Die Kirchenhistoriker, die sich in ihren Arbeiten auf die Bedeutung der kirchlichen Hierarchien konzentrieren, erfassen aber nur einen Teil der Christentumsgeschichte, da sie die Rolle von Frauen vernachlässigen,

Blickt man nämlich auf das christliche Leben jenseits der kirchlichen Hierarchien, ändern sich die Verhältnisse. Unschwer stellt man dann fest, dass die frühneuzeitlichen Gesellschaften ganz anders strukturiert waren als die Gesellschaften, die seit dem Zeitalter der Industrialisierung und der Dekolonisation entstanden. Im frühneuzeitlichen Europa waren sehr viel weniger Personen verheiratet als im 19. und im 20. Jahrhundert. Zu jedem Haus eines Handwerkers, eines Kaufmanns oder der größeren Bauern gehörte ein Hausvater, aber zwingend auch dessen Frau.[5] Um die beiden herum war eine nicht unerhebliche Zahl von unverheirateten Personen gruppiert: Gesellen, Lehrlinge und Knechte, Mägde und Dienstboten, dazu, wenn sie noch lebten, die alten Eltern, ferner unverheiratete Geschwister und die Kinder, bis diese sich ihrerseits anderswo verdingten. Mutter und Vater besaßen die ökonomische, sittliche, rechtliche und religiöse Verantwortung für diese komplexe Ansammlung von Personen. In vielen Angelegenheiten hatten Frauen das entscheidende Wort. Von Seiten der Kirche wurden sie dafür in die Pflicht genommen. Im protestantischen Europa hatte in vergleichbarer Weise neben dem Pfarrer die Pfarrfrau ihre besondere, eine distinkt andere, nämliche vor allem karitative Aufgabe. Kurzum, aus gesellschaftlicher Sicht und im Hinblick auf das christliche Leben in Städten und Dörfern und vor allem bei Studien über das christliche Gemeindeleben besteht kein Grund, den Blick allein auf die Männer zu richten.

Wenn man die kulturelle und literarische Szene untersucht, ergibt sich noch einmal ein anderes Bild. Denn mit wenigen Ausnahmen waren es im frühneuzeitlichen Europa Männer, die religiös-erbauliche und theologische Werke verfassten und die auf diese Weise mehr oder minder wichtige Impulse setzten. Umso wichtiger ist deshalb der Blick auf die Ausnahmen. Sowohl in der Alten Kirche wie in den reformatorischen Kirche waren solche Ausnahmen zu finden, speziell im Jansenismus und im Pietismus. Das heißt, dass überall dort, wo religiöse Inspiration nicht ohne weiteres abgewertet wurde, überall dort, wo Frauen und Männer gemeinsam nach Mitteln und Wegen suchten, um religiöse Erneuerung wirksam werden zu lassen, immer wieder Frauen auf eine eindrucksvolle Weise in Erscheinung traten. In der Katholischen Kirche führten deren Initiativen im frühneuzeitlichen Europa nicht selten zur Gründung neuer, bezeichnenderweise meist pädagogisch oder karitativ orientierter Orden wie den der Ursulinen. In den protestantischen Kirchen hatten Frauen dagegen dort, wo die

---

5 Aus der frühneuzeitlichen „Hausväterliteratur" entwickelte der Historiker Otto Brunner den Begriff des „Ganzen Hauses". Siehe Handwörterbuch der Sozialwissenschaften Bd. 5, Stuttgart 1956, 92f. Kritisch dazu Stefan Weiß, „Otto Brunner und das Ganze Haus oder Die zwei Arten der Wirtschaftsgeschichte", in: Historische Zeitschrift 273, 201, 335–369.

Pastorenhierarchie keinen nennenswerten Einfluss hatte, eine Chance, ihre Meinung geltend zu machen, so etwa im radikalen Flügel der Pietisten und später auch in der Herrnhuter Brüdergemeine. Im radikalen Pietismus machten sich mehrere Frauen als Autorinnen einen Namen. Ob es religiös inspirierten Frauen gelang, die patriarchale Struktur des frühneuzeitlichen evangelischen Christentums zu relativieren, gar aufzubrechen, scheint dagegen fraglich. Es ist jedoch eine Aufgabe der Geschichtsschreibung, den Frauen dort, wo sie als Christinnen ihre christlichen Geschwister auf den Kern der christlichen Botschaft hinwiesen und wo sie in Gemeinden als Christinnen für ihre christlichen Geschwister tätig waren, gerecht zu werden. Das ist in der Vergangenheit nicht immer geschehen.

Probleme und Konzeptionen

Fragt man jenseits nationaler, konfessioneller und europazentrischer Wertungen sowie jenseits geschlechterspezifischer Aspekte nach dem eigentlichen Charakter und den eigentlichen Schwerpunkten des Weltchristentums vom Beginn des 16. bis zum Ende des 18. Jahrhunderts, stößt man auf eine Reihe weiterer Probleme, für die es keine einfachen Lösungen gibt. Offen ist, welche politischen, sozialen, kulturellen und geistigen Faktoren den Charakter jener Epoche, die als Frühe Neuzeit bezeichnet wird, insgesamt bestimmten und welche Auswirkungen diese Faktoren auf die Kirchen, auf die Theologie, auf die Frömmigkeit und auf das Leben in den christlichen Gemeinden hatten. Ebenso wurde noch nicht überzeugend geklärt, wie in jener Periode umgekehrt religiöse Kräfte, auch theologische Positionen, Politik, Wirtschaft, Kultur, Geistesleben und Gesellschaft beeinflussten. Zu erörtern ist somit, ob es auf dem Gebiet einer globalen Christentumsgeschichte in der Frühen Neuzeit evidente strukturelle Übereinstimmungen und Gemeinsamkeiten gab, oder ob es, wenn man nach Antworten sucht, darauf ankommt, möglichst präzise und möglichst weitgehend zu differenzieren und summarische Erklärungen zu vermeiden.

Wenn man nach Konzeptionen zur Erklärung der Geschichte des Weltchristentums in den drei Jahrhunderten zwischen der Entdeckung von neuen Welten jenseits von Europa und dem Aufstieg Spaniens zur Weltmacht auf der einen Seite sowie dem Kampf der britischen Kolonien in Nordamerika um ihre Unabhängigkeit, dem Ausbruch der Französischen Revolution 1789 und der Napoleonischen Herrschaft auf der anderen Seite sucht, spielen in der neueren internationalen Forschung höchst unterschiedliche Erklärungsmodelle eine Rolle. Einleitend ist es sinnvoll, kurz auf diese verschiedenen Interpretationsmöglichkeiten hinzuweisen.

Die fundamentale Bedeutung des neuen Schismas im 16. Jahrhundert

Kirchenhistoriker und Historiker aller Richtungen sind sich einig, dass in der ersten Hälfte des 16. Jahrhunderts die erneute und weitere Spaltung der Christenheit in verschiedene Lager eine langfristige Bedeutung hatte, die kaum überschätzt werden kann. Von dieser Zeit an prägten Konflikte zwischen dem romtreuen Lager, der Alten Kirche, mithin den Altgläubigen, und dem Lager der verschiedenen Richtungen und Gruppierungen der Neugläubigen, von denen sich die meisten auf die Lehren von Martin Luther und Johannes Calvin beriefen, die gesamte europäische Geschichte und soweit die Europäer in anderen Erdteilen Einfluss nahmen, auch die außereuropäische Geschichte. Neben der in sich selbst in verschiedene Zweige gespaltenen orthodoxen Christenheit stellte seit dem 16. Jahrhundert somit nun auch die westliche Christenheit keine Einheit mehr dar. Zu konstatieren ist außerdem, dass innerhalb Europas die konfessionellen Lager über einen längeren Zeitraum hinweg noch nicht völlig voneinander getrennt waren. Viele Altgläubige lebten in Gebieten, die von Fürsten beherrscht wurden, die sich der Reformation angeschlossen hatten. Umgekehrt harrten Neugläubige in Territorien aus, die fest zu Papst und Kaiser hielten, in der Hoffnung, ihre Fürsten würden sich doch für Wittenberg entscheiden. Bis in die Mitte des 16. Jahrhunderts zeigten viele Familien und Gemeinden in formal weiterhin romtreuen Gebieten großes Interesse an den neuen Lehren. In manchen Gegenden Europas bestanden aber auch neugläubige und altgläubige Gemeinden längere Zeit nebeneinander, so zum Beispiel in der Stadt Augsburg. Beide Seiten waren immer wieder versucht, in dem jeweils anderen Lager Anhänger zu finden und in das eigene Lager zu integrieren. Besonders attraktiv war der Versuch, einen regierenden Fürsten und damit möglichst die Einwohnerschaft seines ganzen Landes für die eigene Sache zu gewinnen. Die Wege hin zu einer von Toleranz geprägten konfessionellen Koexistenz waren weit und wurden in aller Regel nicht beschritten. Daran änderten auch der Augsburger Religionsfrieden von 1555, das Edikt von Nantes 1598 und der Westfälische Frieden von 1648 wenig.

In diesen religiösen, im Kern aber kirchenpolitischen Auseinandersetzungen, die sukzessive ganz Europa erfassten, erwies sich die vom neugegründeten Jesuitenorden tatkräftig unterstützte Alte Kirche vor allem in den Jahrzehnten vor und nach 1600 als sehr viel erfolgreicher als die in verschiedenen Territorien unterschiedlich organisierten Kirchen der Neugläubigen. Die Zahl der Neugläubigen schrumpfte deshalb in Europa von der Mitte des 16. bis zum Ende des 17. Jahrhunderts um ein gutes Drittel. Vor allem in Böhmen, in Mähren, in Polen, in Schlesien und in Ungarn konnte die katholische Kirche große Erfolge erzielen. Für die verbleibenden Protestanten war das eine traumatische Erfahrung. Ohne dänische und vor allem ohne schwedische Hilfe hätten die Protestanten in Mitteleuropa während des Dreißigjährigen Krieges gegen die kaiserlich-katholischen Armeen keine Chance gehabt. Mit der Vertreibung der Hugenotten aus Frankreich in den Jahrzehnten nach 1685 fand die katholische Gegenoffensive einen vorläufigen Abschluss. Nicht mit dem Westfälischen Frieden 1648, sondern erst im ausgehenden 17. Jahrhundert standen somit die konfessionellen Grenzen in Europa weitgehend fest, zumal mit den Niederlanden und England wichtige Mächte nunmehr das protestantische Lager stabilisierten, unterstützten und verteidigten.

Das Konfessionalisierungsparadigma

Neben der neuerlichen und nachhaltigen Spaltung des Weltchristentums im 16. Jahrhundert, die sich langfristig als ebenso folgenreich wie die älteren Schismen erweisen sollte, muss der Konfessionalisierung der voneinander getrennten Kirchen besondere Beachtung geschenkt werden.[6] Nicht mehr das, was alle Christen einte, wurde im Zeitalter der Konfessionalisierung von beiden Seiten betont, sondern das, was sie trennte. Dabei ging es bald nicht nur um den Gegensatz zwischen Rom und Wittenberg. Seit dem ausgehenden 16. Jahrhundert polemisierten vielmehr lutherische Theologen und Kirchenpolitiker in Reden und Schriften auch gegen die Reformierten und umgekehrt reformierte Theologen und Kirchenpolitiker gegen die Lutheraner. Wittenberg stand gegen Genf und Rom, Genf gegen Rom und Wittenberg. Indem man die gegnerische Seite angriff, sollte die eigene konfessionelle Identität definiert und stabilisiert werden. Das mitteleuropäische Christentum war damals somit nicht in zwei Lager getrennt, sondern in drei. Im Friedensschluss von Münster und Osnabrück nach dem Ende des Dreißigjährigen Krieges 1648 wurde die Koexistenz dieser drei Kirchen in Europa bestätigt.

Die freikirchlichen Gemeinden, die aus täuferischen Gruppen und nonkonformistischen Richtungen der Reformation hervorgegangen sind, waren nach dem

---

6 Grundlegend dazu sind die Forschungen von Wolfgang Reinhard und Heinz Schilling. Siehe Reinhard, Wolfgang, Ausgewählte Abhandlungen, Berlin 1997; Schilling, Heinz, Ausgewählte Abhandlungen zur Reformation und Konfessionsgeschichte, Berlin 2002. Siehe auch von Greyerz, Kaspar/Jakubowski-Tiessen, Manfred/Kaufmann, Thomas/Lehmann, Hartmut (Hrsg.), Interkonfessionalität – Transkonfessionalität – binnenkonfessionelle Pluralität. Neue Forschungen zur Konfessionalisierungsthese, Gütersloh 2003; Lotz-Heumann, Ute/Mißfelder, Jan-Friedrich/Pohlig, Matthias (Hrsg.), Konversion und Konfession in der Frühen Neuzeit, Heidelberg 2007; von Greyerz, Kaspar/Kaufmann, Thomas/Schubert, Anselm (Hrsg.), Frühneuzeitliche Konfessionskulturen, Heidelberg 2008; Pietsch, Andreas/Stollberg-Rilinger, Barbara (Hrsg.), Konfessionelle Ambiguität. Uneindeutigkeit und Verstellung als religiöse Praxis in der Frühen Neuzeit, Heidelberg 2013.

Dreißigjährigen Krieg in einer besonders schwierigen Lage. Auch nach 1648 waren sie immer noch auf Tolerierung durch die Herrscher der Länder, in denen sie lebten, angewiesen, ebenso wie die Gemeinden der Juden. Freikirchlichen Traditionen entstammten in jener Periode die sogenannten Dissenter und Nonkonformisten, die sich dem Druck der Staatskirchen nicht beugten und die auf ihrem Recht auf Glaubens- und Gewissensfreiheit bestanden. Nur in wenigen Regionen der Welt konnten sie sich behaupten, so etwa in einigen Städten in den Niederlanden oder in den britischen Kolonien Pennsylvania und Rhode Island in Nordamerika.

Auf protestantischer Seite wurde die konfessionelle Disziplinierung der eigenen Anhänger durch eine besonders sorgfältige Ausbildung der Pastoren in Theologischen Fakultäten vorangetrieben sowie durch regelmäßige Visitationen, durch die sichergestellt werden sollte, dass nicht gegnerische Ansichten oder gar Sonderlehren, so wie sie vom „linken Flügel" der Reformation verbreitet wurden, in den Gemeinden Anhänger fanden. Auf katholischer Seite ging es in den Jahrzehnten nach dem Ende des Konzils von Trient 1563 vor allem darum, die in Trient gefassten Beschlüsse auch tatsächlich in allen katholischen Gemeinden umzusetzen und dafür zu sorgen, dass Schriften von Luther und Calvin sowie auch die Anhänger von Menno Simons und die Antitrinitarier bei katholischen Gläubigen nicht auf Interesse stießen. Das war aber trotzdem selbst in Italien und Spanien der Fall. Entsprechend energisch war in diesen Ländern dann die Reaktion der katholischen Seite. Der Einfluss der Antitrinitarier blieb dort deshalb eine Episode.

Prozesse der religiösen und kirchenpolitischen Differenzierung

Noch ehe der Prozess der Konfessionalisierung völlig abgeschlossen war und sich die Altgläubigen und die Neugläubigen als eigenständige und miteinander konkurrierende Konfessionskulturen gegenüberstanden, setzte in allen drei großen kirchlich-konfessionellen Lagern ein nachhaltiger Prozess der inneren Differenzierung ein. Innerhalb des Katholizismus suchte die französische Krone ebenso einen eigenen konfessionellen und kirchenpolitischen Weg wie die spanische Krone. Neben dem Gallikanismus machten der Kurie seit der Mitte des 17. Jahrhunderts vor allem die Anhänger des Theologen Cornelius Jansenius große Sorgen. Denn die Jansenisten, wie sie genannt wurden, setzten in der Tradition von Augustinus andere theologische Akzente als die Jesuiten und suchten eigene religiöse und spirituelle Wege, um die Heilsversprechen der Alten Kirche zu erfüllen. Im protestantischen Lager beherrschte dagegen seit den 1670er Jahren die Auseinandersetzung zwischen den Orthodoxen und den Pietisten die öffentliche Debatte. Beide Seiten beanspruchten, die ganze theologische Wahrheit zu besitzen und den Gläubigen den richtigen Weg zum ewigen Heil zu zeigen.

Seit den 1720er Jahren faszinierten die Lehren der Aufklärung nicht nur in England, sondern auch auf dem Kontinent und in Skandinavien dann vor allem viele protestantische Gelehrte und Bildungsbürger. Zusätzlich zur Trennung zwischen Reformierten und Lutheranern war der Protestantismus nunmehr für mehrere Jahrzehnte in drei Gruppierungen geteilt: In die Anhänger der alten Lehren der Reformation, sei es im Sinne Luthers und Melanchthons oder im Sinne Calvins und von John Knox, also der eigentlichen Orthodoxie; ferner in die Anhänger einer erwecklichen Form von Frömmigkeit, vertreten in Deutschland und in Skandinavien durch die Pietisten und in England etwas später durch die Methodisten; schließlich in die Anhänger der Aufklärung, die davon überzeugt waren, Gott habe den Menschen die Vernunft geschenkt, um die innerweltlichen Verhältnisse Schritt für Schritt, aber nachhaltig zu verbessern.

In langfristiger Perspektive sollten die Erweckungsbewegungen (*Revival Movements*) sowohl innerhalb des Katholizismus wie vor allem innerhalb der protestantischen Kirchen eine besondere Bedeutung erlangen.[7] Denn alle, die sich im 19. und noch im 20. Jahrhundert auf Erfahrungen von Erweckung (*Awakening*) und Wiedergeburt (*Revival* und *Rebirth*) beriefen, orientierten sich an den Anfängen dieser besonderen Form von Frömmigkeit in der Frühen Neuzeit.

Nach dem Ausbruch der Französischen Revolution entstanden dann sehr rasch neue politische Frontlinien. Nachdem der erste Schock über die Ereignisse in Paris überwunden war, sammelten sich auf der einen Seite unter den Christen Europas diejenigen, die von den Idealen der Französischen Revolution einen veritablen Fortschritt für die gesamte Menschheit erhofften, auf der anderen Seite aber alle jene, nach deren Ansicht in Frankreich antichristliche Kräfte das Gesetz des Handelns bestimmten. Liberale und Konservative führten diesen Streit nach 1815 noch jahrzehntelang weiter.

Der Siegeszug des Absolutismus in Europa

Seit Beginn der Reformation des 16. Jahrhunderts und nicht weniger seit Beginn der katholischen Erneuerung waren die christlichen Kirchen in Europa und in Übersee Teil des absolutistischen Herrschaftssystems, während sich politisch-

---

7 Anregend dazu William Reginald Ward, Early Evangelicalism. A Global Intellectual History, 1670–1789, Cambridge 2006. Siehe auch Hartmut Lehmann/Heinz Schilling/Hans-Jürgen Schrader (Hrsg.), Jansenismus, Quietismus, Pietismus, Göttingen 2002.

religiöse Gruppen, wenn sie sich staatlichem Druck nicht beugten, als Gegner der neuen staatlichen Macht behaupten mussten. Der Siegeszug der absolutistischen Regierungsform im frühneuzeitlichen Europa ist ein Faktor, der bei einer Darstellung des Weltchristentums kaum überschätzt werden kann. Zwar wird in der neueren Forschung nach wie vor heftig über den Absolutismusbegriff diskutiert, das heißt über die Ursachen, die Phasen und die Erfolge des absolutistischen Kampfes gegen landständische Vertreter und die Parlamente. Sicher ist in jedem Fall, dass die regierenden Fürsten überall in Europa seit dem 16. Jahrhundert ihre Machtbefugnisse gegenüber ihren Untertanen, auch gegenüber adligen Standesvertretern, Schritt für Schritt vergrößern konnten. Das politische Mitspracherecht und die politische Partizipation der ständischen Vertreter wurden systematisch zurückgedrängt. Die fürstlichen Residenzen wurden dagegen prachtvoll ausgebaut. Außerdem wurde die zentrale Verwaltung zu Lasten lokaler Organe deutlich vergrößert. Mit den stehenden Heeren und mit der Wirtschaftspolitik des Merkantilismus schufen sich die absolutistisch regierenden Fürsten effektive neue Machtinstrumente. Zugleich wurden die Differenzen zwischen dem Leben der Fürsten und dem Leben der Untertanen immer grösser. Feuerwerk und kunstvolle Illuminationen prägten den Lebensstil an den Höfen, dazu Tanz und Theater, große Jagden und der ständige Versuch, den Luxus und die Prachtentfaltung an konkurrierenden Höfen noch zu übertreffen. Der Hof von Versailles wurde in der zweiten Hälfte des 17. Jahrhunderts zum Vorbild für alle Höfe Europas.

Die enge Verbindung von Staat und Kirche, die die Geschichte des Christentums in der Frühen Neuzeit prägte, hat ihren Ursprung in den ersten Jahren der Reformation. Ohne die Hilfe seines Landesfürsten hätte Luther in den Jahren nach 1517 nicht dem vereinten Druck des Papsttums und des neuen Kaisers widerstehen können. Zu Recht wird deshalb in der Forschung von der „Lutherschutzpolitik" durch den sächsischen Kurfürsten Friedrich den Weisen gesprochen.[8] Auch nach dem päpstlichen Bann und der reichsrechtlich bindenden kaiserlichen Acht im Jahre 1521 konnte Luther seine Botschaft verbreiten, weil er weiterhin den Schutz der sächsischen Kurfürsten genoss. Die langfristigen Folgen dieser Allianz werden häufig übersehen. In allen Territorien, deren Fürsten sich der Lutherbewegung anschlossen, wurden seit der Mitte des 16. Jahrhunderts die Kirchen in die innere Staatsverwaltung eingebunden. Kirchenordnungen regelten die Verhältnisse bis in die Details. Gerade dort, wo die Fürsten die Mitregierung der Landstände reduziert oder gar abgeschafft hatten, war zwischen kirchlichen und staatlichen Interessen kein Dissens mehr möglich, konnte von kirchlicher Autonomie keine Rede mehr sein. Der Protestantismus

---

8 Wilhelm Borth, Die Luthersache (Causa Lutheri) 1517–1524. Die Anfänge der Reformation als Frage von Politik und Recht, Lübeck 1970.

wurde damit auf eine langfristig höchst wirksame, man kann auch sagen: auf geradezu fatale Weise vom Absolutismus der protestantischen Fürsten abhängig.

Mit etwas anderen Akzenten, im Endeffekt aber gleichen Ergebnissen, wurden die Kirchen der katholischen Staaten im Zuge der Gegenreformation und der katholischen Erneuerung ebenfalls zum Teil der inneren Staatsverwaltung. Auch hier bestimmte die staatliche Gewalt, welchen Spielraum die Kirchenvertreter hatten. Auch hier kam es zu einer weitgehenden Übereinstimmung zwischen den Zielen und Praktiken staatlicher und kirchlicher Politik, wobei die staatliche Seite zunächst in Spanien und später vor allem in Frankreich, aber ebenso in Ländern wie Bayern, ihren Herrschaftsanspruch ohne Skrupel durchsetzte. Gegenüber Madrid und später gegenüber Paris beziehungsweise Versailles und selbst gegenüber München hatte Rom wenig zu sagen. In protestantischen Territorien wie in katholischen Ländern sollte neben der politischen Abhängigkeit auch die finanzielle und ökonomische Abhängigkeit der Kirchen von den ihrer Macht bewussten Fürsten berücksichtigt werden.

Neben der Schweiz bildeten im damaligen Europa allein die Niederlande und in einem eingeschränkten Sinn auch England eine Ausnahme. Nachdem einige Kantone sich der Zwingli'schen Richtung angeschlossen hatten, galten in der Schweiz nach wie vor die lokalen rechtlichen Traditionen. Trotz schwerer innerer Konflikte entwickelte sich auf diese Weise schließlich eine Koexistenz zwischen alt- und neugläubigen Kantonen und Stadtrepubliken. Ähnlich war die Lage in den Niederlanden, wo die reformierten Kirchenvertreter nach dem Sieg über das katholische Spanien zusammen mit den lokalen Kräften den politischen ebenso wie den kirchlichen Kurs des Landes bestimmten, was Streit in Einzelfragen nicht ausschloss. Was England betrifft, so hatte schon Heinrich VIII. die Ansprüche des Parlaments entscheidend geschmälert. Im weiteren Verlauf des 16., vor allem in der ersten Hälfte des 17. Jahrhunderts, gewannen aber die Parlamentsvertreter Schritt für Schritt wiederum einen Teil der Macht zurück und mit ihnen die kirchlichen Gruppen, die sich mit den Ergebnissen der von Heinrich VIII. verfügten Trennung von Rom nicht einverstanden erklärten und sehr viel weitergehende kirchliche Reformen anstrebten. Nach einer turbulenten Phase, in deren Verlauf zunächst die Monarchie abgeschafft, dann aber wieder restituiert wurde, entstand schließlich in den letzten Jahrzehnten des 17. Jahrhunderts die für Großbritannien typische und dauerhafte Koexistenz zwischen Monarch und Parlament. Etwas anders verlief die Entwicklung in dem territorial zersplitterten Italien, noch einmal anders in Ländern wie Polen und Ungarn, wo es den Ständen ebenfalls gelang, ihre Stellung wenigstens teilweise weiterhin zu erhalten.

Der Kampf um Gewissens- und Religionsfreiheit

Die Gläubigen, die sich dem Anspruch absoluter Herrscher widersetzten, beriefen sich schon seit dem 16. Jahrhundert auf ihr Gewissen, das heißt auf ihre Religionsfreiheit. Nach zahlreichen Konflikten wurde schließlich im Laufe des 17. Jahrhunderts die Religionsfreiheit zum zentralen Anker aller Argumentationen, mit denen die Existenz von politischen Grundrechten begründet wurde. Man mag darüber diskutieren, ob diese neue Tradition, die im späten 18. Jahrhundert in den Vereinigten Staaten von Nordamerika und wenig später in Frankreich in umfangreichen Grundrechtskatalogen gipfelte, auf Luther zurückgeht. Zu bedenken ist jedoch, dass Luther, als er auf dem Reichstag in Worms von Kaiser Karl V. aufgefordert wurde, sich von seinen Werken zu distanzieren, sich auf sein Gewissen berief.[9] Da sein Gewissen im Wort Gottes gefangen sei, könne und wolle er nicht widerrufen, denn es sei gefährlich und unmöglich, etwas gegen das Gewissen zu tun. So, oder so ähnlich, argumentierten später der Begründer der Mennoniten, Menno Simons, der puritanische Nonkonformist Roger Williams und der schwäbische Pietist Johann Jakob Moser, um nur einige von vielen Beispielen zu nennen. Auch auf Benjamin Franklin und Thomas Jefferson könnte man in diesem Zusammenhang hinweisen.

Für unser Verständnis der frühneuzeitlichen Christentumsgeschichte steckt in dem meist von dissidenten Protestanten vorgetragenen Verweis auf das Gewissen ein elementar wichtiger Gesichtspunkt. Zwar gibt es viele Beweise dafür, dass sich die christlichen Kirchen dem Machtanspruch der Fürsten im vorrevolutionären Europa fügten, diesen gar mit eigenen Argumenten noch bestärkten. Daneben aber waren es immer wieder überzeugte Christen, die den Kern jener Gruppen bildeten, die sich dem Machtanspruch der Fürsten widersetzten und dafür viel riskierten. Menno Simons wurde jahrzehntelang verfolgt, Johann Jakob Moser für mehrere Jahre eingekerkert. Wie der Rechtshistoriker Georg Jellinek schon vor über hundert Jahren darlegte, verdanken wir die Grundrechtskataloge der Neuzeit nicht der Aufklärung, sondern den religiösen Dissidenten der Frühen Neuzeit.[10] Sie schufen eine für die gesamte Menschheit elementar wichtige fortschrittliche politische Tradition, die weit über ihre eigene Zeit hinausreicht.

Der Arm der absolutistischen Regime in Europa reichte auch nach Übersee. Die missionarische Präsenz der Jesuiten im Fernen Osten und in Lateinamerika war nur aufgrund des Schutzes denkbar, den zunächst Portugal und später Spanien bereit stellten. Die missionarischen Aktivitäten der Niederländer in Indonesien

---

9 Aufgrund der päpstlichen Akten dazu Volker Reinhardt, Luther der Ketzer. Rom und die Reformation, München 2016.

10 Jellinek, Georg, Die Erklärung der Menschen- und Bürgerrechte (1895), 2. Aufl. 1905, 4. Aufl. München 1927.

lebten dagegen vom Schutz der niederländischen Handelskompanien, die ihrerseits politische Protektion genossen. Als im Laufe des 17. und vor allem des 18. Jahrhunderts immer mehr europäische Siedler nach Übersee zogen, wurde zudem eine neue Qualität europäischer Präsenz in den Ländern außerhalb Europas erreicht. Die von diesen Siedlern gegründeten Kirchen unterschieden sich deutlich von den Kirchen in den eigentlichen Missionsgebieten. Nur in den britischen Kolonien in Nordamerika bildeten jene Siedler die Mehrheit, die sich uneingeschränkt für Glaubens- und Gewissensfreiheit einsetzten.

Die europäische Expansion nach Übersee

Durch die europäische Expansion nach Übersee, die im späten 15. Jahrhundert begann, die im 16. Jahrhundert große Erfolge erzielte und die auch im 17. und 18. Jahrhundert kontinuierlich weiterging, wurden für die Ausbreitung des Christentums und damit für die Geschichte des Weltchristentums völlig neue Rahmenbedingungen geschaffen. Die von den Europäern initiierten Entdeckungen samt der Eroberung weiter Teile der außereuropäischen Welt bilden somit eine der elementar wichtigen Voraussetzungen zur konzeptionellen Erfassung der Weltgeschichte des Christentums in den gut zwei Jahrhunderten vor Ausbruch der Französischen Revolution. Im Zentrum standen zunächst die von der spanischen und der portugiesischen Krone geleiteten katholischen Missionsunternehmen in Mittel- und Lateinamerika, ferner, etwas später, auch in Ostasien. Im Fernen Osten lag die Initiative lange Zeit bei den Jesuiten. Deren missionarisches Engagement in Japan und China setzte neue Maßstäbe. Erst im Laufe des 17. Jahrhunderts spielten auch die Niederlande bei der Expansion des Christentums nach Ostasien eine größere Rolle, erst im 18. Jahrhundert die vom Halleschen Pietismus unterstützte dänische Krone im indischen Tranquebar. Im gleichen Zeitraum, das heißt im 17. und 18. Jahrhundert, wanderten zahlreiche Gruppen von frommen Dissentern aus England, zum Teil auch aus den Niederlanden und deutschen Territorien, nach Nordamerika aus und gründeten an der amerikanischen Ostküste zahlreiche Gemeinden, zuerst in Massachusetts, später in Rhode Island, Connecticut, New York, Virginia, den Carolinas und Georgia. Seit dem 18. Jahrhundert bestand somit eine substantielle protestantische Präsenz außerhalb Europas. Diese sollte im Laufe des 19. Jahrhunderts auch in Südafrika, Brasilien und Australien rasch wachsen. In der britischen Kolonie Maryland und in Lateinamerika entstanden dagegen zur gleichen Zeit katholische Siedlerkolonien.

Erst seit dem 16. Jahrhundert ist es gerechtfertigt, ohne Einschränkung von einer globalen Präsenz des Christentums zu sprechen. Die zunächst vor allem von katholischen Staaten, später aber auch von protestantischen Mächten voran getriebene christlich-europäische Expansion bildet den Beginn einer neuen Epoche. Diese neue Epoche steht in einem signifikanten Unterschied zu den Jahrhunderten vorher, in denen die Europäer nur sporadisch über ihren eigenen Kulturkreis hinaus gekommen waren, und sie ist zugleich eine wichtige Voraussetzung für die weltpolitische Bedeutung des Christentums im 19. sowie dann im 20. Jahrhundert. Im vorliegenden Band widmen sich deshalb besondere Beiträge der Geschichte des Katholizismus in Lateinamerika im Zusammenhang mit der Geschichte der katholischen Kirchen in Spanien und Portugal, dem teilweise sehr viel älteren Christentum in Afrika, ferner den Erfolgen und Misserfolgen der Jesuitenmission in China sowie der Ausbreitung des Christentums in den britischen Kolonien in Nordamerika von den Anfängen im frühen 17. Jahrhundert bis zum späten 18. Jahrhundert. Auf diese Weise erhält die globale Dimension des Christentums im Zeitalter vor dem Imperialismus und dem Kolonialismus der europäischen Mächte deutliche Konturen und die notwendige Substanz.

Neue Entwicklungen in den Künsten und Fortschritte in der Wissenschaft

Aus Sicht der Kunst-, der Musik- und der Architekturgeschichte wird das frühneuzeitliche Europa als das Zeitalter des Barock bezeichnet, aus Sicht der Wissenschaftsgeschichte in aller Regel als das Zeitalter grundlegender Entdeckungen und der Entstehung der modernen Naturwissenschaften. Wie wir heute wissen, kann kein Zweifel daran bestehen, dass ebenso wie die Künste auch die neuen Wissenschaften das Christentum jener Ära nachhaltig veränderten. Zu erörtern ist somit, wie eindrucksvolle Fortschritte auf dem Gebiet der Wissenschaft und neue Richtungen auf dem Gebiet der Künste die Geschichte des Weltchristentums beeinflussten.

Schon im Zeitalter der Renaissance und des Humanismus waren neue Formen der künstlerischen Gestaltung und neue Horizonte des Wissens erschlossen worden. In den folgenden zwei Jahrhunderten kam es in den europäischen Ländern geradezu zu einer Explosion der künstlerischen und auch der wissenschaftlichen Kräfte. Während es aber den großen Kirchen gelang, die Künste – die Architektur ebenso wie die Musik – in ihren Dienst zu stellen und somit der christlichen Botschaft auf neue Weise einen überzeugenden Ausdruck zu verleihen, ließen sich die Ergebnisse der neuen Wissenschaften nicht ohne weiteres weder in die katholische noch in die protestantische Sicht der Welt einfügen. Dabei zeigten sich interessante konfessionelle Unterschiede.

In den protestantischen Ländern gelang es weitgehend, die durch Experiment und Empirie gewonnenen neuen Erkenntnisse in das christliche Weltbild einzuordnen. Neben dem „Buch der Geschichte", also neben der in der Hebräischen Bibel und im Neuen Testament vermittelten Botschaft, wurden die naturwissenschaftlichen Beobachtungen von vielen Geistlichen als im Hinblick auf den Geltungsanspruch des Christentums gleichrangige Erkenntnisse aus „Gottes Buch der Natur" angesehen. Die Physikotheologie, das heißt die Beschäftigung mit den vielfältigen Formen der in der Natur offenbar gewordenen Schöpfung Gottes, bildete damit gewissermaßen eine zweite Säule des Glaubens. In der katholischen Kirche waren, wie etwa der Konflikt mit Galileo Galilei zeigt, die Auseinandersetzungen dagegen schärfer und prinzipieller. Hier kam es erst im Laufe des 18. Jahrhunderts, das heißt erst in dem Maße, in dem sich auch in der katholischen Kirche teilweise Ideen der Aufklärung durchsetzten, zu einer Minderung der Spannungen zwischen den seit dem Konzil von Trient propagierten Glaubensinhalten und dem, was erkenntnishungrige Wissenschaftler publizierten.

Man mag darüber streiten, wie stark der Einfluss der neuen Kunst- und Musikrichtungen sowie vor allem der Einfluss der neuen Erkenntnisse auf den Gebieten der Mathematik, der Physik, der Chemie, der Medizin und vor allem der Astronomie auf die christlichen Kirchen war. Denn auf der einen Seite war in allen Ländern Europas im Zuge der Konfessionalisierung die dogmatische Ausrichtung der kirchlichen Lehre verschärft worden. Auf der anderen Seite änderte sich aber in allen Kirchen vom 16. bis zum 18. Jahrhundert die Art und Weise der Selbstdarstellung. In protestantischen Gottesdiensten wurden viele neue Lieder gesungen. Protestanten wie Dietrich Buxtehude und Johann Sebastian Bach schufen Musikwerke von Ewigkeitswert. Für viele Christen wurden Bachs Kompositionen geradezu zum Inbegriff wahrer christlicher Frömmigkeit. Zwar wurden in dieser Periode in den protestantischen Ländern nur wenige neue Kirchen gebaut. Fast alle älteren Kirchen, die noch aus dem Zeitalter der Romanik und der Gotik stammten, erhielten in den protestantischen Territorien aber ein neues, nach dem Geschmack der Zeit gestaltetes und in aller Regel höchst kunstvolles Interieur, dazu auch neue, meist sehr wertvolle Orgeln.

In der katholischen Kirche war in der gleichen Epoche der Wunsch nach neuer künstlerischer Gestaltung deutlich stärker ausgeprägt. In Italien, aber auch in anderen Ländern, wurden nicht nur die älteren Kirchen neu ausgestattet, sondern eindrucksvolle neue Kirchen im Barockstil gebaut, später, im 18. Jahrhundert, weitere Kirchen im Stil des Rokoko. An den katholischen Höfen waren Musiker und Orchester von hohem Rang tätig. Auch im konfessionell katholischen Milieu wurden bedeutende Musikwerke geschaffen. Viele Kunst- und Musikhistoriker sprechen von einem typisch katholischen und einem typisch protestantischen Stil. Eine solche Aussage gilt aber nur für die etablierten Kirchen. In Kreisen der Dissenter waren die Lieder einfacher und die Gebäude, in denen sie sich versammelten, schlichter. Hier galt auch auf den Gebieten der Kunst und Musik eine mit

Nachdruck betonte Askese als Ausdruck der wahren Gläubigkeit. Noch einmal ganz anders ist die Art und Weise zu beurteilen, wie in den orthodoxen Kirchen die Liturgie immer prachtvoller ausgestattet und zelebriert wurde.

Etwas anders sind die Zusammenhänge auf dem Gebiet der neuen Wissenschaften zu beurteilen. Noch waren damals Chemie und Alchemie, Astronomie und Astrologie nicht scharf geschieden. Noch war damals der Kanon der modernen Wissenschaften nicht definiert, in dem Fragen und Themen der Religion und Fragen und Themen der Wissenschaften wie zwei verschiedene Welten behandelt werden. Im Gegenteil: Vor allem im Protestantismus, so etwa in England, Deutschland und Skandinavien, betätigten sich Geistliche ohne Bedenken als Chemiker oder als Astronomen. Sie widmeten sich vor allem der Alchemie und der Astrologie. Manche von ihnen hofften, sie könnten auf diese Weise neue Beweise für Gottes Allmacht finden. Umgekehrt beschäftigten sich die herausragenden Physiker und Mathematiker der Zeit, so etwa Isaac Newton, ihr ganzes Leben mit religiösen Fragen und versuchten, Sinn und Gehalt der biblischen Bücher zu verstehen. Nicht zu übersehen ist, dass auch viele der Missionare, die in Übersee tätig waren, sich als Naturforscher einen Namen machten und manche auch als Sprachforscher. Das gilt für die Jesuiten in China ebenso wie für die Pietisten in Tranquebar. Mit außerordentlichem Eifer waren viele der Missionare bestrebt, den Christen in der Heimat das neue Wissen zugänglich zu machen, das sie draußen in der Fremde kennen lernten. An vielen europäischen Höfen wurden exotische Exponate aus fernen Ländern in sogenannten Wunderkammern dem staunenden Publikum präsentiert. Die christlich-europäische Expansion führte somit zu einer bemerkenswerten Steigerung des Wissens innerhalb der christlich-europäischen Welt.

Die Krisen des 17. Jahrhunderts

In den vergangenen drei Jahrzehnten ist eine weitere Deutung der Geschichte des 16. bis 18. Jahrhunderts auf besonderes Interesse gestoßen, die nicht zuletzt auch für die Erklärung der Geschichte des Christentums neue Einsichten bietet: Es sind die verschiedenen Publikationen zur Krise – besser: zu den Krisen – des 17. Jahrhunderts. Seit etwa drei Jahrzehnten diskutieren Forscher vieler Länder intensiv über die These von der „Kleinen Eiszeit" und über deren kulturelle Auswirkungen.[11] Nachdem Historiker wie Theodore Rabb und Henry Kamen schon vor mehr als einer Generation erklärt hatten, wie die machpolitischen Konflikte in der ers-

---

11 Fagan, Brian T., The Little Ice Age. How Climate made History, 1300–1850, New York 2000.

ten Hälfte des 17. Jahrhunderts zu einer schweren politischen und verfassungspolitischen Krise führten, aus der heraus dann neue Stabilität, das heißt eine neue politische Ordnung entstand, wird seit etwa dreißig Jahren vor allem von Historikern wie Wolfgang Behringer und Christian Pfister erforscht, wie gravierend die Folgen der Klimaverschlechterung waren, die ganz Europa seit den 1560er und den 1570er Jahren erfasste. Mit Hilfe verschiedener, sehr präziser naturwissenschaftlicher Methoden sind die Daten inzwischen so weit gesichert, dass das Faktum dieser säkularen Klimaverschlechterung nicht mehr ignoriert werden kann.

Fest steht, dass im letzten Drittel des 16. Jahrhunderts die Durchschnittstemperaturen deutlich sanken. Eine Häufung von extrem langen und kalten Wintern sowie von nassen, ungewöhnlich kalten Sommern kann registriert werden sowie als Folge eine Serie von schlechten Ernten und in einigen Jahren sogar von totalen Ernteausfällen. Schlimme Hungersnöte waren die Folgen, ebenso verheerende Seuchen, da Menschen, denen es an guter Nahrung mangelt, leichter Opfer von Krankheiten werden. Erst im 18. Jahrhundert verbesserte sich allmählich das Klima wieder und damit die allgemeine Versorgungslage und der Gesundheitszustand der Bevölkerung. Wie es scheint, war Mitteleuropa besonders betroffen. Es gibt jedoch Hinweise, dass sich auch in Ländern wie China und Japan das Klima im 17. Jahrhundert deutlich verschlechterte, dass auch dort Missernten zu politischen Turbulenzen führten. Bei der „Kleinen Eiszeit" haben wir es wahrscheinlich nicht nur mit einem europäischen, sondern, wie Geoffrey Parker betont, mit einem globalen Phänomen zu tun.[12]

Aus den Erhebungen der Demographieforschung wissen wir, dass die Bevölkerung in Europa, die in den ersten zwei Dritteln des 16. Jahrhunderts kräftig gewachsen war, im letzten Drittel des 16. Jahrhunderts stagnierte und in einigen Teilen Europas, vor allem in Mitteleuropa, im 17. Jahrhunderts sogar deutlich zurückging. Lange Zeit richteten sich die Blicke der Historiker allein auf die desaströsen Auswirkungen des Dreißigjährigen Kriegs. Inzwischen ist aber klar, dass ganz Europa vom ausgehenden 16. bis ins frühe 18. Jahrhundert vor einer dreifachen Herausforderung stand: Missernten führten immer wieder zu Hungersnöten; Seuchen breiteten sich in der gesundheitlich geschwächten, schlechter ernährten Bevölkerung aus; dazu kam noch eine Serie von verheerenden Kriegen. Millionen Menschen verloren in jener Zeit das Leben. Der Tod wurde zum ständigen Begleiter der Menschen, und die Menschen haderten mit Gott. In Gedichten und Schriften wurde das „Memento Mori" („Bedenke, dass du sterblich bist") beschworen. Warum ging es ihnen schlechter als den vorangehenden Generationen, fragten viele. Warum wurde ihre Generation von Gott so hart bestraft? Was konnte getan werden, um Gottes Zorn zu besänftigen?

---

12 Parker, Georffrey, Global Crisis. War, Climate Change and Catastrophe in the Seventeenth Century, New Haven, Conn. 2013.

Es sind diese Fragen und diese Zweifel, die konfessionsübergreifend gewaltige, aus Sicht der Religionshistoriker faszinierende Veränderungen im religiösen Leben auslösten: Viele Zeitgenossen sahen in Hexen die Übeltäter. Dementsprechend setzten sie alles daran, die Menschen, von denen sie glaubten, sie seien Hexen, zu fangen und zu eliminieren. Viele Protestanten waren dagegen überzeugt, das Ende der Zeiten sei gekommen, das Jüngste Gericht stünde bevor. Wiederum andere, vor allem Katholiken, versuchten Gott gnädig zu stimmen, indem sie sich mit Eifer an Wallfahrten beteiligten. Konfessionsübergreifend wurde erbauliche Literatur produziert, gekauft und gelesen, meist Traktate, teilweise aber auch dicke Bücher, deren Autoren dargelegten, wie man leben müsse, damit man am Tag des Jüngsten Gerichts vor Gott bestehen und das ewige Heil erlangen könne. Ebenfalls konfessionsübergreifend wurden Tausende von Leichenpredigten publiziert. Die Verstorbenen wurden als exemplarische Christen dargestellt und den Überlebenden als Vorbilder geschildert. Lohnend ist die Frage, ob und inwieweit es Ähnlichkeiten gab zwischen der Art und Weise, wie Christen im 14., im 17. und im 20. Jahrhundert auf die Krisen ihrer Zeit reagierten. Alle drei Zeitalter wurden von verheerenden Kriegen heimgesucht, in allen drei Zeitaltern ging es um die Bewältigung von gravierender äußerer Not, in allen drei um den Versuch, die Kräfte der Zerstörung und des Bösen zu bändigen.[13]

Die polyzentrische Struktur des Weltchristentums

Von grundlegender Bedeutung ist schließlich eine in den vergangenen zwei Jahrzehnten vor allem von dem Münchner Kirchenhistoriker Klaus Koschorke immer wieder betonte These: die These von der polyzentrischen Struktur des Weltchristentums. Seit Beginn der Geschichte des Christentums gab es, so Koschorke, nicht ein Zentrum, sondern mehrere Zentren des Christentums, die miteinander in einem mehr oder weniger intensiven Kontakt standen. Was den in diesem Band behandelten Zeitraum in der Geschichte des Christentums so faszinierend macht, ist die Tatsache, dass in dieser Periode die älteren Zentren der Christenheit durch neue vitale Zentren ergänzt wurden. Um die Geschichte des Weltchristentums im 19. und im 20. Jahrhundert zu verstehen, ist es deshalb notwendig, die sich dynamisch entwickelnde polyzentrische Struktur des Weltchristentums von der Mitte des 16. bis zum Ende des 18. Jahrhunderts zu würdigen.[14]

---

13 Canning, Joseph/Lehmann, Hartmut/Winter, Jay (Hrsg.), Power, Violence and Mass Death in Pre-Modern and Modern Times, Aldershot 2004.
14 Koschorke, Klaus/Hermann, Adrian (Hrsg.), Polycentric Structures in the History of World Christianity/Polyzentrische Strukturen in der Geschichte des Weltchristentums, Wiesbaden 2014.

Kontinuitäten, Diskontinuitäten, Widersprüche

Bei einer Analyse und Darstellung des Weltchristentums in der frühen Neuzeit gilt es daher, verschiedene Spannungsfelder zu identifizieren. Von herausragender Bedeutung war die Entstehung moderner Machtstaaten, die sich nicht scheuten, auch die Kirchen für ihre politischen Ziele zu instrumentalisieren. Die Macht der einzelnen souveränen Staaten war zugleich jedoch begrenzt, weil in Europa mehrere größere und zahlreiche kleinere Machtzentren bestanden. Innerhalb der Staaten waren die jeweils privilegierten Kirchen bestrebt, konfessionell homogene Gemeinden aufzubauen. Resultat dieser Konfessionalisierung war somit die Entstehung unterschiedlicher konfessioneller Kulturen. Nur teilweise gelang es, die spezifisch europäischen Konfessionskulturen nach Übersee zu exportieren, zumal überall die traditionellen Religionen auf lange Zeit hin ihren Einfluss nicht verloren, weder in Asien noch in Lateinamerika. Sowohl in Europa wie außerhalb Europas waren und blieben Differenzen zwischen der Art und Weise, wie die gesellschaftlichen Eliten ihr Christentum praktizierten und der Frömmigkeitspraxis einfacher Leuten jedoch eklatant. Überall in Europa war christliche Gläubigkeit deshalb ständisch geprägt: Falsch ist es deshalb nicht, von einem Christentum der Höfe, der Bürger in den Städten und der Landbevölkerung zu sprechen. In den europäischen Kolonien in Übersee waren die sozialen Unterschiede ebenso krass.

Der Wunsch, die ganze göttliche Wahrheit zu verstehen und zu verkünden, führte überall in Europa immer wieder zu schweren Kontroversen. Der innere Streit wurde ergänzt durch Kämpfe gegen äußere Feinde, vor allem gegen die Türken, aber auch gegen imaginierte Feinde wie die Hexen, die als Verbündete des Teufels galten. Christliches Leben war im frühneuzeitlichen Europa und in der Welt jenseits von Europa, wo Christen lebten, niemals geprägt von Toleranz und der Bereitschaft, andere religiösen Vorstellungen zu akzeptieren. Im Gegenteil: Die geistlichen Führer und ihre Anhänger scheuten sich nicht, Gewalt anzuwenden. Aufgeklärte Vorstellungen, verschiedene christliche Richtungen könnten nebeneinander friedlich koexistieren, waren bis ins 18. Jahrhundert ebenso selten wie die vorbehaltlose Anerkennung nichtchristlicher Religionen. Erst dann wirkte es sich allmählich aus, dass mehr und mehr Europäer außereuropäischen Kulturen begegneten, und erst dann begannen einige aufgeklärte Intellektuelle ihre eigenen absoluten Ansprüche und ihre Weltsicht zu relativieren. Konfessionsübergreifende Konzepte, so wie sie beispielsweise die Pietisten propagierten, bekamen nun sukzessive mehr Einfluss.

Möglich ist es deshalb, das Christentum der Frühen Neuzeit in drei Phasen zu gliedern: Erstens in die Periode der Teilungen und der bitteren theologischen und politischen Streitigkeiten zwischen den verschiedenen Gruppen. Zweitens in eine Periode der politischen und wirtschaftlichen Turbulenzen und der Fragmentierung, in der sich innerhalb der konfessionellen Lager distinkte eigene Gruppierungen wie Puritaner, Jansenisten und Pietisten herausbildeten. Und drittens in eine Periode der beginnenden Globalisierung, in der die außereuropäischen christlichen Kirchen zwar noch nicht Europa als das Zentrum der Christenheit verdrängten, aber ein immer deutlicheres eigenes Profil entwickelten.

Das Spannungsfeld von Theologie und kirchlicher Praxis

Im Zuge der Konfessionalisierung entstanden eindrucksvolle theologische Kompendien von bleibendem Wert, die ihrerseits die Basis bildeten für die theologischen Werke der Orthodoxie und später der verschiedenen Erweckungsbewegungen wie dem Pietismus und dem Methodismus. Deren Aussagen wurden im Laufe des 18. Jahrhunderts von theologisch besonders ambitionierten Werken der Aufklärung zwar nicht völlig verdrängt, aber doch relativiert. Innerhalb der katholischen Kirche setzten sich die Theologen, die sich zum Jansenismus bekannten, mit den theologischen und kirchenrechtlichen Positionen auseinander, die auf dem Konzil von Trient gefunden worden waren, und die vor allem im Bereich der spanischen, der portugiesischen und der französischen Krone nur langsam umgesetzt werden konnten.

Ebenso vielfältig, um nicht zu sagen ebenso verwirrend, waren die Entwicklungen auf dem Gebiet der kirchlichen Praxis, auch der kirchlichen Organisation und Verwaltung. Zu erinnern ist an die in einzelnen christlichen Richtungen durchaus verschiedenen Gottesdienstformen und die je unterschiedliche Liturgie, die das Leben in den Gemeinden nachhaltig beeinflussten. Krieg und Repression, gerade auch konfessionell motivierte Repression, verhinderten in fast allen Ländern zudem kontinuierliche Entwicklungen. Immer wieder waren Minderheiten gezwungen, ihre Heimat zu verlassen. Manche Kirchen entstanden in der Diaspora und erhielten als Minderheitenkirchen ihr besonderes Profil. Höchst uneinheitlich war der kirchliche Einfluss in den Bereichen Erziehung und Bildung: Kirchen und geistliche Orden engagierten sich bei dem Aufbau von Schulen und Universitäten, weite Teile der Bevölkerung, vor allem der ländlichen Bevölkerung, hatten zu diesen Schulen jedoch keinen Zugang, von den Universitäten ganz zu schweigen. Fragen von Gesundheit, Krankheit, Sterben und Tod bestimmten dagegen den Alltag. Als im Zuge der Krise des 17. Jahrhunderts unerwartet viele Menschen aller gesellschaftlichen Schichten starben, nahm die Zahl der Beerdigungen überhand. Nun war es eine Hauptaufgabe der Geistlichen, die Toten, zumindest die Toten aus gut bürgerlichen Kreisen, in wohl formulierten Leichenpredigten zu würdigen.

Die Medien, mit deren Hilfe die Kirchen ihre Botschaft verbreiteten, umfassten in der Frühen Neuzeit ein breites Spektrum: Bibeln oder Teildrucke von Bibeln gehörten dazu, ferner Gebetsbücher, erbauliche Traktate, auch gelehrte Kompendien. Die Flugschriften des 16. Jahrhunderts prägten die öffentlichen Diskussionen ebenso wie zwei Jahrhunderte später die Zeitungen des 18. Jahrhunderts.

Interessante Studien wurden in jüngster Zeit dem Verhältnis der Christen zu den Angehörigen nichtchristlicher Religionen in der Frühen Neuzeit gewidmet. Auch auf diesem Gebiet lässt sich eine erstaunliche Vielfalt beobachten, so zum Beispiel auf der einen Seite ein dezidierter Antisemitismus, ebenso jedoch auf der anderen Seite, wenigstens in einigen Kreisen, ein bewusst vorgetragener Philosemitismus. Die Einstellung gegenüber Muslimen war ebenfalls nicht einheitlich. Auf der einen Seite beherrschte die „Türkenfurcht" seit dem 16. Jahrhundert viele Diskussionen. Auf der anderen Seite machten Berichte vom toleranten Regime der Ottomanen auf dem Balkan die Runde. Erst im Zeitalter der Aufklärung wuchs das Interesse an den fernöstlichen Religionen.

Signifikante Schritte hin zum Weltchristentum

In der Geschichte der Christenheit von den Anfängen bis ins 21. Jahrhundert sind die drei Jahrhunderte vom Beginn des 16. bis zum Ende des 18. Jahrhunderts nur ein vergleichsweise kleiner Teil. Dieser vergleichsweise kleine chronologische Abschnitt besaß jedoch für die Christenheit insgesamt eine außerordentlich große Bedeutung. Denn in dieser Phase wurden Weichen gestellt, die langfristig von allergrößter Bedeutung waren. Erst ab dieser Periode waren Christen mit aktiven Gemeinden und mit selbstbewusst agierenden Gemeinschaften auf allen Kontinenten präsent. Auch wenn die Bedeutung der frühen Ausbreitung des Christentums nicht herabgewürdigt werden soll, ist es eigentlich erst ab dieser Zeit richtig, von Weltchristentum zu reden.

Welche Bedeutung die besonderen Entwicklungen und Ereignisse in der Geschichte des Christentums jener Periode besaßen, kann man jedoch durchaus kontrovers diskutieren. Resultierte aus der neuerlichen Spaltung, aus der scheinbar irreversiblen Fragmentierung der Christenheit im 16. Jahrhundert, eine langfristige Schwächung oder im Gegenteil dessen Stärkung, weil die neu entstandene Konkurrenzsituation auf allen Seiten, nicht zuletzt auch bei den Freikirchen, die Kräfte herausforderte und neue Kräfte hervorbrachte? Ferner kann man fragen, ob die Auseinandersetzung mit den neuen Wissenschaften in diesem Zeitraum zu Fragen, gar zu Zweifeln führte, die auch in den folgenden Jahrhunderten nie mehr behoben werden konnten: Zweifel, die viele Christen irritierten und gar vom Glauben abbrachten, oder ob im Gegenteil als Folge dieser Kontroversen eine bemerkenswerte Vertiefung des Glaubensverständnisses zu beobachten ist. Schließlich stellt sich die Frage, ob die faszinierende Schönheit der neuen Künste, von Malerei, Architektur und Musik, von den eigentlichen Glaubenswahrheiten ablenkte oder ob die neuen künstlerischen Formen auch neue Zugänge zum christlichen Glauben vermittelten.

Damit kommen wir zur zentralen Frage, die den Charakter und somit auch die historische Interpretation jener Epoche unmittelbar berührt und die auf eine nur auf den ersten Blick einfach zu beantwortende Alternative hinführt. Diese lautet: Wuchsen im globalen Christentum in der langen Phase der Konflikte und Krisen vom 16. bis ins 18. Jahrhundert neue Kräfte, neue Einsichten, gar neue Gewissheiten oder ist jene Ära, wenn man etwa an den übermächtigen Einfluss staatlicher Macht und an den verzweifelten Kampf vieler Menschen in Europa und in anderen Teilen der Welt um Schutz vor Gefahren und um Nahrung fürs Überleben denkt, als Beginn der Säkularisierung und damit als Beginn des Niedergangs des Christentums in Europa anzusehen? Wie immer man diese Frage beantwortet – und in den einzelnen Beiträgen dieses Bandes werden die Leserinnen und Leser auf viele Antworten stoßen: Der Teil der Geschichte des Weltchristentums, von dem in diesem Band berichtet wird, ist von einer dynamischen Vielfalt und von einem faszinierenden Reichtum.

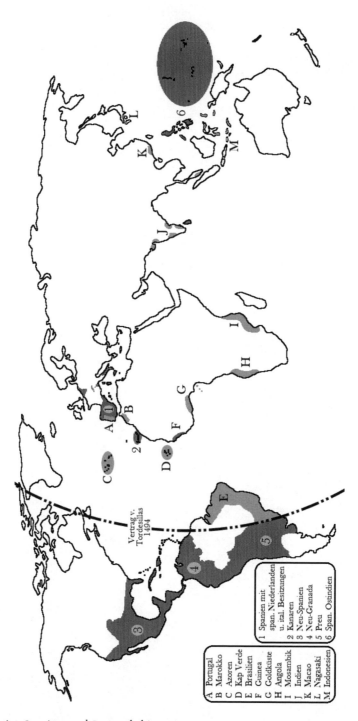

Die Kolonien Spaniens und Portugals bis 1640

A Portugal
B Marokko
C Azoren
D Kap Verde
E Brasilien
F Guinea
G Goldküste
H Angola
I Mosambik
J Indien
K Macao
L Nagasaki
M Indonesien

1 Spanien mit span. Niederlanden u. ital. Besitzungen
2 Kanaren
3 Neu-Spanien
4 Neu-Granada
5 Peru
6 Span. Ostindien

Vertrag v. Tordesillas 1494

KATHOLIZISMUS IN SPANIEN, PORTUGAL UND IHREN WELTREICHEN

Mariano Delgado

1. Das Christentum in der Neuen Welt

Im Windschatten der frühneuzeitlichen Entdeckungsfahrten schlug dem europäischen Christentum auch die Stunde der Weltmission: „Niemals zuvor war einer anderen Religion die Möglichkeit zuteil geworden, auf einen so großen Teil der Menschheit Einfluss zu gewinnen"[1] – urteilt der amerikanische Historiker Kenneth Scott Latourette über die „drei Jahrhunderte des Fortschritts" in der Expansion des europäischen Christentums zwischen 1500 und 1800. Von der globalen Ausbreitung profitierte zunächst vor allem die römisch-katholische Ausprägung, während die russische Orthodoxie weniger aktivistisch und der Protestantismus in den Anfangsstadien seiner Entwicklung mit der Festigung seiner Position vollauf beschäftigt war.

Die europäische Expansion begann mit den Entdeckungsfahrten der iberischen Monarchien im 15. Jahrhundert. Sie suchten neue Routen für den Gold- und Gewürzhandel, da die Muslime (Türken) die Seidenstraße und den Mittleren Osten kontrollierten. Neben dem ökonomischen Antrieb waren auch diese Motive wichtig: einerseits die territoriale und missionarische Expansion, andererseits die Suche nach einem Bündnis mit dem sagenhaften Priesterkönig Johannes, der jenseits der muslimischen Zange in einem christlichen Königreich herrschte und seit dem 14. Jahrhundert Botschaften nach Europa (Rom/Byzanz) sandte. „Wir kommen, Christen und Gewürze suchen": Diese Worte, mit denen Vasco da Gama 1498 bei seiner Ankunft in Calicut die Frage eines arabischen Händlers – „Hol dich der Teufel! Wer hat dich hergebracht?" – beantwortete[2], drücken die Beweggründe für die Entdeckungsfahrten treffend aus.

Die Portugiesen wählten die Route um Afrika herum und ließen sich diesen Weg, die weltliche Herrschaft (verbunden mit dem Recht auf Eroberung und auf Versklavung der „Ungläubigen" und „Sarazenen"), die geistliche Jurisdiktion und

---

1 Latourette, Kenneth Scott, Geschichte der Ausbreitung des Christentums, Göttingen 1956, 47.
2 Koschorke, Klaus/Ludwig, Frieder/Delgado, Mariano (Hrsg.), Außereuropäische Christentumsgeschichte: Asien, Afrika, Lateinamerika 1450–1990 (Kirchen- und Theologiegeschichte in Quellen Bd. 6), (Nachdruck der 3. Auflage von 2010), Neukirchen-Vluyn 2012, 5.

das Handelsmonopol über die bereits erworbenen und noch zu erwerbenden (nicht-christlichen) Inseln, Städte und Länder Afrikas und Asiens durch verschiedene päpstliche Bullen 1455 und 1456[3] exklusiv übertragen. Demnach blieb den Spaniern nur der Weg nach Westen, wollten sie eine neue Route nach Asien finden. In dieser Absicht aufgebrochen, entdeckte Christoph Kolumbus am 12.10.1492 bekanntlich neue Inseln in der Karibik, die er in der Nähe Asiens vermutete. Erst einige Jahre später, nach der Entdeckung des Festlandes und den geographischen Berichten des Amerigo Vespucci 1502/1503, wurde erkannt, dass es sich um eine „Neue Welt" zwischen Europa und Asien handelte.

1.1. Spanisch-Amerika

Dem Beispiel der Portugiesen folgend, erbaten die spanischen Könige von Alexander VI. die Absicherung ihrer Entdeckungsrechte. Mit der Bulle *Inter cetera* vom 4. Mai 1493, der sogenannten Konzessionsbulle, „schenkte, gewährte und übertrug" der Papst den spanischen Königen und ihren Nachfolgern „für alle Zeiten" die neu entdeckten und neu zu entdeckenden Inseln und Festländer „mitsamt allen Herrschaften, Städten, Lagern, Plätzen, Dörfern und allen Rechten, Gerechtsamen und zugehörigen Berechtigungen, soweit diese Inseln und Festländer westlich oder südlich einer von arktischen bis zum antarktischen Pol in einer Entfernung von 100 Meilen westlich und südlich von einer der gemeinhin unter dem Namen Azoren und Cap Verden bekannten Inseln zu ziehenden Linie gelegen sind" (nach dem Protest Portugals gegen diese Demarkationslinie wurde sie beim bilateralen Vertrag mit Spanien vom 7.6.1494 in Tordesillas auf 370 Meilen westlich festgelegt: so konnte Portugal 1500 Brasilien beanspruchen). Der Papst verband dies mit dem Auftrag, „würdige, gottesfürchtige, geschulte, geschickte und erfahrene Männer"[4] zu bestellen, um die Einwohner im katholischen Glauben zu unterrichten und sie zu guten Sitten zu erziehen. Mit diesem Evangelisierungsauftrag des Borgiapapstes begann die christliche Weltmission im Entdeckungszeitalter. Im auffallenden Gegensatz zu den oben genannten Bullen an die Portugiesen verzichtete Alexander VI. darauf, den spanischen Königen und ihren Nachfolgern eine ausdrückliche Vollmacht zur Führung von Eroberungskriegen gegen Mauren, Heiden und andere Feinde Christi oder zur Versklavung von Ungläubigen zu gewähren. Dennoch sprach er zuerst von unterwerfen (*subicere*) und dann von bekehren (*reducere*), d. h. er schien den Typ „imperialer Mission" zu befürworten.

Im spanischen Weltreich stand die Weltmission von Anfang an unter dem Patronat der Könige, wie an späterer Stelle ausführlich dargestellt wird. Dies förderte

---

3 *Romanus Pontifex* vom 8. Januar 1455, von Papst Nikolaus V.; *Inter cetera*, 13.1.1456, von Papst Calixtus III.
4 Koschorke/Ludwig/Delgado, Christentumsgeschichte, 221.

nicht nur den „imperialen Typ" der Mission, sondern führte auch dazu, dass die Kirche in spanischen Überseeterritorien de facto eine „Staatskirche" war, auf die Rom kaum Einfluss hatte. Begriffe wie „Patronat" und quasi „Staatskirche" bedeuten aber nicht, dass die Könige für die Kirche schlecht gesorgt hätten. Die spanischen Könige z. B. waren stets bemüht, im Sinne der Konzessionsbulle „würdige, gottesfürchtige, geschulte, geschickte und erfahrene Männer" zu senden sowie entsprechende Bischöfe zu bestellen. Sie förderten die Evangelisation der einheimischen Bevölkerung und hörten zu, wenn es Missstände zu beklagen gab und versuchten, diese dann mit immer besseren Schutzgesetzen zu beheben. Sie duldeten aber weder, dass ihre Herrschaft in Frage gestellt wurde, noch, dass sich die Päpste einmischten.

1.1.1. Debatten um die Rechtmäßigkeit der Unterwerfung

Während sich die Portugiesen zunächst auf die Sicherung von Handelsstützpunkten und Brückenköpfen an der Küste konzentrierten, befürworteten die Spanier von Anfang an eine extensive Kolonisation nach römischem Vorbild. Unter Berufung auf die Konzessionsbulle von 1493 wurde die Herrschaft notfalls mit *Conquistas* oder Eroberungskriegen zunächst gewaltsam übernommen (*ingressus*). Ab 1504 unterstellte die Krone die „Indios" zur besseren Evangelisierung und Zivilisierung als Arbeitskräfte der Obhut der spanischen Siedler (*progressus* oder Encomienda-System).

Daraus wurde bald eine unbarmherzige Ausbeutung. Aber die humanistische Gelehrtenrepublik gab sich mit dem aristotelischen Argument des in Paris lehrenden schottischen Theologen John Major (†1550) zufrieden. Er hatte 1509 gelehrt, dass die Spanier über die Indios wie „die Griechen über die Barbaren" herrschen könnten. Denn da die Indios „Sklaven von Natur" aus seien, regiere sie zu Recht „die erste Person, die sie erobert"[5].

Eine lebhafte Debatte entstand erst nach der Ankunft von Mitgliedern des Ordens der Predigerbrüder in Santo Domingo (in der heutigen Dominikanischen Republik) Ende 1510. Für diese und die dort arbeitenden Franziskaner unterdrückten die Ägypter die Kinder Israels nicht so grausam „und auch nicht die Verfolger der Märtyrer die Kinder der Kirche"[6] wie die spanischen Eroberer die Bewohner Amerikas. Am vierten Adventssonntag 1511 stellte daher der Dominikanerpater Antón Montesino von der Kanzel diese Fragen: „Mit welchem Recht und mit welcher Gerechtigkeit haltet ihr diese Indios in solch grausamer und entsetzlicher

---

5 Major, John, In secundum librum sententiarum, Paris 1519, f. clxxxvij[r].
6 Medina, Miguel Ángel, Una comunidad al servicio del indio. La obra de Fray Pedro de Córdoba O. P. (1482–1521), Madrid 1983, 253.

Knechtschaft? [...] Sind sie etwa keine Menschen? [...] Seid ihr nicht verpflichtet, sie wie euch selbst zu lieben?"[7]

Nun waren die entscheidenden Fragen gestellt, und zwar in einer ganz bestimmten christlichen Perspektive. Denn es wurde nicht nur nach dem „Recht" gefragt, sondern auch nach der Annahme der Indios als „unserer Nächsten". Die Krone holte sich dazu Rat bei einer Expertenkommission von Juristen und Theologen. Ähnlich wie die Kronräte hatten solche Kommissionen die Aufgabe, für eine gute Regierung zu sorgen und so das königliche Gewissen zu entlasten.

Im Hinblick auf den *progressus* führten die Beratungen zu den Gesetzen von Burgos (1512) und Valladolid (1513) zur Abmilderung des oben genannten Encomienda-Systems. Auf die Bedenken bezüglich des *ingressus* wurde 1513 mit dem sogenannten *Requerimiento* reagiert, einer Proklamation der Eroberer, die von den Rechten der spanischen Könige kraft der päpstlichen Konzessionsbulle sprach und die Indios - auf Spanisch, wohlgemerkt - aufforderte, sich diesem Herrschaftsanspruch freiwillig zu unterwerfen, wenn sie nicht mit Feuer und Schwert dazu gezwungen werden wollten. In den Gutachten der Kommissionsmitglieder wurde diese Unterwerfungsaufforderung nicht nur mit der päpstlichen Konzession und dem daraus erwachsenen Missionsrecht begründet, sondern auch unter Berufung auf Dtn 20,10–12 und auf andere biblische Stellen, wie etwa Ex 1,13–14. Außerdem wiesen die Eroberer auf die Sünde des Unglaubens und die Sünden wider die Natur hin (Sodomie), die von den Spaniern unterbunden werden sollten.

Die altamerikanischen Reiche wurden nach dieser Requerimiento-Methode kriegerisch unterworfen - und dies von Haudegen wie Hernán Cortés und Francisco Pizarro, die keinen königlichen Auftrag dazu hatten. Die Krone zog sie zwar zur Rechenschaft, nahm aber zugleich gerne ihren Anteil, nämlich das königliche Fünftel an der Beute sowie die gewaltsam errungene Herrschaft über die neuen Länder und Menschen, an.

1537 konnten die indiofreundlichen Missionare einige Schreiben von Papst Paul III. erwirken: So verlieh das Breve *Pastorale officium* vom 29. Mai 1537 dem Erzbischof von Toledo weitgehende Exkommunikationsbefugnisse gegenüber den Sklavenhaltern, und die Bulle *Sublimis Deus* vom 2. Juni 1537, auch *Veritas ipsa* genannt, die wie ein Rundschreiben an alle Gläubigen gerichtet war, betonte die friedliche Evangelisierung und proklamierte die Menschenwürde der Indios: Diese dürfen „ihrer Freiheit und ihres Besitzes nicht beraubt werden [...]. Auch ist es nicht erlaubt, sie in den Sklavenstand zu versetzen".[8] Aber die päpstliche „Einmischung" verletzte die Patronatsrechte der spanischen Krone, so dass es zu einem schweren Patronatskonflikt kam und Kaiser Karl V. die Publikation der Bulle in

---

7 Delgado, Mariano (Hrsg.), Bartolomé de Las Casas, Werkauswahl, 4 Bde., Paderborn 1994–1997, hier Bd. 2, 226.
8 Koschorke/Ludwig/Delgado, Christentumsgeschichte, 225.

seinem Weltreich untersagte. Wirkungsreicher war die im Folgenden vorgestellte Kontroverse, die sich am besten anhand der Argumente von Francisco de Vitoria (†1546), Juan Ginés de Sepúlveda (†1573) und Bartolomé de Las Casas (†1566) zusammenfassen lässt.

Ein subtiler Scholastiker: Francisco de Vitoria

Der Dominikaner und Salamanca-Professor Francisco de Vitoria äußert sich, weil seiner Ansicht nach die Frage nach dem Recht der spanischen Expansion in der Neuen Welt eine umstrittene sei und man sie „nicht allein den Rechtskundigen" überlassen dürfe. Da es um die Instanz des Gewissens gehe, sei sie vielmehr „Aufgabe der Theologen".[9] Vitoria, ein subtiler Scholastiker, behandelte daher diese Frage im Stil einer Quaestio, bei der man die verschiedenen Argumente sorgfältig abwog. Im ersten Teil seiner Vorlesung *De Indis* (Über die Indios) 1539 demontierte er die angeblichen legitimen Gründe für Eroberungskriege und zivilisatorische Obhut der Spanier, einschließlich der päpstlichen Konzession, die er nur als Evangelisierungsauftrag verstand, und nicht als Herrschaftsübertragung. Denn für die traditionellen Scholastiker hatte der Papst keine direkte Gewalt über die Ungläubigen. Im zweiten Teil der Abhandlung erläuterte Vitoria die Gründe für ein humanitäres Interventionsrecht – nicht zuletzt um die Faktizität der seit mehr als vierzig Jahren stattgefundenen Expansion zu rechtfertigen und die Krone zu beruhigen. Die wichtigsten Gründe seien seiner Ansicht nach die Verletzung des Migrations- und des Missionsrechts der Spanier durch die Indios.

Ausgehend vom Vernunftpostulat, dass es am Anfang der Welt jedem erlaubt gewesen sei, überall hinzugehen, und dass seitdem das Menschengeschlecht eine universale Republik, gleichsam eine „Kommunikationsgemeinschaft" bilde, fordert Vitoria für die Spanier – modern ausgedrückt – die freie Ein- und Auswanderung, das Recht auf Niederlassung, den freien Handel, die freie Ausbeutung der Naturressourcen und das Einbürgerungsrecht. Die Spanier dürften dieses Migrationsrecht beanspruchen, sofern ihre Präsenz den Indios keine Nachteile oder Schäden bringe. Aber wer bestimme das? Dass die Spanier die Interpretationshoheit behalten, geht aus dieser Schlussfolgerung hervor: Denn, wenn die Indios die Spanier angriffen, auch nachdem diese ihnen bedeutet haben, dass sie keinen Nachteil oder Schaden hätten, so dürften die Spanier Gewalt anwenden, „weil es erlaubt ist, Gewalt mit Gewalt abzuwehren".[10] Sogar Schüler Vitorias wie Melchior Cano und Domingo de Soto (von Las Casas zu schweigen) mussten betonen, dass die

---

9 Horst, Ulrich/Justenhoven, Hans-Gerd/Stüben, Joachim (Hrsg.), Francisco de Vitoria, Vorlesungen, Völkerrecht, Politik, Kirche. Relectiones, 2 Bde. (Theologie und Frieden 7 und 8), (lat.-dt), Stuttgart/Berlin/Köln 1995–1997, hier Bd. 2, 372–373 und 380–383.
10 Ebd., 468f.

Spanier nicht als Wanderer, sondern als Invasoren auftraten: „Kämen die Franzosen so nach Spanien, würden die Spanier das nicht dulden".[11]

Ähnlich verhielt es sich mit dem Missionsrecht. Aus dem Sendungsbefehl Christi und aus dem Evangelisierungsauftrag des Papstes leitete Vitoria ein mehrstufiges Interventionsrecht ab, „bis sich Gelegenheit und Sicherheit zur Verkündigung des Evangeliums (und zum Schutz der Bekehrten) einstellen".[12] Dasselbe gelte bei Verhinderung der Bekehrung, oder bei Gewalt gegen die zu Christus Bekehrten, so dass diese getötet oder zur Wiederaufnahme des Götzendienstes genötigt werden. Auch hier könnten die Spanier „die Satzungen des Kriegsrechtes" zur Anwendung bringen. Und schließlich könne der Papst den Barbaren, wenn sich ein großer Teil von ihnen tatsächlich zu Christus bekehrt hätte – gleich, ob dies friedlich, unter Einschüchterung oder Drohungen geschah und gleich, ob sie ihn darum gebeten hätten oder nicht – „einen christlichen Herrscher geben und die anderen, ungläubigen Herren entfernen".[13] An die Reziprozität, d. h. an das Recht anderer Religionen zur Mission – etwa in christlichen Territorien – dachte man im Schatten des Missionsrechts nicht. Es war eine Einbahnstraße zur Evangelisierung der Welt. Papst Innozenz IV. hatte dies 1243 in einem Dekretalekommentar bereits klargestellt. Darin wurde die Verpflichtung der Heiden zur Zulassung christlicher Missionare bekräftigt, zugleich aber verneint, dass christliche Herrscher verpflichtet wären, etwa Verkünder des Islam zuzulassen, denn der Irrtum könne nicht dasselbe Recht wie „die Wahrheit" beanspruchen.[14]

Ein aristotelischer Humanist: Juan Ginés de Sepúlveda

Seine Beteiligung an der Kontroverse rechtfertigte der Humanist und Hofchronist Juan Ginés de Sepúlveda mit der eitlen Bemerkung, er durfte nicht schweigen, „wenn so viele redeten".[15] Mit seinem Werk *Democrates secundus* (1544) wollte er „andere Gründe für einen gerechten Krieg gegen die Indios" ins Spiel bringen, „die nicht so oft zur Anwendung kommen, aber als sehr gerecht gelten und dem natürlichen sowie dem göttlichen Gesetz" entsprechen.[16] Diese Gründe umfassten die aristotelische Lehre der Sklaven von Natur, die Sünde des Götzendienstes, die Befreiung von Unschuldigen aus dem sicheren Tod in Menschenopfern, und schließlich die Ermöglichung der Evangelisierung.

---

11 Hier zitiert nach Horst, Ulrich, Leben und Werke Francisco de Vitorias, in: Vitoria, Vorlesungen, Bd. 1, 94.
12 Vitoria, Vorlesungen, Bd. 2, 476f.
13 Ebd., 478f.
14 Grewe, Wilhelm G., Fontes Historiae Iuris Gentium/Quellen zur Geschichte des Völkerrechts, Bd. 1, Berlin/New York 1988, 350.
15 Losada, Ángel (Hrsg.), Juan Ginés de Sepúlveda, Demócrates segundo – o De las justas causas de la guerra contra los Indios, (lat.-span.), Madrid 1984, 1f.
16 Sepúlveda, Demócrates segundo, 19.

Wie zuvor John Major, aber viel ausführlicher, stufte Sepúlveda alle Indios als „Sklaven von Natur" ein, während die Spanier für ihn die Griechen der Renaissance waren, denen die Führung der Welt zustehe. Wenn die Indios sich nicht fügten, könnten sie daher „wie wilde Tiere" gejagt werden. Sünden wider die Natur wie Sodomie und Menschenopfer, Folgen des „teuflischen" Götzendienstes, rechtfertigten den Krieg, weil die Gesetze der Indios dies gut hießen. Sie seien daher als öffentliche, strukturelle Sünden zu betrachten. Hatte Augustinus geschrieben, ein Krieg sei nur als Antwort auf erlittenes Unrecht gerecht, so meinte nun Sepúlveda, dass es hier um das Unrecht gegen Gott gehe, „das ja auch am meisten der Rache würdig ist."[17]

Die Befreiung der Unschuldigen war für ihn, wie für Vitoria, ein Gebot der Nächstenliebe, zu dem man vom Naturrecht verpflichtet sei. Dabei betonte Sepúlveda, dass er – den Berichten von Hernán Cortés Glauben schenkend – von über 20 000 Menschen ausging, die allein in Mexiko jährlich den Götzen geopfert würden. Die Menschenopfer gewännen damit den Charakter einer „Massenvernichtungswaffe", die man schnell aus der Welt schaffen müsse.

Auch die präventive Herrschaftsübernahme zwecks Sicherung des Missionsrechtes und Erleichterung der Christianisierung war für Sepúlveda eine Folge des Liebesgebots, damit die unendliche Zahl von Menschen, die „in der gefährlichen Finsternis" umherirre, „auf dem nächstgelegenen und kürzesten Weg zum Licht der Wahrheit"[18] angezogen werde. Sepúlveda ging dabei einen Schritt weiter als Vitoria, indem er – zum Entsetzen der Theologen – meinte, dass die Indios von den Spaniern auch „zum Hören der Glaubenspredigt" gezwungen werden könnten.[19]

Sepúlveda argumentierte als „aristotelischer Humanist" und nicht wie ein Scholastiker. Das merkt man nicht nur an seinem eleganten Latein, sondern auch an der Art und Weise, wie er mit theologischen Argumenten (Unglaube, Missionsrecht, Spanier als Vollstrecker des Zornes Gottes) umging.

Ein christlicher Humanist: Bartolomé de Las Casas

Bartolomé de Las Casas war seit 1502 ein Augenzeuge der Expansion. Er hatte die von den Hunden und den Waffen der Spanier zerfleischten Leiber der Indios mit Betroffenheit wahrgenommen. Die Schrecken des Krieges beschrieb er daher mit einer empathischen Feder, die Mitleid mit den Opfern und Entsetzen über das Wüten von „Christen" wecken wollte. Und diese Feder hatte die Schärfe eines Schwertes. Las Casas klagte einen Perspektivenwechsel ein. Er fragte sich, ob ein John Major so sprechen würde, „wenn er selbst ein Indio wäre".[20] Während man

---

17 Ebd., 60.
18 Ebd., 64.
19 Ebd., 64.
20 Castañeda, Paulino (Hrsg.), Bartolomé de Las Casas, Obras completas, 14 Bde., Madrid 1988–1998, hier Bd. 9, 604.

seit Sokrates unter Apologie die Verteidigung der eigenen Position verstand, schrieb Las Casas 1551 seine *Apologia* zur Verteidigung der Anderen. Sie trug allerdings an manchen Stellen idealisierende Züge – so z. B. wenn er über die Indios der Bahamas schrieb, sie seien so einfältig, gelassen und friedfertig, dass es scheine, „Adam habe in ihnen nicht gesündigt"[21].

Las Casas sprach sich auch dafür aus, im Falle einer Behinderung des Missionsrechtes die gewaltsame Intervention stark einzuschränken. Diese wäre nämlich nur dann rechtens, wenn die Indios im Wissen um den Glauben die Predigt behinderten, was bei ihnen nicht der Fall sein könne: „Wenn sie uns hingegen behinderten in der Annahme, wir würden sie als unsere Feinde berauben und töten, ohne dass sie zuvor überhaupt etwas von unserem Glauben erfahren hätten, dürften sie sich rechtmäßig gegen die Unseren zur Wehr setzen, und wir könnten keinen gerechten Krieg gegen sie führen."[22] Auch den Schutz durch bewaffnete Soldaten ließ Las Casas nicht gelten, da er darin eine subtile Form der Nötigung sah, die die Freiheit des Glaubensaktes beeinträchtige.

Aber sein wichtigster Beitrag war die vehemente Verteidigung der Würde der indianischen Religionen und Kulturen. Die Indios seien keine Sklaven von Natur, sondern zivilisations- und glaubensfähig wie Spanier, ja, sie seien „unsere Brüder, für die Christus sein Leben hingegeben hat".[23] Ihre Kulturen seien nicht barbarisch, sondern in ethischer Hinsicht besser als die meisten der Antike. Ihre Religionen seien als redliches Verlangen nach dem wahren Gott zu verstehen. Selbst die Menschenopfer seien Ausdruck davon, wenn auch ein durch das Fehlen des Glaubenslichtes irregeleiteter Glaube. Wenn die Indios nach wiederholter Ermahnung Menschenopfer beibehielten, könnte man sie unter Anwendung eines gemäßigten Zwangs zwar daran hindern, sie aber nicht dafür bestrafen oder ihnen Herrschaft und Güter wegnehmen. Zuvor sollte man abwägen, ob die Zahl der unschuldigen Opfer aufgrund der Intervention größer wäre, als die Zahl derer, die man vor dem ungerechten Tod zu retten beabsichtige.

Las Casas' Apologie gipfelt in einem Manifest der Einheit des Menschengeschlechts: „alle Menschen sind, was ihre Schöpfung und die natürlichen Bedingungen betrifft, einander ähnlich"[24], d. h. vom Schöpfer ausgestattet mit Verstand und freiem Willen. Dieses von ihm zum Ausdruck gebrachte Menschenbild gilt heute als die Bedingung einer partnerschaftlich gestalteten Weltordnung.

Besonders die vier von Sepúlveda angeführten Gründe wurden seitdem immer wieder bemüht, um gewaltsame Interventionen humanitär zu rechtfertigen. Der amerikanische Soziologe Immanuel Wallerstein brachte sie folgendermaßen auf den Punkt: „Die Barbarei der anderen, das Unterbinden von Praktiken, die univer-

---

21 Las Casas, Obras completas, Bd. 8, 1319.
22 Las Casas, Werkauswahl, Bd. 1, 367.
23 Las Casas, Obras completas, Bd. 9, 664.
24 Las Casas, Werkauswahl, Bd. 2, 377.

selle Werte verletzen, die Verteidigung Unschuldiger inmitten der grausamen Anderen sowie die Schaffung der Möglichkeit, universelle Werte zu verbreiten".[25]

Mit seinem Perspektivenwechsel, seiner Apologie der Wahrheit und des Rechts der Anderen sowie mit seiner Verbindung von Missionierung und Freiheit war Las Casas, den die chilenische Dichterin Gabriela Mistral „eine Ehre für das Menschengeschlecht" genannt hat,[26] seiner Zeit weit voraus. Er wollte Europas Kultur und Religion universalisieren, aber sanft und friedlich, wie es der göttlichen Weisheit (Weish 8,1) entspricht, d. h. mit guten Vernunftargumenten und gutem Lebensbeispiel.

1.1.2. „Tragbares Europa"

Spanien nahm den Evangelisierungsauftrag der Bulle von 1493 sehr ernst. Um 1650 wirkten in Spanisch-Amerika und auf den Philippinen ca. 15 000 Missionare männlicher Orden, fast die Hälfte davon Franziskaner. Dabei sind zwei Aspekte bei der spanischen Weltmission zu unterscheiden: Zum einen die Verpflanzung Europas (*Plantatio Europae*) nach Übersee und zum anderen die religiöse, also christliche, und kulturelle Assimilation (*Plantatio Ecclesiae*) der unterworfenen Völker.

„Europa portable", tragbares Europa, nannte der spanische Jesuit und Schriftsteller Baltasar Gracián (†1658) die Schiffe, die von Spanien nach Übersee ausliefen und die Verpflanzung der Heimat in die neuen Länder faktisch und bildlich zum Ausdruck brachten. So wurden die neuen Länder folgerichtig als Española, Neu-Spanien, Neu-Granada etc. bezeichnet. In einem atemberaubenden Tempo wurden in Spanisch-Amerika Bistümer errichtet (bereits 31 im Laufe des 16. Jahrhunderts und elf weitere im 17. und 18. Jahrhundert), zivile Verwaltungsstrukturen (Gerichte, Vizekönigtümer) aufgebaut und viele neue Städte gegründet – zumeist nach römischer Art, d. h. nach einem rationalen wie zweckmäßigen Schachbrettmuster geplant und mit Namen, die an die Heimat der Gründer oder an besondere religiös verehrte Personen erinnerten. Diese Städte wurden zu Verwaltungs-, Religions- und Kulturzentren der europäischen Präsenz. Entsprechend wurden sie mit allem ausgestattet, was zur gewohnten spanischen Lebensqualität gehörte: Plätze, Gärten und Paläste, Kirchen, Klöster und Kathedralen, Schulen, Kollegien und Universitäten, Spitäler und Armenhäuser. In seinem Werk *Compendio y descripción de las Indias Occidentales* von 1629 beschrieb der spanische Missionar Antonio Vázquez de Espinosa die peruanische Stadt Lima als eine Stadt, die Sevilla oder Valladolid in nichts nachstand. Es existierten dort Männerklöster der Dominikaner, der Franziskaner, der Augustiner, der Merzedarier und der Gesellschaft Jesu und dazu noch sechs Frauenklöster und vier Spitäler, die

---

25 Wallerstein, Immanuel, Die Barbarei der anderen. Europäischer Universalismus, Berlin 2007, 15.
26 Quezada, Jaime (Hrsg.), Gabriela Mistral, Poesía y prosa, Caracas 1993, 417.

mit den besten Europas mithalten konnten. Es gab auch Bruderschaften, die eigene Spitäler für arme und kranke Frauen betreuen, sowie Klosterschulen für arme Mädchen und für die Töchter wichtiger Personen.

Von der Universität und den königlichen Schulen hieß es, sie seien so vorzüglich, dass sie nach keiner anderen auf der Welt zu schielen brauchten. Das Kollegium zählte mehr als 80 Doktoren und Magister, und die akademischen Grade würden wie in Salamanca verliehen.

Die Kolonialgesellschaft war eine „gemischte" Kasten-Gesellschaft, in der ein jeder gemäß seiner sozialen Stellung seinen Platz hatte: Spanier, Kreolen (in Amerika geborene Nachfahren der Spanier), Mestizen (v. a. mit europäischem Vater und indigener Mutter), Indios, Schwarze, „Mulatten" verschiedener Art und Nachfahren von Schwarzen und Indios, Herren und Sklaven in der einen Christenheit. So entstand jener „Mestizisierungsprozess", der für Spanisch-Amerika prägend sein sollte. In Sakralkunst, Festen und Prozessionen, in Kongregationen, Bruderschaften (Ende des 18. Jahrhunderts gab es allein in Mexiko 425 verschiedene Bruderschaften) und Wallfahrten nahm die christliche Volksreligiosität Gestalt an.

Zu dieser *Plantatio Europae* und *Plantatio Ecclesiae* in den städtischen Zentren kam der Versuch zur religiös-kulturellen Assimilierung der Indios und Schwarzen. Die Hauptsorge galt dabei der Vermeidung von religiösen Synkretismen und der Verdrängung von Sitten, die im Widerspruch zur christlichen Lebensform stehen, wie z. B. der Polygamie.

1.1.3. Evangelisierung in den einheimischen Sprachen und Missionsmethoden

Die Kirche hielt immer das Prinzip der Evangelisierung in der Sprache der Adressaten hoch, auch in der Weltmission der Frühen Neuzeit. „Der Spanier auf Spanisch, der Indio in seiner Sprache"[27] war daher die Devise beim III. Konzil von Lima 1583. Damit wurde die Praxis bestätigt, die seit den Anfängen der spanischen Weltmission praktiziert wurde. Aus diesem Grund studierten die Missionare die indianischen Sprachen, schufen die ersten, und vielfach bis heute noch aktuellen Grammatiken und Wörterbücher derselben und übersetzten die wichtigsten Gebete und Texte. Das führte zur Entstehung einer Fülle von Katechismen, viele davon in den einheimischen Sprachen oder auch als zwei- oder dreisprachige Katechismen. Allein in Mexiko entstanden mehr als 100 Katechismen, die Bilderkatechismen der Anfänge auf der Grundlage der aztekischen Bilderschrift eingeschlossen. Ebenso wurden auf Spanisch und oft auch in einheimischen Sprachen Lektionare und Evangeliare (*leccionarios, evangeliarios*), Beichtbücher (*confesionarios*), Predigtbücher (*sermonarios*), geistliche Traktate (*tratados*), Religionsgespräche

---

27 Koschorke/Ludwig/Delgado, Christentumsgeschichte, 234.

(*coloquios*) oder Sammlungen von Liedern und Gebeten, die von den Missionaren in Anlehnung an die Psalmen geschaffen wurden, geschrieben. Die Bischöfe von Mexiko, Lima und Manila führten den Buchdruck vor allem als katechetisches Instrument ein. Missionskatechismen waren daher auch die ersten Bücher, die dort gedruckt wurden (Mexiko 1539, Lima 1584, Manila 1593). Der Übersetzungsprozess hatte aber dort seine Grenzen, wo es darum ging, abstrakte Fachbegriffe christlicher Gottesrede adäquat zu übertragen. Vorherrschend blieb die - sich schon um die Mitte des 16. Jahrhunderts herauskristallisierende - Meinung, die in einem Gutachten des Indienrats an den König vom 20. Juni 1596 zum Ausdruck kommt. Demnach ließen sich - selbst in der besten und vollkommensten Sprache der Indios - die Mysterien des Glaubens nicht gut und in ihrer Richtigkeit erklären, „sondern mit Ungereimtheiten und Mängeln".[28] So gab es in den Missionskatechismen und Predigtbüchern Begriffe wie „Gott", „Heiligste Dreifaltigkeit", „Person", „Glaube" oder „Heiliger Geist" stets in spanischer Sprache.

Getragen von der Überzeugung, dass für die Bekehrung der Indios die Kenntnis von deren Sprache unumgänglich sei, verpflichteten das I. Konzil von Lima (1552) und das I. Konzil von Mexiko (1555) die Pfarrer der Indios zum Lernen der jeweiligen Sprache innerhalb einer bestimmten Zeit, „wenn sie nicht ihr Pfarramt verlieren wollen".[29] Die Krone nahm diesen Wunsch der Kirche in ihre eigene Gesetzgebung auf und ließ folgerichtig an den Universitäten von Lima und Mexiko Lehrstühle für das Studium der wichtigsten indigenen Sprachen dieser Gebiete errichten. Die Gesetze der Krone verschärften auch die Kontrollen der Sprachkenntnisse für das Pfarramt. Die Praxis entsprach freilich nicht immer der Theorie.

Die wiederholten Ermahnungen von Kirche und Krone, die indianischen Sprachen zu erlernen, zeugten davon, dass viele Missionare sie nur sehr mangelhaft beherrschten. So verfügte Philipp II. in einem Erlass vom 19. September 1580 ein Weiheverbot für diejenigen, die an den betreffenden Universitäten die indigenen Sprachen nicht mit dem nötigen Prüfungserfolg gelernt hätten. Weiter verfügte er, dass, wer bereits Pfarrer sei, nur ein Jahr Zeit habe, um die fehlenden Sprachkenntnisse nachzuholen. Sonst werde die Stelle für vakant erklärt.

Parallel dazu gab es Versuche, das Spanische zur Sprache des Weltreiches zu machen, so wie das Lateinische bei den Römern. Diese radikale Hispanisierungspolitik setzte sich aber erst um die Mitte des 18. Jahrhunderts im Schatten des Regalismus, also des Staatskirchentums der spanischen Bourbonen, und gegen den Willen der Missionare durch. So wurde ab 1770 der Lehrstuhl für indianische Sprachen an der Universität von Lima geschlossen und in einen solchen für Moralphilosophie umgewandelt.

---

28 Konetzke, Richard, Die Bedeutung der Sprachenfrage in der spanischen Kolonisation Amerikas, in: Jahrbuch für Geschichte von Staat, Wirtschaft und Gesellschaft Lateinamerikas 1 (1964), 72–11; 88.
29 Ebd., 79.

Die Sprachleistungen waren ein wichtiger Grund dafür, dass die Missionare trotz der kolonialen Rahmenbedingungen und des harten Vorgehens gegen den öffentlichen und den verborgenen „Götzendienst" mit der neuen Religion das Herz der Indios erreichen konnten.

Im Schatten der Verquickung von Mission und Kolonialismus haben wir es insgesamt eher mit einer Verpflanzung der europäischen Christentümer und Kulturen nach Übersee zu tun. Es fanden aber dennoch einige bemerkenswerte Inkulturationsleistungen oder Anpassungen an die indigenen Kulturen statt, vor allem im Bereich der Sprache und der sakralen Kunst.

Besonders bedauerlich ist, dass man sich nach der Krise der 1550er Jahre – aus Angst vor reformationsähnlichen Entwicklungen – gegen die Übersetzung der Bibel in die Volkssprachen entschied, während 1546 der Franziskaner Juan de Zumárraga, der erste Bischof Mexikos, noch den Traum hegte, dass zumindest die Evangelien und die Briefe des heiligen Paulus in alle Sprachen übersetzt werden würden.

Hervorzuheben sind die Inkulturationsleistungen des Christentums im Bereich der sakralen Kunst. Beim Erfolg der Substitutionsmethode der indianischen Götzen durch Madonnen- und Heiligenbilder spielte die Tatsache eine wichtige Rolle, dass um 1600 die sakrale Kunst weitgehend in den Händen der Indios und Mestizen lag. Anfangs begegneten die spanischen Christen ihren Werken mit Misstrauen, weil sie befürchteten, dass die Konvertierten nicht nach den erforderlichen Maßstäben arbeiten und deren Bilder eine Ähnlichkeit mit den alten Göttern aufweisen könnten. Aber schließlich setzten sich die indianischen Künstler durch – wie man beispielsweise an der Entstehungsgeschichte des Wallfahrtsortes Copacabana am Titicacasee sehen kann: Die Indios konnten erreichen, dass in der Kirche eine von ihnen selbst angefertigten Marienfigur verehrt wird.[30]

1.1.4. Die Einstellung gegenüber den indianischen Religionen

Um die Typologien in der Begegnung der christlichen Missionare mit anderen Religionen angemessen zu verstehen, muss man sich der damaligen religionstheologischen Voraussetzungen bewusst werden. Zum einen ging das humanistische Europa mit antiken Autoren wie Cicero davon aus, dass Religion im Sinne der öffentlichen Gottesverehrung (gleich ob wahre oder falsche Religion) eine anthropologische Strukturkonstante sei, so dass es keinen Stamm oder ein Volk ohne eine Art von Religion oder Gott gebe. Da aber Kultdiener und -stätten auf den ersten Blick fehlten, hatten die Missionare Schwierigkeiten, die fremde Religiosität überhaupt als eine Religion wahrzunehmen. So dachten Katholiken und Protestan-

---

30 Vgl. dazu Delgado, Mariano, Abschied vom erobernden Gott. Studien zur Geschichte und Gegenwart des Christentums in Lateinamerika, Immensee 1996, 166–167.

ten, etwa der portugiesische Jesuit Manoel da Nóbrega (1517–1570), der französische Calvinist Jean de Léry (1536–1613), der französische Kapuziner Claude d'Abbeville (†1632), dass die als Halbnomaden ohne feste Kultstätten und ohne die anderen sichtbaren Zeichen einer öffentlichen Religion lebenden Tupí-Indios Brasiliens keinen Gott und keine Religion hätten, was wohl eine Ausnahme im Menschengeschlecht sein müsste.[31] Für schamanische und animistische Religionsformen, bei der Rauschkräuter, Träume, Zauberer und Tanz eine zentrale Rolle spielten, fehlten den Missionaren die notwendigen Wahrnehmungsmuster. Zum anderen gab es in der Renaissance eine Blickverengung in der Rezeption der Kirchenväter und ihrer Theologie. Vorrangig war nun die Heilsnotwendigkeit von Taufe und Glaube. Während das Konzil von Florenz (1442) mit dem Dogma „außerhalb der Kirche kein Heil" zu verstehen gab, dass wahre Religion und Heil nur innerhalb der römisch-katholischen Kirche möglich waren, galt für die Kirchen der Reformation Luthers Diktum „außer Christus sind alle Religionen nur Götzendienst [...]. Denn aller Heiden Götter sind Götzen".[32] Vor diesem Hintergrund finden wir im Entdeckungszeitalter drei religionstheologische Modelle:[33]

(1) Eine allgemeine Anklage indianischer Religiosität als unentschuldbarer, „teuflischer Götzendienst": Die Einwohner der neuen Welt wurden allgemein als fleißige, vom Teufel verführte und verstockte „Götzendiener" eingestuft. Die beobachtete öffentliche Religiosität - etwa bei den Maya und den Völkern des Azteken- und Inkareiches - mit Götterbildern, Tempeln, Priestern und Riten wurde als Zeichen der Unentschuldbarkeit der Indios in Anlehnung an Röm 1,18–21 gedeutet: „[...] Denn was man von Gott erkennen kann, ist ihnen offenbart. Seit der Erschaffung der Welt wird seine unsichtbare Wirklichkeit an den Werken der Schöpfung mit der Vernunft wahrgenommen, seine ewige Macht und Gottheit. Daher sind sie unentschuldbar.[34] Denn sie haben Gott erkannt, ihn aber nicht als Gott geehrt und ihm nicht gedankt [...]".

Nicht zuletzt unter Bezug auf diese Bibelstelle vertraten die meisten Missionare die These von der Unentschuldbarkeit der Indios und vom dämonischen Ursprung ihrer Religionen, so z. B. die Franziskaner der Mexiko-Mission. Auch der Jesuit José de Acosta hielt die Indios Mexikos und Perus letztlich für unentschuldbar, da sie zwar dem höchsten Gott zahlreiche Tempel bauten, dort aber gleichzeitig ihrem

---

31 Vgl. Belege in: Delgado, Mariano, Religion in der Renaissance und die Innovation des Bartolomé de Las Casas, in: ders./Waldenfels, Hans (Hrsg.), Evangelium und Kultur. Begegnungen und Brüche. Festschrift für Michael Sievernich (Studien zur christlichen Religions- und Kulturgeschichte 12), Freiburg Schweiz/Stuttgart 2010, 397–410, 402–403.

32 Feil, Ernst, Religio, Die Geschichte eines neuzeitlichen Grundbegriffs vom Frühchristentum bis zur Reformation (Forschungen zur Kirchen- und Dogmengeschichte 36), Göttingen 1986, 241.

33 Vgl. dazu Delgado, Abschied, 113–172.

34 „Unentschuldbar" heißt auf Griechisch „án-apologétous", also apologielos oder ohne jede Verteidigung.

absonderlichen Götzendienst nachgingen und polytheistische Darstellungen des Teufels anbeteten oder den Sakramenten ähnliche Riten als „teuflische Nachäffung der wahren Religion" praktizierten.[35]

(2) Apologie indianischer Religiosität: Las Casas betrieb eine Entdämonisierung der indianischen Religionen – einschließlich von Götzendienst und Menschenopfern – sowie eine Apologie der darin enthaltenen Religiosität, die er als natürliche Phänomene und Ergebnisse eines redlichen Verlangens nach dem wahren Gott, einer konfusen Gotteserkenntnis ohne das Licht des Glaubens verstand. Paulus, so Las Casas, beziehe sich im Römerbrief auf die heidnischen Philosophen der Antike, welche die Existenz eines höchsten Gottes wohl erkannt hätten, ihn aber nicht entsprechend anbeteten. Das paulinische „unentschuldbar" sei jedoch nicht auf die Indios anwendbar, da sie bisher keine Glaubensboten gehabt hätten. Durch die Kritik der Gewalt und der Habgier als der „Götzen" der Christen bekam Las Casas' Götzendiensttheorie zudem eine überraschende Wende: Der Götzendienst gedeihe auch im Schatten der wahren Religion, wobei der Götzendienst der Christen gravierender sei, denn ihnen war bereits nicht nur die natürliche, sondern auch die übernatürliche Gotteserkenntnis zuteil geworden. Las Casas' Apologie fremder Religiosität gipfelte in der Aussage, dass Christen von den indianischen Religionen genug lernen könnten: Wenn man von den „entsetzlichen und blutigen Opfern, die sie darbrachten" absehe, würde vieles verdienen, „dass es in unserer universalen Kirche ausgeführt und vollzogen würde und dass man es von ihnen lernte."[36]

(3) Zwischen Anklage und Apologie: Um 1600 wuchs eine erste Generation von Mestizen und Kreolen heran, die sich als „Amerikaner" fühlten und in der Geringschätzung und Verteufelung der indianischen Traditionen auch eine Beleidigung ihrer langsam keimenden kulturellen Identität sahen. Indem sie nun die indianischen Religionen positiv deuteten, versuchten sie die geistigen Voraussetzungen für ein Miteinander von Indios, Mestizen und Kreolen zu schaffen. Die indianischen Mythen, die von einem alten Kulturheros mit Tunika und Bart oder einem „weißen Gott" – *Viracocha* bei den Quechua und Aymara, *Zumé/Zomé* oder *Sumé* bei den Tupí-Völkern, *Bochica* bei den Chibcha, *Quetzalcóatl* bei den Azteken oder *Cuculcan* bei den Maya – berichteten, konnten im Lichte des neuen Erkenntnisinteresses mühelos als legendäre Erinnerung an eine Urevangelisierung durch den Apostel Thomas uminterpretiert werden. Aufgrund apokrypher Literatur, die mit viel Phantasie gelesen wurde, dachte man, dass dieser Apostel nach Osten gezogen sei und nicht nur in Indien, sondern auch in Amerika gepredigt haben müsse. Am deutlichsten ist die Tendenz zur Rehabilitierung der indianischen Vergangenheit bei dem Augustiner und Kreolen Antonio de la Calancha spürbar, nach dessen

---

35 Acosta, José de, De procuranda indorum salute (Corpus Hispanorum de Pace 23 und 24), Madrid 1984/1987, Bd. 2, 424–429.
36 Las Casas, Werkauswahl, Bd. 2, 464.

Überzeugung der Apostel Thomas nicht zuletzt aus Gründen „evangelischer Vorse-hungsgerechtigkeit" in der Neuen Welt gepredigt haben müsse: Warum sollte die Verkündigung oder die universale Erlösung des Christentums räumlich auf die Alte Welt begrenzt gewesen sein? Denen, die solches behaupteten, warf Calancha schlichtweg vor, sie suchten einen Vorwand, um die Verteufelung der indianischen Religionen und Kulturen mit gutem Gewissen vorantreiben zu können. Seine Ge-genthese lautete: Die Indios sind genauso Christen der ersten Stunde wie die Spa-nier gewesen, doch im Laufe der Zeit verdunkelte sich das Licht des Glaubens durch den Mangel an Priestern und Lehrern, der die Arbeit des Teufels begüns-tigte. Sehe man genauer hin, so stellten viele ihrer Riten nicht die radikal zu beseitigende „teuflische Nachäffung der wahren Religion" – so die berühmte Theo-rie Acostas – dar, sondern lediglich vom Heidentum überwucherte christliche Sa-kramente und Feste. Diese würden dann wieder an die Oberfläche kommen, wenn man behutsam die heidnische Patina abtrage, an der die Indios keine allzu große Schuld hatten, da sie während so vieler Jahrhunderte von der Kirche der Macht des Teufels allein überlassen wurden.

1.1.5. Folgen für den Umgang mit dem „Götzendienst"

Allen Missionaren war klar, dass das Ziel der Evangelisation in der Bekehrung der Menschen, dem Aufbau der Kirche und in der Substitution der alten Götter und Riten durch den katholischen Glauben und Kult bestehe. Denn im Götzendienst sahen sie mit der Bibel „aller Übel Anfang, Ursache und Ende" (Weish 14,27). Aber die verschiedenen religionstheologischen Modelle hatten auch Folgen für den faktischen Umgang mit dem öffentlichen und dem verborgenen „Götzendienst".

Die Verfechter der Anklagetheologie betrieben eine Politik der Tabula-Rasa bei der Beseitigung des öffentlichen „Götzendienstes" und gingen damit nicht zimper-lich um, wie die ersten Franziskaner der Mexiko-Mission zeigen. Selbst Acosta, der ein gemäßigter Vertreter dieses Modells war, empfahl im amerikanischen Schau-platz unter Bezug auf Dtn 7,5 und Ex 34,13 hinsichtlich der Heiden unter christli-cher Herrschaft die unbedingte Schließung ihrer Tempel und die Zerstörung ihrer Götzenbilder. Behutsam, aber systematisch sollte mit Hilfe der katholischen Litur-gie und Volksfrömmigkeit ein „Substitutionsprozess" vorangetrieben werden, so dass „anstelle der schändlichen Riten andere hilfreiche eingeführt und die einen Zeremonien durch andere ersetzt werden".[37]

Las Casas wusste, dass den Indios ihre Götzen immer gegen ihren Willen und nie mit deren Einverständnis weggenommen wurden. Mit psychologischem Gespür betonte er, dass niemand einfach aus freiem Willen und gern das verlassen könne, „was er viele Jahre für seinen Gott gehalten, was er mit der Muttermilch eingeso-

---

37 Acosta, De procuranda, Bd. 2, 274ff.

gen hat und was ihm durch seine Vorfahren bezeugt wurde, ohne zuvor verstanden zu haben, dass das, was er erhält oder wofür er seinen Götzen eintauscht, der wahre Gott ist". Mit Augustinus verwies er darauf, dass zunächst die Götzen in den Herzen ausgerottet werden müssten. Doch dies dürfe einzig und allein mit friedlichen Mitteln geschehen, d. h. „mittels unermüdlicher, eifriger und beständiger Lehre soll man die Vorstellung und Wertschätzung entfernen, welche die Götzendiener ihren Götzen entgegenbringen, um in ihnen die Vorstellung des wahren Gottes entfalten zu können. Danach sollen sie selbst aufgrund der Einsicht in ihre Täuschung und ihren Irrtum die Götzen, welche sie als Gott oder Götter verehrten, mit ihren eigenen Händen und aus freiem Willen niederreißen und zerstören".[38] Die Substitution sollte also von den Indios selbst freiwillig vorgenommen werden.

Mit der Umdeutung der geistigen Traditionen der Indios als alter christlicher Überlieferung befürworteten Mestizen und Kreolen ein neues Substitutionsmodell. Calancha illustrierte die neue Geisteshaltung mit einer Episode aus dem Leben von Toribio Alfonso de Mogrovejo, dem Erzbischof von Lima um 1600. Als in einem Andendorf im Osten von Cajamarca ein von den Indios verehrter Stein gefunden wurde – „wo die Spuren zweier Füße zusammen mit vierzehn Punkten erhalten sind sowie zwei Rundhöhlungen von zwei Knien und eine lange Vertiefung von einem Pilgerstab" –, pilgerte der Bischof mit seinem Klerus dort hin, deutete ihn als Spur des Apostels Thomas und ließ darüber eine Kirche bauen, „in welcher der Stein zu liegen kam".[39] Hinter dieser Geschichte steht im Grunde dieselbe Substitutionsmethode, die mit pastoraler Klugheit im Umgang mit hellenistischen, römischen, keltischen, germanischen und slawischen Heiligtümern angewandt worden war: die christliche Aneignung heidnischer Traditionen und Kultorte durch Umdeutung.

Auf die Zurschaustellung des starken und eifersüchtigen Gottes bei der Bekämpfung des öffentlichen Götzendienstes reagierten die Indios mit einer religiösen Doppelidentität: In der Öffentlichkeit den Christengott anzubeten, um seinen und seiner Glaubensapostel Strafen zu entkommen; im Verborgenen aber ihre Götter zu besänftigen, um deren Rache zu vermeiden. Die Indios waren in der Regel bereit, das Christentum anzunehmen. Sie wollten sich aber von ihren alten religiösen Gewohnheiten verständlicherweise nicht trennen – nicht zuletzt um mit ihren Vorfahren verbunden zu bleiben. So heißt es im Werk *La extirpación de la idolatría en el Perú* (1621) des Jesuiten Pablo José de Arriaga über die Religiosität in den Andendörfern, ein allgemein verbreiteter Irrtum der Indios bestehe darin, „dass sie meinen, beide Religionen annehmen und sie gleichzeitig einhalten zu können".[40] Darin ist der Ursprung der synkretistischen Prägung indianischer Religiosi-

---

38 Las Casas, Obras completas, Bd. 5, 2264.
39 Calancha, Antonio de la, Crónica moralizada del Orden de San Agustín en el Perú, Lima 1974–1981, Bd. 3, 744.
40 Koschorke/Ludwig/Delgado, Christentumsgeschichte, 248.

tät zu sehen. Manchmal wurden die Götzen sogar unter dem Altar der Kirchen versteckt, so dass die Indios während des christlichen Gottesdienstes ihre eigenen Götzen anbeten konnten.

Die Missionare mussten sich also in dem Studium der autochthonen Religionen und Kulturen sehr anstrengen, um in einer zweiten Phase – in den Anden etwa in der ersten Hälfte des 17. Jahrhunderts, in Mexiko bereits im 16. Jahrhundert – die geeigneten Maßnahmen zur Ausrottung des verborgenen Götzendienstes ergreifen zu können, die man auch im erwähnten Werk finden kann. Neben den katechetischen Bemühungen gehörten dazu körperliche Strafen, nicht jedoch das härtere Vorgehen der 1570 nach Lima und wenig später nach Mexiko kommenden Inquisition, da diese für die als Neophyten betrachteten Indios nicht zuständig war. Missionare wie Las Casas hatten von Anfang das Nebeneinander von Katechese und Züchtigungsmaßnahmen scharf kritisiert: „Die Geistlichen, die sich der Predigt und Unterrichtung der Indios unserer westindischen Welt widmen, indem sie versuchen, diese Indios wegen irgendeiner von ihnen vor oder nach ihrer Bekehrung begangenen Sünde – sei es mit eigner Hand oder auf ihren Befehl von fremder Hand – durch Peitschen, Fesseln, körperliche Strafen und indem sie ihnen Angst einjagen, zu bessern, ja gar zu bestrafen, irren und verschulden sich sehr – auch dann, wenn sie die Macht und die Autorität von Bischöfen haben mögen".[41]

Dies ergibt ein paradoxes Fazit des missionarischen Umgangs mit fremden Religionen: Während im Zuge der Bekämpfung des öffentlichen Götzendienstes im Windschatten des imperialen Typs von Mission zunächst eine Zerstörung oder Substitution der Zeugnisse fremder Religiosität (Tempel, Götzen, aber auch Schriften bzw. Kodizes, wo diese vorhanden waren) stattfand, wurden später zur besseren Bekämpfung des verborgenen Götzendienstes, manchmal aber auch zur Ehrenrettung der verleumdeten indianischen Religionen und Kulturen ethnographische Werke über dieselben verfasst, die noch heute eine gute Quelle zu deren Kenntnis sind.

Parallel zur Förderung der Mission in den indianischen Sprachen wurden Kollegien zur Erziehung und Hispanisierung der Kinder der einheimischen Eliten gegründet. Die Krone verfügte bereits 1535, dass in den wichtigsten Städten Perus und Mexikos solche Kollegien gegründet werden sollten. Die Vizekönige sollten sich dies zu ihrem Herzensanliegen machen und diese Kollegien gut ausstatten. Die besagten Kinder seien darin sehr früh einzuschulen unter der Obhut von klugen und fleißigen Ordensleuten, die ihnen die Christenlehre, die guten Sitten sowie die spanische Lebensform und Sprache beibringen sollten. 1536 errichteten dann die Franziskaner Mexikos die ersten Kollegien, um die Kinder indianischer Eliten vom achten bis zum zwanzigsten Lebensjahr in Lesen und Schreiben, Latein, Grammatik und Rhetorik, Logik und Philosophie, Musik und indigener Medizin zu

---

41 Las Casas, Werkauswahl, Bd. 1, 330f.

unterrichten. Diese Förderungsmaßnahmen schufen spanisch akkulturierte einheimische Eliten, die als mittlere Ebene zwischen der Kolonialverwaltung und den einfachen Indios dienten.

1.1.6. Die friedliche Mission und die Missionsdörfer

Die Indiodörfer, die *doctrinas* oder *reducciones* genannt wurden (bzw. *aldeias* oder *aldeiamentos* auf Portugiesisch), waren Ausdruck der „friedlichen Evangelisation" als eines gemeinsamen Traums aller Missionsorden. Gleichwohl gibt es unterschiedliche Auffassungen darüber, was dies unter den gegebenen Umständen bedeutete. Zunächst war es der Dominikaner Pedro de Córdoba, der bereits 1515 von einer rein apostolischen Evangelisation ohne vorhergehende Eroberungen und ohne Soldatenschutz träumte. Enttäuscht von den Vorgängen in den großen Antillen, wo Conquistas und Encomiendas diesen Traum unmöglich machten, begeisterte er die Dominikaner und Franziskaner Españolas zur Erprobung dieser Methode an der Perlenküste Venezuelas. Bereits 1516, also im selben Jahr, in dem die *Utopia* des Thomas Morus erschien, entwarf Bartolomé de Las Casas Pläne für Mustersiedlungen, in denen Indios und einfaches spanisches Bauernvolk friedlich, gerecht und zum gegenseitigen Frommen und Nutzen miteinander leben sowie sich vermischen sollten. Von der Vermischung von spanischen Bauern mit den zu einem unverdorbenen *genus angelicum* stilisierten Indios versprachen sich Las Casas und andere Missionare den Aufbau einer wahren und sehr starken Kirche Christi in einer glücklichen Welt, in die die Laster der dekadenten europäischen Christenheit der Renaissance, allen voran die Habgier, keinen Eingang finden sollten.[42] Bei der Evangelisierung der Völker Mexikos, an der vor allem die Franziskaner beteiligt waren, gelang dem Modell der Missionsdörfer der Durchbruch. Juan de Zumárraga schuf dafür den Begriff „geistliche Eroberung" (*conquista espiritual*) und meinte damit eine sanfte Unterwerfung der Indios durch die Missionare, sowie deren Ansiedlung in Dörfern zur Vermittlung der Christenlehre und der gesitteten europäischen Lebensführung, *buena policía* in der Sprache der Zeit genannt. In einem Brief an Kaiser Karl V. vom 27. August 1529 bezeichnete er die Missionare als „*conquistadores espirituales*".[43] Als solche waren sie auch bereit, die Indios mit einem paternalistischen Zwang zu bevormunden – einschließlich der üblichen körperlichen Strafen der Zeit.

Die Missionsdörfer waren also ein Evangelisierungs- und Zivilisierungsprojekt und die Krone unterstützte es mit ihrer Gesetzgebung. Sie verfügte die Zusammen-

---

42 Vgl. kritisch dazu Delgado, Mariano, Die Franziskanisierung der Indios Neu-Spaniens im 16. Jahrhundert, in: Stimmen der Zeit 210 (1992), 363–376.

43 Spencer, Rafael Aguayo/Leal, Antonio Castro (Hrsg.), Joaquín García Icazbalceta, Don Fray Juan de Zumárraga, Mexiko-Stadt, 2. Auflage 1988, Bd. 4, 169–245, 237.

führung der Indios in Siedlungen, legte fest, dass diese an Orten mit Wasser, Bergwäldern, Agrarland und guter Verkehrslage gegründet werden, dass sie mit einer Kirche, einer Schule und einem Spital ausgestattet werden, dass darin Ämter wie Kantor, Messner, Katecheten, Bürgermeister und Friedensrichter von den Indios besetzt werden sollten. Der Aufenthalt von Spaniern, Schwarzen, Mulatten und Mestizen in diesen Siedlungen wurde verboten und die Indios, die sich für das Leben in solchen Dörfern aufgrund der Arbeit der Missionare entschieden, wurden zeitweise von den Tributen befreit.

Die Missionsdörfer waren das erfolgreichste katholische Missionsprojekt in der Frühen Neuzeit; und die Jesuiten wiederum galten mit ihren Missionssiedlungen, die man als „Reduktionen" bezeichnete, als die bekanntesten Vertreter desselben. Die Reduktionen waren für den Jesuit Antonio Ruiz de Montoya Ortschaften von Indios, die früher in den Bergen und Wäldern „in drei, vier oder sechs einzelnen Hütten, zwei, drei oder mehr *leguas* voneinander entfernt lebten, die nun der kluge Eifer der Padres in große Ansiedlungen und zu einem zivilisierten und humanen Leben zusammenführte".[44] Besonders bekannt wurden die im Grenzgebiet des spanischen und portugiesischen Amerika entstandenen Reduktionen, also in den heutigen Ländern Brasilien, Uruguay, Paraguay, Bolivien und Argentinien, in denen um 1762 ca. 130 000 Indios lebten, bei ca. 230 000 unter Einschluss aller anderen Reduktionen. Aber auch die Bettelorden, allen voran die Franziskaner der Mexiko-Mission, praktizierten diese Methode von Anfang an. Es ist daher kein Wunder, dass nach der Vertreibung der Jesuiten 1767 Franziskaner viele Reduktionen etwa in Niederkalifornien übernahmen und das Projekt in Oberkalifornien fortführten. So gründete der Franziskaner Junípero Serra zwischen 1769 und 1782 eine ganze Kette von Missionsdörfern zwischen San Diego und San Francisco, in denen die Indios von den Missionaren zu einem Leben „unter der Kirchenglocke" mit paternalistischem Zwang angeleitet wurden. Bei diesen Missionsdörfern waren der Soldatenschutz und die Gründung von Garnisonen in der Nähe selbstverständlich. Denn es ging auch darum, das Gebiet angesichts russischer und britischer Begehrlichkeiten zu sichern.

Die Missionsdörfer zielten auf die Schaffung von neuen katholischen Gemeinwesen hin, auf die Gewinnung von ganzen Völkern für die Herde Christi und das Kolonialprojekt, aber unter Teilung der Gesellschaft in eine Republik der Spanier und in eine der Indios – nicht zuletzt, damit die Missionare diese vor den Spaniern besser schützen konnten. Sie zielten auf den Aufbau der katholischen Kirche und der neuen Gesellschaftsordnung bei den neuen Völkern ab und hatten nicht die später aus der protestantischen Erweckungsbewegung des 19. Jahrhunderts hervorgegangene Förderung einzelner Menschen durch individuelle Bekehrungsgeschichten mit Erweckungscharakter im Blick.

---

44 Koschorke/Ludwig/Delgado, Christentumsgeschichte, 255.

Die Kirchen, die mit bewundernswerter Kunstfertigkeit und Großzügigkeit in der Mitte des Ortes gebaut wurden, dienten auch als Schulen. Sie waren Religions- und Kulturzentren zugleich. Die darin erfolgte religiöse und kulturelle Arbeit der Franziskaner der Mexiko-Mission beschreibt Diego Valadés in seinem Werk *Rhetorica christiana* (1579) in idealisierter Weise. Demnach wurden in den Ecken des Kirchhofes die Jugendlichen – je nach Einwohnerzahl kamen täglich tausend und mehr – unterrichtet (Lesen und Schreiben, sowie Kunst: *letras y artes*). Aber sie lernten auch Saiteninstrumente und eigene, in Europa nicht bekannte Instrumente zu spielen. Der Unterricht begann und endete unter Glockengeläut, zu den religiösen Zeremonien ging man in die Kirche mit großer Andacht. Valadés vergaß nicht zu erwähnen, dass man in den Kirchhöfen köstliche Brunnen voll Wasser hatte, an denen sich die Kinder wuschen. Denn Hygieneerziehung nach den damaligen europäischen Standards gehörte auch dazu.

Die vom Bischof Vasco de Quiroga (†1565) gegründeten indianischen Dorfgemeinschaften in Sante Fé bei Mexiko-Stadt und in Michoacán, die man als Spitaldörfer (*pueblos hospitales*) bezeichnete, spezialisierten sich jeweils auf besondere Berufe und Gewerbe wie etwa Weber oder Töpfer und betrieben Tauschhandel. Die Wahl der Ämter, das Familienleben, die Erziehung der Kinder, das Gemeindeeigentum, die tägliche Arbeitszeit von nur sechs Stunden, die Versorgung der Bedürftigen, die Gestaltung der religiösen Feste und der Freizeit wurde im Einzelnen sowohl nach der *Utopia* von Thomas Morus als auch nach christlichen Vorgaben geregelt.

Las Casas konnte den Begriff *Conquista* nicht leiden, da er ihn für „tyrannisch, mohammedanisch, missbräuchlich, ungeeignet und höllisch" hielt.[45] Die rein apostolische Evangelisation sollte für ihn außer dem radikal friedlichen *ingressus* ohne Soldatenschutz folgende Merkmale aufweisen: Die Indios sollten erkennen, dass die Glaubensapostel keine Herrschaft über sie zu erlangen trachten; dass sie nicht die Begierde zum Predigen bewegt; dass sie sich friedlich und demütig, sanftmütig und mild zeigen; dass sie die Nächstenliebe sowie ein untadeliges Lebensbeispiel praktizieren. Das von Las Casas vertretene Ideal einer rein friedlichen Evangelisation wie in der Apostelzeit blieb bei vielen Missionaren lebendig. Einige davon versuchten, es Ende des 16. Jahrhunderts in China und Japan zu verwirklichen, nachdem sie eingesehen hatten, dass es in Amerika und auf den Philippinen aufgrund der Verquickung von Mission und Kolonialismus nicht ganz möglich war.

Besonders einflussreich wurde der Jesuit José de Acosta mit der für seinen Orden typischen „Realpolitik". In seinem Werk *De procuranda indorum salute*, das er 1576 in Peru abschloss und das 1588 in Salamanca erschien, sprach er von drei Missionsmethoden, die man im Entdeckungszeitalter anwenden könne: Die erste sei die rein apostolische Methode unter noch nicht unterworfenen Völkern und

---

45 Las Casas, Werkauswahl, Bd. 3/1, 387.

ohne jedweden Soldatenschutz; die zweite betreffe die Glaubenspredigt unter bereits unterworfenen Völkern; die dritte schließlich bestünde in der Evangelisation von noch nicht unterworfenen Völkern, aber unter Soldatenschutz. Von der ersten Methode, die auch Pedro de Córdoba und Las Casas anwendeten, meinte Acosta, dass sie auch die Jesuiten mit den Indern, Chinesen und Japanern praktizierten, während sie unter den meisten Indios Amerikas, wie die Praxis zeige, eine sehr gefährliche und stupide Methode sei, die fahrlässig zum Martyrium der Glaubensapostel führe und daher nicht zu empfehlen sei. Hier sollten eher die anderen zwei Methoden zur Anwendung kommen.

In der Amerika- und Philippinenmission wählten die Jesuiten vor allem die dritte Methode, die sie ab 1610 zur Grundlage ihrer Reduktionsarbeit machten. Das Ziel war die friedliche Unterwerfung und Evangelisation der Indios durch die Missionare. Der Soldatenschutz beschränkte sich oft auf das Wissen der Indios um die (einschüchternde) Präsenz der spanischen Truppen in der nächsten Stadt. Ähnlich wie die Franziskaner Mexikos bezeichnete der Jesuit Antonio Ruiz de Montoya 1639 die Gründung der Guaraní-Reduktionen als *Conquista espiritual*.

Die Missionssiedlungen der Jesuiten in Spanisch-Amerika sind Gegenstand der Literatur-, Film-, Musik- und Kunstgeschichte, nicht nur der Missionsgeschichte. Aber bei der Beurteilung ihrer Leistungen scheiden sich die Geister. Für die einen war dies ein „heiliges Experiment" (Fritz Hochwälder), wo der urchristliche „Kommunismus" verwirklicht wurde, bzw. eine „real existierende Utopie" (Manuel M. Marzal). Für andere handelte es sich um eine klerikal-paternalistische Hierokratie, ja um eine Art „geistliches Konzentrationslager" und so um den verlängerten Arm einer kolonialen Ausbeutungsorganisation (Michel Clévenot). Wiederum andere sehen darin das beste Beispiel für einen verhältnismäßig sanft verlaufenden gelenkten „Kulturwandel" im Rahmen der vorhandenen Verquickung von Mission und Kolonialismus (Wolfgang Reinhard). Die Reduktionen waren eine antikoloniale Utopie, die aber keine Politik gegen das Kolonialsystem zustande brachte, weil die Jesuiten es nicht wagten, die Wurzel dieses Systems selbst anzugreifen (Bartomeu Melià).

1.1.7. Die Antwort der Missionierten

Verschiedene Ebenen sind bei der Antwort der Missionierten zu unterscheiden: die einfachen Indios, die weltlichen Eliten, die kirchlichen Mitarbeiter.

Bei den einfachen Indios ist davon auszugehen, dass die Mehrheit das Christentum annahm und dem neuen Zeitalter auch Positives abzugewinnen vermochte. Denn die Missionare mit ihren Schulen, Spitälern, neuen Landwirtschaftstechniken und ihrer Nähe zu den Indios trugen dazu bei, dass die einfachen Schichten das Christentum durchaus als Möglichkeit zu einem besseren Leben empfanden. Dass die Missionare ihre erzieherische Tätigkeit nicht zuletzt als eine Förderung der

Menschenwürde verstanden, bezeugt eine Anekdote, an der Paulo Freire, der Vater der modernen „Pädagogik der Unterdrückten", seine Freude gehabt hätte. Die *Encomenderos*, erzählt uns Las Casas in einer der Denkschriften, die er im Vorfeld seines Kampfes um die „Neuen Gesetze" (1542) beim Kronrat einreichte, versuchten, den Bettelmönchen den Zugang zu den Indios mit der vielsagenden Begründung zu verwehren, dass diese, „nachdem sie im Glauben unterwiesen und Christen wurden, klug reden und mehr wissen als vorher, so dass man sich ihrer fortan nicht so gut wie früher bedienen kann".[46] Ebenso hat die von den Bettelmönchen Mexikos bewirkte Einfuhr des Esels, damit die Indios, die ja Kinder Gottes seien, nicht wie Tiere arbeiten müssen, zur Annahme des Christentums wohl mehr beigetragen als viele Glaubenspredigten.

Die indianischen Eliten revoltierten zunächst gegen das Akkulturationsprojekt in den Kaziken[47]-Kollegien der Missionare. Don Carlos Ometochtzin, der Hauptkazike von Tezcoco, wurde 1539 von Juan de Zumárraga, dem Bischof Mexikos, in einem strengen und schändlichen Prozess zu Tode verurteilt, weil er zur Lebensform und zur Religion seiner Ahnen zurückkehren wollte und die von den Franziskanern in den Kollegien praktizierte Erziehung ablehnte. Sieht man genauer hin, so richtete sich die Kritik des Don Carlos nicht nur gegen den Versuch der Franziskaner, die christliche Religion und Sittenlehre einzuführen, sondern auch gegen die Entmachtung der Vornehmen und die Förderung der einfachen Indios: „Lasst uns vor den Padres flüchten und das tun, was unsere Vorfahren taten, ohne dass jemand dies zu verhindern suchte. Zu ihrer Zeit setzte sich das einfache Volk weder auf Bettzeug noch auf Matten. Heute tut und sagt jeder, was er will: es dürfte niemanden geben, der uns an dem hinderte noch da vorschriebe, was wir tun wollen [...]. Die Herrschaft ist unser und gehört uns".[48] Auch indianische Priester und Schamanen waren naturgemäß Feinde der Missionare, von denen sie gezielt bekämpft wurden. Daher hielt ein Maya-Priester zu Beginn des 17. Jahrhunderts das Christentum für den Anfang aller Übel. Solche Texte sollten kritisch gelesen werden, wenn aus der Opferperspektive nicht ein undifferenzierter Besiegtenkult (*victimismo*) werden soll.

Als dritte Gruppe sind die indigenen kirchlichen Mitarbeiter zu sehen, die beispielhaft durch den Indio Felipe Guamán Poma de Ayala (1532?–1615?) verkörpert wird. Er wuchs unter der Obhut christlicher Priester auf und war Assistent oder Dolmetscher von Cristóbal de Albornoz, der um 1570 in den Anden mit der Ausrottung des „Götzendienstes" betraut war. Später durchquerte Poma de Ayala dreißig

---

46 Ebd., Bd. 3/2, 88.
47 Unter Kaziken versteht man die hochrangigen indigenen Vertreter des Adels oder wichtiger Familien in Mittel- und Südamerika, die, wenn sie zum Christentum konvertiert waren, von der spanischen Kolonialverwaltung anerkannt und dann besondere Rechte und Privilegien erhielten.
48 Koschorke/Ludwig/Delgado, Christentumsgeschichte, 239.

Jahre lang die Anden, „auf der Suche nach den Armen Jesu Christi", wie er immer wieder sagte. Dabei führte er mit Papier und Tinte einen persönlichen Feldzug gegen korrupte *Corregidores* (koloniale Provinzrichter), *Encomenderos* (quasi Feudalherren des Kolonialsystems) und *Padres de Doctrinas* (Indiopfarrer), um die Missstände anzuprangern sowie die unterworfene und weitgehend verachtete indianische Kultur zu rehabilitieren. Poma de Ayala kritisierte äußerst scharf den Amtsmissbrauch der Indiopfarrer, die sehr viele Hausdiener beschäftigten und schlecht behandelten. Darüber hinaus bedrängten sie Witwen und Jungfrauen so, dass in Lima ein Haus für die Kinder der Indiopfarrer geführt werden musste. Andererseits beschrieb Poma de Ayala mit Stolz die aktive Teilnahme der Indios am Leben der Kolonialgesellschaft und des Indiodorfes, in dem sie verschiedene Ämter innehatten und in Abwesenheit des Pfarrers die Gemeinde selbständig führten.

Man könnte noch eine vierte Gruppe nennen, wenn man an jene Indios denkt, die durch Verstellung den Weg des passiven Widerstandes gegangen sind und das Christentum annahmen, ohne die alten Götter aufzugeben.

1.1.8. Einheimischer Klerus und Indigenisierung

In der frühneuzeitlichen Spanisch-Amerika-Mission finden wir einheimische Katecheten und Multiplikatoren, aber keine systematische Förderung des einheimischen Klerus. Die ersten Franziskaner der Mexiko-Mission gründeten 1536 Kollegien, um die Kinder indianischer Eliten zu unterrichten. Das unmittelbare Ziel bestand sicherlich darin, herauszufinden, wie lernfähig die Indios waren. Man hegte aber wohl auch den Traum, langfristig einen einheimischen Klerus heranbilden zu können. Bald wurde aber den Franziskanern klar, dass die in der Grammatik begabtesten Indios eher zur Ehe als zur Ehelosigkeit neigten, wie Bischof Juan de Zumárraga 1540 in einem Brief an Karl V. (nach den Problemen mit dem Kaziken Don Carlos) festhielt, in dem er aus diesem Grund das Kolleg Santiago Tlatelolco (Mexiko-City) auch zur Disposition stellte. Die verschiedenen Orden verweigerten Indios, und Afrikanern, z. T. auch Mestizen, Priesterweihe und Ordensstand. Auch die frühen Konzilien untersagten dies den Neuchristen bis in die vierte Generation nach der Bekehrung, was eine koloniale Variante der *Limpieza de sangre*-Statuten darstellt. Das Dritte Konzil von Lima (1582) und das Dritte Konzil von Mexiko (1585) waren hingegen weniger streng und ließen – je nach Interpretation – sogar die Tür für die Priesterweihe der Indios und Mestizen in begründeten Fällen offen. Im 17. Jahrhundert häufen sich die Interventionen zugunsten derselben. Der Dominikaner Alonso de la Peña Montenegro, Bischof von Quito, hielt 1668 in seinem einflussreichen Handbuch für die Pfarrer der Indios (*Itinerario para párrocos de Indios*) fest, dass die Priesterweihe der Indios aus legitimer Ehe von den Dekreten des Dritten Limakonzils und den Gesetzen der Krone nicht nur nicht verboten, sondern sogar für zweckmäßig gehalten werde. Für ihn seien die Indios der Priesterweihe fähig und sollten als sprach- und kulturkundige Einheimische für die Pfründe der Indiopfarreien sogar vorgezogen werden. Diese Mentalitätsänderung und die Förderung des einheimischen Klerus durch die Bourbonen führten dazu, dass im 18. Jahrhundert vor allem in Mexiko eine beträchtliche Zahl von Indios und Mestizen die Priesterweihe empfing. Sie blieben jedoch ein Klerus zweiter Klasse und mussten mit wenig ertragreichen Pfarreien Vorlieb nehmen.

Trotz der geringen Förderung eines einheimischen Klerus entstand jedoch auch, neben der bereits ausgeführten sprachlichen und künstlerischen Inkulturation, so etwas wie eine Indigenisierung des Christentums. Damit ist gemeint, dass die Volksfrömmigkeit manchmal Grundformen indianischer Religionen entsprach. Ein anschauliches Beispiel hierfür ist das „Guadalupe-Ereignis":

„Nur Trauerblumen und Trauergesänge blieben noch in Mexiko und Tlatelolco, wo wir einst Krieger und Weise sahen"[49] – so klagte ein aztekischer Gesang unmittelbar nach der Eroberung Mexikos durch Hernán Cortés. Auch das Religionsgespräch von 1524 zwischen den ersten zwölf Franziskanern der Mexiko-Mission und aztekischen Priestern und Vornehmen war von der bitteren Klage der Letzteren geprägt. Toribio de Benavente (Motolinía), einer dieser Franziskaner, sah angesichts des dramatischen Zusammenstoßes zwischen Spaniern und Azteken nach menschlichem Ermessen keine Möglichkeit zur Evangelisation – es sei denn, dass Gott ein Wunder wirke. Auf dem nördlich von México-Tenochtitlán gelegenen Hügel Tepeyac, wo einst ein Tempel für die Göttin Tonantzin Cihuacóatl („Unsere verehrte Mutter Frau-Schlange") stand, fand vom 9.–12. Dezember 1531 das ersehnte Wunder statt: Eine dunkelhäutige Jungfrau erschien viermal dem getauften Indio Juan Diego Cuauhtlatoatzin („Sprechender Adler") mit dem Wunsch, er solle zum Bischof, dem Franziskaner Juan de Zumárraga, gehen und ihm sagen, man möge ihr, der immerwährenden Jungfrau Maria, auf dem Hügel Tepeyac ein geweihtes Heiligtum errichten. Als Juan Diego ein drittes Mal beim Bischof vorsprach und dabei seinen Umhang öffnete, um ihm die auf dem Tepeyac gefundenen Blumen zu zeigen, hatte sich auf wundersamer Weise das Gnadenbild Unserer Lieben Frau von Guadalupe darin eingeprägt: Das mexikanische „Guadalupe-Ereignis" war geboren. Das Entscheidende dabei war, dass die Madonna sich einem einfachen Indio in der symbolischen Bildersprache (Gesicht wie eine Indiofrau u. a.) seiner Kultur zeigte und diesen als „ihren Boten" mit einer tröstlichen Botschaft an den Bischof sendete: „Ich wünsche sehr und ich möchte gerne, dass man mir hier an diesem Ort mein Heiligtum errichtet. Dort werde ich sie erweisen, werde ich sie spüren lassen, werde ich den Menschen meine ganze Liebe schenken, meinen mitfühlenden Blick, meinen Trost, meine Hilfe. Denn ich bin eure mitfühlende Mutter, die deinige und die aller Menschen, die ihr in Gemeinschaft dieses Landes

---

49 Ebd., 218.

bewohnt. Und auch aller übrigen Menschen jedweder Herkunft, die mich lieben, die zu mir flehen, die mich suchen, die auf mich ihr Vertrauen setzen. Dort werde ich ihrem Flehen, ihren Klagen Gehör schenken, um zu lindern, um zu heilen all ihr Elend, all ihre Schmerzen und Pein".[50]

Obwohl die Franziskaner skeptisch waren, da sie den Verdacht hegten, dass die Indios unter der Lieben Frau von Guadalupe letztlich nur ihre alte Göttin Tonantzin anbeten wollten, grub sich die Guadalupe-Verehrung tief im kollektiven Gedächtnis der Mexikaner als konstitutives Element ihrer nationalen und katholischen Identität tief ein. Entscheidend dafür war die „Kreolisierung", d. h. die Neudeutung des Guadalupe-Ereignisses seit dem 17. Jahrhundert: Es wurde nicht mehr als Synkretismusgefahr betrachtet, sondern als gelungenes Beispiel für eine Inkulturation der Marienfrömmigkeit in der aztekischen Kultur.[51]

1.2. Die Philippinen

Die Asienmission war im 16. Jahrhundert auch ein Ergebnis der portugiesischen und spanischen Expansion und fand im Rahmen des Patronats statt. Seit 1534 bauten die Portugiesen das indische Goa als Rom des Fernen Ostens aus. Von dort aus reisten Missionare nach Südostasien, China und Japan weiter. Die Spanier ihrerseits sandten von Mexiko aus Expeditionen zur Eroberung der Philippinen, die ähnlich den großen Antillen in der Karibik als Sprungbrett für weitere Unternehmungen (China, Japan) gedacht waren. Eine flächendeckende Missionierung wurde nur auf den Philippinen möglich, wo die Spanier zwischen 1565–1572 die Herrschaft übernahmen, nachdem 1564 die Rückreise-Route nach Mexiko gefunden werden konnte. Die hier tätigen Orden (Augustiner-Eremiten, Augustiner-Rekollekten, Franziskaner, Dominikaner und Jesuiten) teilten das Territorium unter sich auf und verbesserten die in Spanisch-Amerika erprobten Missionsmethoden: Weg von den Massentaufen hin zu einer gründlichen Katechese einschließlich der in den Glauben einweisenden Vertiefung nach der Taufe. Das Ergebnis war „wahrscheinlich die vollständigste und systematischste Evangelisierung eines Volkes in der christlichen Missionsgeschichte – jedenfalls vor dem 19. Jahrhundert".[52] Jedoch fehlte eine Forderung des einheimischen Klerus, denn die spanischen Orden gaben bis zur Unabhängigkeit (1898) das Heft nicht aus der Hand. Erst nach dem Konzil von Manila (1771) kam es zur Gründung von Priesterseminaren in

---

50 Ebd., 246.
51 Vgl. Nebel, Richard, Santa María Tonantzin Virgen de Guadalupe. Religiöse Kontinuität und Transformation in Mexiko, Immensee 1992.
52 Schumacher, John N./Costa, Horacio del, The Filipino Clergy. Historical Studies and Future Perspectives, Manila 1980, 1.

allen Bistümern und zu vermehrten Weihen von Einheimischen, die aber von den Spaniern als Hilfsklerus zweiter Klasse betrachtet wurden.[53]

1.3. Brasilien

Die „Europäisierung" durch Städtegründung und Errichtung kirchlicher Strukturen verlief in Brasilien langsamer als in Spanisch-Amerika. Die Portugiesen intendierten zunächst eher die Errichtung von Stützpunkten an der Küste zur Sicherung ihres Machtanspruchs und des Handels mit Brasilienholz als die großräumige Eroberung und Neubesiedlung. Man geht von nur 60 000 Menschen unter portugiesischer Kontrolle in Brasilien um 1600 aus und von etwa 200 000 Menschen im Jahre 1620. Mit Salvador da Bahia, São Paulo-São Vicente, Rio de Janeiro und Olinda in Pernambuco hatten die Portugiesen bis 1600 gerade erst vier Städte gegründet. Bis 1676 existierte nur ein Bistum (Salvador da Bahia, 1551 als von der Kirchenprovinz Lissabon abhängig errichtet), während es in Spanisch-Amerika um 1600 34 Bistümer und auf den Philippinen vier gab mit eigenen Kirchenprovinzen. Vor 1800 gab es in Brasilien auch keine Universitätsgründung, keine Druckerei und kein Inquisitionstribunal. Das erste Frauenkloster wurde 1677 gegründet. Die Missionierung der Ureinwohner wurde erst ab der Mitte des 16. Jahrhunderts nach der Ankunft der Jesuiten 1549 unter Führung von Manoel da Nóbrega gezielt vorangetrieben – 1584 hatten sie schon drei Kollegien, fünf Niederlassungen und bereits ab 1550 zahlreiche Missionsdörfer für die Indios (*aldeias* oder *aldeiamentos*) zu einem Leben „unter der Kirchenglocke" gegründet. Zu ihnen gesellten sich ab 1585 die Franziskaner (seit 1580 gab es auch einige Karmeliter und seit 1581 Benediktiner) als großer Missionsorden.

Die Ureinwohner waren die Tupí- und Guaraní-Stämme, die, wie oben schon erwähnt, Halbnomaden ohne feste Kultstätten und ohne andere für die Europäer erkennbare Zeichen einer öffentlichen Religion waren. Aus diesem Grund dachten die Missionare zunächst, dass sie keinen Gott und keine Religion hätten. Ansonsten praktizierten Jesuiten und Franziskaner in Brasilien dieselben Missionsmethoden wie in Spanisch-Amerika, vor allem die Methode der Missionsdörfer. Besondere Verdienste erwarben sich im 16. Jahrhundert der spanische Jesuit José de Anchieta (1534–1597), der als „Apostel Brasiliens" gilt, und im 17. Jahrhundert der portugiesische Jesuit Antônio Vieira. Ziel der Missionsbemühungen waren aber nicht nur die Einheimischen mit ihren fremden Sitten (Polygamie, bei den Tupí auch ritueller Kannibalismus), sondern auch die Portugiesen, die zur Versklavung der indianischen Männer und zur sexuellen Ausbeutung der Frauen neigten. Nicht wenige Kolonialherren hatten unzählige Kinder von indianischen und schwarzen Frauen, über die sie wie selbstverständlich sexuelle Rechte beanspruchten.

---

53 Zu den Philippinen vgl. den Beitrag von Ronnie Po-chia Hsia in diesem Band.

Ein besonderes Merkmal der Tupí- und Guaraní-Stämme in der Kolonialgesellschaft ist die Verstärkung des „Wandermessianismus", mit dem sie auf die europäische Präsenz reagierten: In großen Gruppen durchquerten sie den Kontinent auf der Suche nach dem „Land ohne Übel". Die Ansiedlung in Missionsdörfer sollte dem entgegenwirken, aber im 16. Jahrhundert hielten sich die Erfolge der Missionare in engen Grenzen.

Die Jesuiten stellten sich gegen die Versklavung der Indios, während sie im Blick auf verschleppte Afrikaner und deren Nachfahren nur für eine bessere Behandlung eintraten, ohne die Sklaverei in Frage zu stellen. Die Jesuiten selber waren Besitzer der ertragsreichsten Zuckermühle Brasiliens (die Mühle von Sergipe do Conde bei Salvador da Bahia, um die Bedürfnisse des dortigen Kollegs zu sichern) und besaßen die höchste Anzahl von Sklaven pro Plantage: Zwischen 1600 und 1700 Sklaven arbeiteten 1759 auf ihrem Landgut Santa Cruz bei Rio de Janeiro. In der Tat bedienten sich so gut wie alle Ordensgemeinschaften der Arbeit schwarzer Sklaven, wenn auch nicht alle wirtschaftlich so erfolgreich wie die Jesuiten. Andererseits gebührte den Jesuiten die Ehre, als erster Missionsorden in der Neuen Welt im 17. Jahrhundert für die planmäßige Evangelisierung der Schwarzen eingetreten zu sein und die meisten Bruderschaften und Kongregationen hierfür gegründet zu haben.

Zur Geschichte Brasiliens im 16. und 17. Jahrhundert gehört auch die kurzlebige Präsenz von Hugenotten bzw. Calvinisten. Im Schatten der Versuche (1555–1558), in der Bucht von Rio de Janeiro die Kolonie France Antarctique zu gründen, entsandte Calvin 14 Glaubensgenossen nach Brasilien, darunter Jean de Léry (1534–1613), der tagebuchartig die Geschichte dieser frühen Mission geschrieben hat. In der Wahrnehmung der Tupí-Religiosität als Aberglauben war er sich mit den katholischen Missionaren einig. Aber er vermerkte süffisant, diese Praktiken kämen ihm vor, wie die Papstgläubigkeit und die Heiligenverehrung bei den Katholiken.[54] Von 1630–1654 unterhielten die Niederländer im Nordosten Brasiliens (Pernambuco) eine Kolonie. Der reformiert-calvinistische Glaube war dort offizielle Religion, bei gleichzeitiger Toleranz gegenüber den Juden. Dies führte dazu, dass es nicht wenige Marranen Brasiliens dorthin zogen und zum Judentum zurückkehrten. Nach der Vertreibung der Niederländer durch portugiesisch-spanische Truppen 1654 emigrierten viele nach Amsterdam, andere auch nach Neu-Amsterdam.

1.4. Die afrikanischen Sklaven

Bereits im 15. Jahrhundert ermächtigte Papst Nikolaus V. mit der Bulle *Romanus Pontifex* vom 8. Januar 1455 die portugiesische Krone zur Eroberung und Verskla-

---

54 Vgl. Koschorke/Ludwig/Delgado, Christentumsgeschichte, 234.

vung der „Sarazenen, Heiden und Ungläubigen". Dahinter stand die aristotelische Theorie der legitimen Versklavung von in „gerechten Kriegen" besiegten „Barbaren", die als akzidentielle Sklaverei bezeichnet wurde. Für die Versklavung von Afrikanern wurden aber auch biblische Legitimationen herangezogen, wie etwa die Theorie, die Afrikaner seien die Nachkommen eines der Söhne von Noah mit Namen Ham, der von seinem Vater verflucht wurde, der Sklave seiner Brüder zu sein (Gen 9,25–27). Die spanische und die portugiesische Krone regelten mit entsprechenden Dekreten und Lizenzen den Transport von afrikanischen Sklaven in die überseeischen Provinzen. Die quantitative Erfassung der bis 1870 in die Neue Welt (inklusive Nordamerika) lebend verfrachteten Afrikaner ist aufgrund der schwierigen Quellenlage nur schätzungsweise möglich. Vorsichtige Annahmen gehen von mindestens elf Millionen „Stück" aus (die Sklaven wurden in der instrumentellen Sprache wirtschaftlicher Rationalität *Piezas*, *Peças* genannt), andere sprechen sogar von ca. fünfzehn Millionen.[55] Mindestens so viele dürften bei Gefangennahme, Lagerung und Transport noch vor ihrer Ankunft auf dem amerikanischen Kontinent ums Leben gekommen sein.

In Spanisch- oder Portugiesisch-Amerika wurden sie in drei Kategorien eingeteilt: *Ladinos*, auch als Kreolen bezeichnet, wurden diejenigen genannt, die entweder vor der Überfahrt bereits Erfahrung im Umgang mit den Christen hatten – zum Teil, weil sie ursprünglich von der iberischen Halbinsel kamen, was später verboten wurde – oder in der Neuen Welt selbst als Sklaven aufgewachsen waren. *Bozales* waren die „Ahnungslosen", die wie ein unbeschriebenes Blatt neu aus Afrika kamen. *Cimarrones* waren schließlich solche, die dem Sklavendienst entkommen wollten, in Berge und Wälder flüchteten, wo sie sich in von ihnen gegründeten „Fliehdörfer" (in Brasilien *Quilombos* genannt) sammelten und von dort aus immer wieder erfolglose Aufstände gegen die Kolonialmacht organisierten. Der erste Aufstand fand bereits 1522 statt, der wohl blutigste 1694.

Im Zusammenhang mit aus Afrika stammenden Menschen in der Neuen Welt stellt sich auch die Frage, wie sie von den indianischen Ureinwohnern gesehen wurden. Zwischen beiden Bevölkerungsgruppen am unteren Ende der Gesellschaftspyramide entstand nicht ohne aktive Wirkung der europäischen Herren eine erbitterte Rivalität, so dass sich eine solidarische Schicksalsgemeinschaft der Unterdrückten nicht herausbilden konnte: Vorherrschend blieb die ethnische Solidarität und nicht die der sozialen Klassen. Nicht selten beteiligten sich körperlich überlegenere schwarze Männer (vor allem die *Ladinos*) auch an der sexuellen Ausbeutung der Indiofrauen. Besonders dies war für die Ureinwohner unerträglich.

Bis zu Beginn des 17. Jahrhunderts waren die neu ankommenden afrikanischen Sklaven kaum das Ziel missionarischer Bemühungen. Erst die Jesuiten leiten hier

---

55 Vgl. Goldstein, Horst (Hrsg.), Kleines Lexikon zur Theologie der Befreiung, Düsseldorf 1991, 196–203; Flaig, Egon, Weltgeschichte der Sklaverei, München 2009.

eine Wende ein. Für Spanisch-Amerika verdienen Alonso de Sandoval (†1652) und sein Schüler Pedro Claver (†1654) besondere Beachtung. Mit seinem Missionshandbuch *De instauranda Aethiopum salute* (1627, erweiterte Auflage 1647) wollte Sandoval – ohne das bedauerliche Faktum der Sklaverei in Frage zu stellen – die „Glaubensfähigkeit" der Schwarzen verteidigen und in seinem eigenen Orden für die Mission unter ihnen werben. Dazu beschrieb er sehr anschaulich nicht nur die Misshandlung der Sklaven, sondern auch die lächerliche Art und Weise, wie sie bei der Einschiffung in Afrika getauft wurden: „zumeist mit dem Weihwasserwedel, weil sie es eilig haben. [...] Auf Erkundungen nach der Art und Weise, wie die so Getauften ihre Taufe verstanden, antworten einige, sie dachten, dass es sich um Zauberei handelte, damit die Spanier sie verspeisen könnten."[56]

Die Afrikanermission führte in Iberoamerika ein Schattendasein. Viele Ordensleute, nicht zuletzt die Jesuiten selbst in ihren wirtschaftlich sehr erfolgreichen *Haciendas* oder Landgüter, in denen Zuckermühlen nicht fehlten, bedienten sich der afrikanischen Sklaven. Gleichwohl entstanden in den Zentren der afrikanischen Präsenz Bruderschaften und Kongregationen.

Las Casas, der noch 1516 und 1518 den Transport von einigen Dutzenden afrikanischen Sklaven in die Antillen zur Entlastung der Indios in den Zuckermühlen empfohlen hatte, hielt 1558 nach Einsicht in die Ungerechtigkeit der portugiesischen Kriege in Afrika fest, „dass die Knechtschaft der Neger ebenso ungerecht wie die der Indios ist".[57] Aber Las Casas unternahm darüber hinaus nichts, um die Sklaverei der Afrikaner abzuschaffen, während er nicht müde wurde, gegen die der Indios zu kämpfen.

Für Brasilien sind um 1600 die Jesuiten Miguel García und Gonçalo Leite zu nennen, die die Freiheit der von der Kirche gehaltenen Sklaven verlangten und ihren Mut mit der Verbannung bezahlten. Antônio Vieira, ebenfalls Jesuit, stellte in seinen Predigten die Sklaverei der Indios in Frage, beließ es bei den Schwarzen aber dabei, ihre grausame Behandlung zu beklagen. Lourenço da Silva de Mendouça, ein Afrobrasilianer vermutlich königlich-kongolesischer Abstammung und 1682 in Madrid zum Prokurator der schwarzen Bruderschaft „Unserer Lieben Frau Stern der Neger" ernannt, reiste als ein anerkannter Führer der schwarzen Gemeinschaft in Lissabon und Madrid um 1684 nach Rom, um Papst Innozenz XI. eine Petition gegen die schlechte Behandlung schwarzer (und getaufter) Sklaven durch ihre christlichen Herren in Amerika und gegen die Institution der „ewigen Sklaverei" zu übergeben. Die mit der Petition befasste *Congregatio de Propaganda Fide* verurteilte in zwei Stellungnahmen der Jahre 1684 und 1686 den atlantischen Sklavenhandel und die Formen seiner Organisation.

---

56 Vila Vilar, Enriqueta (Hrsg.), Alonso de Sandoval, Un tratado sobre la esclavitud, Madrid 1987, 383.
57 Las Casas, Werkauswahl, Bd. 2, 281.

Die Kapuziner Francisco José de Jaca de Aragón und Epifanio de Moirans, deren Wege sich Ende des 17. Jahrhunderts auf Kuba kreuzten, stellten die Sklaverei der Afrikaner mit diskursiven Argumenten in Frage. So versuchte De Jaca 1681 die Menschenwürde und die Freiheit der Afrikaner – seien sie Heiden oder Christen – in einer ausführlichen Denkschrift (*Resolución sobre la libertad de los negros y sus originarios en el estado de paganos y después de cristianos*) zu verteidigen. Die spanische Krone und der Indienrat lehnten sie mit dem Argument ab, ohne die Sklaverei der Afrikaner würde ganz Amerika wirtschaftlich zugrunde gehen. De Jaca und Moirans, der auch eine kleine Abhandlung mit ähnlichen Postulaten geschrieben hatte, wurden verbannt und ihre Theorien blieben eher wirkungslos.

Erst ab der Mitte des 18. Jahrhunderts ist ein Bewusstseinswandel festzustellen, der im 19. Jahrhundert zur Abschaffung des Sklavenhandels und der Sklaverei führen sollte: Aufklärer, vor allem aus England stammende Protestanten, Quäker wie etwa William Penn oder der einflussreiche britische Parlamentarier William Wilberforce sowie verschiedene hochrangige Persönlichkeiten der Church of England, erwarben sich dabei besondere Verdienste. Den Anfang machte Dänemark 1803, aber wirkungsreicher wurde der Beschluss des britischen Parlaments 1807: Es wurde verboten, Sklaven auf britischen Schiffen zu transportieren oder mit Sklavenschiffen in britischen Kolonien zu landen. 1808 übernahm die britische Regierung Verantwortung für Freetown, eine Siedlung für befreite Sklaven in Sierra Leone. Es folgten die Verfolgung der Sklavenschiffe und die schrittweise Abschaffung der Sklaverei im Verlauf des 19. Jahrhunderts (zuletzt 1888 in Brasilien).

Aus ihren afrikanischen Ahnenreligionen und der fragmentarischen christlichen Katechese, die sie erfahren hatten, schufen die schwarzen Sklaven synkretistische Kulte wie *Voodoo* (Haiti), *Macumba, Umbanda* (Rio de Janeiro), *Candomblé* (Bahia/Brasilien), *Xangô* (Pernambuco/Brasilien) oder *Santería* (Kuba). Ein gemeinsames Merkmal dieser Kulte stellte der Versuch dar, durch Tanz und Getränk einen Trancezustand zu erreichen, der einerseits die schmerzvolle Wirklichkeit zu vergessen hilft, aber andererseits die Mitglieder sozusagen therapeutisch wieder befähigt, diese harte Wirklichkeit des Alltags zu bewältigen. So sind sie schließlich ernstzunehmende Versuche, die eigene Geschichte kultisch zu verarbeiten, um eine afroamerikanische Identität zu finden.

1.5. Die Kongo-Mission

Mit der portugiesischen Expansion kam es – nach dem antiken Christentum in Nordafrika und Äthiopien – zur „zweiten" Begegnung Afrikas mit dem Christentum. In den ersten Jahrzehnten der Expansion entlang der afrikanischen Küste beschränkten sich die Portugiesen hauptsächlich auf den Sklavenfang und die Zerstörung der westafrikanischen Stadt-Staaten, mit verheerenden Folgen für die afrikanische Bevölkerung. Missionsversuche gab es in Benin, in Angola, Simbabwe und Warri. Viel wichtiger aber war das Wirken der westlichen Christen am Kongo.

Die ersten Begegnungen der Portugiesen am Königshof (wahrscheinlich 1485) weckten beim Mani Kongo (dem höchsten Kongo-König) den Wunsch nach engeren Kontakten mit Portugal und dem Christentum. 1487 bat dieser den König Portugals um die Aussendung von Missionaren, die am 3. Mai 1491 eintrafen. Wenige Wochen danach wurden der Mani Kongo Nzinga Nkuwu und sein ältester Sohn Mvemba Nzinga feierlich getauft. Letzterer nahm von da an den Namen Afonso an. Nachdem ihm die Portugiesen 1506 halfen, seine Rechte als Erstgeborener gegen seinen Halbbruder Mpanzu Nzinga zu verteidigen, herrschte er von 1506–1543 wie ein afrikanischer Karl der Große und förderte die Evangelisierung seines Reiches. Dom Henrique, Sohn des Dom Afonso, wurde mit anderen Verwandten 1508 zur Ausbildung nach Rom gesandt und 1518 von Papst Leo X. als erster schwarzafrikanischer Bischof (er war gerade 23 Jahre alt!) überhaupt geweiht. Mit vier Missionaren, die der Papst ihm zur Verfügung gestellt hatte, kam er im selben Jahr in den Kongo zurück. Unterwegs nach Italien, um an den Vorbereitungen des Konzils von Trient teilzunehmen, starb er 1531. Dom Afonso starb 1543, danach brach das Missionswerk zusammen. Nach zähen Verhandlungen zwischen Rom und Portugal konnten zwischen 1645 und 1835 über 400 Kapuziner in Afrika wirken. Die Kongo-Mission der Kapuziner konnte weder zur Heranbildung eines einheimischen Klerus noch zur Errichtung einer Bischofshierarchie außerhalb der Patronatsstrukturen führen. Aber sie betrieb eine systematische Evangelisierung.[58]

1.6. Römische Akzente: Die Gründung der Propaganda-Kongregation (1622)

Mit der Gründung der Kongregation zur Ausbreitung des Glaubens (*Congregatio de Propaganda Fide*) 1622 unter Papst Gregor XV. schaltete sich Rom in die Lenkung der Weltmission ein. Dies geschah zum einen aufgrund der Unzufriedenheit mit dem Patronatssystem Spaniens und Portugals, das Rom praktisch aus dem Missionsgeschehen ausschloss und die direkte Kommunikation der jungen Kirchen mit Rom behinderte. Zum anderen wollte man Rivalitäten unter den Missionsorden sowie zwischen diesen und dem Weltklerus durch eine bessere zentrale Einteilung der Missionsgebiete und der Kompetenzen vermeiden. Und nicht zuletzt wollte man die Heranbildung eines einheimischen Klerus fördern. Die Theoretiker der neuen Kongregation waren der spanische Karmeliter Thomas von Jesus, der im Werk *De procuranda salute omnium gentium* (1613) die Missstände der bisherigen Missionspraxis anzeigte, und der erste Sekretär der Kongregation, der Italiener Francesco Ingoli, ein scharfer Kritiker des Pat-

---

58 Vgl. dazu den Beitrag von Kevin Ward in diesem Band.

ronatssystems und Befürworter des einheimischen Klerus. Im Hinblick auf Iberoamerika bemerkt Ingoli, dass ohne indianischen Klerus die Kirche „immer im Kindesalter" bleiben würde. In der Instruktion von 1659 für die nach China und Indochina reisenden Apostolischen Vikare als Bischöfe (aufgrund des Patronatssystems konnte die römische Kongregation nur außerhalb der iberischen Weltreiche wirken) wurde die Bildung eines einheimischen Klerus als wichtigster Grund für deren Aussendung genannt. Ebenso wird eine für die damalige Zeit sehr gewagte Akkomodationsmethode empfohlen: „Verwendet keine Mühe darauf und ratet keinesfalls jenen Leuten, ihre gewohnten Riten und Sitten zu ändern, es sei denn, sie widersprächen offensichtlich der Religion und den guten Sitten. Was wäre absurder, als Frankreich, Spanien, Italien oder einen anderen Teil Europas nach China einzuführen? Nicht diese, sondern den Glauben sollt Ihr einführen, der keines Volkes Riten und Gewohnheiten – sofern sie nicht verkehrt sind – zurückweist oder verletzt, sondern sie vielmehr hegen und schützen möchte".[59]

2. Spanien

2.1. Staat und Kirche

Das Verhältnis zwischen Kirche und Staat war im frühneuzeitlichen Spanien von einer engen Einheit im Dienste eines gemeinsamen Ziels gekennzeichnet: nämlich dem Ziel, ein homogenes Gemeinwesen auf der Grundlage des katholischen Glaubens zu schaffen, zunächst in Spanien und nach der imperialen Ausbreitung auch als globales Weltreich. Dazu gehörte die Vertreibung der nicht bekehrungs- oder assimilationswilligen Minderheiten, die inquisitorische Überwachung der Glaubensreinheit, die Verfolgung religiöser Dissidenz, die Abschottung gegenüber den Einflüssen aus dem protestantischen Europa, die religiöse und kulturelle Assimilation der unterworfenen Völker in Übersee, aber auch die Förderung der „katholischen Reform".

2.1.1. Kirchenreform

Den „Katholischen Königen" Isabella von Kastilien (†1504) und Ferdinand von Aragón (†1516)[60] wird bescheinigt, dass sie die Religion zu einem „Instrument der

---

59 Koschorke/Ludwig/Delgado, Christentumsgeschichte, 28.
60 Im Jahr 1496 verlieh Papst Alexander VI. (1492–1503) Isabella von Kastilien und Ferdinand von Aragón den Titel „Reyes Católicos" für sie und ihre Nachfolger. Der Titel unterstrich ihren Aufstieg im damaligen Europa: Der Titel „Katholische Könige", im Wortsinn von griech. *katholikós*, allumfassend, steht der kaiserlichen Würde kaum nach.

Innenpolitik"[61] machten und sich der Kirche zur Verwirklichung ihrer Politik bedienten. Im Rahmen dieser Politik wurden in den 1590er Jahren unter anderem folgende Maßnahmen angeordnet: die Residenzpflicht für alle Bischöfe und geistlichen Würdenträger, die Einführung von Pfarrbüchern und damit eine verstärkte Kontrolle über die Pfarrgemeinden, die Reform des klösterlichen Lebens entsprechend der jeweiligen Ordensregeln. Es wurde also bereits vieles von dem verwirklicht, was das Konzil von Trient (1545–1563) später für die gesamte Kirche beschloss. Einige Historiker sind daher der Meinung, dass die Kirchenreform unter den Katholischen Königen der hauptsächliche Grund dafür ist, dass der Protestantismus in Spanien keinen fruchtbaren Boden fand.[62] Diese Deutung übersieht, dass die gebildeten Schichten Spaniens in der ersten Hälfte des 16. Jahrhunderts für die Reformströmungen aus Europa (Erasmus, Luther) durchaus offen waren, und erst die geistige Wende 1557–1563 mit den damals von der Inquisition und der Krone getroffenen Maßnahmen die Entstehung eines spanischen Protestantismus im Keim erstickte.[63]

Zur Kirchenreform wurden die Katholischen Könige mit einer Bulle vom 27. Juli 1493 von Papst Alexander VI. allgemein ermächtigt. Mit der Durchführung der Reform der Bettelorden ließen sie Geistliche ihres absoluten Vertrauens, die zu ihren Beichtvätern gehörten, durch weitere Bullen 1496 kanonisch beauftragen: den Dominikaner Diego de Deza (1444–1523) und den Franziskaner Jiménez de Cisneros (1436–1517). Bei Widerstand gegen die Reform zögerten die Katholischen Könige nicht, hart einzugreifen. Um 1507 war die Ordensreform praktisch abgeschlossen, auch wenn sich einige Franziskaner (Konventualen) in Aragón noch widersetzten und sich andere in der Extremadura unter Führung von Juan de Guadalupe zu einer noch strengeren Observanz entschlossen, um 1519 die eigenständige Provinz San Gabriel zu gründen. Bei der Reform der Dominikaner ist der Einfluss der prophetischen Spiritualität des italienischen Dominikaners Girolamo Savonarolas nicht zu unterschätzen. Diese Ordensreform schuf die Voraussetzungen für die Evangelisierung der Neuen Welt.

Bei der Reform des Weltklerus waren die Erfolge eher mäßig. Das Konkubinat blieb vor und nach dem Konzil von Trient ein Grundübel – besonders in Übersee; und das theologische und spirituelle Bildungsniveau des Klerus ließ trotz der Bemühungen Cisneros' und der Errichtung von Priesterseminaren nach den Anregungen des Johannes von Ávila und des Konzils (zwischen 1565 und 1610: 23 Neugründungen bei 55 Bistümern) viel zu wünschen übrig. Viele Kleriker studierten lieber an den Universitäten Zivil- bzw. Kirchenrecht oder beides, um in der

---

61 Pietschmann, Horst, Staat und staatliche Entwicklung am Beginn der spanischen Kolonisation Amerikas (Spanische Forschungen der Görresgesellschaft. Zweite Reihe 19), Münster 1980, 50.
62 Ebd., 42–44.
63 Vgl. hierzu die Ausführungen in Kapitel 2.3 und 2.4 dieses Artikels.

staatlichen und kirchlichen Verwaltung Karriere zu machen. Sie arbeiteten daher lieber in den Städten (besonders in denen mit vielen Pfründen, staatlichen und kirchlichen Institutionen) als auf dem Land. Dabei waren sie zwar Förderer der Volksfrömmigkeit und fleißige Sakramentsverwalter, hatten aber keine solide theologische Ausbildung und keine tiefe spirituelle Erfahrung.

2.1.2. Königliches Kirchenpatronat (Schirmherrschaft)

Die Stifter von Kirchen, Kapellen oder Benefizien erhielten traditionell als Gegenleistung für sich und ihre Rechtsnachfolger ein Patronat über die jeweiligen Einrichtungen, das heißt Privilegien (etwa bei der Bestellung der Amtsträger), die mit bestimmten Lasten verbunden waren, z. B. der materiellen Sorge für die Stiftungen. Den Katholischen Königen ging es nun um die Kontrolle und Einflussnahme bei der Ernennung von wichtigen kirchlichen Amtsträgern (v. a. von Bischöfen), die mit Pfründen und Benefizien betraut waren, um ihrerseits von den unermesslichen Einkünften der Kirche zu profitieren. Sie waren daher interessiert an einem loyalen hohen Klerus, der einerseits ihre Politik mittrug, andererseits aber auch die finanzielle Schieflage ihres Reiches korrigieren konnte, in dem eine reiche Kirche einer relativ armen Krone gegenüber stand. Während sich die Einkünfte der Kirche Kastiliens um 1492 auf anderthalb Millionen Dukaten beliefen, erreichten die der Krone kaum eine Million. Die Könige erhielten davon seit 1340 die *Tercias reales*, zwei Neuntel des Kirchenzehnten, aber es fehlte ihnen die päpstliche Bestätigung dieser Konzession auf Lebenszeit. Nach zähen und klugen Verhandlungen mit dem Heiligen Stuhl konnten die Katholischen Könige ihre Patronatsrechte erweitern. Mit einer Bulle vom 13. Dezember 1486 wurde ihnen das umfassende Patronat für die Kanarischen Inseln und Granada (hier mit sechs Neuntel des kirchlichen Zehnten) gewährt.

Was die Neue Welt betrifft, so enthielt bereits die Konzessionsbulle *Inter cetera* Alexanders VI. vom 4. Mai 1493 Formulierungen in der Tradition des Patronats, auch wenn sie es noch nicht formell verlieh. Darin wurde den Katholischen Königen und ihren Nachfolgern ein Teil der Neuen Welt für alle Zeiten „geschenkt, gewährt und übertragen". Zugleich wurden sie bei ihrem „heiligen Gehorsam" feierlich ermahnt, für die Evangelisierung der neuentdeckten Völker „würdige, gottesfürchtige, geschulte, geschickte und erfahrene Männer" zu bestellen.[64] Ein weiterer Schritt war die Bulle *Eximiae devotionis* vom 16. November 1501, mit der Alexander VI. den Katholischen Königen „für alle Zeiten" den gesamten Zehnten „der Inseln und des Festlandes Westindiens" verlieh. Da ihnen dies immer noch nicht ausreichend schien, erwirkten die Könige von Julius II. am 28. Juli 1508 die ausdrückliche Patronatsbulle *Universalis Ecclesiae*. Mit diesen drei Bullen war das

---

64 Koschorke/Ludwig/Delgado, Christentumsgeschichte, 221.

Patronat, und damit der Evangelisierungsauftrag, das exklusive Recht auf Stiftung und Dotierung der Pfarreien und Kathedralkirchen, der Zehnte und das Präsentationsrecht für Übersee begründet.

Der Erfolg, den die Katholischen Könige bei der Erlangung des Patronats für die Neue Welt verbuchen konnten, blieb ihnen für Spanien selbst verwehrt. Hier waren zähere Verhandlungen nötig, die erst unter Karl V. und seinem ehemaligen Erzieher auf dem Stuhl Petri, Hadrian VI., zum Ziel führten. Mit der Bulle *Eximiae devotionis* vom 6. September 1523 wurde Karl V. ein Patronat zugestanden, das ein Vorschlagsrecht für die Bistümer und Klöster einschloss, wenn auch nicht für alle Pfründen.

So konnte die Krone für die Kirche in Übersee ein umfassenderes Patronat als für Spanien erlangen. Die genaue Wahrnehmung dieser Patronatsrechte bestätigte Philipp II. ausdrücklich im „großen Erlass" vom 4. Juli 1574 entgegen der tridentinischen Erwartung, zumindest die freie und direkte Kommunikation zwischen Klerus, Ordensleuten und Bischöfen aus Übersee mit Rom nicht zu behindern. Die im genannten Erlass aufgezählten Patronatsrechte wurden dann 1680 in die Sammlung der Westindiengesetze aufgenommen. Außer dem Präsentationsrecht wurden darin folgende Rechte festgehalten: Das königliche Placet (pase regio) für alle kirchlichen Dokumente nach Westindien; der Treueid der Bischöfe; die Beschränkung der kirchlichen Gerichtsbarkeit; die Aufhebung der Rom-Besuche (visita ad limina) für die Bischöfe Westindiens; die Notwendigkeit, dass diese Bischöfe alle Berichte über ihre Bistümer an den Westindienrat und nicht nach Rom senden; die Kontrolle der Kleriker und Ordensleute, die nach Westindien fahren; die Pflicht der Ordensoberen, regelmäßig einen Bericht über ihre Aktivitäten an den Westindienrat zu senden; die königliche Beteiligung an Konzilien und Synoden; das Recht, dass die von der Krone präsentierten Kandidaten ihr Bistum bereits vor dem Eintritt der päpstlichen Ernennungsbulle regieren konnten.

2.1.3. Vikariatstheorie und Regalismus

Da der Heilige Stuhl all dies stillschweigend akzeptierte, begannen die spanischen Könige und ihre Kronjuristen und -theologen nach 1574, das Kirchenpatronat für die Neue Welt als Vikariat auszulegen. Nach der Vikariatstheorie sind den Königen bereits durch die Bulle *Inter cetera* Alexanders VI. vom 4. Mai 1493 alle Befugnisse verliehen worden, die zur Leitung der Kirche in Westindien nötig waren. Als Begründung führte man an, dass dies der Dialektik von Zweck und Mitteln entspreche und für den aufgetragenen Evangelisierungszweck nötig sei. Die Könige waren also „Delegierte des Apostolischen Stuhls und dessen Generalvikare".[65] Man

---

[65] Hera, Alberto de la, El Patronato y el Vicariato Regio en Indias, in: Borges, Pedro (Hrsg.), Historia de la Iglesia en Hispanoamérica y Filipinas (Siglos XV-XIX), 2 Bde., Madrid 1992, hier Bd. 1, 63–79, 78.

spricht daher in der Forschung von einer *Monarchia sicula*: Der König verstand sich nicht nur als Schirmherr der amerikanischen Kirche, sondern auch als Vikar des Papstes. Diesen Titel bekamen jedoch weder Philipp II. noch seine Nachfolger jemals offiziell verliehen.

Eine erste Begründung der Vikariatstheorie lieferte der Franziskaner Juan Focher in seinem Werk *Itinerarium catholicum proficiscentium ad infideles convertendos* (1574). Kronjuristen verteidigten dann diese Theorie vehement, besonders Francisco Salgado de Somoza (*De regia protectione*, 1626) und Juan de Solórzano (*De Indiarum Iure*, 1629; 1648 auch in einer spanischen Kurzversion als *Política indiana* erschienen). Rom setzte beide Werke auf den Index verbotener Bücher, denn es sah in der Vikariatstheorie eine zu exzessive Auslegung des Patronats. Diese Werke gehören zu den wenigen, die sich auf dem römischen Index befanden, von der spanischen Krone aber immer verteidigt wurden.

Mit den Bourbonen mutierte das Patronat im 18. Jahrhundert zum „Regalismus". Demnach besaß der spanische König die oben genannten Patronatsrechte nicht aufgrund einer päpstlichen Konzession, sondern kraft des Wesens seiner Souveränität selbst. Sie waren also der Krone und Majestät als Regalien oder königliche Rechte „inhärent" – daher der Name „Regalismus" für die entsprechende Theorie – und mussten vom Heiligen Stuhl respektiert werden. Der Regalismus ist die spanische Version ähnlicher Theorien im Zeitalter der Aufklärung: Gallikanismus (Frankreich), Febronianismus (Deutschland), Josefinismus (Österreich) und Jurisdiktionalismus (Neapel/Parma). Sie sind nicht zuletzt Ausdruck des Wunsches katholischer Monarchen, über die Kirche in ihren Territorien ähnlich verfügen zu können wie die protestantischen Herrscher über die Kirchen der Reformation.

2.2. Vertreibung von Juden und Morisken und die *Limpieza de sangre*-Statuten

Aus der spanischen Geschichte standen den Katholischen Königen zwei Modelle für den Umgang mit religiösen Minderheiten zur Verfügung: das katholisch-westgotische und das islamische. Das erste Modell wurde nach der Bekehrung Königs Rekared zum katholischen Glauben 589 beim III. Konzil von Toledo praktiziert und im *Liber Iudiciorum* (654) beschrieben. Demnach wurden die Juden als Untertanen christlicher Fürsten betrachtet, gegen die Kirche und Krone Zwangsgesetze erlassen können. Dazu gehörten auch die Vertreibung der bekehrungsunwilligen Juden sowie die strenge Kontrolle der Bekehrten.

Mit den Arabern kam 711 das islamische Modell nach Spanien. Juden und Christen wurden von ihnen toleriert bzw. als „Schutzbefohlene" betrachtet, sofern sie sich der islamischen Herrschaft vertraglich unterwarfen, die Grund- und Kopfsteuern zahlten und bestimmte Einschränkungen in Kauf nahmen.[66] Dieses Modell war zwar nicht frei von Spannungen (viele Juden und Christen haben immer wieder das islamische Spanien verlassen, weil sie sich doch eingeschränkt fühlten), erlaubte aber die Gestaltung einer plurireligiösen Gesellschaft mit einer dominierenden Staatsreligion und zwei geduldeten Religionen.

Mit der Eroberung Toledos 1085 übernahm der kastilische König Alfons VI. das islamische und nicht das westgotische Modell. So konnten vom Ende des 11. bis Ende des 13. Jahrhunderts christliche Könige in Kastilien und Aragón einen Teil der muslimischen Bevölkerung halten und vom jüdischen Exodus aus dem Spanien der Almoraviden und Almohaden oder aus dem Europa der Kreuzfahrerzeit profitieren. Der Kodex *Las Siete Partidas*, entstanden unter Alfons X. von Kastilien (1252–1284), nannte Synagogen und Moscheen „Häuser des Gebets", die unter dem Schutz der Krone standen, und begrüßte die freiwilligen Bekehrungen zum Christentum beim gleichzeitigen Verbot von Zwangsbekehrungen. Wenngleich sich darin auch einige Gesetze fanden, die die Grenzen des Zusammenlebens deutlich markieren (Verbot von gegenseitigen Hausbesuchen, von gemeinsamem Baden, von christlichen Hausmägden und -knechten in den Häusern von Juden und Muslimen), so war ihre Absicht die Regelung des Zusammenlebens, nicht die Eliminierung oder Vertreibung der kulturellen und religiösen Minderheiten. Auf dieser Grundlage wurde das christliche Spanien des Hoch- und Spätmittelalters zu einem Sonderfall im damaligen Europa. Während andere Länder im Schatten des Kreuzfahrergeistes dabei waren, die Juden zu vertreiben, wie 1290 aus England und 1394 aus Frankreich, und kaum Muslime unter sich kannten, lebten im christlichen Spanien Juden, Muslime und Christen in enger Nachbarschaft, und die Christen übernahmen dabei vieles von der orientalischen Lebensart. Es war das Zeitalter, für das Américo Castro von der *Convivencia* (Zusammenleben) der drei Kulturen und Religionen spricht.

2.2.1. Vertreibung von Juden und Morisken

Ende des 15. Jahrhunderts standen auch die Katholischen Könige vor der Frage, welches Modell ihrer Religionspolitik, das westgotische oder das islamische, sie wählen sollten. Sie schwankten, bis sie sich ab 1502 ganz für das westgotische entschieden.

---

66 Dazu gehörte beispielsweise der Verzicht auf Mission und den Bau neuer Kulthäuser; bei Mischehen hatte die Religion des muslimischen Teils Vorrang; wenn in einer jüdischen oder christlichen Ehe ein Teil zum Islam konvertierte, konnte diese aufgelöst werden; Bekehrungen aus dem Islam zum Christentum oder Judentum wurden als Apostasie mit dem Tod bestraft; ansonsten konnten Christen und Juden in eigenen Quartieren leben und sich weitgehend selbst verwalten, sofern sie mit dem islamischen Recht nicht in Konflikt gerieten.

Im christlichen Spanien ergab sich seit den Judenpogromen von 1391 und 1413–1414 mit den darauffolgenden Massenbekehrungen eine neue Konstellation: In den meisten Städten gab es nun neben den herkömmlichen Christengemeinden (*cristianos viejos*), welche die Mehrheit bildeten, auch Synagogen für die Juden, die eine oder andere kleine Moschee für die *mudéjares* (die unter christlicher Herrschaft verbliebenen Muslime) und Kirchen für die vielen *Conversos* oder „Neuchristen" (*cristianos nuevos*) aus dem Judentum. Auf so viel „Religionsvielfalt" war man im damaligen Europa nicht vorbereitet. Die Spannungen zwischen Juden, Conversos und Altchristen riefen ab der Mitte des 15. Jahrhunderts nicht nur die sog. *Limpieza de sangre*-Statuten hervor, sondern begünstigten auch 1478–1480 die Errichtung der Inquisition. Als diese zur Einsicht kam, dass die Juden eine permanente Versuchung für die Conversos darstellten, drängte sie auf Vertreibungsmaßnahmen.

Die Katholischen Könige selbst hatten zunächst vor, das islamische Modell weiter zu praktizieren, denn die jüdischen und muslimischen Minderheiten waren aufgrund der höheren Tribute eine gute Einnahmequelle. Sie gehörten zudem zu ihren tüchtigsten Untertanen. So wurde am 28. November 1491 in den Unterwerfungskapitulationen den Muslimen Granadas die Pflege der eigenen Kultur und Religion gegen Tributzahlung gewährt, also nach dem in den *Siete Partidas* übernommenen islamischen Modell. Die Könige drängten nur die Eliten zur Auswanderung nach Marokko, und dies zu guten Bedingungen. Als die Könige aber am 31. März 1492 in einem Edikt verfügten, dass die taufunwilligen Juden bis 31. Juli das Land verlassen sollen, fingen sie damit an, das islamische Modell gegen das westgotische auszutauschen. Sie versuchten noch vieles Andere, um die Juden zur Bekehrung zu bringen. Abraham Senior, der achtzigjährige Hofrabbiner, Berater der Krone und Steuereinnehmer, ließ sich auf Bitten des Königspaars in einer Prunkzeremonie taufen, in der die Könige selbst als Paten fungierten; offenbar versprachen sie sich davon, dass viele Juden beeindruckt sein und sich ebenfalls taufen lassen würden. Zwischen 50 000 und 100 000 Juden folgten in der Tat diesem Beispiel, doch die Könige schienen die Kraft des Glaubens Israels in Krisenzeiten zu unterschätzen, die Fähigkeit, die schlimmsten historischen Katastrophen als die „Geburtswehen des Messias" umzudeuten, wie es Isaac Abravanel, ebenfalls einflussreicher Finanzmann am Hof und geistiger Kopf der Vertriebenen, tat. So zogen zwischen 50 000 und 100 000 Juden das Exil dem Glaubensabfall vor.[67]

Spätestens seit der Vertreibung dieser taufunwilligen Juden wusste man, dass die den Muslimen Granadas Ende 1491 gewährten Freiheiten unter dem Vorbehalt der Inquisition standen, so dass auch hier Bekehrung oder Vertreibung mittelfris-

---

67 Vgl. u. a. Wenzel, Jürgen, Die Vertreibung der Juden aus Spanien im Jahr 1492. Vorgeschichte und Vergleich mit der Stellung anderer Minderheiten im christlichen Teil Spaniens (1369–1516), Norerstedt 2013; Pérez, Joseph, Historia de una tragedia. La expulsión de los judíos, Barcelona 1993.

tig das Ziel sein sollte, während es vorher keine ernsthaften Bekehrungsversuche der unterworfenen Muslime gegeben hatte. Hernando de Talavera (†1507), Beichtvater Isabellas und erster Erzbischof Granadas, versuchte die Muslime mit Hilfe eines ins Arabische übersetzten Katechismus für das Christentum zu gewinnen. Als dieser Weg scheiterte, trat ein anderer Beichtvater der Königin, der Erzbischof Toledos Jiménez de Cisneros, der für das alte Königreich Granada inquisitorische Vollmachten hatte, mit der harten Linie auf den Plan: Zwischen 1499 und 1502 hatten die Muslime Granadas die Wahl zwischen Bekehrung oder Vertreibung. Dabei wurden etliche Moscheen in Kirchen umgewandelt sowie arabische Handschriften verbrannt. 1502 wurden alle Muslime der Krone Kastiliens vor diese Alternative gestellt, und 1525–1526 schließlich auch die in Aragón und Valencia. Danach gab es Aufstände und verschiedene Umsiedlungs- und Vertreibungsmaßnahmen von „Morisken", wie die getauften Muslime nun genannt werden, in geopolitisch sensiblen Zeiten: 1569–1574 vor und nach dem Sieg über die Türken bei Lepanto (1571) und 1609–1614 im Schatten der Bedrohung durch die von den Türken unterstützten Berberei-Piraten Nordafrikas. Von den letzten Moriskenvertreibungen waren ca. 330 000 Personen betroffen, die zumeist in Gebieten der alten Krone Aragón wohnten.[68]

2.2.2. Die *Limpieza de sangre*-Statuten

Die *Limpieza de sangre*-Statuten („Blutreinheit") waren ein juristisches, zum Teil vom Heiligen Stuhl und der Krone approbiertes Instrument, das Nachfahren von Juden, Muslimen und von der Inquisition Bestraften den Zugang zu gewissen Korporationen und Territorien (das Baskenland z. B.) des frühneuzeitlichen Spanien verwehrte, da sie als ehrlos und nicht standhaft im Glauben galten. Die Beweislast lag hierbei bei den Anwärtern auf Aufnahme: Sie mussten nachweisen, dass sie – soweit man dies genealogisch dokumentieren konnte – keinerlei Vorfahren aus dem genannten Personenkreis hatten, dass sie also, in der Sprache der Zeit ausgedrückt, nicht durch „unreines Blut" „befleckt" oder „angesteckt" waren. Solche Statuten wurden jedoch nicht überall verabschiedet: Viele Domkapitel, wichtige Universitäten (z. B. Salamanca) oder die meisten Kronräte (Staatsrat, Indienrat, Finanzrat, Kastilienrat, Italienrat) und Höchstgerichte (Cancillería de Valladolid) verzichteten darauf. Die Ritterorden führten die Reinheitsklausel 1462/1483 (Calatrava), 1483 (Alcántara) bzw. 1527 (Santiago) ein. Bei den anderen Orden machten die Hieronymiten – nach der Aufdeckung von Kryptojuden in ihren Reihen – 1486 den Anfang; 1520 folgten die Augustiner, 1525 die Franziskaner und 1540 die Domi-

---

68 Vgl. García-Arenal, Mercedes/Wiegers, Gerard, The expulsion of the Moriscos from Spain. A mediterranean diaspora, Leiden 2014.

nikaner. Bei den Jesuiten (1593) und Karmelitern (1595) wurde sie erst Ende des 16. Jahrhunderts eingeführt.

Es fällt auf, dass die *Limpieza de sangre*-Statuten erst im 15. Jahrhundert das spanische Leben zu prägen begannen. König Alfons X. (1221–1284), genannt der Weise, befahl in der zweiten Hälfte des 13. Jahrhunderts im Kodex *Siete Partidas*, dass die bekehrten Juden im ganzen Reich geehrt werden sollten, dass man sie aufgrund ihrer jüdischen Herkunft nicht diskriminieren sollte, dass sie von den nicht-bekehrten Juden ihrer eigenen Familie nicht enterbt werden dürften (was die Juden aufgrund ihres eigenen Religionsrechts oft taten), und dass sie alle Ämter, Berufe und Ehren wie die anderen Christen haben dürften. Den Bekehrungswilligen wurde damit signalisiert: Der König bürgt dafür, dass ihr weder von den alten noch von den neuen Glaubensgenossen um euer Recht gebracht werdet. Ähnlich äußerten sich Päpste und Konzilien. Das prominenteste Beispiel für diese Bekehrungspolitik war der Oberrabbiner von Burgos Salamón Ha-Leví, der 1390 konvertierte und wie ein zweiter Saulus zum Pablo de Santa María wurde. In der Zeit vor der Einführung der Statuten gelang ihm eine glänzende Karriere: 1401 wurde er Bischof von Cartagena, 1415 von Burgos. Sein Sohn und berühmter Humanist Alonso de Cartagena wurde zunächst Bischof von Cartagena, nahm 1434 im Auftrag des kastilischen Königs Juan II. (1406–1454) am Basler Konzil teil und trat 1435 die Nachfolge seines Vaters als Bischof von Burgos an.

Probleme zwischen den bekehrten Juden und den „Altchristen" entstanden erst, als ihre Zahl, ihre Gruppensolidarität, ihr Fleiß, ihre Tüchtigkeit und ihre Zielstrebigkeit bei der Suche nach Ämtern und Pfründen und der Deutung der Gesetze zu ihren Gunsten, aber auch bei unechter, vorgetäuschter Bekehrung beim einfachen Volk Neid, Aversion und Ressentiments hervorriefen. Die *Limpieza*-Statuten wären also nicht zuletzt als Antwort der altchristlichen Volksmehrheit auf die Veränderung der spanischen Gesellschaft durch die Massenbekehrungen zu verstehen, die zwischen den Pogromen von 1391 und der Vertreibung von 1492 stattfanden. Durch sie verschoben sich die innergesellschaftlichen Grenzziehungen und möglichen Konfliktherde vom Gegenüber von Juden und Christen zu dem von Konvertiten und „Altchristen". Dazu kamen im Verlauf des 16. Jahrhunderts die aus dem Islam zwangsbekehrten Morisken. Kein christliches Land war damals auf die Bekehrung, also die kirchliche wie kulturelle Assimilation, so vieler Neuchristen aus dem Judentum oder dem Islam vorbereitet – ebenso wenig auf die Kontrolle der Echtheit und Lauterkeit ihrer Bekehrung. Die *Limpieza de sangre*-Statuten, die Gründung des Inquisitionstribunals (1478–1480) und die Vertreibung der nicht bekehrungswilligen Juden und Morisken waren die Antworten der Altchristen Spaniens auf dieses neue Phänomen. Durch die Fixierung der Spanier auf die *Limpieza de sangre* wurde man im Ausland darauf aufmerksam, dass es in ihrem Herrschaftsgebiet viele Nachkommen von Juden und Morisken gab. Die *hispani* an den europäischen Höfen und in Rom gerieten daher in den Verdacht schlechte Christen, also eine Mischung aus Juden, Christen und Mauren, zu sein.

Die theologische und soziale Brisanz der *Limpieza de sangre*-Statuten lag in der Unterscheidung zwischen „guten", in der Urkirche für das Christentum optierenden Juden und wahren Nachfahren Abrahams, Isaaks und Jakobs auf der einen Seite, und den „schlechten", sich dem Evangelium Christi verweigernden Juden auf der anderen Seite, von denen die spanischen Conversos abstammten, die aufgrund dieses Ursprungsmakels immer als Christen zweiter Klasse gesehen werden mussten. Während viele Conversos aus ihrer jüdischen Abstammung eine Präeminenz in der Kirche und der christlichen Gesellschaft ableiten wollten, pochten die Altchristen auf die Unterscheidung zwischen den einen und den anderen Juden: Sie betrachteten Kirche und Gesellschaft als eine Art Klub, in dem man durch Anciennität, nicht durch Abstammung, Vorrechte erwarb; paradoxerweise führten sie dabei aber ein „Abstammungsargument" wie die *Limpieza de sangre* als Anciennitätsnachweis ein.

In der Entstehung und Anwendung der *Limpieza de sangre*-Statuten lassen sich drei grundlegende Phasen unterscheiden: Vom Statut des Gemeinderats von Toledo bis zum Statut der Kathedrale von Toledo 1449–1547, über das Statut der Kathedrale von Toledo bis zum Erlass Philipps IV. 1547–1623 und bis hin zu ihrer Aufhebung 1833. Der Höhepunkt erreichte die Kontroverse um die Statuten in der zweiten Phase, nachdem der Erzbischof Toledos, Juan Martínez Silíceo (1486–1557), 1547 für seine Kathedrale ein strenges Statut einführte und es von Papst und König approbieren ließ, was bisher nicht der Fall gewesen war. Diskutiert wurde nicht über die Abschaffung des *Limpieza de sangre*-Prinzips, sondern über eine gemäßigte oder strenge Anwendung.

Die Diskussion wurde mit dem königlichen Erlass vom 10. Februar 1623 beendet: keine anonymen Denunziationen; drei positive *Limpieza*-Verfahren sollten genügen, sofern diese in Korporationen mit einer soliden Tradition stattfanden (wie unter anderem in der Inquisition, im Rat der Ritterorden, in der Kirche Toledos). In der Forschung wird diesem Erlass eine gewisse Mäßigung attestiert, damit die Altchristen nicht in ständigem Verdacht der Unreinheit leben mussten. Zugleich wurde betont, dass es sich alles in allem um eine Bestätigung des Prinzips der *Limpieza de sangre* handelte, denn die Nachfahren von Mauren, Juden und von der Inquisition Bestraften blieben ausgeschlossen und von einer Einschränkung des Reinheitsnachweises auf vier Generationen oder 100 Jahre war nicht die Rede. Zum Missfallen der Inquisition und der Ritterorden, die zur Mäßigung tendierten, wurde der Erlass von 1623 von einigen Korporationen wie der Kirche Toledos und den Kollegien Salamancas nicht sehr freundlich aufgenommen. Der Zeitgeist schwankte zwischen Philojudaismus bei den Herrschenden, Mäßigungsvorschlägen bei besonnenen Theologen und Juristen (auch Inquisitoren) und einem Aufflammen des Antijudaismus beim Volk und bei epigonenhaften Autoren aus dem niederen Klerus.

Die *Limpieza de sangre* blieb ein „Damokles-Schwert" über der spanischen Gesellschaft bis zur Aufhebung der Statuten 1833, verlor aber die ursprüngliche soziale

Virulenz und mutierte zum reinen Formalismus. Die Statuten wurden zwar auf weitere Korporationen ausgedehnt (Anwalt, Gerichtsschreiber, Grundschullehrer), aber die Prüfung der Nachweise war eine formale Routine, die kaum jemanden aufregte.

2.3. Die geistige Wende der 1550er Jahre

Die Entwicklung auf dem Weg zu einem ausschließlich katholischen Land nach 1492 wurde begleitet von einer zunächst begeisterten Aufnahme der kulturellen und religiösen Trends aus dem übrigen christlichen Europa (*devotio moderna*, italienischer Humanismus, Erasmianismus), die Ende der 1550er aus Angst vor dem Protestantismus in die Krise geriet und eine katholisch(-tridentinische) Identität eigener Prägung entstehen ließ. In religiös-kultureller Hinsicht lassen sich in Spanien zwei Phasen deutlich unterscheiden, die mit den Ereignissen auf der europäischen Makroebene eng zusammenhingen und zugleich durch den besonderen spanischen Kontext geprägt waren: eine erste, eher irenische Phase, die bis zum Augsburger Religionsfrieden vom 25. September 1555 oder, wenn man so will, bis zur Abdankung Karls V. dauerte, und eine zweite Phase, die sich zu Beginn der fünfziger Jahre anbahnte, in den Krisenjahren 1557–1563 das Land in Atem hielt und bis zum Tode Philipps II., ja eigentlich bis zu den regalistischen Reformen des 18. Jahrhunderts unter Karl III. andauerte. In den genannten Krisenjahren änderte sich das geistige Klima in Spanien radikal, auch wenn es vorher – in einem Klima relativer geistiger Freiheit – Anzeichen der Abkapselung gegeben hatte, wie etwa die Verfolgung der *alumbrados*, der Erasmianer und Valdesianer (Anhänger des spanischen Humanisten Juan de Valdés, †1541) seit Mitte der 1520er Jahre.

2.3.1. Verfolgung der Kryptoprotestanten

Der Protestantismus, für die Spanier die „deutsche Häresie", breitete sich durch den Buchdruck aus. Trotz des wachsamen Auges der Inquisition waren Bücher und kommentierte Bibelübersetzungen protestantischer Autoren nach Spanien gelangt. Als Fanal für die geistige Wende galt in der Tat die zufällige Aufdeckung 1557 und 1558 von Konventikeln in Sevilla und Valladolid, denen es bis dahin gelungen war, Bücher protestantischer Autoren aus dem Ausland einzuschmuggeln. Zur Gruppe von Sevilla gehörten mehrere Ordensmänner, vor allem Mitglieder des Ordens der Hieronymiten (20 davon konnten zwischen 1555 und 1557 Spanien verlassen und sich in Genf der Reform Calvins anschließen). Zur Gruppe in Valladolid zählten zahlreiche Adelige und Agustín de Cazalla, Hofkaplan Karls V. Dies ließ bei der Krone und der Inquisition alle Alarmglocken läuten.

Von Yuste (Extremadura) aus, wohin sich Karl nach seiner Abdankung zurückgezogen hatte, schrieb er am 25. Mai 1558 an seine Tochter Johanna nach Valladolid, die in Abwesenheit Philipps II. Regentin war, und an seinen Sohn, der noch in Brüssel weilte, man müsse gegen die Dreistigkeit dieser „Lumpenkerle" (*piojosos*) mit aller Strenge (*mucho rigor y recio castigo*) vorgehen, einen kurzen Prozess machen (*breve remedio*) und ein Exempel statuieren (*ejemplar castigo*). Generalinquisitor Fernando de Valdés begrüßte diese harte Linie und ging ans Werk: Am 21. Mai 1559 wurden in Valladolid in einer groß angelegten Zeremonie nach einer Predigt des Dominikaners Melchior Cano vierzehn Personen zum Tod auf dem Scheiterhaufen verurteilt und sechzehn rekonziliiert (mit der Kirche wieder versöhnt); in Sevilla verbrannte man am 24. September 1559 neunzehn Ketzer (einen davon „in effigie"[69]), während sieben rekonziliiert wurden. Bis 1560 wurden insgesamt noch 29 Personen verbrannt (drei davon in Sevilla „in effigie") und 55 wiederversöhnt. Der französische Hispanist Marcel Bataillon hat treffend bemerkt, dass in diesen schweren Zeiten Menschen verbrannt wurden, die einige Jahre zuvor „mit einer kleinen Buße" davon gekommen wären.[70] Zu den am 22. Dezember 1560 in Sevilla „in effigie" Verbrannten gehörte auch Juan Gil, eher bekannt unter der latinisierten Namensform Dr. Egidio, der im November 1555 (bzw. Anfang 1556 nach anderen Quellen) starb. Er wurde am 21. August 1552 wegen protestantisierender Tendenzen zu einer Haftstrafe verurteilt, kam aber 1553 frei und wurde wieder in sein Domherrenamt eingesetzt. Unter dem Schock der Aufspürung der Sympathisanten mit den Protestanten 1557/58, zu denen seine Freunde und Weggefährten gehörten, wurde er von Großinquisitor Valdés als „Vater des Sevillaner Protestantismus" bezeichnet.

Die Hinrichtungen wurden von einer Abriegelung gegenüber dem Ausland flankiert, denn in Spanien gewann nun die Mentalität einer „belagerten Festung" die Oberhand: 1558 hatte die Krone verboten, ausländische Bücher einzuführen und überhaupt Bücher ohne ausdrückliche Druckerlaubnis von Krone und Kirche in Spanien zu publizieren. Nun folgten 1559 Schlag auf Schlag weitere Maßnahmen: Am 17. August veröffentlichte Generalinquisitor Valdés – wohl auf Anraten Melchior Canos – einen vielsagenden Index verbotener Bücher, der zur Konfiskation und Verbrennung vieler Bücher führte. Dazu zählten alle Übersetzungen der Bibel oder deren einzelne Bücher in die Volkssprache, ferner zahlreiche Werke des Erasmus, die Werke seiner Schüler Alfonso und Juan de Valdés, die damals dem rheinischen Mystiker Johannes Tauler zugeschriebenen *Institutiones* und die in der Volkssprache verfassten geistlichen Hauptwerke von spanischen Mystikern wie dem Franziskaner Francisco de Osuna, dem Prediger Juan de Ávila, dem Jesuiten Fran-

---

69 „in effigie": d. h. das Urteil wurde in Abwesenheit des Verurteilten an einem Bild(nis), Puppe o. ä. stellvertretend vollzogen.
70 Bataillon, Marcel, Erasmo y España. Estudios sobre la historia espiritual del siglo XVI, México 1986, 709.

cisco de Borja oder dem Dominikaner Luis de Granada. Am 21. August ließ die Inquisition den Erzbischof Toledos, Bartolomé Carranza, aufgrund eines Gutachtens Canos zu seinem Werk *Comentarios al Catechismo christiano* verhaften; am 22. November ordnete schließlich die Krone an, dass alle im Ausland studierenden oder lehrenden Spanier innerhalb von vier Monaten zurückkehren sollten – ausgenommen waren nur jene, die sich in Bologna, Neapel oder Coimbra eingeschrieben hatten. Marcel Bataillon hat von einer „Erschütterung" gesprochen,[71] die in der Geschichte der katholischen Kirche ihresgleichen suchte.

2.3.2. Spirituelle und theologische Strömungen im 16. Jahrhundert

Um diese Verfolgungen besser verstehen zu können, ist ein Blick auf die spirituellen und theologischen Strömungen in Spanien bis 1560 zu werfen:

Die *alumbrados* (die Illuminierten) gingen von der Berufung aller zur geistlichen Vollkommenheit aus und befürworteten das Erlangen derselben mittels des *dejamiento* (= sich gänzlich der Gnade Gottes überlassen unter Geringschätzung der Werke und der aktiven Beteiligung am Reinigungsprozess), des inneren Betens und privater Erleuchtung.

Die *Erasmianer* (und die Valdesianer) waren zumeist gebildete Laien oder Kleriker mit niederen Weihen. Sie teilten mit *alumbrados* (und Protestanten) die Berufung aller zur Vollkommenheit und die Kritik am Ordensleben, an der Hierarchie, dem Zölibat, dem sakramentalen Charakter der Ehe und der katholischen Kultpraxis; letztere wurde für „rabbinisch" gehalten. Zugleich waren sie eine ernsthafte Konkurrenz für die verstaubten scholastischen Theologen. Denn sie wandten sich den Quellen zu: der hebräischen und griechischen Bibel, den Kirchenvätern und den antiken Philosophen. Sie pflegten die Rhetorik und schrieben ein elegantes, geschliffenes Latein. Als christliches Ideal befürworteten sie eine *Philosophia Christi*, die sich an der Bergpredigt orientierte. Sie waren anthropologische Optimisten, elitäre Ireniker und Moralisten der internationalen Gelehrtenrepublik, keine Heiligen und Mystiker. Sie gefielen zeitweise vielen, lösten aber kaum Begeisterung aus. Denn ihre Lektüre ließ (um es mit Worten des Ignatius von Loyola zu sagen) die Seele austrocknen: Sie sprachen den Verstand, aber nicht das Herz an. Ignatius von Loyola berichtet, dass der Eifer in ihm lau wurde, sobald er anfing, die Schrift *De Milite christiano* des Erasmus zu lesen (zwischen 1525 und 1533 erreichte sie in Spanien neun Auflagen und zwischen 1541 und 1556 weitere vier); und dass die Lauheit größer wurde, je mehr er davon las. So beschloss er, die Schriften des Humanistenfürsten nicht mehr zu lesen.

---

71 Ebd., 712.

Die *geistlichen Schriftsteller* und *Mystiker* verteidigten das *recogimiento*, die geistliche Sammlung zum Gebet der Ruhe, das innere Beten, die allgemeine Berufung zur Vollkommenheit und die Lektüre der Bibel (zumindest des Neuen Testamentes) in der Volkssprache. Aber anders als die vorher genannten Gruppen kritisierten sie nicht das Klosterleben oder die katholische Kultpraxis als solche, sondern nur die Missstände. Sie schrieben in der Volkssprache, um der religiösen Bildungssehnsucht der Laien – besonders der Frauen – geistliche Nahrung zu geben. Ihre Werke erreichten hohe Auflagen, da sie im Trend der Zeit lagen und theologisches Fachwissen dem Volk zugänglich machten.

Eine weitere Tendenz wurde von *Bartolomé Carranza*, dem Trienter Theologen, Beichtvater von Karl V. und Philipp II. sowie seit 1558 Erzbischof Toledos und Primas von Spanien, paradigmatisch verkörpert. Carranza hatte die Zeichen der Zeit erkannt und war in vielen Punkten der Meinung der geistlichen Schriftsteller und Mystiker. Mit seinem Werk *Comentarios al Catechismo christiano* (1558) legte er in spanischer Sprache eine leicht zugängliche Einführung in das Christentum vor, die von Laien mit viel Gewinn gelesen werden konnte.

Die *scholastischen Theologen* vertraten nun angesichts dieser Strömungen einen akademischen Aristokratismus, wonach die Theologie als *sacra doctrina* den akademisch Eingeweihten vorbehalten bleiben sollte. Sie standen der theologischen und geistlichen Literatur, die sich in der Volkssprache an die ungebildetere Bevölkerung inklusive an Frauen richtete, misstrauisch gegenüber, da sie nur Verwirrung im Volk und Unruhe in Kirche und Gesellschaft hervorrufen würde. Sie verachteten zudem die Humanisten als Männer, die eher von Philosophie, Philologie und Rhetorik als von Theologie etwas verstünden. Und sie reklamierten die Deutungshoheit über alle wichtigen Fragen der Zeit, die zu kompliziert seien, um sie dem Gemüt des Volkes oder der Rhetorik der Humanisten zu überlassen. Mit Hilfe der Inquisition waren sie entschlossen, jedes Anzeichen von Illuminismus (Anhänger der Alumbrados), Erasmianismus, Protestantismus und Carranzismus (Anhänger des Bartolomé Carranza) im Keim zu ersticken.

2.3.3. Melchior Canos Gutachten über das Werk Bartolomé Carranzas

Die geistige Wende lässt sich anhand von drei Merkmalen aufzeigen, die mit Canos Gutachten über den Katechismuskommentar Carranzas zu tun haben. Darin wird Carranza vorgeworfen, die Sprache von *alumbrados* und Lutheranern zu usurpieren.

Das erste Merkmal ist die Methode: *in rigore ut iacent*. Demnach wurden Aussagen aus dem Zusammenhang gerissen und im Zweifelsfalle gegen den Autor interpretiert, also zugunsten des Häresie- oder Heterodoxieverdachts, um den Autor als Ketzer zu entlarven. Cano qualifizierte die Aussagen Carranzas nach einer

Skala, die von Anstoß erregend, waghalsig bzw. unklug und gefährlich, missverständlich, nach Häresie riechend und irrtümlich bis häretisch reichte.

Das zweite Merkmal besteht in der These, dass die *Heilige Schrift und Theologie nichts für das Volk seien*. Carranzas Meinung, dem Volk zumindest Teile der Bibel in der Volkssprache zugänglich zu machen, wurde von Cano als „unklug und gefährlich" eingestuft, denn das werde in Spanien zu ähnlichen Zuständen wie in Deutschland führen. Vielmehr sollte man davon ausgehen, dass die Bibel nicht für „Zimmermannsfrauen" geschrieben worden sei: „auch wenn die Frauen mit unersättlichem Appetit danach verlangen, von dieser Frucht zu essen, ist es nötig, sie zu verbieten und ein Feuerschwert davor zu stellen, damit das Volk nicht zu ihr gelangen könne".[72] Cano warf Carranza vor, mit seinem Buch die Theologie als *Sacra doctrina*, also alles, was nur die Hirten und Priester der Kirche wissen und tun sollten, „der Frau zu geben".[73] Cano ermahnte zum Beibehalten des Lateinischen in den Bibelübersetzungen sowie in den Stundenbüchern und den Schriften über wichtige geistliche Dinge, damit das Volk wenig davon verstünde; wenn nämlich der Ruf des Geheimnishaften, der mit dem Lateinischen beim Volk verbunden werde, verschwände, ginge auch die Macht des Klerus verloren. Aus dieser schroffen Position sprach das tiefe Misstrauen der Scholastiker gegenüber Laien im Allgemeinen und Frauen im Besonderen. Gerade diese Sicht setzte sich bei der Inquisition durch.

Das dritte Merkmal zeigt sich schließlich in der Ansicht, dass *das innere Beten nichts für das Volk sei*. Das gemeine Volk sollte beim Rosenkranz bleiben und sich nicht dem kontemplativen inneren Beten hingeben. Wer die allgemeine Berufung zur Vollkommenheit der Laien in der Welt ohne die evangelischen Räte verkünde, der, so Cano mit beißender Ironie, wisse mehr als Christus, der gesagt habe „geh, verkaufe, was du hast ... (Mk 10,21)", und nicht „geh und bete innerlich im Geiste (vade et ora mentaliter)". Ein solcher Theologe sei „ein Zerstörer des Ordenslebens und ein Volksbetrüger".[74] Cano griff die leichtfertige Berufung auf die mystische Erfahrung an, denn sie führe dazu, dass man das Lehramt der scholastischen Theologen ablehne und an ihrer Stelle die volkstümlichen Autoren von geistlicher Literatur zu Autoritäten erkläre.

Carranza wurde am 21. August 1559 von der spanischen Inquisition verhaftet, aber der Prozess wurde von der römischen Inquisition zu Ende geführt, nachdem Carranza im Dezember 1566 beim Dominikanerpapst Pius V. die Verlegung nach Rom erreichen konnte. Zum Abschluss kam der Prozess erst unter Gregor XIII. am 14. April 1576. Nicht zuletzt weil Philipp II. und die spanische Inquisition ihr Gesicht wahren mussten, lief das Urteil auf einen Kompromiss hinaus. Carranza

---

72 Caballero, Fermín, Conquenses ilustres, Bd. 2: Melchor Cano, Madrid 1871, 536–615, 542.
73 Ebd., 536.
74 Ebd., 536, 577.

wurde verurteilt als „in starker Weise der Häresie verdächtigt".[75] Er musste sechzehn Sätze widerrufen, bevor er in die Freiheit entlassen wurde. Nach einer Pilgerfahrt durch die großen Kirchen Roms, bei der er die Messe feierte und großzügige Almosen gab, starb er am 2. Mai desselben Jahres.

Der Fall „Carranza" gehört zu den tragischen Kapiteln jener schweren Zeiten, in denen der Protestantismusverdacht in Spanien jeden treffen konnte, auch den Erzbischof Toledos. Unter anderen Umständen hätte man die Fragen, die sein Buch aufwarf, mit einer theologischen Disputation klären können. Wenn man Carranza etwas vorhalten kann, so wäre dies, dass er seinen Katechismus-Kommentar zu schnell geschrieben und gedruckt hat, ohne die nötige Vorsicht im Umgang mit dem Gedankengut von *alumbrados* und Protestanten walten zu lassen.

2.4. Inquisition

Nach den Massenbekehrungen von Juden im Verlauf des 15. Jahrhunderts nahmen die Altchristen die Konvertierten (Conversos) zunehmend als Problem wahr, das durch die ersten *Limpieza de sangre*-Statuten nicht nur religiösen, sondern auch sozialen Zündstoff enthielt. Vielfach wurde den Katholischen Königen von Kirchenvertretern geraten, die Inquisition einzuführen, um das Leben und den Glauben von Neu-Christen sowie die Häresiegefahr zu überwachen, nicht etwa um Angehörige anderer Religionen (Juden oder Muslime) zu verfolgen. Die Katholischen Könige hatten jedoch wenig Interesse an einer Wiederbelebung der bischöflichen bzw. kirchlichen Inquisition des Mittelalters, wie sie seit dem 13. Jahrhundert in vielen Ländern der Christenheit und auch in denen der Krone Aragóns bestand. Sie strebten eher nach einer Inquisition neuen Typs, die zwar zunächst mit Billigung des Papstes errichtet werden, aber dann als „staatliches Organ" ihnen direkt unterstehen sollte. Mit der Bulle *Exigit sincerae* vom 1. November 1478 billigte Papst Sixtus IV. dieses Vorhaben und autorisierte die Katholischen Könige zur Ernennung der Inquisitoren. 1483 wurde der Dominikaner Tomás de Torquemada zum ersten Generalinquisitor, zunächst in Kastilien und im selben Jahr auch in Aragón. Als Institution bestand die Spanische Inquisition – mit kurzer Unterbrechung in den liberalen Phasen von 1813 und 1820 – bis zu deren endgültigen Aufhebung am 15. Juli 1834 durch die Regentin María Cristina fort, war aber seit 1820 kaum mehr aktiv. Der Generalinquisitor wurde von einem Rat (Consejo de la Suprema y General Inquisición, in den Quellen oft einfach „Suprema" genannt) unterstützt, der als einziger Kronrat für ganz Spanien zuständig war. Einmal ernannt, konnten die Generalinquisitoren von der Krone nicht mehr abgesetzt wer-

---

75 Tellechea Idígoras, José Ignacio, El final del proceso. Sentencia original de un proceso y abjuración del Arzobispo Carranza, in: Scriptorium Victoriense 23 (1976), 219–229, 227.

den, was ihnen eine gewisse Unabhängigkeit garantierte. Aber einige traten frei-willig zurück.[76]

2.4.1. Opferzahlen und Strafmaßnahmen

Ausgehend von einer minutiösen Studie über die Inquisition im Bistum Toledo hat der französische Historiker Jean-Pierre Dedieu vier Wirkungsphasen der Inquisi-tion unterschieden, die sich auf den Rest des Landes extrapolieren lassen: In der ersten Phase, die von 1480–1525 dauerte, bildeten mutmaßlich judaisierende Con-versos, Kryptojuden, die Zielscheibe der Inquisition (mit einer heißen Phase bis 1510). Die zweite Phase ging von 1525–1590 bzw. von 1525–1630: Nachdem die judaisierenden Conversos weitgehend verschwunden waren, wurden nun vor al-lem die *alumbrados*, die Kryptoprotestanten und die Erasmianer, ihre literarischen Erzeugnisse auf dem Buchmarkt sowie der Lebenswandel der Altchristen kontrol-liert, denen oft „skandalöse Ausdrücke" (also Blasphemie) vorgeworfen wurden. 1630–1725, zum Teil schon ab 1580 nach der Übernahme der Krone Portugals durch Philipp II. war dann die dritte Phase anzusetzen: Die Verfolgung von mut-maßlich „Judaisierenden" gewann aufgrund der Einwanderung von vielen „Marra-nen" aus Portugal erneut an Aktualität. Schließlich gab es in der Phase zwischen 1725 bis 1834 bis zur Abschaffung der Inquisition 1834 kaum noch nennenswerte Ketzerprozesse. Dedieu kommt zum Schluss, dass es sich bei der Inquisition vor allem um eine antijüdische Institution gehandelt habe, die sich aber ein Jahrhun-dert lang (1525–1630) auf dem Höhepunkt ihrer Aktivität auch gegen die Altchris-ten richtete.

Die moderne Forschung hat viele Fabeln über die Spanische Inquisition versach-licht, in erster Linie die Opferzahlen. Die Gesamtzahl werden wir wohl nie kennen, nicht zuletzt weil die Zentralarchive der Inquisition zwischen 1499 und 1560 darü-ber praktisch schweigen. Heute geht man eher von 5000 Todesurteilen in der heißen Phase der Converso-Verfolgung aus und von 900 für die restliche Zeit bis 1834.[77] Im 17. und 18. Jahrhundert betrafen die meisten Prozesse Gotteslästerung, Bigamie und Homosexualität unter Altchristen, und sie endeten kaum mit einem Todesurteil. Dazu kamen gewiss abertausende Opfer, die mit verschiedenen ande-ren Strafen lebend davon kamen. Die absolute Zahl der Todesurteile – und jedes Opfer um der Andersheit der Religion willen ist ein Opfer zu viel – mag relativ bescheiden anmuten, vor allem wenn sie mit den zahlreichen Hexenverbrennun-

---

76 Zur Geschichte der spanischen Inquisition vgl. Pérez Villanueva, Joaquín/Escandell Bo-net, Bartolomé (Hrsg.), Historia de la Inquisición en España y América, 3 Bde., Madrid 1984–2000; Kamen, Henry, The Spanish Inquisition. An historical revision, London 2003.
77 Milhou, Alain, Die iberische Halbinsel. I. Spanien, in: Venard, Marc (Hrsg.), Die Zeit der Konfessionen (1530–1620/30), (Geschichte des Christentums 8), Freiburg 1992, 662–726, 721.

gen im protestantischen wie katholischen Europa außerhalb des Wirkungsbereichs der Spanischen, der Portugiesischen und der Römischen Inquisition verglichen wird. Dennoch kann mit Fug und Recht aus verschiedenen Gründen von einer grausamen Institution gesprochen werden, denn die Todesurteile sind nicht alles: Die Inquisition hing wie ein Damoklesschwert über dem vormodernen Spanien und respektierte nicht einmal die Totenruhe (es kam zur Exhumierung und Verbrennung der Gebeine Verstorbener). Ihre Urteilssprüche hatten einen feierlichen Schaucharakter, der die soziale Ächtung intendierte. Sie übte einen starken Druck auf die Gewissen aus und ermutigte mit einem abgestuften Straf- und Konfiskationssystem zur Selbstanklage. Sie schürte schließlich das Misstrauen zwischen den Nachbarn und förderte die Denunziation von verdächtigten Personen. Die wichtigsten Strafmaßnahmen der Inquisition in den Personenprozessen waren folgende: „*Relajación*": Verurteilung zum Tod und Übergabe an den weltlichen Arm zur Vollstreckung (das Urteil wurde außerhalb der Stadtmauer, also des religiösen und zivilen Bezirks, vollstreckt und konnte in Abwesenheit auch „in effigie" geschehen). Dies hatte Güterbeschlagnahmung sowie Aberkennung der bürgerlichen Ehrenrechte für die Nachkommen zur Folge. „*Reconciliación*": Wiederversöhnung mit der katholischen Kirche, aber Güterbeschlagnahmung sowie Aberkennung der bürgerlichen Ehrenrechte für die Opfer und deren Nachkommen. Im Falle von Selbstanzeige wurde nur ein Drittel des Besitzes konfisziert. Etwa 90 % der „Wiederversöhnungen" in der heißen Phase der Verfolgung von Kryptojuden (bis 1510) waren dieser Art. Bei Rückfälligkeit wurden die Ausgesöhnten dann als rückfällige Ketzer betrachtet und automatisch dem weltlichen Arm überstellt. „*Abjuración*": Widerruf. Dies galt als Voraussetzung für die *reconciliación* und konnte auf dreierlei Art stattfinden: „*De levi* – bei leichtem Häresieverdacht sowie bei Bigamie, Blasphemie oder Identitätstäuschung. Die Strafe bestand in einer Geldstrafe und/oder in einer frommen Übung wie einer Wallfahrt oder Gebeten; „*De vehementi*" – bei stärkeren Verdachtsmomenten und wenn die Beschuldigten trotz der Beweislast das Eingeständnis zunächst verweigerten. Hier war die Strafe schwerer: Verbannung oder öffentliche Auspeitschung oder Verurteilung zu den Galeeren für eine bestimmte Zeit oder lebenslange Haftstrafe, die kaum eingehalten wurde, weil es der Inquisition zu teuer war. „*In forma*" – für die Geständigen und Reuigen, vor allem, wenn sie des Judaisierens beschuldigt wurden. Die Bestrafung erfolgte wie bei *de vehementi*. Diese Widerrufsformen fanden in der Regel bei einem privaten Autodafé oder *autillo* statt.

Es fehlt nicht an Stimmen, die das Wirken der Inquisition relativieren oder gar von einem Rechtsfortschritt sprechen, weil die Inquisition die Prozesse gegen Häresie versachlicht habe. Aus den Quellen zeitgenössischer Beurteilungen geht zuweilen etwas Anderes hervor. Der Jesuit und Historiker Juan de Mariana (†1624) hat ironisch den Unterschied zwischen der Prozesskultur der Inquisition und der spanischen Tradition festgehalten: Demnach wunderte man sich darüber, dass die Kinder für die Vergehen ihrer Eltern zahlen sollten, dass der Ankläger nicht bekannt war, nicht offen genannt und dem Angeklagten nicht gegenübergestellt wurde, sowie, dass die Zeugen nicht öffentlich benannt wurden. Darüber hinaus schien den Menschen neuartig, dass bestimmte Vergehen (Speisegesetze z. B.), die eher Ausdruck von kultureller Anhänglichkeit an alte religiöse Bräuche waren als formelle Häresien in Glaubensfragen, mit der Todesstrafe geahndet werden sollten. So wundere es nicht, fasst De Mariana zusammen, dass die Bevölkerung voller Furcht und damit leicht korrumpierbar gewesen sei. In seinem enzyklopädischen Kommentar zu Augustins *De Civitate Dei*, der 1522 bei Johannes Frobenius in Basel gedruckt wurde, hatte der Humanist Juan Luis Vives (1492–1540) das Inquisitionsverfahren, von den Opfern durch Folterungen fragwürdige Geständnisse zu erpressen, als barbarische Erfindung bezeichnet. Denn die unerträglichen Schmerzen brächten auch den Unschuldigen zu jedem beliebigen Geständnis, wie man aus Erfahrung wisse.

2.4.2. Buchzensur

Das Inquisitionssystem lässt sich anhand der Kontrolle des Buchmarkts, also der Buchzensur, gut illustrieren.[78] Hier ist auch der Primat der Politik bei den Katholischen Königen und ihren Nachfolgern gut erkennbar. Als um 1500 das gedruckte Buch zum typischen Mittel sozialer Kommunikation avancierte und Auflagenhöhen und überregionale Verbreitung neue Dimensionen erreichten, wurde aus Sicht der staatlichen wie kirchlichen Behörden notwendig, dass sie eine gewisse Kontrolle ausüben mussten. Nach ersten Anläufen durch Innozenz VIII. 1487 und Alexander VI. 1501 verabschiedete Leo X. 1515 während des 5. Laterankonzils die Bulle *Inter sollicitudines*, die den Ortsbischöfen das Privileg vorbehielt, Druckgenehmigungen zu erteilen. Diesen Weg bestätigte das Trienter Konzil in der XVII. und XXV. Sitzung und Pius IV. machte 1564 die konziliaren Zensurmaßnahmen (die Trienter Regeln) zusammen mit dem neuen Index öffentlich.

Das Spanien der Katholischen Könige nahm sich aber die Freiheit, entsprechend dem angestrebten Etatismus, die Dinge anders zu regeln. Hier reservierte sich der Staat die Kontrolle über die Druckgenehmigungen, während der Inquisition die Kontrolle des Buchmarktes a posteriori überlassen wurde. Auch wenn es manchmal Konflikte zwischen beiden Zensurbehörden gab – nicht zuletzt, weil die Inquisition bestrebt war, ihre Kompetenzen zu erweitern und sich in das Verfahren der Druckgenehmigung einzumischen –, wurde diese Aufgabenteilung weitgehend eingehalten. Gleichwohl dienten beide Aktivitäten komplementär einem gemeinsamen Ziel: Spanien von allem frei zu halten, was den Interessen von Staat und Kirche entgegen wirken könnte.

---

[78] Vgl. Delgado, Mariano, Spanische Inquisition und Buchzensur, in: Stimmen der Zeit 224 (2006), 461–474.

Während der ersten Hälfte des 16. Jahrhunderts trat die Inquisition als Zensurinstanz kaum in Erscheinung. Die Katholischen Könige hatten mit der Pragmatischen Sanktion (eine besondere Anordnung über den Buchdruck) vom 8. Juli 1502 die Buchhändler verpflichtet, Einfuhrgenehmigungen zu ersuchen sowie die außerhalb des spanischen Machtgebietes erschienenen Bücher zur Prüfung vorzulegen. Für die im Inland gedruckten Bücher sollte vorab eine Druckgenehmigung eingeholt werden, die nur nach sorgfältiger Prüfung erteilt werden durfte. Zunächst wurden die obersten Gerichtshöfe (Audiencias) von Valladolid und Granada sowie die Erzbischöfe oder Bischöfe von Toledo, Sevilla, Burgos, Salamanca und Zamora mit dem Druckgenehmigungsverfahren betraut. Ab 1554 wurde das Verfahren zentralisiert und ausschließlich dem Kronrat unterstellt, nachdem diesem bewusst geworden war, dass einige Druckgenehmigungen zu leichtfertig erteilt worden waren. Dazu zählte auch, dass Bartolomé de Las Casas seine berühmt-berüchtigte *Brevísima relación* sowie andere kritische Traktate über das spanische Vorgehen in Westindien 1552 in Sevilla hatte drucken lassen können. Das konnte wohl nicht ohne ausdrückliche oder stillschweigende Billigung durch den Ortsbischof und Generalinquisitor Fernando de Valdés selbst geschehen.

Bis Mitte des 16. Jahrhunderts tat sich die Inquisition lediglich durch einige Edikte als Zensurbehörde hervor. Am Anfang stand das Edikt des Generalinquisitors Adrian von Utrecht (1518–1522) vom 7. Juni 1521, mit dem die Konfiszierung aller Bücher Martin Luthers, der nach der Exkommunikation als Ketzer galt, angeordnet wurde. Es folgten unter anderem einige Verfügungen des Generalinquisitors Alonso de Manrique (1523–1538) zwischen 1523 und 1534 sowie weitere Edikte in den vierziger Jahren, um die Verbreitung verdächtiger Bücher zu kontrollieren. Zum systematischen Ausbau des „Buchprozesses" als eines „stummen Ketzers" kam es aber erst ab 1551, nachdem Generalinquisitor Fernando de Valdés den ersten Index der Spanischen Inquisition verabschiedet hatte – nicht zuletzt weil Bücher und kommentierte Bibelübersetzungen protestantischer Autoren in den heimischen Markt gelangt waren, so dass die Entstehung eines spanischen Protestantismus zu befürchten war.

Valdés steht bis heute im Ruf, dass er die Kompetenzen der Inquisition immer wieder weiter fassen wollte. So dürfte er in der Verbreitung protestantischer Bücher und Bibelübersetzungen auch einen Grund dafür gesehen haben, sich selbst und das Inquisitionstribunal als Zensurbehörde zu profilieren. Anhand des Vollzugs der ersten Index-Maßnahmen lässt sich beobachten, dass die Inquisition noch lernen musste, wie sie beim Buchprozess vorzugehen hatte. Der Index übernahm die Liste des Kataloges der Universität Löwen aus dem Jahre 1550 und fügte einige spezifische Bestimmungen für die spanische Lage hinzu, so z. B. das Verbot von Bibelübersetzungen in der Volkssprache, von Anthologien der Heiligen Schrift, von Werken des Erasmus und seiner spanischen Schüler. Die Buchhändler protestierten noch 1551 mit einem Schreiben an den obersten Inquisitionsrat. Sie erlitten nämlich durch die Konfiszierung und Verbrennung von Werken protestantischer Autoren wie Philipp Melanchthon, die antike Philosophen oder Kirchenväter edierten und kommentierten, oder von medizinischen und juristischen Büchern, die lediglich hier und da fragliche Sätze enthielten, einen großen finanziellen Schaden, hatten einige doch Frau und Kinder und all ihr Vermögen in diese Bücher investiert. Nachdem die Inquisitoren Toledos Ende 1551 oder Anfang 1552 eine Denkschrift mit den praktischen Zweifeln bei der Anwendung der Index-Maßnahmen an den Inquisitionsrat zugesandt hatten, antwortete dieser am 4. April 1552 mit einer *carta acordada* (Brief an alle Inquisitoren mit den Beschlüssen anlässlich der Zweifelsfälle). Darin findet sich eine erste Systematisierung des Verfahrens der Buchzensur.

Nachdem am 20. August 1554 Valdés die Regeln für die *Censura general de Biblias* drucken ließ, konnte das anvisierte massive Expurgatorium der Bibelausgaben, also die Entfernung von verdächtigen Übersetzungen oder Kommentaren, vorgenommen werden. Es handelte sich um die erste wirklich autonome Buchzensur der Spanischen Inquisition, die von den Katalogen der Sorbonne und Löwen in der ersten Hälfte des 16. Jahrhunderts wesentlich abwich. Nicht weniger als 70 lateinische Bibelausgaben, die aus den Druckorten Paris, Antwerpen, Basel, Zürich und Lyon zwischen 1526 und 1552 nach Spanien gelangt waren, waren davon betroffen. Die Expurgationen bezogen sich in der Regel nicht auf den Bibeltext selbst, sondern nur auf die Kommentare ketzerischer oder verdächtiger Autoren, vor allem wenn diese Fragen betrafen, die konfessionell umstritten waren: etwa das Verhältnis von Glaube und Heilsgewissheit, die Bedeutung der Werke bei der Rechtfertigung oder den freien Willen. Nach der Expurgation sollten die Exemplare mit einer Urkunde, die das expurgierte Material und das Datum festhielt, an ihre Besitzer zurückgegeben werden.

So führte die Spanische Inquisition zu Beginn der fünfziger Jahre zwei wichtige Instrumente der Buchzensur ein, die später von der Römischen Inquisition nachgeahmt werden sollten: den Index verbotener Bücher und das Expurgatorium. Letzteres gewann aber erst ab dem Expurgatorium von Gaspar de Quiroga 1584, das eine Liste der Stellen anführte, die aus jedem Werk getilgt werden sollen, seine definitiven Konturen. Die allgemeine Bibelzensur von 1554 wollte nicht die Verbreitung, den Besitz oder die Lektüre der Bibel verbieten, sondern eher den „sicheren" Gebrauch gewisser Ausgaben ermöglichen, die im Index von 1551 verboten worden waren oder ähnliche Merkmale enthielten. In diesem Sinne ist der allgemeinen Bibelzensur eine gewisse Toleranz nicht abzusprechen. Der Spielraum für die Toleranz wurde aber in der zweiten Hälfte der 1550er Jahre nach der Aufdeckung von kryptoprotestantischen Gruppierungen 1557 und 1558 in Sevilla und Valladolid, denen es bis dahin gelungen war, Bücher protestantischer Autoren aus dem Ausland einzuschmuggeln, immer enger.

Am 2. Juni 1558 sandte Valdés an Philipp II. eine Denkschrift über die Buchzensur, die die Gunst der Stunde zu nutzen versuchte, um die Kompetenzen des Heiligen Offiziums zu erweitern. Philipp II. verabschiedete auf der Grundlage dieser Denkschrift

am 7. September 1558 eine Pragmatische Sanktion über den Buchdruck und die Bücher, die als die gewichtigste Zensurmaßnahme in der Geschichte der Spanischen Inquisition zu sehen ist. Der König ging darin weitgehend auf die Vorschläge des Generalinquisitors ein, die eine stärkere Kontrolle des Buchhandels im Allgemeinen und der
Importe aus dem Ausland im Besonderen vorsahen. Es gab aber zwei wichtige Ausnahmen: Es war weder die Rede von einer Belohnung für die Denunziation noch davon,
dass die Inquisition mit der Prüfung der Manuskripte *vor* dem Druck betraut werden
sollte. Zugleich wurde bekräftigt, dass die Druckgenehmigung allein dem Kronrat ob-
liege – unter Androhung der Todesstrafe für diejenigen, die Bücher ohne besagte
Druckgenehmigung „drucken oder drucken ließen oder am Druck beteiligt wären".[79]
Ansonsten wurde den Universitäten von Salamanca, Valladolid und Alcalá sowie den
Erzbischöfen, Bischöfen, Prälaten und den Ordensoberen befohlen, „sehr behutsam
und schnell" die Bibliotheken in ihrem Zuständigkeitsbereich gründlich zu begutach-
ten: Die verdächtigen oder verworfenen Bücher oder solche, die Irrtümer und falsche
Lehren enthielten oder von unzüchtigen Sachen handelten und ein schlechtes Beispiel gäben, gleich wie sie verfasst und hergestellt seien, egal, ob sie auf Lateinisch
oder in den Volkssprachen geschrieben wären. Und auch, wenn es sich um solche Bücher handele, die mit königlicher Genehmigung gedruckt wurden, sollten sie einen
mit ihren Namen unterzeichneten Bericht an den Kronrat zusenden, „damit man dort
die Sache prüfe und das Nötige verfüge".[80] Ein weiterer Erlass untersagte den Universitäten, die Buchzensur a posteriori zu praktizieren, da dies ausschließlich der Inquisition zustehe.

Das Besondere des neuen Valdés-Index von 1559 gegenüber den bisherigen Zensurmaßnahmen war in der Abteilung der Bücher auf Spanisch zu finden, in den
geistlichen Büchern und Bibelübersetzungen. Denn diese galten nun, gemäß des
Gutachtens von Melchior Cano von 1559 zum Katechismuskommentar Carranzas,
als die größte Gefahr und als das Tor zu einer eventuellen Protestantisierung
Spaniens. Der neue Valdés-Index stellte also den Versuch dar, die Volksfrömmigkeit in neue Bahnen zu lenken und den Geist Trients restriktiv zu interpretieren.
Wie die neue Forschung gezeigt hat, hörte die Zensur mit dem Index von 1559
auf, „nur Teil der Strategie im Kampf gegen die Häresie zu sein; sie verwandelte
sich in ein Instrument zur Kontrolle der intellektuellen Produktion im Inland".[81]
So wurde der Index von 1790 zur gezielten Bekämpfung des Gedankenguts der
afrancesados, also der Sympathisanten der Aufklärung und der Französischen Revolution, genutzt. In den wissenschaftlichen Auseinandersetzungen sowie in den

---

79 Reyes Gómez, Fermín de los, El libro en España y América. Legislación y censura (siglos
   XV–XVII), Madrid 2000, Bd. 2, 801.
80 Ebd., 803.
81 Pinto Crespo, Virgilio, Inquisición y control ideológico en la España del siglo XVI, Madrid 1983, 305.

Kämpfen um Lehrstühle wurde die „anonyme" Anklage des Gegners vor der Inquisition zur bevorzugten Waffe.

2.5. Theologie und Bibel

Zu Beginn des 16. Jahrhunderts entstanden in Europa verschiedene Reformansätze, wie die Humanisten, Protestanten oder die katholischen Reformer. Sie alle hatten als gemeinsamen Nenner den Weg *ad fontes*, zurück zu den Quellen, teilten aber auch das Unbehagen gegenüber einer spätmittelalterlichen Scholastik, die vielfach als zu steriler Dialektik oder Sophisterei verkommen wahrgenommen wurde. Die Scholastik erfuhr in Spanien eine Erneuerung unter kreativer Hinwendung zu Thomas von Aquin.

2.5.1. Die „Schule von Salamanca"

Zur Verbesserung des Bildungswesens und zur Erneuerung der Theologie aus dem Studium der Quellen in ihren Ursprachen gründete Cisneros 1508 nach Pariser Vorbild die Universität Alcalá als humanistisch-theologisches Zentrum, wenn auch ohne besondere Bevorzugung des Thomas von Aquin. Vielmehr sollte darin die Vielfalt scholastischer Theologie (Thomismus, Scotismus und Nominalismus) vertreten sein. Innerhalb des Predigerordens verstand man das Gebot der Stunde als innovative Hinwendung zu Thomas von Aquin. Auch in Italien gab es zu Beginn des 16. Jahrhunderts mit Thomas de Vio Cajetan (†1534) und Franziskus de Sylvestris von Ferrara (†1528) Dominikaner-Theologen, beide auch Ordensmagister, die sich mit Thomas von Aquin intensiv beschäftigten: Der erste schrieb einen Kommentar zur *Summa Theologiae*, während der zweite dies mit der *Summa contra Gentiles* tat. Aber nur in Spanien war eine starke Thomasrezeption, die Überlegungen über eine Erneuerung der theologischen Methode zum Ausdruck brachte, zu finden.

Auch wenn es umstritten ist, ob man von einer „Schule von Salamanca" sprechen kann[82], lässt sich darunter eine Bewegung aus dem 16. und 17. Jahrhundert fassen, die sich der Erneuerung und Modernisierung der Theologie und der Rechtswissenschaft vor dem Hintergrund einer Hinwendung zu Thomas von Aquin und dem Naturrecht verschrieben hatte. Im engen Sinne werden dazu nur einige Professoren von Salamanca gezählt, im weiten Sinne kann man auch einige spanische Professoren an anderen Universitäten (Alcalá, Coimbra) dazurechnen. Als Spiritus rector und Begründer der Schule galt der Dominikaner Francisco de Vitoria (†1546). Gemeinsam mit dem

---

82 Vgl. Domínguez Reboiras, Fernando, Die Schule von Salamanca. Eine kritische Ortsbestimmung, in: Schmidt, Margot/ders. (Hrsg.), Von der Suche nach Gott. Helmut Riedlinger zum 75. Geburtstag, Stuttgart/Bad Cannstatt 1998, 463–487.

Dominikaner Domingo de Soto (†1560) bildete er die „erste Generation" der Schule. Als dritter großer Dominikaner wäre Melchior Cano (†1560) zu nennen, der als Nachfolger Vitorias die theologische Methode der Schule systematisierte. Er sowie die Dominikaner Pedro de Sotomayor (†1564), Juan de la Peña (†1565) und Mancio de Corpus Christi (†1576) – um nur einige wichtige Professoren zu nennen – bildeten die zweite Generation. Die dritte – zu der die Dominikaner Bartolomé de Medina (†1580), Domingo Báñez (†1604) und die Augustiner Juan de Guevara (†1600) und Luis de León (†1591) gehörten – bestand zumeist aus Schülern Canos und Mancios, aber auch Vitorias. Die ersten beiden Generationen wurden auch „erste Schule von Salamanca" genannt, während die dritte Generation die „zweite Schule" bildet. Unter den Professoren an anderen Universitäten, die zur Schule von Salamanca gerechnet werden können, wären vor allem die Jesuiten Luis de Molina (†1600), Gabriel Vázquez (†1604), Francisco Suárez (†1617) und Juan de Mariana (†1624) zu nennen. Sie und Domingo Báñez waren die letzten großen Scholastiker Spaniens. Zu Beginn des 17. Jahrhunderts verlor die Schule die Frische und Originalität der Anfänge. Die Scholastik mutierte dann wieder zur sterilen Dialektik, wie der „Gnadenstreit" zeigte. Aber es wäre zu kurzsichtig, mit Ignaz von Döllinger (1863) zu sagen, dass danach in Spanien die Wissenschaft „an der Inquisition" zugrunde ging.[83] Denn man darf nicht vergessen, dass die Schule von Salamanca gerade ihre Blütezeit unter dem wachsamen Auge der Inquisition erlebte.

Vitorias Primat steht außer Frage. Er, der Anfang des 16. Jahrhunderts in Paris studiert und dort das neu erwachte Interesse an Thomas von Aquin wahrgenommen hatte, war derjenige, der bei der Aufnahme seiner Vorlesungstätigkeit in Salamanca 1526 erstmals die *Summa Theologiae* des Aquinaten als neues Lehrbuch einführte und die *Sentenzen* des Petrus Lombardus in den Hintergrund drängte. Sein Wirken entbehrt nicht einer gewissen akademischen Tragik, denn er selbst übergab kein Werk der Druckerpresse. Auch existieren von ihm keine Originalmanuskripte, sondern nur verschiedene Abschriften seiner Hörer. Aber sein Ruf als Lehrer war bereits zu Lebzeiten legendär. Gewiss, andere wie sein Zeitgenosse Soto etwa publizierten tiefsinnige Standardwerke der katholischen Theologie, so dass man das Diktum prägte, „qui scit Sotum, scit totum"[84], aber keiner bekam die Lorbeeren, die Vitoria zuteil wurden. Cano, sein Nachfolger auf dem Prima-Lehrstuhl in Salamanca, sagte in seinem Werk *De locis theologicis* (1563) über Vitoria ehrfürchtig: „Mag sein, dass irgendeiner der Schüler von Magister Vitoria so viel wissen wird wie er selbst, aber nicht einmal die zehn klügsten zusammen werden die Tiefe und die Klarheit seines Denkens erreichen."[85]

---

83 Finsterhölzl, Johann, Ignaz von Döllinger, Graz 1969, 238.
84 Übersetzung des Lateinischen: „Wer Soto kennt, kennt/weiß alles."
85 Plans, Juan Belda, La escuela de Salamanca y la renovación de la teología en el siglo XVI, Madrid 2000, 174. Zur Schule von Salamanca vgl. auch Martín, Azevedo Alves, André/ Moreira, José Manuel, The Salamanca School (Major conservative and libertarian thinkers 9), London 2010.

Fasst man einige Merkmale der Schule von Salamanca zusammen, sind folgende Gesichtspunkte wesentlich:

Es ging den Theologen um eine neue theologische Methode, die den Ausgleich zwischen der positiven[86] und der spekulativen Theologie suchte. Aus der Methodik des Humanismus übernahm sie die Hinwendung zu den Quellen, aus der Scholastik aber den Charakter der Theologie als Glaubenswissenschaft, also die Bezogenheit des Glaubens auf die Vernunft und die kirchliche Einbindung der Theologie, das heißt die Zugehörigkeit zu einer Glaubensgemeinschaft und -tradition.

Mit der scholastischen Tradition, ja selbst mit den Schriften des Thomas von Aquin ging man nicht „doktrinär" um, so als hätten sie den normativen Charakter einer Heiligen Schrift. Vielmehr handelte es sich um einen kreativen und innovativen Thomismus, der sich an Thomas orientierte und sich zugleich die Freiheit nahm, ihm gegebenenfalls zu widersprechen.

Die Theologie war gekennzeichnet durch eine besondere Sensibilität für die Fragen der Zeit in Kirche und Staat: Zentrale Fragen der Kontroverstheologie des 16. Jahrhunderts wie die nach dem Verhältnis von Natur und Gnade, der Rolle der Heiligen Schrift oder der Bedeutung der Eucharistie wurden genauso behandelt wie die nach der Gewalt des Papstes und der Konzilien, nach der Legitimität der spanischen Herrschaft in der Neuen Welt, nach den Rechten der Völker und der Menschen, nach dem gerechtem Krieg und dem Widerstandsrecht gegen Tyrannei, nach der zivilen Gewalt und der notwendigen Zustimmung des Volkes, nach der Magie und der Volksreligiosität, sowie nach der richtigen Wirtschaftsordnung. In allen Gewissensfragen der Zeit beanspruchten die Theologen ihre Lehrautorität. Bei der Behandlung dieser Fragen kombinierten sie theologischen und juristischen Sachverstand mit einem innovativen Verständnis des Naturrechtes, das von der ursprünglichen Gleichheit und Freiheit aller Menschen ausging und als universale Legitimationsinstanz von Eigentum oder Herrschaft betrachtet wurde. Aus diesem Grund werden die Scholastiker Salamancas in der Forschung auch „Iusnaturalisten", also Naturrechtler, genannt. Die Sensibilität für die Fragen der Zeit ergab sich einerseits aus der Konzentration auf die Kommentierung der Secunda secundae der *Summa Theologiae,* dem Teil, in dem Thomas von Aquin individual- und sozialethische Fragen traktierte. Andererseits konnte die Theologie im Spanien des 16. Jahrhunderts Fragen wie denen nach dem Völkerrecht, der Legitimation der spanischen Eroberung und der Missionierung der Neuen Welt, Wirtschaft, Politik nicht ausweichen, schon allein deshalb, weil sich die anderen Wissenschaften noch nicht weit genug aus der Theologie emanzipiert hatten, um sie angemessen behandeln zu können. In der Forschung werden diese „völkerrechtlichen" Ver-

---

[86] „Positive Theologie": Theologie, die die Offenbarung Gottes als „Gesetztes" (lat.: positum) in Form von Heiligen Texten, Natürlicher Offenbarung usw. als Bezugspunkt nimmt.

dienste der Schule von Salamanca heute gewürdigt.[87] Es fehlte aber nicht an Stimmen, die ihren Vertretern vorhalten, „systemimmanente" Denker gewesen zu sein. Denn sie waren nicht zuletzt bemüht, die spanische Expansion a posteriori völkerrechtlich zu legitimieren.

Es ging auch um eine Theologie, die bei aller Hinwendung zu Thomas von Aquin die monotone Struktur der quaestio[88] aufgab und dem humanistischen Geschmack der Renaissance entgegen kam: Durch die Einteilung der Werke in Bücher und Kapitel, die den Gegenstand besser gliederten, sowie durch die Bemühung um ein gepflegtes Latein und einen flüssigen Stil, versehen mit Verweisen auf die Heilige Schrift und die anderen Autoritäten der katholischen Theologie, aber auch auf Autoren der paganen Antike.

Und es ging schließlich um eine Theologie, die nicht nur wissenschaftlich an den Universitäten – etwa gegenüber den Bibelforschern und Humanisten – einen Vorrang beanspruchte, sondern auch eine universale Deutungshoheit angesichts aller Fragen der Zeit.

Kritiker werfen der Schule von Salamanca vor, durch die einseitige Orientierung an Thomas von Aquin den Grundstein für eine immer größere Trennung zwischen Theologie und den Humandisziplinen in Spanien gelegt zu haben.[89] Und dennoch betrachtete Cano im genannten Buch Philosophie, Recht und Geschichte als theologische Fundorte.

2.5.2. Die neue theologische Methode Melchior Canos

Erst nach der geistigen Wende Ende der 1550er Jahre kam die Schule von Salamanca zu einer methodischen Grundlegung der Theologie mit dem Werk *De locis theologicis* von Melchior Cano, einem der bedeutendsten Vertreter der zweiten Generation. Bei der Beurteilung dieses Werkes als Begründung der neuen Methode der römisch-katholischen Theologie darf sicherlich nicht außer Acht gelassen werden, dass es mit Unterstützung des Generalinquisitors Fernando de Valdés 1563 in Salamanca posthum gedruckt wurde – auch, weil es ein neues Theologie-Paradigma vertrat, das dem Sicherheitsdenken der Inquisition in „schweren Zeiten" entgegen kam. Aber Canos *De locis* enthielt auch Aspekte, die von bleibender Bedeutung für die katholische Theologie wurden. Aufgrund des frühen Todes des

---

87 Vgl. Grunert, Frank/Seelmann, Kurt (Hrsg.), Die Ordnung der Praxis. Neue Studien zur Spanischen Spätscholastik (Frühe Neuzeit Bd. 68), Tübingen 2001; Kaufmann, Matthias/Schnepf, Robert (Hrsg.), Politische Metaphysik. Die Entstehung moderner Rechtskonzeptionen in der spanischen Scholastik (Treffpunkt Philosophie 8), Frankfurt a. M. u. a. 2007.

88 Die Quaestio hatte diese Struktur: Frage (Quaestio), Einerseits (videtur quod), Andererseits (sed contra), Antwort (respondeo dicendum) allgemein, Antwort auf die einzelnen Einwände.

89 Domínguez Reboiras, Die Schule von Salamanca, 463–487.

Autors mit nur 51 Jahren blieb es leider unvollendet. Von den vierzehn geplanten Büchern fehlen die letzten beiden, was besonders bedauerlich ist, da sie von der Verwendung der *Loci* bei der Auslegung der Heiligen Schrift (Buch XIII) sowie gegenüber den Ketzern, den Heiden, den Juden und den Sarazenen (Buch XIV) hätten handeln sollen.

Das Werk zeigt, dass Cano ein humanistisch gebildeter Theologe war: Er kannte die Autoren der vorchristlichen und christlichen Antike sehr gut und schrieb sogar ein – für Scholastiker – elegantes Latein. Aber er war kein „Humanist". Er empfahl zwar das Studium der biblischen Sprachen, polemisierte aber gegen eine humanistisch inspirierte und philologisch orientierte Exegese, deren Befürworter „als Widersacher des traditionellen Textes mit seiner kirchlichen Approbation"[90] apostrophiert werden. Daher verteidigte er den wissenschaftlichen und kirchlichen Wert der Vulgata und beteuerte unter Berufung auf das Konzil von Trient, dass in allen den Glauben und die Sitten betreffenden Dingen die lateinischen Bibelausgaben nicht durch hebräische oder griechische korrigiert werden dürfen – so sehr die Kenntnis der griechischen und hebräischen Quellen auch erwünscht sei.

Canos Hauptwerk richtete sich auch gegen die Übersetzung der Bibel in die Volkssprache und gegen die neuen Formen von Spiritualität und geistlicher Literatur. Cano betonte dennoch selbstbewusst, dass er in seinen Vorlesungen die Ordnung des Thomas von Aquin vertauscht habe: Während dieser in der *Summa contra gentiles* zunächst die Vernunftgründe erläuterte und dann die Glaubenszeugnisse anführte, habe er, Cano, in seinen Vorlesungen diese Ordnung vertauscht und von Anfang an immer zuerst dargelegt, was der Glaube lehre, und erst danach die Vernunftgründe erörtert.[91] Seine theologische Methode bestand also in der Suche nach positiven Autoritäten oder „Fundorten" für die Glaubensaussagen. Die Reihenfolge der zehn Fundorte wurde so bestimmt: Heilige Schrift, Überlieferung, Lehramt der Katholischen Kirche (vor der Trennung zwischen Ost- und Westkirche), Lehramt der Konzilien, Lehramt der Römischen Kirche, Lehramt der Kirchenväter, Lehramt der scholastischen Theologen, zu denen auch die Kanonisten gezählt wurden, natürliche Vernunft, Autorität der Philosophen, Autorität der Geschichte.

Cano ging es – anders als Melanchthon oder Calvin, die er „sehr eloquente, wenn auch unfromme Männer"[92] nannte – nicht um eine Sichtung der wichtigsten Fragen der Theologie nach der eigenen konfessionellen Identität, sondern um eine Grundlegung der Methode katholischer Theologie, die sich nicht zuletzt zu der „protestantischen" Art, Theologie zu betreiben, abgrenzte. Cano selbst wollte für die Theologie etwas Ähnliches leisten wie Aristoteles mit seiner Topik, das heißt

---

90 Belda Plans, Juan (Hrsg.), Melchor Cano, De locis theologicis, Madrid 2006, 104–109.
91 Ebd., 784.
92 Ebd., 9.

allgemeine Fundorte begründen, aus denen man für jedwede theologische Frage die Argumente zur Beweisführung oder zur Widerlegung gewinnen könnte. Er wollte also die Methode und das technische Wissen zum Umgang mit den Argumenten liefern.

Canos Methode enthält bleibendes katholisches Selbstverständnis, etwa in seiner Aussage, dass die Heilige Schrift, jedenfalls das Neue Testament, im Schoße der Kirche entstanden sei, also nicht vor der Kirche da war. Deshalb sei die Kirche, repräsentiert durch die verschiedenen Stufen des Lehramtes, die legitime Interpretin der Schrift und müsse immer beides hüten: „sowohl das Wort als auch den Geist des Wortes."[93]

Aber Canos Methode klingt in manchen Aspekten auch sehr modern: Etwa, wenn er betonte, dass die ersten zwei Loci, also Schrift und Tradition, von einer ganz anderen Qualität als die restlichen seien. Sie seien vielmehr das Fundament des gesamten theologischen Gebäudes, während die anderen lediglich darauf bauten – gleich ob es sich um die Konzilien, die Päpste oder die heiligen Kirchenlehrer handelte. Diese ersten beiden der zehn theologischen Fundorte stellen also „die eigentlichen und legitimen Prinzipien" der Theologie dar. Die letzten drei (natürliche Vernunft, Autorität der Philosophen, Autorität der Geschichte) wurden als die „externen und fremden" betrachtet und die fünf mittleren entweder als Interpretation der beiden eigentlichen Prinzipien oder als Schlüsse, die aus ihnen entstehen und gezogen werden.[94] Daraus ergab sich so etwas wie eine Hierarchie der Wahrheiten. Modern war ebenfalls seine Wertschätzung der natürlichen Vernunft, der Philosophie und der Geschichte als fremde Quellen der Theologie, auch wenn sie noch nicht als autonom betrachtet wurden. Auch das Festhalten an einer gewissen „Rationalität" des Christentums, so dass wir „auf Christus, wie auf einen unterweisenden Lehrer, nicht wie auf einen betrügerischen Zauberer hören" sollten, trug moderne Züge. Daher sollten wir auch „die Ursachen und Gründe"[95] der christlichen Lehre darlegen. Modern war auch das Selbstbewusstsein, mit dem Cano das Recht des Theologen auf seinen eigenen Weg, auf seine eigene Autorität reklamiert, statt immer auf den Spuren des (Schul-)Magisters zu wandern. Von bleibender Aktualität ist schließlich Canos Ermahnung, der Theologe sollte sich auf wirkliche theologische Fragen konzentrieren; auf solche, die mit den eigentlichen Prinzipien der Theologie und mit dem Gewissen zu tun hätten.

Die Methodenhierarchie Canos war eine katholische Antwort auf die reformatorische Betonung der Schrift bei gleichzeitiger Geringschätzung von Überlieferung, Lehramt und Vernunft. Aber Canos Methode war auch Ausdruck eines negativen Tutiorismus, einer extremen Angst vor Irrtümern und Abweichungen. Um solches

---

93 Ebd., 717.
94 Ebd., 692.
95 Cano, De locis, 700.

zu vermeiden, müsse man in der Theologie den sichersten Weg gehen, und der bestehe eben darin, von den Glaubensaussagen auszugehen und diese nach allen Seiten hin abzustützen. Dieses Sicherheitsdenken wurde ein prägendes Merkmal der katholischen Schultheologie.

2.5.3. Die Biblia Polyglotta Complutense und die wissenschaftliche Exegese

In der Frühen Neuzeit nahm auch in Spanien die wissenschaftliche Beschäftigung mit der Bibel zu. Ausdruck hiervon waren nicht nur die vielen Bibelkommentare, sondern vor allem die mehrsprachigen (polyglotten) Bibelausgaben für den wissenschaftlichen Gebrauch, wie etwa die *Biblia Polyglotta Complutense*, 1514–1517 unter dem Patronat Kardinal Jiménez de Cisneros' in Alcalá de Henares gedruckt, und die Antwerpener Bibel (1569–1572), auch *Biblia Regia* genannt, die unter der Schirmherrschaft König Philipps II. von Benito Arias Montano herausgegeben wurde.

Die *Complutense* war die erste polyglotte Bibel im Zeitalter des Buchdrucks, hatte einen erheblichen Einfluss auf die anderen polyglotten Bibelausgaben und wird auch in der heutigen Bibelwissenschaft sehr geschätzt. Sie gilt als „das biblische Hauptwerk des 16. Jahrhunderts" und als „das Meisterwerk des Reformationszeitalters". Sie sowie die Polyglotte von Antwerpen sind nur der bekannteste Teil der hervorragenden bibelwissenschaftlichen Leistungen spanischer Autoren im 16. Jahrhundert. Nach dem Fall „Carranza", der die Dominikaner tief spaltete und deren Einfluss an der Universität Salamancas schwächte, versuchten einige Hebraisten, die Bibelphilologie zur theologischen Leitdisziplin zu erheben. Sie lehnten die Scholastik nicht ab, aber waren gegen deren ausschließlichen Führungsanspruch im Hause der Theologie. Aber sie unterschätzten den Widerstand der Scholastiker und drei von ihnen wurden 1572 von der Inquisition verhaftet, später aber freigesprochen: Gaspar de Grajal (†1575, Professor für Bibelexegese), Martín Martínez de Cantalapiedra (†1579, Professor für Hebräische Bibel und Arabische Grammatik;) und Luis de León OSA (†1591, Professor für Moralphilosophie, aber Übersetzer des Hohelieds ins Spanische). Ebenso wurden in dieser Zeit an anderen Universitäten Spaniens Hebraisten verhaftet, weil die Bibelwissenschaft mit dem Luthertum gleichgesetzt wurde. Viele von ihnen stammten zumindest durch einen Elternteil in der dritten oder vierten Generation von Conversos ab und beherrschten nicht zuletzt aus diesem Grund das Hebräische hervorragend. Auch wenn der Inquisitionsprozess gegen die Salmantiner mit dem Freispruch endete, versetzte er dem „philologischen" Bibelstudium in Spanien den Todesstoß. Bis zu Beginn des 17. Jahrhunderts finden wir aber noch Autoren von Bibelkommentaren, zumeist Jesuiten, die den Protestanten in Nichts nachstehen.

2.5.4. Gegen Bibelübersetzungen in der Volkssprache

Aufgrund der Sprachkenntnisse vieler Conversos hatte Spanien die besten Voraussetzungen für die wissenschaftlich-philologische Bibelexegese. Aber aus Angst vor dem Protestantismus wurde diese Entwicklung von der Inquisition abgebrochen. Mitte des 16. Jahrhunderts waren die Würfel für die spanische Sonderentwicklung noch nicht gefallen. Juan de Zumárraga, der bereits erwähnte erste Bischof von Mexiko, konnte 1546 am Ende seiner *Doctrina cristiana* (Mexiko) der Meinung derjenigen widersprechen, die dem Volk die Evangelien und die Episteln nicht geben wollten, denn das wäre wohl „gegen den Willen Christi."[96] Er äußerte den Wunsch, dass alle Völker der Welt, auch die Indios, sie in ihrer Sprache lesen können.

Obwohl die Inquisition 1550 Bibelübersetzungen in der Volkssprache verboten hatte, empfahl der Trienter Theologe und Erzbischof von Toledo Bartolomé Carranza (†1576) in seinem Werk *Comentarios sobre el Catechismo christiano* (Antwerpen 1558) erneut die Übersetzung der Evangelien und der Episteln, wenn auch mit den nötigen Randbemerkungen, „um den schweren geistlichen Wein leichter trinkbar zu machen". Die Übersetzung sollte aber eher in der Form der Paraphrase, also der wörtlichen Umformulierung, erfolgen. Carranza bemerkte auch, dass es im Christenvolk sehr kluge und andächtige Personen gebe, denen man die Lektüre der ganzen Bibel erlauben könnte, „sogar eher als vielen anderen, die Latein können und gebildet sind", denn „der Heilige Geist hat seine Schüler, die er erleuchtet und unterstützt".[97] Carranza plädierte dafür, dies dem klugen Urteil der Hirten und Seelenärzte zu überlassen, die, weil sie die Schafe Christi durch Beichte und Umgang besser kennen würden, diesen von Fall zu Fall erlauben könnten, die Bibel in der Volkssprache zu lesen.

Carranzas Mitbruder und ebenfalls Trienter Theologe Melchior Cano (†1560) sprach sich aber 1559 in einem Gutachten zu diesem Werk gegen die Lektüre der Bibel durch das einfache Volk, vor allem durch die Frauen, vehement aus, denn die Bibel sei nichts für „Zimmermannsfrauen".[98] In den volkssprachlichen Bibeln sah er ein offenes Tor für allerlei Irrtümer, vor allem aber für die „deutsche Ketzerei" (Protestantismus). Gerade diese Sicht setzte sich bei der Inquisition durch, die im Index von 1559 das Verbot der Bibelübersetzungen radikal bekräftigte, während die IV. Regel des Trienter Index konzilianter ausgefallen war und festhielt, dass Bischöfe und Inquisitoren in begründeten Fällen die Bibelübersetzungen in der Volkssprache erlauben dürften.

---

96 Durán, Juan Guillermo (Hrsg.), Juan de Zumárraga, Suplemento del catecismo o enseñanza del cristiano, in: Monumenta catechetica hispanoamericana. Siglos XVI-XVIII, Buenos Aires 1990, Bd. 2, 115–159, 159.

97 Tellechea Idígoras, José Ignacio (Hrsg.), Bartolomé Carranza de Miranda, Comentarios sobre el Catechismo Christiano, Madrid 1972–1999, Bd. 1, 114.

98 Caballero, Conquenses, 542.

Aus diesen Gründen waren Bibelübersetzungen ins Spanische im Zeitalter der Inquisition das Werk vertriebener Juden oder mit der Reformation sympathisierender Exulanten. Der Weg zu den spanischen Bibeln in der Frühen Neuzeit war sehr mühsam, weil sich die vorherrschende Konfession dagegen aussprach – aus Gründen, die im katholischen Lager damals religionspolitisch einleuchteten, uns aber heute eher nachdenklich stimmen. Der Beitrag protestantischer Exulanten und vertriebener Juden für die Bibelverbreitung – unter widrigen Umständen geleistet! – kann nicht hoch genug geschätzt werden, auch wenn er nicht zuletzt im Dienste anderer religionspolitischer Ziele stand.

Der Humanist Francisco de Enzinas (†1552, hellenisiert Dryander) ließ 1543 seine Übersetzung des Neuen Testamentes aus dem Griechischen in Antwerpen drucken. 1553 wurde in Ferrara die hebräische Bibel in Ladino, dem Spanischen der Sefarden gedruckt. Die Übersetzung wurde von Yom Tob Atías (Jerónimo de Vargas) und Abraham Usque (Duarte Pinel) erstellt. Die „anonyme" Übersetzung des Neuen Testamentes von 1556, die zur besseren Verbreitung in Spanien Venedig als Druckort angibt, obwohl sie in Genf bei Jean Crespin gedruckt wurde, ging auf den Exulanten und Calvinisten Juan Pérez de Pineda (†1567) zurück. Aufgrund des Bärenmotivs auf dem Titelblatt auch *Biblia del Oso* genannt, stellte die 1569 in Basel gedruckte Bibel den ersten Druck einer spanischen Übersetzung der gesamten Bibel dar. Der Autor, Casiodoro de Reina (†1594), war vor seiner Flucht 1557 Mönch im Hieronymitenkloster San Isidro del Campo bei Sevilla. Die Basler Bibel erlebte viele Überarbeitungen (die erste 1602 durch Cipriano de Valera, die letzte 1995) und ist bis heute die Bibel spanischsprechender Protestanten. Reinas Übersetzungsmethode kam den heutigen Arbeitsformen nahe, da sie nicht wörtliche Wiedergabe intendierte, sondern die sinngemäße Rekonstruktion des ideologischen Kontextes der jeweiligen Vokabel.

2.6. Spiritualität, Mystik, Volksreligiosität

Das 16. Jahrhundert war unter dem wachsamen Auge der Inquisition auch in Spiritualität und Mystik eine Zeit der Richtungskämpfe zwischen heterodoxen und orthodoxen Bewegungen und Schulen; und es war zugleich eine Zeit der Blüte, in der die so genannte „spanische Mystik" entstand. Diese wurde begünstigt durch Einflüsse der *devotio moderna*, der oberrheinischen Mystik und der italienischen Spiritualität, die um 1500 nach Spanien kamen, aber auch durch Rückgriffe auf Strömungen aus der eigenen Geschichte und nicht zuletzt durch – zumeist unbewusste – Einflüsse aus dem Judentum und dem Islam. Dazu kamen andere Faktoren wie die asketische Reformbewegung hin zur strengen Observanz, die seit den Katholischen Königen nach und nach alle religiösen Orden erfasste und durch ihren Laienzweig (Terziaren) die spirituell Interessierten aus dem Volk erreichte. Auch die Gründung neuer Orden, wie die Jesuiten oder die unbeschuhten Karmeliter, die von Anfang an ein besonderes spirituelles Profil hatten, bildeten einen wichtigen Faktor, ebenso wie die hohe Alphabetisierungsrate Spaniens, die ein ähnliches Niveau wie im protestantischen Europa hatte – zwischen 10 % auf dem Land und 50 % in den wichtigen Städten. Während einige Spanier, wie der Kritiker imperialer Politik Bartolomé de Las Casas ironisch bemerkte, „sich für so geistreich und weise halten und Anspruch darauf erheben, die ganze Welt zu beherrschen",[99] proklamierten andere – barfüßige – Spanier das grandiose „Sólo Dios basta" (Nur Gott genügt) und widmeten sich der Gottes- und Selbsterkenntnis.

2.6.1. Die wichtigsten drei Perioden in der spanischen Mystik

In der Entwicklung der Spiritualität und Mystik in Spanien lassen sich drei Perioden unterscheiden.[100] Die erste umfasste die Zeit von 1500 bis zur geistigen Wende 1556–1563. Sie ist markiert durch die Impulse des Franziskaners Jiménez de Cisneros und die schöpferische Rezeption der bereits beschriebenen Einflüsse. Als Erzbischof Toledos und Gründer der humanistischen Universität von Alcalá förderte Cisneros den Druck von geistlich-andächtigen Werken über das Leben Jesu von Francesc Eiximenis und Ludolf von Sachsen oder das *Flos Sanctorum* des Jakob de Vorágine. Sein Neffe und Abt von Montserrat, García de Cisneros (†1510), hatte mit seinem Werk *Exercitatorio de la vida espiritual* (1500) großen Einfluss, nicht zuletzt auf Ignatius von Loyola.[101] Dazu kamen der erste spanische Katechismus von 1498, die geistlichen Werke des Erasmus und vieler spanischer Autoren, die hohe Auflagen erreichten. Man kann von einem Programm der Christianisierung durch Lektüre sprechen.

Drei Grundformen der Spiritualität waren in dieser Periode zu unterscheiden: Zunächst der Richtungskampf zwischen den beiden Gruppen der *recogidos* und der *dejados*, in ihrer extremen Variante auch *alumbrados* genannt. Beiden war die Pflege des inneren Betens gemeinsam, das als die bessere Gebetsart betrachtet wurde und ganz Spanien „in seinen Bann zog", wie Marcel Bataillon angemerkt hat.[102] Die *recogidos* verbanden es mit Wertschätzung des klösterlichen Lebens, der Askese, der kirchlichen Praxis und des mündlichem Gebets. Die *alumbrados* neigten zur Verabsolutierung des inneren Betens, zur Betonung der Unmittelbarkeit vor Gott als lebendigem Buch und zur Geringschätzung des Ordenslebens sowie der kirchlichen Sakramente und Zeremonien. Nach dem Inquisitionsedikt von 1525 und weiteren Verurteilungen 1529 galten sie als beseitigte oder zumindest kontrol-

---

99 Las Casas, Werkauswahl, 518.
100 Vgl. Andrés Martín, Melquíades, Historia de la mística de la edad de oro en España y América, Madrid 1994.
101 Das Werk erreichte sieben spanische und vierzehn lateinische Ausgaben, sowie zahlreiche Übersetzungen in anderen Sprachen.
102 Bataillon, Erasmo, 573.

lierte Gefahr. Gleichwohl blieben sie aus Sicht der Inquisition das Damoklesschwert in der Spiritualität und Mystik der Frühen Neuzeit. Eine andere, dritte Form wurde von Ignatius von Loyola als Gründer der Jesuiten verkörpert. In seinen *Geistlichen Übungen* (erste Fassung 1522–1523) verfeinerte er aus eigener Erfahrung die Methode der Unterscheidung der Geister sowie die der gegenständlichen Meditation, also die Betrachtung des Lebens Jesu mit dem inneren Auge, um Jesu „Gesellschaft" zu leisten. Diese wurde mit einer neuen Art von Ordensleben, das durch den Verzicht auf das Chorgebet zugunsten des Wirkens und des Apostolats mitten in der Welt geprägt war, verbunden. Sieht man von den von der Inquisition verfolgten *alumbrados* ab, waren die wichtigsten spanischen Autoren dieser ersten Periode die Franziskaner Francisco de Osuna (†1541), Bernardino de Laredo (†1540), Pedro de Alcántara (†1562), Alonso de Madrid (†1570), der Jesuit Ignatius von Loyola (†1556), der Augustiner Alonso de Orozco (†1591) und der Weltpriester Johannes von Ávila (†1569).

Der meistgelesene spirituelle Autor der Zeit, der Dominikaner Luis de Granada (†1588), dessen geistliche Werke zum Teil im Index von Fernando de Valdés 1559 verboten wurden, kann als Bindeglied zwischen der ersten und der zweiten Periode betrachtet werden. Diese bildete dann bis 1591 eine Zeit der Blüte und originellen Kreativität. Mit Autoren wie Teresa von Ávila (†1582), Johannes vom Kreuz (†1591), die beide dem Orden der unbeschuhten Karmeliter angehörten, dem Jesuiten Baltasar Álvarez (†1580) und dem Augustiner Luis de León (†1591), um nur die wichtigsten zu nennen, erreichte die Mystik nicht nur in Theologie und Kirche ihren Höhepunkt, sondern gehörte auch aufgrund der sprachlichen Qualität und Innovation ihrer Werke in den Prosakommentaren und der Lyrik zum unverzichtbaren Bestandteil der Literatur des spanischen Goldenen Zeitalters.

Was sich danach als dritte Periode anschloss, war eher durch epigonenhafte Vertreter und Kompilatoren sowie durch neue Richtungskämpfe zwischen *contemplativos* und *activos* in den Orden geprägt. Einen Schwanengesang erlebte die spanische Mystik mit der *Guía espiritual* (1675) des Miguel de Molinos (†1696), der als sehr gefragter Seelsorger in Rom wirkte. 1685 wurde er aber von der Römischen Inquisition verhaftet und zu ewigem Kerker verurteilt. Man beschuldigte ihn des „Quietismus" (von lat. „quies", Ruhe), einer mystischen Tendenz in der zweiten Hälfte des 17. Jahrhunderts. Nicht zuletzt aufgrund einer durch und durch pessimistischen Anthropologie misstraute diese Bewegung der menschlichen Initiative und predigte das völlige Sich-Ausliefern an die Gnade. Als sicherer und schnellerer Weg zur *unio mystica* galt das innere Gebet der Ruhe. Wenn die Gotteinigung erreicht wurde, seien alle anderen Übungen der Frömmigkeit und der Tugend, sekundär, ja sogar schädlich. In ethischen Dingen wurde ein Indifferentismus vertreten, da sich der Vollkommene jenseits von Gut und Böse befände und für böse Taten nicht mehr verantwortlich wäre, da er sozusagen nur ein passiv handelndes Objekt sei. Am 20. November 1687 verurteilte das römische Lehramt 68 aus den Briefen Molinos' ausgewählte Sätze, die seitdem als Inbegriff des Quietismus gelten. In der Forschung ist allerdings umstritten, inwieweit diese Sätze wirklich Molinos' Position repräsentieren, oder ob die Römische Inquisition sie nach der Methode *in rigore ut iacent* aus dem Zusammenhang riss und so die Häresie des Quietismus konstruierte.

Das spirituelle Aufblühen Spaniens war von Anfang an begleitet von gewissen religiösen Pathologien, die von den seriösen spirituellen Autoren kritisiert und von der Inquisition verfolgt wurden.[103] So fand sich vor allem im Schatten der *alumbrados* und Quietisten die Neigung zu einer laxen Sexualmoral. Unter Beichtvätern gab es nicht selten *solicitantes*, das heißt Seelenführer, die Frauen zu sexuellen Handlungen drängten. Und unter den *beatas* oder frommen Frauen in der Welt fehlten auch nicht wahre Nymphomaninnen. Ebenso gab es bei den *contemplativos* in den Klöstern Personen, die „für vier Groschen Betrachtung" besäßen, wie Johannes vom Kreuz ironisch sagte, und vermeintliche innere Ansprachen als „von Gott kommend" tauften.[104] Auch Teresa von Ávila widmete der Kritik dieser Phänomene lange und scharfe Analysen, in denen sie immer vor der krankhaften Melancholie warnte, und dabei einen gesunden Menschenverstand erkennen ließ, etwa wenn sie außergewöhnliche Phänomene wie Visionen und Auditionen, Verzückungen, Ekstasen und Entrückungen relativierte und mit beißender Ironie wie sprachlicher Genialität zwischen „Arrobamientos" (Verzückungen) und „Abobamientos" (Verdummungen) unterschied.[105]

2.6.2. Teresa von Ávila und Johannes vom Kreuz

In der Askese geht es darum, in der Beherrschung seiner selbst und der Läuterung zu wachsen, indem man regelmäßig betet und Frömmigkeitsübungen, einschließlich der Selbstkasteiung, vollzieht, die Tugenden praktiziert und der ethischen Unordnung entsagt. Die Mystik setzt die Askese voraus und relativiert sie zugleich. Für sie ist der Gedanke der „Vergöttlichung" (*théosis*) des Menschen durch Teilhabe an Gottes Sein grundlegend. Die Voraussetzung für diese göttliche Verwandlung des Menschen in der mystischen Erfahrung ist für das Christentum die Menschwerdung Gottes in Jesus Christus. Diese „Vergöttlichung durch Teilhabe" kann nicht asketisch erwirkt werden, denn sie ist ein Geschenk der göttlichen Gnade, das Gott gibt, wem und wann er will. Gleichwohl wird in der mystischen Literatur seit Pseudo-Dionysius Areopagita von der Reinigung des Gedächtnisses

103 Vgl. Andrés Martín, Melquíades, Historia de la mística; Haliczer, Stephen, Between exaltation and infamy. Female mystics in the golden age of Spain, Oxford 2002.
104 Ruano de la Iglesia, Lucino (Hrsg.), San Juan de la Cruz, Obras completas, Madrid [13]1991, 392f. (2S 29, 4.5).
105 Madre de Dios Efrén de la/Steggink, Otger (Hrsg.), Santa Teresa de Jesús, Obras completas, Madrid [9]1997, 506, (4M 3,11).

(*via purgativa*) und der Erleuchtung des Verstandes (*via illuminativa*) als Weg zur Gotteinung (*via unitiva*) gesprochen.

Mystiker wie Teresa von Ávila und Johannes vom Kreuz versuchten die erfahrene Gotteinung zu versprachlichen, wohlwissend, dass diese letztlich unaussprechlich ist. Aus diesen Gründen ist ihre Sprache so reich an Bildern und Metaphern, die in unseren Denkkategorien unvollkommene Perspektiven auf das Erfahrene öffnen. Die Versprachlichung ist immer interpretierte Erfahrung vor dem Hintergrund der Glaubenstradition bzw. des religiösen Kontextes oder des Vorverständnisses der jeweiligen Mystiker. Daher gilt, dass es keine Mystik an sich gibt, „sondern Mystik von etwas, Mystik einer bestimmten religiösen Form: Mystik des Christentums, Mystik des Islams, Mystik des Judentums und dergleichen".[106]

Es ist ein „paradoxes" Faktum, dass die Blüte der spanischen Mystik im Anschluss an die geistige Wende von 1557–1559 unter dem wachsamen Auge der Inquisition stattfand, die den Furor der *alumbrados* gebändigt hatte. Die Konfiskation einiger verdächtigter Bücher erbaulicher Literatur in der Volkssprache und das Misstrauen von Inquisition und scholastischen Theologen gegen das innere Beten und gegen die Sehnsucht der Frauen nach spiritueller Bildung und Erfahrung wirkten zunächst demoralisierend. Der Jesuit Pedro Navarro schrieb ironisch an seinen General Diego Laínez, man lebe wohl in einer Zeit, da man predige, die Frauen müssten ans Spinnrad und sollten den Rosenkranz beten und dürften sich nicht mit anderen Frömmigkeitsformen befassen. Teresa von Ávila sprach von „schweren Zeiten" und berichtete im *Buch meines Lebens* (im Juni 1562 in der ersten Fassung abgeschlossen) von ihrer Traurigkeit, als die Diener der Inquisition 1559 zu ihr in die Klosterzelle kamen und aus dem Regal einige Bücher auf Spanisch wegnahmen, die ihr viel Trost gespendet hatten (der Weg zur Lateinschule und zum Theologiestudium war ihr als Frau versperrt). Aber im selben Augenblick erfuhr sie, wie sie sagt, Trost in der Unmittelbarkeit der mystischen Erfahrung: „Da sagte der Herr zu mir: ,Sei nicht betrübt, denn ich werde dir ein lebendiges Buch geben'".[107] Nach anderen ähnlichen Erfahrungen und begleitet vom Rat guter, studierter Theologen fing sie 1562 an, ihr Programm der Ordensreform durch die Gründung einer neuen Form von Klöstern zu verwirklichen.

Nach den Maßnahmen von 1558/59 wusste man in Spanien, woran man war. Aber innerhalb der gezogenen Grenzen gab es eine erstaunliche Gestaltungsfreiheit. Dieselben Bücher des geistlichen Modeautors Luis de Granada, die 1559 indiziert wurden, konnten sechs bzw. sieben Jahre später mit kleinen Änderungen betreffs des inneren Betens wieder erscheinen. Granada publizierte übrigens so gut wie sein ganzes Werk in eben diesen schweren Zeiten! Man kann mit Alain

---

106 Gershom Scholem, Die jüdische Mystik in ihren Hauptströmungen, Frankfurt am Main 1980, 6.
107 Teresa de Jesús, Obras completas, 142 (V 26,6).

Milhou sagen, dass die Verfasser geistlicher Literatur nicht zu fürchten hatten, beim Heiligen Officium angeklagt zu werden, wenn sie bei all ihrem Nachdruck auf dem inneren Gebet auch die Askese und die „Werke" betonten und sich der Liturgie, den Volksandachten und dem lauten Gebet gegenüber nicht völlig feindselig zeigten. Das scholastische Misstrauen gegenüber der geistlichen Literatur in der Volkssprache und dem inneren Beten hielt Teresa und Johannes vom Kreuz nicht davon ab, ihre mystische Erfahrung in eben dieser Sprache zu beschreiben, das innere Beten zu verteidigen und Kritik an den Missbräuchen ihrer Zeit zu üben, nun eben mit allen möglichen Kautelen.

Teresa überließ ihre mystischen Erfahrungen und vielfältigen Unternehmungen der Prüfung und dem Urteil ihrer Beichtväter. Sie hob den Wert liturgischer Handlungen und der volkstümlichen Andachten hervor, versöhnte Martha und Maria, das heißt Werke und Beschauung, miteinander und beschrieb nachdrücklich ihre Heilsangst. Dennoch waren ihr Leben und Werk von einem Selbstbewusstsein als Frau durchzogen, das bei vielen Männern ihrer Zeit Anstoß erregte. Sie sprach mit einer eigenen Lehrautorität in der „Ich-Form", bedauerte, dass die Frauen „weder lehren noch predigen" dürfen wie die Apostel,[108] erlaubte sich zu sagen, was „sie" unter „Meditation" oder unter „innerem Beten" verstehe. Ja, sie ließ sogar wissen, sie hätte Lust, mit den akademischen Theologen darüber zu disputieren, da diese ihrer Meinung nach nicht wüssten, was diese Sachen eigentlich bedeuteten und dass sie deswegen so misstrauisch seien. Ihre Werke schrieb sie, wie sie in den Vorworten festhielt, im Auftrag ihrer Beichtväter, die vielfach zu den besten Theologen ihrer Zeit gehörten. Diese schrieben dann Gutachten über ihre Schriften, in denen sie attestierten, darin weder Häretisches noch Anstößiges zu finden, sondern eher das Gegenteil – und schützten sie so vor engherzigen Theologen und Inquisitoren. Durch die Kontrolle der Beichtväter verlor Teresas Werk vielleicht an Spontaneität, gewann aber an theologischer Tiefe. Denn so war sie gezwungen, ihre spirituelle Erfahrung auf den Begriff zu bringen, Intelligenz und Sensibilität, Theologie und Frömmigkeit zu einen: „Nach Art der Jesuiten wusste sie zu versöhnen, was der große Hochschullehrer Melchior Cano für unversöhnbar hielt"[109].

Teresas Bedauern, sie könne als einfache, schwache Frau nichts tun, die Frauen seien im Allgemeinen niedrige und ungebildete Geschöpfe, waren kluge, rhetorische Schutzbehauptungen, hinter denen sich das Bewusstsein versteckte, dass sie und ihre Schwestern in einer Kirche und Gesellschaft lebten, in denen für die Frauen das Wort des Apostels Paulus galt: sie sollten schweigen, gehorsam sein und im Stille lernen, aber nicht lehren (vgl. 1 Kor 14,33–34 und 1 Tim 2,11). Als Ordensreformerin und spirituelle Autorin war Teresa gewöhnungsbedürftig, ja be-

---

108 Ebd., 581 (7M 4,16).
109 Milhou, Die iberische Halbinsel I, 316.

gründungspflichtig. Im Vorwort zur Erstausgabe ihrer Schriften 1588 (zu Lebzeiten durfte sie nichts publizieren) musste der Augustiner und Salamanca-Professor Luis de León ein rhetorisches Kunststück vollbringen, um Teresas Lehrautorität als Frau zu verteidigen. Zunächst schickte er voraus, es sei sonst nicht Sache einer Frau zu lehren, „sondern belehrt zu werden, wie der Apostel Paulus schreibt". Dann bezeichnete er es als „etwas ganz Neues und Unerhörtes", ja als List Gottes zur besonderen Demütigung und Beschämung des Teufels, dass gerade „eine arme und einsame Frau [...] so weise und geschickt" die Ordensreform vorangetrieben und dabei die Herzen aller gewonnen habe. Anschließend bescheinigte er Teresa höchste Lehrautorität: „Ich halte für sicher, dass an vielen Stellen der Heilige Geist aus ihr spricht, der ihr Hand und Feder führte".[110] Der Dominikaner Alonso de la Fuente, der Spürhund der Inquisition gegenüber den *alumbrados* in der Extremadura (1570–1582), zeigte am 12. Oktober 1589 ihre Schriften beim Kronrat mit den Worten an: „Und wenn diese Nonne wirklich heilig ist [...], so konnte sie nicht die Autorin dieses Buches sein [...]; dieses dürfte eher das Werk einiger Ketzer sein, die es ihr zugeschrieben haben, um es schönzufärben".[111] Aber De la Fuente wurde kein Gehör geschenkt, und Teresas Schriften wurden in der gesamten katholischen Welt verbreitet.

Ende des 17. Jahrhunderts traute sich Juana Inés de la Cruz (†1695) im fernen Mexiko, mit den Männern über das Pauluswort zu streiten, dass die Frauen nicht lehren dürfen. Mit ihr schloss sich der Kreis der großen Frauen in der Spiritualität und Literatur des Siglo de Oro. Sie wurde bewundert, zugleich aber als Frau in die Schranken gewiesen. 1690 schrieb sie ihre Streitschrift *Carta Atenagórica*. Darin kritisierte sie eine Predigt des berühmten portugiesischen Jesuitenpaters Antônio Vieira (†1697), der unter Berufung auf Paulus den Wissens- und Lehrdurst der Frauen in geistlichen Dingen maßregelte. Nach Kritik durch den Bischof von Puebla, Manuel Fernández de Santa Cruz (†1699), bekräftigte sie 1691 in einer weiteren Schrift ihre Verteidigung des Rechtes der Frau in der Kirche auf Gelehrsamkeit und bezog sich dabei auf die Lehrautorität und das Beispiel der Teresa von Ávila.

Johannes vom Kreuz schrieb kluge Prologe, in denen er sich gründlich absicherte, alles dem Urteil der Heiligen Mutter Kirche freiwillig unterstellte und treuherzig bekundete, er werde beim Zitieren von Stellen aus der Heiligen Schrift diese zuerst lateinisch angeben „und sie dann im Hinblick auf das erklären, worauf sie sich beziehen".[112] Darüber hinaus betonte er, weder der Erfahrung noch der Wissenschaft allein zu vertrauen, sondern diesen drei Kriterien folgen zu wollen:

---

110 Lorenz, Erika, Teresa von Ávila, Licht und Schatten, Schaffhausen 1982, 140–151, 142 u. 145.
111 Huerga, Álvaro, Las lecturas místicas de los alumbrados, in: Val, Manuel Criado del, Santa Teresa y la literatura mística hispánica. Actas del I congreso internacional sobre Santa Teresa y la mística hispánica, , Madrid 1984, 571–581, 581.
112 Juan de la Cruz, Obras completas, 604 (Prolog zu: Cántico A).

der Heiligen Schrift, der Überlieferung und der Lehre der Heiligen Mutter Kirche. Da diese Kriterien genau die ersten drei Fundorte in Canos Werk *De locis theologicis* waren, war sich Johannes vom Kreuz also bewusst, dass er dem neuen Paradigma katholischer Theologie seine Reverenz erweisen musste. Johannes vom Kreuz war um einen Brückenschlag zwischen Theologie und Spiritualität, Scholastik und Mystik besonders bemüht; er sprach in seinen Prologen ausdrücklich davon: Mit der scholastischen Theologie verstehe man die göttlichen Wahrheiten, mit der mystischen aber erfahre und schmecke man sie durch Liebe; so seien scholastische und mystische Theologie aufeinander angewiesen. Er drückte sich immer wieder in scholastischer Sprache aus und zitierte präzis nicht nur die Bibel, sondern auch Augustinus und Dionysius Areopagita, Bernhard von Clairvaux, Thomas von Aquin und Aristoteles. Seine Kritik an den kirchlichen (und gesellschaftlichen) Missständen seiner Zeit fiel naturgemäß schärfer als bei Teresa, denn als gut ausgebildeter Theologe (er hatte in Salamanca studiert) konnte er treffsicherer den Finger in die Wunde legen. Er kritisierte die inkompetenten Beichtväter und Seelenführer, die kaum über Glaubenserfahrung verfügten und mit ihrem Dilettantismus bei den nach Gott dürstenden Seelen mehr Schaden als Nutzen anrichteten.

2.6.3. Volksreligiosität

Die von den Katholischen Königen um 1500 betriebene Kirchenreform zielte auch auf die Volksreligiosität. Kirchensynoden verfügten, dass die Pfarrer dem Volk das Lesen und die Doctrina, also die vier Grundgebete (Vaterunser, Ave-Maria, Credo, Salve Regina) beibringen sollten. Spanische Granden förderten in ihren Territorien die Niederlassung von reformierten Franziskanern und Dominikanern zur besseren Katechisierung des Volkes einschließlich der Conversos. Die Inquisition kontrollierte bei den Angeklagten die Erfolge dieser Maßnahmen, wie wir aus dem Bistum Toledo wissen: Während hier um die Mitte des 16. Jahrhunderts nur 40 % die vier Grundgebete auswendig konnten, waren es um 1600 beinahe 100 %. Gleichwohl fehlte es nicht an Klagen, die manche Gebiete Spaniens mit Westindien verglichen, also als „Missionsland" bezeichneten. Nach dem Konzil von Trient wurden die Volksmissionen vermehrt, nun auch getragen von Jesuiten und Kapuzinern, die gemeinsam mit den anderen Orden den spanischen Barock-Katholizismus mit folgenden Merkmalen prägten: Betonung der Heilsungewissheit (Heilsangst); Christozentrik mit einem Hang zur Darstellung des leidenden, blutüberströmten Jesus in farbigen Holzschnitzereien, die die Altäre schmückten und in Prozessionen durch die Straßen getragen wurden – entgegen der Tendenz bei den *alumbrados* und manchen *recogidos* zur Betrachtung der Gottheit im verherrlichten Christus; große Marienverehrung mit einer starken Förderung des Glaubens an die Unbefleckte Empfängnis seitens der Monarchie, die eine Dogmatisierung derselben anstrebte; Heiligen- und Reliquienverehrung im Rahmen des entsprechenden Trienter Dekretes; Gründung von Laienbruderschaften[113] und Marienkongregationen. Der spanische Katholizismus wies dem gesprochenen Wort (Predigten, Andachten), dem Bild (sakrale Malerei und Holzschnitzerei) und der Gebärde (Mysterienspiele, Prozessionen) einen vorherrschenden Platz zu. All das, was *alumbrados*, Erasmianer und Protestanten als unnötige Fesseln kritisierten, wurde – freilich zumeist in einer von der Amtskirche gebilligten Form – zum Inbegriff des spanischen Barockkatholizismus. Dies ging gut, solange der ursprüngliche Reformelan präsent war, barg aber die Gefahr in sich, mit der Zeit zum leeren Ritus und zu einer sich von der kirchlichen Norm entfernenden Volksreligiosität zu verkommen. Ein Mystiker wie Johannes vom Kreuz hob einerseits den Wert der „legitimen" Bilderverehrung nach dem Konzil von Trient hervor, während er andererseits manche Formen der Volksfrömmigkeit als zur Schau gestellten Religiosität der äußeren Gebärde schonungslos kritisierte, etwa bei den Wallfahrten und Prozessionen, der Verehrung der Mutter Gottes, der rituellen Beicht- und Gebetspraxis. Er sprach von „unkluger Frömmigkeit", die viele Personen praktizieren, etwa wenn bei der Messe eine genau festgelegte Anzahl von Kerzen verwendet werden sollte, sie ein Priester in dieser oder jener Form lesen sollte, oder an einem bestimmten Tag und zu einer bestimmten Stunde. Beim Bilderkult geißelte er es als Torheit, wenn Gläubige mehr Vertrauen zu den einen Bildern als zu den anderen haben, „in der Meinung, Gott höre sie mehr durch das eine als durch das andere, obwohl beide das gleiche darstellen, wie zwei Bilder von Christus oder zwei von unserer Lieben Frau."[114]

2.6.4. Aberglaube und Zauberei

In der Renaissance hatten Aberglaube und Zauberei in Europa Hochkonjunktur. Spanien stellte diesbezüglich keine Ausnahme dar. Aber anders als Mittel- und Nordeuropa, wo der berühmt-berüchtigte *Hexenhammer* (*Malleus Maleficarum*, 1486) weite Verbreitung fand und zeitweise eine wahnsinnige Hexenjagd stattfand, auf die Gelehrte wie der Jesuit Friedrich von Spee (†1635) mit juristischem und theologischem Sachverstand reagierten, wurde Spanien weniger von Hexerei und schwarzer Magie als vielmehr von jenen volkstümlichen Formen des Aberglaubens und der Zauberei erfasst (Kartenlesen z.B.), die gewissermaßen Teil eines „orientalischen" Erbes waren, das noch in der Literatur des Siglo de Oro beobachtet werden konnte (z.B. im *Quijote*). Eine der Ausnahmen davon bildete jedoch der Inquisitionsprozess von Logroño 1610 gegen die Hexen von Zugarramurdi (Basken-

---

113 Wie etwa die Büßerbruderschaften der Karwoche, die Zunftbruderschaften zu den Patrozinien ihrer Heiligen, die Bruderschaften des Heiligsten Sakramentes für Fronleichnam.

114 Juan de la Cruz, Obras completas, 467f. (3S 36,1–3).

land), bei dem sechs Personen lebendig und fünf „in effigie", weil schon verstorben, verbrannt wurden.

In einer Zeit, die auch und gerade in Spanien von der Reform des Christentums und der Ausdehnung obrigkeitlicher und kirchlicher Kontrolle durch Inquisition und Buchzensur geprägt war, war es nicht verwunderlich, dass spanische Theologen und Kirchenleute Traktate über den Aberglauben und die Zauberei verfassten – mit Ratschlägen zur Bekämpfung und Ausrottung dieser Praktiken. Was Amerika-Missionare wie Andrés de Olmos (†1571), Cristóbal de Albornoz († ca. 1605) oder Pablo José de Arriaga (†1622), um nur einige zu nennen, im Zusammenhang mit dem indianischen „Götzendienst" und Aberglauben Mexikos und Perus taten, fand darin seine spanische, europäische Entsprechung. Aus den frühneuzeitlichen Traktaten spanischer Autoren zu diesem Thema ragen drei besonders hervor: *Tratado de las supersticiones, hechicerías y varios conjuros y abusiones y de la posibilidad y remedio de ellos* (1529) des Franziskaners Martín de Castañega; *Reprovación de las supersticiones y hechizerías* (u. a. 1538) des Alcalá-Theologen Pedro Ciruelo (eine Art Vademecum für die Inquisition); und das monumentale Werk *Disquisitionum magicarum libri sex* (1599–1600) des Jesuiten Martín del Rio.

2.6.5. Sakralkunst und religiöses Theater

Die spanische Sakralkunst der Frühneuzeit war von flämischen und italienischen Einflüssen geprägt. Die spanischen Maler und Bildhauer integrierten diese jedoch in ihren eigenen Stil und nach ihrem Geschmack. In den Quellen der Zeit ist manchmal die Rede von der „spanischen Art" (ad modum ispanje) oder dem „spanischen Geschmack" (goût espagnol). Darunter wurde eine religiöse Malerei und Bildhauerei verstanden, die streng den dogmatischen Vorgaben folgte und hyperrealistisch wirken wollte. Dies war schon vor dem Konzil von Trient der Fall, besonders aber danach, als die religiöse Kunst aufgrund der starken Nachfrage einen großen Aufschwung erlebte und man schärfer als vorher zwischen profaner und religiöser Kunst unterschied. Im Konzilsdekret über die „Heiligen Bilder" (1563) wurde an den glaubensdienenden und pädagogischen Zweck der religiösen Kunst erinnert. Bilder sollten zur Andacht und Frömmigkeit führen und das ungebildete Volk belehren. Bilder falschen Glaubensinhaltes, die etwa apokryphen Berichten oder Legenden folgen, sollten nicht geduldet werden, ebenso wenig laszive Bilder oder solche von verführerischer Schönheit und Ornamentik. Im Zweifelsfalle hatte also die ikonographische Wahrheit Vorrang vor der künstlerischen Schönheit. Bischöfe wurden ermahnt, über die Umsetzung dieser Vorgaben zu wachen. So mussten sich nach Trient einige Künstler vor der Inquisition rechtfertigen, die sich gewisse Freiheiten genommen hatten. In Spanien verlief die religiöse Kunst mehr als anderswo in den erwarteten Kanälen, wie Émile Mâle in einem Vergleich mit Italien, Frankreich und Flandern festgestellt hat. Es entstanden so

Gemälde und Skulpturen, die den theologischen Vorgaben sehr realistisch folgten und den spanischen Katholizismus nach Trient besonders prägten.

Bei den Darstellungen der Geburt Christi z. B. – seien sie von Velázquez (†1660), Zurbarán (†1664), Maíno (†1649), Murillo (†1682) oder auch von El Greco (†1614) – lässt sich erkennen, wie die Maler bemüht waren, dem biblischen Bericht zu folgen, wonach mit der Menschwerdung das Licht in die Welt kam und in der Finsternis leuchtet (Joh 1). Das Kind in der Krippe wurde stärker als in der Kunst vor Trient mit einem Kontrast von Licht und Dunkel als anziehende Lichtquelle der ganzen Bildkomposition dargestellt. Sein Glanz spiegelte sich in den Gesichtern der Anwesenden wider, allen voran bei Maria, und auch die Hirten oder Könige vermitteln eine Haltung von Staunen und Anbetung, die den Betrachter einlädt, es ihnen gleich zu tun. Dies galt auch für die Darstellung des Gekreuzigten, sei es in Gemälden oder als bemalte Skulpturen aus Holz. Der Purismus ging so weit, dass man akribisch forschte, ob Jesus mit drei oder eher mit vier Nägeln ans Kreuz genagelt wurde, denn man wollte der historischen Wahrheit so nahe wie möglich kommen. Die von den diesbezüglichen Forschungen des Francisco Pacheco (†1644) für seine Schrift *El arte de la pintura* (1649 posthum) beeinflussten Maler wie Velázquez, Zurbarán oder der frühe Alonso Cano (†1667) stellten den Gekreuzigten mit getrennten Füßen und vier Nägeln dar, während der Christus von Holzbildhauern wie Gregorio Fernández (†1636), Juan de Mesa (†1627) und Juan Martínez Montañés (†1649) die Füße übereinander hielt und nur drei Nägel hatte – was ab 1640 wieder generell der Fall sein wird. Der Realismus in der Bildhauerei in der Zusammenarbeit von Bildhauern und Malern – etwa von Martínez Montañés und Pacheco bzw. Pedro Roldán (†1699) und Juan de Valdés Leal (†1690) in Sevilla oder Gregorio Fernández und Diego Valentín Díaz (†1660) in Valladolid – ging so weit, dass man den Figuren manchmal natürliche Haare oder echt aussehende Zähne, Augen und Nägel verpasste und das geronnene Blut (etwa mit rot bemaltem Eichenkork) so realistisch wie möglich darzustellen versuchte.

Dieser Zusammenarbeit verdankte sich eine Besonderheit der spanischen Malerei, nämlich dass Maler bemüht waren, Christus am Kreuz durch Kontrast von Licht und Schatten, hell und dunkel so darzustellen, dass er aus einer gewissen Entfernung von den Altären dreidimensional wirkte und den Platz von Skulpturen einnehmen konnte. Bei dieser Technik waren Einflüsse des italienischen Malers Caravaggios spürbar, gepaart mit dem Können, das sich die Maler bei der Bemalung von Holzfiguren erarbeitet hatten. Ganz besonders ragte hier Francisco de Zurbarán hervor. Bei ihm blieb die Tendenz zur Dreidimensionalität nicht bei den Christusdarstellungen stehen, wie dies zum Beispiel bei Velázquez der Fall war, sondern seine Darstellung erfasste auch der Falten der Mönchsgewänder oder des Tuches der Veronika.

Ab 1640 wurde der Rigorismus in der Befolgung der Trienter Weisungen für die religiöse Malerei und Bildhauerei aufgelockert und der Barock dynamischer bzw. weniger streng in der Bildkomposition. In dieser Zeit entstanden auch die meisten

Werke der Schule von Quito und Cusco in Übersee mit zumeist anonymen indigenen Künstlern, die dem dortigen Barock ein eigenes Gepräge gaben und sich etwa nicht scheuten, in der Kathedrale von Cusco das letzte Abendmahl mit Meerschweinchen statt mit Lamm darzustellen – während in Europa im Umfeld der Jesuiten Eucharistiestilleben entstanden, in denen die Monstranz nicht nur von Weizenähren, sondern auch von Maiskolben umgeben ist.

Für das religiöse Theater waren die *autos sacramentales* prägend, Spiele in einem Akt, die bei der Fronleichnamsprozession auf mitfahrenden Wagen (*carros*) oder auf Bühnen, die den Weg säumten, aufgeführt wurden. Diese Prozessionen hatten Volksfestcharakter und die *autos* galten als Höhepunkte des Theaterjahrs. Sie dienten der Glaubensaffirmation um die Eucharistie und hatten eine religionsdidaktische Funktion. Die Themen waren der Bibel entnommen, der Kirchengeschichte oder der religiösen Situation der Zeit einschließlich der Überseemission. Sie begannen sich ab der Mitte des 16. Jahrhunderts zu entwickeln, erreichten aber ihren Höhepunkt im 17. Jahrhundert. Von Lope de Vega (†1635) etwa sind 42 *autos sacramentales* erhalten und auch Tirso de Molina (†1648) hat einige verfasst. Aber der unbestrittene Meister des Genres war Pedro Calderón de la Barca (†1681) mit seinen 80 *autos sacramentales*, die als „poetische Glaubenslehre" zu verstehen waren. Das bekannteste davon, bis heute vielfach übersetzt und aufgeführt ist *El gran teatro del mundo* (1655), in dem Calderón anhand der darin vorkommenden allegorischen Gestalten (König, Reicher, Bauer, Schönheit, Klugheit, Armer, Kind) Grundfragen einer christlichen Existenz in der Barockzeit thematisierte: die Vergänglichkeit des Lebens, die Verantwortung vor Gott („Tue recht! – Gott über euch!", rufen immer wieder der Meister und die Chöre mit mächtiger Stimme), die göttliche Gnade und die menschliche Freiheit.

3. Portugal

In der Frühen Neuzeit gehörten Spanien und Portugal, wie Alain Milhou betont hat, „zum gleichen Kulturraum".[115] Die engen dynastischen Verbindungen seit der Heiratspolitik der Katholischen Könige, die Vereinigung beider Kronen zwischen 1580 und 1640 in der Person des spanischen Königs (wenn auch mit getrennten Regierungsinstitutionen), der humanistische Zeitgeist und der religiös-kulturelle Einfluss Spaniens führten zu ähnlichen Entwicklungen. Es gibt aber trotzdem ein ausgeprägtes Eigenständigkeitsbewusstsein der Portugiesen.

---

115 Milhou, Alain, Die iberische Halbinsel: II. Portugal, in: Venard, Die Zeit der Konfessionen, 726–736, 726.

Der Bereich von Staat und Kirche war ebenfalls durch das Patronatssystem (portugiesisch: *padroado*) geprägt. Für das Weltreich war hierfür die Bulle *Romanus Pontifex* (8.1.1455) von Papst Nikolaus V. entscheidend, mit der der portugiesischen Krone das Patronatsrecht in Kirchenfragen, das Handelsmonopol und das Recht zur Versklavung der „Ungläubigen" übertragen wurden, sowie die Bulle *Dum fidei constantiam* (4.6.1514), mit der Papst Leo X. die Patronatsrechte erweiterte und der Krone erlaubte, die Bischofssitze in den eroberten Gebieten unter Wahrnehmung der Missionspflicht zu besetzen.

Im Bereich der Ordens- und Kirchenreform hing die Gemeinsamkeit von Spanien und Portugal nicht zuletzt damit zusammen, dass dieselben Orden und Ordensleuten in beiden Reichen wirkten. Dies galt für die Jesuiten, die von Anfang an (ab 1540) in Portugal die Gunst der Krone genossen (der Spanier Franz Xaver, mit dem die jesuitische Weltmission begann, brach von Lissabon aus zu den Stützpunkten Portugals in Asien auf), wie für den Franziskaner Pedro de Alcántara oder den Dominikaner Luis de Granada, der als „führender Denker der portugiesischen Spiritualität" gilt.[116] 1557 übernahm er die Führung der portugiesischen Dominikaner und blieb dort bis zu seinem Tod 1588.

Besonders starke spanische Einflüsse waren auch im Hochschulbereich zu finden. Vertreter der „Schule von Salamanca" lehrten an den Universitäten Portugals: Im traditionsreichen Coimbra, seit dem Mittelalter die einzige Universität des Landes, wirkten zum Beispiel der Kirchenrechtler Martín de Azpilcueta und der Jesuit Francisco Suárez. Als der Königsbruder Kardinal Heinrich (1512–1580) 1559 in Évora die zweite Universität des Landes gründete, übertrug er sie den Jesuiten, die daraus das Zentrum der tridentinischen Reform machten. Ihr berühmtester Theologe war der spanische Jesuit Luis de Molina.

3.1. Inquisition

Papst Paul III. genehmigte 1536 die Gründung der portugiesischen Inquisition unter König Johann III. „dem Frommen". Sie wurde aber erst 1547 operativ, nachdem der König erreichen konnte, dass sie – ähnlich wie in Spanien – der Krone uneingeschränkt unterstand. Ihr wichtigstes Ziel war die Überwachung der Neuchristen oder Conversos aus dem Judentum, die nach den Zwangsbekehrungen unter König Manuel 1496 stark zunahmen. Nicht zuletzt da 1492 viele der aus Spanien vertriebenen Juden nach Portugal emigrierten, stieg ihre Zahl auf etwa 10 % der Gesamtbevölkerung (ca. 1 500 000 im 16. Jahrhundert). Wie oben erwähnt, sprach die spanische Inquisition in der heißen Phase ihrer Converso-Verfolgung (also bis 1525) etwa 5000 Todesurteile aus. In Portugal setzte die

---

116 Ebd., 727.

Converso-Verfolgung ein, nachdem sie in Spanien ihren Zenit überschritten hatte. Die portugiesische Inquisition ging auch mit großer Strenge gegen die Neuchristen vor, aber ihre Opferzahlen waren niedriger. Unter den 23 068 Verurteilten bis 1732 fanden sich 1454 Todesurteile, die meisten davon über judaisierende Neuchristen, während die ausländischen Protestanten eine Minderheit waren. Das portugiesische „Marranentum" war stärker als das spanische ein wichtiges Phänomen der Frühen Neuzeit. Es handelte sich dabei um „Scheinchristen" aus dem Judentum, die zum Teil auch mit der rabbinischen Tradition brachen und aus Elementen von Judentum und Christentum einen eigenen Synkretismus machten, oder sich später erneut zum Judentum bekannten, wenn ihnen dies, wie in Holland, möglich war. Es gab einflussreiche Marranen in Brasilien und in Spanisch-Amerika, wo sie auf dem frühkapitalistischen Zuckermarkt eine wichtige Rolle spielten, ebenso wie in Frankreich und in Holland (Amsterdam).

3.2. Spiritualität, Mystik, Volksreligiosität

Eine Schlüsselfigur bei der Forderung nach neuen Formen der Spiritualität und der tridentinischen Kirchenreform war der bereits erwähnte Kardinal Heinrich, Bruder von Johann III., Regent von 1562–1568 während der Minderjährigkeit seines Neffen Sebastian und dann nach dessen Tod 1578 letzter König aus dem Haus Avis. Er war auch Großinquisitor, Erzbischof von Évora und Lissabon und großer Förderer der Jesuiten.

Die Reform der Bettelorden zur strengen Observanz war besonders erfolgreich bei den Franziskanern. Die radikale Bewegung der *capuchos* (den Kapuzinern bzw. der oben erwähnten Provinz San Gabriel in Spanien ähnlich) gründete 1517 die Provinz da Piedade (28 Klöster) und 1560 die Provinz Arrábida (17 Klöster). Die weniger strenge Bewegung mit dem Namen *recolecção* (den spanischen *recogidos* ähnlich) führte 1568 zur Gründung der Provinz Santo António. Dem Trend der Zeit folgend förderten diese Bewegungen das innere Beten und gerieten „in einen exaltierten Mystizismus mit häufigen, zuweilen kollektiven Verzückungen und Visionen".[117] Von diesen Gruppen, sowie auch von den Jesuiten und von Luis de Granada wurden fromme Laien, zumeist Frauen (*beatas*), beeinflusst, die das innere Beten beim Volk verbreiteten. Besonders interessant ist dabei das Werk *Livro de doutrina espiritual* des Laien Francisco de Sousa Tavares. Entgegen der Meinung scholastischer Theologen wie Melchior Cano verteidigte er darin das innere Beten für das gemeine Volk. Dieses sei für das geistliche Leben sogar „geeigneter als die

---

117 Ebd., 732.

Gebildeten, und zwar wegen seiner Armut und wegen der Schlichtheit des Geistes und der Lebensweise".[118]

Erasmus von Rotterdam wurde in Portugal nicht so stark wie in Spanien rezipiert, doch fanden sich auch von ihm beeinflusste Humanisten wie João de Barros, André de Resende, João de Costa, Diogo de Teive und André de Gouveai. Letzterer wurde 1534 Direktor des Kollegs Guyenne in Bordeaux, wo er mit Teive und dem Schotten George Buchanan wirkte. Sie befürworteten eine Erneuerung der Theologie durch Rückbezug auf die Schrift und die Väter. Als Johann III. 1547 in Coimbra ein „Colégio das Artes" als propädeutisches Studium für alle Fakultäten gründete, übertrug er dessen Leitung an Gouveia. Er und seine Freunde wurden 1550 des Lutheranismus bezichtigt, wenn auch ohne große Folgen (Gouveia starb, noch bevor der Prozess begann, und Teive, Costa und Buchanan kamen 1551 nach Widerruf mit leichten Strafen davon). Zu Beginn der 1550er Jahre war das Klima dem in Spanien ähnlich. Doch genauso wie sich dort zwischen 1557–1562 die Situation verschlechterte, kam es in Portugal zwischen 1560–1562 zu einer verschärften Verfolgung von „Lutheranern". Mit Ausnahme des Augustiner Valentin da Luz, dem einzigen Portugiesen, der in diesem Kontext zum Tode verurteilt wurde, waren die anderen Ausländer. Ähnlich wie in Spanien hätte man in Portugal vor den 1550er Jahren mit dem Erasmianismus (Klerus-, Mönchs- und Ritenkritik) des Valentin da Luz leben können, aber nach der geistigen Wende in Spanien, die auch Portugal erreichte, verstand man dies als Ausdruck von Lutheranismus.

3.3. Tridentinische Kirchenreform

Während Spanien mit dem „Fall Carranza" seinen Karl Borromäus verlor, hatte Portugal den Dominikaner Bartolomeu dos Mártires, Erzbischof von Braga (1559–1582), und Autor des über Portugal hinaus wirkenden *Stimulus pastorum* (1564 in Rom auf Empfehlung von Karl Borromäus gedruckt), mit dem er das Trienter Bischofsideal (Pastor, nicht Dominus) beeinflusst hat. Wie Borromäus in Mailand, mit dem er in Briefkontakt stand, entfaltete dos Mártires in seinem Bistum eine rege synodale Tätigkeit zur Anwendung der Beschlüsse des Trienter Konzils. Er, Luis de Granada und die Gesellschaft Jesu sorgten dafür, dass die katholische Reform in Portugal mit den neuen spirituellen Trends weniger dogmatisch umging als in Spanien unter dem Einfluss der Verdachtshermeneutik des Melchior Cano. Die Jesuiten, die bereits auf Einladung von König Johann III. 1540 nach Portugal kamen, waren vor allem im akademischen Bereich tätig. 1553 gründeten sie Kollegien in Lissabon und Évora, 1555 wurde ihnen die Leitung des Colégio das Artes in Coimbra anvertraut, 1559 die neu gegründete Universität in Évora als zweite

---

118 Ebd.

Landesuniversität, die sich alsbald zum geistigen Zentrum des nachtridentinischen Portugals entwickelte.

4. Entwicklungen des 18. Jahrhunderts im spanischen und portugiesischen Bereich

4.1. Säkularisierung der Pfarreien: Spannungen zwischen Welt- und Ordensklerus

„Säkularisierung" meint hier die Tendenz zur Übernahme derjenigen Pfarreien durch den Weltklerus (*clerus saecularis*), die bisher vom Ordensklerus (*clerus regularis*)[119] geleitet wurden – vor allem in Spanisch-Amerika, wo der Weltklerus ein bedeutsamer Faktor war. Die Evangelisierung im 16. und 17. Jahrhundert wurde von den großen Missionsorden getragen. Mit der Errichtung von Bistümern und der Gründung von Städten gewann aber der Weltklerus an Bedeutung. Der Weltklerus übernahm nach und nach die städtischen Pfarreien. Seine Verwaltungsstrukturen wurden auch auf die bereits evangelisierten Indiosiedlungen ausgeweitet und die Ordensleute an die missionarischen Grenzzonen der jungen Kirche verdrängt (Missionsdörfer, Reduktionen). Dieser Trend, der in Mexiko bereits nach Abschluss des Konzils von Trient zu beobachten war, war im 18. Jahrhundert allgemein vorhanden, zumal der Weltklerus an Zahl stark gewachsen war: Während zwischen 1500–1620 die Ordensleute in Spanisch-Amerika bis 70 % des Klerus ausmachten, waren sie im 18. Jahrhundert nicht mehr als 30 %. Zudem kamen nun die meisten Bischöfe selbst aus dem Weltklerus und es gab in den Bistümern Zuständigkeitsspannungen mit den Ordensleitungen. Viele Angehörige des Weltklerus – und nicht wenige Ordensleute – neigten dazu, in der religiösen Betreuung der getauften Herde eine gute Einnahmequelle zu sehen. Viele von ihnen übernahmen weltliche Verhaltensweisen und lebten im Konkubinat mit nichteuropäischen Frauen, erlagen der Spielleidenschaft oder trugen Waffen – Missstände, die der Dominikaner und Bischof von Quito Alonso de la Peña Montenegro (†1688) mit seinem Werk *Itinerario para párrocos de Indios* (1668) zu korrigieren versuchte.

Die Ordensleute wehrten sich vehement gegen diesen an sich unaufhaltsamen Prozess, obgleich es nach römischer Tradition nicht die Aufgabe der Orden ist,

---

119 Der Weltklerus war dem Bischof unterstellt und arbeitete in der Regel in den Pfarreien, während der Ordensklerus von der eigenen Ordensleitung abhing, in Klöstern lebte, sich der Mission widmete und normalerweise nur Pfarreien übernahm, wenn nicht genug Weltklerus vorhanden war.

Pfarreien zu führen, sondern die des Weltklerus. Ihr Widerstand erfolgte aber nicht nur aus finanziellen Gründen, wie der Angst vor dem Verlust von Einnahmen aus dem Kirchenzehnten oder von Privilegien, sondern vor allem aus Misstrauen gegenüber der Fähigkeit des Weltklerus die „vorzügliche" Christenheit anzuführen, die sie unter den Indios mühsam aufgebaut hatten. Sie hielten sich für unentbehrlich und neigten zur Idealisierung der Indios unter ihrer Führung zu einem engelsgleichen Geschlecht. So sah bereits um 1600 der Franziskaner Jerónimo de Mendieta in der Säkularisierung das Ende des Goldenen Zeitalters der „indianischen Kirche" und das Eindringen der wilden Bestie der Habgier in den dank seines Ordens blühenden Weinberg Gottes, mit dem Gott seine Kirche für die Verluste an den Protestantismus kompensiert habe.

4.2. Kreolisierung: Spannungen zwischen „Amerikanern" und Europäern

Kreolisierung bezeichnet hier die zunehmende Bedeutung der in Iberoamerika geborenen Nachfahren der Europäer (Kreolen) und die damit einhergehenden Spannungen und Denkformen. In Brasilien war dieser Prozess nicht so bedeutsam: Es hatte um 1750 nur 1,4 Millionen Einwohner und 7 Bistümer gegeben, gegenüber 11,1 Millionen und 39 Bistümern im spanischen Bereich. Und anders als in Spanisch-Amerika, hatte es die Verwaltung in Lissabon verstanden, „die brasilianischen Kreolen an der Führung der Geschäfte zu beteiligen und so auf ihre Seite zu ziehen."[120]

Die Spannungen betrafen auch den Klerus: In den Ordensgemeinschaften musste bereits Ende des 16. Jahrhunderts unter Philipp II. die so genannte *Alternativa* eingeführt werden, das heißt, dass auf einen aus Spanien kommenden Oberen ein Kreole folgen sollte. Dies wurde aber halbherzig angewandt, denn die Europäer waren nicht bereit, ihre Macht aufzugeben. In Mexiko wurde daraus etwa die *Ternativa* oder ein dreifacher Turnus zwischen den aus Spanien kommenden Ordensleuten, den aus Spanien kommenden Laien, die in Mexiko in den Orden eintraten, und den in Mexiko Geborenen. So hatten die *Peninsulares* (so genannt, weil sie von der iberischen Halbinsel kamen) zwei Drittel der Amtszeit inne. Die Kreolisierung war aber im 18. Jahrhundert ein unaufhaltsamer Prozess.

Im 18. Jahrhundert mehrten sich die Proteste der Kreolen wegen ihrer Benachteiligung gegenüber den *Peninsulares*. So hieß es beispielsweise in einer Eingabe der Stadt Mexiko vom 2. Mai 1771 an Karl III.: „Man schloss uns von den Bischofs-

---

120 Saint-Geours, Yves/Plongeron, Bernard, Lateinamerika, in: Plongeron, Bernard (Hrsg.), Aufklärung, Revolution, Restauration (1750–1830) (Geschichte des Christentums Bd. 10), Freiburg 2000, 758–796, 778.

sitzen und anderen hohen geistlichen Würden und auf weltlichem Gebiet von den erstrangigen Ämtern in Heer, Verwaltung und Justiz aus. Das heißt das Völkerrecht umzustürzen. Es ist der Weg nicht nur zum Verlust Amerikas, sondern auch zum Ruin des Staates". Die Pointe der Eingabe liegt vor allem darin, dass die Kreolen sich als Einheimische verstehen und die Spanier für Ausländer in Amerika halten: „Aber hinsichtlich der Vergebung ehrenvoller Ämter müssen die europäischen Spanier hier in Amerika als Ausländer betrachtet werden, denn gegen sie sprechen dieselben Gründe, mit denen alle Völker die Anstellung von Ausländern verboten haben. Die Europäer sind Ausländer in Amerika der Natur nach, obwohl nicht nach dem bürgerlichem Recht".[121] Diese Bewusstseinsänderung ist eine der Ursachen der Unabhängigkeit Anfang des 19. Jahrhunderts.

Einige indianische Bauernaufstände in der zweiten Hälfte des 18. Jahrhunderts waren von diesem Gegensatz zwischen Amerikanern und Europäern geprägt und versuchten, eine Allianz von Indios und Kreolen zu schmieden – nun aber unter indianischer Führung, während die Unabhängigkeitskämpfe später unter kreolischer Führung stattfinden werden. So ließ José Gabriel Tupac Amaru (†1781), ein Nachfahrer der Inka, zu Beginn seines Aufstands 1780 die kreolischen „Landsleute" in einer Proklamation wissen: „Ich fühle mit den kreolischen Landsleuten, denen ich wünschte, es möge ihnen kein Schaden zustoßen, vielmehr sollten wir wie Brüder zusammenstehen und vereint die Europäer vernichten".[122]

Zur Kreolisierung gehörte auch die so genannte „Kontroverse über die Neue Welt" im 18. Jahrhundert. Einige Aufklärer wie Raynal (†1796), Buffon (†1788) und de Pauw (†1799) bemühten die aristotelisch-ptolemäischen Klimatheorien und sprachen von der physischen Unreife der Neuen Welt und der Inferiorität der Menschen in den tropischen Zonen. Viele kreolische Autoren, wie der mexikanische Jesuit Francisco Javier Clavijero (†1787) in seiner *Historia antigua de México* (1780), verteidigten – wie einst Las Casas – die Dignität des Habitats und der Menschen der Neuen Welt.

Die Kreolisierung, eine der wichtigsten Ursachen für den Unabhängigkeitsprozess in Spanisch-Amerika, besaß auch eine „geschichtstheologische" Seite, die in der Beerbung des spanischen Auserwählungsbewusstseins zum Ausdruck kam. Wie bereits ausgeführt, sprach der Kreole Antonio de la Calancha um 1600 unter Bezug auf den Apostel Thomas von einer Urevangelisierung Altamerikas in der Apostelzeit, weil er in der Verteufelung der indianischen Religionen und Kulturen eine Beleidigung der amerikanischen Identität von Indios und Kreolen sah. Die Kreolisierung der Thomastradition erreichte ihren Höhepunkt Ende des 18. Jahrhunderts, als der Dominikaner und Kreole Servando Teresa de Mier (†1827) bei einer

---

121 Beide Belege in: Koschorke/Ludwig/Delgado, Christentumsgeschichte, 263.
122 Ebd., 264.

Predigt am Guadalupe-Fest vom 12.12.1794 in Mexiko sie mit der Guadalupetradition verband: Nicht erst im Schatten der spanischen Conquista und Evangelisation seien das Evangelium und die Jungfrau von Guadalupe nach Mexiko gekommen, sondern bereits in der Apostelzeit – und zwar noch bevor die Jungfrau dem Apostel Jakobus in Spanien erschienen sei: „Das Bild Unserer Lieben Frau von Guadalupe ist nicht auf den Bauernmantel des Juan Diego, sondern auf den Umhang des hl. Thomas gemalt, des Apostels dieses Reiches. Bereits vor 1750 Jahren wurde das Bild Unserer Lieben Frau von Guadalupe schon feierlich verehrt und angebetet durch die zu Christen gewordenen Indios [...] Von unserer Religion soeben erst abgefallene Indios haben dann das Bild geschändet [...]; der hl. Thomas hat es daraufhin versteckt. Zehn Jahre nach der Conquista erschien dem Juan Diego die Himmelskönigin, erbat sich einen Tempel und übergab ihm beim letzten Mal ihr altes Bild, damit er es zum Herrn Zumárraga [dem ersten Bischof Mexikos] bringe."[123] Der politischen Emanzipation ging also die geschichtstheologische voraus.

4.3. Regalismus und Aufklärung

Vom Regalismus des 18. Jahrhunderts war eingangs bereits die Rede. Die Merkmale des spanischen Regalismus lassen sich anhand der wirtschaftlichen Politik Philipps V., der Konzilspolitik Karls III. und einzelner Entscheidungen Karls IV. näher zeigen.

Unter Philipp V. ging es vor allem um das Problem der Attribution der Einkünfte vakanter Pfründe und Ämter nach dem System des Zehnten. Die bisherige Regelung wurde so gehandhabt, dass die großen Einkünfte wegen Vakanz (d. h. die der Erzbistümer und Bistümer) der Krone zufielen, aber nur zur Verwendung für fromme Zwecke, während die kleinen Einkünfte (von Domherren, Benefizien und Pfarreien) den künftigen Amtsinhabern reserviert wurden. Nun argumentierten Kronjuristen wie Antonio J. Álvarez de Abréu, dass die Krone bei Vakanz über all diese Einkünfte frei verfügen könne, was angesichts der langen Dauer der Vakanzen in Übersee – nicht zuletzt aufgrund der Entfernungen – eine enorme Geldsumme darstellte. Die Krone handelte in diesem Sinne und beschloss somit in einer Angelegenheit, die die Verwaltung kirchlicher Güter betraf, aus eigener Autorität und ohne Rücksprache und Einvernehmen mit dem Heiligen Stuhl ein neues Prozedere. Dies war die erste „regalistische" Handlung im Schatten des westindischen Patronats. Philipp V. gelang es auch, von Benedikt XIV. im Konkordat von 1753 das Universalpatronat, das die Könige für Westindien bereits besaßen, nun auch für Spanien zu erwirken.

---

123 Ebd., 266.

Karl III. nahm sich eine allgemeine Restrukturierung der Kirche Westindiens vor: Es erfolgte unter anderem die Errichtung neuer Bistümer, die Förderung des einheimischen Klerus (durch einen Erlass von 1766), die Verbesserung der Ausbildung des Klerus, eine bessere Kontrolle der Orden durch die Bischöfe und „Säkularisierung" ihrer Pfarreien, sowie der Versuch, die Macht der Jesuiten in den Reduktionen wie in der Bildung zu brechen, denn „mit den laxen und neuen Lehren", d. h. dem „Probabilismus" der Jesuitenschule sollte Schluss sein. Die antijesuitische Stoßrichtung ging so weit, dass die Erstellung eines neuen kleinen Katechismus im Sinne des Trienter Konzils als dringende Aufgabe erachtet wurde, damit die bisherigen Katechismen, die zumeist dem des Jesuiten Robert Bellarmin folgten, durch andere ohne „Jesuitenlehre" ersetzt werden. Weiterhin umfasste die Restrukturierung die Aufhebung kirchlicher Privilegien, verbunden mit einer profunden Reform des Bildungssystems. Um eine stärkere Hispanisierung der Ureinwohner zu erreichen, sollten die Missionare die spanische Sprache gegenüber den indianischen vorziehen. Ebenso wurden erneute Anstrengungen bei der Ausrottung von Götzendienst, Aberglauben und Zauberei unternommen und herkömmliche Formen der Volksfrömmigkeit wie Bruderschaften und Wallfahrten misstrauisch betrachtet. Hierfür versuchte Karl III. zunächst, die Bischöfe für seine neue Politik zu gewinnen, was ihm auch gelang. Das zeigte sich beispielsweise daran, dass sich bei der Vertreibung der Jesuiten – traditionell antigallikanisch und papalistisch eingestellt – kein kirchlicher Widerstand regte. Der nächste Schritt war, für die Reform der Kirche einige Provinzialkonzilien zu planen. Somit mussten nämlich die neuen Maßnahmen von den Bischöfen selbst approbiert werden. Die Konzilspraxis in Westindien, sehr rege mit elf Provinzialkonzilien zwischen 1551 und 1629 (vor allem in Mexiko und Lima), wurde danach nicht mehr gepflegt – obwohl Trient die regelmäßige Abhaltung von Provinzialkonzilien angeordnet hatte (in Brasilien gab es nur eine Synode in Salvador da Bahia: 1707).

Die regalistischen Provinzialkonzilien, die in Mexiko (1771), Manila (1771), Lima (1772–1773), Charcas (1774–1778), Santa Fe de Bogotá (1774), Nueva Granada (1774–1775) und Puerto Rico (1771–1772) – die zwei letzteren kamen nicht zum Abschluss – abgehalten wurden, bildeten den Kern der Kirchenpolitik Karls III. Im *Tomo Regio* (Königsbuch) ließ er – wie einst die Westgotenkönige bei ihren Reichskonzilien zu Toledo – das Prozedere und die Agenda dieser Konzilien festhalten. Vertreter der Krone waren immer anwesend, um darüber zu wachen. Allerdings wurde keines von ihnen wurde von Rom approbiert. Karl III. starb 1788 und nach der Französischen Revolution 1789 hatte man andere Prioritäten. Die genannten Konzilien waren eher ein „Pilot-Experiment", um in der spanischen Monarchie eine autonome Nationalkirche im Schoße der römisch-katholischen Kirche zu etablieren.

Auch Karl IV. versuchte, ein regalistisches Projekt in Bezug auf Westindien zu verwirklichen, nämlich eine neue Sammlung der westindischen Gesetze, die an die Stelle der Sammlung von 1680 treten sollte. Unter seiner Herrschaft kam es aber nur zum Entwurf des ersten Buches, der reifsten Frucht aller Versuche, den Regalismus in Westindien anzuwenden. Der Text trat nie in Kraft, aber der König wies mit einem Erlass vom 25. März 1792 die Gerichtsbeamten an, sich in der Praxis daran zu halten.

Die Praxis des Regalismus vermochte die Kompetenzen der Krone über die Kirche in Westindien und auf den Philippinen nicht zu modifizieren. Denn die wenigen Male, in denen die Krone dies ernsthaft versuchte – Projekt neuer Gesetze, Konzilien, Aufhebung der Privilegien der geistlichen Gerichtsbarkeit –, „führten zu keinem wirklichen Ergebnis."[124]

Mit der Aufklärung konvergierte der Regalismus in der Bildungsreform, der Vertreibung der Jesuiten, der Zurückdrängung des kirchlichen Einflusses und im Misstrauen gegenüber der Volksfrömmigkeit. Jene Aspekte der Aufklärung, die den königlichen Absolutismus in Frage stellten (Volkssouveränität, Meinungs- und Pressefreiheit z. B.), wurden hingegen abgelehnt und von der Inquisition unterdrückt.

4.4. Die Vertreibung der Jesuiten

Der französische Historiker Bernard Plongeron nennt die Aufhebung der Gesellschaft Jesu „ein Schlüsselereignis in der Kulturgeschichte des 18. Jahrhunderts" und betont, dass wir noch „kein klares Bild von der Vorgehensweise" haben.[125] Die Vertreibung der Jesuiten war die wichtigste Maßnahme des Regalismus in Portugal und Spanien und führte zu einer Steigerung desselben, da die stärkste kirchliche Mauer dagegen gefallen war.

Für die Vertreibung der Jesuiten aus den portugiesischen und spanischen Territorien sind mehrere Gründe in Betracht zu ziehen: zunächst die üblichen Gründe, die auch etwa in Frankreich eine Rolle spielten, wie die antigallikanische/antijansenistische bzw. antiregalistische Haltung der Jesuiten, ihr großer Einfluss im Bildungsbereich, die bei den anderen Orden als „lax" verschriene, von Orten und Zeiten abhängige Moral des jesuitischen Probabilismus, also dass man im Falle eines Gewissenszweifels nicht immer der sichersten Meinung folgen solle, wenn man eine nach dem eigenen Gewissen „wahrscheinlich" gute gefunden habe. Dazu kamen die Querelen mit anderen Orden um den Ritenstreit, in Iberoamerika auch die Grenzstreitigkeiten zwischen Portugal und Spanien (im Siedlungsbereich der in Jesuitenreduktionen lebenden Guaraní), die Begehrlichkeiten auf die wirtschaftliche Macht der Gesellschaft Jesu (Kollegien, vor allem aber die 376 äußerst erfolgreich bewirtschafteten Landgüter, die nach der Vertreibung konfisziert werden

---

124 Hera, Alberto de la, El Regalismo indiano, in: Borges, Historia, Bd. 1, 81–97, 95.
125 Plongeron, Bernard, I. Über den „Fanatismus" des katholischen Europa, in: Aufklärung, Revolution, Restauration (1750–1830), 165–173, 165.

konnten), die Kritik von Aufklärern wie Regalisten am „hierokratischen" Regime im „Jesuitenstaat" der Reduktionen, und nicht zuletzt das Betrachten der Jesuiten als „die glühendsten Verteidiger kreolischer Eigenständigkeit gegenüber dem Mutterland".[126] Von den etwa 500 Jesuiten, die 1759 aus Brasilien vertrieben wurden, waren die Hälfte „Brasilianer" und unter den 2154 Jesuiten aus Spanisch-Amerika, die nach 1767 in Cádiz ankamen, waren nur ein Viertel Europäer und davon mehr als 200 Nicht-Spanier – die anderen waren Kreolen.

Nach dem Grenzvertrag von Madrid vom 13. Januar 1750 zwischen Spanien und Portugal, der die portugiesische Herrschaft auf sieben der bedeutendsten Reduktionen am linken Ufer des Flusses Uruguay mit ca. 30 000 Indios ausdehnte, kam es zum Aufstand der Guaraní (Guaraníkrieg). Eine portugiesisch-spanische Allianz konnte 1756 den Aufstand in einer einzigen Schlacht niederschlagen – mit 1511 Opfern auf Seiten der Indios und nur vier bei den Europäern. Der Guaraníkrieg, der von den Jesuiten nicht verhindert werden konnte, schadete deren Ansehen und war der Anfang vom Ende: „An ihn erinnerte man, als auf der europäischen Bühne die Unterdrückung der Societas Jesu eingeläutet wurde."[127] Den Anfang machte Portugal am 19. Januar 1759 und es ist eine Ironie der Geschichte, dass die Krone, die 1540 als erste die Gesellschaft Jesu eingeladen hatte, in ihren Territorien zu wirken, auch die erste war, die sie daraus vertrieb. Dies geschah mit einer Härte, die ganz Europa schockierte, und für die der Marquis von Pombal (†1782), seit 1756 Erster Minister Portugals unter Joseph I. (1750–1777), verantwortlich war. In einem Gerichtsurteil vom 12. Januar 1759 wurden die Jesuiten bezichtigt, Aufstände gegen die portugiesische Krone in Afrika und Amerika angezettelt und Pläne für weitere Aufstände in Portugal unterstützt zu haben. Zehn Jesuiten wurden von der Inquisition verhört. Zu ihnen gehörte der Italiener P. Gabriel Malagrida, ein alter Brasilienmissionar, der als „Anführer" des Komplotts gegen den König verurteilt und am 21. September 1761 verbrannt wurde. 1500 unter portugiesischer Herrschaft stehende Jesuiten wurden unter prekären Bedingungen in die nahe Rom liegende, italienische Stadt Civitavecchia deportiert.

Aus den spanischen Territorien wurden die Jesuiten nach dem Erlass vom 27. Februar 1767 mit fast vergleichbarer Härte wie in Portugal vertrieben, während das Jesuitenverbot 1764 in Frankreich milder ausfiel und den alten Jesuiten erlaubt wurde, als Priester im Königreich zu bleiben, sofern sie die geistliche Gewalt des Ortsbischofs und die Gesetze der Krone (Gallikanismus) akzeptierten. Die Aufhebung der Gesellschaft Jesu auf Druck der katholischen Herrscher erfolgte als kanonische Maßnahme Roms am 21. Juli 1773 durch das Breve *Dominus ac Redemptor* Clemens' XI. Darin erschien die Aufhebung als „notwendig" zum Wohle der Kirche

---

126 Saint-Geours, Yves, I. Lateinamerika: die Krise der Kolonialmächte, in: Aufklärung, Revolution, Restauration (1750–1830), Freiburg 2000, 70–93, 90.
127 Plongeron, Fanatismus, 166.

und der Länder, in denen diese tätig sei. Mit der Bulle *Sollicitudo omnium ecclesiarum* (7.8.1814) Pius' VII. wurde der Orden wieder errichtet.

Der Schaden der Jesuitenvertreibung war vor allem im Bereich der Bildung sehr groß. Bei den Missionen hielt er sich zunächst in Grenzen, da viele Reduktionen von anderen Orden (Franziskaner, Dominikaner, Augustiner, Merzedarier) übernommen werden konnten. Der eigentliche Niedergang der Missionen fand erst nach den Unabhängigkeitskämpfen statt, wie der päpstliche Legat Giovanni Muzi 1825 festhielt: „Seit die Befürworter der Unabhängigkeit regieren, sind die heiligen Missionen, die es bei den Indianern gab, sei es um sie zu bekehren oder um sie im Glauben zu bewahren, verlassen."[128]

5. Abschließende Überlegungen

Das Patronatssystem mit den regalistischen Tendenzen im spanischen und portugiesischen Herrschaftsbereich führte nicht zu einem von Rom distanzierten Katholizismus. In Spanien, Portugal und ihren Weltreichen entstand ein ausgesprochen papsttreuer, zum Teil glühender Katholizismus, der in der Volksfrömmigkeit (Marienverehrung, Patrozinien und Feste, Bruderschaften, Prozessionen und Wallfahrten) mit der Kultur verwoben war. Dieser Katholizismus hat viele Facetten, in Iberoamerika (stärker als auf den Philippinen) auch eine synkretistische und mestizisierte Seite – und ist nicht frei von einer bedenklichen Kluft zwischen Glaube und Ethik. Durch die Jahrhunderte lange Symbiose der Kirche mit der politischen Macht rief dieser überbordende Katholizismus als Negativfolie einen nicht weniger leidenschaftlichen, manchmal subkutan latenten Antiklerikalismus hervor, der immer wieder mit kulturkämpferischer Virulenz auftaucht.

Ein besonderes Merkmal der iberisch-katholischen Kulturen ist, wie Jacques Lafaye betont hat, ihr „messianischer Überschuss".[129] Dieser Messianismus, ein Stück jüdisches Erbe, ist in verschiedenen Metamorphosen präsent: in der missionarischen Utopie der Missionsdörfer; im Sebastianismus portugiesischer Prägung mit der Hoffnung auf Erfüllung des fünften Reiches, eines Reiches des Messias nach dem Danielbuch (Dan 2,37–45) unter Führung Portugals; in der Kreolisierung dieser Utopie um 1800 mit dem Lobpreis des freien Iberoamerika als Heimat der Freiheit und der Gerechtigkeit; in einer Indigenisierung am Ende des 19. Jahrhunderts mit der Entdeckung der Indios als messianisches Subjekt; und schließlich in der Mestizisierung im 20. Jahrhundert mit dem Traum des Mexikaners José

---

128 Koschorke/Ludwig/Delgado, Christentumsgeschichte, 272.
129 Lafaye, Jacques, Mesías, cruzadas, utopías. El judeo-cristianismo en las sociedades ibéricas, México 1984, 25.

Vasconcelos, dass Iberoamerika Heimat einer fünften, kosmischen Rasse als Synthese der ganzen Menschheit und als Hort einer „Zivilisation der Liebe" werde – letztlich Ausdruck der Sehnsucht nach einer wirklich „Neuen Welt", nach einem neuen Himmel und einer neuen Erde, „in denen die Gerechtigkeit wohnt" (2 Petr 3,13).[130]

Kein Autor aus den iberischen Kulturen untermauerte diese Sehnsucht mit biblischen Belegen ausführlicher als der chilenische Kreole und Jesuit Manuel Lacunza (†1801). Nach der Vertreibung kam er nach Imola und vollendete 1790 in drei Bänden das monumentale Werk *La venida del Mesías en gloria y majestad* (Das Kommen des Messias in Herrlichkeit und Majestät), er konnte es aber nicht publizieren. Nach seinem Tode sorgten kreolische und liberale Kreise für dessen Verbreitung. Die ersten Ausgaben erschienen in Spanien um 1812 zur Zeit der „Cortes von Cádiz", da die Inquisition damals aufgehoben war. Weitere Ausgaben folgten 1816 und 1826 (in London, vom kreolischen General Manuel Belgrano finanziert), 1821–1822 und 1825 (in Mexiko, auch von Kreolen finanziert), 1825 (Paris). Englische und französische Übersetzungen erschienen 1827 und 1833 (London) bzw. 1827 (Paris). Das katholische Lehramt stellte das Werk am 6. September 1824 auf den Index, es kam aber erst 1941–1944 zu einer vorsichtigen Verurteilung des darin enthaltenen „gemäßigten Chiliasmus" (die Hoffnung auf ein Zwischenreich des Glücks hier, bevor diese Weltzeit durch die Wiederkunft Christi endgültig zu Ende geht): „Das System des gemäßigten Chiliasmus kann nicht sicher gelehrt werden".[131] Lacunzas Werk hielt um 1800 die Flamme der Sehnsucht aufrecht. Seine Rezeption erklärt auch die übertriebenen (quasi-messianischen) Hoffnungen, welche die Kreolen mit der Unabhängigkeit als Beginn einer qualitativ neuen historischen Epoche verbanden: „Es fehlt nunmehr allein die allerletzte Epoche oder die allergrößte Revolution".[132]

---

130 Vgl. Delgado, Mariano, Die Metamorphosen des Messianismus in den iberischen Kulturen. Eine religionsgeschichtliche Studie, Immensee 1994.
131 Denzinger, Heinrich/Hünnermann, Peter (Hrsg.), Kompendium der Glaubensbekenntnisse und kirchlichen Lehrentscheidungen, Freiburg [37]1991, Nr. 3839.
132 Lacunza, Manuel, La venida del Mesías en gloria y majestad, Santiago (Chile) 1969, 54.

Literatur

Bernecker, Walther L. et al. (Hrsg.), Handbuch der Geschichte Lateinamerikas, Bd. 1: Mittel-, Südamerika und die Karibik bis 1760, Stuttgart 1994.

Bethell, Leslie (Hrsg.), The Cambridge History of Latin America, Colonial Latin America, 2 Bände, Cambridge 1984.

Delgado, Mariano (Hrsg.), Gott in Lateinamerika. Texte aus fünf Jahrhunderten. Ein Lesebuch zur Geschichte ausgewählt und eingeleitet von Mariano Delgado, Düsseldorf 1991.

Dussel, Enrique (Hrsg.), The Church in Latin America 1492–1992, New York 1992.

Koschorke, Klaus/Ludwig, Frieder/Delgado, Mariano (Hrsg.), Außereuropäische Christentumsgeschichte: Asien, Afrika, Lateinamerika 1450–1990 (Kirchen- und Theologiegeschichte in Quellen Bd. 6), (Nachdruck der 3. Auflage von 2010), Neukirchen-Vluyn 2012.

Lippy, Charles H./Choquette, Robert/Poole, Stafford, Christianity Comes to the Americas, 1492–1776, New York 1992.

Moya, José C., The Oxford Handbook of Latin America History, Oxford 2012.

Plongeron, Bernard (Hrsg.), Geschichte des Christentums, Bd. 10: Aufklärung, Revolution, Restauration (1750–1830), Freiburg 2000.

Prien, Hans-Jürgen, Das Christentum in Lateinamerika (Kirchengeschichte in Einzeldarstellungen IV/6), Leipzig 2007.

Venard, Marc (Hrsg.), Geschichte des Christentums, Band 8: Die Zeit der Konfessionen (1630–1620/30) und Band 9: Das Zeitalter der Vernunft (1620/30–1750), Freiburg 1992 und 1998.

Russland und seine westlichen Nachbarn im 17. Jahrhundert

DIE RUSSISCHE KIRCHE 1448–1701

Alfons Brüning

Einleitung

Der hier zu behandelnde Zeitraum reicht von der Errichtung der Moskauer Autokephalie im Jahr 1448 bis zum Tod des letzten Patriarchen Adrian im Jahr 1701. In dieser Periode wurde aus der ostslawischen „Kirche der Kiewer Rus'" die Russische Orthodoxe Kirche des Zarenreichs. Mit guten Gründen kann die Errichtung des Moskauer Patriarchats im Jahr 1589, die die herkömmlich so bezeichnete „Patriarchatsperiode" (1589–1701) einleitet, als Unterabschnitt dieses Zeitraums dargestellt werden. Die Einführung des Patriarchats bedeutet weniger einen Umbruch, sondern nur eine Markierung in einem Zeitraum in dem eher eine Fortsetzung und schließlich, inklusive verschiedener Umwege und Sonderentwicklungen, Vollendung vorher angebahnter Entwicklungen vonstattengeht. Die russische Kirche betrat die Neuzeit nach einer Phase der Vorbereitung. In vielerlei Hinsicht, wie dem Verhältnis von Staat und Kirche, der Haltung zu Bildung und Theologie und dem Umgang mit westlichen Einflüssen waren wichtige Weichenstellungen bereits geschehen.

Dies zwingt auch zu einer Erweiterung der Perspektive. Dass mit Bischof Feofan Prokopovič, ehemals Rektor der Kiewer Akademie, am Ende ein auch im Westen ausgebildeter Ruthene[1] die Federführung bei der Kirchenreform Zar Peters innehatte, in einer Zeit, in der generell der Einfluss der Ruthenen im russischen Episkopat außerordentlich hoch war, ist ein eigener Hinweis darauf, dass wichtige Entwicklungen sich außerhalb des Reiches der Moskauer Zaren vollzogen hatten, und erst allmählich auch hier ihre Wirkung zeigten. Hier kommt die Geschichte der Orthodoxie auf den östlichen Gebieten Polen-Litauens, also in etwa auf den Gebieten des heutigen Weißrussland und der Ukraine, zum Tragen. Ungeachtet aller Verdienste, die der älteren Historiographie für die Erforschung und Darstellung russischer Kirchengeschichte zukommt, wurde diese andere Dimension der

---

1 Die Bezeichnung „Ruthene" wird hier, wie inzwischen etabliert, für die ostslawischen orthodoxen Bewohner Polen-Litauens verwendet, also im Wesentlichen für die Bewohner des heutigen Weißrussland und der Ukraine. Von „Ukrainern" und „Weißrussen" zu sprechen, wäre anachronistisch und entspricht auch nicht der Selbstbezeichnung der Zeitgenossen.

ostslawischen, nicht allein moskowitischen Kirchengeschichte entweder vernachlässigt, oder aber – nicht selten unter nationalen Vorzeichen – separat behandelt. Der Impuls, der noch im späten Zarenreich von der gründlichen Studie des weißrussischen Gelehrten Konstantin Charlampovič über den „kleinrussischen Einfluss auf das großrussische kirchliche Leben" ausging, konnte seine Wirkung erst nach dem Ende der Sowjetzeit allmählich entfalten.[2] Die jüngere Historiographie hat diese separaten Perspektiven zu überwinden begonnen, und macht eine synthetisierende Betrachtung erforderlich.

Eine solche Erweiterung der Perspektive schärft dann auch den Blick dafür, dass die Orthodoxie der Ostslaven in die Neuzeit nicht allein mit einer Denomination, nämlich der Orthodoxen Kirche des Patriarchen von Moskau und des Russischen Zarenreiches, eintrat. Daneben hatte sich stattdessen seit der Union von Brest im Jahr 1596 die im Osten Polen-Litauens um 1700 zusehends dominierende Unierte Kirche herausgebildet, und in Russland entstand zur selben Zeit neben der Patriarchatskirche seit dem „Raskol" von 1654 die große Kommunität der Altgläubigen. Die Frage liegt nahe, inwieweit von diesen drei Zweigen des östlichen Ritus im ostslawischen Raum als Konfessionen gesprochen werden kann – mit anderen Worten, bis zu welchem Grade auch die ostslawische Orthodoxie eine Entwicklung durchlief, die parallel der für das westlichere Europa beschriebenen Konfessionsbildung und Konfessionalisierung betrachtet werden kann. Verschiedentlich hat man in der jüngeren Forschung solche Parallelen, teils durchaus positiv, diskutiert.[3] Zu einem eindeutigen Konsens hat die Forschung freilich bisher nicht gefunden. Da es sich um ein Problem sowohl der Beziehungsgeschichte, wie andererseits um ein Problem historischer Parallelität handelt, ist die Beantwortung der Frage notgedrungen komplex. Dabei stellen freilich Beziehungsgeschichte und der westliche Einfluss, den es in unterschiedlicher, seit jeher kontrovers diskutierter Intensität gegeben hat, den Wert des Konfessionalisierungsparadigmas für den ostslawischen Raum eher in Frage: Von welcher Art Konfessionalisierung kann schließlich gesprochen werden, wenn es sich bei den dafür relevanten Erscheinungen meist um Folgeerscheinungen westlichen Einflusses handelt? Demgegenüber können mehr oder weniger unabhängige Parallelentwicklungen verstanden werden im Sinne einer generellen, wenn auch vielleicht im Detail modifizierenden Bestätigung der universalen Gültigkeit, die das Theorem Konfessionalisierung im Sinne seiner Urheber ja beansprucht. Diese Ambivalenz ist letztendlich nur schwer

---

2 Charlampovič, Konstantin V., Malorossijskoe Vlijanie na Velikorusskuju Cerkovnuju Žizn, Kazan' 1914. Vgl. Torke, Hans-Joachim, Moscow and Its West: On the „Ruthenization" of Russian Culture in the Seventeenth Century, in: von Hagen, Mark/Kappeler, Andreas/Kohut, Zenon E./Sysyn, Frank (Hrsg.), Culture, Nation and Identity. The Ukrainian-Russian Encounter 1600–1945, Toronto 2003, 87–107.

3 Zuletzt etwa Skinner, Barbara, The Western Front of the Eastern Church: Uniate and Orthodox Conflict in Eighteenth-Century Poland, Ukraine, Belarus, and Russia, De Kalb 2009, 13f.

aufzulösen. Dass der der russischen Kirche gemeinhin unterstellte, von Byzanz her umgeformte Cäsaropapismus sich andererseits scheinbar anbietet als Spielart des anderswo etablierten *cuius regio eius religio*-Prinzips angesehen zu werden, zwingt wiederum zur genauen Beleuchtung dieser Entwicklung.

1. Die Entstehung der Moskauer Autokephalie

Noch bis weit ins 15. Jahrhundert hinein befand sich das orthodoxe Christentum der Ostslaven unter der einheitlichen Leitung des Metropoliten „von Kiew und der ganzen Rus'". Zwar waren die Fürstentümer der alten Kiewer Rus' in Wirklichkeit bereits in einem Prozess der allmählichen Eingliederung in zwei neue Großreiche, nämlich in das Moskauer Russland und in das Großfürstentum Polen-Litauen, begriffen. Im 14. Jahrhundert hatte die Eroberung Kiews durch den litauischen Fürsten Algirdas 1362, die Eingliederung Rotreußens und des ehemaligen Fürstentums Halyč-Volhynien in den polnischen Staatsverband, und die polnisch-litauische Union von Krevo 1386 (mit der katholischen Taufe des litauischen Fürsten Jogailo/Jagiełło) die Weichen in diese Richtung gestellt. Dem gegenüber stand der Aufstieg Moskaus, das sich mit Unterstützung der Metropoliten die Fürstentümer Tver', Riazan', Vladimir und Rostov unterwarf, und 1380 erstmals den Mongolen der Goldenen Horde erfolgreich widerstand. Nach der Eroberung und Verwüstung Moskaus durch die Mongolen 1240 hatten sich die Kiewer Metropoliten erst, ab 1299, in Vladimir und schließlich vor allem in Moskau niedergelassen, aber ihr Zuständigkeitsbereich und auch das Einzugsgebiet ihrer Reisen und zeitweiligen Residenzen umfasste im Grunde weiterhin das gesamte Gebiet der alten Rus'. Auf der anderen Seite sind durchaus auch Prozesse einer kulturellen und religiösen Auseinanderentwicklung einzelner Gebiete zu betrachten. Die Frage, bis zu welchem Grade bereits bis zum Beginn des 15. Jh. von zwei oder gar mehreren unterschiedlichen Räumen im Hinblick auf Kirchenverfassung, Religiosität und Kultur gesprochen werden kann, wird in der aktuellen Historiographie kontrovers diskutiert.[4]

Ein Impuls von außen, der schließlich zur Etablierung einer unabhängigen Metropolie von „Moskau und der ganzen Rus'" im Jahr 1448 führte, brachte jedenfalls auf institutioneller Ebene Gegensätze zum Ausdruck, die sich schon seit einer Weile herausgebildet hatten. Kiew und die südwestlichen Eparchien waren inzwischen zum Teil eines „westlichen", nämlich von katholischen Königen regierten

---

4   Vgl. Wilson, Andrew, The Ukrainians: Unexpected Nation, New Haven/London 2000, 11–14.

Reiches – Polen-Litauen – geworden, und bewahrten vom christlichen Erbe eher eine Neigung zu theologischer Reflexion, Bildung und zu einer pluralistischen, die Laien einbeziehenden Kirchenverfassung, während der Moskauer Norden eher rituelle Frömmigkeit und eine Nähe zur weltlichen Zentralmacht weiterentwickelte. Letzteres wurde verstärkt durch den Zuzug von Mönchen vom griechischen Berg Athos, der sich seit dem Ende des 14. Jahrhundert der Bedrohung der osmanischen Eroberung ausgesetzt sah. Ferner war die Bedeutung hesychastisch[5] motivierter Einsiedler, allen voran des berühmten Sergij von Radonež (1314/1322–1392), durch ihre Rolle bei der Kolonisierung des russischen Nordens enorm gestiegen. Die häufigen Kriege um die Herrschaft über die Fürstentümer der alten Rus', die man mit den „Lateinern", nämlich mit den seit 1386 katholischen Litauern zu führen hatte, trugen zu einem negativen Image der westlichen Kirche bei, das es so in Kiew nicht gab, und das sich schließlich auch politisch instrumentalisieren ließ. Schon seit Ende des 14. Jh. wurde religiöse Rhetorik (der Schutz für die orthodoxen Glaubensbrüder) regelmäßig als Rechtfertigung in Kriegen mit Polen-Litauen benutzt.

Der genannte Impuls von außen bestand in der Rolle des Kiewer Metropoliten Isidor (1380/90–1463) auf dem vom Papst zusammengerufenen Unionskonzil von Ferrara und Florenz (1439). Obwohl das Konzil weitgehend nach den Bedingungen des römischen Papsttums stattfand, und die Verständigung mit der Ostkirche nur einen unter mehreren Punkten auf der Agenda ausmachte, kam es doch zu einer Einigung in einer Reihe von theologischen Fragen, die in Isidor einen ihrer wichtigsten Fürsprecher hatte.[6] Als dieser, immer noch in seiner Eigenschaft als „Metropolit von Kiew und der ganzen Rus'", freilich zur Verkündung der Union im Jahr 1441 vor einem lateinischen Kreuz her schreitend in Moskau einzog, und die Liturgie mit der Kommemorierung (Erwähnung in den Fürbitten) des Papstes und Anerkennung von Elementen der römischen Doktrin feierte, sorgte dies bei der geistlichen und weltlichen Elite für heftige Abwehrreaktionen. Eine kurz darauf vom Großfürsten Vasilij II. zusammengerufene Versammlung von Kirchenführern und hohen Bojaren beschloss, Isidor wegen Häresie zu verurteilen und abzusetzen. Isidor wurde daraufhin interniert, konnte aber kurze Zeit später fliehen. Er kehrte auf Umwegen zurück nach Rom und beendete seine Tage als römischer Kardinal,

---

5 „Hesychastisch": Hesychasmus meint die von dem griechischen Wort *hesychia* (innere Ruhe) abgeleitete mönchische spirituelle Tradition des Gebets und Weltabgewandtheit, die zunächst auf das asketische Mönchtum der Spätantike zurückgeht, und seit dem 14. Jahrhundert ein Zentrum auf dem griechischen Berg Athos hatte.

6 Zu den historischen Bedingungen von Florenz kritisch Meyendorff, John, Was There an Encounter Between East and West at Florence?, in: ders., Constantinople, Rome, Moscow. Historical and Theological Studies. Crestwood 1996, 87–112; andere, positivere Akzente setzen Halecki, Oskar, From Florence to Brest (1439–1596) Rom 1958 (Neuausgabe Hamden 1968) und Gudziak, Crisis and Reform (Lit.). Zur Rolle Isidors beim Konzil von Florenz siehe bereits Golubinskij, Evgenij E., Istorija Russkoj Cerkvi, Bd. 2, Moskau 1900, 438–442.

dessen Autorität aber in den südlichen Provinzen der alten Rus' nicht ernsthaft angefochten wurde.

In Moskau dagegen hatte es schon länger Bestrebungen zu einer größeren Unabhängigkeit von der griechisch-byzantinischen Mutterkirche gegeben. Großfürst Vasilij I., der Sohn des „Tatarenbezwingers" Dmitrij Donskoj, hatte 1395 dem Metropoliten Kyprian von Novgorod untersagt, den Kaiser an erster Stelle in den Diptychen zu erwähnen. Der Protest durch den griechischen Patriarchen Andronikos IV. brachte den Moskauer Vorstoß aber einstweilen zum Stillstand.[7] Ein halbes Jahrhundert später ließen sich freilich die alte Aversion gegen die Lateiner und der Wunsch nach politischer und kirchlicher Autonomie zu neuem Vorgehen kombinieren. Die Auffassung, dass nicht allein Isidor, sondern die gesamte griechische Mutterkirche durch die Union mit Rom dem Schisma anheimgefallen sei, eröffnete die Perspektive zur Loslösung aus der Jurisdiktion[8] Konstantinopels, und nährte – noch vor der türkischen Eroberung Konstantinopels – die Vorstellung, dass sich in Moskau allein der letzte Hort der wahren Orthodoxie befinde. Die ältere russische Kirchengeschichtsschreibung sieht hier die allmähliche Unabhängigkeit der russischen Kirche von Moskau beginnen.[9] Andererseits beschritt man den sich eröffnenden Weg nur mit aller Vorsicht, und versicherte das Konstantinopeler Patriarchat vorerst stets seines Wohlwollens und seiner Loyalität. So dauerte es auch bis 1448, ehe eine Moskauer Synode mit Bischof Iona von Rjazan' einen eigenen Metropoliten bestimmte. Dem waren lange Verhandlungen mit Konstantinopel vorausgegangen, in denen die Moskowiter wiederholt hervorhoben, dass diese Entscheidung nur aus Gründen der großen Entfernung und „der Zwietracht in der Kirche Gottes" notwendig geworden sei. Faktisch aber bedeutete der Schritt sowohl den Bruch mit der Metropolie Kiew unter Isidor, als auch weitgehend mit Konstantinopel, von wo die in noch immer unterwürfig gehaltenen Schreiben erbetene Bestätigung ausblieb.

Beide Metropoliten, in Kiew und in Moskau, ernannten nach 1458 ihre je eigenen Nachfolger (Bischof Feodosij folgte Iona in Moskau, Isidor bestimmte den unionsfreundlichen Bulgaren Grigorij), und perpetuierten damit die einmal eingetretene Teilung.[10] Grigorij („Bolgarin", 1458–1472/73) unterstellte sich freilich auch 1469 wieder der alleinigen Jurisdiktion Konstantinopels, nachdem sich dort die Union (nicht zuletzt infolge der 1453 ausgebliebenen Unterstützung) nicht hatte halten können und mit Patriarch Gennadios Scholarios (1405–1473, Patriarch

---

7 Vgl. Ducellier, Alain, Die Orthodoxie in der Frühzeit der türkischen Herrschaft, in: Die Geschichte des Christentums, Bd. 7, Freiburg 1995, 52f. (mit deutscher Wiedergabe von Andronikos' Schreiben).

8 Jurisdiktion: kanonisch-kirchenrechtliche Autorität eines Zentrums über eine Kirchenprovinz.

9 Makarij (Bulgakov), Bd. 4, Buch 3. (Lit.)

10 Zu den Verhandlungen mit Konstantinopel und der weiteren Entwicklung Golubinskij, Evgenij, Istorija Russkoj Cerkvi, Bd. 2, Moskau 1900, 454–515.

1454–64) ein Gegner des Abschlusses von Florenz auf den Patriarchenthron gelangt war.[11] Für die südlichen, nunmehr zu Polen-Litauen gehörigen Gebiete der alten Rus' hat man im Licht späterer Ereignisse die Frage diskutiert, inwieweit sich hier, anders als in Moskau, die Zustimmung zur Union in weiten Teilen der Bevölkerung und der Geistlichkeit erhalten habe. Das Ausbleiben offener Ablehnung, und eine religiöse Kultur, die hier auch durch das alltägliche Nebeneinanderbestehen von westlichem und östlichem Christentum gekennzeichnet war und bisweilen durchaus Formen eines gewissen Synkretismus hervorbrachte, sollte allerdings nicht mit bewusster, theologisch untermauerter Zustimmung verwechselt werden. Letztere gab es auch hier nicht. Das in Moskau propagierte Feindbild der Lateiner fehlte hier aber weitgehend. Andererseits blieben vereinzelte Wiederannäherungsversuche der Kiewer Metropoliten an Rom wie durch Metropolit Mysail 1476 weithin unbeachtet.[12]

2. Kirche und Staat in Moskau nach 1448

In Moskau hingegen geschah die Staatsbildung mit ideologischer Unterstützung der Kirche. Moskau setzte jetzt fort, was in der älteren Historiographie meist als „Sammlung der russischen Lande"[13] apostrophiert wird: Der Reihe nach fielen die Fürstentümer Jaroslavl' (1471), Perm' (1472), Rostov (1473), Tver' (1485), Viatka (1489), Smolensk (1514) und Riazan' (1521) unter die Herrschaft der Großfürsten. In politischer wie kirchengeschichtlicher Hinsicht am bedeutsamsten, aber auch am problematischsten war die Annektierung der beiden Stadtrepubliken Novgorod (1478) und Pskov (1510). Das Bild von der „Sammlung der russischen Erde" ist eine rückinterpretierende Phrase aus der Historiographie, die auf die Herstellung einer a priori ideell vorgeformten Einheit abzielt. Tatsächlich vollzog sich der Prozess einer allmählichen Integration mit der Etablierung von Moskau als Zentrum sowohl in politisch-struktureller als auch kirchlich-ideologischer Hinsicht,

---

11 Vgl. das Portrait Grigorijs bei Kartašev, Anton, Očerki po istorii Russkoj Cerkvi, Paris 1959, Bd. 1, 543f.

12 Vgl. Gudziak, Borys, The Union of Florence in the Kievan Metropolitanate: Did it survive until the Times of the Union of Brest? Some Reflections on a Recent Argument), in: Harvard Ukrainian Studies 17 (1993), 138–148; ders., Crisis and Reform, 43–58; Makarij (Bulgakov), Istorija Russkoj Cerkvi (kommentierte Neuausgabe, Moskau 1994–96), Bd. 5, 28–84.

13 Die Phrase einer „Sammlung der russischen Lande" findet sich in älteren Texten des 14. Jahrhunderts, wurde in der moderneren Historiographie aber zuerst durch Sergej M. Solovjev in Umlauf gebracht. Vgl. hierzu Goehrke, Carsten, Russland: Eine Strukturgeschichte, Paderborn u. a. 2010, 109.

und die protonationale Einheit des neuen Großreiches musste in beider Hinsicht erst gebildet und gefunden werden.[14]

Das ökumenische Patriarchat bestand auch nach der osmanischen Eroberung weiter, und distanzierte sich nach einer Weile vom „Sündenfall" der Union, den man in Moskau nicht begangen hatte.[15] Aber zumindest einen Kaiser gab es seit 1453 in Konstantinopel nicht mehr, und damit entbehrte die Orthodoxie in den Augen vieler Gläubiger des weltlichen Schutzherren: Im in der Theorie noch weithin beschworenen byzantinischen Ideal der symphonia, des Zusammenwirkens geistlicher und weltlicher Macht, fehlte eines der tragenden Elemente. Die Meinungen, wie mit diesem Mangel umzugehen sei, waren freilich geteilt. In der Mehrheit wurde nach dem Souverän gesucht, der die Stelle des untergegangenen basileios einnehmen konnte.[16] Teils waren es um die Wende vom 15. zum 16. Jahrhundert die rumänischen Fürstentümer Moldau und Walachei, in denen eine Nachfolge beansprucht wurde, freilich ohne großen Widerhall.[17] Eine andere, in der Breite durchaus populäre Richtung, die eng mit der seit dem 13. Jh. auf dem Athos beheimateten spirituellen Strömung des Hesychasmus[18] verbunden war, votierte generell gegen Bündnisse der Kirche mit politischer Macht oder weltlichem Besitz und sorgte sich nach dem Verfall des weltlichen Imperiums allein um ein Fortleben der Kirche in ihrer geistlichen Dimension. In Russland fand diese Richtung ihren Ausdruck in der Spiritualität des Mönchtums, den „Trans-Wolga-Starcen" um den Abt Nil Sorskij und in den Schriften Maximos des Griechen, von denen noch zu reden sein wird.

Der Führungsanspruch Moskaus in diesem Kontext wurde zwar nun allmählich formuliert, aber in der orthodoxen Welt noch lange nicht überall anerkannt. Die Quellen der neuen Moskauer symphonia waren vielfältig: Der lateinische Sündenfall von Byzanz, gestraft durch die türkische Eroberung, bildete die Grundlage für die Idee einer „translatio imperii" (Übertragung des Imperiums bzw. der imperialen Gewalt), aber man ging hier durchaus vorsichtig, und immer in Abstimmung mit dem Patriarchat in Konstantinopel, vor.[19] Andererseits gingen aber gewisse Entleh-

---

14 Eine kritische Synthese der Staatsbildung unter Einbeziehung neuerer Literatur bietet Ostrovskij, Donald, The Growth of Muscovy (1462–1533), in: The Cambridge History of Russia, ed. von Maureen Perrie, Bd. 1, Cambridge 2006, 213–239.

15 So der allgemeine Tenor der klassischen russischen Kirchengeschichtsschreibung, vgl. Golubinskij, Istorija Russkoj Cerkvi, 458–468; Makarij (Bulgakov), Istorija Russkoj Cerkvi, Bd. 3, Kap. 8, Tl. 3.

16 Generell hierzu Runciman, Stephen, Das Patriarchat von Konstantinopel, München 1970, 55–73.

17 Nastase, Dumitru, L'idée impériale dans les pays roumains et le „crypto-Empire chrétien" sous la domination ottomane, in: Symmeikta 4, Athen 1981, 201–250.

18 (S. o. Fn. 5); von Lilienfeld, Fairy, Art. „Hesychasmus", in: Theologische Realenzyklopädie, Bd. 15, Berlin 1986, 282–289.

19 Eingehend hierzu Ševčenko, Ihor, Byzantium and the Eastern Slavs after 1453, zuletzt in: ders., Ukraine between East and West. Essays on Cultural History to the Eighteenth Century, Edmonton/Toronto 1996, 12–26.

nungen vom Westen bei Herrscherauffassung, Symbolik, Zeremoniell und selbst kirchlich-literarischen Vorlagen womöglich weiter, als die etablierte Sichtweise und das offiziell so gepflegte Antilateinertum es vermuten lassen.[20] Das Resultat war ein Prozess. Immerhin war es schon von einiger symbolischer Bedeutung, dass sich Großfürst Ivan III. im Jahr 1472 nach dem Tod seiner ersten Gattin mit Zoe, der Nichte des letzten byzantinischen Kaisers Konstantinos IX. Dragases vermählte. Der Anspruch einer ideellen „translatio imperii" sollte damit auch genealogisch untermauert werden. Die Wirkung dieses Schrittes blieb freilich auch innerhalb Moskaus einstweilen begrenzt, denn die griechische Prinzessin war im Westen im katholischen Glauben erzogen worden, und für die Heirat hatte sich unter anderem der griechischstämmige Kardinal Bessarion beim Papst verwendet.[21] Zwar konvertierte Zoe alsbald unter dem Taufnamen Sophia zur Orthodoxie, und ihr Sohn sollte als Vasilij III. (1479–1533) 1505 die Nachfolge Ivans antreten, aber ihre Stellung bei Hof blieb stets umstritten. Auch zögerte Ivan III. lange, ehe er mit einer offiziellen Annahme des Kaisertitels eine Brüskierung Konstantinopels riskierte, obwohl die Kirchenführung ihn recht früh in einem solchen Ansinnen bestärkte. Moskau erschien bereits 1492 in einem Schreiben von Metropolit Zosimos als „neue Stadt Konstantins". Aber erst 1498 nahm Ivan in einer nach byzantinischem Vorbild improvisierten Krönungszeremonie den Titel „Zar, Großfürst und Selbstherrscher von ganz Russland"[22] an, und verwendete ihn von jetzt an wiederholt, wenn auch noch nicht regelmäßig im diplomatischen Verkehr. Metropolit Simeon ermahnte ihn bei dieser Gelegenheit noch eigens und ganz im Sinne des untergegangenen universalen Reiches von Byzanz, „Sorge zu tragen für die Seelen und die gesamte orthodoxe Christenheit".[23]

Die Kirche leistete somit an der Wende zum 16. Jh. einen wesentlichen Beitrag zur Verfestigung der Moskauer Autokratie und zu ihrem Selbstverständnis. Wo freilich kirchliche Autoren und Schriften auf byzantinische Vorbilder zurückgriffen, war der Inhalt solcher Beiträge meist eschatologischer und moralischer, selten direkt politischer Natur. Das aus Byzanz schrittweise adaptierte Kaiserideal war in der Tat das einer moralischen Herrschaft, orientiert an „Glaube und Recht" (*vera i pravda*) was der Kirche theoretisch eine mahnende und richtende Funktion einräumte.[24] Andererseits

---

20 Westlich-lateinischen Einflüssen geht nach Denisoff, Elie, The Origins of the Autonomous Russian Church, in: The Review of Politics 12, 225–246. Teilweise ähnliche Beobachtungen enthält auch Georgij Florovskij, Puti (Lit.).

21 Runciman, Das Patriarchat, 312. Vgl. Ducellier, Die Orthodoxie, 57f.

22 „Zar" ist die im Altslawischen gebildete Form des Kaisertitels „Caesar", „Selbstherrscher" meint die byzantinische Selbstbezeichnung des Kaisers als „Autokrator", dessen Macht von keiner irdischen Gewalt, sondern allein von Gott abhängt.

23 Runciman, Das Patriarchat, 312; Ducellier, Die Orthodoxie, 60. Vgl. bereits Neubauer, Helmut, Car und Selbstherrscher (Lit.).

24 Vgl. Jurganov, Alexej L., Vera christianskaja i „pravda" in: ders., Kategorii russkoj srednevekovoj kul'tury, Moskau 1998, 33–116.

hatte die Auseinandersetzung mit den Mongolen die kirchliche Ideologie auch insofern geprägt, als der Zar nicht nur zum Hüter, sondern auch Verteidiger des rechten Glaubens stilisiert wurde.[25] Die zarische Politik machte sich diese idealistischen Vorgaben nur langsam und zögernd zu Eigen. Die um diese Zeit zuerst nachweisbare Verwendung des Doppeladlers im Wappen der Zaren war unabhängig von Ivans III. Eheschließung mit Zoe-Sophia. Sie stammte aus dem diplomatischen Verkehr mit den Habsburgern, und manifestierte außenpolitischen Anspruch im europäischen Kontext, auch wenn die Aneignung dieses Symbols sicher als Anspielung auf Byzanz gemeint war.[26] Vielleicht eher im Gefolge Zoes gelangte der aus dem 7. Jh. stammende, Kaiser Justinian gewidmete Fürstenspiegel des Diakons Agapetos nach Moskau. Dieser schrieb dem Kaiser gottähnliche Qualitäten zu, ermahnte ihn freilich auch, als Gottes Stellvertreter für das Wohl der Kirche Sorge zu tragen, ein Ohr für die Nöte der Armen zu haben, und vor allem „seine Leidenschaften recht zu beherrschen".[27] Versionen dieses Sendschreibens waren bereits im Kiewer Russland bekannt gewesen, erfuhren aber jetzt eine Redaktion, die ganz zugeschnitten war auf die neue Rolle des Zaren in der neuen Hauptstadt der orthodoxen Welt. Zwischen dem asketisch-sakralem Kaisertum einerseits und dem außenpolitischem Geltungsdrang andererseits lag die eschatologische Version des Mönches Filofej von Pskov vor 1528, in dessen berühmten Sendschreiben die Theorie von Moskau als dem „Dritten Rom" erstmals im Kontext mit den Moskauer Zaren begegnete:

„Er ist auf der ganzen Erde der einzige Zar über die Christen, der Lenker der heiligen göttlichen Throne der heiligen ökumenischen, apostolischen Kirche, die, anstelle der römischen und der Konstantinopeler Kirche, in der von Gott geretteten Stadt Moskau [...] ist. Sie allein leuchtet auf dem ganzen Erdkreis heller als die Sonne. Denn wisse [...]: Alle christlichen Reiche sind vergangen und sind zusammen übergegangen in das Eine Reich unseres Herrschers, gemäß den prophetischen Büchern. Das ist das russische Reich. Denn zwei Rome sind gefallen, aber das dritte steht, und ein viertes wird es nicht geben.[28]

Das war freilich eine eschatologische Vision und Standortbestimmung, kein imperiales Programm. Der Zusatz[29] „von Gott gerettet" [russ. *bogospasaemyj*] wurde

---

25 Vgl. Ostrowski, Donald, Muscovy and the Mongols: Cross-Cultural Influences on the Steppe Frontier, 1304–1589, New York/Cambridge 1998, 133–249.
26 Alef, Gustav, The Adoption of the Muscovite Two-Headed Eagle: a Discordant View, in: Speculum 41, 1–21.
27 Vgl. Ševčenko, Ihor, A Neglected Byzantine Source of Muscovite Political Ideology, in: Harvard Slavic Studies 2, 141–179.
28 Hier Sendschreiben Filofejs von Pskov an Michail G. Misjur' Munechin, dt. übers. nach Hildegard Schaeder, Moskau das Dritte Rom. Studien zur Geschichte der politischen Theorien in der slawischen Welt, 2. Auflage, Darmstadt 1957, 198–205, Zitat 204. S. a. Ostrowski, Moscow and the Mongols, 219–244.
29 In der Sprachwissenschaft bezeichnet man diesen Zusatz als „Epitheton".

herkömmlich zuerst Jerusalem verliehen, und der Verweis auf die prophetischen Bücher bezog sich auf die Vision Daniels und die Offenbarungsliteratur des byzantinischen eschatologischen Denkens. So wurde die Anspielung, ähnlich wie die Formel von Moskau als dem „Neuen Israel", auch in der ganzen Moskauer Periode verstanden. Erst im 19. Jh. sollte sich aus der Theorie des „Dritten Rom" ein imperialer Anspruch mit nationalistischen Untertönen entwickeln.[30]

3. Diversität und Häresien

Die Reinheit des orthodoxen Glaubens war dabei Grundlage des neuen Reiches. Es gehörte zur Aufgabe des Kaisers, und nun auch des Zaren, über den wahren Glauben zu wachen, und gegen Häresien vorzugehen. Tatsächlich hörte man nun im Zuge der ersten Konsolidierung des Moskauer Staates auch zum ersten Mal von häretischen Bewegungen, gegenüber denen Staat und Kirche ihre Strategie zu definieren hatten. Die Vereinigung der verschiedenen Teilfürstentümer unter Moskauer Führung fügte auch Regionen mit in mancher Hinsicht recht unterschiedlicher religiöser Kultur und Tradition zusammen. Ablesbar ist dies beispielsweise an der Ikonenmalerei – regionale Eigenheiten erlauben es bis heute, Ikonen einer bestimmten lokalen Schule zuzuordnen.[31] Zwar gestalteten Grundelemente christlich-orthodoxen Glaubenslebens – wie etwa Festtage, Fastenzeiten, Übergangsriten wie Taufe, Hochzeit, Begräbnis – bis zur Mitte des 16. Jahrhunderts überall mehr oder weniger einheitlich den Alltag der Gläubigen, doch unter dieser Oberfläche gab es eine Vielzahl von lokalen Besonderheiten. Reste heidnischer Bräuche und gewisse Mischformen sind in der Volkskultur auch im 16. Jahrhundert noch nachweisbar – unter anderem, weil Bischöfe und Synoden sich immer wieder über derlei „unchristliche" Praktiken beschweren. Die Tatsache, dass die überwiegende Mehrheit der Bevölkerung weiterhin aus Bauern bestand, die von Wettereinflüssen abhängig waren, und nach Zyklen von Aussaat und Ernte lebten, sicherte naturreligiösen Elementen ein gewisses Fortleben. Der einstmals in der Forschung verbreitete Begriff des „Doppelglaubens" (russ. *dvoeverie*), verstanden als Hybridform aus heidnischen und christlichen Elementen, ist freilich etwas zu nah an der Polemik zeitgenössischer Quellen, und wird in jüngster Zeit zunehmend zugunsten einer breiteren Auffassung religiöser Volkskultur fallen

---

30 Aus der inzwischen schwer überschaubaren Literatur zum Thema vgl. hier Rowland, Daniel B., Moscow – The Third Rome or the New Israel?, in: Russian Review 55, 591–614; Poe, Marshall, Moscow, the Third Rome: The Origins and Transformations of a ‚Pivotal Moment', in: Jahrbücher für Geschichte Osteuropas N. F. 49, 412–429.
31 Vgl. Onasch, Schieper, Ikonen (Lit.).

gelassen.[32] Diese Volkskultur aber war es, die dem russisch-orthodoxen Glaubensleben auch seine regionalen Stempel aufdrückte, zumal sich auf dieser Ebene auch bisweilen die Grenzen zur nichtrussischen, also tatarischen oder nomadischen Bevölkerung der jeweiligen Region verwischten. Hinzu kamen Besonderheiten der geographischen Lage und der historischen Entwicklung. Stadtrepubliken wie Nowgorod oder Pskow mit ihren engen Handelsverbindungen nach Westen einerseits, oder der noch immer dünn besiedelte, von der Einsiedlerkultur der Starcen[33] und der Kolonisierung der Mönche sowie einem relativ freien Bauerntum geprägte Norden bis zum „Weißen Meer" blickten auch in religiös-kultureller Hinsicht auf andere geschichtliche Bedingungen als die Mitte und der Süden.[34]

Vor allem die Stadtrepublik Nowgorod, „unser Großer Herr Nowgorod", geprägt von Kaufleuten und von Handelsverbindungen über die Ostsee und mit der Hanse, in der auch der Großfürst bis zu einem gewissen Grade vom den Beschlüssen der lokalen Bürgerversammlung (des „Veče") abhing, fügte sich nur ganz allmählich in den Moskauer Staat. Das galt auch in religiösen Dingen. Nowgoroder Kleriker verweigerten nach der Eroberung Ende des 15. Jahrhunderts die Einhaltung der Festtage von in Moskau verehrten Heiligen. Als der von Moskau eingesetzte Bischof Gennadij 1499 eine Prozession zu Ehren der Heiligen Aleksej und Petr abhalten ließ, waren die lokalen Geistlichen erst zu einer Teilnahme bereit, als auch in Nowgorod populäre Heilige in die Verehrung aufgenommen wurden.[35] Eigenwillige religiöse Strömungen, bis zu dem Grad, den die Kirche als Häresien einstuft, gedeihen zudem bevorzugt in kommunikativen Zentren, die einen gewissen Pluralismus der Anschauungen und bisweilen die Notwendigkeit zu neuen Synthesen hervorrufen. Ganz zufällig ist es also nicht, dass auch die ersten häretischen Bewegungen, von denen die neuere russische Kirchengeschichte berichtet, ihren Ursprung in Nowgorod haben. Allerdings stammen einschlägige Informationen nahezu ausschließlich aus den Schriften ihrer Gegner in der orthodoxen Hierarchie.[36]

---

32 Rock, Stella, Popular Religion in Russia. „Double belief" and the making of an academic myth, London 2007; Kaiser, Daniel H., Quotidian Orthodoxy. Domestic Life in Early Modern Russia, in: Kivelson, Valerie A./Robert H. Greene (Hrsg.), Orthodox Russia: Belief and Practice under the Tsars, Philadelphia 2003, 179–192. Zusammenfassend: Rock, Stella, Russian piety and Orthodox culture 1380–1515, in: Angold, Michael (Hrsg.), The Cambridge History of Christianity, Bd. 5, Cambridge 2006, 251–275.

33 Von russ. „starec" (старец), eigentlich „der Ältere", Einsiedlermönch und geistlicher Vater.

34 Diese Binnendifferenzierung innerhalb des Moskauer Reiches relativiert die v. a. von der ukrainischen Historiographie oft postulierte These von einer separaten Entwicklung der Orthodoxie in Moskau einerseits, und den später polnisch-litauischen Gebieten andererseits, s. o. Fn. 4.

35 Polnoe Sobranie Russkich Letopisej, vol. 24: Novgorodskie Letopisi, St. Petersburg 1879, 59–64.

36 Grundlegend zur Häresiegeschichte Altrusslands in dieser Zeit ist ungeachtet ideologischer Färbungen nach wie vor Kazakova, Natalja A./Lur'e, Jakov S., Antifeodal'nye eretičeskie dviženija na Rusi XIV–načala XVI veka, Moskau 1955.

Zuerst wurden Mitte des 15. Jahrhundert in Nowgorod und Pskow die sogenannten *strigol'niki* (Scherer, von altruss. *striči*, scheren) erwähnt, deren Name sich einer Theorie zufolge von ihren Verbindung mit der Lübecker Gilde der Tuchscherer herleitete; andere Deutungen führen den Namen auf eine bestimmte, die Sekten-mitglieder unterscheidende Haartracht zurück – wobei die Bezeichnung dafür schon den Zeitgenossen unklar war. Die *strigol'niki*, zu denen auch einige Diakone gehörten, kritisierten Simonie und moralische Laxheit der Priester und lehnten deren Sakramente ab. Stattdessen sprachen sie sich, unter Berufung auf Schriften des Hl. Paulus, für ein Laienpriestertum aus.[37]

Offenbar noch weitere Kreise zog die seit etwa 1470 wiederum zuerst in Nowgorod in Erscheinung tretende Bewegung der „Judaisierenden" (russ. *židovstvujuščie*) an. Ihre Bezeichnung stammte erneut von ihren Gegnern, so dass unklar bleibt, inwieweit jüdische Einflüsse tatsächlich von Bedeutung gewesen sind. Diese „Häretiker" wandten sich gegen die Trinitätslehre, kritisierten den Klerus, besonders das Mönchtum und verrieten ikonoklastische Züge, indem sie die Verehrung von „menschengemachten" Symbolen und Bildern, aber auch von Reliquien als abergläubisch ablehnten. Gewisse rationalistische Elemente in ihrer Lehre mochten tatsächlich aus in ihrer Umgebung nachweisbaren philosophischen und astronomischen Schriften jüdischen Ursprungs stammen. Verbindungen zu den *strigol'niki* bestanden offenbar – jedenfalls bezeichnete Bischof Gennadij einen der Anführer als *strigol'nik*. Vor allem ukrainische Historiker vermuteten dagegen den Ursprung der Bewegung in Verbindungen zu den böhmischen Hussiten.[38] Ein unmittelbar christlich-religiöses Reformanliegen ist bei den „Judaisierenden" unbestreitbar, aber es bleibt ungeklärt, wie viel originäres, und wie viele auswärtige Impulse in die Lehren eingingen. Brachte somit auch die russische Orthodoxie ihre Reformation hervor? Zuweilen wurde generell von einer dem westlichen Protestantismus vergleichbaren innerorthodoxen Reformbewegung gesprochen, die nicht zufällig später, vor allem in Polen-Litauen, mit reformatorischen Kreisen des Westens zusammengefunden habe.[39] Eine dissidentische Bewegung macht aber noch keine Reformation. Das Ausmaß der Bewegung der „Judaisierenden" ist nicht mit der Wucht der eigentlichen Reformation zu vergleichen, auch wenn sie durchaus weitere Kreise zog. Ihr Wirkungskreis blieb jedenfalls nicht auf Nowgorod beschränkt. Ende des 15. Jh. fand die Lehre Anhänger selbst am Moskauer Zarenhof, wo der Bojar und Diplo-

---

37 Ebd., 34–71, 241; Alekseev, Aleksej I., Strigol'niki: Obzor istočnikov, in: Vestnik cerkovnoj istorii 27/28, 151–203.

38 Zuerst Hruševs'kyj, Mychajlo, Istorija Ukrajins'koj Literatury, Bd. 5, Neuauflage Kiew 1995, 1, 61–101; vgl. Uljanovs'kyj, Vasyl, Počatky protestantyzmu na Ukrajini: antykatolyc'ka reformacija ta pravoslavni jeresi, in: ders., Istorija cerkvy ta relihijnoji dumky v Ukrajini, Bd. 2, Kiew 1994, 170f.

39 Dmitriev, Michail V., Pravoslavie i reformacija. Reformacionnye dviženija v vostočnoslavjanskich zemljach Reči Pospolitoj vo vtoroj polovine XVI. veka, Moskau 1990; kritisch bewertend, aber grundsätzlich zustimmend hierzu Uljanovs'kyj, (Fn. 38) Počatky protestantismu, 170–211.

mat Fedor Kuricyn und selbst Ivans III. Schwiegertochter Elena, die aus Moldawien stammende Gattin seines Sohnes Dimitrij, mit ihnen offen sympathisierten.[40]

Zumindest das für die frühe Reformation so wichtige Bündnis mit der weltlichen Macht wusste im Fall der Moskauer religiösen Dissidenten die etablierte Kirche zu verhindern. Für die beiden wichtigsten Gegner, den bereits erwähnten Bischof Gennadij von Novgorod (ca. 1410–1505) und den Abt Josif von Volokolamsk (Volockij, 1439/40–1515), war jedenfalls das Echo, das sie auslösten, Grund zu einer Offensive auf mehreren Ebenen. In den Augen Gennadijs war eine Synode in Moskau 1490 viel zu nachsichtig mit den Häretikern umgegangen, worüber er Metropolit Zosima in einem Sendschreiben informierte – interessanterweise unter Verweis auf die ungleich strengeren Maßnahmen der spanischen Inquisition, von denen er durch einen durchreisenden kaiserlichen Gesandten gehört haben wollte.[41] Eine publizistische Frucht von Gennadijs Bemühungen war die sogenannte Gennadius-Bibel, die 1499 erschien, und die erste kirchenslawische Gesamtausgabe der Heiligen Schrift darstellte. Gennadij hatte hierfür bereits vorhandene Übersetzungen redigiert und zusammengefügt, und noch fehlende Kapitel eigens übersetzt. Für dies Unternehmen zog Gennadij auch die Vulgata heran und ließ Drucker aus Lübeck kommen.[42] Josif Volockij wiederum verfasste, wahrscheinlich in den Jahren 1502–1504, zur Abwehr der Häresie seinen „Aufklärer" (russ. prosvetitel') – ein Werk, das er selbst als „Buch über die Häretiker von Nowgorod" bezeichnete, und worin er diese und andere Irrlehren systematisch richtig stellte. Es ist zugleich die wichtigste zeitgenössische Quelle über die Bewegung, der die meisten Mutmaßungen über ihre angeblichen jüdischen Ursprünge und Entlehnungen entstammen.

4. Der Richtungsstreit zwischen „Besitzenden" und „Nichtbesitzenden"

Eng mit Josifs Person verbunden war eine zweite große Auseinandersetzung, die die Kirche an der Wende zum 16. Jahrhundert zu spalten drohte. Im Zentrum

---

40 Kazakova/Lur'e, Antifeodal'nye dviženija, mit ausführlicher Nennung der Quellenbelege; Golubinskij, Istorija Russkoj Cerkvi, 560–605; zusammenfassend. Rock, Russian piety, 259f.

41 Vgl. Denisoff, On the Origins, 238f. Byzantinische Vorbilder in der Argumentation von Josif v. Volokolamsk zur Häretikerverfolgung nennt Ševčenko, Byzantium and the Eastern Slavs, 95.

42 Romodanovskaja, Varvara A., Art. „Gennadievskaja Biblija" in: Pravoslavnaja Enciklopedija, Bd. 10, 584–88; ferner Kazakova, Lur'e, 137–146; allgemein zu lateinischen Einflüssen Denisoff, On the Origins, 236ff.

stand auch hier der Wunsch nach Reinigung und Erneuerung, nunmehr freilich ausgehend vom Mönchtum und bezogen auf das Klosterleben. In diesem Kontext wurde es zum Problem, dass die Klöster um diese Zeit durch Schenkungen und Privilegien über den vermutlich größten Grundbesitz im jungen Moskauer Reich verfügten, einschließlich einer Vielzahl von auf diesem Grund angesiedelten, und seit den Bestimmungen des Zaren von 1497 einer harten Fronarbeit unterworfenen Bauern.[43] War dieser umfangreiche Besitz an Land und Leuten im Sinne des mönchischen Ideals und der Kirche rechtmäßig oder nicht? Zustimmend äußerte sich die Richtung der „Besitzenden" (altruss. *stjažateli*), deren hervorragendster Vertreter Josif Volockij war. Sie argumentierte allerdings in dem Sinne, dass die Kirche solcher Mittel für ihre karitativen Aufgaben bedürfe, ferner für die Bedürfnisse der Kirchen, Klöster und Mönche selbst. Die Heranbildung geeigneter Persönlichkeiten für die Hierarchie sei nicht möglich, wenn diese für ihren Lebensunterhalt harter Arbeit nachgehen müssten (wie es die verheirateten Gemeindepriester in aller Regel taten). Auch die kunstvolle Ausgestaltung der Kirchen mit Bildern und Ikonostas, an denen ebenso viele Anstoß nahmen, sei zur Erhebung der Seelen gerechtfertigt. Als sich Zar Ivan III. um die Jahrhundertwende mit dem Gedanken trug, den reichen Klosterbesitz zu konfiszieren und die alten Privilegien abzuschaffen, protestierte Josif heftig dagegen.

Wenngleich Ivans Motive bei solchen Überlegungen kaum ganz uneigennützig gewesen sein dürften, wurde er in solchen Überlegungen bestärkt von der Gegenrichtung der „Nichtbesitzenden" (*nestjažateli*), die in den Schriften des Abtes Nil Sorskij (von seiner Einsiedelei bei dem Fluss Sora, 1433–1508) und seinen Schülern ihren Ausdruck fand. Nil, in den 1450er Jahren zum Mönch geworden, war vor allem auf einer langen Pilgerreise 1475–85, die ihn u. a. zum Berg Athos geführt hatte, mit dem Hesychasmus in Berührung gekommen. Diese unter den östlichen Mönchen verbreitete spirituell-asketische Richtung, die im Gefolge des Bischofs von Thessaloniki, Gregorios Palamas (1296–1356) auch eine reiche theologische Literatur hervorbrachte, basierte vor allem auf den Gebetspraktiken der Wüstenväter und beschrieb den Weg zu deren spirituellen Erfahrungen. Da die hesychastisch begründete Lebensweise die weitgehende Entsagung von allem Weltlichen einschloss, argumentierten Nil und seine Schüler, reicher Besitz würde die Mönche nur vom Wesentlichen ablenken. Zu Recht würden viele Gläubige den Reichtum der Klöster und deren wirtschaftliche Verstrickung kritisieren.

Die eigentliche Auseinandersetzung drehte sich freilich nicht allein um die Berechtigung weltlichen Besitzes, sondern eher um die Rolle, die Kirche und Klöster in Staat und Gesellschaft spielen sollten, und was dafür erforderlich schien. Die beiden Richtungen trennte in dieser Hinsicht noch mehr als nur ihre Meinungs-

---

43 Angaben zu Quellen und Ausmaß des Klosterbesitzes bei Dobroklonskij, A. P., Rukovodstvo po istorii russkoj Cerkvi, Neuaufl. Moskau 2009, 245ff.

verschiedenheit hinsichtlich der Güter, denn die „Nichtbesitzenden" votierten auch, ganz in der Tradition der Wüstenväter, für einen milden und toleranten Umgang mit Häretikern. Sie seien, zu ermahnen, aber nicht zu bestrafen oder gar hinzurichten. So argumentierte neben Nil vor allem dessen Schüler, der aus einer Bojarenfamilie stammende Vassian Patrikeev (1470–1531, nach anderen Angaben ermordet 1545).[44] Eine solche Haltung aber war, das war das Entscheidende, auf den „weltlichen Arm" zur Bekämpfung der Häresie nicht angewiesen.

Die Meinungen trafen schließlich auf den Kirchenkonzilien der Jahre 1503 und 1504 aufeinander – und die josiflianische Richtung trug offenbar weitgehend den Sieg davon. Die Synode von 1504 erklärte nicht allein den Klosterbesitz für legitim und mit den Kanones der alten Kirche übereinstimmend, sondern forderte zugleich harte Strafen für Häretiker. Ivan III. beließ es daraufhin bei einigen kleineren Beschränkungen hinsichtlich der klösterlichen Güter, und verhängte zugleich über eine Reihe von Anhängern der „Judaisierenden" auch in seinem eigenen Umfeld Klosterhaft oder Todesurteil. Durch diese Entwicklung waren weitere Einzelheiten der Moskauer *symphonia* geklärt. Staat und Zar gewährten der Kirche Zugang zu gesellschaftlichem Einfluss und wirtschaftlicher Macht, insofern diese zum Wohl des Ganzen eingesetzt wurde, und erhielten ihre Rolle auch in Glaubensdingen, als weltlicher Arm zur Wahrung der rechten Lehre und Praxis, zugewiesen.[45] Mit Blick auf die Kirche bedeutete das vor allem den Sieg einer staatskirchlichen Richtung.

Man hat freilich darauf hingewiesen, dass in vieler Hinsicht die Positionen der Josiflianen oder „Besitzenden" und der „Nichtbesitzenden" sogar einen gemeinsamen Nenner hatten, und kaum auf unversöhnliche Gegensätze reduziert werden können. So hat Josif in seinem „Aufklärer" gegen die Häresie womöglich mit Nil Sorskij zusammengearbeitet, oder zumindest Passagen aus dessen Werken übernommen.[46] Die Reinheit des Glaubens war beiden, die sich im Übrigen persönlich stets in gegenseitigem Respekt begegneten, ein gemeinsames Anliegen – um dieses Ziel zu erreichen, verfolgten sie aber unterschiedliche Wege. Gleiches galt hinsichtlich des Klosterbesitzes: Auch Josif betonte stets, der Besitz müsse höheren Zielen dienen, aber seine Vision von der Rolle des geistlichen Standes in der Gesellschaft beinhaltete tätige Mitwirkung, nicht allein Zurückgezogenheit und geistlichen Rat.[47] Vor allem stellte er vor diesem Hintergrund die weltliche Macht

---

44 Kazakova/Lur'e, Antifeodal'nye dviženija, 217–22.
45 Skrynnikov, Ruslan G., Ecclesiastical Thought in Russia and the Church Councils of 1503 and 1504, in: Oxford Slavonic Papers 25, 34–60; Bushkovitch, Religion and Society in Russia (Lit.), 10–31.
46 Lur'e, Jakov S., K voprosu ob ideologii Nila Sorskogo, in: Trudy otdelenija drevnerusskoj literatury 13, Moskau/Leningrad 1957, 182–213, hier 193f.
47 Bushkovitch, Religion and Society, 15; Ostrowski, Donald, Church Polemics and Monastic Land Acquisition in Sixteenth-Century Muscovy, in: The Slavonic and East European Review 64, 355–379.

in den Dienst der Kirche, für die Nil und seine Schüler nur eine im heilsgeschichtlichen Sinne nachrangige Rolle vorgesehen hatten.

Der Sieg der Josiflianen war also kein allumfassender, denn bei näherem Hinsehen gab es durchaus Kompromisse.[48] Zudem verstummte die Stimme der „Nichtbesitzenden" auch jetzt keineswegs. Patrikeev hinterließ seinen Einfluss auf seinen Schüler Fürst Andrej Kurbskij, den späteren ideellen Gegenspieler Ivans IV., „des Schrecklichen". Noch bedeutsamer war die Person Maximos des Griechen. Maximos (russ. Maksim Grek), 1475 in Arta auf Epiros als Michail Tribolis geboren, war sowohl ein Mann der Renaissance, der sich in Florenz von Savonarola hatte faszinieren lassen, als auch ein Anhänger des Hesychasmus. Wegen seiner exegetischen Kenntnisse wurde er vom griechischen Patriarchen Theoleptos auf Anfrage von Zar Vasilij III. als Übersetzer nach Moskau gesandt, und kam hier 1518 an. Vertraut mit den philologischen Werkzeugen des Humanismus, kritisierte und verbesserte Maximos zahlreiche Werke der altrussischen Überlieferung. Weil er jedoch stark durch die Spiritualität des Athos geprägt war, kritisierte er ferner die Kirche und Gesellschaft in Moskau, und lehnte auch den Klosterbesitz ab. Dies trug ihm den Zorn der Josiflianen ein. Zahlreiche Gläubige brachte er überdies gegen sich auf, als er die ihnen wohlvertrauten Gesänge und Psalter philologischer Kritik unterzog. 1525 wurde er wegen Häresie angeklagt und in Klosterhaft verbannt, erst nach Tver' und zuletzt ins Sergius-Dreifaltigkeitskloster nahe Moskau. Von lokalen Bischöfen wurde er mal protegiert, mal wurde seine Haft verschärft – ein weiteres Zeichen, dass auch in der Hierarchie die Gedanken der „Nichtbesitzenden" nicht ausschließlich auf Ablehnung stießen. Maximos konnte immer wieder, so zuletzt in den 1540er Jahren seine Freunde und Schüler empfangen, bevor er 1551 befreit wurde und 1556 starb.[49]

Aus der Position aber, die die Vorstellungen Josifs und seiner Umgebung dem Zaren zuwiesen, leitete sich die besondere Legitimation der Moskauer Autokratie erst ab: Seine Macht kam, wie die des Kaisers der Griechen, unmittelbar von Gott, und war daher letztlich weder an Zustimmung aus Byzanz, noch von irgendwelchen *pouvoirs intermédiares* gebunden. Wenn auch die altrussische Tradition durchaus Elemente korporativer Herrschaft hatte, von der Kirche kamen, dem Vorbild aus Byzanz folgend, zwar Ideale einer moralischen Herrschaft, an die der Herrscher gegebenenfalls erinnert werden konnte, aber keinerlei systematische oder „konstitutionelle" Beschränkungen.[50] Es waren diese Grundlagen des zarischen Absolutismus, die, einstweilen in der Theorie formuliert und erst teilweise umge-

---

48 Bushkovitch, Religion and Society, 21, 26ff.

49 Angaben zu Maksim Grek nach Golubinskij, Istorija Russkoj Cerkvi, 803–813; Ševčenko, Byzantium and East Slavs, 98; Bushkovitch, Religion and Society, 45.

50 Rowland, Daniel, Did Muscovite Literary Ideology Place Limits on the Power of the Tsar (1540s-1660s)?, in: The Russian Review 49, 125–155, Val'denberg, Vladimir, Drevnerusskie učenija o predelach carskoj vlasti, Petrograd 1916 (Neuausgabe Moskau 2006).

setzt, unter Ivan IV. (1530–1584) weiter zugespitzt werden sollten. Die Moskauer Autokratie war gewissermaßen die russische Adaptation der byzantinischen Idee von der *symphonia*, dem Zusammenwirken von Kirche und Herrschaft zum Wohle des Ganzen, und wiederum war es die Kirche, die zu dieser Sicht Entscheidendes beisteuerte.[51] Aber gerade die Entwicklung unter der langen Regierungszeit Ivans zeigte zugleich, wie labil das von Byzanz adaptierte Gleichgewicht zwischen Zar und Kirche in Wirklichkeit war.

5. Die Zeit Ivans IV. (1530–1584)

Eigentlich firmiert erst Ivan IV. in der russischen Historiographie als der erste Zar. Die Aneignung dieses Titels durch seinen Großvater Ivan III. war in mehrfacher Hinsicht noch unvollständig gewesen: In der Regierungstradition der Moskauer Großfürsten war dieser ein bis zu einem gewissen Grade *primus inter pares* unter den Bojaren geblieben, zu dessen Stil es zu gehören hatte, auf die Stimmen seiner Berater und Mitregenten zu hören. Auch Iwan III., bei dem der Zarentitel zuerst auftaucht, sich nur teilweise aus diesem Kontext emanzipieren können, und ungeachtet aller Anspielungen auf die *translatio imperii* war ihm der Zarentitel von der Kirche zwar autorisiert, aber nicht eigentlich offiziell verliehen worden. Vorbereitungen zu einer vollständigen Absorption des byzantinischen Erbes, wie sie programmatisch auch in den vorhin zitierten Schreiben Filofejs von Pskov erkennbar wurden, kulminierten erst mit der Krönung von Ivans Enkel Ivan IV. im Jahr 1547 zur quasi offiziellen Aneignung des alten Kaisertitels, nunmehr freilich unter dezidiert russischen Vorzeichen. Wie stark der Einfluss der Kirche auf diese Entwicklung war, illustriert die Tatsache, dass die wesentlichen Elemente der Krönungszeremonie auf den Moskauer Metropolit Makarij (1482, amtierte 1542–1563), einen Parteigänger der „Besitzenden", zurückgingen.

Die Regierung Ivans IV. hat in der Geschichtsschreibung sehr unterschiedliche Deutungen erfahren, die einmal mehr auf die komplexe und schwierige Persönlichkeit des Zaren selbst abhoben, ein andermal hinter seiner Regierung die Verwirklichung eines begründeten und durchdachten Programmes sehen wollten. Beides spielte eine Rolle. Zweifellos war diese Periode von tiefgreifenden Einschnitten geprägt, und Ivans Herrschaft gehörte zu den gewaltsamsten in der älteren russischen Geschichte. Nicht umsonst verliehen ihm schon die Zeitgenossen den Beina-

---

51 Klassisch in diesem Kontext die semiotischen Studien von Uspenskij, Boris A., Car' i Patriarch: charisma vlasti v Rossii (Vizantijskja model' i ee russkoe pereosmyslenie) in: ders., Izbrannye Trudy, Bd. 1 (Semiotika Istorii – Semiotika kul'tury), Moskau 1996, 184–204.

men „der Schreckliche" (*groznyj*, eigtl. „der Bedrohliche, Dräuende").[52] Von einer Programmatik lässt sich wohl vor allem in den ersten zwei Dritteln seiner Regierungszeit sprechen. Gerade diese Zeit ist aber durch vielfältige Formen des Zusammenwirkens von kirchlicher Führung und weltlichem Herrscher geprägt. Als Ivan hingegen durch das Wirken einer ihm persönlich unterstellten Terrortruppe, der sog. *Opričnina*, seit den 1560er Jahren erst den alten Bojarenadel, und dann immer weitere soziale Kreise systematischer Verfolgung aussetzte, trug ihm das den Widerstand auch aus kirchlichen Kreisen, und im Namen der Orthodoxie ein.[53]

Ivan bestieg den Thron nach dem Tod seines Vaters Vasilij III. im Jahr 1533, im Alter von gerade drei Jahren. Die Zeit bis zu seiner Volljährigkeit war gekennzeichnet durch eine politische Krise, wie sie durch die Rivalitäten konkurrierender Bojarenfamilien am Hofe hervorgerufen wurden. Diese Periode zwischen 1537 und 1547 wird als „Bojarenregiment" bezeichnet, in der zwar Intrigen und Machtkämpfe ausgetragen, aber politisch wenig Weichen gestellt wurden. Der junge Zar musste offenbar mehrfach fluchtartig den Kreml verlassen, und auch der frühe Tod seiner Mutter Elena Glinskaja im Jahr 1538 wurde zumindest früher mit diesen Turbulenzen in Verbindung gebracht.[54] Die Kirche – der Kreml umfasste auch drei Kirchengebäude – spielte aber sicher eine gewisse Rolle bei der Erziehung des jungen Zaren, und zwar sowohl beim Heranbilden seiner religiösen Vorstellungen als auch im Hinblick auf sein Selbstverständnis als Herrscher. Als sich Ivan später rückblickend über die respektlose Behandlung seiner selbst und seines jüngeren Bruders durch regierende Bojaren beklagte, bezog er diese Respektlosigkeit auf seine Rolle als Herrscher, dem auch ungeachtet seiner Jugend Ehrerbietung zukomme.[55]

Im Februar 1547 erfolgte in einer feierlichen Zeremonie die Inthronisierung des nunmehr gut 16-jährigen Zaren, der damit der Minderjährigkeit entwachsen war. Die Einzelheiten der Zeremonie waren von Metropolit Makarij wesentlich mitbestimmt worden, so dass dabei sehr deutlich zum Ausdruck kam, dass der Titel des

---

52 Grundsätzlich war freilich Strenge oder Härte eine der Eigenschaften, die auch das moskovitische, und selbst das kirchliche Herrscherideal vorsah. Dass Ivan diesen Beinamen erhielt, bedeutet nur dass dieser Zug bei ihm einseitig übertrieben war, während andere Zaren, die sich durch Sanftmut oder Frömmigkeit auszeichneten, Beinamen wie „sehr stiller, sanfter" (russ. tišajšij) erhielten – so Ivans (geistig behinderter) Sohn Fedor, oder Zar Alexej I. Vgl. Rowland, Muscovite Ideology (Fn. 50).

53 Grundlegend für die Zeit sind die Arbeiten von Ruslan G. Skrynnikov, vgl. ders., Velikij Gosudar Ioann Vasilevič Groznyj, 2 Bde., Smolensk 1996. Skrynnikovs ältere Biographie Ivans (Leningrad 1983) liegt auch in dt. Übersetzung vor: Iwan der Schreckliche und seine Zeit (Lit.). Vgl. ferner Pavlov, Andrei, Maureen Perrie: Ivan the Terrible, London 2003; Madariaga, Isabel de, Ivan the Terrible: First Tsar of Russia, New Haven 2005; zusammenfassend, unter Auswertung aktueller Literatur, s. a. Bogatyrev, Sergei, Ivan IV. (1533–1584), in: The Cambridge History of Russia, Bd. 1, Cambridge 2006, 240–263.

54 Spekulationen über einen unnatürlichen Tod sind aber nie bestätigt worden. Vgl. Bogatyrev, Ivan IV., ebd., 242.

55 Vgl. de Madariaga, Ivan the Terrible, 45; Bogatyrev, Ivan IV., 241.

„Zaren" von Gnaden der Kirche verliehen wurde.[56] Zwar ließen seine Erklärungen und liturgischen Gebete keinen Zweifel, dass Ivan als „Zar" nunmehr einen Titel erhielt, der ansonsten nur Christus selbst, den biblischen Königen und den Kaisern von Byzanz zugekommen sei – der eigentlich kirchliche Ursprung des Titels wurde damit unterstrichen.[57] Doch obwohl er den Zaren als den „Gesalbten" präsentierte, musste es verwundern, dass diese Salbung während der Zeremonie nicht vollzogen wurde. Makarijs Vorbehalt hatte Methode. Denn als Hüter des Glaubens und der Kirche, wie es die Kaiser gewesen waren, hatte sich Ivan erst noch zu erweisen. Hierzu passte, dass die Zeremonie den Akzent auf die moralische und religiöse Bedeutung des Zarentitels legte, und hierzu auch Verweise auf byzantinische Fürstenspiegel heranzog. Wenn aber in anachronistischer Manier auch Ivans Vorgänger wie Vladimir von Kiew oder Dmitrij Donskoj als „Zaren" tituliert wurden, lag der Akzent weniger auf der genealogischen Kontinuität der Moskauer Dynastie als vielmehr auf dem byzantinischen Erbe.[58]

Was auf diese Weise geadelt wurde, war nichtsdestotrotz das national russische Christentum, das als einzig organische Fortsetzung des mit Byzanz teils untergegangenen Heiligen Reiches gelten sollte. Für das Selbstbewusstsein, dass man in dieser Frage an den Tag legte, sprach auch die Tatsache, dass Ivan und seine Entourage es erst 1557 für opportun hielten, in Konstantinopel um Zustimmung zur Annahme des Zarentitels zu ersuchen, und 1561 eine vorsichtig formulierte billigende Antwort von hier als förmliche Sanktion auffassten.[59] Auch unterhalb der Ebene des Herrschers war dieser Anspruch, in der mittlerweile etablierten Verschränkung von kirchlicher Weihe und moralischem Anspruch, vorgetragen worden. So kanonisierten die Synoden von 1547 und 1549 insgesamt 38 russische Heilige, Asketen und Wundertäter. Deren Taten und Verdienste wurden zudem in einer Weise geschildert, die gut in die neue Ideologie passte, die Moskau als einzigen Hort des wahren Christentums, an dessen Spitze nun der Zar stand, präsentierte.[60] Zugleich dürfte die Aktion freilich dazu beigetragen haben, regionale Volkskulte durch Integration in den Festkalender der Reichskirche unter Kontrolle zu bringen. Literarische Kompilationen wie die Legenden von Zaren und Heiligen, die von Makarij in den Großen Menäen (russ. *Velikie Četi Minei*)

---

56 Hierzu bereits Golubinskij, Istorija Russkoj Cerkvi, Bd. 2, TI. 1, 763–765.
57 Uspenskij, Car' I Patriarch (Fn. 51), 187f., macht darauf aufmerksam, dass die Einsetzungszeremonie der byzantinischen Kaiser diese in eine Reihe mit biblischen Königen stellte, während entsprechend der Moskauer Weihe das Amt des Zaren gleich nach Christus kam.
58 Bogatyrev, Sergei, Reinventing the Russian Monarchy in the 1550s: Ivan the Terrible, the Dynasty and the Church, in: Slavic and East European Review 85, 271–293, hier 273f.; ders., Ivan IV., 245f.
59 Bogatyrev, Reinventing the Russian Monarchy, 285–292.
60 Golubinskij, Istorija Russkoj Cerkvi, 772f.; Korpela, Jukka, Christian Saints and the Integration of Muscovy, in: Bogatyrev, Sergei (Hrsg.), Russia Takes Shape. Patterns of Integration from the Middle Ages to the Present, Helsinki 2004, 44–56.

zusammengestellt wurden, die Genealogie des sog. Stufenbuches (russ. *Stepennaja Kniga*) dienten ihrerseits der Konstruktion des nationalen Narrativs.[61] In die gleiche Zeit fiel die Endredaktion des berühmten russischen „Hausbuches" (russ. *Domostroj*), dessen Ursprünge wahrscheinlich auf das Nowgorod des 15. Jahrhunderts zurückgingen, und das nun durch die Hand des Erzpriesters Sil'vestr, Beichtvater Zar Ivans IV., seine endgültige Form erhielt. Der Domostroj war einerseits der Tradition der antiken „ökonomischen" Hausväterliteratur nachempfunden, präsentierte aber andererseits den Haushalt (*oikos*, russ. *dom*) als Keimzelle des russischen Staates, wie er sein sollte. Der Staat wurde gleichsam zum „Super-Oikos". Nahegelegt wurden die Unterwerfung unter sowohl die geistliche wie die weltliche Hierarchie, aber auch innerhalb des Haushaltes waren die Rollen von Mann, Frau und Kindern klar definiert und mit jeweiligem moralischen Gehalt und Ethos ausgestattet. Weitere Kapitel enthielten unter anderem Ratschläge zum Ackerbau, zur Bienenzucht oder zur Kochkunst.[62] Es handelte sich freilich um einen normativen Text, der nur eingeschränkt die zeitgenössische russische Lebenswirklichkeit abbildete. Aber selbst dies Idealbild basierte doch auf den mittlerweile etablierten Ausdrucksformen *russisch-moskovitischer* Frömmigkeit, die damit zugleich sanktioniert wurden.[63] Das implizierte eine bewusste Absetzung von griechischen Vorbildern und der griechischen Mutterkirche – nicht der Mensch, sondern der Staat sollte, nunmehr im Sinne der josiflianischen „besitzenden" Richtung christlich gemacht werden.[64] Eine solche Entwicklung erklärte auch die Schwierigkeiten, die ein aus dem byzantinischen Raum stammender Gelehrter und „Nichtbesitzender" wie Maximos auf sich zog, als er die verbreiteten religiösen Schriften seiner Kritik unterzog.

Eine weitere Manifestation der neuen Einheit von Thron und Altar, aber ebenso der offiziellen Sanktionierung russischen Glaubenslebens bildete eine Kirchensynode im ersten Halbjahr 1551, die als Hundert-Kapitel-Synode (russ. *Stoglavnyj Sobor*) bekannt wurde. Sowohl die Frage der kanonischen Korrektheit der russischen Kirchenbräuche und die Notwendigkeit ihrer Vereinheitlichung, als auch Klagen über den Sittenverfall in Klöstern und Gemeinden bildeten den Anlass für

---

61 Vgl. van den Bercken, Holy Russia and Christian Europe (Lit.), 139–158.
62 Kolesov, Vladimir V., Roždestvenskaja, V. V. (Hrsg.), Domostroj. St. Petersburg 1994. Engl. Übers.: Pouncy, Carolyn J., The Domostroi: Rules for Russian Households in the Time of Ivan the Terrible, Ithaka/London 1994. Zur Textgeschichte dies, The Origins of the Domostroi: A Study in Manuscript History, in: Russian Review 46, 357–373; ferner Čumakova, Tatjana V., Čelovek i ego mir v „Domostroe", in: dies., „V čelovečeskom žitel'stve mnozi obrazi zrjatsja". Obraz čeloveka v kul'ture Drevnej Rusi, St. Petersburg 2001, 132–146; Niess, Hans Peter, Der „Domostroj" oder „Wie man als rechtgläubiger Christ leben soll", in: Kirche im Osten 14, 26–67.
63 Vgl. Niess, „Der Domostroj", 34.
64 Hierzu bereits Neubauer, Car' und Selbstherrscher, 54f.; Kämpfer, Frank, Russland an der Schwelle zur Neuzeit – Kunst, Ideologie und historisches Bewußtsein unter Ivan Groznyj, in: Jahrbücher für Geschichte Osteuropas 23, 504–524.

diese Kirchenversammlung. Formell war es Zar Ivan selbst, der den versammelten Kirchenleuten einen Katalog von Fragen zu so verschiedenen Themen wie der Kirchenverfassung, Finanzen, Heiligenverehrung und Ikonen oder der Disziplin der Kleriker vorlegte. Allerdings waren wahrscheinlich die Fragen zuvor von Metropolit Makarij vorformuliert worden. Die Entscheidungen der Synode verbanden die Vereinheitlichung der russischen Kirchenbräuche und Versuche zur Ausmerzung von noch vielfach berichteten heidnischen Überbleibseln mit einer offiziellen Sanktionierung der in Moskau vorherrschenden Praxis – auch und gerade da, wo diese von den griechischen Vorbildern abwich. Ferner sahen die Reformen Initiativen zur Verbesserung der Bildung bei Priestern und Laien vor, im Verein mit einer Liste von Büchern, die dem wahren Gläubigen verboten seien. Schließlich wurden Finanzfragen und Fragen kirchlicher Gerichtsbarkeit geregelt, und disziplinarische Verstöße (Trunkenheit, Glücksspiel und Volksbelustigungen wandernder Sänger, der sog. *skomorochi*) unter Strafe gestellt, da sie oft in enger Verbindung mit dem Kirchengebäude und der Liturgie stattfanden. In auffälliger zeitlicher und teils inhaltlicher Parallele zum katholischen Konzil von Trient wurden also auch hier zentrale Fragen des kirchlichen Lebens einer Regelung unterzogen – die Frage nach Häresie und Orthodoxie war hier freilich eher im Hintergrund präsent. Der Schwerpunkt lag eher auf rituellen als auf dogmatischen Fragen. Ferner sorgten strukturelle Mängel – die für die Umsetzung eingesetzten „Priesterältesten" (*popovskie starosty*) blieben in der Folgezeit meist auf sich gestellt – dafür, dass die Reformen auf längere Sicht kaum greifen konnten.[65] Der *Stoglav* ging dennoch als Kodifizierung Moskauer Kirchenlebens in die Geschichte ein, deutete aber zugleich spätere Konflikte an. Er überdauerte vor allem, nach den Revisionen des 17. Jahrhundert, in Handschriften der Altgläubigen, deren Authentizität für die russische Kirchengeschichte im 19. Jahrhundert erst neu bestätigt werden musste.[66] Generell sollte die Diskrepanz zwischen normativen Vorstellungen wie im *Domostroj*, oder dem *Stoglav* und der Wirklichkeit, die auch nach 1551 in fortgesetzten Klagen der Hierarchen ihren Ausdruck fand, nicht darüber hinwegtäuschen, dass die Kirche in zahlreichen Aspekten des Alltagslebens, in Ehe, Familie, Begräbnis, aber auch Heiligenverehrung und Festen eine mehr als nur oberflächliche Rolle im Leben der Moskowiter spielte. Auf staatlicher Ebene illustrierte den augenscheinlichen Sieg der josiflanischen, „staatskirchlichen" Richtung die Tatsache, dass dem *Stoglav* eine Reihe von Ketzersynoden folgten, auf denen „Freigeister" wie Feodosij Kosoj, Ivan Viskovatyj oder Matvej Baškin bestraft wurden. Auch den der „nichtbesitzenden" Richtung anhängenden Starec Artemij, der weiterhin für eine milde Behand-

---

65 Golubinskij, Istorija Russkoj Cerkvi (Fn. 10), Bd. 2, 1, 792–794.
66 Zum Stoglav (Text und historische Einordnung) Innokentij D. Beljaev, Stoglav, Kazan' 1862; Elena B. Emčenko, Stoglav. Issledovanija i tekst, Moskau 2000; vgl. Golubinskij, Istorija Russkoj Cerkvi, Bd. 2, 1, 772–795; aus der neueren Literatur Bushkovitch, Religion and Society, 22–26.

lung von Häretikern votierte, trafen Exkommunikation und Verbannung.[67] Kosoj und Artemij konnten 1556 mit einigen Anhängern nach Litauen fliehen. Auf diesen Ketzersynoden trat Ivan als Hauptperson auf; er verhörte, verfasste Expertisen, bestrafte und begnadigte.

Außenpolitisch, aber auch für den zukünftigen inneren Charakter von großer Bedeutung, gelang Ivan IV. mit der Eroberung der Tatarenchanate von Kazan' (1552) und Astrachan (1554) eine nicht nur territoriale Ausweitung. Nunmehr gehörten zu seinem Untertanenverband verstärkt Angehörige anderer Religionen. Vor allem in der Frühphase gab es Versuche zur Bekehrung der neuen Untertanen, sie wurden aber nur teilweise vom Staat vorangetrieben. Die meisten der neuen tatarischen Reichsbewohner waren muslimischen Glaubens, und diese wurden, da im Moskauer Reich das in der byzantinischen Literatur verbreitete Feindbild des Islam kaum rezipiert worden war, mit Toleranz behandelt. Schwerer taten sich die Geistlichen mit den in den neuen Regionen anzutreffenden schamanischen Religionen, doch auch hier überwog auf lange Sicht eine Haltung, die religiöse Toleranz mit der Forderung nach staatlicher Loyalität (Steuern) verband. Freilich handelt es sich um einen nicht immer konzeptionell untermauerten Mainstream, doch dieser blieb nach der Eroberung Sibiriens (ab 1582) und bis weit in die Moderne hinein bestehen. Die orthodoxe Kirche, die gegenüber vermeintlichen Häresien unter Glaubensbrüdern so argwöhnisch war, missionierte die „Heiden" und „Ungläubigen" allerdings weit weniger und gezielt als die westlichen Kirchen in der Neuzeit; dabei spielten sowohl theoretische Überlegungen als auch eigene strukturelle Schwächen eine Rolle. In diesem Kontext von „religiöser Toleranz" zu sprechen, wird der Komplexität im heraufziehenden russischen Vielvölkerreich freilich nicht gerecht.[68]

Die 1550er Jahre gelten allgemein als Höhepunkt der „guten Phase" in der langen Regierungszeit Ivans IV. Was folgte, war eine katastrophale Wendung, die das Reich nach seinem Tod 1584 in zerrüttetem Zustand zurückließ, und auch eine Konfrontation mit der Kirche beinhaltete. 1560 starb Zarin Anastasia, 1563 Metropolit Makarij – und damit zwei Personen, die entweder durch Sanftmut oder persönliche Autorität ausgleichend auf die wohl latent cholerische Persönlichkeit des Zaren gewirkt hatten. Die Forschung hat zeitweise darüber gestritten, ob die nun erfolgte Wende und die Politik der

---

67 Näheres bei Dmitriev, Michail V., Feodosij Kosoj; id., Baskin; Matvej, le starec Artemij – Biblioteca dissidentium: repertoire des non-conformistes religieux des seizième et dix-septième siècles, Bd. 19–20, Baden-Baden et al. 1999.

68 Geraci, Robert P./Khodarkovsky, Michael (Hrsg.), Of Religion and Empire: Missions, Conversion and Tolerance in Tsarist Russia, Ithaca 2001; Khodarkovsky, Michael, „Not by Word Alone": Missionary Policies and Religious Conversion in Early Modern Russia, in: Comparative Studies in Society and History 38, 267–293. Dem Thema gewidmet ist ferner eine Sondernummer der Zeitschrift Kritika – Explorations in Russian and Eurasian History 13 sowie Steindorff, Ludwig (Hrsg.), Religion und Integration im Moskauer Rußland. Konzepte und Praktiken, Potentiale und Grenzen, 14.–17. Jahrhundert, Wiesbaden 2010. Siehe ferner bereits Nolte, Hans-Heinrich, Verständnis und Bedeutung der religiösen Toleranz in Russland, in: Jahrbücher für Geschichte Osteuropas 17, 494–530.

Opričnina (1564–72)[69] eher mit einem durchdachten Reformplan oder mit der zunehmend paranoiden und gewalttätigen Persönlichkeit Ivans zu erklären ist. Entscheidend war wohl das zweite.[70] 1564 verließ der Zar spektakulär den Kreml und ließ das Volk wissen, er könne angesichts der Ranküne der Bojaren „nicht länger Zar sein" – ohne eine passende Hausmacht. Was folgte, war die Einrichtung einer ihm allein ergebenen Söldnertruppe (den *Opričniki*) aus Angehörigen des niederen Dienstadels und versprengten Abenteurern, die von jetzt an das Land und vermeintliche Verräter mit Terror überzog. Angehörige von Bojarenfamilien wurden vertrieben oder hingerichtet, ihre Ländereien für die *Opričnina* eingezogen und ganze Landstriche einschließlich der wieder aufgeblühten Stadt Nowgorod, wurden verwüstet. Protest gegen das wütende Treiben erhob sich nach einigem Zögern auch von der Kirche. Die beiden ersten Nachfolger des Metropoliten Makarij hatten sich resigniert vom Amt zurückgezogen; 1566 gelangte Filipp II. ins Amt, ein Asket, der sich nur widerwillig zur Übernahme der Würde bereitgefunden hatte. Filipp machte zunächst wie seine Vorgänger Gebrauch von dem Recht der hohen Geistlichen, beim Zaren Gnade und Abmilderung des Urteils für die Bestraften zu erwirken. Weil sich der Metropolit jedoch schließlich nicht mehr an das ihm bei Amtsübernahme abgezwungene Versprechen gebunden fühlte, prangerte er den eifernden Zaren öffentlich an. 1568 wurde Filipp nach entwürdigender Prozedur abgesetzt und in ein Kloster nahe Tver' verbannt, ein Jahr später dort von einem der Schergen Ivans ermordet – mit Billigung, wenn nicht gar im Auftrag des Zaren, wie man heute annimmt Seine Verehrung als Heiliger begann noch im späten 16. Jahrhundert, Mitte des 17. Jahrhunderts wurden seine Gebeine feierlich nach Moskau überführt.[71] Einstweilen aber war das Prestige der Kirche gebrochen. Die auf Filipp folgenden Metropoliten leisteten keinen Widerstand mehr.

Widerspruch erreichte den Zaren demgegenüber aus dem Exil, in den Schreiben seines früheren Vertrauten und Generals Fürst Andrej Kurbskij, der sich schon 1564 nach Polen-Litauen abgesetzt hatte. Kurbskij, wohl ein Schüler Maksim Greks und Vassian Patrikeevs und damit der „nichtbesitzenden" Richtung zugeneigt, begann im polnisch-litauischen Exil mit einer regen schriftstellerischen Tätigkeit. Zu seinen Werken zählen Übersetzungen der Kirchenväter, politische Traktate und eine „Geschichte des Großfürstentums Moskau". Am bekanntesten sind seine Sendschreiben an den Zaren, voll bitterer Anklagen über die Opfer und den – wie er es sah – Verrat des Herrschers an den Bojaren, aber auch den Idealen und Aufgaben seines Amtes. Ivan, selbst von einiger theologischer Bildung, antwortete auf diese Schreiben mit der Betonung seiner

---

69 Das Wort wird gewöhnlich hergeleitet vom altruss. опричь, in der Bedeutung von „separat", „außerhalb", und bezeichnet des Zaren Eigenländereien, inklusive einer staatsunabhängigen personellen Hausmacht.

70 Die ältere Forschung wird reflektiert bei Kämpfer, Frank/Stökl, Günter, Russland an der Schwelle zur Neuzeit, Handbuch der Geschichte Russlands, Bd. 2, Stuttgart 1986, 914–934; s. ferner Sergei Bogatyrev: Ivan IV.

71 Makarij, Istorija Russkoj Cerkvi, IV, 163–171; Skrynnikov, Ivan Groznyj, 118–120, 137–142.

gottgegebenen zaristischen Allgewalt, die ihn auch bei harten Maßnahmen ins Recht setzte.[72] Kurbskij vermochte zugleich durch seine theologischen Arbeiten eine gewisse Wirkung zur Verteidigung des orthodoxen Glaubens im damals multikonfessionellen Polen-Litauen zu entfalten. Gleiches gilt für den schon 1556 vor Ivans Zorn geflohenen Starec Artemij, der sich nach seiner Ansiedlung in Volhynien zu einem von den Kiewer Orthodoxen geschätzten Publizisten entwickelte.[73]

Die Politik der *Opričnina* wurde 1572 beendet. Als Ivan IV. schließlich 1584 starb, hatte sein Terror nicht nur das Moskauer Reich in eine politische wie ökonomische Krise gestürzt. 1581 hatte der Zar zudem seinen ältesten Sohn und Thronfolger Ivan in einem Streit erschlagen, so dass nun auch eine dynastische Krise folgte, die mehr oder minder direkt in die „Zeit der Wirren" (1605–1613) überleitete. Einstweilen ging nach seinem Tod die Herrschaft an den geistig minderbemittelten Sohn Fedor über, für den der Bojar Boris Gudonow die Regentschaft übernahm. Ein weiterer, gerade vierjähriger Sohn Ivans, Dmitrij, kam ebenfalls 1581 in Uglič unter mysteriösen Umständen zu Tode. Nach dem Tode Fedors 1598 ließ sich Gudonow selbst zum Zar krönen. Seine Regierungszeit gab dem Land eine gewisse Stabilität zurück – allerdings nicht genug, um die nach seinem unerwarteten Tod erneut ausbrechende Krise zu verhindern. Im Verhältnis zur Kirche wurde in dieser Zeit vor allem eine wichtige Entscheidung getroffen: Es geschah auf Betreiben Gudonows, dass der auf einer einer diplomatischen Reise in Moskau weilende ökumenische Patriarch Jeremias II. von Konstantinopel 1589 den amtierenden Moskauer Metropoliten Iov zum Patriarchen erhob. Jeremias musste zu diesem weitreichenden Schritt freilich mit einigem Druck gedrängt werden – er wurde regelrecht unter Hausarrest gestellt, bis er schließlich nachgab und die Zeremonie vollzog. Nach seiner Rückkehr bestätigte eine Synode im Phanar 1593 in Konstantinopel die Weihe, aber zum Verdruss der Moskowiter wurde dem neuen Patriarchen nicht der dritte, sondern nur der fünfte Rang in der Pentarchie der östlichen Kirche eingeräumt. Das „dritte Rom" stand damit weiterhin noch hinter den Patriarchaten des Ostens. Es spricht vieles dafür, dass es eigentlich die Macht des Zaren und seine Rolle als erhoffter Schutzherr der Orthodoxie gewesen war, die die Einrichtung des Patriarchats legitimierte. Man sah das wohl auch in Moskau selbst so: Jedenfalls lässt sich der Beginn einer offiziellen Verwendung der Bezeichnung „Selbstherrscher" (*autokrator*, russ. *samoderžec'*), den einst die byzantinischen Kaiser verwendet hatten, auf das Jahr 1589 datieren.[74]

---

72 Auerbach, Inge/Kurbskij, Andrej, Leben in osteuropäischen Adelsgesellschaften des 16. Jahrhunderts, München 1986; Erusalimskij, Konstantin/Kurbskogo, Sbornik issledovanija knižnoj kul'tury, Bd. 1–2, Moskau 2009 (maßgebliche, kommentierte Werkedition).
73 Dmitriev, le Starec Artemij; s. a. Kalugin, B. B., Art. „Artemij" in: Pravoslavnaja Enciklopedija, Bd. 3, Moskau 2001, 458–462.
74 Vgl. von Scheliha, Orthodoxe Universalkirche (Lit.), 23–64, zum *autokrator* ebd., 58; Gudziak, Crisis and Reform, 168–188.

6. Polen-Litauen: Konfrontation mit dem Westen I

Patriarch Jeremias besuchte auf seiner Hin- und Rückreise auch die östlichen Provinzen Polen-Litauens, deren orthodoxe Bevölkerungsmehrheit und Klerus unter anderen Bedingungen lebte als die Glaubensbrüder im Nordosten. Wiewohl in Glaubensdingen in Polen-Litauen um die Mitte des 16. Jahrhunderts weitgehend Toleranz herrschte – noch einmal bestätigt durch die berühmte Warschauer Konföderation von 1573[75] – waren doch die Herrscher, und mit ihnen der entscheidende Teil der politischen Elite einschließlich des Hochadels immer katholisch gewesen. Katholische Bischöfe erhielten automatisch einen Sitz im Senat, der ersten Kammer des Sejm, was den orthodoxen Bischöfen verwehrt blieb. Nur ausnahmsweise gelang orthodoxen Adligen, so groß ihre Hausmacht in den östlichen Provinzen auch sein mochte, die Übernahme wichtiger politischer oder militärischer Ämter. In Städten wie dem galizischen L'viv (Lemberg) waren ruthenische Kaufleute orthodoxen Glaubens auf ein separates Stadtviertel verwiesen. Dies waren einige unter vielen Gründen, die bei den Anhängern der östlichen Kirche das Empfinden einer Art „Bürger zweiter Klasse" nährten.[76] Hinzu kamen in der zweiten Hälfte des 16. Jahrhunderts die Demütigungen infolge der Konfrontation mit den westlichen Konfessionen. Scharenweise konvertierten orthodoxe Adlige entweder zunächst zum Protestantismus, um dann spätestens eine Generation später römisch-katholisch zu werden, oder direkt zur katholischen Kirche.[77] Die Gegenreformation, besonders die jesuitische Polemik, holte das alte polemische Stereotyp hervor, demzufolge die östlichen Christen nicht nur in wesentlichen Glaubensfragen irrten, sondern überhaupt unkultiviert, theologisch rückständig und in halbheidnischen Bräuchen befangen seien.

Bildung war in Polen-Litauen ein besonderes Statusmerkmal der adligen Laien. Es kam daher nicht überraschend, als sich als erster ein orthodoxer Magnat diesen Herausforderungen zu stellen suchte. Fürst Konstantin Ostrozs'kyj leitete seine Herkunft gleich den Moskauer Zaren vom Haus Rjuriks her, und gebot über ausgedehnte Latifundien in der Ukraine, so dass es ihm auch nicht an Geldmitteln für eine Gegenbewegung fehlte. Diese manifestierte sich zunächst in der Gründung einer „griechisch-slawischen" Akademie mit angeschlossener Druckerei nach 1578

75 Korolko, Mirosław/Tazbir, Janusz (Hrsg.), Konfederacja Warszawska 1573 roku. Wielka karta polskiej tolerancji, Warschau 1980. Zum Kontext Brüning, Alfons, „Unio non est unitas" – Polen-Litauens Weg im Konfessionellen Zeitalter (1569–1648), Wiesbaden 2008, 111–140.

76 Makarij (Bulgakov), Istorija Russkoj Cerkvi, Bd. 5; etwas positiver ist das Bild in der älteren polnischen Literatur, bes. Chodynicki, Karol, Kościół Prawosławny a Rzeczpospolita Polska, Warschau 1934.

77 Liedtke, Marzena, Od prawosławia do katolicyzmu. Ruscy możni i szlachta Wielkiego Księstwa Litewskiego wobec wyznań reformacyjnych, Białystok 2004.

auf seinem Stammsitz Ostroh (Ostrog) in Wolhynien, wo er eine erste Generation ruthenischer orthodoxer Gelehrter versammelte. Auch Fürst Andrej Kurbskij hielt sich zeitweise hier auf. Hier wurden handschriftliche Texte gesammelt (es bestanden über die nahegelegenen rumänischen Fürstentümer Verbindungen bis zum Berg Athos, in den Balkan und zum Patriarchat Konstantinopel), übersetzt, verglichen, Neues zusammengestellt und gedruckt. In erster Linie ging es freilich weniger um Polemik, als vielmehr um die Gewinnung eines verlässlichen Kanons von Schriften als Basis des orthodoxen Glaubens. Ein wichtiges Ergebnis der Bemühungen war etwa die im Jahr 1581 aufgelegte erste gedruckte kirchenslawische Bibel, das sog. Ostrog-Evangeliar.[78] Die Orthodoxie machte sich in Polen-Litauen von Ostroh aus auf den Weg *ad fontes*, zu den Urtexten der Liturgie, der Schrift und des Glaubens. Freilich unterhielt Ostrozs'kyj – irritierend für manche Zeitgenossen – auch sehr aufgeschlossene Beziehungen zu den anderen Konfessionen, vor allem zum Protestantismus. Am Ende folgte aber auch seine Familie dem eben beschriebenen Weg: Sein Sohn Januš wurde katholisch, dieser und seine Tochter übergaben die Akademie zwei Jahre nach seinem Tod, 1610, den Jesuiten.

Das Werk wurde fortgesetzt durch orthodoxe Bruderschaften in den Städten, gegründet von im Fernhandel zu Wohlstand gelangten Kaufleuten. Deren Schulen legten freilich noch größeren Wert auf die Unterweisung der Jugend. Die großen Bruderschaften in Vilnius oder L'viv unterhielten ferner Druckereien, und die hier beschäftigten Dozenten betätigten sich zugleich als Herausgeber von liturgischen und biblischen Texten, slawischen Grammatiken und Wörterbüchern, und als Publizisten. In den Bruderschaften und ihren Initiativen kam nach mancher Ansicht ein in der Orthodoxie stets auch lebendiger, korporativer und von Laien getragener, gleichsam demokratischer Impuls zum Ausdruck.[79]

Den orthodoxen Bischöfen der Kirchenprovinz waren solche Initiativen allerdings nur teilweise willkommen, da sie sich nur schwer kontrollieren ließen, und die Bruderschaften umgekehrt oft am moralischen Gebaren und der theologischen Kompetenz ihrer Hirten Kritik übten. Patriarch Jeremias verkomplizierte die Lage noch, als er der Bruderschaft in L'viv den Status der *stauropigia* verlieh, sie also aus der Jurisdiktion der Bischöfe löste und sie stattdessen der direkten Jurisdiktion des Patriarchats unterstellte. Die Bischöfe versuchten daraufhin auf mehreren Reformsynoden zwischen 1590 und 1595 die verschiedenen Impulse zu vereinigen und das Heft wieder in die Hand zu bekommen. Unter anderem aus

---

78 Zu Ostrozs'kyj: Kempa,Tomasz, Konstanty Wasyl Ostrogski (ok. 1524/25–1608), wojewoda kijowski i marszałek ziemi wolyńskiej, Thorn 1997. Zur Akademie Gudziak, Crisis and Reform, 121–132.

79 Felmy, Karl-Christian, Die Bedeutung der orthodoxen kirchlichen Bruderschaften im russischen Westen, in: Felmy, Karl-Christian/von Lilienfeld, Fairy (Hrsg.), Tausend Jahre Christentum in Russland, München 1988, 421–427. Grundlegend Isaevych, Jaroslav D., Voluntary Brotherhood: Confraternities of Laymen in Early Modern Ukraine, Edmonton/Toronto 2006.

dem Wunsch heraus, die eigene Autorität durch die Anbindung an eine weniger gefährdete Institution zu stärken und zugleich die Stellung des östlichen Ritus in Polen-Litauen zu verbessern, hatten sich die Bischöfe Hipatij Potij von Brest und Vladimir (Wolhynien), Kirill Terlec'kyj von Luc'k und Gedeon Balaban von L'viv auch der katholischen Kirche angenähert, welche ihrerseits die Orthodoxen schon eine Zeitlang für eine Union mit dem Papst umwarb. Die beiden erstgenannten reisten Ende 1595 nach Rom und brachten die Union zum feierlichen Abschluss. Freilich waren die Vorstellungen davon, wie eine Union tatsächlich auszusehen hatte, auf beiden Seiten sehr verschieden; der Abschluss erfolgte nun weitgehend nach römischen Konditionen: Zwar durften die Orthodoxen ihren Ritus und ihre Traditionen beibehalten (wie etwa die Ehe des Weltklerus), mussten aber in allen wichtigen theologischen Fragen die römische Lehre anerkennen. Fast folgerichtig stieß die Union, die ein Jahr später, 1596 im weißrussischen Brest verkündet wurde, sofort auf erbitterten Widerstand von Parteigängern Fürst Ostrozs'kyjs, Vertretern der östlichen Patriarchen, der Bruderschaften, aber auch der mittlerweile wieder abgesprungenen Bischöfe Balaban von L'viv und des Kiewer Metropoliten Mychajlo (Rahoza). Die als einheitsstiftend gedachte Union erwies sich, wohl vor allem infolge gegenreformatorischer Kompromisslosigkeit, in Wirklichkeit als spaltend.[80]

Die unierte (in Eigenbezeichnung: griechisch-katholische) Kirche besteht in der westlichen Ukraine bis in die Gegenwart, und mit ihr der bis auf ihre Gründung zurückgehende Konflikt Roms mit der Orthodoxie. Die erste Phase der Auseinandersetzung mit dem Westen brachte also zwiespältige Resultate. Neben einer Hebung des kulturellen Niveaus stand eine einstweilen nicht bewältigte Vielfalt.

7. Moskau und die *Smuta*: Konfrontation mit dem Westen II

Unterdessen hatte im Norden der unerwartete Tod Boris Gudonows im April 1605 für Staat und Kirche eine instabile, von allerlei konkurrierenden Ansprüchen geprägte Situation heraufbeschworen, die in die Historiographie als „Zeit der Wir-

---

80 Die gegenwärtige Forschung betont stark sowohl die Initiative der ruthenischen Bischöfe als für den Unionsabschluss entscheidend, als auch die sehr voneinander abweichenden Unionsvorstellungen der schließlich involvierten Parteien. Aus der umfangreichen Literatur sind maßgeblich Gudziak, Crisis and Reform; Dmitriev, Michail V., Meždu Rimom i Car'gradom. Genezis brestskoj unii 1595–1596 gg., Moskau 2003.

ren" (altruss. *smuta*) einging.[81] Dabei blieb dem eben gegründeten Patriarchat die stabilisierende Rolle im Innern, die sich Gudonow wohl auch erhofft haben mochte, versagt. Andererseits waren es vor allem starke Persönlichkeiten der Kirche, die schließlich Entscheidendes zur Überwindung der Krise beitrugen. Anders als früher, wechselten nun auch die Patriarchen mit den verschiedenen Thronprätendenten und Regenten. Der erste, Iov, war zu sehr von der Gunst Gudonows abhängig gewesen, um das Ende seiner Herrschaft zu überstehen. Gudonows minderjähriger Sohn Fedor Borisovič hielt sich nur wenige Monate, und musste noch 1605 einem von konkurrierenden Bojarenfraktionen vorgeschobenen Prätendenten Platz machen, der vorgab, Ivans IV. Sohn Dmitrij zu sein, der den Anschlag von 1581 überlebt habe. Patriarch Iov wurde in einer der ersten Amtshandlungen abgesetzt, der „erste Pseudo-Dmitrij" aber schon nach kurzer Zeit ermordet. 1606 gelang es Fürst Vasilij Šujskij, sich zum Zaren ausrufen zu lassen (1606–1610). Nachdem der inzwischen hochbetagte Iov eine erneute Ernennung zum Patriarchen abgelehnt hatte, fiel Šujskijs Wahl auf Germogen, den Metropoliten von Kazan' – eine starke Persönlichkeit, die den Zaren im Amt überleben sollte (1606–1612). Noch während Šujskijs Amtszeit meldete sich 1608 ein neuer „Pseudo-Dmitrij" zu Wort, der nun auf die schlagkräftige Unterstützung durch die Armeen Polen-Litauens rechnen konnte. Auch nach dessen gewaltsamen Tod gaben die Polen ihre Option nicht aus der Hand. 1610 zog eine polnische Streitmacht mit Großhetman Stanisław Żółkiewski an der Spitze, und König Sigismunds III. Sohn Władysław im Gefolge, im Kreml ein. Eine geschrumpfte Reichsversammlung im besetzten Moskau willigte ein, Władysław zum neuen Zaren zu machen, unter der Voraussetzung freilich, dass dieser zum orthodoxen Ritus übertrete. Mit der Mission, dies dem polnischen König zu unterbreiten, wurde Metropolit Filaret von Rostov betraut, geboren als Fedor Romanov (1553–1633), und 1601 von Gudonow zwangsweise zum Mönch geschoren. Sigismund freilich, ein im Geist der Gegenreformation erzogener und von kompromisslosen Beratern umgebener Herrscher, lehnte dies ab. Zum großen Verdruss seines Großhetmans reklamierte er die Herrscherwürde für sich selbst. Von einem Glaubensübertritt war nicht mehr die Rede; Filaret wurde als Gefangener in der Marienburg festgesetzt. Patriarch Germogen harrte als einer von wenigen im besetzten Moskau aus, und sandte von hier aus Sendschreiben ins Land mit dem Aufruf, die ketzerischen Besatzer zu vertreiben. Der 1612 entfachte Volksaufstand unter Führung des Kaufmanns Kusma Minin aus Nižnij Novgorod und des Fürsten Dmitrij Požarskij erhielt zusätzliche Wucht durch seit Beginn des 17. Jahrhunderts grassierende Hungersnöte und aufgestaute soziale Spannungen. Als Bastion des Christentums verteidigte sich das rechtgläubige

---

81 Dunning, Chester, Russia's First Civil War: The Time of Troubles and the Founding of the Romanov Dynasty, University Park Pa. 2001; s. a. Neubauer, Helmut, Vom letzten Rjurikiden zum ersten Romanov, in: Hellmann, Manfred (Hrsg.), Handbuch der Geschichte Russlands, Bd. 1, 962–1017.

Russland jetzt auf ideologischer Ebene gegen die „lateinischen" Besatzer. Nicht das vielbeschworene „dritte Rom", sondern die Idee vom Moskauer Land und Volk als dem „Neuen Israel" beherrschte die Propaganda des landesweiten Widerstands, der schließlich die Polen vertrieb.[82] Im Januar 1613 wählte eine Reichsversammlung den 16jährigen Michail Fedorovič Romanov zum neuen Zaren, zum „Selbstherrscher über den vladimirschen und Moskauschen Staat, über alle großen rechtgläubigen russischen Staaten, Gosudar' (Herrscher), Zar und Großfürst." Es handelte sich um den Sohn Filarets von Rostov, und als dieser 1619 nach Abschluss des russisch-polnischen Waffenstillstands von Deulino (1618) aus der Gefangenschaft zurückkehrte, lag es nahe, diesem nun auch das Patriarchat anzutragen. Filaret, der aus der Haft einen grimmigen Hass gegen alles Polnische und Lateinische mitgebracht hatte, zierte sich nicht lange; allerdings gab es angesichts der immer noch unsicheren Lage auch gute Gründe, die Legitimität des neuen Patriarchen auf eine solide Grundlage zu stellen. Eine Lösung des Problems ergab sich durch den Moskau-Aufenthalt von Theophanes III., des Patriarchen von Jerusalem, im Jahr 1619, der Filaret im Sommer 1619 tatsächlich ins Amt hob.[83] Von nun an, und bis zu Filarets Tod 1633, hatte tatsächlich ein Mann der Kirche, freilich auch eine eminent politische Natur, im Moskauer Reich das Heft in der Hand.

8. Reformen I: Kiew

Zu diesem Zeitpunkt stellte erneut eine Reise eines östlichen Patriarchen die Verbindung zwischen den noch separaten Hemisphären der ostslawisch-orthodoxen Welt her. Auf der Rückreise von Moskau machte Patriarch Theophanes 1620 in Kiew halt, das sich unterdessen zu einem kulturellen Zentrum der orthodoxen, nicht-unierten Kirche in Polen-Litauen entwickelt hatte. 1615 richtete Elisej Pletenec'kyj, der energische Vorsteher (Archimandrit) des Höhlenklosters, hier einen Druckereihof ein, wo liturgische Bücher und, für den Schul- und Gelehrtenbetrieb wichtig, slawische Grammatiken und Wörterbücher vorbereitet wurden. Daneben entstand 1616 in Kiew, wiederum auf Initiative einer Laienbruderschaft, eine Schule. Beide Institutionen vermochten im Laufe der nun folgenden Periode jene zweite Generation von orthodoxen Gelehrten, unter ihnen Personen wie Zacharij Kopystens'skyj, Pletenec'kyjs Nachfolger als Archimandrit, die Philologen Lavrentij Zizanij oder Pamvo Berynda an sich zu binden, die ihr Wirken einst in Ostroh

---

82 Rowland, David, Moscow – the Third Rome or the New Israel? in: The Russian Review 55, 591–614; ferner Bushkovitch, Paul, The Formation of a National Consciousness in Early Modern Russia, in: Harvard Ukrainian Studies 10, 355–376.

83 Makarij, Istorija Russkoj Cerkvi, Bd. 6, 276ff.

oder Lemberg (L'viv) begonnen hatten, aber nun in Kiew bessere Bedingungen vorfanden. Sprachlich spielten neben Kirchenslawisch und Ruthenisch (der Vorform des heutigen Weißrussisch und Ukrainisch) vor allem Latein und Polnisch die Hauptrolle.[84] Zur Rekonstruktion verlässlicher Grundlagen in Liturgie und Dogmatik bediente man sich philologischer Methoden. Dass damit implizit auch dem in Polen-Litauen stets präsenten Vorwurf begegnet werden sollte, bei der „griechischen Religion" handele es sich nur um ein chaotisches Sammelsurium unklarer Überlieferung und halbheidnischer Bräuche, bedeutete nicht, dass man in Kiew die im Christentum immer wieder auftauchende Spannung zwischen Frömmigkeit und theologischer Reflexion einseitig zugunsten der letzteren aufgelöst hätte. Die – scheinbar – neuen Wege, die man in Kiew beschritt, hatten auch Gegner, wie den Athosmönch Ivan Vyšens'kyj, der in seiner Polemik gegen die neue Gelehrsamkeit einer schlichten, hesychastisch inspirierten Frömmigkeit das Wort redete, und mit seiner angeblich geringen Bildung kokettierte (die in Wirklichkeit so gering gar nicht war).[85] Mit dieser Opposition, die den hesychastisch geprägten Theologen in Moskau näherstand, aber auch vor Ort ihre wichtigen Vertreter hatte, mussten sich die Kiewer Reformer stets auseinandersetzen.

Zur kulturellen Renaissance gehörte auch, dass sich Kiew als neues Zentrum einer geistlichen Hierarchie etablieren konnte. Hierin liegt die Bedeutung von Patriarch Theophanes' Aufenthalt in der Stadt 1620, denn dieser weihte bei dieser Gelegenheit einen neuen, nunmehr nicht unierten Metropoliten von Kiew und vier neue Bischöfe. Formal waren diese Bischöfe in Polen-Litauen, das seit der Union von Brest allein die unierte Hierarchie anerkannte, weiterhin illegal. Aber die aktive Unterstützung, die die neuen Hirten von der orthodoxen Bevölkerung der östlichen Provinzen, insbesondere vom Heer der Zaporoger Kosaken unter Hetman Petro Zahajdačnyj, erhielten[86], ließ es der polnischen Krone wenig opportun erscheinen, aktiv gegen ihre Einsetzung vorzugehen. Zudem schlug etwa der neue Metropolit Iov Borec'kyj keineswegs einen Konfrontationskurs ein, sondern betonte seine Loyalität zum polnischen König, seine jurisdiktionelle Zugehörigkeit – immer noch – zum Patriarchat von Konstantinopel (also weiterhin nicht zu Moskau), und seine Bereitschaft, auch die Gegensätze zur Union zu überbrücken. Mehr noch galt dies für seinen Nachfolger Petro Mohyla (1596–1646), der aus einem moldauischen Fürstengeschlecht stammte und exzellent mit dem polnischen Hochadel vernetzt war. Mohyla wurde 1628 zum nächsten Archimandriten des Kiewer Höhlenklosters gewählt, und erreichte 1633 auf dem Wahlsejm vor Inthronisation des neuen polnischen Königs Władysław IV. die Legalisierung der orthodoxen Hierarchie, nun mit ihm selbst als Metropoliten von Kiew. Mohyla,

---

84 Martel, Antoine, La langue polonaise dans les pays ruthènes: Ukraine et Russie Blanche 1569–1667, Lille 1938.
85 Vyšens'kyj, Ivan, Tvory, Kiew 1986.
86 Hruševs'kyj, Myhajlo, Istorija Ukrainy-Rusi, Bd. 7, Kiew 1909, 434–437.

wie sein Gegenüber Filaret von Moskau eher eine politische Natur als ausschließlich ein Intellektueller und Theologe, führte die Reformen in der einmal eingeschlagenen Richtung weiter. Bereits 1631 verschmolz er die Kiewer Bruderschaftsschule mit dem Druckerei- und Lehrbetrieb des Höhlenklosters. So entstand das Kiewer Kollegium (ab 1701 Akademie), das von nun an bis ins frühe 19. Jahrhundert zu den wichtigsten höheren Bildungsinstitutionen der ostslawischen Orthodoxie gehören sollte.[87] Die Kiewer Gelehrten stellten liturgische Bücher zusammen, so das 1646 wiederum unter Mohylas Namen publizierte Missale (*Trebnyk*), das ebenfalls auch im Russischen Reich, besonders in den südlichen Provinzen, bis ins 19. Jahrhundert im Gebrauch war[88]; ferner verließen eher propagandistische Werke, wie das „Väterbuch (*paterikon*) des Kiewer Höhlenklosters" (1635) oder das „Buch der Wunder" (*theratourgema*, 1637) die Kiewer Druckerei, die bezeichnenderweise in polnischer und lateinischer Sprache die Heiligen und großen Zeichen im „Neuen Jerusalem" Kiew dem Publikum nahebrachten.[89] 1640 fasste eine Synode Beschlüsse zur weiteren Hebung der kirchlichen Ordnung, und approbierte mit der „Confessio Orthodoxa" ein nach dem Muster eines Katechismus zusammengestelltes Kompendium der orthodoxen Glaubenslehre, das 1643 mit geringfügigen Korrekturen auch den Segen des Konstantinopeler Patriarchen erhielt. Wegen der Anlehnung an katholische Vorbilder wurden Mohylas Reformen lange kontrovers diskutiert. Einer der bekanntesten orthodoxen Theologen des 20. Jahrhunderts, Georgij Florovskij, sprach in diesem Zusammenhang von einer „katholischen Pseudomorphose" der Orthodoxie in Kiew.[90] Ungeachtet der tatsächlich vorhandenen zahlreichen Entlehnungen inhaltlicher (*Trebnyk*) und organisatorischer Art (Kiewer Kollegium) ist dies Urteil allerdings überholt: Es wurde bei allen Anlehnungen eine bewusste Selektion vorgenommen, keine bloße Imitation, und oft handelt es sich, wie beim Kiewer Kollegium, eher um allgemein verbreitete Muster als nur spezifisch jesuitische Vorbilder. Und auch die von Mohylas Gegnern propagierte, wissenschaftsskeptische hesychastische Richtung ist bei näherem Hinsehen durchaus wiederzufinden.[91]

Wiewohl sie überall auf mögliche Kritik im orthodoxen Lager und in der Adelsgesellschaft zu reagieren versuchten, konnten es die Kiewer Reformer doch nicht

---

87 Pritsak, Omeljan/Ševčenko, Ihor (Hrsg.), The Kyiv Mohyla Academy. Commemorating the 350st anniversary of its founding (1632–1982), Harvard Ukrainian Studies 8, Cambridge 1985.

88 Evchologion albo Trebnyk Petra Mohyly, Kiew 1646: Reprint hrsg. von Horbatsch, Oleksa, Rom/München 1988.

89 Seventeenth-Century Writings on the Kievan Caves Monastery, Harvard Library of Early Ukrainian Literature Bd. 4, Cambridge 1987.

90 Florovskij, Puti, 49ff.

91 Vgl. zusammenfassend Brüning, Alfons, Peter Mohyla/Confessio Orthodoxa, in: Bahlcke, Joachim/Rohdewald, Stefan/Wünsch, Thomas (Hrsg.), Religiöse Erinnerungsorte in Ostmitteleuropa. Konstitution und Konkurrenz im nationen- und epochenübergreifenden Zugriff, Berlin 2013, 736–748.

verhindern, mit ihren teils elitären Unternehmen auf Distanz zur Bevölkerungsmehrheit zu geraten, wie sie sich etwa in den zahlreicher werdenden Kosakenverbänden zusammenfand. Nach Ausbruch des Krieges der polnischen Krone mit den Kosaken unter Hetman Bohdan Chmel'nyc'kyj 1648 bewahrten Mohylas Nachfolger wie Metropolit Sylvestr Kosiv ihre Loyalität zur polnischen Krone, und standen auch dem 1654 durch Chmel'nyc'kyj im Vertrag von Perejaslav anerkannten Protektorat des russischen Zaren kritisch gegenüber.[92] Selbst nachdem 1667 durch den Vertrag von Andrusovo die ukrainischen Gebiete östlich des Dnjepr an das Moskauer Reich fielen, blieb die Kiewer Orthodoxie weiter (bis 1686) von Moskau getrennt. Dennoch hatte durch den regen Austausch seit ca. 1620 längst jener Prozess eingesetzt, der von dem deutschen Osteuropahistoriker Hans-Joachim Torke als „Ruthenisierung der russischen Kultur" bezeichnet worden ist.[93]

9. Reformen II: Moskau

Diese „Ruthenisierung" sollte allerdings erst allmählich ihre Wirkung entfalten und gehört zugleich für Moskau in einen größeren Kontext. Denn auch die Reisen der östlichen Patriarchen Richtung Moskau, die nach der Mitte des 17. Jahrhunderts noch öfter stattfanden, signalisieren zugleich eine mehr als nur oberflächliche Anteilnahme der gesamten orthodoxen Welt, der *oikumene*, an den Geschehnissen im Zarenreich.[94] Damit wirkten aber nun von zwei Seiten Einflüsse auf die Kirche von Moskau ein. Dass diese Einflüsse aber dauerhaft Wirkung zeitigten, lag auch an einem Streben nach Erneuerung des kirchlichen Lebens, dass von innen aus der russischen Kirche kam, und Impulse von außen bereitwillig, wenn auch meist kritisch prüfend, aufnahm. Ein wichtiger Impuls geht dabei auf den auch in breiten kirchlichen Kreisen gefühlten Wunsch zur Überwindung der chaotischen Zustände der *Smuta* zurück, die nicht nur einzelne, sondern das ganze Land in Mitleidenschaft gezogen hatten.

Eng damit zusammen hing erneut die Frage, wie Macht und Kompetenzen zwischen Staat und Kirche, sowie zwischen Zar und Patriarch zu verteilen seien. Unter Patriarch Filaret, der bis zu seinem Tod 1633 nicht nur mitregierte, sondern anstelle seines Sohnes den Staat leitete, die Außenpolitik bestimmte und einen dem Zarenhof gleichartigen Hof- und Verwaltungsapparat unter sich hatte, blieb die

---

92 Plokhy, Serhii, Cossacks and Religion in Early Modern Ukraine, Oxford 2001.
93 Torke, Moscow and its West.
94 Es handelt sich wohl nicht allein um „Almosenreisen", sondern um diplomatische Missionen, vgl. Scheliha, Orthodoxe Universalkirche, 41, 67ff.

Frage zwangsläufig im Hintergrund.[95] Die nachfolgenden Patriarchen Ioasaf (1634–40) und Iosif (1642–52) waren dagegen wenig bedeutend. Erst unter Patriarch Nikon (1652–1666) stellte sich die Frage nach der Priorität erneut. Er setzte sich besonders für die Verbesserung und Erneuerung des religiösen Lebens ein. Diesem Ansatz folgte dann auch der für religiöse Fragen überaus empfängliche Zar Alexej I. (1646–76), der Vater Peters des Großen.

Zu Zeiten des aufgrund seiner Erfahrungen durchweg „latinophoben" Patriarchen Filaret war noch alles „Ruthenische" in Moskau der Häresie verdächtig gewesen. Um einen vom Kiewer Gelehrten Lavrentij Zizanij 1627 nach Moskau gebrachten Katechismus kam es dort zum Streit, und die Synode verweigerte den Druck. Anderen Schriften aus Kiew ging es ähnlich. Dennoch fanden die Handschriften in der Folgezeit auch in Moskau Verbreitung.[96] Filaret aber propagierte weiterhin die Ansicht, dass Katholiken, die zur Orthodoxie übertreten wollten, grundsätzlich neu zu taufen seien, ja selbst die Kiewer Orthodoxen nicht rechtmäßig getauft seien, da man dort gleich den Katholiken die Taufe durch Übergießen mit Weihwasser, nicht durch dreimaliges Untertauchen praktizierte.[97] Das war allerdings eine Haltung, die sich auf die Dauer kaum aufrechterhalten ließ.

Als sich im Laufe der 1630er Jahre – Filaret war 1633 während eines letzten Feldzugs zur Rückeroberung von Smolensk verstorben, der Krieg mit Polen endete im Jahr darauf durch einen Friedensvertrag – erstmals eine Bewegung zur inneren Erneuerung der Kirche zu Wort meldete, suchten die Träger dieser Bewegung Orientierung in den Schriften aus Kiew. Eine Gruppe von Geistlichen, die man später unter der Bezeichnung der „Eiferer für die Frömmigkeit" (russ. *revniteli blagočestija*) zusammenfasste, trat hier besonders hervor. Sie richtete 1637 erstmals eine scharfe, Sittenverfall und Aberglauben in der Kirche anprangernde Petition an den amtierenden Patriarchen.[98] Innerhalb dieser Gruppe gab es zwei Richtungen, Die eine sammelte sich um die Priester Avvakum und Ivan Neronov und machte sich vor allem die Reinigung der rituellen Praxis und des Glaubenslebens zum Anliegen. Die andere war vor allem durch den Erzpriester Stefan Vonifat'ev, den Beichtvater und Erzieher Zar Alexejs, und den späteren Patriarch Nikon vertreten und sah das Hauptproblem in den liturgischen Büchern, die erstens überall uneinheitlich und fehlerhaft, und zweitens vom griechischen Ursprung abweichend waren. In ihrem Veränderungswillen radikal, ja rücksichtslos waren beide Richtungen. Avvakum und Neronov beispielsweise traten in ländlichen Gemeinden

---

95 Keep, John L. H., The Régime of Filaret 1619–1633, in: The Slavonic and East European Review 38, 334–360; Georg Michels, Power, Patronage and Repression in the Church Regime of Patriarch Filaret (1619–1633), in: Steindorff, Religion und Integration, 81–96.

96 Charlampovič, Malorossijskoe Vlijanie, 103–114; Bushkovitch, Religion and Society, 51–53.

97 Charlampovič, Malorossijskoe Vlijanie, 19–21.

98 Heller, Wolfgang, Die Moskauer Eiferer für die Frömmigkeit zwischen Staat und Kirche, 1642–1652, Wiesbaden 1988; Bushkovitch, Religion and Society, 54ff.

oft derart rabiat auf, dass die aufgebrachten Dorfbewohner sie mit Stöcken davonjagten.[99] Spätestens im Hinblick auf die gewählten Wege zur Veränderung des kirchlichen Lebens musste es früher oder später zur Konfrontation kommen. Das Ergebnis dieser Konfrontation kennt die russische Kirchengeschichte als *raskol*, das „Schisma" der sogenannten „Altgläubigen".

Erhebliches Missfallen in kirchlichen Kreisen erregte unterdessen eine eigentlich zur Beruhigung der Lage – vorausgegangen waren erneute Unruhen in Moskau – im Januar 1649 von der Landesversammlung (*zemskij sobor*) verabschiedete Rechtskodifikation, das *Sobornoe Uloženie*. Ihr Text wurde vor allem durch die hier endgültig erfolgte gesetzliche Begründung der bäuerlichen Leibeigenschaft bekannt, hatte aber auch im kirchlichen Bereich erhebliche Folgen. Während sich das erste Kapitel der Gotteslästerung und Häresie (die vom Staat zu bestrafen waren) widmete, thematisierte das zweite die Ehre und Heiligkeit des Herrschers. Die Orthodoxie blieb einerseits die Grundlage des Staates, andererseits wurde aber mit dem „Klosteramt" (*monastyrskij prikaz*) eine für die Kirche zuständige staatliche Zentralbehörde geschaffen, die nicht nur die Verwaltung der Klostergüter überwachen sollte, sondern auch sämtliche Zivil- und Strafprozesse bearbeitete, die die Geistlichen und ihre weltlichen Gegenüber betrafen. Allein der Patriarch und die Leute auf seinen Gütern waren seiner Jurisdiktion nicht untergeordnet; alle Kirchengüter wurden indes mit Steuern belegt. Das *Sobornoe Uloženie* setzte eine Tendenz zur formalen Unterordnung der Kirche unter den Staat fort, die teils bis in die Zeit Ivans IV. zurück reichte.[100]

Gegen diese Tendenzen regte sich zunächst wenig offener Widerstand. Dies sollte indes anders werden, als 1652 mit Nikon einer aus dem Kreis der „Eiferer für die Frömmigkeit" als Patriarch eingesetzt wurde. Nikon wurde 1605 in einer bäuerlichen Familie geboren, wurde zunächst (verheirateter) Gemeindepriester, dann 1630 Mönch.[101] Durch seine Talente, aber auch durch seinen religiösen Eifer machte er auf sich aufmerksam und erklomm die kirchliche Karriereleiter, bis er 1648 zum Metropoliten von Nowgorod ernannt und 1652 zum Patriarchen erhoben wurde (nachdem Stefan Vonifat'ev abgelehnt hatte).

Nikon übernahm nun die Oberaufsicht über eine bereits eingeleitete kritische Sichtung der russischen liturgischen Bücher, und ließ die Texte nach umfänglichen Vergleichen mit griechischen und ruthenischen, also in Kiew verlegten Ausgaben, neu edieren. Zur Hand ging ihm dabei unter anderem Patriarch Makarij von Antio-

---

99 Žitie protopopa Avvakuma im samym napisanoe, Moskau/Augsburg 2003, 9f.; Subbotin, N. (Hrsg.), Materialy dlja istorii raskola, Bd. 1, Moskau 1878, 246–250.

100 Text mit Kommentar: Sobornoe Uloženie 1649 g., Leningrad 1987; Auszüge in dt. Übersetzung bei Hauptmann, Stricker, Dokumente (Lit.), 307–332. Zu den Verfügungen Ivans IV. vgl. bereits Neubauer, Car' und Selbstherrscher, 57.

101 Šmidt, Viliam V., Nikonovedenie: Bibliografija, Istoriografija i Istoriosofija, in: Gosudarstvo, Religija, Cerkov v Rossii i za rubežom 44–45, 96–227.

chia, der gerade mit seinem Gefolge in Moskau weilte. Als Folge davon wurde auch eine Reihe von in Moskau üblichen Riten verändert – so etwa das Kreuzzeichen, das nun nicht mehr mit zwei, sondern mit drei Fingern gemacht werden sollte. Andere Regelungen betrafen den Kirchengesang und bestimmte Schreibweisen, Namen und Ausdrücke. Eine von Nikon 1654 in Moskau zusammengerufene Synode sanktionierte diese Veränderungen, und erklärte die bisherigen Bräuche für häretisch. Damit aber traf der Bann der Synode gerade jene altrussische rituelle Tradition (*starina*), die noch der *Stoglav* und der *Domostroj* hundert Jahre zuvor festgeschrieben hatten. Große Teile der Bevölkerung wehrten sich gegen diese Veränderungen, allen voran die Erzpriester Neronov und Avvakum, der dafür in die Verbannung geschickt wurde. Avvakum verfasste Sendschreiben gegen die Neuerungen. Anderswo weigerten sich Priester und Gemeinden, die neuen Bücher anzuschaffen, und wurden Opfer staatlicher Verfolgungen. Besonders groß war der Widerstand im russischen Norden, wo die Gemeinden der noch freien Bauern auf Staatsland oder in kolonisierten Gebieten von jeher weitgehend unabhängig von kirchlichen und staatlichen Autoritäten, mitunter teils ohne Priester (sog. Kapellengemeinden) funktioniert hatten. Die russische Kirche erlebte ihre große Kirchenspaltung (altruss. *raskol*). Die Verweigerer der Reformen fanden in Avvakum ihre erste große Führungsgestalt (er starb 1682 in Pustozersk an der Eismeerküste auf dem Scheiterhaufen); seine Sendschreiben und vor allem seine Lebensbeschreibung setzten Maßstäbe für die altrussische Prosa, die ihre Wirkung auch noch im 19. Jahrhundert hatten.[102] Die Bezeichnung der „Altgläubigen" fasste zunächst recht disparate Protestbewegungen zusammen, die mal mit, mal ohne Priester blieben, und sich auch aus sozio-ökonomischen Motiven (Bauernproteste gegen Adlige oder staatliche Willkür) entwickelten. Dem spektakulären Aufstand des Solovec'kij-Klosters am Weißen Meer, der erst im Jahr 1676 nach neunjähriger Belagerung ein gewaltsames Ende fand, ging eine allmähliche Radikalisierung der *Klosterinsassen* voraus.[103] Altgläubige spielten, neben entflohenen Leibeigenen, eine Rolle beim großen Aufstand unter dem Kosakenhetman Stenka Razin, der in den Jahren 1670–71 Südrussland (Don- und untere Wolgaregion) überzog, freilich genau genommen ein Aufstand unter vielen war. Aus heutiger Sicht muss das früher vertretene Bild einer altgläubigen Massenbewegung jedoch relativiert werden, da sich einerseits weite Kreise der Bevölkerung relativ problemlos in die Neuerungen fügten, während andererseits Widerstand auf ein komplexes Geflecht von Ursa-

---

102 Heller, Wolfgang, Art. „Avvakum Petrovič" in: Bio-Bibliographisches Kirchenlexikon, Bd. 17, 42–46. Zur Bedeutung individueller Autobiographien wie der Avvakums oder Ivan Neronovs für die kulturelle Entwicklung der Zeit vgl. Zhivov, Victor M., Religious Reform and the Emergence of the Individual in Russian Seventeenth-Century Literature, in: Baron, Samuel H./Shields Kollmann, Nancy (Hrsg.), Religion and Culture in Early Modern Russia and Ukraine, DeKalb 1997, 184–198.
103 Vgl. Čumičeva, O. V. Solovec'koe vosstanie 1667–1676 gg., Novosibirsk 1998.

chen zurückzuführen war.[104] Spielten anfangs apokalyptische Vorstellungen unter den Altgläubigen eine wichtige Rolle, stabilisierte sich die Gemeinschaft mit der Zeit um Ritus und bestimmte Texte, und sollte – nach Tolerierung unter Peter dem Großen – eine der wichtigsten, und auch ökonomisch aktivsten religiösen Minderheiten in Russland bleiben.[105]

Trotz aller Relativierungen ist der Protest auch aus heutiger Sicht nachvollziehbar. Nikon und seine Mitarbeiter hatten sich bei ihren Korrekturen aus Quellen bedient, die den Gläubigen suspekt erscheinen mussten: Die Griechen galten seit dem vermeintlichen Glaubensabfall in der Union von Florenz als mindestens unzuverlässig, wurde doch seither vielmehr Moskau als letzter verbliebener Hort des wahren Glaubens angesehen, das – anders als Konstantinopel nach 1453 – der Strafe Gottes entgangen war. Aber auch auf die Orthodoxen aus Kiew schaute man wegen ihrer Verbundenheit mit Kultur, politisch mit Krone und Adel Polens und ihrer Nähe zum griechischen Patriarchen mit Misstrauen. Nikon hatte zudem mit den griechischen Büchern ein anderes Liturgieverständnis eingeführt: Die rechte rituelle Handlung galt im Moskauer Russland als Teil des Dogmas. Seine Verletzung gefährdete das Heil der Seelen. Das wiederum handhabte man in der griechischen Welt flexibler, und verstand es allein als Ausdruck von Glaubensinhalten.[106] Ferner führte die Griechenliebe („Gräkophilie") Nikons (der selbst kein Griechisch konnte) bisweilen aufs Glatteis, denn für die Korrekturen wurden häufig griechische Vorlagen aus dem Westen, etwa aus Venedig, verwendet, die ihrerseits Veränderungen durchlaufen hatten. Tatsächlich waren die russischen Bräuche bisweilen näher am „Original", und die Altgläubigen somit formal im Recht. Darauf wies im 19. Jahrhundert zuerst der Kirchenhistoriker Nikolaj F. Kapterev hin – freilich zum Missfallen der akademischen Welt, die es gewohnt war, die Altgläubigen als „Abtrünnige" zu betrachten.[107] Basierend auf solchen Einsichten wurde aber schließlich der 1666 über die Altgläubigen ausgesprochene Kirchenbann im Jahr 1971 von der Russischen Orthodoxen Kirche wieder aufgehoben.

---

104 Vgl. Michels, Georg, At War with the Church: Religious Dissent in Seventeenth Century Russia, Stanford 1999; Lavrov, Aleksandr, „Alter Glaube" und „Neuer Glaube" in einem einzelnen Bezirk: Der Fall Kargopol' (1653–1700), in: Kappeler, Andreas (Hrsg.), Die Geschichte Russlands im 16. und 17. Jahrhundert aus der Perspektive seiner Regionen, Wiesbaden 2004, 199–219.

105 Crummey, Robert O., The Old Believers & The World Of Antichrist. The Vyg Community & The Russian State, 1694–1855, Wisconsin 1970.

106 Auf Anfrage Nikons schrieb der ökumenische Patriarch Paisios von Konstantinopel nach Moskau, Fragen wie die richtige Ausführung des Kreuzzeichens oder der richtige Zeitpunkt für die Göttliche Liturgie seien von zweitrangiger Bedeutung, und Unterschiede in den Bräuchen einzelner orthodoxer Kirchen zulässig, solange Grundfragen des Glaubens unangetastet blieben. Vgl. von Scheliha, Orthodoxe Universalkirche, 228.

107 Kapterev, Patriarch Nikon i Car' Aleksej Michailovič (Lit.). Kapterevs Nachweise sind inzwischen anerkannt. Ausführlich zur Bücherkorrektur Nikons von Scheliha, Orthodoxe Universalkirche, 185–234; zu Werk und Karriere Kapterevs: ebd., 12–14.

Nicht unwichtig bei der Konfrontation um Bücher und Riten war die herrische, keinen Widerspruch duldende Art und Vorgehensweise des Patriarchen. Sie brachten ihn nicht nur in einen offenen Gegensatz zu seinen ehemaligen Mitstreitern unter den „Eiferern für die Frömmigkeit", sondern auch zum Zaren selbst. Zugleich ging es um ideologische Richtlinien. Wie Nikon sein Amt auffasste, wurde deutlich, als er kurz nach seiner Amtseinführung vom Zaren ein Reuebekenntnis vor den Reliquien des (unter Ivan IV. ermordeten) Metropoliten Filipp II. verlangte, die er zuvor nach Moskau hatte überführen lassen.[108] Er erwartete ferner vom Zaren als geistlicher Vater anerkannt zu werden, und beanspruchte gleich jenem den Titel „großer Herrscher" (*velikij gosudar'*). Das *Sobornoe Uloženie* nannte er ein „verfluchtes Buch"; es gelang ihm allerdings nicht, es außer Kraft zu setzen. Auch eine parallel zu dessen Erscheinen, gleichsam als Kontrapunkt vorbereitete Ausgabe der *Kormčaja Kniga* (*Nomokanon*), der Sammlung des byzantinischen kanonischen Rechts, kam nicht zustande. Nikons Anspruch und Auftreten führten *freilich* nicht direkt zum Zwist mit dem Zaren, der selbst die religiösen Implikationen seines Amtes sehr ernst nahm und die Reformen des Patriarchen unterstützte. Die Zeitgenossen verliehen Alexej daher, in Anlehnung an byzantinische Fürstenspiegel, den Titel des „sehr stillen" Zaren.[109] Noch zu Zeiten der Synode von 1654, als der Zar selbst für die Verhandlungen mit den ukrainischen Kosaken unter Hetman Chmel'nyc'kyj im Süden weilte, führte Nikon wie selbstverständlich die Regierungsgeschäfte in der Hauptstadt. Kaum aber suchte der inzwischen gereifte Zar (bei Amtsantritt war er gerade 17 Jahre alt gewesen) aus dem Schatten des Patriarchen zu treten, trafen unterschiedliche Amtsauffassungen aufeinander. Im *Sobornoe Uloženie* hatte Alexej die längst existierende Kontrolle des Staates über die Kirche weiter ausgeweitet, während Nikon auf Grundlage von neueren Vorstellungen über den Patriarchenthron handelte.[110] Eine – mögliche – Quelle dieser Vorstellungen dürfte erneut in Kiew zu suchen sein. Das große Missale (*Trebnyk*) des Kiewer Metropoliten Mohyla von 1646, in Moskau durchaus bekannt und von Nikon geschätzt, enthielt im Vorwort unmissverständliche Ausführungen über die Überlegenheit der geistlichen über die weltliche Macht, da letztere doch nur über das Körperliche und Vergängliche der menschlichen Natur gesetzt sei.[111] Es war schließlich eine Etikettenfrage, die Nikon im Juli 1658 dazu verleitete, seine Residenz zu verlassen und sich in das von ihm gegründete „Neu-Jerusalem-Auferstehungskloster" (*Voskresenskij-Novojerusalimskij monastyr'*) westlich von Moskau zurückzuziehen. Alexej aber rief ihn nicht zurück, wie Nikon erwartet hatte, sondern

---

108 Neubauer, Car' und Selbstherrscher, 112–113.
109 Vgl. *tišajšij*, im Sinne von „sehr ruhig, beherrscht"; s. o. Fn. 52.
110 Vgl. Bushkovitch, Religion and Society in Russia, 65.
111 Titov Fjodor I. (Hrsg.), Materialy dlja istoriji knyžnoji spravy na Ukrajini v XVI–XVIII vv. (Reprint der Ausgabe Kiew 1924, Einl. Hans Rothe), Köln/Wien 1982 (= Bausteine zur Geschichte der Literatur bei den Slaven, Bd. 16), Nr. 45, bes. 322.

nahm den „Rücktritt" seines Patriarchen an und schickte ihn sogar, als er schließlich unaufgefordert die Rückkehr versuchte, in sein Kloster zurück. Der Patriarchenthron war von jetzt an faktisch vakant. Eine Synode, zu der sich in den Jahren 1666 und 1667 in vier Sitzungen der russische Episkopat und die Patriarchen von Alexandria und Antiochia versammelten, sprach den Bann über die Altgläubigen aus, approbierte die von Nikon initiierten Reformen, aber enthob ihn selbst zugleich seines Amtes. Als einfacher Mönch wurde er in ein Kloster in Beloozero im Norden verbannt. Erst später söhnte er sich weitgehend mit dem Zaren aus und erhielt unter dessen Sohn Fedor die Erlaubnis zur Rückkehr in das Auferstehungskloster. Auf der Reise dorthin verstarb er 1681.[112]

Seine Nachfolger durften den Titel des *velikij gosudar'* nicht mehr tragen. Immerhin gelang es 1677 Patriarch Joakim (1674–1690) bei Alexejs älterem Sohn Fedor Alexejevič (1676–1682) die Abschaffung des im *Sobornoe Uloženie* eingerichteten Klosteramtes zu erwirken. Die russische Kirche konnte damit ihr Patrimonium – mit Steuerprivilegien und weitgehend eigener Gerichtsbarkeit – wieder ausdehnen. Letztlich trat die Kirche, als Ergebnis der langen Auseinandersetzungen, zwar hinter den Staat zurück, behielt aber Sphären eigenen Einflusses und eine eigene vorwiegend an den Maßstäben geistlichen Lebens orientierte Ordnung. An dieser grundsätzlichen Disposition wurden von nun an zwar noch verschiedene Feinjustierungen vorgenommen, aber selbst die scheinbar radikalen Veränderungen durch die Kirchenreformen Peters I. bedeuteten keine prinzipielle Neuausrichtung.

10. Kirche und Kultur am Vorabend Peters des Großen

Bereits die kurze Herrschaft von Zar Fedor Alexejevič, der wie sein Vater an religiösen Fragen sehr interessiert war, setzte die kirchliche Stabilisierung fort und öffnete zugleich das Zarenreich für Einflüsse von außen – eine Entwicklung, die ungeachtet der begleitenden Machtkämpfe in der Regentschaft von Fedors Schwester Sofija, die die Herrschaft nach Fedors frühem Tod 1682 für die minderjährigen Thronfolger Ivan V. und Peter (1682–1689) übernahm, weiterging. Die Kirchenhierarchie schließlich hatte einen wichtigen Anteil an Sofijas Absetzung und Verbannung 1689, mit der die Herrschaft Zar Peters I., des „Großen", be-

---

112 Subbotin, N. I. (Hrsg.), Dejanija moskovskich soborov 1666–1667 godov, Moskau 1893 (Reprint Westmead 1969); Bushkovitch, Religion and Society, 63–68; Kapterev, Patriarch Nikon i Car' Alexej Michailovič, Bd. 2, 122–464. Der Text der Absetzung Nikons dt. bei Hauptmann, Stricker, Dokumente, 346–354.

gann.[113] In die Periode davor fielen einerseits die Gründung zahlreicher neuer Diözesen (deren Zahl wuchs von 14 auf 34), die schon auf der Synode 1666/7 beschlossen worden war, und damit eine Verdichtung des kirchlichen Verwaltungsnetzes.[114] Andererseits erfolgte mit der Unterstellung der Kiewer Metropolie unter die Jurisdiktion des Moskauer Patriarchats in Jahr 1686 – in Kreisen der Kiewer Hierarchie bis zuletzt umstritten – eine auch in kultureller Hinsicht bedeutende Erweiterung.[115]

Ebenfalls 1666/7 wurden eine Reihe von Maßnahmen zur Verbesserung der Bildung und Disziplin des Weltklerus und der Laien verabschiedet, mithin zur Abstellung von Mängeln, die schon die „Eiferer für die Frömmigkeit" angeprangert hatten.[116] Um die Durchsetzung dieser Normen kümmerte sich ein neuer Typ Bischöfe, die sich durch Bildung, Verwaltungsgeschick, aber auch eine bisweilen übertriebene Härte auszeichneten.[117] Wesentlichen Einfluss hatten in diesem Zusammenhang erneut die Bildungsanstalten und die Ideale der orthodoxen Ruthenen: Der Kirchenhistoriker Igor Smolitsch spricht vom Typus des „gelehrten Mönchs", der in den Kollegien und Klöstern seine Gelehrsamkeit erwarb, in deren Verwaltung Erfahrungen sammelte, aber kaum über pastorales Geschick verfügte. Bis zur Mitte des 18. Jahrhundert sollten Bischöfe ruthenischer Herkunft die Hierarchie der Russischen Kirche auch rein numerisch dominieren.[118] Stärker noch als zuvor ging man jetzt gegen unkanonische Heiratsgewohnheiten, Aberglauben und Zauberei oder Alkoholismus vor, und drängte auf regelmäßige Beichte und Gottesdienstbesuche. Was diese energischen neuen Hirten freilich langfristig erreichten, verdankte sich – vermutlich ähnlich den Vorgängen der „Sozialdisziplinierung" im Westen – einem komplexen Zusammenspiel zwischen lokalen Gewohnheiten und Interessen und dem Zwang alter und neuer Normen der Gesamtkirche.[119]

113 Lavrov, Aleksandr S., Regentstvo carevny Sof'i Alekseevny, Moskau 1999.
114 Bushkovitch, Religion and Society, 72f.; im einzelnen Pokrovskij, Ivan M., Russkie eparchii v. XVI–XIX vv., ich otkrytie, sostav i predely, Bd. 1, Kazan' 1897, 237–386.
115 Charlampovič, Zapadnorusskoe vlijanie, 214–247. Die seit 1920 bestehende Ukrainische Autokephale Orthodoxe Kirche betrachtet diesen Jurisdiktionswechsel als kanonischem Recht widersprechend, vgl. etwa Vlasovs'kyj, Ivan, Istorija Ukrains'koji Pravoslavnoji Cerkvi, Bd. 2, New York 1955, 292–377.
116 Coulter, Debra, Church Reform and the „White Clergy", in: Seventeenth-Century Russia, in: Poe, Marshall/Kotilaine, Jarmo (Hrsg.), Modernizing Muscovy. Reform and social change in seventeenth-century Russia, London 2003, 291–316.
117 Michels, Georg, Ruling Without Mercy: Seventeenth-Century Russian Bishops and Their Officials, in: Kritika: Explorations in Russian and Eurasian History 4 (2003), no. 3, 515–542.
118 Smolitsch, Igor, Geschichte der russischen Kirche, Bd. 1, Leiden 1964, 389–398; Charlampovič, Zapadnorusskoe vlijanie, 505–550.
119 Vgl. zu Ausgangslage und ersten Reformerfolgen Stefanovič, Petr S., Prichod i prichodskoe duchovenstvo v Rossii v XVI–XVII vekach, Moskau 2002; illustrativ ist die Analyse von Heiratsnormen, vgl. Kaiser, Daniel H., „Whose Wife Will She Be at the Resurrection?" Marriage and Remarriage in Early Modern Russia, in: Slavic Review 62, 302–323.

Ruthenische Gelehrte spielten schon ab der Mitte des 17. Jahrhunderts in Moskau eine Rolle, so wie etwa Epifanij Slavineckij, der als Bibelübersetzer auf Geheiß Zar Alexejs nach Moskau kam und dort eine Schule einrichtete, oder der aus dem heutigen Weißrussland stammende Simeon Polockij, ein produktiver Schriftsteller auch weltlicher Texte, dem Zar Fedor seine Kenntnisse des Lateinischen und Polnischen verdankte.[120] Beide Sprachen, und mit ihnen die Genres der barocken, vom Westen stark beeinflussten Literatur, gewannen generell enorm an Popularität unter den weltlichen und geistlichen Eliten der Hauptstadt. Ikonen, die die Werkstatt des Malers Simon Ušakov (1626–1686) verließen – oft auf Bestellung aus dem Kreml – verrieten ebenfalls deutlichen Einfluss barocker Elemente; sie wirkten realistischer und dramatischer. Sie missfielen darum nicht nur kritischen Traditionalisten wie dem Erzpriester Avvakum, sondern auch noch den Kirchenhistorikern des 20. Jahrhunderts, die in ihnen wenig mehr als eine künstliche Verwestlichung und damit Verflachung erkennen wollten. Wie tiefgreifend solche Einflüsse freilich wirklich waren, ist umstritten. In der Literatur, erst recht in der geistlichen Literatur, sind Modeerscheinungen von bleibender Wirkung zu unterscheiden;[121] in den Ikonen Ušakovs sind etwa ebenso viele klassische Elemente auszumachen, die der byzantinischen und russischen Tradition folgten.[122]

Die verschiedenen Schulen, die sowohl ruthenische als griechische Gelehrte – wie die Brüder Ioannikios und Sophronios Leichudes – jetzt gründeten, sorgten zwar generell für eine Hebung auch der theologischen Bildung, doch konkurrierten dabei griechischer und ruthenischer („scholastischer") Theologiestil. In der Kontroverse um das Verständnis der Eucharistie und die rechte liturgische Feier – „Russlands erstem theologischen Diskurs" –, die in den 1680er Jahren ausbrach, sah man vor diesem Hintergrund einen Richtungskampf zwischen griechischer und lateinischer Richtung. Letztere war vertreten durch einen Ruthenen (Simon Medved'ev), der am Ende verurteilt wurde. Vermutlich greift das aber zu kurz. So wurde der Streit einerseits nicht rein theologisch, sondern politisch entschieden (Patriarch Ioakim behauptete seine Autorität). Andererseits dokumentierte er allgemein den Anschluss der russischen Kirche an eine jahrhundertealte Debatte, die um diese Zeit auch im Abendland die Christenheit teilte.[123]

Der Integration der Ruthenen, die man im Moskauer Patriarchat in theologischen Fragen noch am Ende des 17. Jahrhunderts mit Misstrauen betrachtete, tat auch diese scheinbare Niederlage keinen Abbruch. Der Wechsel der Loyalitäten

---

120 Bushkovitch, Religion and Society, 61–69; von Scheliha, Orthodoxe Universalkirche, 441–464; Charlampovič, Zapadnorusskoe Vlijanie, 375–394 und passim.

121 „They [the Muscovites, AB.] just took what they wanted, and they rejected the rest." – Bushkovitch, Religion and Society, 171.

122 Smirnova, Engelina S., Simon Ushakov – „Historicism" and „Byzantinism". On the Interpretation of Russian Painting from the Second Half of the Seventeenth Century, in: Baron/Kollmann (Hrsg.), Religion and Culture, 169–183.

123 von Scheliha, Orthodoxe Universalkirche, 327–441 (Schulprojekte), 441–464 (Theologie).

vollzog sich hier, grob gesprochen, zumindest in der kirchlichen Elite vom Patriar- *(host th.)* chat von Konstantinopel zum russischen Zaren. So spiegelt es sich in der bis 1680 mehrfach redigierten „Sinopsis", einem Geschichtswerk des Kiewer Archimandriten Innokentij Gizel' wider[124], bis zu dem Punkt, als Feofan Prokopovič, schließlich die federführende Person bei dessen Kirchenreform, bereits 1709 den Zaren in barocker Manier als „neuen Vladimir und Konstantin" in Kiew, dem „zweiten Jerusalem" willkommen hieß.[125] Viele Weichen in Richtung Öffnung und Erneuerung des Kirchenlebens, aber auch im Hinblick auf die Bedeutung der Kirche im Staat waren bereits am Vorabend dieser Reformen gestellt. Ideologisch-konfessionelle Abgrenzungen waren innerhalb des russischen, nun auch multi-religiösen Vielvölkerreichs unter den Bedingungen der Loyalität zum Zaren zunehmend sekundär, auch zu den sich formierenden Altgläubigen. So lässt sich für die Verhältnisse innerhalb des Zarenreiches kaum von echter Konfessionalisierung sprechen.[126] Solche Abgrenzungen nahmen aber zu entlang der Grenze zum polnisch-litauischen Nachbarn, wo auf der anderen Seite des Dnepr die mit Rom unierte Kirche zusehends erstarkte, und die verbliebenen orthodoxen Bastionen nach und nach bis auf Restbestände verdrängte. 1701 trat auch die ehemals orthodoxe Bruderschaft von L'viv zur Union über. Die eingangs erwähnten, im Hinblick auf die Frage einer Konfessionalisierung auch der russischen Kirche eher positiven Stellungnahmen gelten diesem Grenzgebiet.[127] Auch zwischen den Imperien Polen-Litauen und Russland funktionierte das *cuius regio eius religio*-Prinzip nicht ohne seine politische Komponente.

---

124 Sinopsis, Kiew 1680. Facsimile ed. und eingel. von Hans Rothe, Köln 1983.
125 Stupperich, Robert, Kiew – das Zweite Jerusalem. Ein Beitrag zur Geschichte des ukrainisch-russischen Nationalbewußtseins, in: Zeitschrift für slawische Philologie 12 (1935), 332–354.
126 Vgl. in diesem Sinne Steindorff, Religion und Integration, 14.
127 Eingehende Schilderung entsprechender Prozesse bei Skinner, The Western Front of the Eastern Church; s. o. Fn. 3.

Literatur

Bushkovitch, Paul, Religion and Society in Russia. The Sixteenth and Seventeenth Centuries, Oxford/New York 1992.

Charlampovič, Konstantin V., Malorossijskoe Vlijanie na Velikorusskuju Cerkovnuju Žizn, Kazan' 1914.

Florovskij, Georgij, Puti Russkago Bogoslovija, Paris 1937.

Gudziak, Borys A., Crisis and Reform. The Kyivan Metropolitanate, the Patriarchate of Constantinople, and the Genesis of the Union of Brest Cambridge/Mass.1998.

Hauptmann, Peter/Stricker, Gerd (Hrsg.), Die Orthodoxe Kirche in Russland. Dokumente ihrer Geschichte (860–1980), Göttingen 1988.

Kapterev, Nikolaj F., Patriarch Nikon i Car' Aleksej Michailovič, Bd. 1–2, Sergiev Posad 1909–1912.

Makarij (Bulgakov), Mitropolit Moskovskii i Kolomenskii, Istoriia Russkoj Cerkvi, 12 Bde. (kommentierte Neuausgabe Moskau 1994–1996).

Skrynnikov, Ruslan G., Iwan der Schreckliche und seine Zeit, München 1992.

van den Bercken, Wil, Holy Russia and Christian Europe. East and West in the Ideology of Russia, London 1999.

von Scheliha, Wolfram Russland und die orthodoxe Universalkirche in der Patriarchatsperiode (1589–1721), Wiesbaden 2004.

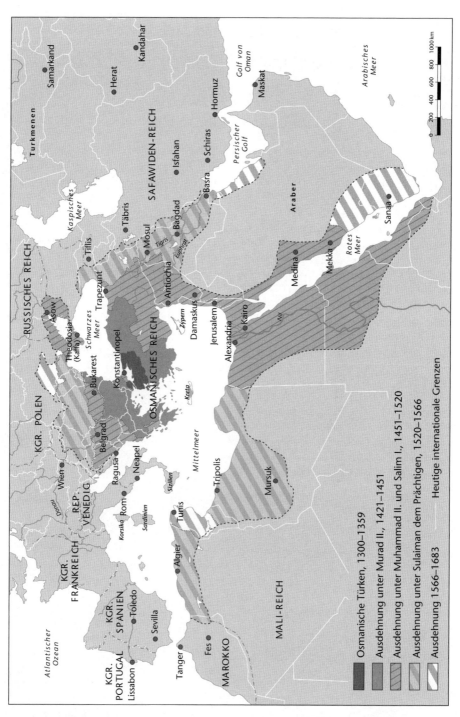

Das Osmanische Reich

CHRISTEN UNTER OSMANISCHER HERRSCHAFT (1453–1800)

Bruce Masters

1. Einleitung

In den Jahrhunderten nach der Eroberung Konstantinopels durch die Osmanen im Jahr 1453 wurde die konfessionelle Identität der Christen, die im rasch expandierenden Osmanischen Reich lebten, zu einer zunehmend politisch geprägten Frage. Im späten 18. Jahrhundert lebten die osmanischen Christen unter zwei getrennten Führungssystemen: Muslimische Richter und Militärgouverneure setzten das Recht des Sultans bei allen Untertanen durch, während christliche Kleriker jede der Konfessionsgemeinschaften (*Millet*) für den jeweils herrschenden Patriarchen verwalteten. Letztlich dienten die Patriarchen dem Sultan. Auch wenn sie von Synoden gewählt wurden, verlieh der Sultan ihnen ihr Patriarchat durch ein *Berat* (Ernennungsschreiben), und er konnte sie auch nach Gutdünken absetzen. Innerhalb des *Millet* waren die Patriarchen allerdings autonom.

Der kirchliche Beamtenapparat der Patriarchen hatte die Aufsicht über die Bildung der christlichen Jugend, die Ordination der Geistlichen, das Sammeln der kirchlichen Abgaben und Zehnten, die Erhaltung der Kirchengüter und die Durchsetzung des Personenstandsrechts (Eheschließung, Scheidung, Erbschaft). Wenn Mitglieder der eigenen Gemeinschaft beteiligt waren, oblag ihm sogar in manchen Fällen die Anwendung des Strafrechts, auch wenn die eigentliche Vollstreckung der Strafe den muslimischen Behörden vorbehalten war. Auf der Ebene des Reiches arbeitete die Kirchenleitung mit dem Sultan und seinen Männern zusammen, und im Gegenzug bestätigten und unterstützten die staatlichen Beamten die kirchlichen Behörden in Glaubens- und Gemeinschaftsfragen.

Anders als in der Darstellung osmanischer Christen im 18. Jahrhundert gab es keine ungebrochene Tradition, die in der Zeit der Eroberung ihre Wurzeln hatte. Vielmehr waren die *Millets* das Ergebnis einer ungefähr drei Jahrhunderte währenden Entwicklung des Verständnisses von der Stellung der Christen im Reich in den Augen des osmanischen Beamtenapparates. Anfangs herrschte im osmanischen Staat gegenüber Streitigkeiten innerhalb der christlichen Gemeinschaften unter seinem „Schutz" eine eher gleichgültige Haltung. Diese hatten auch die meisten muslimischen Vorgängerdynastien eingenommen, solange die Christen ihre Steuern zahlten und die Feinde des Reiches nicht unterstützten. Zum Bruch mit dieser Tradition führten eine Reihe historischer Entwicklungen, woraufhin die christlichen Gemeinschaften von den Herrschern in Istanbul stärker kontrolliert wurden. Die erste davon war das Streben nach einer Zentralisierung der Reichsverwaltung. Im Zuge dessen erkannten die Sultane jeder nichtmuslimischen Religionsgemeinschaft den Status einer Körperschaft zu (im osmanischen Türkischen *Taife*), damit das Einziehen von Steuern und die Übermittlung von Anordnungen des Reiches an sie effizienter gestaltet werden konnte.

Solche Körperschaften waren nicht nur die Religionsgemeinschaften: Auch die in den Städten lebenden Zünfte und Stammesgemeinschaften genossen ähnliche Autonomie und wurden ebenfalls als *Taife* bezeichnet. Anfänglich waren die religiösen *Taife* in jeder Stadt mit nichtmuslimischer Bevölkerung eigenständig organisiert. An ihrer Spitze standen eher anerkannte Laien als Geistliche. Doch in den verschiedenen christlichen Gemeinschaften beriefen sich hochrangige Geistliche auf die historische Tradition der Patriarchen und schufen eine reichsweite Kirchenleitung, der die Aufsicht über alle Mitglieder jeder vom Sultan anerkannten Konfession oblag.

Im Zuge dieser Entwicklung ersetzte der Begriff *Millet* – abgeleitet vom arabischen Wort für „Nation" – in den amtlichen osmanischen Dokumenten, in denen es um nichtmuslimische Religionsgemeinschaften ging, bis zur zweiten Hälfte des 18. Jahrhundert nach und nach den weniger spezifischen Terminus *Taife*. Das Entstehen des *Millet*-Systems als politischer Institution war mit Entwicklungen in Europa verknüpft, weil römisch-katholische Missionare nach den tridentinischen Reformen im 16. Jahrhundert unter den höheren Rängen der verschiedenen Ostkirchen in aggressiver Weise für eine Gemeinschaft mit Rom (die Union) warben. Die politischen Kämpfe zwischen den Befürwortern einer Union und denen, die sich für die „Tradition" aussprachen, entzweiten die christlichen Gemeinschaften im ganzen Reich und beförderten den Prozess, der zur Einrichtung der *Millets* führte. Zu einer stärkeren politischen Aufladung der religiösen Identitäten führte der Versuch von Vertretern mancher europäischer Mächte, ihre nationalstaatlichen Interessen unter dem Vorwand des Schutzes christlicher Gemeinschaften auszuweiten, sie als „Brüder in Christus" bezeichneten. Dieser Kampf wurde häufiger politisch geführt, als dass er ein ideologisches oder theologisches Ringen um die Seelen der Gläubigen gewesen wäre. Hierbei führten die Fragen konfessioneller und später auch ethnischer Identitäten dazu, dass der persönliche Glaube des Einzelnen weitgehend bedeutungslos war, denn die Identität war ein Teil der jeweiligen Gemeinschaft, in die jemand hineingeboren und hineingetauft worden war.

2. Die Christen im Reich

Das Osmanische Reich war in der frühneuzeitlichen Welt einzigartig, weil es ein Staat eines nichtchristlichen Herrscherhauses war, in dem eine ansehnliche christliche Minderheit lebte. Wie viele osmanische Christen tatsächlich im Osmanischen Reich lebten, lässt sich allerdings nur schwer sagen. Im Staat wurden erwachsene, nichtmuslimische Männer registriert, um von ihnen die nach muslimischem Recht vorgeschriebene jährliche Kopfsteuer (im osmanisch Türkisch *cizye*) zu erheben. Viele dieser Register sind erhalten, doch der Pflichteifer der Beamten war nicht zu allen Zeiten gleich. Die Zahl der Christen auf dem Lande wurde üblicherweise zu gering angesetzt, und im 18. Jahrhundert wurde tendenziell die gleiche Anzahl Steuerzahler angesetzt wie bei der vorangegangenen Zählung. Trotz dieser Unstimmigkeiten besteht in der Forschung Konsens darüber, dass die Christen unter der Herrschaft Sultan Süleymans I. (regierte von 1520–1566) mit etwa 75 % die Mehrzahl der Untertanen in den Balkanprovinzen (*Rumeli*) stellten sowie 15–20 % in den asiatischen Provinzen sowie Ägypten. Ömer Lutfi Barkans Schätzung zufolge betrug die Gesamtbevölkerung des Reiches zu dieser Zeit ungefähr 12–13 Millionen Menschen, die zu etwa gleichen Teilen einerseits in den europäischen und andererseits in den asiatischen sowie afrikanischen Provinzen lebten.[1]

Im 16. Jh. unterschieden sich die christlichen Gemeinschaften unter osmanischer Herrschaft in ethnischer Hinsicht und bezüglich ihrer Bekenntnisse. Die meisten christlichen Untertanen des Sultans hielten sich an die Liturgie der byzantinisch-orthodoxen Kirche, doch sie unterstanden verschiedenen Kirchenleitungen. Nachdem Ägypten und der Fruchtbare Halbmond im 17. Jahrhundert von den Arabern erobert worden waren, war die Verbindung zwischen den orthodoxen Gläubigen unter den muslimischen Herrschern und Konstantinopel deutlich schwächer geworden und es entstanden lokale autonome Traditionen. Dies traf insbesondere auf den Bischofssitz von Antiochien zu; bisweilen wurden in Konstantinopel griechische Geistliche zu seiner Besetzung ernannt, die ihre Position aber kaum einmal antraten. Zudem entstanden mit dem Aufstieg der slawischen Königreiche nach dem Jahr 1000 auf dem Balkan neue Zentren orthodoxer kirchlicher Macht: Peć, Ochrid sowie Weliko Tarnowo.

Zusätzlich zu den byzantinisch-orthodoxen Christen wurde auch eine große Zahl von Christen der armenisch-apostolischen Kirche zu Untertanen des Sultans, als sich das Osmanische Reich zwischen dem 14. und 16. Jahrhundert nach Osten und damit nach Anatolien ausdehnte. In den folgenden Jahrhunderten unter osmanischer Herrschaft wanderten viele Armenier aus ihrer ostanatolischen Heimat in die Städte Westanatoliens, Syriens sowie des Balkans ab, und im späten 18. Jahrhundert gab es in den meisten osmanischen Städten armenisch-apostolische Gemeinden.

---

1 Valensi, Lucette, Inter-Communal Relations and Changes in Religious Affiliation in the Middle East (Seventeenth to Nineteenth Centuries), in: Comparative Studies in Society and History 39, 251–269; Krstić, Tijana, Contested Conversions: Narratives of Religious Change in the Early Modern Ottoman Empire, Stanford 2011.

Traditionell trug das Oberhaupt der armenischen Kirche den Titel „Oberster Patriarch und Katholikos Aller Armenier", und er war Bischof von Etschmiadzin in der Nähe von Eriwan. In den Jahrhunderten nach den Kreuzzügen (1096–1291) wurde der Sitz des Patriarchen an verschiedene Orte Ostanatoliens verlegt, bis er im 15. Jahrhundert wieder nach Etschmiadzin zurückkehrte. Die Bischofssitze der Katholikoi von Sis in Kilikien (Südostanatolien), von Jerusalem sowie von Aktamar (auf einer Insel im Van-See) entstanden in diesen turbulenten Jahrhunderten als alternative autonome Zentren kirchlicher Macht innerhalb der armenischen Kirche. Jeder dieser Katholikoi weihte Bischöfe, und der Katholikos seinerseits wurde von einem Gremium aus Geistlichen und Laien ernannt, die seiner Führung unterstanden. Theoretisch blieb der Katholikos von Etschmiadzin das Oberhaupt der armenischen Kirche, aber meist genehmigte er die Wahl der unterschiedlichen Prälaten rückwirkend und besaß kaum Einfluss in den Kirchen außerhalb des armenischen Kernlands.

Zusätzlich zur konfessionellen Vielfalt des Reiches eroberten Sultan Selim I. und sein Sohn Süleyman im 16. Jahrhundert das Gebiet, das wir heute als „Arabische Welt" bezeichnen. In dieser Region stellten die Christen keinen so großen Teil der Bevölkerung wie in Anatolien, und im Maghreb (Nordafrika) sowie auf der Arabischen Halbinsel waren sie fast gar nicht vertreten. Dagegen stellten sie im Fruchtbaren Halbmond und in Ägypten eine signifikante Minderheit: Geschätzt gehörten ihnen in Ägypten und im Irak 10 % der Bevölkerung an und in den syrischen Provinzen (dem heutigen Syrien, Libanon, Jordanien, Israel sowie den Palästinensergebieten) 20 %. In der letztgenannten Region bildeten die dem byzantinischen Ritus folgenden orthodoxen Christen die größte christliche Gruppierung. Es gab allerdings auch bedeutende Minderheiten von Maroniten sowie Jakobiten (die manchmal auch als Syrisch-Orthodoxe bezeichnet werden, bzw. im Arabischen und im osmanischen Türkischen als *Suryani*). Die größte christliche Denomination im Irak bildeten die Nestorianer, während die meisten Christen in Ägypten Kopten waren.

Vor den Osmanen zitierten muslimische Herrscher in Arabien angesichts der Vielfalt christlicher Konfessionen in ihrem Herrschaftsgebiet häufig den dem Propheten Mohammed zugeschriebenen Ausspruch „Unglaube bildet eine Nation (*Milla*)" und gaben folglich keiner der Gruppierungen den Vorzug. Trotz der bewegten Geschichte, die eine Vielzahl christlicher Traditionen im Osten hervorgebracht hatte, waren die theologischen Unterschiede hinter den jeweiligen Gründungen für die meisten Gläubigen zur Zeit der osmanischen Eroberung nicht mehr nachvollziehbar, weil die Bildung unter den Geistlichen wie den Laien während der Jahrhunderte muslimischer Herrschaft gelitten hatte. Infolgedessen war die Identität eines Menschen in einer bestimmten christlichen Gemeinschaft an die Tradition und die Familie geknüpft und nicht an irgendeine religiöse Überzeugung, wie etwa die Christi „wahre Natur", die ursprünglich einmal zur Entstehung der Konfessionen Anlass gegeben hatte. Bevor die katholischen Missionare eintrafen, schienen die Unterschiede zwischen den Gruppierungen für arabischsprachige Christen keine große Bedeutung zu besitzen. Das lässt sich daran erkennen, dass häufig Ehen zwischen Mitgliedern verschiedener christlicher Gemeinschaften geschlossen wurden.

3. Die Entstehung des Ökumenischen Patriarchats von Konstantinopel

Das Osmanische Reich war im frühen 14. Jahrhundert als kleines Fürstentum (*Beylik*) in Nordwestanatolien in der Grenzregion zwischen der christlichen Welt und dem *Dar al-Islam* (dem Haus des Islam, d. h. den Ländern unter muslimischer Herrschaft) entstanden. Auch wenn spätere osmanische Geschichtsschreiber bei Hofe diese Tatsache ausschmückten, um die Legitimität des Herrscherhauses durch ihre Rolle als Vorkämpfer im Heiligen Krieg gegen die Christen hervorzuheben, war die Beziehung zwischen Christen und Muslimen in den Anfängen des Reiches doch komplizierter.[2] Viele der frühen Sultane hatten christliche Mütter und Gemahlinnen, und die meisten Männer, die den Sultanen während der ersten dreihundert Jahre osmanischer Herrschaft als Großwesire dienten, hatten christliche Wurzeln: Entweder waren sie als junge Männer bei der *Devşirme* (Knabenlese) requiriert worden, oder sie entstammten adligen Familien aus Byzanz oder dem Balkan und waren zum Islam konvertiert. Die osmanischen Sultane hatten eine pragmatische Haltung gegenüber ihren christlichen Untertanen und den Kirchen, die sich um deren geistliche Bedürfnisse kümmerten. Vor 1453 waren die religiösen Unterschiede generell bedeutungslos; dies war eine erfolgreiche Strategie der Sultane, weil ihre christlichen Verbündeten häufig unter osmanischer Führung in die Schlacht zogen.

Mit der Eroberung Konstantinopels begann Sultan Mehmed II. (1432–1481), sich selbst als Nachfolger der von ihm gestürzten byzantinischen Kaiser zu betrachten. Bei der Entwicklung einer Strategie für den Umgang mit seinen christlichen Untertanen bestand eine seiner ersten Amtshandlungen darin, das Patriarchat von Konstantinopel wieder einzurichten. Es sollte die Aufsicht über die orthodoxen Christen in der Stadt übernehmen, die Mehmed zu seiner neuen Hauptstadt machen wollte. Für den Posten suchte er sich einen Mönch namens Scholarios aus, der ursprünglich Georgios Kourtesis hieß und als Patriarch den Namen Gennadius II. annahm. Kourtesis hatte sich nach dem Konzil von Ferrara/Florenz (1438–

---

2 Kafadar, Cemal, Between Two Worlds: The Construction of the Ottoman State, Berkeley 1995.

1439) gegen die orthodoxen Kleriker in Konstantinopel gestellt, die eine Union mit Rom befürworteten. Er war kein Freund der katholischen „heiligen Allianz", die von den Osmanen nach dem Fall Konstantinopels als Hauptkonkurrenz im Mittelmeerraum und auf dem Balkan angesehen wurde, und so war es ein guter Schachzug, ihn zum geistlichen Oberhaupt von Mehmeds orthodoxen Untertanen zu machen.

Mehmed schien mit seinem Kurs gegenüber den orthodoxen Kirchen in Konstantinopel eher versucht zu haben, die orthodoxe Kirche in die Ordnung seines Reiches einzubinden, als dass er sie unterdrücken wollte. Nach der muslimischen Rechtstradition fielen alle Gotteshäuser einer Stadt an die Muslime, wenn sich eine „ungläubige" Stadt der Eroberung widersetzt hatte. Trotz der militärischen Eroberung Konstantinopel waren aber viele Kirchen der Stadt in orthodoxer Hand verblieben. Aus dem früheren Bischofssitz des Patriarchats, der Hagia Sophia, wurde eine Moschee, aber Gennadius durfte seinen Sitz in die Apostelkirche (Hagioi Apostoloi, Heilige Apostel) verlegen. Im Jahrzehnt nach der Eroberung wurde die Bevölkerung des Bezirks, in dem die Kirche lag, überwiegend türkisch, und die Kirche wurde bald nach dem Tod des Patriarchen (1464?) abgerissen, um Platz zu schaffen für eine Moschee, die nach Mehmed dem Eroberer benannt wurde. Das Patriarchat zog dann in die nahegelegene Kirche der Theotokos Pammakaristos. Dort blieb es bis 1587, als die Kirche zu einer Moschee wurde, die heute den Namen Fethiye Camii trägt. Danach hatte das Patriarchat seinen Sitz in verschiedenen Kirchen, bis es dann im frühen 18. Jahrhundert in die sehr viel kleinere Kirche des Heiligen Georg im Bezirk Fener im Nordwesten der Altstadt umzog, wo es bis heute beheimatet ist.

Die Haltung der Sultane zur Frage der Sanierung von Kirchen – oder gar zu Neubauten, die nach islamischem Recht eigentlich verboten waren – wechselte in den Jahrhunderten osmanischer Herrschaft ständig. Sultan Mehmed IV. (1648–1687) nahm gegenüber Nichtmuslimen eine besonders harte Haltung ein und untersagte nach dem großen Feuer in Istanbul 1660, dem viele alte Kirchen und neu errichtete Synagogen zum Opfer gefallen waren, den Wiederaufbau von Kirchen und Synagogen.[3] Andere Sultane dagegen sahen über den Bau neuer Kirchen hinweg, solange sie schlicht waren und in christlichen Stadtteilen und hinter Mauern verborgen lagen. Im 18. Jahrhundert gab es mindestens vierzig orthodoxe Kirchen in Istanbul, von denen nur drei auf die Zeit vor der Eroberung zurückgingen.[4] Dass die Sultane über das „Heilige Recht" im Hinblick auf den Neubau von Kirchen wohlwollend hinwegsahen, lässt sich daran erkennen, dass alle römisch-katholi-

---

3 Baer, Marc David, Honored by the Glory of Islam: Conversion and Conquest in Ottoman Europe, Oxford 2008, 96–102.
4 Runciman, Steven, The Great Church in Captivity: A Study of the Patriarchate of Constantinople from the Eve of the Turkish Conquest to the Greek War of Independence, Cambridge 1968.

schen Kirchen in Istanbuls Nachbarbezirk Galata (Beyoğlu) erst nach der Eroberung erbaut wurden.

Nach Gennadius war die osmanische Obrigkeit bereit, die Männer im Amt zu bestätigen, die von einer Synode aller Metropoliten (Bischöfe), die sich zum Zeitpunkt der Wahl in der Stadt aufhielten, zum orthodoxen Patriarchat von Konstantinopel bestimmt worden waren. Theoretisch konnten alle Geistlichen an diesen Synoden teilnehmen, die den Sitz eines Metropoliten auf dem Balkan, in Anatolien, Syrien und Ägypten innehatten. Faktisch beteiligten sich jedoch an der Wahl nur diejenigen, die sich in unmittelbarer Nähe der Hauptstadt befanden. Nach der Wahl überreichte die Gemeinschaft dem Sultan ein Geschenk (*Peşkeş*), und der neue Patriarch empfing ein *Berat* des Reiches, das seine Autorität bestätigte. Im Unterschied zum römisch-katholischen Kardinalskollegium konnte die Synode einen Patriarchen auch absetzen. Dies sorgte für eine gewisse Unbeständigkeit, weil unterschiedliche Gruppierungen in der orthodoxen Kirche um die Besetzung des Patriarchenstuhls kämpften. Im 16. Jh. betrug die durchschnittliche Amtsdauer eines Patriarchen etwas mehr als drei Jahre, und es gab 32 Absetzungen. In den nächsten hundert Jahren sank die durchschnittliche Amtszeit auf unter zwei Jahre, und 53 Entthronungen waren zu verzeichnen.[5] Auch konnte ein einzelner Geistlicher Zeit seines Lebens mehr als einmal zum Patriarchen gewählt werden.

Das Amt des Patriarchen von Konstantinopel gab es auch nach Gennadius noch. Doch ist nicht sicher, wann aus ihm das Ökumenische Patriarchat aller orthodoxen Christen wurde, die im Reich dem byzantinischen Ritus folgten – wenn man auch bei den Orthodoxen der Ansicht ist, dass das Amt diese Autorität nach 1454 weiter besessen habe. Die Metropoliten, die Geistlichen und in manchen Fällen auch die Laien der anderen Patriarchatssitze – Alexandrien, Jerusalem, Antiochien und Ochrid – wählten weiterhin ihre Patriarchen, und diese wurden unabhängig vom Patriarchen von Konstantinopel durch den Sultan bestätigt. Dies änderte sich allerdings Mitte des 16. Jahrhunderts. Der Patriarch von Antiochien, Dorotheus III., wurde 1543 von einer in Jerusalem tagenden Synode von Vertretern der Patriarchate Alexandriens, Jerusalems und Konstantinopels abgesetzt. Um 1580 mussten die Patriarchen von Antiochien, obwohl sie immer noch vor Ort gewählt wurden, ihre Korrespondenz über den Patriarchen von Konstantinopel führen, wenn sie mit dem osmanischen Sultan in Kontakt traten.

Während des langen Niedergangs des Byzantinischen Reiches vor 1453 waren autonome orthodoxe Patriarchate in Weliko Tarnowo, Ochrid und Peć (im osmanischen Türkisch: Ipek) entstanden, um es den slawischsprachigen orthodoxen Gläubigen auf dem Balkan zu ermöglichen die Liturgie in altkirchenslawischer Sprache

---

5 Eine Liste der Patriarchen findet sich bei Burgess, Michael, The Eastern Orthodox Churches: Concise Histories with Chronological Checklists of Their Primates, Jefferson 2005, 113–116.

zu halten. 1394 zerstörten die Osmanen den Patriarchatssitz in Weliko Tarnowo, und Sultan Mehmed II. legte angeblich den Sitz in Peć mit dem in Ochrid zusammen. Allerdings ist nicht klar, wie der Patriarch von Ochrid gewählt wurde, oder ob er dem Patriarchen von Konstantinopel unterstand. Wenn Mehmed tatsächlich alle orthodoxen Patriarchate dem von Konstantinopel unterstellt hätte, wie die Griechen in der Hauptstadt behaupteten, dann behielten seine Nachfolger diese Rangfolge nicht bei. Der Großwesir Sultan Süleymans (1520–1566), Sokollu Mehmed Pascha, erhielt 1557 den Auftrag, den Patriarchatssitz in Peć wiedereinzurichten und mit Makarije Sokolović, einem Verwandten (nach manchen Quellen seinem Bruder, nach anderen seinem Vetter), zu besetzen. Das älteste erhaltene *Berat*, in dem die Autorität des Patriarchats von Konstantinopel über die Sitze in Antiochien, Jerusalem und Alexandrien anerkannt wird, datiert erst von 1662 und wurde dem Patriarchen Dionysios III. Vardalis von Sultan Mehmed IV. übergeben. Hier ist ausdrücklich die Rede davon, dass die drei weniger bedeutenden Patriarchen nur über den Patriarchen von Konstantinopel Kontakt mit dem Sultan aufnehmen durften.[6] Dabei fällt auf, dass in der Anordnung weder Ochrid noch Peć erwähnt wurden.

Zu dieser Zeit gab es in den Provinzen heftigen Widerstand gegen die zentralistischen Ambitionen des Ökumenischen Patriarchen von Istanbul. Als die direkte Kontrolle Istanbuls über die entlegeneren Provinzen im 17. und 18. Jahrhundert geschwächt war, leisteten die muslimischen Behörden in den Provinzen häufig dem Wunsch nach lokaler Herrschaft Vorschub. Der Streit zwischen den Interessen vor Ort und denen des Ökumenischen Patriarchen spornte die Männer am Hof des Sultans an, die Privilegien des Patriarchen weiterzuentwickeln und auszuweiten. Dies trug zur Schaffung des griechisch-orthodoxen *Millet* (im osmanisch Türkischen *Rum milleti*) im frühen 19. Jahrhundert bei. Ein solcher lokaler Widerstand konnte in einer Weise zum Ausdruck gebracht werden, die – wie im Fall Syriens – auf ethnische Spannungen hindeutete, oder sich – wie auf Kreta – in der Bekräftigung lokaler, autonomer Traditionen äußern.

4. Die Reformation und die katholische Gegenreaktion

Die Einsetzung von Georgios Kourtesis zum Patriarchen von Konstantinopel durch Sultan Mehmed 1454 diente teilweise dem Zweck, einer möglichen Zunahme des katholischen Einflusses unter den orthodoxen Untertanen entgegenzuwirken. Zur

---

6 Pantazopoulos, Nikolaos, Church and Law in the Balkan Peninsula during the Ottoman Rule, Thessaloniki 1967, 6, Anmerkung 3.

Verdeutlichung seiner eigenen Lehrmeinung verfasste Gennadius II. eine Schrift zur Verteidigung der Orthodoxie, die ins osmanische Türkisch übersetzt und Mehmed vorgelegt wurde. Im folgenden Jahrhundert setzte sich Manouel Korinthios (ca. 1460–1551) näher mit Gennadius' anti-katholischer Polemik auseinander und umriss in seiner Schrift die wichtigsten dogmatischen Unterschiede zwischen Orthodoxie und Katholizismus. Als schwerwiegendste Häresie galt ihm der Zusatz der Wendung „und dem Sohn (*filioque*)" zum Passus des Nizänums, das folgendermaßen beginnt: „Wir glauben an den Heiligen Geist, ... der aus dem Vater (und dem Sohn) hervorgeht, der mit dem Vater und dem Sohn angebetet und verherrlicht wird". Außerdem brandmarkte Manouel die Verwendung ungesäuerten Brotes durch die Katholiken bei der Kommunion, ihren Glauben an das Fegefeuer, ihr Bestehen auf den Primat des Bischofs von Rom, das Fehlen des dreimaligen Eintauchens beim Taufritus und die kategorische Ablehnung der Ehescheidung.[7] Um den katholischen Einfluss zurückzudrängen und sich das Wohlwollen des osmanischen Staates zu sichern, versuchte die orthodoxe Kirche in Istanbul, die ideologischen Differenzen gegenüber der Konkurrenz deutlich zu markieren. Dabei nahm der erste systematische Entwurf des orthodoxen Glaubens seit Johannes von Damaskus im 8. Jahrhundert Gestalt an.

Allerdings waren nicht alle orthodoxen Geistlichen Gegner Roms. Patriarch Metrophanes III. von Konstantinopel (1565–1572; 1579–1580) wurde 1572 von einer Synode aus dem Amt gedrängt, weil er angeblich Sympathien für die Katholiken hegte. Sieben Jahre danach wurde er erneut gewählt, nachdem er seine Annäherungsversuche an die Katholiken widerrufen hatte. Dennoch waren katholische Geistliche in Istanbul in der zweiten Hälfte des 16. Jahrhundert zunehmend aktiv: Jesuiten und Kapuziner gesellten sich zu den Franziskanern, die seit dem 13. Jahrhundert praktisch das Monopol auf die Arbeit in den muslimischen Ländern besessen hatten. Die Orden wurden vom französischen Botschafter in Istanbul unterstützt, der ihre Interessen am Hof des Sultans inoffiziell vertrat. Die französische Haltung gegenüber den Katholiken wurde im Osmanisch-Französischen Vertrag (Kapitulation/İmtiyâzat) vom 20. Mai 1604 offiziell niedergelegt; hierdurch erhielten die Franzosen das ausdrückliche Recht, die christlichen Pilger in Jerusalem und der Grabeskirche zu schützen.[8]

Papst Gregor XIII. (gest. 1585) richtete 1576 das Griechische Kolleg in Rom ein, wo Studenten aus dem Osmanischen Reich nach dem Katechismus unterrichtet wurden, den das Konzil von Trient eingeführt hatte. 1582 gründete Gregor das Maronitische Kolleg zu dem ausdrücklichen Zweck, die Geistlichen „unserer Schwesterkirche" im Osten „zu erleuchten". Die beiden Ausbildungsstätten hatten

---

7 Maloney, George, History of Orthodox Theology since 1453, Belmont 1976, 105–108.
8 Kurdakul, Necdet, Osmanlı Devleti'nde Ticaret Antlaşmaları ve Kapitülasyonlar, Istanbul 1981, 68–69.

großen Einfluss auf die Vorbereitung der Männer, die die Kampagnen sowohl für als auch gegen die Ausbreitung der katholischen Lehre im Osmanischen Reich führten, denn auch einige der vehementesten Verteidiger der Orthodoxie waren in Rom ausgebildet worden. Demgegenüber blieb die Ausbildung der orthodoxen Geistlichen im Osmanischen Reich unzureichend, weil allein die Patriarchale Akademie in Istanbul zur Heranbildung von Geistlichen in der Lage war, die intellektuell mit ihren katholischen Konkurrenten mithalten konnten.

Angesichts der zunehmend aktiven katholischen Mission im Osmanischen Reich sahen sich die orthodoxen Geistlichen nach anderen Verbündeten um. Patriarch Joasaph II. Megaloprepes (1555–1565) entsandte den Diakon Demetrios Mysos nach Wittenberg, wo dieser eine griechische Übersetzung der Confessio Augustana sowie Briefe erhielt, in denen der lutherische Glaube vom Altphilologen Philipp Melanchthon umrissen wurde. Mit diesen Dokumenten kehrte er nach Istanbul zurück, doch offensichtlich entfalteten sie dort keine große Wirkung.[9] Stephan Gerlach, der Hausgeistliche der österreichischen Botschaft in Istanbul, wandte sich 1575 mit Briefen der lutherischen Gelehrten Martin Crusius und Jacob Andreae aus Tübingen an Patriarch Jeremias II. Tranos und ermunterte ihn zu einem Dialog über theologische Fragen.

Die erste Reaktion des Patriarchen bestand 1576 in einer ausführlichen Kritik der Protestanten, da diese bei der Inspiration vollständig auf die Bibel vertrauten und die Werke der Kirchenväter außer Acht ließen. Darüber hinaus griff Jeremias die Verwendung des *filioque* bei Katholiken und Protestanten an sowie ihre Weigerung, bei der Taufe das dreimalige Eintauchen zu praktizieren. Des Weiteren attackierte er die Lehren der Protestanten über die sieben Sakramente, wozu seiner Ansicht nach ihre schwerwiegenden Irrtümer zählten, dass die Eucharistie nicht göttlicher Natur sei und es eine gültige Beichte auch ohne Beichtvater geben könnte. Seine Antwort schloss mit einer Kritik daran, dass die Protestanten Festtage, das Fasten, die Heiligen sowie das Mönchtum ablehnten. Seiner Ansicht nach hatte die Orthodoxe Kirche deutlich mehr mit der konkurrierenden Katholischen Kirche gemeinsam als mit den neu entstandenen Protestanten. Eine Ausnahme bildete hierbei die gemeinsame Ablehnung einer Anerkennung der von den Katholiken reklamierten herausgehobenen Rolle des Bischofs von Rom für die weltweite Kirche.

Die protestantischen Theologen kapitulierten aber noch nicht, und 1579 und 1580 folgte eine Reihe weiterer Briefe von Tübinger Gelehrten. Schließlich reagierte Jeremias 1581 etwas ungehalten, und am Schluss seines letzten Briefes hieß es: „Behelligt uns mit solchen Dingen erst einmal nicht mehr. Geht eures Wegs und schreibt uns nicht mehr über Dogmen, sondern nur noch, wenn euch

---

9 Maloney, History of Orthodox Theology, 101.

der Sinn nach Freundschaft steht."[10] Später schrieb er Papst Gregor XIII., dass der Papst „recht geurteilt habe, dass die Deutschen Häretiker seien".[11] Auf der Suche nach Verbündeten reiste Jeremias schließlich 1588/1589 nach Moskau, wo er dem Metropoliten von Moskau den Rang eines Patriarchen verlieh. Die Verbindung zwischen dem Patriarchat von Konstantinopel und dem Patriarchat von Moskau wurde im 18. Jahrhundert noch enger, als Russland sich zu einer Regionalmacht entwickelte. Aufgrund dieses Aufstiegs beanspruchte die Leitung der russischen Kirche, innerhalb der Orthodoxie als „älterer Bruder" zu gelten, wobei der Autorität des Patriarchen von Moskau („des dritten Rom") nach 1453 der Vorrang gegenüber dem Patriarchen von Konstantinopel gebührte. Als Grund wurde angeführt, dass Letzterer unter der Herrschaft von Ungläubigen gefangen sei.

Um einen möglichen protestantischen Einfluss im Ökumenischen Patriarchat ging es erneut während der höchst umstrittenen Patriarchate von Kyrillos I. Loukaris (1612, 1620–1623, 1623–1630, 1630–1633, 1633–1634, 1634–1635 sowie 1637–1638). Loukaris hatte in Padua studiert, doch es ist nicht sicher, ob er zu dieser Zeit auch Genf besucht hat.[12] Wenn das der Fall gewesen sein sollte, dann war er anfänglich allerdings vom Protestantismus nicht besonders angetan. 1596 sandte Patriarch Theophanes I. (gest. 1597) Loukaris nach Polen, wo dieser der Unionsbewegung, die unter den orthodoxen Christen Polens mit dem Konzil von Brest-Litowsk 1595 ihren Anfang genommen hatte, etwas entgegenzusetzen versuchte. Bald nach seiner Ankunft denunzierte ihn die katholische Fraktion bei den polnischen Behörden als türkischen Spion, und er musste aus Polen fliehen. 1599 kehrte er ins Königreich Polen zurück und gründete eine orthodoxe Akademie für Kleriker und Laien in Łwow (Lwiw bzw. Lemberg). 1601 wurde er im Alter von 31 Jahren zum Patriarchen von Alexandrien gewählt und ließ sich in Istanbul nieder. Dort freundete er sich mit dem holländischen Botschafter Cornelius van Haag (Haga, gest. 1654) und später mit dem englischen Botschafter an der Hohen Pforte, Sir Thomas Roe (gest. 1644), an. Während Loukaris' zweiter Wahl zum Patriarchen von Konstantinopel 1620 schrieb er Briefe an Freunde in den Niederlanden, in denen er sich positiv über den Protestantismus äußerte.

Die Jesuiten, die sich vor kurzem in Istanbul niedergelassen hatten, fürchteten Kyrillos' Hang zum Protestantismus und arrangierten seine Absetzung im Jahr 1623. Für kurze Zeit wurde er erst durch den angeblich pro-katholischen Gregorios IV. ersetzt und danach durch Anthimus II. Gegen Ende des gleichen Jahres kehrte Kyrillos erneut auf den Patriarchenstuhl zurück. Diese Amtszeit sollte seine

---

10 Maloney, History of Orthodox Theology, 103–104.
11 Frazee, Charles A., Catholics and Sultans: The Church and the Ottoman Empire, 1453–1923 Cambridge 1983, 71.
12 Runciman, Great Church, 261; Gibb, Sir Hamilton/Bowen, Harold, Islamic Society and the West: A Study of the Impact of Western Civilization on Muslim Culture in the Near East, Band II, London 1957, 235.

längste werden. 1627 leitete er in die Wege, dass Nikodemos Metaxas, der seine Ausbildung in England genossen hatte, in der Hauptstadt eine griechische Druckerpresse aufstellte. Dies war überhaupt die erste Druckerpresse im Osmanischen Reich, und sofort wurde damit begonnen, anti-katholische Pamphlete zu drucken. Vermutlich auf Betreiben der Jesuiten wurde die Presse 1628 durch einen überwiegend aus Janitscharen bestehenden Mob zerstört. Im folgenden Jahr wurde Kyrillos Loukaris' *Confessio* in Genf in lateinischer Sprache veröffentlicht. Eine griechische Fassung erschien erst 1633, was einige orthodoxe Forscher zu der Annahme veranlasst hat, das Loukaris nicht Verfasser dieser Schrift war. Die *Confessio* weist mit ihrem Faible für die Prädestination eindeutig calvinistischen Einfluss auf. Protestantisch ist sie auch darin, dass sie die Lehre von der Transsubstantiation der Hostie ablehnt und sich nachdrücklich für das Recht jedes Christen ausspricht, die Bibel in der Muttersprache zu lesen. Um diese Forderung zu unterstützen, beauftragte Patriarch Kyrillos Maximos Kallipolita damit, eine Bibelübersetzung ins demotische Griechische (*demotiki*) zu erstellen, die allerdings erst 1645 gedruckt wurde. Loukaris' Leben fand 1638 ein Ende, als er des Landesverrats beschuldigt und hingerichtet wurde.[13] Sein Nachfolger Kyrillos III. Kontares (1638–1639) berief eine Synode ein, die umgehend 14 Anathemata gegen Loukaris erließ. Doch Kontares erging es kaum besser als seinem Vorgänger. Er unterzeichnete einen Brief, in dem er Papst Urban VIII. seine Loyalität anbot. Er wurde 1639 rasch abgesetzt und auf Befehl Sultan Murad IV. nach Tunis verbannt, wo er 1640 erdrosselt wurde.

Die ideologischen Kämpfe im Ökumenischen Patriarchat verminderten sich im Verlauf der zweiten Hälfte des 17. Jahrhundert, da sich die Aufmerksamkeit nun eher auf die Ausbildung der orthodoxen Geistlichen im Reich richtete. Dositheos II. (1669–1707), Patriarch von Jerusalem, beklagte, dass seine Priester nicht gut genug ausgebildet seien, um den Behauptungen der orthodoxen Laien etwas entgegenzusetzen, die diese von der Konkurrenz mit katholischer Ausbildung hörten. Dositheos sorgte sich vor allem um den Zustand der Orthodoxie in den rumänischen Provinzen der Moldau und der Walachei. Im benachbarten Transsylvanien gewannen Protestanten und Katholiken erfolgreich rumänischsprachige orthodoxe Christen für sich. Zwar erlaubten die osmanischen Behörden ausländischen Geistlichen den Aufenthalt auf dem Balkan nicht, da es zu dieser Zeit dort keine europäischen Konsuln gab. Doch gestatteten sie bosnischen Franziskanern, die Untertanen des Sultans waren, in der Region tätig zu werden. Zwar waren frühere protestantische Bekehrungsversuche erfolgreich gewesen, zum Teil weil sie die rumänische Landessprache verwendeten. Als Reaktion darauf wandten sich lateinische Missionare an potenzielle Gemeinden, indem sie nach dem Vorbild der Ukrai-

---

13 Berichte über Loukaris' Lebensweg finden sich bei: Maloney, History of Orthodox Theology, 125–137; Runciman, Great Church, 259–288, Frazee, Catholics and Sultans, 83–85, 92–94.

nischen griechisch-katholischen [d. h., mit der römisch-katholischen Kirche unierten] Kirche, die hundert Jahre zuvor gegründet worden war, eine Rumänische griechisch-katholische Kirche ins Leben riefen. Die bekannte Liturgie wurde beibehalten, doch das Rumänische wurde durch das Kirchenslawische der Orthodoxen Kirche ersetzt. Die Unionsbewegung unter den rumänischsprachigen Gläubigen wurde zusätzlich von der Habsburger Monarchie unterstützt, die 1688 die Kontrolle über Transsylvanien erlangt hatte, doch sie kam in den durch die Osmanen beherrschten Regionen der Moldau und der Walachei kaum voran.

Um der auf eine Union mit den Katholiken zielenden Propaganda in den osmanisch-rumänischen Provinzen etwas entgegenzusetzen, gründete Dositheos 1680 in Iaşi (Jassy) ein Seminar und ließ eine Druckerpresse anschaffen. Unter den dort gedruckten Werken war die *Confessio*, die Dositheos für eine 1672 in Jerusalem abgehaltene Synode verfasst hatte.[14] In dieser Schrift setzte er sich mit den theologischen Argumenten von Manouel Korinthios, der Korrespondenz zwischen Patriarch Jeremias und den Tübinger Gelehrten sowie mit der *Confessio* auseinander, die 1640 vom Geistlichen Petro Mohyla (Petr Mogila, gest. 1646) verfasst worden war. Auch wenn Dositheos' *Confessio* später von russisch-orthodoxen Gelehrten kritisiert wurde, weil sie einfach nur eine Kopie der katholischen Kritik an protestantischen Überzeugungen sei, wurde sie doch zur wichtigsten Bekundung des orthodoxen Glaubens in den Gebieten, in denen das Ökumenische Patriarchat Gehorsam einfordern konnte. Der orthodoxe Klerus, der sich einem Sperrfeuer katholischer und protestantischer Propaganda ausgesetzt sah, hatte schließlich formuliert, was für ihn die religiösen „Wahrheiten" des Christentums waren. Dieser klaren dogmatischen Äußerung folgte im 18. Jahrhundert die Einrichtung von Lehranstalten für Laien und Seminaristen in Bukarest, Smyrna (Izmir) und Ioannina (Yanya) nach dem Modell der Akademie in Iaşi. Das Ergebnis war, dass nun besser ausgebildete Geistliche den orthodoxen Gläubigen dienen konnten.

Das nun gehobene Ausbildungsniveau des orthodoxen Klerus führte zusammen mit den klarer formulierten Vorgaben des orthodoxen Glaubens zu einem Ende des ideologischen Kampfes um das Patriarchat in Istanbul. Die Patriarchen folgten im 18. Jahrhundert nicht mehr so rasch aufeinander, auch wenn die Amtszeit einzelner Patriarchen immer noch plötzlich enden konnte. So hatte beispielsweise Patriarch Paisios II. Kiomourtzoglous (1726–1732, 1740–1743, 1744–1748 und 1751–1752) das Amt viermal inne, doch waren die Absetzungen durch persönliche und nicht durch ideologische Differenzen motiviert. Nach Athanasios III. Patellarios (1634; 1652) wurde kein Ökumenischer Patriarch mehr aufgrund des Verdachts abgesetzt, zu katholischen oder protestantischen Lehren zu tendieren.

---

14 Podskalsky, Gerhard, Griechische Theologie in der Zeit der Türkenherrschaft (1453–1821): Die Orthodoxie im Spannungsfeld der nachreformatorischen Konfessionen des Westens, München 1988, 282–294.

Mit der Festigung der Orthodoxie durch die geistliche Elite der Kirche kam es zugleich zu einer Verhärtung der osmanischen Haltung gegenüber ausländischen Missionaren. Im 17. Jahrhundert konnten Katholiken die osmanischen Behörden in Bosnien und Albanien noch mit Erfolg darum bitten, die Störungen durch orthodoxe Priester und Mönche in ihren Kirchen und Klöstern zu unterbinden.[15] Der Sultan kümmerte sich aus zwei Gründen nur wenig um die Aktivitäten katholischer Missionare im Reich. Erstens war, wie bereits erwähnt, das muslimische Recht gegenüber Streitigkeiten unter Nichtmuslimen traditionell ausgesprochen indifferent; muslimische Provinzrichter waren nur wenig geneigt, sich in „christliche Angelegenheiten" einzumischen, insbesondere wenn sich die Gemeinschaft durch Geschenke erkenntlich zeigte. Und zweitens war Frankreich – im geopolitischen Kalkül am Hof des Sultans – der beste Verbündete des Reiches in der christlichen Welt.

Die Franzosen förderten die katholische Mission. Das gehörte zu ihrem Plan, im Osmanischen Reich an Einfluss zu gewinnen. Der Osmanisch-Französische Vertrag von 1604 hatte Frankreich bestimmte Rechte im Heiligen Land garantiert; der Vertrag von 1673 dehnte die Schutzrolle Frankreichs aus auf „die zwei Kirchen in Galata, die von den beiden französischen monastischen Gesellschaften (*Fransız ruhban taifeleri*), die als Jesuiten (*Cizvit*) und Kapuziner (*Kapuçin*) bezeichnet werden, und ebenso auf ihre Kirchen in Izmir, Sidon, Alexandrien, und wo auch immer es sie sonst gibt".[16] Zudem wurde in dem Vertrag festgehalten, dass Frankreich in der Gunst des Sultans „über allen anderen christlichen Nationen" stand. Die französische Unterstützung der katholischen Mission wurde im Februar 1690 dadurch gekrönt, dass der französische Botschafter in Istanbul den Sultan davon überzeugte, ein Reichsdekret an die Gouverneure der Provinzen Ägypten, Aleppo, Damaskus, Tripoli (Libanon), Diyarbakır, Mossul Raqqa, Baghdad, Erzerum sowie Zypern zu senden und sie davon in Kenntnis zu setzen, dass die Jesuiten und andere französische Priester, die Menschen der Rum-(orthodoxen), der armenischen sowie koptischen „Konfession" (*mezhebler*) die Grundlagen des christlichen Glaubens lehrten, in Ruhe gelassen werden sollten. Weder Regierungsbeamten noch Mitgliedern anderer christlicher Religionsgemeinschaften sollte es gestattet sein, ihre Arbeit zu stören.[17] Die Anordnung wurde nach einer bedeutenden Niederlage der Osmanen gegen die Habsburger erlassen und stellt zweifellos einen Versuch Sultan Süleymans II. (1687–1691) dar, sich bei den Franzosen einzuschmeicheln.

---

15 Goffman, Daniel, Ottoman Millets in the Early Seventeenth Century, in: New Perspectives on Turkey 11, 44–46; Tóth; István György, Between Islam and Catholicism: Bosnian Franciscan Missionaries in Turkish Hungary, 1584–1716, in: Catholic Historical Review 89, 411.

16 Kurdakul, Osmanlı Devleti'nde Ticaret Antlaşmaları, 82.

17 Istanbul, Başbakanlık Osmanlı Arşivi (BOA), Ecnebi Defter series, Firansa v. 28/3, 32 dated evahır Cemaziyelevvel 1101.

Die gastliche Aufnahme der katholischen Mission endete 1695 abrupt, als die Venezianer versuchten, sich der Insel Hios (Chios, Sakız) zu bemächtigen. Auf der Insel lebte seit der Zeit einer früheren venezianischen Besetzung eine römisch-katholische Gemeinde, deren religiöse Autonomie vom Ökumenischen Patriarchen von Sultan Mehmed anerkannt worden war, als die Insulaner 1458 in seinen Souveränitätsanspruch über sie einwilligten. Als die Venezianer sich nach einer kurzen Belagerung von der Insel zurückzogen, begleitete sie ein Großteil der katholischen Geistlichen. Das lieferte dem Ökumenischen Patriarchen die Möglichkeit, die Katholiken als potenzielle „fünfte Kolonne" künftiger ausländischer Interventionen im Reich des Sultans darzustellen. In ihrer Polemik wiesen die Orthodoxen auf die dem Katholizismus inhärente „Fremdheit" hin, indem sie ihn in Dokumenten im osmanischen Türkischen als *Firenk dini*, „die Religion der Franken", bezeichneten und zugleich ihre eigene Treue zum Sultan hervorhoben. Noch wichtiger war, dass sie betonten, die rechtmäßigen Erben des Christentums im Osten zu sein, während die Katholiken eine „Neuerung" (*bid'at*) darstellten. Solchen Neuerungen mussten die muslimischen Behörden unbedingt entgegentreten. Doch die Sultane konnten die katholischen Priester nicht des Landes verweisen, weil der Vertrag mit Frankreich ihre Anwesenheit gestattete, damit die französischen Kaufleute ihren Glauben leben konnten. Trotzdem untersagten nach 1695 zahlreiche Anordnungen den „fränkischen" Priestern jedweden Kontakt mit der einheimischen Bevölkerung, und ihre Aktivitäten wurden seitens der osmanischen Behörden in den Provinzen deutlich misstrauischer beäugt.

Auch wenn diese Entwicklung der katholische Missionstätigkeit vermeintlich ein Ende setzte, konnten von den Verboten für „fränkische" Priester, osmanische Christen zu unterrichten, Kranke zu betreuen oder die Sakramente zu spenden, in bestimmten Regionen auch abgewichen werden. Durch eine auf Zilhicce 1119 bzw. März 1708 datierende Anordnung wurde Abdi Pascha, Gouverneur von Aleppo, davon in Kenntnis gesetzt, dass „fränkische" Priester Menschen aus orthodoxen, armenischen und jakobitischen Gemeinden (*taifeler*) „kapern" und der „Konfession Frankreichs" (*mezheb-i Firansa*) zuführten. Des Weiteren ist in der Anordnung davon die Rede, dass ein solches Handeln schon früher durch Reichsdekrete geächtet worden sei. Es sei dem Sultan jedoch zur Kenntnis gelangt, dass derlei weiter vorkomme. Der Gouverneur wurde angewiesen, dies zu untersuchen und, falls es weiterhin geschehe, auch zu unterbinden.[18] Wie im Folgenden noch zu erläutern sein wird, war Aleppo für die Orthodoxie nun ein besonders heikles Pflaster. Gleichwohl macht die Anordnung deutlich, dass es mit der früheren, uneindeutigen Haltung der Sultane gegenüber der katholischen Missionstätigkeit nun vorbei war. Der Ökumenische Patriarch hatte nun Freunde an höherer Stelle.

---

18 Damascus, Syrian National Archives (Dar al-Watha'iq al-Qawmi) Series Awamir al-Sultaniyya (AS) Aleppo, Band 2, 3.

5. Der Armenische Patriarch von Konstantinopel

Nach dem Beispiel des Ökumenischen orthodoxen Patriarchen richteten die osmanischen Sultane in der Hauptstadt auch den Sitz eines armenischen Patriarchen ein. Die Gründe dafür liegen auf der Hand: Etschmiadzin lag in der osmanischen Zeit überwiegend außerhalb der Reichsgrenzen in Gebieten, die von den Safawiden-Schahs im Iran kontrolliert wurden, den Erzrivalen der Osmanen. Die Sultane brauchten eine Amtsperson in der Nähe, um die Angelegenheiten der wichtigen armenischen Minderheit zu regeln, die in erheblicher Zahl in der Hauptstadt vertreten war, zum Teil weil Mehmed Armenier dorthin umgesiedelt hatte. Damit die Zuwanderung weiter anhielt, gab Mehmed der Gemeinschaft zwei Kirchen in der Stadt, die zuvor den Orthodoxen gehört hatten.[19] Allerdings lässt sich nicht sagen, wann genau das armenische Patriarchat eingerichtet wurde. Nach armenischer Tradition wurde Hovakim, der Bischof von Bursa, 1461 von Sultan Mehmed ins Patriarchenamt erhoben. Doch ebenso wie bei der Behauptung, dass mit der Erhebung Gennadius' das byzantinisch-orthodoxe Patriarchat als reichsweites Patriarchat eingerichtet worden war, gibt es hierzu keine osmanischen Urkunden als Beleg. Überdies datieren die frühesten armenischen Berichte, in denen diese These vertreten wird, ins 18. Jahrhundert.[20]

Der erste armenische Geistliche, der nach osmanischen Quellen den Titel des Armenischen Patriarchen von Konstantinopel trug, war Asdvadzadur (1538–1543). Seine Befugnisse scheinen sich allerdings auf die Hauptstadt und die armenische Bevölkerung Westanatoliens beschränkt zu haben. Dem armenischen Reisenden Simeon von Łwow zufolge war während seines Besuchs in Istanbul 1608/1609 Grigor II. (1601–1608, 1611–1621, 1623–1626) der amtierende armenische Patriarch. Der Sitz des Patriarchen war die Kirche Surp Asdvadzadzin im Kumkapı-Bezirk Istanbuls. Dort blieb er bis ins 20. Jahrhundert. Doch bei seinen Reisen in Anatolien und Syrien notierte Simeon, dass armenische Priester in Amasya und Harput unter die Zuständigkeit des Katholikos von Sis mit Sitz in Aleppo fielen, während die Priester in der Stadt Diyarbakır der Autorität des Sitzes von Etschmiadzin unterstellt waren.[21] Dies deutet darauf hin, dass es zu diesem Zeitpunkt noch kein armenisches Patriarchat mit Befugnissen über alle Armenier im Osmanischen Reich gab.

---

19 Polonyalı Simeon (Simēon Dpir Lehats'i), Polonyalı Simeon'un Seyahatnamesi 1608–1619. Translated by Hrand Andreasyan, Istanbul 1964, 84.
20 Bardakjian, Kevork, The Rise of the Armenian Patriarchate of Constantinople, in: Lewis, Bernard/Braude, Benjamin (Hrsg.), Christians and Jews in the Ottoman Empire, Band 1, 89–100.
21 Polonyalı Simeon, Seyahatnamesi, 86, 90, 98–99.

Die Herrschaftszeit der Männer, die das Amt des Armenischen Patriarchen von Konstantinopel innehatten, war fast so turbulent wie das ihrer orthodoxen Amtskollegen im 17. Jahrhundert. Zwischen 1600 und 1715 hatten 54 Geistliche diese Position inne, davon einige von ihnen mehrmals. Die Amtsdauer betrug im Durchschnitt nur zwei Jahre.[22] Mit Ausnahme des Patriarchats von Thovmas II. (1657–1659) lagen die schnellen Wechsel nicht in protestantischen oder katholischen Intrigen begründet, wie das häufig beim Orthodoxen Patriarchat der Fall war, sondern schlicht in der Habgier. Thovmas hatte Sultan Mehmed V. (1648–1687) eine stattliche Erhöhung der Summe zugesagt, die seine Gemeinschaft dem Staat zahlen würde, wenn er vom Reich zum Patriarchen ernannt werden würde. Als er dann sein Amt angetreten hatte, steigerte er seine Einkünfte dadurch, dass er sich auch noch des Amts des Katholikos von Jerusalem bemächtigte. Er wurde gestürzt, nachdem er von den Traditionalisten, die ihrerseits große Summen für seine Absetzung gezahlt hatten, als „Franke" denunziert wurde. Thovmas wurde gefangengenommen und später vergiftet; sein Leichnam wurde ins Marmarameer geworfen.[23]

Im 18. Jahrhundert kam es wie in der Orthodoxen Kirche zu einer größeren Zentralisierung der Befugnisse des Armenischen Patriarchen von Konstantinopel. Ein wichtiger Schritt in diesem Prozess war für die Armenische Kirche die Ernennung von Hovhannes IX. Kolot (1715–1741) zum Patriarchen; seine lange Amtszeit durchbrach die rasche Aufeinanderfolge von Patriarchen, die für das 17. Jahrhundert kennzeichnend gewesen war. 1726 landete er in der Kirche einen Coup, denn der neue Katholikos von Etschmiadzin, Karapet II. (1726–1729), wurde in Istanbul gewählt und geweiht. Bezeichnenderweise geschah dies genau in dem Jahr, als die Safawiden-Dynastie zu Ende ging. Im Kaukasus stellte der Iran unter den Safawiden eine Gegenmacht zu den Osmanen dar, und die Schahs hatten die Unabhängigkeit des Patriarchats von Etschmiadzin als Gegengewicht zu den osmanischen Intrigen unter ihrer armenischen Bevölkerung unterstützt. Als dieser Rückhalt fehlte, konnte das Patriarchat von Konstantinopel mit der Unterstützung des osmanischen Staatsapparates seinen Vormachtanspruch über die armenischen Gläubigen stärker zum Tragen bringen.

Interessanterweise wurde die von Sultan Ahmed III. (1703–1730) unterzeichnete Urkunde, mit der Karapet als Katholikos von Etschmiadzin bestätigt wurde, im Auftrag des Sultans Hovhannes vorgelegt. Dadurch galt Letzterer als höherrangiger Geistlicher. Bis zum Ende des 18. Jahrhundert fand die gesamte Korrespondenz zwischen Etschmiadzin und dem Sultan über den Armenischen Patriarchen von Konstantinopel statt. Dies war eine wichtige Entwicklung, denn sie geschah zu einer Zeit, als der Sitz von Etschmiadzin immer noch die Aufsicht über viele arme-

---

22 Bardakjian, Rise of the Armenian Patriarchate, 94.
23 Frazee, Catholics and Sultans, 131.

nischen Gemeinden im Reich hatte. Dazu gehörte auch Izmir, das sich rasch zum bedeutendsten Hafen des Reiches im Handel mit Europa entwickelte.[24] Das Prestige des Armenischen Patriarchen wurde auch dadurch weiter gesteigert, dass der osmanische Staat in der zweiten Hälfte des 18. Jahrhundert die Syrisch-orthodoxe (Jakobitische) Kirche seiner Autorität unterstellte. Damit war die Zentralisierung allerdings noch nicht abgeschlossen. Die größte Hürde bei der Unterstellung aller Armenier im Reich unter die Führung des Armenischen Patriarchen stellte der Sitz des Katholikos von Sis dar. Dieser befand sich spätestens ab 1606 in der Stadt Aleppo. Es ist kein Zufall, dass eines der größten Probleme für den orthodoxen Ökumenischen Patriarchen in eben dieser Stadt seine Wurzeln hatte.

6. Aleppo als Epizentrum der Unionsbewegung

Aleppo war mit ca. 100 000 Einwohnern im 18. Jahrhundert nach Istanbul und Kairo die drittgrößte Stadt des Osmanischen Reiches. Die christliche Minderheit machte ungefähr 20 % aus. Zu ihr zählten etwa ein Dutzend wohlhabender Kaufmannsfamilien, die an Reichtum und Einfluss den christlichen Kaufleuten von Istanbul oder Izmir in nichts nachstanden. Gegen Ende des 19. Jahrhundert schätzten europäische Besucher, dass ungefähr 90 % der Christen in Aleppo einer der vier mit Rom unierten Kirchen angehörten, also der maronitischen, melkitischen, armenischen und syrischen Kirche. Die Ursachen für die Gründung und das Anwachsen dieser Gruppierungen, die sich zur größten katholischen Bevölkerungsgruppe außerhalb des Libanon-Gebirges und des Balkans entwickeln sollte, hatten nicht zuletzt mit dem Handel in der Stadt zu tun.

Damaskus war unter der Mamlukenherrschaft (1260–1516) die Landeshauptstadt Syriens gewesen. Es war auch das größte Zentrum von Handel und Handwerk, und seine Bevölkerungszahl übertraf das ihrer Rivalin im Norden. Offensichtlich war die Stadt auch der Sitz des Orthodoxen Patriarchen von Antiochien, auch wenn in manchen Quellen die Übersiedelung des Sitzes von seinem Ursprungsort nach Damaskus auf die Jahrzehnte nach der osmanischen Eroberung Damaskus' im Jahr 1516 angesetzt wird. Trotz der früheren Bedeutung von Damaskus waren die Karawanenrouten, die in die irakischen Städte und von dort aus weiter nach Indien führten, aufgrund von Beduinen-Aufständen im 16. Jahrhundert unsicher geworden. Deshalb verlagerten die Karawanen ihre Route in den Norden; diese führte sie am Euphrat entlang auf einem Weg, der sich besser kon-

---

24 Bardakjian, Rise of the Armenian Patriarchate, 95–96; Frangakis-Syrett, Elena, The Commerce of Smyrna in the Eighteenth Century 1700–1820, Athens 1992.

trollieren ließ, und brachte sie nach Aleppo. Darüber hinaus war Aleppo mit der Zunahme der Seidenexporte vom Iran zum Mittelmeer attraktiver als seine wirtschaftlichen Konkurrenten, und zugleich ging der Transithandel mit asiatischen Gewürzen zurück. Der Handel und eine wachsende Zahl von Textilbetrieben in Aleppo zogen im 16. und frühen 17. Jahrhundert wiederum eine große Anzahl von Migranten in die Stadt. Unter diesen Migranten waren überproportional viele Christen, die aus Anatolien, dem Nordirak und aus christlichen Dörfern in Zentralsyrien kamen. Der christliche Anteil an der Bevölkerung war vor der Eroberung relativ unbedeutend gewesen und bestand vor allem aus Orthodoxen, die dem byzantinischen Ritus folgten, sowie Maroniten. Doch in der Blütezeit im späten 16. Jahrhundert etablierten sich armenische, jakobitische und nestorianische Migrantengemeinden, die kaum noch mit ihren Herkunftsorten verbunden waren.

Die Anwesenheit von Christen verschiedener Konfessionen machte Aleppo zu einem lohnenden Ziel für katholische Missionare. Bei ihren Missionsbemühungen wurden sie von französischen Konsuln unterstützt, deren Aufgabe vordergründig darin bestand, die Interessen der Kaufleute ihres Landes zu schützen. Doch gemäß der französischen Handelsverträge mit dem Osmanischen Reich konnten katholische Priester in jeder Stadt wohnen, in der französische Kauflaute ansässig waren. So berichtete beispielsweise 1680 der französische Konsul, der Ritter Laurent d'Arvieux, dass es 24 ausländische katholische Priester und Ordensbrüder in Aleppo gäbe, wobei nur 14 französische Kaufleute dort wohnten.[25] Die osmanischen Beamten waren sich im Klaren darüber, dass diese Bestimmung der Verträge für die Missionare einen Vorwand bot, unter dem sie Christen des Ostens für Rom zu gewinnen versuchten. Für die Behörden erschien die Anwesenheit der lateinischen Geistlichen anfangs kein Problem darzustellen.

Die ersten katholischen Missionare kamen 1627 nach Aleppo. Zu Beginn wurden sie vom armenischen Katholikos von Sis, Minas (1621–1632), willkommen geheißen. Er gestattete den lateinischen Priestern, die Sakramente an seinem Sitz in der gerade sanierten Kirche Surp Karsunk (Vierzig Märtyrer) zu spenden. Die Kirche lag im weitgehend von Christen bewohnten Bezirk Judayda [oder: Al-Jdayde] nordwestlich der Stadtmauer. Einen zusätzlichen Schub erhielt die katholische Missionstätigkeit in Aleppo während des Konsulats von François Picquet (1652–1662), der Frankreichs politische und wirtschaftliche Interessen im Reich so verknüpfte, dass sie der katholischen Mission nützten. Seine Amtszeit fiel in eine Zeit, in der die ostkirchlichen Geistlichen stärker an einem Dialog mit Rom interessiert waren.[26]

---

25 Lewis, Warren, Levantine Adventurer: The travels and Mission of the chevalier d'Arvieux, 1653–1697, New York 1963, 41; Heyberger, Bernard, Les chrétiens du procheorient au temps de la réforme catholique, Rome 1994, 285–294.

26 Goyau, Georges, Le rôle religieux du Consul François Picquet dans Alep (1652–1662), RHMiss 12, 160–198.

Markarios III. al-Za^cim (1647–1672) aus Aleppo wurde 1647 orthodoxer Patriarch von Antiochien. Auch als er nach Damaskus umzog, um das Patriarchat anzutreten, blieb er in Kontakt mit den lateinischen Missionaren, die er häufig in seinem Haus in Aleppo beherbergt hatte. Der amtierende Katholikos von Sis, Khatchatour III. (1657–1674), war der katholischen Mission gegenüber ebenfalls positiv eingestellt, und Gleiches gilt für den jakobitischen Patriarchen Ignatius Andreas Akhidjan (1662–1677). Er saß nominell im Kloster Deir az-Zafaran außerhalb der Stadt Mardin, lebte aber in Aleppo. Konsul Picquet gab aufgrund des lateinischen Einflusses in allen drei Ostkirchen damit an, dass die drei Prälaten in Syrien pro-katholisch eingestellt seien. Das entsprach nicht ganz der Wahrheit, doch die Konvertitenlisten der Missionare im Jahrzehnt vor seinem Amtsantritt zeigen, dass die lateinischen Missionare die einheimischen Christen erfolgreich für den Katholizismus gewinnen konnten.[27]

Tatsächlich gab es nur einen Prälaten, der sich offiziell zum katholischen Glauben bekannte, und das war Ignatius Akhidjan. Seine Erhebung ins jakobitische Patriarchat wurde durch großzügige Bestechungsgelder von Konsul Picquet begünstigt und führte zu einer Spaltung unter den Jakobiten. Die meisten Gläubigen in Aleppo folgten der Führung durch Akhidjan und begrüßten die Union mit Rom, während diejenigen in der traditionellen Heimatregion des Tur Abdin in den Bergen Südostanatoliens an den alten Traditionen und ihrem eigenen Patriarchen Ignatius Abdul Masih I. Rawhi (1662–1686) festhielten. Mit Akhidjans Tod 1677 entbrannte zwischen den beiden Gruppierungen ein Kampf um die Nachfolge. Schließlich siegten die Traditionalisten, als ihr Kandidat Abdul Masih Rawhi von Sultan Mehmed IV. zum Jakobitischen Patriarchen von Antiochien ernannt wurde.[28] Nachdem er offiziell anerkannt worden war, belegte er die katholische Gruppierung mit dem Kirchenbann. Dies war der erste vollständige Bruch zwischen der pro-katholischen und der traditionalistischen Fraktion in Aleppo, aber es sollte nicht der einzige bleiben.

Trotz dieses Rückschlags stand der jakobitische Teil der Bevölkerung von Aleppo weitgehend auf der Seite des Patriarchats-Kandidaten Butrus Shahbadin (gest. 1702), der 1677 von Frankreich und Rom als Patriarch aller Jakobiten anerkannt wurde. Am Ende gelang es den Franzosen, ein Reichsdekret zu erwirken, durch das Butrus das Amt des Metropoliten von Aleppo verliehen wurde, obwohl der Kirchenbann durch seinen Patriarchen nicht widerrufen wurde. Dass beide Männer gleichzeitig Urkunden des Reiches vorweisen konnten, die sie in ihren Ämtern bestätigten, ist ein Beleg dafür, dass das *Millet*-System noch nicht bestand. Durch weitere französische Bestechungsgelder und diplomatischen

---

27 Heyberger, Bernard, Le chrétiens d'Alep (Syrie) à travers les récits de conversions des missionaries Carmes Déchaux (1657–1681), in: Mélanges de l'École Française de Rome 100, 461–99.
28 Istanbul, BOA, Mühimme Defter 96, 259.

Druck gewann Butrus IV. im Jahr 1700 die Wahl zum Patriarchen. Ein Gegenangriff der Traditionalisten, der vom Orthodoxen sowie dem Armenischen Patriarchen von Konstantinopel unterstützt wurde, führte 1702 zu seiner Absetzung. Dies war eine bedeutsame Weiterentwicklung, denn in der Folge beanspruchte der Armenische Patriarch Autorität über die jakobitische Kirche. In der Zwischenzeit erkannte Rom bis zum Ende des Jahrhunderts ein uniertes Syrisches Patriarchat von Antiochien an. Auch wenn die Männer, die dieses Amt bekleideten, von Istanbul nicht offiziell anerkannt waren, hielten sich die meisten jakobitischen Christen in Aleppo zur Union.[29] Das Entstehen einer katholischen Gruppierung unter den zahlenmäßig stärkeren orthodoxen Christen, die dem byzantinischen Ritus folgten, hatte anscheinend mehr mit politischen als mit dogmatischen Fragen zu tun. Im Grunde war es so, dass die maßgeblichen orthodoxen Kaufmannsfamilien der Stadt bei der Auswahl ihres höchsten Geistlichen mitreden wollten. Wie angriffslustig sie dabei waren, zeigte sich erstmals, als sie mit einer großen Delegation am 3. September 1678 vor dem obersten Kadi Aleppos erschienen und erklärten, dass Nawifitus (Neophytos) (1674–1684) nicht geeignet sei, ihr Patriarch zu sein, da er weder ihre wichtigsten Glaubensinhalte verstünde noch arabisch sprechen würde. Zudem zitierten sie eidesstattliche Erklärungen, die vom gleichen Gericht bereits aufgezeichnet worden waren. Danach hätte Neophytos illegalerweise kirchliche Gelder an sich gebracht. Auch wenn sie einräumten, dass Neophytos der vom Sultan anerkannte Patriarch sei, wäre ihr „wahrer" Patriarch Kyrillos al-Za^cim. Er sei ein Einheimischer, würde alle ihre Glaubensinhalte verstehen, spräche hervorragend arabisch, verfügte über eine exzellente Moral und sei bei Hofe präsent.[30] Dass Neophytos dem pro-katholischen Lager vorsichtig zuneigte und Kyrillos nicht, scheint darauf hinzudeuten, dass Kyrillos eher aufgrund seiner Herkunft aus der Region bei seiner Gemeinde Anklang fand als aufgrund seiner Lehren.

1684 wurde Kyrillos al-Za^cim schließlich von einer Synode in Damaskus zum Patriarchen erhoben. Doch 1685 gelang es den Franzosen, vom Ökumenischen Patriarchen die Bestätigung zu erkaufen, Kyrillos durch den pro-katholischen Athanasius IV. Dabbās aus Damaskus ersetzen zu lassen. Doch Kyrillos gab nicht auf und erlangte 1687 eine Anordnung des Reiches, mit der er als Patriarch bestätigt wurde. Athanasius dagegen übernahm den Sitz des Metropoliten von Aleppo, wo er weiterhin die katholischen Missionare unterstützte. Die Kämpfe zwischen Rom und Konstantinopel brachen mit dem Tod Kyrillos III. 1720 erneut aus. Wiederum wurde Athanasius zum Patriarchen von Antiochien ernannt, doch das *Berat* des Reiches war an die Bedingung geknüpft, dass er nach Istanbul ging, sich mit dem

---

29 Joseph, John, Muslim-Christian Relations and Inter-Christian Rivalries in the Middle East: The Case of the Jacobites in an Age of Transition, Albany 1983, 40–47.
30 Damascus, Aleppo Court Records, Band 34, 39.

Ökumenischen Patriarchen beriet und die kirchliche Unterstellung von Antiochien unter Konstantinopel anerkannte. Dies führte im September 1722 dazu, dass der Gouverneur von Aleppo eine Anordnung des Reiches erhielt, wonach alle Christen zu ihren ursprünglichen Konfessionen (*taife*) zurückzukehren hatten oder aber des Landesverrats angeklagt würden. Ein Jahr danach schickte der Sultan auf Bitten Athanasius' eine Anordnung an die Gouverneure von Aleppo und Damaskus, Ausschau nach einem Priester namens Khalil Suhuri sowie zwei nicht namentlich benannten Laien zu halten, die „zur Religion der Franken übergelaufen" seien. Wenn sie ergriffen würden, sollten sie in die Zitadelle von Adana gebracht werden.[31] Der Staat begann, sich in Aleppo deutlich zugunsten der Orthodoxie einzumischen.

Als Kyrillos al-Zaᶜim 1724 starb, wählten die Geistlichen und Laien von Damaskus Kyrillos VI. Tanas, der allerdings vom Sultan nicht akzeptiert wurde. Stattdessen erkannte der Sultan das Amt Sylvester von Zypern zu. Dieser war vom Ökumenischen Patriarchen vorgeschlagen worden. Kyrillos floh nach Shuwair im Libanongebirge, wo er 1729 von Rom als unierter Patriarch von Antiochien anerkannt wurde. Anfangs unterstützten die orthodoxen Christen Aleppos die Amtseinsetzung Sylvesters, weil sie verärgert darüber waren, bei der Wahl von Kyrillos nicht hinzugezogen worden zu sein. Das änderte sich, als der neu installierte Patriarch die Stadt 1726 besuchte und prompt für Verstimmung bei der dort ansässigen Gemeinde von Kaufleuten sorgte. Zu dieser Zeit wurde der Gouverneur erneut daran erinnert, dass es den Untertanen der Osmanen untersagt war, zur Religion der Franken überzutreten.

Sylvester sah die Chance gekommen, den Katholiken eine Schlappe beizubringen. Am 1. Juli 1726 gab er beim zentralen muslimischen Gerichtshof in Aleppo die Namen von über hundert Männern an, die alle zu seinen Gemeindegliedern zählten, aber nach seinen Angaben Gottesdienste mit den Franken feierten.[32] Doch offensichtlich hatte er unter den Muslimen vor Ort keine Verbündeten, denn viele der beschuldigten Männer wandten sich am 24. August 1726 an das Gericht, um Beschwerde gegen „den Priester namens Sylvester" einzulegen, der kirchliche Gelder gestohlen und von Geistlichen und Laien in Aleppo unrechtmäßig Steuern erhoben hätte. Als sie die Zahlung verweigerten, hätte „dieser Priester" darauf gepocht, dass die Männer des Gouverneurs die Summe mit Gewalt eintrieben. Ihre Einlassung endete mit der Erklärung, dass seine Taten unrecht und unmoralisch und der Grund dafür seien, dass viele Christen aus der Stadt geflohen wären. Eine große Gruppe prominenter Muslime stützte ihre Aussage und bestätigte, dass die Darstellung der Katholiken der Wahrheit entspräche.[33] Der Richter entschied zu

---

31 Damascus, al-Awamir al-Sultaniyya, Aleppo, Band 2, 3; Istanbul (BOA) Cevdet Adliye 3570.
32 Damascus, Aleppo Court records, Band 5, 12.
33 Damascus, Aleppo Court records, Band 51, 34, 95, 149–151.

ihren Gunsten und beschloss, dass sie dem „Priester" Sylvester nicht mehr zu gehorchen bräuchten. Diese Entscheidung deutet darauf hin, dass die Rahmenbedingungen des *Millet*-Systems der muslimischen Justiz nicht so klar waren, wie sie später einmal verstanden wurden.

Seitdem hielten die meisten Angehörigen des *Rum taifesi* (wörtlich der „griechischen Gemeinde") in Aleppo dem unierten Patriarchen der Kirche die Treue. Diese Kirche wurde später in Europa als Melkitische Katholische Kirche und im osmanischen Türkischen als *Melkit Katolik* bezeichnet. Im Arabischen wurde sie jedoch schlicht *Rum Kathulik* („griechische Katholiken") genannt, was darauf hindeutet, dass sie nicht gewillt waren, die frühere Identität ihrer Gemeinschaft abzulegen. Als Kaufleute aus der Stadt fortzogen – teils um Verfolgungen zu entgehen, teils um bessere Geschäftsmöglichkeiten zu nutzen – wurden im Libanon und in Ägypten melkitisch-katholische Gemeinden gegründet. Im 18. Jahrhundert lag das Zentrum der Kirche in Aleppo, auch wenn die Patriarchen meist in Shuwair im Libanongebirge residierten, wo sie für die osmanischen Behörden nicht so leicht zu greifen waren.

Während sie den römisch-katholischen Papst als Oberhaupt der „heiligen katholischen Kirche" anerkannten, behielten die melkitischen Katholiken ihre traditionellen Gewänder, ihre Bilder und die Verwendung ungesäuerten Brotes bei der Kommunion bei, und sie durften ihren Seminaristen die Heirat vor der Ablegung des ewigen Priestergelübdes gestatten. Im Gegenzug akzeptierten sie das katholische Verbot der Ehescheidung, und sie erhielten im Vergleich zu der Zeit, als sie noch orthodox gewesen waren, größere Spielräume bei der Bestimmung der Blutsverwandtschaft im Fall einer Eheschließung. Die größte Veränderung war jedoch sprachlicher Natur. Die arabischen Laien beklagten unter anderem gegenüber den vom Ökumenischen Patriarchen favorisierten griechischen Geistlichen, dass diese kein Arabisch verstünden. Bei den Unierten sprachen nicht nur die Priester und der höhere Klerus arabisch, sondern Rom gestattete es den Melkiten auch, ihren gesamten Ritus auf Arabisch zu halten. Dies stellte einen krassen Bruch mit ihrer orthodoxen Geschichte dar, in der das Griechische die liturgische Sprache gewesen war. In Aleppo nahm nach der Abspaltung eine neue Art der Ikonenproduktion Aufschwung, nachdem die zuvor griechischen Inschriften durch arabische ersetzt und die Malweise stärker naturalisiert wurde. Eine weitere kulturelle Innovation bestand darin, dass katholische Priester 1708 in Aleppo eine Druckerpresse mit arabischen Buchstaben aufstellten – die erste dieser Art im Osmanischen Reich. Auch wenn sie später auf Druck der osmanischen Behörden in den Libanon gebracht werden musste, zeichneten sich die Melkiten dadurch aus, dass sie religiöse Werke in ihrer Umgangssprache druckten und in diese übersetzten, und dass dies auch die Unterrichtssprache in den von ihren Priestern gegründeten Schulen war.

7. Kopten und Maroniten

Im Unterschied zu den anderen christlichen Gemeinschaften in den arabischen Gebieten, wo der Konflikt zwischen unierten und traditionalistischen Gruppierungen im 19. Jahrhundert zur schrittweisen Entstehung offiziell anerkannter *Millet*s führte, blieben die Maroniten und Kopten von internen Streitigkeiten verschont, und die Sultane befassten sich nicht so intensiv mit ihnen. Vielleicht war das der Grund, dass keine der beiden eine offizielle *Millet* bildete. Der maronitische Klerus debattierte noch immer darüber, ob man um eine offizielle Anerkennung nachsuchen sollte, als sich die Frage mit dem Ersten Weltkrieg erübrigt hatte. Bei den koptischen Christen hatten die vom Sultan eingesetzten osmanischen Gouverneure in Ägypten im 18. Jahrhundert wenig Einfluss darauf, was in ihrer Provinz vor sich ging. Eher war es so, dass die Straßen von Kairo von bewaffneten Gruppen kontrolliert wurden, die sich um Anordnungen aus Istanbul kaum scherten. Die koptischen Patriarchen von Alexandrien, die zumindest im Mittelalter in Kairo residierten, wurden von Konzilien aus Geistlichen und *Archonen* (den Mitgliedern nichtgeistlicher Oberschichtsfamilien) gewählt. Vom Gouverneur von Kairo erhielten sie ein Dokument, das ihren Amtsantritt bestätigte, doch in Istanbul wurde dies nicht weiter vermerkt. Die koptischen Patriarchen sahen keinen Grund, sich an Istanbul zu wenden, und es gibt keine Kopien von Anordnungen des Reiches zu ihrer Amtseinsetzung. Pflichtgemäß zahlte die Gemeinschaft ihre Steuern an die ägyptischen Gouverneure, doch Istanbul ignorierte sie weitgehend und wurde auch von ihnen ignoriert.

Unter der Herrschaft der byzantinischen Kaiser in Ägypten wurden die dortigen Kopten als „Häretiker" bezeichnet, und als bedrängte Gemeinschaft waren sie gegenüber Christen anderer Konfessionen argwöhnisch. Trotzdem schrieb Patriarch Gabriel VIII. (1586–1601) Ende des 16. Jahrhunderts nachweislich nach der Ankunft der ersten katholischen Emissäre in Kairo einen Brief an Papst Sixtus V., in dem er von den beiden Kirchen als „eine einzige Herde und eines einzigen Glaubens" sprach. Es wurden jedoch keine weiteren Schritte auf eine Einheit hin unternommen.[34] Einer pro-katholischen Fraktion im koptischen Klerus gelang es, beim Provinzgouverneur eine Anordnung zur Absetzung von Patriarch Markos (1602–1618) zu erwirken und dort mit Kyrill einen pro-katholischen Geistlichen zu installieren. Doch dies war nur ein vorübergehender Sieg, denn Markos wurde erneut Patriarch. Kyrill war der einzige offen pro-katholische Patriarch in der osmanischen Zeit, und vor dem 19. Jahrhundert gab es in Ägypten keine relevanten Bewegungen hin zu einer Union. Nach der katholischen Einmischung in die Angelegenheiten des Patri-

---

34 Armanios, Febe, Coptic Christianity in Ottoman Egypt, Oxford 2011, 123; Frazee, Catholics and Sultans, 148–149.

archats in der Amtszeit von Markos V. war einem Großteil der koptischen Geistlichen die Anwesenheit von Missionaren in ihrem Land höchst suspekt. Dessen ungeachtet durften sich die Missionare in Kairo wie auch andernorts im Reich aufgrund der Verträge des Sultans mit Frankreich aufhalten. Dennoch gab es nur sehr wenige Übertritte, so dass es 1750 nach fünfzig Jahren aktiver jesuitischer Mission in Ägypten nach Schätzung der Missionare weniger als 2 000 katholische Kopten gab.[35]

Anders als die Kopten nahmen die Maroniten im Libanongebirge die katholischen Missionare von Beginn an als „Brüder in Christus" auf. Die durch Syrien reisenden und dort missionierenden Jesuiten trugen für gewöhnlich die schwarzen Turbane und Soutanen des maronitischen Klerus und konnten darauf bauen, dass sie in den Maronitengemeinden untergebracht und verpflegt wurden. Auch wenn das Oberhaupt der maronitischen Kirche den Titel „Patriarch von Antiochien und des ganzen Orients" trug, befand sich sein Sitz faktisch in einem Kloster in Qannubin, hoch im Libanongebirge gelegen. Mit Ausnahme der Maronitengemeinde in Aleppo lebten die meisten maronitischen Gläubigen in den Gebirgsregionen des Libanon und im syrischen Küstengebiet. Beide Gegenden wurden nur rudimentär von der Zentralregierung kontrolliert. Deshalb agierten die Maroniten so, als wäre die Regierung in Istanbul für sie bedeutungslos, und orientierten sich lediglich an den Machthabern vor Ort, die meist Drusen waren. Das verschaffte ihnen eine Handlungsfreiheit, wie sie die anderen Christen im Osmanischen Reich nicht besaßen.

Obwohl erste Kontakte zwischen dem maronitischen Patriarchen und Rom bereits zu Zeiten der Kreuzzüge geknüpft wurden, wurden die Beziehungen zwischen Rom und dem Libanon mit der Eröffnung des Maronitischen Kollegs in Rom 1584 enger. Das Kolleg war wichtig, weil es Studenten hervorbrachte, aber auch, weil es dort eine arabische Druckerpresse gab. Zu den ersten dort herausgegebenen Werken gehörte eine arabische Übersetzung der vier Evangelien und ein Missale. Beides fand bei den verschiedenen mit Rom unierten Gemeinschaften in den syrischen Provinzen weite Verbreitung. Der bekannteste Absolvent war Estephane Boutros El Douaihy, der von 1670 bis 1704 der maronitische Patriarch war. Douaihys wichtigster geistiger Beitrag zur genauen Beschreibung der maronitischen Kirche war eine Chronik ihrer Geschichte mit dem Titel *Ta'rikh al-azmina* (Der Ursprung der maronitischen Nation). Das Werk war auf Arabisch, aber in syrischer Schrift (*Karschuni*) verfasst, und Douaihy schickte es dem Vatikan, wo es immer noch ein Autograph gibt. Das zentrale Thema seiner Darstellung war die Geschichte des Überlebens der maronitischen Gemeinschaft als eines Außenpostens des „wahren Glaubens" angesichts der Verfolgung christlicher „Häretiker" und zuzeiten auch repressiver muslimischer Herrscher.[36]

---

35 Armanios, Coptic Christianity, 122.
36 Ussama Makdisi, The Artillery of Heaven: American missionaries and the failed conversion of the Middle East, Ithaca 2008, 32–45.

Der maronitische Klerus stand einer Union mit Rom generell aufgeschlossen gegenüber. Es gab jedoch dauerhafte Spannungen zwischen denjenigen, die die Liturgie, den Kalender und die Traditionen beibehalten wollten, die sich im Laufe der Jahrhunderte im Libanongebirge herausgebildet hatten, und denen, die eine stärkere „Latinisierung" der Kirche befürworteten. Patriarch Josef V. Dergham Khazen (1733–1742) appellierte an Papst Clemens XII., einen Legaten in den Libanon zu schicken, der zwischen den beiden Fraktionen vermitteln sollte. Der Papst entschied sich für Yusul al-Simᶜani, den Präfekten der Vatikanischen Bibliothek, der Maronit war. Al-Simᶜani kam 1736 in den Libanon und berief eine Synode im Kloster Sayyidat al-Luwayza ein. Die Synode wurde nach dem Vorbild der Synode der ukrainischen (ruthenischen) unierten Kirche 1720 in Zamość abgehalten und brachte die maronitische Kirche auf eine Linie mit den Gebräuchen der lateinischen Kirche, zu denen auch die Verwendung ungesäuerten Brotes bei der Kommunion und die Ergänzung der Wendung „und dem Sohn" zum Glaubensbekenntnis gehörte.[37] Rom gelang es, die Kontrolle über die unierten Kirchen im Osmanischen Reich etwa zu der Zeit zu erlangen, als sich das Patriarchat von Konstantinopel den Einfluss über die orthodoxen Patriarchate des Balkans sicherte. Die konfessionelle Spaltung zwischen den Christen im Osmanischen Reich war nie größer als zu dieser Zeit, da die Gläubigen sich entweder zu Rom oder zu Konstantinopel hielten. Doch gerade als sich die Macht des Ökumenischen Patriarchen von Konstantinopel auf ihrem Höhepunkt befand, zeigte seine Geschlossenheit erste Risse.

8. Weltliche Politik und nationales Erwachen

Gerhard Podskalsky unterteilt die Geschichte des Orthodoxen Patriarchats von Konstantinopel zwischen der Eroberung Konstantinopels 1453 und dem Beginn des griechischen Unabhängigkeitskriegs 1821 in drei Abschnitte. Die erste Phase (1453–1612) nach der Eroberung brachte für die Kirche viele Einschränkungen mit sich. Allmählich bildete sich der Anspruch der Orthodoxen Kirche heraus, Erbin der Tradition des Byzantinischen Reiches zu sein. Dies zeigte sich auch darin, dass sie den Doppeladler übernommen hatte, der das Feldzeichen der weltlichen Macht des Kaisers war. Der zweite Abschnitt (1612–1723) war durch die Streitigkeiten zwischen den Traditionalisten und der pro-katholischen Fraktion geprägt sowie durch die Konflikte zwischen eben diesen Traditionalisten und denjenigen, die – allen voran Kyrillos Loukaris – protestantische Ideen in die Orthodoxie einbringen

---

37 Frazee, Catholics and Sultans, 191–193.

wollten. Dabei formulierten orthodoxe Intellektuelle ihre Lehren deutlicher und machten ihre theologische Unabhängigkeit gegenüber katholischen wie protestantischen Interpretationen des ihnen gemeinsamen Glaubens geltend. Neben der Formulierung des eigenen Glaubens strebte der höhere Klerus auch danach, die Kluft zwischen dem literarischen Griechischen der überkommenen Tradition und dem von den Laien gesprochenen und verstandenen Griechischen (*dimotiki*) zu schließen, damit die Laien den „wahren Glauben" besser erkennen könnten. Die letzte Phase (1723–1836) war durch den anfänglichen Triumph Konstantinopels über alle anderen konkurrierenden orthodoxen Patriarchatssitze im Reich geprägt. Daneben war eine zunehmende Hellenisierung der Kirche zu beobachten. Diese hatte allerdings den Nebeneffekt, dass sich unter den slawischsprachigen orthodoxen Christen Bewegungen für kulturelle und kirchliche Autonomie bildeten.[38]

Heutige griechische Historiker würden wohl kaum konzedieren, dass es im 18. Jahrhundert so etwas wie ein „Goldenes Zeitalter" des Patriarchats von Konstantinopel und der führenden griechischen Familien in der Hauptstadt, der Phanarioten, gegeben hat. Für die meisten gehörte diese Zeit schlicht in die dunklen Jahrhunderte der „Türkenherrschaft", als die Griechen unter das „Joch der Osmanen" gebeugt waren. Trotzdem waren es in diesem Jahrhundert griechische Kaufmannsschiffe, die den Handel auf dem Schwarzen Meer und im östlichen Mittelmeer dominierten. Griechische Kaufleute gründeten dauerhafte Gemeinden in Häfen wie Marseille und Odessa und damit außerhalb des osmanischen Einflusses, während andere Griechen das ökonomische Leben in Istanbul sowie in Izmir, das sich allmählich zum führenden Wirtschaftszentrum des Reiches entwickelte, beherrschten. Daneben erlangten phanariotische Familien die politische Kontrolle über die lukrativen rumänischen Provinzen des Reiches, während sie immer noch den Launen des Sultans ausgeliefert waren. Das griechische Volk insgesamt mag in den Jahrhunderten unter den Osmanen gelitten haben, doch zumindest einige orthodoxe christliche Familien konnten die Zeit unter dem *ancien régime* gut für sich nutzen.[39]

Die neue säkulare griechischsprachige Oberschicht der Orthodoxen gründete Akademien in den rumänischen Provinzen, auf den Inseln in der Ägäis, in Istanbul, Izmir und im griechischen Mutterland, in denen griechische Literatur und Philosophie neben den „neuen" europäischen Wissenschaften unterrichtet wurden. Diese kleinen Zentren der europäischen „Aufklärung" förderten die Heranbildung einer Generation junger Männer, die sowohl eine griechische kulturelle Identität besaßen als auch eine gesunde Skepsis gegenüber der „Mutter Kirche". Auch wenn viele der Studenten, die von diesen Möglichkeiten profitierten, keine griechischen

---

38 Podskalsky, Griechische Theologie, 79–80.
39 Greene, Molly, The Edinburgh History of the Greeks, 1453–1768: The Ottoman Empire, Edinburgh 2015.

Muttersprachler waren, unterstützen die Akademien den Prozess, sie zu „Hellenen" zu formen, die sich selbst als Mittler einer großen intellektuellen Tradition sahen, die Griechenland mit neuem Leben erfüllen würde.[40]

Vor dem 18. Jahrhundert und auch noch lange danach wurde die gesellschaftliche und politische Identität der heterogenen Bevölkerung des Osmanischen Reiches eher in religiösen als in ethnischen Kategorien formuliert, auch wenn manchmal Überschneidungen zwischen beiden vorkamen, wie etwa bei Armeniern oder Juden. Das änderte sich für die orthodoxen Christen des Reiches, als die auf der jeweiligen Muttersprache basierende Identität allmählich an die Stelle der religiösen Identität trat. Im 17. Jahrhundert wurde in den orthodoxen Kirchen Wiens, die am byzantinischen Ritus orientiert waren, die Liturgie auf Griechisch und Slawisch gefeiert, doch 1730 bauten die Serben in der habsburgischen Hauptstadt eine eigene Kirche, in der nur das Slawische verwendet wurde.[41] Die Serben wohnten in den Grenzgebieten zwischen dem Habsburgischen und dem Osmanischen Reich und genossen größere kirchliche Autonomie als ihre Glaubensgenossen unter den Osmanen. Womöglich zeigten sich die ersten Tendenzen einer ethnischen Dimension der orthodoxen Identität als Folge dieser Freiheit in eben dieser Gruppe.

Die Serben verfügten über etablierte Gemeinden außerhalb des Reiches, und die intellektuellen Strömungen, die sie beeinflussten, waren eher in Moskau beheimatet als in Istanbul. Die Autonomiebestrebungen innerhalb der Orthodoxie wurden auch noch dadurch verstärkt, dass der Patriarch von Peć, Arsenije III. Crnojević (1674–1690), den folgenreichen Schritt unternahm, seinen Sitz vom Gebiet der Osmanen in habsburgisches Territorium zu verlegen, als er 1690 seine Kirche in Sremski Karlovci (Karlowitz) begründete. Die Basis für eine eigenständige serbische religiöse Identität gab es bereits in Gestalt der Heiligen Lazar und Sava, doch die Umsiedelung nach Sremski Karlovci machte den Titular-Patriarchen von Peć zum autokephalen Oberhaupt einer serbischen „National"-Kirche.[42] Auch wenn die Mehrheit der Serben im 18. Jahrhundert weiterhin unter osmanischer Herrschaft stand, befand sich ihre geistliche Leitung außerhalb des Reiches. Aus dem Schutz des Exils förderte das serbische Patriarchat die Behauptung einer eigenständigen kulturellen Identität der Serben und diente als Sammelpunkt des politischen Widerstands gegen die osmanische Herrschaft.

Am Sitz des Patriarchats von Konstantinopel war man besorgt über die Möglichkeit, dass diese Bestrebungen unter der slawischen Bevölkerung weitere Nachahmer finden könnte. Auf Bitte des Ökumenischen Patriarchen Samuel I. Hantzeris

---

40 Kitromilides, Paschalis, The Enlightenment as Social Criticism: Iosipos Moisiodax and Greek Culture in the Eighteenth Century, Princeton 1992.
41 Kraft, Ekkehard, Von der Rum Milleti zur Nationalkirche – die orthodoxe Kirche in Südosteuropa in Zeitalter des Nationalismus, in: Jahrbücher für Geschichte Osteuropas 51, FS Frank Kämpfer, Stuttgart 2003, 396–397.
42 Kraft, Von der Rum Milleti, 407.

(1763–1778) schaffte Sultan Mustafa III. (1754–1777) 1766 das Patriarchat von Peć und im folgenden Jahr dasjenige von Ochrid ab. Dies war allerdings bestenfalls eine symbolische Geste, denn der exilierte Patriarch waltete seines Amtes über die serbischen Gläubigen weiterhin von österreichischem Gebiet aus. Vor der Auflösung des Patriarchatssitzes von Ochrid hatten dort auch ethnische Griechen als Priester gedient, doch im Patriarchat von Konstantinopel war man der Ansicht, dass diese Griechen gegen die Übertritte von Christen zum Islam keine effektiven Maßnahmen ergriffen hatten.[43] Das war natürlich nicht die Begründung, die sie beim Sultan vorbrachten, als sie um die Abschaffung potenziell konkurrierender Patriarchate nachsuchten. Vielmehr führten sie den Präzedenzfall des zentralisierten Patriarchats an, wie es unter byzantinischer Herrschaft existiert hatte.

Eine ungewollte Folge der größeren Zentralisierung kirchlicher Macht in der osmanischen Hauptstadt war die Zunahme ethnischen Bewusstseins unter rumänisch- und slawischsprachigen orthodoxen Christen. Die Spannungen zwischen arabischsprachigen Laien und einem ebensolchen niederen Klerus einerseits und einer griechischsprachigen Kirchenhierarchie andererseits trugen dazu bei, dass es im Patriarchat von Antiochien zu einer Spaltung zwischen pro-katholischen und traditionalistischen Gruppierungen kam. Doch auf dem Balkan war keine größere Bewegung hin zu einer Union mit Rom im Rahmen der Behauptung einer ethnischen Identität zu verzeichnen. Eine rumänische unierte Kirche war im 17. Jahrhundert entstanden, doch unter habsburgischer Herrschaft beschränkte sie sich auf Rumänischsprachige in Transsylvanien. Vielmehr war es so, dass rumänischsprachige orthodoxe Geistliche den Gebrauch der Landessprache in den Schulen förderten. Dazu gehörte auch eine neue Schrift, die eher das lateinische als das kyrillische Alphabet verwendete. Demgegenüber ermutigten die griechischsprachigen Metropoliten begabte junge Männer zum Studium an den „fürstlichen" Akademien von Bukarest und Iași, die von den Familien der Phanarioten unterstützt und in denen auf Griechisch unterrichtet wurde. In der Folge entstand ein Klassenunterschied zwischen der griechischsprachigen Oberschicht in der Iași Walachei und der Moldau-Provinz und den rumänischsprachigen Bauern. Dies hatte gravierende Folgen von Alexander Ypsilantis' Versuch, die Region 1821 zur Rebellion gegen die Osmanen aufzuwiegeln.

Nach der Abschaffung des Patriarchats von Ochrid wurde das Griechische allen orthodoxen Kirchen auf dem Balkan als liturgische Sprache aufgezwungen. Als Reaktion darauf stieg unter den slawischsprachigen Gläubigen des späteren Mazedonien und Bulgarien das Interesse an den einheimischen Sprachen. Wie in Rumänien waren spätestens ab 1767 alle führenden Prälaten auf dem Balkan Griechen.

---

43 Roudometof, Victor, From Rum Millet to Greek Nation: Enlightenment, Secularization, and National Identity in Ottoman Balkan Society, 1453–1821, in: Journal of Modern Greek Studies 16, 20.

Slawisch blieb jedoch die Sprache der Liturgie in den Dorfkirchen und in den Klöstern in den bulgarischen Gebieten wie etwa Rila, Bilinzi, Cherepisch und auch im Kloster Hilandar auf dem Berg Athos, wo die slawische Kultur während der osmanischen Jahrhunderte gepflegt wurde. Slawische Mönche gebrauchten in ihren Predigten zunehmend ein vereinfachtes Slawisch, damit sie von den Bauern verstanden werden konnten. Diese Predigten wurden nach Damaskenos Studites als *Damaskini* bezeichnet. Damaskenos Studites war ein Laienprediger, der im 17. Jahrhundert ein Vorreiter beim Gebrauch der Landessprache war und den Grundstein für die Entstehung der modernen bulgarischen Schriftsprache gelegt hat. Zur Herausbildung einer eigenständigen bulgarischen Identität trugen auch die Balladen bei, die in den Dörfern überliefert wurden. In diesen wurde an das bulgarische Reich erinnert und seine Niederlage gegen die Türken beklagt. Den Gipfel dieser aufkeimenden literarischen Bewegung bildete die *Istorija Slavobolgarskaja*, die von Paisij, einem Mönch des Hilandar-Klosters, 1762 fertiggestellt wurde. Paisij erzählt von der Größe des Bulgarischen Reiches und dem Schicksal der Patriarchate von Ochrid und Weliko Tarnowo, und er ermahnt seine slawischen Geschwister auch mit dem nun berühmten Satz „Bulgare, kenne dein Volk und deine Sprache".[44] Eine moderne bulgarische nationale Identität bildete sich auf der Grundlage des orthodoxen Glaubens und der bulgarischen Sprache aus. Gegen Ende der osmanischen Herrschaft auf dem Balkan sahen bulgarische Nationalisten die Griechen als ebenso großen Feind ihrer nationalen Unabhängigkeit an wie die osmanischen Türken.[45]

Die zunehmend stärkere Position Russlands in der geopolitischen Situation am Schwarzen Meer und auf dem Balkan im 18. Jahrhundert trug zweifellos auch zum Aufkommen eines politischen Bewusstseins unter den slawischen orthodoxen Gläubigen im osmanischen Teil des Balkans bei. Vielen orthodoxen Christen erschien Russland als neuer Vertreter ihrer Interessen und als potenzieller Befreier. Unmittelbar nach der Eroberung Konstantinopels kursierten unter den orthodoxen Gläubigen chiliastische Weissagungen, denen zufolge der Fall der Stadt ein Vorzeichen der unmittelbar bevorstehenden Wiederkunft Christi sei, und wonach nur fünf Sultane bis dahin den Thron des byzantinischen Kaisers besteigen würden. Nach Verstreichen dieses Datums lauteten weitere Prophezeiungen, dass die Stadt zweihundert Jahre nach ihrem Fall befreit werden würde. Als auch dies nicht geschah, wurden verschiedene Jahre für ihre letztendliche Befreiung genannt, so auch 1766 und 1773. Im Unterschied zu Christus wurden die Befreier in den späteren Weissagungen allerdings als „blonde Menschen"

---

44 Maloney, History of Orthodox Theology, 228–30; Skendi, Stavro Language as a Factor of National Identity in the Balkans of the Nineteenth Century, in: Proceedings of the American Philosophical Society 119, 186.
45 Yosmaoğlu, İpek, Blood Ties: Religion, Violence, and the Politics of Nationhood in Ottoman Macedonia, 1878–1908, Ithaca 2014.

bezeichnet. Mitte des 18. Jahrhundert wurden die Russen ganz offen als diese „Menschen" bezeichnet.[46]

Nicht nur auf dem Balkan wurden die Russen als Streiter für das Christentum verstanden. So deutet Micha'il Burayk, ein orthodoxer Mönch und Chronist in Damaskus, den Beginn des Russisch-Osmanischen Kriegs 1771 als Sieg über den Islam. In einem späteren Eintrag notiert er mit Bezug auf das Jahr 1773, wie die Russen nach der Einnahme von Beirut ein Kreuz über einem Stadttor aufrichteten und damit „ihre Größe und Reputation steigerten".[47]

9. Muslimisch-christliche Beziehungen im Osmanischen Reich

Dass unter den Orthodoxen Prophezeiungen kursierten, in denen das Ende des Osmanischen Reiches vorhergesagt wurde, ist ein Hinweis darauf, dass es trotz der offiziellen Politik der eingeschränkten Tolerierung auch Spannungen zwischen den Religionsgemeinschaften gab, die nie beigelegt wurden. Auch wenn der Osmanische Staat den Nicht-Muslimen nicht alle Einschränkungen auferlegte, die nach der muslimischen Rechtstradition möglich gewesen wären, waren diese doch gültig und konnten jederzeit in Kraft gesetzt werden. Gleichwohl errichteten die Christen in den Jahrhunderten der Osmanenherrschaft neue Kirchen. Meist wurden auch die Regeln für die Bekleidung zum Zweck der Unterscheidung von Nicht-Muslimen und Muslimen nicht umgesetzt, doch diese beiden Freiräume hatten auch ihren Preis. Die Ankunft eines neuen Gouverneurs konnte bedeuten, dass die Kleiderordnung nun wieder strikt gehandhabt wurde, bis christliche Kaufleute mit einer hinreichenden Geldsumme aufwarteten und im Anschluss tragen konnten, was ihnen gefiel. Welche Rechte auch immer die Sultane den Christen in ihrem Reich zugestanden – die christlichen Untertanen des Sultans wussten, dass der sie beherrschende Staat nicht ihrer war. Nach Ansicht der bulgarischen Wissenschaftlerin Maria Todorova konnte ein Christ auf dem Balkan ein echtes Gefühl der Zugehörigkeit zum Osmanischen Staat nur dadurch erlangen, dass er zum Islam übertrat.[48] Demgegenüber sahen die meisten sunnitischen Untertanen die Herrschaft des Sultans als legitim an, und sie waren bereit, mit ihren Schätzen und ihrem Blut für sie einzustehen.

---

46 Roudometof, From Rum Millet to Greek Nation, 17.
47 Masters, Bruce, The View from the Province: Syrian Chronicles of the Eighteenth Century, in: Journal of the American Oriental Society 114, 359.
48 Todorova, Maria, The Ottoman Legacy in the Balkans, in: Brown, Carl L. (Hrsg.), Imperial Legacy: The Ottoman Imprint on the Balkans and the Middle East, New York, 1996, 45–77.

Jenseits der politischen Sphäre konnten die Beziehungen zwischen den unterschiedlichen Religionsgemeinschaften zeitlich und örtlich verschieden sein. Dem polnisch-armenischen Reisenden Simeon von Łwow zufolge waren die Beziehungen zwischen Christen und Muslimen im frühen 17. Jahrhundert in Istanbul, Izmir, Diyarbakır und Aleppo ziemlich gut, in Damaskus jedoch schlecht. Zwar gab es in vielen Städten des Reiches Viertel, die überwiegend christlich waren, wie etwa Galata (Beyoğlu) in Istanbul, „die Straßen der Franken" in Izmir, Judayda in Aleppo oder Bab Tuma in Damaskus. Doch eine vollständige Trennung der Wohngebiete nach Religionen war selten, denn selbst in den vorwiegend christlichen Vierteln wohnten Muslime. Im Osmanischen Reich gab es für religiöse Minderheiten keine Ghettos. Die verschiedenen Zünfte von Handwerkern und Dienstleistern, denen in der frühen Neuzeit die meisten arbeitenden Männer in den osmanischen Städten angehörten, waren überwiegend religiös gemischt. Häufig waren Muslime und Christen auch Handelspartner. Doch aus den Entscheidungen angesehener muslimischer Richter geht ebenso hervor, dass sie der oft eher zufällig geschehenden Vermischung der Gemeinschaften ablehnend gegenüberstanden.[49]

Zwischen den Gemeinschaften entstanden Spannungen, und zwar insbesondere dann, wenn Mitglieder der christlichen Gemeinden zum Islam übertraten.[50] Auch gab es gelegentlich personale Gewalt, die von den Christen schweigend ertragen werden musste. Wenn der Täter ein Muslim und das Opfer Christ war, wurde der Muslim nicht vor (das muslimische) Gericht gestellt, es sei denn, dass es muslimische Zeugen gab, die bereit waren, gegen ihn auszusagen. Ebenso gab es auf dem Balkan im 16. und 17. Jahrhundert Aufstände gegen die Osmanenherrschaft. Im 18. Jahrhundert überfielen Banditen (kleftes, hajduk) die Reichen und gaben die Beute ihren eigenen Leuten. Diese „sozialen Banditen", wie Eric Hobsbawm sie genannt hat, waren Christen und die meisten ihrer Opfer Muslime.[51] Auch wenn die Banditen im 19. Jahrhundert zu Nationalhelden stilisiert wurden, waren ihre Motive weniger edel und zielten kaum auf die Gründung eines Nationalstaates. Jedenfalls geschah die Vergeltung des Staates rasch und war brutal, ob es sich nun um Rebellen oder Banditen handelte. Doch trotz der manchmal gewalthaften Interaktion zwischen den Gruppen auf dem Lande gab es in den osmanischen Städten bis zum 19. Jahrhundert keine flächendeckende Gewalt von Muslimen gegen Christen. Erst dann verknüpften sich Religion und Nationalismus und brachten Ideologien hervor, die das Reich zum Einsturz brachten.

Übersetzung: Gerlinde Baumann

---

49 Düzdağ, M. Ertuğrul, Şeyhülislam Ebussuud Efendi Fetvaları Işığında 16. Asır Türk Hayatı, Istanbul 1983, 96.
50 Krstić, Tijana, Contested Conversions to Islam: Narratives of Religious Change in the Early Modern Ottoman Empire, Stanford 2011.
51 Hobsbawm, Eric, Bandits, revised edition New York 1981, 70–82.

Literatur

Armanios, Febe, Coptic Christianity in Ottoman Egypt, Oxford 2011.

Frazee, Charles A., Catholics and Sultans: The Church and the Ottoman Empire 1453–1923, Cambridge 1983.

Greene, Molly, The Edinburgh History of the Greeks, 1453–1768: The Ottoman Empire, Edinburgh 2015.

Joseph, John, Muslim-Christian Relations and Inter-Christian Rivalries in the Middle East: The Case of the Jacobites in an Age of Transition, Albany 1983.

Krstić, Tijana, Contested Conversions: Narratives of Religious Change in the Early Modern Ottoman Empire, Stanford 2011.

Maloney, George, History of Orthodox Theology since 1453, Belmont 1976.

Masters, Bruce, Christians and Jew in the Ottoman Arab World, Cambridge 2001.

Podskalsky, Gerhard, Griechische Theologie in der Zeit der Türkenherrschaft (1453–1821): Die Orthodoxie im Spannungsfeld der nachreformatorischen Konfessionen des Westens, München 1988.

Runciman, Steven, The Great Church in Captivity: A Study of the Patriarchate of Constantinople from the Eve of the Turkish Conquest to the Greek War of Independence, Cambridge 1968.

Yosmaoğlu, İpek, Blood Ties: Religion, Violence, and the Politics of Nationhood in Ottoman Macedonia, 1878–1908, Ithaca 2014.

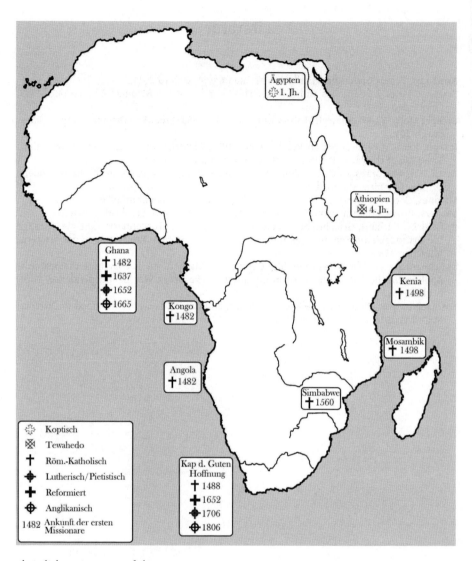

Ägypten
✿ 1. Jh.

Äthiopien
⊠ 4. Jh.

Ghana
✝ 1482
✚ 1637
✤ 1652
✙ 1665

Kongo
✝ 1482

Kenia
✝ 1498

Mosambik
✝ 1498

Angola
✝ 1482

Simbabwe
✝ 1560

✿ Koptisch
⊠ Tewahedo
✝ Röm.-Katholisch
✤ Lutherisch/Pietistisch
✚ Reformiert
✙ Anglikanisch
1482 Ankunft der ersten Missionare

Kap d. Guten Hoffnung
✝ 1488
✚ 1652
✤ 1706
✙ 1806

Christliche Mission in Afrika

DAS CHRISTENTUM IN AFRIKA ZWISCHEN 1500 UND 1800

Kevin Ward

Überblick[1]

Das Jahr 1517 war für das afrikanische Christentum ein zentrales Jahr. Doch die bedeutsamen Ereignisse dieses Jahres hatten weder mit Martin Luthers Wirken in Wittenberg noch mit der dadurch ausgelösten Krise des europäischen Christentums zu tun, die als „Reformation" bezeichnet wird. Vielmehr war dies das Jahr, in dem die Osmanen in Ägypten die Macht übernahmen und die Mamlukenherrschaft beendeten. Unter dieser hatte die koptische (ägyptisch-christliche) Kirche, deren Wurzeln in die Antike zurückreichen, sehr zu leiden gehabt. Mit dem Machtwechsel war die Hoffnung verknüpft, dass die Beziehungen zur muslimischen Mehrheit der Gesellschaft sich verbessern und die Kirche eine Blütezeit erleben würde. Doch diese Hoffnungen erfüllten sich in den nächsten Jahrhunderten nur teilweise. Allerdings verschaffte der Herrschaftswechsel den Kopten, soweit es die Drangsalierung durch den Staat betraf, etwas Erleichterung, und mit ihm begann eine lange, stabile Phase in den christlich-muslimischen Beziehungen, die bis zur napoleonischen Zeit Ende des 18. Jahrhunderts andauern sollte.

Im Folgenden wird dargestellt, dass das Christentum schon lange vor dem Zeitalter der Mission im 19. Jahrhundert im Leben Afrikas und in seiner Kultur verwurzelt war, und dass das afrikanische Christentum deshalb nicht in erster Linie durch die Brille der europäisch-westlichen Expansion oder insbesondere unter der Perspektive der protestantischen Missionsbewegung betrachtet werden sollte. Es geht also um das indigene Christentum, das es seit der Antike in Ägypten, im Niltal und in Äthiopien gegeben hat, und um die besonderen Probleme, vor die sich diese Kirchen zu Beginn des 16. Jahrhunderts gestellt sahen. Es wird zu zeigen sein, dass es unter den orthodoxen Gemeinschaften Afrikas (und auch des Nahen Ostens) Vorbehalte gegenüber dem westlichen Christentum gab, die ursprünglich mit den Kreuzfahrern zu tun hatten. Auch wird es darum gehen, wie das koptische Christentum in Ägypten unter osmanischer Herrschaft überlebt hat. Ebenso wer-

---

1 Ein allgemeiner Überblick über diesen Zeitraum findet sich z. B. bei: Hastings, Adrian, The Church in Africa 1450–1950, Oxford 1994; Sundkler, Bengt/Steed, Christopher, A History of the Church in Africa, Cambridge 2000 sowie Isichei, Elizabeth, A History of Christianity in Africa, London 1995.

den im Folgenden die Beziehungen zwischen den koptischen und äthiopischen orthodoxen Kirchen und den Kirchen des Westens betrachtet. Die afrikanischen Kirchen hatten schon lange das Potenzial einer Kooperation mit dem europäischen Christentum erkannt. Sie waren bereits 1440 auf dem Konzil von Florenz vertreten, auf dem es große Hoffnungen auf eine Vereinigung der gesamten Christenheit gab. Für die afrikanischen orthodoxen Kirchen waren Beziehungen zu den westlichen Kirchen immer gefährlich; dies war ein Erbe der schlechten Behandlung durch die Kreuzfahrer. Trotzdem wurde das zunehmende Interesse der Portugiesen – als Folge der Unternehmungen portugiesischer Seefahrer – von den Äthiopiern begrüßt, die sich zu Beginn des 16. Jahrhundert einer erneuten und gewaltsamen Bedrohung durch den Islam ausgesetzt sahen.

Dennoch schlug die an sich positive Beziehung zwischen dem europäischen und dem afrikanischen Christentum in der Zeit zwischen 1500 und 1800 um. Dies geschah erstmals, als die katholischen Missionare das theologische, liturgische und pastorale Erbe der äthiopischen Kirche nicht respektierten und versuchten, dort unter Zwang eine auf dem europäischen Katholizismus basierende Einheitlichkeit durchzusetzen. Die Äthiopier reagierten damit, dass sie die europäischen Missionare des Landes verwiesen, doch diese Verwicklungen führten zu einem bleibenden Misstrauen gegenüber den westlichen Katholiken. Dadurch wurden auch die Verfassung und der Zusammenhalt der äthiopischen Kirche geschwächt. Zudem gingen die Portugiesen in Westafrika Bündnisse mit den lokalen Herrschern ein. Dies war vor allem im Kongo der Fall, wo sich der Herrscher, der Manikongo, mit seiner Familie taufen ließ. Dort entstand ein christliches Reich, das bis ins 18. Jahrhundert Bestand hatte. Im südlichen Afrika gründeten die Portugiesen im heutigen Angola und am mosambikanischen Teil des Sambesi Siedlungen. Dort entwickelte sich eine besondere portugiesisch-afrikanische christliche Kultur.

Diese positiven Entwicklungen in den Beziehungen zwischen Afrika und Europa wurden durch den Sklavenhandel überschattet, den die europäischen Mächte betrieben und dessen Anwachsen zunehmend verheerende Folgen hatte. Er führte dazu, dass das gesellschaftliche, politische und wirtschaftliche Leben Westafrikas allmählich zum Erliegen kam, und seine Folgen waren bis an die Ostküste Afrikas spürbar. Die Deportation von Afrikanern in die „Neue Welt" war ein Ereignis von welthistorischem Rang. Der daraufhin entstehende „schwarze Atlantik", ein komplexes kulturelles Netz, durch das Afrika, Amerika und Europa verbunden waren, hatte durch die Entstehung afrikanisch-christlicher Gemeinden in Brasilien und in der Karibik, in Nordamerika und schließlich auch in Europa selbst tiefgreifende Auswirkungen auf das Christentum. In diesem Kapitel wird es auch um solche transatlantischen Verbindungen gehen. Daneben gab es Beziehungen, die sich über den Indischen Ozean erstreckten, nicht zuletzt zwischen dem indischen Goa und der ostafrikanischen Küste. 1632 erlitten mehrere afrikanische Christen, die im portugiesischen Fort Jesus in Mombasa stationiert waren, den Märtyrertod, als der Stadtstaat in politische und diplomatische Konflikte hineingezogen wurde, die sich aus den komplizierten Beziehungen zwischen der Arabischen Halbinsel, Goa und der afrikanischen Ostküste entwickelt hatten.

Protestanten ließen sich erstmals 1652 am Kap der Guten Hoffnung nieder, als die Niederländische Ostindien-Kompanie (Vereenigde Oostindische Compagnie/ VOC) dort einen Versorgungsstützpunkt für ihre ostwärts fahrenden Schiffe errichtete. Auch Protestanten aus Norddeutschland und französische Hugenotten siedelten am Kap. Sie vermischten sich mit der vorwiegend holländischen Kultur, so dass eine Gesellschaft entstand, die sich gegen Ende des 19. Jahrhundert als von Europa unterschiedene Kultur ansah: die Afrikaander. Die Niederländisch-Reformierte Kirche missionierte offiziell nicht, doch weil die Niederländer für das gesamte südliche Afrika von großer Bedeutung waren, traf das auch für die Ausbildung des afrikanischen Christentums in dieser Region zu. Auch wenn die Afrikaander sich selbst nicht als Missionare begriffen, wurde doch eine beträchtliche Anzahl der im südlichen Afrika beheimateten Völker (der Khoi sowie der San) wie auch südostasiatische Sklaven (aus Bengalen sowie dem heutigen Indonesien und Malaysia) nach und nach in die Afrikaander-Gesellschaft integriert. Obwohl sie nicht den gleichen Status besaßen, prägten sie doch in hohem Maße die christliche Kultur, die am Kap entstanden ist.

Das Kapitel schließt mit einem Blick auf die Veränderungen im atlantischen Raum im ausgehenden 18. Jahrhundert – auf die amerikanische Revolution, auf die evangelikale Bewegung und den Abolitionismus –, wobei gezeigt wird, wie sich diese Veränderungen auf die Afrikaner beiderseits des Atlantiks ausgewirkt und den Weg für die protestantische Missionsbewegung des 19. Jahrhundert bereitet haben.

1. Das koptische Christentum[2]

Die koptische Kirche Ägyptens leitet sich vom Evangelisten Markus her, der als Gründer der gleichnamigen Kirche in Alexandrien gilt. Die dortige Katechetenschule war eines der größten christlichen Zentren im Oströmischen Reich; zu ihren berühmtesten Lehrern zählten Clemens und Origenes. Im 4. Jahrhundert war Bischof Athanasius ein hartnäckiger Verfechter der christologischen Bestimmungen des Konzils von Nizäa. Nach Athanasius bestätigte sich Cyrill als Verteidiger der Orthodoxie. Einige Jahre nach Cyrills Tod entschied sich die gesamte ägyptische Kirche dafür, sich gegen die Beschlüsse des Konzils von Chalcedon über die

---

2 Ein Überblick über das Christentum in Ägypten findet sich bei Meinardus, Otto, Two Thousand Years of Coptic Christianity, Kairo 2002.

zwei Naturen Christi zu stellen, die sie nun als Irrtum ansah. Die Ägypter hielten vermeintlich an der Lehre Cyrills fest und bestanden auf der absoluten Einheit und Unteilbarkeit des menschgewordenen Christus, in dem das Göttliche und Menschliche gemeinsam in „einer Natur" existierten. In der Folge wurden die Kopten von der chalcedonischen Mehrheit als „Monophysiten" bezeichnet, eine Benennung, die einen abwertenden Beiklang besitzt. Die Kopten möchten lieber einfach als „orthodox" bezeichnet werden; dieser Begriff ist umfassender und positiver und bringt zum Ausdruck, dass sie sich in Kontinuität mit den frühen Kirchenvätern sehen. Ihr zäher Widerstand gegen die vermeintlichen Neuerungen der römischen Reichskirche (deren Vertreter die Kopten als „Melkiten" bezeichneten, also als Anhänger des Königs) ließ die ägyptische Kirche in Konflikt mit dem Byzantinischen Reich geraten. Einige der entschiedensten Befürworter der nicht-chalcedonischen Lehre waren die koptischen Mönche aus der ägyptischen Wüste. Das Eremitentum hatte sich nach der Anerkennung des Christentums durch Konstantin im gesamten Reich entwickelt; es blieb auch während der muslimischen Zeit ein wichtiges Merkmal der koptischen Kirche und war ein wichtiger Grund dafür, dass sie überleben konnte. Die muslimische Eroberung im 7. Jahrhundert verschaffte den koptischen Christen zunächst etwas Entlastung gegenüber dem Druck, mit dem der byzantinische Hof sie zur Anpassung zwingen wollte. Die neuen Obrigkeiten waren kaum an innerchristlichen dogmatischen Streitigkeiten interessiert, aber sie tolerierten die Christen als „dhimmi" – als „geschützte" Gemeinschaft, die als Volk des Buches respektiert wurde. Die neue muslimische Obrigkeit ermunterte die Christen zur Konversion, ohne allerdings Zwang auszuüben. Wenn sie sich entschieden, Christen zu bleiben, dann konnten sie weiterhin in Frieden leben – unter der Bedingung, dass sie ihren untergeordneten Status akzeptierten und keine Versuche unternahmen, Muslime zu ihrem Glauben zu bekehren. Dieses eingeschränkte Maß an Toleranz und Schutz sorgte dafür, dass die koptischen Christen als eigenständiges Volk mit einer von der dominanten arabischen und muslimischen unterscheidbaren Kultur weiterhin existieren konnten. Doch nach und nach wurden die Christen infolge von Einwanderung und dem Übertritt von Mitgliedern zum Islam zu einer Minderheit.

Das Koptische hatte als Sprache der Liturgie und der theologischen Literatur Bestand, doch die Kopten selbst sprachen zuhause und in der Öffentlichkeit arabisch. Am Oberen Nil entstanden christliche Dörfer, die sich in ihrer Lebensweise und der Glaubenspraxis von den zahlenmäßig überlegenen muslimischen Dörfern unterschieden. In städtischen Zentren wie Alexandrien sowie in der neuen Hauptstadt Kairo wurden die Kopten zu einer eigenen Berufsgruppe aus Handwerkern und Kaufleuten, die von den Herrschern aufgrund ihrer Bildung und ihren administrativen und unternehmerischen Fähigkeiten geschätzt wurden. Vor allem die schiitischen Fatimidenherrscher vertraten den Christen gegenüber eine liberale Politik, doch die sunnitischen Mamluken waren weniger tolerant. Christen wurden gezwungen, sich in bestimmter Weise zu kleiden, und sie durften nicht auf Pferden reiten. Die Kirchen durften nicht prunkvoll sein oder an Hauptstraßen liegen. Die Gläubigen durften nicht durch Kirchenglocken zum Gottesdienst zusammengerufen werden. Den Christen wurden höhere Steuern auferlegt als dem Rest der Gesellschaft. Muslimische Männer konnten sich Christinnen zur Frau nehmen, doch ihr Nachwuchs wurde muslimisch. Christliche Männer durften nur dann Musliminnen heiraten, wenn sie zuvor zum Islam übertraten. Die Mamlukenherrscher (1250–1517) erhöhten den Druck noch weiter. Christliche Festtage wurden abgeschafft, Besitztümer wurden konfisziert, der Gewalt des Pöbels gegen eine unbeliebte Minderheit wurde freier Lauf gelassen, und manchmal stachelten die Herrschenden auch zu solchen Taten an.

So waren die „ägyptischen nicht-muslimischen Gemeinschaften angeschlagen und demoralisiert"[3], als die Osmanen 1517 Ägypten eroberten. Mit der langen Regierungszeit Süleymans des Prächtigen (1520–1566) begann eine Zeit der Stabilität, und der Druck auf die Christen ließ etwas nach. Die ägyptischen Muslime mussten sich selbst erst an die neue Situation gewöhnen, in der sie Untergebene eines weit entfernt lebenden Herrschers waren. Sie befassten sich mehr mit sich selbst, und in der Folge waren sie den Christen gegenüber wohl weniger aggressiv. Viele ägyptische Muslime wandten sich Formen des Sufismus zu, dem es eher um das Seelenleben geht als um die Schaffung einer Gesellschaft, die sich strikt am muslimischen Recht ausrichtet. Dabei änderten die Osmanen nichts an der grundlegenden Situation der Christen, die zwar weiterhin Schutz genossen, sich aber in untergeordneter Position befanden. Der Obrigkeit lag unbedingt daran, Unmut in den Gemeinschaften zu vermeiden. Es erschien ihr zweckmäßig, den Christen das Geldverleihen zu überlassen und Kopten als Steuereintreiber einzustellen. Koptische Geschäftsleute stellten geschäftliche Verbindungen zu den Janitscharen (Offizieren) beim Militär her. Im osmanischen Ägypten wurde die koptische Elite in den Status quo eingebunden.

In mancher Hinsicht ähnelten sich die religiösen Sichtweisen der koptischen Gemeinschaft und ihrer muslimischen Landsleute. Beide Religionsgemeinschaften praktizierten die Beschneidung von Jungen. Die Eheschließung im Kindesalter war üblich. Die Kopten nahmen bis zu einem gewissen Maß an den Festtagen der Mehrheitsgesellschaft teil (wobei spezifische religiöse Vollzüge ausgespart wurden). Manchmal heirateten christliche Männer trotz des Verbots durch die Amtskirche mehr als eine Frau. Die Wallfahrt nach Jerusalem (wo die Kopten eine Kirche besaßen und ein hochrangiger Bischof residierte) erfreute sich zunehmender Beliebtheit; häufig war dies ein gesellschaftliches Ereignis, das vom Patriarchen selbst oder von einem anderen Kirchenführer geleitet wurde. Man bereiste die Route, die die heilige Familie auf ihrer Flucht nach Ägypten genommen hatte, in umgekehrter Richtung, wodurch die besondere Rolle Ägyptens in der biblischen

---

3 Armanios, Febe, Coptic Christianity in Ottoman Egypt, Oxford 2011, 15.

Erzählung betont wurde. Auch wenn sich in der Wallfahrt ganz klar die muslimische Bedeutung der Hadsch spiegelte, konnte dies auch zu Feindseligkeiten von Seiten der Bevölkerungsmehrheit führen: Wie konnten die Kopten es wagen, muslimische Bräuche so zu imitieren oder gar zu parodieren?

Die gesellschaftliche Position der Kopten war immer prekär: Ohne Vorwarnung konnte es zu Anfeindungen kommen, auch wenn sich diese in osmanischer Zeit kaum einmal zu dauerhaften Verfolgungen auswuchsen. Verbindungen zur übrigen Christenheit waren für die Kopten interessant, doch die brutale und entwürdigende Behandlung der ägyptischen Christen durch die westlichen Christen während der Kreuzzüge waren noch in schmerzlicher Erinnerung. Mehrere Patriarchen versuchten während der osmanischen Zeit, ihre eigene Position in der muslimischen Gesellschaft dadurch zu stärken, dass sie sich dem Westen annäherten. Dies ging so weit, dass sie Unionsverträge mit der römisch-katholischen Kirche unterzeichneten. Dies war in den Jahren 1594 und 1684 der Fall. Doch solche Vereinbarungen waren in der größeren koptischen Gemeinschaft nicht populär und wurden nicht umgesetzt. Angeblich wurde sogar ein Patriarch wegen diesbezüglicher Überlegungen vergiftet. Die Kopten waren sich dessen bewusst, dass Verbindungen zum Westen von der Obrigkeit leicht missverstanden werden und die Lage der Kirche noch mehr verkomplizieren konnten. Andererseits lebten schon seit langem Armenier in Ägypten. Sie waren eine von den Kopten unabhängige christliche Gemeinschaft. Sie stellten für die muslimische Obrigkeit keine Gefahr dar, während die zahlreicheren und deutlich stärker zur Gesellschaft gehörigen Kopten aus der Sicht der Herrscher ein größeres Problem darstellten.[4]

Vom 17. Jahrhundert an begann die Hohe Pforte (die osmanische Führung in Istanbul), ihre Beziehungen zum Westen (vor allem zu den Venezianern und Franzosen) zu verbessern, und sie gestattete es Katholiken, sich überall im Osmanischen Reich in den orthodoxen Gemeinden niederzulassen und dort tätig zu werden. Franziskaner- und Kapuzinermissionare ließen sich in Ägypten nieder. Auch wenn viele Katholiken ihre Anwesenheit damit begründeten, der koptischen Kirche brüderlichen Beistand leisten zu wollen, wurden sie zumeist nur als Bedrohung für den Zusammenhalt und das Wohl der ägyptischen Christen betrachtet. Katholische Missionare übten häufig in unsensibler Weise Kritik an den ihrer Ansicht nach rückständigen oder schlicht häretischen Gebräuchen der koptischen Kirche. Noch bedrohlicher für die koptischen Christen war wohl die Tatsache, dass die Osmanen es den Katholiken gestatteten, eigene Gemeinden zu gründen und dafür Mitglieder aus dem nichtmuslimischen Teil der Bevölkerung zu gewinnen. Geduldet wurden sie allein unter der Bedingung, dass sie keinen Versuch unternahmen, innerhalb der muslimischen Bevölkerungsmehrheit mis-

---

4 Hamilton, Alastair, The Copts and the West 1439–1822, Oxford 2006.

sionarisch tätig zu werden. Einzelne Kopten fühlten sich manchmal von den Katholiken angezogen, weil diese scheinbar eine dynamischere Alternative zu ihrer eigenen Kirche boten. Natürlich beunruhigte es die Kopten, wenn die Katholiken unter ihnen warben, vor allem aber sorgten sie sich, wenn katholische Kirchen in koptischen Dörfern errichtet wurden. Die Patriarchen und andere Mitglieder der Kirchenleitung missbilligten die Übertritte. In ihrer Sicht war vor allem wichtig, dass die ägyptischen Christen als geschlossene Gemeinschaft agierten. In Wirklichkeit war die koptische Kirche allerdings kein monolithisches Gebilde – es gab Spannungen zwischen dem ländlichen Unterägypten und dem städtischen Oberägypten, zwischen dem monastischen Klerus und den mächtigen Laien-*Archonten*. Ihre Situation als *Dhimmi* half den Kopten dabei, sich von der muslimischen Mehrheit abzusetzen, aber sie konnte interne Verwerfungen nicht verhindern. Erst die tiefgreifenden gesellschaftlichen Veränderungen im 19. Jahrhundert ermöglichten es den Kopten, sich von den Beschränkungen zu befreien, die ihnen der *Dhimmi*-Status auferlegte, und geistige und ethische Mittel zu entwickeln, mit denen sie den katholischen Abwerbeversuchen etwas entgegensetzen konnten.

2. Das Christentum in Nubien[5]

Als die Osmanen im frühen 16. Jahrhundert nach Nubien (dem heutigen Sudan) kamen, fanden sie kaum noch Spuren des einstmals blühenden Christentums vor. Die mittelalterlichen christlichen Reiche im Sudan waren seit dem 13. Jahrhundert zerfallen. Sie hinterließen im Niltal ein architektonisches Erbe in Gestalt von Kathedralen und Kirchen, das im 20. Jahrhundert durch archäologische Grabungen erschlossen wurde. Seinen Gnadenstoß scheint das Christentum einige Jahre vor der Ankunft der Osmanen erhalten zu haben, als die Stadt Soba 1504 von Funji-Kriegern aus dem Süden überrannt wurde. Ohnehin war der Islam in dieser Region zu dieser Zeit die vorherrschende Religion. Einige Kirchen waren in Moscheen umgewandelt worden, doch viele waren bereits verfallen. Dies war ein Anzeichen für das langsame und lange Sterben einer Kirche, die in ihrer Blütezeit einmal große kulturelle Parallelen zum griechischen Christentum besessen hatte (was Inschriften und Fresken belegen), wobei die monophysitische Lehre der Kopten übernommen worden war. Dass die schwer bedrängte koptische Kirche nicht in der Lage war, den nubischen Christen zur Seite zu springen oder ihnen Geistliche

---

5 Vantini, Giovanni, Christianity in the Sudan, Bologna 1981; Welsby, Derek/Anderson, Julie, Sudan: Ancient Treasures, London 2004.

zur Verfügung zu stellen, mag auch dazu beigetragen haben, dass die nubische Kirche den Zerfall der politischen Strukturen nicht überleben konnte. In Nubien gab es nichts, was sich mit der gemeinsamen Identität der Kopten vergleichen ließ und was den Christen das Weiterleben ermöglicht hätte, als die dominante Religion dort nicht mehr das Christentum, sondern der Islam geworden war. Vielleicht gab es dort auch nach dem 16. Jahrhundert noch vereinzelte christliche Gemeinden. Im Bericht einer Abordnung nubischer Christen aus dem Jahr 1540 bitten diese bei ihrem Besuch in Äthiopien um die Unterstützung durch Priester und Mönche, die ihre Gemeinden unterweisen könnten. Als europäische Missionare im 19. Jahrhundert begannen, das Christentum in dieser Region wiederzubeleben, konnte man sich seiner dort nur noch vage erinnern. Adrian Hastings skizziert den Untergang des nubischen Christentums schonungslos und vielleicht etwas zu hart: „Wie ein nicht angepasster Dinosaurier verschwand und erstarb das Christentum an einem Ort nach dem anderen; es zerbrach vor allem an seiner eigenen Begrenztheit, seinen verknöcherten Traditionen und dem Fehlen einer wirklich lebendigen, erneuerungsfähigen Struktur."[6]

3. Das äthiopische Christentum

Das Schicksal des antiken äthiopischen Reichs nahm einen anderen Lauf als das Nubiens oder Ägyptens. Im Unterschied zu den Reichen der Nubier war der christliche Staat nicht zerfallen, und das Christentum war im Gegensatz zu Ägypten auch nicht zur Religion einer ethnischen Minderheit geworden. Allerdings war das Überleben des christlichen Reichs von Äthiopien im frühen 16. Jahrhundert alles andere als gesichert. Zwischen 1528 und 1543 verwüstete der muslimische General Imam Ahmad ibn Ibrahim al-Ghazi (genannt Grann, „der Linkshänder") aus Harar das äthiopische Hochland. Der christliche Kaiser bat die Portugiesen um Hilfe. Bei der Schlacht von Wayna Daga 1543 wurden die Muslime geschlagen und Grann getötet. Ohne ihren Anführer zerfiel das Dschihadisten-Heer.

Das äthiopische Christentum besaß eine wichtige Verbindung zur ägyptischen Kirche, weil sein Bischof – der *Abuna* – immer ein ägyptischer Mönch war. Nach dem Tod des *Abuna* wurde eine Delegation nach Ägypten entsandt, um einen Nachfolger zu finden. Dies war eine heikle Mission, und die Genehmigung der muslimischen Obrigkeit in Kairo war dafür erforderlich. Die Unternehmung konnte jahrelang dauern. Gerne wurde ein junger Mann ausgewählt. Der *Abuna* war wichtig, weil er das symbolische Oberhaupt der Kirche war und die Geistli-

---

6 Hastings, Church in Africa, 70.

chen weihte. Doch faktisch war sein politischer oder geistlicher Einfluss begrenzt. Vielmehr bildete der Herrscher (der *Negus*) das einigende Zentrum der Kirche, die mit dem Staat aufs Engste verbunden war.[7] Der kirchliche Administrator des Herrschers war der Abt des Klosters von Debre Haymanot, der *Echege*, der in der praktischen Leitung der Kirche über deutlich mehr Einfluss verfügte als der *Abuna*. Wie die koptische Kirche hielt auch die äthiopische an einer nicht-chalcedonischen, „monophysitischen" Christologie fest. Doch in anderen Fragen betonte die äthiopische Kirche, dass sie von den Kopten unabhängig war und sich von ihnen unterschied. Die Äthiopier hatten die christliche Botschaft im 4. Jahrhundert von der syrischen Kirche empfangen. Sie besaßen ihre eigene liturgische Sprache, die Bibel auf *Ge'ez* (zu deren Kanon einige Bücher gehören, die sonst nicht als kanonisch gelten) sowie einen eigenen Kirchbautyp, der um einen *Tabot*, eine Replik der Bundeslade, herum gebaut war, die der Legende zufolge dem ersten äthiopischen Kaiser von König Salomo überreicht worden war. In das Leben und den Gottesdienst der Kirche waren viele jüdische Bräuche integriert worden, zu denen (zumindest in manchen Teilen der Kirche) auch das Halten des Sabbats neben dem Feiern des ersten Wochentags gehörte, was die Kopten befremdlich oder gar besorgniserregend fanden. Unter der Herrschaft von Zär'a Ya'eqob partizipierte das Christentum im späten 15. Jahrhundert am Erfolg und an der Vitalität des Reiches. Im frühen 16. Jahrhundert griffen die Portugiesen in einem entscheidenden Moment ein und retteten das christliche Reich. Dass sie jedoch auch weiterhin daran interessiert waren, den Äthiopiern beizustehen, erwies sich als zweischneidig. Portugiesen wie Äthiopiern lag daran, der Bedrohung durch den Islam etwas entgegenzusetzen. Darin liegt ein Grund für die Faszination, die die Entdeckung des legendären Reiches des „Priesterkönigs Johannes", eines vermeintlichen christlichen Reiches irgendwo im Osten unter Führung eines Priesterkönigs, auf die Portugiesen ausübte. Sie hegten die Hoffnung, dass sie im weltweiten Kampf gegen den Islam die Unterstützung eines solchen Reiches gewinnen könnten. Die Katholiken waren begeistert, als sie ein derartiges, definitiv christliches Reich im Hochland Ostafrikas entdeckten. Doch als sie einen besseren Einblick in die äthiopische Kirche gewannen, wuchs ihre Besorgnis über die ihrer Ansicht nach von den Maßstäben der katholischen Kirche abweichenden Lehren und Gebräuche. Dieser Eindruck wurde durch die dogmatischen Spaltungen während der Reformation noch verstärkt. Die Jesuiten waren speziell zu dem Zweck gegründet worden, die europäische Christenheit für den Katholizismus zurückzugewinnen. Sie entwickelten einen starken Hang zur weltweiten Mission und begannen, sich für Äthiopien zu interessieren.[8] Der erste Jesuit in Äthiopien war der Spanier

---

7 Tamrat, Tadasse, Church and State in Ethiopia, 1270–1527, Oxford 1972.
8 Caraman, Philip, The Lost Empire: The Story of the Jesuits in Ethiopia, London 1985.

Pedro Paez, der 1603 (nach langen Mühen, während derer er unter anderem in Gefangenschaft lebte und auch einige Jahre Galeerensklave war) ins Land kam. Paez verfolgte eine irenische Strategie, und ihm gelang es, ein gutes Verhältnis zu Kaiser Susenyos (1604 sowie 1607–1632) aufzubauen, der die möglichen Vorteile einer Allianz mit der starken und dynamischen katholischen Kirche zu einer Zeit erkannte, als die koptische Kirche geschwächt und kraftlos war. Susenyos stimmte der Ernennung eines Jesuiten als Patriarch/*Abuna* zu. Alphonsus Mendes kam 1625 in Äthiopien an. Von Beginn an machte er keinen Hehl aus seinem Argwohn gegenüber den äthiopischen Bräuchen. Er verurteilte den jüdischen Brauch der Beschneidung und des Sabbathaltens, die ausufernden Feiertage, die irregulären Taufen und die willkürliche Weihe von Jungen zu Diakonen. Er setzte die Wiedertaufe von Laien sowie die erneute Weihe von Geistlichen und von Kirchen durch. Dieses Vorgehen war höchst unsensibel und führte unweigerlich zu Unmut und Widerstand und schließlich zum Bürgerkrieg. 1632 widerrief Susenyos in einem Akt der Verzweiflung die Union mit den Katholiken:

> Wir geben euch den Glauben eurer Vorväter wieder zurück, lassen die früheren Geistlichen in die Kirchen zurückkehren, lassen sie ihre Tabots wieder hineinbringen, lassen sie ihre eigene Liturgie verwenden; so freut euch nun.[9]

Susenyos dankte zugunsten seines Sohnes Fasiladas ab, der die Restauration bestätigte und die Jesuiten des Landes verwies. Interessant ist, dass Mendes' Angriff auf die Traditionen der Kirche damals mit dem Dschihad durch Grann ein Jahrhundert zuvor verglichen wurde. Beide hatten das kirchliche Leben deutlich geschwächt. Fasiladas gründete in Gondar eine neue Hauptstadt. Damit verbunden war allerdings auch, dass der Kaiser an Einfluss verlor, denn seine Macht reichte bald nicht mehr weit über die Hauptstadt Gondar hinaus. Ohne eine starke Führung vom Zentrum aus schwand auch der Zusammenhalt in der Kirche zugunsten theologischer Fraktionen und regionaler Partikularinteressen. Obwohl die Jesuiten nicht mehr aktiv waren, blieben die von ihnen hinterlassenen Spaltungen doch spürbar. Debatten über die göttliche und die menschliche Natur Christi führten zur Verwirrung in der kirchlichen Lehre und sorgten dafür, dass immer wieder Versuche unternommen wurden, Vermittlungspositionen zwischen dem katholischen Dyophysitismus und dem ererbten orthodoxen Monophysitismus (Tewahedo) der äthiopischen Kirche zu finden. Konflikte zwischen der strengen Tewahedo-Orthodoxie und der vermittelnden Qebat(Unctionisten)-Lehre beförderten die internen Streitigkeiten, die das christliche Reich an den Rand des Abgrunds brachten. So lautete die Klage eines Mönchs:

---

9 Nach dem Zitat von Lamin Sanneh in seiner Einleitung zu einer posthum erschienenen Aufsatzsammlung von Gray, Richard, Christianity, the Papacy and Mission in Africa, Maryknoll 2012, 19.

Wie kommt es, dass das Reich von Grünschnäbeln und Sklaven verächtlich gemacht wird? (...) Wie kommt es, dass das Reich das Bild einer nutzlosen Blume abgibt, die Kinder im Herbstregen abrupfen? Wenn ich über das Reich nachsinne, muss ich klagen, denn ich habe seine Sorgen und Nöte erlebt.[10]

Erst im 19. Jahrhundert kamen diese theologischen Zwistigkeiten an ein Ende, als das erneuerte Kaisertum die traditionellen Lehren der äthiopischen Kirche über die eng gefasste Einheit (Tewahedo) von Göttlichem und Menschlichem in der einen Natur des menschgewordenen Christus wieder in Geltung setzte.

Zum Niedergang des christlichen Reiches trug der Einfall des im Süden lebenden Hirtenvolks der Oromo bei. Gerade als es den Christen scheinbar gelungen war, in der Auseinandersetzung mit den Muslimen die Oberhand zu gewinnen, stellten die Oromo eine erhebliche militärische Bedrohung dar. Im ausgehenden 16. Jahrhundert hatte der Mönch Abba Bahrey, ein Dichter, Chronist und Theologe, die Schwäche des äthiopischen Staates angesichts der eindrucksvollen Militärmaschinerie der Oromo beklagt. Bahreys Ansicht nach verhinderte die Klassenstruktur des christlichen Staates und die Unterdrückung der Bauern die Schaffung einer effizienten Armee, und Gott schickte die „heidnischen" Oromo, um das christliche Reich zu strafen. Susenyos, der selbst in seiner Jugend von den Oromo als Geisel genommen worden war, wollte in dieser Hinsicht von ihnen lernen; dass er mit der orthodoxen Kirche im Konflikt lag und den Katholizismus begrüßte, lag auch daran, dass er rasche Reformen für notwendig hielt. Dies brachte ihn auch dazu, Bündnisse mit Oromo-Gruppen eingehen und sie dazu aufzufordern, Christen zu werden. Wie viele seiner Vorgänger heiratete Susenyos die Tochter eines Oromo-Führers. Im 18. Jahrhundert dominierten die Oromo am Hof in Gondar. Zahlreiche Oromo wurden Christen und wurden in die amharisch-christliche Kultur integriert. Doch aus der Sicht des amharisch-christlichen Nationalbewusstseins stellte diese doppelte Identität häufig ein Problem dar. Auch gab es Gruppen von Oromo, die zum Islam übertraten. Die drei Religionsgruppen lebten miteinander in angespannten Verhältnissen.[11]

Trotz der äußeren Bedrohung durch den Islam und den Katholizismus des Westens hatte das äthiopische Christentum Bestand. In ihm fand ein starkes, in Afrika beheimatetes Christentum seinen Ausdruck, zu dem auch Elemente traditioneller afrikanischer Religionen, das Verständnis von Königtum, Sippe und Verwandtschaft, Ehe und Familie sowie die Bedrohung durch die Geisterwelt gehörten. Das Mönchtum war unverzichtbar für ein geistiges Leben, das sich von Geistlichen bäuerlicher Herkunft, die vor Ort aufgewachsen waren, nicht aufrechterhalten ließ. Wichtig war das Engagement von Laien, nicht zuletzt der *Dabtara*, der Laien-

---

10 Zitiert in: Pankhurst, Richard, The Ethiopians, Oxford 1988, 131f.
11 Hassen, Mohammed, The Oromo and the Christian Kingdom of Ethiopia, 1300–1799, Rochester 2015.

kantoren, die die Liturgie sangen und heilende Kräfte besaßen. Manche der Probleme, vor die sich später das missionarische Christentum gestellt sah, gab es auch in der äthiopischen Kirche. So war es beispielsweise schwierig, die Gläubigen von den Vorzügen der Monogamie zu überzeugen, und problematisch war auch das daraus resultierende pastorale Problem, dass ein großer Teil der Kirchenmitglieder nicht an der Eucharistie teilnehmen durfte. Diese Probleme zeigen, wie hartnäckig und schwer lösbar solche Fragen auch im Blick auf die gesamte Entwicklung des afrikanischen Christentums sein konnten. Es ist auch bezeichnend, dass die westafrikanischen Christen, die sich Ende des 19. Jahrhundert von der Kontrolle durch die weißen Missionare freimachen wollten, auf der Suche nach Anregungen nach Äthiopien blickten. Viele der damals gegründeten Kirchen verwendeten den Begriff „äthiopisch", um diese Autonomie deutlich zu machen. Andere bedienten sich des Terminus „Zion", was wiederum indirekt anerkennt, wie stark sich jüdische Charakterzüge im äthiopischen Christentum gehalten haben.[12]

4. Katholische Missionare aus Portugal in Afrika[13]

Das Interesse von katholischer Seite an Äthiopien war von größeren strategischen Überlegungen geprägt, die mit der Bedrohung des christlichen Europa durch den Islam verknüpft waren. Im Osten wurde die Eroberung Konstantinopels durch die Osmanen 1453 als Schlag gegen die gesamte Christenheit wahrgenommen. Auf der iberischen Halbinsel fand die *Reconquista* ihren Abschluss. Nachdem die politisch mächtigen Muslime erfolgreich vertrieben worden waren, ging es nun darum, Muslime (und Juden) durch Zwang zur Konversion zu bewegen. Die Portugiesen richteten den Blick bereits über ihr Land hinaus und schufen ein weltumspannendes maritimes Imperium. Ihr Ziel war es, Zugang zum Reichtum Asiens zu erlangen und den Islam zu Fall zu bringen. Heinrich der Seefahrer initiierte eine Reihe von Entdeckungsfahrten an die Westküste Afrikas. Gegen Ende des 15. Jahrhunderts umrundeten die portugiesischen Entdecker Bartolomeu Diaz und Vasco da Gama die Südspitze Afrikas, das Kap „der Guten Hoffnung". Das eröffnete dem portugiesischen Kolonialismus den Weg nach Indien (Goa), China (Macau und Formosa/Taiwan) sowie in das indonesische Archi-

---

12 Sundkler, Bengt, Bantupropheten in Südafrika, Stuttgart 1964 (englisches Original London 1948).

13 Einen Überblick über die portugiesischen Aktivitäten bietet Hastings, Church in Africa, 71–129, sowie Boxer, Charles Ralph, The Portuguese Sea-Borne Empire, 1415–1825, London 1969.

pel. Das von Diaz errichtete Steinkreuz steht immer noch in der Nähe des heutigen Lüderitz im Süden Namibias.

Afrika war als Zwischenstopp auf dem Weg nach Osten von Bedeutung, doch es bot vor Ort auch die Aussicht auf strategische Allianzen mit politischen Machthabern. Die Portugiesen waren nicht in erster Linie an Eroberungen interessiert, auch wenn sie strategische Stützpunkte unter portugiesischer Herrschaft gründeten; dazu gehören das massive Fort von São Jorge da Mina (El Mina) an der Goldküste im heutigen Ghana (1482), die Kapverdischen Inseln und São Tomé sowie die Stadt Luanda, die heutige angolanische Hauptstadt. Wichtiger war ihnen allerdings, gute Beziehungen zu lokalen Herrschern aufzubauen und diese in Freundschafts- und Kooperationsverträgen formell festzuhalten. Ein Kennzeichen dieser Bündnisse bildete das Annehmen des katholischen Glaubens, die Taufe des Herrschers, seiner Frau und Familie, und das Übernehmen eines portugiesischen Vornamens, der häufig der eines aktuellen oder früheren portugiesischen Königs war. Für viele afrikanische Herrscher lag die Bedeutung der Taufe nicht primär im religiösen Bereich, sondern war vielmehr ein diplomatischer Akt – nicht zuletzt deshalb, weil die Portugiesen ihre Feuerwaffen anfänglich nur an getaufte Christen verkauften. Für die Portugiesen brachte dies die Macht ihrer eigenen Kultur zum Ausdruck, und sie hofften, dass diese nach und nach die Gesellschaften durchdringen würden, mit denen sie in Kontakt kamen. In der Sicht der Portugiesen waren die portugiesische Kultur und der Katholizismus eng, ja im Grunde untrennbar miteinander verbunden. Nach der spanischen „Entdeckung" der Neuen Welt Ende des 15. Jahrhundert hatte der Papst die gesamte Welt aus der Perspektive der katholischen Kirche in zwei Regionen kirchlicher Protektion aufgeteilt, und zwar in eine von Portugal (vor allem Afrika und der Osten, aber auch Brasilien) und eine von Spanien (das übrige Amerika) beherrschte Region. Das *Padroado Real* (das königliche Patronat) verlieh dem portugiesischen König weitreichende Befugnisse, in seiner Region Bischöfe einzusetzen, den Zustrom von Missionaren zu steuern und generell die portugiesische Kultur zu befördern. Der Papst übertrug die Missionstätigkeit außerhalb Europas zu einer Zeit an die iberischen Herrscher, als der Vatikan selbst nicht über wirksame Instrumente hierfür verfügte. Mit der Gegenreformation – allem voran mit der Gründung des Jesuitenordens mit seiner von Beginn an starken Ausrichtung auf die Mission – veränderte sich die Situation. Das unmittelbare Interesse der Päpste an der Missionstätigkeit der Kirche wuchs ebenso wie ihr Interesse daran, das ausufernde Besitzstreben der iberischen Monarchen einzudämmen. Dies führte 1622 zur Einrichtung der *Sacra Congregatio de Propaganda Fide* (Kongregation für die Verbreitung des Glaubens, oft als „Propaganda-Kongregation" bezeichnet), um die Förderung und Aufsicht der kirchlichen Missionstätigkeit zu zentralisieren. Zeitweilig führte dies zu Konflikten mit dem portugiesischen König. Doch die Macht der Portugiesen schwand im 17. Jahrhundert durch die protestantischen holländischen und englischen Rivalen, und eine Leitung der Missionstätigkeit durch die Päpste wurde notwendig. Richard Gray umreißt die Bedeutung der päpstlichen Unternehmungen in Afrika von den Beziehungen zu den Kopten und Äthiopiern im 15. Jahrhundert bis zum Ende des 18. Jahrhundert folgendermaßen:

> Als ich mit meiner Untersuchung der päpstlichen Interessen in Subsahara-Afrika begann und versuchte, die Strategien und Einstellungen der Kurie zu diesem Subkontinent zu verstehen, ging ich davon aus, dass die entscheidenden Impulse hierzu aus dem katholischen Europa kamen oder zumindest von den Missionaren, die von dort kamen. Doch schnell wurde mir klar, dass hier die afrikanischen Christen initiativ geworden waren: die Äthiopier, deren christliche Tradition weiter reichte als in vielen Teilen Nordeuropas; die Kongolesen mit dem ersten afrikanischen Königreich, das mit spontaner Begeisterung auf die Verkündigung der christlichen Botschaft durch die Portugiesen reagiert hatte; die afrikanischen Katholiken, die Gesuche nach Rom geschickt hatten, weil sie versuchten, ihre Bedürfnisse und ihre Kultur mit den von den Missionaren gebrachten christlichen Gesetzen in Einklang zu bringen; und schließlich die Sklaven afrikanischer Herkunft in der Neuen Welt, die gegen die himmelschreiende Diskrepanz zwischen den christlichen Grundsätzen und der Praxis von Sklavenhändlern und -besitzern protestierten.[14]

Dies unterstreicht die bedeutsame Erkenntnis, dass die afrikanischen Christen zu keiner Zeit passive Empfänger einer westlichen Form des Christentums waren. Vielmehr reagierten sie stets aktiv und kritisch auf eine Botschaft, die unbedingt in jeweils eigener Weise auf die verschiedenen kulturellen Perspektiven Afrikas bezogen werden musste.

5. Das christliche Reich im Kongo

Die portugiesischen Unternehmungen führten erstmals im Kongo zu mehr als nur zu politischen Allianzen oder einer portugiesischen Form des Christentums. Das vom Manikongo geführte kongolesische Reich war ausgedehnt: Seine Hauptstadt lag im Norden des heutigen Angola, und sein Territorium erstreckte sich im Norden bis in die heutige Demokratische Republik Kongo sowie die Republik Kongo. Die portugiesischen Karavellen – die von den Einheimischen den Spitznamen *mindele*, Wale, erhielten – wurden dort erstmals 1482 gesichtet. Bald darauf begannen Verhandlungen zwischen den Vertretern des portugiesischen Königs und dem Manikongo Nzinga Nkuwu. Die Priester, Riten und Zeremonien des Katholizismus waren bald bei Hofe etabliert. Dies spaltete die Adeligen des Kongo;

---

14 Gray, Christianity, the Papacy, 4–5.

einige unterstützten die Neuerungen, andere dagegen lehnten sie ab. Streitkeiten um die Nachfolge waren im Kongo wie auch in anderen afrikanischen Nationen nicht ungewöhnlich, und beim Tod Nzinga Nkuvus spielte zwangsläufig auch der neue Glaube bei den Machtkämpfen eine Rolle. Schließlich erlangte Afonso, der getaufte Thronanwärter, die Oberhand über seinen „heidnischen" Bruder. Er nahm den Thronnamen Mvenga Nzinga an und herrschte fast vierzig Jahre lang von 1506–1543. Während seiner Regentschaft eroberte sich der katholische Glaube einen festen Platz bei Hofe und begann, sich im gesamten Reich auszubreiten. 1512 ging Afonso ein formelles Bündnis mit den Portugiesen ein, das *Regimento*, das neben militärischer Unterstützung auch eine allmähliche kulturelle Anpassung an Portugal vorsah. Es sollten Missionare gestellt werden; einheimische – afrikanische wie gemischt-ethnische – Geistliche sollten ausgebildet werden; eine flächendeckende Taufkampagne sollte stattfinden; und eine neue christliche Hauptstadt, São Salvador, sollte erbaut werden. Hastings notiert die Parallelen zwischen der iberischen und der afrikanischen Weltsicht, die in diesem Anpassungsprozess hilfreich waren:

> Zum volkstümlichen Christentum des ausgehenden europäischen Mittelalters gehörte ein guter Teil der vorchristlichen Religionen der europäischen Völker. In Europa mussten physische und gesellschaftliche Katastrophen durch spirituelle Ursachen erklärt werden. ... Die religiösen Empfindungen ... der Iberer des 16. Jahrhundert wie auch eines Großteils der paganen Afrikaner waren absolut voraufklärerisch und eng miteinander verwandt. Den Afrikanern ist nicht allzu sehr bewusst geworden, dass sie sich bei dem kulturellen Wechsel in eine andere geistige Welt hineinbegaben.[15]

Afonsos Sohn Henrique wurde im Kindesalter nach Lissabon geschickt, um dort unterrichtet zu werden. Er wurde Priester und kehrte in den Kongo als „Bischof von Utica und Apostolischer Vikar für den Kongo" zurück. Henriques symbolische Bedeutung als erster und einziger römisch-katholischer Bischof in Subsahara-Afrika vor dem 20. Jahrhundert ist nicht zu unterschätzen. Tatsächlich prägte er allerdings die Entwicklung des kongolesischen Katholizismus nicht besonders stark. Dabei bleibt offen, ob dafür sein schlechter Gesundheitszustand verantwortlich ist oder die Einschränkungen, die seinem Handeln von seinem Vater auferlegt wurden. Diesbezüglich bedeutsamer war die Tätigkeit eines Priesters namens Diogo Gomes, der ein in São Salvador geborener und aufgewachsener Weißer oder Mestize war. Er war Jesuit, zweisprachig und verantwortete den ersten Katechismus in Kikongo. Der Optimismus, der sich durch die Etablierung des Christentums unter König Afonso entwickelt hatte, konnte in der Folge keine weiteren Früchte tragen. Afonsos Nachfolger waren weder dem Christentum so zugetan noch den portugiesischen Einflüssen gegenüber so positiv eingestellt, wie Afonso es gewesen war, und häufig hatten sie dafür allen Grund. Der Sklaven-

---

15 Hastings, Church in Africa, 75.

handel untergrub in zunehmendem Maß die Stabilität der Gesellschaft, und es gab Beschwerden darüber, dass sogar Oberschichts-Kongolesen (im Unterschied zu Sklaven, die in benachbarten Gesellschaften erbeutet worden waren) aufgrund der unersättlichen Nachfrage des atlantischen Sklavenhandels gefangen wurden. Es gab permanent zu wenige Geistliche. Die Portugiesen hielten auch dann noch strikt an ihrem exklusiven Patronatsrecht (dem *Padroado*) fest, als sie schon längst keine europäische Großmacht mehr waren und nicht mehr über die Mittel verfügten, den Bedarf an Geistlichen zu decken. São Salvador war nur kurz das Zentrum einer Diözese; als das Interesse der Portugiesen am Kongo nachließ, wurde das Bistum nach Luanda verlegt, das eine portugiesische Kolonie war und kein unabhängiger afrikanischer Staat. Der Manikongo fragte mehrfach beim Papst nach, ob dieser nicht sein Propaganda-Amt anweisen könne, Missionare direkt in den Kongo zu schicken, um die lähmenden Folgen des *Padroado* zu umgehen.

Im Jahr 1645 kamen schließlich italienische Kapuzinerpater ins Land. Sie gründeten eine Niederlassung in Mpinda in der halbautonomen Region von Soyo an der Atlantik-Mündung des Kongo-Flusses. Doch sie waren auch in São Salvador tätig, als das kongolesische Reich zu zerfallen begann. Die Kapuziner versuchten gemeinsam, in Soyo und Kongo eine christliche Führungsschicht herauszubilden. Es gab auch längere Kampagnen zur Verbreitung des neuen Glaubens auf dem Lande. Die Haltung der Ordensbrüder gegenüber der einheimischen religiösen Kultur war ablehnend; sie organisierten Kampagnen, um *Nkisi* (Fetische) zu zerstören, die sie als satanisch brandmarkten, und sie untergruben die Arbeit der einheimischen *Nganga* (traditioneller Heiler oder Wahrsager). Die Brüder übernahmen den Namen „Nganga" und stellten sich selbst als neue Vermittler des Heiligen dar. Das Christentum auf dem Land entsprach nicht länger portugiesischen Vorstellungen, sondern nahm die Rhythmen und Empfindungen der einheimischen Kultur auf. Die Taufe fand weite Verbreitung, und die Getauften nahmen den Ehrentitel „Don" bzw. „Dona" an, die in Portugal dem Adel vorbehalten waren, im Kongo jedoch die Christen von dem sie umgebenden Paganismus unterschied. Bekannt gemacht und verfochten wurde der katholische Glaube von einheimischen Katechismus-Auslegern, die Laien waren. Sie begleiteten die Kapuzinermissionare auf ihren Wanderungen und schufen die Möglichkeit, dass sich das kongolesische Volk die Bedeutung des neuen Glaubens zu eigen machen konnte. Die Taufe wurde vor Ort als *yadia mungwa* (das Salz nehmen) bezeichnet, weil während der Taufzeremonie Salz auf die Zunge getan wurde. Die anderen Sakramente waren nicht sehr verbreitet und wurden kaum verwendet, und es wurde auch keine umfangreiche Übersetzung der Bibel in Angriff genommen. Trotzdem entwickelte sich in der Region eine katholische Kultur, die alles andere als oberflächlich war. Doch das verhinderte nicht, dass das kongolesische Reich zu zerfallen begann. Der Herrscher wurde in der Schlacht von Ambuila 1665 von (durch Portugal unterstützte) angolanischen Truppen geschlagen; das Reich war zerschlagen und die Hauptstadt verlassen. Die Nachfolge wurde zum Streitpunkt zwischen rivalisierenden Ansprüchen, und die Grenzen des Reichs, die immer fließend gewesen waren, wurden enger.

In den Kongo hatten die Kapuziner die Verehrung des Hl. Antonius von Padua mitgebracht. Antonius hatte im 13. Jahrhundert gelebt, war Kapuziner gewesen und hatte in Lissabon gelebt. Portugiesische Seeleute hatten seine Verehrung bekannt gemacht.[16] Diese stand im frühen 18. Jahrhundert im Mittelpunkt der Bewegung um Dona Beatriz. Beatriz' Kikongo-Name war Kimpa Vita; sie war um 1684 in eine kongolesische Adelsfamilie hineingeboren worden. In ihrer Kindheit war Beatriz in die Anfänge des lokalen Geisterkults *Kimpasi* eingeführt worden, der viele katholische Elemente aufgenommen hatte, von den Priestern jedoch stark abgelehnt wurde. In ihrer Jugend erlebte Beatriz Kriege und politische Instabilität, die Aufgabe der Hauptstadt São Salvador und die Zerstörung der dortigen Kirchen. Wie die Kapuzinermissionare hatte sie die Hoffnung, dass die Hauptstadt wiederaufgebaut werden würde und eine neue, ruhmreiche Ära in der Geschichte des Kongo anbrechen würde. In ihr wuchs die Erwartung, dass sich bald ein schicksalhaftes Ereignis zutragen würde. Dann widerfuhr Beatriz ein Erlebnis, das sie so deutete, dass sie dabei starb und als Hl. Antonius wiedergeboren wurde. Als Hl. Antonius wollte sie das kongolesische Reich wieder zu seiner einstmaligen christlichen Pracht zurückführen. In der Hauptstadt predigte sie leidenschaftlich über die Erlösung des kongolesischen Volkes. Beatriz beschuldigte die Kapuziner, fälschlicherweise von einem europäischen Ursprung des Christentums zu künden – eigentlich sei Christus in São Salvador zur Welt gekommen, und die Hl. Franziskus und Antonius seien einheimische schwarze Heilige. Ihre Anhängerschaft und die politische Unterstützung wuchsen, so dass sie imstande war, São Salvador zu befreien und dorthin zurückzukehren. Sie sandte Jünger als „kleine Antonianer" aus, um die Bauern in der Hauptstadt zu versammeln, wo sie der Wiederherstellung des Königreichs beiwohnen sollten – dies sollte ein glorreiches Ereignis in der Geschichte des Kongo und ein apokalyptischer Höhepunkt der Geschichte werden. Ein von Gott berufener Herrscher würde auftreten, und Beatriz würde ihn erkennen. Mit ihren Behauptungen brachte Beatriz den Kapuzinermissionar Bernardo da Gallo gegen sich auf. Dieser drang bei König Pedro (dem in Gallos Augen legitimsten Thronanwärter) darauf, nicht mehr länger zu warten, sondern Beatriz festzusetzen. Beatriz war zu dieser Zeit schwanger, und die Ereignisse entglitten ihr. Nach ihrer Inhaftierung wurde sie von den örtlichen Behörden vor Gericht gestellt, und die Kapuziner berieten über ihre „Irrlehren". Gemeinsam mit ihrem Geliebten, den sie als „Schutzengel Johannes" bezeichnete, wurde sie zum Tode verurteilt. Gallo überredete das Gericht, den (während Beatriz' Inhaftierung geborenen) Säugling nicht hinzurich-

---

16 John K. Thornton, The Kongolese Saint Anthony, Cambridge 1998.

ten. Beatriz und ihr Geliebter jedoch wurden am 2. Juli 1706 auf dem Scheiterhaufen verbrannt. Manche ihrer Anhänger wurden in die Sklaverei verkauft und in die Neue Welt gebracht. Dorthin nahmen sie ihren katholischen Glauben und auch ihre Verehrung für Beatriz' millenaristische Botschaft mit, die so in verwässerter Form etwa in Brasilien und South Carolina fortlebten. König Pedro gelang es 1709 schließlich, seine Hauptstadt zu betreten, doch der Kongo erstand nicht in neuer Pracht auf. In Soyo waren die Kapuziner weiterhin sehr aktiv, doch andernorts besaß die katholische Kirche keine Kraft mehr. Zu Beginn des 19. Jahrhunderts existierten kaum noch Reste einer Amtskirche. Missionare gab es nur vereinzelt, der Wunsch nach einheimischen Geistlichen war passé, und von dogmatischer Geschlossenheit konnte bei dem, was einst das große Experiment eines afrikanischen Katholizismus gewesen war, nicht mehr die Rede sein. Portugiesisch-christlicher Einfluss existierte noch in Luanda, das weiterhin ein Zentrum des Sklavenhandels war und wo viele Portugiesen und Mestizen lebten. Doch es gab keine wirklichen Hoffnungen mehr darauf, dass das Christentum nennenswerten Einfluss auf die einheimischen Herrscher nehmen könnte.

6. Die Portugiesen in Ostafrika[17]

Die Portugiesen erreichten die Suaheli-Stadt Mombasa 1498. Sie trafen auf eine hochentwickelte Handelskultur, in der arabische Elemente mit denen der einheimischen Bantu verschmolzen. Außerdem lebte an der Küste eine blühende muslimische Gemeinschaft, neben der es aber auch im direkten Hinterland noch Völker gab, die ihre traditionellen Religionen weiter pflegten. Die Portugiesen machten sich die Rivalitäten zwischen den verschiedenen Küstenstädten wie etwa Mombasa und Malindi (im heutigen Kenia) zunutze. Eine Allianz mit dem einheimischen Herrscher von Mombasa ermöglichte es ihnen, das gewaltige Fort Jesus zu erbauen, das ein Gegenstück zum Fort von El Mina an der westafrikanischen Küste war. Mombasa wurde zu einem wichtigen Zwischenstopp auf dem Weg nach Goa, wo das Zentrum der portugiesischen Betätigungen in Indien lag. In Mombasa sahen die Portugiesen die Möglichkeit, ihren Erfolg im Kongo zu wiederholen. Allerdings gestalteten sich diese Bestrebungen problematischer, weil hier eine blühende islamische Gemeinschaft lebte. Die Portugiesen schöpften Hoffnung, als Chingulia, der Herrscher von Mombasa, im frühen 17. Jahrhundert zum Christentum übertrat. Er hatte seine Ausbildung in Goa empfangen und dort eine Portugie-

---

17 Freeman-Grenville, Greville Stuart Parker, The East African Coast, London 1988 (Erstauflage 1962).

sin geheiratet. Bei der Taufe nahm er den Namen Don Jeronimo an. Nachdem er nach Mombasa zurückgekehrt war, wurde ihm jedoch schnell deutlich, dass sein neuer Glaube in der machtpolitischen Konstellation in Mombasa hinderlich sein und sich ungünstig auf die Beziehungen Mombasas zu den anderen muslimischen Küstenstaaten auswirken würde. Worin auch immer seine genauen Beweggründe lagen – jedenfalls kehrte er wieder zu seinem ursprünglichen Glauben zurück und initiierte ein flächendeckendes Massaker an allen Christen in Mombasa, die ihrem Glauben nicht abschwören wollten. Ein Ziel war der Konvent der Augustiner (*Jezira*) in Mombasa, in dem mehrere hundert Menschen getötet wurden. Zu den Toten gehörte auch ein Cousin Jeronimos, Don Antonio von Malindi, der ebenfalls von den Portugiesen unterrichtet und Christ geworden war, doch seinen Glauben nicht verleugnen wollte.[18]

Eher mit dem Kongo vergleichen lassen sich eine Reihe von Versuchen, Missionare in das Reich des Mwene Mutapa von Simbabwe zu entsenden. Diese Unternehmung begann mit dem Besuch des Jesuiten Gonçalo da Silveira im Jahr 1560. Seine Verkündigung war von einigem Erfolg gekrönt. Der Mwene Mutapa ließ sich zur Taufe überreden und nahm den Namen Dom Sebastião an, und die Königinmutter wurde zu Dona Maria. Doch diese eiligst arrangierte Bekehrung wurde innerhalb weniger Wochen schon wieder hinfällig. Silveira wurde der Spionage beschuldigt (eine Verleumdung, die nach Aussagen der Missionare von muslimischen Händlern in die Welt gesetzt worden war) und erdrosselt. Der kurze Versuch wurde aufgegeben, ein christliches Reich zu errichten.[19] In der Folge gingen die missionarischen Anstrengungen im Tal des Sambesi kaum noch von portugiesischer Seite aus, sondern hauptsächlich von spanischen oder italienischen Jesuiten und Dominikanern. Im 17. Jahrhundert unternahmen die Dominikaner weitere Versuche, Einfluss auf die Herrscher im Landesinneren zu nehmen. Die Reaktionen einiger Herrscher waren positiv, doch ihre Bekehrungen hatten nur selten Bestand und schienen eher die ritualisierte Akzeptanz von militärischer Unterstützung durch die Portugiesen zu sein als der Wunsch, sich einer anderen Religion zuzuwenden: Es war allzu deutlich, dass die Missionare kaum etwas anderes waren als Diplomaten der Portugiesen, und als deren Macht schwand, sich nur unregelmäßig und kaum noch verlässlich zeigte, wurde offensichtlich, wie unpassend diese missionarischen Bemühungen waren. Im Unterschied zum Kongo hinterließen die Portugiesen hier noch nicht einmal eine nostalgische Erinnerung an ein untergegangenes christliches Reich.

---

18 Freeman-Grenville, Greville Stuart Parker (Hrsg.), The Mombasa Rising against the Portuguese 1631, London 1980.
19 Sundkler/Steed, The Church in Africa, 68.

7. Der Sklavenhandel und der Einfluss nordeuropäischer protestantischer Mächte in Afrika

Dreihundertfünfzig Jahre lang wurden die Beziehungen zwischen Europa, Afrika und dem amerikanischen Doppelkontinent vom Sklavenhandel dominiert. Der amerikanische Vorreiter der historischen Demographie des atlantischen Sklavenhandels, Philip Curtin, formuliert dies so: „Das südatlantische System verbrauchte Menschen ebenso, wie andere Branchen Rohstoffe verbrauchen". Die geschätzten Zahlen der in die Neue Welt verbrachten Menschen reichen von 9,5 Millionen bei Curtin[20] bis zu den deutlich höheren Angaben bei J. E. Inikori[21] (diese Zahlen beziehen sich auf die lebend in Amerika angekommenen Menschen; die Gesamtverluste an Menschenleben werden hier nicht geschätzt). Dieser entmenschlichende Handel war kaum dazu angetan, den kulturellen oder gar religiösen Austausch zu fördern. Das lässt sich dadurch belegen, dass von kongolesischer Seite immer wieder Gesuche geschickt wurden, damit einige der ungeheuerlichen Übel beseitigt würden, die die Portugiesen durch die Sklaverei in die Region gebracht hatten. Der englische Historiker John Thornton beschreibt das Problem der um Erklärungen ringenden Historiker so:

> Der atlantische Sklavenhandel beruht auf einem gigantischen Paradox. Es ist unschwer zu erkennen, dass der Sklavenhandel auf kontinentaler und auch auf regionaler Ebene schlecht für Afrika war. Die demographischen Effekte durch den Abtransport derart vieler Menschen hatten Auswirkungen auf die Arbeitsorganisation und die Geschlechterbeziehungen, und sie prägten auch das Wesen und die Richtung der Kriegsführung. Zugleich jedoch liegt es gleichermaßen auf der Hand, dass eben dieser Handel zwar auf regionaler Ebene schlecht war, aber durch die politische und wirtschaftliche Elite Afrikas und nicht durch deren europäische Handelspartner kontrolliert wurde. Das Paradox besteht also darin, zu erklären, warum die afrikanische Elite zuließ, dass dies geschah.[22]

Das trifft zu. Doch ein weiteres Paradox besteht darin, dass die Europäer, die die Sklaverei (zumindest auf gesetzlicher Ebene) auf der Grundlage eines christlichen Humanismus und der Menschenwürde aus ihren Gesellschaften verbannt hatten, es nun zuließen, dass sich Sklaverei und Sklavenhandel im atlantischen Raum überhaupt entwickeln konnte. Ließ sich dies dadurch rechtfertigen, dass es um außereuropäische Menschen und um Nichtchristen ging? Das rief bei den Katholiken große Sorge hervor: Die wegweisende Arbeit von Bartolomé de Las Casas zur

---

20 Curtin, Philip D., The Atlantic Slave Trade. A Census, London 1969.
21 Siehe den Artikel von Lovejoy, Paul, The Volume of the Atlantic Slave Trade: A synthesis, in: Journal of African History, Bd. 23, 473–501. Darüber hinaus siehe Rodney, Walter, How Europe Underdeveloped Africa, London 1972.
22 Thornton, John, A Cultural History of the Atlantic World 1250–1820, Cambridge 2014, 63.

Verteidigung der Rechte der amerikanischen Indianer führte 1537 zur päpstlichen Bulle *Sublimis Deus* von Papst Paul III. In diesem Schriftstück wurde festgehalten, dass die Indianer „vernunftbegabte Wesen" seien, die die gleichen Rechte besäßen wie europäische Christen. Im weiteren Sinne trifft dieses Urteil auch auf die Afrikaner zu. Francesco Ingoli (1578–1649) war der erste Sekretär der „Propaganda-Kongregation" und machte (nach dem Bericht eines päpstlichen Beamten in Lissabon von 1630) auf die Unmenschlichkeit des Sklavenhandels aufmerksam. Die Kardinäle drängten den Papst, nachdrücklich auf die menschliche Behandlung der Sklaven hinzuweisen. Die Kapuziner im Kongo berichteten, dass häusliche Sklaverei im Kongo in eher harmloser Weise verliefe. Dort hatten auch manche Sklaven ihrerseits Sklaven. Das Ganze spielte sich insgesamt in einem komplexen ökonomischen Netz von Beziehungen ab, das als gegeben hingenommen wurde. Deutlich kritischer war allerdings die Haltung der Kapuziner gegenüber dem atlantischen Sklavenhandel. Diese Einstellung wurde noch durch eine Petition aus Südamerika verstärkt, mit der der Afro-Brasilianer Lourenço da Silva de Mendouça 1684 gegen den „teuflischen Missbrauch" der unmenschlichen Behandlung der Sklaven protestierte, sowie durch ein weiteres Gesuch der Kapuziner gegen die Versklavung von Christen und Misshandlungen aller Menschen in der Praxis des Sklavenhandels. Infolgedessen verdammte das Heilige Offizium den Sklavenhandel 1686 ausdrücklich in der damals praktizierten Form, ohne sich aber zu der Frage zu äußern, ob die Sklaverei an sich toleriert werden sollte. Leider führten diese schönen Worte nicht zu einer Abschaffung der Sklaverei in den katholischen Staaten mit einer entsprechenden Praxis.[23]

Zudem befanden sich gegen Ende des 17. Jahrhunderts immer weniger katholische Nationen unter den größten Staaten, in denen Sklaverei praktiziert wurde. Die wichtigsten Konkurrenten der Portugiesen waren die Holländer. 1637 eroberten sie das portugiesische Fort El Mina an der afrikanischen Westküste (im heutigen Ghana). In den 1660er Jahren eroberten die Engländer während der englisch-niederländischen Seekriege mit Cape Coast Castle ein konkurrierendes Fort nur wenige Kilometer von El Mina entfernt. Auch schwedische und dänische Forts lagen entlang der Goldküste. Die portugiesischen Interessen wurden von den Holländern auch weiter im Süden gefährdet. Obwohl die Portugiesen Luanda halten konnten, gelang es den Holländern Mitte des 17. Jahrhunderts, ihren Einfluss auch auf die nördlich des Kongo-Flusses gelegene und traditionell dem kongolesischen Machtbereich zugehörige Stadt Soyo auszudehnen. Die protestantischen Staaten Nordeuropas hatten kein besonderes Interesse daran, missionarisch tätig zu werden. In ihrer Sicht war die Internationalität der katholischen Kirche in Europa ein Instrument zur Unterdrückung lokaler Dynamiken mit dem Ziel einer Zentralisierung der kirchlichen Kontrolle. Den Protestanten war die Bedeutung der Gemein-

---

23 Gray, Christianity, The Papacy, 88–93.

den vor Ort wichtiger, die ihre eigene Leitung hatten und die Kirchen der Menschen eines bestimmten Landes sein sollten.[24] England und vor allem Holland wehrten sich gegen die spanische Vorherrschaft in Europa, und der Ausbau ihrer Seestreitkräfte und die Zunahme ihres Einflusses im Ausland wurden teilweise als Feldzug gegen die Katholiken angesehen. Wo englische oder holländische Kolonien entstanden – wie rund um die „Faktoreien" (Handelsniederlassungen) an der Küste Westafrikas oder durch den Erwerb von Territorien in der Karibik, Nord- und Südamerika und in Asien –, da kam dem protestantischen Glauben die Rolle zu, für die Engländer und Holländer im Ausland in geistlicher und pastoraler Hinsicht zu sorgen und ihre Kinder zu taufen und zu unterrichten, wozu auch die gemischtethnischen Nachkommen aus sexuellen Beziehungen mit den Einheimischen zählten. Dies reichte jedoch nicht so weit, dass die paganen Völker missioniert worden wären.[25]

Dennoch entwickelten sich von den europäischen Forts aus wirtschaftliche und soziale Beziehungen zu den dortigen Stammesführern und Gesellschaften. Dass die Forts dort überhaupt stehen konnten, basierte meist auf Übereinkünften mit den Herrschern vor Ort. Diese gingen davon aus, dass sie es den Europäern gestatteten, das Land zum Bau von Faktoreien zu nutzen, ohne dass sie ihnen jedoch ihren Besitz auf Dauer übereigneten. Diese Beziehungen brachten auch einen kulturellen Austausch mit sich und führten dazu, dass einzelne Menschen nach Europa kamen, um dort zu studieren und Eindrücke zu sammeln; derartigen Austausch hatte es schon länger mit Lissabon gegeben. Ein Fante-Junge wurde versklavt und an einen Holländer verkauft, der ihn mit nach Holland nahm, wo er seine Freiheit erlangte. Im Jahr 1737, einhundert Jahre nach der Eroberung von El Mina durch die Holländer schrieb er sich an der Universität Leiden für das Theologiestudium ein. 1742 verfasste Jacobus Capitein, wie er genannt wurde, in Leiden eine Dissertation und begründete die Sklaverei biblisch. Seiner Ansicht nach stand die Sklaverei „nicht im Widerspruch zur christlichen Freiheit", und es sei miteinander vereinbar, Sklave und Christ zu sein, weshalb die Sklavenhalter ihre Sklaven nicht davon abhalten sollten, sich taufen zu lassen. Capitein wurde von der reformierten Kirche ordiniert und kehrte an die Goldküste zurück, um in El Mina als Geistlicher zu arbeiten. Man riet ihm, keine pagane Einheimische zur Frau zu nehmen, und so heiratete er 1745 eine Holländerin. Für ihn war das Leben im Fort schwierig, weil er bei den holländischen Bewohnern wegen seiner Kritik an ihrer Lebensweise und bei den Einheimischen aufgrund seines langen Aufenthalts im Ausland und seiner Anpassung an die holländische Kultur auf Ablehnung traf. Er übersetzte einige Texte wie die Zehn Gebote, das Vaterunser und die Glaubensartikel ins Fante. Er starb

---

24 Caretta, Vincent/Reese, Ty M., The Life and Letters of Philip Quaque, Athens 2010.
25 Clarke, Philip, West Africa and Christianity, London 1986.

1747 etwa dreißigjährig, bevor er bleibende Spuren hinterlassen konnte. Zwei gemischt-ethnische Männer, die im dänischen Fort in Christianborg (in der Nähe des heutigen Accra) als Söhne dänischer Väter geboren worden waren – Frederik Pedersen Svane und Christian Jakob Protten –, waren bereits in Dänemark unterrichtet worden; sie heirateten Däninnen und kehrten an die Goldküste zurück. Protten fertigte 1764 eine Fante-Grammatik an und begann damit, Bibeltexte ins Fante zu übersetzen. Doch weder er noch Svane sahen sich in erster Linie als christliche Missionare.[26]

Philip Quaque war der erste afrikanische anglikanische Priester. In ihm verknüpft sich Capiteins Engagement, die christliche Botschaft nach Afrika zu bringen, mit Prottens und Svanes langer Lebenszeit an der Goldküste. Viele ihrer Probleme erlebte Quaque am eigenen Leib. Am englischen Cape Coast Castle wurde ein Geistlicher gesucht, und die Society for the Propagation of the Gospel (SPG) hatte die Position zunächst an Thomas Thompson vergeben. Thompson blieb dort von 1751 bis 1756, als er krankheitsbedingt (dies betraf die Europäer durchgängig, bis im späten 19. Jahrhundert eine wirksame Behandlung der Malaria möglich war) in die Heimat zurückkehrte. Da praktisch der einzige Grund für die Existenz des Forts im Sklavenhandel lag, war missionarische Arbeit dort schwierig. Lange nach seiner Rückkehr aus Afrika verfasste Thompson 1772 – in dem Jahr, als das Mansfield-Urteil erging, das der Sklaverei im englischen Mutterland die rechtliche Basis entzog – ein Pamphlet zur Verteidigung des Sklavenhandels. An einem Punkt allerdings zeitigte Thompsons Wirken Folgen für die Mission. 1754 arrangierte er zusammen mit einem einheimischen Stammesführer, Caboceer (Kodwo), dass drei Jugendliche von dort zur Ausbildung nach England geschickt wurden. Zwei der Jungen starben, doch der dritte, der dreizehnjährige Quaque (Kwaku), überlebte, wurde getauft und nahm den Namen Philip an (nach dem Evangelisten Philippus, der nach Apostelgeschichte 8,25–40 den ersten afrikanischen Konvertiten getauft hat). 1765 wurde er von der SPG ausgesandt, um in Cape Coast Castle Dienst zu tun. Vor Antritt der Reise wurde er in England zum Diakon und Priester ordiniert und so zum ersten afrikanischen anglikanischen Priester. Er war nicht nur Geistlicher, sondern ebenso sehr „Missionar, Schulmeister und Katechist der Neger an der Goldküste".[27] Quaque hatte diese Stellung mehr als fünfzig Jahr inne. Seine erste Frau, die Engländerin Catherine Blunt, starb bald nach ihrer Ankunft. Quaque sah sich mit Vorurteilen und Schwierigkeiten bei der Ausübung beider Aspekte seiner Position konfrontiert, was noch dadurch zusätzlich erschwert wurde, dass er, wie er sagte, „skandalöse Missachtung" durch die SPG erfuhr.[28]

---

26 Hastings, Church in Africa, 178–179.
27 O'Connor, Daniel, Three Centuries of Mission, London 2000, 27.
28 Ebd.

Als junger Missionar bat Quaque einen der angesehensten episkopalen Geistlichen in Neu England, Samuel Johnson, um Rat, der die Arbeit der SPG unterstützte. Aus der wohl umfangreicheren Korrespondenz sind zwei Briefe erhalten. In eindrücklicher Weise bringen sie Quaques Hoffnungen und Enttäuschungen zum Ausdruck. Quaque ist erfreut, vom „guten Gedeihen des Leibes Christi bei Ihnen" zu hören. „Ungeachtet der Bemühungen der Presbyterianer und unserer Andersgläubigen".[29] Die Probleme in Afrika dagegen, so schreibt er, seien von gänzlich anderer Art: „Die religiösen Regungen und ihre stetigen Entlohnungen sind nicht so sehr en vogue wie die üble Praxis, Fleisch und Blut zu erwerben wie Ochsen auf dem Markt."[30]

Quaques Haltung zum Sklavenhandel unterschied sich deutlich von denen Thompsons. In einem der Briefe bezieht sich Quaque auf den durch den Sklavenhandel hervorgerufenen Zusammenbruch stabiler Verhältnisse. Er erzählt von der Verachtung, mit der ihm die Händler häufig begegneten, von der Ablehnung der „Mulatten"-Männer, wenn deren Frauen seinen Unterricht besuchen, und von seiner generell pessimistischen Sicht auf den Erfolg seiner Mission. Quaque konnte sich noch an der britischen Gesetzgebung erfreuen, die dem Sklavenhandel ein Ende setzte. Als er 1816 starb, nahm gerade eine neue Ära der Mission in Westafrika ihren Anfang. Nach seinem Tod wurde ihm zu Ehren von einer „Bibel-Truppe" im Fort eine Schule gegründet, und diese Gruppe lud auch 1822 die Methodisten nach Ghana ein. So waren es dann auch eher Methodisten und Presbyterianer als Anglikaner, die einen christlichen Einfluss auf diesen Teil Westafrikas ausübten.

8. Die Holländer in Südafrika

Nachdem sie die Portugiesen aus Ostindien verdrängt hatte, richtete die holländische Vereenigte Oost-Indische Compagnie (VOC) 1652 in Kapstadt einen Zwischenstopp auf dem Weg nach Osten ein. Wie die als Umzäunung gepflanzten Mandelhecken zeigten, wurden anfänglich keine Versuche unternommen, mehr als nur minimale Kontakte zu den einheimischen Völkern am Kap zu pflegen. Diese Völker waren weitgehend nomadisch lebende Jäger und Sammler (die San) oder aber Hirten (Khoi), die von den Holländern als „Buschmänner" beziehungsweise „Hottentotten" bezeichnet wurden. Ein gewisser Austausch war nötig, damit die Schiffe mit dem Notwendigen versorgt werden und die Siedler im Fort Grundnahrungs-

---

29 Schneider, Herbert/Schneider, Carol (Hrsg.), Samuel Johnson: His Career and Writings: Bd. I (New York 1929), 425: Briefe von Quaque, 26. November 1767 sowie 5. April 1769.
30 Ebd.

mittel bekommen konnten. Die Khoi und San nutzten diese neuen Geschäftsmöglichkeiten zu ihrem Vorteil. Weniger vorteilhaft waren die von den Holländern eingeschleppten Pocken und Viehseuchen, denen die einheimischen Völker wenig entgegenzusetzen hatten. Ein Teufelskreis begann: Auf den Verlust der Herden folgte die Entvölkerung, und so wurden die dort lebenden Stämme dezimiert. Im Fall der San richtete eine skrupellose Politik der Auslöschung, die von den Kommandos (speziell zusammengerufene Milizen) der holländischen Siedler umgesetzt wurde, verheerende Schäden an. Mitte des 18. Jahrhundert hatte die indigene Gesellschaft mit ihrer Kultur aufgrund des Landverlustes und des Bevölkerungsrückgangs immer größere Schwierigkeiten, ihr Überleben zu sichern. Der Zerfall der einheimischen Gesellschaften begann. Sie waren nun nur noch ein Anhängsel der holländischen Gesellschaft, eine Unterschicht von Zwangsarbeitern. Auch die Kolonie baute in hohem Maße auf die Arbeit von Sklaven, die aus Niederländisch-Ostindien, aber auch aus Bengalen, Madagaskar und aus Afrika selbst ins Land gebracht wurden. Gegen Ende des 17. Jahrhundert ließ sich die Regelung nicht mehr halten, nach der nur Angestellte der VOC sich als selbstständige Farmer niederlassen durften, und Bauern (Boere) ließen sich in der Gegend um Kapstadt herum nieder. Ihre Tätigkeit als Viehzüchter oder Wein- bzw. Weizenbauern verlangte nach einer großen Zahl von Sklaven (bzw. diese galt als dafür notwendig).[31] Während des gesamten 18. Jahrhundert war die Anzahl der Sklaven höher als die der Bürger (d. h. der weißen Kolonisatoren), deren Lebensunterhalt vollständig davon abhing, dass sie zum einen Sklaven für sich arbeiten ließen und zum anderen die indigene Khoi-Wirtschaft ihren eigenen Interessen unterwarfen.[32]

Die Gehälter der niederländisch-reformierten Geistlichen wurden von der VOC gezahlt. Faktisch war der Einfluss der VOC in der Kirche in Südafrika deutlich größer als in den Niederlanden. Es wurde allein die Arbeit von reformierten Kirchen und Geistlichen gestattet, und protestantische Minderheiten (wie die Lutheraner) oder gar Katholiken durften sich nicht organisieren. Die reformierte Kirche in Südafrika bot nicht nur Holländern, sondern auch Deutschen und französischen Hugenotten eine Heimat. Erst in den 1770er Jahren erlaubte man es der lutherischen Gemeinde, in Kapstadt eine eigene Kirche zu bauen. Mit der Expansion der landwirtschaftlichen Tätigkeit wurden auch Kirchen außerhalb von Kapstadt gebaut (wie etwa in Stellenbosch), doch weiter entfernt lebende Farmer hatten es zu dieser Zeit schwer, in die Kirche zu gehen. Sie fuhren zur Taufe und gelegentlich auch zum Nagmaal, dem Abendmahlsgottesdienst, in die Stadt. Auf den Gehöften gab es meist eine Statenbijbel, die offizielle niederländische, protestantische Übersetzung von 1637, auch wenn

---

31 Eine exzellente Bibliographie der frühen südafrikanischen Kirchengeschichte findet sich bei Elphick, Richard/Davenport, Rodney, Christianity in South Africa, Oxford/Cape Town 1997, 400.
32 Zur Diskussion um die komplexen demographischen Fragen am Kap zu dieser Zeit siehe Anhang 3 in: Shell, Robert C.-H., Children of Bondage, Johannesburg 1994, 439–448.

sich die Historiker darüber uneins sind, wie viele Farmer wirklich Bibeln besaßen, in welchem Maße insbesondere die Trekburen (die an der äußeren Grenze der Kolonie lebten) mit der Kirche verbunden waren oder wie eng sie in Beziehung zum orthodoxen Calvinismus standen. In vielerlei Weise ähnelte das Leben an der Grenze in seiner Kargheit, mit der materiellen Kultur und der subsistenzorientierten Landwirtschaft der gesellschaftlichen Organisation der Bantu, mit denen die Trekburen nach und nach Kontakt aufnahmen. Jonathan Gerstner[33] hat gezeigt, dass andererseits die Verbundenheit mit einer reformierten Theologie groß war, in der „der tausendjährige Bund" eine wichtige Rolle spielte. Hierbei galten die Kinder der Auserwählten als Erben der Verheißungen, die Gott ihren Vorfahren zugesagt hatte. Das befähigte sie zur Taufe, bevor sie imstande waren, die Verheißungen selbst zu verstehen. In den Niederlanden selbst hatte der lange Kampf gegen die spanisch-katholische Herrschaft bei den holländischen Protestanten die starke Gewissheit hinterlassen, dass die Vorsehung Gottes sie leitete und als Volk behütete. In Südafrika verlieh dies ihnen und den protestantischen Einwanderern aus anderen Staaten Europas einen Zusammenhalt. Sie verstanden sich als ein Volk mit einer gewissen Bestimmung und Berufung, das sich von den Heiden, unter denen es wohnte, abzusondern hatte. Die Einwanderer wussten davon, dass sich in den portugiesischen Gebieten im Norden der Kolonie eine diffuse Mischung portugiesischer und afrikanischer Kultur mit einer vergleichsweise großen Zahl von Mestizen herausgebildet hatte, die sich kulturell als Christen ansahen und zugleich der spirituellen Welt Afrikas zugehörten. Die Buren wollten derlei um jeden Preis verhindern. Die VOC taufte öfter gemischt-ethnische Kinder (eines freien Bürgers und einer versklavten Mutter). Die Trekburen schlossen die Möglichkeit einer Bekehrung der Heiden nicht aus, aber sie waren nicht begeistert davon, ihre Sklaven zu taufen, unter anderem weil (wie in der Dordrechter Synode 1619 behandelt)[34] beträchtliche Zweifel bestanden, ob Sklaven, die Christen wurden, nicht aufgrund ihres Christwerdens automatisch frei sein sollten. Diese Frage war bereits vom westafrikanischen Geistlichen Capitein in seiner Leidener Dissertation behandelt worden. Die Farmer an der Grenze neigten häufig dazu, ihre Sklaven nicht zu taufen – nur für den Fall, dass dies als Instrument genutzt werden könnte, ihre Sklavenwirtschaft zu untergraben, von der sie annahmen, dass ihr Überleben von ihr abhinge. Trotzdem hatte sich in der reformierten Kirche Ende des 18. Jahrhundert eine Gemeinde aus nicht-weißen Mitgliedern gebildet. Sie waren aufgrund ihrer Sprache und Tradition ein fester Bestandteil der holländischen Haushalte, auch wenn sie immer einen niederen Status besaßen. Doch jenseits dieser abgeschotteten Welt blieb in den Kralen der Khoi oder bei den deutlich zahlreicheren bantusprachigen Völkern der südlichen Nguni im Osten und Norden das Gefühl einer unüberbrückbaren Distanz zwischen Christen und Heiden bestehen.

---

33 Gerstner, Jonathan N., The Thousand Generation Covenant, Leiden 1990.
34 Shell, Robert, Children of Bondage, Middletown 1994.

9. Die Mission der Brüder-Unität

Erstmals entwickelten die Protestanten in der protestantischen Erweckungsbewegung im 18. Jahrhundert einen Sinn für die Universalität der Mission, die über die etablierte Ordnung der Staaten und der patriarchalen Hausgemeinschaften hinausging, wobei die individuelle Bekehrung und die Universalität der Verkündigung des Evangeliums betont wurden. Zu den ersten Gruppen mit einer solchen Position zählte die Brüder-Unität, die dem Pietismus des europäischen Kontinents zuzurechnen ist. Sie war eine überkonfessionelle Bewegung, deren Zentrum die Gemeinde in Herrnhut war. Herrnhut war von Graf Nikolaus von Zinzendorf gegründet worden, um den vor der Gegenreformation fliehenden Böhmischen Brüdern einen Zufluchtsort zu bieten. Pietistische Zirkel in der reformierten Kirche der Niederlande begannen, sich verantwortlich für die indigenen Völker Südafrikas zu fühlen, und sprachen dies bei Zinzendorf an. Die Brüder-Unität war auf diese Frage auch durch die zwei deutschen pietistischen Missionare Bartholomäus Ziegenbalg und Heinrich Plütschau aufmerksam gemacht worden; beide hatten seit 1706 in Südindien im dänischen Handelsfort von Tranquebar gearbeitet. In Kapstadt hatten sie auf der Durchreise von der zunehmenden Verelendung der indigenen Bevölkerung am Kap erfahren. Daraufhin wurde Georg Schmidt, ein deutscher Missionar der Brüder-Unität, von Herrnhut ans Kap gesandt. Er wurde zunächst von den Geistlichen und von einer Reihe lutherischer Angestellter der VOC freundlich empfangen, doch was die Machbarkeit seiner Mission anging, begegnete ihm einige Skepsis. Schließlich entschied er sich, aus Kapstadt wegzugehen und in Baviaanskloof eine Siedlung zu gründen. Dort legte er einen Garten an, errichtete einige Gebäude und pflanzte einen Birnbaum.[35] Er begann, Bibelunterricht in holländischer Sprache zu geben. Africo und Kibiro hießen die beiden Khoi, die den Ochsenkarren gelenkt und ihn aus Kapstadt begleitet hatten. Neben einer verheirateten Frau namens Verhettge, die mit der Taufe den Namen Magdalena (Lena) annahm, waren sie die ersten Konvertiten, die Schmidt taufte. Schmidts Entscheidung zum Taufen sorgte bei den anderen Geistlichen für Verstimmung, denn sie beanspruchten selbst das Monopol darauf in der Kapregion. Zudem war die Classis, die Generalsynode in Amsterdam, auf Zinzendorfs lutherische Theologie aufmerksam geworden – vor allem, nachdem Zinzendorf die calvinistische Prädestinationslehre sowie die Lehre von der begrenzten Sühne in polemischer Weise angegriffen hatte. Diese Lehren hatten sich allerdings in den früheren reformierten Debatten mit den Arminianern in den Niederlanden, die 1619 zum Bekenntnis der Dordrechter Synode geführt hatten, als Kern des reformierten Glaubens herausgeschält. Infolge dieser Anfeindungen wurde Schmidt 1744 des Landes verwiesen. Er konnte nie zurückkehren. Erst 1792 war es der Brüder-Unität

---

35 Krüger, Bernhard, The Pear Tree Blossoms: A History of the Moravian Mission Stations in South Africa 1737–1869, Genadendal 1966.

möglich, ihre Arbeit am Kap wiederaufzunehmen. Ihnen wurde nun ein herzlicherer Empfang bereitet, und sie erfuhren auch davon, dass einige von Schmidts vormaligen Konvertiten oder deren Nachkommen immer noch in der Region wohnten. Lena zeigte den Missionaren stolz ihr holländisches Neues Testament, das sie fünfzig Jahre lang benutzt hatte. Die holländische Obrigkeit war jetzt gegenüber der Missionstätigkeit aufgeschlossener als zuvor. Nicht zuletzt ermunterte sie die Brüder-Unität, eine Missionsstation für die wachsende Zahl freigelassener Sklaven, denen der Islam häufig attraktiv erschien, zu eröffnen. Die Farm in Baviaanskloof zog bald eine wachsende Zahl von Khoi-Farmern an, für die es zunehmend schwierig war, Land zu erwerben oder das Land zu halten, das sie besaßen. Sie wollten nicht zu landlosen Arbeitern auf den holländischen Farmen werden. Die Missionsstation erhielt den neuen Namen Genadendal. Sie orientierte sich am Vorbild der Ursprungsgemeinschaft in Herrnhut und wollte eine Zuflucht für christliche Gläubige sein. Es wurden strenge Kriterien an den persönlichen Glauben an Christus angelegt und hohe Standards für die persönliche Moral entworfen. Der dortige disziplinierte Lebenswandel machte die Station in den Augen der britischen Regierung, von der die Kapkolonie 1806 erworben wurde, attraktiv. Die Briten waren daran interessiert, eine gefügige Bevölkerung aus Ureinwohnern zu haben, doch sie wollten sich nicht der Forderung der Afrikaander-Farmer beugen, die Khoi-Gesellschaft vollständig zu zerstören. Genadendal diente als Modell für andere Missionsstationen. Es wurde zum Symbol eines neuen, inklusiven und menschenfreundlichen Christentums, das allen Menschen und allen Ethnien offenstand und in dem die Gleichheit gefördert wurde. So unterschied es sich beträchtlich von dem Christentum, das sich bei den reformierten Siedlern herausgebildet hatte. Als Nelson Mandela 1994 der erste Präsident des neuen, demokratischen und nicht rassistischen Südafrika wurde, benannte er sein Präsidialamt in Kapstadt in Genadendal um.[36]

Fazit

In mancher Hinsicht ähnelt die Kirche in Afrika zwischen 1500 und 1800 – natürlich in sehr viel größerem Maßstab – dem Vorbild Genadendals: Christliche Inseln versuchen, beträchtlichen Widerständen zum Trotz, ihren Glauben beizubehalten. In Ägypten waren die Kopten unablässig damit beschäftigt, zu überleben, den seit der Antike lebendigen Glauben weiter zu pflegen und ihre ethnische Gemeinschaft zusammenzuhalten. In den europäischen Forts an der West- und Ostküste sowie unter den bäuerlichen Siedlergemeinschaften im südlichen Afrika war das Christentum weitgehend eine Fremdreligion, die eher für Europäer gedacht war als für Afrikaner. In Äthiopien dage-

---

36 Du Preez, Hannetijie et al. (Hrsg.), The Challenge of Genadendal, Amsterdam 2009, 17.

gen erlebte ein gänzlich indigenes Christentum seine Blüte. Dabei lag es jedoch fast ständig im Krieg mit dem Islam sowie mit der traditionellen Oromo-Religion. Darüber hinaus litt der christliche äthiopische Staat darunter, dass er innerlich zersplittert war. In Äthiopien gelang es allmählich, eine große Anzahl von Oromo einzugliedern, die vor allem dadurch Christen wurden, dass sie die amharische Kultur übernahmen. Im Kongo entstand ein dynamisches Christentum, in dem sich kulturelle Elemente Portugals und des Kongos mischten und in dem man Anzeichen für die Entstehung einer indigenen christlichen Kultur erkennen kann. Leider unterminierte der von den christlichen Staaten Europas und ihrer Siedlerkolonien in Amerika betriebene Sklavenhandel die afrikanischen Gesellschaften. Hierzu zählte auch die kongolesische Gesellschaft, von der das Christentum positiv aufgenommen worden war. Die Schwächung der katholischen Kirche im späten 18. Jahrhundert, die sich in der Aufhebung des Jesuitenordens durch den Papst 1773 spiegelte, führte zu einem Nachlassen der missionarischen Anstrengungen, so dass fast überall in Afrika die katholische Mission ums Überleben kämpfen musste.

Eine ganze Reihe von Faktoren führte im späten 18. und frühen 19. Jahrhundert zu einer gravierenden Veränderung dieser Situation. Die Kampagnen für die Abschaffung der Sklaverei und für den Humanismus machten auf das Unrecht des atlantischen Sklavenhandels aufmerksam und suchten nach Wegen, die Menschen in Afrika wirtschaftlich und spirituell zu befreien. Frauen und Männer afrikanischer Herkunft, die sich in der Neuen Welt zum Christentum bekehrt hatten, kehrten als Missionare ihres neuen Glaubens in das Land ihrer Vorfahren zurück. Von der evangelikalen Bewegung wurden die radikale Einheit der Menschheit sowie die universell ausgerichtete Botschaft von Christi Leben und Sterben betont. Hierdurch wurde die Vorstellung einer ethnisch exklusiven Religion infrage gestellt, und man proklamierte, dass das universale Evangelium „bis an die Enden der Erde" zu verkünden sei. Die abolitionistische Bewegung sowie die evangelikale Bewegung verliehen der protestantischen Missiontätigkeit in Europa und Amerika neue Impulse. Die katholische Kirche begann nach der Schwächung durch die Angriffe der Aufklärung und der Französischen Revolution, ihr Selbstvertrauen zurückzugewinnen und wandte sich wieder der Weltmission zu. Die weltweit wirkenden politischen, wirtschaftlichen und spirituellen Kräfte nahmen auch Einfluss auf die historischen afrikanischen Kirchen in Ägypten und Äthiopien, die ebenfalls tiefgreifende Reformen und eine neue Belebung erfuhren.

Übersetzung: Gerlinde Baumann

Literatur

Armanios, Febe, Coptic Christianity in Ottoman Egypt, Oxford 2011.

Clarke, Peter, B., West Africa and Christianity, London 1986.

Elphick, Richard/Davenport, Rodney, Christianity in South Africa, Oxford and Cape Town 1997.

Gray, Richard, Christianity, the Papacy and Mission in Africa, Maryknoll 2012.

Hastings, Adrian, The Church in Africa, 1450–1950, Oxford 1994.

Hassen, Mohammed, The Oromo and the Christian Kingdom of Ethiopia, 1300–1799, Rochester 2015.

Isichei, Elizabeth, A History of Christianity in Africa, London 1995.

Meinardus, Otto, Two Thousand Years of Coptic Christianity, Cairo 2002.

Sundkler, Bengt, and Steed, Christopher, A History of the Church in Africa, Cambridge 2000.

Tadasse Tamrat, Church and State in Ethiopia, 1270–1527, Oxford 1972.

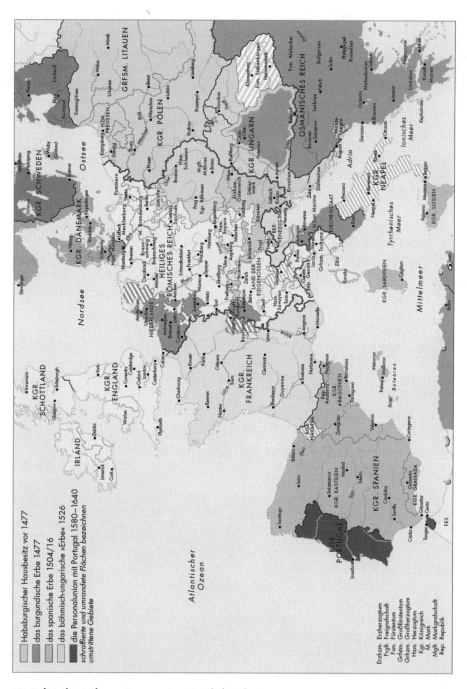

Die Politische Ordnung Europas im 16. Jahrhundert

DAS LATEINEUROPÄISCHE CHRISTENTUM IM 16. JAHRHUNDERT

Thomas Kaufmann

1. Konzeptionelle Vorüberlegungen

Periodisierungsfragen sind in Bezug auf die Geschichte Europas im 16. Jahrhundert in mannigfacher Hinsicht kontrovers; eine Vorverständigung ist deshalb unerlässlich.

Eine sehr einflussreiche, von der deutschen protestantischen Historiographie des 19. Jahrhunderts und ihrem Nestor Leopold von Ranke[1] geprägte Periodisierungskonzeption verstand die historische Etappe zwischen 1517 und 1555 als eine eigene Epoche: *die Reformation.* Die beiden Eckdaten standen zum einen für den Beginn des Ablassstreites mit der Veröffentlichung von Luthers *95 Thesen,* zum anderen für die rechtlich-politische Lösung des Religionskonflikts im Heiligen Römischen Reich deutscher Nation durch die Anerkennung der ‚Evangelischen‘ im Augsburger Religionsfrieden. Das sich daran anschließende Zeitalter wurde seit Gustav Droysen, einem Schüler Rankes, als „Gegenreformation"[2] bezeichnet; dabei handelte es sich um eine in seiner Sicht unproduktive, reaktionäre, durch die Rückeroberung verlorenen Terrains durch den Katholizismus geprägte, den Protestantismus in eine reaktiv-antikatholische Ära, die sogenannte „Altprotestantische Orthodoxie", verstrickende Geschichtsphase, die in die Katastrophe des Dreißigjährigen Krieges (1618–1648) einmündete. Da der Anspruch der Ranke'schen Epochenkonzeption über die deutsche Nationalgeschichte hinausging, stellte sie implizit oder explizit eine Herausforderung auch für die Kirchen- und Allgemeingeschichte dar.

Rankes Verständnis der Reformation als eines eigenen „Zeitalters" zielte darauf ab, ihr eine herausragende Bedeutung nicht nur für die deutsche, sondern auch für die europäische, ja die Weltgeschichte zuzuschreiben. Seine Sicht auf die mittelalterliche ‚Vorgeschichte‘ war – entsprechend älteren protestantischen Deutungstraditionen – vornehmlich negativ; das Renaissancepapsttum sei in Dekadenz versunken und in politische Intrigen verstrickt gewesen, Frömmig-

---

1 von Ranke, Leopold, Deutsche Geschichte im Zeitalter der Reformation, 5 Bde., München und Leipzig 1924.
2 Droysen, Gustav, Geschichte der Gegenreformation, Stuttgart o. J.

keit und Kirche seien durch tiefgreifende Krisen erschüttert worden. Im Lichte dieser negativen Sicht erschien Luther als einzigartiger Wendepunkt der Geschichte. Ranke verband in seiner Darstellung der Reformationsgeschichte die politischen Vorgänge im Zusammenhang der Reichs-, der Territorial- und der europäischen Staatenpolitik und die religiösen und theologischen Motive Luthers und seiner Mitstreiter zu einer spannungsreichen Einheit. Zwei ‚große Männer', der habsburgische Kaiser Karl V., dessen weltumspannender Herrschaftsbesitz neuartige, in der bisherigen europäischen Geschichte unbekannte Ausmaße erreicht hatte, und Martin Luther, der obstinate Augustinermönch aus der unbedeutenden Provinzuniversität Wittenberg, der aus Gewissensgründen dem römischen Papst entgegentrat, waren die für Ranke beherrschenden Epochengestalten. Von national-romantischen Vorstellungen geprägt, sah er in der Reformation ein Werk des ‚deutschen Geistes', das erst mit der im 19. Jahrhundert erreichten Einheit der deutschen Nation unter preußischer Führung an sein Ziel gekommen sei.

Nicht zuletzt aufgrund der weltweiten Rezeption des Reformationsjubiläums durch evangelische Kirchen, Gemeinden und Staaten[3] seit dem 17. Jahrhundert hat sich das Datum „1517" tief in Erinnerungskultur und Geschichtsschreibung unterschiedlicher Nationen und kirchlicher Traditionen eingeprägt. In der neueren Kirchen- und allgemeinen Geschichtsschreibung ist die historiographische Bedeutung dieses Datums allerdings fraglich geworden. Kam dem von Luther inszenierten Streit um den Ablass[4] wirklich die Bedeutung einer historisch epochalen Zäsur zu? Ist Luthers Kritik am bestehenden Kirchenwesen überhaupt verständlich, wenn man sie unter Absehung von Frömmigkeit, Kultur und Theologie des späten Mittelalters studiert? Fügt sich die von Luther ausgehende Bewegung nicht vielmehr in eine polymorphe Geschichte umfassender Transformationen von Religion und Gesellschaft ein[5], die bereits im 14. oder 15. Jahrhundert einsetzte und bis ins 17. oder 18. Jahrhundert fortging?

Vor allem in der angloamerikanischen Forschung zu Spätmittelalter und Früher Neuzeit ist die traditionell exponierte Stellung der Reformation als Epoche relativiert oder nivelliert worden. Dies geschah einerseits dadurch, dass man die Reformation in einen breiteren Zeitstreifen des Übergangs vom späten Mittelalter zur frühen Neuzeit einzeichnete; es geschah andererseits, indem man den Begriff der „Reformation" pluralisierte, auf unterschiedliche Erscheinungen des zeitgenössi-

---

3 Kaufmann, Thomas, Reformationsgedenken in der Frühen Neuzeit, in: Zeitschrift für Theologie und Kirche 107, 285–324; Flügel, Wolfgang, Konfession und Jubiläum. Zur Institutionalisierung der lutherischen Gedenkkultur in Sachsen 1617–1830, Leipzig 2005.
4 Ott, Joachim/Treu, Martin (Hrsg.), Faszination Thesenanschlag – Faktum oder Fiktion, Leipzig 2008.
5 Leppin, Volker, Transformationen. Studien zu den Wandlungsprozessen in Theologie und Frömmigkeit zwischen Spätmittelalter und Reformation, Tübingen 2015.

schen lateineuropäischen Kirchen- und Christentums bezog und die exklusive Verwendung zur Bezeichnung der von Luther und Wittenberg ausgehenden Bewegung aufgab.[6] Einigkeit in der Forschung besteht allerdings im Ganzen darin, dass die mit dem Begriff der „Reformation" bezeichneten Sachverhalte primär in Bezug auf die Kirchen- und Christentumsformationen der ‚westlichen' bzw. lateineuropäischen Christenheit einschlägig sind und dass die Kirchen des Ostens, die ‚Orthodoxie', von ihnen weitgehend unberührt blieben bzw. allenfalls sekundär und peripher tangiert wurden.[7]

Ebenso wenig wie sich über den ‚Anfang' und den Charakter einer Epoche „Reformation" derzeit wissenschaftliches Einvernehmen herstellen lässt, kann ihr Ende als unumstritten gelten. Das für die Geschichte des Heiligen Römischen Reichs deutscher Nation zentral wichtige Datum 1555 besaß für die zeitgenössische europäische Geschichte natürlich keine allgemeine Bedeutung; die einzelnen „Reformationsgeschichten" der europäischen Nationen haben zu je eigenen Lösungen in Bezug auf die Anerkennung oder Ausgrenzung unterschiedlicher Konfessionen geführt. Der der folgenden Darstellung zugrunde gelegte chronologische Endpunkt „1600" ist pragmatisch gewählt; es soll primär darum gehen, die zwischen 1500 und 1600 bestehenden Verhältnisse in den unterschiedlichen lateineuropäischen Ländern in einem synthetisierenden Überblick zusammenzuführen. Die Darstellung selbst setzt voraus, versucht aber auch plausibel zu machen, dass der traditionellerweise mit dem Begriff der „Reformation" bezeichnete Sachverhalt, nämlich die von Martin Luther und Wittenberg ausgehende religiöse und gesellschaftliche Bewegung, einen spezifischen Ereigniszusammenhang darstellte und dass diesem aufgrund seiner Wirkungen eine epochale, das Christentum grundsätzlich verändernde Bedeutung zukam; in Folge der Reformation wurde das lateineuropäische Kirchenwesen und seine globalen Filiationen irreversibel pluralisiert.

---

6 Vgl. z. B. Lindberg, Carter, The European Reformations, Chichester [2]2010; Brady, Thomas A./Oberman, Heiko A./Tracy, James (Hrsg.), Handbook of European History 1400–1600, 2 Bde., Leiden u. a. 1994/5; bezogen vor allem auf die deutsche Geschichte: Brady, Thomas A., German Histories in the Age of Reformations, 1400–1650, Cambridge 2009; vgl. ansonsten meine Analyse der Forschungslage in: Kaufmann, Thomas, Der Anfang der Reformation. Studien zur Kontextualität der Theologie, Publizistik und Inszenierung Luthers und der reformatorischen Bewegung, Tübingen 2012, 1ff.; besonders einflussreich: MacCulloch, Diarmaid, The Reformation, New York, London 2004; deutsche Ausgabe: Die Reformation 1490–1700, München 2008; vgl. dazu: Kaufmann, Thomas, „History is good at confounding and confessing labelers" – „Die Geschichte versteht es meisterlich, Schlagwortexperten zu irritieren und zu verwirren". Zu Diarmaid MacCullochs „Reformation", in: Archiv für Reformationsgeschichte 101, 305–320.

7 Exemplarisch: Wendebourg, Dorothea, Reformation und Orthodoxie. Der ökumenische Briefwechsel zwischen der Leitung der württembergischen Kirche und Patriarch Jeremias II. von Konstantinopel in den Jahren 1573–1581, Göttingen 1986.

2. Das lateineuropäische Christentum um 1500

Als historisch-kulturelle ‚Einheit' kann Lateineuropa sowohl von seinen *Rändern*, als auch von seiner *Mitte* her, dem vom Papst in der Nachfolge der römischen Kaiser repräsentierten Autoritätsanspruch und seiner rechtlich-institutionellen Durchsetzung, definiert werden. In konfessioneller Hinsicht endete *Lateineuropa*, wo die der russischen oder griechischen *Orthodoxie* zugehörigen Kirchentümer zu dominieren begannen – in Griechenland, Bulgarien, Litauen, Russland. Seitdem Konstantinopel an das *Osmanische Reich* (1453) gefallen war, markierte diese stetig expandierende Supermacht eine weitere Grenze Lateineuropas. Nach einem Wort Papst Pius II. war „Europa" die letzte der Christenheit verbliebene Heimat („Europa id est patria")[8], nachdem die ehemals ‚christlichen' Kontinente Afrika und Asien der Expansion des Islam zum Opfer gefallen waren. Seit dem späteren 14. Jahrhundert dominierten die Osmanen auf dem Balkan; seit dem frühen 15. Jahrhundert setzten sie sich nach und nach in Westanatolien und auf der Peloponnes fest; 1516/7 eroberten sie Syrien und Ägypten und brachten das Mamlukenreich zu Fall. Die osmanische Vorherrschaft in der Levante beeinträchtigte den Orienthandel empfindlich und stimulierte zu jener Suche nach einem *Seeweg nach ‚Indien'*, den Christoph Kolumbus 1492 vermeintlich, Vasco da Gama aus Lissabon 1498 tatsächlich gefunden hatte. Die Hoffnung auf „Christen" – und zwar die der Legende nach durch den Apostel Thomas Bekehrten – und „Gewürze"[9] hatten nicht nur den portugiesischen Seemann angespornt, sondern beschäftigten in Gestalt von Reiseberichten – einer nun ins Kraut schießenden Literaturgattung – bald auch die europäische Öffentlichkeit. Gemäß einer damals verbreiteten Vorstellung war das Evangelium schon zur Zeit der Apostel in alle Weltengegenden vorgedrungen; insofern waren auch in den ‚neuentdeckten' Ländern Christen bzw. Mutationen des Christentums zu erwarten.[10] Die globale Ausbreitung des Christentums ging bisweilen mit endzeitlichen Erwartungen einher.

---

8 Vgl. zu Überlieferung und Kontext dieses Wortes: Mertens, Dieter, „Europa id est patria, domus propria, sedes nostra ..." Zu Funktionen und Überlieferung lateinischer Türkenreden im 15. Jahrhundert, in: Erkens, Franz Rainer (Hrsg.), Europa und die osmanische Expansion im ausgehenden Mittelalter [Zeitschrift für Historische Forschung Beih. 20], Berlin 1997, 39–57; zum allgemeineren Kontext: Kaufmann, Thomas, „Türckenbüchlein". Zur christlichen Wahrnehmung „türkischer Religion" in Spätmittelalter und Reformation, Göttingen 2008.

9 Nach dem „Roteiro" eines namentlich nicht bekannten Augenzeugen aus Vasco da Gamas Mannschaft, zit. nach: Koschorke, Klaus/Ludwig, Frieder/Delgado, Mariano (Hrsg.), Außereuropäische Christentumsgeschichte [Kirchen- und Theologiegeschichte in Quellen VI], Neukirchen-Vluyn 2004, 5.

10 Vgl. dazu meine Hinweise in: Die ‚Polyzentrik' des Christentums in der Perspektive der lutherischen Orthodoxie des 17./18. Jahrhunderts, in: Koschorke, Klaus/Herrmann, Adrian (Hrsg.), Polycentric Structures in the History of World Christianity, Wiesbaden 2014, 51–68.

Dass sich der Papst für berechtigt hielt, die Herrschaft über die neu entdeckten Gegenden der Welt zu verteilen, war ein Moment der Lateineuropa prägenden und zu einer gewissen Einheit integrierenden kirchenrechtlichen Ansprüche Roms. In der Bulla *Inter cunctas* (4. Mai 1493) übertrug der Borgia-Papst Alexander VI. den Seemächten Spanien und Portugal die vollständige Gewalt über die neuen Länder und Inseln. Dies schloss die Verfügungsberechtigung über „Gold, Gewürze und viele andere kostbare Dinge verschiedenster Art und Güte", aber auch die Verpflichtung ein, „daß die barbarischen Völker unterworfen und zum wahren Glauben bekehrt werden"[11] sollten. Die Reihenfolge der aufgetragenen Maßnahmen – Unterwerfung und Bekehrung (*subicere, reducere*) – ließ keinen Zweifel über die Art des Vorgehens zu. 1494 handelten Spanien und Portugal detailliert aus, wie sie die Welt unter sich aufteilen wollten (Vertrag von Tordesillas). Die Ära der globalen Ausbreitung des lateineuropäischen Christentums, die nun einsetzte, war von vornherein mit kulturhegemonialen und kolonisatorischen Überzeugungen und Praktiken verbunden.

Die Mission des Kolumbus wurde von den „katholischen Königen" Spaniens, Ferdinand von Aragón und Isabella von Kastilien, unterstützt. Die fieberhafte Suche eines Seewegs nach Indien war ein Aspekt der *Reconquista*, der Rückeroberung und Befreiung der iberischen Halbinsel und sonstiger Interessenssphären von islamischen Einflüssen. Mit dem Emirat von Granada fiel am 2. Januar 1492 die letzte Bastion muslimischer Herrschaft in Spanien. Die Religionspolitik der „katholischen Könige" zielte nun darauf ab, die vermeintlich auf unvollkommene oder zweifelhafte Weise konvertierten Neuchristen aus Judentum und Islam, die Morisken und Marranen, durch ‚ethnische Säuberungen' aufzuspüren und zu eliminieren. Die gezielte Ausgrenzung der ethnisch und religiös Fremden, die ‚um 1500' in Spanien hervortrat, stellte auch in Bezug auf die Haltung gegenüber den Juden eine neuartige Verschärfung dar. Erstmals im Spanien der *Reconquista* wurde die ethnische Disposition von Menschen als Argument gegen ihre Konversion zum Christentum in Anschlag gebracht.

Gegenüber den Heiden in der Karibik trat der Entdecker und Eroberer Kolumbus als Propagandist des Christentums auf. In den Schilderungen, die er von den Menschen auf den zuerst erreichten und betretenen karibischen Inseln abgab, stellte er heraus, dass sie fest glaubten, „daß alle Kraft, alle Macht, überhaupt alles Gute im Himmel sei. [...] Sie treiben keine Abgötterei. Sie verstehen sich vielmehr alle untereinander [d. h. die Bewohner verschiedener Inseln], welcher Umstand sehr nützlich ist für die Bekehrung zu dem heiligen Glauben an Christus [...]."[12] Die erwartbar leichte Bekehrbarkeit der Wilden, die beinahe schon heimliche Christen

---

11 Zit. nach Koschorke u. a., Außereuropäische Christentumsgeschichte, 219.
12 Bericht über die ersten Begegnungen mit den Indios, zit. nach Koschorke u. a., Außereuropäische Christentumsgeschichte, 215.

seien, aber auch die in Aussicht gestellten Gewinne sollten die Bereitschaft steigern, ihm weitere Entdeckungsreisen zu finanzieren. Dies erreichte er auch; noch dreimal, 1493–1496, 1498–1500, 1502–1504, segelte Kolumbus zu seinem ‚Indien‘.

Die im späten 15. Jahrhundert massiv einsetzende außereuropäische Expansion des lateineuropäischen Christentums wirkte auf Europa vor allem durch ihre ökonomischen Folgen zurück.[13] Die riesigen Goldimporte aus Lateinamerika begünstigten inflationäre Entwicklungen in der ‚alten Welt‘. Luxusgüter aus Übersee begannen den Lebensstil zu beeinflussen; teure Importe führten zu Verschuldungen insbesondere höherer Stände und verstärkten den sozialen Druck auf den „gemeinen Mann“. Im Verlaufe des 16. Jahrhunderts lief der Atlantik- allmählich dem Ostsee- und dem Levantehandel den ersten Rang ab; waren bisher Städte wie Lübeck, Venedig oder Genua die Schwerpunkte des zeitgenössischen Welthandels gewesen, so traten nun Lissabon, Sevilla, Antwerpen oder Amsterdam ihr Erbe an; um 1600 hatten die Niederländer und die Engländer gegenüber den Kaufleuten der Hanse eindeutig die Überhand gewonnen. Die prosperierende wirtschaftliche Aufbruchsstimmung des Frühkapitalismus um 1500, die von dem aufblühenden Städtewesen getragen, von dem florierenden Montangewerbe gestärkt und von einer günstigen demographischen Entwicklung gestützt worden war, war am Ende des Jahrhunderts Stagnation, Symptomen von Überbevölkerung und verschärften Ernährungsengpässen gewichen, die durch klimatische Veränderungen, die sog. ‚Kleine Eiszeit‘, verursacht oder verstärkt wurden.[14]

In sozialer, kultureller und mentaler Hinsicht war das Leben vieler Lateineuropäer durch *prägende Gemeinsamkeiten* bestimmt. Die durchschnittliche Lebenserwartung lag ‚um 1500‘ bei ca. 30 Jahren, wobei die der Frauen, deren statistische Geburtenrate bei sechs lag, deutlich unter der der Männer rangierte. Die massiven demographischen Einbrüche infolge der Pestepidemien des 14. Jahrhunderts waren ‚um 1500‘ wieder ausgeglichen; in Italien sollen etwa zehn, in England ca. fünf, in Spanien neun und im Reich – einschließlich der Niederlande und Böhmen – 16 Millionen Menschen gelebt haben. Während des 16. Jahrhunderts wuchs die Bevölkerung Lateineuropas stetig an; ca. 90 % der Europäer lebte auf dem Land.

Auch der religiöse Lebensstil der Lateineuropäer war durch prägende Gemeinsamkeiten bestimmt. In der Liturgie dominierten die lateinische Sprache und die an Rom orientierten Ordnungen. Der Jahresablauf war durch den Fest- und Heiligenkalender der Kirche bestimmt; etwa ein Drittel aller Wochentage – von frühkapitalistischen Händlern beargwöhnt und attackiert – waren Feiertage. Die definitiv durch das Konzil von Florenz (1439) definierte Siebenzahl der Sakramente (Taufe, Firmung, Ehe, Priesterweihe, Beichte, Abendmahl, Letzte Ölung) strukturierte und begleitete

---

13 Rössner, Philipp Robinson, Deflation – Devaluation – Rebellion. Geld im Zeitalter der Reformation, Stuttgart 2012.
14 Vgl. hierzu den Beitrag von Hartmut Lehmann in diesem Band.

das Leben jedes lateineuropäischen Christenmenschen ‚von der Wiege bis zur Bahre'. Die jährliche Pflichtbeichte und -kommunion als religiöse Minimalobligation der lateinischen Christenheit dürften gegen Ende des Mittelalters weithin akzeptiert und durchgesetzt gewesen sein. Die Organisationsstruktur des Kirchenwesens mit seinen Erzbistümern, Bistümern, Stifts- und Kollegiatskirchen, den Ordens-, Wallfahrts- und Pfarrkirchen, auch die institutionellen Formen der Orden, ihre Konkurrenzen untereinander und zwischen ‚Welt- und Ordensgeistlichkeit' waren über ganz Lateineuropa verbreitet und konterkarierten die seit dem 15. Jahrhundert verstärkt wahrnehmbaren nationalkirchlichen Tendenzen. Auch die sich seit dem 12. Jahrhundert über Europa ausbreitende Bildungsinstitution der Universität[15], aus der nach und nach die in Kirche und Staat benötigten Eliten rekrutiert wurden, stellte einen kulturellen Integrationsfaktor Lateineuropas dar. Denn die Universitäten wiesen nicht nur überall ein vergleichbares Organisationsgefüge auf; sie traktierten ähnliche, ja zumeist dieselben gelehrten Stoffe und Texte und gewährten den graduierten Magistern und Doktoren eine allgemeine Lehrberechtigung an jeder anderen europäischen Universität. Studenten und Professoren waren eine mobile Sozialgruppe; auch in der Frühzeit der Reformation trugen sie entscheidend zur Verbreitung von Texten und Informationen darüber bei, was an der 1502 neu gegründeten kursächsischen Universität vor sich ging.

Erstmals infolge der Kreuzzüge, verstärkt dann seit den Pestepidemien des 14. Jahrhunderts, machten sich in Europa Erscheinungen militanter Judenfeindschaft bemerkbar[16], die die jahrhundertelange Koexistenz der Christen mit einer jüdischen Minderheit grundsätzlich infrage stellten. Um 1290 wurden die Juden aus England, 1394 aus Frankreich vertrieben; seit 1492 war Spanien, 1496 Portugal ‚judenfrei'; im späten 15. und frühen 16. Jahrhundert wurde den Juden auch in vielen Städten und Territorien des Reichs der Aufenthalt verweigert. Neue Motive des Judenhasses – der Ritualmord, der Juden die Tötung von Christenkindern unterstellte; die Brunnenvergiftung, mit der Epidemien erklärt wurden; die Hostienschändung – kamen auf, verbreiteten sich über ganz Europa und lösten Pogrome und Verfolgungswellen aus. Gegen ‚Ende' des Mittelalters schickte sich Europa an, ‚christlicher' zu werden als es je zuvor war.

Insbesondere im 15. Jahrhundert kamen auch einige *neuere Tendenzen in der Frömmigkeit* auf, die europäische Dimensionen annahmen.[17] Innerhalb des Ordens-

---

15 Rashdall, Hastings, The Universities of Europe in the Middle Ages. A new edition in three volumes, ed. by Powicke, Frederick Maurice und Emden, Alfred Brotherston, Oxford 1969.

16 Vgl. Battenberg, Friedrich, Das europäische Zeitalter der Juden Bd. 1: Von den Anfängen bis 1650, Darmstadt 1990.

17 Vgl. überblicksartig: Angenendt, Arnold, Geschichte der Religiosität im Mittelalter, Darmstadt 1997; Hamm, Berndt, Religiosität im späten Mittelalter. Spannungspole, Neuaufbrüche, Normierungen, hrsg. von Friedrich, Reinhold und Simon, Wolfgang, Tübingen 2011.

wesens gewann eine Bewegung die Oberhand, die sich die strenge Beachtung („Observanz') der geltenden Regeln auf die Fahnen schrieb und laxen, veräußerlichten Frömmigkeits- und Lebensformen entgegentrat. Diese Observanzbewegung erfreute sich besonderen Zuspruchs. Insbesondere im städtischen Bereich[18] schossen die Bruderschaften ins Kraut – geistliche Korporationen von Geistlichen und Laien, die zumeist einzelnen Heiligen gewidmet waren und sich – nicht selten in Verbindung mit bestimmten Gilden und Zünften – der Pflege des Seelenheils ihrer Mitglieder annahmen, indem man gemeinsam für die Verstorbenen betete und das liturgische Totengedenken organisierte und finanzierte. Nicht selten gehörten Menschen unterschiedlichen Bruderschaften an. Auch an der stetigen Zunahme frommer Stiftungen, der wachsenden Anzahl der Altäre in den Kirchen, an der eine immer größere Zahl an Messen zu lesen waren, auch an der explosiven, europaweiten Entwicklung des Kirchenbaus ‚um 1500‘ kann man ablesen, dass die Menschen ein gesteigertes religiöses Sicherheitsbedürfnis empfanden. Mit den Pestepidemien, Judenpogromen und den militärischen Anstürmen des türkischen ‚Antichristen‘ peitschen auch Wellen apokalyptischer Endzeitangst über Europa.[19]

Vielen Frömmigkeitspraktiken war ein Zug ins Kumulative, Massenhafte eigen; die frühkapitalistische Mentalität der Kapitalakkumulation hatte unverkennbare Parallelen in der Vermehrung religiöser Vollzüge, die ‚um 1500‘ zu beobachten sind[20]: *Mehr* Messen für das Heil der Seelen, *mehr* Heilige, gern auch in Konsortien wie den 14 Nothelfern, *mehr* Wallfahrten, *mehr* Reliquien, die in immer aufwändigeren ‚Heiltumsschauen‘ präsentiert wurden und deren Heilswirkungen in Gestalt von Ablässen – d. h. dem Nachlass zeitlicher Sündenstrafen im Fegefeuer für ungebüßte Schuld – immer fantastischere Umfänge vieler Millionen Jahre erreichten.[21] Auch die exklusiv von den Päpsten verliehenen Plenarablässe, die ursprünglich nur an ‚Heiligen Jahren‘ für die Romwallfahrt oder im Zusammenhang der Kreuzzüge gewährt wurden, schossen nun ins Kraut. In großen Ablasskampagnen wurde das Heil Roms oder anderer heiliger Stätten wie Santiago de Compostela oder Assisi an entfernte Orte der lateinischen Christenheit in Süd und Nord, Ost und West transferiert und die vollständige Sündenvergebung gegen je definierte Gegenleistungen an Gebeten oder Geld etwa zum Zweck des Kreuzzuges gegen die Türken propagiert und gewährt. Die wachsende Konjunktur der Plenarablässe trug auch dazu bei, dass die in der Mitte des 15. Jahrhunderts entwickelte Reproduktionstechnik des Buchdrucks mit beweglichen Lettern, die rasch große Mengen an

---

18 Isenmann, Eberhard, Die deutsche Stadt im Mittelalter 1150–1550, Wien/Köln/Weimar 2012.

19 Graus, František, Pest – Geissler – Judenmorde, Göttingen 1987.

20 Angenendt, Arnold u. a., Gezählte Frömmigkeit, in: Frühmittelalterliche Studien 29, 1–70.

21 Zur allgemeinen Orientierung unerlässlich: Paulus, Nikolaus, Geschichte des Ablasses am Ausgang des Mittelalters, Darmstadt ²2000.

Ablassbriefen, -predigten und sonstigen Akzidenzdrucken im Zusammenhang mit dem Ablassbetrieb herzustellen erlaubte, einen rasanten Aufstieg vollzog.[22] Insofern beförderte der Ablass die Ausbreitung jener Kommunikations- und Informationstechnologie, derer sich dann Luther zu seiner Bekämpfung mit analogielosem Erfolg bedienen sollte.

Eine gegenläufige Tendenz der Frömmigkeit, die zur Internalisierung und Individualisierung drängte, ging von der sogenannten *Devotio moderna* aus, einer von den Niederlanden ausstrahlenden Bewegung von Laien, die in gemeinsamen Häusern ohne feste Regularien zusammenlebten, religiöses Schrifttum produzierten, lasen und verbreiteten und die Hinwendung zu einem Leben in der Nachfolge Christi in der Welt, nicht hinter Klostermauern, propagierten. Auch mystische Frömmigkeitstraditionen und Texte erfreuten sich um 1500 großer Beliebtheit. Die Vorstellung, dass die fromme Lektüre oder die andächtige Meditation kaum weniger heilsam war als die Teilnahme an äußeren Praktiken, war weit verbreitet.

Ein kulturelles Phänomen besonderer Art, das die intellektuellen Eliten in vielen Ländern Lateineuropas – vielleicht mit gewissen Einschränkungen in Mittelost- und Nordeuropa – beeinflusste, ja tiefgreifend prägte, war der sogenannte *Humanismus*. Ausgehend von italienischen *hommes de lettres*, die im Angesicht antiker Bauwerke, Ruinen und Plastiken und im Studium klassischer römischer und bald auch griechischer Texte der vergangenen kulturellen Größe des Altertums inne wurden, entwickelte sich seit dem 14. und 15. Jahrhundert eine europäische Bildungsbewegung, die die ‚antiquitas‘ als kritischen Maßstab der gegenwärtigen Kultur verwendete. Der Mensch galt den Humanisten als bildungsfähiges und -bedürftiges Wesen; die literarischen und sprachlichen Fertigkeiten, die ihn ausmachen, rückten ins Zentrum des Interesses. Nach und nach drangen Humanisten an Höfen, in Städten und Universitäten in Schlüsselpositionen vor; der Einfluss humanistisch Gebildeter war in allen Bereichen von Kirche und Gesellschaft gleichermaßen groß.

Die Humanisten waren rastlos damit beschäftigt, vergessene und verborgene Quellen des Altertums zu entdecken, staubigen Klosterbibliotheken zu entwinden und bekannt zu machen.[23] Einige Italiener kokettierten offen mit dem antiken Heidentum. Johannes Gutenbergs Drucktechnik erfreute sich bald ihrer größten Beliebtheit; vielerorts arbeiteten die Humanisten mit Druckern engstens zusammen. Ein europäisches Kommunikantennetzwerk der Gebildeten, die sich pausenlos über neue Textfunde und Neuerscheinungen auf dem Buchmarkt austauschten, entstand. Das Studium der alten Sprachen, v. a. Griechisch und Latein, bald auch

---

22 Zur Bedeutung von Türkendrucken, die in vielen Fällen direkt oder indirekt mit dem Ablass zu tun hatten, für das entstehende Druckgewerbe des 15. Jahrhunderts vgl. Döring, Karoline Dominika, Türkenkrieg und Medienwandel im 15. Jahrhundert, Husum 2013.
23 Vgl. Greenblatt, Stephen, Die Wende. Wie die Renaissance begann, München 2012.

Hebräisch, erfreute sich wachsender Beliebtheit. Nur, wer einen Text in seiner originalsprachlichen Form zu lesen imstande war, wer wirklich aus den ‚alten Quellen' menschlicher Weisheit schöpfte, konnte auf Wertschätzung im strengen und elitären Netzwerk der humanistischen ‚Sodalitäten' hoffen. Aus humanistischen Impulsen erwuchsen epochale Anstrengungen um die Erforschung des biblischen Hebräisch und der Kabbala – allen voran durch Johannes Reuchlin (*Rudimenta Hebraica* 1506; *De verbo mirifico* 1494; *De arte Cabbalistica* 1517) – und des griechischen Neuen Testaments und der spätantiken christlichen Literatur – vornehmlich durch Erasmus von Rotterdam (*Novum Instrumentum* 1516; zahlreiche Kirchenväterausgaben seit 1516 bei Johannes Froben in Basel). Mancher der von den Humanisten verbreiteten Texte ließ sich mit christlichen Vorstellungen und dem Kirchenglauben nicht ohne weiteres vereinbaren; das Präsentwerden und -bleiben ‚devianten' Gedankenguts stellte neue Herausforderungen an die zeitgenössische Theologie und Philosophie. Auch traditionelle Strategien der ‚Ausmerzung' missliebiger Gedanken – die Inquisition, der Ketzerprozess, die Bücherverbrennung – gerieten angesichts der humanistischen Wissensvermehrung und ihrer drucktechnischen Verbreitung an Grenzen.[24] Die Humanisten waren auch die ersten, die sich für Luther zu interessieren begannen.[25]

Kirche und Gesellschaft waren in allen Ländern Lateineuropas engstens verquickt. Die ständisch-hierarchische Struktur galt in Kirche und Gesellschaft als gottgegeben. Der Adel, der in sich eine breite Fächerung zwischen niederem Land- und fürstliche Herrschaftsgewalt ausübendem Hochadel aufwies, hatte in aller Regel auch in der Kirche die führenden Positionen der Bischöfe, Äbte und Prälaten inne. Insbesondere als Versorgungsinstitut für den nachgeborenen Nachwuchs des Adels erfüllte die Kirche eine zentrale Funktion. In den Diensten der Territorialherrschaften erwuchs dem niederen Adel in Gestalt akademisch gebildeter bürgerlicher Juristen eine ungeliebte Konkurrenz. Schon im Mittelalter pflegte der Adel europaweite dynastische Verbindungen und unterhielt ausgespannte klientelistische Netzwerke, die politische Entwicklungen und kulturelle Transferprozesse beeinflussten. Die Ausübung von Herrschaft galt als exklusives Recht des *„status politicus"*, den nach der zeitgenössisch verbreiteten Sozialtheorie, der Drei-Stände-Lehre[26], der Adel bildete. Dem *„status ecclesiasticus"*, dem hierarchisch differenzierten Klerus, oblag die Heilssorge für das Gemeinwesen; durch Gebete und heilswirksame Sakramente betreute der Klerus die Laien von der ‚Wiege' bis zur ‚Bahre'. Die

---

24 In vieler Hinsicht bezüglich der modernisierenden Aspekte des Buchdrucks anregend: Eisenstein, Elisabeth L., Die Druckerpresse. Kulturrevolutionen im frühen modernen Europa, Wien/New York 1997.

25 Grane, Leif, Martinus Noster. Luther in the German Reformation Movement 1518–1521, Mainz 1994.

26 Vgl. dazu besonders die Arbeiten von Schorn-Schütte, Luise, zuletzt: Gottes Wort und Menschenherrschaft. Politisch-theologische Sprachen im Europa der Frühen Neuzeit, München 2015.

Subsistenzgrundlage der beiden oberen Stände sicherte der „*status oeconomicus*", bestehend aus dem weit überwiegenden Rest der Gesellschaft – den Bauern, den Händlern und Handwerkern. Den Städten, die den Rückhalt der prosperierenden Ökonomie ‚um 1500' bildeten, war die Teilhabe an Herrschaft in der Regel versagt; dies begünstigte deren Bereitschaft, sich im Zuge der Reformation insbesondere von bischöflichen Stadtherren zu emanzipieren. Die *Bauern*, die die Bedarfs- und Verbrauchsgüter der Gesellschaft sicherstellten, befanden sich in den verschiedenen Regionen Europas in durchaus unterschiedlichen rechtlichen und sozialen Verhältnissen. Neben eigenhörigen, weitgehend autonomen, z. T. wirtschaftlich sehr potenten Bauern etwa in Friesland gab es ein reich gestuftes Tableau an Abhängigkeiten, Hörigkeiten und Formen der Leibeigenschaft, die – wie es scheint – in verschiedenen europäischen Ländern um 1500 eher zunahm und wachsende Unzufriedenheit, auch fortschreitendes Freiheitsbegehren provozierte. Im Südwesten des Reiches brachen im frühen 16. Jahrhundert einige Revolten auf (sog. Armer Konrad; Bundschuh); auch in den soziale und religiöse Motive vereinigenden Bewegungen der englischen Lollarden, der böhmischen Taboriten oder Heinrich Pfeiffers (1476) machte sich ein fundamentales Unbehagen gegen das bestehende Gesellschaftssystem Luft.

Die *politischen Verhältnisse* in den einzelnen Ländern Lateineuropas stellten sich im späten 15. und frühen 16. Jahrhundert durchaus unterschiedlich dar; da sich Erfolg oder Abwehr der Reformation primär an der Stellung und den Motivlagen der jeweiligen politischen Eliten und der herrschenden Obrigkeiten entschied, ist ein differenzierender Überblick sinnvoll. In *Frankreich* war es der Dynastie der Valois nach der erfolgreichen Beendigung des 100jährigen Krieges (1337–1453) gelungen, eine stabile Herrschaft aufzubauen; durch die mit dem Papsttum ausgehandelte *Pragmatische Sanktion von Bourges* (1438), die 1516 von Papst Leo X. bestätigt wurde, war das Besetzungsrecht über alle 110 Bistümer und 440 Klöster des Landes in die Hand des Monarchen gelangt. Im Heiligen Römischen Reich, in dem man seitens des Adels und des Hochklerus die mit Geldforderungen verbundene Einflussnahme Roms auf die Besetzung geistlicher Stellen lebhaft beklagte, wurden die „gallikanischen Freiheiten" als Vorbild beschworen.

Auch in *England* hatte sich gegen Ende des 15. Jahrhunderts die Herrschaft der Tudordynastie stabilisiert. Die in der Zeit des avignonesischen Exils (1309–1376), als das Papsttum unter dem drückenden Joch des französischen ‚Erbfeindes' stand, eingetretene Distanz zum Stellvertreter Christi dominierte noch ‚um 1500' das Verhalten des englischen Monarchen. Der Episkopat und die übrigen führenden Kleriker des Inselreichs, die stärker als in den meisten anderen europäischen Ländern akademisch gebildet waren und häufiger aus dem Bürgertum stammten, verdankten ihre Stellungen primär der königlichen Gunst. Pfründenkumulationen und Ämterhandel (Simonie), aus denen Rom Profite schlug, spielten in England eine untergeordnete Rolle.

Im Unterschied zu den westeuropäischen Monarchien Spanien, Frankreich und England waren die politischen Verhältnisse in *Italien* dadurch geprägt, dass die Herrschaft fragmentiert war und auswärtige Mächte – insbesondere die mit Spanien verbundenen habsburgischen Kaiser Maximilian I. und Karl V. und die französischen Könige – in wechselnden Koalitionen mit den fünf wichtigsten Staatsgebilden auf der Apenninhalbinsel – Mailand, Venedig, Florenz, dem Kirchenstaat und dem von einer Nebenlinie des aragonesischen Königshauses regierten Neapel – um eine Vergrößerung ihres Einflusses rangen. Die permanenten Auseinandersetzungen um Italien und Burgund – durch eine Eheschließung Maximilians von Österreich mit Maria von Burgund (1477) waren habsburgische Ansprüche entstanden –, die zwischen dem Kaiser und dem französischen König ausgetragen wurden, bildeten eine politische Strukturachse, die die Geschichte der Reformation entscheidend beeinflusste. Denn diese Konflikte banden – ähnlich den militärischen Auseinandersetzungen, die Karl V. in den 1520er und 1530er Jahren mit den Osmanen zu führen hatte – Energien, die bei der Lösung der Religionsfrage insbesondere im Reich fehlten.

Der *Norden Europas* war seit dem späten 14. Jahrhundert (Kalmarer Union 1397) unter der Führung Dänemarks vereint. Die Reformation ging hier in engster Verbindung mit dem Prozess der politischen Verselbständigung Schwedens unter König Gustav I. Wasa (1523) vonstatten; in Dänemark und Norwegen hingegen vollzog sich die Einführung der Reformation im Zuge einer Stabilisierung des Königtums.[27] Das Ineinander städtischer und territorialer Reformationsprozesse, das die dänische Entwicklung seit den 1520er Jahren prägte, ähnelte deutlicher als in jedem anderen europäischen Land dem Verlauf und der Struktur der Reformation in Deutschland.

Unter den politischen Gebilden der Zeit stellte die *schweizerische Eidgenossenschaft* aufgrund ihrer republikanisch-genossenschaftlichen Bundesverfassung einen Sonderfall dar. Auch wenn sie nominell bis zum Westfälischen Frieden dem Reichsverband angehörte, unterblieben seit 1530 die Besuche der Reichstage. Faktisch betrieb die Schweiz ihre politische Verselbständigung insbesondere gegenüber dem großen Nachbarn Habsburg; die Reformation sollte diesen Prozess im Ganzen dynamisieren. Im Osten grenzten der *Deutschordensstaat*, *Polen-Litauen*, *Böhmen* und *Ungarn* an das Reich. Unter dem Hochmeister Albrecht von Brandenburg-Ansbach wurde der Ordensstaat zu einem weltlichen Herzogtum unter polnischer Lehnshoheit säkularisiert; bereits 1525, früher als in irgendeinem Territorium im Reich, wurde hier die Reformation eingeführt. Die anderen mittelosteuropäischen Länder besaßen – im Unterschied zu den starken Monarchien Westeuropas – Wahlkönigtümer, die jeweils durch starke Adelsverbände kontrolliert und korrigiert

---

27 Larson, James L., Reforming the North. The Kingdoms and Churches of Scandinavia, 1520–1545, New York 2010.

wurden. Die Reformationsprozesse in diesen Ländern waren daher in besonderem Maße vom Adel geprägt und abhängig.

Entgegen einer primär religiösen Sicht, die ihm vor allem ‚von außen' zuteil wurde, stellte sich das *Papsttum* ‚um 1500' im italienischen Kontext als territoriales Staatsgebilde dar, das für die politische Stabilität der Halbinsel von zentraler Bedeutung war. Jeweils an dem Wahlcharakter des Papstamtes gescheiterte Versuche regierender Päpste, eine erbliche Herrschaft der durch Nepotismus begünstigten eigenen ‚familia' im fürstlichen Flächenstaat zu etablieren, konnten in politischer Hinsicht durchaus als opportun gelten. Mit wenigen Ausnahmen waren die Päpste des 15. und 16. Jahrhunderts Italiener, was den Einfluss der auswärtigen Mächte auf das Papsttum begrenzte. Im Laufe des 15. Jahrhunderts gingen die Kontakte zu und die Interessen des Papsttums an Deutschland signifikant zurück; auch deutschlandpolitische Kompetenzen fehlten in Rom weithin.[28] Spannungen zwischen weltlichen Praktiken und geistlichen Ansprüchen des Papstes belasteten sein Ansehen und leisteten antikurialen Tendenzen Vorschub, die sich im Reich auch des Rückhalts des Kaisers erfreuten; in seiner Schrift *An den christlichen Adel deutscher Nation* (1520) machte sich Luther diese Stimmungen zunutze.

Die politischen und verfassungsrechtlichen Verhältnisse im *Heiligen Römischen Reich deutscher Nation*, das die geographische Mitte Europas bildete, waren durch eine Dualität reichisch-zentristischer und territorial-föderativer Elemente gekennzeichnet.[29] Das ‚Reich' war ein politisch eigen- und einzigartiges Gebilde; es verband eine Vielzahl von Herrschaften und galt gemäß der geschichtstheologischen Konzeption des Danielbuches (Dan 7) als letztes der vier Weltreiche, also als Fortsetzung des unter Karl dem Großen und Otto I. an die Deutschen gelangten römischen Reiches. Der Kaiser an der Spitze des Reiches repräsentierte den universalen Anspruch dieser letzten Weltordnung vor der Wiederkunft Christi. Auf der politischen Handlungsebene ‚funktionierte' das Reich durch das Zusammenspiel zwischen dem Reichsoberhaupt – dem von den sieben Kurfürsten (den Erzbischöfen von Mainz, Trier und Köln als geistlichen und dem Herzog von Sachsen, dem Markgrafen von Brandenburg, dem Pfalzgraf bei Rhein und dem König von Böhmen als weltlichen) gewählten Kaiser – und den Reichsinstitutionen (dem Reichstag, dem einheitliche Rechtsverhältnisse sichernden Reichskammergericht, dem exekutive Prozesse ermöglichenden Reichsregiment und der Reichssteuer). Die Kurfürsten, die als ‚Säulen des Reiches' galten, hatten ein besonderes politisches Gewicht, das auf den Reichstagen symbolisch inszeniert wurde. In Wahlkapitulationen, die sie mit den Kandidaten der Kaiserwahl – seit 1438 aus dem Hause Habsburg stammend – aushandelten, sicherten sie den Erhalt der politischen Struktur

---

28 Vgl. Tewes, Götz-Rüdiger, Die römische Kurie und die europäischen Länder am Vorabend der Reformation, Tübingen 2001.

29 Zur Orientierung hilfreich: Stollberg-Rilinger, Barbara, Das Heilige Römische Reich deutscher Nation, München [4]2009.

des Reiches. Ein gemeinsames Interesse der Kurfürsten, das auch spätere konfessionelle Differenzen überwog, bestand darin, den Wahlcharakter des Kaisertums zu erhalten und ein kaiserliches ‚Dominat' ebenso wie eine Erbmonarchie, wie sie die westlichen Königreiche prägte, zu verhindern.

Insbesondere in Bezug auf die Exekutive war das ‚Reich' bzw. der ihm vorstehende Kaiser notorisch schwach und auf die Unterstützung der territorialen Herrschaftsträger angewiesen. Auf den Reichstagen lag das politische Schwergewicht auf der Kurfürsten- und der Fürstenkurie, die aus weltlichen Fürsten, Grafen und geistlichen Prälaten, insbesondere Bischöfen, gebildet wurde. Eine dritte, die Städtekurie, in der die ca. 65 Reichsstädte vertreten waren, besaß lediglich ein konsultatives Entscheidungsrecht. Die politischen Strukturen im Reich, die dadurch gekennzeichnet waren, dass die Durchsetzung von Reichstagsbeschlüssen von den jeweiligen Reichsständen – den weltlichen und geistlichen Herrschaftsträgern – abhing, bestimmten Verlauf und Struktur der Reformation in Deutschland entscheidend.

3. Die Reformation im Reich (bis 1530)

Der *Prozess der Reformation* im Sinne der Entstehung und Ausbildung von Rom unabhängiger, eigenständiger städtischer, territorialer oder nationaler Kirchentümer mit spezifischen Bekenntnissen und liturgischen Formen setzte forciert seit der Mitte der 1520er Jahren ein.[30] Dieser Entwicklung ging ein mit dem Ablassstreit (Herbst 1517) beginnender theologischer Klärungsprozess voran, der von Seiten Martin Luthers und seiner Mitstreiter konsequent mit publizistischen Mitteln – seit 1519 vornehmlich in der Volkssprache – vor das Forum der ‚Öffentlichkeit der Lesenden' gezogen wurde, eine zunächst in den Städten auftretende, in sich vielfältige „reformatorische Bewegung" hervorbrachte, die sich diverser Protestformen (Bildersturm bzw. Bildentfernung; Priesterehe; antiklerikale Aktionen; Abendmahl unter beiderlei Gestalt und in der Volkssprache etc.) bedienen konnte und auf eine sichtbare Veränderung des bestehenden Kirchenwesens drängte. Die zwischen 1519 und 1521/2 entstandene „reformatorische Bewegung"[31] speiste sich aus theologischen Impulsen Luthers, aber auch anderer Akteure – etwa seines Kollegen und Konkurrenten Andreas Bodenstein von Karlstadt, des Zürcher Reformators Huldrych Zwingli, des Elsässers Martin Bucer, des Nürnberger Pfarrers

---

30 Zu meinem Verständnis der Reformation im Reich siehe ausführlich: Kaufmann, Thomas, Geschichte der Reformation in Deutschland. Neue Ausgabe, Berlin 2016; französische Ausgabe Genf 2014.

31 Vgl. Kaufmann, Thomas, Der Anfang der Reformation (wie Fußnote 6).

Andreas Osiander u. v. a. m.[32] Auch die Quellen „reformatorischer Theologie" waren vielfältig; neben der Bibel und Augustin bzw. der patristischen Literatur wird dem Humanismus, dem Nominalismus, der Scholastik und Bernhard von Clairvaux, der ‚deutschen' Mystik, der Renaissancephilosophie und anderen Traditionen eine mehr oder weniger große Bedeutung in den individuellen theologischen Bildungsprozessen der einzelnen Reformatoren zugeschrieben. Die „reformatorische Bewegung" entfaltete rasch eine gewaltige politische Dynamik; nach und nach nötigte sie die weltlichen Obrigkeiten in der Stadt und in den Territorien, sich mit den Vorstellungen Luthers und der anderen auseinanderzusetzen und sich zu ihren Forderungen zu verhalten. Zur historischen Wirkung gelangten die Impulse „reformatorischer Theologie" also deshalb und insofern, als sie konkrete Veränderungen des bestehenden kirchlichen Ancien Régime anstießen und freisetzten. In ihrer Summe bezeichnet man diese Veränderungen als „Reformation".

Luthers Biographie[33] einschließlich seiner theologischen Entwicklung *bis 1517* gehört in die ‚Vorgeschichte' der Entstehung der in die Reformation einmündenden „reformatorischen Bewegung" hinein, nicht zu dieser selbst. Die religiöse und theologische Entwicklung[34] des 1483 als Sohn des zum Hüttenpächter und Bergwerksunternehmer aufgestiegenen Hans Luder und seiner aus einer Eisenacher Bürgerfamilie stammenden Frau Margarethe, geb. Lindemann, geborenen Martin bietet zunächst keinerlei Anhaltspunkte für irreguläre Momente. Die familiäre Religiosität war kirchlich-konventionell; Motive, die Martins späteren Bruch mit der Kirche Roms ankündigten, sind nicht überliefert.

Nach Schulaufenthalten in Mansfeld, Magdeburg (1497) und Eisenach (1498–1501) schloss Martin, sicher in Übereinstimmung mit seinen Eltern, ein artistisches Studium an der Universität Erfurt an, das er im Januar 1505 mit der Promotion zum Magister der freien Künste beendete. Das seit Frühjahr 1505 begonnene Erfurter Jurastudium entsprach offenbar keinem eigenen Lebensentwurf Martins, sondern folgte den Karrierevorstellungen seiner Eltern. Nach einem ungewöhnlichen Heimatbesuch während des laufenden Semesters hatte Luther auf der Rückreise bei dem Dorf Stotternheim vor Erfurt ein ihn aufwühlendes Erlebnis; er geriet in ein Gewitter und entkam nur knapp einem tödlichen Blitzschlag. Luther deutete

---

32 Elementare Orientierungen zu den einzelnen Reformatoren: Kaufmann, Thomas, Reformatoren, Göttingen 1998.

33 Grundlegend: Brecht, Martin, Martin Luther, 3 Bde., Stuttgart 1987–³1990; Leppin, Volker, Martin Luther, Darmstadt ²2010; Schilling, Heinz, Martin Luther. Rebell in einer Zeit des Umbruchs, München ⁴2016; Kaufmann, Thomas, Martin Luther, München ⁴2016; Köpf, Ulrich, Martin Luther. Der Reformator und sein Werk, Stuttgart 2015; Beutel, Albrecht (Hrsg.), Luther Handbuch, Tübingen ³2017.

34 Die wichtigsten Quellen dazu hat zusammengestellt: Scheel, Otto (Hrsg.), Dokumente zu Luthers Entwicklung (bis 1519), 2. neubearbeite Aufl. Tübingen 1929; zur Rekonstruktion der frühen Theologie Luthers sei aus der Fülle der Literatur herausgehoben: Hamm, Berndt, Der frühe Luther. Etappen reformatorischer Neuorientierung, Tübingen 2010; Leppin, Volker, Die fremde Reformation. Luthers mystische Wurzeln, München 2016.

das Widerfahrnis als Ausdruck des Zornes Gottes, auf den er mit einem Gelübde, sich dem Herrn über Leben und Tod zu opfern und Mönch werden zu wollen, antwortete. Wahrscheinlich war dieses Gelübde, auf deren bindendem Charakter Martin gegenüber dem Rat von Freunden und Einwänden des Vaters bestand, eine religiös konventionierte und weithin akzeptierte Form, die es ihm erlaubte, um höherer geistlicher Ziele willen mit den elterlichen Karriere- und Lebensplanungen zu brechen.

Mit dem Eintritt in das Kloster der Augustinereremiten in Erfurt, eines strengen Bettelordens (17. Juli 1505), traf Martin Luther vermutlich die erste eigenständige Entscheidung seines Lebens. Die intensive monastische Frömmigkeitspraxis, in die er nun hineinwuchs, war eine wichtige Quelle religiöser Erfahrungen, führte ihm aber auch – zumal im Zusammenhang mit dem von ihm über Gebühr in Anspruch genommenen Beichtinstitut – die Grenzen eigener Willensanstrengungen und frommer Leistungsmöglichkeiten vor Augen. Nach einem Jahr legte er die Profess ab; seine Oberen waren zufrieden mit ihm und sahen ihn für eine geistliche Karriere vor; nach der Priesterweihe (Frühjahr 1507) bestimmten sie ihn für ein Theologiestudium.

Luthers Theologiestudium verlief in den regulären Bahnen; parallel dazu unterrichtete er in der artistischen Fakultät. Wegen der Vakanz eines von seinem Orden zu besetzenden Lehrstuhls für Moralphilosophie an der 1502 gegründeten artistischen Fakultät der Universität Wittenberg setzte er dort sein Theologiestudium fort (Herbst 1508 – Frühjahr 1509) und absolvierte hier auch die erste Graduierungsstufe zum *baccalaureus biblicus*. Sowohl Luthers Wechsel nach Wittenberg, als auch die Rückkehr an die Erfurter Universität erfolgten in Spannung zu seinem dortigen Konvent, aber wohl mit Unterstützung und auf Geheiß des Generalvikars Johann von Staupitz.[35] Wohl vom Frühjahr 1510 bis zum Sommer 1511 ging Luther seiner Lehrtätigkeit als Sententiar nach, wechselte dann aber überraschend und auf Dauer zu den Wittenberger Augustinereremiten über. Er scheint Staupitz bereits damals nahe gestanden und dessen Ordenspolitik unterstützt zu haben. Im Herbst 1511 reiste er – wohl auf Weisung Staupitzens – zum Ordensgeneral in Rom; wahrscheinlich sollte er dafür werben, den Widerstand einiger observanter Klöster gegen die Integration nicht-observanter Klöster zu brechen. Luthers Erfurter Konvent gehörte zu den renitenten Kräften. Die Eindrücke der Romreise, die auch Züge einer Wallfahrt trug und die Luther durch den Besuch von Märtyrergräbern zum Erwerb mancherlei exzeptioneller Heilsgnaden nutzte, wurden erst viel später für antirömische Polemik genutzt. In der ordenspolitischen Mission erreichte er wohl nichts.

---

35 Zu den Einzelheiten die grundlegende Studie von Schneider, Hans, Luthers Romreise, in: Studien zur Wirtschafts- und Religionsgeschichte, Abhandlungen der Akademie der Wissenschaften zu Göttingen, Neue Folge Bd. 10, Berlin 2011, 1–157.

In dieser Phase seiner Entwicklung besaß der junge Nachwuchsmönch offenbar das gründliche Vertrauen Staupitzens; von dessen stark an Augustin orientierter, ganz auf den ‚für mich' leidenden Christus zentrierter, biblisch fundierter Gnadentheologie war Luther tief und nachhaltig beeinflusst. Staupitz schätzte überdies Luthers gründliche Kenntnisse der Bibel, in die er sich seit seinem Klostereintritt intensiv eingelesen, ja – gelebt hatte. Im Oktober 1512 ließ er Luther, der nun zum theologischen Doktor promoviert wurde, in seine Nachfolge auf der ordentlichen Ordensprofessur der Augustinereremiten in Wittenberg eintreten. Die Beziehungen zu Luthers alter Erfurter Fakultät blieben auf längere Zeit belastet; der Aufstieg, den Wittenberg seit 1518/9 hinsichtlich der Immatrikulationsziffern erlebte – im Unterschied zu allen anderen Universitäten im Reich[36] – ging primär zu Lasten seiner ‚Nachbarn' Erfurt und Leipzig.

In den ersten fünf Jahren seiner professoralen Tätigkeit, neben der Luther auch bestimmte Visitations- und Aufsichtsaufgaben als Distriktvikar der Augustinereremiten wahrnahm, begrenzte sich sein Wirkungsradius im Wesentlichen auf die Stadt und seinen Orden. Seine Professur nahm er als ‚lectura in biblia'[37] wahr, d. h. er traktierte durchgängig und ausschließlich biblische Texte (1513/4 Psalmen: *Dictata super psalterium*; 1515/6 Römerbrief; 1516/7 Galaterbrief; 1517/8 Hebräerbrief; 1518/21 Psalmen: *Operationes in Psalmos*); seit 1519 publizierte Luther die entsprechenden Auslegungen kontinuierlich. Neben seiner Lehre entfaltete er nach einer entsprechenden Beauftragung durch den Rat der Stadt Wittenberg eine regelmäßige Predigttätigkeit.

Die theologische Entwicklung, die Luther zwischen 1512 und dem Beginn des Ablassstreites vollzog, lief keineswegs linear auf einen Konflikt mit der von ihm grundsätzlich verehrten Papstkirche zu. Auch das Thema, an dem schließlich ein unüberwindlicher Gegensatz zu Rom aufbrach, der Ablass, hatte bisher kaum im Zentrum seines Interesses gestanden, obschon vereinzelte distanzierende Bemerkungen gegenüber dem den Ernst der Buße unterlaufenden, zu religiöser Leichtfertigkeit Anlass gebenden Heilsinstitut bereits seine frühen Vorlesungen durchziehen. Die Gnadentheologie, die Luther im Anschluss an Staupitz vor allem in den gegen Pelagius gerichteten Schriften Augustins gefunden hatte, verwarf jede Mitwirkung des sich seines freien Willens bedienenden Menschen bei der Rechtfertigung als ‚Werkgerechtigkeit', basierte im Wesentlichen auf Aussagen der paulinischen Schriften und hatte in Christus bzw. in dem als ‚Glauben' definierten Verhältnis zu ihm ihren Mittelpunkt. Innerhalb der theologisch pluralen Welt des

---

36 Vgl. Asche, Matthias, Frequenzeinbrüche und Reformen – Die deutschen Universitäten in den 1520er bis 1560er Jahren zwischen Reformation und humanistischem Neuanfang, in: Ludwig, Walter (Hrsg.), Die Musen im Reformationszeitalter, Leipzig 2001, 53–96.
37 Vgl. zum Charakter von Luthers Professur: Köpf, Ulrich, Martin Luthers theologischer Lehrstuhl, in: Irene Dingel/Günther Wartenberg (Hrsg.), Die Theologische Fakultät Wittenberg 1502 bis 1602, Leipzig 2002, 71–86.

zeitgenössischen römischen Katholizismus stellte diese Position eine mögliche Option dar; zu einer „reformatorischen" wurde sie erst, als sich Luther kritisch auf bestimmte Erscheinungen des zeitgenössischen Kirchenwesens zu beziehen begann, die seines Erachtens einer Haltung Vorschub leisteten, nach der der Mensch durch eigene religiöse ‚Leistungen' vor Gott gerecht werden wolle. Dies war vornehmlich im Kontext des kirchlichen Bußsakraments der Fall; die Sündenvergebung erfolgte hier nämlich in Hinblick auf die Kompensation durch bestimmte kirchliche Strafen. Der Ablass verkürzte die noch verbliebene Sündenschuld bzw. die entsprechenden postmortalen Strafzeiten ungesühnter Vergehen im Fegefeuer. Luther – wie auch andere Zeitgenossen – sah in den Ablässen, die das zeitgenössische Kirchenwesen in inflationärer Weise überfluteten, eine Veräußerlichung der Frömmigkeit und eine Gefährdung des dem Christen durch Christus auferlegten Bußernstes.

Seine öffentliche Kritik am Ablass verstand Luther selbst als einen Schritt „aus dem Winkel"[38]. Mit seinen am 31. Oktober mutmaßlich gedruckt vorliegenden *95 Thesen* über die Wirkung der Ablässe versuchte er, ein in der kirchlichen Lehre seiner Zeit nicht bis ins letzte verbindlich ausgearbeitetes Thema zunächst in der akademischen Öffentlichkeit zu disputieren.

Luthers Handlungsstrategie im Zusammenhang mit der Lancierung seiner Kritik am Ablass war komplex und ist bis heute nicht frei von ungeklärten Aspekten. Sicher ist, dass er zwei Briefe schrieb: zum einen an den für den Vertrieb des Petersablasses in den Erzdiözesen Magdeburg und Mainz verantwortlichen Erzbischof Albrecht, der diesen Kirchenprovinzen vorstand, und zum anderen an seinen zuständigen Ortsbischof Hieronymus Schulz von Brandenburg; der Brief an den Letzteren ist verloren, der an den führenden deutschen Kirchenfürsten ist auf den 31. Oktober 1517 datiert und enthielt einen in scharfem Ton abgefassten Appell, den Vertrieb des im Namen Albrechts verbreiteten Plenarablass einzustellen. Während die *95 Thesen*, die Luther seinem Brief beifügte, die Ablasspraxis um eines ernsthaften Bußverständnisses und einer inneren Frömmigkeit willen grundsätzlich infrage stellten, zugleich aber eine definitive theologische Klärung der Ablasslehre anmahnten, operierte Luther in dem Brief an den ‚Primas Germaniae' mit bindenden Gewissheiten, die nur noch eine Beendigung des laufenden Ablasshandels zuließen. Dass er – nach Lage der Quellen: erstmals – in der Unterschrift seines Briefes an Albrecht von Mainz die Namensform „Luther" wählte, entsprach wohl seinem Bewusstsein, einen entscheidenden ‚Schritt' getan zu haben; der als „Luder" Geborene brachte darin zum Ausdruck, dass er in christlicher Freiheit (griechisch: eleutheria) handle, ja sich selbst als allein in Christus gebundener ‚Freier' verstand.[39]

---

38 Vgl. WA 1, 526,34; WA 54, 180, 12–21; 185, 5–8; WATR 4, 440,18f.
39 Vgl. Moeller, Bernd/Stackmann, Karl, Luder – Luther – Eleutherius. Erwägungen zu Luthers Namen, Göttingen 1981.

Die nie disputierten *95 Thesen*, deren Anschlag von der späteren lutherischen Erinnerungskultur als Beginn der „Reformation" verstanden und inszeniert wurde, fügen sich nicht in die Typologie der sonst üblichen akademischen Disputationen Wittenbergs sein. Sie wurden ohne einen bestimmten Disputationstermin veröffentlicht, waren offenbar nicht Teil einer regulären akademischen Qualifikation und zielten von vornherein auch auf die literarische Teilnahme nicht vor Ort anwesender Gelehrter ab. Luther hatte neben der kirchenpolitischen Handlungsebene, die er mit den Briefen an die Bischöfe aktivierte, eine über die eigene Universität hinausgehende, wohl primär auf die Nachbaruniversitäten Erfurt und Leipzig zielende akademische Aktionsebene im Blick.

Für die Interpretation der Ziele und Perspektiven, die sich am 31. Oktober 1517 in Luthers Handeln verdichteten, ist zunächst wichtig, dass der kursächsische Hof, aber auch ihm nahestehende Kollegen vor Ort, weder einbezogen noch informiert worden waren. Luther handelte also ‚auf eigene Faust'. Angesichts dessen, dass er mit seinem wichtigsten Vertrauensmann am kursächsischen Hof, dem Humanisten Georg Spalatin, ständig kommunizierte und zahlreiche Publikationspläne und sonstige Angelegenheiten besprach, ist besonders auffällig, dass dieser von den *95 Thesen* erst verspätet und nicht zuerst durch Luther selbst erfuhr. Dem Augustinerpater lag offenbar daran, seine Ablasskritik unabhängig vom Kurfürsten zur Sprache zu bringen. Weder ging es ihm darum, die antibrandenburgischen Interessen der Wettiner zu ‚bedienen', noch wollte er Rücksichten auf den von seinem Kurfürsten veranstalteten Ablassvertrieb nehmen. Denn Friedrich der Weise hatte die Schlosskirche seiner Residenzstadt Wittenberg als Heilsort ausgebaut; zwei Mal im Jahr, so an Allerheiligen (1. November), wurden in sogenannten „Heiltumsschauen" große Mengen an Reliquien präsentiert, die riesige Zeiträume an verkürzter Fegefeuerpein, eben Ablass, anboten. Dass Luther seine Kritik am Ablass am Vortag des großen Wallfahrtsfestes artikulierte und wahrscheinlich auch in der konventionellen Form – durch Anschlag an den Kirchentüren zu Wittenberg – öffentlich bekannt gemacht hatte, ist zwar quellenmäßig nicht bezeugt, aber doch wahrscheinlich.

Die akademische Form seiner in den *95 Thesen* vorgetragenen Kritik am Ablass ließ kaum erwarten, dass sie eine breitere Resonanz entfalten würde; doch war das nicht der Fall. Sehr zügig erschienen Drucke des Thesenblattes in Leipzig, Nürnberg und Basel. In der fränkischen Reichsstadt soll sogar eine deutsche Übersetzung herausgekommen sein; in dem Ablasskommissar Johannes Tetzel und dem Theologieprofessor Konrad Wimpina (Frankfurt/Oder) traten rasch Verteidiger der Ablasspraxis auf. Im Frühjahr 1518 publizierte Luther einen *Sermon von Ablass und Gnade*, in dem er in knapper und für ‚einfache Christen' eingängiger Weise darlegte, warum die falsche Sicherheit, die der Ablass vermittle, das Seelenheil gefährde. Der gewaltige publizistische Erfolg, den Luther mit dieser Schrift erzielte, wurde für sein weiteres Vorgehen wegweisend.

Umgehend nach Erhalt des Briefes vom 31. Oktober 1517 scheint Albrecht von Brandenburg eine Begutachtung der Ablasskritik Luthers durch die in seiner Diözese gelegene Theologische Fakultät der Universität Mainz und einen Prozess gegen den obstinaten Bettelmönch in Rom veranlasst zu haben. Auch wenn der definitive kirchliche Rechtsentscheid bis in den Frühsommer 1520 auf sich warten ließ, sah sich Luther seit Frühjahr 1518 unablässig als Ketzer attackiert und literarisch gefordert. Innerhalb weniger Monate rückte der bisher völlig unbekannte Ordensmann aus der sächsischen Provinzuniversität ins Rampenlicht des öffentlichen Interesses. Das von Luther in den Jahren 1518/9 ausgebildete Aktions- und Reaktionsschema sollte sein Verhalten auch während der kommenden Jahre prägen und am Ende sein Überleben und seinen ‚Erfolg' im Sinne der Ausbreitung seiner Gedanken sichern: Auf Angriffe seiner Gegner reagierte er umgehend, zumeist in scharfer Form und so, dass er seinen eigenen Anspruch, in Übereinstimmung mit der Schrift und der altkirchlichen Tradition zu stehen, deutlich herausstellte. Da sich der Großteil seiner ‚altgläubigen' Gegner schwerer damit tat, in die Volkssprache zu wechseln, erreichte Luther ein bemerkenswertes publizistisches Übergewicht. Bald fanden sich nur noch wenige Drucker, die das Risiko auf sich nahmen, Schriften aus der Phalanx der Verteidiger des Papsttums zu produzieren.

Neue Auffassungen, die in Spannung zur Kirchenlehre standen – etwa in Bezug auf das Bußsakrament, die Taufe oder das Abendmahl –, führte er durch entsprechende „buchlin" oder „libelli", Flugschriften[40] also, ein und erweiterte damit den Kreis der strittigen Themen stetig. Parallel zu dem polemischen Schrifttum, das sukzessive vornehmlich auf Deutsch herauskam, trat Luther als durchaus unpolemischer ‚Erbauungsschriftsteller' auf, der Grundfragen eines christlichen Lebens und Sterbens in deutschen und lateinischen Texten behandelte. Parallel zu den stärker auf religiöse Lebens-, sowie kirchen- und theologiepolitische Gegenwartsfragen abhebenden Texten publizierte er umfängliche gelehrte lateinische Werke, beginnend mit einer Auslegung der *95 Thesen*; bald folgten regelmäßig aus seiner Vorlesungstätigkeit hervorgegangene Bibelkommentare. Der literarische Tröster und feurige Polemiker bewahrte sich die Kraft, ‚dickere Bretter zu bohren'. Insbesondere seiner Arbeit an der Übersetzung der Bibel, die ihn von 1522 bis zum Ende seines Lebens beschäftigte, sollte dies zugutekommen.

Eine zunächst sehr wichtige Ebene zur Verbreitung seiner Vorstellungen und Überzeugungen waren die ‚Netzwerke' innerhalb seines Ordens. Luther gelang es, unter den Augustinereremiten erhebliche Zustimmung zu erreichen. Angesichts der für ihn prägenden Orientierung an Traditionen der monastischen Theologie und am antipelagianischen Augustin lag dies nicht fern. Durch die ihm eingeräumte Möglichkeit, im Rahmen des Generalkapitels der Reformkongregation sei-

---

40 Zur allgemeinen Orientierung: Köhler, Hans-Joachim (Hrsg.), Flugschriften als Massenmedium der Reformationszeit, Stuttgart 1981.

nes Ordens in Heidelberg Grundlinien seiner Theologie vorzustellen, eröffneten sich Luther Wirkungsperspektiven in den Südwesten des Reiches. Denn unter den Teilnehmern an der *Heidelberger Disputation* (26. April 1518) waren eine Reihe junger Humanisten und späterer Reformatoren – Martin Bucer, Johannes Brenz, Theobald Billican, Franz Irenicus, Erhard Schnepf, Martin Frecht, vielleicht auch Johannes Isenmann, Paul Fagius und Sebastian Franck –, die durch den persönlichen Eindruck, den sie von dem sächsischen Ablasskritiker gewannen, für seine ‚Sache‘ gewonnen wurden. Einige der von Erasmus begeisterten jungen Humanisten sahen in Luther einen der Ihren; sein entschiedener Kampf gegen die Scholastik, sein Bemühen um die Schrift als Mitte der Theologie und um das Zeugnis der Kirchenväter korrespondierte mit dem, was sie von den führenden Humanisten im Reich, Johannes Reuchlin und Erasmus von Rotterdam, her kannten und schätzten. Die humanistischen Kommunikationsnetze spielten eine wichtige Rolle bei der Verbreitung von Nachrichten über Luther und bei der Veranlassung von Nachdrucken seiner Schriften und deren Vertrieb. Durch die Humanisten gelangten auch die ersten Schriften Luthers ins Ausland; bereits im Oktober 1518 publizierte der berühmte Basler Humanistendrucker Johannes Froben eine erste Sammelausgabe seiner Schriften, die in Frankreich, Italien, Spanien und England reißenden Absatz fand.

Der römische Prozess gegen Luther ging zunächst zügig voran; eine Vorladung nach Rom konnte die kursächsische Administration abwenden und erreichte, dass der Augustinermönch zu einem Verhör vor den Kardinallegaten Thomas de Vio aus Gaeta, genannt Cajetan (Oktober 1518), einem führenden thomistischen Theologen aus dem Dominikanerorden, vorgeladen wurde. Das entsprechende Verhör fand während mehrerer Tage am Rande des Augsburger Reichstages, dem letzten Kaiser Maximilians, statt. Rom versuchte, die Wahl des Kaiserenkels Karl von Spanien zu verhindern und bedurfte dafür der Unterstützung des mächtigen sächsischen Kurfürsten, Luthers Landesherrn. An den klaren theologischen Fronten änderte dies freilich nichts; Cajetan konfrontierte Luther damit, dass seine Begründung des Heils auf den das Verheißungswort empfangenden Glauben, die den Christen in einem unmittelbaren Verhältnis zu Gott situiere, die Kirche als heilsnotwendiges Gnadeninstitut von Grund auf in Frage stellte. Luther, der den Widerruf verweigerte, wurde in der Auseinandersetzung mit Cajetan deutlich, dass der theologische Gegensatz zu Rom weit über die Ablassfrage hinausging.

In den Jahren 1518/9 beschäftigte den Wittenberger Theologen besonders die Kontroverse mit seinem Ingolstädter Kollegen *Johannes Eck*. Seit Frühjahr 1518 hatte sich, zunächst auf der Ebene von Korrespondenzen, eine Kontroverse zwischen ihm, Luther und seinem Wittenberger Fakultätskollegen Karlstadt ergeben. Neben der Frage des Gnadenverständnisses im Anschluss an Augustin, bei dem die Interpretationsdifferenzen nicht unüberbrückbar schienen, trat – von Eck bewusst forciert – die Frage der kirchlichen Autorität, insbesondere der des Papstes und der Konzilien, ins Zentrum der Diskussion. Eck rückte Luther in die Nähe des auf dem Konstanzer Konzils verurteilten Jan Hus, arbeitete also gezielt darauf hin, den Wittenberger Kollegen durch Verketzerung auszugrenzen. Luther schreckte nicht davor zurück, diese Provokation anzunehmen und sich schließlich zu Hus zu bekennen. Im Rahmen einer unter den Kontrahenten ausgehandelten öffentlichen *Disputation* kam es im Sommer 1519 *in Leipzig* zu einer ausführlichen Erörterung der ‚neuen' Wittenberger Gnadentheologie. Die sich über drei Wochen hinziehende Veranstaltung soll teilweise großen Zulauf und Hunderte von Teilnehmern gehabt haben; insbesondere in Bezug auf die studentische Jugend, aber auch in Hinblick auf böhmische Hussiten, die als Zuhörer teilnahmen und den Kontakt zu Luther suchten, ist von einer starken Mobilisierungskraft dieses akademischen Schaukampfes auszugehen. Als wichtigstes theologisches Ergebnis der Leipziger Disputation kann gelten, dass Luther auch den Konzilien absprach, irrtumsfrei zu sein. Man vereinbarte, die den beteiligten Parteien zur Verfügung gestellten Mitschriften der Leipziger Disputation nicht zu veröffentlichen; außerdem sollten die Universitäten Paris und Erfurt um ein Lehrurteil gebeten werden. Luthers alte Alma Mater entzog sich diesem Anliegen, das Pariser Votum lag erst im Frühjahr 1521 vor, also nach dem römischen Urteil.

Im Nachgang der Leipziger Disputation setzte eine lebhafte Publizistik ein, die Luther und seine ‚Sache', den Kampf für das Evangelium und gegen die obskurante Papstkirche, literarisch verteidigte. Auch Nachdrucke der Wittenberger Autoren, allen voran Luthers, setzten nun im großen Stil ein. Gemeinsam mit seinen Kollegen Philipp Melanchthon, einem jungen Gräzisten, der 1518 nach Wittenberg berufen worden war, rasch den Anschluss an Luther gefunden hatte und für eine humanistische Studienreform eintrat und Karlstadt, der sich im Laufe des Jahres 1517 Luthers Augustindeutung angeschlossen hatte und vorerst Seite an Seite mit ihm agierte, gelang es Luther, zum Jahresübergang 1519/20 die typographische Infrastruktur in der kleinen Universitätsstadt aufzubauen. Fortan besaß Wittenberg eine zweite, leistungsstarke Offizin, eine Filiale des Leipziger Druckers Melchior Lotter, mit dem die Wittenberger bereits zuvor eng zusammengearbeitet hatten. Ohne die nun geschaffenen Publikationsmöglichkeiten wären Luthers literarische Leistungen des Jahres 1520 unmöglich geworden.

Luther war bekannt, dass der sich zu seinem grimmigsten Feind entwickelnde Johannes Eck bald nach der Leipziger Disputation nach Rom gereist war und alles daran setzte, den noch schwebenden Prozess gegen ihn zum Abschluss zu bringen. Nach der Wahl Karls zum römischen Kaiser entfielen die diplomatischen Rücksichten auf Friedrich von Sachsen; seit dem Frühjahr 1520 rechnete der Wittenberger mit seiner Verurteilung. Die ihm noch verbleibende Zeit nutzte er allerdings, um durch eine breit gefächerte literarische Produktion die Basis seiner Anhängerschaft zu vergrößern und zu einer alle gesellschaftlichen Gruppen erfassenden Parteinahme gegen die römische Kirche zu mobilisieren. So entwarf er die Grundlinien einer aus dem Glauben fließenden evangelischen Ethik (*Von den guten Werken*), profilierte ein dem Evangelium gemäßes, nicht an Äußerlichkeiten oder einem bestimmten Ort wie Rom haftendes, ganz auf die Wortverkündigung und die Sakramentsverwaltung zentriertes Kirchenverständnis (*Vom Papsttum zu Rom*), entwarf das Programm einer gegen die Herrschaft des päpstlichen Antichristen gerichteten nationalkirchlichen Umgestaltung des deutschen Kirchenwesens unter der Leitung der weltlichen Stände (*An den christlichen Adel deutscher Nation von des christlichen Standes Besserung*), legte die in wunderbarer Freiheit in Gott und im Dienst am Nächsten wirksame Existenz des Christen dar (*Von der Freiheit eines Christenmenschen*) und zerschlug in seiner wohl destruktivsten, bereits im Wissen um den Bann abgefassten Schrift über die Sakramente (*De captivitate Babylonica*) das auf dem objektiven Vollzug sakramentaler Zeremonien basierende römisch-katholische Heilsinstitut. Streckenweise wurde der virtuose Literat, der Luther über den Herausforderungen der Jahre 1518–1520 geworden war, zum Propagandisten und Agitator; in der Herrschaftszeit Maximilians mit Unterstützung der Humanisten populär gewordener nationaler Strategien und Stereotypen, die die ‚gutgläubigen‘ Deutschen zu Opfern ‚welscher‘ Hinterlist stilisierten, bediente sich Luther hemmungslos.

Die literarische Produktion des Jahres 1520 lässt eine fortschreitende Radikalisierung erkennen; im Spiegel der Lehrverurteilungen, die in der Bannandrohungsbulle *Exsurge Domine* in Form isoliert zitierter und verworfener Einzelsätze enthalten waren, nahm sich der Luther des Spätjahres 1520 ungleich radikaler aus. Fast schien es, als wollte der soeben Verketzerte in loderndem Trotz erweisen, dass er ein noch viel schlimmerer Ketzer sei als Rom bisher wusste. Die am 15. Juni 1520 promulgierte Bulle erreichte Wittenberg gegen Anfang Oktober. Fortan war Luthers Bestreben darauf gerichtet, jene Papstkirche, die er hatte retten wollen und die es ihm damit danke, dass sie ihn in den Bann tat, seinerseits zu zerstören. Durch die Verbrennung des kanonischen Rechts, der Bannandrohungsbulle, etlicher scholastischer Lehrwerke und einiger kontroverstheologischer Schriften seiner Gegner vor dem Wittenberger Elstertor, mutmaßlich an jenem Tag, an dem der Bann in Kraft trat, dem 10. Dezember 1520, vollzog Luther seinerseits in einer Art angemaßtem ‚Rechtsakt‘ die Exkommunikation der Papstkirche im Namen der von ihm als vollmächtigem Propheten angeführten oder repräsentierten wahren Kirche. Mit dem seelischen Druck, der auf dem verdammten Ketzer lastete, auch mit den literarischen Erfolgen und den Unterstützungsbekundungen, die ihm zuflogen – etwa seitens der Ritterschaft und ihres schriftstellerischen Repräsentanten Ulrich von Hutten – wuchs sein prophetisches Erwählungsbewusstsein. Zugleich rückte die eigene Gegenwart, nun, nach der Entbergung des päpstlichen Antichristen, immer deutlicher in den Horizont der Wiederkunft Christi und des Endes aller Tage.

Am 3. Januar 1521 erließ Papst Leo X. mit der Bulle *Decet Romanum Pontificem* das definitive Ketzerurteil über den Mönchsbruder aus dem barbarischen Norden.[41] Gemäß der mittelalterlichen Rechtstradition hätte auf die Verurteilung des geistlichen die Strafexekution des weltlichen Arms folgen sollen. Allerdings gelang es der kursächsischen Administration nach einem längeren diplomatischen Hin und Her, dass sich der neugewählte Kaiser, der sich zu seinem ersten Reichstag in Worms rüstete, darauf einließ, Luther zu einer Anhörung vorzuladen. Der Neigung Roms, alle möglichen Prozesse aus dem Reich an sich zu ziehen, entgegenzutreten, fanden auch andere Reichsstände, unabhängig von der „Causa Lutheri", wünschenswert.

Luthers Reise zum Wormser Reichstag vollzog sich im hellen Licht der Öffentlichkeit und glich einer triumphalen Kampagne. Mancherorts predigte er; der kirchenrechtlich verbindlich verurteilte Ketzer wurde wie ein ‚Volksheld' gefeiert. Nationale und antirömische Motive und Affekte hefteten sich ebenso an ihn wie genuin religiöse. Vertreter der Reichsritterschaft um den Militärunternehmer Franz von Sickingen, der Luther auf der Reise nach Worms seinen Schutz auf der Ebernburg anbieten ließ, sahen in Luther einen Vorkämpfer ihrer eigenen Gefechte.[42] Dass jeder soziale Stand in Luther das ihm Gemäße fand, zeichnete sich auch in der Publizistik im Umfelde des Wormser Reichstages ab. Flugschriften, die eine besondere Nähe Luthers und seiner Anliegen zum Bauernstand betonten, schossen ins Kraut. Auch reale oder fingierte Autoren ‚von Adel' warfen sich für ihn in die Bresche. Der wie ein Heiliger verehrte Bettelmönch, gegen den sich die Großen und Mächtigen in Kirche und Welt verschworen hatten, wurde zur Projektionsfläche disparatester Anliegen. Ihm selbst wurde im Umkreis der Worms-Erfahrung definitiv klar, dass die Gefahr gewalttätiger Auseinandersetzungen in der Luft lag. Nach und nach rückte Luther nun auch publizistisch vernehmlich und eindeutig davon ab, dass physische Mittel im Kampf ‚für das Evangelium' Verwendung finden durften.

Die Anhörung vor Kaiser und Reich, zu der es am 17. und 18. April 1521 kam, verlief völlig anders, als Luther erwartet hatte. Er war davon ausgegangen, seine Lehre in Auseinandersetzung mit Gelehrten darlegen und verteidigen zu müssen; doch ihm wurde lediglich die Möglichkeit des Widerrufs eingeräumt. Nach einem Tag Bedenkzeit legte er in einer kurzen lateinischen Rede dar, dass er aus Gewissensgründen nicht widerrufen könne, da er weder mit Schriftargumenten noch mit Vernunftgründen der Irrlehre überführt worden sei. Im Nachhinein betrachtete er diesen Auftritt als Farce; hinsichtlich der unmittelbaren Konsequenzen traf dies wohl auch zu. Doch die symbolische Wirkung seines Auftrittes vor Kaiser und Reich in Worms war ungeheuer. Der unwiderlegt verurteilte Ketzer erwarb sich

---

41 Die römischen Vorurteile in der Wahrnehmung Luthers stellt besonders heraus: Reinhardt, Volker, Luther der Ketzer. Rom und die Reformation, München 2016.

42 Vgl. Kaufmann, Thomas, Sickingen, Hutten, der Ebernburg-Kreis und die reformatorische Bewegung, in: Ebernburg-Hefte 49, 35–96 (Blätter für pfälzische Kirchengeschichte und religiöse Volkskunde 82, 235–296).

durch seinen Bekennermut ein beinahe uneinholbares moralisches Prae; er, der mit offenem Visier seinen Feinden entgegengetreten war, wurde keiner Auseinandersetzung gewürdigt, sondern durch ein kaltes Machtkalkül für ‚vogelfrei' erklärt und in Leid und Todesgefahr gestürzt. Die Worms-Szene hat Luther geradezu mythisch erhöht – dank einer agilen publizistischen Maschinerie, die inzwischen auf Hochtouren lief und ganz auf ihn zugeschnitten war. Dank Gutenbergs Erfindung entging Luther, der Ketzer, dem ihm beschiedenen Urteil und blieb der Hoffnungsträger einer Nation. Dass auch auf der höchsten politischen Ebene des Reiches mit ihm zu rechnen war, konnte seit Worms niemandem mehr verborgen sein.

Aufgrund eines kaiserlichen Ediktes, das die „Causa Lutheri" reichrechtlich verbindlich beendete, sollten fortan Luther, seine Anhänger, auch die Besitzer reformatorischen Schrifttums dem Ketzertod verfallen. Wäre diesem Rechtstext entsprochen worden, wäre die „Lutherei" nicht mehr als eine Fußnote in der lateineuropäischen Ketzergeschichte geblieben. Dass es anders kam, war primär den politischen Strukturen des Heiligen Römischen Reichs deutscher Nation geschuldet. Denn der Kaiser war zur Durchsetzung seiner Mandate auf die Exekutivgewalt der „Stände", vor allem der Territorialfürsten, angewiesen. Doch diese verweigerten die Durchführung des Wormser Edikts in ihrer Mehrheit; nur in einigen frühzeitig und entschieden antireformatorisch gesinnten Ländern – etwa Bayern, den habsburgisch beherrschten oder dominierten Gebieten und im albertinischen Sachsen – kam es zur Anwendung.

Mittels des ihm gewährten und – anders als im Falle des auf das Konstanzer Konzil geladenen und dort hingerichteten Jan Hus – eingehaltenen kaiserlichen Geleites konnte Luther die Reichstagsstadt unbehelligt in einer kursächsischen Reisegruppe verlassen. Aus dem Umkreis des Kurfürsten war ihm bedeutet worden, dass man ihn verstecken werde; für die Öffentlichkeit inszenierte man einen Überfall auf Luthers Reisekutsche und entführte ihn. Längere Zeit – bis er publizistisch wieder vernehmbar wurde – war in der Öffentlichkeit ungewiss, ob er überlebt hatte. Nur ein enger Kreis von Wittenberger Freunden wusste außer dem Hof über seinen Verbleib Bescheid. Die ca. zehn Monate, die er nun über dem Thüringer Wald, auf der *Wartburg*, oberhalb von Eisenach, der Stadt seiner Jugend, in der Tarnung eines Adligen, Junker Jörg, verbrachte, wurde eine der literarisch produktivsten Phasen seines Lebens. Manches dessen, was er nun schrieb, bahnte der sichtbaren Veränderung des Kirchenwesens – der Reformation – ihren Weg. Die äußerlich stille Sammlungszeit auf der Wartburg, seinem „Pathmos" – jener Insel, auf der Johannes seine Offenbarung empfing –, in der er seine reformatorischen Vorstellungen konsolidierte, dürfte seine spätere Fähigkeit, zu handeln und Richtungsentscheidungen vorzugeben, begünstigt haben.

Während der Wartburgzeit trieb Luther sein Postillenwerk, Musterpredigten zu den altkirchlichen Evangelientexten im Durchgang durch das Kirchenjahr, voran. Sodann klärte er sein Verhältnis zum Mönchtum, indem er die lebenslang bindenden Gelübde durch das Taufgelübde (*De votis monasticis*) infrage stellte und für

Unrecht erklärte; damit löste er eine Klosteraustrittsbewegung aus, die der monastischen Lebensform schwersten Schaden zufügte und in den sich der Reformation anschließenden Städten und Gebieten nach und nach zur Auflösung der Klöster führte. Die vielleicht wichtigste literarische Leistung, die Luther auf der Wartburg vollbrachte, bestand in einer *Übersetzung des Neuen Testaments* ins Hochdeutsche. Nicht, dass es nicht schon vor ihm deutsche Bibelausgaben gegeben hätte; das war durchaus der Fall. Doch seine Übersetzung erreichte eine sprachliche Strahlungskraft, die die Menschen stärker in den Bann zog als jede ‚Verdeutschung' vor ihm. Der analogielose publizistische Erfolg der „Lutherbibel", die sich – zunächst in Gestalt einzelner Teilausgaben, seit 1534 dann als „Vollbibel" – gegenüber einer scharfen Konkurrenz durchzusetzen vermochte, war vor allem der sprachlichen Meisterschaft Luthers geschuldet. Auch wenn das überkommene Urteil von Luther als ‚Schöpfer' der frühneuhochdeutschen Schriftsprache an den sprachhistorischen Realitäten vorbeigeht und Heroisierungen Luthers aller Art ausgedient haben – seine Sprachkraft, der Reichtum seiner Ausdrucksmöglichkeiten, die Virtuosität, mit der er diverseste Tonlagen und sprachliche Formen beherrschte, war in seiner Zeit wohl einzigartig. Der Erfolg ‚seiner' Bibel, an deren Übersetzung er mit Hilfe eines Teams Wittenberger Gelehrter immer weiter, bis kurz vor seinem Tod (Ausgabe letzter Hand 1545), feilte, dokumentiert, dass die Menschen seiner Sprache lieber folgten als der irgendeines anderen. Dass überall, wo sich die Reformation durchsetzte, im Anschluss an Luther das Neue Testament und sein Kleiner Katechismus, nicht selten als erste Schriften einer Volkssprache überhaupt, übersetzt und im Druck verbreitet wurden, bezeugt, dass er den Nerv der Zeit zu treffen wusste wie kein zweiter.

Von der Wartburg aus unterhielt Luther eine lebendige Korrespondenz mit Spalatin und den Freunden und Kollegen an der Wittenberg Universität. Bald lief auch die gewohnte Produktion seiner Druckschriften weiter; Luther tat das Seine dazu, dass die Wittenberger Druckereien auch weiter auf Hochtouren arbeiteten und Gewinne einfuhren. Er war auch im Ganzen gut darüber informiert, was in Wittenberg vor sich ging; bisweilen erteilte er seinen Rat oder mahnte Geduld an. Bei einem Zwischenbesuch in Wittenberg im Dezember 1520, bei dem er das Inkognito wahrte, verschaffte er sich einen Eindruck von der Lage; durchaus beruhigt mit dem Kurs, den er wahrnahm, kehrte er auf sein „Pathmos" zurück. Im Nachhinein fällt allerdings auf, dass Luther während der ganzen Zeit seiner Abwesenheit von Wittenberg keinen direkten Kontakt zu Karlstadt, dem langjährigen Kollegen und ehemals engen Mitstreiter, unterhielt. Alles deutet darauf hin, dass beider Verhältnis bereits zu diesem Zeitpunkt belastet, ja zerrüttet war. Ein sachliches Motiv ihres Dissenses, das 1520 quellenmäßig greifbar wird, war kanonstheologischer Art. Luther problematisierte die kanonische Geltung des Jakobusbriefes, da er die in ihm vertretene „Rechtfertigung aus Werken" von seiner auf Paulus zentrierten Theologie her scharf zurückwies. Karlstadt hingegen verteidigte die Integrität des Kanons; angesichts des reformatorischen Schriftprinzips, das außer der

Bibel keine andere Norm anerkannte, dürfe man die Verbindlichkeit keines ihrer Teile in Frage stellen. Zudem räumte Karlstadt im Anschluss an Hieronymus und die Tradition den synoptischen Evangelien, vor allem Matthäus, einen normativen Vorrang ein, während Luther die Paulusbriefe, den 1. Petrusbrief und das Johannesevangelium am Höchsten schätzte. Diese kanonstheologischen Differenzen waren durchaus grundsätzlicher Art; allerdings wird man auch damit zu rechnen haben, dass persönliche Komponenten bei der Entzweiung zwischen Luther und Karlstadt mitspielten. Keiner von beiden war ohne weiteres bereit, sich dem anderen unterzuordnen.

Im Zuge der reformatorischen Entwicklungen, die in Luthers Abwesenheit in Wittenberg vorangingen[43], war Karlstadt neben seinen Kollegen Melanchthon und Amsdorf und dem charismatischen Ordensbruder Luthers Gabriel Zwilling nach und nach in eine führende Position hineingeraten. Einerseits forcierten studentische Aktivisten die Entwicklungen; andererseits drängten die Augustinereremiten voran, verließen das Kloster, stellten die Messen ein, griffen die „Bilder", also ikonisch gestaltete Ausstattungselemente im Kirchenraum, an, da sie zum Götzendienst verführten. Noch 1521 kam es zu ersten Priesterehen im Kontext der Wittenberger Reformation; Karlstadt attackierte den Zölibat und die Gelübde.[44] An Weihnachten 1521 trieb er die Entwicklung dadurch voran, dass er das erste Gemeindeabendmahl unter beiderlei Gestalt feierte. Im Januar trat er unter großer Teilnahme der Öffentlichkeit selbst in den Ehestand ein. Als Prediger und Publizist setzte sich Karlstadt dann dafür ein, dass eine im Januar 1522 von Vertretern des Rates und der Universität verantwortete Kirchenordnung tatsächlich exekutiert wurde. Sie sah unter anderem die Abschaffung des Bettels und die Entfernung der Bilder aus dem Kirchenraum vor. Karlstadt agierte also auf der Basis einer vom Rat in Geltung gesetzten Ordnung. Gleichwohl gelang es Luther nach seiner vorzeitigen Rückkehr von der Wartburg, ihn zu isolieren. In einer *Reihe von Predigten*, die er nach dem Sonntag *Invocavit* in Wittenberg hielt, kritisierte Luther den beschleunigten Reformationskurs und unterstellte denen, die für ihn standen, eine schonungs- und lieblose Haltung gegenüber den noch nicht völlig für die Reformation gewonnenen „Schwachen". Bevor man die physischen Bilder entferne, gelte es, die Bilder aus den Köpfen und Herzen zu entfernen. Außerdem trat Luther dafür ein, den Kurs der kirchlichen Veränderungen engstens mit der landesherrlichen Administration abzustimmen; der gemeindereformatorische Kurs, den man in Wittenberg gefahren hatte, war seine Sache nicht und wurde im Kontext der mitteldeutschen Reformation zu einem Merkmal der von ihm abgefallenen oder ausgegrenzten Reformatoren – allen voran Karlstadts und Müntzers. Obschon sich

---

43 Zuletzt: Krentz, Natalie, Ritualwandel und Deutungshoheit. Die frühe Reformation in der Residenzstadt Wittenberg (1500–1533), Tübingen 2014.

44 Buckwalter, Stephan E., Die Priesterehe in Flugschriften der frühen Reformation, Gütersloh 1998.

die Wittenberger Reformationsordnung vor Luthers Rückkehr eines breiten Rückhalts erfreut hatte, war sie bald obsolet; alle sonstigen Akteure ordneten sich Luther unter; Karlstadt blieb als einziger unbeugsamer ‚Radikaler‘ abseits, wurde in seinen Publikationsmöglichkeiten beschränkt, isolierte sich seinerseits und zog sich bald in die zu seinem Archidiakonat gehörige Pfarrei Orlamünde zurück. Die dort verwirklichte ‚kommunalistische‘ oder Gemeindereformation[45] setzte Vorstellungen ins Werk, die weithin dem entsprachen, was man auch in Wittenberg geplant hatte. Außerhalb Wittenbergs gelangte die wohl maßgeblich von Karlstadt verfasste Wittenberger Stadtordnung vom Januar 1522 in den Druck; in publizistischer Form wirkte das Modell der ersten gescheiterten Stadtreformation mancherorts fort.

Die zwischen 1520 und 1523 auf breiter Front entstandene „reformatorische Bewegung" zeitigte zunächst im städtischen Bereich Wirkungen. Nicht zuletzt aufgrund einer gewaltigen Produktion reformatorischer Flugschriften und einzelner illustrierter Flugblätter, die von Druckzentren wie Leipzig, Erfurt, Augsburg, Nürnberg, Straßburg, Basel und Zürich ausging, wurden breitere Bevölkerungskreise mit den Ideen aus Wittenberg bzw. den rasch entstehenden ‚Epizentren‘ der Bewegung bekannt. Vielfach ist der Zusammenhang von reformatorischer Druckproduktion und Entstehung einer „reformatorischen Bewegung" vor Ort sehr eng gewesen; erste ortsansässige oder zugereiste Anhänger Luthers ließen seine oder eigene Schriften drucken; reformatorische Predigten setzten ein; häufig erkämpften die Unterstützer der ersten reformatorischen Prediger in einzelnen Orten, dass man sie hören konnte. Improvisierte Predigtstühle wurden gezimmert und außerhalb der Kirchengebäude benutzt. Gelegentliche Übergriffe auf Klöster, Kirchenausstattungen oder geistliche Repräsentanten provozierten Konfrontationen mit den Vertretern der ‚alten‘ Kirche und erhöhten den Entscheidungsdruck auf die weltlichen Obrigkeiten; erste, gelegentlich dramatisch inszenierte reformatorische Maßnahmen – z. B. Abendmahlsfeiern ‚unter beiderlei Gestalt‘, d. h. unter Reichung des Laienkelchs und mit volkssprachlicher Liturgie, Taufen in der deutschen Sprache, Priesterehen, Klosteraustritte, öffentliches Fastenbrechen – polarisierten und spalteten die städtischen Gemeinwesen, beförderten aber auch die Suche nach friedlichen Lösungsstrategien. In einigen Städten – etwa Zürich oder Nürnberg – zeigte das regierende Patriziat frühzeitige Interessen an einer reformatorischen Entwicklung, nicht zuletzt, weil sie Möglichkeiten der Emanzipation gegenüber der Bevormundung durch den zuständigen Bischof bot. In einigen Städten gingen die reformatorischen Auseinandersetzungen auch mit politischen Partizipationskämpfen einher; bisher nicht in den Stadträten vertretene Gruppen er-

---

45 Vgl. Joestel, Volkmar, Ostthüringen und Karlstadt. Soziale Bewegung und Reformation im mittleren Saaletal am Vorabend des Bauernkrieges (1522–1524), Berlin 1996; zum Konzept der Gemeindereformation: Blickle, Peter, Gemeindereformation. Der Mensch des 16. Jahrhunderts auf dem Weg zum Heil, München ²1987.

kämpften ihre Mitwirkung, trieben Entscheidungen zugunsten der Reformation voran, stabilisierten im Ergebnis aber auch die politische Struktur der Städte. Zu einer grundsätzlichen und dauerhaften Verschiebung der politischen Kräfteverhältnisse ist es durch die Reformation am Ende nicht gekommen.

Eine weit ausstrahlende Wirkung erreichte die *Zürcher Reformation*, einerseits wegen der Bedeutung der sie vorantreibenden reformatorischen Persönlichkeit – Huldrych Zwingli[46], andererseits wegen eines hier erstmals zur Anwendung gebrachten Entscheidungsinstruments zur Durchsetzung evangelischer Vorstellungen, nämlich der Disputationen.[47] Zwingli war – wiewohl tiefgreifend von Luthers Vorbild beeindruckt und auch von seiner Theologie affiziert[48] – ein sehr eigenständiger intellektueller Kopf. Er hatte verschiedene Entwicklungsstadien durchlaufen, ehe er sich den von Luther ausgehenden Impulsen öffnete. Für sein theologisches Naturell war entscheidend, dass sich der gelehrte Humanist in einer fortschreitenden und linearen Entwicklung sah; Umbruchmomente, wie sie für Luthers Selbstdeutungen charakteristisch wurden, spielten bei Zwingli keine wesentliche Rolle. In dem Anschluss des an der scholastischen Theologie des Johannes Duns Scotus gründlich geschulten, für die Kirchenväter und einige italienische Renaissancephilosophen begeisterten jungen Priesters (geb. 1484; 1506 Priesterweihe in der Diözese Konstanz nach Magisterabschluss in Basel; Pfarrstelle in Glarus bis 1516; Seelsorger im Wallfahrtszentrum Einsiedeln, seit 1. Januar 1519 Pfarrer in Zürich) an Erasmus und im Studium des griechischen Neuen Testaments sah Zwingli selbst seine in die Reformation einmündende „Wende". Mit Beginn seines Zürcher Amtes legte er in der Weise der Kirchenväter seinen Predigten vollständige biblische Schriften, die er kontinuierlich auslegte (*lectio continua*), zugrunde.

Nach und nach flossen auch Inhalte in Zwinglis Verkündigung ein, die auf eine Veränderung des bestehenden Kirchenwesens abzielten; 1522 war er an einem öffentlichen Fastenbrechen im Hause des mit ihm befreundeten Buchdruckers Christoph Froschauer beteiligt, das er anschließend öffentlich rechtfertigte. Bald kamen Angriffe auf die Heiligenverehrung und das Klosterleben hinzu. Im Konflikt mit dem Konstanzer Bischof stellte sich der Zürcher Rat auf den Standpunkt, dass das Fasten von der Heiligen Schrift her begründet werden müsse; auf kirchenrechtliche Verbindlichkeiten ohne biblisches Fundament wolle man sich aus Gründen der Heilsgewissheit nicht mehr einlassen. Im Januar 1523 kam es dann zu

---

46 Gäbler, Ulrich, Huldrych Zwingli. Eine Einführung in sein Leben und sein Werk, Zürich ³2004; Locher, Gottfried Wilhelm, Die Zwinglische Reformation im Rahmen der europäischen Kirchengeschichte, Göttingen 1979.

47 Moeller, Bernd, Zwinglis Disputationen. Studien zur Kirchengründung in den Städten der frühen Reformation, Göttingen ²2011.

48 Brecht, Martin, Zwingli als Schüler Luthers. Zu seiner theologischen Entwicklung 1518–1522, in: Ders., Ausgewählte Aufsätze Bd. 1: Reformation, Stuttgart 1995, 217–236.

einer in der Verantwortung des Rates durchgeführten Disputation (*Erste Zürcher Disputation*); die Entscheidungsinstanz sollte der Rat, die Urteilsgrundlage allein die Bibel sein. In dieser Weise das geltende Kirchenrecht und die Jurisdiktionskompetenz des zuständigen Bischofs infrage zu stellen, war ein ungeheuerlicher Traditionsbruch. Der Ausgang der Disputation, an der fatalerweise eine Delegation des Konstanzer Bischofs teilgenommen hatte, war vorhersehbar: Zwingli und seine Lehre wurden durch einen Ratsentscheid ins Recht gesetzt; fortan sollte sich die Verkündigung der Pfarrer in Stadt und Land Zürich an diesem Maßstab orientieren; ein erster, entscheidender Durchbruch der reformatorischen Sache war erreicht. Die Einwände der ,altgläubigen' Seite waren übergangen oder ohne weitergehende Auseinandersetzung für nichtig erklärt worden.

Im Oktober 1523 wurde eine *zweite große Disputation* angesetzt, in der Fragen der konkreten Gottesdienstreform, vor allem die Gestaltung der Messe und die Bilder im Kirchenraum, im Zentrum standen. In Bezug auf den *Modus procedendi* der Reformation kam es – parallel zu den Wittenberger Vorgängen – zu einer ersten Trennung zwischen seinen frühen, radikalen Anhängern und Zwingli selbst. Seine Kritiker ,von links', die den Kern des sich seit Herbst 1524 separierenden schweizerischen Täufertums bildeten, kritisierten, dass sich Zwingli hinsichtlich des Tempos der Reformation den Vorstellungen des Rates anzupassen und dessen ,theokratische' Führungsrolle bei den kirchlichen Veränderungen anzuerkennen bereit sei. Das Entscheidungsmodell der Disputationen wirkte bald landauf, landab und spielte bei den Prozessen zur Einführung der Reformation vielfach eine entscheidende Rolle – gleichviel, ob man sich theologisch eher an Luther oder an der sich nach und nach bildenden ,reformierten' Lehrart orientierte, deren wichtigste Repräsentanten in der Frühzeit außer Zwingli der Basler Reformator Johannes Oekolampad[49] und der Straßburger Martin Bucer[50] wurden.

Neben den Städten und Teilen der Ritterschaft begann sich auch der Bauernstand rasch der reformatorischen Bewegung zu öffnen; angesichts bestimmter theologischer Motive wie des Allgemeinen Priestertums der Glaubenden, grundsätzlich positiver Urteile Luthers über die Landwirtschaft – im Unterschied etwa zum frühkapitalistischen Warenhandel – und einer in der frühreformatorischen Bewegung einsetzenden Umwertung des als ,tumb' geltenden zum gewitzten Landmanns, kann die Anknüpfung der Bauernschaft an Luther und die Seinen nicht verwundern.[51] Durch Akteure, die zwischen Stadt und Land vermittelten, fahrende

---

49 Noch immer grundlegend: Staehelin, Ernst, Das theologische Lebenswerk Johannes Oekolampads, Leipzig 1939.

50 Greschat, Martin, Martin Bucer. Ein Reformator und seine Zeit. 1491–1551, Münster ²2009.

51 Zur allgemeinen Orientierung: Buszello, Horst/Blickle, Peter/Endres, Rudolf (Hrsg.), Der deutsche Bauernkrieg, Paderborn ³1993; exemplarisch: Conrad, Franziska, Reformation in der bäuerlichen Gesellschaft. Zur Rezeption reformatorischer Theologie im Elsaß, Stuttgart 1984.

Studenten, reisende Buchhändler, Wanderprediger, Marktbesucher aller Art, kamen unablässig Austauschprozesse zwischen städtischer und ländlicher Lebenswelt zustande. In der Forderung nach der freien Verkündigung des Evangeliums und der unbeschränkten Pfarrerwahl durch die Gemeinde wurden genuin reformatorische Impulse und Interessen der Bauern verbunden. Die Aufstandsbewegungen der süd-, ober- und mitteldeutschen Bauernschaften, die sich – ausgehend vom Schwarzwald – seit der zweiten Hälfte des Jahres 1524 formierten und in einem komplexen Interaktionsprozess zum ‚Aufstand des gemeinen Mannes‘ bzw. zum Bauernkrieg verdichteten, hatten – trotz aller lokalen und regionalen Besonderheiten hinsichtlich der rechtlichen und sozialen Situation der Bauern – in den *Zwölf Artikeln Gemeiner Bauernschaft* einen programmatischen Bezugspunkt. Verfasst waren sie vermutlich von dem Memminger Kürschnergesellen und Feldschreiber Sebastian Lotzer; der in Memmingen tätige Theologe Christoph Schappeler hatte wahrscheinlich ein Vorwort beigefügt. Die Artikel dokumentieren, dass die kulturellen, sozialen und kommunikativen Grenzen zwischen Stadt und Land durchlässig waren; auf die ‚Bewegung‘ als ganze wirkte ihre Programmatik integrierend. Die Bauern forderten eine substantielle Verbesserung ihrer sozialen Situation durch die Verwaltung des Kornzehnten in gemeindlicher Regie, die Abschaffung des Viehzehnten, die Aufhebung der Leibeigenschaft und aus dieser folgender Abgabenpflichten im Todesfall, ein genossenschaftliches Nutzungsrecht der Allmende, freie Jagd- und Fischrechte in Wäldern und Flüssen, eine Verobjektivierung bestehender Dienstleistungen durch unabhängige Schätzer u. a. m.

Seitens einzelner Vertreter der ‚magistralen‘, obrigkeitsorientierten Reformationen gab es durchaus Sympathien für die Bauern und einzelne ihrer Forderungen; auch für Luther galt dies. Allerdings änderten sich die Einschätzungen in dem Maße, in dem die bäuerliche Militanz in den Vordergrund rückte. Denn Luther sprach den Vertretern des ‚Nährstandes‘ kategorisch jedes Recht ab, eigene Forderungen, wie berechtigt auch immer sie sein mochten, mit Mitteln der Gewalt durchzusetzen. Auf dem Höhepunkt des Bauernkrieges im thüringisch-sächsischen Aufstandsgebiet appellierte der Wittenberger Reformator mit größtem Nachdruck an die Fürsten, den Aufstand mit allen ihnen zu Gebote stehenden Mitteln niederzukämpfen. Für seine Wahrnehmung der Bauern war überdies entscheidend, dass er sie völlig unter dem Einfluss seines ‚gefallenen Schülers‘ Thomas Müntzer[52] sah, mit dem Luther seit 1523/4 öffentlich gebrochen hatte. Für Luther war Müntzer, der Veränderungen des überkommenen Kirchenwesens im Sinne der Ordnung Gottes auch mit gewaltsamen Mitteln bejahte, primär ein ‚Aufrührer‘. Die grausame Siegerjustiz, mit der eine Fürstenkoalition den mitteldeutschen Bauernkrieg unter Vernichtung Tausender Bauern in der Schlacht von Frankenhausen been-

---

52 Goertz, Hans-Jürgen, Thomas Müntzer. Revolutionär am Ende der Zeiten, München 2015; Bräuer, Siegfried/Vogler, Günter, Thomas Müntzer, Gütersloh 2016.

dete, erschien aufgrund einer unglücklichen Publizistik als kongeniale Erfüllung von Luthers Appell. In weiten Kreisen kostete dies den Wittenberger Reformator viele Sympathien. Seit der Mitte der 1520er Jahre war Luther kein in seiner Popularität unangefochtener ‚Volksheld' mehr.

Auch innerhalb des reformatorischen Lagers traten seit 1524/5 Scheidungen ein, die für die weitere Geschichte der Reformation wegweisend bleiben sollten. Den Anlass bildete das *Verständnis des Abendmahls*, genauer: der Einsetzungsworte.[53] Hatte man den Satz „Das ist mein Leib (lat. = *hoc est corpus meum*), der für euch gegeben wird" auf den Körper des Gekreuzigten zu beziehen – so die Deutung Karlstadt[54] –, oder bezog er sich auf das Brot und war im Sinne einer Identität desselben mit dem Leib Christi zu verstehen – wie Luther für unabweisbar hielt? Eine dritte Deutungsvariante sah in dem Hilfsverb ‚ist' (lat. = *est*) oder in dem Substantiv ‚Leib' (lat. = *corpus*) eine uneigentliche, tropische Redeweise; demnach habe Christus sagen wollen: Das Brot ist ein ‚Zeichen meines Leibes' – so die von Bucer und Oekolampad favorisierte Interpretation – bzw. ‚bedeutet' (lat. = *significat*) meinen Leib, wie Zwingli im Anschluss an den Niederländer Cornelius Hendrix Hoen interpretierte.[55] Die Kontroverse um das Verständnis des Abendmahls brach auf, als Karlstadt im Herbst 1524 den Druck einer Reihe von Schriften außerhalb Kursachsens veranlasst hatte; in ihnen griff er die leibliche Präsenzvorstellung der Wittenberger an. Karlstadts Texte erreichten rasch große Aufmerksamkeit; an ihm schieden sich die Geister. Die meisten oberdeutschen und deutsch-schweizerischen Reformatoren teilten seine theologischen Konsequenzen und stimmten auch der These zu, aus Joh 6,63 („Das Fleisch ist kein nütze") folge, dass Christi Leib in keiner ontologischen Verbindung zum Brot stehe. Doch Karlstadts exegetische Idee, Christus habe auf sich selbst verwiesen als er „Das ist mein Leib" sprach, teilte praktisch niemand. Allerdings war die rhetorische Distanzierung von Luthers ‚Feind' Karlstadt auch ein probates Mittel, um die Differenz gegenüber Luther selbst zu verschleiern. Nach und nach, verstärkt seit Sommer 1525, wurden allerdings die Frontlinien klarer; faktisch zerfiel die reformatorische Bewegung in zwei Lager: das der ‚Lutheraner' und das der ‚Reformierten'. In direkten literarischen Scharmützeln standen sich bald Zwingli und Luther als Hauptkontrahenten unversöhnlich gegenüber. Im oberdeutschen Lager erwuchsen Luther in einem Kreis schwäbischer Pfarrer um den jungen Prediger Johannes Brenz in Schwäbisch-Hall treue Gefolgsleute, die sich in einer eigenen Schrift (*Syngramma*

---

53 Köhler, Walther, Zwingli und Luther. Ihr Streit über das Abendmahl nach seinen politischen und religiösen Beziehungen, 2 Bde., Leipzig 1924; Gütersloh 1953; Kaufmann, Thomas, Die Abendmahlstheologie der Straßburger Reformatoren bis 1528, Tübingen 1992.
54 Burnett, Amy Nelson, Karlstadt and the Origins of the Eucharistic Controversy, Oxford 2011.
55 Spruyt, Bart Jan, Cornelius Henrici Hoen (Honius) and His Epistle on the Eucharist: Medieval Heresy, Erasmian Humanism, and Reform in the Early Sixteenth Century Low Countries, Leiden 2006.

Suevicum) für seine Abendmahlslehre aussprachen. Zwischen 1525 und 1528 schossen die Publikationen zur Abendmahlsfrage und angrenzender theologischer Themen – insbesondere zum Verständnis der Person Christi, der Luther auch qua menschlicher Natur eine dynamische Allgegenwart zusprach, die sich Zwingli hingegen an einem umgrenzten, statischen Ort zur ‚Rechten Gottes‘ vorstellte –, ins Kraut. Die Einheit der „reformatorischen Bewegung" ging im Zuge des Abendmahlsstreites dahin.

Nach und nach erwies sich auch, dass der Abendmahlsstreit die politische Zusammenarbeit der unterschiedlichen evangelischen Städte und Territorien zu belasten begann. Denn die Luther nahestehenden Reichsstände ordneten das Bekenntnis dem Bündnis vor; angesichts der sich in den späten 1520er Jahren zuspitzenden politischen Situation, die dadurch gekennzeichnet war, dass der Kaiser und sein Bruder, Erzherzog Ferdinand, zur Politik des Wormser Ediktes zurückkehrten und die Auslöschung der expandierenden Reformation beabsichtigten, lief die Lehrdissonanz in der Abendmahlsfrage auf eine politische Selbstblockade des Protestantismus hinaus. Vor diesem Hintergrund ergriff Landgraf Philipp von Hessen gemeinsam mit dem Straßburger Reformator Martin Bucer die Initiative zu einem Religionsgespräch, bei dem die wichtigsten Reformatoren über das Verständnis des Abendmahls verhandeln sollten. Es fand schließlich im Oktober 1529 in Marburg statt; dies war das einzige Mal, dass Luther und Zwingli einander persönlich begegneten. Eine Verständigung scheiterte zwar; die gleichwohl abgeschlossenen „Marburger Artikel" bekundeten immerhin in allen übrigen theologischen Lehrfragen einen Basiskonsens; gleichwohl sah Luther die Voraussetzung einer Kirchengemeinschaft mit den „Reformierten" nicht gegeben. Angesichts der erwarteten Rückkehr des Kaisers aus Anlass eines Reichstages in Augsburg war die schwierige Situation des gespaltenen evangelischen Lagers prekär.

In seinem Ausschreiben zum Augsburger Reichstag betonte Karl V., dass neben der Türkenabwehr – 1529 hatten die Osmanen Wien belagert und sich eine Welle apokalyptischer Angst über Mitteleuropa verbreitet – die Beseitigung des „Zwiespalts" in der Religion das Gebot der Stunde sei. Zunächst erschien es so, als ob eine offene Verhandlungssituation gegeben sein würde, in jede der Parteien ihre Auffassung vortragen könnte. Doch das erwies sich als trügerisch; sobald der Kaiser im Reich war, ließ er keinen Zweifel daran, dass er die katholische für die wahre und einzig vertretbare Kirche hielt. Die einzelnen theologischen Richtungen des Protestantismus bereiteten nun je eigene Bekenntnisse vor; die vier Städte Straßburg, Lindau, Memmingen und Konstanz legten ein maßgeblich von Bucer verfasstes Bekenntnis vor (*Confessio Tetrapolitana*); dasselbe galt für Zwingli (*Fidei Ratio*). Die kursächsischen Theologen hatten bereits in der Heimat mit Vorarbeiten begonnen; außer einem *Bekenntnis* Luthers, mit dem dieser 1528 seinen letzten literarischen Beitrag zum Abendmahlsstreit beschlossen hatte, waren das die *Marburger*, die diesen nahestehenden *Schwabacher*, schließlich – vor allem bezogen auf Fragen der zeremoniellen und organisatorischen Ordnung – die sogen. *Torgauer Artikel*. Als sich in Augsburg herausstellte, dass ein vollständiges Lehrbekenntnis vorzulegen sein würde, machte sich vor allem Philipp Melanchthon an die Abfassung eines solchen. Luther, der vogelfreie Ketzer, war aus Sicherheitsgründen auf der Veste Coburg, der südlichsten wettinischen Burg, zurückgelassen worden. Durch eine lebhafte Korrespondenz war er in die Vorgänge involviert; doch eine aktive Mitgestaltung war ihm am Ende nicht möglich. Der Sache nach respektierte Luther die *Confessio Augustana* (CA) allerdings als zutreffende Formulierung des evangelischen Glaubens. Dadurch, dass Hessen sich der kursächsischen Bekenntnisinitiative anschloss, konnte am Ende eine relativ breite Zustimmung auch anderer Stände erreicht werden; außer Kursachsen und Hessen unterzeichneten die Markgrafschaft Brandenburg-Ansbach, das Herzogtum Lüneburg, das Fürstentum Anhalt und die Reichsstädte Nürnberg und Reutlingen, später auch Windsheim, Heilbronn, Kempten und Weißenburg das Augsburger Bekenntnis. Im Ton war die CA moderat gehalten; sie stellte die reformatorische Lehre konsequent in die Tradition der alten Kirche hinein und bekräftigte den Anspruch, die alte und wahre Lehre gegen später eingetretene Verfälschungen zu restituieren. Unter die bewusst an den Schluss gestellten „Artikel, von welchen Zwiespalt ist" (CA Art. 22–28) waren nur solche aufgenommen, bei denen die Dissonanz in praktischer Hinsicht unübersehbar war (Abendmahl unter beiderlei Gestalt; Priesterehe; Messopfer; Pflichtbeichte; Fastengebote; Verhältnis von göttlichem und menschlichem Recht; Mönchsgelübde; bischöfliche Gewalt). Am 25. Juni 1530 verlas der kursächsische Kanzler Christian Beyer die *Confessio Augustana* vor Kaiser und Reich; anschließend wurde dem Reichsoberhaupt eine lateinische und eine deutsche Version übergeben.

Im weiteren Fortgang des Reichstages trat der Kaiser immer deutlicher als Sachwalter der katholischen Seite auf; er veranlasste die Abfassung einer Widerlegungsschrift (*Confutatio Confessionis Augustanae*), ließ aber eine Entgegnung der Protestanten darauf nicht zu. Die Arbeit eines Ausschusses, in dem wochenlang zwischen den Religionsparteien – durchaus mit gewissen Erfolgen – verhandelt worden war, ließ er abbrechen; weitere Klärungen wurden sistiert und auf das freilich vom Papst beharrlich verweigerte Konzil verschoben. Der Reichsabschied bestätigte die mit dem Wormser Edikt eingeschlagene Richtung; jede Änderung in Ritus und Lehre sollte unterbunden werden. Die Evangelischen wurden als Landfriedensbrecher behandelt und mit der allfälligen Exekution der Reichsacht bedroht. Im Nachgang des Augsburger Reichstages fanden sich die protestantischen Stände zu einem militärisch-politischen Schutzbündnis, dem *Schmalkaldischen Bund*, zusammen. Mithilfe juristischer Argumente konnten schließlich auch die Wittenberger Reformatoren davon überzeugt werden, dass ein Widerstand gegen den Kaiser dann, wenn er – vom päpstlichen Antichristen verführt – die Verkündigung des Evangeliums verhindere und dessen Anhänger verfolge, legitim, ja geboten sei. Luther hatte aufgrund von Röm 13 an der Gehorsamspflicht auch der Fürsten gegenüber dem Kaiser festgehalten, war aber dann aufgrund einer Belehrung über die rechtliche Struktur des Reichs, das keine Monarchie war, überzeugt worden.

4. Europäische Reformationsprozesse

Mittels des Buchdrucks, insbesondere des Drucks lateinischer Schriften, und befördert durch Momente der Mobilität, die die frühneuzeitliche lateineuropäische Welt prägten – Reisen von Studenten und Magistern im Raum der europäischen Universitäten; Pilgerschaft und Wallfahrt der Frommen; Handelsverbindungen in alle Richtungen; Missionen von Ordensbrüdern etc. –, gelangten Informationen über Luther und die Wittenberger Theologen frühzeitig in viele Teile Europas. Das europäische Kommunikationsnetz der Humanisten reagierte in dieser Hinsicht am frühesten und effizientesten. In manchen Städten des Ostseeraums und Osteuropas, in denen zahlreiche Deutsche lebten, waren diese die ersten Anhänger und Multiplikatoren reformatorischen Gedankenguts. Bereits in den frühen 1520er Jahren setzten auch lebhafte Übersetzungsprozesse vor allem Lutherscher Schriften in diverse europäische Nationalsprachen ein[56]; außer den tschechischen Übersetzungen, die vor allem an der Abendmahlsfrage Interesse bekundeten, waren die ins Niederländische, ins Dänische und ins Französische besonders zahlreich; Antwerpen fungierte in den 1520er Jahren als wichtigster Umschlagplatz europäischer Reformationsliteratur in vielen Sprachen. Die lateinischen Texte der Reformatoren wurden bald auch in den europäischen Druckzentren nachgedruckt. Schon für die Frühzeit der Reformation war charakteristisch, dass man polemische Texte Luthers aus dem Deutschen praktisch kaum in eine andere Nationalsprache übersetzte. Auch später, etwa in den ‚lutherisch‘ gewordenen skandinavischen Ländern, blieb der Polemiker Luther für die, die weder Deutsch noch Latein lasen, praktisch unbekannt.

Genese und Gestalt der Reformationsprozesse in den verschiedenen europäischen Ländern folgten jeweils spezifischen Bedingungen. Typologisch lassen sich von unterschiedlichen politischen Akteuren getragene Formen unterscheiden: In den Niederlanden und in Frankreich hatte die reformatorische Bewegung den stärksten Rückhalt in Bürgertum und Adel und fungierte jeweils auch als emanzipatives Moment gegenüber der Königsmacht bzw. der habsburgischen Fremdherrschaft. In Schweden diente eine frühe Königsreformation dem Aufbau eines von Dänemark unabhängig werdenden Nationalstaates, während die Reformationsprozesse in einigen wenigen schwedischen Städten wie Stockholm als Gemeindereformationen von deutschen Kaufleuten ausgingen. Die englische Reformation folgte zunächst ganz den Interessen des sich zum Haupt der englischen Staatskirche aufwerfenden Monarchen. Die Entwicklungen in Osteuropa, insbesondere in Polen und Böhmen, spiegelten spezifische Konkurrenzen zwischen der Krone und dem

---

56 Vgl. Moeller, Bernd, Luther in Europa. Die Übersetzung seiner Schriften in nichtdeutsche Sprachen 1520–1546, in: Ders., Luther-Rezeption, Göttingen 20001, 42–56.

Adel, der zum wichtigsten Träger eines ständerepublikanischen Reformationsprozesses wurde. Die dänische Reformationsgeschichte vereinte Elemente städtischer, territorialer und königlicher Reformationen. Gemeinsam war den reformatorischen Entwicklungen in allen lateineuropäischen Ländern – vielleicht mit Ausnahme Schottlands –, dass sie mit einer nennenswerten Buchproduktion und der Herstellung volkssprachlicher Bibelübersetzungen einhergingen. Da, wo die Reformation siegreich war, blieb in aller Regel auch der gesellschaftliche Einfluss des Humanismus ungebrochen bzw. konnte im Schul- und Universitätswesen tiefere Wurzeln schlagen. In den romanischen Ländern existierten der Reformation zugewandte Kreise im Untergrund; vom Kampf der Inquisition gegen die reformatorische Ketzerei wurden immer wieder auch humanistische und vor allem Erasmus nahestehende Geister erfasst[57]; bis weit in die zweite Hälfte des 16. Jahrhunderts hinein blieb der protestantische Norden ein Zielpunkt für deviante Geister aus dem Süden Europas.[58]

Im Laufe des 16. Jahrhunderts wirkte die Reformation auch auf die politischen Konstellationen im Europa der sich bildenden Nationalstaaten ein. Solange der Schmalkaldische Bund existierte – was bis zu seiner militärischen Niederlage gegen Karl V. im Schmalkaldischen Krieg (April 1547) der Fall war –, hatten verschiedene europäische Mächte – England, Dänemark, Frankreich – zumindest zeitweilig ein Interesse daran, ihm näher- oder beizutreten, da sie nach Verbündeten gegen die habsburgische Übermacht suchten.[59] Gelegentlich fungierte die konfessionelle Verbundenheit als Motiv politischer Koalitionen oder militärischer Allianzen – bei der Kurpfalz und den ihre Befreiung von Spanien erkämpfenden nördlichen Provinzen der Niederlande oder den Dynastien der dänischen und der schwedischen Krone zu einzelnen Territorialfürsten im Reich etwa war dies der Fall. Insofern trugen die durch die Reformation entstandenen Verhältnisse auch zur Neukonfigurierung der neuzeitlichen europäischen Staatenwelt bei.

4.1. Niederlande und Frankreich

Die Anfänge reformatorischer Regungen in den *Niederlanden*[60] scheinen von Ordensbrüdern Luthers ausgegangen zu sein, die im Antwerpener Augustinereremi-

---

57 Pars pro toto sei auf das Buch von Silvana Seidel-Menchi verwiesen: Erasmus als Ketzer. Reformation und Inquisition im Italien des 16. Jahrhunderts, Leiden u. a. 1993.

58 Vgl. noch immer: Cantimori, Delio, Italienische Häretiker der Spätrenaissance, Basel 1949.

59 Haug-Moritz, Gabriele, Der Schmalkaldische Bund 1530–1541/2, Leinfelden / Echterdingen 2002; Beiergrößlein, Katharina, Robert Barnes, England und der Schmalkaldische Bund (1530–1540), Gütersloh 2011.

60 Strasser-Bertrand, Otto Erich/De Jong, Otto Jan, Geschichte des Protestantismus in Frankreich und den Niederlanden, Göttingen 1975.

tenkloster reformatorische Inhalte vertraten und seit 1520 niederländische Übersetzungen und lateinische Nachdrucke Wittenberger Texte erscheinen ließen. Seit 1522 stieß ihre Agitation auf den Widerstand der habsburgischen Regierung; das Antwerpener Kloster wurde geschlossen, einige Brüder gefangen gesetzt und schließlich am 1.7.1523 hingerichtet – die ersten Märtyrer der Reformation. Von Seiten Luthers wurden sie als Heilige gewertet; die heilige Ära der Kirche, die Zeit der Blutzeugen, schien nun, am Ende der Geschichte, wieder da zu sein.[61] Auch das erste reformatorische Kirchenlied Luthers – *Von den zween Merteren Christi*, alsbald ein Erfolgsmedium par excellence[62] –, verdankte dem Schicksal von Hendrik Voes und Jan van Essen seine Entstehung.

In die frühen 1520er Jahre fällt auch die Auseinandersetzung des holländischen Advokaten Cornelius Hendrix Hoen mit Luthers Schrift *De captivitate Babylonica*, in deren Folge die symbolische Deutung der Einsetzungsworte aufkam. Eine der im innerreformatorischen Abendmahlsstreit einflussreichen Positionen war also bereits das Ergebnis eines ‚transnationalen' Rezeptionsvorgangs. Seit der Mitte der 1520er Jahre erhöhte sich der Druck der habsburgischen Behörden auf die Anhänger der Reformation stetig, so dass klandestine und subversive reformatorische Gruppen, durchaus mit radikalen Neigungen, an Rückhalt gewannen. Dies galt besonders für die „Melchioriten", eine durch die heimliche Agitation des schwäbischen Kürschners und Laienpredigers Melchior Hoffman[63] seit den späten 1520er Jahren entstandene apokalyptische täuferische Gruppierung, die in seiner Abwesenheit – Hoffman war nach Straßburg gereist und dort inhaftiert worden – eine eigene Dynamik entfaltete. Unter der Führung des Propheten Jan Mathis zog die Gemeinde in die westfälische Bischofsstadt Münster, die sie – begünstigt durch entsprechende Tendenzen einer sich soeben der Reformation öffnenden Ratsmehrheit und ihres Predigers Bernd Rothmann – innerhalb kurzer Zeit in ein täuferisches theokratisches Gemeinwesen verwandelte. Wer sich weigerte, die Bekenntnistaufe anzunehmen, musste die Stadt unter Verlust seines Eigentums verlassen. Nach dem Tod Mathis' bei einer militärischen Aktion übernahm der Charismatiker Jan Beukelz, gen. van Leiden, die Führung der Stadt. Das bisher von zwölf Presbytern geleitete prophetisch-republikanische Gemeinwesen wurde nun in ein Königtum verwandelt. Wegen eines Frauenüberschusses wurde um der allgemeinen Ehepflicht willen die Polygamie eingeführt; Geld und Edelmetalle wurden enteignet, ein Verteilungssystem im Sinne der Gütergemeinschaft entwickelt und die Verpflegung, die sich angesichts der bald einsetzenden Belagerung durch eine

---

61 Vgl. Kaufmann, Thomas, Reformation der Heiligenverehrung? Zur Frage des Umgangs mit den Heiligen bei Luther und in der frühen Reformation, in: Herbers, Klaus/Düchting, Larissa (Hrsg.), Sakralität und Devianz. Konstruktionen – Normen – Praxis, Stuttgart 2015, 209–230.

62 Veit, Patrice, Das Kirchenlied in der Reformation Martin Luthers, Stuttgart 1985.

63 Deppermann, Klaus, Melchior Hoffman, Göttingen 1979.

Fürstenkoalition dramatisch verknappte, gemeinschaftlich organisiert. Für die etablierten Reformatoren beider Hauptrichtungen des Protestantismus war das Täuferreich ein Beispiel für Aufruhr schlechthin. Vertreter des Nährstandes hatten zur Herrschaft gegriffen und damit die in der Schöpfung grundgelegte Ordnung zerstört. Dass nach dem Sieg eine drakonische Strafjustiz, die auf Abschreckung setzte, exekutiert wurde – in Käfigen, die im Lambertiturm weithin sichtbar aufgehängt waren, zerfielen die Leichen der Täuferführer –, entsprach der weit verbreiteten Vorstellung, dass ein Teufelsregiment, wie es die Münsteraner Täuferherrschaft der Jahre 1534/5 gewesen war, nie mehr wiederkehren dürfe.

Unter Karl V. und seinem Sohn Philipp II. (1556–1598) dominierte in den Niederlanden eine konsequent antireformatorische Religionspolitik; Verfolgungen und Hinrichtungen waren an der Tagesordnung; der Protestantismus existierte vornehmlich im Untergrund. Eine politisch Wirkungs- und schließlich erfolgreiche Kraft wurde er in den Niederlanden erst in der zweiten Hälfte des 16. Jahrhunderts, und zwar unter dem Einfluss der Theologie Johannes Calvins.

Die ersten Nachrichten über reformatorische Entwicklungen in *Frankreich* gehen bis in den Februar 1519 zurück; für diesen Zeitpunkt ist nämlich bezeugt, dass nennenswerte Mengen von Luthers erster Sammelausgabe in Paris verkauft und von einigen Professoren der Sorbonne positiv aufgenommen wurden. 1520 berichten in Paris studierende junge Humanisten von einem rasanten Verkauf Lutherscher Schriften; ein Buchhändler hatte in kürzester Zeit 1040 Exemplare einer Schrift des Wittenbergers abgesetzt, mehr als von jedem anderen Buch vorher. In Lyon und Avignon sind gleichfalls bereits in den frühen 1520er Jahren Wirkungen Lutherscher Schriften greifbar; unter Rekurs auf *De votis monasticis* brachen Mönche mit ihren Gelübden. Aufgrund von Nachrichten des Guillaume Farel, des ersten reformatorischen Akteurs französischer Zunge, wird auch einem Kreis bibelhumanistischer Gelehrter um Bischof Guillaume Briçonnet von Meaux und Farels Lehrer Jacques Lefèvre d'Etaples (Faber Stapulensis) eine wichtige Rolle bei der Öffnung für reformatorische Tendenzen aus Deutschland zugeschrieben. Im höfischen Milieu Marguerite von Navarras, einer Schwester des französischen Königs Franz I., wirkten reformhumanistisch-reformatorische Tendenzen bis in die 1530er Jahre hinein fort. Die Religionspolitik des Monarchen war seit einer Plakataffäre vom Oktober 1534, als nachts gleichzeitig in Paris, Amboise, Blois, Tours und Orleans Flugblätter gegen die Messe und die sie zelebrierenden Priester angeheftet worden waren, offen antireformatorisch. Bei Hofe sah man im Protestantismus eine geheimnisvolle politische Gegenmacht, die die monarchische Ordnung bedrohte. Vor wie nach der Plakataffäre bildete die frankophone Schweiz die entscheidende Rückzugs- und Operationsbasis der französischen Reformationsakteure. Unter ihnen kam dem Pikarden *Johannes Calvin*, der 1509 in Noyon geboren worden war, gründliche artistische Studien in Paris, juristische in Orleans absolviert hatte und seit 1531 am neu gegründeten Collège Royale in Paris seine humanistisch-philologischen Fähigkeiten vervollkommnet hatte, eine exzeptionelle Bedeutung zu.[64] Nach einer en détail kaum durchsichtigen, unerwarteten Bekehrung zur ‚Gelehrsamkeit', die Calvin im humanistisch-reformatorisch gesinnten Pariser Gelehrtenmilieu erlebte, sah er sich zum Dienste am Worte Gottes – als Prediger und Schriftausleger – berufen und gefordert. Im Januar 1535 hielt sich Calvin als Glaubensflüchtling – fortan sein lebenslanges Schicksal – in Basel auf und wird mit ersten reformatorischen Texten, u. a. der Erstfassung seiner *Unterweisung in der christlichen Religion* (*Christianae religionis Institutio*, März 1536), eines bald zum Hauptwerk des reformierten Protestantismus avancierten dogmatischen Kompendiums, bekannt. Auf der Durchreise durch Genf wurde Calvin dann von Farel, der dort die Reformation einzuführen begonnen hatte, zum Bleiben veranlasst. Calvin empfand diese ‚Berufung' als eine ihm von Gott auferlegte Verpflichtung; seit August 1536 legte er in St. Pierre die Briefe des Apostels exegetisch aus, seit Jahresende predigte er auch. Doch nach kurzer Zeit musste das Genfer Reformationsprojekt als vorerst gescheitert gelten; einige Bürger und Ratspersonen weigerten sich, die von Calvin vorgesehene strenge Sittenzucht in der Trägerschaft der Gemeinde anzuerkennen. Im Frühjahr 1538 mussten Farel und Calvin Genf verlassen; der erste ging nach Neufchâtel, wo er seine reformatorischen Vorstellungen schließlich durchsetzte. Calvin aber zog weiter nach Basel und folgte einige Monate später der Bitte des Straßburger Reformators Martin Bucer, sich der französischen Flüchtlingsgemeinde in der elsässischen Metropole anzunehmen. Die Nähe zu Bucer wurde für Calvins theologische Entwicklung wichtig; in Bezug auf seine Abendmahls- und Prädestinationslehre, seine Vorstellungen von der Kirche und ihrem Verhältnis zum Heiligen Geist, auch in Bezug auf die Theologie des Bundes wirkten Anregungen des in weiten europäischen Korrespondenzen kommunizierenden Straßburger Reformators nach.[65] Nicht zuletzt durch Calvin ist Bucer'sches ‚Erbe' in den reformierten Protestantismus eingedrungen. Auch die Lehrtätigkeit, die Calvin als Schriftausleger am entstehenden Straßburger Gymnasium entfaltete, dürfte für die 1559 in Genf gegründete Akademie vorbildlich gewesen sein.

Im September 1541 kehrte Calvin nach einigem Zögern nach Genf zurück. Seine und Farels Anhänger hatten dort die Oberhand gewonnen und drängten ihn, das begonnene Reformationswerk fortzusetzen. Bald nach seiner Ankunft legte er dem Rat seine an Bucer orientierten Vorstellungen einer Kirchenordnung vor, in deren Zentrum die Freiheit der Kirche gegenüber obrigkeitlichen Einflussnahmen stand.

---

64 Selderhuis, Herman J. (Hrsg.), Calvin Handbuch, Tübingen 2008; ders., Johannes Calvin. Mensch zwischen Zuversicht und Zweifel. Eine Biographie, Gütersloh 2009; Bouwsma, William J., John Calvin. A Sixteenth Century Portrait, Oxford, New York 1988; Carbonnier-Burkard, Marianne, Jean Calvin. Une vie, Paris 2009.
65 de Kroon, Marijn, Martin Bucer und Johannes Calvin, Reformatorische Perspektiven, Göttingen 1991.

Calvins Ideal, die politische Obrigkeit von der Verhängung der Kirchenstrafe der Exkommunikation auszuschließen, blieb freilich in Genf auf Dauer unrealisiert.

Die theologische Basis von Calvins Kirchenorganisation bildete die im Calvinismus wegweisend gewordene *Lehre vom vierfachen Amt* – dem des Pastors, des Doktors, des Diakonen und des Ältesten. Während der Pastor das Wort Gottes verkündete und die Sakramente verwaltete, standen im Zentrum des Doktorenamtes Exegese und Katechese. Die Diakonen versorgten die Bedürftigen, während den Presbytern insbesondere bei der Kirchendisziplin, der Einhaltung hoher sittlicher Standards in der Gemeinde, eine zentrale Rolle zufiel. Gemeinsam mit den Pastoren bildeten sie das Konsistorium, das über die Sittenzucht wachte und urteilte. Calvin hatte immer wieder dagegen zu kämpfen, dass der Genfer Rat in den Presbytern vornehmlich Vertreter der weltlichen Obrigkeit sah.

Nach Ratswahlen der Jahre 1554 und 1555, die zugunsten der Anhänger Calvins ausfielen, war ein selbständigeres Agieren des Konsistoriums möglich. Nun konnten sittliche Standards durchgesetzt werden, die im 16. Jahrhundert weithin bewundert wurden – konfessionsübergreifend. Ihre Diffamierung als ‚Tugendtyrannei‘[66] ist erst das Ergebnis einer aufklärerischen Umwertung. Sanktioniert wurde das Fernbleiben vom Gottesdienst, jede sexuelle Betätigung außerhalb der Ehe, blasphemische Äußerungen, Fluchen, Gewalt in der Ehe, Bettel und Müßiggang, Alkoholmissbrauch, Glücksspiel, Magie, Tanz u. v. a. m. Die Pastoren unterwarfen sich den Sittlichkeitsstandards und repräsentierten einen bürgerlichen Typus vorbildlicher Christlichkeit.

Mit der 1559 gegründeten Genfer Akademie erhielt der internationale reformierte Protestantismus[67] eine Ausbildungsstätte von großer Strahlungskraft. Einige Vertreter der ‚calvinistischen Internationale‘ wie John Knox, der Reformator Schottlands, oder Guy de Bray, der Verfasser der *Confessio Belgica* und Reformator in den südlichen Niederlanden, haben durch ein Studium v. a. bei Calvin und seinem Nachfolger Theodor Beza entscheidende Impulse für ihre reformatorischen Aktivitäten erhalten. Auch für die zahlreichen Exulantengemeinden[68] des internationalen Reformiertentums, die etwa in London, Frankfurt/M., Köln, Emden, Wesel und Aachen entstanden waren, bildeten Genf und die kommunikativen Vernetzungen, die durch die Akademie entstanden, einen wichtigen Rückhalt.

Für die weitere Geschichte des reformierten Protestantismus wurde entscheidend, dass Calvin und Heinrich Bullinger[69], der Nachfolger Zwinglis in Zürich,

---

66 Symptomatisch: Reinhardt, Volker, Die Tyrannei der Tugend. Calvin und die Reformation in Genf, München 2009.

67 Pettegree, Andrew/Duke, Alastaire/Lewis, Gillian (Hrsg.), Calvinsim in Europe 1540–1620, Cambridge 1994.

68 Vgl. Schilling, Heinz, Niederländische Exulanten im 16. Jahrhundert: ihre Stellung im sozialen Gefüge und im religiösen Leben deutscher und englischer Städte, Gütersloh 1972.

69 Büsser, Fritz, Heinrich Bullinger. Leben, Werk und Wirkung, 2 Bde., Zürich 2004/5.

eine theologische Annäherung in der Abendmahlsfrage vollzogen, die im sogen. *Consensus Tigurinus* (1549) ihren Niederschlag fand. Der theologische Konsens ging über die Zwingli'sche Sakramentslehre, in der Geist und äußeres Zeichen beziehungslos nebeneinander standen, hinaus und nahm Calvins an Bucer geschulte Position auf, die ein koordiniertes Wirken des Geistes mit den Zeichen vorsah. Klare Absagen an ein römisch-katholisches und das lutherische Abendmahlsverständnis wirkten in Bezug auf den reformierten Protestantismus integrierend. Insofern kam diesem Dokument, das den Anlass für den *sogen. Zweiten Abendmahlsstreit* zwischen Lutheranern und Reformierten bildete, eine wichtige Bedeutung für die Formierung des Reformiertentums als einer konfessionellen ‚Einheit' zu.

Neben Calvin prägten noch eine Reihe anderer Exilfranzosen die Geschicke des Genfer Kirchenwesens. Das Schicksal ihrer Glaubensbrüder hatten sie ständig vor Augen; seit 1539 waren die französischen Gerichte, die Parlements[70], aufgrund einer königlichen Anweisung verpflichtet, gegen die Protestanten vorzugehen. Im Friedensschluss von Crépy hatte Franz I. Karl V. 1544 zugesichert, gegen den Protestantismus zu kämpfen. In Genf und an anderen Orten der Swisse romande wurde auch reformatorische Literatur für die „eyguenot" (hugenots) – wohl von „Eidgenossen" –, wie die französischen Protestanten nun genannt wurden, produziert und durch klandestin agierende Kolporteure vertrieben. Calvin achtete darauf, dass wichtige seiner Werke rasch auch auf Französisch erschienen. Erste geheime Gemeindeorganisationen der ‚Kirche unter dem Kreuz' entstanden, so 1555 in Paris; in der Regel orientierte man sich an dem Genfer Vorbild. 1559 wurde die erste Nationalsynode der französischen Hugenotten in St. Germain des Près in Paris mit insgesamt 70 Vertretern aus 40 Gemeinden begangen, die ein gemeinsames Glaubensbekenntnis (*Confession du Foy*) verabschiedete.

Nach dem Tode Heinrichs II. (1547–1559), in dessen Regierungszeit es zu einer ganzen Reihe an Hinrichtungen gekommen war, lag die Regierungsverantwortung weitgehend bei dessen Witwe Katharina de Medici, da ihre Söhne Franz II. (1559–1560) und Karl IX. (1560–1574) noch in kindlichem oder jugendlichem Alter die Herrschaft antraten. Um den Einfluss, den der protestantische Adlige Admiral Gaspar de Coligny auf Karl IX. gewann, zurückzudrängen, öffnete sich Katharina den Anliegen des lothringischen Fürstengeschlechts der Guise, die enge Verbindungen zu Spanien und Rom unterhielten und den Protestantismus mit allen Kräften in Frankreich zurückzudrängen versuchen. Seit 1562 tobte ein Religionskrieg; bis 1598 sollten es am Ende acht Kriege werden, die Frankreich aufwühlten und zerstörten. Doch 1572 war zunächst ein mächtiges Hoffnungszeichen erschienen: die von Katharina de Medici eingefädelte Vermählung zwischen dem Protestanten Heinrich von Navarra mit Marguerite de Valois, der Schwester des regierenden

---

70 Monter, William, Judging the French Reformation. Heresy Trials by Sixteenth-Century Parlements, Cambridge/Mass., London 1999.

Königs Karl IX. Der gesamte protestantische Adel war aus Anlass dieser Hochzeit nach Paris gereist; Katharina von Medici gab daraufhin in der Frühe des 24. August 1572, dem Bartholomäustag, den Befehl, Coligny und weitere Führungspersönlichkeiten umbringen zu lassen. Insgesamt sollen es in Paris 3000, in ganz Frankreich mehrere Zehntausend Tote gewesen sein. Der abgründige Fanatismus, der sich der Religion bediente, feierte in der „Pariser Bluthochzeit" einen seiner grausamsten Triumphe.

Erst mit dem Regierungsantritt des ersten Bourbonen Heinrich von Navarra, der als Heinrich IV. den Thron bestieg und aus diesem Grund politisch berechnend zum Katholizismus konvertierte, konnte eine dauerhafte religionspolitische Befriedung Frankreichs erreicht werden.[71] Mit dem 1598 erlassenen Toleranzedikt von Nantes schuf der Monarch eine für fast ein Jahrhundert relativ stabile Ordnung, die den Protestanten die persönliche Gewissensfreiheit garantierte, an klar festgelegten Orten öffentliche reformierte Gottesdienste zuließ, den Bau eigener „temples" und Friedhöfe erlaubte und auch Möglichkeiten des Zugangs von Protestanten zu staatlichen Ämtern vorsah. Mit der Zustimmung des Königs war den Protestanten sodann die Durchführung von Synoden gestattet; an 150 Orten im Land waren militärische Sicherheitsplätze vorgesehen, die einen elementaren Schutz gegen katholische Überwältigungen boten. Bis zu seiner Aufhebung unter Ludwig XIV. (1685, Edikt von Fontainebleau) ermöglichte das Toleranzedikt, das zwei einander bekämpfende Varianten des lateineuropäischen Christentums innerhalb desselben politischen Gemeinwesens anerkannte, eine fruchtbare Periode des französischen Protestantismus. In Theologie (Theologenschulen in Montauban, Saumur, Sedan), wortzentriertem Kultus (Verzicht auf Altar und Taufstein, Bilder und Kreuz, Orgeln; Psalmengesang etc.) und gemeindlichem Lebensstil (synodal-presbyteriale Kirchenordnung; Kirchenzucht) formten die französischen Hugenotten eine eigene Konfessionskultur von großer Lebens- und Ausstrahlungskraft.

In den *Niederlanden* formierte sich in der zweiten Hälfte des 16. Jahrhunderts der Widerstand gegen die spanische Besatzungsmacht und ihren drakonischen Repräsentanten Herzog Fernando de Alba. Seit 1566 verschärften sich die Konflikte dramatisch; aus den südlichen Niederlanden drangen calvinistische Einflüsse ein. Bürgerkriegsähnliche Aufstände und Bilderstürme drangen vor. Unter der Führung des sich dem Calvinismus öffnenden Wilhelm von Oranien, des Statthalters der Provinzen Seeland, Holland und Utrecht, bildete sich ein Widerstandszentrum gegen die spanische Unterdrückung, während Philipp II. im Süden eine Festigung seiner Herrschaft gelang. 1581 sagten sich die Nordprovinzen von Spanien los; der nun einsetzende Unabhängigkeitskrieg der Niederlande fand erst mit dem Abschluss des Westfälischen Friedens sein Ende. Parallel zum staatlichen Formierungsprozess bildete sich eine calvinistische Öffentlichkeitskirche, die einen prä-

---

71 Milovanovic, Nicolas, Henri IV. L'unité de la France, Rennes 2012.

genden Einfluss auf die niederländische Gesellschaft ausüben sollte. Dies geschah primär durch die Anwendung kirchlicher Disziplinierungs- und Zuchtmittel und setzte die persönliche Bindung des Einzelnen an das reformierte Christentum voraus. Zwischen den wirtschaftlichen Erfolgen der Händler- und Seefahrernation und ihrer reformierten Prägung bestand ein enger Zusammenhang. Katholiken, Täufern, lutherischen Immigranten aus Deutschland und sephardischen Juden war ein privates Religionsexerzitium erlaubt. Die Niederlande entwickelten sich auf Dauer zur multikonfessionellsten Gesellschaft Europas; überall sonst, wo zeitweilig mehr als zwei Konfessionen geduldet waren, entsprang dies spezifischen politischen Kräftekonstellationen, die dies verlangten.

4.2. England und Schottland

Die Geschichte der Reformation in England[72] liefert eine besonders anschauliche Illustration der um 1600 belegten Formel der territorialen Religionshoheit „Cuius regio, ejus religio" (Wem das Land gehört, der bestimmt die Religion). Denn in engstem Zusammenhang mit den Wechseln auf dem Thron (Heinrich VIII. 1509–1547; Edward VI. 1547–1553; Maria Tudor 1553–1558; Elisabeth 1558–1603) veränderte sich auch das religionspolitische Regime: Heinrich VIII. begründete die Unabhängigkeit der englischen Staatskirche von Rom und die Stellung des Monarchen als ihres Hauptes, ließ aber das überkommene Kirchenwesen in Ritus und Doktrin weitgehend unberührt; unter Edward VI. fand eine erste konsequente protestantische Umformung des englischen Kirchenwesens statt; Maria Tudor lenkte zum Katholizismus zurück, freilich ohne die Säkularisierungen des Kirchenguts zu restituieren; Elisabeth vollendete den von ihrem Halbbruder Edward eingeschlagenen Weg und errichtete die anglikanische Staatskirche als ein liturgisches und dogmatisches Gebilde sui generis.

In der Frühzeit der Reformation hatte sich Heinrich als entschiedener Gegner Luthers profiliert; eine unter seinem Namen erschienene Schrift, in der er – gegen Luthers De captivitate Babylonica – die Siebenzahl der Sakramente bekräftigte (Assertio septem sacramentorum), war auf eine breite internationale Resonanz gestoßen, häufig nachgedruckt worden und hatte ihm die Wertschätzung des Papstes eingetragen, der ihm die Goldene Tugendrose und den Ehrentitel eines Verteidigers des

---

72 Ryrie, Alec, The Age of Reformation. The Tudor and Stewart Realms 1485–1603, Abdingdon/New York 2013; Suerbaum, Ulrich, Das elisabethanische Zeitalter, durchgesehene und bibliographisch aktualisierte Auflage, Stuttgart 2014; Wendebourg, Dorothea (Hrsg.), Sister Reformations, Tübingen 2010; dies./Alec Ryrie (Hrsg.), Sister Reformations II, Tübingen 2014; MacCulloch, Diarmaid, Thomas Cranmer. A Life, New Haven/London 1996; ders., Die zweite Phase der englischen Reformation (1547–1603) und die Geburt der anglikanischen Via Media, Münster 1998.

Glaubens (*Defensor fidei*) verlieh. In England wurden bald auch Luthers Schriften verbrannt und seine Anhänger verfolgt; dass der König den Ketzer, der mit einer scharfen Replik geantwortet hatte, aus tiefster Seele verachtete, konnte keinem ernsthaften Zweifel unterliegen.

Ein Kümmernis freilich belastete ihn; seine mit Hilfe eines päpstlichen Dispenses mit der Witwe seines Bruders, Katharina von Aragon, geschlossene Ehe, die einer antifranzösischen Koalition mit Spanien entsprach, brachte keinen männlichen Thronerben, lediglich eine Tochter, Maria, hervor. Heinrichs von den allergrößten Teilen des englischen Episkopats unterstützter Versuch, diese Ehe zu annullieren, wurde vom Papst – vornehmlich mit Rücksicht auf das Haus Habsburg – lange Zeit verschleppt und schließlich verweigert. Die Suche nach einer Alternative führte schließlich dazu, den in seinem Imperium vom Papst und Kaiser unabhängigen König von England als unmittelbar zu Gott und als Oberhaupt der Kirche in seinem Reich zu definieren. Durch Thomas Cranmer, den Erzbischof von Canterbury, wurde im Mai 1533 verkündet, dass Heinrichs Ehe ungültig und die aus dieser hervorgegangene Tochter Maria nicht erbberechtigt sei. 1534 unterwarf sich der englische Klerus dem König; im *Act of Supremacy* stellte das Parlament nun fest, dass der König als alleiniges Oberhaupt (*supreme head*) der Kirche von England zu gelten habe. Damit war die Geltung des kanonischen Rechts für die englische Nationalkirche außer Kraft gesetzt.

An seiner Haltung gegenüber der lutherischen Ketzerei änderte diese Grundentscheidung, die Heinrich eine neue Ehe mit der Protestantin Anne Boleyn einzugehen erlaubte, zunächst nichts. William Tyndale, der auf dem Kontinent und in Wittenberg gewesen und das Neue Testament ins Englische übersetzt und heimlich auf die Insel geschmuggelt hatte, gehörte zu den Opfern der antireformatorischen henricianischen Religionspolitik. Nach und nach aber wurden doch Eingriffe in das bestehende Kirchenwesen vorgenommen; die Zahl der Feiertage wurde auf etwa ein Viertel, 25 im Jahr, reduziert, Wallfahrten und Reliquien attackiert und z. T. abgeschafft, das Stiftungs- und das Klosterwesen aufgelöst und die entsprechenden Vermögenswerte der Staatskasse zugeschlagen. An essentiell katholischen Lehrbeständen und Ritualen wie der Ohrenbeichte und der Messe oder der Lehre von der Transsubstantiation wurde hingegen nicht gerüttelt.

In Bezug auf das Ehe- und Sexualleben des Monarchen freilich erwies sich die Suprematsakte als ‚Dammbruch'; an Anne Boleyn, die eine Tochter – Elisabeth – und keinen Sohn gebar, verlor Heinrich die Lust. In weiteren vier Ehen wurde ihm 1537 ein Sohn, Edward, geboren; ein Gesetz legte 1543 die Thronfolge fest: Edward, Maria, Elisabeth. Bei Antritt seiner Regierung im Jahre 1547 war der evangelisch erzogene, vornehmlich von protestantischen Regierungsräten umgebene Edward neun Jahre alt. Nun setzte zügig eine konsequente Protestantisierung von Kirche und Gesellschaft ein, bei der neben gewissen lutherischen vor allem auch reformierte Einflüsse wirksam wurden. Man verbot nun die Seelenmessen, duldete die Verbreitung protestantischen Schrifttums, führte Visitationen in den Pfarreien

durch und schlug Kirchengerät der Staatskasse zu. Mittels eines Uniformitätsgeset-
zes wurde 1549 das von Cranmer abgefasste *Book of Prayer* als verbindliche liturgische Form im ganzen Königreich eingeführt; im Zusammenhang des Abendmahls
kamen auch verstärkt reformierte Vorstellungen, wie sie die aus dem Reich nach
England geflohenen Theologen Martin Bucer in Cambridge und Petrus Martyr
Vermigli in Oxford vertraten, zur Geltung.

Als Edward VI. im Sommer 1553 starb und Maria Tudor eine offensive, eng an Spanien angelehnte Rekatholisierungspolitik einleitete, fiel ihr Cranmer als einer der
ersten zum Opfer. Insgesamt etwa 300 Martyrien soll es in der Zeit ‚Bloody Mary's'
gegeben haben; in John Foxes *Book of Martyrs* wurde deren Schicksal auf eindrucksvolle und nachhaltige Weise vergegenwärtigt. Ca. 800 Protestanten wählten das Exil;
durch einige dieser ‚Marian exiles', die in Orten wie Straßburg, Frankfurt/M., Zürich
oder Genf unterschiedliche Traditionen des kontinentalen Reformiertentums ken-
nenlernten, floss später, in elisabethanischer Zeit, eine kämpferische Bekenntnishal-
tung ins englische Kirchenwesen ein. In ihrer Religionspolitik führte Maria die sieben
Sakramente in der römischen Weise wieder ein, entließ verheiratete Priester und
suchte – insbesondere durch ihre Eheschließung mit Karls V. Sohn Philipp II. von
Spanien – eine enge Verbindung mit dem iberischen Königreich und dem römischen
Papst. Im Ganzen freilich bedeutete ihre kurze, kinderlos gebliebene Regierungszeit
kaum mehr als ein Intermezzo.

In Elisabeths Regierungszeit (1558–1603) vollzog sich die definitive Umformung
Englands zu einer protestantischen Nation. Diese ging mit dem militärisch-politischen Aufstieg des Inselreichs zu einer Weltmacht einher; nach dem spektakulären
Sieg der englischen Flotte über die spanische Armada (1588) erwarb sich das elisabethanische England eine Führungsrolle im Atlantikhandel und bei der Kontrolle
der Weltmeere. Auch das Kirchenwesen diente dem Staatsziel, arbeitsame, zu
Selbsthilfe befähigte, lebenspraktische, loyale, der Königin durch Treueeide verbundene Untertanen zu fördern. Die Teilnahme am Gottesdienst war Bürgerpflicht
und ein Versäumnis wurde mit Strafen belegt; das *Book of Common Prayer* wurde als
verbindliche liturgische Ordnung restituiert. Mit den 1571 durch ein Staatsgesetz
eingeführten *39 Artikeln* erhielt die anglikanische Staatskirche eine gemäßigt-refor-
mierte Lehrgrundlage; eine spezifisch calvinistische Fassung der Lehre von der
doppelten, supralapsarischen Prädestination, d. h. einer vor dem Fall Adams verfügten Erwählung oder Verwerfung, enthielt sie nicht. Theologische Kontroversen,
wie sie etwa das Luthertum im Reich aufwühlten, wusste man von der Insel fern
zu halten. Von der in Bezug auf den Ritus betont traditionellen, auch auf die
Integration katholisch empfindender Zeitgenossen abzielenden englischen Staatskirche freilich wurden abweichende religiöse Optionen nicht geduldet, sondern
mit aller Härte geahndet. Der römische Katholizismus galt als Staatsfeind und
wurde verfolgt; doch das stetige Einsickern katholischer Priester, die zu Hunderten
heimlich ins Land kamen und sich des Rückhalts in adligen Milieus erfreuten,
verhinderte dies nicht. Der Königin lag an einem einheitlichen Kult in ihrem Land;

da sie ‚von Gottes Gnaden' regierte, sollte auch ihr Staatsvolk einer einheitlichen Staatsreligion verpflichtet sein.

Seit den 1570er Jahren traten verstärkte Konflikte mit jenen ‚entschiedenen', um eine ‚reine' Lehr- und Kirchengestalt bemühten Protestanten – den Puritanern – auf, die in der Zeit des marianischen Exils auf dem Kontinent gewesen waren, ‚katholisierende' Elemente im Kult und in der Ordnungsstruktur der episkopalistisch verfassten englischen Staatskirche kritisch beurteilten und in der von Pastoren, Presbytern und Diakonen geleiteten Ortsgemeinde, der *congregation*, die maßgebliche kirchliche Entscheidungseinheit sahen. Elisabeth hielt diese Puritaner, Kongregationalisten oder Presbyterianer, die genuine Vorstellungen Calvins zum Tragen brachten, primär für Staatsfeinde; im Untergrund wirkten sie weiter. Die elisabethanische Staatskirche repräsentiert eine besonders konsequente Gestalt der im Zuge der Reformation möglich gewordenen Verstaatlichung der Religion. Eine eigenständige Rolle war der episkopalistisch verfassten, dem „supreme head" unterworfenen Kirche zu spielen kaum möglich. Zugleich zeigt das englische Beispiel, dass der sich religiöser Mittel bedienende Zugriff auf die Untertanen gesellschaftliche Disziplinierungseffekte zeitigte, die über die Möglichkeiten mittelalterlicher Herrschaftsträger hinausgingen.

Die Entwicklung der Reformation im selbständigen Königreich *Schottland* war von den Verhältnissen auf dem Kontinent, insbesondere der Nähe zum englischen Erzfeind Frankreich, und den Vorgängen im Reich der Tudorkrone entscheidend beeinflusst. Im Unterschied zu den Entwicklungen in England war die Reformation hier allerdings primär eine Sache des opponierenden Adels. Die Königin von Schottland, Maria Stuart[73], entstammte der Verbindung ihres Vaters, des schottischen Königs Jakob V. mit der französischen Adligen Marie de Guise. 1542, im Alter weniger Wochen, wurde Maria Stuart Königin von Schottland; bis 1559 sollte es dauern, bis die in Frankreich aufgewachsene, mit dem 1557 verstorbenen französischen König Franz II. vermählte schottische Monarchin in das ihr fremde Königreich heimkehrte.

Die politische Ausrichtung Schottlands schwankte traditionell zwischen einer eher proenglischen und einer profranzösischen Tendenz. In der Regierungszeit des englischen Königs Edwards VI. erfreute sich ein proenglischer, protestantischer Kurs des besonderen Rückhalts im Adel. Der reformatorische Agitator John Knox, später der Reformator Schottlands, wirkte in diesem Sinne; nach dem Regierungswechsel zu Maria Tudor wurde er verfolgt, floh auf den Kontinent, zuletzt nach Genf (April 1555–Mai 1559), und kehrte als einer der „Marian exiles" mit einem geklärten theologischen Profil in seine Heimat zurück. Nach dem Regierungsantritt Elisabeths verband er sich mit schottischen Adligen, die eine proeng-

---

73 Marshall, Rosalind K., Mary, Queen of Scots, Edinburgh 2013; Muhlstein, Anka, Die Gefahren der Ehe. Elisabeth von England und Maria Stuart, Frankfurt am Main 2009.

lische Linie verfolgten und in offener Opposition zur Königin Maria Stuart ein evangelisches Kirchenwesen aufzubauen begannen. 1560 nahm das schottische Parlament ein in Bezug auf substantielle Glaubensartikel (Abendmahls- und Prädestinationslehre) calvinistisches Bekenntnis, die *Confessio Scotica*, an. 1561 und 1564 folgten weitere Kirchen- und Gottesdienstordnungen mit einer ähnlichen konfessionellen Tendenz.

Die in ihr Reich ,heimkehrende' Maria Stuart ließ die inzwischen eingetretenen Veränderungen des Kirchenwesens unangetastet. In eine schwierige politische Lage allerdings geriet sie aufgrund einer persönlichen Affäre. Denn sie hatte die Ermordung Lord Darnleys, ihres zweiten Ehemannes und Vaters ihres Sohnes, des späteren Monarchen Jakob VI., ungesühnt gelassen und den mutmaßlichen Attentäter, einen Grafen Bothwell, ihrerseits geheiratet. Der Widerstand, der sich nun gegen die glücklose Herrscherin richtete, nötigte sie zur Abdankung und schließlich zur Flucht ins englische Exil. Hier lebte sie noch weitere Jahrzehnte und galt als Zentrum katholischer Umsturzpläne; unter dem Verdacht des Hochverrats wurde sie schließlich 1587 mit Wissen und Billigung ihrer Cousine Elisabeth hingerichtet. Als Vorwand hatte die Unterstellung gedient, Maria Stuart erhebe Erbansprüche auf die englische Krone. In der Nachfolge Elisabeths vereinigte dann Maria Stuarts Sohn Jakob, der protestantisch erzogen worden war, beide Kronen des Inselreichs in seiner Hand. Kontroversen um die episkopalistische Kirchenverfassung, die die Krone aus herrschaftsstrategischem Kalkül favorisierte, beschäftigten Kirche und Gesellschaft in England und Schottland gleichermaßen. Die reformierten Traditionen Genfer Couleur erwiesen sich als ein Ferment der Unruhe und der Resistenz.

Auch in *Polen-Litauen* und *Böhmen* und *Siebenbürgen* war das reformierte Bekenntnis phasenweise ein wirkungsvolles Moment, um adelsrepublikanische Selbständigkeitstendenzen zu unterstützen. Die kleinräumigen Kirchenstrukturen, die in Mittelosteuropa entstanden, ließen sich theologisch von Calvin oder Bullinger her begründen. Doch mit der Stärkung der Monarchien in Ostmitteleuropa im späteren 16. und frühen 17. Jahrhundert drang auch der Katholizismus auf breiter Front vor. Multikonfessionelle Verhältnisse, wie sie in Polen-Litauen in der *Warschauer Konföderation* [1573] bestanden, wo allen Konfessionen einschließlich der Böhmischen Brüder und der Antitrinitarier Toleranz gewährt wurde oder, wie in Siebenbürgen, wo seit 1557 ein System der rechtlichen Anerkennung von vier christlichen Konfessionen (Luthertum, Reformiertentum, Katholizismus, Unitarismus) entstanden war, die blutigen Religionskonflikte Mittel- und Westeuropas ersparend, hingen vor allem von politischen Strukturen ab, die die Durchsetzung einer einheitlichen Religion verhinderten. ,Tolerante', rechtsförmig gestaltete mehrkonfessionelle Lebensverhältnisse gab es auf staatlicher Ebene im Europa der Reformationszeit nicht aus einer Haltung der prinzipiellen Akzeptanz des Anderen oder gar einer Affirmation von Differenz heraus, sondern nur, weil und insofern dies aufgrund konkreter Machtverhältnisse unumgänglich schien. In vielen europäischen Städten und Handelsplätzen aber waren allerdings vielfältige internationale, interkonfessionelle und interreligiöse Begegnungen, nicht zuletzt unter Reisenden, Migranten oder Glaubensflüchtlingen, an der Tagesordnung. Die Spannung von kultureller Diversität und religionspolitischen Homogenisierungsversuchen bestimmte auch das Europa der Reformationsepoche.

4.3. Skandinavien

Ähnlich der englischen sind auch die Reformationen in Schweden – und dem mit diesem vereinigten Finnland – und Dänemark, verbunden mit seinen ‚Kolonien‘ Island und Norwegen, entscheidend von dem Agieren des Monarchen bestimmt gewesen.[74] Die jeweiligen Könige versuchten durch die Einführung der Reformation die Hoheit über die Kirche in ihrem Herrschaftsgebiet zu erringen, säkularisiertes Kirchengut zur Konsolidierung der Staatsfinanzen und zum Aufbau besonderer Loyalitäten seitens begünstigter Adliger oder Städte zu nutzten und eine Gestalt der Kirche entstehen zu lassen, die ihren politischen und gesellschaftlichen Interessen entsprach und in der doktrinaler Theologenstreit, wie er das deutsche Luthertum aufwühlte, möglichst vermieden blieb. Sowohl in Schweden, als auch in Dänemark dominierten die lutherischen Einflüsse, die allerdings mit starken direkten oder indirekten theologischen Wirkungen Melanchthons einhergingen und gegenüber den Positionierungsdebatten, wie sie im Reich im Zusammenhang mit dem Kampf um das Interim ausbrachen, Distanz wahrten. Insofern blieben die lutherischen Kirchentümer Skandinaviens von Spaltungen weitestgehend verschont.

Die dänische Reformationsgeschichte weist besonders enge Verbindungen mit und Parallelen zu den Entwicklungen im Reich auf. Der königlichen Initiative zur Einführung der Reformation (1536) unter Christian III. (1534–1559) war zunächst eine behutsame Förderung diverser städtischer und regionaler, vom Adel getragener Veränderungen des Kirchenwesens vorangegangen. Die königliche Reformation war in Dänemark – ähnlich den Verhältnissen in Schweden – auch ein Mittel, die noch instabile Herrschaft zu befestigen. Als Kirchenorganisator wirkte der versierte, bereits vorher in verschiedenen Hansestädten exponiert tätige Wittenberger Stadtpfarrer und Luthervertraute Johannes Bugenhagen. Kirchengut wurde säkularisiert, die Domkapitel und deren Schulen und das Klosterwesen – mit Ausnahme der Bettelorden, die verboten wurden – mussten das evangelische Bekenntnis annehmen; als Versorgungsinstitutionen des Adels und als Ausbildungsstätten der Geistlichkeit blieben sie erhalten. Die gleichfalls von Bugenhagen reformierte Universität Kopenhagen bildete fortan ein wichtiges Element zu einem bildungs-

---

74 Vgl. Larson, Reforming, wie Fußnote 27; Asche, Matthias/Schindling, Anton (Hrsg.), Dänemark, Norwegen und Schweden im Zeitalter der Reformation und Konfessionalisierung, Münster 2003.

basierten Umbau des bestehenden Kirchenwesens. Die Abschaffung des Episkopats und die Einführung der Superintendenten als kirchenleitender Instanz entsprachen im Wesentlichen der Organisationsstruktur in den lutherischen Territorien im Reich. Der König förderte einige dänische Theologen wie Hans Tausen, Christiern Pedersen, Peder und Niels Palladius oder Niels Hemmingsen, die wichtige christliche Basistexte wie das Neue Testament bzw. die ganze Bibel auf Dänisch, ein Gesangbuch, ein Visitationshandbuch, homiletische und katechetische Literatur vorlegten und die innere Transformation Dänemarks in ein ‚lutherisches‘ Land vorantrieben.

Der Verlauf und die Struktur der Reformation in Schweden unterscheiden sich grundlegend von den sonstigen lutherischen Reformationen, weisen aber einige Gemeinsamkeiten mit der englischen Reformationsgeschichte auf. Denn wie bei dieser wurde die Entscheidung zugunsten der Reformation vergleichsweise früh getroffen, ohne dass – über den Zugriff auf das Kirchengut hinaus – nennenswerte Veränderungen eintraten; sodann wurde – wie in England – die überkommene hierarchische Organisationsgestalt der Kirche mit ihrer Metropolitan- und Episkopalverfassung unter Sicherstellung der Loyalität der Amtsträger gegenüber der Krone und Liquidierung des kanonischen Rechts beibehalten bzw. in das entstehende Nationalkirchentum integriert. Die traditionellen Elemente in der Liturgie und die sog. apostolische Weihesukzession, die hier erhalten blieb, hatten – ungeachtet einer sekundären theologischen ‚Überhöhung‘ – zunächst und vor allem Gründe, die in der politischen Dynamik der königlichen Reformation lagen. Die relative ‚Romferne‘ Nordeuropas in geographischer, kultureller und kirchlicher Hinsicht trug dazu bei, dass man hier Traditionen bewahrte, deren Überwindung anderenorts von identitätspolitischer Bedeutung war.

Die Entscheidung zugunsten der Reformation fiel in engstem Zusammenhang mit dem Unabhängigkeitskampf Schwedens von Dänemark und der Konstitution als eigenes Staatswesen im Jahre 1523; 1527 übertrug der Reichstag dem König das Recht, Kirchengut einzuziehen. Da der amtierende Erzbischof von Uppsala, Gustav Trolle, Dänemark die Treue hielt und floh, vollzog Gustav Wasa den Bruch mit Rom und setzte 1531 den in Wittenberg ausgebildeten Theologen Laurentius Petri als neuen Erzbischof ein.

Auch in Schweden ging der innere Aufbau eines ‚evangelischen‘ Kirchenwesens mit der Produktion religiöser Grundtexte in der Volkssprache einher. Daraus, dass so elementar ‚katholische‘ Frömmigkeitspraktiken wie Pilgerfahrten, Heiligenverehrung und Votivmessen erst 1544 durch Beschlüsse des Reichstages abgeschafft wurden, mag man schließen, dass man für einige Zeit damit zu rechnen hat, dass in Schweden eine ‚vorkonfessionelle‘ Hybridgestalt lateineuropäischen Christentum existierte. Bis zu einer Beschlussfassung der Uppsaler Nationalsynode von 1593, die die lutherische Kirchenordnung von 1571 bekräftigte und die *Confessio Augustana* neben den drei altkirchlichen Symbolen als Bekenntnisgrundlage der schwedischen Kirche approbierte, fehlten letzte Gewissheiten über den Konfessionsstand Schwedens. Nicht zuletzt der religionspolitische Kurs des zum Katholizismus neigenden König Johann III. und die mit der Herrschaft seines Sohnes Sigismund, der in Personalunion König von Schweden und Polen war, aufbrechende Gefahr einer Rekatholisierung ließ es dem protestantischen Adel geraten erscheinen, seinen eigenen konfessionellen Standpunkt unmissverständlich zu definieren. 1599 sagten sich die schwedischen Stände von Sigismund los und wählten einen Lutheraner zu ihrem König: Karl IX. Der Weg zum konfessionellen Staatswesen ging in Schweden besonders langsam vonstatten.

5. Gegenreformation und katholische Reform

Der Begriff der „Gegenreformation", der in der deutschen Historiographie im Anschluss an Leopold von Ranke und Gustav Droysen zur Bezeichnung einer epochalen Erneuerungsbewegung des römischen Katholizismus in der zweiten Hälfte des 16. Jahrhunderts verwendet und breit rezipiert worden ist (frz. Contre-Réforme; it. Contra-Riforma; engl. Counterreformation), besitzt in der neueren Geschichtsschreibung nur noch wenig Rückhalt.[75] Da er die vielfältigen Entwicklungen des römischen Katholizismus auf die eine Ursache eines reaktiven Bezugs auf die Reformation reduzierte, wurde er der komplexen und pluralen Situation der unter dem Papsttum verbliebenen Variante des lateinischen Christentums nicht gerecht. Innovative reformerische Kräfte, die aus älteren Traditionen stammten, auch Reformimpulse des späten Mittelalters und des Humanismus, die sich im nachreformatorischen Katholizismus bruchlos fortsetzten, besitzen ihr eigenes Gewicht. Deshalb ist die zunächst vor allem von katholischen Historikern in dem Begriffspaar „katholische Reform" und „Gegenreformation" angedeutete Wahrnehmungsperspektive im Grundsatz angemessen. Denn in der Doppelheit der Begriffsbildung wird die Entstehung der römisch-katholischen Konfessionskirche als einer eigenständigen, kirchlich verfassten Auslegungsgestalt des lateineuropäischen Christentums der Frühneuzeit reflektiert. Auch wenn der nachreformatorische römische Katholizismus selbstverständlich in institutioneller und rechtlicher Kontinuität mit der Papstkirche des Mittelalters stand, hat er doch in Bezug auf wesentliche dogmatische Fragen und disziplinatorische Herausforderungen Entscheidungen getroffen, die ihn von der pluraleren römischen Kirche des Mittelalters unterschieden. Die Kirche, die die Dekrete des Trienter Konzils (1546–1563) umsetzte,

---

75 Vgl. Hsia, Ronnie Po-chia, Gegenreformation. Die Welt der katholischen Erneuerung 1540–1770, Frankfurt am Main 1998.

war in vieler Hinsicht eine andere als jene, gegen die Luther und seine Anhänger aufbegehrt hatten.

Seit dem Beginn der Auseinandersetzungen um Luther stand die Konzilsfrage im Raum; der Wittenberger Reformator, der eine Irrtumslosigkeit konziliarer Entscheidungen nicht anerkannte, appellierte seinerseits mehrfach an ein Konzil und entwickelte Reformanliegen, die durch ein universales oder – was zusehends realistischer schien – nationales, jedenfalls ,freies', d. h. nicht vom Papst dominiertes Konzil aufgegriffen und umgesetzt werden sollten.[76] In Rom waren die alten Ängste gegen den Konziliarismus vital; seitens der Kurie kam nur ein solches Konzil in Betracht, bei dem der Papst das ,Heft des Handelns' in der Hand behielt und die Dominierung durch eine weltliche Macht, insbesondere den Kaiser, ausgeschlossen war. Der Kaiser seinerseits verfolgte den Plan eines Konzils, das die Einheit der Kirche wiederherstellte, vor allem überfällige Reformanliegen aufgriff und seinen eigenen Einfluss geltend zu machen erlaubte, was am ehesten gewährleistet schien, wenn es auf dem Gebiet des Reichs stattfand.

Als im Dezember 1545 in Trient[77], auf dem Boden des Reichs, doch unweit des Kirchenstaates, das lange ersehnte Konzil eröffnet wurde, entsprach es den Vorstellungen der Protestanten nicht – denn es war nicht ,frei', sondern stand unter päpstlichem Einfluss. Auch dem Kaiser missfielen die päpstliche Dominanz und die Vorordnung der dogmatischen vor den Reformfragen. Die Beratungen zogen sich über drei Verhandlungsperioden hin (1545–1547; 1551–1552; 1562–1563) und waren von den politischen Verhältnissen massiv beeinflusst. Zur Zeit der finalen Tagungsperiode hatten die europaweit ausstrahlenden Religionskriege in Frankreich bereits begonnen. Ernsthafte Hoffnungen, dass das Konzil die Einheit der lateinischen Kirche würde wiederherstellen können, bestanden je länger, desto weniger. Zu historischer Wirkung gelangte das Trienter Konzil als Initial einer Reform der Papstkirche; aus dem Konzil ging die römisch-katholische Konfessionskirche der Frühen und der Neuzeit hervor.

In der ersten Tagungsperiode traf das Konzil wichtige und wegweisende Lehrentscheidungen zum Verhältnis von Schrift und Tradition, zur Sünden- und Rechtfertigungslehre und zu den Sakramenten. Indem die Gleichwertigkeit der geschriebenen biblischen Bücher und der ungeschriebenen, von der Hierarchie approbierten oder durch Gewohnheit akzeptierten Traditionen dekretiert wurde, trat das Konzil dem reformatorischen Vorrang der Schrift wirkungsvoll entgegen. Überdies definierte es den Kanon, indem es ein vollständiges Kanonverzeichnis verabschiedete; damit stellte es sich über die Bibel. Zugleich dekretierte es den Vorrang der Vulgata vor den griechischen und den hebräischen Versionen der Heiligen Schrift und verwarf volkssprachliche Bibelausgaben. Im Rechtfertigungs-

---

76 Spehr, Christopher, Luther und das Konzil, Tübingen 2010.
77 Jedin, Hubert, Geschichte des Konzils von Trient, 4 Bde., Freiburg/B. 1949–75; ³1978.

dekret, das den menschlichen Werken neben der göttlichen Gnade eine unverzichtbare Bedeutung zuschrieb, verwarf das Konzil nicht nur die reformatorische Rechtfertigungslehre, sondern trat auch Tendenzen wie dem v. a. in Italien bis in höchste Kirchenkreise verbreiteten „Evangelismo" entgegen, der in engem Anschluss an Augustin den unbedingten Vorrang der Gnade verfochten hatte. Die exklusive reformatorische Bestimmung des menschlichen Gottesverhältnisses als Glauben stand in einer nicht vermittelbaren Spannung zu den ekklesiologischen Grundprinzipien der heilsvermittelnden römischen Sakralinstitution. Gegenüber einer spätmittelalterlichen Lehrvielfalt in Bezug auf die Relationierung von göttlicher Gnade und menschlichen Werken markierte der tridentinische Katholizismus eine doktrinale Präzisierung und Verengung. In Abwehr der radikalen lutherischen Sündenlehre, die die Erbsünde als aktive Feindschaft gegen Gott verstand, betonte das Konzil, dass all das, was den eigentlichen Charakter der Sünde ausmache, durch die Taufe getilgt sei. Im Getauften bleibe lediglich ein ‚Zündstoff' der Sünde (*fomes peccati*) vital, der allerdings durch den regelmäßigen Gebrauch der Sakramente niedergedrückt und unwirksam gemacht werde. In der Abendmahlslehre hob das Konzil die Unaufgebbarkeit der Transsubstantiation, den Verzicht auf die Kelchkommunion der Laien und die Opfervorstellung hervor. Hinsichtlich der Beichte wurde betont, dass die vollständige Aufzählung aller Sünden unverzichtbar sei. Die von den Reformatoren bestrittenen Sakramente wurden in ihrer Sakramentalität verteidigt, also der klassische Kanon der Siebenzahl erneut eingeschärft. Das Kirchenverständnis des Trienter Konzils fand in der Sakramentenlehre einen besonders präzisen Ausdruck; im Unterschied zu den Ketzern und ihren subjektiven Lehren vermittle die römische Heilsanstalt durch die ihr anvertrauten Sakramente das ewige Heil zuverlässig, beständig und gleichsam ‚objektiv', nämlich durch den Vollzug als solchen. Die durch die Reformatoren infrage gestellte Heiligen-, Bilder- und die Reliquienverehrung wurde bestätigt, ebenso der freilich von fiskalischen Missbräuchen befreite Ablass. Hinsichtlich konkreter Anliegen bei der Klerusreform schärfte das Konzil ein, dass die Residenzpflicht der Bischöfe unveräußerlich und eine Kumulation von Pfründen unstatthaft sei. Durch die Einrichtung von Priesterseminaren sollte zukünftig das Ausbildungsniveau gehoben und vereinheitlicht werden. Die Beschlüsse des Konzils wurden gemäß dem von Rom mit Erfolg durchgesetzten Autoritätsverhältnis mittels einer päpstlichen Bulle autorisiert. Die Durchsetzung des Tridentinums hing natürlich entscheidend von der jeweiligen Bereitschaft des Episkopates bzw. der weltlichen Obrigkeiten in den unterschiedlichen europäischen Ländern ab. Auf den außereuropäischen Handlungsfeldern der globalen römisch-katholischen Kirchenorganisation hingegen gelang die ‚Tridentisierung' in der Regel zügiger als in Europa, wo sie sich z. T. bis ins 18. Jahrhundert hinzog. Gleichwohl prägte das Tridentinum den frühneuzeitlichen und neuzeitlichen römischen Katholizismus tiefgreifend und nachhaltig.

Durch die Einführung eines Konfessionseides, die *Professio fidei Tridentina*, im Nachgang des Konzils wurde die Befolgung seiner Beschlüsse und der Gehorsam gegenüber dem Papst für alle kirchlichen Würdenträger und Universitätslehrer durch ein verbindliches Ritual obligatorisch. Auch weitere Maßnahmen wie die Einführung eines römischen Katechismus (1566), eines verbindlichen Gebets- (1568) und eines Messbuches (1570), normativer Neuausgaben des kanonischen Rechts (1582), der Vulgata (1590; 1592) und des Verzeichnisses der römischen Märtyrer (1583–1586) rundeten die von der Spitze der Kirche ausgehende Kirchenreform ‚buchpolitisch' ab. Ein *Index der verbotenen Bücher* (1564), der unter der Autorität des Papstes erschien und in je aktualisierten Versionen durch eine eigens eingesetzte Indexkongregation den internationalen Buchmarkt zu kontrollieren den Anspruch erhob, dienten dazu, die Glaubensgrundsätze der katholischen Kirche durchzusetzen bzw. Abweichungen von diesen eindeutige Grenzen zu setzen. Allerdings wird man die realen Wirkungen all dieser Instrumente auch nicht zu überschätzen haben; im Unterschied zu den Tradierungsbedingungen des Manuskriptzeitalters blieben inkriminierte geistige Gehalte in der Ära des Buchdrucks in aller Regel irgendwie, auch ‚untergründig', erhalten; nicht selten steigerte die Repression das Interesse an einem Buch.

Das Papsttum als Institution reorganisierte einige Bereiche seiner Tätigkeit und straffte die Verwaltung des Kirchenstaates nach Maßgabe staatlicher Institutionalität, Produktivität und Sozialkontrolle. Ein stehendes Heer und der direkte, zentrale Steuereinzug, der Aufbau eines Gesandtschaftswesens, die ressortmäßige Organisation bestimmter kurialer Zuständigkeiten innerhalb des Kardinalskollegiums durch Kongregationen etc. steigerten die Effizienz und Handlungsfähigkeit der global operierenden römischen Kapitale der lateinischen Christenheit.

Einen wesentlichen Faktor katholischer Erneuerung bildete – ähnlich den Entwicklungen während der vergangenen tausend Jahre des Mittelalters – das *Ordenswesen*. Dort, wo die Reformation siegte, traf dies die Klöster in aller Regel zuerst und vernichtend; dort, wo der Katholizismus hingegen religiös und politisch erstarkte, ging dies vor allem von den ‚religiosi' in den bestehenden oder sich neu formierenden Orden aus. Ohne die Theologen und Bischöfe etwa des Dominikanerordens, von denen ca. 130 am Trienter Konzil teilnahmen, wäre diese Kirchenversammlung kaum zu ihren Ergebnissen gelangt.

Der sich gegenreformatorisch erneuernde Katholizismus brachte neben der Belebung der alten vor allem eine Reihe neuer Orden hervor. Der bekannteste und erfolgreichste von ihnen war die *Societas Jesu*, der von dem baskischen Ritter Iñigo López de Oñaz y Loyola, genannt Ignatius[78], gegründete Jesuitenorden. Ignatius hatte eine militärische Karriere hinter sich, als er während einer langen Erkrankung infolge einer schweren Beinverletzung bekehrt wurde. Unter dem

---

78 Maron, Gottfried, Ignatius von Loyola. Mystik – Theologie – Kirche, Göttingen 2001.

Einfluss von Heiligenlegenden und der *Vita Christi* des spätmittelalterlichen Ordensschriftstellers Ludolph von Sachsen entschied sich Ignatius zur Nachfolge Christi in Armut und Pilgerschaft. Nach tiefen religiösen Krisen ging er unter dem Einfluss der Lektüre der *Imitatio Christi* des Thomas von Kempen, eines europaweit verbreiteten Hauptwerkes der *Devotio moderna*, zu einem religiösen Lebensentwurf über, der mittels planmäßiger kontemplativer Techniken, der „Geistlichen Exerzitien", zum aktiven Christusdienst in der Welt befähigen sollte. Die Tätigkeit in der und für die Welt sollte ein wesentlicher, bleibender Zug seiner Spiritualität werden. Nach anfänglichen Studien in seiner spanischen Heimat, in der die Produktion religiöser Literatur in der Volkssprache florierte, wandte sich Ignatius ab 1528 nach Paris; hier schlossen sich ihm sechs spanische Kommilitonen an, die den Charismatiker und Mystiker, den Erforscher der eigenen Seele, bewunderten. Das Ziel der Gruppe war es, nach Jerusalem zu reisen, dort in Armut zu leben und Menschen für Christus zu gewinnen. Nachdem die Gruppe 1537 in Venedig die Priesterweihe empfangen hatte und sich ein Schiffstransfer ins Heilige Land wegen militärischer Aktivitäten der Osmanen nicht realisieren ließ, wandte sie sich nach Rom und erlangte 1540 die päpstliche Anerkennung als „Gesellschaft Jesu" (*Societas Jesu*). Für die neue Gemeinschaft, die von vornherein auf den Grundsatz einer stabilen, ortsgebundenen Niederlassung verzichtete, wurde ein spezifisches Treueverhältnis zum Papst wegweisend. Was immer der Stellvertreter Christi zum Nutzen der Seelen und zur Ausbreitung des Glaubens anordnete, sollten die Jesuiten umgehend in Angriff nehmen. Dies schloss die Bereitschaft ein, auf Weisung des Papstes in allen Teilen der Erde tätig zu werden. Mit der Gesellschaft Jesu wuchs der global operierenden römischen Kirche ein besonders mobiles und effizientes Instrument zu.[79] Die zentralistische Leitung durch einen Ordensgeneral – zunächst Ignatius selbst – ließ Informationen aus vielen unterschiedlichen Kontexten an einer Stelle zusammenfließen und ermöglichte weiträumige Handlungsstrategien. Mit Franz Xavier, der zum ersten Kreis um Ignatius gehörte, gelangen missionarische Vorstöße nach Asien, besonders Japan und China. In Lateinamerika traten die Jesuiten für die Belange der autochthonen Bevölkerung ein und setzten ausbeuterischen Praktiken ein christliches Ethos entgegen. In aller Regel bemühten sich die Jesuiten auch darum, die Sprachen derer, die sie zu gewinnen versuchten, zu erlernen. In Europa engagierte sich der Orden vor allem in bildungsfördernder Hinsicht; durch die Jesuitengymnasien entstand den zeitweilig führenden protestantischen Bildungseinrichtungen eine bedrohliche Konkurrenz. Auch an den katholischen Universitäten war der Einfluss der Jesuiten bald überragend. Als subversiv tätige Glaubensagitatoren stabilisierten sie katholi-

---

79 Friedrich, Markus, Der lange Arm Roms? Globale Verwaltung und Kommunikation im Jesuitenorden 1540–1773, Frankfurt am Main, New York 2011.

sche Einzelpersonen oder kleinere Gruppen in protestantisch dominierten Landschaften Deutschlands, der Niederlande, auf den britischen Inseln oder in Skandinavien. Protestantische Verschwörungsphantasien[80], die sich an die Jesuiten hefteten, hatten vor allem damit zu tun, dass sie effizient und klandestin zu wirken vermochten und vielfach als Beichtväter einen besonderen Zugang zu den politischen Eliten fanden. Nach landläufiger protestantischer Sicht waren die Jesuiten der entscheidende Grund dafür, dass die Papstkirche nicht kollabierte. Die starke Fixierung auf den antijesuitischen Kampf trug wesentlich dazu bei, dass die übrigen Neubildungen im männlichen Ordenswesen – die sich besonders der Armenpflege annehmenden Kapuziner; die Theatiner, die als regulierte Kleriker vor allem als Gemeindepfarrer tridentinische Standards durchsetzten; die sich der Predigt und der Beichte annehmenden Barnabiten; die sich der Heidenmission widmenden Lazaristen – von protestantischer Seite kaum wahrgenommen und in ihrer religiösen Dynamik erkannt wurden.

In der Geschichte des nachreformatorischen weiblichen Ordenswesens kommt den von Teresa von Ávila ausgegangenen Impulsen eine besondere Bedeutung zu. Z. T. ekstatische Züge tragende mystische Frömmigkeitserlebnisse wurden in dem von ihr reformierten Orden der Karmeliterinnen, aber auch im männlichen Ordenszweig, wirksam. Durch lebendige religiöse Erfahrung erwies sich die heilsvermittelnde Papstkirche und die ihr anvertrauten Sakramente als Träger aktueller Manifestationen des Heiligen und Numinosen. Nüchterner hingegen ging es bei den Ursulinen und den „Englischen Fräulein" zu, zwei an der jesuitischen Tradition orientierten Bildungsorden, die sich junger Mädchen annahmen und die immer strenger geforderte Klausur unterliefen. Den an transkonfessionellen religiösen Individualisierungsprozessen teilhabenden frommen Frauen war selbstverständlich, dass mittels des Herzensgebetes und strenger Selbstbeobachtung die Vereinigung der Seele mit Gott gelingen konnte. Gegenüber den virtuosen romanischen Mystikerinnen und den gelehrten, effizienten Erziehern aus der Gesellschaft Jesu religiöse Plausibilitätsvorsprünge geltend zu machen, war für protestantische Glaubenskämpfer in konfessionellen Konfliktzonen nicht eben leicht. Der tridentinische Katholizismus sistierte die traditionelle Spannung zwischen einer geistlichen und einer laikalen Lebensform, intensivierte aber auch die Hinwendung der ‚Religiosen' zum Dienst an den Laien – durch karitative und bildungsmäßige Angebote. Die neuen Orden belebten den römischen Katholizismus und forcierten seine Attraktivität wohl weitaus stärker als die klerikale Elite.

---

80 Paintner, Ursula, ‚Des Papsts neue Creatur'. Antijesuitische Publizistik im deutschsprachigen Raum (1555–1618), Amsterdam/New York 2011; Kaufmann, Thomas, Konfession und Kultur. Lutherischer Protestantismus in der zweiten Hälfte des Reformationsjahrhunderts, Tübingen 2006, 205ff.

6. Täufer, Spiritualisten, minoritäre protestantische Gruppen

Bereits in den Anfängen der „reformatorischen Bewegung" waren in den neu entstehenden Zentren wie Wittenberg, Nürnberg, Augsburg, Straßburg und Zürich ‚deviante‘, von einem Hauptstrang der Entwicklung hin zu einer obrigkeitlichen, ‚magistralen‘ Reformation ‚abweichende‘ Akteure und Gruppen aufgetreten.[81] All den in sich sehr unterschiedlichen ‚Devianten‘ war gemeinsam, dass sie bei den Vertretern der ‚magistralen‘ Reformation eine zu große Nähe zu den herrschenden politischen Eliten wahrnahmen. Außerdem beanstandeten sie, dass die reformatorische Predigt der Rechtfertigung allein aus Gnade und Glauben keine ethischen Impulse freizusetzen schien und die Gesellschaft nicht sichtbar versittlichte; eher das Gegenteil schien der Fall. In der von professionellen evangelischen ‚Schriftgelehrten‘ – im Anschluss an das Neue Testament ein durchweg pejorativ gebrauchter Begriff – betriebenen Unterweisung sahen sie ein ‚neues Papsttum‘ entstehen, das die ‚kleinen‘ und ‚ungebildeten‘ Leute abermals entmündigte. Indem die neuen reformatorischen Geistlichen die beiden verbliebenen Sakramente Taufe und Abendmahl verwalteten, errichteten sie eine neue Form klerikaler Herrschaft. Vielen Kritikern der sich etablierenden Reformationskirchen, die von dem – in anachronistischer Anwendung der Sitzordnung moderner Parlamente – sogenannten ‚linken Flügel‘ ausgingen, war es ein Anliegen, Predigt, Taufe und Abendmahl in der Hand der Gemeinde zu belassen; ein geistliches Leitungsamt wurde in der Regel abgelehnt. Die Tendenz zu verstärkter laikaler Partizipation, die zumeist mit einem scharfen ‚Antiklerikalismus‘ und nicht selten auch mit akuter apokalyptischer Naherwartung einherging, ließ den Aufbau stabilerer Organisationsstrukturen einer eigenen ‚Untergrundkirche‘ kaum zu. Das wichtigste Verbindungsmoment zwischen den verstreuten Gemeinden etwa des frühen Täufertums waren Wanderprediger.

Die erste deviante Gruppierung, die in der frühen Reformationszeit zu belegen ist, waren die sogenannten „Zwickauer Propheten". In ihrem Fall ist damit zu rechnen, dass Kontinuitäten zu spätmittelalterlichen ‚ketzerischen‘ Traditionen, insbesondere denen der Waldenser, bestanden.[82] Sie scheinen die Kindertaufe infrage gestellt, vom Heiligen Geist inspirierte Predigten und Offenbarungsreden gehalten und zunächst

---

81 Goertz, Hans-Jürgen (Hrsg.), Umstrittenes Täufertum 1525–1975, Göttingen ²1977; ders., Die Täufer. Geschichte und Deutung, München ²1978; ders., Religiöse Bewegungen in der Frühen Neuzeit, München 1993; Driedger, Michael/Schubert, Anselm (Hrsg.), Grenzen des Täufertums, Gütersloh 2009; Williams, George Huntston, The Radical Reformation, Kirksville ³2000.
82 Kaufmann, Thomas, Thomas Müntzer, Zwickauer Propheten und sächsische Radikale, Mühlhausen 2010.

den Anschluss an die Wittenberger Reformation gesucht zu haben. Ihren Pfarrer Thomas Müntzer und auch andere jüngere Absolventen der Leucorea beeindruckten sie sehr, doch im Laufe der Jahre 1522/3, nach einer Konfrontation mit Luther und einer von Wittenberg unternommenen Gegenkampagne, verlieren sich ihre Spuren. Der exponierteste Zwickauer Laie, ein Tuchmacher namens Nikolaus Storch, soll später im Bauernkrieg gekämpft haben. Direkte Verbindungen zwischen den „Zwickauern" und der zweiten, sich separierenden religiösen Gruppierung der Reformationszeit, den Zürcher Täufern, sind nicht nachgewiesen.

Die Zürcher Täufer[83] rekrutierten sich zunächst aus dem Anhängerkreis Zwinglis, der anfangs der Praxis der Säuglingstaufe sehr kritisch gegenüber gestanden, dann aber aus Gründen einer religiös fundierten Staatsräson der vom Magistrat dekretierten Taufpflicht der Neugeborenen zugestimmt hatte. Überdies beanstandeten die ‚Täufer', unter denen avancierte Intellektuelle wie Konrad Grebel, Felix Manz, Jörg Blaurock oder Ludwig Hätzer verkehrten, dass das Zürcher Reformationsmodell auf eine Dominanz des Stadtrats über die Gemeinde hinauslief. Im September 1524 suchten sie den brieflichen Kontakt zu Müntzer und Karlstadt, den ‚Dissentern' der Wittenberger Reformation, in deren Schriften sie ihnen kongeniale Vorstellungen wahrgenommen hatten. Dass Karlstadt nach seiner Austreibung aus Kursachsen im Herbst 1524 über Straßburg, wo es auch bereits eine sich separierende Gruppierung gegeben zu haben scheint, nach Zürich reiste und mit Unterstützung der Täuferführer in Basel einen Taufdialog in den Druck beförderte[84], bezeugt, dass sich die ‚Devianten' Wittenbergs und Zürichs suchten und fanden. Im Januar 1525 kam es zur ersten Glaubens- und Erwachsenentaufe und zur Austreibung der Täufer aus der Stadt an der Limmat; Anfang Januar 1527 wurde Felix Manz als erster Täufer in Zürich hingerichtet.

Die Schicksale des Täufertums waren in der Mitte der 1520er Jahre aufs engste mit dem Bauernkrieg und seinem Ausgang verbunden. Ob es im Umkreis Thomas Müntzers bereits zu Glaubenstaufen gekommen war, ist ungewiss und eher unwahrscheinlich; eindeutig aber ist, dass der von Müntzer tiefgreifend beeinflusste fränkische Buchführer Hans Hut[85] die apokalyptische Endzeiterwartung des thüringischen Bauernführers weitertrug und mit einer konkreten Datierung der Endzeitereignisse auf Pfingsten 1528 verband. Durch den Nürnberger Spiritualisten Hans Denck, der 1525 der Stadt verwiesen worden war, empfing Hut an Pfingsten 1526 selbst die Taufe; fortan agitierte er subversiv in Bayern, Franken, Schwaben und Österreich und spendete eine apokalyptische Taufe, die ihre Empfänger vor

---

83 Strübind, Andrea, Eifriger als Zwingli. Die frühe Täuferbewegung in der Schweiz, Berlin 2003.

84 Zorzin, Alejandro, Karlstadts „Dialogus vom Tauff der Kinder" in einem anonymen Wormser Druck aus dem Jahre 1527, in: Archiv für Reformationsgeschichte 79, 27–57.

85 Seebaß, Gottfried, Müntzers Erbe. Werk, Leben und Theologie des Hans Hut, Gütersloh 2002.

den Gräueln des Endes schützen und ,versiegeln' sollte. Im August 1527 nahm Hut an der sogenannten Augsburger Märtyrersynode teil, bei der Differenzen zwischen verschiedenen Richtungen zum Austrag kamen: der pazifistischen, jede Verbindung mit weltlicher Herrschaft ablehnenden, wie sie von Melchior Sattler, einem ehemaliger Benediktinermönch und dem in seinem Umkreis entstandenen „Schleitheimer Bekenntnis" vertreten wurde, der zu Militanz neigenden Hans Huts und der eine Kooperation mit weltlichen Obrigkeiten suchenden Richtung, wie sie Balthasar Hubmaier im Kontext der im böhmischen Nikolsburg unternommenen täuferischen Territorialreformation verfolgte. Eine ganze Reihe an Täuferführern wurde in Augsburg festgenommen; Hut selbst starb bei dem Versuch, sich aus einem Gefängnisturm zu befreien, an den Folgen eines Feuers, das er gelegt hatte. Am Ende der 1520er Jahre war das Täufertum seiner profiliertesten intellektuellen Repräsentanten beraubt; ein Mandat des Speyrer Reichstages von 1529, das die ,Wiedertaufe' unter Todesstrafe stellte, tat ein übriges, um die Neigungen zu verstärken, in seinen abweichenden Überzeugungen ,unsichtbar' zu werden und ggf. einen äußeren Taufakt aufzuschieben oder auszusetzen. Bei einigen wohl von Hut beeinflussten Täufern wie Hans Römer in Erfurt oder Augustin Bader[86] in Schwaben spielten chiliastische Vorstellungen eines bald hereinbrechenden Friedensreichs ein zentrale Rolle; Vertreter solcher Auffassung galten als politische Aufrührer und wurden von den Obrigkeiten mit schonungsloser Härte verfolgt. Die weitaus größte Zahl von Täuferhinrichtungen fand in ,altgläubigen' Gebieten statt.

Mit dem Namen Melchior Hoffmans[87] verbindet sich eine besondere Epoche des Täufertums. Der Kürschner aus Schwäbisch-Gmünd war seit den frühen 1520er Jahren in weiten europäischen Räumen als Laienprediger und religiöser Agitator tätig; zwischen 1523 und 1525 warb der mutmaßlich besonders von Karlstadt beeinflusste Mann in Livland für die Reformation und soll für Bilderstürme in Dorpat verantwortlich gewesen sein. Über Stockholm gelangte er nach Kiel, wo ihm ein Diakonenamt übertragen wurde und er eine Druckerei unterhielt. Nach einer Disputation über das Abendmahl, bei welcher er an Karlstadts Seite gegen den von Wittenberg entsandten Kirchenreformer Johannes Bugenhagen antrat, wurde er 1529 aus Holstein verwiesen und gelangte nach Straßburg, wo er sich den „Straßburger Propheten", einer kleinen Gruppe geistgetriebener Visionäre um das Ehepaar Ursula und Lenhard Jost, anschloss, deren Texte Hoffman verbreitete. Zwischen 1530 und 1533 predigte er in Friesland und Holland und begann auch zu taufen. Für 1533 erwartete er, dass Straßburg als ,neues Jerusalem' offenbar werde und kehrte deshalb dorthin zurück. Bald wurde er dort durch eine Synode verurteilt und brachte die letzten Jahre seines Lebens (bis 1543) im Gefängnis zu. Der

---

86 Schubert, Anselm, Täufertum und Kabbalah. Augustin Bader und die Grenzen der Radikalen Reformation, Gütersloh 2008.
87 Deppermann, Hoffman (wie Fußnote. 63).

von Hoffman ‚erweckte' Bäcker Jan Matthis, der die Amsterdamer Gemeinde der ‚Melchioriten' leitete, kam Anfang 1534 zu dem Ergebnis, dass die westfälische Bischofsstadt Münster[88], die sich soeben erst der Reformation zu öffnen begann, als ‚neues Jerusalem' ausersehen sei. Der theologische Führer einer lutherischen Reformation Münsters, Bernd Rothmann, öffnete sich dem Einfluss niederländischer Emissäre aus Matthis' Heimat. Nachdem die Täufer bei den Ratswahlen in Münster einen Erfolg errungen hatten, kam Matthis persönlich und leitete die Umwandlung Münsters in ein theokratisches, vor allem am Alten Testament orientiertes Gemeinwesen ein. Die Bevölkerung wurde vor die Alternative gestellt, sich taufen zu lassen oder die Stadt unter Verlust der Habe verlassen zu müssen. Die Dynamik der weiteren Entwicklung war entscheidend davon bestimmt, dass die Stadt von einer vom Münsteraner Bischof Franz von Waldeck geleiteten Fürstenkoalition belagert wurde, die alten Münsteraner Eliten unter der Führung Knipperdollings den täuferischen Kurs bejahten und der Glaube an das akute Ende der Geschichte den Beteiligten unerwartete Kräfte verlieh. Nachdem Matthis, der einem Rat von zwölf Presbytern vorgestanden hatte, bei einer militärischen Aktion vor den Toren der Stadt umgekommen war, rückte der charismatische Schneiderknecht Jan Beukelz, genannt van Leiden, an die Spitze des flugs zum Königtum umgestalteten Gemeinwesens. Nun wurde ein Hofzeremoniell, wegen des Frauenüberschusses eine allgemeine Ehepflicht bzw. die Polygamie eingeführt, Geld- und Edelmetallbestände zugunsten des Gemeineigentums enteignet und eine gemeinschaftliche Verpflegung organisiert. Als die Stadt nach langer Belagerung im Juni 1535 fiel, wurde die an ihr statuierte Strafjustiz zu einem Symbol der Abschreckung. Darin, dass so etwas wie Münster nie wieder geschehen dürfe, waren sich die Vertreter beider konfessioneller Lager einig. Von Seiten vieler Reformatoren wurde gegen Münster geschrieben; noch lange fungierte es als Menetekel des religiösen Fanatismus, von dem man sich selbst aufs Schärfste distanzierte.

Auch unter den niederländischen Täufern dominierte nach Münster die Distanzierung von Gewalt. Hinsichtlich der Absage an Gewalt waren sich die fortan einflussreichsten Kräfte des niederländischen Melchioritentums – die Anhänger des Glasmalers und Propheten David Joris und die des ehemaligen Priesters und Pazifisten Menno Simons, später ‚Mennnoniten' genannt – einig. Joris strebte an, zur genuinen Lehre Hoffmans zurückzukehren zu seiner monophysitischen, die Abkunft auch des Menschen Jesus aus dem Himmel lehrenden Christologie, zur Bekenntnistaufe und zum Gewaltverzicht auch in den Wirren der Wiederkunft Christi, der Parusie. Joris selbst hielt sich für einen von Gott berufenen Endzeitpropheten; seit Dezember 1536 wähnte er nach Christus der dritte David der letzten Tage zu sein. Das unmittelbare Geistzeugnis hatte bei ihm einen Vorrang vor der

---

88 Klötzer, Ralf, Die Täuferherrschaft von Münster. Stadtreformation und Welterneuerung, Münster 1992.

biblischen Verifikation, was ihn bei stärker biblizistisch orientierten Täufern verdächtig machte. In seinem Basler Exil führte der literarisch umtriebige Joris als erfolgreicher Geschäftsmann eine nikodemitische Existenz. Man gab die Glaubenstaufe auf und lebte in äußerlicher Unterwerfung unter die jeweilige Konfessionskirche; ähnlich den Schwenckfeldern waren die ‚Davidjoristen' als eigene Gruppierung so gut wie unerkennbar.

Dies unterschied sie deutlich von den ‚*Mennoniten*', denn Menno Simons hielt das offene Bekenntnis zur Glaubenstaufe und die Existenz einer sichtbaren täuferischen Gemeinschaft für unumgänglich. In dem von ihm repräsentierten Täufertum hatte das Schriftwort einen Vorrang vor dem Geistzeugnis; außerdem drängte er die apokalyptische Naherwartung zugunsten eines organisierten Gemeindelebens in der Welt zurück. Durch seine Reisetätigkeit trug er entscheidend zum Zusammenhalt der täuferischen Gemeinden bei. Den Mennoniten gelang es, sich in den nördlichen Niederlanden, im Ostseeraum, auch in Polen und Russland zu halten. Bald wurden sie von den weltlichen Obrigkeiten geschätzt, denn sie waren fleißig, lebten unauffällig, suchten ‚der Stadt Bestes' und hielten sich von Krieg und Gewalt aller Art fern. Auf Dauer waren sie die erfolgreichste der aus dem Täufertum der Reformationszeit hervorgegangenen Gruppen.

Eine ähnlich langlebige Formation täuferischen Christentums stellten die sogenannten *Hutterer* dar. Sie fassten vor allem unter dem mährischen Adel Fuß; einige Mitglieder der obrigkeitlich anerkannten Täufergemeinde in Nikolsburg, die auf Hubmaier zurückging, separierten sich, denn sie waren nicht zum Kriegsdienst bereit und strebten ein Leben in Gütergemeinschaft an. Sie verbanden sich mit Täufern, die sich seit 1528 im mährischen Austerlitz (Slavkov) angesiedelt hatten und gleichfalls das Gemeineigentum pflegten. Durch den Zustrom von Glaubensbrüdern, die in Tirol verfolgt wurden, blühte die Gemeinschaft auf. Jakob Hutter war das organisatorische Haupt dieser später nach ihm als ‚Hutterische Brüder', oder kurz: Hutterer, bezeichneten Gruppierung. Trotz temporärer Verfolgungen bot ihnen der mährische Adel Schutz. Bis zum Ende des 16. Jahrhunderts sollen 70 hutterische Gemeinden mit über 15 000 Mitgliedern in Mähren überlebt haben. Der Verzicht auf Privateigentum, eine kollektiv organisierte Erziehung der Kinder, überhaupt ein perfektes Gemeinwesen auf der Basis von Gütergemeinschaft gaben dem hutterischen Täufertum den Charakter eines ambitionierten Sozialprojekts. Wegen der Tradierung handschriftlicher Quellen aus der Geschichte des Täufertums kam den hutterischen Bruderhöfen eine zentrale Bedeutung für die Sicherung der Quellenüberlieferungen der ‚radikalen Reformation' zu. Durch spätere Auswanderung nach Nordamerika wurde diese Gestalt reformationszeitlichen Täufertums bis in die Gegenwart hinein bewahrt.

Bei den im 16. Jahrhundert begegnenden mystisch-spiritualistischen Haltungen spielte der Aspekt der religiösen Gemeinschaftsbildung in der Regel keine Rolle. Bei einigen spiritualistischen Autoren wie dem über drei Jahrzehnte literarisch tätigen schlesischen Adligen Kaspar Schwenckfeld von Ossig ist mit ‚Lesegemeinden' zu rechnen, also einem Kreis von Personen beiderlei Geschlechts, die seine Schriften allein oder auch gemeinsam lasen und z. T. auf brieflichem Weg mit ihm kommunizierten. Eine eigene Kultgemeinschaft bildeten sie nicht; überhaupt wurden äußere rituelle Vollzüge wie die Sakramente spiritualistisch entwertet. Insofern lebten viele ‚Schwenckfelder' heimlich in, mit und unter den jeweiligen Kirchentümern. Die wahren Christen lebten unsichtbar über die verschiedenen Kirchen verteilt. Ein besonderes Anliegen Schwenckfelds bestand darin, die konfrontative Konfessionspolemik, mit der die sich bildenden Konfessionen aufeinanderstießen, als Ausdruck religiöser Selbstgerechtigkeit grundsätzlich in Frage zu stellen. An den Evangelischen kritisierte er mangelnde sittliche Besserung. Ein mittlerer Weg (*via media*) sollte jenseits der konfessionellen Konflikte zur Wahrheit führen; die stark neuplatonisch – dualistisch geprägte Denkwelt Schwenckfelds zielte auf eine geistige Vereinigung des Menschen mit Gott. Christus, der für ihn ein reines Geistwesen gewesen war, habe diese Bestimmung der Menschheit urbildhaft erfüllt. Die Vereinigung mit dem göttlichen Geist könne nicht durch äußere Vermittlungsinstanzen – also das geschriebene oder gepredigte Wort oder die Sakramente –, sondern nur durch den Geist Gottes selbst zustande kommen. Der die Konfessionalisierung in Frage stellende Spiritualismus Schwenckfelds dürfte auch dazu beigetragen haben, neuzeitlichen Toleranzvorstellungen einen Weg zu bahnen.

Letzteres dürfte auch von Sebastian Franck gelten, einem ehemaligen Priester, der nach einer kurzen Phase als reformatorischer Prediger an der ‚neuen' evangelischen Kirche tiefes Ungenügen empfand und sich als Publizist und ‚Freigeist' durchschlug. Auch Franck insistierte darauf, dass wahrer Glaube mit einer entsprechenden Lebensführung einher zu gehen habe. Die institutionellen Erscheinungen aller Kirchentümer waren ihm zutiefst suspekt. Mit seinem großen Werk *Chronica, Zeitbuch oder Geschichtsbibel* (zuerst Straßburg 1531) setzte er Maßstäbe für eine von konfessionellen Voreingenommenheiten freie, ‚objektive' Historiographie. Franck war einer der wenigen reformationszeitlichen Schriftsteller, die in ihrer Zeit in andere europäische Sprachen übersetzt wurden. Seine universale Offenbarungsvorstellung, die auch außerhalb des Christentums, etwa in der Geschichte, Wahrheiten erkannte, knüpfte an entsprechende Vorstellungen im florentinischen Renaissancehumanismus an und dürfte die europäische Religionsphilosophie der Neuzeit inspiriert haben.

Während sich die lutherische und die reformierte ebenso wie die römische Konfessionskirche in die Tradition der altkirchlichen Dogmen stellten, wurden diese von einzelnen devianten Geistern explizit attackiert oder implizit in Frage gestellt. In aller Regel wurden die traditionskritischen Bemerkungen von einzelnen Personen und in literarischer Form vorgebracht; aufs Ganze gesehen handelt es sich um ein intellektuelles Elitenphänomen. In Gestalt des Sozinianismus entfaltete antitrinitarisches Denken allerdings eine kirchenbildende Kraft. Neben dem trinitarischen Dogma von 381 (*Nicaenoconstantinopolitanum*) betraf die Kritik besonders die Lehre von den beiden Naturen in der einen Person Christi im Sinne des Dogmas von Chalcedon 451 (*Chalcedonense*) und die Erbsündenlehre Augustins. In der Dogmenkritik wirkten humanistische und reformatorische Impulse nach; da diese Lehren in der Bibel nicht vorkamen oder manche Schriftbefunde ihnen eher zu widersprechen als sie zu bestätigen schienen, wähnten sich die ‚freien Geister‘ im Recht. Bei den frühesten Kritikern der trinitarischen Gottesvorstellung – Ludwig Hätzer und Johannes Campanus – ist in der Tat damit zu rechnen, dass sie Erasmus gefolgt waren; in seiner griechischen Ausgabe des Neuen Testament hatte dieser nämlich das sogenannte ‚Komma Johanneum‘, eine in 1. Joh 5,7b–8a eingeschobene Glosse, die als traditioneller Beleg für die Trinitätslehre im Sinne des altkirchlichen Dogmas von 381 galt, aufgrund des Befundes der griechischen Handschriften als sekundären Zusatz ausgeschieden; er war daraufhin als ‚Arianer‘ beschimpft worden und hatte diesen Eingriff in späteren Ausgaben wieder rückgängig gemacht. Doch der Zweifel an der ‚Biblizität‘ der Trinitätslehre war unter den Intellektuellen gesät. Bei den Zweifeln an der christologischen Zwei-Naturen-Lehre, wie sie insbesondere in täuferischen Kreisen auftrat, spielte eine Ethik der Christusnachfolge die entscheidende Rolle. Der spanische Arzt Miguel Servet hingegen war ein Einzelgänger; ein wichtiges Argument gegen die seines Erachtens wirre Trinitätslehre bestand für ihn darin, dass sie Juden und Muslime vom Christentum abhielt.

Größere intellektuelle und religiöse Kraft entwickelte der Antitrinitarismus im Wirken des nach Basel geflohenen Sieneser *Lelio* und seines Neffen *Fausto Sozzini*. Ihr Anliegen bestand darin, die dogmatischen Vorstellungen einer Inkarnation des Logos, der Zweinaturen- und der Trinitätslehre aus dem Neuen Testament heraus zu widerlegen. Das Epitheton eines ‚Sohnes Gottes‘ habe lediglich die makellose Menschlichkeit Jesu auszeichnen sollen; die Idee einer Präexistenz und der leiblichen Auferstehung lehnte man gleichfalls als vernunftwidrig ab. Die Vorstellung eines Versöhnung stiftenden stellvertretenden Strafleidens widerspreche dem Gebot sittlicher Zurechnung und unterlaufe die Bemühung um eine durch Erziehung und Bildung zu vervollkommnende menschliche Natur. Jesus als Prediger und sittliches Vorbild stand im Zentrum der unitarischen sozinianischen Theologie. In einigen Adelsherrschaften in Polen und Siebenbürgen gelang es für einige Jahrzehnte, den Sozinianismus als eigene Konfessionskirche zu etablieren, bis er der Gegenreformation weichen musste. Die Theologen der lutherischen Orthodoxie führten sehr aufwändige Auseinandersetzungen mit den Sozinianern, die als Indiz dafür gelten können, dass ihr Einfluss unter den Gebildeten besonders gefürchtet war. In vieler Hinsicht bereiteten die Sozinianer Debatten vor, wie sie für den Deismus und die Dogmenkritik der Aufklärung charakteristisch werden sollten. Überhaupt nahmen die protestantischen ‚Sekten‘ vielfach Positionen intellektueller Freiheit und sittlicher Autonomie in Anspruch, wie sie für die neuzeitliche Entwicklung des lateineuropäischen Christentums charakteristisch werden sollten. Insbesondere in der Forderung nach Toleranz gegenüber nicht-öffentlich geduldеten religiösen und weltanschaulichen Lehren strahlten Vertreter des ‚linken Flügels' über ihre eigene Zeit hinaus, wurden sie Bannerträger der Moderne.

7. Entscheidungen im Reich

Im Reich war die Situation dadurch gekennzeichnet, dass sich die Anhänger der ‚neuen' und die Verfechter der ‚alten' Lehre auf Dauer in etwa die Waage hielten. Dieser Zustand war das Ergebnis einer Ausbreitung der Reformation in den 1530er und 1540er Jahren, als mit Brandenburg, dem albertinischen Sachsen, Württemberg und der Kurpfalz große Flächenstaaten evangelisch wurden. Zeitweilig schien es sogar so, als ob das Erzstift Köln unter Hermann von Wied vor der Einführung der Reformation stünde. Drohte die katholische Mehrheit im Kurkollegium zu ‚kippen'?

Der Kaiser verfolgte auch weiterhin die seit dem Wormser Edikt von 1521 eingeschlagene Linie. Seine Forderung nach einem Konzil stellte gleichfalls eine durchgehende religionspolitische Linie dar, die erst mit dem Trienter Konzil nennenswerte Folgen zeitigte. In den frühen 1540er Jahren veranstaltete er am Rande der Reichstage von Hagenau, Worms und Regensburg Religionsgespräche mit Theologen und Politikern beider Lager, die in Fragen der Rechtfertigungs- und der Erbsündenlehre zwar einige theologische Annäherungen mit sich brachten, aber letztlich aus politischen Gründen ergebnislos blieben. Als Karl aufgrund eines Friedensschlusses mit Frankreich (1544), eines Waffenstillstandes mit den Osmanen und eines Kriegsbündnisses mit dem Papst (1546) neuartige politische Handlungsspielräume erhielt, rüstete er umgehend für einen militärischen Schlag gegen die Protestanten im Reich. Im sogenannten *Schmalkaldischen Krieg* gelang es ihm, die im Schmalkaldischen Bund vereinigten evangelischen Stände vernichtend zu schlagen. Im Jahr nach Luthers, der ‚Deutschen Prophet', Tod (18. Februar 1546) hatte der spanische Kaiser eine Machtentfaltung erreicht wie niemals zuvor. Auf seiner Seite hatte der albertinische Herzog Moritz, selbst ein Protestant, gekämpft, der nun die Kurwürde der Ernestiner erhielt. Die beiden Hauptleute des Schmalkaldischen Bundes, Johann Friedrich von Sachsen und Landgraf Philipp von Hessen – ein Schwiegervater Moritz' –, gerieten in eine langjährige, demütigende Gefangenschaft, die Moritz dem Kaiser verargte.

Vom September 1547 bis zum Juni des Folgejahres fand in Augsburg der sogenannte „Geharnischte Reichstag" statt.[89] Zur Demonstration seiner Macht hatte

---

89 Schorn-Schütte, Luise (Hrsg.), Das Interim 1548/50. Herrschaftskrise und Glaubenskonflikt, Gütersloh 2005.

Karl V. die Reichsversammlung von spanischen Truppen belagern lassen. Der hochfahrende Triumphalismus des Reichsoberhauptes wurde ein Quell der Antipathie selbst katholischer Stände, die ein kaiserliches Dominat fürchteten. In religionspolitischer Hinsicht setzte Karl eine spezifische Zwischenform, das sogenannte *„Augsburger Interim"* durch; es sollte in den bisher evangelischen Städten und Territorien im Reich gelten, bis das vom Papst immer wieder verzögerte Konzil zu definitiven Lösungen gekommen wäre. In seiner Substanz war es ‚katholisch', sowohl was die Lehre, als auch was den Ritus betraf. Lediglich die Priesterehe und der Laienkelch sollten dem evangelischen Kirchenwesen verbleiben. Mit dem *Interim* agierte Karl ähnlich selbstherrlich, wie es die englischen oder skandinavischen Monarchen bei der Einführung der Reformation taten. In einigen evangelischen Territorien und Städten – Württemberg, den oberdeutschen Reichsstädten, Brandenburg, der Pfalz und Nürnberg – wurde das *Interim* annähernd widerstandslos eingeführt bzw. ein entsprechender Eindruck erzeugt. Zu massiveren Konflikten kam es im albertinischen Sachsen; einerseits wollte Kurfürst Moritz einer Rekatholisierung seines Herrschaftsgebietes, zu dem nun auch der Kurkreis und die Universität Wittenberg gehörten, nicht zustimmen, andererseits bedurfte es einer religionsdiplomatischen Verständigung mit dem Kaiser. Eine unter Beteiligung Melanchthons erstellte Kompromissform, das sogenannte *Leipziger Interim*, sollte diesen komplexen Bedürfnissen entsprechen. Es wurde der Anlass für die schwerwiegendsten theologischen Auseinandersetzungen innerhalb des Luthertums.

Melanchthon[90] war nach Luthers Tod zum unbestrittenen theologischen Führer der Universität Wittenberg avanciert. Dadurch, dass er sich nach dem Schmalkaldischen Krieg entschlossen hatte, in Wittenberg zu bleiben, nahm er zwar die ernestinischen Wettiner und ihre Gefolgsleute gegen sich ein, bekannte sich aber ostentativ zum ‚Wittenberger Erbe'. Die Adepten der Wittenberger Alma Mater, denen Melanchthons Kompromisskurs unerträglich war und die in den Widerstand nach Magdeburg gingen – der Kroate Matthias Flacius Illyricus und der Franke Nikolaus Gallus – empfanden sich mindestens so sehr als Melanchthon- wie als Lutherschüler. Von Magdeburg, der dem Kaiser unbotmäßigen, geächteten Stadt aus versuchten sie mittels der Produktion zahlloser Flugschriften[91] eine Diskussion über das Interim und den ‚Abfall' Melanchthons und seiner Wittenberger und Leipziger Gefolgsleute von der wahren, ‚lutherischen' Lehre anzuzetteln. Von Magdeburg aus wurden auch widerstandstheoretische Argumentationsmuster in

---

90 Scheible, Heinz, Melanchthon, Vermittler der Reformation. Eine Biographie, München 2016.

91 Vollständige Bibliographie in: Kaufmann, Thomas, Das Ende der Reformation. Magdeburgs „Herrgotts Kanzlei" 1548/1551/2, Tübingen 2002; vgl. Moritz, Anja, Interim und Apokalypse. Die religiösen Vereinheitlichungsversuche Karls V. im Spiegel der magdeburgischen Publizistik 1548–1551/2, Tübingen 2009; Rein, Nathan, The Chancery of God. Protestant Print, Polemic and Propaganda against the Empire, Magdeburg 1546–1551, Aldershot 2008.

Umlauf gebracht, die ‚niederen Magistraten' zu widerstehen erlaubten, wenn ihre ‚Obrigkeit' das Recht beugte und die freie Verkündigung des Evangeliums untersagte. Die Rezeptionsspuren der Magdeburger Widerstandslehre reichten bis zu den französischen Hugenotten.

Moritz von Sachsen übernahm es, im Auftrag des Kaisers die Reichsacht über die Elbmetropole Magdeburg zu exekutieren. Zu diesem Zweck war eine längere Belagerung unumgänglich. Außer mit militärischen kämpfte die Stadt mit publizistischen Mitteln. Als „Herrgotts Kanzlei" ging Magdeburg in die protestantische Erinnerungskultur ein. Doch während der albertinische Kurfürst auf Kosten des Kaisers und des Reiches die unbotmäßige Stadt seit dem Herbst 1550 belagerte, spann er die Fäden für einen anderen Plan: Die Niederschlagung des Kaisers mit dem Ziel, die lang ersehnte religionsrechtliche Anerkennung der Protestanten zu erreichen. Zu diesem Zwecke hatte er heimlich ein Bündnis mit protestantischen Fürsten, die sich der Religionspolitik des Kaisers widersetzten, gebildet. Überdies baute er diplomatische Verbindungen zum französischen König Heinrich II. auf; in einem Vertrag von Chambord (Januar 1552) wurde festgelegt, dass Cambrai und die lothringischen Bischofstädte Metz, Toul und Verdun gegen eine Kriegsbeteiligung gegen Karl V. an Frankreich fallen sollten – eine Maßnahme, die auf eine langfristige geopolitische Schwächung der habsburgischen Herrschaft hinauslief.

Während die Belagerung Magdeburgs auf Kosten Karls fortgesetzt wurde, führte Moritz auch Geheimverhandlungen mit der Stadt über deren Kapitulation. Er selbst verlangte die Anerkennung als Erbherr und sicherte im Gegenzug den religiösen Status quo zu. Im Frühjahr 1552 begann der sogenannte „Fürstenkrieg" gegen Karl; die Truppen der renitenten protestantischen Fürsten drangen weit in den Süden vor. Der ahnungslose Kaiser sah sich in Tirol bedrängt und musste in einer Sänfte über den Brenner fliehen – die tiefste Demütigung des mächtigsten Kaisers aller Zeiten!

Die weitere Entwicklung der Religionsfrage im Reich war dadurch gekennzeichnet, dass der Bruder des Kaisers, König Ferdinand, mit den Protestanten verhandelte und ihrem Interesse an einer dauerhaften Friedenslösung entgegenkam. Für Karl war ein Friede mit Ketzern allzeit undenkbar geblieben. Im *Vertrag von Passau* (15. August 1552) wurde die Freilassung Landgraf Philipps und eine definitive Friedensregelung für den nächsten Reichstag vereinbart. Karl zog sich nach Spanien zurück; sein Versuch, Lothringen zurückzuerobern, war gescheitert. Im sogenannten *Augsburger Religionsfrieden*[92], der als Reichsabschied letztmals unter der Autorität des Kaisers erschien (25. September 1555), wurde eine Friedensregelung statuiert, die der Verfassungsstruktur des Reiches entsprach und der eine langfristige Wirkung beschieden war. Noch im *Westfälischen Frieden* (1648), der den Dreißigjäh-

---

92 Vgl. Schilling, Heinz/Smolinsky, Herbert (Hrsg.), Der Augsburger Religionsfrieden 1555, Gütersloh 2007; Gotthard, Axel, Der Augsburger Religionsfrieden, Münster 2004.

rigen Krieg beendete, wurde auf den Augsburger Religionsfrieden zurückgegriffen. Die Stärke des Friedensmodells von Augsburg bestand darin, dass sie eine das Reich betreffende Friedensordnung und den Grundsatz der Einheit der Reichskirche mit dem Prinzip eines ständischen Selbstbestimmungsrechtes in der Religionsfrage verband und der Kräfteparität der beiden Konfessionsparteien im Reich entsprach. Neben der katholischen war fortan die durch die *Confessio Augustana* definierte evangelische Religion reichsrechtlich anerkannt. Dem Inhaber der Herrschaftsgewalt war die Wahl der Religion freigestellt. Um 1600 wurde dieser Grundsatz des reichsständischen Reformationsrechts (*ius reformandi*) in der bündigen Formel *Cuius regio, eius religion* (Wem das Land gehört, der bestimmt über die Religion) verdichtet. Durch den Frieden war ausgeschlossen, dass die Religion im Reich als legitimes Kriegsmotiv angeführt werden durfte. Die evangelischen Territorien wurden von der geistlichen Gerichtsbarkeit suspendiert; Säkularisationen geistlicher Institutionen unterlagen damit keiner Strafe. Den Untertanen, die aus Gründen der Religion auswandern wollten, wurde ein entsprechendes Recht (*ius emigrandi*) zuerkannt; ihr Hab und Gut durften sie veräußern. Der sogenannte Geistliche Vorbehalt (*Reservatum ecclesiasticum*), den die Protestanten bis zuletzt bekämpft hatten, stellte sicher, dass im Falle des Übertritts eines geistlichen Fürsten zur Reformation sein Benefizium katholisch blieb. Der Landesherr allein hatte das Recht, über die Religion zu entscheiden; der Grundsatz einer einheitlichen Religion innerhalb eines politischen Gemeinwesens war damit festgeschrieben. In einigen Reichsstädten, in denen beide Konfessionen stark vertreten waren, wurde ein paritätisches Verfahren vereinbart, das eine Dominierung der einen durch die andere Konfession auf Dauer ausschloss. Auch wenn der Augsburger Religionsfrieden gegenüber den jeweils befristeten Friedständen, die seit den 1530er Jahren vereinbart worden waren, neue Rechtsicherheit schuf, da er auf Dauer gestellt war, unterlag er dem Wiedervereinigungsgebot. Den Anhängern beider Konfessionen war nicht vorstellbar, dass einander ausschließende Interpretationen des lateinischen Christentums dauerhaft nebeneinander existieren könnten.

Die lutherischen Theologen erkannten den Augsburger Religionsfrieden bald euphorisch an[93]; katholischerseits blieben grundsätzliche Vorbehalte gegen einen Friedensschluss mit ‚Ketzern' intakt. Für die Reformierten, die nicht explizit in den Religionsfrieden aufgenommen worden waren – das sollte erst 1648 gelingen – ergab sich die Notwendigkeit, ihren konfessionellen Stand über die *Confessio Augustana* zu definieren. Dabei beriefen sie sich vornehmlich auf die Version von 1540, die sogenannte *Confessio Augustana variata*, in der Melanchthon die Abendmahlslehre in einer Weise formuliert hatte, die auch für Kritiker der leiblichen Realpräsenz akzeptabel war. Das Verhältnis zwischen Lutheranern und Reformierten war durch die umstrittene Berufung auf das reichsrechtlich verbindliche Bekenntnis

---

93 Vgl. Kaufmann, Konfession und Kultur, wie Fußnote 80, 364ff.

notorisch belastet. Infolge der Hinwendung einiger Territorien und Städte zum reformierten Bekenntnis (Kurpfalz 1560; Bremen 1581; Nassau 1586; Anhalt 1596; Baden-Durlach 1599; Lippe 1602; Hessen-Kassel 1605; Brandenburg 1613) rissen lutherisch-reformierte Kontroversen nicht ab. Der politische Frieden von Augsburg, der auf der Sistierung der religiösen Wahrheitsfrage auf der Ebene des Reiches basierte, bildete die Voraussetzung für endlose kontroverstheologische Konflikte auf der Ebene der Territorien. Die Jahrzehnte zwischen 1555 und 1618, dem Ausbruch des Dreißigjährigen Krieges, waren eine Hochzeit lutherisch-katholischer, lutherisch-reformierter, auch reformiert-katholischer Kontroversistik.

Die lutherische Konfession befand sich seit der Mitte des 16. Jahrhunderts in einer besonders schwierigen Lage. Dies war eine Folge dessen, dass nach dem Tod Luthers ein Autoritätsvakuum eingetreten war; zum anderen bedeutete die Infragestellung Melanchthons im Streit um das Interim, dass ein normativer ‚Mittelpunkt‘, wie er in Wittenberg bestanden hatte, so nicht mehr existierte. Die Sequenz an binnenlutherischen Kontroversen, die das dritte Viertel des 16. Jahrhunderts prägten, dokumentiert die Polyzentrik lutherischer Kontroverstheologie. Außer in Wittenberg und Magdeburg waren etwa in Leipzig und Jena, Rostock und Königsberg, Stuttgart und Tübingen, Braunschweig und Hamburg Theologen literarisch aktiv, die ‚Luthers Erbe‘ angemessen auszulegen beanspruchten. Da es eine übergeordnete Leitungs- und Entscheidungsstruktur innerhalb des ‚Luthertums‘ nicht gab, unterlagen die Ausgleichsversuche kontingenten politischen und theologischen Konstellationen. Die 1577 zum Abschluss gebrachte *Konkordienformel*, ein überterritoriales theologisches Einigungswerk von herausragender Qualität, verdankte sich dem Zusammenspiel politischer und theologischer Akteure; sie sicherte den Fortbestand des Luthertums als relativ geschlossene doktrinale Einheit.

Im Zusammenhang mit dem Streit um das Interim waren zunächst die sogenannten *Adiaphora* zum Gegenstand kontroverser Schriftwechsel (sogenannter *Adiaphoristischer Streit*) geworden. Von Seiten der Magdeburger insistierte man darauf, dass es ‚in statu confessionis‘ keine Adiaphora, also kirchlichen Gebräuche, die man so oder anders handhaben mochte, geben könne. Sachverhalte wie die Gewandung des Priesters rückten in den Rang von Bekenntnisfragen. In einem nach dem Wittenberger Theologieprofessor und Vertrauten Melanchthons Georg Major benannten Streit (sogenannter *Majoristischer Streit*) ging es um die Frage des Verhältnisses zwischen der Rechtfertigung und den als deren Früchte geltenden guten Werken. Um eines überzeugenden Ethos willen lag Major daran, den aus der Rechtfertigung fließenden guten Werken eine wichtige Bedeutung beim Erlösungsprozess zuzuschreiben. Sein Kontrahent Nikolaus von Amsdorf, der alte Superintendent Magdeburgs, enge Weggefährte Luthers und Mitstreiter der „Herrgotts Kanzlei", verstieg sich zu der Gegenthese, dass gute Werke der Seligkeit geradezu abträglich seien. Im sogenannten *Synergistischen Streit* wurde eine ähnliche Fragestellung unter grundsätzlicher anthropologischer Perspektive weitergeführt, d. h. unter dem Gesichtspunkt der nach dem Sündenfall verbliebenen ‚Reste‘

eines freien Willens. Flacius vertrat hier die extreme Position, dass der Mensch durch den Sündenfall in die Gewalt des Teufels gelangt sei und statt der verlorenen Gottebenbildlichkeit eine imago Satanae trage. Bei seiner Erlösung verhalte sich der Mensch deshalb völlig passiv, ähnlich einem Holzklotz, der behauen werde.

Verliefen die Frontlinien in den genannten Debatten noch weitgehend parallel zu den Konflikten um Interim und Adiaphora, war das bei dem sogenannten *Osiandrischen Streit* nicht mehr der Fall. Der Nürnberger Reformator Andreas Osiander, der infolge des Interims nach Preußen geflohen war und sich an der neugegründeten Universität Königsberg als Theologieprofessor verdingte, vertrat die Vorstellung, dass die Person Christi als göttliche Gerechtigkeit dem Gerechtfertigten real innewohne. Diese Position stand in Opposition zur sogenannten forensisch-imputativen Rechtfertigungslehre, wie sie vor allem Melanchthon vertrat; nach dessen Auffassung werde dem Glaubenden Christi Gerechtigkeit zugerechnet, aber nicht real zugeeignet. Im Kern ging es bei der Debatte um Osiander also darum, inwiefern der Rechtfertigungsakt den Glaubenden real verändere.

Eine weitere Kontroverse ist als sogenannter *Antinomistischer Streit* in die Theologiegeschichte eingegangen. Schon Luther hatte gegenüber seinem Schüler Johannes Agricola darauf bestanden, dass das Gesetz auch für den Christen weiterhin belangreich sei und dass die Buße aus dem überführenden Brauch des Gesetzes (*usus elenchticus legis*) hervorgehe. Unter veränderten personellen Konstellationen wurde diese innerlutherische Diskussion in der Mitte des Jahrhunderts noch einmal aufgegriffen. Aus der Sicht derer, die die bleibende Bedeutung des Gesetzes verteidigten, ging es darum, dass das Gesetz dem Evangelium sachlich und zeitlich vorausgehe und der Christ, auch in seinem Gewissen, dem Gesetz unterworfen bleibe. Mit der Preisgabe des Gesetzes in der christlichen Verkündigung drohe der Libertinismus.

Die skizzierten Debatten wühlten das Luthertum auf und gefährdeten seine politische Handlungsfähigkeit auf der Ebene des Reichs. Der maßgebliche Impuls zur Überwindung der Lehrdifferenzen ging von Herzog Christoph von Württemberg und seinem bei der Einführung der Reformation im Herzogtum Braunschweig-Wolfenbüttel tätigen Theologen Jakob Andreae aus, der in enger Verbindung mit dem Braunschweiger Superintendenten Martin Chemnitz agierte. Zu einer breiten Bewegung wurde das Einigungswerk, als sich der sächsische Kurfürst August und der brandenburgische Kurfürst Joachim II. ihm anschlossen. Im Juni 1576 wurde durch einen Theologenkonvent in Torgau unter Verwendung literarischer Vorarbeiten ein Konsensdokument, das „Torgische Buch", erstellt und an die lutherischen Städte und Territorien versandt. Auf der Basis der Rückläufe wurde schließlich im Mai 1577 durch eine Theologenkommission, die aus Chemnitz, Andreae, Nikolaus Selnecker, David Chytraeus, Andreas Musculus und Christoph Cornerus bestand, im Kloster Berge bei Magdeburg eine definitive Fassung, das sogenannte „Bergische Buch", die Konkordienformel, erstellt. Sie wurden von zahlreichen Städten und Territorien angenommen und von insgesamt 8000 Pfarrern und Lehrern unterschrieben und gilt als Abschluss der lutherischen Bekenntnisbildung. In Bezug auf die Erbsünde, die Lehre vom freien Willen, das Verhältnis von Rechtfertigung und guten Werken, Gesetz und Evangelium, das Gesetz in seiner Bedeutung für die Lebensführung des Christen, Abendmahl und Christologie bot die Konkordienformel theologische Lösungen für die seit dem Streit um das Interim aufgebrochenen Debatten. Ihrem Anspruch nach stellt die Konkordienformel eine Interpretation der *Confessio Augustana* als des reichsrechtlich geltenden Bekenntnisses im Lichte der innerlutherischen Kontroversen dar. Auch wenn die Konkordienformel weitere theologische Kontroversen innerhalb des Luthertums nicht verhinderte, so steckte sie doch für diejenigen Territorien und Städte, die ihr beitraten, den Rahmen dessen ab, was als ,lutherisch' zu gelten hatte. Innerhalb des Luthertums war der Prozess der Bekenntnisbildung zum Abschluss gelangt.

8. Strukturen des lateineuropäischen Christentums im konfessionellen Zeitalter

Seit der zweiten Hälfte des 16. Jahrhunderts standen sich konkurrierende Interpretations- und Lebensgestalten des lateinischen Christentums allenthalben gegenüber. Jede dieser drei konfessionellen Varianten – das Luthertum, der römische Katholizismus, das Reformiertentum[94] – nahm durch seine berufenen Sprecher, die Theologen, in Anspruch, die Wahrheit des Christentums zu vertreten. Aus der Perspektive der einzelnen Konfession versprach die Zugehörigkeit zu ihr ewiges Heil, die Verstricktheit in eine der anderen hingegen Unheil und Verdammnis. Die Angehörigen fremder Konfessionen wurden kaum anders beurteilt als die Vertreter fremder Religionen. Für die Lutheraner fuhren die ,Papisten' genauso in die Hölle wie die Juden und die Muslime, und auch für die Anhänger der Papstkirche war dies nicht anders. Reformierterseits blickte man in der Regel auf die Luthera-

---

94 Aus der Fülle der Literatur zur Konfessionalisierungsforschung sei lediglich verwiesen auf: Schilling, Heinz (Hrsg.), Die reformierte Konfessionalisierung in Deutschland – Das Problem der „zweiten Reformation", Gütersloh 1986; Rublack, Hans-Christoph (Hrsg.), Die lutherische Konfessionalisierung in Deutschland, Gütersloh 1992; Reinhard, Wolfgang/Schilling, Heinz (Hrsg.), Die katholische Konfessionalisierung, Heidelberg 1995; von Greyerz, Kaspar u. a. (Hrsg.), Interkonfessionalität – Transkonfessionalität – binnenkonfessionelle Pluralität. Neue Forschungen zur Konfessionalisierungsthese, Gütersloh 2003; Pietsch, Andreas/Stollberg-Rilinger, Barbara (Hrsg.), Konfessionelle Ambiguität. Uneindeutigkeit und Verstellung als religiöse Praxis in der Frühen Neuzeit, Gütersloh 2013.

ner etwas versöhnlicher; man erkannte zumeist an, dass sie einen wichtigen ersten Schritt in Bezug auf die ‚Reformation der Lehre' geleistet hatten, aber die Konsequenzen in Bezug auf die ‚Reformation des Lebens', eine ‚zweite' Reformation also, schuldig geblieben waren. Insofern sah man sich als Avantgarde, die die in katholisierenden Resten stecken gebliebene lutherische Reformation nun an ihr Ziel führte. Der ‚Vormarsch' des Reformiertentums im letzten Drittel des 16. Jahrhunderts beschwerte die Lutheraner sehr. Die außereuropäischen Missionsfelder bargen im 16. Jahrhundert hingegen noch kaum Konfliktstoff, einerseits, weil weitgehend alles in katholischer Hand war und man andererseits seitens der von einer Naherwartung des Endes der Geschichte bestimmten Lutheraner in der Glaubenspropaganda der Orden eine legitime Ausbreitung des Reiches Christi sah.[95]

Die Konfessionen des frühneuzeitlichen lateineuropäischen Christentums stellten nach Dogma, Rechtsform und Organisationsgestalt relativ einheitliche Gebilde dar, die die Gesellschaften der Städte, Territorien und Länder, in denen sie galten, tiefgreifend und nachhaltig prägten. In Bezug auf die *katholische Konfessionskultur* können folgende Merkmale als charakteristisch gelten: Die Trennung der Christenheit in Kleriker und Laien, die Geltung des kanonischen Rechts, die hierarchische Spitze in Rom, die kultische Dominanz der lateinischen Sprache und die Präsenz international oder global agierender Orden trugen dazu bei, dass die Identität eines katholischen Christen wesentlich durch transnationale Momente mitbestimmt war. Die Frömmigkeit war auch nach-tridentinisch priorität von visuellen Stimulantien bestimmt; der Kult lief als ‚Spektakel' ab und die mit großer Energie revitalisierte religiöse Kunst vermittelte sinnliche Anschauungen des Heiligen. Die Sakramente waren die wichtigsten Instanzen der Heilsvermittlung, die unabhängig von der Disposition des Empfängers ihre Wirkungen zeitigten. ‚Kirche' gab es in einer stupenden Vielfalt unterschiedlicher Gebäude: Die Dom-, Stifts- und Pfarrkirchen, die Ordens- und Wallfahrtskirchen bzw. -kapellen, in denen eine Fülle an Altären bereitstand, um für das Seelenheil des Einzelnen Messen zu lesen oder fromme Stiftungen entgegenzunehmen. Persönlichen Sympathien für einzelne Häuser waren kaum Grenzen gesetzt; die Bindung an die Pfarrkirche war nicht alternativlos. Das Bruderschaftswesen erlebte in katholischen Städten eine Renaissance; die Mitgliedschaft in mehreren von ihnen erhöhte die soziale Anerkennung und die Heilsgarantien. Der Heiligenkalender, die Fastenzeiten und eine hohe Zahl an Festtagen strukturierten den Lauf des Jahres und bestimmten auch weiterhin die Wahl der Kindernamen. Auch wenn die neuen Orden wie die Kapuziner und vor allem die Jesuiten auf Bildung, Predigt und ein intellektuelles Erfassen der Glaubensinhalte setzten und die Katechetik, durchaus in offener Konkurrenz zu den Protestanten, eine wichtige Rolle zu spielen begann, prägten sie die katholische Konfessionskultur doch nicht durchgängig und überall in demselben Maße.

---

95 Vgl. Kaufmann, Polyzentrik des Christentums, wie Anm. 10.

Das Wallfahrtswesen erlebte im frühneuzeitlichen Katholizismus eine neue Hochkonjunktur. Nicht zuletzt in geographischen Räumen, die von starker konfessioneller Konkurrenz geprägt waren, boten traditionelle katholische Veranstaltungen wie Wallfahrten besondere Möglichkeiten der Mobilisierung von Gruppenidentität.

Die *lutherische Konfessionskultur*[96] besaß ihren primären Definitions- und Realisierungsrahmen durch die jeweiligen Kirchenordnungen, die die städtischen oder landesherrlichen Obrigkeiten erlassen hatten. Dadurch war per se klar, dass ‚der Staat' in einem spezifischen Verhältnis zur eigenen Religion stand. Die religiösen und die staatlichen Momente der Disziplinierung waren nicht voneinander zu trennen. Als ‚Notbischof' stand der Landesherr einem Kirchenwesen vor, für dessen Unterhalt er in finanzieller Hinsicht verantwortlich war. Die Ausbildung und Prüfung der Geistlichen, die Entlohnung der Küster, die Organisation der Pfarreien standen in der Verantwortung des Staates bzw. der in seinem Auftrag agierenden kirchlichen Funktionäre (Superintendenten) oder Institutionen (Konsistorien). Die Kommunikation des bald nach Einführung der Reformation akademisch gebildeten Pfarrers mit seiner Gemeinde hatte in der Predigt und der Katechese ihr Zentrum; sie verlief wesentlich über das Gehör. Da, wo Lutheraner ihrer Frömmigkeit Ausdruck verliehen, etwa durch Inschriften auf Häusern oder sonstigen Objekten, stand gleichfalls die Wortbezogenheit im Vordergrund. Die überaus kunstvolle Entwicklung der evangelischen Kirchenmusik diente der Wortverkündigung, auch wenn sie ‚überschüssige' sinnlich Reize transportierte. Sofern nicht die alten Kircheninterieurs bewahrt wurden[97], bildeten Abendmahlsdarstellungen und Illustrationen der Evangelienperikopen, die häufig als Zyklen auf Emporen gemalt wurden, aber auch Reformatoren- und Pastorenporträts, die markantesten Bildthemen und -schöpfungen. Stiftergemälde bzw. Epitaphien lutherischer Christen illustrierten in der Regel biblische Stoffe. Das religiöse Leben des Lutheraners verlief im Wesentlichen in seinem häuslichen und pfarrgemeindlichen Kontext. Als Hausvater oder -mutter wurde von einem lutherischen Christen erwartet, dass er Hausandachten abhielt, den katechetischen Stoff gegenwärtig hielt, mit Hilfe entsprechender Literatur in zentrale Texte der Bibel einführte und das Gesang- und Gebetbuch zu gebrauchen wusste. Dem Abendmahl ging die samstägliche Beichte voraus. Auch Patenschaften waren Anlässe, den sittlichen Stand der ins Auge gefassten Menschen zu überprüfen. Hinsichtlich der Namensgebung der Kinder orientierte man sich an der Bibel. Durch die enge Verbindung der Religion mit dem jeweiligen politischen Gemeinwesen und dem im Ganzen individuellen Charakter einer Kirchenordnung haftete der lutherischen Konfessionskultur etwas ‚Regionalistisches' an. Freilich waren mit dem Gesangbuch, Luthers Katechismen und Pos-

---

96 Kaufmann, Konfession und Kultur, wie Fußnote 80, passim; Ingesman, Per (Hrsg.), Lutheran Confessional Culture, Leiden 2016.
97 Fritz, Johann Michael (Hrsg.), Die bewahrende Kraft des Luthertums. Mittelalterliche Kunstwerke in evangelischen Kirchen, Regensburg 1997.

tillen Medien im Gebrauch, die überall dort, wo sich das Luthertum ausbreitete, in Geltung standen. In liturgischer Hinsicht war das Luthertum hochgradig plural; allerdings galt die Verwendung der Volkssprache als selbstverständlich. Überdies unterschieden sich die jeweiligen Kirchenordnungen nicht so stark voneinander, dass sich ein Lutheraner, der ein Territorium wechselte, hätte fremd fühlen müssen. Durch die kommunikative Vernetzung der lutherischen Universitätstheologie[98] und nationale Strukturen des theologischen Buchmarktes war gewährleistet, dass religiöse Trends allgemein verbreitet wurden. In Deutschland waren theologische Kontroversen, die häufig in der Volkssprache geführt wurden, für das Luthertum selbstverständlich; nicht selten wechselten Polemiker von einem Territorium in ein anderes und setzten ihre polemische Schriftstellerei fort. Bei Übersetzungen theologischer oder ‚erbaulicher‘ Literatur etwa in die skandinavischen Sprachen wurde konfessionelle Polemik häufig übergangen.

In Bezug auf die *reformierte Konfessionskultur* waren starke Gemeinsamkeiten mit der lutherischen evident. Dies galt besonders dort, wo der Landesherr als Notbischof fungierte. Sofern sich das Reformiertentum in Gestalt des synodal-presbyterialen Typus der Kirchenverfassung organisierte, spielten partizipative Momente eine größere Rolle; der Abstand zwischen Pastoren und Gemeindegliedern, der im Luthertum steil sein konnte, war im Reformiertentum durch die wichtige Funktion der Presbyter gemäßigt. Die Kirchenzucht war für die Reformierten durchweg ein zentrales Thema; daher entwickelten reformierte Christen nicht nur einen größeren Heiligungsernst, sondern neigten auch stärker zur Askese als die Angehörigen der anderen Konfessionen. Sofern reformiertes Erwählungsbewusstsein den Frömmigkeitsstil prägte, geschah dies vornehmlich durch Verzicht auf weltlichen Tand. Auch die recht seltene Abendmahlsfeier – in der Regel nur vier Mal im Jahr – war weniger ein religiöses Stabilisierungs- als ein ekklesiales Heiligungsritual. Der Verzicht auf bildliche Ausschmückungen des Kirchenraums, auf Orgeln und Lieddichtungen – außer den freilich in vielfältiger, auch polyphoner Form vertonten Psalmen – verstärkte die Konzentration auf das Hören des Wortes.

Luthertum, Katholizismus und Reformiertentum, die drei im Institutionentypus der Kirche realisierten frühneuzeitlichen Interpretationsvarianten des lateineuropäischen Christentums, wiesen auch gleichsam ‚mittelalterliche‘ Gemeinsamkeiten auf, die sie von den protestantischen ‚Sekten‘ unterschieden: Die Zugehörigkeit zu den drei Kirchen wurde durch die Taufe im Säuglingsalter begründet, also nicht durch eine eigene, freiwillige Entscheidung. Auch die Beisetzung auf dem zu einer Gemeinde gehörigen Friedhof stand in aller Regel nicht zur Disposition. Die Kirchengemeinde umfasste – von den Juden abgesehen – alle Bewohner eines politi-

---

98 Exemplarisch: Kaufmann, Thomas, Universität und lutherische Konfessionalisierung. Die Rostocker Theologieprofessoren und ihr Beitrag zur theologischen Bildung und kirchlichen Gestaltung im Herzogtum Mecklenburg, Gütersloh 1997.

schen Gemeinwesens; kirchliche und politische Gemeinde waren somit weitestgehend kongruent. Ein Austritt aus der Kirche war im Prinzip unmöglich. Die städtischen und die ländlichen Siedlungsstrukturen waren durch Kirchenbauten geprägt – vor wie nach der Reformation. Auch die Verpflichtung der Gemeindeglieder, finanzielle Leistungen oder Naturalabgaben zum Erhalt eines Kirchengebäudes und zur Ernährung des Pfarrers aufzubringen, bestanden fort. Insofern verbanden basale ‚mittelalterliche' Strukturelemente die konfessionellen Christentümer der Frühen Neuzeit.

In allen drei Konfessionen, aber auch bei den nicht-konfessionellen protestantischen „Sekten", herrschte im Ganzen Einigkeit darüber, dass Sexualität ausschließlich im Rahmen einer monogamen Ehe praktiziert werden durfte. Die Rolle der Frauen war damit im Protestantismus im Wesentlichen auf den Bereich des Hauses als Lebens-, Wirtschafts- und Reproduktionsgemeinschaft fixiert. Im Kontext der Kindererziehung oblag den „Hausmüttern" in den protestantischen Konfessionsgesellschaften eher die Aufgabe, katechetische Elementarbildung zu vermitteln, während die „Hausvater" den Andachten des „ganzen Hauses" vorstehen sollte. Die „Hauskirche" war somit ein Spiegel der zeitgenössischen patriarchalischen Gesellschaft und der öffentlichen Gemeindekirche; in kommunitären Lebensformen der „Radikalen" begegneten gelegentlich transfamiliäre Erziehungsstrukturen und -institutionen, in denen insbesondere im Bereich der Mädchenerziehung Frauen prominente Rollen spielen konnten. Im Unterschied zur frühreformatorischen Bewegung, aber auch einigen Erscheinungen der „Radikalen Reformation", die Prophetinnen kannten, bildete die öffentliche religiöse Kommunikation von Frauen in den protestantischen Konfessionskirchen allerdings à la longue kein legitimes Moment. In den frühen 1520er Jahren hatten einige Frauen als Flugschriftenautorinnen für Aufmerksamkeit gesorgt. Die bayrische Adlige Argula von Grumbach[99] etwa war mit großem Engagement für die Freiheit evangelischer Verkündigung hervorgetreten; die Straßburger Pfarrfrau Katharina Zell[100] war Gerüchten über ihr Eheleben literarisch begegnet und hatte sich mit einer Trostschrift an Frauen gewandt, deren Männer Opfer habsburgischer Religionspolitik geworden waren. Diese reformatorischen Flugschriftenautorinnen hatten sich auf das Priestertum der Glaubenden berufen; mit den repressiveren Tendenzen, die infolge des Bauernkriegs eintraten, wurden Erscheinungen dieser Art jedoch auf Ganze mit großem Erfolg zurückgedrängt. Mädchenschulen wurden allerdings in den protestantischen Konfessionsgesellschaften auf breiter Front gefördert.

In Bezug auf die im Zuge der Reformation vielfach praktizierte Auflösung der Frauenklöster ist ein ambivalenter Befund zu verzeichnen: Neben Flugschriften, in denen Nonnen ihren Austritt aus dem Kloster euphorisch als Akt evangelischer

---

99 Vgl. Matheson, Peter, Argula von Grumbach. Eine Biographie, Göttingen 2014.
100 Vgl. McKee, Elsie, Katharina Schütz-Zell, Vol. 1 und 2, Leiden u. a. 1999.

Befreiung proklamierten[101], gab es eine Reihe an Texten, in denen Nonnen die Übergriffe auf ihre relativ selbstbestimmte Lebensweise und die Rückkehr unter ein familiäres männliches Dominat abzuwehren und ihre klösterliche Existenzform, die nichts mit „Werkgerechtigkeit" zu tun habe, zu verteidigen versuchten. In gewissem Sinne förderte die Reformation die häusliche Lebensform als Ehefrau und Mutter als alternativloses Modell.[102] Dort, wo Frauenklöster in lutherischen Landschaften fortbestanden, dienten sie als „adlige Damenstifte" primär der Versorgung von Töchtern höherer Stände. Im katholischen Bereich erwies sich das Kloster freilich als dauerhaft attraktiver und ausstrahlender Ort weiblicher Frömmigkeit. Das Trienter Konzil schrieb die Klausur aller weiblichen Religiosen fest. Teresa von Ávila, die Reformerin des Karmeliterinnenordens, avancierte zu einer Modellgestalt der posttridentinischen katholischen weiblichen Heiligkeit, da sie die klare Trennung des heiligen monastischen Raumes von der Welt mustergültig realisierte. In Form des Herzensgebets fand die verehrte Mystikerin, deren Impulse auch auf männliche Konvente ausstrahlten, ein Instrument der Vereinigung mit Gott. Virtuose Selbstbeobachtung und Versenkung in die Gnade Gottes prägten ihren Einsatz für die Klosterreform. Andere Orden wie die Ursulinen oder die Englischen Fräulein um die aus England geflohene Katholikin Mary Ward orientierten sich am Vorbild der Jesuiten und stellten ein nichtklausuriertes Gemeinschaftsleben zur Erziehung von katholischen Mädchen ins Zentrum ihrer Tätigkeit. Insofern entfalteten die weiblichen Orden wichtige Impulse zur Fortentwicklung von Frauenbildung im katholischen Bereich.

Die religiöse Grundform des lateineuropäischen Christentums war vor wie nach der Reformation die monokulturelle. Eine bestimmte politische Einheit – eine Stadt, ein Land, eine Nation – war durch einen einheitlichen religiösen Kult verbunden. Die altrömische Überzeugung, die religio stelle ein unverzichtbares Band der Gesellschaft dar, galt also im Wesentlichen fort. Prinzipiell in Frage gestellt wurde diese Konzeption im Grunde nur von den ‚Dissentern' und gelegentlich wohl durch den Luther der Schrift *Von weltlicher Obrigkeit* (1523), auf den sie sich beriefen. Denn Luther hatte für eine präzise Unterscheidung von weltlichem und geistlichem Regiment plädiert und war einer religiös-metaphysischen Überhöhung des Staates entgegengetreten. Bei seinen späteren Bemühungen, ein konfessionell homogenes evangelisches Landeskirchentum aufzubauen, waren diese Ansätze aufgegeben worden. Für den Luther der 1530er und 1540er Jahre war es nicht vorstellbar, abweichende religiöse Überzeugungen zu dulden. In seiner Haltung gegenüber den Juden wurde dies besonders deutlich; Gott

---

101 Vgl. das Material bei Rüttgardt, Antje, Klosteraustritte in der frühen Reformation, Gütersloh 2007.
102 Vgl. Roper, Lyndal, Das fromme Haus. Frauen und Moral in der Reformation, Frankfurt am Main 1995; Conrad, Anne (Hrsg.), „In Christoi ist weder man noch weyb". Frauen in der Zeit der Reformation und der katholischen Reform, Münster 1999.

werde die für ein Gemeinwesen Verantwortlichen wegen der jüdischen Schmä-hungen Christi zur Rechenschaft ziehen. Eine Alternative zum konfessionell ge-schlossenen *Corpus christianum* konnte es für ihn nicht mehr geben; entgegen der befristeten, an Schutzgeldzahlungen gebundenen Judenduldung, die die mit-telalterliche Gesellschaft geprägt hatte, sprach sich der späte Luther für deren Austreibung aus. Dort, wo man Luthers judenpolitischen Empfehlungen folgte – was im 16. Jahrhundert immer wieder einmal, aber nie durchgängig der Fall war –, verstärkte dies den Hang zur religiösen Monokultur.

Bi- oder multikonfessionelle Verhältnisse waren im Lateineuropa des 16. Jahrhunderts nicht das Ergebnis einer grundsätzlichen Affirmation der Dif-ferenz – die neuzeitliche Form der Toleranz –, sondern eine Folge bestimmter politischer Konstellationen. Die unterschiedlichen religionsrechtlichen Kon-struktionen Europas standen in engstem Zusammenhang mit machtpolitischen Konstellationen. Das *Edikt von Nantes* (1598) beendete eine Phase blutigster Reli-gionskriege, spiegelte die Kräfteverteilung zwischen den Konfessionsblöcken und entsprach der machtpolitischen Situation des siegreichen Konvertiten Heinrich IV. Dass die komplizierte Konstruktion nach einem knappen Jahrhun-dert ausgedient hatte und Ludwig XIV. wieder eine katholische Einheitsreligion durchsetzen konnte, entsprach seinem absolutistischen Machtgewinn und un-terstrich das Prinzip der religiösen Monokultur. Ähnliches wäre von der Mehr-konfessionalität der *Warschauer Konföderation* in Polen (1573) oder von den mul-tikonfessionellen Verhältnissen in *Siebenbürgen* zu sagen; sie hielten solange an, als ein relatives Gleichgewicht zwischen Adeligen unterschiedlicher Bekennt-nisse bestand. Als sich freilich die Kronen durchsetzten und ihre Macht konsoli-dierten, wich die Multikonfessionalität dem katholischen Einheitsbekenntnis. Einzig in den nördlichen Niederlanden wurden unterhalb der reformierten Öf-fentlichkeitskirche andere Konfessionen und religiöse Gruppierungen, ein-schließlich der Täufer und der Juden, geduldet – ein erstes Laboratorium früh-neuzeitlicher Toleranz.

Die Bikonfessionalität im Heiligen Römischen Reich deutscher Nation war pri-mär der Kräfteparität geschuldet; keine der konfessionellen Gruppen war stark genug, die andere niederzuringen. Die politische Struktur des Reiches schränkte überdies die Möglichkeiten eines kaiserlichen Dominats, auch in Religionsfragen, ein. Das hatte sich im Zusammenhang des Interims überdeutlich gezeigt. Insofern war der religionspolitische Kompromiss die einzige Option; doch der Argwohn gegenüber dem konfessionellen Gegner blieb ein Grundzug der Zeit. Wie wenig die streitenden Konfessionsparteien den Kompromiss als Prinzip anerkannten, zeigte sich gegen Ende des Jahrhunderts in zahllosen konfessionell aufgeladenen Konflikten, in denen jede Seite ihre eigenen Vorteile suchte und immer bereitwilli-ger den fragilen Frieden aufs Spiel zu setzen bereit war. Der Dreißigjährige Krieg war möglich, weil die Überzeugung, nur *eine* Form des Christentums könne die wahre sein, allenthalben gegenwärtig war.

Literatur

Kaufmann, Thomas, Geschichte der Reformation in Deutschland, Neue Ausgabe, Berlin 2016.

-: Erlöste und Verdammte. Die Reformation in Europa, München ³2017.

MacCulloch, Diarmaid, The Reformation, New York, London 2004 (deutsche Übersetzung: Die Reformation 1490–1700, München 2008).

Marshall, Peter, Die Reformation in Europa, Stuttgart 2014.

Rabe, Horst, Deutsche Geschichte 1500–1600. Das Jahrhundert der Glaubensspaltung, München 1991.

Schilling, Heinz, Aufbruch und Krise. Deutschland 1517–1648, Berlin 1988; Sonderausgabe 1994.

Schindling, Anton/Ziegler, Walter (Hrsg.), Die Territorien des Reichs im Zeitalter der Reformation und der Konfessionalisierung. Land und Konfession 1500–1650, 7 Bde., Münster 1989–97.

Seebaß, Gottfried, Geschichte des Christentums III. Spätmittelalter – Reformation – Konfessionalisierung, Stuttgart 2006.

Venard, Marc (Hrsg.), Die Zeit der Konfessionen (1530–1620/30). Deutsche Ausgabe bearb. und hrsg. von Heribert Smolinsky (Die Geschichte des Christentums Bd. 8), Freiburg/Br. u. a. 1992 sowie Ders., Von der Reform zur Reformation (1450–1530). Deutsche Ausgabe bearb. und hrsg. von Heribert Smolinsky (Die Geschichte des Christentums Bd. 7), Freiburg/Br. u. a. 1995.

Vogler, Günter, Europas Aufbruch in die Neuzeit 1550–1650, Stuttgart 2003.

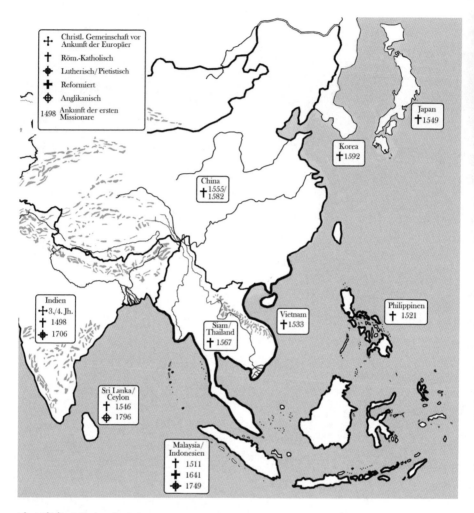

Christliche Mission in Asien

DAS CHRISTENTUM IN ASIEN ZWISCHEN CA. 1500 UND 1789

Ronnie Po-chia Hsia

Das Christentum war selbstverständlich seit seinen Anfängen in Asien präsent.[1] Zu Beginn der Neuzeit wurden die christlichen Kirchen in Asien während des Aufstiegs des Islam von muslimischen Herrschern geduldet, oder sie existierten als Minderheit unter weiteren Religionen. Betrachtet man die Situation in Asien um 1500 aus der Sicht des christlichen Europa, dann wird der Blick auf die kleinen, aber schon lange Zeit existenten syrisch-christlichen Kirchen in Südasien durch die große Anzahl islamischer Staaten verstellt. Doch die Europäer umfuhren den *Dar al-Islam* im Zeitalter der Entdeckungen auf dem Seeweg, und so kam das lateinische Christentum nach Süd-, Südost- und Ostasien. Der erste Impuls dieser erneuten Christianisierung ging vom katholischen Europa aus: Missionare verschiedener Ordensgemeinschaften brachten den römischen Katholizismus mit der Ankunft der Portugiesen 1498 nach Indien, in den 1510er Jahren nach Südostasien, 1521 auf die Philippinen, um 1550 nach Japan und um 1580 nach China.[2] Die Führung übernahmen hierbei die iberischen Monarchien; sie waren die Schutzherren der katholischen Missionsstationen im portugiesischen Asien und auf den spanischen Philippinen. Missionare aus bald jedem katholischen Land Europas waren an dieser großen Unternehmung beteiligt, wobei Frankreich von den 1660er Jahren an eine herausgehobene Rolle spielte.

Demgegenüber eiferten die protestantischen Missionare den Katholiken erst mit zeitlicher Verzögerung nach. Obwohl der Aufstieg der holländischen und englischen Seefahrt im frühen 17. Jahrhundert eine Kampfansage an die Vorherrschaft der Portugiesen und Spanier in den asiatischen Gewässern darstellte, investierten diese beiden protestantischen Staaten nur geringe Mittel in die Missionstätigkeit. Die einzige Ausnahme dabei bildete die Niederländische Ostindien-Kompanie, von der die Mission der indigenen Völker Taiwans (das von den Portugiesen Formosa genannt wurde) um die Mitte des 17. Jahrhunderts gefördert wurde. Diese Bemühungen waren trotz der kurzen, zwanzig Jahre währenden Vorherrschaft der Holländer auf der Insel prägend. Nachhaltiger waren die in Indien unternommenen Versuche von mittel- und nordeuropäischen Lutheranern ab 1700 sowie von briti-

---

1 Siehe The Cambridge History of Christianity, Bd. 1 und 2, v. a. Kap. 4.
2 Zu Asien insgesamt siehe Boxer, Charles Ralph, The Church Militant and Iberian Expansion 1440–1770, Baltimore 1978; zu China siehe: Handbook of Christianity in China, Bd. 1, 635–1800.

schen Missionaren von 1750 an. Der entstehende Pietismus führte zu einem missionarischen Elan, der anfangs bei vielen etablierten protestantischen Geistlichen, die ihm kritisch gegenüberstanden, auf wenig Gegenliebe stieß. Sie waren der Ansicht, dass derlei Bemühungen in Ländern entbehrlich seien, die bereits in biblischer Zeit bekehrt worden waren. Trotzdem erfuhr die protestantische Missionstätigkeit in Indien zu Beginn des 18. Jahrhunderts starke theologische Unterstützung aus Halle. Finanziell gefördert wurden diese Versuche durch den dänischen Staat und später durch die Englische Ostindien-Kompanie, wobei in beiden Fällen auch der Wettbewerb im Bereich des Handels eine Rolle spielte.

Nach dem verzögerten Beginn hatte die protestantische Missionstätigkeit in Südasien langsame, aber stetige Fortschritte zu verzeichnen. Ihrer Ausbreitung kam es sehr zugute, dass die britische und holländische Herrschaft im 18. Jahrhundert in Indien, auf der Malaiischen Halbinsel und auf Java fest verankert war. Das Engagement erreichte erst im 19. Jahrhundert seinen Höhepunkt, als die protestantische Missionstätigkeit durch Europäer und Nordamerikaner die Ostasien-Mission dominierte. Die katholische Mission durchlebte im 17. Jahrhundert wechselhafte Zeiten: In Japan kam es zum Debakel, als es sich die neuen Herrscher des Landes aus dem Tokugawa-Shogunat in den ersten Jahrzehnten des Jahrhunderts zur Aufgabe gesetzt hatten, das Christentum auszumerzen. Diese Verluste wurden allerdings durch bedeutende Expansionen in China und Vietnam wettgemacht. Der Ritenstreit in China im 17. Jahrhundert, bei dem von päpstlicher Seite die Rituale verboten wurden, in denen die Ahnen und Konfuzius verehrt wurden, markierte eine dramatische Zäsur in der christlichen Missionstätigkeit. Mit dem Verbot der christlichen Mission 1705 unter der Qing-Dynastie kam es zum Stillstand und zu Rückschritten in der Mission. Die Krise wurde noch durch die Aufhebung des Jesuitenordens 1773 und die Kämpfe gegen die katholische Kirche während der Französischen Revolution verstärkt.

In diesem Beitrag soll ein knapper Überblick über die Geschichte des Christentums in den unterschiedlichen Regionen Asiens gegeben werden, wobei auch die politischen, kulturellen, theologischen und ekklesiologischen Fragen der Missionstätigkeit angesprochen werden (wie etwa Fragen der Sprache, die Beziehungen zu den indigenen Religionen sowie die Ausbildung eines einheimischen Klerus).

1. Indien

Als die Portugiesen 1498 in Indien an Land gingen, wurden sie von indischen Christen begrüßt, die der festen Überzeugung waren, dass der Apostel Thomas nach Indien gekommen war, dort gepredigt hatte und gestorben war.[3] Ob das nun zutrifft oder nicht – fest steht in jedem Fall, dass sich bereits seit dem 3. oder 4. Jahrhundert Christen in Südasien angesiedelt hatten. Sie hatten ihre eigenen Bischöfe und Priester. Ihre liturgische Sprache war das Syrische, und manche Gemeinden behaupteten, von den ersten jüdischen Jüngern Christi abzustammen. Der Aufstieg des Islam und die Eroberungszüge der Araber führten zu weiteren Siedlungswellen. Um 1500 waren die verschiedenen christlichen Gemeinschaften vollständig in der indigenen Kultur verwurzelt. Robert Frykenberg beschreibt sie so, dass sie „in kultureller Hinsicht Hindus waren, dem Glauben nach Christen, und bezüglich der Dogmatik, Ekklesiologie und Liturgie persisch oder syrisch (orthodox)."[4] Diese Gemeinden von syrischen oder Thomaschristen befanden sich an der Malabar-Küste in Südindien und waren in die Hindu-Gesellschaft integriert. In der – nach dem brahmanischen Modell in „vier Klassen" (Jati) strukturierten – Gesellschaft bekleideten sie Positionen zwischen den Kṣatriya (Kriegern) und den Vaishya (einfachen Bürgern). Die Tätigkeiten der Thomaschristen reichten vom Handel über das Kriegshandwerk bis hin zur Fischerei. Unter der Leitung ihrer eigenen Pastoren („Cattanare") und Bischöfe („Metrane") wussten die Thomaschristen um die historischen Verbindungen zur Chaldäischen Kirche, und sie erkannten die Autorität des Patriarchen von Babylon in Mesopotamien an.

Anfangs wirkte die Ankunft der römisch-katholischen Portugiesen an der Küste von Malabar auf die Gemeinden der Thomaschristen ermutigend. 1502 schrieb der Metran (Bischof) Mar Jakob von Angamali einen Brief an den Katholikos des Ostens, in dem er von der Ankunft der Portugiesen berichtete. Darin ist von freundschaftlichen Zusammentreffen mit den Portugiesen die Rede, bei denen Geschenke ausgetauscht wurden und ein formelles Bündnis angeregt wurde. Die ungefähr sechzig christlichen Gemeinden in den Bergen des Hinterlands der Küste von Malabar, die sich von Mangaluru im Norden bis Kolla im Süden erstreckt, wurden von einheimischen hinduistischen und muslimischen Radschas bedrängt. So begrüßten die Thomaschristen ein mögliches Bündnis mit den Portugiesen zur Stärkung ihrer wirtschaftlichen, politischen und religiösen Position. Unter Metran Jakob waren die Beziehungen zwischen den römisch-katholischen Portugiesen und

---

3 Frykenberg, Robert Eric, Christianity in India: From Beginnings to the Present, Oxford 2008.
4 Frykenberg, Christianity in India, 112.

den Thomaschristen relativ freundschaftlich. Doch seit dem allmählichen Anwachsen der Macht der Portugiesen über Goa hinaus und mit dem Tod von Metran Jakob 1549 bedrohten die unterschwelligen Spannungen nach und nach die guten Beziehungen.

Die Ursachen der Spannungen lagen im tridentinischen Katholizismus und im portugiesischen Kolonialismus begründet: Während Ersterer für sich in Anspruch nahm, die einzig mögliche Position in dogmatischen und liturgischen Fragen zu sein, reklamierte Letzterer für sich eine ethnische und kulturelle Überlegenheit. Das führte zur Praxis eines eurozentrischen Christentums, das auf einer ethnischen Hierarchie beruhte, die indigene Formen der Verehrung nicht duldete. Als das Gebiet und der Einfluss von Portugiesisch-Indien ausgedehnt wurden und eine größere Anzahl europäischer Missionare (vor allem Franziskaner und Jesuiten) nach Indien kam, versuchten die katholischen Geistlichen, die Gemeinden der Thomaschristen unter ihre Kontrolle zu bringen, um die althergebrachten Bräuche durch die römische Liturgie und römische Bräuche abzulösen.[5] In den vierzig Jahren danach nahmen die Spannungen zu. Den portugiesischen und europäischen katholischen Missionaren erschienen die Bräuche und Lehren der Thomaschristen sonderbar, wenn nicht gar häretisch. Die Thomaschristen weigerten sich, die Jungfrau Maria als „Mutter Gottes" anzuerkennen, sondern titulierten sie lediglich als „Mutter Christi". Sie verabscheuten die Verehrung von Bildern, weil sie jahrhundertelang unter dem Einfluss ihrer muslimischen und jüdischen Nachbarn gestanden und eine Praxis ausgeprägt hatten, die sich von der hinduistischen Mehrheitsgesellschaft absetzte: sie tauften Kinder erst vierzig bis achtzig Tage nach der Geburt und feierten die großen Festtage mit Gesang und Tanz in einer Weise, die der Mehrheit der indischen Bevölkerung zu entsprechen schien; und ihre Geistlichen kleideten sich nicht anders als die Laien, ja, sie trieben sogar Handel, heirateten und gründeten Familien.

Die Thomaschristen brachten auch ihrerseits Beschwerden vor: Sie verabscheuten den fehlenden sexuellen Anstand der Portugiesen, deren Raffgier und Gewalttätigkeit ebenso wie die Tatsache, dass sie Alkohol tranken und Rindfleisch aßen. Sie nahmen es den katholischen Geistlichen übel, dass sie sich in ihre Traditionen einmischten und versuchten, das Syrische als liturgische Sprache durch das Lateinische zu ersetzen; weiterhin wurde kritisch notiert, dass die Katholiken die Gleichrangigkeit der Apostel Thomas und Petrus anzweifelten und versuchten, ein verbindliches Bekenntnis und andere Bräuche durchzusetzen, die den indischen Christen fremd waren. Damit sich die Thomaschristen den neuen Bräuchen fügten, begann die portugiesische Obrigkeit, die Kommunikation zwischen der Malabar-Küste und Mesopotamien zu überwachen und alle Übereinkünfte geistlicher Art an Goa und Rom weiterzuleiten. 1560 wurde in Goa die Inquisition eingeführt, in

---

5 Frykenberg, Christianity in India..

deren Fokus auch die Thomaschristen standen. In den 1590er Jahren spitzte sich die Konfrontation zwischen den beiden christlichen Kirchen zu. Als 1597 Metran („Patriarch") Abraham von Angamali starb, zwangen die Portugiesen die Thomaschristen, sich den römischen und portugiesischen Gebräuchen anzupassen. Auf der Synode von Diamper 1599 zwang Erzbischof Aleixo de Menezes von Goa den Thomaschristen die Dogmen und die Liturgie der römisch-katholischen Kirche auf und verdammte den Patriarchen der Chaldäischen Kirche öffentlich. Trotz des Verbots der traditionellen Bräuche und der syrischen Schriften machte der starke Widerstand der einheimischen Bevölkerung die vollständige Durchsetzung des römischen Katholizismus unmöglich. Unter den Thomaschristen bildeten sich unterschiedliche Lager: Manche hielten zu Rom, andere zu Goa, wieder andere suchten nach einem Kompromiss, und eine weitere Fraktion distanzierte sich offen von jeglicher Verbindung zum römischen Katholizismus. 1653 erklärte eine Gruppe von Thomaschristen ihre Unabhängigkeit, spaltete sich von der römisch-katholischen Kirche ab und kehrte zu der Form des indigenen syrischen Christentums zurück, die von ihren Vorfahren praktiziert worden war.

In Goa dagegen, dem tropisch-barocken Zentrum von Portugiesisch-Indien, triumphierte der römische Katholizismus. Die Portugiesen zerstörten Hindu-Tempel, unterstellten die indigenen und gemischt-ethnischen Christen den Europäern, richteten „Neue Christen" (jüdische Konvertiten) aus Portugal bei vermeintlichem Glaubensabfall auf dem Scheiterhaufen hin und brachten portugiesische Institutionen ins Land wie Klöster, Hochschulen und dergleichen mehr. An zwei Stellen gelang dies allerdings nicht: Im Norden wagten sich die Jesuiten in das riesige Reich der Moguln vor und versuchten, dessen Herrscher zu bekehren, was ihnen aber nicht gelang; und im Süden gründeten die Patres eine Reihe von Missionsstationen an der tamilischsprachigen Malabar-Küste, wo sie auf syrisch-christliche Gemeinden stießen, die dort seit langem ansässig waren. Da die Portugiesen im tamilischen Süden nur spärlich vertreten waren, konnten portugiesische und italienische Jesuiten mit Methoden der Christianisierung experimentieren, bei denen kein Zwang ausgeübt wurde. In den Paravar-Gemeinden von Fischern an der Küste von Malabar gründete Francisco Xavier seine ersten Missionsstationen. Das Werk dieses ersten Jesuitenmissionars in Asien setzte Henrique Henriques fort. Dieser war Jesuit und vom Judentum zum Christentum konvertiert. Er wirkte dort zwischen 1549 und 1600 und schuf die erste christliche Literatur in tamilischer Sprache. Wagemutiger war der italienische Jesuit Roberto de Nobili (1577–1656): Er ging weiter ins Inland nach Madurai, wo er versuchte, eine Synthese zwischen dem Christentum und hinduistischen Aspekten zu schaffen.[6] Nobili kleidete sich wie ein Guru, warb auf Sanskrit für das Christentum und ließ einige hinduistische

---

6 Siehe Županov, Ines G., Disputed Mission. Jesuit Experiments and Brahmanical Knowledge in Seventeenth-century India, New Delhi 1999.

Rituale im christlichen Gottesdienst zu. Dieses Experiment stieß bei manchen portugiesischen Jesuiten auf scharfe Kritik. Sie warfen Nobili vor, er beflecke das Christentum durch den Hinduismus.

Auch wenn Nobili bei den Hindus höherer Kasten nur mäßigen Erfolg hatte, eröffnete sein Wirken doch zusammen mit der sprachlichen Arbeit Henriques den Weg für einen langfristigeren sprachlichen und kulturellen Kontakt zwischen Christentum und Hinduismus. Im 17. Jahrhundert führten französische Jesuiten in Pondicherry Nobilis Untersuchungen der in Sanskrit verfassten heiligen Schriften des Hinduismus fort, während deutsche protestantische Missionare bei ihrer Übersetzung der Bibel ins Tamil auf Henriques in Tamil verfasste christliche Literatur aufbauten; darauf wird später zurückzukommen sein.

Abgesehen von den Gebieten, in denen die Jesuiten einige Neuerungen eingeführt hatten, bildete Portugiesisch-Indien das geschlossenste katholische Territorium. Folglich hielt die portugiesische Krone durch den Erzbischof von Goa hartnäckig am *Padroado* fest, an dem ihr durch Papst Sixtus IV. 1494 zugesicherten Patronatsrecht. Dies geschah trotz der zugunsten der Kongregation für die Verbreitung des Glaubens bei ihrer Gründung 1622 in Rom erlassenen dem *Padroado* entgegen stehenden Privilegien. Angesichts der Renitenz der Portugiesen versuchte der Heilige Stuhl, eine Verbreitung des Katholizismus in Indien unter Aussparung von Portugiesisch-Indien zu erreichen. Mit dem Segen der Kongregation gingen französische Kapuziner 1642 in die englische Hochburg Madras, und französische Jesuiten wurden nach Pondicherry sowie an andere Orte in der südindischen karnatischen Küste entsandt. Im 18. Jahrhundert leiteten italienische Unbeschuhte Karmeliten die katholische Missionsstation in Bombay, das von den Briten dominiert wurde.

Die protestantische Missionstätigkeit in Indien wurde von der deutschen lutherischen Erneuerungsbewegung inspiriert, die mit August Hermann Francke (1663–1727) verbunden ist. Das Zentrum dieser Bewegung, bei der die geistliche Erneuerung des Einzelnen eine Synthese mit dem Engagement für religiöse Bildung und karitative Arbeit einging (was später als Pietismus bezeichnet wurde), lag in Halle. Der Pietismus breitete sich auch außerhalb Preußens aus und war in Dänemark und Hannover sehr prägend, und als die Hannoveraner den britischen Thron bestiegen, gelangte er auch nach England. Dass die protestantische Auslandsmission hierdurch einen neuen Impuls bekam, zeigt sich darin, dass innerhalb eines Jahrzehnts drei Missionsgesellschaften gegründet wurden: 1698 wurde die (anglikanische) Society for the Promotion of Christian Knowledge, 1701 die (anglikanische) Society for the Propagation of the Gospel in Foreign Parts sowie 1706 die Dänisch-Hallesche Mission gegründet.

Trotz Skepsis und Widerstand von Seiten der orthodoxen lutherischen Amtskirche wurde die dänische Missionstätigkeit in Indien mit der Unterstützung König Friedrichs IV. von Dänemark begonnen. 1706 erreichten die zwei halleschen Pietisten Bartholomäus Ziegenbalg und Heinrich Plütschau den dänischen Handelsstützpunkt Tranquebar an der karnatischen Küste.[7] Die beiden jungen deutschen Missionare – vor allem Ziegenbalg – begannen ihre Tätigkeit damit, sich intensiv mit der tamilischen Sprache zu befassen und sich rasch an ihre Umgebung anzupassen, wodurch sie sich den Respekt und die Unterstützung tamilischer Gelehrter und der einheimischen Entscheidungsträger verdienten. Nach dem Vorbild der halleschen Waisenschule, in der junge Menschen christlich erzogen wurden, gründeten Ziegenbalg und Plütschau Dorfschulen, unterwiesen Lehrer und arbeiteten mit den Ortsgemeinden zusammen, um ein tamilisch-christliches Schulsystem zu schaffen. Innerhalb weniger Jahre verfasste Ziegenbalg eine beträchtliche Anzahl christlicher Texte in tamilischer Sprache für seine Schulen und bildete viele indische „Helfer" für sein evangelisch-pädagogisches Projekt aus. Unterdessen begann er, systematisch tamilische Texte zu sammeln, die auf brüchige, getrocknete Palmblätter geschrieben waren. Von diesen schickte er Hunderte nach Kopenhagen und Halle. Die Aneignung der einheimischen Kultur und Sprache (in diesem Fall des Tamil) war von da an ein unerlässlicher Teil der christlichen Mission. Darüber hinaus verfasste Ziegenbalg gelehrte Abhandlungen sowie detaillierte Aufzeichnungen über die historischen, kulturellen, sprachlichen, biologischen und geographischen Kenntnisse seines Missionsgebietes. Seine beiden Schriften *Malabarisches Heidentum* (1711) sowie *Genealogie der malabarischen Götter* (1713) stellen die ersten größeren Werke der Indologie dar. Vor seinem Tod 1719 hatte Ziegenbalg das Neue Testament ins Tamil übersetzt, und er arbeitete an der Übertragung des Alten Testaments. Diese Übersetzung wurde später vom pietistischen Missionar Johann Philipp Fabricius vollendet, der von 1740 bis 1791 in Indien tätig war.

Den Pionieren der pietistischen Mission, Ziegenbalg und Plütschau, folgten weitere 79 Missionare, die nach Tranquebar entsandt wurden. Mit Unterstützung durch die Englische Ostindien-Kompanie, die ihren Sitz in Madras weiter nördlich an der karnatischen Küste hatte, führten mehrere Generationen von Pietisten die Arbeit fort und erweiterten das Netz protestantisch-tamilischer Schulen. Zugleich schufen sie mehr und mehr indisch-christliche Literatur in Tamil und Telegu. Bei alldem wurden die europäischen Missionare von hunderten indischen Helfern, Evangelisten und Lehrern unterstützt, die entweder von ihnen selbst oder von den einheimischen kulturellen Eliten ausgebildet worden waren, die diese Interpretation des Christentums attraktiv fanden. Von Tranquebar an der karnatischen Küste wurde die pietistische Mission ins Landesinnere ausgeweitet; in den 1730er

---

7 Siehe Ziegenbalg, Bartholomaeus/Plütscho, Heinrich, Merckwuerdige Nachricht aus Ost-Jndien, Leipzig 1708 sowie Ziegenbalg, Bartholomaeus /Pluetscho, Heinrich, Koenigl. Daenischen Missionarii in Trangebar/ auf der Kueste Coromandel, Ausfuehrlicher Bericht, Halle 1710. Weiterführend u. a. Liebau, Heike/Nehring, Andreas/Klosterberg, Brigitte (Hrsg.), Mission und Forschung. Translokale Wissensproduktion zwischen Indien und Europa im 18. und 19. Jahrhundert, Wiesbaden 2010; Gründler, Johann E./Ziegenbalg, Bartholomaeus, Malabrische Korrespondenz, Stuttgart 1998.

Jahren erreichte sie Thanjavur und in den 1770er Jahren Trivandrum in Kerala an der Küste von Malabar.

Verglichen mit unseren Kenntnissen über die deutschen Missionare ist unser Wissen über die indischen Konvertiten nur sehr begrenzt. Manche waren zuvor katholisch und hatten Kontakt mit den Portugiesen gehabt; andere waren Lehrer, Dichter, Dorfvorsteher oder einfache Leute. Einheimische Konvertiten spielten bei der Missionierung eine Schlüsselrolle. So wurde beispielsweise das christliche Schulsystem von Tranquebar durch einen Offizier der Armee des Radscha, einem von der Arbeit der Pietisten beeindruckten katholischen Konvertiten, nach Thanjavur gebracht. Anders als die Jesuitenmission in Madurai durch Nobili hundert Jahre zuvor hatte sich die dänisch-deutsche pietistische Mission zu Beginn nicht auf die brahmanischen Eliten konzentriert, sondern war in breiteren Schichten der Bevölkerung tätig. Allerdings erzielte der deutsche Missionar Christian Friedrich Schwartz (gest. 1798) im späten 18. Jahrhundert große Erfolge in der Diplomatie. Während seiner achtundvierzigjährigen Tätigkeit sorgte er für die weitere Ausbreitung tamilisch-christlicher Gemeinden und Schulen, wobei er auch von der Britischen Ostindien-Kompanie aufgefordert wurde, bei ihr als Militärseelsorger Dienst zu tun. Die Schlachten und Gewalttaten insbesondere während der Kämpfe zwischen Großbritannien und Frankreich im Siebenjährigen Krieg hinterließen auch in der Mission und den anderen Territorien in aller Welt ihre Spuren. Durch seine Vermittlungstätigkeit zwischen den Heeren wurde Schwartz zur Autorität und zum Friedensstifter, der von den indischen Herrschern wie von den Europäern gleichermaßen geachtet wurde. Schwartz wurde zum Dienst an den Hof des Radscha von Thanjavur gerufen und beim Tod des Herrschers zum Radscha-Guru ernannt, wodurch er zum Mentor des jungen Königs wurde. Dies ist die außergewöhnlichste Karriere eines Missionars und Staatsmannes, die sich in der Chronik der pietistischen Indien-Mission findet.

Einer von Schwartzens Schülern war Chinnamutta Sundar-anandam David, der aus Tirunelveli nahe der Südspitze des indischen Subkontinents stammte. Er predigte in seiner Heimatregion in Gemeinden mit Angehörigen niederer Kasten, und sein Wirken führte zu einer massenhaften Bekehrungsbewegung unter den Besitzlosen und Verachteten. Im brahmanischen Gesellschaftssystem werden diese Menschen als *Avarna* bezeichnet, als „Unberührbare"; wörtlich als „Völker ohne Stand". Im heutigen Indien sind dies die Dalit. Sie stehen außerhalb der brahmanischen Einteilung in vier Klassen oder Stände (Brahmanen/Priester, Kṣatriya/Krieger, Vaishya/Händler bzw. Bauern, Shudra/Arbeiter). Für sie war die christliche Botschaft attraktiv, weil sie mit ihrer Hilfe zum einen den Gottesdienst und das örtliche Gesundheitswesen organisieren konnten und zum anderen, weil sie so der kollektiven Abwertung, welche die Grundbesitzer-Kaste der Brahmanen ihnen entgegenbrachte, etwas entgegensetzen konnten. Von 1797 an gab es in Tirunelveli immer neue Bekehrungswellen. Dies erinnerte an die Massenkonversionen zum Katholizismus, die es 150 Jahre zuvor unter den ausgestoßenen Paravar-Gemeinden von Fischern gegeben hatte. Die Bekehrungen von Tirunelveli waren eine indigene Bewegung, die später von ausländischen Missionaren unterstützt wurde. Diese stärkten die kirchliche Infrastruktur und stellten sich gegen die anhaltende Gewalt der grundbesitzenden Klasse, die versuchte, diese soziale und religiöse Revolte zu zerschlagen.

Zusammengefasst hat sich das Christentum im frühneuzeitlichen Indien vor allem im Süden und dort insbesondere an der Malabar- und der Koromandel-küste herausgebildet. An der Küste von Malabar gab es schon lange Gemeinden von Thomaschristen, bevor die Portugiesen dort landeten und iberische und tridentinische Varianten des Katholizismus mitbrachten. Das führte schließlich zu Auseinandersetzungen mit den syrischen Thomaschristen. Dennoch gelang es den europäischen Missionaren, unter den konkani- und tamilsprachigen Bevölkerungsgruppen Konvertiten zu gewinnen, und zwar in erster Linie unter den Parava-Fischern. Später führte die Ansiedlung von Europäern an der Koromandel-küste dazu, dass das französische katholische Pondicherry und das britische, protestantische Madras zu Zentren der Christianisierung wurden. Der wichtigste Impuls kam jedoch von der dänisch-deutschen pietistischen Mission, die nach 1706 wichtige Erfolge zu verzeichnen hatte.

2. Sri Lanka

Nach Sri Lanka kam das Christentum – nach einer ersten vorübergehenden Anwesenheit von ostsyrischen Nestorianern – dauerhaft durch die Portugiesen, die das Land von 1546 bis 1658 prägten.[8] 1580 konvertierte König Dharmapala von Kanda, einem singhalesisch-buddhistischen Reich, zum Katholizismus und nahm den Namen Dom João Periya Pandar an. Hierdurch wurde die bereits von seinem Großvater mit Portugal begründete Allianz bekräftigt. Kanda war Protektorat und Verbündeter von Portugiesisch-Indien, und es wurde zum Hauptsitz der Mission, die von Franziskanern und Jesuiten vorangetrieben wurde. Diese waren von Goa ausgesandt worden. Im nördlichen, tamilischen Reich von Jaffna endete der politische Widerstand gegen das Christentum 1618 mit der Eroberung durch die Portugiesen. Nach einem Jahrhundert portugiesischen Wirkens gab es etwa 100 000 Konvertiten, um die sich etwa hundert Missionare kümmerten. Nachdem die Holländer das portugiesische Sri Lanka übernommen hatten, gelang es nicht, das Anwachsen des Katholizismus zu stoppen. Den Holländern war eher an politischer und wirtschaft-

---

8 Flores, Jorge, Hum Curto Historia de Ceylan [A Short History of Ceylon]. Five Hundred Years of Relations between Portugal and Sri Lanka, Lisbon 2001.

licher Herrschaft gelegen als an der Verbreitung ihrer Religion, und sie investierten wenig in die Mission. Missionare der Oratorianer gelangten bis ins 18. Jahrhundert heimlich von Portugiesisch-Indien aus auf die Insel. Dann wurde der Katholizismus (zusammen mit dem Buddhismus) zum Identitätsmerkmal des srilankischen Widerstands gegen die holländische Herrschaft. 1796 löste die Britische Ostindien-Kompanie die holländische Herrschaft über Sri Lanka ab. Die Einschränkungen, denen der Katholizismus unterworfen war, wurden 1806 abgeschafft, doch die protestantische Missionstätigkeit ging nur langsam voran. Eine Erhebung von 1838 führt 74 787 Christen auf, von denen nur 2 000 nicht katholisch waren.[9]

3. Die Philippinen

1521 landete Ferdinand Magellan, der von der spanischen Krone entsandt worden war, nach einer langen Reise durch Atlantik und Pazifik in Cebu im Zentrum der Philippinen. Nachdem Magellan sich mit einem einheimischen Stammesführer angefreundet und ihn getauft hatte, errichtete er ein Kreuz und brachte die eilig getauften Ureinwohner dazu, ihre Statuen von Göttern und Sakralgegenständen zu zerstören. Magellan überließ bei seiner Auseinandersetzung mit den Nachbarorten seine militärische Feuerkraft diesem einen Häuptling und führte so die Mission mit Gewalt ein. Dies bezahlte er in einem der Scharmützel mit seinem Leben. Vierzig Jahre später erreichte der Spanier Miguel Lopez de Legazpi (1502–1572) die Insel Luzon von Mexiko aus. 1565 beanspruchte er diese Inseln auf Dauer für Spanien. Damit wurde die gleiche Mischung von Mission und Gewalt nun auch aus der Neuen Welt ins Land gebracht.

Verglichen mit der weiträumigen Zerstörung der mesoamerikanischen Kulturen und Völker verlief die spanische Eroberung der Philippinen deutlich weniger blutig. Dies lag daran, dass es hier keine größeren indigenen Staaten und zentralisierten Kulte gab. Trotzdem wurde die Christianisierung mindestens bis zum Ende des 17. Jahrhunderts unter Zwang vollzogen. Zugleich war sie in weiten Teilen auch eine Hispanisierung. Die spanische Kultur wurde von den Missionaren, Soldaten und Verwaltern mitgebracht und ging vom Zentrum der spanischen Macht auf den Philippinen aus, der befestigten Stadt Manila auf Luzon. Als entlegenster Außenposten des ausgedehnten spanischen Kolonialreichs zogen die Philippinen, auf denen keine Edelmetalle gefördert wurden, keine großen Ströme von Einwanderern an. Die sehr eingeschränkte Präsenz der Spanier konzentrierte sich auf

---

9 Rasiah, Jeyaraj, Sri Lanka, in: Phan, Peter C. (Hrsg.), Christianities in Asia, Chichester/ Oxford 2011, 49.

Manila; in den Provinzen und abgelegenen Inseln existierte sie nur in Gestalt von Missionaren und einigen wenigen Verwaltern. Die Christianisierung wurde gänzlich von Ordensmitgliedern vorangetrieben, weil die Diözesanstruktur nur sehr schwach ausgeprägt war. Zu Legazpis erster Expedition gehörten auch Augustinermönche, deren Orden die beste Region als Missionsgebiet zugeteilt wurde. Die Dominikanermönche wurden mit der Bekehrung der großen chinesischen Gemeinschaft auf den Philippinen betraut.

Als die spanische Herrschaft in den 1560er Jahren auf den Philippinen Fuß fasste, war der Islam auf der südlichen Insel Mindanao durch malaiische Händler, die von Borneo her dorthin segelten, bereits fest verwurzelt. Der islamische Monotheismus war sogar bis zu den zentralen Visaya-Inseln vorgedrungen, was sich später als unüberwindliches Hindernis für eine vollständige Christianisierung der spanischen Philippinen erweisen sollte. Anders als diese beiden von außen kommenden monotheistischen Religionen waren die einheimischen Religionen der Philippinen animistisch, auch wenn zwischen den Völkern große ethnische und sprachliche Unterschiede bestanden. Die Filipinos verehrten die Natur und die Geister, und sie vertrauten bei der Kommunikation mit der Welt der Geister und der Vorfahren den Schamanen. Die Schamanen entstammten höher stehenden Familien und waren zum Großteil ältere Frauen, die die Rituale und Geheimnisse in den dörflichen Gemeinschaften von ihren weiblichen Verwandten erlernt hatten. Doch es gab auch einige Männer, die – wie Frauen gekleidet – diese Rolle ausfüllten. Trotz der strukturellen Ähnlichkeiten im Glauben und bei den Kultgegenständen war die animistische Religion von Ort zu Ort sehr unterschiedlich und eng mit dem jeweiligen Dorf verbunden, das die grundlegende gesellschaftliche Einheit bildete. Anders als in Mexiko fanden die Spanier keine städtischen Siedlungen vor. Die fundamentale gesellschaftliche Einheit war das *Barangay*, das zugleich eine Verwandtschaftsgruppe und eine geographische Einheit darstellte und zwischen dreißig und hundert Haushalte umfasste. Der Vorsteher stammte aus einer der führenden höher stehenden Familien und wurde aufgrund der Abstammung und des Charismas ausgewählt. Niedriger als die vornehmen Familien, aus denen die Vorsteher und Schamanen stammten, war die Klasse der gewöhnlichen Bauern angesiedelt; unter diesen wiederum standen die zur Arbeit verpflichteten Bediensteten (engl. *indentured servants*), zu denen auch Schuldsklaven und Kriegsgefangene zählten. In der philippinischen Gesellschaft war die Macht gleichmäßig zwischen den Geschlechtern aufgeteilt. Dabei befand sich das religiöse Leben fest in der Hand von Frauen. Zum Erstaunen und auch Missfallen der Spanier wurde im Bereich der Sexualität kein Wert auf Jungfräulichkeit oder Monogamie gelegt, und eine Scheidung war leicht möglich und konnte von beiden Ehepartnern ausgesprochen werden.

Nach Ansicht der katholischen Missionare war es für die Christianisierung erforderlich, die sozialen Gepflogenheiten und religiösen Überzeugungen der Filipinos zu beseitigen oder zumindest zu modifizieren. Bei dieser Aufgabe sahen sie sich vor drei große Probleme gestellt, nämlich die zu überwindenden Entfernungen im Land, die Diversität der Menschen und Sprachen sowie die Tatsache, dass die Siedlungen sehr verstreut lagen. Erst 1677 wurde durch einen Erlass des Königs ein erster, halbherziger Versuch unternommen, einen einheimischen Klerus auszubilden. Deshalb lag die Bürde der Christianisierung auf den Schultern der Ordensgeistlichen, die (aufgrund früherer Konflikte in Manila zwischen mexikanischen Kreolen und Iberern) ganz überwiegend auf Kosten der Krone über Atlantik und Pazifik aus Spanien anreisen mussten. Trotz heroischer Anstrengungen mancher Geistlicher war ihre Anzahl schlicht zu klein. 1655 zählte die Kirche hier beispielsweise nur 304 Priester (254 Ordensgeistliche und 50 Weltpriester, die zumeist Filipinos waren), die für eine christliche Bevölkerung von mehreren tausend Spaniern und chinesischen Konvertiten (die in den spanischen Quellen als *Ladinos* bezeichnet werden) und mehr als 500 000 philippinische Konvertiten zu sorgen hatten, die in Tausenden von *Barangays* und verstreut auf zahlreichen Inseln lebten. Daneben schuf die absolute Autorität des jeweiligen Missionars über seine Konvertiten ein soziales Umfeld, das Skandale begünstigte. So wurde der Obere des Augustinerordens in Manila 1607 wegen Bestechung entlassen; zehn Jahre später wurde sein Nachfolger von verärgerten Mitbrüdern ermordet. In jedem der vier Orden gab es Sex-Skandale, und zwar vor allem in den Provinzen, wo die Missionare vollständige und uneingeschränkte Macht über ihre Schäfchen besaßen. Angesichts ihrer Dominanz in der Missionstätigkeit leisteten die Orden heftigen Widerstand gegenüber der Ausübung kirchlicher Autorität etwa in Form von Visitationen in den Diözesen, wodurch Übergriffe hätten eingedämmt werden können. Es gab schlicht nicht genügend Weltpriester, die zudem fast alle Filipinos waren. Insgesamt gab es auf allen Inseln zusammengenommen noch 1750 erst 142 philippinische Priester. Ein Versuch in den 1760er Jahren, die Ordensgeistlichen in den Gemeinden durch Filipinos zu ersetzen, endete im Desaster, weil die einheimischen Geistlichen in diverse Interessengeflechte der Dörfer und der Familien verstrickt waren.

Zu all dem kam noch die enorme sprachliche Vielfalt auf den Philippinen hinzu. Neben der größten Sprachgruppe der Tagalog-Sprechenden, die vor allem auf den Ebenen und in den Küstenregionen der zentralen Inselgruppe Luzon lebten, wurde im Süden Luzons Bikolano gesprochen sowie Cebuano auf den Visaya-Inseln. Darüber hinaus gab es noch viele weniger verbreitete Sprachen sowie die von den chinesischen Einwanderern gesprochenen Minnan-Dialekte. Dies führte zu einer Aufteilung der Gebiete durch die katholische Mission, denn von keinem spanischen Priester konnte erwartet werden, bei seiner Entsendung mehr als eine philippinische Sprache zu erlernen; ohnehin erlernten viele der im spanischsprachigen Manila lebenden Geistlichen nie eine indigene Sprache.

Doch auch die Geographie stellte ein Hindernis für die Missionstätigkeit dar. Das islamische Mindanao leistete – durch das Meer vom Rest des Landes getrennt –

nicht nur Widerstand gegenüber der Christianisierung. Vielmehr gingen von dort auch zahlreiche Überfälle auf die christlichen Dörfer der Visaya-Inseln aus. Die spanische Religion folgte den Umrissen des Landes – sie war unverhältnismäßig stark in Manila vertreten und verbreitete sich von dort zu den fruchtbaren Reisfeldern der zentralen Ebenen von Luzon und an die Küste. Außerdem waren die Missionare auch in der Bohol-Provinz im südlichen Luzon stark vertreten. Doch selbst auf der Hauptinsel hatte es das Christentum in den bewaldeten Bergen von Zentral-Luzon schwer. Dort brachten die ursprünglichen Einwohner, die schon vor langem von malaiischen Siedlern von der Ebene vertrieben worden waren, der Hispanisierung wie der Christianisierung erbitterten Widerstand entgegen. Selbst in den besser zugänglichen Gebieten gelang es den Spaniern insgesamt nicht, die gleichen Umsiedlungen vorzunehmen wie in Mexiko. Die meisten Filipinos, die eine sehr enge Bindung an ihr Land und den Reisanbau hatten, widersetzten sich der „Reduktion", also der Konzentration von weit entlegenen Siedlungen zu kompakteren, größeren Ortschaften, deren politische, militärische und religiöse Kontrolle den Spaniern erheblich leichter fiel.[10] Die Bergvölker erwehrten sich die längste Zeit jeder „Reduktion" zum Zweck der Christianisierung, und viele von ihnen zogen erst nach militärischen Strafaktionen im späten 17. und 18. Jahrhundert aus ihren hoch gelegenen, bewaldeten Siedlungen in den Bergen in die künstlich angelegten Orte. Aufgrund der Personalknappheit gab es nur in den Hauptorten Kirchen und Geistliche. Auf den zentralen Plätzen kamen Bewohner entlegenerer Ort zum Markt und zu religiösen Festen zusammen. Da sie zu den entfernter liegenden Siedlungen nur selten reisten, spielten die spanischen Geistlichen keineswegs die wichtigste Rolle bei der Christianisierung der Philippinen. Zudem litt ihr Ruf zeitweilig durch finanzielle und sexuelle Skandale sowie durch Streitigkeiten zwischen den einzelnen Orden.

Schließlich sind die Philippinen am Ende eines langen, erst im 19. Jahrhundert abgeschlossenen Prozesses dann doch ein katholisches Land geworden. Anders als in Mexiko war die Christianisierung allerdings nicht immer mit einer Hispanisierung verbunden. Auch wenn sich überall spanische Taufnamen fanden, sprach nur ein sehr geringer, vor allem in Manila ansässiger Teil der philippinischen Oberschicht Spanisch. So gelang die Christianisierung der Philippinen in mancher Hinsicht nur trotz der Spanier. Die Gründe hierfür – Zwang und Gewalt – sollen nun noch näher beleuchtet werden.

Auch wenn die Philippinen längst nicht so grausam erobert wurden wie Mexiko, setzten die Spanier ohne Weiteres Gewalt ein, um den Widerstand zu brechen. Dies geschah beispielsweise bei der Pampanga-Revolte 1585. In den darauffolgenden Jahrhunderten wurde die spanische Herrschaft nur durch zwei größere Aufstände

---

10 Phelan, John Leddy, The Hispanization of the Philippines: Spanish Aims and Filipino Responses 1565–1700, Madison 1959.

erschüttert, die auf massive Ausbeutung reagierten. Doch zielte weder die Revolte 1660 in den Provinzen Pampanga, Pangasinan und Iloko noch der Aufstand 1745 in den Tatalog-Provinzen auf den Katholizismus. Die einzige Erhebung, die sich gegen das Christentum richtete, fand 1621 in Cebu statt und war nur von kurzer Dauer; hier schlossen sich die Dorfbewohner einem Schamanen an, der vergebens gegen die spanisch-christliche Herrschaft aufbegehrt hatte, um die angestammte Religion wieder durchzusetzen. Dabei waren die Spanier und ihre christlichen Filipino-Hilfstruppen, die leicht zu Gewalt griffen, allerdings sehr wohl lange Zeit in Kämpfe gegen die Muslime auf Mindanao verstrickt, in denen Überfälle begangen und Sklaven gemacht wurden.

Die Mehrzahl der Filipinos erlebte den Zwang, den die Spanier ausübten, in Gestalt von Steuern und Zwangsarbeit. Dies gilt vor allem für das frühe 17. Jahrhundert, als Steuern auf alle Haushalte erhoben wurden – mit Ausnahme der Ortsvorsteher (im Spanischen *principales*), ihrer ältesten Söhne, der örtlichen Steuerbeamten und der Kirchendiener der Ortsgemeinde. Diesen lokalen Eliten, die den am stärksten hispanisierten Teil der philippinischen Provinz-Bevölkerung ausmachten, war am ehesten daran gelegen, die christlich-spanische Herrschaft aufrechtzuerhalten. Die Ortsvorsteher erhielten Abzeichen und Kleidung, die ihren Rang anzeigten, und wurden als *Don* angesprochen; ihre Familien genossen finanzielle Privilegien und profitierten vom System der Ausbeutung, weil sie die Steuern einzogen und den Schichtwechsel bei der Zwangsarbeit organisierten. Das gab ihnen reichlich Gelegenheit, ihren Einfluss geltend zu machen und ihre Einnahmen zu steigern. Die spanische Herrschaft verschaffte der dörflichen, männlichen Elite erheblich mehr Macht, indem sie ihrer Autorität eine institutionelle und religiöse Legitimation verlieh. Der Ortsvorsteher war kein *primus inter pares* mehr in der Ortsgemeinschaft, dem *Barangay*, sondern seine Autorität war nun mit dem viel ausgedehnteren Machtgeflecht des spanischen Kolonialreichs und der katholischen Kirche verknüpft. Umgekehrt untergrub, wie Carolyn Brewer gezeigt hat, die Unterdrückung der indigenen animistischen Kulte die traditionelle religiöse und gesellschaftliche Autorität von Frauen, welche die große Mehrzahl der Schamanen stellten.[11]

Auch wenn die spanischen Missionare die animistischen Rituale verurteilten, nahmen die meisten konvertierten Filipinos wohl keinen Gegensatz zwischen diesen und dem Katholizismus wahr, denn Erstere waren eine Religion der Hausgemeinschaft, während der Letztere eine öffentliche Religion darstellte. Katholische Ikonen, Sakralgegenstände und Rituale wurden ebenso wie die traditionellen Ritualobjekte der animistischen Kulte gerne zu Heilungszwecken verwendet. Da es nur wenige Geistliche vor Ort gab und auch keine Inquisition (die auf den Philippinen

---

11 Brewer, Carolyn, Shamanism, Catholicism and Gender Relations in Colonial Philippines, 1521–1685, Aldershot 2004.

theoretisch von Mexiko City aus tätig war), kümmerten sich weitgehend die lokalen Filipino-Eliten um die religiöse Konformität. Es gibt reichlich Belege dafür, dass die Augustiner in der Provinz Bolinao eine Vermischung von traditionellen und christlichen Ritualen duldeten, bis dieses Missionsgebiet 1679 an die Dominikaner abgetreten wurde. Die Dominikaner waren der strengere Orden und vermuteten, dass hier Idolatrie herrschte; zwischen 1679 und 1685 führten sie eine Reihe von Ermittlungen durch, bei denen sich ergab, dass geheime Praktiken animistischer Rituale weit verbreitet waren, und dass allgemein ein sexualisiertes Milieu anzutreffen war, das beträchtlich von den Regeln des tridentinischen Katholizismus abwich. Bezeichnenderweise waren 217 der 236 Einheimischen, die von den Mönchen zur Idolatrie befragt wurden, Frauen. In ihrem Kampf gegen die traditionellen Religionen wurden vom spanischen Klerus mit Erfolg fromme Jungen eingesetzt, die ihnen zur Fürsorge und Ausbildung anvertraut waren. Diese Jahrgänge spielten nicht nur bei den ersten Konversionen von Filipinos eine wichtige Rolle, sondern auch bei der anschließenden Christianisierung der Bevölkerung. Die Jungen und jungen Männer waren getauft und zur Schule gegangen, und sie waren durch die hispanisch-katholische Kultur geprägt, die den Traditionen ihrer Herkunftsfamilien fremd war. Sie wurden in Bruderschaften zusammengefasst, die von spanischen Geistlichen geleitet und in der „Zivilisierungskampagne" gegen die indigenen traditionellen Religionen zum Einsatz gebracht wurden. Dieser Kampf zwischen den Generationen brachte auch eine Machtverschiebung zwischen den Geschlechtern mit sich, weil nun der Einfluss junger Männer zunahm, was deutlich auf Kosten älterer Frauen ging. Enkel prangerten öffentlich die animistischen Rituale ihrer Großmütter an. Mit diesem in Spanisch-Amerika bereits erfolgreich angewandten Christianisierungsmodell wurden auf den philippinischen Inseln ebenso langfristige Resultate erzielt.

4. Japan

Die christliche Missionstätigkeit in Japan entwickelte sich entlang den Routen der portugiesischen Seeleute, die nach Silber suchten, und entlang der Route des Jesuiten Franz Xaver, dem es um die Seelen ging. In den 1520er Jahren begegneten sich Portugiesen und Japaner erstmals im Ostchinesischen Meer in Gestalt von Schmugglern und Piraten. Da ihnen der direkte Handel mit China in der Ming-Dynastie verschlossen war, taten sich japanische Piraten mit ihren portugiesischen und chinesischen Berufsgenossen zusammen, um in den folgenden vierzig Jahren Raubzüge an der chinesischen Küste zu unternehmen. Zu dieser Zeit waren im von Kriegen erschütterten Japan zahlreiche bewaffnete Abenteurer unterwegs. Einer dieser japanischen *Ronin* (herrenlose Samurai), Yajiro, begegnete auf der Flucht vor dem Arm des Gesetzes im portugiesischen Malakka Franz Xaver. Yajiro konvertierte zum Christentum und schloss sich Xavier und der ersten Schar von Jesuiten an, die in einer chinesischen Dschunke nach Japan segelten. 1549 kamen die ersten Jesuiten in Kagoshima auf Kyushu an. Xavier traf auf Japaner, die begierig waren, Kontakt zu Europäern aufzunehmen. Im 16. Jahrhundert tobte in Japan ein Bürgerkrieg. Der Kaiser und der *Shogun* (höchster Militärbefehlshaber) herrschten nur dem Namen nach; die eigentliche Macht lag in den Händen mächtiger Militärführer, die sich gegenseitig die Herrschaft über die 66 Lehnsgebiete, in die das Land eingeteilt war, streitig machten. In ihrem Kampf um die Vorherrschaft kamen diesen Lehnsfürsten (*Daimyos*) die durch die Portugiesen eingeführten und überlegenen Feuerwaffen gerade recht. Besonders willkommen waren sie dem *Daimyo* der Insel Kyushu, die historisch die engsten Seehandelsverbindungen nach Korea und China hatte.

Xavier verbrachte zwei Jahre in Japan. Sein Wirken führte zu den ersten Konversionen in Kyushu. Er wurde von den Herrschern im Nordwesten der Insel sehr unterstützt; dort lag das Zentrum des Überseehandels. Ein anfänglicher Fehler – die Verwendung buddhistischer Namen zur Bezeichnung des christlichen Gottes – wurde rasch korrigiert, doch da Xavier der japanischen Sprache, Politik und Kultur keine Aufmerksamkeit schenkte, war sein Besuch der Kaiserstadt Kyoto nicht von Erfolg gekrönt. Er erfuhr von den kulturellen Anleihen, die das historische Japan bei China genommen hatte, und beschloss, sich der Bekehrung Chinas zuzuwenden. Doch er starb 1552 auf der Insel Sanchuan vor der südchinesischen Küste, einem von den Portugiesen und ihren chinesischen Partnern genutzten Stützpunkt von Schmugglern.

Die Christianisierung des frühneuzeitlichen Japan stand unter den Motiven „Gott" und „Mammon". Da sie vom Handel mit China abgeschnitten waren, hießen die japanischen Herrscher das jährlich von Macau eintreffende „Große Schiff" willkommen. Es führte kostbare Fracht wie Rohseide, Brokat, Gold und Tee – auf diese Güter konnten die herrschenden Eliten mit ihrer luxuriösen Mode sowie ihrer Leidenschaft für Seide und das Veranstalten exquisiter Teezeremonien nicht verzichten. Mit diesen westlichen Schiffen kamen auch Jesuitenmissionare an Land; sie waren unentbehrlich als Dolmetscher und auch als Vermittler von Geschäften. Die rasche Entwicklung der Christianisierung in den Jahrzehnten nach Xavier deuten auf eine Zunahme der Missionstätigkeit mit dem dazugehörigen Personal sowie den entsprechenden Ausgaben hin, von denen die Zuwendungen der portugiesischen Krone sowie Spaniens (nach 1580) bestenfalls ein Drittel ausmachten.[12] Mit den Spenden frommer portugiesischer Kaufleute in Macau beteiligten sich die Jesuiten zögerlich, aber doch aktiv an diesem Handel; ihnen wurde ein Teil der jedes Jahr von Macau verschifften Güter zugesagt, und von den Profiten

---

12 Siehe Boxer, Charles Ralph, The Christian Century in Japan 1549–1650, Berkeley/Los Angeles 1951.

finanzierten sie ihr Wirken. Die japanischen *Daimyos*, die den größten Anteil des Handels mit Macau bestritten – die Oberhäupter der Familien Arima, Omura und Otomo – zählten zusammen mit vielen ihrer Untertanen zu den ersten Konvertiten. Die Omura überließen den Jesuiten das Fischerdorf Nagasaki, und es entwickelte sich zum wichtigsten Umschlagplatz für den Handel mit Macau.

Im Einklang mit ihrer Missionsstrategie und nach ihrem anfänglichen Erfolg konzentrierte sich die Jesuitenmission auf die Bekehrung der oberen Schichten, der Samurai. Die Jesuiten zogen ihre Lehren aus ihren anfänglichen Fehlern und stellten sich rasch auf die strenge gesellschaftliche Hierarchie in Japan mit ihren sozial geprägten Umgangsformen ein. Sie begingen die Feste nicht mehr in einem egalitären Umfeld, sondern entsprechend dem sozialen Rang. Ebenso passten sie sich an die japanische Kleiderordnung und die Ernährungsgewohnheiten an. Sie missionierten bald in japanischer Sprache und zogen Muttersprachler zum Katechetendienst heran.

Die große Mehrzahl der Katecheten der ersten Missionsgeneration waren frühere Buddhisten. Diese jungen Männer (*Dojukus*) stammten aus Samurai-Familien und übernahmen meist die wichtigsten Aufgaben bei der Missionierung, was in Anbetracht der schwierigen japanischen Sprache und der geringen Neigung vieler Jesuitenmissionare zum Erlernen des Japanischen nahelag. Zu Beginn bildeten sprachliche Probleme und portugiesischer Stolz Hindernisse für die jesuitische Missiontätigkeit. Der dritte Ordensobere, Francisco Cabral, der von 1570 bis 1581 in dieser Funktion tätig war, hatte große Vorbehalte gegenüber den Japanern und lehnte es ab, japanische Katecheten zu schulen und zu Priestern auszubilden. Einige verärgerte *Dojukus* verließen die Mission, und einige wenige wurden zu ausgesprochenen Gegnern des Christentums. Gravierend änderte sich die Strategie bei den Konversionen mit der Ankunft Alessandro Valignanos (1539–1606) in Japan 1579. Der italienische Jesuit war 1574 von Ordensgeneral Claudio Acquaviva als Visitator (Vertreter des Ordensgenerals) für alle portugiesischen Missionsstationen in Asien entsandt worden und reiste nach einigen Jahren des Aufenthalts in Indien nach Japan weiter. Valignano revidierte seine grundsätzliche Unterstützung für die portugiesische Kolonialpolitik in Indien (zu der auch der Ausschluss von Indern aus der Gesellschaft Jesu gehörte) und gewann einen sehr vorteilhaften Eindruck von den Japanern, und er hielt ihre Kultur für gleichrangig mit der europäischen. In mehreren wichtigen Missionserklärungen und -berichten entwarf Valignano eine Strategie der Inkulturation: Die Missionare der Jesuiten sollten sich an die japanische Lebensart anpassen, und ihre Missiontätigkeit sollte das Christentum verbreiten und nicht die europäische Kultur. Deshalb sollten sie wie Japaner sprechen und leben und vor allem hochgestellte japanische Konvertiten in ihre Reihen aufnehmen. Valignano entwarf Pläne zur Einrichtung von Seminaren, der Eröffnung einer Druckerei und der Priesterweihe von *Dojukus*. Der unbequeme Cabral wurde nach Goa zurückgeschickt, und Valignano gab nun die Richtung der Missionsstrategie vor.

Ein wichtiges Ereignis war die von Valignano unterstützte Entsendung von japanisch-christlichen Gesandten nach Europa. In Abstimmung mit drei christlichen Herrschern in Kyushu – Otomo Sorin (1530–1587), Omura Sumitada (1532–1587) sowie Arima Harunobu (1567–1612) – wurden vier junge christliche Samurai für diese Mission ausgewählt. Valignano selbst begleitete die vier jungen Männer und ihre zwei Diener. Sie brachen 1582 von Nagasaki auf, und er geleitete sie bis Goa. Dort blieb Valignano und widmete sich Aufgaben in Indien, bevor er die Gesandten auf ihrer Rückreise von Europa wieder traf. Gemeinsam kamen sie 1590 wieder in Japan an. Die vier Japaner hatten Italien und Spanien bereist und waren von Papst Gregor XIV. empfangen worden. Ihr Auftreten weckte in Europa großes Interesse an der Japan-Mission. Die vier – Mancio Ito, Chijiwa Migeru (Michael), Nakaura Jurian (Julian) und Hara Maruchino (Martin) – kehrten als geweihte Priester nach Japan zurück. Sie waren die ersten japanischen Jesuiten, die die neue Missionsstrategie von Valignano verkörperten.

Dem Wirken der Jesuiten war auch außerhalb Kyushus Erfolg beschieden. Während der Kriege zwischen den Einzelstaaten („Zeit der Streitenden Reiche" jap.: Sengoku-Jidai) lag das Zentrum der politischen und militärischen Macht Japans in der Region Kansei, in der Gegend der alten Kaiserstadt Kyoto und der Residenzstadt Osaka. Der aufstrebende Feldherr Nobunaga Oda (1534–1582) unterstützte die Jesuiten; sein Wohlwollen speiste sich aus einer großen Neugier für das Kriegshandwerk und die Religion des Westens. Nobunaga war ein entschiedener Gegner des Buddhismus und insbesondere der buddhistischen Kriegergemeinschaft auf dem Berg Hiei, die er schließlich zerstörte, und er erlaubte die christliche Missionstätigkeit in den von ihm beherrschten Gebieten. Nach seiner Ermordung 1582 führte sein Protegé und Nachfolge Hideyoshi Toyotomi (1537–1598) zunächst die wohlwollende Politik gegenüber der christlichen Mission fort. Er setzte den Jesuiten João Rodrigues, einen fähigen Sprachgelehrten und Übersetzer, zu seinem geschäftlichen Agenten in Nagasaki ein. Während Gott und der Mammon weiter auf der Seite der Jesuitenmission zu stehen schienen und die Zahl der Konvertiten bis 1590 auf 150 000 angestiegen war, wurde dieses bequeme Arrangement durch zwei neue Entwicklungen gestört. Die erste ergab sich im Land selbst durch die Vereinigung Japans; die zweite hatte ihre Wurzeln außerhalb des Landes und bestand in der Ankunft der Spanier. Erneut waren bei diesen beiden Entwicklungen säkulare und religiöse Aspekte untrennbar miteinander verwoben.

Als Hideyoshi 1587 alle seine Rivalen auf Honshu, der japanischen Hauptinsel, besiegt hatte, wandte er sich Kyushu zu, um dort die einzig verbliebenen unabhängigen Herrscher zu unterwerfen. Der neue Feldherr gewährte vor seinem Feldzug noch Gaspar Coelho eine Audienz, dem Oberen der Jesuitenmission, der Hideyoshi gegenüber behauptete, dass er die christlichen *Daimyos* von Kyushu zu dessen Unterstützung mobilisieren könne. Diese unbesonnene Aussage muss Hideyoshi an die kriegerischen Buddhistenmönche erinnert haben, die seinem Meister Nobunaga so verhasst gewesen waren, und Zweifel an den ausschließlich religiösen

Absichten der Jesuiten wurden bei ihm geweckt. Nachdem Hideyoshi den Herrscher von Satsuma in Kyushu geschlagen hatte, erließ er unvermittelt einen Erlass gegen die Verbreitung des Christentums. Coelho geriet in Panik; er drängte Macau zum Entsenden von Truppen und die christlichen *Daimyos* dazu, sich zu erheben. Seinen Empfehlungen wurde allerdings klugerweise keine Beachtung geschenkt. Hideyoshi jedenfalls betrieb die Umsetzung seines Erlasses nicht mit Nachdruck. Einige christliche Kirchen wurden zerstört, und manche Konvertiten schworen ihrem Glauben ab, doch der Sturm war bald abgeflaut. Hideyoshi baute weiterhin auf einige christliche *Daimyos*; vor allem Kuroda Yoshitaka (1546–1604) und Konishi Yukinaga (1555–1600) hatten seine Truppen bei der Befriedung von Kyushu angeführt. Konishi hatte zudem die Vorhut von Hideyoshis japanischer Invasion in Korea 1592 befehligt. Dabei hatte er seine Truppen mit christlichen Symbolen und einem Jesuiten-Kaplan versehen, der ihnen bei ihrem Zug der Verwüstung und Unterjochung zur Seite stand, der bis 1598 währte.

Zu einer deutlich ernsthafteren Krise kam es 1597. Die spanische Galeone San Felipe kam auf ihrem Weg von Manila ins mexikanische Acapulco von ihrem Kurs ab und landete an der japanischen Küste. Der spanische Kapitän tat vor den japanischen Behörden damit groß, dass er ihnen die globale Dimension des spanischen Kolonialreichs auf einer Landkarte zeigte. Auch erklärte er, dass die katholischen Missionare – nämlich die Franziskanermönche an Bord seines Schiffes – seinem Herrn, König Philipp II., dem größten König auf Erden, ebenso gern dienten wie die Soldaten. Davon wurde Hideyoshi berichtet. Ihm waren die Spanier auf den Philippinen sehr suspekt, und er ordnete an, die Franziskaner und ihre japanischen Anhänger hinzurichten. 1597 starben 26 Christen den Märtyrertod; darunter sechs Mönche (vier spanische, ein mexikanischer und ein indischer) sowie siebzehn japanische Laien, die den Franziskaner-Terziaren angehörten.[13] Drei japanische Jesuiten-Laienbrüder wurden bei der Fahndung ebenso aufgegriffen und irrtümlich exekutiert.

Diese Verfolgung von 1597 richtete sich zwar eindeutig gegen das Christentum, aber ebenso klar gegen Spanien. Auch wenn dabei die drei japanischen Laienbrüder als Märtyrer starben, hatten die Jesuiten in Japan nicht den Eindruck, besonders bedroht zu sein. Die Personalunion zwischen Spanien und Portugal 1580 führte nicht dazu, dass die alte Feindschaft zwischen Portugal und Kastilien in Asien beigelegt worden wäre. Hierzu kam noch die Konkurrenz zwischen den Ordensgemeinschaften, vor allem zwischen den überwiegend spanischen Mendikanten (Mönche der Bettelorden), die außerhalb Manilas tätig waren, und den weitgehend portugiesischen Jesuiten, die von Goa und Macau aus wirkten. Gaspar Coelho schrieb die Tragödie der Unbesonnenheit der Spanier zu, doch die Franziskaner erzürnten sich darüber, dass die Jesuiten ihre Bemühungen um eine Seligspre-

---

13 Siehe Boxer, Christian Century in Japan.

chung der Märtyrer nicht unterstützten. Obwohl ein päpstliches Breve von 1585 Japan der Jesuitenmission vorbehielt, wollten die Mönche den alleinigen Anspruch der Jesuiten nicht anerkennen. Nach 1592 kamen Mönche von Manila aus nach Japan und gerieten in Konflikt mit den Jesuiten. Neben den nationalen Rivalitäten lag ein wichtiger Grund für die Verwerfungen zwischen den Mendikanten und den Jesuiten in den Bekehrungsmethoden: Die Jesuitenpater konzentrierten sich auf die Eliten und beschränkten die Gewinnung von Mitgliedern und Katecheten auf die Samurai-Klasse, und sie eröffneten Seminare und Schulen zur Ausbildung der christlichen Jugend Japans. Demgegenüber waren die Mendikanten unter den Unterdrückten und Ausgestoßenen der japanischen Feudalgesellschaft tätig, sorgten für medizinische Hilfe und praktizierten Nächstenliebe gegenüber den Armen. Während die Jesuiten sich über die ungebildeten Mönche mokierten, die sich um die „Lepra-Christen" kümmerten und das Christentum in Misskredit brächten, warfen die Mendikanten den Patres vor, es auf Macht und Profit abzusehen und nur an ihrem eigenen Komfort und Status interessiert zu sein. Eng verbunden mit diesen internen Kämpfen war der starke Wettbewerb zwischen Portugiesen und Spaniern in Ostasien, was sich in den zahlreichen Versuchen der Spanier in Manila zeigte, Macau aus dem Rennen zu werfen und direkte wirtschaftliche Beziehungen mit Japan und China aufzunehmen.

Die Krisen von 1587 und 1597 waren zwar Vorboten der sich anbahnenden Umwälzungen, doch sie konnten die weitere Entwicklung des Christentums nicht aufhalten. Zwischen 1590 und 1614 – dem Verbot des Christentums – wuchs die Anzahl der Konvertiten von 150 000 auf mehr als 250 000 an.[14] Die größten Gemeinden waren im Nordwesten Kyushus in Nagasaki, Arima, Hakata und Shimabara anzutreffen, doch in der Kansei-Region um Kyoto herum gab es auch Anzeichen für weiteres Wachstum. Im Jahresbericht der japanischen Jesuitenprovinz von 1612 werden zwei Kollegien, zwei Häuser, eine Pfarrei sowie 24 Wohnhäuser mit insgesamt 114 Jesuiten (62 Patres und 52 Brüdern) sowie 250 japanischen Katecheten (nach 100 im Jahr 1582) aufgelistet. In der regionalen Verteilung der Katecheten spiegeln sich die geographischen Schwerpunkte der Christianisierung: 103 von ihnen waren in Nagasaki tätig, 59 in Kansei (Kyoto und Osaka) sowie Kanto (Edo, das heutige Tokio), 58 in Arima, 18 in Hakata (das heutige Fukuoka) und 12 in Bungo.[15] Wenn man von einem konstanten Zahlenverhältnis zwischen Katecheten und Konvertiten ausgeht, würde das bedeuten, dass 80 % der Christen im Norden Kyushus lebten. Zu diesen Angaben im Bericht der Jesuiten sind noch die bescheideneren Zahlen von 27 Mönchen (14 Franziskanern, 9 Dominikanern

---

14 Siehe Üçerler, John Murat Antoni, The Christian Missions in Japan in the Early Modern Period, in: Hsia, R. Po-chia (Hrsg.), Brill's Companion to Early Modern Catholic Global Missions, Leiden 2017 (im Erscheinen).
15 Boxer, Christian Century in Japan, 321f.

sowie 4 Augustinern) und eine entsprechend geringere Zahl von Konvertiten unter ihrer Obhut hinzuzurechnen.

Interessanterweise finden sich unter den etwas über 90 Priestern aller Orden, die im Jahr 1612 in Japan missionierten, nur zehn japanische Jesuiten und Weltpriester. Auch wenn sich Valignano zu Anfang für sie eingesetzt hatte, scheint sich seine Begeisterung nach seiner Rückkehr nach Japan 1590 etwas gelegt zu haben. Es gab mehrere Gründe für diese Verlangsamung der Indigenisierung der Geistlichen: Zum einen hielt der starke Widerstand unter den leitenden portugiesischen Jesuiten an, zu denen auch der Sprachexperte João Rodrigues zählte. Zum anderen werden die angeblich mangelhaften lateinischen Sprachkenntnisse der meisten japanischen Schüler angeführt, doch der wahre Grund lag in der Furcht der europäischen Patres, ihnen könnte die Kontrolle über die Mission entgleiten. Die Jesuiten unterstanden den christlichen Herrschern in gesellschaftlicher Hinsicht, und ihnen war der Vorrang der Politik vor der Religion sehr bewusst. Sie machten viele Konzessionen an die politische Realität Japans und mussten sich beispielsweise daran gewöhnen, wie leicht im feudalen Japan eine Scheidung selbst von Christen vollzogen wurde, was meist dann der Fall war, wenn Dienstleute der Herrscher in ein anderes Gebiet versetzt wurden. Die Jesuiten waren auch Zeugen gelegentlicher Gewaltakte von Samurais gegenüber dem gemeinen Volk, und sie sahen über die Versklavung von Koreanern durch christliche *Daimyos* zwischen 1592 und 1598 hinweg. Die europäischen Missionare befanden sich aufgrund der Sprache und der Kultur gegenüber den japanischen Jesuiten aus Oberschichtsfamilien in einer schwächeren Position und fürchteten einen Verlust der Kontrolle und eine Gefährdung ihrer christlichen Missionstätigkeit, wenn die einheimischen Eliten in Führungspositionen gelangen würden. Ob ihre Furcht gerechtfertigt war oder nicht, lässt sich nicht ermitteln, denn 1614 kam es zur Katastrophe.

Der Tod Hideyoshis 1598 führte zu einer weiteren Serie von Bürgerkriegen, an deren Ende Ieyasu Tokugawa (1542–1616) die Macht übernahm. Anders als Nobunaga und Hideyoshi war dieser neue *Shogun* praktizierender Buddhist. Obwohl ihm die anti-buddhistische Rhetorik und die Zerstörungen von Tempeln in einigen christlichen Landstrichen Sorge bereiteten, war er doch weiterhin sehr am Handel zwischen Nagasaki und Macau interessiert und trat den Portugiesen und Jesuiten zu Beginn freundlich gegenüber. Doch durch die Ankunft der Holländer und Engländer im frühen 17. Jahrhundert sah Tokugawa die Möglichkeit gekommen, seine wirtschaftliche Abhängigkeit von den Portugiesen und ihren jesuitischen Mittelsmännern zu verringern. Nach einer Reihe von Verschwörungen und Skandalen, in die auch japanische Christen verwickelt waren, gab Ieyasu Tokugawa 1614 per Erlass das Verbot des Christentums bekannt. Im November segelten ausgebürgerte westliche Missionare und japanische Geistliche sowie eine große Anzahl Christen nach Manila und Macau, und 47 Missionare gingen in den Untergrund.

Da nur wenige Christen ihren Glauben freiwillig aufgaben, verhängte die Regierung in Edo Zwangsmaßnahmen. Einfache Bürger wurden zum Feuertod oder zur

Kreuzigung verurteilt, doch die Missionare wurden von der Obrigkeit regelrecht gejagt, und sie wurden langwieriger Folter unterzogen, um sie vom Glauben abzubringen. Nur sieben europäische Missionare schworen ihrem Glauben unter schwerer Folter ab. Zwischen 1614 und 1650 starben mindestens 2 128 Märtyrer für ihren Glauben, darunter 71 Europäer. Hierbei sind die über 30 000 Menschen noch nicht mitgezählt, die 1637 in der Shimabara-Revolte ums Leben kamen, viele von ihnen christliche *Ronin* und Bauern. Dem Heldenmut der Geistlichen und Konvertiten während der brutalen Verfolgungen standen die europäischen Missionare in ihrer Unerschrockenheit nicht nach. Sie kamen auch weiterhin illegal ins Land, lange nachdem der Handel auf die Chinesen und Holländer beschränkt worden war. Barbarische Verfolgungen führten dazu, dass sich die japanischen Christen weit über das Land verteilten. Sie emigrierten in alle Regionen Japans und brachten ihren Glauben sogar bis nach Hokkaido im Norden. Mitte des 17. Jahrhunderts war das Christentum nahezu vollständig ausgetilgt; es überlebte nur in Gestalt von kleinen, versteckten Gemeinden außerhalb Kyushus auf wenigen kleinen Inseln. Als sich Japan von 1854 an erneut für den Westen öffnete, verlor auch das Verbot des Christentums seine Bedeutung.

5. Die malaiische Welt

Vor der Ankunft der protestantischen Holländer um 1600 hatten sich an den Küsten der malaiischsprachigen Welt (heute: Malaysia und Indonesien), in der sich die Seehandelswege kreuzten, bereits nestorianische Christen, Hindus, Buddhisten, Muslime und Katholiken eingefunden. Die erste, längere Zeit bestehende christliche Gemeinde wurde 1511 nach der Eroberung Malakkas durch die Portugiesen gegründet. In der 130 Jahre währenden portugiesischen Herrschaft erwuchs aus dem portugiesischen Kolonialismus eine lebendige katholische Gemeinde[16]: Die Grundlage der Christianisierung war der Import der portugiesischen Kultur; die Konvertiten nahmen portugiesische Namen an und sprachen portugiesisch, und zahlreiche Neubekehrte hatten Eltern aus unterschiedlichen Ethnien. 1641 eroberten die Holländer das portugiesische Malakka und verboten den katholischen Glauben, doch dank der heimlichen Besuche von Missionaren aus Goa überlebte die katholische Gemeinde. In der Zeit der holländischen Herrschaft (1641–1798) gelang es dem Protestantismus nicht, dem Katholizismus seinen Platz als wichtigste

---

16 Chew, Maureen K. C., The Journey of the Catholic Church in Malaysia 1511–1996, Kuala Lumpur 2000.

christliche Glaubensrichtung streitig zu machen; erst im 19. Jahrhundert und unter britischer Herrschaft begann die Anzahl der Protestanten zu wachsen.

Jenseits des Wassers lagen die holländischen Besitzungen. Ihr Zentrum war das Fort von Batavia (dem heutigen Jakarta) an der Nordwestküste der Insel Java sowie auf Ambon und Ternate auf den molukkischen Inseln, den Zentren des Gewürzhandels. Dort hatten die Portugiesen in der ersten Hälfte des 16. Jahrhunderts katholische Missionsstationen gegründet. Niederländisch-Indien stand unter der Herrschaft der Ostindien-Kompanie (im Folgenden mit der holländischen Abkürzung VOC für *Vereenigde Oostindische Compagnie* bezeichnet). Diese ernannte den Generalgouverneur, zu dessen Befugnissen die Einsetzung von Ministern und die Regelung kirchlicher Fragen gehörten. Die VOC und die Niederländisch-Reformierte Kirche waren in Fragen der Kirche und der Bekehrung nicht immer einer Meinung. In diesem Zusammenhang ist daran zu erinnern, dass der Calvinismus zwar im neuen Staat der Niederlande die offizielle Denomination war, der allerdings in weiten Teilen des 17. Jahrhunderts nur eine Minderheit der Holländer angehörte. Es gab starke Gruppen von Katholiken, Lutheranern, Mennoniten und anderen christlichen Gruppierungen, die in der neuen Republik der Vereinigten Niederlanden toleriert wurden. Dies galt vor allem für die Provinz Holland, die schließlich die Republik wie auch die VOC dominierte. Hierin lagen die Differenzen zwischen der reformierten Kirche und der VOC in Niederländisch-Indien hinsichtlich der Missionstätigkeit begründet, wobei der Generalgouverneur der VOC in allen Fragen einschließlich der kirchlichen das letzte Wort hatte.

Auch wenn Profit und Geschäft für die VOC an erster Stelle standen, wurde die Christianisierung von ihr doch gefördert. In den 200 Jahren ihrer Herrschaft in Asien wurden durch sie ungefähr 900 *Predikanten* (ordinierte Pastoren) und Tausende von *Krankbezoekers* (nicht ordiniertes medizinisches und geistliches Hilfspersonal) auf Kosten der Kompanie nach Batavia, Malakka, Ceylon (dem heutigen Sri Lanka) sowie Formosa (Taiwan) entsandt. Als die VOC 1605 Ambon von den Portugiesen eroberte, fand sie dort eine von katholischen Missionaren getaufte christliche Gemeinde vor; kleinere katholische Gemeinden gab es in Ternate, Celebes, Timor und im Südosten Borneos. In diesen Gebieten hatten die portugiesischen Missionare Missionsstationen eingerichtet, die es bereits seit kürzerem oder längerem gab. Als die Portugiesen des Landes verwiesen worden waren, hinterließ die VOC in Ambon einen *Krankbezoeker*, um die ambonesischen Christen in der „rechten" Lehre zu unterweisen. Insgesamt bedeutete der Mangel an kirchlichem Personal, dass in den folgenden Jahrzehnten nicht an eine breiter angelegte Missionstätigkeit zu denken war. So schloss beispielsweise die VOC 1607 mit dem Sultan von Ternate einen Vertrag, der Konversionen zwischen Islam und Christentum untersagte. Das führte zu einem Sturm der Entrüstung seitens der Reformierten Kirche in den Niederlanden. Der erste *Predikant*, der nach Batavia, dem gerade erst eroberten und eingerichteten Hauptquartier der VOC, entsandt wurde, war Adriaan Hulsebos, dessen Kooperation mit Gouverneur Jan P. Coen sich sehr positiv gestaltete. Es gab einen ersten batavischen Kirchenvorstand, und die Predigt wurde in malaiischer Sprache gehalten. 1624 wurde die erste batavische Kirchenordnung verkündet. Durch sie wurde unter anderem die Taufe indigener, von christlichen Eltern adoptierter Kinder verboten, die noch nicht die Katechese besucht hatten (auch wenn nicht selten Ausnahmen gemacht wurden). Auch wurde die Absicht verkündet, das Christentum in malaiischer Sprache ausbreiten zu wollen. Trotz heftigen Widerstands der Classis (Synoden) der Mutterkirche in den Niederlanden unterscheidet die Kirchenordnung von Batavia von 1643 die beiden Sakramente Taufe und Kommunion. Diese Entscheidung wurde von der VOC gestützt. Faktisch sah die Christianisierung in Niederländisch-Indien so aus, dass viele christliche Gemeinden nur unregelmäßig von Pastoren besucht wurden, und dass die Taufbegehren das mögliche Angebot geeigneter Katechese bei weitem überstiegen. Die reformierte Kirche in Batavia entschied sich für ein flexibleres und weites Verständnis der christlichen Gemeinde – gegen den starken Widerstand der Mutterkirche mit ihrer engen Definition der „Gemeinschaft der Erwählten". Ein steter Grund zur Beschwerde durch die reformierte Kirche in der Heimat war die Unterordnung der *Ekklesia* unter die weltliche Obrigkeit, die zeitweilig eine strengere Kirchenzucht durchsetzen konnte. 1629 verurteilte Generalgouverneur Coen zwei Teenager seines Hausstandes aufgrund unerlaubten Geschlechtsverkehrs. Obwohl die Pastoren ihn baten, Milde walten zu lassen, wurde der 17-jährige Pieter Cortenhoeff exekutiert und die 13-jährige Sara Specx zu Peitschenhieben verurteilt. Während sich die VOC und die Pastoren darin einig waren, dass sie keine portugiesischen und katholischen Missionare in ihrem Gebiet dulden wollten, waren sie in Bezug auf andere Religionsgemeinschaften uneins. Auch wenn sich die *Predikanten* zwischen 1630 und 1687 wiederholt darüber beschwerten, dass die Chinesen „Teufelsanbetung" trieben, weigerte sich die VOC, chinesische Tempel zu schließen. Sie setzte lediglich durch, dass die Sabbatruhe eingehalten wurde. Während es der reformierten Kirche gelang, Herrnhuter und Hutterer bis zum Ende des 18. Jahrhunderts von Ostindien fernzuhalten, musste sie den lutherischen Glauben dulden. 1745 wurde Gustaaf Willem von Imhoff zum Generalgouverneur der VOC ernannt. Der neue Generalgouverneur war Lutheraner und machte seine Ernennung davon abhängig, dass der lutherische Gottesdienst gestattet würde, und so öffnete 1749 die erste lutherische Kirche in Batavia ihre Pforten. Die malaiische Bevölkerung war mehrheitlich muslimisch, weshalb es die VOC unpraktisch und unsinnig fand, den Muslimen die Ausübung ihres Glaubens oder die Beschneidung zu verwehren. Damit ignorierte sie die Wünsche der reformierten Kirche der Niederlande. Moscheen gab es allerdings nicht innerhalb der Stadtmauern von Batavia, sondern lediglich in den Vororten.

Die reformierte Kirche war durch die Sprachen in drei Gemeinden unterteilt. 1680 gab es zwei niederländischsprachige, eine portugiesischsprachige und eine malaiischsprachige Kirche in Batavia-Stadt sowie eine weitere malaiische Kirche außerhalb der Stadt. Im 18. Jahrhundert kam noch eine französischsprachige Gemeinde dazu. Von acht Predigern waren fünf in der holländischen, zwei in der portugiesischen und einer in der malaiischen Gemeinde tätig. Darüber hinaus gab es noch fünf holländische und sechs malaiische *Krankbezoekers* sowie vier holländische und dreißig malaiische Lehrer, die von der Kirche in Batavia angestellt waren.[17] Anscheinend konnte die portugiesischsprachige Gemeinde in der Mission die größten Erfolge erzielen: Zwischen 1688 und 1708 gewann die portugiesischsprachige reformierte Kirche 4 426 neue Mitglieder hinzu, während die malaiischsprachige reformierte Kirche nur um 306 Mitglieder wuchs. In diesen Zahlen zeigt sich ein durchgängiges Muster der Christianisierung in Südostasien (und Südasien): Die Kluft zwischen den Konfessionen verringerte sich, und die Bedeutung der Vorreiterrolle der Portugiesen trat klarer hervor. Zudem gab es nur relativ wenige Konversionen zwischen dem animistischen Bevölkerungsteil und der muslimischen Mehrheit.

Trotz der Personalknappheit[18], die im 18. Jahrhundert noch virulenter wurde, weil im calvinistischen Bereich in der Heimat weniger Berufungen zu verzeichnen waren und der Dienst im Ausland an Attraktivität verlor, baute die reformierte Kirche in Ostindien ein Netzwerk von Ausbildungsstätten auf. 1645 gab es beispielsweise auf Ambon 33 Schulen, in denen 1 300 Schüler unterrichtet wurden. Das reformierte Christentum war (wie das Christentum insgesamt) gezwungen, bestimmte Kompromisse mit dem Kolonialismus einzugehen, und so wurden es zum Teil geduldet, dass europäische Männer und Frauen Seite an Seite mit Sklaven lebten. Dabei wurde lediglich festgelegt, dass christliche Sklavenbesitzer ihre christlichen Sklaven nicht an Ungläubige verkaufen durften.

Dass die reformierte Kirche unter Personalknappheit zu leiden hatte, stärkte ihre Position gegenüber dem nun einmal existierenden Kolonialismus auch nicht gerade. Teilweise lag der Personalmangel in der mangelnden Unterstützung durch die Heimatkirche begründet, auch wenn niederländische Calvinisten im 17. Jahrhundert behaupteten, sehr an der Missionierung Ostindiens interessiert zu sein. Hierzu ein Beispiel: In Leiden wurde ein Seminar für Missionare gegründet, das nach zehn Jahren (1623–1633) aufgrund mangelnder finanzieller Unterstützung schließen musste. In den 1630er und 1640er Jahren scheiterten die Versuche einer Konzentration und Zentralisierung der Mission an der großen Uneinigkeit zwischen den unterschiedlichen Gruppen der reformierten Kirche in den verschiedenen Provinzen. Aufgrund der dezentralen Anlage der reformierten Kirche genoss die batavische Kirche ein hohes Maß an Autonomie, doch sie war ebenso der VOC unterstellt. Nach dem Scheitern des Seminars in Leiden wurden bis 1745, als ein Seminar in Batavia eröffnet wurde, keine weiteren Versuche zu einer Ausbildung

---

17 Van Boetzelaar, Christiaan Willem Johan, De Protestansche Kerk in Nederlandsch-Indië: haar ontwikkeling van 1620–1939, Den Haag 1947, 85.

18 1705 gab es zehn *Predikanten* in Niederländisch-Indien, doch bis 1765 stieg die Zahl nur auf 13 an; siehe van Boetzelaar, De Protestansche Kerk in Nederlandsch-Indië, 213.

indigener Pastoren unternommen. Doch auch das Seminar in Batavia schloss nach zehn Jahren, weil das christliche Schulsystem nicht genügend Kandidaten hervorbrachte, die in der Lage gewesen wären, die biblischen Sprachen zu erlernen. Erst 1798 wurde die *Nederlandsch Zendeling Genootschap* gegründet, um die Missionstätigkeit voranzutreiben.

Auf einem Gebiet allerdings leistete das niederländisch-reformierte Christentum Wichtiges: im Bereich der Bibelübersetzungen. Die erste Übersetzung christlicher Texte ins Malaiische stammte vom *Predikanten* Albert Cornelisz. Ruyll, der 1600 mit der ersten Flotte der VOC angekommen war. Die malaiische Sprache erlernte er auf Sumatra, und er übersetzte einige Gebete ins klassische Malaiische. 1605 fertigte der *Predikant* Frederik Houtman weitere Übersetzungen christlicher Gebete ins umgangssprachliche Malaiische an. Paradoxerweise war die erste Bibelübersetzung, die von der Niederländisch-Reformierten Kirche zugelassen wurde, ein portugiesisches Neues Testament. Das Portugiesische war in Asien und Ceylon auch noch die *lingua franca*, als die VOC schon die Macht übernommen hatte, und es wurde, wie bereits erwähnt, bis 1808 in reformierten Gottesdiensten in Batavia verwendet. 1656 wurde der ehemalige katholische Priester João Ferreira D'Almeida in Batavia als *Predikant* bestätigt. Er schuf eine Übersetzung des Neuen Testaments ins Portugiesische, die zur Prüfung und Zulassung nach Holland geschickt wurde. Die Prüfer, zwei holländische *Predikanten*, entstellten die portugiesische Übersetzung derart, dass das 1682 gedruckte Buch eingestampft werden musste. Erst 1693 – und damit nach Ferreiras Tod 1691 – wurde ein korrigiertes und überarbeitetes portugiesisches Neues Testament in portugiesischer Sprache veröffentlicht. Vor seinem Tod hatte Ferreira auch noch an einer Übersetzung des Alten Testaments gearbeitet; diese wurde 1694 von seinem Kollegen Op den Akker fertiggestellt, aber erst 1745 in Batavia veröffentlicht, als sich die VOC zur Übernahme der Kosten bereiterklärt hatte.

Nach der ersten Übersetzung von Gebeten ins Malaiische zu Anfang des 17. Jahrhunderts folgten weitere Übersetzungen der Psalmen (1706, 1735) sowie eines Katechismus (1735) im 18. Jahrhundert. Es gab zwei malaiische Bibelübersetzungen: eine von Melchior Leydekker, *Predikant* in Batavia (1678–1701), sowie eine weitere von François Valentijn, *Predikant* in Ambon (1686–1694 sowie Batavia, 1705–1713). Leydekkers Version verwendete das Hochmalaiische; sie war grammatisch korrekt, und für Vorstellungen, für die es keine malaiischen Wörter gab, verwendete Leydekker arabische Ausdrücke. Valentijns Übersetzung war im gesprochenen Malaiischen von Ambon gehalten. Obwohl die reformierte Kirche in den Niederlanden Valentijns Version bevorzugte, favorisierte und druckte die VOC Leydekkers Übersetzung aufgrund ihrer Zweckmäßigkeit und seiner Verbindungen zu den politischen Eliten (zwei angeheiratete Verwandte von Leydekker saßen in der Leitung der VOC). 1733 wurde eine malaiische Bibel in lateinischer Schrift in Amsterdam publiziert, und 1758 eine in arabischer Schrift in Batavia.

Zusammenfassend gesagt, führte die reformierte Kirche frühere katholische Gemeinden im indonesischen Archipel weiter, die erstmals von den Portugiesen bekehrt worden waren, und sie gründete in den Hochburgen der VOC auch calvinistische Gemeinden. Erst im 19. Jahrhundert bekam die protestantische Mission neue Impulse, als britische und deutsche Missionare die Missionstätigkeit in der malaiischen Welt forcierten.

6. Vietnam

Die Geschichte des Christentums in Vietnam ist eng mit seiner Entwicklung in Japan verknüpft. Zwar bereiste ein Handvoll westlicher Missionare Vietnam im 16. Jahrhundert – zwei Portugiesen aus Macau 1533 und 1535 sowie spanische Mönche aus Manila in den 1580er und 1590er Jahren –, doch sie hinterließen keine bleibenden Spuren. Die erste christliche Gemeinde war japanisch. 1604 gründeten japanische christliche Kaufleute aus Kyushu in der Hafenstadt Hoi An (nach portugiesischen Quellen: Faifo) eine Gemeinde. Hoi An liegt südlich von Da Nang und Hue und war von den Nguyen-Herrschern in Hue (1600–1777) als Umschlagplatz vorgesehen, der ausländischen Handel anlocken sollte. Ähnlich wie bei der christlichen Missionstätigkeit in Japan gab es auch in der vietnamesischen Missionsgeschichte ein komplexes Geflecht aus Religion, Politik und Handel.

Im späten 16. Jahrhundert wurde Vietnam nominell von den Herrschern der Lê-Dynastie (1418–1789) regiert, die ihre Hauptstadt im Norden (im heutigen Hanoi) hatten. Die eigentlichen Machthaber waren jedoch die Trinh, die den Hof in Nordvietnam dominierten. Diese Region wird im Westen als Tonkin bezeichnet. Ab 1600 entwickelte sich ein zweiter vietnamesischer Staat im Süden, dessen Machtzentrum Hue war. Westliche Quellen nennen dieses Gebiet Cochinchina. Es wurde erstmals im 16. Jahrhundert vom Norden erobert und Nguyen Houng anvertraut, einem Protégé der Trinh. Mit der Zeit wurden die Nguyen unabhängiger und entwickelten sich zur Konkurrenz der Trinh im Norden. Diese politische und militärische Spaltung weist wiederum Ähnlichkeit mit den sich bekriegenden Staaten in Japan auf. Diese Situation bildet den Hintergrund dafür, dass beide Regierungen gerne ausländische Handelsaktivitäten im Land sahen, um dadurch ihre Einnahmen zu erhöhen und westliche Feuerwaffen zu importieren. Deshalb gründeten die Nguyen in Hue die Stadt Hoi An als Stützpunkt für ihren Überseehandel. Hoi An zog portugiesische und japanische (und später auch chinesische) Kaufleute an und erlangte eine Bedeutung, die der Nagasakis für die japanischen Christen nicht unähnlich war.

Nachdem in Japan nicht mehr missioniert werden durfte, zog sich die Jesuitenprovinz Japan nach Macau zurück und richtete ihre Energien nun auf Vietnam. Portugiesische, italienische und französische Jesuiten reisten auf portugiesischen Schiffen mit, die nach Tonkin und Cochinchina fuhren und die von den dortigen Herrschern begehrten Güter und Waffen brachten. Nach der Gründung von Hoi An 1604 kam es zu einer raschen Entwicklung. 1615 kam die erste jesuitische Gesandtschaft aus Macau an; sie bestand aus zwei Priestern – dem Italiener Francesco Buzomi und dem Portugiesen Diego Carvalho – sowie drei Laienbrüdern, nämlich zwei Portugiesen und einem Japaner. 1616 gab es 300 meist japanische Christen in Hoi An, doch ihre Zahl wuchs durch das Verbot des Christentums in Japan und die Verbannung japanischer Christen. Im Fortgang des Jahrhunderts verringerte sich der Anteil japanisch-christlicher Haushalte, als Hoi An für chinesische Kaufleute und Flüchtlinge, die nach der Eroberung durch die Qing-(Mandschu-)Dynastie in den 1640er Jahren geflohen waren, zu einem wichtigen Umschlaghafen wurde. Trotzdem verbreitete sich das Christentum schnell auch über diesen Hafen hinaus und drang in viele Gebiete Cochinchinas und Tonkins vor.

Während die Jesuiten anfänglich in den Häfen und Hauptstädten mit ihrem relativ hohen ausländischen Bevölkerungsanteil tätig waren, begannen sie auch bald, in den abgelegeneren Regionen zu missionieren. Von 1615 bis 1625 arbeiteten insgesamt 21 Jesuiten in Vietnam. In Hue, der Hauptstadt der Nguyen, wurden katholische Kirchen errichtet, und 1628 gab es in Tonkin schon etwa 1 600 Christen. Auch wenn der überwiegende Anteil der Jesuiten in Vietnam Portugiesen, Italiener und Japaner waren, war doch der bekannteste und erfolgreichste Missionar dort Alexandre de Rhodes (1591–1660), ein sprachkundiger Mann, der aus der südfranzösischen päpstlichen Enklave Avignon stammte.

Rhodes kam erstmals 1620 nach Vietnam. Er war in drei Abschnitten (1620–1622, 1624–1630 sowie 1640–1645) insgesamt dreizehn Jahre lang im Land tätig.[19] Seine Leistung bestand darin, dass er Kulturvermittler, scharfsinniger Höfling und Förderer einer einheimischen Geistlichkeit war. Rhodes lernte das Vietnamesische von Francisco de Pina, einem älteren Kollegen, und weitete die sprachliche Arbeit der ersten Generation von Jesuitenmissionaren aus. Während seines zweiten Aufenthalts in Vietnam entwickelte Rhodes ein System, mit dem er das Vietnamesische unter Verwendung des lateinischen Alphabets schreiben konnte. Das neue Schriftsystem wurde zur Erstellung eines recht umfangreichen christlichen Literaturcorpus benutzt und wurde schließlich auf die Nationalsprache Quóc Ngu übertragen. Rhodes erstellte nicht nur ein portugiesisch-vietnamesisches Wörterbuch, sondern verfasste auch mehrere wichtige Missionsberichte über seinen neuen Auftrag sowie eine gelehrte *Histoire du royaume de Tunquin*, die 1652 veröffentlicht wurde und europäischen Lesern erste Einblicke in das Land verschaffte.

---

19 Siehe Phan, Peter C., Mission and Catechesis: Alexander de Rhodes and Enculturation in Seventeenth Century Vietnam, Maryknoll 2006.

Während seines Aufenthalts in Hue wurde Rhodes von Königin Minh Duc Vuong Thai Phi empfangen, die mit Taufnamen Maria Magdalena hieß. Als Gemahlin des bereits verstorbenen Herrschers Nguyen, des Begründers der Dynastie, war sie die Mutter des damaligen Herrschers Nguyen Phúc Nguyen (der von 1614 bis 1634 regierte), der gerne portugiesische Händler ins Land holen wollte. Zwar reüssierte das Christentum in Cochinchina auf höchster Ebene – die Königin hatte eine eigene Kapelle, und mehrere Hofbeamte bekehrten sich, was in den Briefen der Jesuiten breiten Raum einnahm –, doch sein Schicksal war faktisch eng mit der Gunst der Nguyen verknüpft. Phúc Nguyen und sein Nachfolger Phúc Lan änderten ihre Politik gegenüber den Christen; sie schwankten zwischen Ernüchterung und dem Wunsch, mit Macau Handel zu treiben. 1635 ließen sich die Nguyen von den Holländern und anti-christlich eingestellten konfuzianisch Mandarinen dazu überreden, alle Jesuiten aus Cochinchina zu verbannen. Dies geschah teils aufgrund der Befürchtung, dass die Christen mit den Feinden der Nguyen, den Trinh-Herrschern des Nordens, in Kontakt stünden. Faktisch standen die christlichen Missionare über der politischen Spaltung und ergriffen weder für die Trinh noch für die Nguyen Partei. Rhodes selbst war in den Norden gereist. Die Konversionen nahmen rapide zu, auch wenn kaum genaue Zahlen vorhanden sind. Im frühen 17. Jahrhundert berichten Quellen der Jesuiten von 250 000 Christen in Tonkin im Norden; 1631 ist alleine für Hoi An in Cochinchina von 20 000 Christen die Rede.[20] Doch die expandierende katholische Mission konnte dem politisch-wirtschaftlichen Netzwerk nicht entkommen, das die vietnamesische Gesellschaft im 17. Jahrhundert durchzog. Die konfuzianisch geschulten bürokratischen Eliten lehnten das Christentum ab, und ob Christen geduldet wurden, war vom Grad der Feindseligkeit zwischen Norden und Süden abhängig sowie davon, was man sich vom Seehandel versprach.

1640 wurde Rhodes in Hue wieder mit offenen Armen empfangen, weil Phúc Lan die Portugiesen gerne erneut ins Land holen wollte. In seiner offiziellen Rolle eines portugiesischen Vertreters in Macau besuchte Rhodes heimlich die christlichen Gemeinden in Hue und Hoi An und las eine private Messe für die Königin. Nachdem er der einzige Missionar in Vietnam gewesen und Verbannung wie Rückkehr erlebt hatte, war sich Rhodes sehr gewärtig, dass die häufigen Änderungen der höfischen Politik eine Bedrohung für die Präsenz der Jesuiten im Land darstellten. Zudem waren die Missionare angesichts der schnell anwachsenden Zahl der Konvertiten sehr dünn gesät. Es war unvermeidlich, dass Einheimische zu Geistlichen ausgebildet werden mussten. Darin liegt Rhodes' dritte und wichtigste Leistung: Er initiierte die Ausbildung einheimischer Katecheten, die zur Keimzelle

---

20 Zu diesen Zahlen siehe: Diccionario Histórico de la Compañía de Jesús, Bd. 4, S. 3954, 3958. Siehe ebenso: Duteil, Jean-Pierre (Hrsg.), Alexandre de Rhodes, Histoire du royaume du Tonkin, Paris 1999.

eines neuen indigenen Klerus wurden. Dazu zählte auch Ignatius, ein früherer Beamter, der in der Grenzprovinz zwischen Tonkin und Cochinchina missionierte und 1644 inhaftiert, der Spionage beschuldigt und hingerichtet wurde. Das Christentum war als *Hoa Lang Dao* („Lehre der Franken") verboten, doch es breitete sich trotzdem durch geheime Missionsbemühungen aus. Die gegen das Christentum gerichteten Gesetze wurden 1644 aktualisiert und noch härter durchgesetzt. Mehrere von Rhodes ausgebildete Katecheten starben den Märtyrertod, und er selbst wurde 1645 inhaftiert und des Landes verwiesen. Er kehrte nach Europa zurück und starb schließlich als Missionar in Persien.

Zwischen 1646 und 1663 verhielten sich die christlichen Gemeinden weiterhin unauffällig; sie wurden zwar schikaniert, aber es kam zu keinen größeren Verfolgungen. Eine Handvoll europäischer Missionare und vietnamesischer Priester kümmerte sich um die Konvertiten. In einer Zeit der Spannungen und militärischen Auseinandersetzungen zwischen Cochinchina und Tonkin spürte der Herrscher Nguyen Phuc Tan 1664 vier christliche Soldaten auf. Sie wurden aufgefordert, ihrem Glauben abzuschwören. Einer von ihnen machte deutlich, dass seine Treue zum Himmel Vorrang habe vor seinen irdischen Pflichten. Daraufhin exekutierte Phuc Tan alle vier und ordnete an, gegen die Christen durchzugreifen. Drei untergetauchte Jesuiten wurden festgenommen und nach Siam ausgewiesen, und etwa hundert Konvertiten starben den Märtyrertod.

Nach 1670 wurde die Lage durch die Ankunft des neuen Ordens der Société des Missions Etrangères de Paris (MEP) verkompliziert. Neben den sporadischen Verfolgungen wurde die christliche Gemeinschaft dadurch weiter gespalten, dass die Neuankömmlinge das Vorgehen der Jesuiten kritisierten. Die französischen Missionare warfen den Jesuiten vor, sie würden indigene Bräuche anerkennen, die als abergläubisch und unchristlich galten. Dadurch erreichte der Ritenstreit aus China nun auch Vietnam. Die MEP war in Asien von Siam aus tätig, und so bedeutete ihre Anwesenheit in Vietnam, dass der Handel zwischen Cochinchina und Macau geschwächt und der portugiesische Einfluss auf die katholische Mission durch den französischen abgelöst wurde. Der MEP-Missionar und Apostolische Vikar Pierre Lambert de la Motte wurde zum dominierenden Kirchenmann, und vietnamesische Seminaristen wurden zur Ausbildung und Ordination in das Seminar der MEP in die siamesische Hauptstadt Ayutthaya geschickt.

Von 1698 bis 1700 kam es unter der Herrschaft Nguyen Chus, eines frommen Buddhisten, erneut zu Verfolgungen. Mehr als zweihundert Kirchen wurden zerstört, und prominente Konvertiten wurden festgenommen und zum Widerrufen ihres Glaubens gezwungen. Die Verfolgungen zielten vor allem auf christliche Richter und Soldaten. Allen Christen wurden eigene Steuern und Frondienste auferlegt. Von dreizehn inhaftierten Missionaren (sechs der MEP, fünf Jesuiten, ein Macanese sowie ein Vietnamese) starben vier während der Haft.

Im Vergleich zur Entwicklung mit Cochinchina gestaltete sich die Mission im nördlichen Tonkin im 17. Jahrhundert relativ friedlich. Die ersten Jesuiten kamen in den 1620er Jahren von Macau nach Hanoi an den Hof der Lê-Kaiser und waren anfangs erfolgreich. Es konnten Mitglieder der kaiserlichen Familie sowie des mächtigen Trinh-Clans und auch einige prominente buddhistische Mönche getauft werden. Um 1630 gab es bereits 6 000 Konvertiten. Doch im gleichen Jahr führte die Entdeckung der engen Verbindungen zwischen Cochinchina und Macau zur ersten Ausweisung westlicher Missionare. Während der folgenden 90 Jahre blieb das Christentum verboten, und 1663, 1696 sowie 1712 wurden anti-christliche Dekrete erlassen. Doch die Realität vor Ort sah erheblich anders aus. Die Zahl der Konvertiten wuchs beständig, und die Behörden vor Ort behelligten die Christen meist nicht weiter, wobei ihnen allerdings gelegentlich Zahlungen abgepresst wurden. Ende des 17. Jahrhunderts gab es im Norden schätzungsweise 300 000 Christen, die von wenigen Jesuiten betreut wurden sowie von hunderten Katecheten, die entweder auf dem Landweg von China oder über See von Macau nach Tonkin illegal ins Land gebracht wurden. Die Konvertiten in Tonkin lebten weitgehend in selbstorganisierten christlichen Gemeinden und hatten kaum oder gar keinen Kontakt zu westlichen Missionaren, da sie von ihren eigenen Katecheten oder Laien-Vorständen geleitet wurden, unter denen es zahlreiche Frauen gab. Der französische Jesuit Abraham Le Royer, der nach einem Einsatz in Indien und Siam von 1692 bis 1715 in Tonkin missionierte, berichtete von einem blühenden Christentum.

Das 1712 erneut bekräftigte Verbot des Christentums lässt vermuten, dass die Situation sich verschärfte. In diesem Jahr entdeckten die Behörden eine große geheime christliche Gemeinde in Ke Sat, einer Stadt nahe der Hauptstadt Hanoi. 1721 wurden zehn Katholiken in Hanoi hingerichtet, darunter ein italienischer Jesuitenmissionar und sieben vietnamesische Katecheten; ein zweiter italienischer Jesuit und weitere Vietnamesen verstarben im Gefängnis. Die indigenen Christengemeinden waren den Schikanen und der Erpressung von Geldzahlungen durch die Beamten vor Ort ausgesetzt. Demgegenüber bestand die offizielle Politik des Staates darin, die ausländischen Missionare auszumerzen. 1737 wurden vier portugiesische Jesuiten, die von China aus illegal ins Land gekommen waren, gefasst und exekutiert.

Unterdessen wurden die christlichen Missionsbemühungen in die politischen Unruhen in Cochinchina hineingezogen. 1771 führten die Nguyen-Brüder aus Tay Son einen Bauernaufstand gegen das Nguyen-Regime an, das erdrückende Steuern erlassen und Eroberungskriege in Kambodscha geführt hatte. In nur wenigen Jahren gewann die Tay-Son-Rebellion die Oberhand; die letzten Nguyen wurden nach Siam verbannt, und die Trinh im Norden, die in einem vergeblichen Versuch, aus den inneren Unruhen Profit zu schlagen, in den Süden einmarschiert waren, wurden besiegt. Als Einiger des Landes erklärte sich Nguyen Hue (der nicht mit der Nguyen-Dynastie verwandt war) zum Kaiser. Er konnte sogar das chinesische Heer schlagen, das von den Qing-Kaisern zur Unterstützung der Trinh und der Lê geschickt worden war. Doch nach seinem frühen Tod brach das Tay-Son-Regime zusammen. Nguyen Phuc Anh, einziger Überlebender und Thronanwärter der alten Nguyen-Dynastie, konnte die Herrschaft von seiner Basis im heutigen Ho-Chi-Minh-Stadt (Saigon) aus zurückerobern. Während dieser kriegerischen Jahre hatte Phuc Anh seinen Sohn nach Paris geschickt und sich durch die Vermittlung von Bischof Pierre Pigneau de Béhaine (1741–1799), eines Missionars der MEP, des militärischen Beistands der Franzosen versichert. Die wiedererstarkte Nguyen-Dynastie verfolgte gegenüber dem Christentum eine tolerante Politik, so dass dieses eine Blütezeit erleben konnte. Doch in den 1830er Jahren kam es zu erneuten Verfolgungen, die erst durch das militärische Eingreifen der Franzosen und die Unterwerfung Vietnams gestoppt wurden.

Trotz wiederholter und häufig schwerer Verfolgungen konnte das Christentum in Vietnam aus mehreren Gründen Fuß fassen. Wie bereits erwähnt, war es zu verschiedenen Zeiten für die herrschenden Eliten aufgrund des Handels mit dem Ausland attraktiv. Bei Hofe und vor allem in Hue stellte eine Reihe hochrangiger Konvertiten sicher, dass das Christentum auch in schwierigen Zeiten Schutz genoss. Selbst als die ausländischen Missionare des Landes verwiesen wurden, schätzten die Herrscher die Dienste jesuitischer Wissenschaftler. Auf dem Höhepunkt der Christenverfolgungen in Cochinchina gestattete es Nguyen Phúc Chu (Regierungszeit: 1691–1725) zwei jesuitischen Astronomen, in Hue zu bleiben. Der böhmische Jesuit Johannes Koeffler, ein fähiger Mathematiker und Musiker, durfte von 1742 bis 1747 in Hue bleiben und diente dort als Leibarzt des Königs. Die kaiserliche und bürokratische Kultur der Vietnamesen eiferte dem Vorbild der Chinesen nach, die ebenso von den wissenschaftlichen und medizinischen Fähigkeiten der Jesuitenmissionare beeindruckt waren.

Die christliche Mission kombinierte die Botschaft von spiritueller Medizin mit dem Angebot praktischer Rezepte. So konnte sie tief in eine Gesellschaft eindringen, die von den Zentralstaaten kaum kontrolliert wurde. Viele Bekehrungserzählungen der Missionare berichten von wundersamen Genesungen, die sich häufig nach der Anwendung von heiligem Wasser ereigneten. Dieses fand breite Verwendung bei medizinischen Heilverfahren und wurde häufig von Katecheten und Laienvorständen angewandt; es machte den Mangel an Geistlichen und die Unregelmäßigkeit sakramentalen Trostes mehr als wett. Nach ihrer Genesung wurden die Kranken zu eifrigen Konvertiten und trugen die christliche Botschaft zu ihren Familien, Verwandten, Freunden und Nachbarn. Die Konvertiten wurden zu Heilern, die heiliges Wasser und weitere sakramentale Utensilien benutzten, um die Leiden anderer Menschen zu kurieren. Manche von ihnen übernahmen auch die Rolle von Katecheten und wurden später ordiniert.

Die Gestalt des vietnamesischen Christentums wurde weitgehend durch einheimische Gemeinden geprägt, die auf die Botschaft der europäischen Missionare reagierten. Weder die Anzahl noch die Aufenthaltsdauer der ausländischen Missionare hätte das Überleben des Christentums in Vietnam während zweier Jahrhunderte sichern können, in denen es immer wieder zu Verfolgungen kam. Als Ausgleich fungierte hier, wie bereits erwähnt, die Schaffung eines einheimischen Klerus, deren Anfänge in Rhodes' Katechetenzirkel zu sehen sind. Später wurden dann im Seminar der MEP in Siam gezielt vietnamesische Priester ausgebildet. Immer noch waren dies nur wenige Geistliche; 1670 gab es lediglich 27 einheimische Geistliche in Tonkin (darunter sieben Priester). Die Verbreitung und Erhaltung des Christentums hing weitgehend von den Ortsgemeinden ab, in denen die Hausgemeinschaft, die Abstammung und gelegentlich auch die Unterstützung lokaler oder regionaler Eliten den Christen wirkungsvollen Schutz boten, als ihre Religion verboten war. Die begrenzte Macht der Zentralstaaten in Hanoi und Hue, die institutionelle Schwäche von Buddhismus und Taoismus sowie ein beschränkter Kreis von Mandarinen ließen reichlich sozialen, kulturellen und geographischen Spielraum für die christliche Mission. Das Christentum war zumindest vor der Zeit des Ritenstreits eng mit dem Geisterkult und der Ahnenverehrung verknüpft, und so war es für viele gesellschaftliche Schichten in Vietnam attraktiv. Dies galt vor allem für die großen gesellschaftlichen Gruppen jenseits der gebildeten Eliten, weil die neue Religion auch eine neue Sprache schuf, da sie ihre Spiritualität und Identität mit Hilfe der einheimischen Sprache zum Ausdruck brachte.

Die Jesuiten gründeten 1632 den ersten christlichen Verlag in Tonkin. In ihm erschien Matteo Riccis chinesischer Katechismus, aber auch vietnamesische Werke wie Heiligenkalender, ein Werk des Thomas von Kempen, Gebetbücher sowie Werke zur geistlichen Meditation. Der Jesuit Girolamo Majorica schrieb ein Buch in Chu Nom, einer Schrift, in der das Vietnamesische lange Zeit geschrieben wurde, wobei er vietnamesische Begriffe zur Erläuterung der Trinität verwandte und Jesus als kindlichen Sohn darstellte. Verlage der Jesuiten publizierten ebenso ein Wörterbuch von Gaspar do Amaral und einen romanisierten vietnamesischen Katechismus, die zum Gebrauch durch die Missionare bestimmt waren.

Neben den textlichen und mündlichen Überlieferungen gab es auch eine Fülle religiöser Objekte, die das Christentum anschaulich werden ließen: Bilder, Statuen, Rosenkränze, Kalender für die Festtage sowie Andachtsräume in Privathäusern. Hierdurch wurde es möglich, Gottesdienste in Privathäusern zu feiern, was insbesondere während der Verfolgungszeiten wichtig war, als die Kirchen zerstört wurden. Frauen spielten in diesem Christentum der Hauskirchen eine wichtige Rolle als Gemeindeleiterinnen und Missionarinnen, und viele praktizierten ihre Rituale auch in der nichtchristlichen vietnamesischen Gesellschaft.

7. Siam (seit 1945: Thailand)

Das Königreich Siam mit seiner Hauptstadt Ayutthaya (nahe dem heutigen Bangkok) war als buddhistisches Land ausländischen Händlern und Siedlern gegenüber aufgeschlossen. 1567 kamen portugiesische Dominikanermissionare von Malakka aus nach Ayutthaya, doch als das Königreich Ayutthaya 1569 an Birma fiel, fand die Mission ein Ende, und die Missionare wurden hingerichtet. Die Restauration Siams 1590 führte zu einer Zeit verstärkter Kontakte mit dem Ausland, da mehrere Monarchen in Folge nach wirtschaftlichem Gewinn, westlichen Feuerwaffen und ausländischen Söldnern trachteten. Nach der Zerschlagung des japanischen Christentums siedelte sich eine große japanisch-christliche Gemeinde in Siam an. 1585 kamen Franziskanermissionare ins Land; sie setzten ihre Arbeit bis zum endgültigen Fall Ayutthayas 1767 fort. Die ersten Jesuitenmissionare erreichten das Land 1607, doch erst ab 1655 waren sie dauerhaft in Siam.

Unter König Narai (1657–1688), der einen Griechen als Premierminister beschäftigte, fassten die Franzosen im Land Fuß. Sie waren zunächst durch Diplomaten und Jesuiten vertreten. Die MEP gründete 1665 ein Seminar (Collège Général) in Ayutthaya, dessen Einzugsbereich sich über mehrere ostasiatische Länder erstreckte, und es wurden einige thailändische Priester geweiht. 1669 wurde das erste Krankenhaus des Landes durch Christen eröffnet. Bis 1674 gab es schätzungsweise 600 katholische Konvertiten in Ayutthaya. Später jedoch litten die Missionstätigkeit und die Arbeit der Kirche unter den politischen Intrigen, die mit der Machtausweitung der Franzosen einhergingen. Von 1688 bis 1691 hatten die Katholiken unter schweren Verfolgungen zu leiden. Deutlich länger wurde das Christentum unter König Thai Sa (1709–1733) unterdrückt; die Repressionen dauerten bis in die 1740er Jahre an. Der Katholizismus in Thailand fand sein Ende mit dem Untergang des Königreichs Ayutthaya während des Siamesisch-Birmanischen Krieges 1767, als König Taksin (Regierungszeit 1768–1782) alle katholischen Missionare des Landes verwies.

Obwohl sie ursprünglich gut aufgenommen worden waren, hatten die Missionare nur wenige Bekehrungen zu verzeichnen. Der Buddhismus in mehreren seiner klassischen Spielarten war tief im sozialen und politischen Gefüge der Gesellschaft Siams bzw. Thailands verankert. Der König herrschte im buddhistischen Denken als heiliger König des Gesetzesrades (*Dhammaraja*), während der *Sangha*, der buddhistische Klerus, omnipräsent und mächtig war. Statt auf Ablehnung und Feindseligkeit trafen die christlichen Missionare in der Gesellschaft auf Gleichgültigkeit und Wohlwollen, was nur wenige Bekehrungen ermöglichte. Trotzdem war die Einrichtung des Seminars in Ayutthaya durch die MEP ein wichtiger Schritt, weil dort mehrere Generationen vietnamesischer und chinesischer Geistlicher ausgebildet wurden.

8. China

Die Missionstätigkeit in China war seit ihrem Beginn in der zweiten Hälfte des 16. Jahrhunderts – abgesehen von der Mission der iberischen Reiche in ihren Kolonien – das umfassendste Unterfangen der römisch-katholischen Kirche in der frühen Neuzeit. Zwischen 1580 und 1800 waren etwa 1 000 europäische und chinesische Missionare in dieser Region tätig, die sich um ungefähr 300 000 Konvertiten kümmerten.[21] Anders als im benachbarten Japan, wo die Mission zu Beginn ein enormes Wachstum zu verzeichnen hatte, anschließend aber schonungsloser Verfolgung ausgesetzt war, entwickelte sich der Katholizismus in China langsam, doch es entstanden Gemeinden, die sich trotz sporadischer und kurzer Phasen der Repression bis in die Neuzeit hielten. Im Gegensatz zu ähnlichen Unternehmungen in der Neuen Welt kamen die Missionare in China ohne die Begleitung durch Soldaten und Beamte der westlichen Kolonialmächte an. Mehr als irgendwo sonst trafen die europäischen Missionare auf eine fremde, verlockende und herausfordernde Kultur, an die sie sich anpassten. Die Spannungen zwischen den Religionen, durch die sich die katholische Missionstätigkeit im Osmanischen Reich und im Safawidenreich auszeichnete, und die mit dem Hinduismus und dem Islam in Südasien einhergehenden Aggressionen besaßen insgesamt in China in der Zeit der Ming- und der Qing-Dynastie keine so große Bedeutung, da sich die Staatsideologie nicht durch die Bindung an eine bestimmte Religion auszeichnete. In diesem Abschnitt wird es um die Missionsgeschichte, die Mitarbeiter, Methoden und Konvertiten gehen. Ebenfalls thematisiert wird die Beziehung des Katholizismus zu den chinesischen Religionen.

Auch wenn die ersten katholischen Geistlichen zu Beginn des 16. Jahrhunderts auf portugiesischen Schiffen nach China kamen, gibt es keine Berichte von missionarischen Bemühungen unter der chinesischen Bevölkerung an der Küste, weil die Portugiesen dort als Händler und Piraten tätig waren. Den ersten Missionsversuch unternahm Franz Xavier, der erste Missionar Ostasiens, der auch „Apostel Asiens" genannt wird. Xavier starb 1552 auf der Insel Sanchuan vor der Küste von Guangdong, bevor er mit der eigentlichen Missionierung der Chinesen beginnen konnte. Erst 1555 wurde mit der – von chinesischen Beamten gutgeheißenen – Einrichtung einer dauerhaften portugiesischen Basis in Macau die Grundlage der künftigen katholischen China-Mission gelegt.

Katholische Geistliche aus Macau begleiteten Kaufleute, die zu Handelsmessen nach Guangzhou fuhren, und sie beobachteten zunächst die religiösen Bräuche im China der Ming-Dynastie. Es hatte bereits in den 1570er Jahren mehrere Versuche portugiesischer Jesuiten aus Macau sowie spanischer Mendikanten von den Philip-

---

21 Siehe Handbook of Christianity in China.

pinen gegeben, eine Missionsstation in der Region zu gründen. Doch von Erfolg gekrönt war erst der Versuch unter der Leitung des italienischen Jesuiten Michele Ruggieri (1543–1607) in den Jahren 1582/1583. Ruggieri hatte sich in Macau auf die Mission vorbereitet, indem er sich drei Jahre lang intensiv mit der chinesischen Sprache und Kultur beschäftigte. Unter den Jesuiten in seiner Begleitung war auch Matteo Ricci (1552–1610), der Ruggieri schließlich nach dessen Rückkehr nach Italien 1587 an Ruhm und Bedeutung noch übertreffen sollte.

Ricci war wohl der berühmteste aller China-Missionare. Sein Erfolg beruhte auf mehreren Faktoren. Während sich die ersten Jesuiten wie buddhistische Mönche kleideten und nur wenige Konvertiten gewinnen konnten, gab er sich als westlicher Wissenschaftler, der sich in das Studium der klassischen chinesischen Gelehrsamkeit vertiefte. Dadurch weckte er die Aufmerksamkeit der Mandarine und Literaten der chinesischen Oberschicht, die ihre Karrieren und ihren Ruf eben dieser Gelehrsamkeit verdankten. Neben seiner persönlichen Ausstrahlung, die zahlreichen chinesischen Gelehrten auffiel, beeindruckte Ricci auch durch seine wissenschaftlichen, technischen und geographischen Kenntnisse, ganz abgesehen von seiner Sammlung wissenschaftlicher Instrumente, Karten und Kuriositäten. Nach bescheidenen Anfängen nahm seine Karriere ab 1594 erheblichen Aufschwung, und als er 1610 starb, hatte er den Gipfel der Ming-Gesellschaft in der Reichshauptstadt Peking erklommen. Die Jesuiten waren in vier Städten ansässig, und es gab – im Gegensatz zu den geringen Zahlen des ersten Jahrzehnts – mehr als 1 000 Konvertiten.

Zwischen 1610 und 1644 erreichte die Mission eine neue Dimension. Während dieser Zeit konnte die höchste prozentuale Zunahme von Konversionen in der gesamten Geschichte des Christentums in China verzeichnet werden, auch wenn die absoluten Zahlen natürlich im Verhältnis zur Gesamtbevölkerung eher bescheiden blieben. Es wurden Menschen aus den höchsten Rängen der Ming-Gesellschaft angezogen, darunter Mandarine und Mitglieder der kaiserlichen Familie. Bei der erfolgreichen kulturellen Missionsstrategie wurden die westlichen Natur- und Geisteswissenschaften als Mägde der Theologie eingeführt, die als „Königin der Wissenschaften" galt. Das Christentum breitete sich in den meisten Provinzen des Landes aus, und es wurden Niederlassungen der Jesuiten sowie Kirchen gebaut. Auch wurde mit Nachdruck daran gearbeitet, christliche Literatur in chinesischer Sprache abzufassen und zu veröffentlichen.[22] Dieses Vorhaben mit der Publikation liturgischer, literarischer und wissenschaftlicher Werke zeichnete sich durch ein hohes Maß kultureller Akkommodation und Anpassung an die dortigen Gegebenheiten aus. In ihren Anfängen war die Missionierung Chinas allein der Gesellschaft Jesu vorbehalten, doch von den 1630er Jahren an waren auch hier – infolge der

---

22 Siehe Hsia, R. Po-chia, Imperial China and the Christian Mission, in: Hsia, (Hrsg.), Brill's Companion to Early Modern Catholic Global Missions.

Zunahme des Seehandels zwischen Fujian und Luzon im frühen 17. Jahrhundert – Mendikantenbrüder von den spanischen Philippinen tätig.

Durch die Umwälzungen in der Mitte des Jahrhunderts wurde dieses christliche Gebäude fast zum Einsturz gebracht. Hungersnöte, Rebellionen und Invasionen brachten Zerstörung und Tod. Bauernaufstände stürzten die Ming-Herrschaft, die von 1368 bis 1644 Bestand gehabt hatte. Truppen der Mandschu fielen in China ein, und das Land versank zwanzig Jahre lang in Krieg und Chaos. Ganze christliche Gemeinden verschwanden. Nur zwei christliche Zentren überdauerten diese Zeit: das portugiesische Macau sowie Peking. Macau war ein sicherer Zufluchtsort und bildete auch weiterhin die Basis, um von dort aus Mitarbeiter und Material für die Mission ins Land zu bringen. Mehr als ein Jahrzehnt lang unterstützten die Jesuiten und die Portugiesen die Gegenherrscher der Ming im Süden. Drei Witwen und Kaiserinnen vom Yongle-Hof im Süden Chinas konvertierten ebenso zum Katholizismus wie eine Reihe führender Höflinge sowie der Anwärter auf den Thron Kaiser Yongles, ein Knabe mit dem Taufnamen Konstantin. Doch als die Heere der Mandschu (Qing) die Yongle-Herrschaft in den 1650er Jahren zerschlugen, lag die einzige Hoffnung für die Bekehrung Chinas in Peking.

In der Reichshauptstadt überlebte die katholische Mission dank der Tätigkeit jesuitischer Wissenschaftler am kaiserlichen Hof. Diese wurden besonders wegen ihrer astronomischen Kenntnisse geschätzt, und so konnte die katholische Mission die Eroberung durch die Aufständischen und die Übernahme durch die Mandschu überstehen. Der deutsche Jesuit Johann Adam Schall von Bell (1592–1666) war Missions-Superior und Direktor der kaiserlichen Sternwarte, und er war auch Vertrauter und Vaterfigur für den deutlich jüngeren Qing-Kaiser Shunzhi (Regierungszeit 1638–1661). Da die politische Protektion von Peking ausging, orientierte sich die katholische Mission rasch um und stellte sich in den Dienst der Qing-Herrscher; sie versuchte, die Unterstützung der herrschenden Mandschu zu erlangen, statt sich wie in der Ming-Dynastie um die Eliten der Han-chinesischen Mandarine und Literaten zu bemühen.

Die Patronage durch den Kaiser erwies sich allerdings als heikel und wurde der katholischen Mission beinahe zum Verhängnis. Der Tod Kaiser Shunzhis 1661 führte zu einer Krise. Die Jesuiten wurden beschuldigt, ungünstige Termine für Begräbnisse am Kaiserhof gewählt zu haben, und fanden sich auf einmal ohne Unterstützung wieder. Sie waren den Angriffen ihrer Gegner wie des fremdenfeindlichen konfuzianischen Gelehrten Yang Guangxien und der muslimischen Hofastronomen schutzlos ausgeliefert. Johann Adam Schall von Bell wurde unter Hausarrest gestellt, doch er starb, bevor er vor Gericht gestellt werden konnte. Im ganzen Land wurden christliche Missionare zusammengetrieben; sie wurden nach Guangzhou geschickt, von wo aus sie China verlassen mussten. In dieser Krisensituation erwies sich die Wissenschaft als Retterin. Der belgische Jesuit Ferdinand Verbiest (1623–1688) demonstrierte seine herausragenden astronomischen und mathematischen Kenntnisse, indem er eine Finsternis voraussagte und dadurch den jungen Kaiser Kangxi (Regierungszeit: 1661–1722) davon überzeugte, dass die gegenüber den christlichen Missionare erhobenen Anschuldigungen haltlos waren. Der Ausweisungsbefehl wurde aufgehoben, und Verbiest wurde wieder in seine Funktion am kaiserlichen Observatorium eingesetzt. Das Christentum hatte seine größte Krise im kaiserzeitlichen China überwunden und erlebte dort ein „goldenes Zeitalter".

Dieses goldene Zeitalter der katholischen Mission dauerte von 1665 bis 1705. Kangxi war ein tatkräftiger und kluger Herrscher und der westlichen Bildung, vor allem der Mathematik gegenüber sehr aufgeschlossen. Für die Missionare aus dem Westen empfand er viel Respekt und Sympathie. Sie begleiteten ihn als Lehrer bei seinem Selbststudium, sie waren seine Astronomen und Künstler bei Hofe und wurden so zu treuen Dienern ihres kaiserlichen Herrn. Im Gegenzug ließ Kangxi den Missionaren Geschenke sowie seine Gunst zuteil werden. 1692 erließ er ein Dekret, wonach das Christentum keine abweichende Religion war und seinen Untertanen ausdrücklich gestattet wurde, diese westliche Religion zu praktizieren.

Mit dieser Förderung und Gunst des Kaisers war der katholischen Mission Erfolg beschieden. Es kamen neue Missionare ins Land. Hierunter befanden sich auch französische Jesuiten, die 1684 von Ludwig XIV. geschickt worden waren. Bald stritten sie sich mit den bereits in China etablierten portugiesischen Patres um die Zuständigkeit. Daraufhin statteten die Jesuiten zwei getrennte Missionen, eine unter portugiesischer und eine unter französischer Leitung, mit Vollmachten aus. Diese internen Spannungen wurden dann allerdings von einer deutlich schärferen Konfrontation überschattet – dem chinesischen Ritenstreit – die sich schließlich negativ auf die gesamte Missionstätigkeit auswirken sollte.

Die Auseinandersetzung ging auf die ersten Mendikantenbrüder zurück, die in den 1630er und 1640er Jahren in China gewirkt hatten. Sie waren aus Mexiko und den Philippinen gekommen und damit aus Gebieten, die durch die Waffen der Spanier für die Kirche gewonnen worden waren. Die Brüder hatten eigene Ansichten davon, wie die Mission auszusehen hatte; sie gingen davon aus, dass das Christentum allen anderen Kulturen überlegen sei und die Erfahrungen aus Spanien von besonderem Wert wären. In China stellten die Brüder die Anpassung der Jesuiten an die chinesischen Bräuche infrage, wie sie zuerst von Ricci praktiziert und von den späteren Generationen der Jesuitenmissionare übernommen worden war. Diese Anpassung oder Akkommodation betraf insbesondere die Rituale, die zu Ehren der Ahnen und des großen chinesischen Weisen Konfuzius ausgeführt wurden. Die Jesuiten verstanden diese Rituale als staatsbürgerliche Akte, durch welche das Christentum nicht tangiert wurde, während die Mendikanten sie als Aberglauben deuteten. Beide Seiten entsandten Vertreter nach Rom, die sich dort für den jeweiligen Standpunkt stark machten. Der Konflikt führte zu Wortgefechten, an denen die europäische Öffentlichkeit großen Anteil nahm und die den Widerstand gegen die Gesellschaft Jesu befeuerte.

Die Missionsstrategie der Jesuiten – nämlich Konfuzianismus und Christentum einander anzugleichen – basierte auf zwei Erwägungen. Zum einen stand die konfuzianische Kultur für Matteo Ricci, den Gründer der Mission, auf einer Stufe mit den Errungenschaften der griechisch-römischen Kultur des Westens. Da Letztere als Grundlage der Missionierung des Westens gedient hatte, konnte im Verständnis der Jesuiten der Konfuzianismus für China eine ähnliche Funktion besitzen. Zweitens hatte Ricci von allen in China vertretenen Religionen den Buddhismus als die am weitesten verbreitete Religion als hypothetischen Gegner des Christentums ausgemacht. Diese Ansicht vertrat er, obwohl buddhistische Mönche in den Anfangsjahren der Jesuitenmission mehrfach Interesse am Christentum bekundet hatten. Durch diese Frontstellung der Jesuiten entwickelte sich in den ersten Jahrzehnten des 17. Jahrhunderts ein Konflikt zwischen Christen und Buddhisten, der sich jedoch wieder legte, als die ersten beiden Generationen von Jesuitenmissionaren von der Bühne abgetreten waren.

Die katholischen Missionare im China der Ming- und Qing-Dynastie handelten eher im Geist religiöser Anfeindung und Polemik und weniger in einer Haltung des interreligiösen Dialogs. Sie waren – mit Ausnahme der einzigen noch existierenden jüdischen Gemeinde in Kaifeng, der überwiegend Chinesen angehörten – kaum an den chinesischen Religionen interessiert. Abgesehen von einer Debatte in den 1640er Jahren zwischen dem Jesuiten Nicolas Longobardo und einigen islamischen Führern hatten die christlichen Missionare kaum einmal mit den zahlreichen chinesischen muslimischen Gemeinden zu tun, und sie zeigten auch kein besonderes Interesse an Buddhismus oder Taoismus. Ironischerweise zog das Christentum in China im 17. und 18. Jahrhunderts manche Anhänger von Volksreligionen und verbotenen Sekten an; diese Verbindungen hatten negative politische Auswirkungen, die die Missionare allerdings eifrig kleinredeten.

Zur gleichen Zeit, als die katholische Mission während der Regierungszeit Kangxis in ihr goldenes Zeitalter eintrat, verloren die Jesuiten in Europa aufgrund der päpstlichen Politik und der öffentlichen Meinung den Kampf. 1704 verbot Papst Clemens XI. einige chinesische Rituale, nämlich bestimmte Weisen der Ahnenverehrung, die Konfuzius oder den Ahnen allgemein galten. Konvertiten wurde die Teilnahme an solchen Ritualen verboten. Der päpstliche Legat Charles Thomas Maillard de Tournon (1668–1710) wurde entsandt, um das päpstliche Dekret in China zu verkünden und den Fall beim Kaiserhof vorzustellen. Doch Tournons Gesandtschaft war nicht gut beraten worden und schlecht vorbereitet, und so endete sie im Desaster. Kaiser Kangxi war über die westlichen Äußerungen über die chinesischen Rituale verärgert. Er schickte den päpstlichen Legaten fort; dieser floh nach Macau, wo er praktisch bei den Portugiesen unter Hausarrest stand und verstarb. Obwohl die überwältigende Mehrzahl der chinesischen Konvertiten dagegen war, wurde die Papstbulle mit dem Verbot der chinesischen Rituale 1705 verkündet, und alle Missionare wurden aufgefordert, sie umzusetzen.

Dies erwies sich als Wendepunkt. Das Christentum galt bis dahin als Synthese zwischen Ost und West und als im Einklang stehend mit der konfuzianischen Bildung, doch nun wurde es von vielen Menschen als fremdartig, aggressiv und antichinesisch angesehen. Während sich chinesische Christen widerstrebend an das päpstliche Dekret hielten, sank insbesondere unter den kulturellen Eliten die Zahl der Bekehrungen. Der größte Rückschlag bestand allerdings darin, dass nun der Kaiser seine Unterstützung versagte. Kangxi verkündete, dass das Christentum eine abergläubische und problematische Religion sei, und auch wenn er die Ausübung bei Hofe unter seinen westlichen Bediensteten gestattete, untersagte er seinen Untertanen die Zugehörigkeit zu dieser Religion. Die Missionare wurden aufgefordert, entweder die Ansichten Matteo Riccis zu übernehmen oder aber das Land zu verlassen. Das führte zu einer großen Spaltung innerhalb der Mission: Dominikaner, Augustiner sowie die Priester der MEP lehnten das Angebot ab und verließen das Land, die Franziskaner waren uneins, und die Jesuiten akzeptierten zu großen Teilen die Bedingungen von Kangxi. Von 1707 an war das Christentum in der Qing-Dynastie verboten; die einzige Ausnahme dabei bildete Peking.

Trotz des Verbots gab es aber weiterhin christliche Gemeinden in China. Manche Kirchen wurden beschlagnahmt und zu Schulen umfunktioniert, und westliche Missionare in der Provinz gingen in den Untergrund. Doch größtenteils konnten die Christen ihren Glauben weiterhin praktizieren und wurden von den Behörden vor Ort toleriert. 1723 starb Kangxi, und unter seinem Nachfolger entbrannten neue Auseinandersetzungen. Der neue Kaiser Yongzheng (Regierungszeit 1722–1735) setzte sich gegen einen Bruder durch, der von den Sunu, einer mächtigen Familie des Mandschu-Adels, unterstützt wurde, welcher zahlreiche Konvertiten angehörten. Die Ränkespiele des portugiesischen Jesuiten João Mourão trugen zu einer weiteren Verschärfung der Situation bei. Die Sunu wurden ins Exil geschickt; aus den politischen Kämpfen gingen sie als Verlierer hervor, doch in den Briefen der Jesuiten wurden sie als christliche Märtyrer gefeiert. Mourão wurde hingerichtet, und sein Tod wird in den Missionsberichten mit betretenem Schweigen bedacht. Trotzdem blieben die christlichen Gemeinden hiervon weitgehend unberührt, da das Gesetz nicht immer durchgesetzt wurde. Doch 1746 änderte sich diese Lage durch den Eifer eines Gouverneurs in Fujian.

Dort wurde eine geheime spanische christliche Mission entdeckt, und eine Verbrecherjagd begann. Am Ende wurden fünf Dominikanerbrüder und mehr als ein Dutzend chinesische Katecheten und Gemeindeleiter festgenommen. Der Gouverneur legte die gegen die Christen gerichteten Gesetze sehr hart aus (die Todesstrafe war im ursprünglichen Verbot nicht gefordert worden) und ließ die inhaftierten Missionare im Stillen hinrichten, bevor die Jesuiten in Peking intervenieren und eine Begnadigung durch den Kaiser erwirken konnten. Zwei Jahre später traf das Martyrium die Jesuiten, als in Sushou ein Streit zwischen zwei Christen die Denunziation, Festnahme und rasche Hinrichtung von zwei Jesuiten nach sich zog. Die beiden Fälle weisen einige Gemeinsamkeiten auf: Beide wurden eilfertig von christenfeindlich eingestellten Provinz-Mandarinen geahndet, die das Gesetz streng auslegten und vollzogen, und in beiden Fällen gelang es den Missionaren am Kaiserhof nicht, eine Begnadigung durch den Kaiser zu erwirken. Trotzdem zeigte sich in diesen beiden Verfolgungen keine neue Feindseligkeit durch Kaiser Qianlong (Regierungszeit 1735–1796), dem Enkel Kangxis, an dessen Hof die Dienste westlicher Missionare als Maler und Musiker weiterhin geschätzt wurden. Das Schicksal der Missionare wurde faktisch durch eine Kombination der Umstände vor Ort und der Gleichgültigkeit des Hofes besiegelt. 1752 leiteten Beamte in der Provinz Hubei eine weitere Jagd auf Christen ein, nachdem ihnen die unzutreffende Behauptung zu Ohren gekommen war, dass Aufständische mit Christen gemeinsame Sache machten. Diesmal griff der Kaiser ein und wies seine Mandarine an, dass die Rebellen und die Christen nicht unter einer Decke steckten.

Obwohl das Christentum während der Qing-Dynastie offiziell verboten war, konnte die christliche Mission diese Zeit doch mit Unterstützung von Peking und Macau aus überstehen. In der Reichshauptstadt konnten die Gläubigen die Gottesdienste in allen vier christlichen Kirchen in aller Offenheit besuchen. Diese Praxis wurde von Qianlong in Anbetracht der Dienste geduldet, die die westlichen Missionare an seinem Hof leisteten. Soweit es ihnen möglich war, gingen die Missionare bei Hofe diskret vor, wenn sie Schutz für Missionare und Konvertiten in den Provinzen erwirkten. Macau spielte dabei die Rolle eines Rückzugsortes. Regelmäßig waren Kuriere aus China in die portugiesische Enklave unterwegs; sie überbrachten Briefe und Berichte, kehrten mit Geld und Vorräten nach China zurück und begleiteten neu angekommene europäische Missionare, die getarnt unterwegs waren.

1784 fingen die chinesischen Behörden eine dieser verdeckten Fahrten von Macau ab. Der Kaiser war fassungslos. In seiner Entrüstung darüber, dass das Christentum auch noch 80 Jahre nach dem Verbot durch seinen Großvater im Land weiter existierte, startete Qianlong in allen Provinzen des Reiches eine Kampagne gegen die Christen. Diese Verfolgungen der Jahre 1784 und 1785 stellten die größte Bedrohung der Mission dar: Zahlreiche westliche Missionare und chinesische Priester wurden festgenommen, und manche von ihnen starben in der Haft; hunderte Konvertiten wurden mit Gefängnis oder Stockschlägen bestraft oder ins Exil geschickt. Dies geschah zehn Jahre nach der Aufhebung des Jesuitenordens in Europa 1773 und damit zu einer Zeit, als die Mission in Peking nicht mehr mitreden und keinen Schutz mehr erwirken konnte. Doch auch nach diesen stürmischen Zeiten gab es weiterhin christliche Gemeinden, als sich die Herrscher der Qing-Dynastie größeren Problemen wie den Aufständen durch Muslime und den Weißen Lotus widmen mussten.

In Europa war die Gesellschaft Jesu zu dieser Zeit nicht existent. In China lebten die Ex-Jesuiten in Peking unter dem Schutz des Kaisers, während Missionare der Lazaristen ihre Kirchen übernahmen. Zwischen 1770 und 1840 gab es nur wenige westliche Missionare in China, doch die Zahl der chinesischen Geistlichen wuchs, und die meisten christlichen Gemeinden wurden von starken Laienvorständen geführt. Zu Beginn des 19. Jahrhunderts betrat der erste protestantische Missionar das Land. Der Engländer Robert Morrison leitete ein Jahrhundert der protestantischen Mission in China ein, die von protestantischen Missionsgesellschaften aus Europa und Nordamerika unterstützt wurde. Gemessen an der Anzahl der Konvertiten überflügelten diese Bemühungen am Ende die katholische Mission. Das Verbot der christlichen Mission wurde 1842 aufgehoben, als die Qing-Dynastie im Ersten Opiumkrieg von den Briten geschlagen wurde. Dieser vierte Versuch, das Christentum nach China zu bringen, geschah Seite an Seite mit westlichen Kanonenbooten und einer Diplomatie der harten Hand, was zu einer unmittelbaren Konfrontation zwischen der chinesischen Kultur und dem westlichen Christentum führte. Dieses historische Erbe ist bis heute nicht überwunden.[23]

9. Korea

Die Anfänge des Christentums in Korea lagen – einmalig in der Geschichte der Kirche – nicht in den Bemühungen ausländischer Missionare, auch wenn es Verbindungen nach Japan und China gab. Wie bereits erwähnt war der christliche *Daimyo* Konishi Yukinaga der Befehlshaber der japanischen Invasion Koreas im Jahr 1592. Unter den zahlreichen koreanischen Gefangenen, die nach Japan gebracht wurden, schlossen sich einige der Religion ihrer japanischen Gebieter an. Auf der Märtyrerliste der Christenverfolgungen in Japan nach 1614 werden auch 21 koreanische Christen aufgeführt. Doch diese mit Krieg und Sklaverei verknüpfte Episode der Christianisierung Koreas war nicht von langer Dauer. Vielmehr wurden die koreanischen Gesandten, die jedes Jahr den Ming-Kaiser besuchten, auf das Christentum aufmerksam. Dort traf Yi Gwang-jeong 1603 den Jesuitenmissionar Matteo Ricci (siehe China) und brachte mehrere seiner chinesischen Schriften mit, von denen die bedeutendste gerade veröffentlicht worden war: *Tianzhu shiyi* („Wahre Lehre vom Herrn des Himmels"). Korea war zu dieser Zeit ein Vasallenstaat der Ming-Dynastie mit einem staatlichen Prüfungssystem, das dem chinesischen sehr ähnlich war und auf den klassischen konfuzianischen Schriften basierte. Entsprechend beeindruckend wirkte Riccis Werk mit der Synthese von Konfuzianismus und christlicher Dogmatik im koreanischen Joseon-Reich bzw. auf die Yi-Dynastie (1392–1897). Die Texte zeitigten eine gewisse Wirkung, und es

---

23 Erstmals kam das Christentum durch die Nestorianer in der Tang-Dynastie nach China, erneut dann durch die Franziskanermissionare in der Yuan-Dynastie, und zum dritten Mal durch die Jesuitenmission in der späten Ming-Dynastie.

bildete sich eine erste christliche Gemeinde ausschließlich aus Konvertiten. Die erste Taufe wurde im Zusammenhang mit dem Besuch einer koreanischen Gesandtschaft nach Peking vorgenommen.

Dies geschah im Jahr 1784. Yi Siúng-hun, der Sohn des Gesandten, war ein eifriger Student der Mathematik und besuchte die westlichen Missionare in Peking. Er las ihre mathematischen und christlichen Bücher und bat darum, unterwiesen zu werden; bei seiner Taufe nahm er den Namen Peter an. Als er nach Korea zurückkehrte, brachte er viele in chinesischer Sprache verfasste christliche Bücher mit und verkündigte den christlichen Glauben seiner Familie und seinen Freunden. Dieser erste koreanische Christ gehörte einer Gruppe konfuzianischer Gelehrter an, die sich dem *Silhak* widmeten (dem „praktischen Unterricht"). Sie trafen sich zwischen 1777 und 1779 unter der Leitung von Gwon Cheol-sin und Jeong Yak-jeon, um die zahlreichen chinesischsprachigen christlichen Texte zu lesen und zu diskutieren, welche die koreanischen Gesandten während des vergangenen Jahrhunderts aus Peking mitgebracht hatten.[24] Die stark ausgeprägte Sozialethik des Christentums faszinierte die Gelehrten, und sie übernahmen ebenso die Vorstellung eines erlösenden personalen Gottes. Sie wünschten sich eine Erneuerung der koreanischen Gesellschaft auf der Grundlage größerer sozialer Gerechtigkeit und Gleichheit. Diesem Kreis gehörte auch der Dichter Jeong Yakyong an, der Bruder Yak-jeons, der eher unter seinem Dichternamen Dasan bekannt ist. In seinen Dichtungen brachte er seine große Sympathie für die soziale Gerechtigkeit zum Ausdruck, und er bewunderte die Sozialethik, die diesen christlichen Texten eigen war. Yi Siúng-hun, der erste Konvertit, taufte die anderen Mitglieder seiner Gruppe, die alle durch eheliche oder schulische Bande miteinander verbunden waren und allesamt der *Yangban*-Klasse von Beamten angehörten.

Die erste christliche Gemeinde Koreas ernannte zur Verwaltung der Sakramente ihre eigenen Katecheten, und sie bezog sich auf Texte und auf ihre Erlebnisse in Peking. Während Gelehrte wie Yi Byeok, der angebliche Verfasser des in klassischem Chinesischen verfassten ersten Katechismus *Seonggyo Yoji* („Die Kernaussagen der heiligen Lehre", 1785), die Synthese von Christentum und Konfuzianismus anerkannten, die von den Jesuiten in China entworfen worden war, verwendeten die Frauen dieser Oberschichtsfamilien zur Weitergabe des Christentums das koreanische Alphabet *Hangul* sowie die Umgangssprache. 1795 verfasste Yuhandang Gwon, die Ehefrau Yi Byeoks, einen Leitfaden in koreanischer Sprache, den auch Frauen und Angehörige der gewöhnlichen Schichten verstehen konnten, die nicht über eine konfuzianische Ausbildung verfügten.

1785 wurde die Gemeinde der Neubekehrten bei einer zufälligen Polizeirazzia entdeckt. Obwohl eine gegnerische Fraktion in der Beamtenschicht sehr dagegen

---

24 Siehe Kim, Sebastian C. H./Kim, Kirsteen, A History of Christianity in Korea, Cambridge 2015.

war, wurden die sechs inhaftierten christlichen *Yangban* von König Jeongjo freigelassen, auch wenn der einzige einfache Bürger unter ihnen ins Exil gehen musste.
In den folgenden Jahren breitete sich das Christentum in den unteren Gesellschaftsschichten aus. Doch die ersten Konvertiten der Gelehrten-Elite gerieten
immer stärker unter Druck, als das Verbot der Ahnenverehrung in China einen
Keil in die Synthese aus Konfuzianismus und Christentum trieb, die ihnen zunächst so attraktiv erschienen war. Während sich weitere Verfolgungen am Horizont abzeichneten, bestand die vordringliche Aufgabe darin, eine kirchliche Struktur mit geweihten Priestern für eine ordnungsgemäße Verwaltung der Sakramente
zu schaffen.

Die Leiter schrieben an den Bischof von Peking, den Portugiesen Alexandre de
Gouvea, und baten um Missionare. Gouvea antwortete mit einem pastoralen
Schreiben in chinesischer Sprache, das auf ein Seidentaschentuch geheftet war,
das Yun Yu-il, ein Christ in der Entourage der koreanische Gesandtschaft von 1790,
an seinem Leib versteckt hatte. Yun berichtete den Koreanern davon, wie die
Europäer die Welt umsegelt hatten, um den Glauben in China zu verkündigen. 1790
kehrte Yun zurück, um Gouvea um die Aussendung eines Missionars zu bitten. Er
kam mit einem Messbuch, liturgischen Gefäßen und den für die Feier der Messe
erforderlichen liturgischen Gewändern zurück. Im Februar 1791 schickte Gouvea
einen chinesischen Weltpriester namens Joannes von Macau aus nach Korea. Nach
dem Passieren der Grenze wartete dieser viele Tage, ohne dass ein koreanischer
Christ ihn in Empfang genommen hätte, und so kehrte er wieder um. 1792 gab es
keine Nachrichten aus Korea, weil keine Christen in der Entourage der Gesandtschaft nach China waren, doch 1793 berichteten zwei Christen in der koreanischen
Gesandtschaft von den ersten Märtyrern.

Als Yun Yu-il aus Peking zurückkehrte, berichtete er auch von Bischof Gouveas
Warnung vor den Ritualen der Ahnenverehrung, die nach dem chinesischen Ritenstreit verboten waren. Diese Nachricht spaltete die *Yangban* unter den Konvertiten;
einige wollten nicht mit der konfuzianischen Tradition der kindlichen Pietät brechen, während andere zur strengeren Sichtweise tendierten. Zu Letzteren zählten
Yun Ji-chung (Paul) und Gwon Sang-yeon (Jakob). Als Yuns Mutter starb, weigerten
sie sich, die traditionellen Trauerriten auszuführen, was ihre Verwandten er-
zürnte. Die beiden wurden denunziert und auch der Volksverhetzung bezichtigt,
da sie die Religion der Europäer übernommen hätten. Ihnen wurde vorgeworfen,
die Wege der Ahnen zu verlassen und insofern die Gesetze des Landes zu missach-
ten und die Grundlagen des Rechts zu untergraben. Die beiden lehnten es ab, ihre
Ansichten zu widerrufen, und wurden im Dezember 1791 geköpft.

Den enthaupteten Leichen wurden neun Tage lang die Bestattung verweigert,
doch koreanische Christen berichteten, dass ihr Blut hellrot und nicht geronnen war
und die Leichen frisch zu sein schienen. Einige von ihnen besprengten die Aushänge,
die ihre Verurteilung verkündeten, mit Wasser; andere wurden von Krankheiten ge-
heilt, als sie in Wasser badeten, das mit den Aushängen in Kontakt gekommen war.

Folglich schrieb man den beiden Wunder zu, und man betrachtete sie nicht nur als Märtyrer, sondern als Heilige. Mit ihrem Märtyrertod begannen die ersten Verfolgungen 1791 und 1792, bei denen hunderte Menschen festgenommen und inhaftiert wurden. Viele vor allem aus den höheren Gesellschaftsschichten schworen ihrem Glauben ab; zu ihnen zählten auch die Leiter der ursprünglichen Gruppe, die sich in den 1770er Jahren als erste das Christentum zu eigen gemacht hatten. Ein Jahr später ordnete der König an, die Inhaftierten freizulassen.

Nachdem der Sturm der Verfolgung sich gelegt hatte, baten die Koreaner erneut um einen Missionar. Da der erste Missionar aus Macau, Joannes, verstorben war, wählte Bischof Gouvea den chinesischen Priester Zhou Wenmo (im Portugiesischen: James Vellozo) aus, der am bischöflichen Seminar in Peking ausgebildet worden war. Er war 42 Jahre alt, in der chinesischen Bildung bewandert und bereit, nach Korea zu gehen. Nach zwanzigtägiger Reise erreichte er die Grenze, doch wegen der starken Bewachung konnte er sie nicht passieren. Im Dezember 1794 unternahm Zhou einen weiteren Versuch. Er wurde von Ji Hwang (Sabbas), der als Apotheker im Palast arbeitete, und weiteren koreanischen Christen in Empfang genommen, zog sich koreanische Kleidung an und passierte die Grenze am 23. Dezember. Sechs Monate lang erlernte er die koreanische Sprache, hielt die Messe und versteckte sich bis zu dessen Verhaftung und Hinrichtung im Hause Choi Ingils (Matthias), eines Dolmetschers. Danach verbarg sich der Missionspriester im Hause Kang Wan-suks (Columba), einer Katechetin, die eine zentrale Rolle bei der Organisation einer Geheimkirche in der Hauptstadt Seoul und auch bei der Verbreitung des Glaubens unter anderen Frauen spielte.

König Jeongio starb im Jahr 1800. Seine nachsichtige Politik gegenüber den Christen wurde durch die harte Unterdrückung unter der Witwe des Königs abgelöst. Sie stammte aus einer *Yangban*-Familie, die der Fraktion, aus der die christlichen Führer stammten, feindlich gesonnen war. 1801 wurde ein Edikt verkündet, in dem das Christentum als schlechte und umstürzlerische Religion bezeichnet wurde. Die Regierung nahm 672 Christen fest, unter denen viele *Yangban* waren. Wer sich weigerte, dem Glauben abzuschwören, wurde enthauptet. Weitere 150 Christen starben in der Haft, und 400 wurden ins Exil gezwungen. Bezeichnenderweise waren etwa ein Viertel der Inhaftierten Frauen, und zu den Gefolterten und Hingerichteten zählte auch Kang Wan-suk, die sich geweigert hatte, den Aufenthaltsort des Priesters Zhou Wenmo preiszugeben. Zhou unternahm einen vergeblichen Versuch, die Verfolgung zu stoppen, indem er sich stellte, doch auch er wurde hingerichtet. Die Verfolgungen des Jahres 1801 waren nur der Beginn vieler weiterer, die es in den folgenden siebzig Jahren gab, als die geheimen christlichen Gemeinden um ihr Überleben kämpften.

Übersetzung: Gerlinde Baumann

Literatur

Alberts, Tara, Conflict and Conversion: Catholicism in Southeast Asia, 1500–1700, Oxford 2013.

Boxer, Charles Ralph, The Christian Century in Japan 1549–1650, Berkeley 1951.

Frykenberg, Robert Eric, Christianity in India: From Beginnings to the Present, Oxford 2008.

Hsia, R. Po-chia, A Jesuit in the Forbidden City: Matteo Ricci 1552–1610, Oxford 2010.

Kim, Sebastian C. H./Kim, Kirsteen. A History of Christianity in Korea, Cambridge 2015.

Phan, Peter C., Mission and Catechesis: Alexander de Rhodes and Enculturation in Seventeenth Century Vietnam, Maryknoll 2006.

Phan, Peter C. (Hrsg.), Christianities in Asia, Chichester 2011.

Phelan, John Leddy, The Hispanization of the Philippines: Spanish Aims and Filipino Responses 1565–1700, Madison 1967.

Rafael, Vicente L., Contracting Colonialism: Translation and Christian Conversion in Tagalog Society under Early Spanish Rule, Ithaca 1988.

Van Boetzelaar, Christiaan Willem Johan, De Protestansche kerk in Nederlands-Indië: haar ontwikkeling van 1620–1939, The Hague 1947.

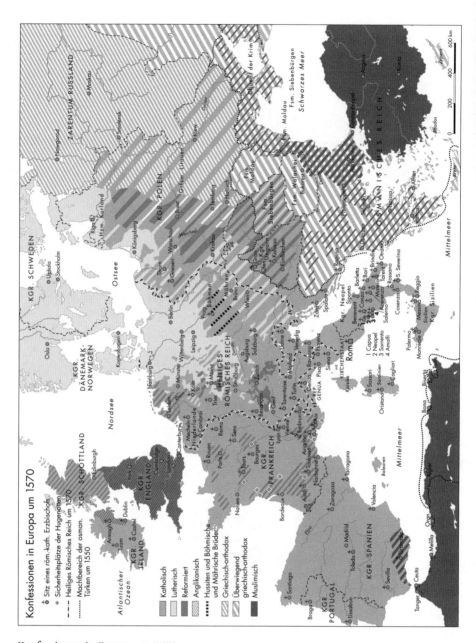

Konfessionen in Europa um 1570

CHRISTENTUM IN EUROPA: DAS 17. JAHRHUNDERT

Andreas Holzem

1. Europa – das Reich – der Krieg

Der Ratsschreiber der kleinen Stadt Rottweil formulierte 1635 das Elend des Krieges als „Jammer, Elend und äußerste Not". Kriegskontributionen und Winterquartiere, Zerstörungen und Brände, Hunger und Pest hatten schon die Hälfte der Bevölkerung getötet. Die Menschen seien, hielt er fest, „völlig ausgemergelt"; es sei „unmöglich, ihre herzzerreißenden Schmerzen und Leiden zu erzählen".[1] Die Bürgerinnen und Bürger von Rottweil verstanden sich nach den Konfessions- und Verfassungskämpfen der Reformationszeit als katholisch-kaiserliche Reichsstadt. Ihnen erklärten Geistlichkeit und Magistrat den Krieg als Zeichen des göttlichen Zorns über die Sünden des Volkes. Reue, Buße und Gelübde seien das Mittel, den Strafzorn zu wenden. Die Kriegsnot sollte ihnen schließlich ein Marienwunder bescheren, das die Identität der Stadt bis heute prägt.

Es ist durchaus umstritten, ob der Dreißigjährige Krieg ein Religionskrieg war.[2] Seine Vielschichtigkeit ist ein zentrales Thema der Geschichtsschreibung: ein Krieg um die Auslegung des Augsburger Religionsfriedens von 1555,[3] ein Krieg der böhmischen und der evangelischen Stände gegen das katholische Kaiserhaus, ein Krieg der europäischen Mächte um Einflusszonen, ein Staatenbildungs- und Staatenkrieg. Aber für die Bürger Rottweils und für viele einfache Menschen im Reich blieb die Religion von überragender Bedeutung. Beides gilt es zu beachten: die Struktur-, aber auch die Erfahrungsgeschichte dieses Krieges, der zur ‚Urkatastrophe' des 17. Jahrhunderts wurde.[4] Insofern hatte dieser Krieg strukturgeschicht-

---

1 Holzem, Andreas, Christentum in Deutschland. Konfessionalisierung – Aufklärung – Pluralisierung, Paderborn u. a. 2015, 561.
2 Vgl. Burkhardt, Johannes, Die Friedlosigkeit der frühen Neuzeit. Grundlegung einer Theorie der Bellizität Europas, in: Zeitschrift für historische Forschung 24/1997, 509–574. Holzem, Andreas, Gott und Gewalt. Kriegslehren des Christentums und die Typologie des „Religionskrieges", in: Beyrau, Dietrich u. a. (Hrsg.), Formen des Krieges, Paderborn u. a. 2007, 371–413.
3 Vgl. Kaufmann, 307–309.
4 Vgl. Arndt, Johannes, Der Dreißigjährige Krieg 1618–1648, Stuttgart 2009. Asch, Ronald G., The Thirty Years War. The Holy Roman Empire and Europe, 1618–1648, Basinstoke/London 1997. Kampmann, Christoph, Europa und das Reich im Dreißigjährigen Krieg. Geschichte eines europäischen Konflikts, Stuttgart 2008.

lich eine sehr europäische, erfahrungsgeschichtlich hingegen eine sehr deutsche Dimension.

1.1. Religion und Kriegsneigung in Europa

Weil die konfessionellen Gegensätze von Deutschland ausgegangen, längst aber kein deutsches Problem allein mehr waren, war die Religionsfrage europaweit von vornherein mit dem Problem der staatlichen Mächtehierarchie verbunden. „Die Aufrüstung der Konfessionsblöcke in Deutschland und Europa galt zugleich dem Kampf um die Konturen des neuen Mächteeuropa."[5]

1.1.1. Das Reich: Habsburg – Böhmen – Liga und Union

In den habsburgischen Erblanden herrschte unter dem Kaisertum Rudolfs II. (*1552, 1576–1612) die starke Neigung des Adels zu politischer Eigenständigkeit und konfessioneller Opposition fort. Auf dem Balkan flammten zwischen 1593 und 1606 die Türkenkriege wieder auf. Solidarität der Reichsfürsten und der Stände war nur durch Religionskonzessionen zu erreichen; evangelische Lebensformen waren nunmehr jahrzehntelang geduldet worden.[6]

Die Krise des Hauses Habsburg schwächte auch seine Rolle im Reich. Die Urteile des Reichshofrates als des neben dem Reichskammergericht höchsten Reichsgerichtes verdächtigten die evangelischen Stände zunehmend als einseitig. Zum Eklat kam es um den Fall der Reichsstadt Donauwörth und um den sogenannten Vier-Klöster-Streit. Der jeweilige Anlass war klein, die Wirkung gewaltig: Der Fall Donauwörth wurde zu einer schweren Belastung für die nachfolgenden Reichstage 1608 und 1613, der Streit um die Klostergüter legte das Reichskammergericht und damit das ständische Instrument der Reichsjustiz lahm. Zwei entscheidende Reichsinstitutionen schieden nunmehr für die Moderation der bereits sehr verhärteten Konflikte aus.[7] Gleichzeitig vertiefte sich der Auslegungsstreit um den Augsburger Religionsfrieden: Ein neuer Wille zur Expansion seitens der Evangelischen stand einer neuen Entschiedenheit zum Rückgewinn bei den Katholiken gegenüber. 1608 schlossen sich eine Reihe evangelischer Stände unter dem Direktorium

---

5 Schilling, Heinz, Aufbruch und Krise. Deutschland 1517–1648, Berlin 1988, 406.
6 Vgl. Kaufmann 309–310.
7 Vgl. Gotthard, Axel, Die Vorgeschichte des Dreißigjährigen Kriegs. Ursachen, Anlässe und Zuspitzungen, in: Hartmann, Peter C./Schuller, Florian (Hrsg.), Der Dreißigjährige Krieg. Facetten einer folgenreichen Epoche, Regensburg 2010, 23–45.

der Kurpfalz zum Schutzbündnis der Union zusammen, 1609 folgte die katholische Liga. Eine neue Welle konfessioneller Publizistik befeuerte die Polarisierung.[8]

Die Regierungskrise der Habsburger verstärkte die Neigung der habsburgischen Kronländer (Böhmen, Mähren, Schlesien, Ober-/Niederlausitz), ihr Landesbewusstsein zu einem ‚Kronpatriotismus' auszubauen. 1609 musste Rudolf II. den böhmischen und schlesischen Ständen sogenannte Majestätsbriefe zugestehen (9.7. und 20.8.1609): Sie gestatteten Religionsfreiheit und den Aufbau einer evangelischen Kirchenorganisation. Aber es blieb unklar, wie weit sich diese Rechte erstrecken sollten. Nach dem Tod Rudolfs begannen die Habsburger klare gegenreformatorische Akzente zu setzen. Doch der böhmische Adel hatte längst Verbindungen zur Kurpfalz geknüpft, der wichtigsten reformierten Macht im Reich. Kurfürst Friedrich V. (1596–1632) verknüpfte das Anliegen der Böhmen mit einer anti-habsburgischen Politik im europäischen Maßstab: Auch Frankreich, England und die Generalstaaten der Niederlande mussten sich interessieren für das, was in Prag vor sich ging. Friedrich V. folgte damit einer seit der Mitte des 16. Jahrhunderts konstanten Linie der Pfälzer Politik: Internationale evangelische Solidarität, Anerkennung des Calvinismus, Freistellung weiterer Reformationen im Reich, Aufhebung des Geistlichen Vorbehalts, Reformationsrecht für die Reichsstädte, Kampf gegen die vermeintliche Parteilichkeit des Kaisers, des Reichskammergerichts und des Reichshofrates sowie gegen die Jesuiten und die katholische Publizistik mit ihrer engen Auslegung des Religionsfriedens. Dieses Szenario war Bühne und Auftakt des großen Krieges.[9]

1.1.2. Spanien: Reconquista – katholisches Königtum – Inquisition

Eine zweite große Problemzone bildeten die in höchstem Maße konfessionspolitisch aufgeladenen Kämpfe Habsburg-Spaniens vor allem mit Frankreich und den Niederlanden; mit Frankreich um die Vorherrschaft in Europa, mit den Niederlanden um deren politische Unabhängigkeit und Religionsfreiheit. Spaniens Reconquista hatte seine Zugehörigkeit zum christlichen Europa einerseits befestigt. Andererseits schlug es einen katholisch-nationalistischen Kurs ein, der sich gegenüber den religionspolitischen Entwicklungen des 16. und 17. Jahrhunderts

---

8 Vgl. Kaufmann, Thomas, Dreißigjähriger Krieg und Westfälischer Friede. Kirchengeschichtliche Studien zur lutherischen Konfessionskultur (Beiträge zur historischen Theologie, Bd. 104), Tübingen 1998, 10–23. Leppin, Volker, „....das der Römische Antichrist offenbaret und das helle Liecht des Heiligen Evangelii wiederumb angezündet" – Memoria und Aggression im Reformationsjubiläum 1617, in: Schilling, Heinz (Hrsg.), Konfessioneller Fundamentalismus. Religion als politischer Faktor im europäischen Mächtesystem um 1600, München 2007, 115–131.
9 Vgl. Evans, R. J. W./Thomas, T. V. (Hrsg.), Crown, Church and Estates. Central European Politics in the Sixteenth and Seventeenth Centuries, Houndsmill/London 1991, 1–122.

vollkommen abschloss. An dieser Entwicklung war die Inquisition in einem hohen Maße beteiligt.[10] Die Gleichsetzung von Nationalbewusstsein und Katholizismus bestimmte auch die Haltung, welche die führenden Kreise Spaniens zu den europäischen Reformationen einnahmen. In diesem Klima wurde die blühende Frömmigkeitslandschaft des spätmittelalterlichen und frühneuzeitlichen Spaniens gezielt ausgetrocknet.

Dies bestimmte die Haltung Spaniens am Vorabend des großen Krieges. Die spanischen Könige verstanden sich als Verteidiger des europäischen Katholizismus, verantwortlich für Sittlichkeit und Glaubensleben ihrer Länder. Eine in hohem Maße vom Königtum abhängige Kirche war über Bischofsbestellungen und Reformgesetzgebung, aber auch im Medium der Inquisition bestrebt, die Gesellschaft politisch und ideell zu binden und zu disziplinieren. Es war die europäische Dimension dieser Politik, welche die spanischen Habsburger zur äußersten Anstrengung, dann mehr und mehr auch zur Überanstrengung der Kräfte antrieb. Diplomatie und Kriege, weitgehend aus den Silber- und Goldvorkommen der ‚Neuen Welt' finanziert, zehrten durch die Rivalität mit Frankreich und England und durch den Kampf gegen die Niederlande immer mehr Substanz auf; bis zur Mitte des 17. Jahrhunderts (Pyrenäenfrieden mit Frankreich 1659) musste Spanien seine europäische Führungsrolle an Frankreich abtreten.

1.1.3. Frankreich: Konfessioneller Bürgerkrieg – Machtpolitik jenseits des Konfessionellen

Frankreich unterschied sich religions- und mächtepolitisch in vielem von den übrigen europäischen Vormächten. Anders als in Deutschland, wo die Schwäche der Reichsinstitutionen und die Stärke der Territorien zu einem Konfessionskonflikt entlang der Grenzen der deutschen Länder führte, anders auch als in Spanien, in welchem Inquisition, Konformismus und religiös flankierter politischer Idealismus, trotz heftiger Konflikte, ein rein katholisches Land bewahrt hatten,[11] stürzte das Übergreifen des Protestantismus Frankreich in einen jahrzehntelangen Bürgerkrieg.[12] Die französischen Konfessionskriege sollten sich – als eine „Serie von Thronfolge- und Ständekriegen"[13] – in Wellen bis in die 1620er Jahre hinziehen.

---

10 Vgl. Delgado 92–98.
11 Vgl. Delgado 129–130.
12 Vgl. Kaufmann 279–280.
13 Burkhardt, Johannes, Der Dreißigjährige Krieg, Frankfurt/M. 2009, 42. Vgl. Benedict, Philip, The Faith and Fortunes of France's Huguenots, 1600–85, Aldershot/Burlington 2001. Schilling, Heinz, Konfessionalisierung und Staatsinteressen. Internationale Beziehungen 1559–1660, Paderborn u. a. 2007, 424–435. Knecht, Robert J., The French Wars of Religion, 1559–1598, London 2010.

Im April 1598 bestätigte Heinrich IV. (*1553, 1589–1610) im Edikt von Nantes zwar den Katholizismus als französische Staatsreligion und begrenzte somit das weitere Wachstum der hugenottischen Partei, aber er gestand ihr Gewissensfreiheit und das Recht auf eigenen Gottesdienst zu. Öffentliche Ämter sollten ihnen nicht verweigert werden und paritätische Gerichtshöfe sollten Rechtsbeugung verhindern helfen. Geheime Zusatzartikel gewährten das Recht auf befestigte Sicherheitsplätze und eigene politische Organisationsstrukturen. Nur vorsichtiges Dissimulieren ermöglichte es den französischen Königen, nach einer Reihe politischer Morde und vier Jahrzehnten Bürgerkrieg so viel innenpolitischen Frieden herzustellen, dass sich die konfessionelle Koexistenz der katholischen Mehrheit und der protestantischen Minderheit als kulturell und wirtschaftlich fruchtbare Konkurrenz entfalten konnte. Das Königtum des Ediktes von Nantes sah sich nun als Schiedsrichter über den Religionsparteien, beanspruchte aber auch Titel wie „Schiedsrichter der Christenheit", deren unverkennbar europäischer Anspruch zur Voraussetzung für das Selbstverständnis Frankreichs unter dem leitenden Minister Richelieu (1585–1642) werden sollte. Nach der Ermordung Heinrich IV. durch einen fanatischen Katholiken (1610) destabilisierte sich die innenpolitische Lage Frankreichs unter Ludwig XIII. (*1601, 1610–1643). Nach 1622 war Frankreich erneut Kriegsgebiet zwischen hugenottischen und königlichen Truppen. Militante beider Seiten fügten, wo sie dominierten, der jeweils anderen Konfession schwere Schäden und Demütigungen zu. Seit Richelieu 1624 Mitglied des Kronrats geworden war, dominierte er die königliche Politik; 1624 bis 1628 wurde La Rochelle als Hugenottenfestung belagert und am Ende zur Kapitulation gezwungen. Der „Gnadenfriede von Alès" (27.6.1629) und das Edikt von Nîmes (1629) bestätigten zwar die religiösen Zugeständnisse des Ediktes von Nantes, suspendierten aber alle politischen Privilegien (Sicherheitsplätze, politisches Versammlungsrecht).

Daher wurde für die Haltung Frankreichs im Dreißigjährigen Krieg bestimmend, dass sich nach dem Ende des konfessionellen Bürgerkrieges in Paris die Partei der ‚Politiques' durchgesetzt hatte, gegen den rigiden tridentinisch-prospanischen Konfessionalismus, der die Hugenottenkriege lange genährt hatte. Nach der Beendigung der innenpolitischen Auseinandersetzungen auf die europäische Bühne zurückgekehrt, entschied das nun rasch wieder mächtige katholische Land unter der Führung der Kardinäle Richelieu und Mazarin (1602–1661) nicht mehr konfessions-, sondern machtpolitisch. Es wandte sich, zunächst nur durch seine Bündnispolitik mit den deutschen Protestanten und durch militärische Subsidienzahlungen, später dann mit einer direkten militärischen Intervention gegen den habsburgischen Machtblock in seinem Süden, Westen und Norden und gegen das Erstarken des katholischen Kaisertums im durch den Konfessionskrieg erschütterten Deutschen Reich.

1.1.4. Die Niederlande: Calvinismus – überseeische Expansion – politische Emanzipation

In den Niederlanden expandierten seit der Mitte des 15. Jahrhunderts Handel und Wirtschaft, die Städte wuchsen an Einwohnerzahlen und politischem Gewicht. Eine zunehmend mündige Bürgerschaft förderte den Ausbau der Bildungseinrichtungen (Stadtschulen, Lateinschulen und Universitäten). An dieser Bildungsexpansion waren in vielen Städten die der *Devotio moderna* verpflichteten ‚Brüder vom gemeinsamen Leben' beteiligt; ein christlich-biblischer Humanismus prägte den Unterricht und damit das gesamte geistige Klima. Die Reformation fand in den Niederlanden vor allem in ihrer oberdeutschen, zwinglianisch-calvinistischen Gestalt Eingang, und die Entscheidung für den Konfessionswechsel stand in engem Zusammenhang mit der Opposition gegen die Zentralisierungsbestrebungen der spanischen Habsburger. Der Widerstand richtete sich einerseits gegen die rigorose Durchsetzung eines als fremd und übergestülpt empfundenen politischen Systems zentralisierter Verwaltung, Rechtsprechung und Steuererhebung. Andererseits aber löste ebenso die unversöhnliche Inquisition gegen Täufer und Calvinisten zunehmenden Unmut aus. Die niederländischen Provinzen und sozialen Gruppen vor allem des Nordens – ansonsten keineswegs homogenen Traditionen und Interessen verpflichtet – fanden sich zunehmend zu einer Opposition zusammen.[14]

In den Kämpfen mit den Spaniern kristallisierten sich so zwei getrennte Staatenbildungen heraus: im Süden eine bleibend spanische, katholische Landesherrschaft, im Norden hingegen die als Staatenbund verfasste Republik der Vereinigten Provinzen, in der trotz der tatsächlich multikonfessionellen Struktur die niederdeutsch-reformierte Kirche als einzige den Status einer Öffentlichkeitskirche erlangte. In den Provinzialbehörden und städtischen Magistraten blieben die humanistischen Ideen individueller Religionswahl und Gewissensfreiheit dauerhaft einflussreich. Auf diese Weise entstand eine plurale Gesellschaft, in der die reformierte Kirche privilegiert war, ohne zur ausschließlichen Staatskirche zu werden. Die in der reformierten Kirche ausgebrochenen dogmatischen Auseinandersetzungen führten zwar 1618–1619 auf der Dordrechter Synode zu ihrer Spaltung, ein religiöser Bürgerkrieg oder ein Zerfall der Vereinigten Provinzen konnten aber vermieden werden. Staat, Gesellschaft und Wirtschaft konsolidierten sich ebenso wie das bleibend aufgefächerte religiöse Spektrum.

1609 konnten die nördlichen Provinzen einen zwölfjährigen Waffenstillstand mit den Spaniern schließen. Sie nutzten ihn, um fern vom europäischen Schauplatz die spanischen und portugiesischen Kolonien für ihre „Ostindische Kompanie" zu erobern. Die Auseinandersetzungen Spaniens mit Frankreich und England hatten die spanische Vormachtstellung zur See dauerhaft in Frage gestellt und mit

---

14 Vgl. Kaufmann 274–281.

dem Untergang der spanischen Armada (bereits 1588) den Holländern Gelegenheit gegeben, auf Kosten der Spanier Handel und Schifffahrt auszubauen. Als daher nach 1621 der spanisch-niederländische Krieg als Teil des Dreißigjährigen Krieges fortgesetzt wurde, handelte es sich nicht mehr um einen auch religiös motivierten Unabhängigkeitskrieg, sondern um das „Ringen zweier europäischer Großmächte um politische und kommerzielle Einflusszonen in Europa und Übersee".[15]

1.1.5. Der Ostseeraum: Konfessionelle Identitätsbildung – Kampf um das „Mare balticum"

Der Ostseeraum entwickelte sich gleichzeitig zu einem Konfliktherd, der für Verlauf und Ausgang des Dreißigjährigen Krieges von enormer Bedeutung werden sollte. Das ‚Dominium maris baltici' berührte unmittelbar die politischen, strategischen und wirtschaftlichen Interessen Dänemarks, Schwedens, Polens und Russlands.[16] Dänemark war ein klar lutherisch gebundener Machtfaktor, der den norddeutschen Protestantismus verteidigte, sich damit aber auch den norddeutschen Raum als politische Einflusszone zu sichern versuchte. Insofern war Dänemark in den sich anbahnenden Auseinandersetzungen zwischen protestantischer Union und katholischer Liga bereits Partei. Schweden, in steter Konkurrenz mit der einstweiligen Vormachtstellung Dänemarks, stand gegen Ende des 16. Jahrhunderts im Spannungsfeld zwischen einer in Polen regierenden katholischen und einer im schwedischen Mutterland einflussreichen lutherisch-orthodoxen Linie des Hauses Wasa. Als Sigismund III. Wasa, König von Polen (*1566, 1587–1632) 1592 auch in Schweden die tridentinische Liturgie einzuführen und die Jesuiten zuzulassen versuchte, wies der Herzog Karl von Södermannland (1550–1611) diese Intervention in die Religionsautonomie der schwedischen Lande entschieden zurück, verbannte Jesuiten und katholische Priester und wurde im Gefolge der Auseinandersetzungen 1604 vom Reichstag gegen die katholisch-polnische Linie des Hauses Wasa zum König von Schweden gewählt. Zwischen Polen und Schweden entstand also gleichzeitig ein dynastischer wie konfessioneller Aushandlungsbedarf, obwohl die habsburgische Bündnispolitik noch auf eine große ostmitteleuropäische katholische Einflusszone von den habsburgischen Erblanden über Böhmen und Polen bis hinauf nach Skandinavien und ins Baltikum hinzuwirken versucht hatte. Schweden trat in den großen europäischen Krieg ein, als im Verlauf des deutschen Konfessionskrieges die Kaisermacht in den Norden Deutschlands vordrang, Schweden die

---

15 Schilling, Aufbruch, 409. Vgl. Schilling, Konfessionalisierung, 435–448, 538–546.
16 Vgl. Asche, Matthias/Schindling, Anton (Hrsg.), Dänemark, Norwegen und Schweden im Zeitalter der Reformation und Konfessionalisierung. Nordische Königreiche und Konfession 1500 bis 1600, Münster 2003.

kontinentale Gegenküste streitig zu machen und zudem die antischwedische polnische Politik zu unterstützen schien. Auch der Kriegseintritt Schwedens also, wie der Dänemarks und der westeuropäischen Mächte, war in einer komplexen Gemengelage aus Religionspolitik und Machtinteresse vorstrukturiert.

1.2. Die „Friedlosigkeit der Frühen Neuzeit"

Der Faktor Religion nahm mithin auf die „Friedlosigkeit der frühen Neuzeit"[17] in einer dreifachen Weise Einfluss: Ein erstes wesentliches Moment liegt darin, dass es nachreformatorisch unmöglich wurde, Idee und Anspruch der christlichen Universalmonarchie in politisches Handeln zu übersetzen, ohne Kriege und Bürgerkriege auszulösen. Der Gedanke der *Monarchia universalis* war in der Vorstellung der Abfolge der weltgeschichtlichen Epochen und der Weltreiche zwar vornehmlich ein Bestimmungsmoment weltlicher Herrschaft, er hatte sich aber unter Karl V. (*1599, 1519–1556, †1558) und in der zweiten Hälfte des 16. Jahrhunderts unter den verschiedenen Linien des Hauses Habsburg auf der Machtachse Wien – Madrid intensiv mit dem Gedanken des Kampfes gegen die Häretiker verbunden. Gleichzeitig wurde den Habsburgern dieser Anspruch auch im unverkennbaren Universalismus des französischen Königtums streitig gemacht.

Gegen die Idee der Universalmonarchie machten auch die Reichsstände mobil. Sie pochten auf ‚teutsche Libertät'. Die evangelischen Fürsten fürchteten zudem um ihre neu entstandenen Konfessionskirchen; Konkurrenz und Bedrohungsängste schürten den Widerstandswillen. Alle Beteiligten betrachteten sich selbst als Verteidiger und Schützer der wahren Kirche und des überlieferten Evangeliums, und darum sahen sie ihre Politik eng an den Willen Gottes gebunden. Das universale christlich-abendländische, und darin religiös-politische Bezugssystem der europäischen Welt musste zum Krieg führen, als diese in Nationen und Konfessionen zerbrach; beide Momente wirkten wechselseitig verstärkend.

Die Rolle der Religion konnte zweitens auch deshalb so bedeutsam werden, weil der frühneuzeitliche Staat im Vergleich mit modernen Staaten strukturell noch unfertig war und sich daher in einem hohen Maß der Religion bediente, um sich selbst innerlich zu festigen und in seiner Bindung an die transzendenten Mächte zu legitimieren. „Wenn die noch unfertigen werdenden Staaten zu ihrer Legitimation und Organisation auf die Konfession angewiesen blieben, so handelten sie sich damit auch das Problem der strukturellen Intoleranz der frühen Neuzeit ein. Was sie nach innen festigte, machte sie nach außen aggressiv."[18] Das Reformationsjubiläum von 1617 und das hundertjährige Jubiläum der

---

17 Vgl. Burkhardt, Friedlosigkeit, 509–574.
18 Burkhardt, Krieg, 143.

Confessio Augustana von 1630 zeigten in protestantischen Propagandaschriften und katholischen Gegenschriften, wie virulent der religiöse Gegensatz für das Selbstverständnis der kontrastierenden deutschen Öffentlichkeiten nach wie vor war. Allerdings lassen sich nicht alle Ereignisse dieses Krieges konfessionell verstehen, etwa der Eintritt des katholischen Frankreich gegen das katholische Habsburg und die Liga. Auch die protestantischen Reichsstände verhielten sich nicht einheitlich entlang der Bekenntnisgrenzen. Nicht zuletzt bedeutete Kriegserfahrung für die geschundenen Landstriche und Städte auch die bittere Einsicht, dass die Härten und Zumutungen durch Freund und Feind im Grunde nicht zu unterscheiden waren.

Denn drittens hat sich für einzelne politische Führungsgestalten und ihre Beichtväter oder Hofprediger gezeigt, dass sie den Krieg als geradezu ‚heiligen Krieg' verstanden. Bis in die allerletzten Kriegstage hinein sind nicht nur bei Jesuitenzöglingen der Reichskirche, sondern auch unter den protestantischen Vormächten „providenzielles Selbstverständnis" und „konfessionspolitisches Vorkämpfertum"[19] zu beobachten. Weil Religion und Kirche mit der Entwicklung von Staat und Gesellschaft unlöslich verzahnt worden waren, trug die Religion zur ‚prinzipiellen' und erbitterten Härte und zur langwährenden Unfähigkeit, den Krieg zu beenden, nicht unerheblich bei. Aber auch das war nur eine Seite der Medaille. Denn die *hardliner*-Position blieb zum Schluss nur noch denen eine Option, die nichts zu entscheiden hatten, weil ihnen im großen Ringen der 1640er Jahre alle konkreten Machtmittel längst bis zu völliger Ohnmacht aus der Hand genommen waren.

1.3. Verlauf und Phasen des Krieges

Initialzündung für den großen Krieg wurden die gegensätzlichen Interpretationen des kaiserlichen Majestätsbriefes von 1609. Kaiser Ferdinand II. (*1578, 1619–1637), seit 1617 böhmischer König, hatte seine Residenz nach Wien zurückverlegt und auf der Prager Burg Statthalter eingesetzt. Diese ließen, den Majestätsbrief von 1609 eng auslegend, evangelische Kirchen abreißen, die auf katholischem Kirchengrund errichtet worden waren. Eine radikale Gruppe von Ständevertretern nahm das zum Anlass für einen Aufstand mit klaren Zielen: Emanzipation des eidlich gebundenen Wahlkönigtums von den Habsburgern, Verdrängung des Katholizismus. Keineswegs im spontanen Tumult, sondern in einer geplanten Aktion revoltierten Vertreter des böhmischen Adels. Sie verlasen ein gegen die kaiserlichen Statthalter vorformuliertes Urteil und stürzten sie aus dem Fenster des Prager Hradschin in die Tiefe – eine historisch berühmte Szene mit den schrecklichsten

---

19 Burkhardt, Krieg, 136.

Folgen (23.5.1618). Das endlose Leid des Kriegsgeschehens, welches sich daraus entwickelte, wird derzeit im Wesentlichen in vier Phasen unterschiedlichen Charakters unterteilt.

1.3.1. Böhmisch-pfälzischer Krieg

Den böhmisch-pfälzischen Krieg (1618–1623) führten Kaiser Ferdinand II. und Maximilian I. von Bayern (1573–1651) als Führer der katholischen Liga und Exponenten des tridentinischen Katholizismus. Denn die Stände der Wenzelskrone hatten eine gegen Habsburg gerichtete *Confoederatio Bohemica* beschworen (31.7.1619) und den europäisch vernetzten Calvinisten und Führer der protestantischen Union, Friedrich V. von der Pfalz, zum König gewählt. Die evangelischen Höfe konnten nicht zu einer geschlossenen Stellungnahme finden. Einige betonten vehement, hier gehe es um Glauben und Religion gegen die widerchristlichen Mächte. Andere sahen eine große Gefahr für Ordnung und Frieden des Reiches heraufziehen. Hier stand nicht heißer Religionsfundamentalismus gegen kühle Staatsraison. Vielmehr ließen sich unterschiedliche Verknüpfungen von Politik und Religion nicht mehr in Einklang bringen. Für die Katholiken war der Krieg in Böhmen beides zugleich: Exekution des Reichsrechts und Krieg um die Religion. Für die Evangelischen war er entweder das eine oder das andere.

Als Friedrich sich an die Spitze der böhmischen Adelsrepublik stellen ließ, entsprach deren militärisches und politisches Gewicht ihrem religiösen Befreiungsanspruch nicht: Friedrich V. wurde in der Schlacht am Weißen Berg (8.11.1620) mit einem Schlag beseitigt; der ‚Winterkönig' floh in die Niederlande. Die katholische Restauration in Böhmen wurde ein Strafgericht bislang kaum gekannten Ausmaßes: mit Hinrichtungen, Enteignungen und Auswanderung. Die vernichtete tschechische Nobilität wurde durch landfremde Geschlechter ersetzt. Einer der Hauptprofitierenden war der nunmehrige kaiserliche Kommandant Albrecht von Wallenstein (1583–1630), der als junger Mann zum Katholizismus konvertiert war, die Nähe des zukünftigen Kaisers gesucht hatte und für dessen Krieg gegen die böhmischen Adelslande hohe Vorschüsse leistete. Spanisch-habsburgische- und Liga-Heere unter Johann Graf von Tilly (1559–1632) besiegten in kurzer Zeit nicht nur die kurpfälzischen Stammlande, sondern agierten auch in Nordwestdeutschland gegen plündernde Söldnerführer. Maximilian von Bayern erhielt als Gegenleistung für sein Engagement die Kurwürde der besiegten Pfalz. Gleichzeitig wurden schon jetzt die europäischen Ausweitungen des Konflikts sichtbar: Der 1609 geschlossene Waffenstillstand zwischen Spanien und der niederländischen Republik war 1621 ausgelaufen; um die Expansion der niederländischen Handels- und Kolonialmacht einzudämmen, benötigte Spanien die Kurpfalz als Korridor zu seinen flandrischen Besitzungen. Dies wiederum musste über kurz oder lang Frankreich auf den Plan rufen.

1.3.2. Dänisch-niedersächsischer Krieg

Die zweite große Phase der Auseinandersetzungen begann mit dem dänisch-niedersächsischen Krieg (1625–1629). Der dänisch-norwegische König Christian IV. (*1577, 1588–1648), als Herzog von Schleswig und Holstein gleichzeitig deutscher Reichsfürst, betrachtete die norddeutschen Bistümer Bremen und Verden als Versorgungsbasis für seine Söhne und suchte daher deren Verbleib beim Protestantismus zu sichern, indem er eigene Truppen aufstellte und die in Westfalen operierenden Kontingente Tillys bedrängte. Kaiserliche und ligistische Truppen unter Wallenstein und Tilly besetzten daraufhin ganz Norddeutschland und damit einen gewichtigen Teil der protestantischen Territorien.

Der Kaiser, durch diese militärischen Erfolge auf dem Höhepunkt seiner Macht, wurde von den geistlichen Kurfürsten und dem Bayernherzog 1629 zum Erlass des sogenannten ‚Restitutionsediktes‘ gedrängt. Als strikt katholische Interpretation des Augsburger Religionsfriedens deklarierte das Edikt daher ein rein kaiserliches Auslegungsrecht des Vertrages von 1555: Die Erzbistümer Bremen und Magdeburg, sieben weitere norddeutsche Bistümer und etwa fünfhundert landsässige Klöster, seit 1552 evangelisch geworden, standen zur katholischen Restitution an. Zudem gelte der Religionsfrieden nur für die Anhänger der *Confessio Augustana invariata*, also die Lutheraner;[20] Calvinisten wurden als Ketzer, denen die Acht drohte, reichsrechtlich vereindeutigt. Drittens wurde das Bestreben der Protestanten, vom Augsburger Frieden zu einer gänzlichen Freistellung des Bekenntnisses voranzuschreiten, ins Gegenteil verkehrt. Die *Declaratio Ferdinandea*, eine stets umstrittene Nebenerklärung zum Augsburger Religionsfrieden,[21] sollte nun nicht mehr gelten. Das bedeutete konkret: Geistliche Territorien konnten zwar aufgrund des geistlichen Vorbehalts nicht evangelisch werden, aber den geistlichen Reichsfürsten wurde umgekehrt ein *ius reformandi* für evangelische Städte und Ritterschaften ihres Territoriums zugebilligt. Das Restitutionsedikt folgte – immerhin – nicht den katholischen Maximalisten. Dennoch war es für die Evangelischen ein Affront: Die Schärfe seiner Durchführung durch kaiserliche Kommissare und ligistische Truppen, die den Kaiser zum ‚Meister von Teutschland‘ zu erheben schien, verspielte letzte Friedenschancen, die noch ohne gewaltsame Einwirkungen anderer europäischer Mächte möglich gewesen wären. Die Lutheraner forderten nun den äußersten Einsatz für das in Bedrängnis geratene Gottesvolk: einen „Krieg des Herrn" und darin den „Anfang vom Ende der Geschichte, die apokalyptische Schlacht zwischen den Kindern des Lichts und den Mächten der Finsternis".[22]

---

20 Vgl. Kaufmann 304.
21 Vgl. Kaufmann 303.
22 Kaufmann, Thomas, Lutherische Predigt im Krieg und zum Friedensschluß, in: Bußmann, Klaus/Schilling, Heinz (Hrsg.), 1648 – Krieg und Frieden in Europa, Textbd. I: Politik, Religion, Recht und Gesellschaft, Münster – Osnabrück 1998, 245–250, 249.

Die kurzzeitige Vormachtstellung des Kaisers und der katholischen Reichsstände wurde jedoch von diesen selbst unterminiert: Sie erzwangen die Entlassung Wallensteins als militärischen Träger der Kaisermacht. Sie ertrugen seinen Aufstieg zum Reichsfürsten nicht; seine Heere beuteten auch Land und Leute der Katholiken aus; eine so gewaltige Militärmacht in der Hand des Kaisers konnte die ganze Reichsverfassung zugunsten einer Zentralmonarchie aushebeln. Die tatsächlichen Absichten Ferdinands waren damit allerdings ganz verfehlt. Ihm ging es – im Rahmen der Reichsverfassung, nicht gegen sie – vielmehr um eine „intensivere Verpflichtung der Kurfürsten auf die kaiserliche Politik" durch eine „Readjustierung der Gewichtsverteilung zwischen Kaiser und Reich", keineswegs um den „Versuch einer autonomen Kaiserpolitik auf der Grundlage seiner militärischen Machtmittel, ohne Rücksicht auf Reichsverfassung und Herkommen."[23] Flexible Vermittlung war ihm wichtiger als ein ambitionierter „Reichsabsolutismus". Auf dem Höhepunkt des katholischen Einflussgewinns zwang man den Kaiser, seinen erfolgreichsten Feldherrn zu entlassen, seine Truppen drastisch zu reduzieren und der katholischen Liga zu unterstellen (Regensburger Kurfürstentag, 3.7.– 12.11.1630).

1.3.3. Schwedischer Krieg

Kurz darauf, 1630, begann mit der Landung Gustav II. Adolfs von Schweden (*1594, 1611–1632) in Pommern die schwedische Phase des Krieges (1630–1635). Die Forschung hat vorrangig hier die Zäsur gesehen: Religiöse Motivationen, Strategien und Legitimationen seien zwar erhalten geblieben, die vergleichsweise klaren konfessionellen Konfliktlinien hätten aber begonnen, sich mehr und mehr zu verwischen. Denn die ureigenen Interessen Gustav Adolfs waren zunächst begrenzt: Sie richteten sich gegen den Konkurrenten Dänemark und wollten die Vorherrschaft Schwedens im Ostseeraum sichern, die durch die norddeutsche Expansion der Kaiserlichen bedroht war. Gleichzeitig konnte sich Gustav Adolf von den protestantischen Ständen des Reiches als lutherischer Glaubensheld und als Retter des Evangeliums feiern lassen, dem Gott selbst Sieg um Sieg schenkte. Der französischen Diplomatie hingegen präsentierte er sich nicht als Glaubenskrieger, sondern als Gegner Habsburgs und Verteidiger der deutschen Fürstenlibertät. Darum unterstützte Richelieu die Schweden mit üppigen Subsidienzahlungen, ließ sich aber gleichzeitig zusichern, dass in allen eroberten Gebieten die katholische Religion nicht angetastet werden sollte (Vertrag von Bärwalde, 23.1.1631). So konnte man sich in Rom als katholische Schutzmacht präsentieren, gleichzeitig ureigene Ziele verfolgen und diplomatische Verbindungen gegen den ‚kaiserlichen Absolutismus'

---

23 Brockmann, Thomas, Dynastie, Kaiseramt und Konfession. Politik und Ordnungsvorstellungen Ferdinands II. im Dreißigjährigen Krieg, Paderborn u. a. 2011, 453; vgl. 447–463.

nicht nur mit den protestantischen Ständen im Reich, sondern selbst mit Bayern knüpfen. Der schwedische Kriegseintritt beendete die Vormachtstellung der Katholischen aus der ersten und zweiten Phase des Krieges. Das alles spräche dafür, dass der Konfessionskrieg hier beendet war. Doch es hängt viel davon ab, ob man auf die im Nachhinein sichtbar werdenden Strukturen oder auf die real wirksamen Einstellungen der Akteure schaut.[24] Denn mindestens im Reich setzte sich gerade bei ihnen die Auffassung fest, dass der Krieg um die Religion nun erst richtig begonnen habe.

Die schwedischen Operationen richteten sich zunächst auf ihre norddeutschen Interessensgebiete, dann aber eindeutig gegen die Reichskirche und Bayern (Schlacht bei Breitenfeld, 17.9.1631). Diese Entwicklung war den Zeitgenossen auch ein religiöses Fanal: demonstrative Beseitigung katholischer Eliten, entehrende Enteignung und Plünderung, Zerstörung heiliger Gräber. Wie die katholische Dominanz vorher folge das einem klaren Zeichensystem: Schweden kämpfe nun für eine Umgestaltung des Reiches im Sinne der protestantischen Auslegung des Religionsfriedens. Mindestens ging es um eine Schwächung der Reichskirche, um die Beseitigung des geistlichen Vorbehalts, um die völlige Freistellung des Bekenntnisses zugunsten der evangelischen Partei, und darüber hinaus, wenn erreichbar, um einen Sieg gegen Österreich und den Anfang eines evangelischen Kaisertums. So hoch flogen die Erwartungen – so tief gründeten die Ängste. Im evangelischen Lager kannte die Gustav-Adolf-Verehrung keine Grenzen mehr; seine Siege waren „Gottes Werk", den Großtaten der Könige des Alten Testaments vergleichbar.[25] Der „Löwe aus Mitternacht", der „nordische König", der Sieger über das Papsttum und neue Kaiser – alle diese heilsgeschichtlichen Phantasien „einten den Protestantismus wie nichts und niemand vorher." Beide Konfessionsparteien schwankten zwischen vorsichtiger Kompromiss- und forcierter Kriegsbereitschaft, aber zunächst konnten sich hier wie dort die Hardliner durchsetzen. Bislang neutrale und reichsloyale Reichsstände wie Kursachsen wurden dadurch an die Seite des Schwedenkönigs gedrängt. Es scheint, dass der Krieg gerade jetzt, als er sich strukturell internationalisierte, für die Akteure im Reich in einer neuen Endgültigkeit „den Charakter einer religiösen Auseinandersetzung angenommen" hatte, und dass es „in beiden Konfessionslagern gute politische wie theologische Gründe gab,

---

24 Vgl. Holzem, Andreas, Religion und Kriegserfahrungen. Christentum und Judentum des Westens in der Neuzeit, in: Schild, Georg/Beyrau, Dietrich (Hrsg.), Kriegserfahrungen – Krieg und Gesellschaft in der Neuzeit, Paderborn u. a. 2009, 135–178. Holzem, Andreas, Barockscholastik in der Predigt. Kriegsethik, Sündenschuld und der Kampf gegen Trübsal und Verzweiflung, in: Ders. (Hrsg.), Krieg und Christentum. Religiöse Gewalttheorien in der Kriegserfahrung des Westens, Paderborn u. a. 2009, 553–595. Benedict, Philip, Religion and Politics in Europe, 1500–1700, in: Greyertz, Kaspar von/Siebenhüner, Kim (Hrsg.), Religion und Gewalt. Konflikte, Rituale, Deutungen (1500–1800), Göttingen 2006, 155–173.
25 Kaufmann, Krieg, 57; die folgenden Zitate ebd., 58, 60.

die eine Fortsetzung des Krieges rechtfertigten."[26] Darum drehte sich das Kriegsrad der *Fortuna* unberechenbar weiter: Tod Tillys (30.4.1632), Restituierung Wallensteins, Tod Gustav Adolfs (16.11.1632), Ermordung Wallensteins (25.2.1634), Schlacht bei Nördlingen (6.9.1634) usw.

1.3.4. Schwedisch-französischer Krieg

In der letzten Phase (1635–1648), die bei allen Strukturierungsproblemen der internationalen Beziehungen als schwedisch-französischer Krieg auf den Begriff gebracht wird, griff Frankreich im Bündnis mit den niederländischen Generalstaaten seinerseits mit eigenen Truppen in den Krieg ein. Beiden Partnern ging es dabei weniger um Wien als um Madrid, also um die spanische Position zwischen Frankreich, dem Reich und den Niederlanden. Frankreich warb offen für einen Abfall der katholischen geistlichen Kurfürsten und Fürsten vom Kaiser. Sie sollten sich mit Unterstützung Frankreichs mit Kursachsen und anderen protestantischen Vorderständen aussöhnen; dann würden sich die Aktivitäten der Schweden ganz auf Habsburg konzentrieren; der Krieg verlöre seinen konfessionellen Charakter. Aber Schweden ließ sich auf solche pragmatischen Ziele längst nicht mehr festlegen; man wollte der Reichskirche die eigenen Bedingungen diktieren. Diese Haltung zwang die Katholiken wieder zusammen und an die Seite Ferdinands und Maximilians.

Gleichzeitig vollzog sich ein weitreichender geistesgeschichtlicher Wandel, dem für die Neuzeit bis um 1800 eine kaum zu überschätzende verfassungs-, staats- und politikgeschichtliche Bedeutung zukam. In den Schrecken des Krieges löste sich die Allianz von Politik und Religion mehr und mehr auf. Die schiere Erschöpfung machte sich allenthalben geltend und trug zu der Einsicht bei, dass maximale Kriegsziele für niemanden mehr zu erreichen waren.[27] Im Frieden von Prag (30.5.1635) versuchte der Kaiser, die Verheerungen des Krieges durch eine Überwindung des politischen Konfessionalismus einzudämmen. Schon der Prager Frieden enthielt wesentliche Strukturelemente der späteren Reichsverfassungsordnung von 1648, auch wenn dem Calvinismus die Anerkennung zunächst weiterhin versagt blieb.

Diese internationale Konstellation bestimmte mit wechselndem Schlachtenglück und ungeheurem Zerstörungspotenzial den Kriegsverlauf bis zum Ende; nun ging der bis dahin stark von religiösen Motiven und Legitimationen geprägte

---

26 Brendle, Franz, Der Erzkanzler im Religionskrieg. Kurfürst Anselm Casimir von Mainz, die geistlichen Fürsten und das Reich 1629–1647, Münster 2011, 271.

27 Vgl. Asche, Matthias/Schindling, Anton (Hrsg.), Das Strafgericht Gottes. Kriegserfahrungen und Religion im Heiligen Römischen Reich Deutscher Nation im Zeitalter des Dreißigjährigen Krieges, Münster 2001. Berg, Holger, Military Occupation under the Eyes of the Lord. Studies in Erfurt during the Thirty Years War, Göttingen 2010, 133–271.

Kampf in eine Auseinandersetzung um die Rangordnung im sich bildenden europäischen Staatensystem über. Obwohl der Ausgang des Krieges in einem relativen Gleichgewicht der Mächte längst absehbar war, sollte sich die Umsetzung dieser Einsicht in einen Friedensschluss bis 1648 verzögern; mehrfach gerieten die katholischen Vormächte Bayern und Habsburg in dieser letzten Phase in schwerste Bedrängnis. So musste sich der endgültige Friede pragmatischen Maximen fügen, in denen es für Maximalforderungen keinen Spielraum mehr gab.

1.5. Der Westfälische Frieden

Obwohl auf den Schlachtfeldern und in den Quartieren, oft jenseits konfessioneller Zurechenbarkeit, Unversöhnlichkeit und Grausamkeit regierten, verschwanden Friedenssehnsucht und Friedenswille nie völlig; Elemente und Institutionen der Befriedung wurden bewahrt oder wiederentdeckt. Das Befriedungspotenzial des politischen Diskurses lag vor allem darin begründet, dass das mittelalterliche Ketzerrecht zur offiziellen Begründung politischer und militärischer Handlungen schon im 16. Jahrhundert nicht mehr getaugt hatte. Weil die konfessionellen Gegensätze in der politisch-rechtlichen Argumentation in der Regel „dissimuliert" und als „Rechtskonflikte unter Ausklammerung der religiösen Wahrheitsfrage" behandelt wurden, blieben die Instrumente des Reichsrechts einer „Konsensstrategie zwischen Katholiken und Protestanten" zugänglich, obwohl Motive und Ziele mit diesen Bekundungen keineswegs übereinstimmen mussten.[28] Zudem hatte die Loyalität wichtiger evangelischer Reichsstände gegenüber Reich und Kaiser den totalen Antagonismus ebenso begrenzt wie das im Prager Frieden deutlich werdende Zusammengehörigkeitsgefühl der Reichsstände insgesamt. Gruppenbindungen und ihre Loyalitäten hatten auch um des politischen Pragmatismus willen nie völlig aufgehört zu existieren. Außerdem gab es einen konfessionsübergreifend wirksamen Fundus gemeinsamer Ideen von christlicher Brüderlichkeit und Friedenspflicht, von humanistischer Verpflichtung, für die Wohlfahrt von Land und Menschen beizutragen. Selbst Anfänge eines ,deutschen' Patriotismus gegen die fremden europäischen Mächte auf Reichsgebiet begannen sich auszuwirken. Nicht zuletzt war die Suche nach dem Frieden auch „eine Frage von militärischer und finanzieller Erschöpfung oder klugem politischem Kalkül"; so standen spätestens seit 1643 intensive diplomatische Friedensbemühungen und unerbittliche Fortsetzung der Kriegshandlungen nebeneinander. Alles dies führte zu verstärkten Anstrengungen, mittels der Reichsjustiz ein tendenziell religionsneutrales Friedensinstrument zu entwerfen.

---

28 Asche/Schindling, Strafgericht, 28. Das folgende Zitat ebd., 33.

Der 1643 zaghaft eröffnete Friedenskongress in Münster und Osnabrück stand als glänzendes gesellschaftliches Dauerereignis in hartem Kontrast zu den fortdauernden Kriegshandlungen.[29] Das in Jahrzehnten des Krieges mit Frankreich und den Niederlanden erschöpfte Spanien schloss am 8. Januar 1647 mit den Generalstaaten Frieden auf der Basis der Anerkennung ihrer Souveränität, um diese aus dem Bündnissystem mit den Franzosen herauszulösen. Erst am 6. August 1648, nach weiteren leidvollen Zusammenstößen zwischen dem Kaiser, den Bayern und den Schweden, konnte in Osnabrück der Gesamtfriede bekräftigt werden. Der Westfälische Friede ist vornehmlich in drei Dimensionen zu beschreiben: als Ergebnis eines gesamteuropäischen Friedenskongresses, eines deutschen Verfassungskongresses und einer Befriedung der Religionsparteien.

In europäischer Perspektive besiegelte der Westfälische Friede das Auseinandertreten der österreichischen und spanischen Habsburger. Spanien büßte seinen Status als europäische Vor- und globale Seemacht ein, und Österreich orientierte sich vom Westen weg nach Ostmitteleuropa. Für Frankreich entstand hier die Grundlage seiner späteren Expansions- und Vormachtpolitik in Richtung der Rheingrenze. Schweden erreichte mit der Fortführung der deutschen Fürstenlibertät, den Territorialgewinnen an der Ostsee und hohen Entschädigungen ebenfalls seine Kriegsziele. Die Niederlande schieden endgültig aus dem Reich aus, um in einem ‚goldenen Zeitalter‘ zu einer Großmacht der wirtschaftlichen Expansion, der wissenschaftlichen und literarischen Kultur und der bildenden Künste aufzusteigen. Die Idee der europäischen Universalmonarchie trat zurück zugunsten eines stets neu auszubalancierenden Gleichgewichts der Mächte. Religiöse Gegensätze wurden aus dem Katalog gerechter Kriegsgründe ausgeschieden. Die Hoffnungen, die man 1648 damit verband, sollten sich allerdings nicht erfüllen, obwohl dem „christlichen Frieden" nunmehr eine gleichsam religiöse Würde zugeschrieben wurde. Die dynamische Konkurrenz der entstehenden Nationen sollte bis zur Mitte des 20. Jahrhunderts ihrerseits eine zerstörerische Kraft entfalten; die Verstaatlichung und Verrechtlichung des Krieges hat weder den entideologisierten Kabinettskriegen des 17. und 18. noch den ideologisierten Revolutions-, Nations-, Bürger- und Rassekriegen des späten 18. bis 20. Jahrhunderts ihr unkalkulierbares Gewaltpotential nehmen können.

Weiterhin gilt der Westfälische Friede als das wichtigste Reichsgrundgesetz bis zu seinem Untergang in den napoleonischen Kriegen. Das Friedensinstrument (*Instrumentum Pacis Osnabrugensis*, IPO) schrieb die Vorherrschaft der Stände gegenüber dem Reich, der Fürsten gegenüber dem Kaiser fest. Kein Absolutismus der Krone und kein Nationalstaat, sondern eine „Ausgleichsordnung der Herrschafts-

---

29 Repgen, Konrad u. a. (Hrsg.), Acta Pacis Westphalicae, Series 1–3, 49 Bde., Münster 1962–2013. Vgl. Repgen, Konrad, Dreißigjähriger Krieg und Westfälischer Friede. Studien und Quellen (Rechts- und Staatswissenschaftliche Veröffentlichungen der Görres-Gesellschaft, NF Bd. 81), Paderborn u. a. 1998, 153–180 und 723–765.

beschränkung, der Gewaltenteilung und der Konsensinstrumente"[30] entstand: Die Territorialhoheit, die auch eine eigenständige Außenpolitik frei stellte, brachte gleichzeitig die Grundlagen des deutschen Föderalismus hervor. Aus einer antifranzösisch-nationalgeschichtlichen Perspektive, die in Deutschland lange vorherrschte, musste der Frieden als Unglück erscheinen. Mittlerweile werden jedoch sehr viel positivere Bewertungen vorgetragen, die vor allem das Potenzial des Friedens hervorheben. Das konservative Rechtssystem des Reiches sicherte wechselseitige Kontrolle, Ausgleich und relative Sozialverträglichkeit.

Zur Befriedung der deutschen Religionsparteien endlich bestätigte sich in groben Zügen der Religionsfrieden von 1555, indem das IPO ihn präzisierend als volle Legitimität und Parität beider Konfessionen festschrieb und den Calvinismus unter die reichsrechtlich geschützten Bekenntnisse aufnahm. Auch dies war ein vorwiegend politischer Friedensschluss, während die religiöse Wahrheitsfrage, auf unabsehbare Ferne in der Schwebe gehalten, bewusst ausgeklammert wurde. Das ist keinesfalls mit ,Säkularisierung' oder ,Modernisierung' zu verwechseln. Beabsichtigt war vielmehr, die nun auf die Territorien bezogene intensivierte Praxis des konfessionalisierten Glaubens vor dem gewaltsamen Zugriff fremder Mächte zu schützen. Deshalb verbesserten sich die Bedingungen einer durchgreifenden Konfessionalisierung nach 1648; sie war nun nicht mehr auf agonale Ausbreitung eines Bekenntnisses und seiner Lebensformen, sondern auf deren weitere Konsolidierung und Vertiefung gerichtet. Konfessionalisierung war 1648 nicht beendet, sondern konnte neu Tritt fassen. Das Konfessionelle wurde durch die konfessionelle Neutralität der Reichsverfassung als „Abwehr einseitiger religiöser Herrschaft" auf der Ebene des Reiches und somit als „Entfaltung der Konfessionen in Koexistenz" auf der Ebene der Länder gesichert.[31]

Zu diesem Zweck wurde der konfessionelle Besitzstand des 1. Januar 1624 als sogenanntes ,Normaljahr' festgeschrieben, ein Zeitpunkt, der vor den großen kaiserlich-katholischen Eroberungen in Norddeutschland, gleichzeitig aber auch vor den großen Rückschlägen der katholischen Politik seit dem Kriegseintritt Schwedens und Frankreichs lag. Diese Religionsbestimmungen gingen faktisch erste Schritte auf dem Weg zu Toleranz und Religionsfreiheit. Der Konfessionswechsel des Landesfürsten führte keinen Bekenntniszwang für die Untertanen mehr herbei. Bis auf wenige Ausnahmen waren die Konfessionsverhältnisse im Reich damit eingefroren. Der Krieg, der als Symptom der Krise der Religionsverfassung des Reiches begonnen hatte, wurde beendet durch deren konfessionelle ,Neutralisierung'. Das Reichskirchenrecht von 1648 war weder durch protestantische Theologie zu begründen noch vom katholischen *Corpus Iuris Canonici* her gedeckt. Die

---

30 Heckel, Martin, Konfessionalisierung in Koexistenznöten. Zum Augsburger Religionsfrieden, Dreißigjährigen Krieg und Westfälischen Frieden in neuerer Sicht, in: Historische Zeitschrift 280/2005, 647–690, hier 668.
31 Heckel, Konfessionalisierung, 652.

Bereitschaft, in dieser ernsten Gewissensfrage gegen die konfessionellen Normen zu entscheiden, entsprang weder Gleichgültigkeit noch säkular-aufgeklärtem Politikdenken, sondern die Toleranz bewältigte vielmehr die blanke Koexistenznot; sie folgte dem Zwang zum Ausweg in einer Wirklichkeit, die nicht mehr auf den Begriff zu bringen war. Insofern bestätigte der Friedensschluss von 1648, dass der Dreißigjährige Krieg bleibend den Charakter des Krieges um die Religion in sich trug, auch wenn er gleichzeitig Staatenbildungs- und europäischer Hegemoniekrieg war.

Weil diese Regelung aus der Perspektive des Heiligen Stuhls mit einem für dauerhaft erklärten Verlust an Rechtspositionen und Kirchengut einherging, legte 1650 Papst Innozenz X. (*1574, 1644–1655) im auf den 20. November 1648 zurückdatierten Breve „Zelo domus Dei" gegen diese religionspolitischen Konsequenzen Einspruch ein.[32] Zelo domus Dei bedeutete keine vollständige Ablehnung des Friedensinstrumentes, sondern einen Einspruch gegen dessen Verletzungen des kanonischen Rechts, welche das IPO – anders als Augsburg 1555 – verstetigte. Die Teilnehmer des Friedenskongresses hatten den Protest vorhergesehen, wohl wissend, dass nur eine kleine Minorität der reichskirchlichen Bischöfe dahinter stand. Darum erklärten sie ihn in einer Antiprotestklausel von vornherein für unwirksam. Überdies konnte der Heilige Stuhl wissen, dass der späte, aus Prinzipientreue vordatierte Protest den Frieden weder im Vorhinein verhindern noch im Nachhinein schwächen würde.

In diesem Sinne einer systematischen Abtrennung des Politischen von Geltungsraum und -anspruch des kanonischen Rechts der katholischen Kirche, aber eben auch vom Universalismus des sich die Bahn brechenden Gotteswortes im evangelischen Kirchenverständnis, war der Westfälische Friede neuzeitlich. Man hat der seit dem Investiturstreit das Politische und das Religiöse unterscheidenden „dualistischen Religionsverfassung Europas" eine solche „Anlage zu Säkularisation" zugeschrieben.[33] Doch obwohl er das Recht von der unmittelbaren Bindung an Religionsgemeinschaften trennte und damit einen Raum für die autonome Entwicklung von Politik, Kultur und Gesellschaft eröffnete, war der Westfälische Friede dennoch nicht einfach ein weltlicher Friede. Die bereits 1555 eingeleitete und 1648 endgültig festgeschriebene ‚Politisierung' und ‚Neutralisierung' des religiösen Anliegens der Reichsverfassung führte nämlich weder zu einer Entchristli-

---

32 Vgl. Koller, Alexander, War der Papst ein militanter, kriegstreibender katholischer Monarch? Der Hl. Stuhl und die protestantischen „Häresien" um 1600, in: Schilling, Heinz (Hrsg.), Konfessioneller Fundamentalismus. Religion als politischer Faktor im europäischen Mächtesystem um 1600, München 2007, 67–82. Koller, Alexander, Imperator und Pontifex. Forschungen zum Verhältnis von Kaiserhof und römischer Kurie im Zeitalter der Konfessionalisierung (1555–1648), Münster 2012.

33 Schilling, Heinz, Der Westfälische Friede und das neuzeitliche Profil Europas, in: Die Kunst des Friedensschlusses in Vergangenheit und Gegenwart, Hannover 1998, 6–32, 19.

chung des Reiches noch der Politik überhaupt.[34] Schon der Westfälische Friede verstand sich nicht als konfessioneller, aber als „christlicher Friede": *Pax sit christiana*", wird das IPO eröffnet.

Einstweilen setzte sich in den deutschen Territorien die allumfassende Durchdringung der Politik mit religiösen Gehalten fort. Wo die Reichspolitik Religion in weltlich-juristische Formen zu gießen gezwungen war und auch die internationalen Beziehungen sich entideologisierten und entkonfessionalisierten, entfaltete sich auf der Ebene der Landesherrschaften der konfessionelle Staat, der in der zweiten Hälfte des 16. Jahrhunderts auf der Basis objektiver Bekenntnisdokumente entstanden war. Er hatte auch religiöse Gewissheit zu sichern und autoritär durchzusetzen, in ihm vertrat der Landesvater eine göttliche Statthalterschaft, und darum war auch alle Teilhabe an Herrschaft religiös durchtränkt. Den Rest Europas aber bestimmten andere Entwicklungen.

2. Konfession – Herrschaft – Gesellschaft

Es ist nicht ganz einfach, Europa nach dem Ende des Dreißigjährigen Krieges konfessionell zu kartieren. Ziemlich eindeutig erscheint: Der Süden und der Westen blieben katholisch: Italien, Spanien, Portugal, Frankreich, die südlichen Niederlande, Irland. Der Norden war protestantisch: die nördlichen und nordöstlichen Territorien des Reiches, die nördlichen Niederlande, England, Skandinavien, das Baltikum. Weniger eindeutig erscheint der nicht unbedeutende Rest. Man wird Polen-Litauen nicht unbesehen dem Katholizismus zuschlagen können. Schwierig zu beurteilen ist jener breite Streifen mitteleuropäischer ‚Nationen', die als Sprach- und Identitätsräume konfessionell uneindeutig blieben. Entweder stießen – wie im Heiligen Römischen Reich Teutscher Nation – katholische und evangelische Territorien eng aneinander, aber in einer rechtlich befriedeten Weise. Oder Konfessionalität lebte in sehr kleinen Räumen – Städten, Adelsherrschaften, ephemeren politischen Konstrukten –, in denen sich institutionalisierte Konfessionalität mit verdichteter Herrschaft kaum in Verbindung bringen ließ, wie in den Grenzgebieten zwischen westlichem und östlichem Christentum, zwischen habsburgischer und osmanischer Herrschaft. Die Forschung des letzten Jahrzehnts hat mit Recht Interkonfessionalität, Transkonfessionalität und konfessionelle Indifferenz verstärkt in den Blick genommen: Sogar dort, wo die Kirchen über ihr Bekenntnis, ihre Liturgien, ihre Ämter und ihre Bildungs- und Disziplinierungsinstrumente ein klares Profil gewinnen konnten, konnte Vieldeutigkeit religiösen

---

34 Vgl. Benedict, Religion, 156–173.

Denkens und Verhaltens fortbestehen. Selbst da, wo der sich strukturell herausbildende Staat konfessionelle Identität und kirchliche Institutionen für seine eigene Erstarkung nutzte, konnte er konfessionelle Überzeugungen nicht letztendlich kontrollieren. Die Konfession blieb über die Mitte des 17. Jahrhunderts hinaus ein überaus dynamischer, ja unberechenbarer Faktor des religiösen Lebens in Europa. Auch dort, wo der Staat sich eng an eine Konfession band, um für seine eigene Verdichtung das Legitimitätspotential religiöser ,Wahrheit' zu nutzen, auch dort, wo die religiösen Eliten der Idee weit entgegenkamen, ein politisches Gemeinwesen basiere auf dem religiösen Konsens seiner Bewohner, auch dort, wo Staat und Kirche sich gegenseitig privilegierten und kontrollierten, besaßen religiöse Überzeugungen und Praktiken eine unableitbare Dynamik.

Dabei schälte sich dennoch eine bemerkenswert differente Konstellation heraus: Der Katholizismus verstand sich *per se* als international, ja global. Er erlebte in Lateinamerika und Asien seine größte Expansionsphase seit der Spätantike, samt allen ethischen Ambivalenzen und regionalen Rückschlägen.[35] Im Protestantismus hingegen spaltete sich das Globalisierungspotential auf: Luthertum blieb etwas ausgesprochen Deutsches und konnte darüber hinaus nur in begrenzten Regionen Nordeuropas Fuß fassen. Calvinismus und Puritanismus hingegen entfalteten ihrerseits eine enorme Internationalität: erst in vielen Ländern Europas, dann im Laufe des 17. Jahrhunderts auch in Nordamerika.[36] Gerade die Calvinisten, die seit dem späten 16. Jahrhundert vielfach die Erfahrung von Verfolgung, Emigration und Exil machen mussten, verflochten sich zu einer gesamteuropäischen *community*, die auf lange Sicht auch ökonomisch sehr erfolgreich war. Sie zog aus diesen ambivalenten Erfahrungen biblisch fundierte Analogieschlüsse: Sich durch Gefährdung und Behauptung hindurch als standhaft erwiesen zu haben, förderte ihr Selbstbild, das neue Volk der durch göttlichen Ratschluss Erwählten zu sein.[37] Für das Selbstbewusstsein der Konfessionen am Anfang des 17. Jahrhunderts spielte das eine enorme Rolle: Lutheraner fühlten sich als Verteidiger, Katholiken und Reformierte als Eroberer. Das ist zunächst zu beschreiben, dann zu bilanzieren.

2.1. Das Heilige Römische Reich Deutscher Nation und die Schweiz

Insbesondere der deutschsprachige Raum war bis zur Mitte des 17. Jahrhunderts durch zwei Gewaltkrisen geprägt, die sich auf eine je eigene Weise als ,Krisen der

---

35 Vgl. 316–358.
36 Vgl. 586–598.
37 Vgl. Grell, Ole Peter, Brethren in Christ. A Calvinist Network in Reformation Europe, Cambridge/New York 2011. Benedict, Philip, Christ's Churches Purely Reformed. A Social History of Calvinism, New Haven/London 2002, 121–291.

Konfessionalisierung' beschreiben lassen: die Gewalt des Religionskrieges und die Gewalt des Kampfes gegen die Hexen,[38] der in deutschen Territorien stärker tobte als anderswo in Europa. Beide Quellen der Gewalt verloren nach 1650 ihre bedrohliche Dynamik, weil sich das Verhältnis von Konfession, Herrschaftsordnung und sozial-religiöser Kultur neu ausformte.

Abgeschlossen waren um 1650 erstens die konfessionelle Neutralisierung der Reichsverfassung sowie der Beitrag der Konfessionalisierung zur Staats- und Bekenntnisbildung als auch zur Professionalisierung der Geistlichkeit und der kirchlichen Institutionen. Alles das wirkte enorm befriedend und wohl auch beruhigend, so dass sich die Aufmerksamkeit nochmals verstärkt der religiösen Alltagspraxis und dem geistlichen Leben der vielen Durchschnittspfarreien und Normalchristen zuwenden konnte. Abgeschlossen war damit die permanente Neigung der Konfessionen zur kämpferischen Wendung nach außen und zur Suche nach Feinden.

Um 1650 ebbten zweitens die europäischen Wellen der Hexenverfolgungen ab. Auch sie waren nicht nur eine Folge der sogenannten ‚Kleinen Eiszeit‘, sondern können auch als spezifische Krise ‚der Konfessionalisierung‘ gekennzeichnet werden. Zunächst einmal sind Jagden auf Zauberer und Hexen, seien sie staatlich organisiert, seien sie pogromartige Lynchjustiz, ein nicht nur christlich-frühneuzeitliches, sondern ein globales und zeitlich nicht fixierbares Problem. Dennoch war der religiös induzierten Gewaltbereitschaft der europäischen und vor allem der deutschen Massenhinrichtungen ein spezifisches Muster hinterlegt. Für den Kampf gegen die Hexen gilt das Gleiche wie für den Krieg um die Religion: Als Phänomen der Fanatisierung, das der Religion als solcher oder dem Monotheismus oder der konfessionellen Unbedingtheit zuzurechnen ist, um dann alles miteinander zu delegitimieren, ist der uns heute so beschämende und belastende Vernichtungswille schlecht erklärt.

Höchst fromme und gelehrte Menschen, Männer meist, wollten die Verfolgungen entweder schüren oder verhindern. Höchst einfache, theologisch ungebildete Leute, Männer wie Frauen, organisierten auf eine effektvolle, geradezu rationale Weise ihre Interessen und Emotionen, wenn man sie denn ließ. Das bedeutet: Es war gerade nicht ‚die Religion‘ oder ‚die konfessionelle Intensivierung‘, die die Befürwortung und Praxis der Gewalt nach sich zog. Wie im Kriegsdiskurs wurden vollkommen gegensätzliche Positionen aus ein- und derselben Erfahrungswelt und ein- und derselben Bekenntnis-, ja noch Ordenszugehörigkeit abgeleitet. Gewalt gegen die Hexen wurde vielmehr ‚von oben‘ wie ‚von unten‘ gefördert oder gebremst durch Haltungen, in denen sich Motive religiösen Wissens mit anderen Motivationslagen effektiv mischten. Nicht theologisches Denken als solches und alltägliche Beraubungserfahrungen als solche provozierten die Gewalt gegen die vermeintlichen Hexen wie gegen die ebenso vermeintlichen Häretiker oder Papis-

---

38 Vgl. Lehmann 510–514.

ten, sondern die Vorstellung einer durch das Unheilige verunreinigten Welt. Der Gedanke des Gottesfrevels und der *pollutio*, also der kultisch zu verstehenden Verunehrung des Heiligen (der Schöpfung, der Kirche, der christlichen Gesellschaft) thematisierte nicht ein innerweltlich hinzunehmendes oder zu beseitigendes Übel, sondern eine transzendente Herausforderung Gottes selbst. Wenn also bei Eliten wie einfachen Leuten eine Schnittmenge dieser Vorstellungswelt habituelle Wucht gewann, gespeist aus politischen Strategien und genährt von sozialen Ambitionen, dann wurde es gefährlich. Denn dann wollte die Gewalt Gott selbst in den Arm fallen, seiner unerbittlich entbrennenden Rache zuvorkommen und seinen Segen durch radikale kultische Reinigung des Gemeinwesens vom Aussatz des Widerchristlichen wieder herabrufen. In den Auseinandersetzungen zwischen *zelanti* und *politici* deckten sich die Positionen im Kriegs- und im Hexereidiskurs: Es waren die jeweils gleichen Personen, die entweder für eine unerbittlich harte Linie und den gestrengen Willen Gottes sowohl gegen die Kriegsgegner wie gegen die Hexen einstanden, oder die sowohl für echte Friedensverhandlungen mit der anderen Konfession wie für große Umsicht bei der Anwendung geltenden Prozessrechts plädierten.

Unter den vielen bereits genannten Gründen für das Abnehmen der Hexenverfolgungen, trotz fortgesetztem Glauben an die Möglichkeit von Teufelspakt und Hexerei, waren die abebbenden Wirkungen der jahrzehntelangen Kriegs- und Klimakrise und die Professionalisierungen der Justizsysteme die wohl bedeutsamsten. Daneben aber drängt sich ein dritter Grund auf, nämlich das Fortschreiten der Konfessionalisierung. Denn mit ihren Prozeduren und Mitteln standen vielen Christen für die weiterhin wuchernden Lebensrisiken zahlreiche Praktiken und Gedanken der Bewältigung von Schmerz und Verlust zur Verfügung: eine erlebnisstarke Liturgie, ausgearbeitete Glaubens- und Trostpredigt, die Vermehrung geistlich intensiv ‚bewirtschafteter' Sakralorte, die Verbreitung religiöser Lektüre und nicht zuletzt die wachsende (Selbst-)befähigung zu häuslichem Gottesdienst und Gebet. Alle diese Medien der Konfessionalisierung machten es überflüssig oder legten es zumindest weniger nahe, weiterhin den Dämonen und Hexen so viel Raum in der Wahrnehmung der Welt zu lassen. Um 1670/80 waren die Christen durch die Bank überzeugtere, gläubigere, auch bewusstere und informiertere Katholiken, Lutheraner oder Calvinisten, als sie es um 1580 gewesen waren, und es gibt Grund anzunehmen, dass das sowohl Furcht vor Dämonen als auch Aggression gegen Außenseiter(-innen) von ihnen genommen hat.

Die großen Krisen der Konfessionalisierung – der Krieg um die Religion und der Kampf gegen die Hexen – unterbrachen bis zur Mitte des 17. Jahrhunderts die Konfessionalisierung des deutschsprachigen Raumes durchaus, aber sie brachen sie nicht ab. Vielmehr trat danach die Konfessionalisierung als Neugestaltung der Breitenreligiosität in eine neue Phase ein. Es ist also – entgegen verbreiteten Periodisierungsgewohnheiten – nicht lediglich so, dass Konfessionalisierung nach 1648 einfach faktisch weiterging, sondern, dass sie durch die genannten Krisen hin-

durch eine andere Richtung nahm: von der äußerlichen Absicherung und Struktu-
rierung in Herrschaftsordnung und Bekenntnis zur (je relativen und gestuften)
Verinnerlichung.[39]

Trotz der je spezifischen Merkmale beider Krisen lässt sich ein gewisser Teil
dieser Lernprozesse für den Konfessionskrieg und für den Kampf gegen die Hexen
gemeinsam beschreiben. Beide Krisen verkörperten die zentrale Idee des christlichen Universalismus auf eine zerstörerische Art und Weise. Sie waren die Konsequenz der Absicht, einer je spezifisch konzipierten Verchristlichung der Gesellschaft zu unbedingter Geltung zu verhelfen. Das religiöse Wissen kursierte in der
Form unabdingbarer konfessioneller Wahrheits- und Geltungsansprüche. So über-
lagerte es mit dem Anspruch unbedingter Relevanz andere Wissensfelder: Politik,
Ökonomie und Kultur zum Beispiel. Darum konstruierten die Akteure von konfessionellen Überzeugungen her dasjenige Wissen, das in komplexen Situationen dominant vermittelte, ‚was zu tun ist'. Christlicher Universalismus ist zunächst ein
Missionsauftrag, das Evangelium allen Völkern bis an die Grenzen der Erde zu
lehren (Mt 28,19f.). Gefährlich wurde dieser an sich völlig gewaltlos gedachte
christliche Universalismus, weil er sich erstens mit dem Gedanken des Kampfes
um die Ehre Gottes gegen seine Feinde verband und weil er sich zweitens nach
innen richtete, also als Bedrohungsszenario der – universalistisch gedachten –
politisch-sozialen Gesellschaft ‚gewusst' wurde, jener *Christianitas* also, die bereits
mühevoll etabliert war, nun aber vermeintlich zerstört werden sollte. Zentral für
die Krisen der Konfessionalisierung wurde die agonale Kombination von Furcht
und Aggression. Sie zu beherrschen, individuell und im Gemeinwesen, das war in
der Mitte des 17. Jahrhunderts zumindest auch ein Ergebnis dieser Krisen, ohne
dass ihre Opfer dadurch gerechtfertigt würden.

Beide Krisen wurden befeuert von der Vorstellung, dass sich Gottes Wille – in
unterschiedlichen Graden der Vermittlung – bis zur Gewissheit herleiten lasse.
Dabei spielte es keine Rolle, dass über die Wege der Vermittlung und über die
Konkretion der Inhalte permanent gestritten wurde, zwischen den Konfessionen
wie innerhalb ihrer. Die entscheidende Frage war stets: Wie konkret kann Gottes
Wirken in der Welt eigentlich vorgestellt und ausgemacht werden? Wie ‚unmittelbar' lässt sich das, was geschieht, als direktes ‚Handeln' Gottes erfahren und deuten? Mit welcher Art von biblisch präfigurierten Handlungsformen Gottes ist überhaupt zu rechnen? Kann man sich das historische Handeln Gottes typologisch
denken: Ist die Wirkungskette von göttlicher Gesetzgebung über menschlichen
Gehorsam oder sündige Übertretung hin zur göttlichen Antwort darauf berechen-
bar? In welcher Weise kann und muss also politisch-militärisches oder gerichtlich-
strafendes Handeln auf diesen Willen Gottes antworten? Man kann – für den Kon-

---

39 Vgl. Holzem, Christentum, 319–665 (dort auch Literatur). Po-chia Hsia, Ronnie, Social
    Discipline in the Reformation. Central Europe, 1550–1750, London/New York 1989.

fessionskrieg wie für die Hexenverfolgungen – zwei gemeinsame Regeln aufstellen. Je inhaltlich konkreter und je unvermittelt direkter der Wille Gottes sich kundtat, umso mehr drängte religiöses Wissen zur Gewalt. Je größer der Zorn Gottes über die Allgemeinheit der Sünde als Ursache aller Schicksalsschläge gewusst wurde, umso eher und intensiver musste der verheerenden Streuwirkung dieses Gotteszorns durch gezielte Vernichtung von Feinden – Teufeln, Hexen, Häretikern – entgegengewirkt werden. Theologisch gesprochen: Es war im 17. Jahrhundert – und ist bis heute – der rätselhaft-verborgene und der barmherzig-verzeihende Gott, der zum Frieden drängt.

Spätestens mit dem Westfälischen Frieden von 1648 wurde nicht nur absehbar, sondern eingesehen und zugestanden, dass der Konfessionskonflikt auf unbestimmte Zeit fortdauern würde. Das relativierte nicht die Wahrheitsansprüche aller konfessionellen Gruppen, aber unterband den Versuch, ihnen mit Gewalt zum Durchbruch zu verhelfen. Im Vergleich zum fließenden Übergang von einer reformatorischen Bewegung zur evangelischen Neuordnung territorialer Konfessionskirchen setzte das Reformiertentum Zürcher oder Genfer Prägung auf eine viel umfassender und härter regulierende Verwirklichung reformatorischer Ambitionen. Beides löste bei den Altgläubigen vergleichbare Anstrengungen aus, die spätmittelalterliche Kirchenreformbewegung in eine katholische Konfessionalisierung hinein zu kanalisieren. Der polemischen Verwerfung, ja Diabolisierung des Papsttums im Protestantismus entsprach auf katholischer Seite eine aggressive Verketzerung der Evangelischen. Im Kern aber war die katholische Konfessionalisierung ihrerseits auf eine Intensivierung des kirchlichen Lebens und eine Verchristlichung der Breitenreligiosität aus.

Es gab also nicht einfachhin Reformation und Gegenreformation. Sondern vorzufinden sind mildere und schärfere Varianten, unbedingte Glaubensüberzeugungen durchzusetzen. Diese Unterschiede waren nicht konfessionsspezifisch. Auch die verfassungspolitischen und regionalräumlichen Bedingungen übten einen erheblichen Einfluss darauf aus, ob überhaupt und wenn ja wie intensiv frühmoderner Staat und Konfessionskirche synergetisch wirken und davon je für sich profitieren konnten. Auch diese Streubreite lässt sich nicht konfessionell fraktionieren, selbst wenn Schwerpunkte erkennbar werden. Frappierend bleibt die Spannung, die sich zwischen der religionspolitischen Neutralisierung auf Reichsebene und der religionskulturellen Intensivierung in den reichsständischen Ländern auftat. Für diese Spannung verfügten die Akteure des 16. Jahrhunderts über keine Theorie. Stattdessen verfügten sie über ein ,religiöses Wissen', das gerade in seiner strittigen Anknüpfung an die Heilige Schrift und an geheiligte Traditionen weitere Schübe der religiösen Intensivierung und sozialen Gestaltung der Gesellschaft geradezu herausforderte. So groß die je separaten Gewissheiten waren, blickten die Zeitgenossen auf das große Ganze ins Ungewisse. Das ,religiöse Wissen' hat dynamische Zukunftsoffenheit geradezu erzwungen, aber eine freudige Erwartung moderner Zeiten war damit bei den wenigsten verbunden.

Der Prozess der Konfessionalisierung ist im deutschsprachigen Raum einmal treffend als „Syndrom" beschrieben worden.[40] Das ist eine medizinische Metapher, die das gleichzeitige Auftreten und das wechselseitige Einwirken verschiedener Symptome aufeinander bezeichnet. Nun erwies es sich im 17. Jahrhundert, nach den Krisen der Gewalt, als entscheidend, auf welchen Körper diese Symptome trafen; die Wirkungen waren dann sehr verschieden.

Bei der Verdichtung des Verhältnisses von Religion und Politik gab es einen zeitlichen Vorsprung evangelischer Neuordnungsbestrebungen. Ihnen wohnte teils auch ein neuer Schärfegrad der Systematisierung inne. Diese Strukturen waren bis 1570 weitgehend etabliert; da standen die katholischen Territorien oft noch ganz am Anfang. Aber dieser zeitliche Vorsprung war kein Modernitätsausweis, sondern eine Konsequenz des Ausscheidens aus der überkommenen Koordination des weltlichen und kanonischen Rechts, die für reformatorische Fürsten und Kirchen zwingend notwendig war. Die katholische Konfessionalisierung war darum in ihren politischen Aspekten eher aufzufassen als eine späte Einsicht in die Tatsache, dass eine Anpassung dieser Koordination an geänderte Verhältnisse unausweichlich war. Die Bedingungen dafür waren oft erst nach 1650 gegeben.

Trotz dieser Verschiebungen in der Chronologie: Wenn es der Reformation darum ging, das Leben der Christen vor Ort neu zu gestalten, den Gottesdienst, die Kirchendiener, die für ihn verantwortlich waren, und den christlichen Lebensernst der Gemeinden, dann gibt es starke Anzeichen dafür, dass das aufs Ganze gesehen in evangelischen Territorien weder rascher noch erfolgreicher verlief als in katholischen. Den entscheidenden Unterschied macht hier nicht die Konfession, sondern die Kategorie des Raumes. Eine eng zusammenlebende Anwesenheitsgesellschaft wie das Genf Calvins kann, unter welch schweren Kämpfen auch immer, eine andere Verdichtung erzielen als die lutherischen oder altgläubigen Flächen- und Streustaaten, in denen die soziale Herstellung, politische Organisation und kulturelle Überformung von Räumen nicht unerheblichem Schwund ausgesetzt war. So lutherisch Wittenberg und Dresden sind, so unwissend die Gemeinden zwei Tagreisen weiter. So strikt calvinisch Genf ist, so lasch die Amtmänner in den Landkommunen. So programmatisch durchgestylt sich München als Hochburg des tridentinischen Katholizismus gibt, so mischkonfessionell geht es in den geistlichen Territorien zu, die das Haus Wittelsbach seiner Einflusszone einverleibt. Der Prozess der Konfessionalisierung brachte über Generationen hinweg in immer neuen Exempeln und Vollzügen zu Bewusstsein, was für ein Unterfangen es ist, in der dynamischen Pluralität des religiösen Wissens und der religiösen Praktiken Konformität herstellen zu wollen.

---

40 Schilling, Heinz, Die Konfessionalisierung von Kirche, Staat und Gesellschaft – Profil, Leistung, Defizite und Perspektiven eines geschichtswissenschaftlichen Paradigmas, in: Reinhard, Wolfgang/Ders. (Hrsg.), Die katholische Konfessionalisierung, Münster 1995, 1–49, hier 4.

Katholische Territorien bedienten sich dafür nach 1650 neben den klassischen Medien der Konfessionalisierung – Ausbau des Bildungssystems, Professionalisierung der Geistlichkeit, Intensivierung der Liturgie, der Predigt und der Volksmission, Förderung einer variantenreichen Laienreligiosität, Vergesellschaftung in Bruderschaften – der Stilmittel einer glänzenden Barockkultur. Sie sollte die strukturelle Verzahnung von Herrschaft und Konfession, das Gottgefällige der sozialen Ordnung sinnenfällig machen. Diese Ausdrucksmittel nutzten insbesondere die großen katholischen Höfe, aber auch mindermächtige und ökonomisch schwächere Mitglieder der Reichskirche folgten diesem Trend. Das Haus Wittelsbach konnte sich über Bayern hinaus durch Sekundogenituren den Zugriff auf zahlreiche geistliche Territorien im deutschen Nordwesten (Köln, Münster, Paderborn u. a.) dauerhaft sichern. Auch die Habsburger waren sehr erfolgreich bestrebt, die alten und neu errichteten Bistümer in ihrem Herrschafts- und Einflussbereich mit loyalen Vertretern des katholischen Hochadels zu besetzen. Die staatliche Kontrolle über die Klerikerausbildung, die Ordensniederlassungen, die Zensur religiöser Bücher, die Disziplinierung der Pfarrer und die kirchliche Gerichtsbarkeit wurde im Laufe des 17. Jahrhunderts immer weiter ausgedehnt und entsprachen den Zugriffsmöglichkeiten evangelischer Religionsbürokratien. Insbesondere Böhmen und Mähren mit den Zentren Prag und Leitmeritz, Ausgangsregionen des Konflikts, der zum Dreißigjährigen Krieg geführt hatte, wurden nach 1650 rigide rekatholisiert. Das Luthertum, das dort bei Kriegsende ein Drittel der Bevölkerung ausgemacht hatte, schmolz rapide. Auch für Schlesien waren im Westfälischen Frieden Sondervereinbarungen getroffen worden. Die Habsburger aber legten sie sehr eng aus, so dass um 1700 von den einstmals 1 500 Kirchen und Gemeinden nur noch 200 bestanden. Gerade in den habsburgischen Territorien und in den Alpenbistümern der Reichskirche gelang es dennoch nicht, völlige Homogenität zu erzwingen. In den schwer zugänglichen Talschaften und Bergdörfern hielt sich ein Krypto-Protestantismus, der zu den süddeutschen evangelischen Reichsstädten regen Kontakt hielt. Weil er auf pragmatische Solidarität katholischer Nachbarn zählen konnte, war er weder durch Missionsinitiativen noch durch Zwangsmaßnahmen zu überwinden. Als sich der Erzbischof von Salzburg 1731 entschloss, die Protestanten endgültig aus seinem Sprengel zu vertreiben, wurde das europaweit zum Fanal der Intoleranz erklärt. Auch die Habsburger haben bis zur Mitte des 18. Jahrhunderts Protestanten zwangsumgesiedelt. Zu Beginn des 18. Jahrhunderts gelang es jedoch den schlesischen Lutheranern, mit der Unterstützung Preußens vor dem Reichstag die 1648 gewährten Privilegien mindestens teilweise wieder geltend zu machen. In Ungarn, im Banat und in Siebenbürgen waren die Habsburger zur Verteidigung der Militärgrenze gegen die Türken auf die lokalen Kräfte in einem so hohen Maße angewiesen, dass auch hier nur phasenweise hoher Druck zur Rekatholisierung aufgebaut werden konnte. Die Selbstdarstellung des österreichischen Kaiserreiches war jedoch von einer stark marianisch gefärbten Repräsentationsfrömmigkeit (*pietas austriaca*) durchtränkt.

In den evangelischen Territorien verrechtlichte sich die Stellung der Landesherrn als *summus episcopus* ihrer Teilkirchen weiter. Die evangelische Geistlichkeit blieb – vom Konsistorialrat und Generalsuperintendenten bis zum Hilfsgeistlichen – durch die Ausbildung und durch familiäre und klientelistische Bindungen in einen starken Konformismus von Bekenntniskirche und Obrigkeitsgehorsam eingebunden. Das schloss allerdings einzelne spektakuläre Fälle nicht aus, in denen sich Pastoren oder Hofprediger den Entscheidungen ihrer weltlichen Obrigkeit um der Reinheit des Bekenntnisses willen entschlossen entgegen stellten. Sie hatten dafür in der Regel den Preis der Amtsenthebung zu zahlen. Die Vielfalt evangelischer Bekenntnisorientierungen nahm im Laufe des 17. Jahrhunderts zu, und zwar im Rahmen der lutherischen und reformierten Orthodoxie wie gegen sie: Lutherische Landesherrn konvertierten zum Reformiertentum (Brandenburg-Preußen), aber auch zum Katholizismus (Sachsen, Württemberg). Das erzwang nach der Normaljahrsregelung des Westfälischen Friedens die Duldung unterschiedlicher Bekenntnisse in einem Territorium. Der Anspruch Luthers und seiner engen Gefolgschaft der nachfolgenden Generationen, dass der Wittenberger Reformator das Ganze, ja ideell Globale der reformatorischen Kirche symbolisiere, ließ sich nicht durchsetzen. Dadurch war es nicht nur im 16. Jahrhundert zu mehreren konkurrierenden Bekenntnisbildungen gekommen, sondern im 17. Jahrhundert auch dazu, dass die von den Lutheranern ausgegrenzte Bekenntnisbildung des Reformiertentums in allen seinen Spielarten die europäischere – und dann schlussendlich – die globalere wurde. Jedenfalls bis zum Ende des Alten Reiches war das Luthertum etwas sehr Deutsches und Skandinavisches. Quer dazu breitete sich im letzten Drittel des 17. Jahrhunderts der Pietismus aus. Er erfasste lutherische wie reformierte Christen, Zirkel und Gemeinden, ja konnte über gezielte Tolerierung oder Förderung ganze Landeskirchen prägen. Daneben löste sich der radikale Pietismus in vielen Spielarten aus der volkskirchlichen Verfasstheit der deutschen Protestantismen, die er als Babel eines ‚toten Scheinchristentums' denunzierte.[41] Die Vertreibung der Hugenotten aus Frankreich nach der Aufhebung des Edikts von Nantes hat in vielen evangelischen Territorien die Pluralität evangelischer Glaubensrichtungen und Lebensformen nochmals befördert.

Multikonfessionalität, Transkonfessionalität und interkonfessionelle Indifferenz blieben Randphänomene. Prominente Konversionen von Fürsten oder Gelehrten schlugen hohe Wellen in der öffentlichen Meinung. Übertritte einfacher Menschen waren ein enormes Wagnis, das die Betreffenden aus allen sozialen Bezügen herauslöste. Das Zusammenleben in bikonfessionellen Reichsstädten funktionierte in leidlichem Pragmatismus, aber keineswegs in einem toleranten Miteinander. Das gilt auch für jene Regionen, in denen kleine evangelische und katholische Siedlungseinheiten in enger Nachbarschaft zurechtkommen mussten. Wie bestimmend

---

41 Vgl. Bach-Nielsen 642–647.

die Konfessionalisierung das öffentliche Leben formte, zeigte sich also selbst bei denen, die klare Bekenntnisgrenzen verweigerten oder unterliefen. Denn auch bei ihnen blieb das Konfessionelle offenkundig der – wenn auch negative – Horizont ihrer eigenen Orientierung, mit dem sie sich auseinandersetzen mussten. Dieses hochgradig geschärfte Bewusstsein für die Differenz der Konfessionskulturen als Organisations- und Identifikationsprinzip der Gesellschaft war ein Merkmal des deutschsprachigen Raumes als Mutterland der Reformation, das bis in die Kulturkämpfe des 19. Jahrhunderts fortwirken sollte. Der 1648 vereinbarte *status quo* hat dem deutschen Reich weitere Konfessionskriege bis zu seinem Ende 1803/1806 erspart, auch wenn der Interessenausgleich der konfessionellen *Corpora* stets konfliktträchtig blieb. In der Schweiz hingegen hielten kriegerische Auseinandersetzungen zwischen katholischen und evangelischen Kantonen bis ins 18. Jahrhundert hinein an (Veltlinermord 1620, Erster und Zweiter Villmerger Krieg 1656/ 1712).

2.2. Frankreich

Wie unterschiedlich sich Herrschaft und konfessionelle Räume in Europa zueinander verhielten, wird schon am Vergleich zwischen dem deutschsprachigen Raum, nur teilweise deckungsgleich mit dem Heiligen Römischen Reich deutscher Nation, und Frankreich deutlich. Am Ende des Dreißigjährigen Krieges war die Mehrkonfessionalität des Reiches ebenso festgeschrieben wie die Monokonfessionalität der Territorien. Dieses relativ starre, aber befriedete System geriet bis 1803/06 nur wenig in Bewegung: durch fürstlichen Konfessionswechsel, durch die Pluralisierung des Protestantismus im Pietismus, durch Zuzug anderswo vertriebener Dissidenten, schließlich durch die bleibende Inhomogenität der habsburgischen Länder.

Anders in Frankreich: Seit dem Gnadenfrieden von Alès (1629, vgl. 1.1) sollte die Bedrängung des französischen Protestantismus Schritt für Schritt zunehmen.[42] Das Ziel der Monarchie, Frankreich in der Politiktradition des hohen und späten Mittelalters als dezidiert katholisches Land zu bewahren, glich dem Versuch der englischen Könige, Herrschaft und Kirche eng miteinander zu verzahnen und die Kirche zum Ausbau monarchischer Macht zu nutzen. Frankreich sollte hier tendenziell effektiver sein. Aber es bezahlte ökonomisch und kulturell den Preis hunderttausendfacher Auswanderung. Und Homogenität stellte sich auch deshalb

---

42 Vgl. Gresch, Eberhard, Die Hugenotten. Geschichte, Glaube und Wirkung, Leipzig 2015. Bernat, Chrystel/Gabriel, Frédéric (Hrsg.), Critique du Zèle. Fidélités et radicalités confessionelles. France, XVIᵉ–XVIIIᵉ siècle, Paris 2013. Luria, Keith P., Sacred Boundaries. Religious Coexistence and Conflict in Early-Modern France, Washington D. C. 2005. Benedict, Faith, 9–308. Hanlon, Gregory, Confession and Community in Seventeenth-Century France: Catholic and Protestant Coexistance in Aquitaine, Philadelphia 1993.

nicht ein, weil gleichzeitig der Katholizismus eine vergleichbar umkämpfte Pluralisierung durchmachte wie in Deutschland der Protestantismus.

Die Politik Ludwig XIII. und Richelieus in den 1630er Jahren verfolgte nach dem 1629 beendeten neuerlichen Konfessionskrieg zwei Ziele: Erstens sollte der Protestantismus als politische und militärische Macht ausscheiden; zweitens sollte bei zugestandener Gewissens- und Kultfreiheit jede weitere religiöse Expansion der Reformierten verhindert werden. Neue Kirchen und Gemeinden durften nicht gegründet, Filialkirchen mussten geschlossen werden. Die Feier evangelischer Gottesdienste in Bischofsstädten war fortan untersagt. Gemeinden durften sich nicht ohne Pastor versammeln; Pastoren aber durften nur noch an den im Edikt von Nantes genannten Orten amtieren. Umgekehrt allerdings konnten in reformierten Kommunen, die bislang den Katholizismus strikt ausgeschlossen hatten, katholische Kirchen wiedererrichtet werden. Bildungswesen und Buchhandel wurden strikt kontrolliert. Provinzial- und Nationalsynoden fanden unter den Argusaugen königlicher Kommissare statt. Strittige Auslegungen des Gnadenfriedens wurden je länger je weniger vor paritätischen Kammern (*consultats mi-partits*) verhandelt, sondern an den königstreuen Provinzgerichten (*parléments*). Dieser Druck klärte die Fronten: Adlige, die sich im Rahmen des eingeschränkten Hugenottentums keine politische oder militärische Zukunft mehr erhoffen konnten, schlugen sich als loyale Konvertiten auf die Seite der Monarchie. Pastoren und Älteste hingegen schworen ihre Gemeinden auf Beharrung, Leidensbereitschaft und Verachtung alles Katholischen ein. In den reformierten Zentren des Languedoc, des Roussillon, der Provence und der Dauphiné praktizierten sie eine gestrenge Kirchen-, Ehe- und Sittenzucht. Hugenottische Disziplin wurde als Identitätsausweis gelebt.

Im Gegenzug verstärkten die Katholischen ihre Missionsanstrengungen. Jesuiten und Kapuziner engagierten sich in Volksmissionen, sahen aber auch ein, dass Theatralik eher abstieß als Zustimmung förderte. Mit Effekthascherei wurde das Vorurteil, Katholizismus sei Aberglaube und Götzendienst, eher befördert. Diese Einsicht teilten nicht alle. Eine *parti dévot* frommer Eliten widmete sich mit aller Inbrunst scharfer katholischer Propaganda. Dabei ging es oft eher um die vermeintliche Ehre Gottes und um die Arbeit am eigenen Seelenheil als um eine Erläuterung und ein Erlebnis des katholischen Glaubens, der auch konfessionelle Gegner hätte überzeugen können. Viele dieser Bruderschaften aus hochgestellten Klerikern und Laien stellten sich bewusst in den Dienst des „hochheiligsten Altarsakraments" und betonten damit Überzeugungen und Praktiken, die seitens der Reformierten besonders strikt abgelehnt wurden. Darüber hinaus registrierten sie penibel und aggressiv jede Übertretung der den Hugenotten auferlegten Regulierungen. Die religiöse Mentalität der *parti dévot* war ebenso unerbittlich wahrheitsbezogen wie die der Reformierten.[43] Obwohl sich pragmatische Formen eines bi-

---

43 Vgl. Benedict, Faith, 283.

konfessionellen Alltags ausgebildet hatten, wurde die soziale Position der überzeugten Katholiken Schritt für Schritt stärker. Auch weniger militante Mitglieder des Adels- und des Niederklerus in der alle fünf Jahre tagenden *Assemblée Generale du Clergé*, die für den Konfessionskrieg der 1620er Jahre hohe Summen investiert hatten, wollten jetzt eine spirituelle ‚Rendite' sehen. Sie übten erheblichen Druck auf den König aus, der Häresie ein Ende zu machen, um sich als das schlechthinnige Modell eines katholischen Monarchen zu präsentieren. Alles in allem führte der öffentliche Druck kaum zu einer Verschiebung der Fronten: Das Reformiertentum blieb stark und erzielte kleine Gewinne dort, wo es in der Überzahl war und sich durch konsequente Binnendisziplin festigen konnte. Der Katholizismus schwächte die Hugenotten dort, wo eine Mischung aus Drohungen und Lockungen zur Konversion anreizte. Obwohl sich die Front kaum verschob, vertieften sich die Gräben. Die Kampagnen nährten die Intoleranz, den Hader und den Druck auf den Hof, nun endlich konsequente Religionspolitik zu betreiben.

In der Politik des französischen Hofes stritten diese gesellschaftlichen Kräfte um Einfluss. Die *parti dévot* sah mit den militärischen Erfolgen gegen die Hugenotten die Zeit gekommen, dem französischen Protestantismus endgültig das Lebenslicht auszublasen. Anders Richelieu und in seinem Gefolge Mazarin: Sie bekämpften die Hugenotten nur insoweit, als sie die Machtentfaltung der französischen Krone beeinträchtigten. Sie gingen gegen das Reformiertentum von den gleichen Prinzipien hervor, wie sie gegen die Eigenmächtigkeit und den Selbstbehauptungswillen des Adels und gegen die europäische Übermacht Habsburgs vorgingen. Mit Konfessionalismus hatte das wenig bis nichts zu tun, sehr zum Ärger der Devoten, aber auch der *Frondeurs* in Adel und Parlamenten, die während der Regentschaft Annas von Österreich (*1601, 1615/1643–1651, †1666) für den noch minderjährigen Ludwig XIV. (*1638, 1643–1715) ihrer schleichenden Entmachtung Grenzen setzen wollten. Da sich die Hugenotten in den *Fronde*-Aufständen loyal verhalten hatten, gewährte Mazarin ihnen in der Mitte des 17. Jahrhunderts eine Atempause.

Sie währte nur kurz: Wollte Ludwig XIV., ab 1651 Alleinherrscher, gegen die *Frondeurs* erfolgreich sein, musste er sie nicht nur mit Ämtern, Belohnungen und Ehrungen in sein Regime einbinden, sondern auch ihre religionspolitischen Forderungen bedienen. Ludwig XIV. erfüllte eine von Bossuets Moral- und Imperialtheologie stark geprägte Mentalität, für die Sündlosigkeit seines Staatswesens verantwortlich zu sein. In eigentümlicher Spannung zu den Lebensformen am Hof von Versailles drängte ihn dies Ressentiment, Prostitution und Blasphemie ebenso konsequent verfolgen zu lassen wie die ‚vermeintlich reformierte Kirche'.[44] Der Staatsrat und die von ihm eingesetzten regionalen Kommissare legten das Edikt von Nantes zunehmend enger aus: Gottesdienste jenseits der garantierten Orte

---

44 Vgl. Riley, Philip F., A Lust for Virtue. Louis XIV's Atattack on Sin in Seventeenth-Century France, Westport/Conn. 2001.

wurden verboten. Über 150 für illegal erklärte Kirchen wurden abgerissen. Huge-notten verloren öffentliche Ämter, die Zulassungen zu verschiedenen Berufen und die Teilhabe an Sozialeinrichtungen. Ihre Schulen durften nur noch Elementarun-terricht erteilen. Hugenotten sollten demnach aus der bürgerlichen Honoratioren-schicht ausscheiden. Demütigende Vorschriften zwangen sie, das katholische Al-tarsakrament bei Versehgängen zu verehren, Fronleichnamsprozessionen zu schmücken, ihre eigenen Gottesdienste und Kasualien aber im Verborgenen abzu-halten. In reformierten Häusern quartierte man königliche Truppen ein, die ge-zielt plünderten und marodierten. Ultrakatholische Streitschriften ersannen wei-tere Repressionsmaßnahmen und vertraten die These, nach den Reforminitiativen des Konzils von Trient sei die Rechtfertigung religiösen Protestes fortgefallen; das Reformiertentum müsse also als Halsstarrigkeit und Auflehnung gegen die öffentliche Ordnung behandelt werden. Auf dem Höhepunkt dieser Entwicklung hob die Regierung Ludwigs XIV. das Edikt von Nantes durch das Edikt von Fontaine-bleau (1685) auf.

Für die Hugenotten hatte das Edikt von Fontainebleau verheerende Konsequen-zen. Die etwa 800 000 bis 900 000 Menschen zählende religiöse Minderheit hatte seit Alès in ihren etwa 700 Gemeinden schwankende Zeiten erlebt, in denen Re-striktionen mehr oder minder strikt gehandhabt, Freiheiten gelassen oder genom-men worden waren. Nun aber war jeder Gottesdienst verboten; alle Gotteshäuser (*temples*) wurden zerstört; alle Schulen geschlossen; alle Pastoren, die nicht kon-vertierten, mussten binnen zwei Wochen das Land verlassen. Alle Sakramente wa-ren in der katholischen Kirche zu empfangen; Ehen mussten katholisch geschlos-sen werden. Wer das verweigerte, lebte im illegalen Konkubinat. Evangelische Kinder wurden katholisch getauft und konnten zu katholischer Erziehung den Eltern entfremdet werden. Selbstverständlich mussten Hugenotten die katholi-schen Einrichtungen mitfinanzieren. Auswanderung war verboten; alle Güter de-rer, die trotzdem gingen, wurden konfisziert. Laienprediger hielten heimliche „Wüsten"-Gottesdienste ab; enthusiastische Propheten und Prophetinnen, die das Ende der Zeiten heraufbeschworen, fanden Zulauf und provozierten Revolten (Auf-stand der *Camisards*, 1702).[45] Jede dieser geistlich-politischen Zuwiderhandlungen zog drakonische Strafen nach sich. Männer wurden auf königlichen Galeeren ver-sklavt, Frauen in Gefängnisse gesteckt. Trotzdem verließen etwa 150 000 bis 200 000 Hugenotten Frankreich. Insbesondere England, die Schweiz, die Nieder-lande und Preußen warben sie gezielt an und privilegierten sie, weil sie an die handwerklichen Fertigkeiten und den religiösen Lebensernst der Exulanten hohe Erwartungen für die Prosperität ihrer eigenen Länder knüpften. Der große Rest konvertierte zumindest äußerlich; insgeheim lebten reformierte Lehren und Prak-

---

45 Vgl. Lachenicht, Susanne, Kryptocalvinismus, Propheten und Gewalt in den Cevennen, in: Burschel/Marx (Hrsg.), Gewalterfahrung, 313–326.

tiken weiter, bis sie ab der Mitte des 18. Jahrhunderts wieder offener gehandhabt werden konnten. Bis zur Französischen Revolution konnte die kirchliche Struktur des Reformiertentums bis hin zu Nationalsynoden weitgehend wiederhergestellt werden.

Der Kampf für die Vorherrschaft des Katholizismus schwächte auf lange Sicht das Königtum, obwohl er es eigentlich hatte stärken sollen. Ludwig XIV. gab sich als allerkatholischster Monarch zu einem Zeitpunkt, als der Katholizismus überall in Europa auf dem Vormarsch war, die Habsburger die Türken endgültig hinter die Banater Militärgrenze auf dem Balkan zurückgedrängt hatten, in England mit Jakob II. ein (Krypto-)Katholik auf dem Thron saß (vgl. 2.3) und evangelische Fürsten im Reich zum Katholizismus konvertierten. Der französische König konnte sich im Sog dieser Entwicklungen gegen alle bisherigen theologischen Bestreitungen des Gottesgnadentums durchsetzen. War der Herrscher nur Gott verantwortlich, dann kam ihm auch der maßgebliche Einfluss auf die kirchlichen Angelegenheiten zu. So konnte der König den Adel mit einträglichen Kirchenämtern – Bistümern und Kommendatarabteien – in den Bannkreis des Hofes ziehen. Und er konnte gleichzeitig die Kritik des Papstes am fortlebenden Gallikanismus und an den „Gallikanischen Artikeln" (1682) neutralisieren: Es schien nur zum Besten der Gesamtkirche zu sein, wenn die französische Krone auch die französische Kirche beherrschte.

Doch diese Idealvorstellung zeigte je länger je mehr deutliche Risse. Frankreich isolierte sich außenpolitisch: England, die Niederlande und Brandenburg-Preußen gingen auf Distanz. Rom wollte sich insbesondere unter Papst Innozenz XI. (*1611, 1676–1689) auf derart ausgedehnte Kirchenrechte des Königs keineswegs mehr einlassen. Die hohen Geistlichen wollten sich zwar von Rom emanzipieren, dafür aber nicht weltlicher Kuratel unterstellt werden. Seit dem Konzil von Trient war die Frage nach der Begründung der bischöflichen Vollmacht heiß umstritten. Je strikter die französischen Bischöfe auf der *ius-divinum*-Theorie bestanden, ihr Amt also aus der direkten Apostelnachfolge und ihre geistliche Gewalt aus unmittelbarer Gnadenübertragung durch Christus selbst herleiteten, umso weniger wollten sie sich als Delegaten Roms, aber eben auch als Befehlsempfänger der weltlichen Obrigkeit begreifen. Nun von der Gunst des Monarchen abhängig zu sein, widerstrebte dem Selbstverständnis des in der Regel seinerseits hochadligen Episkopats. Kirchliche und königliche Auffassungen des Gallikanismus waren also beileibe nicht dasselbe, auch wenn sie sich in ihrem Anti-Romanismus und Anti-Protestantismus trafen.

Quer zu diesen Übermalungen des Idealbildes einer im Gottesgnadentum des Herrschers geeinten Nation und Kirche zog der Streit um den Jansenismus seine eigenen markanten Linien (vgl. 3.2). Dessen religiöser Rigorismus demaskierte die oberflächliche Repräsentationskultur des französischen Staatskatholizismus, und die schwankenden Reaktionen Ludwig XIV. und Ludwig XV. (*1710, 1715–1774) trugen zum Autoritätsverlust der französischen Krone erheblich bei. Der Jansenismusstreit sollte im 18. Jahrhundert die Kritik der Aufklärungsphilosophie an der privilegierten Stellung des Hochklerus anheizen und eine grundsätzliche Auseinandersetzung mit der Rolle des Christentums in der Gesellschaft befeuern. Statt das allgemeine Beste und die Glückseligkeit des Einzelnen zu fördern, erziehe das Christentum zu geistiger Trägheit, praktischem Stumpfsinn und blindem Gehorsam. 1787 musste Ludwig XVI. (*1754, 1774–1793) im Edikt von Versailles den Protestanten wieder begrenzte bürgerliche Rechte zugestehen; 1789 sollte die gescheiterte Religionspolitik Frankreichs einer der Faktoren sein, die in die Französische Revolution und die Erklärung der Allgemeinen Menschen- und Bürgerrechte mündeten.

2.3. England, Schottland und Irland

Noch einmal anders – im Vergleich mit Deutschland und Frankreich – gestalteten sich die Verräumlichungen des Konfessionellen auf den britischen Inseln. Hier war im 17. Jahrhundert nicht die rechtlich genau geregelte, befriedete und bürokratische Territorialkirchlichkeit Deutschlands typisch, sondern *ähnlich*, wie in Frankreich, die massive Einschränkung und Bedrängung aller Konfessionen und religiösen Bewegungen, die der Verstaatlichung und Überherrschaftung des Kirchlichen entgegenstanden. *Anders* als in Frankreich aber konnte sich diese Politik nicht durchsetzen. Es war – neben anderen Gründen – die religionspolitische Überambitioniertheit sowohl der anglikanischen wie der katholisierenden Könige, die eine extreme Schwächung der Monarchie, Bürgerkriege und schließlich eine sehr eingeschränkte religiöse Toleranz beförderte. Der heftig affektive Anti-Katholizismus der englischen Gesellschaft bewegte sich auf Augenhöhe mit der unbarmherzigen Marginalisierung des Reformiertentums in Frankreich.

England hatte am Dreißigjährigen Krieg nicht teilgenommen. Dafür gab es gute Gründe. Die Konfessionsstruktur und der Konfessionskonflikt im Deutschen Reich, die den Krieg auslösten, bildeten sich in der anglikanischen Staatskirche nicht ab. Von den Lutheranern unterschied sich die theologisch eher reformierte Ausrichtung des *Book of Common Prayer* deutlich.[46] Das Papsttum und der Katholizismus waren für den „*supreme head*" der anglikanischen Königskirche ohnehin unten durch, seit der Papst die Auflösung der Ehe Heinrichs VIII. (*1491, 1509–1547) verweigert und die katholische Reaktion unter Maria Tudor (*1516, 1553–1558) zahlreiche Protestanten das Leben gekostet hatte. Die Opfer, die die englische Reformation ihrerseits gefordert hatte, wurden in die herrschenden Geschichtsbilder nicht einbezogen. England konnte weder Habsburg-Spanien noch Frankreich einen religions- oder machtpolitischen Zugewinn aus dem Krieg wünschen.

---

46 Vgl. Kaufmann 283.

Die Konflikte um das Verhältnis von Staat, Gesellschaft und Konfession waren also spezifisch insular. Drei Konfliktparteien kristallisierten sich zu Beginn des 17. Jahrhunderts heraus: Die Politik der Krone und aller derer, die ihr aus Loyalität dienten oder weil sie sich einen Nutzen davon versprachen, setzte auf eine staatskirchliche Einheitlichkeit von Herrschaft, Gesellschaft und Religion. Diesem Gesamtensemble kam ein verehrungswürdiger, transzendent begründeter Status zu. Doch schon diese erste Statusbestimmung war zwischen Königtum und Parlament umstritten; die rücksichtslose Suprematie eines Heinrich VIII. konnten weder Elisabeth I. (*1533, 1558–1603) noch Jakob I. (*1566, 1603–1625) ausüben. Denn daneben trat ein Episkopalismus, der den Bischöfen eine eigenständige geistliche Autorität zumaß, die *iure divino* von Christus selbst über die Apostel vermittelt sei; in theologischen Fragen und geistlichen Dingen habe die politische Macht nichts zu verfügen. Wie sich das *ius divinum* und die staatskirchliche Verfügungsgewalt zu einander verhielten, war heiß umstritten. Drittens schließlich gab sich der Puritanismus trotz seiner Misserfolge im späten 16. Jahrhundert keineswegs geschlagen. Er war aus den Geistlichen des Exils unter Maria Tudor hervorgegangen. Aus Genf und anderen reformierten Zentren des Kontinents brachten sie eine von unten nach oben organisierte Vorstellung von Kirche mit. Die Pastoren, die Diakone und die Ältesten der einzelnen Gemeinden waren diejenigen, denen wahre Autorität zukam. Der Sittenzucht auf Gemeindeebene maßen sie für die Verchristlichung der Gesellschaft eine größere Effektivität zu als einer staatlich verordneten Disziplinierung von Untertanen, die über eine obrigkeitlich gelenkte Kirche bloß vermittelt wurde. Kirche sollte sich nach der Bibel ordnen, nicht nach einem außerbiblischen Staatskirchenrecht.

Die Agenten der verschiedenen Richtungen des Anglikanismus verknüpften ihre theologischen Ansichten mit diesen kirchenpolitischen Positionen. Es verwundert wenig, dass sich diese vor allem in der Gnadenlehre zu handfesten Unterschieden herauskristallisierten. Je mehr man politische und soziale Ordnung miteinander verschmolz, umso mehr setzte man auf einen voluntaristischen Rationalismus: Den Seelenkräften von Vernunft und Willen könne viel zugetraut werden; die Kirche als Institution ersetze mit ihrem sakramentalen Heilshandeln das Fehlende. Das war eine durchaus ‚katholische‘ Position, die staatskirchliche oder episkopalistische Varianten kannte. Anders die Puritaner: Sie vertraten eine strikte Prädestinationslehre, die der göttlichen Gnadenwahl den entscheidenden Einfluss zumaß. Kirchliches Wirken konzentriere sich nicht auf die Heilsvermittlung, sondern auf die Glaubensunterweisung. Rituelle Sakralität habe nur für die wahrhaft Glaubenden eine Heilsbedeutung. Die Grenzen zwischen diesen Gruppen und ihren theologischen Positionen verliefen alles andere als eindeutig. Die Konferenz von Hampton Court (1604) nahm nur wenige puritanische Impulse auf, stärkte hingegen die Position des Königs und der Bischöfe. Wer sich diesem Übergewicht nicht fügen wollte, wurde suspendiert oder musste emigrieren; etwa 160 nonkonformistische Pastoren waren davon betroffen. Diese Entwicklung wirkte nicht integrierend, sondern stärkte einen Separatismus, der eine radikale Reform der wahren Kirche gegen das anglikanische Mittelmaß forderte. In ihren Augen war auch der Puritanismus nicht wahrhaft „*godly*". Die Separatisten, weder in ihren Ideen übereinstimmend noch systematisch organisiert, wurden als Anstifter zur Rebellion unbarmherzig verfolgt. Viele emigrierten, um den staatlich verhängten Todesstrafen zu entkommen, zunächst in die Niederlande, dann nach Nordamerika. Der anglikanischen Staatskirche wurde ihr Selbstverständnis auch vom nach wie vor existierenden Untergrund-Katholizismus streitig gemacht. Fanatische Katholiken hatten 1605 den *Gunpowder-Plot* geschmiedet: Sie wollten anlässlich der Parlamentseröffnung mit einer gewaltigen Explosion die im Palast von Westminster versammelten Abgeordneten des Ober- und Unterhauses und die gesamte Königsfamilie ermorden. Ihr terroristischer Protest gegen die Unterdrückung ihres Bekenntnisses im 16. Jahrhundert zielte auf nichts weniger als die umfassende Rekatholisierung Englands. Als die Verschwörung aufflog, wurden theatralisch grausame Hinrichtungen vollzogen; der Katholizismus galt als radikal staatsfeindlich. Dennoch muss man von 30 000 bis 60 000 Krypto-Katholiken in den 1630er und 1640er Jahren ausgehen. Ihre Netzwerke wurden einerseits bei antiparlamentarischen und anti-monarchischen Adligen, andererseits an der Universität Oxford ausgespannt. Die sog. *recusants* pflegten enge Beziehungen zu Exulanten auf dem Kontinent: Priester, ganze Nonnenkonvente, aber auch Laien hatten sich einen dezidiert englischen Mikrokosmos in den Städten der südlichen Niederlande geschaffen.[47] Königstreue Anglikaner, insbesondere aber Puritaner entdeckten eine neue Spezies, der sie viel polemische Aufmerksamkeit widmeten: Die sog. *Church papists* waren in ihren Augen die vollendeten Nikodemiten. Sie beugten sich in äußerlicher Konformität unter das anglikanische Sonntagsgebot; innerlich aber blieben sie der Religion ihrer Vorfahren treu und verweigerten sich wahrer Reformation der Gesinnung und des Lebens.[48] Die Jesuiten unterhielten im flandrischen Douai (spanische Niederlande) ein Priesterseminar, das die Britischen Inseln mit bis zu 700 Untergrund-Geistlichen ver-

---

47 Braun, Bettina, Englische katholische Inseln auf dem Kontinent: Das religiöse Leben englischer Exilnonnen im 17. und 18. Jahrhundert, in: Brendecke, Arndt (Hrsg.), Praktiken in der Frühen Neuzeit, Köln/Weimar/Wien 2015, 256–266. Constantin Rieske, All the small things: Glauben, Dinge und Glaubenswechsel im Umfeld der Englischen Kollegs im 17. Jahrhundert, in: ebd., 293–304. Wooding, Lucy E. C., Rethinking Catholicism in Reformation England, Oxford/New York 2000.
48 Vgl. Walsham, Alexandra, Church papists. Catholicism, Conformity, and Confessional Polemic in Early Modern England. Woodbridge/Rochester 1993. Walsham, Alexandra, Zu Tisch mit Satansjüngern. Geistliche und weltliche Sozialibität im nachreformatorischen England, in: Pietsch, Andreas/Stollberg-Rilinger, Barbara (Hrsg.), Konfessionelle Ambiguität. Uneindeutigkeit und Verstellung als religiöse Praxis der Frühen Neuzeit, Gütersloh 2013, 285–313.

sorgte. Die Spannungen, die sich hier aufgebaut hatten, sollten sich im Laufe des 17. Jahrhunderts eruptiv entladen.[49]

In der Regierungszeit Karls I. (*1600, 1625–1649) unternahmen die Episkopalisten unter Führung von William Laud (1573–1645), Bischof von London und später als Erzbischof von Canterbury Primas der Kirche Englands, den zunächst äußerst erfolgreichen Versuch, die Bischöfe gegenüber den Puritanern wie dem Parlament enorm aufzuwerten. Ihre Instrumente waren einerseits eine vom König mitgetragene konsequente Personalpolitik, andererseits die theologische Lehre des Arminianismus. Die reformierte Synode von Dordrecht (1618–1619) hatte diese Aufweichung der streng calvinistischen Prädestinations- und Erlösungslehre zwar verurteilt, aber unter den englischen Episkopalisten fasste sie Fuß, weil sie mit Unterstützung des Königs die heilsvermittelnde Rolle der Kirche und ihrer Amtsträger enorm aufwertete. Die Arminianer oder ‚Laudisten' verpflichteten die Geistlichkeit nicht nur auf diese Lehre, sondern auch auf einen strikten anti-puritanischen Ritualismus, der viele Pastoren und Laien an den überwunden geglaubten Katholizismus erinnerte. Auch die Universitäten Oxford und Cambridge wurden auf diesen Kurs gebracht.

Gegenwehr organisierte sich einerseits im Parlament. Überzeugter Calvinismus mischte sich mit Empörung gegen die schleichende Entmachtung der Unterhaus-Abgeordneten im politischen Prozess. Unzufrieden war andererseits auch die *gentry*: Eine Re-Sakralisierung des Gottesdienstes nahm der Landadel durchaus hin, je teils befürwortete er ihn gar. Aber die rigide Personalpolitik der Laudianer beeinträchtigte ihre angestammten Patronatsrechte. Immer häufiger bildeten sich in den 1630er Jahren informelle Gemeindezirkel, die sich unter presbyterianischen Vorzeichen zu Gebet, Schriftauslegung und Predigt trafen und inoffizielle *lecturers* unterhielten. Als König und Episkopalisten 1640 alle heimlichen Zusammenkünfte untersagten, um die Kontrolle zurückzugewinnen, war das Tischtuch zerschnitten.

Karl I. marginalisierte in England das Parlament; zugleich versuchte er mit kriegerischer Gewalt, dem presbyterianischen Schottland die englische Kirchenverfassung aufzuzwingen. Die schottische Kirchenverfassung stellte sich seit John Knox als ein bezeichnend eigenständiger Mix verschiedener kontinentaler Elemente dar:

---

49 Vgl. Asch, Ronald G., Der Kampf um die Ordnung der Kirche in England, ca. 1603–1640, in: Arend, Sabine/Dörner, Gerald (Hrsg.), Ordnungen für die Kirche – Wirkungen auf die Welt. Evangelische Kirchenordnungen des 16. Jahrhunderts, Tüingen 2015, 261–274. Walsham, Alexandra, Catholic Reformation in Protestant Britain, Cambridge 2014. Winship, Michael P., Godly Republicanism. Puritans, Pilgrims, and a City on a Hill, Cambridge/London 2012, 1–110. Corthell, Ronald u.a. (Hrsg.), Catholic Culture in Early Modern England, Notre Dame/Ind. 2007. Bonney, Richard/Trim, D. J. B (Hrsg.), Persecution and Pluralism. Calvinists and Religious Minorities in Early Modern Europe, 1550–1700, Oxford/Bern 2006, 149–271. Spurr, John, The Post-Reformation. Religion, Politics and Society in Britain, 1603–1714, Harlow/New York 2006. Benedict, Christ's Churches, 152–172, 230–254, 384–428. McCoog, Thomas M., The Society of Jesus in Ireland, Scotland, and England 1541–1588. 'Our Way of Proceeding'?, Leiden/New York 1996.

Theologisch stand die schottische Kirche dem Genf Calvins nah; auch das presbyteriale System der Ältesten-Verfassung in den Gemeinden fand sich sowohl in Genf als auch in Emden. Aber an die Stelle norddeutscher Superintendenten traten zunehmend wieder Bischöfe, auch wenn ihre Macht synodal eingehegt war. Stark war die Rolle, die der regionale Adel spielte; hierin glich die schottische Kirche den hugenottischen Hegemoniegebieten im Süden Frankreichs, aber auch den Niederlanden. Karl I., seit 1603 in Personalunion auch König von Schottland, unterlag geistig und moralisch, weil sich das Selbstbewusstsein der schottischen Eliten mit ihrem Typus der Reformation eng verwoben hatte. Er unterlag militärisch, weil schottische *covenanters* in den schwedischen Heeren Gustav Adolfs in den frühen 1630er Jahren wichtige strategische Erfahrungen gesammelt hatten. 1640/41 brachte das Parlament unter John Pym (1584–1643) und Oliver Cromwell (1599–1658) den Antrag ein, keine weiteren Kriegssteuern zu bewilligen, sondern den Religions- und Herrschaftskonflikt in Schottland friedlich beizulegen. Zugleich verlangte diese „Große Remonstranz" eine wirksame Begrenzung der königlichen Machtansprüche und eine parlamentarische Kontrolle der Regierung. Im Zuge dieser politischen wie religiösen Konflikte begann der englische Bürgerkrieg mit Volksaufständen, Petitionen und der Gründung einer parlamentarischen Armee unter Oliver Cromwell. Diese *New Model Army* kämpfte erfolgreich für eine republikanische Staatsverfassung, die die enge Verbindung von Königtum und Episkopalismus überwinden sollte. William Laud wurde 1645, Karl I. 1649 hingerichtet, nachdem alle Verhandlungen gescheitert waren. Danach regierte Cromwell bis zu seinem Tod 1658 als *Lord Protector*; sein Regime artete jedoch zunehmend in eine Militärdiktatur aus. Kirchlich läutete die Regierung Cromwells eine Ära der Toleranz für alle evangelischen Bekenntnisse ein; ausgeschlossen blieb der Katholizismus. Die ideale Kirchenverfassung sahen das Parlament und die Synode von Westminster (1643–1646) in einer presbyterianischen Nationalkirche, die sich von unten her durch Wahlen aus den gemeindlichen Ältestenräten her aufbaute: Grafschafts- und Nationalsynoden sollten in enger Abstimmung mit dem Parlament die Kirche steuern. Durchsetzen konnte sich diese anti-episkopalistische Kirchenverfassung nie vollständig; nach der Absetzung und Vertreibung der royalistischen Bischöfe und Pfarrer verfuhren viele Geistliche ganz nach eigenen Maßstäben. Das religiöse Leben vervielfältigte sich in der Zeit des Interregnums und der Herrschaft Cromwells als *Lord-Protector* erheblich. Ein friedlicher Prozess war das jedoch keineswegs; eine große Zahl von Pfarrern wurde vertrieben, viele Gemeinden unter Zwangsverwaltung gestellt.

Die Restauration des Königtums unter Karl II. (*1630, 1660–1685) konnte die religiöse Landschaft Englands nicht befrieden. Das mehrheitlich royalistisch-anglikanische Parlament (*Cavalier House of Commons*) verabschiedete 1661–1665 den sog. *Clarendon Act*. Diese Gesetzessammlung schloss weiterhin den Katholizismus strikt aus und restituierte die Episkopalkirche, fügte der Kirchenverfassung aber synodal-presbyteriale Elemente ein. Die neuen Bischöfe entstammten verschiedenen

Lagern der Bürgerkriegs-Ära, in der Regel gemäßigte Vertreter eines anti-laudinianischen Kurses. Das Parlament bestand jedoch auf einer strikten Unterscheidung von Anhängern des *Book of Common Prayer* und allen dissidentischen Gruppen; Mitglieder des Parlaments, Bischöfe, Pfarrer, und der Regierungsapparat von London hatten sich auf eine anglikanische Orthodoxie zu verpflichten. William Laud war an seinem Arminianismus gescheitert; diesen Fehler wiederholte das neue Glaubensregime unter Gilbert Sheldon (†1667), Bischof von London und später Erzbischof von Canterbury, nicht. Auch den Schotten sollte diese episkopalistisch-anglikanische Kirchenverfassung aufgenötigt werden.

Gegen diese Tendenzen stellte sich Karl II. Er löste die 1668 geschlossene Triple-Allianz mit Schweden und den Niederlanden als protestantischen Vormächten auf und verbündete sich 1672 mit dem König von Frankreich, Ludwig XIV. Im Vertrag von Dover unterstützte er nicht nur die Kriege Ludwigs XIV., sondern sicherte zu, sich gegen erhebliche Subsidienzahlungen in einem politisch günstigen Moment zum Katholizismus zu bekennen und England in den Kreis der katholischen Nationen zurückzuführen. Die 1670er Jahre waren daher geprägt von massiven Konfrontationen zwischen einer pro-katholischen und pro-dissidentischen Toleranzpolitik des Monarchen und immer neuen Vorstößen des Parlaments, den Anglikanismus elisabethanischer Prägung und die explizite Verdammung des Katholizismus zur Voraussetzung jeglicher öffentlichen Tätigkeit in Kirche und Staat zu machen (sog. *Test Act*, 1673 und 1679). Grassierende Komplottfurcht führte zu Lynchjustiz an des Katholizismus Verdächtigen. Die Königin, die Portugiesin Katharina von Braganza (1638–1705), stand im Zentrum solcher anti-jesuitischer Verschwörungsängste, die öffentlich massiv geschürt wurden. Mit einer erneuten Gesetzesvorlage, der sog. *Exclusion Bill*, versuchte das Parlament 1679 den jüngeren Bruder Karls II. Jakob, damals noch Herzog von York, von der Thronfolge auszuschließen, weil er offen katholisch war. Das Parlament spaltete sich in *Whigs*, die den schroff anglikanisch-antifranzösischen Kurs betrieben, und *Tories*, Befürworter der königlichen Autorität. Bis zum Ende der Regierung Karls II. konnten sich die *Whigs* nicht durchsetzen. Der König konvertierte auf dem Totenbett, empfing die katholischen Sterbesakramente und hinterließ die englische Monarchie seinem jüngeren Bruder, weil er mit zahllosen Mätressen ebenso zahllose Kinder gezeugt, aber mit Katharina von Braganza keinen legitimen Thronerben hervorgebracht hatte.

Jakob II. (*1633, 1685–1688, †1701) betrieb von Anfang an eine pro-katholische Politik: am Hof, gegen das Parlament, an den Universitäten Oxford und Cambridge, bei Dispensationen und Indulgenzen von *Clarendon Act* und *Test Act*. Für vakante Bischofsstühle ernannte er keine Nachfolger, was den Verdacht nährte, er wolle sie rekatholisieren. Auch in Schottland erzwang er Toleranz für Katholiken, weckte damit aber den Widerstand der presbyterianischen *Covenanters*, an denen schon sein Vater gescheitert war. Führende Geistliche der anglikanischen Kirche, allen voran der Erzbischof von Canterbury, William Sancroft (1617–1693), sahen darin einen Verfassungsbruch. Als Jakob II. sie wegen Rebellion vor dem Schwurgerichtshof (*King's Bench*) verklagte, wurden sie freigesprochen. Denn sie hatten sich, jenseits des Konfessionellen, auf die Verfassung berufen. Als 1688 ein männlicher Thronfolger geboren und katholisch getauft wurde, zerschlugen sich die Erwartungen, Jakob II. werde ohnehin die Herrschaft einer seiner protestantischen und mit evangelischen Fürsten verheirateten Töchtern übertragen müssen.

Die *Glorious Revolution* fegte ihn 1688 vom Thron, weil sich *Whigs* und *Tories* auf seine älteste Tochter Maria II. (*1662, 1689–1694) und ihren Gatten, den niederländischen Statthalter Wilhelm III. von Oranien-Nassau (*1650, 1672/1689–1702) verständigten. Verfassungs-, aber auch kirchenpolitisch legte sich England damit bis in die Moderne hinein fest auf ein konstitutionell eingehegtes Königtum, vor allem aber eine in begrenztem Maß tolerante Staatskirche. Alle politischen Ämter blieben Anglikanern vorbehalten, Freikirchen erhielten Gewissens- und Kultusfreiheit, nicht aber die Katholiken. Obwohl die anglikanische Mehrheit mit den verschiedenen Spielarten religiöser Abweichung zurechtkommen musste, entwickelte sie ein Überlegenheitsbewusstsein, das den Puritanern die Kosten der Bürgerkriege nicht verzieh und die Katholiken als ebenso bedrohlich wie minderwertig ausgrenzte. Zwischen Toleranz und Intoleranz klar zu scheiden ist im Nachhinein nicht möglich; scharfen Kontroversen und Gewalt im Krisenfall stand eine pragmatische Nachbarschaftlichkeit in entspannteren Phasen gegenüber.[50] Die Schotten nutzten die *Glorious Revolution* deutlich konsequenter: Sie erstritten bis 1690 eine presbyterianische Staatskirche und die Rückkehr der vertriebenen Prediger. Das bedeutete gleichzeitig die Absetzung der Bischöfe, die nach 1660 auf anglikanischen Druck hin ins Amt gekommen waren, und die Abschaffung des lokalen Kirchenpatronats.

Besonders hart trafen die Verwerfungen der englischen Religionspolitik das nach einem Aufstandsversuch 1603 erneut unterworfene Irland. Zu den konfessionellen kamen ethnische Gegensätze hinzu: Irische Kelten stellten zusammen mit ,alten' Anglonormannen die katholische Mehrheit; die protestantischen Engländer aber dominierten Regierung, Militär und Landbesitz. Nach dem Unabhängigkeitskampf um 1600 waren alle katholischen Priester verbannt worden; erst langsam stellte die katholische Kirche in den 1620er Jahren von Douai aus, von Jesuiten unterstützt, eine katholische Hierarchie und katholisches geistliches Leben wieder her. Die Regierung in London und deren Vizekönig in Dublin unterstützten allein die anglikanische Staatskirche; auf Katholiken schaute man abfällig herab; Presbyterianer waren Hindernisse auf dem Weg Karls I., die Monarchie gegen konkurrierende politische und religiöse Kräfte auszubauen. Auch hier wurden missliebige Geistliche unnachsichtig verfolgt. Je stärker die anglikanischen Geistlichen eine entschieden calvinistische Richtung einschlugen, je heftiger sie die gälische Spra-

---

50 Vgl. Walsham, Alexandra. Charitable Hatred. Tolerance and Intolerance in England, 1500–1700, Manchester/New York 2006. Lewycky, Nadine/Morton, Adam (Hrsg.), Getting Along? Religious Identity and Confessional Relations in Early Modern England, Aldershot 2012.

che und die ländliche und religiöse Kultur der Iren verachteten, je kolonialer das Schulwesen die angestammte Bevölkerung vernachlässigte, umso weniger Erfolgsaussichten blieben den Reformierten. Viele Pastoren zogen sich auf die Vorstellung zurück, alles Englische für erwählt, alles Irische aber für verworfen zu halten – eine quasi rassistische Apokalyptik.[51]

Als sich die Schotten Anfang der 1640er Jahre gegen Englands königliche Armee durchsetzen konnten, galt das auch den Iren als Fanal: Nicht dezidiert für den Katholizismus, sondern für Gott und das Vaterland nahmen sie den Freiheitskampf gegen die englischen Siedler und Unterdrücker wieder auf. Besonders in Ulster wurden etwa 3 000 anglikanische Siedler ermordet, weitere 10 000 vertrieben und ihrem Schicksal überlassen. Der neuerliche Aufstand endete in Blutbädern der Revanche. Denn die revoltierenden Iren wurden in England in prophetischer Verblendung als geheime Machtreserve des Königs gegen die Interessen des Parlaments wahrgenommen, aber auch als untermenschliche Bestien medialisiert. Es war dieses Narrativ, verbunden mit der Verschwörungstheorie, hier sei der verhasste römische Antichrist höchstselbst am Werk, das England selbst in den Bürgerkrieg führte. „Der irische Aufstand war in dieser Deutung ein weiterer Beweis für die Machenschaften der Gegner eines reinen, protestantischen England."[52] Nachdem Cromwells Truppen sich hier durchgesetzt hatten, entfachten sie unter sehr ‚heiligen‘ Vorzeichen in Irland regelrechte Massaker gegen katholische Laien und Priester, die in Drogheda und anderen Städten zu Tausenden wahllos umgebracht wurden. Cromwell erklärte das zu einem Krieg des englischen Parlaments gegen den ‚Aberglauben der Messe‘. Dem Strafgericht folgte eine beispiellose Marginalisierung der autochthonen irischen Bevölkerung: Die rücksichtslose Landnahme der Sieger beutete die Arbeit der einheimischen Bauern auf fast 80 Prozent der landwirtschaftlichen Fläche rücksichtslos aus. Ein kleiner Rest katholischen Landbesitzes fand sich nur noch in den unwirtlichen Gegenden des äußersten Westens. Den 800 000 Katholiken standen 300 000 Protestanten gegenüber, von denen jedoch nur ein Drittel zum anglikanischen Establishment zählte. Diese Gruppe wollte London verstärken, als sie aus dem Frankreich Ludwigs XIV. nach der Aufhebung des Ediktes von Nantes (vgl. 2.2) gezielt Hugenotten anwarb.

Selbst dieser fragile Unrechtszustand verschlechterte sich im Laufe des 17. Jahrhunderts weiter. Die Restauration der Monarchie in England nach 1660 und die

---

51 Vgl. Ford, Alan, The Protestant Reformation in Ireland, 1590–1641, Dublin 1997. Boran, Elizabethanne/Gribben, Crawford (Hrsg.), Enforcing Reformation in Ireland and Scotland, 1550–1700, Aldershot/Burlington 2006.

52 Pečar, Andreas, „He is a blessed man that takes and dashes the little ones against the stones" – Das Irland-Massaker als Zeichen des nahenden Endkampfes vor dem Ausbruch des Englischen Bürgerkrieges (1641–1642), in: Burschel, Peter/Marx, Christoph (Hrsg.), Gewalterfahrung und Prophetie, Wien/Köln/Weimar 2013, 327–352, 337.

Spaltung in tolerant-prokatholische und begrenzt tolerante antikatholische Lager bildete sich auf der irischen Insel als massiver Antikatholizismus der herrschenden Eliten ab. Wieder führten Gerüchte über ein angebliches katholisches Komplott zu Verfolgungen, Vertreibungen und Hinrichtungen von Bischöfen, Priestern und Ordensleuten. Die ohnehin marginalisierten Laien ließ man bewusst orientierungslos. Nachdem Jakob II. 1688 abgesetzt worden war, versuchte er den Thron von Irland aus zurückzuerobern. Als das in der entscheidenden Schlacht am River Boyne misslang und der König ins Exil ging, entlud sich die protestantische Revanche: Erneute Güterkonfiskationen beließen gerade einmal etwas mehr als ein Zehntel der landwirtschaftlichen Nutzfläche in katholischer Hand. Die *protestant ascendancy* nutzte die Gunst der Stunde: Katholiken durften kein Parlamentsmandat und keinerlei politische Ämter übernehmen. Sie durften nicht wählen. Sie durften keine evangelischen Ehepartner heiraten. Alle katholischen Bischöfe und Ordensleute wurden verbannt. Jede Pfarrei durfte einen einzigen Priester behalten. Die Bildungsmöglichkeiten für Katholiken wurden auf drastisch niedrigem Niveau eingefroren; es war verboten, Söhne an ausländische Gymnasien oder gar Universitäten zu schicken. Diese dem Bevölkerungsproporz widersprechende Anglikanisierung der Kultur und Ökonomie Irlands sollte während des gesamten 18. und 19. Jahrhunderts viele Auswanderer motivieren, die grüne Insel zu verlassen. Noch der Osteraufstand des Jahres 1916 und der irische Unabhängigkeitskrieg waren Fernwirkungen dieser englischen Politik.

2.4. Osteuropa

Drei Bedingungen hatten der Reformation in Osteuropa Eingang verschafft: Die starke Stellung des magnatischen Adels in der polnisch-litauischen Adelsrepublik und im habsburgischen (Rest-)Ungarn hatte eine zunächst kleinräumig unabhängige Eigeninitiative der Kirchenreform gefördert, die lutherische und reformierte Impulse gleichermaßen aufgenommen hatte. In den Städten lebten starke deutsche Minderheiten, die reformatorisches Gedankengut sprachlich übersetzt und praktisch vermittelt hatten. Viele Söhne adliger und bürgerlicher Eliten hatten an deutschen Universitäten studiert und deren konfessionalisiertes religiöses Wissen reimportiert.

Vergleichsweise schwache, auf Konsenskultur basierende Königtümer hatten also dem Adel und den Städtern Raum für eine sonst in Europa kaum anzutreffende Multireligiosität eröffnet: Neben Katholizismus, Luther- und Reformiertentum gab es antitrinitarische Gemeinschaften und Böhmische Brudergemeinden; von Bedeutung waren aber auch russisch- wie griechisch-orthodoxe, armenische und ruthenische Gruppen und schließlich Juden, die etwa zehn Prozent der Bevölkerung ausmachten. Alle diese religiösen Orientierungen verbanden sich auf eine komplexe Weise mit ständischen, sozialen oder sprachlich-ethnischen Identitäten.[53]

Die habsburgisch-türkischen Kämpfe um Ungarn hatten für Konfessionalisierungen jedweder Richtung keinen Raum geboten und keine Kräfte gelassen. Seit der Schlacht von Mohác (1526) waren Serbien, Bosnien und Bulgarien, überwiegend von Orthodoxen und einer Minderheit von Muslimen bewohnt, mit wenigen katholischen Enklaven etwa im Kosovo und in Bosnien, ein unselbständiger Teil des Osmanischen Reiches geworden. Das Restkönigtum Ungarn blieb habsburgisch. In Siebenbürgen (Transsilvanien), heute im Zentrum Rumäniens, damals östlicher Teil des durch die türkische Expansion zerfallenen Königreichs Ungarn, wurde ein vom Sultan abhängiges Vasallen-Fürstentum errichtet, das bis 1699 bestand; im Frieden von Karlowitz ging es wieder an Österreich-Ungarn über, das 1683 vor Wien endgültig gegen die Türken gesiegt hatte. In diesen Regionen entlang der habsburgisch-türkischen Militärgrenze hatten sich neben dem traditionellen Katholizismus und der Orthodoxie insbesondere das Reformiertentum und das Täufertum von aus Westeuropa vertriebenen Einwanderergruppen ausgebreitet. In Siebenbürgen wie anderswo war Konfession mit Sprache und Ethnie eng verbunden: Die deutsch sprechenden ‚Siebenbürger Sachsen‘ wurden lutherisch, Ungarn eher reformiert, Romanen blieben orthodox. Katholiken lebten unter marginalisierten Bedingungen – ohne Bischof und mit nur wenigen Pfarrpriestern und Franziskanermönchen – in kleinen Enklaven. Muslime machten kaum mehr als sechs bis acht Prozent der Bevölkerung aus. Die Fürsten in Siebenbürgen förderten zusammen mit dem Adel das Reformiertentum. Weil sie über keine qualifizierten Ausbildungsstätten verfügten, entsandten sie einheimische Studenten nach Heidelberg, Franeker oder Cambridge. Als diese zurückkehrten, brachten sie nicht nur reformierten Presbyterianismus, sondern auch die Schriften und Lebensauffassungen des englischen Puritanismus mit. Mit den sehr eigentümlichen Formen des fürstlich-adlig protegierten Reformiertentums Siebenbürgens stießen sie oft heftig zusammen: mit der hierarchischen Kirchenorganisation, mit der relativen Toleranz gegenüber den ‚blasphemischen‘ Katholiken und Antitrinitariern, mit der nach wie vor großen rituellen Farbigkeit, nicht zuletzt mit dem ganz unpuritanischen Lebensstil der Mehrheit. Die Kämpfe zwischen Puritanismus und monarchisch gelenkter Staatskirche, die

---

53 Vgl. Vollhardt, Friedrich, Gefährliches Wissen und die Grenzen der Toleranz. Antitrinitarismus in der Gelehrtenkultur des 17. Jahrhunderts, in: Pietsch/Stollberg-Rilinger (Hrsg.), Ambiguität, 221–237. Daniel, David P., Lutheranism in the Kingdom of Hungary, in: Kolb, Robert (Hrsg.), Lutheran Ecclesiastical Culture, 1550–1675, Leiden/Boston 2008, 455–507. Bonney, Richard/Trim, D. J. B (Hrsg.), Persecution and pluralism. Calvinists and religious minorities in early modern Europe, 1550–1700, Oxford/Bern 2006, 89–121. Benedict, Christ's Churches, 152–172, 255–280. Fata, Márta, Ungarn, das Reich der Stephanskrone, im Zeitalter der Reformation und Konfessionalisierung. Multiethnizität, Land und Konfession 1500–1700, Münster 2000. Evans, R. J. W./Thomas, T. V. (Hrsg.), Crown, Church and Estates. Central European Politics in the Sixteenth and Seventeenth Centuries, Houndsmill/London 1991, 123–310.

England ausfocht, bildeten sich also in verkleinertem und regional verzerrtem Maßstab im transsilvanischen Reformiertentum ab. In den 1650er Jahren unternahm Fürst Georg II. Rákóczi (1662–1660) unter dem Einfluss des bedeutenden Pädagogen, Theologen und Bischofs der Böhmischen Brüder Johann Amos Comenius (1592–1670) ein chiliastisch geprägtes militärisches Unterfangen. Im Alleingang warf er sich in einer Variante der „internationalistischen Militanz des reformierten Protestantismus"[54], die schon den Dreißigjährigen Krieg ausgelöst hatte, gegen das zunehmend katholisch dominierte Polen-Litauen. Das endete, wie zu erwarten war, in einem furchtbaren Fiasko und lieferte dem gegen Ende des 17. Jahrhunderts wieder erstarkenden Haus Habsburg jeden Vorwand, in Siebenbürgen den Katholizismus und die Orthodoxie der Union stark zu machen. Die Familie Rákóczi lernte die Lektion, passte sich an und konvertierte. Auch in Böhmen wirkten politisch-militärische Repression und konfessionell-missionarische ,Überzeugungskultur' zusammen, um letzte hussitische oder protestantische Enklaven sehr eng einzugrenzen.[55]

An diesem Beispiel wird deutlich: Man darf sich diese Multikonfessionalität und religiöse Pluralität nicht als friedlich-tolerante Koexistenz vorstellen, sondern als harte Konkurrenz von Wahrheitsansprüchen. Am Beginn des 17. Jahrhunderts lebten in den habsburgischen wie türkischen Teilen Ungarns mehr als vierzig Prozent Reformierte und etwa 25 Prozent Lutheraner; die Osmanen duldeten auch kleine Siedlungen der Antitrinitarier und Täufer, die im übrigen Europa unbarmherzig verfolgt wurden. Hier wie in anderen Regionen des osmanisch beherrschten Balkans konvertierten viele Christen im Laufe des 17. Jahrhunderts zum Islam, um die drückenden Steuern, die von allen Nicht-Muslimen erhoben wurden, zu umgehen. Unter den übrigen Bekenntnissen war der Katholizismus eine Minderheit geworden, geschwächt durch Tod oder Vertreibung der meisten Bischöfe und durch die türkische Besetzung der minoritischen Missionsklöster. Insbesondere im hohen Adel, der zwischen türkischer und habsburgischer Macht seine Unabhängigkeit militant verteidigte, war das Reformiertentum Ausweis der Eigenständigkeit. Eine lutherische Pastorenschaft war im 16. Jahrhundert aus einheimischen Franziskanern und Weltpriestern sowie aus heimgekehrten Studenten an der Universität Wittenberg entstanden; reformierte Geistliche rekrutierten sich aus jenen dieser Gruppen, denen das Luthertum zu ,deutsch' war, aber auch aus westeuropäischen Emigranten. Die Erwartungen der frühen protestantischen ,Missionare', die Osmanen würden ihren Kampf gegen das Papsttum von ihren politischen Perspektiven her unterstützen, hatten sich jedoch rasch als Illusion erwiesen. Die Politik der türkischen Herrscher gegenüber den Christen war inkonsistent und zufällig. Man legte ihnen hohe Duldungssteuern auf, begrenzte Kirchenbau und öffentlichen Gottesdienst und verfolgte mit einer gewissen Beliebigkeit Geistliche aller

---

54 MacCulloch, Diarmaid, Die Reformation 1490–1700, München 2008, 609.
55 Louthan, Howard, Converting Bohemia. Force and Persuasion in the Catholic Reformation, Cambridge/New York 2009.

Konfessionen, wenn sie dafür Anlass zu bieten schienen. Und man hielt deren interne Kämpfe für sehr nützlich, weil man wusste, dass eine in sich gespaltene Christenheit kaum gefährdet war, sich gegen die osmanische Oberherrschaft ernsthaft zusammenzuschließen. Mitte des 17. Jahrhunderts begannen bulgarische, albanische und bosnische Franziskaner, oft in Italien in tridentinischem Reformgeist ausgebildet, neue katholische Missionen aufzubauen. Sie waren nicht unbedingt unter Orthodoxen, nicht selten aber unter seit dem Mittelalter als häretisch betrachteten ‚Sekten' erfolgreich: Armenier, Paulikianer und Bogomilen wurden unter ihrem Einfluss katholisch. Mit dieser Missionsarbeit hatte man schon im späten 15. Jahrhundert begonnen; die türkische Expansion und Herrschaft machte diese Arbeit während des 16. und 17. Jahrhunderts gefährlicher, brachte sie aber nicht zum Erliegen. Apostolische Visitatoren, Missionare und Missionsbischöfe stärkten die oft marginale Existenz von Katholiken, nachdem Papst Gregor XV. (*1554, 1621–1623) die *Congregatio de Propaganda Fide* (1622) als professionelle Missionszentrale des tridentinischen Katholizismus ins Leben gerufen und personell wie finanziell solide ausgestattet hatte. Von Ragusa (Dubrovnik), von Istanbul und von den griechischen Inseln aus entstand auf dem ganzen von den Osmanen beherrschten Balkan ein Netzwerk von Missionsklöstern, Schulen und in tridentinischem Geist geführten Missionspfarreien. In geringerem Umfang beteiligten sich auch Jesuiten und Missionsbenediktiner. Nicht wenige katholische Gemeinden wurden von *licentiati* geleitet: Das waren von den Missionsbischöfen beauftragte verheiratete Laien, die wegen des großen Priestermangels Taufen, Trauungen und Beerdigungen vollzogen und sonntags Wortgottesdienste, Predigten und Katechesen abhielten, bisweilen gar, wenn auch unerlaubt, ‚Messen' feierten. Nach 1683 wurden alle Ergebnisse dieser Arbeit durch den habsburgisch-türkischen Krieg fast völlig zerstört, weil sich die Osmanen für ihre Verluste brutal rächten.

In Polen-Litauen hatten innerprotestantische Konflikte die Expansion der Reformation schon im letzten Drittel des 16. Jahrhunderts gebremst; hier hatte das Reformideal des Konzils von Trient, verkörpert von Bischöfen und Jesuiten, stärker Fuß fassen können. Bereits 1569 war das erste Jesuitenkolleg in Vilnius gegründet worden, dem bis um 1600 mehr als zwanzig weitere Jesuitenschulen an allen konfessionsstrategisch bedeutsamen Orten folgten. Die Piaristen, ein in Rom gegründeter Schulorden, engagierten sich auch in Polen mit zahlreichen Niederlassungen für eine praxisorientierte Ausbildung der ärmeren Schichten. Dieser Bildungsinitiative hatten Lutheraner und Reformierte nichts entgegenzusetzen, obwohl sie sich als Bildungsreligion der Bürger und Eliten verstanden, aber auch die Orthodoxie nicht. Bedeutende Familien des Adels konvertierten und ließen ihre Söhne katholisch erziehen. Die katholischen Monarchen hatten diese Entwicklung erst wohlwollend gefördert, dann selbst militant betrieben. Obwohl der Adel sich 1606–1609 in einem Bürgerkrieg dagegen wehrte, die konfessionell tolerante Adelsrepublik zu einer katholischen Erbmonarchie umzuformen, konnte er sich doch der zunehmenden Bindung der Hofkultur an den Katholizismus kaum entziehen. Die entscheidende Schwäche der polnischen Reformierten, Lutheraner und Antitrinitarier

lag darin, dass der Adel und die Stadteliten es nicht vermochten, ihre – untereinander zerstrittenen – Überzeugungen in der Masse der einfacheren Bevölke-
rungsschichten zu verankern. Protestantismus aller Spielarten blieb ein Phänomen
der oberen zehn Prozent der Gesellschaft. Nicht nur im Königreich Ungarn, das
Teil des Habsburger-Reiches war, sondern auch in Polen-Litauen provozierte die
Frage, ob die in den lutherischen Territorien Deutschlands ausgehandelte Konkordienformel (1577) und das ihr nachfolgende Konkordienbuch (1580) anzunehmen
seien, gegen Ende des 16. Jahrhunderts eine striktere Scheidung bislang allgemein-
reformatorischer Identitäten und Institutionen. Es war mithin Folge wie Ausweis
seiner zunehmenden kulturellen Polonisierung, dass der Adel sich mehr und mehr
dem Katholizismus zuwandte. Die polnischen Könige konnten darum seit dem
ersten Drittel des 17. Jahrhunderts den Zugang zu öffentlichen Ämtern und militärischen Ehrenrängen immer stärker an die katholische Konfession binden. Und in
der zweiten Hälfte des 17. Jahrhunderts waren es ausgerechnet die einschneiden-
den militärischen Niederlagen, die das polnische Königtum und der polnische Adel
gegen das protestantische Schweden, das orthodoxe Russland und die muslimischen Osmanen hinnehmen mussten, die das Bewusstsein einer Zusammengehö-
rigkeit von polnischem Nationsbewusstsein und Katholizismus festigten. Obwohl
die Toleranzartikel der „Konföderation" von 1573[56] formell in Geltung blieben,
nahm die alltägliche Diskriminierung von Nichtkatholiken zu: Das Luthertum behielt seine zunehmend bedrängten Stützpunkte vor allem unter deutschen Kaufleuten in Danzig, das Reformiertentum zog sich auf die Güter einiger litauischer
Magnatenfamilien zurück. Weil aber das Königtum schwach war, die Bischöfe hingegen sowohl über den Großgrundbesitz des Kirchengutes als auch über ihre herausgehobene Position im Ältestenrat des Sejm (Senat) enormen Einfluss organisieren konnten, wurde der Katholizismus zwar mehr und mehr die mit der
nationalen Identität Polens verknüpfte Konfession. Eine Staatskirche wie etwa in
Österreich oder in Bayern, in der dem Herrscher eine bedeutende Leitungsrolle
zukam, wurde sie jedoch gerade nicht. Als die Protestanten und Antitrinitarier mit
Aufständen gegen ihre Marginalisierung protestierten und seit der schwedischen
Invasion (1655) bei den außenpolitischen Feinden der katholischen Herrenschicht
Unterstützung suchten, wurden sie in den 1650er bis 1730er Jahren sukzessive
unterdrückt: Lutheraner und Reformierte verloren den Zugang zum Adel, zu beiden Kammern des Sejm und schließlich zu allen öffentlichen Ämtern; Antitrinitarier wurden vertrieben.

Nicht weniger komplex gestaltete sich das Verhältnis zwischen westlichen und
östlichen Bekenntnistraditionen, Katholiken, Protestanten und Orthodoxen. Das
meiste von dem, was an dieser Grenzfläche zwischen West- und Ostkirchen geschah, war Ausfluss der nachtridentinischen vatikanischen Politik. Die Ergebnisse

---

56 Vgl. Kaufmann 304–305.

des Unionskonzils von Florenz (1439), die im Osten auf teils erbitterten Widerstand gestoßen, teils aber auch in Kirchenunionen umgesetzt worden waren, sollten nun im Geist des Tridentinums – also auch verbunden mit weitreichenden römischen Primatsansprüchen – als Zukunftsoption eines starken, vermeintlich urchristlichorthodoxen Katholizismus gegen die Herausforderung der Reformation gestellt werden. Die Orthodoxie litt unter der Schwäche des Patriarchen in Konstantinopel nach dem Zusammenbruch des Byzantinischen Kaisertums; unter osmanischer Herrschaft führte das Patriarchat nur noch ein Schattendasein; kirchliche Strukturen, Disziplin und theologische wie spirituelle Impulse bröckelten derart, dass die orthodoxen Eliten zunehmend zum Katholizismus konvertierten. Dass der Patriarch von Konstantinopel 1588 auf Druck des Zaren einen Metropoliten in einem neu entstehenden Patriarchat Moskau anerkannte, verbesserte die Lage der ruthenisch-orthodoxen Bischöfe nicht, weil die Eliten in Polen-Litauen russischen Einfluss einhellig ablehnten und Vorwände für ein politisch-militärisches Eingreifen des Zaren überaus fürchteten.

Auf lange Sicht sollte der Katholizismus von dieser Entwicklung profitieren: Die ruthenischen Bischöfe orientierten sich neu. 1595 proklamierten der Metropolit von Kiew und der Papst in Rom eine Union der (ruthenischen) Kirchen in der Ukraine und in Weißrussland mit der katholischen Kirche; 1596 sollte das auf der Unionssynode von Brest feierlich besiegelt werden. Doch diese Anfangserfolge täuschten: Die Einführung des Gregorianischen Kalenders ließ sich im gemischtkonfessionellen Ostmitteleuropa nicht durchsetzen. Die ruthenischen Bischöfe verstanden die Union als gleichberechtigte Integration, die ihre Traditionen, Liturgien und Lebensformen nicht antastete; Rom hingegen brachte die Perspektive zum Ausdruck, ehemalige Häretiker und Schismatiker in den Schoß der allein wahren Kirche zurückgeführt zu haben. Die derart zwiespältig vereinbarte Union spaltete nun in Ostmitteleuropa die Vertreter der Union und die Anhänger der Orthodoxie, die ihrerseits Rom mit erneuerter Schärfe als häretisch und schismatisch zurückwiesen. Als katholische Minoriten und Jesuiten auf der einen, griechisch-orthodoxe Missionare auf der anderen Seite in Volksmissionen und Einzelseelsorge große Konversionsbewegungen loszutreten versuchten, vertieften sich die Spannungen bis hin zu blutiger Gewalt. 1620 weihte der Patriarch von Jerusalem – die Unionisten nicht anerkennend – heimlich eine Gegen-Hierarchie der Orthodoxen. 1632/33 musste der König, 1635 der Sejm die orthodoxe Hierarchie mit einem eigenen Metropoliten in Kiew anerkennen, gegen alle Einsprüche Roms. Alle späteren Versuche, die Union durch Vereinigungssynoden zu retten, scheiterten an den kompromisslosen Haltungen des Vatikans wie der Orthodoxie und an den wechselseitigen Häretisierungen. Insbesondere der päpstliche Primatsanspruch und die daraus abgeleiteten Rechte – schlicht die Ekklesiologie des Konzils von Trient – blieb ein unüberbrückbares Kontroversthema. Die vatikanische Strategie einer Vereinnahmung der unierten Orthodoxie misslang also zunächst; übrig blieb während des ganzen 17. Jahrhunderts eine hoch konfliktive Mischung verschiedenster Spielarten von Orthodoxie und Unionschristentum, die ihrerseits wieder an Sprachen, Ethnien, soziale Gruppen oder Herrschaftsräume gebunden waren.

So führte die Union von 1595 in der Mitte des 17. Jahrhunderts in einen Bürgerkrieg zwischen ihren Anhängern und Gegnern (1648–1667). Dahinter standen keineswegs nur religiöse Motivationen. Die ukrainischen und weißrussischen Bischöfe waren die Union eingegangen, weil die osmanisch-muslimische Expansion das Patriarchat Konstantinopel zunehmend entwertete. Die polnischen Könige unterstützten die Union, um ihre Herrschaft zu festigen. Auf der anderen Seite standen nicht nur die Autonomieansprüche des regionalen Adels, sondern auch die Kosaken, steppenbeuterische Wehrbauern im Niemandsland zwischen Polen-Litauen und den Krim-Tartaren an der nördlichen Schwarzmeerküste. Sie verteidigten ihre Unabhängigkeit, und darum verbanden sie den Kampf gegen alles Polnische und gegen alle adlige Überherrschaftung mit dem Kampf gegen alles Katholische, was in ihren Augen die Unionisten einschloss. In den 1680er Jahren machte, nach für Polen-Litauen verlustreichen Kriegen mit Russland, das russisch-orthodoxe Patriarchat in Moskau zunehmenden Einfluss geltend. Das wiederum stärkte die Union: Anti-russische Ressentiments, die Verdrängung der Kosaken und die pro-katholische Orientierung des Adels förderten den Zerfall der Orthodoxie. In den ersten Jahrzehnten des 18. Jahrhunderts war Polen-Litauen weitgehend katholisch, wenn auch in drei Ritengemeinschaften: dem römisch-katholischen, dem unierten und dem armenischen Ritus, der sich nach 1650 ebenfalls mit Rom uniert hatte. Neben zehn Prozent Juden sank der Anteil der Protestanten auf einem marginalen Rest von zwei Prozent.

So schwierig das alles war: Eine Verständigung zwischen Protestanten und Orthodoxen war keineswegs einfacher – im Gegenteil. Gegen Ende des 16. Jahrhunderts, aufgeschreckt durch die neue Dynamik des tridentinischen Katholizismus, versuchten lutherische Theologen über das Thema des Anti-Papalismus ein Bündnis mit der Orthodoxie auszuloten (Synode von Vilnius, 1599). Das endete rasch in gründlichem Dissens: Orthodoxen Kontroverstheologen galten Protestanten als Sakramentsverächter, Bilderstürmer, Leugner der Heiligenverehrung und ‚fleischliche‘ Feinde monastischer Askese.

2.5. Skandinavien und die Niederlande

Je komplizierter sich die Verhältnisse von Räumen, sozialen Gruppen und Konfession in Ostmitteleuropa gestalten, umso einfacher lagen sie in Skandinavien.[57] Der Start der Reformation – lutherischer Export aus den Kerngebieten der deutschen Reformation –

---

57 Vgl. Schwarz Lausten, Martin, Kirchenordnungen in Dänemark-Norwegen in der Reformationszeit, in: Arend/Dörner (Hrsg.), 275–290. Asche/Schindling, Dänemark. Lund, Eric, Nordic and Baltic Lutheranism, in: Kolb, Robert (Hrsg.), Lutheran Ecclesiastical Culture, 1550–1675, Leiden/Boston 2008, 411–454.

hatte bis nach 1570, in Schweden bis 1698 gebraucht, um sich zu festigen. Bis dahin waren reformierte Einflüsse stark geblieben, aber auch Rekatholisierungsversuche unternommen worden. Doch danach hatten sowohl Dänemark, das Norwegen und Island mitregierte, als auch Schweden, dessen Königtum Finnland einbezog, im Laufe des 17. Jahrhunderts eine strikt lutherische und ebenso strikt an die Weisungen der weltlichen Obrigkeit gebundene Königskirche etabliert. Jegliche geistliche Unabhängigkeit beseitigten die dänischen und schwedischen Könige konsequent zugunsten einer beamtengleichen Abhängigkeit der dänischen Superintendenten, der schwedischen Bischöfe und der ihnen unterstellten Pfarrer. Mit der jeweiligen nationalen Identität war das Luthertum so eng verknüpft wie in Spanien der Katholizismus. Rigide wehrten die skandinavischen Nationalkirchen auch die destabilisierenden Wirkungen der innerlutherischen Auseinandersetzungen ab, die im letzten Drittel des 16. Jahrhunderts zu Konkordienformel (1577) und Konkordienbuch (1580) geführt hatten. Beide für das deutsche Luthertum bis heute fundamentalen Bekenntnistexte fanden zunächst keinen Eingang in die skandinavische Kirche; erst 1647 bzw. 1664 wurde ihnen ein kommentierender Status zuerkannt.

Darum herrschte eine rigide Feindseligkeit gegen alles Katholische wie gegen jegliche Impulse des Reformiertentums vor. Sowohl Dänemark als auch Schweden bedrohten katholische Geistliche für bloße Anwesenheit mit der Todesstrafe. Die Konversion von Laien hätte Konfiskation der Güter und Verbannung nach sich gezogen, also kam sie praktisch nicht vor. Einem eng gezogenen Personenkreis der diplomatischen Vertreter katholischer Staaten wurden restriktiv kontrollierte Hauskapellen zugestanden. Nach innen wurde diese Staatskirche rasch als ebenso disziplinierend wie geistlos wahrgenommen. Der durchschnittliche Pfarrerbeamte, die höhere Geistlichkeit und die Königshäuser stärkten sich gegenseitig. In periodischen Gesetzgebungen haben die Könige diese Struktur gefestigt und erweitert: in Dänemark durch die sog. „Alleinherrschaftsakte" (1661), durch das „Königsgesetz" (1665) und durch das „Dänische Gesetz" (1683), in Schweden durch die Gesetzescorpora zunächst vor dem Dreißigjährigen Krieg von 1617, danach von 1686, 1689 und 1695. Mit der strengen Konfessionsgesetzgebung ging die Einführung normierter Katechismen und Psalter einher. Erst der Pietismus brachte dieses starre System in Bewegung; in der Aufklärung sollte das enge Staatskirchentum lutherischer Prägung harscher Delegitimierung anheimfallen.

In den Niederlanden hingegen nahm die Herrschaft der ‚öffentlichen' Konfession, ja der ‚(vor-)herrschenden' Kirche (*heersende Kerk*), einen anderen Weg.[58] Das

---

58 Vgl. Eijnatten, Joris van/Lieburg, Fred van, Niederländische Religionsgeschichte, Göttingen 2011, 189–276. Bonney, Richard/Trim, D. J. B (Hrsg.), Persecution and Pluralism. Calvinists and Religious Minorities in Early Modern Europe, 1550–1700, Oxford/Bern 2006, 123–148. Müller, Johannes, ‚Orthodoxie' jenseits der Konfessionen? Die Diskussion religiöser Streitfragen in den niederländischen Rhetorikergesellschaften im frühen 17. Jahrhundert, in: Pietsch/Stollberg-Rilinger (Hrsg.), Ambiguität, 267–284.

Reformiertentum dominierte Alltag, Öffentlichkeit und Politik, verschmolz aber nicht mit den staatlichen Strukturen. Sehr bewusst änderte die Versammlung der Generalstände 1651 die Religionsvereinbarungen der Union von Utrecht (1579), aber auch der Synode von Dordrecht (1618/19) nicht. Die relative religiöse Toleranz, die in Utrecht vereinbart worden war, hatte eine den Calvinismus innerlich erschütternde harte Kontroverse zwischen liberalen und radikalen Anhängern des reformierten Protestantismus nicht verhindern können. Jacobus Arminius (1560–1609) war für eine Gnadenlehre eingetreten, die die unerbittliche Schärfe der Prädestinationslehre Calvins und insbesondere Theodor Bezas abmilderte: Menschen waren nicht von vornherein auf das – positive oder negative – Urteil festgelegt, mit dem Gott einem jeden Rettung oder Verdammnis vorausbestimmte. Christus war nicht nur für die zum Heil prädestinierten Menschen, sondern für alle gestorben. Dieses Heil konnte der durch Gnade und heiligen Geist zum Glauben gekommene Christ in freiem Willen ergreifen, um ein Leben der Buße und des tätigen Christentums zu führen; er konnte sich der geistlichen Kraft, die aus dem Wirken von göttlicher Gnade und menschlicher Wahl hervorging, aber auch verschließen und so sein Heil verwirken. Der Arminianismus löste eine explosive Entladung innerer Spannungen aus, weil er sich über seine Anhänger und Gegner mit Optionen des niederländischen Freiheitskampfes gegen Spanien verbunden hatte. Der Arminianismus war eine Religion selbstbewusster Bürger der Nordprovinzen, die sich unter der Führung Hollands und ihres Landesadvokaten Johan van Oldenbarnevelt (1547–1619) ihre Unabhängigkeit erstritten hatten und sie bis 1648 mit großer Unbedingtheit verteidigten. Sie waren aber nicht bereit, sich ihre Freiheit nun von restriktiv reformierten Theologen und Pastoren abspenstig machen zu lassen. Und sie hatten durchgefochten, dass die mehrheitlich von Katholiken bewohnten südlichen Niederlande durch einen Waffenstillstand (1609–1621) den verhassten Spaniern überlassen wurden, um wenigstens den Norden vor dem Ausbluten zu bewahren. Nicht nur der militärische Führer des Freiheitskampfes, der Statthalter Moritz von Oranien, sondern auch die etwa 150 000 aus dem Süden in die Nordprovinzen geflohenen Exil-Calvinisten werteten das als politischen Verrat. Und sie wollten das, was ihnen als oft einziger Haftpunkt ihrer Identität geblieben war, nicht herausgefordert sehen: einen streng orthodoxen reformierten Glauben, gebunden an die Genfer Theologie und den Heidelberger Katechismus. Als die Arminianer ihre Überzeugungen durch die ‚Remonstranz‘ von Gouda (1610) ihrerseits als Bekenntnis fassten, lösten sie eine aggressive Bewegung der ‚Kontra-Remonstranten‘ aus. Oldenbarnevelt und seine Anhänger wurden qua Justizmord zu politischen Bauernopfern; die Synode von Dordrecht drückte die Remonstranten theologisch an die Wand.

Das bedeutete für das ganze 17. Jahrhundert: Die rigide, aus Erfahrungen des religiösen Bürgerkriegs und des Exils geschöpfte Gemeindekirchlichkeit mit einer presbyterialen Kirchenzucht blieb ebenso erhalten wie die strikt kontra-remonstrantische, gegen die Arminianer gerichtete Lehre. Aber diese Lebensform wurde nur für die zur Verpflichtung, die zur Abendmahlsgemeinschaft gehören wollten – in der Regel nicht mehr als ein Viertel aller derer, die sich selbst als Calvinisten sahen. Alle anderen bekannten sich zwar zum Heidelberger oder Genfer Katechismus, nicht aber zur Restriktion ihres Lebens durch gemeindliche Kirchenzucht. Der ‚öffentlichen' Kirche anzugehören, bedeutete am Sonntag zu Kirche und Predigt zu erscheinen, aber der hochgradig disziplinierten Abendmahlsgemeinschaft fernzubleiben. Die Reformierten verfügten über den allergrößten Teil des Kirchenguts. Biografische Stationen wie Taufe und Trauung, öffentliche Ämter, Schulen und Hochschulen, schließlich die Ressourcen für Diakonie und Armenunterstützung standen unter ihrem Einfluss. Skepsis bis Aversion gegen evangelische Sekten – Mennoniten, Arminianer, Sozinianer, Spinozisten und andere – wie gegen Katholiken blieben virulent. Aber man duldete sie gemäß Art. 13 der Union von Utrecht. Eine im strengen Sinne presbyteriale Gemeindeordnung wie in Genf entwickelte sich daher nicht; öffentliche Ordnung und disziplinarische Gewalt blieben Aufgabe der staatlichen Obrigkeiten. Die Reformierten waren die ‚herrschende' Kirche nicht als Staatskirche, sondern als Konfession, die es zunehmend vermochte, das öffentliche Leben zu prägen und der niederländischen Kultur ihren mentalen Stempel aufzudrücken. Auch die ‚Anderen' hatten sich daran zu messen, wollten sie dazugehören in dem Maß, das ihnen gestattet war. Präsent als ‚Andere' blieben sie dennoch, wenn auch nur mit eingeschränkten Handlungs- und Repräsentationsmöglichkeiten.

Die politischen Eliten setzten dem öffentlichen Calvinismus auch deshalb Grenzen, weil sie über die Rolle der Religion in den sozialen Räumen der nördlichen Niederlande anders dachten als die eifrigen Pastoren des Mainstream-Reformiertentums, das sich 1618–1619 in Dordrecht gegen die Arminianer durchgesetzt hatte. Die Versammlung der Generalstände von 1651 konnte die Früchte des Westfälischen Friedens ernten, und sie setzte die dort gewonnene Freiheit als pragmatischen Partikularismus um. Neben dem Landadel waren in den sieben nördlichen Provinzen vor allem die sog. Regenten mächtig, jene Kaufmannsoligarchien der großen Städte, denen im Laufe des 17. Jahrhunderts ein bemerkenswerter Aufstieg gelang und von deren Geschäftätigkeit die Niederlande insgesamt in einem ‚goldenen Zeitalter' profitierten. Es waren die Städte, die regionalen Adligen und die Gemeinden, die das religiöse Leben organisierten und reglementierten, nicht eine zentrale Königsmacht wie in Dänemark, Schweden und England auf evangelischer, wie in Frankreich und Spanien auf katholischer Seite. Die Auseinandersetzungen, ob die Vereinigten Provinzen eher ‚monarchisch' durch die Statthalter aus dem Haus Oranien-Nassau oder eher als ‚republikanischer' Verbund der Generalstände geführt werden sollten, führten nie zu einer gesamt- und zentralstaatlich gelenkten Religion. Das Jahrhundert der religiösen Kämpfe hatte neben dem professionellen Eifer der Theologen auch viel religiöse Unsicherheit bei den Laien hinterlassen. Viele weigerten sich unterschwellig, sich noch für konfessionelle Belange in Haftung nehmen zu lassen.

Ihr Individualismus war skeptisch und hielt große Unbedingtheiten für wenig alltagstauglich. Viele hatten sich angewöhnt, sich äußerlich anzupassen, wenn es sich denn nicht vermeiden ließ, innerlich aber sehr eigene Überzeugungen zu hegen. Feindbilder reformierter Pfarrer umfassten nicht nur die ‚Epikuräer‘, die sich nichts sagen lassen wollten, weil sie nicht glauben konnten, dass die Hölle tatsächlich so heiß war, wie die Prediger sie ausmalten. Sie perhorreszierten auch die ‚Nikodemiten‘, die äußerlich konform lebten, im Stillen aber ihren Überzeugungen folgten. Darum verwundert es nicht, dass kleine, halb oder nicht offizielle religiöse Vergemeinschaftungen gerade hier so aufblühten. Sie begannen als durchaus kirchen-, jedenfalls pastorenferne Konventikel von *„liefhebbers"* und wurden dann als *Nadere Reformatie* und Puritanismus (vgl. 3.2) zu einer Bewegung, die im frühen Pietismus europaweit rezipiert wurde.[59] Alle, die sich einer rigoristischen Lebensweise entzogen, konnten darauf verweisen, dass man nicht die spanische Inquisition hinter sich gelassen habe, um sich anschließend einer Zucht nach Genfer Vorbild zu unterwerfen. Viele Reiseberichte vermerkten entweder staunend oder empört, welche unglaubliche Vielfalt von christlichen Orientierungen und Grüppchen nicht gerade mehrheitlich akzeptiert war, aber doch alltäglich hingenommen wurde. In diesem Sinne waren die nördlichen Niederlande eine Art ‚Arche Noah‘ aller Konsequenzen, die man aus der Reformation gezogen hatte, und auch aller Verwerfungen, die sie nach sich gezogen hatte.

Für die Rolle, die geistliche Professionisten in den nördlichen Niederlanden spielen konnten, hatte das uneindeutige, aus heutiger Sicht eher positive Konsequenzen: Im Vergleich zu Skandinavien blieben die Pastoren gegenüber der Herrschaft unabhängig. Und sie nutzten das teils weidlich, um die städtischen Magistrate und ländlichen Regionalherrschaften für ihren laxen Pragmatismus anzugreifen. Sie hatten den Spielraum dafür, mussten aber akzeptieren, dass die von staatlichen Instanzen wenig gelenkten Strukturen ihres Wirkens ein ‚heiliges Volk‘ nicht zu erzwingen vermochten. Die bis 1648 umkämpften Niederlande wurden im 17. Jahrhundert nicht nur faktisch zu dem wohl tolerantesten Ort in Europa, sondern sie haben mit Dirck Volckertsz Coornhert (1522–1590), Justus Lipsius (1547–1606), Hugo Grotius (1583–1645), Pierre Bayle (1647–1706) und Gerardt Noodt (1647–1725) auch bedeutende Theoretiker eines konfessionelle Bindungen differenziert diskutierenden Staats- und Völkerrechts hervorgebracht, und zwar unabhängig davon, dass die konkreten Erfahrungen und Positionen der hier genannten Autoren sich ebenso deutlich unterschieden wie ihre konfessionellen Orientierungen. Die religiöse Vielfalt in Ostmitteleuropa und auf dem Balkan war mehr von den politischen Kräfteverhältnissen erzwungen als wirklich gewollt, während die Niederlande zum Zentrum jenes Toleranzdiskurses wurden, der auf die Aufklärung vorauswies.

---

59 Vgl. Bach-Nielsen 642–648.

Umso schwieriger war es, für so komplexe Verhältnisse einende Symbolisierungen des Selbstverständnisses zu finden. Reformierte Geistliche beschrieben die Niederlande als das neue Volk Israel; Überblendungen zwischen Kriegserzählungen des Alten Testaments und eigenen Kriegserfahrungen und -erinnerungen legitimierten den Konfessionalismus als gottgewollte Standhaftigkeit. Die Spanier, die Habsburger generell, die Jesuiten, die Inquisition oder das Papsttum wurden hier zu beliebigen Austauschfiguren des Widergöttlichen und Antichristlichen. Die Politik Spaniens, aggressiv kämpferischen Katholizismus durch eine institutionell sehr mächtige und bedrohliche geistliche Justiz auszutragen,[60] wurde hier in ‚Schwarze Legenden‘ umgegossen, die neuzeitliche Geschichtsurteile bis heute stark prägen. Die moderne Inquisitionsforschung als Teil frühneuzeitlichen Kriminalitätsgeschichtsschreibung hat es nicht leicht, differenzierend vergleichende Einsichten über konfessionelle Techniken der Macht im öffentlichen Bewusstsein zu verankern. Für die reformierte Mehrheitsgesellschaft war die Identifizierung der katholischen Mächte, von denen man sich soeben emanzipiert hatte, mit der Unterdrückung durch den ägyptischen Pharao, durch den Assyrer Sanherib oder den Babylonier Nebukadnezar naheliegend. Der Gedanke, dank göttlicher Erwählung alle diese Auseinandersetzungen durchgestanden zu haben, lag mehr als nahe. In Predigten und religiösen Schauspielen nahmen solche geschichtstheologischen Selbstverortungen einen zentralen Platz ein. Jenseits reformierter Überzeugungen von der Prädestination göttlicher Gnadenwahl waren diese Symbolisierungen aber nur begrenzt tauglich, um Gemeinschaft zu stiften. Der Mythos vom Bataver-Aufstand gegen die Römer war ein bei Tacitus behandelter, also in der humanistischen Tradition wurzelnder Haftpunkt, der aber eher zu politischem Selbstbewusstsein als zur religiösen Überwölbung des Gemeinwesens taugte. Mit dieser Spannung mussten die Niederlande zu leben lernen: Im Unterschied zu allen anderen evangelischen oder katholischen Verflechtungen und Verräumlichungen von Religion und Herrschaft war auf der ideologischen Ebene keine Eindeutigkeit herzustellen. Der Alltag der Niederländer schwankte dementsprechend zwischen Eifer und Gelassenheit.

2.6. Italien

Italien war im 17. Jahrhundert alles andere als eine politische Einheit, verklammert durch ein konfessionell integriertes Nationsbewusstsein. Darin unterschied es sich von England, Frankreich und Spanien, aber auch von Skandinavien. Gleichzeitig war es weder tolerant wie die nördlichen Niederlande noch durch

---

60 Vgl. Delgado 92–97.

konfessionspolitische Friedensschlüsse stillgestellt wie das Deutsche Reich oder die Schweiz.

Natürlich waren Rom und der Kirchenstaat das Zentrum des katholischen Südens. Die Päpste des 17. Jahrhunderts entstammten ausnahmslos den kurialen Karrieren und den hinter ihnen stehenden mittelitalienischen Familienclans. Als Staatsmänner und Kirchendiplomaten interessierten sie sich vorrangig für die Bewahrung des römischen Einflusses auf die Kirchen der europäischen Nationalstaaten; heftige Konfrontationen insbesondere mit dem Frankreich Ludwig XIV. dokumentieren nicht nur diese Zielsetzungen, sondern auch deren begrenzte Erfolge. Als politischer Faktor nahm die Bedeutung Roms im Laufe des 17. Jahrhunderts ab: Die der katholischen Kirche nachteiligen Konzessionen des Westfälischen Friedens hatte die päpstliche Diplomatie nicht zu verhindern vermocht; selbst die katholischen Staaten Europas hielten Rom als Friedensvermittler seither bewusst auf Abstand. Die Päpste bemühten sich um Kompensation: Sie engagierten sich, um europäische Allianzen gegen die Türken zu schmieden; das trug zum Sieg vor Wien (1683) nicht unerheblich bei. Wie die Seeschlacht von Lepanto (1571) den marianischen Rosenkranz gefördert hatte, wurde nun auch der Sieg vor Wien zu einem marianischen Erinnerungsort verklärt: Das Fest ‚Maria Namen‘ war der letzte Versuch, die Bedeutung des Papsttums über eine Stilisierung Marias zur Militärgöttin aufzuwerten.[61] 1622 gründete der Hl. Stuhl die *Congregatio de Propaganda Fide*. Sie sollte die Mission nicht nur in der plötzlich groß gewordenen Welt, sondern auch in der ‚Häresie‘ anheimgefallenen Gebieten fördern. In der zweiten Hälfte des 17. Jahrhunderts schien sich in England und Frankreich ein Trend zur Rekatholisierung Europas abzuzeichnen; lutherische Fürsten im Reich konvertierten nicht mehr zum Calvinismus, sondern zum Katholizismus (Sachsen, Württemberg, Pfalz-Neuburg u. a.); der Islam wurde auf dem Balkan zurückgedrängt; die Ostkirchen kriselten. Den darin liegenden Entwicklungschancen galt viel Aufmerksamkeit, aber auch hier blieb der Ertrag auf Dauer dürftig. Innere Reformen entweder der tridentinischen Kirche oder der Verwaltung des Kirchenstaates stießen auf zahlreiche eingespielte Systeme: Die Nutznießer der enormen Ressourcen, zu denen gute Beziehungen zum Papsttum den Zugang eröffneten, wahrten von Pontifikat zu Pontifikat eifersüchtig ihre Interessen. Der Nepotismus, mit dem das Konzil von Trient hatte aufräumen wollen, erlebte eine regelrechte Wiedergeburt. Der Kardinalnepot verantwortete die Außen-, Finanz- und Wirtschaftspolitik des Kirchenstaates für die Dauer eines Pontifikates. Vor allem die Personalrekrutierung machte ihn zum Zentrum aller Ambitionen. Die Verflechtung hoher Kirchenämter mit bestimmten Familien des italienischen Adels nahm im Laufe des 17. Jahrhunderts

---

61 Vgl. Schreiner, Klaus, Maria. Jungfrau, Mutter, Herrscherin, München/Wien 1994, 374–409.

wieder zu, nachdem viele Reformversuche des 16. versandet waren. Verwandtschaft, Freundschaft, Klientelismus und natürlich immer wieder Geld bestimmten eine kuriale Karriere stärker als theologische Kompetenz und charakterliche Eignung. Obwohl dieses System der Begünstigung mit jedem neuen Papst ausgetauscht wurde, obwohl diejenigen zur Rechenschaft gezogen wurden, die es auf die Spitze trieben – auf lange Sicht konnte sich dieses System halten, weil in einer Art Umlaufverfahren alle Mitglieder dieser kleinen Gruppe von Teilhabern Profit erwarten durften. Erst um 1670 flog das Ruinöse dieses politischen und ökonomischen Gebarens auf. Die Bulle *Romanum decet pontificem* (1692) Papst Innozenz' XII. (*1615, 1691–1700) versuchte gegenzuhalten, mit mäßiger Wirkung. Die wichtigste Konsequenz: Die Rolle des Kardinalnepoten sank, weil die Bulle zukünftigen Päpsten die Möglichkeit nahm, nach Belieben Verwandte zu Kardinälen zu ernennen. Stattdessen gewann das Amt des Kardinalstaatssekretärs an Bedeutung. Die anhaltende wirtschaftliche Schwäche des Kirchenstaates verschärfte die Konkurrenz um die stetig knapper werdenden Güter, die abgeschöpft werden konnten. Umso bereitwilliger gingen die Kardinäle auf die Angebote der Staaten ein, gegen entsprechende Einkünfte deren Interessen in Rom zu vertreten. Der Einfluss der Päpste auf die europäische Politik sank; umgekehrt nahm deren Einfluss auf die Papstwahl zu. Die großen katholischen Mächte Spanien, Frankreich und Österreich-Ungarn erarbeiteten sich ein regelrechtes *Veto* gegen missliebige Kandidaten. Denn Konflikte mit dem Nachfolger Petri waren für die Monarchen nicht ausschlaggebend, aber lästig. An einem starken, gar heiligmäßig charismatischen Papst konnte niemand ein Interesse haben. Darum blieben die *zelanti*, die von religiösen Prinzipien her Politik machten, stets eine Minderheit gegenüber den *politicanti*, die pragmatische Machtspiele mitvollzogen.[62]

Ökonomisch blieb der Kirchenstaat schwach, weil das Zentrum Rom stets mehr Kapital verschlang, als im Kirchenstaat erwirtschaftet wurde; nichts wurde ins Umland reinvestiert. Obwohl viele der großen Familien, die im 16. Jahrhundert Päpste und Kardinäle gestellt hatten, im 17. an Bedeutung verloren oder ganz von der Bühne verschwanden, waren die Päpste nicht in der Lage, die heimgefallenen Lehen durch ihre Kardinallegaten und *governatori* effektiv zu regieren. Die Interessen der ländlich-baronalen und der städtisch-patrizischen Eliten in der Romagna blieben über Steuereinzug, Rechtsprechung, Patronage und Klientelismus stark, ja unüberwindlich im Spiel. In Rom selbst war es den Päpsten gelungen, die altadligen Eliten von der kommunalen Herrschaft zu verdrängen. Sie luden sich damit aber die immer wieder tumultartig artikulierten Versorgungsansprüche der stadtrömischen Bevölkerung auf. Die Verschuldung wuchs im 17. Jahrhundert so exor-

---

62 Vgl. Signorotto, Gianvittorio/Visceglia, Maria Antonietta (Hrsg.), Court and Politics in Papal Rome, 1492–1700, Cambridge 2002.

bitant, dass fremde Anleihengeber die lukrativsten und sichersten Einkünfte des Kirchenstaates an sich ziehen konnten. Armut und Unterentwicklung waren die Folge, nicht nur in den Mittel- und Unterschichten Roms selbst, sondern auch im nach wie vor ganz agrarisch geprägten Umland. Eine Verwaltungs- und Rechtsreform, die Vereinheitlichung und Kontrolle hergestellt hätte, wurde nie ernsthaft in Angriff genommen.

Gerade deshalb musste Rom über die Architektur als Zentrum des katholischen Glaubens visualisiert werden. Schon die Päpste, die sich als Überwinder des Konziliarismus im 15. Jahrhundert begriffen, hatten beschlossen, die Stadt zum urbanen Überwältigungserlebnis umzuformen. Weil die Neuerschließung antiker Ruinenfelder und agrarisch genutzter Brachflächen enorme Mittel erforderte, dauerte die Restrukturierung Roms so lange, dass sie sich schließlich im 17. Jahrhundert als Verkörperung des tridentinischen Katholizismus entpuppte, überformt durch die Zentralisierung der Päpste.[63] Das römische Stadtbild des 17. Jahrhunderts bot und bietet bis heute ein einzigartiges Ensemble einer gleichzeitig und ursprünglich klerikalisierten wie aristokratisierten Stadt. Sie bestand aus gelenkten Straßenachsen, um die Pilgerströme zu steuern. Am Bau von St. Peter, um 1450 begonnen, wurde 1590 gerade einmal die zentrale Vierungskuppel fertig; geweiht wurde der Bau 1626. Nunmehr verlagerte sich der Schwerpunkt päpstlicher Aktivität endgültig von der Lateranbasilika hin zum Vatikan, dem Lorenzo Bernini mit einer monumentalen Platzgestaltung eine einmalige Schaubühne verlieh. Entlang der großen Straßenachsen, die durch die Stadt geschlagen wurden, wiesen die wieder aufgerichteten Obelisken der ägyptischen Antike als „Heilsnadeln"[64] gen Himmel. Platziert an allen zentralen Orten der römischen Gnadengewinnung – S. Pietro in Vaticano, S. Giovanni in Laterano, S. Maria Maggiore, Piazza del Popolo – und bekrönt mit Kreuzen, orientierten sie die Pilgerströme, die sich demütig dem einzigartigen *thesaurus meritorum* der römischen Kirche zu überlassen bereit waren. Natürlich war das alles noch größer, noch achsialer, noch eindeutiger ausgerichtet gedacht gewesen, als man es jemals bauen konnte. Aber was realisiert wurde, brachte klar genug zum Ausdruck, dass das päpstliche Rom sich gegen alle Bestreitungen des Reformationsjahrhunderts durchgesetzt zu haben glaubte. War es von den abtrünnigen Häretikern als gieriges Sündenbabel einer veräußerlichten Religion, ja als Hort des teuflischen Antichristen der Endzeit denunziert worden, wollte es im 17. Jahrhundert erglänzen als Vorausbild einer himmlischen Stadt, als Verkörperung einer geistlichen Macht, die sich nicht übertreffen ließ, als diaphane Kulisse größter Heilsereignisse von globaler Geltung. An diesem glän-

---

63 Reinhardt, Volker, Rom, München 1999, 169–224. Bussagli, Marco, Rom. Kunst und Architektur, Königswinter 2004, 402–573.
64 Reinhard, Rom, 176–179.

zenden Rom einer goldenen Zeit des Barock bauten nicht nur die Päpste, sondern auch ihre Kardinäle, ihre Nepoten, ihre Günstlinge, und natürlich die mit ihnen wetteifernden Adligen, die im System der kirchlichen Bepfründung mal drinnen, mal draußen waren. Neben den prachtvollen Kirchenausstattungen entstanden jene Stadtpaläste und Landvillen, jene Brunnenanlagen und Grabmäler, in denen sich die Eliten mit einer kaum gezügelten Hemmungslosigkeit selbst verherrlichten und doch gleichzeitig gewärtig sein mussten, dass ihre Fallhöhe wuchs: wegen der lauernden Konkurrenten, aber auch wegen eines stets zu Hungeraufständen bereiten Stadtvolkes. Um auch ihm etwas zu bieten, legte man Wasserleitungen, Parks und Arenen an. Und man kontrollierte seit der zweiten Hälfte des 17. Jahrhunderts strikt den Brotpreis. Riesige Hospitäler entzogen Waisen, Vaganten, Bettler, Prostituierte, unheilbar Kranke und Alte dem Sumpf der römischen Unterwelt.

Weiteres Selbstbewusstsein bezog Rom im späten 16. wie im ganzen 17. Jahrhundert aus einem wiederentdeckten Faszinosum: den Katakomben. Die *Roma sotterranea* der weit verzweigten unterirdischen Nekropolen galt als unumstößlicher Beleg für die altchristliche Würde einer Stadt der Märtyrer. Abertausende von Opfern der heidnischen Christenverfolgungen glaubte man in den zahllosen Arkosolien vor sich zu haben; dazu kamen die aufwändig mit Gemälden ausgeschmückten frühchristlichen Grabkapellen. Mit einem Schlag war die Reliquienknappheit überwunden, die im Laufe des Mittelalters zu immer kleinteiligeren Translationen geführt hatte. Nunmehr konnte man Barockkirchen in ganz Europa mit kompletten ‚Märtyrerleibern' ausstatten, die nicht irgendwoher kamen, sondern aus dem Zentrum des frühneuzeitlichen Katholizismus. Die Päpste verfügten mit den Katakomben über einen einmaligen archäologischen Identitäts- und Legitimitätsausweis.

Aber neben Rom und dem Kirchenstaat waren nicht nur die spanischen Territorien – im Süden das Königreich Neapel einschließlich Siziliens und im Norden das Herzogtum Mailand[65] – ein Teil des heutigen Italien. Auch das Herzogtum Savoyen und die Republik Venedig waren unübersehbare regionale Mächte. Sie waren wie selbstverständlich katholisch, allerdings interpretierten sie den Reformprozess, den das Konzil von Trient angestoßen hatte, auf je ihre Weise. Man ließ sich hier eine päpstliche Zentralisierung ihres auf eine gelassene Weise selbstbewussten Katholizismus nicht vorschreiben. Die *Serenissima* profitierte vom Handel und vom wissenschaftlichen Austausch mit Protestanten ebenso wie von seinen Kontakten zum ostkirchlich und muslimisch geprägten Mittelmeerraum. Die Inquisition konnte hier kaum Tritt fassen; strukturell blieb sie ohne Einfluss. Ein mächtiges Druckmittel, um Konformismus herzustellen, besaßen die Päpste mit dem der Konsistorialkongregation vorbehaltenen Recht, die

---

65 Vgl. Delgado 77–118.

Einsetzung von Bischöfen zu bestätigen. Im schlimmsten Fall konnte Rom ein Interdikt verhängen. Aber Venedig hatte einem solchen 1605/06 erfolgreich widerstanden, indem es den päpstlichen Bann über das religiöse Leben der Stadt schlichtweg ignorierte. Wirklich zur Ruhe kamen die Auseinandersetzungen zwischen Rom und den Stadt- und Territorialstaaten auf der Apenninen-Halbinsel nie. Herrscher und soziale Eliten, die sich als durch und durch katholisch begriffen und inszenierten, beanspruchten im Gegenzug für ihre ideelle Unterstützung der nachreformatorisch herausgeforderten Kirche weitgehende Rechte *circa sacra*. Sie verlangten, dass ihre Mitsprache bei der Vergabe hoher Kirchenämter den Ausschlag gab, um die Interessen ihrer Klientel zu bedienen. Sie wehrten sich gegen die weitere Ausdehnung des steuerfreien Kirchenbesitzes und der Gerichtsimmunität des Klerus. Sie verweigerten den *Recursus ab abusu*, also die Appellation an übergeordnete Instanzen päpstlicher Gerichtsbarkeit, die das territoriale Rechtssystem unterlief. Sie unterwarfen die Veröffentlichung päpstlicher Erlasse und Bullen ihrem *Placet*. Das Papsttum war keineswegs in der Lage, seine theoretisch formulierten Ansprüche auch praktisch durchzusetzen. Lediglich die Großherzöge der Toskana unter dem Regiment der Medici in Florenz suchten im späteren 17. Jahrhundert den demonstrativen Schulterschluss mit Rom; hier waren auch die verwandtschaftlichen Beziehungen zwischen regionalen Würdenträgern und Kurialen besonders eng.

Die römische Inquisition des 16. Jahrhunderts, das *Sanctum Officium*, schrieb sich zwar eine höchste und universelle Zuständigkeit zu. Aber das stand nur auf dem Papier. Spanien und Portugal verfügten über ihre eigene, vom Königtum gelenkte Inquisition.[66] Frankreich hat nie einen römischen Inquisitor wirksam werden lassen; auch die Verfassung des Deutschen Reiches öffnete keine Türen. Etwa fünfzig lokale Gerichtshöfe konnte die römische Inquisition unter ihrer Oberaufsicht etablieren; sie blieb damit ein Regionalunternehmen Mittel- und Oberitaliens.

Im späteren 16. Jahrhundert hatte sie ziemlich erfolgreich die Netzwerke der *Spirituali* zerschlagen, jene Regungen einer hoch gebildeten und verfeinerten Elite, deren charismatische Inspiration nicht selten von faszinierenden Frauen wie Vittoria Colonna oder Giulia Gonzaga ausging. Die Hüter der Rechtgläubigkeit hatten diese kluge, stille und anti-institutionelle Frömmigkeit als *Illuminismo*, *Evangelismo*, *Erasmianismo* oder gar *Luteranismo* verdächtigt. Hier hatte man sich abgewandt von der prunkvollen Kirche der Rituale und Äußerlichkeiten, der Sonderkulte und sakralen Objekte, der das religiöse Erleben steuernden priesterlichen Obhut und ihren als exklusive Heilszugänge deklarierten Überherrschaftungsversuchen. Demütige Innerlichkeit der Gottesbeziehung und eine strikte Bezogenheit auf das Heilswerk Christi hatten diese evangelisierenden Humanisten mit den Lutheranern nördlich der Alpen und den Kryptolutheranern ihrer Heimat geteilt. Aber

---

66 Vgl. Delgado 92–98.

Luteranismo war das eben nur sehr bedingt gewesen. Nicht vom geschriebenen und gepredigten Wort, sondern von der inneren Erleuchtung durch den Geist war hier eine Annäherung an die christliche Vollkommenheit und an ein Leben nach dem Evangelium erwartet worden. Diese Inspiration sei das eigentliche und ganz unverdienbare Gnadengeschenk Gottes, und eben sie könne die Kirche als Institution nicht durch festumschriebene dogmatische Entscheidungen reglementieren. Sie könne stützende Strukturen schaffen, auf die es aber letzten Endes nicht ankomme. Der italienische *Evangelismo* hatte Frömmigkeitshaltungen vertreten, die sich auch bei Luther finden, aber die Luther-Lektüre war nicht der vorrangige Weg dorthin gewesen. Die einst engen Verbindungen der italienischen *Spirituali* hatten sich um 1600 längst aufgelöst, weil deren Mitglieder sich entweder in den Protestantismus geflüchtet hatten oder von der Inquisition verhaftet und hingerichtet worden waren oder, sehr zum Ärger der Inquisitoren, gerade noch rechtzeitig hatten sterben können. Der versöhnliche Reformkatholizismus war seither nachhaltigem Vergessen verfallen.

Die römische Inquisition[67] war dadurch ihrerseits marginal geworden. Zwar spielten sich, ihr zum Trotz, auch im Italien des 17. Jahrhunderts noch Konversionsdramen unkonventioneller Glaubensbiografien ab, die europaweit publizistisch widerhallten. Aber die spektakulären Autodafés der 1570er und 1580er Jahre waren vorbei. Ein Inquisitionsfall wie der Giordano Brunos (1548–1600), der wegen seiner als häretisch beurteilten Kosmologie und wegen seiner Kurien- und Kultkritik auf dem Campo dei Fiori verbrannt worden war, wiederholte sich im 17. Jahrhundert nicht mehr. Obwohl das *Sanctum Officium* quasi als Blaupause für die am Übergang zum 17. Jahrhundert neu entstehenden päpstlichen Behörden der Kardinalskongregationen fungierte, hatte sich das dürftige Kerngeschäft längst auf Restposten zurückziehen müssen: Aberglauben, Blasphemie, Sakramentenschändung, ein wenig Luthertum, schließlich Hexerei- und Zauberei-Phantasien. Im Gegensatz zu Nordeuropa haben weder die spanische noch die römische Inquisition dem Hexereidelikt als Faktum des Schadenzaubers je Glauben geschenkt; entsprechend milder waren die Strafen, die verhängt wurden für die Wahnvorstellung, ein Bündnis mit dem Teufel verleihe übernatürliche Kräfte. Erst gegen Ende des 17. Jahrhunderts sollte sich die Inquisition mit der Bekämpfung des ‚sündigen‘ und ‚atheistischen‘ Cartesianismus ein neues Deliktfeld ersinnen. Obwohl die Inquisition ihren Status als Instrument der Bekenntnispolitik einbüßte, blieb sie bedeutsam als Karrieresprungbrett.

---

67 Mayer, Thomas F., The Roman Inquisition. A Papal Bureaucracy and its Laws in the Age of Galileo, Philadelphia/Pa. 2013. Wickersham, Jane K., Rituals of Prosecution. The Roman Inquisition and the Prosecution of Philo-Protestants in Sixteenth-Century Italy, Toronto 2012. Wolf, Hubert (Hrsg.), Inquisition, Index, Zensur. Wissenskulturen der Neuzeit im Widerstreit, Paderborn 2001. Tedeschi, John, The Prosecution of Heresy. Collected Studies on the Inquisition in Early Modern Italy, Binghamton/New York 1991.

Bei der Beurteilung der Inquisition herrschen nach wie vor rhetorische Ungleich-behandlungen vor. Wenn man den rigiden Antikatholizismus in England oder in Skandinavien als konsequent durchgehen lässt, wenn man die massive Verfolgung remonstrantischer Geistlicher in den Niederlanden als „kompromisslos" be-schreibt, dann kann man die römische Inquisition schlecht „skrupellos"[68] nennen. Denn das eine ist ein Sachurteil, das andere eine moralische Disqualifizierung. Zudem war kaum eine frühneuzeitliche Institution zersplitterter als die römische Inquisition. In Sizilien, Neapel und Mailand konkurrierte sie mit der spanischen Inquisition, die auch in Italien keinen guten Ruf genoss.[69] In den oberitalienischen Stadtstaaten, allen voran Venedig, verlangten Bischöfe und politische Eliten ener-gisch Mitsprache, was die Handlungsmöglichkeiten der Inquisitoren begrenzte. Für Handel, Wirtschaft und internationale Kontakte war es nicht gut, wenn man sich zu genau für abweichende Glaubensüberzeugungen interessierte. Die einzelnen dem römischen *Sanctum Officium* unterstehenden Inquisitionsgerichtshöfe waren durchweg schlechter ausgestattet als ihre spanischen Pendants. Zwar vermochten sie über ihre schiere Anzahl – etwa fünfzig – wie die an ihrer Arbeit beteiligten *familiares* die Gesellschaft unübersehbar zu durchdringen. Aber ihre Aktivität wird heute als verfahrensrechtlich vergleichsweise kontrolliert und fortschrittlich dar-gestellt. Strafen blieben relativ moderat: in den meisten Fällen öffentliche Kir-chenbußen, selten Gefängnis, in etwa vier von tausend Fällen die Todesstrafe für hartnäckige oder rückfällige Häretiker. Die Autodafés verzichteten in der Regel auf das demonstrativ Spektakuläre, das in Spanien für diese Ereignisse typisch war. Überdies weiß die ernsthafte Forschung längst, dass die neben dem *Sanctum Of-ficium* agierende Kongregation für den *Index librorum prohibitorum* ein ziemlich zahnloser Tiger war.[70] Der Versuch, den gesamten europäischen Buchmarkt einer qualifizierten Kontrolle zu unterwerfen, kam einem aussichtslosen Unterfangen einer personell unterbesetzten und intellektuell begrenzt kompetenten Behörde gleich, obwohl relativ pauschal tausende von Titeln in immer neuen Ausgaben inkriminiert wurden. Und natürlich war Buchzensur nichts, was den Katholizismus oder die Indexbehörde des Vatikans besonders ausgezeichnet hätte. Selbstver-ständlich fand Buchzensur auch dort statt, wo evangelische Überzeugungen einen protestantischen Staat oder eine protestantische Universität zusammenhielten; Verhandlungsbedarf und Vollzugsdefizit waren dort ähnlich hoch wie bei den einzelnen Niederlassungen der römischen Inquisition oder bei der Indexkongrega-

---

68 MacCulloch, Reformation, 499, 537.
69 Vgl. Delgado 92–98.
70 Vgl. Wolf, Hubert (Hrsg.), Römische Inquisition und Indexkongregation. Grundlagenfor-schung 1701–1813. Einleitung und Bd. 1–4, Paderborn u. a. 2009–2011. Wolf, Hubert (Hrsg.), Inquisition und Buchzensur im Zeitalter der Aufklärung, Paderborn 2011. Schmidt, Bernward, Virtuelle Büchersäle. Lektüre und Zensur gelehrter Zeitschriften an der römischen Kurie 1665–1765, Paderborn u. a. 2009.

tion.[71] Die römische Inquisition mit ihren Nebenbehörden und regionalen Dependancen war nicht harmlos. Aber die jüngere Forschung falsifiziert jene Vorstellungen der Schaurigkeit, die die Öffentlichkeit mit nachhaltig faszinierter Abscheu pflegt. Strafbereite Glaubenskontrolle war auch im 17. Jahrhundert nicht konfessionell, sondern situativ gebunden.

Es war der Fall Galileo Galilei (1564–1642)[72], der bis heute ‚schwarze Legenden‘ nährt. Der Konflikt, den Galilei ausfocht, war zunächst nichts weiter als ein Gelehrtenstreit zwischen theoriebesessenen Aristotelikern und empirieenthusiastischen Kopernikanern. Galilei lag, bei Licht besehen, mit seinen Festlegungen keineswegs immer richtig (Kometenerscheinungen 1618/19, elliptische Umlaufbahnen der Planeten, Ebbe und Flut), auch wenn er die Kosmologie des Aristoteles zweifelsfrei falsifizieren konnte. Aber er genoss die Protektion höchster römischer Kreise, samt dem Kardinal Roberto Bellarmino als Präfekt des *Sanctum Officium* und der Indexkongregation, samt der päpstlichen Akademie der Wissenschaften (*Academia dei Lincei*) und samt der römischen Sternwarte der Jesuiten. Zwei Entwicklungen ließen die Dinge zwischen 1616 und 1633 aus dem Ruder laufen: Zum einen gelang es den Aristotelikern, ihren Kampf um die Fortgeltung ihres Weltbildes mit Fragen der Bibelhermeneutik zu verknüpfen, also aus einer naturphilosophischen eine theologische Kontroverse zu machen; und Galilei war, obwohl von seinen Protegés gut beraten, unvorsichtig genug, sich auf dieses Feld ziehen zu lassen. An triumphalem Selbstbewusstsein mangelte es ihm nicht, und so war es der Theologe Galilei, nicht der Mathematiker und Astronom, der sich angreifbar machte. 1616 verschont, aber zur Vorsicht gemahnt, forderte er 1632 mit seinem „Dialog über die zwei wichtigsten Weltsysteme" nicht nur seine philosophischen Gegner, sondern mit Papst Urban VIII. (*1568, 1623–1644) auch seinen Freund und Gönner Maffeo Barberini ultimativ heraus, indem er sie der Lächerlichkeit preisgab. Zum anderen verkaufte sich das *Sanctum Officium* gegen seinen Willen, aber vom schäumenden Papst gedrängt, nunmehr deutlich unter Wert. Denn mehrheitlich, keineswegs einhellig, forderte es Galilei nicht mehr – wie bislang – auf, den Kopernikanismus nur als Hypothese zu vertreten, was dieser in seinem *Dialogo* wüst unterlaufen hatte. Sondern es verlangte ultimativ, Galilei müsse nunmehr dem Kopernikanismus als solchem abschwören – was er tat. Wissenschaftshermeneu-

---

71 Vgl. Creasman, Allyson F., Censorship and Civic Order in Reformation Germany, 1517–1648. ‚Printed Poison & Evil Talk‘, Farnham 2012.

72 Bieri, Hans / Masciadri, Virgilio, Der Streit um das kopernikanische Weltsystem im 17. Jahrhundert. Galileo Galileis Akkommodationstheorie und ihre historischen Hintergründe, Bern u. a. 2007. LaDous, Lydia, Galileo Galilei. Zur Geschichte eines Falles, Regensburg 2007. McMullin, Ernan, The Church and Galileo, Notre Dame 2005. Rowland, Wade, Galileo's Mistake. A New Look at the Epic Confrontation between Galileo and the Church, New York 2003. Beretta, Francesco, Galileo Galilei und die römische Inquisition (1616–1633), in: Wolf (Hrsg.), Inquisition, 141–158. Brandmüller, Walter, Galilei und die Kirche. Ein „Fall" und seine Lösung, Aachen 1994.

tisch war Galileis faktizistischer Empirismus ebenso unmodern wie der auf den Literalsinn fixierte Biblizismus der Inquisitionssentenz.

Das populäre Vorurteil von der generellen Wissenschaftsfeindlichkeit des frühneuzeitlichen Katholizismus hält einer differenziert kritischen Betrachtung des Falles Galilei nirgends stand. Martin Luther (1483–1546), Philipp Melanchthon (1497–1560) und Johannes Calvin (1509–1564) hatten sich ebenfalls gegen den Kopernikanismus gestellt. Ein evangelischer Gelehrter wie Johannes Kepler (1571–1630) bekam im evangelischen Württemberg kein Bein auf die Erde, weil er sich weigerte, das Konkordienbuch zu unterschreiben. Die Jesuiten der römischen Sternwarte bestätigten Punkt für Punkt die Beobachtungen Galileis, waren aber aus gutem Grund überzeugt, dass sich diese Befunde nicht ausschließlich kopernikanisch, sondern auch mit den Modellen des dänischen Astronomen Tycho Brahe (1546–1601) plausibel erklären ließen. Galilei hingegen konnte sich nicht überwinden, differenziert-vorsichtige Herangehensweisen seiner Unterstützer vom Dilettantismus der Aristoteliker zu unterscheiden. Und so wurde er erst zum Luxus-Gefangenen der Inquisition, dann zum Pensionär in einem vergleichsweise erträglichen Hausarrest. An der Abfassung seines späten physikalischen Hauptwerkes „Discorsi e Dimostrazioni Matematiche" (lat. 1635/it. 1638) hinderte ihn niemand. Noch im Laufe des 17. Jahrhunderts erschienen Gesamtausgaben (einschließlich des inkriminierten Dialogo) mit römischer Druckerlaubnis. Eine offizielle Rehabilitierung jedoch traute sich Papst Johannes Paul II. erst 1992 zu.

Italien war nicht das Papsttum, wurde aber anderswo in Europa vorwiegend über dieses wahrgenommen. Dabei ist zu unterscheiden zwischen den protestantischen Räumen, in denen Antikatholizismus und Antipapalismus oft in eins fielen und ‚schwarze Legenden' auf fruchtbaren Boden fielen. Auf der anderen Seite standen die katholischen Nationen, die das Papsttum stets nur insoweit akzeptierten, als es ihren Regulierungsansprüchen nicht im Wege stand, die sie gegenüber ihren jeweiligen Kirchen erhoben. In Frankreich blieb der Gallikanismus strukturell stark, und der Streit um den Jansenismus (vgl. 3.2) diskreditierte auch die theologisch-religiöse Deutungshoheit der Kurie. Im Reich sollte sich im darauffolgenden 18. Jahrhundert ein Episkopalismus entwickeln, der nicht nur aus reichsbischöflichem Selbstbewusstsein resultierte, sondern auch reformkatholischen Ideen im Zeichen der Aufklärung Ausdruck verlieh. Ständig neuen Konfliktstoff produzierten auch die sog. Quinquennalfakultäten: Als Folge der nachtridentinischen päpstlichen Zentralisierung mussten die Bischöfe ihre Dispensrechte alle fünf Jahre von der Kurie bestätigen lassen; neben der Jurisdiktion der Bischöfe etablierten die päpstlichen Nuntien aber eine eigenständige, die Bischöfe oft herablassend gängelnde Kirchenpolitik. Die Nuntien bildeten ein europäisches Netzwerk, das vor allem ein Ziel verfolgte: Die regelmäßigen Nuntiaturberichte spiegeln mal mehr, mal weniger diplomatisches Raffinement, Eigenständigkeitsbestrebungen ‚nationaler' Kirchen zu unterlaufen und die Vorrechte des Hl. Stuhls zu reklamieren.

2.7. Konfessionalisierung und konfessionelle Uneindeutigkeit, Zwang und Toleranz

Während im 16. Jahrhundert, auch in seiner zweiten Hälfte, in vielen Regionen Europas noch viel im Fluss war, zeigte gerade das 17. Jahrhundert, und zwar in den meisten zentraleuropäischen Ländern erst nach 1648, welche Ergebnisse das Ringen um den Zusammenhang von Raum, Herrschaft und Konfession eigentlich gezeitigt hatte. Ergebnisse – im Plural. Eine halbwegs einheitliche Linie strukturell vergleichbarer Konfessionalisierungen ließ sich vor allem in den Territorien des Deutschen Reiches beobachten. Das gilt jedenfalls dann, wenn man über ‚Konfessionalisierung‘ im ursprünglichen Sinne der einstigen Nestoren des Konzepts spricht. Sie postulierten, dass ‚Konfessionalisierung‘ die europäische Moderne vorbereitet habe: Der Staat wurde durch effektive Kontrolle der Religion allenthalben stärker. Die *religio* lieferte dem Staat Legitimität, indem sie eine striktere Klärung der Bekenntnisgrenzen herbeiführte als jemals zuvor in der Geschichte des Christentums. Danach konnte konforme von dissidentischer Praxis höchst präzise unterschieden werden. Die kirchlichen Institutionen, einmal in Dienst genommen, schufen der strukturellen Schwäche des Staates eine wirksame Abhilfe, machten den ‚Konfessionsstaat‘ bis in die letzte Landgemeinde präsent. ‚Konfessionalisierung‘ professionalisierte die Beamten wie die Pfarrer. ‚Konfessionalisierung‘ gestaltete sich als eine gewaltige Bildungsbewegung von der Landesuniversität bis zur Dorfschule. ‚Konfessionalisierung‘ disziplinierte die Untertanen zu frommen und arbeitsamen Menschen und förderte so indirekt die ökonomische Dynamik der westlichen Welt. Das ganze über Jahrzehnte in Einzelstudien und Theoriedebatten vorangetriebene Forschungsunternehmen hatte jedoch von vornherein unter einer entscheidenden Uneindeutigkeit zu leiden: War Konfessionalisierung ein Prozess, also ein den Akteuren perspektivisch nicht zugänglicher holistischer Mega-Trend, der sich erst von seinem Ergebnis her, der europäischen Moderne nämlich, rekonstruieren ließ? Oder war Konfessionalisierung ein Projekt, also eine Agenda der Akteure, bei der man von vornherein mit einer gewissen Vollzugsschwäche rechnen musste? Mit der ersten Idee hatte man angefangen; als jedoch diverse kulturgeschichtliche *turns* deren Selbstgewissheit auflösten, wurde schlagartig die Vieldeutigkeit konfessioneller Dynamiken in Europa sichtbar. Das einzige, was sich durch die unterschiedlichen analytischen Zugriffe in jedem Fall erledigte, war die Vorstellung, die Vormoderne sei eine statische Welt gewesen, stillgestellt durch das Übergewicht von Jenseitserwartungen, während die ‚Sattelzeit‘ um 1800 eine säkulare Weltauffassung hervorgebracht habe, die eine substanzielle Entschränkung und Verselbständigung von Wissen und Praxis erst ermöglicht habe.

Weil die Deutschen nun mal ebenso theoriebewusst wie fleißig sind, hat das Paradigma ‚Konfessionalisierung‘ die europäische Forschung insgesamt angestiftet, auch in anderen Ländern nach ähnlichen Gesetzmäßigkeiten zu suchen. Wie der vorhergehende Überblick für das 17. Jahrhundert gezeigt hat, ließ sich dieser sehr eng und modernisierungstheoretisch gefasste Begriff der ‚Konfessionalisierung' nicht sinnvoll auf andere europäische Nationen und Regionen übertragen. Das Paradigma wird heute als etwas sehr Deutsches empfunden. Diese Anpassungsprobleme haben dazu geführt, dass manche auch deutsche Forscherinnen und Forscher zu der Begrifflichkeit von ‚Reformation und Gegenreformation' zurückgekehrt sind. Das hat den Nachteil, dass durch die Hintertür all jene identitätskonkreten Asymmetrien wieder eingeführt wurden, deren Vorurteilscharakter man eigentlich überwunden glaubte. In der Art, wie auf das Reformationsjubiläum von 2017 hin große Worte wie Wahrheit, Freiheit und Gerechtigkeit beansprucht werden, tritt auch dies zutage: Es ist offenbar ein sehr deutsches und sehr protestantisches Bedürfnis, die positiven Folgen der Reformation besonders lang auszuziehen und sie mit dem Entstehen der modernen Gesellschaft zu verknüpfen.[73]

Gleichzeitig ist offenkundig, dass die enge Verflechtung von Herrschaftsräumen und konfessionellen Identitäten nach dem Dreißigjährigen Krieg und den englischen Bürgerkriegen keineswegs beendet war. Nachdenken über die Bedeutung von Religion und Konfession in Europa ist also vom Kopf auf die Füße zu stellen. Auszugehen ist von der Wirkungsgeschichte des ‚religiösen Wissens'. Religiöses Wissen meint nicht nur Theologie oder Bibel oder Katechismus. Religiöses Wissen ist praktisch, weiß um das, was unmittelbar zu tun ist, greift tief ins soziale Leben ein, schreibt ein Skript nicht nur der Theorie des religiösen Diskurses, sondern auch der Praxeologie des frommen (oder weniger frommen) Alltags.[74] Gespeichert und an neue Gegebenheiten angepasst wurde religiöses Wissen im vormodernen Europa nämlich in unterschiedlichen Formen, nicht nur in schriftlich fixierten und mündlich tradierten Texten verschiedenster Art (von Rechts- und Normtexten über gelehrte Traktate bis zu Literatur, Sagen und Liedern), sondern auch in künstlerischen, illustrierenden und mentalen Bildern sowie durch Architektur, schließlich aber auch als performatives Wissen in Ritualen sowie als praktisches in Routinen und Gebräuchen. Und verhandelt wurde es an den Fürstenhöfen, Universitäten und geistlichen Gerichten ebenso wie in der Dorfkirche und im Wirtshaus. Kernbestand des religiösen Wissens ist das Wissen darum, wie die Repräsentanz des innerweltlich Unverfügbaren so gestaltet werden kann, dass sie einerseits transzendent wirksam, andererseits gruppenbildend integrativ werden kann. Und wie sich dieses religiöse Wissen mit Räumen der Herrschaft und Gruppen der Gesellschaft verflocht, dafür lässt sich in Europa kein eindeutiges Modell herstellen: Weder ‚Konfessionalisierung' noch ‚Reformation und Gegenreformation' haben sich dafür als tauglich erwiesen.

---

73 Vgl. Benedict, Faith, 316.
74 Ausführliche Diskussion des Konzeptes: Holzem, Christentum, 3–32 (dort auch Literatur).

Die Konfessionalisierung im Reich war daher nur ein erstes Modell, wie sich Räume der Herrschaft und des Konfessionellen einander zuordnen konnten. Daneben standen im 17. Jahrhundert mindestens drei andere: die Nationalisierung der Konfession im Zeichen einer Selbstermächtigung des Königtums, die sich durchsetzen (Frankreich, Spanien, Skandinavien) oder nicht durchsetzen (England/Irland/Schottland) konnte, sodann die kleinräumige Regionalität eines ‚selbstverständlichen' Katholizismus (Italien), schließlich die konfessionellen Mischräume unterschiedlichen Typs (Niederlande, Schweiz, Ostmitteleuropa). Man hat für den europäischen Katholizismus mindestens vier verschiedene Profile herausgearbeitet[75], für den Protestantismus gibt es ein vergleichbares Modell nicht; es würde wohl noch deutlicher pluraler ausfallen. Welche Faktoren waren es, die das Verhältnis von religiösem Wissen, sozialer Ordnung und politischer Herrschaft jeweils bedingten? Ohne Anspruch auf Vollständigkeit seien die folgenden hervorgehoben:

Erstens wirkten entscheidend die Verhältnisse von Mehrheiten und Minderheiten. In opferreichen Kriegen setzte sich im Reich bis zur Mitte des 17. Jahrhunderts die Einsicht durch, dass weder die lutherische Ketzerei noch der Papismus ein beherrschbares, also durch Repression und Militär niederzuringendes Phänomen waren. Für Katholiken in England und Irland, Remonstranten in den Niederlanden, Hugenotten in Frankreich sah man das anders. Als Ideal blieb die Koppelung von Herrschaft, Gesellschaft und Konfession vorherrschend, wodurch sich im 17. Jahrhundert die Idee einer Entflechtung nur sehr ungleichzeitig durchsetzte. Konfessionelle Ambiguität war zunächst stets von den Kräfteverhältnissen erzwungen, bevor sie theoretisch als Gewissensfreiheit, gestufte Kultfreiheit oder begrenzt zu gewährende rechtliche Toleranz reflektiert wurde (Georg Calixt, François Véron, Théophile Brachet de La Milletière, Gerhard Molanus, Leonard Busher, Roger Williams, Johann Amos Comenius, Pierre Bayle, John Locke und andere). Der Gedanke, der Staat sei nicht grundsätzlich verpflichtet, seine Untertanen auf einem fest definierten Weg zum ewigen Seelenheil zu führen, setzte sich dort am ehesten durch, wo spezifische Mehrheits- und Minderheitslagen ihn plausibel erscheinen ließen, am frühesten und eindringlichsten in England und den Niederlanden.

Zweitens haben die politischen Eliten die Bekenntniskämpfe unterschiedlich gut für ihre eigene Erstarkung nutzen können. In Rechnung zu stellen ist das oftmals ungenaue Verhältnis ihrer je eigenen konfessionellen Überzeugungen zu ihrer politischen Pragmatik. Je länger je weniger erwiesen sich Strategien als erfolgreich, die Bekenntnisenergien ungefiltert in politische Prozesse lenkten. Selbst wer sich durchsetzen konnte, wie z. B. Ludwig XIV., zahlte dafür einen extrem hohen Preis.

---

75 Vgl. Hersche, Peter, Muße und Verschwendung. Europäische Gesellschaft und Kultur im Barockzeitalter, Freiburg/Br./Basel/Wien 2006, 112–152.

Drittens erwies sich als bedeutender Einflussfaktor das Verhältnis des Herrscherhauses zu einem starken oder schwachen Adel. Grundsätzlich wurden, wie die Beispiele Frankreich und Polen-Litauen zeigten, starke Bindungen des Adels an das Herrscherhaus denkbar, die es nicht ratsam erscheinen ließen, über Glaubensdissidenz Unabhängigkeit und regionale Eigenständigkeit zu verteidigen wie etwa in Österreich-Ungarn. Auf der anderen Seite haben aber Reformation und Konfessionalisierung so starke religiöse Verhaltenserwartungen in das Bild des guten Herrschers eingetragen, dass die völlige Delegitimierung eines Herrscherhauses über das Thema Religion möglich wurde – siehe England.

Viertens zeigt die Unterscheidung zwischen Konfessionalisierung als Prozess oder Projekt, in eine Beobachterperspektive übersetzt, die enorme Diskrepanz zwischen religiösen Idealisten und religiösen Pragmatikern. Erstere lebten asketisch, äußerten in einer tendenziell gewalttätigen Sprache eine pessimistische Weltsicht, betonten die Bedrohungen göttlichen Zorns und banden die Gnade der Erlösung an sehr strikte Bedingungen; ihr Tonfall klang düster prophetisch. Im 17. Jahrhundert war es entscheidend, ob und in welchem Maße solche Stimmen sich durchsetzten und insbesondere bei den Regierenden Gehör fanden. Sie konkurrierten mit Eliten, die das als Überhitzung brandmarkten. Deren aufgeschlossene Intellektualität förderte die Wissenschaften; deren Lebenslust wie Luxus spiegelte ein ausgeprägtes hochkulturelles Ausdrucksbedürfnis. Diese Eliten bekannten sich konfessionell, weil und soweit das förderlich war. Extremismus aber lehnten sie als unproduktiv ab. Solche Unterscheidungen lassen sich auch überall dort anwenden, wo starke politische Zentralkräfte fehlten. Verantwortungen und Strategien realisierten sich dann in den vergleichsweise kleinen Kammern der Regionalität.

Fünftens: Die katholische Hierarchie hatte sich im 16. Jahrhundert aus grundsätzlichen kanonistischen Erwägungen heraus gegen eine Vereinnahmung der Kirche durch die Staaten gewehrt. Lutheraner hingegen hatten schon in der Frühphase der Reformation faktisch hingenommen – Widerstandsdebatten und einzelne tapfere Konflikte hin oder her –, dass sie von fürstlicher Protektion auf Gedeih und Verderb abhängig waren. Reformierte betonten die Kirchen- und Gemeindeautonomie; faktisch konnte das von quasi theokratischen bis zu quasi staatskirchlichen Strukturen führen. Alles in allem machte das kaum einen Unterschied, verglichen mit den vorreformatorischen Entwicklungen des (spät-)mittelalterlichen Christentums. Der Einfluss der staatlichen Gewalt wurde allenthalben stärker. Mit Säkularisierung freilich hatte das nichts zu tun.

Sechstens war es von erheblicher Bedeutung, ob sich das komplexe und vielstimmige Gedankengut von Gewissensfreiheit und Toleranz im Rahmen konfessioneller Friedensvereinbarungen oder gegen nationalreligiöse Muster durchsetzte. Vergleicht man Frankreich, England und das Reich, dann zeigt sich: Der Westfälische Frieden war in seinen religionsrechtlichen Regelungen ein europäischer Sonderfall. Er ermöglichte ein konfessionell getrenntes, dennoch enges Zusammenleben in relativer Friedlichkeit. In Deutschland organisierte man zwar die territoriale Integrität, aber nicht mehr die nationale Identität über das Merkmal Konfession. In England und Frankreich blieb das Argument, politische Einheit wurzele in religiöser Konformität, für das Nationsverständnis von wesentlich größerer Bedeutsamkeit, obwohl es sich nicht oder nur unter hohen Kosten durchsetzen ließ.

Siebtens hatte schon mit der Reformation und ihrer massenhaften Verbreitung durch den Buchdruck die Bedeutung der öffentlichen Meinung für das religiöse Leben sprunghaft zugenommen. Das blieb im 17. Jahrhundert relevant, verschob sich aber gegenüber dem frühen 16. Jahrhundert. Damals hatte die lutherische Theologie, Kirchenreform und Polemik ziemlich unisono den Ton angegeben. Die Bekenntniskämpfe im Luthertum auf dem Weg zum Konkordienbuch, der zweite Abendmahlsstreit, die Pamphletistik des Dreißigjährigen Krieges, die streitbare Aufmerksamkeit, die im Katholizismus der sog. Gnaden- und der Jansenismusstreit, unter den Evangelischen die Entstehung von Puritanismus, *Naderer Reformatie* und Pietismus erregte (vgl. 3.2), machte Religion in immer neuen Wellen zum Gegenstand des öffentlichen Diskurses. Wahres Christentum war nicht beliebig – beileibe nicht; denn sonst ließe sich die Heftigkeit, mit der darum gerungen wurde, schwerlich erklären. Aber es war verhandelbar wie nie zuvor und darum in der Pluralität von Einzelgestalten auch viel weniger endgültig.

Achtens: Genau an dieser Stelle hing für den Zusammenhang von konfessioneller Orientierung, herrschaftlicher Politik und sozialer Ordnung viel davon ab, wie sich die sozialen und konfessionellen *pressure groups* im öffentlichen Diskurs und im politischen Handeln verhielten: In Frankreich und England etwa spielte der Zusammenhang von konfessioneller und nationaler Identität im 17. Jahrhundert – ganz unabhängig vom Ergebnis – eine so große Rolle, dass sich die Aufklärung im 18. Jahrhundert gerade gegen dieses Amalgam von Religion und Herrschaft wenden sollte. Die Aufklärung etablierte die Themen der Gewissensfreiheit und der Toleranz eher gegen die mit dem Staat und dem Königtum eng verflochtenen Kirchen. Anders im Reich: Hier konnte das Modell des Westfälischen Friedens nach und nach auch auf innerterritoriale Konflikte (Orthodoxie gegen Pietismus, Akzeptanz von Mehrkonfessionalität gegen die Normaljahrsregelung) übertragen werden, so dass das Potential für Pluralität und Toleranz allenthalben, wenn auch vielfach befehdet und missachtet, insgesamt mit den Kirchen und nicht gegen sie stieg. Das sollte ihren Vertretern im Aufklärungsdiskurs des 18. Jahrhunderts eine wichtige Stimme verleihen.

Neuntens ist die Rückkehr zum Konzept ‚Reformation und Gegenreformation‘ auch darum keine gute Lösung, weil dies – wie die Verknüpfung von ‚Konfessionalisierung‘ und ‚Sozialdisziplinierung‘ – vor allem auf Strategiebegriffe und Akkulturationsschübe *top down* setzt. Was wir aber im 17. Jahrhundert als besonders dynamische Kraft beobachten, ist genau das Gegenteil: religiöser Enthusiasmus *bottom up*. Gleichgültig wo man hinschaut: Die stürmische Rezeption der Frömmigkeitsbewegung um Johann Arndt im Luthertum, der Puritanismus und die *Nadere Reforma-*

tie, der frühe Pietismus, der Jansenismus, sie alle entfalteten sich als religiösen Bewegungen von unten, die mit enormer Energie und mit einer kompromisslosen religiösen Vitalität die Verflechtung von Bekenntnissen und Normen mit der Verdichtung der staatlichen Macht in Frage stellten – mehr oder weniger erfolgreich. Aber ihnen sollte im 18. Jh. die Zukunft gehören.

Zehntens hatten sich die Eliten im 16. Jahrhundert wie nie zuvor bemüht, unter den Laien konfessionsgebundene Konformität herzustellen. Stattdessen brach sich im 17. Jahrhundert die Pluralisierung Bahn. Adels- und Bildungseliten konnten sich ganz ihren Programmen und Projekten verschreiben, oder sie konnten und wollten sich einen vor- oder überkonfessionellen Laxismus leisten, der die Grenzen zwischen evangelischen und katholischen, orthodoxen oder dissidentischen Orientierungen bewusst verwischte und den konfessionellen Radikalismus und sein Gewaltpotential verachtete. Die Masse der einfachen Leute hatte weniger Spielraum. Sie warfen sich entweder mit Enthusiasmus in die fromme Unbedingtheit, oder sie passten sich pragmatisch an. Man konnte auch eine äußere Konformität praktizieren, die sich auf Leben und Überleben konzentrierte, sich im Grunde aber nichts sagen lassen wollte. Darauf ist im Folgenden einzugehen.

3. Religiöse Bewegungen

3.1. Die evangelische Frömmigkeitsbewegung und das „Wahre Christentum" Johann Arndts

Um die Wende vom 16. zum 17. Jahrhundert setzte die breite Kritik am Geist und an der Praxis des evangelischen Kirchenwesens und an der Lebensform der Laien einen Strom religiöser Initiativen frei. Dass das wahre Evangelium gegen die Verdunkelungen des Mittelalters in die Mitte einer Reformation von Kirche und Bekenntnis in ein helles Licht gestellt worden war, konnte nicht mehr genügen. Die Verinnerlichung der Laienreligiosität und der Wunsch, diese in der Erneuerung der kirchlichen und sozialen Gemeinschaften als wirksam zu erfahren, sollte sich nach 1600 in einer zweiten reformatorischen Frömmigkeitsbewegung Bahn brechen.

Die „Gottseligkeit" war bei Luther und Melanchthon das deutschsprachige Äquivalent zur *pietas*, allerdings ohne programmatische Bedeutung. Erst um und nach 1600 erlebte der Begriff eine Hochkonjunktur: Mit diesem Stichwort nahmen sowohl die Andachtsbücher als auch die Hausmusiken und Seelenschätze der zweiten Hälfte des 17. Jahrhunderts einen Autor auf, der mit besonderer Nachhaltigkeit das Frömmigkeitsverständnis und die religiöse Praxis des Protestantismus, weit über das Luthertum hinaus, beeinflusst hat: Johann Arndt und seine vier Bücher „Von wahrem Christenthumb, heilsamer Busse, wahrem Glauben, heyligem Leben vnd Wandel der rechten wahren Christen [...]" (1605–1610). Zunächst einmal ist Arndt als engagierter Teilnehmer jener pastoraltheologischen Effizienzdiskussion wahrzunehmen, die ihre Enttäuschungen darüber artikulierte, wie wenig vertieftes Christentum die Reformation bei den Durchschnittschristen tatsächlich hervorgebracht habe. Arndt kritisierte die geistliche Fruchtlosigkeit der vergangenen Bekenntniskämpfe. Auf der Strecke dieser sich in Streitschriften ergehenden Geistlosigkeit bleibe ein lebendiger, tätiger Glaube, der das Leben Christi in den Herzen der Gläubigen einpflanze.

Arndt griff bei seiner Bestimmung des „wahren Christentums" kaum auf Luther, dafür aber umso intensiver auf vorreformatorische Gewährstexte der spätmittelalterlichen Mystik zurück. „Wahres Christentum" war nicht weniger als die Wiederherstellung des Ebenbildes Gottes in der menschlichen Seele. Die ersten drei Bücher folgten dem in der Mystik zentralen Dreischritt der Reinigung (*purgatio*), der Erleuchtung (*illuminatio*) und der Vereinigung der Seele mit Gott (*unio mystica*). Arndt beschrieb eine Mystik der Heiligung, die durch Selbstverleugnung und das Absterben des eigenen Willens zur Reinigung des Herzens, zu Demut und Gelassenheit, schließlich zum Schmecken der Gnade und zur wahren Gottseligkeit führen sollte. Erst das vierte Buch, stark von der Naturspekulation des Paracelsus (1493/94–1541) beeinflusst, geht dem Sechstagewerk der Schöpfung als Quelle der Gotteserkenntnis nach.[76]

Das erste Buch verlangte daher, das, was die Schrift äußerlich sage, müsse im Menschen selbst innerlich erfüllt werden; die gegenwärtigen Streitigkeiten und Kämpfe, aber auch die Naturereignisse seien ein sicheres Zeichen der Endzeit und des bevorstehenden Jüngsten Gerichts. Dem Urteil des gerechten Gottes könne der Christ nur durch radikal asketische Abwendung von der Welt und rigorose innere Umkehrkämpfe entgehen. Dieser Ausgangspunkt hatte weder etwas mit *sola scriptura* zu tun, weil für Arndt die Bibel nur der Anfangspunkt einer Begegnung mit Gottes Offenbarung war. Noch hielt er daran fest, dass die Gerechtigkeit Gottes als *iustitia passiva* zu verstehen sei, die dem Menschen die Rechtfertigung um Christi willen umsonst zuspreche. Das zweite Buch stellte das Leben Christi nicht im Rahmen der Bibel als Erlösungsgeschehen, sondern neben der Heiligen Schrift als ethisches Vorbild der Tugend, Demut, Geduld und Abtötung dar. Das Leben Christi

---

[76] Vgl. Brecht, Martin, Das Aufkommen der neuen Frömmigkeitsbewegung in Deutschland, in: Ders. (Hrsg.), Geschichte des Pietismus, Bd. 1: Der Pietismus vom siebzehnten bis zum frühen 18. Jahrhundert, Göttingen 1993, 113–203. Geyer, Hermann, Verborgene Weisheit. Johann Arndts „Vier Bücher vom wahren Christentum" als Programm einer spiritualistisch-hermetischen Theologie, Berlin – New York 2001. Wallmann, Johannes, Der Pietismus. Ein Handbuch, Stuttgart 2005, 37–39. Rittgers, Ronald K., The Reformation of Suffering. Pastoral Theology and Lay Piety in Late Medieval and Early Modern Germany, Oxford 2011, 218–263.

war Spiegel des vom Christen selbst anzustrebenden heiligen Lebens. Allein die *imitatio Christi* sei es, die den Menschen der göttlichen Natur Christi teilhaftig mache. Luthers anthropologische Formel, der Mensch sei *simul iustus et peccator*, von seinem eigenen Wesen her ganz sündhaft, im Zuspruch der Heilstat Christi aber ganz gerechtfertigt, wurde zugunsten eines Aufstiegsmodells der Verklärung und Verwandlung preisgegeben. Als wiederhergestelltes Ebenbild Gottes sollte er den ‚viehischen, irdischen, tierischen Geist' Adams ablegen und als übernatürliche Neugeburt den himmlischen, göttlichen Geist Christi verkörpern. Das dritte Buch erklärte Herz und Gewissen des Menschen zum Offenbarungsort dieses göttlich-menschlichen Vereinigungsgeschehens. Der so durch Gottes Gnade geformte Theo-soph wurde dann im vierten Buch angeleitet, in einer an den Schöpfungstagen orientierten Naturbetrachtung die im Kosmos verborgen wirkende Anwesenheit Gottes zu erkennen.

Obwohl Arndt seine Gewährstexte angepasst und sich umfänglich auf die Bibel und die Bekenntnisschriften bezogen hatte, entbrannten schon zu seinen Lebzeiten heftige Debatten, ob er als orthodox oder häretisch anzusehen sei. Nicht allen Lesern mag das bewusst geworden sein, zumal dann, wenn sie zwar tief religiös, aber nicht im strengen Sinne theologisch gebildet waren. Der umfangreiche Text war ja nicht für eine Lektüre am Stück konzipiert, sondern für ein stets ähnliche Denkfiguren und geistliche Haltungen einübendes repetitives Lesen kurzer Ab-schnitte in der Hausandacht. Nur wer das „Wahre Christentum" auf seine Grundfi-guren hin durchdachte, dem fielen die enormen Spannungen zu den normativen Bekenntnistexten von 1577 und 1580 auf. Denn streng genommen war die Bußauf-fassung Arndts als willentliches Werk, als menschliche Eigenleistung unter der Gnade, angelegt. Er leitete daraus eine deutliche Wendung gegen das Expertentum der akademischen Theologie und gegen die zugespitzten Schulstreitigkeiten ab, welche die zweite Hälfte des 16. Jahrhunderts bestimmt hatten. Buchgebrauch ar-tikulierte sich stattdessen als Anleitung zur Herzensbuße; Vergebung und Recht-fertigung waren als Frucht dieser Leistung dargestellt. Der Glaube als reines Ver-trauen auf Gottes Heilstat in Christus, den Luther als radikale Entlastung des Sünders propagiert hatte, mündete, so sah Arndt das, einstweilen in nichts ande-res als eine stoische Vertrauensseligkeit, die die Sünde nicht mehr ernst nahm. Dagegen setzte er einen Begriff des lebendigen und tätigen Glaubens, der dem spätmittelalterlichen Glaubensbegriff der *fides caritate formata*, dem durch die Liebe geformten Glauben (vgl. 1 Kor 13) sehr nahe kam.

Die Frage nach dem wahren Christentum war für Arndt mit dem richtigen Bekenntnis noch nicht zureichend beantwortet. Daher wurde sein Andachtsbuch zum Medium einer sich spiritualistisch auf das Gericht und das eigene Heil aus-richtenden Innerlichkeit der Seele, die gleichzeitig zu einer sittlichen Erneuerung des Lebens führen sollte, sich von den Unvollkommenheiten der Amtskirche aber entfernte. Wahres Christentum war jedenfalls mehr und anders als das, was er im Kirchenbetrieb seiner Zeit vorfand, nämlich die mystische Erschließung und lebendige Auslegung dieses von der Bibel ausgehenden geistgewirkten inneren Wortes. Eine gereinigte Kirche und ihre frömmeren Gemeinden würden zum Symbol und Indikator der innigeren Christen werden.

Es konnte daher nicht ausbleiben, dass der Erbauungsschriftsteller Arndt auch in die Mühlen der orthodoxen Bestreitung geriet. Für die vielen anderen jedoch wurde Arndts „Wahres Christentum" im 17. Jahrhundert zu schlechterdings *dem* Grundbuch der lutherischen Individual- und Hausfrömmigkeit. Das „Wahre Christentum" erlebte zwischen 1605 und 1740 nicht weniger als 95 deutsche Ausgaben; zahlreiche Übersetzungen in praktisch alle europäischen Sprachen folgten. Mit seiner „Reform der Reformation" wurden in neuer Weise die Mystik, aber auch der seit der Reformation ausgegrenzte kirchenkritische Spiritualismus in gewissem Sinne in den evangelischen Kirchen heimisch. So wurde Arndt zum „einflussreichsten Lutheraner seit der Reformation"[77], indem er eine ganze Frömmigkeitsrichtung und damit einen im 17. Jahrhundert massenhaft umgesetzten Typ reformorthodoxer Religiosität prägte. An Arndt wird exemplarisch sichtbar, wie aus der in der Orthodoxie selbst aufbrechenden Kirchen- und Praxiskritik erhebliche Impulse für das 17. Jahrhundert hervorgingen. Die Katastrophen des Dreißigjährigen Krieges sollten hier verzögernd, in den Verrohungen auch unterbrechend wirken. Und gleichzeitig stellten die Erbauungs- und Postillenliteratur, das geistliche Lied und die Hausandacht auch Wege bereit, den Krieg innerlich zu bestehen. Auch im katholischen Süden hat Arndt vielfach begeisterte Aufnahme gefunden, ein deutliches Signal, dass man sich in diesem mehrfach über die Konfessionsgrenzen wandernden Christentumsverständnis wiedererkennen konnte.

3.2. Der Puritanismus und die Nadere Reformatie

Nicht nur im deutschen Luthertum, sondern auch in England und den Niederlanden machte sich zu Beginn des 17. Jahrhunderts eine Bewegung bemerkbar, die als „Puritanismus" auf einem ernsthaften Christentum bestand, das sich nicht in äußerer Konformität und sorgloser Suche nach dem eigenen Wohlergehen erschöpfte. Puritanismus war nicht der Weg eines fröhlichen, innerlich beruhigten Christentums, sondern ein Kampf um Heilsgewissheit und Selbstdisziplin. Man hat den Puritanern unterstellt, was sie eigentlich angetrieben habe, sei die quälende Furcht, dass irgendwo irgendwer glücklich sein könnte.[78]

---

77 Brecht, Aufkommen, 150.
78 MacCulloch, Reformation, 775. Vgl. Deppermann, Klaus, Der Englische Puritanismus, in: Brecht, Martin (Hrsg.), Geschichte des Pietismus, Bd. 1: Der Pietismus vom siebzehnten bis zum frühen achtzehnten Jahrhundert, Göttingen 1993, 11–55. van den Berg, Johannes, Die Frömmigkeitsbestrebungen in den Niederlanden, in: ebd., 58–112.

Das ist natürlich übertrieben. Die Bezeichnung ‚puritans' war ein Schimpfwort. Alle diejenigen, die sich in England mit dem im elisabethanischen Zeitalter entwickelten staatskirchlich-episkopalistischen Status quo zufrieden gaben, störten sich an dem Eifer junger Theologen und ihren nicht selten hochgestellten Anhängern. Diese verlangten, reformierte Religion müsse nun endlich, nachdem die Gefahr eines katholischen *roll-back* gebannt sei, zu wahrhafter Gottesfurcht und Kirchenzucht voranschreiten. Die Liturgie der anglikanischen Kirche atme nach wie vor zu viel Katholizismus. Dem Wort Gottes und der Predigt werde nicht jener Stellenwert für die wahrhafte Bekehrung eingeräumt, der ihnen zukomme. Stattdessen herrsche nach wie vor kultischer Ritualismus in der anglikanischen Staatskirche; die im *Book of Common Prayer* strikt vorgeschriebenen Gewänder und Zeremonien der Geistlichen seien ‚Götzendienst' und verleugneten die Lehre vom allgemeinen Priestertum. Das Genfer Gemeindemodell der Zusammenarbeit von Pastoren und Ältesten sei die einzige Möglichkeit, ein wirklich erbauliches Leben der Christen zu fördern. Die englische Staatskirche und das adlige Kirchenpatronat seien von der apostolischen Urgemeinde so weit entfernt wie das verhasste Papsttum. Es war nicht schwierig, das nachzuweisen. Zwischen Puritanern und Konformisten war es schon gegen Ende des 16. Jahrhunderts zu hässlichen Kontroversen gekommen; die presbyterianische Gesinnung derer, die sich selbst als ‚Godly' betrachteten, ließ sich leicht als Staatsfeindlichkeit und Umsturz denunzieren. Aus der scharfen Verfolgung der Puritaner zogen die ersten Separatisten den Schluss, die an den Staat gebundene Kirche Englands sei das Sündenbabel der Verworfenen.

In der Folgezeit zogen sich die Puritaner, die diesen radikalen Schluss nicht ziehen wollten, daher auf das Feld der Moral zurück und publizierten kaum noch zu Fragen der Kirchenorganisation. Ausgehend von der Bundestheologie, die in Zürich Heinrich Bullinger und in Genf Johannes Calvin ausgebaut hatten,[79] sahen Puritaner wahre, das heißt der Erlösung teilhaftige Christen nur in jenen, mit denen Gott einen ‚Bund der Gnade' (*covenant of grace*) schloss. Der ‚Bund der Werke' (*covenant of works*) verpflichtete auf das göttliche Gesetz; da niemand in der Lage sei dieses ganz zu halten, konnte Gott jeden Menschen verdammen, den er auf diesem Wege des Bundesbruchs überführte. Der Bund der Gnade hing also engstens mit der reformierten Erwählungslehre zusammen. Diese Lehre, erstmals niedergelegt bei William Perkins (1558–1602), war darauf angelegt, Konformisten zu überführen und zu beschämen. Jeder Christ müsse sich selbst beständig prüfen, ob er einen unbedingten oder nur einen zeitlichen Glauben habe, ob er aus Dankbarkeit und Gottesliebe christlich lebe oder nur, um in seiner sozialen Umgebung nicht anzuecken. Puritanismus war das theologische Antidotum zur politisch motivierten Unbestimmtheit des Anglikanismus. Und diese Variante reformierter Bundestheologie erwies sich auch in politischen Bedrohungslagen, persönlichen Kri-

---

79 Vgl. Kaufmann 272–279.

sen oder den harten Anforderungen der Amerika-Auswanderung als besonders überzeugend. Damit konnte man konsequent leben, aber auch gewiss sterben. Gleichzeitig war nicht zu übersehen, dass hier auf der einen Seite eine radikal prädestinianische Gnadenlehre und auf der anderen Seite eine ebenso radikale Form der Selbstheiligung in widersprüchlicher Weise auf die Spitze getrieben wurden.[80]

Zum Kennzeichen der Puritaner wurde daher ein bestimmter Typus der Frömmigkeitsliteratur, die zu intensiver Selbstbeobachtung und Selbstperformanz anregte. Lewis Bayly (1565–1631) hatte 1611 seine „Practise of Pietie" veröffentlicht, 1628 war sie erstmals auf Deutsch erschienen. Die Schrift war mit den Zielen Arndts eng verwandt: „Directing a Christian how to walk that he may please God". Bayly entwarf eine durchgreifende Spiritualisierung des Alltagslebens, um der drastisch ausgemalten göttlichen Verwerfung zu entgehen: Neben der intensiven Pflege der Hausandacht empfahl Bayly die Bibellektüre für eine Hausvaterschaft, die von der unablässigen Selbstbeobachtung und rigorosen Unterdrückung von Sünde und Glaubensschwäche her das Leben der ihm Anvertrauten patriarchalisch ordnete, exemplarisch heiligte und ein gutes Sterben vorbereitete.[81] Auch Daniel Dykes „The Mystery of Self-Deceiving: or, A discourse and Discovery of the Deceitfulnesse of Mans Heart" (1615, deutsch erstmals 1637 als „Nosce te ipsum. Das große Geheimnis des Selbst-Betrugs") entfaltete ebenfalls eine Technik der Innenanalyse, die besonders gefährdete Menschentypen – reiche Weltlinge, selbstgerecht Wohlanständige, libertinistische Grobiane – wachrütteln wollte: Weder war das zeitliche Wohlergehen ein Signal der Gunst Gottes noch durfte man sich auf die Konventionen des Christseins oder gar die bloße Zusage der Rechtfertigung aus der Taufe und der Gnade allein verlassen. Alle Gefühlsregungen, Liebe, Vertrauen und Freude wie Angst, Schmerz und Trauer mussten auf ihre genauen Gründe hin ausgelotet werden: Wenn nicht die Demut und die Einsicht in die Fehlbarkeit, sondern die Ehre und die Suche nach Stabilität unsere Emotionen leiteten, dann war in diesen Gefühlen nicht Gott, sondern ein weltliches Empfinden am Werk. Auch spätere, für breite Schichten geschriebene Andachts- und Erziehungsbücher des Puritanismus wie John Bunyans (1628–1688) „Christian Behaviour" (1663), „Pilgrims Process" (1678) und „A Holy Life" (1684) oder Richard Baxters (1615–1691) „The Poor Man's Family Book" (1674) sollten zunächst die Mentalität der Frommen in England und den Niederlanden, später den deutschen

---

80 Vgl. Haykin, Michael A. G./Jones, Mark, Drawn into Controversie. Reformed Theological Diversity and Debates within Seventeenth-Century British Puritanism, Göttingen 2011. Lamont, William, Puritanism and Historical Controversy, Montreal/London/Buffalo 1996. Durston, Christopher/Eales, Jaqueline (Hrsg.), The Culture of English Puritanism, 1560–1700, New York 1996.

81 Vgl. Trueman, Carl, Lewis Bayly (1631) and Richard Baxter (1615–1691), in: Lindberg, Carter (Hrsg.), The Pietist Theologians. An Introduction to Theology in the Seventeenth and Eighteenth Centuries, Malden/Oxford/Carlton 2005, 52–67.

Pietismus zur Zeit Philipp Jakob Speners beeinflussen, indem sie auf die „Heiligung des Lebens und Spiritualisierung des Haushalts" drängten und alle Erkenntnis auf Glaube, Sündenbewusstsein und Buße zurückführten.[82] Puritaner sahen sich, ob sie in England blieben oder nach Neu-England auswanderten, als auserwähltes Volk, das berufen sei, inmitten der staatskirchlichen Halbherzigkeiten oder in den Widrigkeiten der Neuen Welt eine Gott wohlgefällige Bundesgemeinde, eine eschatologische Stadt auf dem Berge (Mt. 5,14) zu gründen. Sie formierten innerhalb der *Church parishes* eigene Bundesschlüsse, in denen sie sich wechselseitig auf ein Leben als *godly people* verpflichteten. Auch hier spielte die Rezeption der Mystik eine erhebliche Rolle.

Mit seiner Idee der Sonntagsheiligung beschwor der Puritanismus erhebliche soziale Konflikte herauf. Die derben Vergnügungen der englischen Freizeitkultur waren auch ein Ausdruck sozialen Zusammenhalts, der durch den raschen Wandel der Agrarverfassung und durch den Zuwachs an Armut und Bettel ohnehin bedroht war. Puritaner wollten Tanz, Spiel, Wettkampf und Gelage ersetzt sehen durch die Aufwertung der familiären Häuslichkeit, fromme Lektüre, geistliche Erbauung und Werke der Nächstenliebe. Schnell gerieten sie in den Verdacht, Protestantismus mit Freudlosigkeit und Kopfhängerei zu identifizieren. Als in England mit königlicher Protektion der Arminianismus erstarkte (vgl. 2.3 und 2.5), sahen Puritaner mit der Herrschaft des Antichristen die letzten Zeiten heraufziehen. Die Cromwell-Ära bescherte dem Puritanismus einen gewaltigen Auftrieb, der sich aber angesichts der nachfolgenden politischen Turbulenzen bis hin zur *Glorious Revolution* kaum verstetigen ließ. Eine Mehrheit der Bevölkerung vermochten die Puritaner nie hinter sich zu bringen.

Neben der Andachtsliteratur wurde auch das Tagebuch zu einem Medium puritanischer Frömmigkeit, das auf den Pietismus vorausverwies. Strenge Gewissenserforschung und stete Beobachtung des eigenen Heilsweges sollten Verinnerlichung, Leidensfähigkeit und Ergebung in den göttlichen Willen fördern. Selbstverleugnung war die strikte Voraussetzung jeder Selbstheiligung, die Kreuzigung der Welt der Anfang des Weges ins Jenseits. Über den Perkins-Schüler William Ames (1576–1633) vermittelte sich diese bundestheologisch inspirierte Frömmigkeitskultur in die Niederlande; eine „*nadere Reformatie*" sollte eine echte Reformation des Lebens ‚näher' und ‚weitergehend' heranführen an eine persönlich erfahrbare Glaubenserweckung und eine authentisch vollzogene Ernsthaftigkeit des Alltags. Anders als in England blieb die *nadere Reformatie* frei von separatistischen Tendenzen. Sie stellte auch das Verhältnis von staatlichen Strukturen und ‚herrschender Kirche' nie in Frage. Aber ähnlich wie die Puritaner in den englischen *parishes* entwickelten die Erweckten der Niederlande eigene Formen der Vergemeinschaftung. Sie gründeten Konventikel, die sich bewusst von den zahlreichen ‚Unbekehrten' ab-

---

82 Vgl. Bach-Nielsen 625–628.

wandten und in eigenen Zirkeln Bibelauslegung, Gebet und Gesang pflegten. Prägend für die *nadere Reformatie* wurde eine skrupulöse Abendmahlspraxis. Pfarrer vom Typ des charismatisch erweckten Jodocus von Lodensteijn (1620–1677) in Utrecht verweigerten schließlich jegliche Abendmahlsfeier, um nicht ‚Perlen vor die Säue zu werfen' (Mt. 7,6). Alles das war, je nachdem, wie man zu den Debatten der 1990er Jahre steht, entweder bereits Teil einer pietistischen Bewegung in Europa, oder Material zu ihrer Entstehung in Deutschland.

3.3. Der Jansenismus

Im Frankreich des Ançien Régime waren sich alle Stände – Königtum und Adel, Klerus und dritter Stand – die längste Zeit einig in dem Bestreben, den Einfluss des Papstes auf das kirchliche Leben in Frankreich zurückzudrängen. Ludwig XIV., darin durch die Schriften der Theoretiker der absolutistischen Souveränitätslehre wie des Kardinals Armand-Jean de Richelieu (1585–1642) bestärkt (vgl. v. a. dessen *„Testament politique"*), beanspruchte auf einer Generalversammlung des französischen Klerus 1682 sämtliche Regalienrechte. Diese Politik war geeignet, den Adel über verlockende Ämter eng an den Hof zu binden. Sie verlagerte aber auch ein eigentlich seit dem Konziliarismus schwelendes zentrales Problem der Ekklesiologie: Es ging nun nicht mehr darum, wie sich die Jurisdiktionsgewalt des römischen Stuhls zur Autonomie der Territorialkirchen verhielt. Vielmehr versuchte Papst Innozenz XI. (*1611, 1676–1689) in erbitterten Auseinandersetzungen mit Ludwig XIV. die Verdrängung des Hl. Stuhles zugunsten der Königsrechte zu verhindern. Jacques Bénigne Bossuet (1627–1704), durch Königsgunst Bischof, Prinzenerzieher und Primas der französischen Bischöfe geworden, rechtfertigte in vier Artikeln der *„Declaratio cleri Gallicani"* bzw. der *„Déclaration des quatre articles"* (1682) das Gottesgnadentum des absoluten Königtums, das in weltlichen Dingen keiner kirchlichen Gewalt unterworfen sei. Die Vollgewalt des Apostolischen Stuhls beziehe sich allein auf Glaubensfragen und sei durch die Autorität der Generalkonzilien begrenzt. Der Gallikanismus war in allen Klerikerseminaren und theologischen Lehranstalten Frankreichs unangefochtene Grundlage der Priesterausbildung. Vertreter der gallikanischen Ideologie waren tendenziell Feinde der Jesuiten, die als römische Infiltrationstruppe galten. Wo aber die Königskirche in Frage stand, waren sie zur pragmatischen Zusammenarbeit mit den Jesuiten wie ihren Gegnern bereit, ohne die zugrundeliegenden theologischen Probleme als vorrangig zu gewichten.

Damit spielte der Gallikanismus eine bedeutsame, aber uneindeutige Rolle, als sich Frankreichs Kirchen- und Innenpolitik im Jansenismusstreit spaltete. Hier verschränkte sich die Kirchenpolitik auf komplexe Weise mit Grundentscheidungen der Theologie und der daran anschließenden Auffassung vom religiösen Leben. Die Auseinandersetzung hatte sich ursprünglich in der Mitte des 17. Jahrhunderts an der Universität Leuven entzündet, dann aber rasch nach Frankreich, insbesondere nach Paris übergegriffen.[83] Von vornherein waren die Parteiungen zwischen Jansenismus und Anti-Jansenismus auch ein Stellvertreterkrieg um den Einfluss der Jesuiten auf die Universitätstheologie, die Priesterausbildung und die Gestaltung der nachtridentinischen Kirche insgesamt. Was im Reich relativ harmonisch verlaufen war, weil die Jesuiten im Mutterland der Reformation auf keinerlei ernstzunehmende Reformkonkurrenz mehr trafen, gestaltete sich in den spanischen Niederlanden und in Frankreich als harter Konkurrenzkampf zwischen der *Societas Iesu*, Anhängern der ‚alten‘ mendikantischen Universitätsorden und Weltklerikern. In solchen Auseinandersetzungen waren Häresievorwürfe wohlfeil und wurden durchaus auch instrumentell eingesetzt. Die Leuvener Theologen, unter ihnen Cornelius Jansenius (1585–1638) mit seinem posthum publizierten Werk „Augustinus" (1640), vertraten den anthropologischen Pessimismus des patristischen Spätwerks des Augustinus. Sie stellten sich mit großer Ernsthaftigkeit der Frage, wie die unvorhersehbare göttliche Gnadenwahl – Annahme zur Erlösung oder Verwerfung – sich im christlichen Leben abbilden könne, ja müsse. Der erbsündlich korrumpierte Mensch werde von sich aus immer einer irdischen, materialistischen und egoistischen Grundhaltung anhängen; nur die stetig wirksame Gnade Gottes (*gratia efficax*) könne sein Handeln auf die Seite der Gottesliebe und des Guten ziehen. Auf der anderen Seite des Streits standen die Jesuiten, die von den Exerzitien des Ignatius und von der Rationalität der *Ratio studiorum* her dem Menschen in anthropologischem Optimismus die Freiheit einer vernünftigen Wahl des moralisch guten Lebens zutrauten (vgl. z.B. Louis de Molina, „*Liberi arbitrii cum gratiæ donis ... concordia*", 1588). Dieser anfänglich rein schultheologische Dissens hatte erhebliche Folgen für die christliche Moral, vor allem hinsichtlich der Frage, in welcher Weise ein moralisch zweifelhaftes Gesetz den Menschen verpflichte. Die Jesuiten vertraten den Probabilismus (lat. *probabilis*: annehmbar, wahrscheinlich): Ist eine Handlungsweise umstritten, so kann sie moralisch erlaubt sein, wenn bewährte Autoritäten oder gute Gründe für sie sprechen. Denkt man von einem Menschen her, der eigentlich stets das Gute sucht, ist das eine Position, die von selbstquälerischer Recherche der stets noch besseren Gründe entlastet. Man konnte aber, und das taten insbesondere die Jesuitengegner, den Probabilismus auch so deuten, als werde hier dem Menschen erlaubt, in subjektiver Sicherheit gute Gründe vorzuschieben, um auch sehr zweifelhaftes, ja unmoralisches Verhalten zu rechtfertigen oder in der Beichte zu sanktionieren. In der allgemeinen Jesuitenpolemik des 17. und 18. Jahrhunderts wurde der Probabilismus stets

---

83 Vgl. Burkard, Dominik/Thanner, Tanjs (Hrsg.), Der Jansenismus – eine ‚katholische Häresie‘? Das Ringen um Gnade, Rechtfertigung und die Autorität Augustins in der Frühen Neuzeit, Münster 2014, 1–192. Strayer, Brian Eugene, Suffering Saints. Jansenists and Convulsionnaires in France 1640–1799, Eastbourne 2008. Cottret, Monique, Jansénismes et lumières, Paris 1998. Chantin, Jean Pierre, Le Jansénisme, Paris 1996.

als Laxismus ausgelegt, dem letztendlich alles, selbst die Verschwörung gegen den Herrscher, mit fadenscheinigen Gründen als erlaubt erscheinen könne; kein Jesuitentheologe hat das je vertreten. Doch in bewusster Absetzung von diesen Zuspitzungen waren die Jansenisten Anhänger des tutioristischen Arguments (lat. *tutior*: sicherer): War eine moralische Verpflichtung zweifelhaft, musste sie umso gewissenhafter beachtet werden; der jansenistische Frömmigkeitsstil war der Gestus demütiger und asketischer Ernsthaftigkeit und skrupulöser Selbsterforschung, damit aber auch ein Tor zum religiösen Individualismus und Rigorismus, der das korporativ Barocke als frommes Brimborium und Bemäntelung des ethischen Relativismus verachtete. Er stellte damit genau jenes System in Frage, das den Jesuiten am Herzen lag, aber auch ihre soziale Stellung sicherte: den Verstand zu bilden und den Willen zu stärken, um ihnen im Zusammenwirken mit der göttlichen Gnade den Heilsweg des Menschen anzuvertrauen; für jedes Versagen trat dann ein kirchlich garantierter Heilsschatz ein, der sich zeremoniell eindrucksvoll medialisieren ließ. Ein strenger Augustinismus hingegen wollte sich dem in Christus vermittelten Heilswillen Gottes in geistlicher Selbstbescheidung überlassen und musste daher die sakralinstitutionelle Heilsvermittlung der tridentinischen Ekklesiologie stets relativieren. Kehrseite der gnadentheologischen Prinzipien war ein ethischer Rigorismus zur Erneuerung des Christentums, der den allseitigen sakramentalen Pragmatismus routinierter Alltagspastoral verachtete. Jansenius war für die Häretisierungspolitik der Jesuiten nicht nur als Augustinist interessant, sondern auch, weil er energisch die hergebrachten Rechte der Leuvener Universität und ihrer theologischen Fakultät gegen die bildungspolitischen Expansionswünsche der *Societas Iesu* verteidigt und dafür den Schulterschluss mit der spanischen Regierung in Madrid und den spanischen Theologen in Valladolid, Alcalà und Salamanca gesucht hatte. Es war also schon in jener frühen Phase, in der sich alles noch in den spanischen Niederlanden abspielte, jede Menge Politik im theologischen Handgemenge.

Der symbolische Ort jansenistischen Lebens in Paris war die Zisterzienserinnenabtei Port Royal des Champs, die seit 1609 von der Äbtissin Angélique Arnauld (1591–1661) im Sinne der *„parti dévot"* des Jean Duvergier de Hauranne, Abt von Saint-Cyran (1581–1643) und des Kardinals Pierre de Bérulle (1575–1629) reformiert worden war. Antoine Arnauld (1612–1694), Bruder der Äbtissin, zog mit seinem Traktat *„De la frequente Communion"* (1643) die gnadentheologischen Auseinandersetzungen als Problem der Beicht- und Eucharistiepastoral auf eine dem breiten Publikum zugängliche öffentliche Ebene. Port Royal war der Mittelpunkt eines agilen und einflussreichen Netzwerkes, welches die Leuvener Augustinisten mit Gelehrten der Sorbonne und Vertretern der königlichen Beamtenschaft, insbesondere an den Königsgerichten (*Parléments*) verband; Blaise Pascal (1623–1662) überzog in seinen anonymen *„Lettres provinciales"* (seit 1656) den jesuitischen Seelsorgestil mit beißendem Spott. Gerade weil die *Lettres* 1660 der königlichen Zensur unterworfen und öffentlich verbrannt wurden, galten sie als jansenistischer Programmtext, entfalteten noch nach Jahrzehnten eine enorme Wirkung auf die Religionskritik Voltaires (1694–1778) und Jean-Jacques Rousseaus (1712–1788) und lieferten Munition für die Unterdrückung der Jesuiten. Aber die Gruppen um Port Royal verkörperten auch einen bedeutsamen Wandel der religiösen Mentalitäten: Sie werteten die Stellung der Laien auf, würdigten die theologische Kompetenz von Frauen (insbesondere der standhaft opferbereiten Zisterzienserinnen), forderten einen unmittelbaren Zugang der Laien zur Bibel und eine volkssprachliche Liturgie und entwickelten eine die Kindheit ernst nehmende Schulpädagogik.

Zu einem höchst widersprüchlichen Politikum wurde der Jansenismus, weil er von seinen Grundgedanken einer Religiosität der inneren Ein- und Umkehr her zwar antijesuitisch, aber auch antigallikanisch war. Jansenius selbst hatte sowohl die Dominanz der *Societas Iesu* in der posttridentinischen Ära als auch die hegemonialen Ambitionen der Krone und damit die Kirchenpolitik Kardinal Richelieus scharf angegriffen. Außerdem hatte Jansenius die Koalition Richelieus mit den protestantischen Mächten im Reich während des Dreißigjährigen Krieges – und die schrecklichen Folgen, die das für seine Heimatregion Leuven und die spanischen Niederlande insgesamt gehabt hatte – als gewissenlos und areligiös verurteilt. Er hatte dabei kein Blatt vor den Mund genommen und den Ersten Minister des französischen Königs offen herausgefordert („*Mars gallicus*", 1635). Richelieu, keineswegs zimperlich in solchen Fragen, hatte sich sofort auf die Seite der jesuitischen Häretisierung des Jansenius gestellt und Duvergier als einflussreichen Vermittler des Jansenismus um Port Royal ohne viel Federlesens einkerkern lassen, und zwar als Agent eines hochverräterischen Komplotts gegen die Kirchenhoheit der Krone. Ludwig XIV. war auf Betreiben seines Nachfolgers, des Kardinals Jules Mazarin, und der jesuitenfreundlichen Partei mit zwei polemischen Argumenten überzeugt worden, der Jansenismus sei staatsgefährlich. Erstens bedrohe er die Superiorität der Krone über die Kirche; zweitens vertrete er eine Lehre, die den Zusammenhang von Königtum, Gesetz und Glauben („*un roi, une loi, une foi*") zu spalten drohe. Nachdem das Edikt von Fontainebleau (1685) die hugenottische Bedrohung hatte bewältigen sollen, schien nun die jansenistische Bewegung erneut die religiöse Einheit des Staates in Frage zu stellen. Es gelang, die Gnadenlehre der Jansenisten offiziell als calvinistisch-hugenottisch zu denunzieren; gleichzeitig untergruben diese Kampagnen nachhaltig die Autorität des Königtums wie des kirchlichen Lehramtes.

Auf Veranlassung der Jesuiten und Ludwigs XIV. wurde der Jansenismus in seinen verschiedenen Vertretern mehrfach päpstlicherseits verurteilt, endgültig in der Bulle *Unigenitus* (8.9.1713).[84] Damit lief der Jansenismusstreit ins 18. Jahrhundert hinüber: Alle Angebote der Jansenisten, den Konflikt still in der Schwebe zu halten (sog. „*silence respectueux*"), wurden abgelehnt. Die Jansenisten entfachten

---

84 Vgl. Ceyssens, Lucien, Le sort de la Bulle Unigenitus, Leuven 1992.

daraufhin eine breite, trotz Verboten bis in die 1770er Jahre nicht mehr abebbende Diskussion um den Glauben, die Kirchenrechte des Königs und die Verfassung des Landes. Schließlich sanktionierte der König Port Royal als symbolischen Ort der Bewegung äußerst hart, um ihn dann zu evakuieren und dem Erdboden gleichzumachen (1709–1713). Diese Politik des Königs war nach innen hin gallikanisch, benötigte aber paradoxerweise für die Lehrverurteilungen die Hilfe des Papstes. Als Ludwig XV. die Bulle *Unigenitus* 1730 in Anwendung des ersten Artikels der Gallikanischen Deklaration zum Staatsgesetz erklärte, wandelte sich der Konflikt, der als innerkatholische Schuldebatte um gnadentheologische Spezialfragen begonnen hatte, zu einer generellen Infragestellung der traditionellen Autoritäten: Die ‚Jansenisten‘ und die ‚Gallikaner‘ – oder jene, die sich dafür hielten – verbanden sich gegen die Allianz von Krone und päpstlichem Lehramt. In verschiedenen Spielarten und unter wechselnden Koalitionen assoziierten wortmächtige Teile der französischen Eliten mit der augustinischen Ernsthaftigkeit der Frommen einen antiabsolutistischen, antijesuitischen und antirömischen Affekt, der das päpstliche Lehramt und seinen Anspruch auf einen ‚unfehlbaren‘ Lehrentscheid insgesamt in Frage stellte: Wenn der Papst Lehren des Augustinus verurteile, helfe nur noch eine Appellation an ein allgemeines Konzil (Appellanten). Aber auch die starke Stellung der französischen Krone schien durch den unziemlichen Pakt mit Jesuiten und Kurie zutiefst kompromittiert; die Gallikaner, die bislang mit dem König gegen Rom votiert hatten – Gerichts- und Ratsherrn, Rechtsanwälte, andere Mitglieder der Bildungselite –, verknüpften ihre Autonomieinteressen nun mit den Jansenisten. Die wichtigsten innenpolitischen Gegner des Königs wurden die *Parléments*, die königlichen Obergerichte in Paris und in den Provinzen. Da die Ständeversammlung (*États généraux*) seit 1614 nicht mehr einberufen worden war, verstanden sich die *Parléments* zunehmend als legitime Vertretung der Rechte und Freiheiten des Landes. Alle neuen Gesetze erlangten erst Rechtskraft, wenn sie von den Obergerichten rezipiert worden waren. So konzentrierte sich in den *Parléments* nicht nur die Autonomie der Regionen, sondern auch die anti-zentralistische Beharrungskraft der traditionell Privilegierten gegen die ‚Ministerdespotie‘ des Hofes. Der Gallikanismus wurde dadurch uneindeutiger denn je: Selbständigkeit der Bischöfe für eine frühaufgeklärt individualistische Intensivierung des Christlichen gegen die überkommenen Religiositätsstilen verpflichteten Einflussversuche Roms – auf diesen knappen Nenner ließen sich jene gedanklichen Gemeinsamkeiten bringen, welche die später als ‚Gallikanismus‘ firmierenden Haltungen zeitgenössisch bestimmten. Mit Theologie, gar mit den sehr spezifischen Ausgangsfragen und ihren pastoralen Folgewirkungen, hatte das alles nicht mehr viel zu tun. Welche Rolle das Königtum in dieser eigenständigen französischen Bischofskirche spielen sollte, darüber war keine Einigkeit mehr herzustellen, weder am Hof noch unter der Beamtenschaft, an den Obergerichten oder an den Universitäten, am wenigsten an der Sorbonne, erst recht nicht im Episkopat, unter den Geistlichen und religiös engagierten Laien. Es gab die einen Gallikaner, die die Königsgunst weiterhin auf ihre Mühlen lenkten, aber auch jene anderen, die die verfemten und verfolgten Jansenisten schützten und verteidigten. Diese Dissoziationen gehören zur Vorgeschichte der Religionskonflikte der französischen Revolution, weil sie nicht nur die päpstliche, sondern auch die königliche Autorität als geistlichen und politischen Despotismus nachhaltig in Frage stellten. Der Jansenismus war also einerseits eine religiöse Bewegung, andererseits aber auch *das* Politikum französischer Innenpolitik schlechthin an der Wende vom 17. zum 18. Jahrhundert.

4. Kulturen – Praktiken – Mentalitäten

4.1. Die Geistlichen und die Heilsmedialität ihrer Kirchen

Unabdingbare Voraussetzung einer veränderten Frömmigkeit und Glaubenspraxis der Laien war die Formung des Pfarrklerus im Sinne des Tridentinums: die Verbesserung seiner Ausbildung und Versorgung und die Intensivierung seiner Amtsausübung in Liturgie, Predigt und Sakramentenspendung. Denn die Pfarrei war der eigentliche und ursprüngliche Ort religiösen Lebens für die Religiosität der Vielen in gegenseitiger Verwiesenheit von Pfarrer und Parochianen. Die Reichweite eines ‚tridentinischen' Katholizismus musste sich – jenseits allen Reformeifers geistlicher und weltlicher Obrigkeiten – auf der Ebene der Kirchspiele erweisen.

Das Bild, das von den vorreformatorischen Pfarrern gezeichnet wird, ist im Wandel. Bis in die frühen 1980er Jahre hatte man die Geistlichen des 15. Jahrhunderts bewusst heruntergeschrieben: evangelischerseits, um die Reformation als notwendigen Neuaufbruch erweisen zu können, katholischerseits, um die Reformation als wenn schon nicht notwendig, dann doch wenigstens historisch verstehbar plausibilisieren zu können. Hätte die Reform der Kirche, die das 15. Jahrhundert in Angriff nahm, raschere Erfolge gezeitigt, so lautete die These, dann wäre ein Martin Luther möglicherweise niemals zum Reformator geworden. Man brauchte also die Negativfolie eines unzüchtigen und ungebildeten Klerus, um den grassierenden Antiklerikalismus und den humanistischen Spott als Legitimation oder wenigstens Erklärung des Umbruchs nach 1517 verarbeiten zu können. Dabei gab es nicht wenige Indizien, die diese dunkle Folie schon damals in Frage stellten. Die ausführlichen Debatten über Klerusreform, die den Humanismus und den Synodalismus des 15. und frühen 16. Jahrhunderts begleiteten, waren eher Vorzeichen als Hemmnisse des durchgreifenden Wandels, der nach 1550 beginnen sollte. Man wird also eher davon ausgehen müssen, dass die Zeugnisse über die religiöse Intensivierung und über den gleichzeitigen klerikalen Schlendrian und Antiklerikalismus nebeneinander gültig sind: An der Pluralisierung der Frömmigkeit hatte die plurale Lebensweise des Klerus Anteil. Für die Konfessionalisierung der Geistlichkeit ist also in katholischen und evangelischen Regionen eine substanzielle Gemeinsamkeit zu gewärtigen: nämlich mit den Pfarrern beginnen zu müssen, die nun einmal da waren. Ein Unterschied ist freilich von Beginn an in Rechnung zu stellen: Die reichsstädtische Reformation hatte viele der urbanen Welt- und Ordenspriester zu einer evangelischen Amtsübernahme geführt; ein katholischer Stadtklerus musste sich zu großen Teilen neu erfinden. Auf dem Land dürften die Ausgangsbedingungen sehr ähnlich gewesen sein.

4.1.1. Katholische Priester: die Professionalisierung einer geistlichen Elite

Das Konkubinat als familienähnliches Zusammenleben der Priester mit Frau und Kindern hat sich in den jüngeren Forschungen nicht als moralischer Defekt, sondern als Bestandteil von Versorgungs- und Ämtersicherungsstrategien erwiesen.[85] In regelrechten Priesterdynastien brachten Pfarrer ihre Söhne und Neffen mit Hilfe der Patronatsherren in die Amtsnachfolge, während ihre Töchter wiederum als Priesterfrauen lebten, so dass die Versorgung einer größeren Verwandtschaftsgruppe durch kirchliche Ämter im regionalen Umfeld gesichert war. Frauen spielten in den Pfarrfamilien eine maßgebliche Rolle: Die der – meist bäuerlichen – Haushaltung vorstehende Mutter des Pfarrers und dessen zur Haushälterin und Mutter aufgestiegene Magd führten die Wirtschaft unter Hinzuziehung von Knechten, weiteren Mägden und heranwachsenden Kindern.

Genau diese Lebensweise wurde im späten 16. und im 17. Jahrhundert tiefgreifend verändert. Der Priester war nun weniger an einen Sozialraum der Familie, der gegenseitigen Patronage und des Klientelwesens, stattdessen jedoch weit ausschließlicher an seine geistliche Obrigkeit gebunden. Die Beziehungsnetze trugen nur dann über den Beginn des 17. Jahrhunderts hinaus, wenn sie auf tridentinischer Grundlage umgestaltet wurden. Familiarität und formale Qualifikation stellten keinen Gegensatz mehr dar, sondern begannen einander zu ergänzen. Zölibatär lebende Pfarrer förderten nicht mehr ihre Söhne, sondern ihre Neffen und Großneffen, indem sie deren Ausbildung finanzierten oder über die Stiftung von Familienvikarien den Weihetitel und den Einstieg in das priesterliche Amt sicherten. Im Vergleich zu den Landpfarrern ist über eine Sozialgeschichte gebildeter Stadtkleriker noch wenig bekannt. Die Forschung hat das Profil des evangelischen Geistlichen vorrangig von dieser Gruppe her entwickelt; für katholische Städte ist unser Bild hingegen noch sehr unscharf. Wer stellte, neben Jesuiten und Kapuzinern, die Prediger und Liturgen für eine gehobene Klientel? Wer schrieb die Predigtpostillen und Andachtsbücher? Wer gestaltete die Tätigkeit der bischöflichen Verwaltung? Wen versorgten städtische Kollegiatstifte und wozu? Gerade diese

---

85 Vgl. Holzem, Christentum, 331–356 (dort auch Literatur). Hersche, Muße, 247–318.

Gruppe, die Ordensgeistlichen eingeschlossen, ist als Trägerschicht tridentinischer Stadtreligion nur lückenhaft greifbar.

Die wichtigsten Funktionen unterhalb der adligen Domkapitel nahmen Priester meist bürgerlicher Herkunft wahr. Ministerialadel und Ritterschaft wurden mit dem Aufkommen der Jesuitenschulen und -universitäten von studierten Bürgerlichen verdrängt. Diese Gruppe vertrat entschieden und öffentlich den von Trient und Jesuitenorden geprägten religiösen Stil. Das Trienter Konzil hatte verlangt, dass Kanoniker an den Kathedralkirchen Magister der Theologie oder Doktoren des kanonischen Rechts zu sein hatten.[86] Diese Bestimmungen erfüllte der Adelsklerus nur partiell. Stattdessen drangen nun die entsprechend ausgebildeten bürgerlichen Priester in die Stadtseelsorge und die bischöfliche Verwaltung und Gerichtsbarkeit vor. Der Stadtklerus lässt somit ein Sozial- und Bildungsprofil vermuten, welches der weit besser untersuchten evangelischen Geistlichkeit weitgehend entsprach: Diese Priester aus führenden bürgerlichen Familien kombinierten akademische Professionalität mit guten Beziehungen zum adligen Hochklerus.

Dieses soziale Profil veränderte zusammen mit der besseren Ausbildung auch die geistliche Amtsführung. Die Mischreligiosität, die zwischen katholisch und evangelisch nicht genau unterschieden hatte, wich einer klaren konfessionellen Orientierung. Die Reform des Amtes vollzog sich in jenem Spannungsfeld, das sich zwischen den Satzungen von Trient, der materiellen Lage und der gesellschaftlichen Rolle des Priesters in einer meist ländlichen oder kleinstädtischen Gesellschaft erstreckte.

Trient hatte das in die biblische Metapher des ‚guten Hirten‘ (*pastor bonus*) gekleidet. Nichts gebe es, so hatten die Konzilsväter von Trient formuliert, „was andere fortwährend mehr zur Frömmigkeit und zum Dienste Gottes anleitet, als das Leben und das Beispiel derjenigen, welche sich dem göttlichen Dienste geweiht haben."[87] Neben den Reformdekreten begründeten sowohl das Messopferdekret[88] als auch das Dekret über das Sakrament der Weihe[89] die besondere Würde der Geistlichen mit ihrem göttlichen Dienst. Eucharistie und Buße standen hier in besonderer Weise im Mittelpunkt. Der römische Katechismus schilderte die Konsekrations-, Binde- und Lösegewalt als etwas, was jenseits menschlicher Vernunft und Fassungskraft liege und alles auf der Erde Auffindbare übersteige: „Denn da die Bischöfe und Priester gleichsam Gottes Dolmetscher und Botschafter sind, welche in seinem Namen die Menschen das göttliche Gesetz und die Lebensvorschriften lehren und die Person Gottes selbst auf Erden vertreten: so ist offenbar ihr Amt ein solches, dass man sich kein höheres ausdenken kann, daher sie mit Recht nicht nur Engel, sondern auch Götter genannt werden, weil sie des unsterblichen

---

86 Conc. Trid. Sess. XXIV, Cap. XII de ref.
87 Conc. Trid. Sess. XXII, Cap. I de ref.
88 Conc. Trid. Sess. XXII; DH 1738–1759, 561–567.
89 Conc. Trid. Sess. XXIII; DH 1763–1778, 568–572.

Gottes Kraft und Hoheit bei uns vertreten."[90] Ihre Qualitäten als Hirten sollten sich demnach vor allem in Sakramentenspendung und Liturgie ausdrücken. Auch die Wortverkündigung und die Seelenführung führten stets zu den sakramentalen Funktionen der Geistlichen zurück.

Der Priester als der Engelgleiche, Ab- und Ausgesonderte und vor Gott Gestellte sollte zu seiner Gemeinde mithin eine starke Gegenüberposition einnehmen. Diese verpflichtete ihn unbedingt auf korrekte Amtsvollzüge und integre Lebensführung. Sein Streben nach Vollkommenheit kreiste innerlich um Sünde, Laster und Reinheit; nur die sichtbar strahlende Vergeistigung des herausgehoben heiligen Lebens verleihe dem Hirten gegenüber seinen Schafen eine auf Glaubwürdigkeit aufruhende Autorität. Der heroische Asket, durchformt von jesuitischem Habitus, eröffne seiner Gemeinde besonders intensiven Zugang zu den göttlichen Heilsschätzen. Damit wird bereits die Spannung frühneuzeitlicher Klerusexistenz greifbar: Mit welchen Abschattungen musste gerechnet werden, wenn engelgleiche Herausgehobenheit in einen Pflichtenkanon für Dorfpfarrer übersetzt werden musste? Konkubinat, Trunksucht, Würfelspielen, Benefizienschacher, Kleidung, Verwaltung und Sakramentendisziplin waren darum die Hauptthemen der Synodaldekrete des 17. Jahrhunderts. Der Dienst des Priesters bildete die Gelenkstelle, um die religiöse Intensivierung auf die Gläubigen zu übertragen: Auch ihre konfessionelle Identität sollte gefestigt werden.

Maß und Richtung dieser Reformen hingen freilich von den konkreten Bedingungen frühneuzeitlichen Pfarreilebens ab. Die eigentliche Strukturschwäche des frühneuzeitlichen Pfarreiwesens war bedingt durch die Komplexität der Einkünfte von Pfarrer und Kirchenfabrik, die Verbauerung des Klerus und die dadurch verursachten Konflikte zwischen Priestern und Gemeinden. In Stadt- und Stiftskirchen kombinierte man Geld- und Naturaleinkünfte, um die Geistlichen zu versorgen. Sie wollten eingetrieben sein. Anders und schwieriger war die Lage auf dem Land: Hier war das Pfarrhaus (*domus dotis*) gleichzeitig ein Wedumshof, eine Bauernstelle also, die in Verantwortung, und je nach Umständen, mit den eigenen Händen des Pfarrers zu bewirtschaften war. Der Pfarrer war also ein Bauer im Dorf wie jeder andere – und oft nicht der kleinste. Das Maß seiner Eigenwirtschaft hing von Fähigkeit und Interesse, in zunehmendem Maße aber auch von der Schicklichkeit ab: Die Verpachtung nahm gegen die zunächst gewohnte, dann aber als ,gewöhnlich' geltende Handarbeit im Laufe des 17. Jahrhunderts stetig zu, ergänzt durch komplexe Naturalabgaben, Zins- und Renteinkünfte, selten jedoch durch einen nennenswerten Anteil am Kirchenzehnten. Die Einkommen der Pfarrer und der übrigen Gemeindepriester schwankte demnach beträchtlich. Manche Priester waren die sprichwörtlichen armen Schlucker, andere hingegen konnten Kapitalrücklagen bilden und zu Kleinkreditgebern ihrer Gemeinden werden. Aber die oft geäu-

---

90 Catechismus Romanus, Pars II, Cap. VII,II.

ßerte pauschale Vermutung von den ärmlichen Verhältnissen der Landpfarrer trifft nicht generell zu. Wirklich arme Pfarrer waren eher die Ausnahme. Je größer der Landbesitz eines Pastorates, umso eher und nachhaltiger wandten sich deren Inhaber der Monetarisierung ihrer Einkünfte und damit in der Regel verstärkt ihren geistlichen Pflichten zu. So wurde im Laufe des 17. Jahrhunderts der Priester, der gleichzeitig handarbeitender Bauer war, zur Ausnahme. Die Herausgehobenheit des ideal gedachten tridentinischen Priesters korrespondierte zunehmend mit einer Pfarrökonomie, die einen entsprechenden Habitus tragen und durch die soziale Schichtzugehörigkeit und ein verändertes Verhalten der Geistlichen mit Respekt und Autorität untermauern konnte. Schwieriger gestaltete sich der Lebensunterhalt der Vikare und Kapläne, wobei zwischen Messpfründen ‚alten Typs' und ‚modernen' Kuratvikarien unterschieden werden muss.

Es wäre kurzschlüssig, das Verhältnis der Priester zu ihren Gemeinden einlinig aus ihrer Pfarrökonomie ableiten zu wollen. Aber in dem Wechselverhältnis von gesellschaftlicher Lage und Amtsfähigkeit fügten die Parochianen auch ihren *parochus* in die Rangordnung der lokalen Hierarchie und in ihre Austauschbeziehungen ein. Sie dachten sein weltliches Gebaren und seine religiöse Glaubwürdigkeit zusammen, weil er ihnen in verschiedenen Rollen vor Augen stand: als Agent der geistlichen und weltlichen Obrigkeit, der zu kontrollieren und zu erziehen hatte; als religiöser Vermittler zwischen den Belangen der Gemeinschaft und Gott und seinen Heiligen; als Teil des Gemeinwesens wie alle anderen, mitlebend sowohl in Kooperation als auch in Konkurrenz. Während die ersten beiden Aufgaben Entbundenheit, Autorität und Distanz erheischten, folgte aus der dritten Rolle eine spannungsreiche Eingebundenheit. Hinzu kamen jene Ebenen des Pfarreilebens, die Pfarrer und Gemeinde mit tendenziell gleich gerichteten Interessen aufeinander abstimmten: die Pflege der Kirche und die Verwaltung des Kirchengutes, die Verbesserung der Seelsorge und der dafür benötigten Ausstattung. So standen Pfarrer und Gemeinde in einem steten Austausch materieller und immaterieller Güter. Die Frömmigkeit der Laien war keineswegs freischwebend oder rein geistig, sondern beruhte auf Absichten und Interessen irdischen Gelingens und jenseitigen Heiles. Man setzte ein, was man besaß und geben konnte: Geld, Lebensmittel und Teilnahme. Doch dies geschah in praktischer Absicht, und der Pfarrer musste diesen Einsatz zu einem transzendenten Mittel bei heiligen Instanzen gleichsam umformen; jeder Einsatz dieser Art musste sich lohnen und spirituell auszahlen.[91]

Trotz dieser Hemmnisse hat sich der Weltklerus zwischen 1570 und 1800 tiefgreifend gewandelt. Der Konkubinat oder andere als geistliche Unzucht gewer-

---

91 Vgl. McNamara, Celeste, Conceptualizing the Priest: Lay and Episcopal Expectations of Clerical Reform in Late Seventeenth-Century Padua, in: Archiv für Reformationsgeschichte 104, 297–319.

tete Umgangsformen hatten am Erscheinungsbild des Klerus einen immer geringeren Anteil. Der alten Pfarrökonomie war nach und nach der Boden entzogen. Die neuen Selbstverständlichkeiten schufen dann auch neue Empfindlichkeiten: Das Pfarrhaus umgab sich mit einer Aura der Keuschheit und des geistlichen Lebensstils. Je länger die Konfessionalisierung den kirchlichen und gesellschaftlichen Alltag bestimmte, umso mehr begab sich der Priester bei allen Formen der „Lustbarkeit" und „Ergötzlichkeit" leicht auf vermintes Gelände. Einerseits sollte er den Parochianen einer der ihren sein: im Wirtshaus, beim Tanz, beim Festbrauchtum. Andererseits weckte das tridentinische Herausgehobenheitsideal auch die Hoffnung, der ‚reine' Priester könne bei Gott und den Heiligen umso mehr erreichen. An der fließenden Grenze des Standesideals durfte der feine Unterschied zwischen Volkstümlichkeit und Leichtfertigkeit nicht unbedacht beiseite gesetzt werden. War diese Grenze überschritten, wandelte sich der Respekt der Gemeinden schlagartig zur Herabwürdigung. Die pragmatische Frömmigkeit der Laien verstand den Pfarrer sehr handfest als Diener der Gemeinde und verlangte aufgrund ihres vielfach instrumentellen Gebrauchs des Heiligen den glaubwürdigen und integren Priester um seiner Wirksamkeit willen; wer das Vertrauen in diese Wirksamkeit seines Umgangs mit dem *sacrum* durch Unwürdigkeit verletzte, verlor allen Kredit und allen bislang geschuldeten Respekt und hatte mit der gesamten Sanktionsskala der Gemeinschaft zu rechnen: materielle Schädigung, Beschimpfung, Ehrabschneidung und Gewalt. Mit dem Rückgang geistlicher Regelverstöße wurden umgekehrt auch diejenigen härter bestraft, die die schuldige Ehrbezeugung gegenüber dem Priester vermissen ließen. Diese Rückendeckung durch Strafe ächtete Schmähung und Gewalt gegen den Klerus als Übergriff auf die Heiligkeit des geistlichen Standes und auf die Autorität der Kirche insgesamt.

Disziplinierung und Zivilisierung des Klerus zielten darauf, theologisch begründete ständische Schranken und religiöse Abgrenzungen erfahrbar zu machen. Darum wurden die Schicklichkeits- und Disziplinanforderungen an den Klerus stets erhöht, und auf diese Weise war der katholische Priester im Prozess der konfessionellen Auseinanderentwicklung tatsächlich etwas grundlegend Anderes geworden als der evangelische Pfarrer: Er hatte nicht nur und in erster Linie Obrigkeitsgehorsam, Tugendsinn, Bürgermoral und Gemeinwohlorientierung zu vermitteln, sondern bezog seine sakrale Autorität aus seiner Professionalität als Kultdiener und Liturge.

So bildeten neben der Versittlichung geistlicher Lebensformen die geistlichen Funktionen einen zentralen Gegenstand der Klerusreform. Man schreitet hier gleichsam von Äußerlichkeiten zum Kern der Sache vor. Maßgeblichen Anteil an diesen Veränderungen hatte die von der *Ratio studiorum* her neu strukturierte und an neuen Idealen ausgerichtete Klerusbildung der Jesuiten. Wie deren Kollegien und Gymnasien, so waren auch die von ihnen übernommenen Universitäten ganz in den Dienst eines öffentlichen Bildungsauftrags gestellt, der die *ecclesia* ebenso umfasste wie die *res publica*. In den katholischen Ländern und Territorien waren die Jesuiten auch an den Universitäten zu der alles entscheidenden Bildungsgroßmacht aufgestiegen. Sie vermochten – über die Theologie hinaus – Richtungsentscheidungen akademischer Bildung während des gesamten 17. Jahrhunderts weitgehend zu dominieren.

Gegenüber älteren, von Vorurteilen nicht freien Einschätzungen, die in den Jesuiten vor allem eine strategisch agierende Armada der Gegenreformation sahen, stand für die Jesuiten der Neubeginn katholischer Bildung deutlich im Vordergrund ihrer Anstrengungen: ein „ursprüngliches Engagement für Religion, das kein Produkt von Angst, Haß oder elitären Kampagnen war"[92]. Die Kollegien und Fakultäten der *Societas Iesu* sind als Orte einer profunden und modernen Ausbildung zu begreifen, welche humanistischen Bildungswillen in christlicher, nunmehr konfessionell definierter Glaubensüberzeugung fundierte. Damit verband sich eine Erziehung zu einer ebenso rationalen wie moralischen Lebensführung. Mit den Konzepten und der Leistungsfähigkeit protestantischer Bildungsinstitutionen war das ganz vergleichbar. Auf diese Weise wurde europaweit im späten 16. und frühen 17. Jahrhundert ein praktisch kompletter Austausch der Bildungseliten in Staat und Kirche durchgesetzt. Gleichzeitig galt es von vornherein einen fundamentalen Dissens zu bearbeiten: Jesuiten wollten Kollegien errichten, um ihren Orden zu fördern. Die Landesherren aber wollten, dass Jesuiten Gymnasien für eine humanistische Allgemeinbildung eröffneten und tridentinische Priesterseminare leiteten, um einen brauchbaren Diözesanklerus zu erziehen. Die Kollegien, Gymnasien und Universitäten, die die Jesuiten gründeten oder reorganisierten, hatten für ihre öffentliche Wirksamkeit darüber hinaus einen schlagenden Vorteil: Die Häuser und die zu ihnen gehörenden Kirchen wurden zur Ausgangsbasis und zum lokalen städtischen Haftpunkt aller anderen Aktivitäten der Seelsorge.[93] Extrem attraktiv war die Internationalität, ja Globalität der Missions- und Reisetätigkeit des Ordens. Zeitschriften der Jesuiten vermittelten neues naturkundliches und kulturwissenschaftliches Wissen.[94]

So sehr das für die katholischen Territorien des Reiches, für Rom und Flandern gilt, traten anderswo die tridentinischen Priesterseminare nach dem Mailänder

---

92 O'Malley, John W., Die ersten Jesuiten, Würzburg 1995, 34. Engl.: The first Jesuits, Cambridge [6]1998. Vgl. O'Malley, John W., The Jesuits I/II. Cultures, Sciences, and the Arts, 1540–1773, Toronto 2007/2010. O'Malley, John W., Saints or Devils Incarnate? Studies in Jesuit History, Leiden u. a. 2013.

93 Po-Chia Hsia, Ronnie, Gesellschaft und Religion in Münster 1535–1618, Münster 1989, 71.

94 Dürr, Renate, Der „Neue Welt-Bott" als Markt der Informationen? Wissenstransfer als Moment jesuitischer Identitätsbildung, in: Zeitschrift für Historische Forschung 34, 441–466, 442, die folgenden Zitate ebd., 446, 466. Vgl. Bamji, Alexandra/Janssen, Geert H./Laven, Mary (Hrsg.), The Ashgate Research Companion to Counter-Reformation, Farnham/Burlington 2013, 127–162.

Vorbild des Carlo Borromeo als konkurrierende Modelle der Priesterbildung daneben. Allerdings blieb die Seminarausbildung der katholischen Priester, die das Seminardekret des Konzils von Trient eindrücklich gefordert hatte, europaweit ein fragiles Gebilde. Manche Seminare konnten vom Ausbildungsstandard her mit den theologischen Fakultäten konkurrieren; andere waren so schwach fundiert, dass sie kaum mehr als ein paar Wochen Instruktion für unmittelbare Weihekandidaten anbieten konnten. Auch in solchen Bistümern, in denen es wegen mangelnder finanzieller Ressourcen nicht gelang, Universitäten oder tridentinische Priesterseminare zu gründen, richtete die *Societas Iesu* an ihren Kollegien und Gymnasien vielfach drei- bis vierjährige Philosophie- und Theologiekurse für Weltpriester ein. Sie erfüllten nicht den Standard des siebenjährigen Vollstudiums für den Ordensnachwuchs, aber legten eine solide Grundlage für die Seelsorge.

Pfarrer verrichteten ihre Amtspflichten und das Breviergebet nun durchwegs sorgfältiger. Die Altäre waren sauber und aufgeräumt, die heiligen Materien wohlverwahrt. Das Ewige Licht brannte, die Paramente und Altartücher sowie die zahlreichen liturgischen Geräte waren sauber und heil. Neben die vielen Messen trat wenigstens am Sonntag die Predigt. Selbst dort, wo Armut der Kirchen zur Bescheidenheit zwang, war die frühere oft grobe Schlamperei weitgehend verschwunden. Unter dem Einfluss der jesuitischen Bildung wurden häufige Beichten und eine intensive Messfrömmigkeit zur standesspezifischen Weise der Gotteshinwendung, der besonders an der sakramentalen Gegenwart des erhöhten Herrn und an der Aktualisierung seines Sühnopfers gelegen war. Als innere Haltung bildete sich mehr und mehr eine gefühlvoll mitleidende Seelenneigung aus. Breviergebet und Betrachtung verstärkten diesen Frömmigkeitszug, der sich anschaulich und sinnlich in die Geheimnisse des Leidens und Sterbens Christi versenkte. Die Andacht von der Todesangst Christi, von Christus im Kerker, von den Wunden und Fußfällen auf der *Via dolorosa*, verbunden mit dem Marienleben und den Marienleiden, das wurde typisch. Auf diesem Niveau und bei diesen Inhalten verharrte die Bildung der Geistlichen dann nahezu konstant.

Der Ordensklerus wird über solchen Analysen der Priester in den Pfarreien leicht vergessen. Die Rolle der Jesuiten war so dominant, dass die alten Prälatenorden – Benediktiner, Zisterzienser, Prämonstratenser und andere – ihr Ausbildungssystem und ihren Frömmigkeitsstil nicht selten an die Standards der *Societas Iesu* anpassten und ihren Nachwuchs dort ausbilden ließen. Die Selbstdarstellung der großen Klöster stellte sich daher oft als eine Mischung aus der Traditionstiefe der benediktinischen Idee und der Prachtentfaltung barocker Überzeugungskultur dar. Daneben restituierten die Bettelorden, allen voran die Franziskaner und ihr strenger Zweig, die Kapuziner, eine eigene Form von Volksseelsorge. Sie setzten, anders als die intellektuell verfeinerten, auf das städtische Publikum zielenden Jesuiten, eine demonstrativ ärmliche Lebensweise und einfache Seelsorge ein, um in konfessionell umkämpften Gebieten Überzeugungsarbeit zu leisten. Somit ergab sich für das Reich eine Art Arbeitsteilung zwischen

Säkularklerus und verschiedenen Spielarten des Ordenspriestertums.[95] Dies gilt für die deutschen Verhältnisse.

Frankreich aber, um nur ein weiteres Beispiel zum Vergleich heranzuziehen, bot ein ganz anderes Bild.[96] Da das Konzil von Trient ein neues Ideal vor allem für Bischöfe entworfen, dessen Füllung aber weitgehend offen gelassen hatte, konnten die Jesuiten in Frankreich das neue Priesterideal zwar für sich beanspruchen, im Gegensatz zum deutschsprachigen Raum aber nicht unangefochten durchsetzen. Im Gegenteil: Man warf den Jesuiten vor, in den französischen Religionskriegen mit den katholischen Extremisten zusammengearbeitet zu haben. Daher setzten die Weltgeistlichen von gallikanischen Traditionen her ein Anti-Programm geistlicher Exzellenz gegen die Reklamationen der Jesuiten; ältere Orden wie die Franziskaner und Dominikaner versuchten sich mit eigenen Konzepten heiligmäßiger Priesterlichkeit zu behaupten. Die daraus erwachsenden *„querelles"* und *„guerres"* werden in ihrer Heftigkeit an einer gewaltigen Printproduktion ablesbar: Predigten, Berichte von Festprozessionen und Heiligenkulten, historische Herleitungen, polemische Broschüren und Priesterviten. Daneben trat die ganze Fülle barocker Bildmedien, die den umkämpften Erneuerungsstrom begleiteten: Altargemälde, Druckgrafik, Prozessionskulissen, ephemere Statuen und Aufbauten. In Frankreich wurde bis an die Grenze der Gewalt darum gerungen, wie das geistliche Kapital klerikaler Exzellenz sozial sichtbar und wirksam gemacht wurde, um im Konkurrenzkampf wahrer Priesterlichkeit Gewinn abzuwerfen. Jesuiten inszenierten in großen Feierlichkeiten die Kanonisierung des Ignatius von Loyola und des Franz Xaver. Ihr Ziel war, deren Heiligkeit auf alle Jesuiten abstrahlen zu lassen, um sie als exemte *Clercs réguliers* unwiderruflich von den spirituell zweitklassigen *Clercs séculiers* (Bischöfe, Kanoniker, Pfarrer) abzuheben. Die geistliche *„majesté"* und *„beauté"*, die sie aus dem hagiographischen und mystagogischen Material herleiteten, das Ignatius und Franz Xaver ihnen boten, bezog sich vor allem auf die mit der priesterlichen Opferhandlung verbundene mystische Erleuchtung, ekstatische Vision und überströmende Begnadung. Engelgleiche Reinheit und Makellosigkeit früh gestorbener Jesuiten wie Stanislaus Kostka oder Aloisius Gonzaga verstärkten den Eindruck einer von Heiligkeit ganz durchströmten Priesterlichkeit. Die Kanonisationsfeiern wirkten teilweise so provozierend, dass die dafür hergestellten kostbaren Kirchenausstattungen und ephemeren Kulissen

---

95 Vgl. Jürgensmeier, Friedhelm/Schwerdtfeger, Regina Elisabeth (Hrsg.), Orden und Klöster im Zeitalter von Reformation und katholischer Reform 1500–1700, 3 Bde., Münster 2005–2007. Kuster, Niklaus u. a. (Hrsg.), Von Wanderbrüdern, Einsiedlern und Volkspredigern. Leben und Wirken der Kapuziner im Zeitalter der Reformation, Kevelaer 2003. Hersche, Muße, 318–383.
96 Vgl. Wehnert, Milan, Ein neues Geschlecht von Priestern. Tridentinische Klerikalkultur im Französischen Katholizismus 1620–1640, Regensburg 2016. Martin, Philippe, Histoire de la messe. Le théâtre divin, Paris 2010.

von konkurrierenden Anhängern des herkömmlichen Gallikanismus in Brand gesteckt und vernichtet wurden.

Die Jesuiten behaupteten nicht weniger, als dass schon die ersten Apostel *Clercs réguliers* gewesen seien, deren „*prototypes*" man nun wieder konsequent folge. Engelgleiche Priesterheilige könnten nur unter den von der *Societas Iesu* bereit gestellten Bedingungen aus der sozialen Elite Frankreichs hervorgehen; man enterte also den gallikanischen Funktionszusammenhang von Kirche, Adel und Königtum, der in den französischen Religionskriegen schwer gelitten hatte. Die Kirchen der Jesuiten folgten zwar keinem festgelegten Programmstil, schufen aber neue Raumanordnungen gestufter Anwesenheit und – vor allem – Sichtbarkeit (Hallen statt Basiliken, Abbau der Lettner, Abschrankungen, Stufen). Sie waren darauf angelegt, dass Laien, und unter ihnen besonders Laieneliten, an der auf neue Weise vorbildlich und prachtvoll ausgestalteten Liturgie der heiligmäßigen *sacerdotes* auf eine höchst innige Weise teilhaben konnten. Bilder und Druckgrafik verstärkten die medialen Effekte über die je konkreten Festakte hinaus. Da den Weltgeistlichen weder diese Lebensform erreichbar sei noch das kultische Material inszenierter Heiligkeit zur Verfügung stünde (Rückstand der bischöflichen Priesterseminare gegenüber den Jesuiten-Kollegien, veraltete Kirchen und Kirchenausstattungen), seien sie unbezweifelbar spirituell deklassiert und müssten das, ‚entzündet' vom Erleben überwältigender Sakralität, ihrerseits auch eingestehen. Die Klerusreform, die die Jesuiten inszenierten, zog strikte Grenzen nicht nur gegenüber den Laien, sondern auch gegenüber anderen Priestergruppen.

Das jesuitische Priesterideal war demnach ein riskantes Modell, zum einen, weil viele seiner Elemente nicht allein aus dem Jesuitenorden stammten, sondern aus der geistlichen Erneuerungsbewegung des Carlo Borromeo als Erzbischof von Mailand, und zum anderen, weil es unter den Bischöfen Frankreichs einige gab, die diese Innovationen der Jesuiten bewunderten und in ihren Schriften panegyrisch priesen, gleichzeitig aber als Modell für alle Kleriker bewerteten und daher implizit den jesuitischen Exklusivitätsanspruch abwiesen. Die publizistischen Zusammenstöße und Anschläge werteten die Jesuiten daher als Neid der Weltkleriker, insbesondere der Bischöfe, die das Engelgleiche der Apostel- und Ordensmärtyrer ebenso wenig zugestehen wollten wie die unleugbare Tatsache, dass die Kirche Frankreichs aus der Mönchskirche der Wandermissionare hervorgegangen sei und auch jetzt auf die maßgebliche Pastoraltätigkeit und das weithin leuchtende Vorbild der *Clercs réguliers* niemals würde verzichten können. Jede Selbstbehauptung des Gallikanismus richte sich unmittelbar gegen die Autorität des Papstes und sei deshalb eine Häresie. Es ging dabei nicht nur um Jurisdiktion und kanonisches Recht, sondern um eine Liturgie, die aufgrund der spirituellen Exzellenz der sie feiernden Priester eminente Gnadenströme erschließen könne, die der Kirche Frankreichs bislang nicht zur Verfügung gestanden hätten.

Weltkleriker setzten dem entgegen, der nachtridentinische *Catechismus Romanus* schreibe engelgleiche Herausgehobenheit allen Priestern zu; die Forderung nach

„*praeeminentia und excellentia*", die Carlo Borromeos Pastoralreform erhoben habe, gelte allen Geweihten und durchforme deren Habitus. Aber es ließ sich nicht leugnen, dass es den Weltgeistlichen zunächst misslungen war, das in einer gleichen Weise wie die Jesuiten zu visualisieren. Heiligkeit, Erhabenheit, Makellosigkeit und Reinheit wurde nur von den Jesuiten mit Gesichtern und Biografien aufgefüllt; diese „*gens sancta*" desakralisierte und entzauberte den Weltklerus. Nicht dass sie die tridentinische Erneuerung oder die Romanisierung der Liturgie generell abgelehnt hätten: Aber sie waren beim Vollzug des Wandels gnadenlos abgehängt und haben ihn oft erst weit nach der Mitte des 17. Jahrhunderts zu realisieren vermocht. Die jesuitische Präsenz am Königshof, in Adelskreisen, bei politischen und ökonomischen Eliten verschoben das gesamte Kraftfeld des Zusammenhangs von Nation, Monarchie und Kirche.

Die Weltkleriker begannen daher, die „*beauté*" der Jesuiten als spanisch und flandrisch mit den geschworenen Feinden der Monarchie zu identifizieren. Sie seien Spione eines päpstlich-habsburgischen Imperialismus, der die gallikanische Freiheit vernichten wolle, für die „*religion de nos ancestres*" daher nicht weniger gefährlich als die „*secte Luthérienne*". Das *Oratoire de Jésu* des Pierre de Bérulle (1575–1629) baute daraufhin eine effektive Gegen-Infrastruktur von Kollegskirchen und -häusern auf. Das *Oratoire* versuchte sich zwei ‚labels' zunutze zu machen: im Namen dasjenige des Römischen Oratoriums des Filippo Neri (1515–1595), in der strikten Unterstellung unter den Diözesanbischof das Gehorsamsideal des Carlo Borromeo bei den *Oblati Sancti Ambrosii*. Auch die Spiritualität der Unbeschuhten Karmelitinnen der Teresa von Ávila (1515–1582) lenkt Bérulle gezielt zunächst nach Paris und dann in zahlreiche Filialen. Er verzahnte also die Exzellenz von Priestern und Nonnen, die sich in Italien und Spanien ausgebildet hatten, mit der bischöflich-diözesanen *Église gallicane*. Bérulle wollte mit seinem *Oratoire* einen „*choeur mystique*" erschaffen, der sich an die geistliche Aufstiegslehre des Pseudo-Dionysius und damit an St. Dénis als geistliches Zentrum des Zusammenhangs von Königtum und Kirche in Frankreich anschloss. Die Jesuiten fuhren stärkstes Geschütz auf und häretisierten Bérulles Techniken der mystischen „*divinisation*" als lehramtlich verurteilten Monophysitismus. Bérulle antwortete mit seinem apologetischen Hauptwerk, dem „*Discours de l'estat et grandeurs de Iesus*" (1623), der unerhörte Entdeckungen neuer Welten des göttlichen Lichts und der erweiterten Offenbarungen verhieß und von den französischen Bischöfen und der Sorbonne gerade wegen seiner theo-politischen Positionierung viel Unterstützung erfuhr. Nur wenige Bischöfe unternahmen den Versuch, eine Eskalation zu verhindern und die spirituellen Potenziale beider Erneuerungsbewegungen miteinander auszusöhnen.

Den Jesuiten feindliche Bischöfe beschränkten ab 1623 deren pastorale Aktivitäten und den Zulauf der Laien. Strikte Visitationen folgten. 1625 machte sich die *Assemblée generale du Clergé de France* diese Maßnahmen zu eigen. Beichte und Kommunion dürften Laien nur noch in ihren Pfarrkirchen empfangen. Die Jesuiten sahen sich daraufhin genötigt, die Belange aller französischen Ordensgeistlichen unter Verweis auf das gemeinsame Ziel einer grundlegenden Kirchenerneuerung zu verteidigen. Diese Konzeption wurde in den 1630er Jahren in neuen Jesuitenkirchen und ihren Bildausstattungen ausgebaut. Sie kombinierten eine auf Schönheit und Vitalität angelegte Männlichkeit der Jesuitenheiligen mit gesteigertem Zugang zu göttlichen Heilsschätzen. Aus dem Lohn für das Opfer der Armut, der Keuschheit und des Gehorsams, aus exorbitanten Begnadungen und Charismen, ergab sich ein weltkirchliches Mandat, das nicht regionalkirchlich unterlaufen und begrenzt werden durfte. Jedes barocke Heiligenbild, das die Jesuiten produzieren ließen, provozierte alle anderen Priestergruppen Frankreichs: Sie allein könnten einen zum Himmel strebenden Heroismus verkörpern, der in einzigartiger Weise die Verfügbarkeit heiliger Verkehrskreise öffne.

Besondere Dynamik gewann dieses Statusprogramm in England. Von Frankreich und Italien aus waren Jesuiten gezielt vorbereitet worden, dort einen Untergrundkatholizismus zu unterstützen, der vor allem von Teilen des Landadels protegiert wurde. Nach der Heirat Karls I. mit der Bourbonenprinzessin Henriette-Marie schien die Chance gekommen, eine bischöflich geleitete offizielle katholische Kirche in England zu restituieren. Als die Regularien der *Assemblée du Clergé* von 1625 und das Oratorium Bérulles dafür das Vorbild liefern sollten, verweigerten sich die Jesuiten: Als ‚Englandmärtyrer‘, die von Douai aus seit langem den Untergrund-Katholizismus der Britischen Inseln aufrecht erhielten, waren sie keineswegs bereit, sich einem lauen Episkopalismus gallikanischen Zuschnitts zu unterwerfen. Bischöfe würden nur zur Weihe von Priestern wirklich benötigt; ansonsten erweise der englische Untergrundkatholizismus die aus echter Geistlichkeit erwachsende Opferbereitschaft. Die in diesem Vergleich mit den *„Religious Priests"* implizierte Abwertung des Bischofsamtes schlug diskursiv mit voller Wucht auf den Kontinent zurück; 1631 wurden Schriften und Lehrsätze der englischen Jesuiten vom Erzbischof von Paris und von der Sorbonne verurteilt. Es seien das bischöfliche Zeremonialsystem und die in ihm verwahrten und vollzogenen geistlichen Güter, wodurch Kirche, Gesellschaft und Monarchie im Innersten zusammengehalten würden. Der Bischof sei von Christus selbst, *iure divino* mithin, als *imago* seines eigenen Priestertums eingesetzt und somit die *fons* allen priesterlichen Gnadenhandelns. Doch diese gallikanischen Gegenschläge riefen nun ihrerseits Rom und die päpstliche Diplomatie auf den Plan; die Monarchie sah sich veranlasst, durch rigorose Zensur den Streit zu dämpfen, wenn schon nicht der Sache nach zu schlichten. Das misslang: Die heftigen Debatten auf dem Konzil von Trient um das *ius divinum* des Bischofsamtes kehrten in neuem Gewand zurück. Aber nicht nur die Jesuiten, sondern auch die Dominikaner, Franziskaner und Kapuziner forcierten ihre postreformatorische Reorganisation durch geistliche Intensivierung, machten den Pfarrkirchen Konkurrenz, propagierten eigene Heilige und installierten Sonderkulte. Die Gallikaner hielten dagegen und gründeten neue Bildungswerke für Weltgeistliche, insbesondere das *Oratoire* Bérulles und die „Kongregation der Mission" des Vincent de Paul (Lazaristen). Einen spezifischen Kontrapunkt setzte Vincent de Paul mit der Gründung des Ordens der *„Sœurs de la miséricorde"*: Frauen konnten geistliche Frauen werden, ohne sich dem Diktat der strengen Klausurregeln bei Klarissen, Dominikanerinnen oder Karmelitinnen zu unterwerfen. Im Gegenteil: Ihre Klausur bestimmte Vincent de Paul als Krankenzimmer, Klassenräume, Armenküchen und jedweden anderen Ort, an dem christliche Liebe sich konkret manifestieren konnte. Das war ein klares Gegenkonzept zu den exaltierten geistlichen Hahnenkämpfen der *querelles des réguliers et séculiers*. Auch Franz von Sales (1567–1622), Bischof im umstrittenen Grenzgebiet der Diözese Genf/Annecy und seinerseits unter dem Einfluss Borromeos, wurde nun zum mustergültigen asketischen Bischof, zum Hirten und Wohltäter ausgestaltet. Nicht ein rigoristisch ordnender Durchgriff wie beim Mailänder Borromeo, sondern seine psychologische Feinfühligkeit als Prediger, Ratgeber, Pädagoge und Seelenführer stand im Mittelpunkt.[97] Nunmehr entstand eine eigene umfangreiche Hagiographie über „arme Priester", die unspektakulär aber hingebungsvoll ihren Dienst taten. Deren seelische Intensivierung sollte auf einer subtilen Bekehrung und Begleitung durch den Bischof beruhen: Nicht nur das *„parfum"* der Teilhabe am pontifikalen Charisma, sondern auch ein pastorales Pathos der Seelenführung und Sterbebegleitung waren Teil dieses neuen, in Priesterviten verbreiteten Ideals.

Bezeichnenderweise hatten diese heftigen Auseinandersetzungen den gleichen Effekt wie die weitgehend konform nach jesuitischen Mustern verlaufende Formierung des Priesterstandes im Reich: eine enorme Dynamisierung des religiösen Lebens, der Predigt und Katechese, des religiösen Buchmarktes, der Aktivitäten von Orden und Bruderschaften[98], der Sakralisierung der Landschaft wie der Vervielfältigung der Praktiken und Artefakte. Die Kehrseite war eine Zunahme der Militanz: gegen Hexen und Zauberer, gegen Hugenotten und Juden, schließlich gegen die Jansenisten. Erst nach der Wende zum 18. Jahrhundert sollten sich jene Wandlungen von Kirchenpolitik, Ritualität und Jenseitsvorsorge manifestieren, die langfristig die Aufhebung der Gesellschaft Jesu und die *déchristianisation* der französischen Gesellschaft vorbereiteten.[99]

Allen Beteiligten an diesen *„querelles"* war die Vorstellung völlig selbstverständlich, innerhalb des Volkes Gottes existiere eine *gens sancta*, deren überbordender Heiligkeit eine besondere Erhöhung zuteil werden müsse. Der exzellente Priester sollte nicht nur

---

97 Vgl. Fehleison, Jill, Boundaries of Faith. Catholics and Protestants in the Diocese of Geneva, Kirksville 2010.

98 Vgl. Donnelly, John Patrick/Maher, Michael W. (Hrsg.), Confraternities and Catholic Reform in Italy, France, and Spain, Kirksville 1999. Mallinckrodt, Rebekka von, Struktur und kollektiver Eigensinn. Kölner Laienbruderschaften im Zeitalter der Konfessionalisierung (Veröffentlichungen des Max-Planck-Instituts für Geschichte, Bd. 209), Göttingen 2005. Priesching, Nicole, Von Menschenfängern und Menschenfischern. Sklaverei und Loskauf im Kirchenstaat des 16.–18. Jahrhunderts, Hildesheim/Zürich/New York 2012.

99 Exemplarisch: Henryot, Fabienne/Jalabert, Laurent/Martin, Philippe (Hrsg.), Atlas de la vie religieuse en Lorraine à l'époque moderne, Metz 2011. Tingle, Elizabeth C., Purgatory and Piety in Brittany 1480–1720, Farnham/Burlington 2012. Martin, Philippe, Les chemins du sacré. Paroisses, processions, pèlerinages en Lorraine di XVIème aux XIXème siècle, Metz 1995.

die Funktionsfähigkeit kirchlicher Gnadenkanäle sicherstellen, sondern auch ein nachhaltiges Interesse an der geistlichen Aura als solcher schaffen. Lange Zeit waren Ordensgeistliche relativ erfolgreich in dem Bestreben, sich selbst als Vollzugsorgane kirchlicher Vervollkommnung und außergewöhnlicher Begnadung zu inszenieren und die Weltkleriker zu degradieren. Aber in den 1640er Jahren begannen sich die Verhältnisse umzukehren: Nun stärkte sich das bischöflich-weltpriesterliche Modell, um seinerseits mit römischen Primatsansprüchen in Konflikt zu geraten. In Frankreich blieb daher, anders als in Deutschland, der Leitstatus kirchlicher Reformprozesse ebenso umstritten wie das ekklesiologische Reformziel. Auch die schwankende Haltung der gesellschaftlichen Eliten und die Verknüpfung mit dem Jansenismusstreit erzeugte diffuse Konstellationen. „Der Anspruch der priesterlichen Körperschaften auf politische Macht und auf gesellschaftliches Gewicht muss im Zusammenhang gesehen werden mit dem Gewicht und der Macht jener transzendenten Wirklichkeit, die sie – ihrer Selbsteinschätzung nach – in ihren je eigenen kirchlichen Praktiken und Zeichengütern verwahrten."[100]

4.1.2. Lutherische Pfarrer und reformierte Pastoren

Wenn die Reformation landeskirchlich auf Dauer gestellt werden sollte, musste die Versorgung aller Gemeinden mit geeigneten Multiplikatoren gesichert werden. Gab es in den Gemeinden keine Pfarrer, in den Amtsstädten keine Superintendenten und in den Konsistorien keine Amtleute, liefen alle Neuordnungen des Gottesdienstes, des Kirchenwesens und der Armenfürsorge ins Leere. Dementsprechend stark war der Einfluss, den die weltlichen Obrigkeiten auf die personelle Rekrutierung der ihrer Verantwortung zugewachsenen Kirchentümer zu nehmen versuchten.

Strukturell wie materiell war die nachreformatorisch umgeformte oder neu gegründete *alma mater* eine rein landesherrliche Institution. Die Fürsten versahen ,ihre' Universitäten dementsprechend mit ihrer landes- und religionspolitischen Agenda. Wo Reichs- und Hansestädte (Mit-)Gründer gewesen waren, hatten sie um ihre Nominations-, Visitations- und Gestaltungsrechte hart und nicht ohne erhebliche Verluste zu kämpfen. Von den zeitgenössischen politischen Idealen her ging es hier um Synergie und Vereinheitlichung.[101] Dennoch: Die Ausbildungszwecke, die in den staatlichen Kanzleien und auf den akademischen Lehrstühlen formuliert wurden, überlappten einander vielfach, aber sie waren nicht einfach deckungsgleich: Fürsten wollten durch konfessionell induzierte Rationalisierung Ordnung, Gehorsam und handhabbare Integration stiften; Theologen wollten

---

100 Wehnert, Geschlecht, 269.
101 Kaufmann, Thomas, Universität und lutherische Konfessionalisierung. Die Rostocker Theologieprofessoren und ihr Beitrag zur theologischen Bildung und kirchlichen Gestaltung im Herzogtum Mecklenburg zwischen 1500 und 1675, Gütersloh 1997.

durch Ausbildung und Erbauung überzeugte und glaubwürdige Christianisierung befördern.[102] Diese Ideale standen in steter Spannung zueinander, und darum mussten die Lehrenden auch stets zwei Erwartungen genügen: In Handbüchern und Kompendien entwarfen sie lernbare Formalisierungen und Schematisierungen einer „Systematischen Theologie", um Pastorenköpfe mit pragmatischen Werkzeugen der Heilsvermittlung zu bestücken. Und darüber hinaus wollten sie in ernsthafter Unbeirrbarkeit auf der Basis immer komplexerer Methodenstandards vertiefte Einsicht gewinnen. Daher waren – anders als in der katholischen Kirche – die Universitäten im Zusammenwirken mit der gebildeten Geistlichkeit der Städte und mit den Beamten und juristischen Beratern der Landesherren der maßgebliche Ort der Lehrentscheidung. Diese Spannungen bildeten den dynamischen, aber auch den agonalen Faktor der lutherischen wie der reformierten Universitätstheologie in Europa. Wittenberg und Jena, Leipzig oder Rostock waren davon ebenso betroffen wie Heidelberg, Marburg, Genf oder Leiden; wo reformierte Universitäten nicht zur Verfügung standen, traten Akademien nach dem Vorbild Genfs an ihre Stelle: in Frankreich vor allem Montauban, Saint-Dié, Nîmes und Saumur, in den Niederlanden Utrecht, Groningen, Harderwijk und Franeker.

Die Streuwirkung weniger Musteruniversitäten entfaltete sich auch über den seit der Reformationszeit geradezu explodierenden Buchmarkt. Das soeben neu erschienene „Oxford Handbook of Early Modern Theology"[103] gibt für die Phase zwischen 1600 und 1800 eine fundierte Einführung in die komplexen Kontroversen katholischer, lutherischer und reformierter Universitätstheologie und in die theologischen Debatten dissidentischer Gemeinschaften, nicht zuletzt die intellektuellen Auseinandersetzungen zwischen den Theologien und der sich zunehmend emanzipierenden Philosophie.

Daneben etablierte sich ein stetig wachsender Bereich der Beratung: Die zahlreichen Theologengutachten (*Testimonia*) bezeugen die Rolle, die die Universitäten bei gravierenden politischen Entscheidungen, bei den Auswirkungen der Theologie auf Kirchenregiment und Kirchenordnung wie in Fragen der Ehegerichtsbarkeit und der Alltagsethik spielten. Theologieprofessoren waren eine „multifunktionale kirchliche Führungs- und akademische Reflexionselite"[104], weil sie nicht nur an der Normierung von Lehre und Bekenntnis, sondern auch am Aufbau territorialer Kirchentümer, an der Professionalisierung des evangelischen Pfarrerstandes und an der flächendeckenden Errichtung des Schulwesens inhaltlich wie organisatorisch, als Lehrer, Gutachter und Autoren, aber auch als Prediger maßgeblich beteiligt waren.

---

102 Vgl. Appold, Kenneth G., Academic Life and Teaching in Post-Reformation Lutheranism, in: Kolb, Robert (Hrsg.), Lutheran Ecclesiastical Culture, 1550–1675, Leiden/Boston 2008, 65–115, 93.
103 Lehner, Ulrich L./Muller, Richard A./Roeber, A. G. (Hrsg.), The Oxford Handbook of Early Modern Theology, 1600–1800, Oxford 2016.
104 Kaufmann, Universität, 14.

Die Amtswirklichkeit evangelischer Pfarrer hatte die Ideale der Universitätstheologie tief internalisiert, traf aber nicht selten auf eine vor- oder außerakademische Umwelt. Wie immer, oder doch so oft, begann alles mit dem lieben Geld. Die wirtschaftliche Versorgung der Pfarrer war nicht nur gegen den unwilligen Geiz von Bürgern und Bauern, sondern oft auch gegen adlige Bereicherungen am Kirchengut sicherzustellen. Vor allem auf dem Land waren die Pfarrpfründe vielfach erbärmlich mager. Ohne die Verbesserung ihrer Ausstattung wäre es kaum möglich gewesen, geeignete Pfarrer für diese Stellen zu interessieren. Außerdem waren die Geistlichen nun in der Regel verheiratet, so dass die Pfründe für den Unterhalt einer ganzen Familie ausreichen musste. Lange Zeit blieben die Landpfarrer gegenüber ihren Amtsbrüdern in der Stadt deutlich benachteiligt. Überhebliche Patronatsherrn missbrauchten die Pfarrer als Briefboten, Jagdtreiber, Erzieher von Hundemeuten und billige Schreiber. Ausnahmen bestätigen eher die Regel: Es gab auch die eindrucksvollen Pfarrdotalgüter, die mit den Vollspännerhöfen der Großbauern konkurrieren konnten. Wer eine solche Position erreicht und sich mit dem sozialen Umfeld des Dorfes arrangiert hatte, der hörte auf, nach einer städtischen Pfarrstelle zu streben.[105] Skandinavien, England, Schottland und Irland kannten ebenfalls Diözesen, in denen mindestens ein Drittel der Pfarreien ihren Pfarrer nicht ernährte. Solche Geistlichen mussten, um über die Runden zu kommen, mehrere Pfründen häufen und im Nebenerwerb Hauslehrer oder Händler oder eigenwirtschaftender Bauer werden.

Eine Konfessionalisierung der evangelischen Geistlichen zu verwirklichen stand von vornherein unter einem schwierigen Anspruch. Einerseits sollte die sakrale Begründung des geistlichen Amtes abgelöst werden, andererseits musste seine Dignität doch sichtbar bleiben. Der besondere Charakter des neuen geistlichen Berufes stützte sich daher auf einen gelehrten Umgang mit dem Wort Gottes, auf die Vorbildlichkeit des Lebens und auf das Wächter- und Strafamt in der Predigt und der Kirchenzucht. Für den direkten Umgang mit der Gemeinde waren die letzten beiden Kriterien einschneidender als das erste: Die exemplarische Lebensführung war konfliktträchtig, weil die hohen Erwartungen der Gemeinden das Vermögen vieler Geistlicher zunächst überstieg. Und das Strafamt stieß von Anfang an auf den zähen Widerstand zahlreicher Gemeindmitglieder, die sich „mit dem Hinweis auf die Vermischung von weltlicher und geistlicher Sphäre im alltäglichen Leben gegen den Anspruch der Geistlichkeit ebenso wehrten wie im politisch-staatlichen Bereich die weltliche Obrigkeit."[106]

---

105 Vgl. Dürr, Renate, Politische Kultur in der Frühen Neuzeit. Kirchenräume in Hildesheimer Stadt- und Landgemeinden 1550–1750, Gütersloh 2006, 155–158.
106 Schorn-Schütte, Luise, Evangelische Geistlichkeit in der Frühneuzeit. Deren Anteil an der Entfaltung frühmoderner Staatlichkeit und Gesellschaft, Gütersloh 1996, 358. Vgl. Leppin, Volker, Die Professionalisierung des Pfarrers in der Reformation, in: Ders., Reformatorische Gestaltungen, Leipzig 2016, 275–292.

Visitationen zwischen 1570 und 1600 kritisierten vor allem eine nach wie vor mangelhafte Predigt und Seelsorge, fehlende Gelehrsamkeit, Ungehorsam gegenüber der Kirchenordnung und der weltlichen Obrigkeit, zu starkes Engagement in weltlichen Geschäften und Trunksucht. Klagen dieser Art waren eine Generation nach Luthers Tod also durchaus noch an der Tagesordnung. Natürlich waren sie kein Spezifikum der evangelischen Konfessionen, sondern ein Spiegel der Grenzen spätmittelalterlichen Kirchenwesens und der Ausgangssituation jedweder Konfessionalisierung der Geistlichkeit. Visitationen sollten entfremdeten Besitz restituieren, die Einkommensverhältnisse der Pfarrer und Lehrer zuträglich regeln und eine funktionstüchtige Armenfürsorge einrichten. Die erste Pfarrergeneration nach der Reformation bestand aus Priestern, die in Bezug auf die Qualifikation für ihren neuen Stand nunmehr verheiratete Autodidakten waren. Fast zwei Drittel von ihnen hatten nicht studiert. Das sahen die Visitatoren ihnen nach, solange sie zu lernen begannen. Vielerorts gestalteten sich die ersten Visitationen als theologische Nachschulung. Luthers Postillen und Katechismen wurden zum unverzichtbaren *Vademecum* dieser ersten Gehversuche nunmehr reformatorischer Pfarrer, denen die hoch akademische Theologie Wittenbergs, von der die Reformation ihren Ausgang genommen hatte, ein fernes Feld jenseits aller Eigenerfahrung blieb.

Daher wurde auch hier Bildung und geistliche Formung zum entscheidenden Thema der Amtsintensivierung. Aus dem Vermögen der aufgehobenen Klöster und Stifte und aus den Mitteln der spätmittelalterlichen Totenmemoria entstand in relativ kurzer Zeit ein streng bekenntnisgebundenes protestantisches Bildungssystem, direkt dem Landesherrn und seiner Konsistorialbehörde unterstehend, welches die Ausbildungsverhältnisse der protestantischen Geistlichkeit von Jahrzehnt zu Jahrzehnt verbesserte. Zudem konzentrierten sich die Anstrengungen: Die Reformation reduzierte die Mitgliederzahl des geistlichen Standes ganz erheblich. Und weil sich der lutherische Pfarrerstand fast ausschließlich aus dem hohen und mittleren städtischen Bürgertum, kaum aus dem Adel oder aus Bauernfamilien rekrutierte, kam seiner akademischen Ausbildung eine immense Bedeutung für sein Selbstverständnis als geistlicher Stand zu. Nur dort, wo im Nordosten des Reiches, aber auch in abgelegenen Regionen Skandinaviens, Englands oder Irlands die Städtedichte sehr gering war, rekrutierte sich der Pfarrernachwuchs auch aus den nachgeborenen Söhnen besser gestellter Bauernfamilien. Seit dem letzten Viertel des 16. Jahrhunderts wurde es daher üblich, wenn auch noch nicht selbstverständlich, dass der Zugang zu einem geistlichen Amt den Besuch der Landes- oder einer benachbarten Universität voraussetzte. Um 1580 hatte die Hälfte der Pfarrer nie eine Universität von innen gesehen, um 1600 ein Viertel; bis zum Beginn des Dreißigjährigen Krieges sank der Anteil der Nichtakademiker auf ein Fünftel. Die adligen Patronatsherren, die über Generationen hinweg ihre ländlichen Pfarrstellen an ungebildete Klientelisten vergaben, waren als rüde Kirchenherrscher über abhängige Pastoren verschrien. Seit dem späten 17. Jahrhundert unternahmen etwa Preußen und Schweden erhebliche Anstrengungen, dem lokalen Adel das Kirchenpatronat zu entwinden oder wenigstens der Kontrolle der königlich gelenkten Konsistorien zu unterwerfen. Aber in England waren noch im 19. Jahrhundert die Besetzungsrechte zu fast der Hälfte in den Händen der *gentry*. Für das Reformiertentum in den Niederlanden und in den calvinistischen Kantonen der Schweiz wie für den anglikanischen Klerus sind die Zahlen tendenziell vergleichbar, allerdings griff die Akademisierung dort früher und stieg schneller auf ein höheres Niveau. Generell förderte der Universitätsbesuch die Karriere. Aber die Umkehrung gilt nicht: Man konnte bedeutende und höchste kirchliche Ämter auch dann erreichen, wenn man den richtigen Familien entstammte und gut vernetzt war. Im letzten Drittel des 17. Jahrhunderts hatte sich das Universitätsstudium als Standard-Zugangskriterium für das Pfarramt und Bestandteil geistlichen Selbstverständnisses durchgesetzt; 85 % aller Geistlichen hatte die Universität besucht. Das musste nicht heißen, dass sie auch einen Abschluss erwarben. Praktisch alle Stadtpfarrer erwarben den theologischen Magistergrad, aber nur jeder dritte Dorfpastor. Unter den Superintendenten wies sich etwa die Hälfte durch ein Lizenziat oder Doktorat aus. Beide Grade galten erst mit der Zeit als unumstößlich für hohe geistliche Leitungsämter oder eine Universitätsprofessur. Alles in allem war etwa ein Fünftel jeder Pastorengeneration einer repräsentativen Landeskirche graduiert. Wichtiger als akademische Abschlüsse waren die kirchlichen Aufnahmeprüfungen vor der Ordination und der Übernahme geistlicher Ämter. Sie wurden von den Superintendenten oder Konsistorien, oft in enger personeller Verflechtung mit den theologischen Fakultäten, abgenommen. Das dort geprüfte Bildungsniveau darf man sich bis zur Mitte des 17. Jahrhunderts nicht zu hoch vorstellen. Es bewegte sich im Rahmen des in viele Kirchenordnungen eingelassenen *Examen ordinandorum* Melanchthons. Scheiterten Kandidaten daran, genügte den Prüfungskommissionen oft eine Nachschulung von zwei bis drei Wochen für die Konkordienformel, die Kirchenordnung und die orthodoxe Orientierung in den allgegenwärtigen Bekenntnisauseinandersetzungen. Wer sich in den *Loci communes* Melanchthons und in Luthers Katechismen gründlich auskannte, den erwarteten keine Schwierigkeiten.

Zwischen der Aufnahme des Studiums und dem Eintritt in das erste Pfarramt verstrichen fünf bis sieben Jahre, von denen aber zunächst nur zwei, später drei bis vier dem Studium gewidmet werden konnten, die übrige Zeit hingegen dem Unterhaltserwerb dienen musste. Zehn bis fünfzehn Jahre konnte es dauern, bis ein ausgebildeter Theologe eine Pfarrstelle ergattern und dann endlich heiraten und eine Familie gründen konnte. Bis dahin war er Hauslehrer in mehr oder minder begüterten Adels- und Bürgerfamilien. Und viele Briefe, manche biografische Aufzeichnungen, vermitteln ein klares Bild von dem inneren Widerspruch, Teil einer Bildungselite zu sein, der man einen Platz beim Gesinde anwies. Wer sich auf einer ländlichen Pfarrstelle weiterbilden wollte, konnte ‚in der Mitte von Nirgendwo' von allem abgeschnitten sein: von lesenswerten Büchern ebenso wie von Gesprächspartnern, die Interesse und Niveau hielten oder gar förderten.

Die lutherische Amtstheologie nährte sich ganz aus den reformatorischen *nota ecclesiæ* und machte doch zwischen dem späten 16. und dem letzten Drittel des 17. Jahrhunderts einen bedeutsamen Wandel durch. Die Kennzeichen der wahren Kirche hatte die *CA* (vgl. *CA VII*) in der reinen und unverfälschten Predigt des Wortes Gottes und in der einsetzungsgemäßen Spendung der Sakramente der Taufe und des Abendmahls gesehen. Wurde das Amt von hierher verstanden (vgl. *CA XXVIII*), war alle ‚Hierarchie' obsolet. Rein funktional bestimmt, begründete das Amt keine spezifische geistliche *dignitas*. Anders als der Katholizismus verstand das Luthertum das Amt nicht als ein Sakrament, das seinen Träger mit einem sakramental gedachten unverlierbaren Merkmal (*character indelebilis*) der Christus-verähnlichung ausstattete. Dennoch wurde das Pfarramt ganz im Sinne einer *repræsentatio* Gottes als des eigentlich Handelnden vorgestellt. Der Amtsträger verdiente nur deshalb Liebe, Verehrung, Respekt und Gehorsam, weil Wort und Sakrament in unmittelbarem Sinn als göttliche Gaben, als Fortsetzung der Sendung Christi und als Sammlung der Gemeinde um die damit verbundenen Heilszusagen aufgefasst wurde. Darum kann das *ministerium* in der Kirche nur unter Mitwirkung des Hl. Geistes ausgeübt werden; es ist Medium und Garant seiner Gegenwart. Von hier her kam der Ordination entscheidende Bedeutung zu; nur sie stellte sicher, dass ein Geistlicher, *rite vocatur*, für das in der Gemeinde angebotene Heil der rechtfertigenden Gottesbegegnung auch tatsächlich einstehen konnte. Es machte die Gemeinde wie ihn selbst seiner Berufung gewiss. Der allergrößte Teil der Pastoren blieb darum der Gemeinde treu, die ihn einmal erwählt hatte. Nur wenige Pfarrer wechselten je, die wenigsten häufig ihre Gemeinde. Zwei Gründe gaben dafür stets den Ausschlag: bessere Einkünfte oder unüberwindliche Zwistigkeiten. Die frühorthodoxe Amtstheologie hatte sich ganz darauf verlassen, dass Struktur, Auftrag und Würde des Amtes den Amtsinhaber im wahrsten Sinne des Wortes trugen, seine persönlichen Schwächen wohl auch überdeckten. Es war Gott selbst, der durch das Amt wirkte.

Im 17. Jahrhundert aber machte sich immer deutlicher ein doppelter Subjektivierungsschub geltend. Er setzte zunächst bei den Adressaten des kirchlichen Handelns an; vorrangig von ihnen, nicht mehr vom Kirchenbild her wurde nun das Idealbild des Pfarrers entworfen. Er sollte ein Seelenarzt werden, seiner Gemeinde also auf eine Art und Weise begegnen, die nicht nur das Unumstößliche der göttlichen Botschaft, sondern auch deren Aufnahmebedingungen zur Geltung brachte. Dem unerbittlichen ‚Seelenwürger' wurde nun ein ‚Seelsorger' gegenübergestellt. Dadurch bedingt wuchs das Interesse an der individuellen Eignung des Geistlichen, an seiner akademisch trainierten *notitia doctrinæ Christianæ*, aber auch an der Art ihrer Anwendung in Predigt und Beichtgespräch, um die tröstende und Heil stiftende, aber auch das Gewissen wach rufende Kraft dieser Erkenntnis existenziell zu verkörpern. So sollte sich, wie im Katholizismus, die Exemplarität des Klerus von der dürftigen Alltagschristianität seiner Klientel abheben. Innere Furcht, Trübsal und Depression waren nicht selten die Kehrseite dieser enormen Erwartungen. Der Doppelcharakter dieser Amtstheologie ist deutlich: Einerseits lebt sie ganz aus den ekklesiologischen Bestimmungen reformatorischer Dogmatik, andererseits aber hatte sie unbezweifelbar legitimatorischen Charakter. Setzte die erste Generation „das alleinige Vertrauen auf den in Wort und Sakramenten anwesenden, seine Gemeinde erhaltenden und zurechtbringenden Christus", wurde der Geistliche des 17. Jahrhunderts als „vom Geist durchprägte Person" modelliert.[107]

Die Entstehung dieser neuen Körperschaft, der evangelischen Geistlichkeit, ihrer Ehefrauen und ihrer Familien, gehört zu den „sozialgeschichtlich wichtigsten Konsequenzen der Reformation".[108] Das Amtsideal, das evangelische Geistliche in ihren Antrittspredigten zur Sprache brachten, stand zu ihren sozialen Bezügen in einem eigentümlichen Widerspruch, der auch den Zeitgenossen nicht verborgen geblieben sein kann. Wortreich beschrieben sie ihr Amt als hart durchlittenen Abschied aus der Welt. Man reklamierte in ständischem Sonderbewusstsein, das Christentum ernster und folgenreicher zu leben als der Rest der Welt und dafür einen hohen Preis zahlen zu müssen. Von der Selbstpositionierung katholischer Priester hob sich das zwar theologisch, nicht aber soziologisch ab. Es war gerade die enge Einbindung in bürgerliche Sozialwelten, die Abhängigkeit von ihren Karrierespielen und Werturteilen, die Konkurrenz zu vergleichbaren Verantwortungs- und Aufopferungsrollen der Obrigkeiten, das Unterscheidungsbedürfnis von den Massenchristen, denen man doch durch Herkunft und Verkehrskreise so nahe stand, die diesen ‚Abschied-von-der-Welt'-Diskurs so überlebenswichtig machte.

Das Pfarrhaus übernahm eine so unverzichtbare Vermittlungsfunktion, weil es die überkommene Trennung des geweihten Priesterstandes vom Laienstand aufhob. Liebe und Verlässlichkeit, Unterordnung und Gehorsam, die wechselseitige Nützlichkeit von Mann und Frau im Rahmen der Schöpfungsordnung, den Umgang mit Geld und Ressourcen, die Sexualität und die Kindererziehung sollte das Pfarrhaus Beispiel gebend verkörpern. Eben darum wurde dem Bürger der Pfarrhaushalt zum Vorbild dafür, was allgemeines Priestertum meine: Luther und die Luther-Stilisierung beförderten die Idealisierung der Familie und integrierten das Geistliche in das Weltliche, gegen das tridentinisch-katholisch bestärkte Verständnis vom Priestertum als einem weltabgewandten ‚engelgleichen' Stand. Ehe als Beruf und Berufung zu leben, dem Teufel zum Trotz, aus Vernunft und ohne

---

107 Kaufmann, Universität, 240–250, Zitat 249f.

108 Schorn-Schütte, Luise, Zwischen ‚Amt' und ‚Beruf': Der Prediger als Wächter, ‚Seelenhirt' oder Volkslehrer. Evangelische Geistlichkeit im Alten Reich und in der schweizerischen Eidgenossenschaft im 18. Jahrhundert, in: Dies./Sparn, Walter (Hrsg.), Evangelische Pfarrer. Zur sozialen und politischen Rolle einer bürgerlichen Gruppe in der deutschen Gesellschaft des 18. bis 20. Jahrhunderts, Stuttgart/Berlin/Köln 1997, 1–35, 1.

romantische Paarerwartung, aber in Zuneigung, Dankbarkeit und Festigkeit: Auf diese Art sollte die Pfarrfamilie als Exempel des Lebens aller Gemeindemitglieder fungieren. Das etablierte sie als zentrale Gruppe des Bürgertums, dessen Werte und Lebensweisen sie verkörperten und mitprägten: „Dieser Anspruch galt nicht nur für den Pfarrer selbst, sondern für seine ganze Familie. Das Amt meint nie nur den Amtsinhaber allein. Vielmehr sind alle Familienmitglieder in den Amtsauftrag eingebunden und ihm verpflichtet: der Repräsentation eines exemplarischen Lebensmodells."[109]

Die Verbürgerlichung des geistlichen Amtes zeigt sich auch darin, dass sich das Pfarrhaus keineswegs allein aus sich selbst, aber doch weit überwiegend aus einer bestimmten sozialen Schicht heraus erhielt. Etwa vierzig Prozent der Pfarrer in den Territorien des Reiches waren Pfarrersöhne; die übrigen stammten fast ausschließlich aus dem akademisch gebildeten Amts- und Handelsbürgertum, teils auch dem gehobenen Handwerk, mit dem die Pfarrerfamilien eng vernetzt waren. Für die soziale Stabilität in der Mobilität waren oft die Heiraten und damit das Umfeld der Frauen entscheidend. So vergleichsweise offen die Pfarrfamilie auf das gesamte Bürgertum hin war, so abgeschlossen war sie gegenüber den Unterbürgerlichen, den Bauern und dem Adel. Nicht die Regel, aber auch nicht selten waren regelrechte Pfarrerdynastien, die spätmittelalterliche Systeme der Familiarität unter nun offiziell legalisierten Vorzeichen fortführten: Pfarrer von Großvater bis Urenkel amtierten in Folge; Brüder und männliche Verwandte der Seitenlinie arbeiteten in hohen weltlichen Ämtern oder an der Universität; Frauen integrierten durch Einheirat Schwiegersöhne, um wohl etablierte Karrierelinien fortzuschreiben, manchmal über zwei Jahrhunderte hinweg. Auch die Gemeinden und Patronatsherrn schätzten solche beharrlichen Kooperationen, wenn sie einmal eingespielt waren. Nicht weniger als drei Viertel aller Pfarrfamilien waren über Generationen lokal stabil. Was sich also selbst rekrutierte, war nicht das Pfarramt als solches, sondern die Herkunfts-, Ausbildungs-, Heirats- und Amtskreise des bestallten Bildungsbürgertums, das für den Rest der Gesellschaft eine miteinander eng verschmolzene geistlich-weltliche Obrigkeit formierte. Die Konfessionalisierung brachte hier eine soziokulturelle Gruppe hervor, die eine vergleichbar entscheidende Größe war wie das Standesideal priesterlicher Sakralität im Katholizismus.

Große Unterschiede bestanden zwischen städtischen und ländlichen Pfarreien, nicht nur im Hinblick auf Einkommenshöhe und Lebensbedingungen, sondern auch im Hinblick auf Bildungsnähe oder -ferne. Die Konfessionalisierung führte auch in der ländlichen Pfarrerschaft eine deutliche Verbürgerlichung herbei. Insbesondere in den Landgemeinden, aber auch gegenüber den städtischen Mittel- und Unterschichten waren die Geistlichen schon dann auf eine Fremdheit begründende Weise gebildet,

---

109 Brückner, Shirley, Das Leben ist eine Bühne. Die (Selbst-)Inszenierung des Pfarrhauses, in: Deutsches Historisches Museum (Hrsg.), Leben nach Luther. Eine Kulturgeschichte des evangelischen Pfarrhauses, Bönen 2013, 55–59, 58.

wenn sie Grundwissen aus der Schrift, einige zentrale Luthertexte und das Konkordienbuch erarbeitet hatten. Das wurde ihnen aber von keiner Seite recht gedankt: Die Städter lachten über ‚Bauernpfaffen‘, weil sie deren Klientel verachteten.[110] Die geschmähten Landpfarrer erklärten sich ihrerseits selbst zu Kolonisatoren in einer dem Christentum feindlichen Umwelt. Die Berufserblichkeit war unter Landpfarrern noch deutlich höher als unter städtischen Theologen: Die Pfarrersfamilie arrangierte, aber sie assimilierte sich nicht. Im Einzelnen allerdings wissen wir über evangelische Dorfpfarrer noch erschreckend wenig. Der Protestantismus hat – die jüngere Reformationsforschung eingeschlossen – viel Legitimationskraft aus der Vorstellung gesogen, die Speerspitze der Stadtreligion zu verkörpern. Erste Studien zu evangelischer Dorfreligion deuten jedoch an, dass in den Landgemeinden die Überwindung des Bauerngeistlichen, der zu einem Gutteil von seiner Hände Arbeit lebte, nicht weniger lang dauerte als im katholischen ländlichen Pfarrklerus.

Waren lutherische Pfarrer besonders obrigkeitshörig? Auf der einen Seite ist gar nicht zu bestreiten, dass die Konsistorien einen starken Einfluss des Staates auf die Auswahl der Kandidaten für geistliche Ämter sicherten. Das hat deren Staatsorientierung ebenso gefördert wie deren Verberuflichung. Auf der anderen Seite betont die jüngere Forschung die Unabhängigkeit der evangelischen Geistlichkeit. Sie verweist auf ein geistliches Sonderbewusstsein gegenüber der politischen Obrigkeit, welches sich aus dem Ethos des Evangeliums nährte und sich vom Berufsbild der Juristenbeamten deutlich unterschied. Differenziert wird das Bild durch jene Studien, die nicht allein das Verhältnis der Pfarrer, Superintendenten und Theologen zu ihrer Landes- oder Ratsherrschaft und ihren Konsistorien in den Blick nehmen. Hier ist vermehrt auch von der Rolle der Gemeinden die Rede: derer mithin, die die Pastoren als Schafe ihrer Herde und die Herren als ihre Untertanen sahen. Drei Themen leuchten diese Problemzone in besonderer Weise aus: zum einen die Beteiligung der Gemeinden an Ämterbesetzung und Pfarrerwahl, zum anderen das öffentliche ‚Schelten‘ der Obrigkeit in der ‚Strafgewalt‘ der Predigt, schließlich deren gesteigerte Disziplinierung, indem Geistliche ihre weltlichen Herren im Rahmen der Beichtzucht vom Abendmahl ausschlossen.

Diese Querelen liefern ein komplexes Bild wechselseitiger Einflüsse: Weder waren die Geistlichen wirklich unabhängig von ihren Obrigkeiten und Gemeinden, noch liefen sie einfach an der kurzen Leine.[111] Es waren stets mehr Parteien, mehr theologische Motivationen und mehr handfeste Interessen im Spiel, als in den überkommenen Obrigkeit-Geistlichkeit-Dualismen vorkamen. Von hehren theologischen Definitionen dessen, was das geistliche Amt ausmache, waren sie ungefähr gleich weit entfernt wie die Priestertheologie des *Catechismus Romanus* von Mühen und Niederungen katholischer Durchschnittspriester. Und nicht zuletzt: Die je unterschiedlichen Verfahren ha-

---

110 Vgl. Dürr, Kultur, 149–153.
111 Vgl. Holzem, Christentum, 372–380 (dort Beispiele und Literatur).

ben, nicht trotz, sondern eher wegen ihres hohen Symbolwerts, in der Regel funktioniert. Die zahlreichen Konflikte haben die fragile Balance geistlicher und weltlicher
Macht in der Regel nicht zu einer Seite hin kippen lassen. Alle Beteiligten wussten
immer: Für eine Konfrontation der Geistlichen mit ihren Obrigkeiten und ihren Gemeinden würde ein hoher Preis zu zahlen sein. Manche in ihrer Amtsauffassung stand-
hafte Pfarrer und Superintendenten sahen sich hohem öffentlichem Druck, Tätlichkei-
ten, Entlassungen und einem unsteten Wanderleben ausgesetzt. Aber typisch war das
nicht: Die Ausbildung, die Begutachtungen, die sozialen Verflechtungen und Verpflichtungen, der mit den Jahren eingespielte Usus des von allen für richtig und stan-
desgemäß Gehaltenen – alles das sorgte dafür, dass Einfügung typischer war als Auflehnung. Die Wiedererstehung gesellschaftlicher Konventionen, nach der Kritik der
alten, schuf mit veränderten theologischen Legitimationen erneut nachhaltige Etab-
liertheiten. Der „Wert des geistlichen Dienstes als Heilsvermittlung" sollte nicht mehr
„altkirchlich-sakral" gefasst werden, gleichwohl aber öffentlichkeitswirksame Autorität entfalten und auch als Sprachrohr territorialer oder städtischer Zuchtordnungen
und ihrer theologischen Grundlegung in Sündenökonomie und Tun-Ergehen-Zusam-
menhang dienen.

Die in der jüngeren Forschung so betonte Autonomie des geistlichen Amtes ist
als tapfere Reklamation deutlich wahrnehmbar, aber nirgends setzte sie sich auf
Dauer durch. Die Obrigkeit behielt gegen kritische und missliebige Kirchenleute
alle Disziplinierungsinstrumente in der Hand. Hierin „spiegelte sich die Problema-
tik der nicht vollzogenen Trennung von weltlicher und geistlicher Sphäre, wie sie
die lutherische Orthodoxie nach Luthers Tod im beginnenden Kampf der Konfessionen für die je eigene Glaubensmeinung akzeptiert hatte."[112]

Und neben den Obrigkeiten hatten die Gemeinden – auch darin wenig unterschieden von den katholischen – ihre eigenen Strategien der Abwehr. Auch hier
hatten Geistliche, die ihr Strafamt übertrieben oder personalisierend gebrauchten,
vor allem mit ökonomischem Entzug zu rechnen oder wurden in eine Spirale
subtiler Verächtlichmachung hineingezogen. Das „öffentlich geübte und gegebenenfalls auch obrigkeits- und sozialkritische Wächteramt" wurde dann gegen Ende
des 17. Jahrhunderts nicht nur praktisch begrenzt, sondern auch theoretisch unterminiert, denn „in der Folge bewegten sich [...] der deutsche lutherische Pietismus als auch die deutsche protestantische Aufklärung ganz überwiegend in
‚staatsfrommen' Bahnen."[113] Als nach 1700 der Kanzelstreit zwischen Orthodoxie

---

112 Schorn-Schütte, Geistlichkeit, 454. Vgl. Strom, Jonathan, Orthodoxy and Reform. The
Clergy in Seventeenth Century Rostock, Tübingen 1999.
113 Straßberger, Andreas, Eruditio – Confessio – Pietas, in: Michel, Stefan/Ders. (Hrsg.),
Eruditio – Confessio – Pietas. Kontinuität und Wandel in der lutherischen Konfessionskultur am Ende des 17. Jahrhunderts. Das Beispiel Johann Benedikt Carpzovs (1639–
1699), Leipzig 2009, 19–60, 44f. Vgl. Sommer, Wolfgang, Die lutherischen Hofprediger
in Dresden, Stuttgart 2006, 297.

und Pietismus zunehmend verboten wurde, entledigte sich der Fürstenstaat in einem Aufwasch auch der lästig auf ihr ‚Wächteramt' pochenden Predigtkritik.

Ähnlich schwierige Verhältnisse offenbart das Reformiertentum, wo sich ebenfalls Landes- und Ratsobrigkeiten, Vertreter der Gemeinden und die Geistlichen selbst einigen mussten. Wir dürfen hier in der Regel vergleichbare Strukturunterschiede und ähnliche aus ihnen hervorgehende Konfliktmuster wie im Luthertum voraussetzen, jedenfalls dort, wo konfessionelle Institutionalisierungen sich belastbar herausgebildet hatten. Entscheidend war auch hier, welchen Einfluss der Landesherrschaft oder des Stadtregiments die Kirchenordnungen festschrieben. Drei Typen markieren das Spektrum: War der Calvinismus, wie etwa in der Kurpfalz, ein Oktroy des Landesherrn, dann war die Eigenständigkeit der Geistlichen wenig ausgeprägt. Anders stand es in einer Stadt wie Emden, die sich eine quasi reichsstädtische Autonomie und eine eigenständige reformierte Gemeindekirche erkämpft hatte. Auch hier entstand eine Obrigkeitskirche, in der die Pfarrer aber nicht einfach Befehlsempfänger des Magistrats, sondern selbstbewusste Repräsentanten einer städtischen Kirche waren. Ähnlich stand es in Schottland und Ulster, wo die Presbyterien und Pastorenkonvente trotz der Wiedereinführung des Episkopalsystems nach 1660 stark blieben. Ebenso waren in der schweizerischen Eidgenossenschaft die Landpfarrer Bürger der Stadtrepubliken, in denen sie angestellt waren. In den Niederlanden konkurrierte eine „bewusst tolerante Elite" mit „berüchtigt kompromisslosen calvinistischen Geistlichen".[114] Der reformierten Kirche wurde ein privilegierter Status zugestanden, aber keine Richtlinienkompetenz für das öffentliche Leben. Niemand musste sich der strengen Disziplin der Pastoren und Ältesten fügen; dennoch hatten die Geistlichen sich auch um die Taufen, Trauungen und Beerdigungen der weniger Frommen zu kümmern. Im Grunde kämpften sie mit dem, was ihre Kollegen in den etablierten Konfessionsterritorien als Laxismus und Epikuräertum beklagten. Der reformierte Land- und Stadtpfarrer fand mithin, was offizielle Amtsstellung, ökonomische Selbstbehauptung und persönliche Abhängigkeiten anging, ähnlich variationsbreite Arbeitsbedingungen wie sein lutherischer Kollege vor. Auch sein Habitus entwickelte bis zur Mitte des 18. Jahrhunderts eine Mittellage populärer Normalität, die sich den Lebensgewohnheiten der Gläubigen ähnlich annäherte, wie es bei katholischen Priestern und lutherischen Pastoren außerhalb der geistigen Zentren ebenfalls beobachtet werden konnte.[115] Am schwierigsten stellte sich die Lage der Pfarrer dort dar, wo die Dinge lange im Fluss blieben wie in manchen Kantonen der Schweiz, aber auch im hugenottischen Frankreich oder in Osteuropa. Geistliche aus diesen und für

---

114 MacCulloch, Reformation, 491.
115 Zum reformierten Pastor und zur Kirchenzucht vgl. Benedict, Christ's Churches, 429–489. Zum anglikanischen Klerus in England und zu Skandinavien vgl. The Cambridge History of Christianity, Bd. 6, Cambridge 2007, 444–464; Bd. 7, Cambridge 2006, 109–127 (Luise Schorn-Schütte, Andrew R. Holmes).

diese Regionen mussten eine erhebliche Bereitschaft mitbringen, akademische Wanderschaft und berufliche Unsicherheit auf sich zu nehmen. Das gleiche gilt für Dissenter aller Spielarten, etwa für Presbyterianer in England und Irland, aber auch für Mennoniten oder Quäker. Ihnen muteten ihre Überzeugungen eine oft lebenslange Fern-Mobilität und ein ebenso dürftiges wie zufälliges Einkommen zu.

4.2. Die Kirchenräume und die Sakrallandschaften

Als die Geistlichen, besser gebildet und geistlicher erzogen, ihre Amtsführung geänderten Ansprüchen anpassten, als sich gleichzeitig die äußeren Rahmenbedingungen einer liturgischen Intensivierung verbesserten, wandelte sich der religiöse Erfahrungsraum der Gemeinden. Kirchenräume und Sakrallandschaften wandelten sich zum Identitätsausweis derer, die sie bevölkerten, aber auch derer, die sie beherrschten. Kirchenbau konnte weder in Frankreich noch in England, weder in den Territorialherrschaften des Reiches noch in Italien, an der politischen Autorität vorbei geplant und finanziert werden.

4.2.1. Räume der konfessionellen Identität

Im Katholizismus verstärkte sich mit der Sakralisierung der Kirchen die ständische Abgrenzung von Räumen. Die Laien wurden weitgehend aus dem Chorraum verdrängt: Die repräsentativen Adels- und Honoratiorenbänke, aber auch der Chor der Schulkinder und die öffentlichen Büßer mussten hinter eine Chorschranke weichen. Bänke ordneten das Kirchenschiff. Das wogende Herandrängen an die heiligen Mysterien wich einer andächtigen Schau. Die äußerlich beruhigte Gemeinde sollte die heiligen Geheimnisse innerlich mitvollziehen.

Dieser Deutungsanspruch der Liturgie wurde unterstrichen von einer bis dahin ungekannten ästhetischen Entfaltung selbst bescheidenen Kirchentums. Die Renaissance- und Barockarchitektur wurde landschaftsbestimmend, im Süden stärker als im Norden, wo kaum Kirchen neu errichtet, sondern eher neu ausgestattet wurden. Das große Vorbild stellten die italienischen und dann die deutschen Jesuitenkirchen dar, allen voran Il Gesù und Sant' Ignazio in Rom und St. Michael in München, aber auch die triumphal antireformatorisch ausgestalteten Neubauten in Böhmen und Ungarn. Seit dem letzten Drittel des 17. Jahrhunderts zogen die Benediktiner und Zisterzienser in den oberschwäbischen, bayerischen und österreichischen Ordenslandschaften mit eindrucksvollen Neuausstattungen oder Neubauten nach. Auch die ihnen unterstellten Pfarr- und Wallfahrtskirchen zeigten nun ein geschlossenes Ensemble von Makroarchitektur und Innenausstattung. Frankreich tat sich von seiner gallikanischen Eigentradition her schwer damit, den Barock als offenkundig italienischen Stil in die neuen kirchlichen Monumentalbauten einzuführen, die das Repräsentationsbedürfnis des katholischen Königtums erfüllen sollten. Explizit barock bauten vor allem die Orden: Jesuiten, Karmeliten und Oratorianer. Das Rokoko galt ab etwa 1730 wieder als explizit französisch und diente der Verherrlichung absolutistischer Herrschaft; erst die antikisierende Formsprache des Klassizismus sollte dem ein ‚rebublikanisches‘ Konzept entgegenstellen. So war auch die kirchliche Architektur und Kunst ein sinnfälliger Bedeutungsträger des Politischen. Alles in allem investierten Katholiken mehr in Neubauten und Neuausstattungen als Lutheraner, diese mehr als Calvinisten. Katholischer Kirchenbau war demonstrativ und ostentativ: Man wollte die Kirche als Bau, damit aber auch als Ort des Heils zur Schau stellen.

Diese Formensprache des Barock muss das räumlich-liturgische Erleben durchgreifend verändert haben. Der Hochaltar, flankiert von Säulen, bekrönt von Bögen und Giebeln, den Immanenz und Transzendenz verbindenden Hoheits-, Sieges- und Würdezeichen der Antike, wirkte wie eine ‚Offenbarungsarchitektur‘ in der Raumflucht der Kirchen: Durch das Kirchenportal betrat man eine *via triumphalis*, deren zweites Altarportal einen geistigen Raum der Heilsökonomie eröffnete. Die Laien waren keine bloßen Zuschauer in diesem ‚*theatrum sacrum*‘, sondern auf eine neue Art Teilhabende. Sie sollten durch innere Berührung erfassen und mit den Augen greifen; Kunst sollte den Verstand belehren, dem Auge gefallen und das Herz berühren, also Vernunft, Sinne und Affekte gleichermaßen stimulieren.

Auch die Gegenstands- und Bildwelten in den Kirchen wandelten sich. Die Kirchen wurden mit versilberten und vergoldeten Gerätschaften, mit Messgewändern, Prozessionsfahnen, Vortragskreuzen und Kultgegenständen zuhauf ausgestattet. Barocke Deckengemälde ließen den Kirchenraum ohne Begrenzung mit den himmlischen Sphären verschwimmen, um der Glaubensimagination anschauliche Unterstützung zu geben. Die barocke Kanzel, die Beichtstühle, die Kreuzwege, die neuen Marien-, Heiligen- und Engelsfiguren der konfessionellen Frömmigkeit; die „Glorie“ als Lichterscheinung des geöffneten Himmels sollte die Affekte ebenso bewegen wie die außerordentliche Emotionalität der himmlisch begnadeten neuen Heiligen. Ehrfurcht, Würdigkeit und Reinheit wurden zu den entscheidenden Kriterien jedweden kirchlichen Vollzugs. Diese Investitionen unterhielten eine eigene Handwerker- und Künstlerkultur; wer konnte, ließ sich die ‚je größere Ehre Gottes‘ enorme Summen kosten und steigerte so sein Sozialprestige.[116] Die Landschaft wurde auf eine neue Weise sakral: Kirchhöfe, Leichwege, Wegkreuze, Bildstöcke und Prozessionskapellen erfuhren große Aufmerksamkeit. Mit dieser Entwicklung war ein neuer Bildstandard verbunden, der selbst das Heiligenbild nochmals disziplinierte. Bilder durften nicht künstlerisch wertlos, gar primitiv, plump und ungelenk sein, denn das Heilige durfte nicht unbeabsichtigt der Lächerlichkeit preisgegeben werden. Das Bild durfte nicht beschädigt und auch nicht unschicklich sein. Keine nackten Sebastiane oder Marienbrüste,

---

116 Vgl. Hersche, Muße, 569–592.

zurückgenommene Drastik in den Passions- und Martyriumsdarstellungen, nichts Profanes, Unehrenhaftes, Laszives, Obszönes, also fromme Augen und einen frommen Geist Beleidigendes durfte ihnen anhaften.

Mit tridentinisch erneuerten Messbüchern und Agenden setzte ein breiter Trend zur Romanisierung der Liturgie ein. Indem die Geistlichen auf ganz bestimmte Texte, Handlungen, Zeichen und Bewegungen verpflichtet wurden, intensivierte sich die spirituelle Erfahrung von Liturgie bei ihnen selbst und bei den Gläubigen. Liturgie zeigte auf diese Weise eine Steigerungsfähigkeit, die viele Landpfarreien über die bislang übliche Nachlässigkeit und Trägheit hinausführte und in aller Formalität und in allem Rubrizismus vielfältige Elemente der Verfeierlichung barg. Die Bedeutung dieser Vorgänge für das liturgische Erleben kann kaum überschätzt werden: Die Visualisierung, Deutung und Durchsetzung einer abgegrenzten, ehrfurchtgebietenden Sphäre der Sakralität erscheint als ein Kernelement katholischer Konfessionskultur. Nicht nur in formen- und symbolreichen Sonderliturgien wie Wallfahrt und Prozession, sondern auch in der rituellen Alltäglichkeit hat sich das daher religiöse Ausdrucksrepertoire in der frühen Neuzeit enorm erweitert und durch strikte Regelhaftigkeit in seiner beeindruckenden Wirkung vertieft. Religiöses Erleben der Katholiken vollzog sich in der frühen Neuzeit über weite Strecken symbolisch-rituell und visuell, weniger wortförmig-kognitiv und auditiv; und auch hier dürfte einer der Kardinalunterschiede zu jenen neuzeitlichen Grundprägungen liegen, die das Luthertum oder der Calvinismus bewirken konnten.

Für die evangelischen Räume des Sakralen ist das Klischee noch allenthalben wirksam: Wo katholische Kirchenräume dem gloriosen Selbstbewusstsein des tridentinischen Katholizismus Ausdruck hätten verleihen wollen, habe in den Kirchen des reformatorischen Wortes bildlose Nüchternheit und predigtzentrierte Strenge Einzug gehalten. Nichts ist falscher: Erst Pietismus und Aufklärung warfen der lutherischen Orthodoxie vor, die kultischen Reste des Papismus nicht gründlich genug hinausgefegt zu haben. Kirchweihpredigten des 16. und 17. Jahrhunderts lehren uns anderes: Man suchte die Waage zu halten zwischen dem, was man entweder als bilderstürmerisches Pathos des Reformiertentums oder als geistlosen Klerikalklimbim der Katholiken ausgab.[117]

Evangelische Kirchen litten zunächst denselben Mangel wie katholische: Schlecht fundiert und durch Krieg und Teuerung der ersten Hälfte des 17. Jahrhunderts belastet, verschoben die Gemeinden Baulasten über Jahrzehnte. Als man

---

117 Vgl. Heal, Bridget, Kirchenordnungen und das Weiterbestehen religiöser Kunstwerke in lutherischen Kirchen, in: Arend/Dörner (Hrsg.), Ordnungen, 157–174. Spicer, Andrew (Hrsg.), Lutheran Churches in Early Modern Europe, Oxford 2012. Isaiasz, Vera/Pohlig, Matthias (Hrsg.), Stadt und Religion in der Frühen Neuzeit. Soziale Ordnungen und ihre Repräsentationen, Frankfurt/M./New York 2007. Harasimowicz, Jan, Evangelische Kirchenräume der Frühen Neuzeit, in: Rau, Susanne/Schwerhoff, Gerd (Hrsg.), Zwischen Gotteshaus und Taverne. Öffentliche Räume in Spätmittelalter und Früher Neuzeit, Köln/Weimar/Wien 2004, 413–445.

sich nach 1650 vom Gröbsten langsam erholte, blieben großartige Neuschöpfungen wie etwa die Regensburger Dreieinigkeitskirche (1627), die Dresdner Frauenkirche (1726–1743) oder der Hamburger ‚Michel‘ (ab 1750) eher die Ausnahme. Die St.-Pauls-Kathedrale in London (1708) kopierte offen St. Peter in Rom. Stattdessen wurde saniert. Lutherische Kirchen waren reich bebildert und bunt ornamentiert: ausgemalt mit biblischen Erzählungen, Tugendpersonifikationen, Emblemata und Bibelzitaten. Hochaltäre blieben bewahrt, wo sich ihr Bildprogramm mit evangelischer Lehre vertrug. Sie waren flankiert von lebensgroßen Ganzfiguren der Apostel, der Patriarchen und Propheten und der himmlischen Heerscharen. Die barocke Formensprache wurde voll ausgeschöpft; wo man konnte, sparte man nicht an Kultgeschirr. Ästhetik bedachte auch das Funktionale: Dem Ort der Predigt, der Quelle und Stütze von Oratorium und Gemeindegesang und dem auch für das öffentliche Leben unverzichtbaren Geläut musste angemessener Aufwand zuteil werden. Das aufwändige Zeremoniell einer jeden Kirchweihe suchte die Aufmerksamkeit der großen Öffentlichkeit und die Deutung in Predigt, Gebet und Gesang. Die Würde evangelischer Öffentlichkeit verlangte ein angemessenes Betragen, das den Disziplinanforderungen der Altgläubigen sehr nahe kam: Kirchen seien kein Schlaf- und Schwätzhaus, erst recht kein Huren- und Prachthaus, in dem man unzüchtigen Gedanken und prahlsüchtigem Auftreten nachgehen dürfe. Wie der Raumbezug des in Wort und Sakrament ergehenden Heils zu inszenieren war, darüber konnten die Meinungen auseinandergehen. Der Kanzelaltar, der eigentlich aus dem Reformiertentum stammte, stellte für viele Lutheraner etwas Provozierendes zur Schau: nämlich die ständisch herausgehobene Alleinstellung des Pfarrers, wenn es um den Vollzug der *nota ecclesiæ* ging. Es war nicht einfach, die Kirchen einzurichten zwischen den vermeintlichen Extremen, die man an Katholiken und Calvinisten verurteilenswert fand.

Evangelische Kirchen waren zudem keineswegs Orte, die den Pfarrern allein gehörten und in denen diese ein unangefochtenes Regiment hätten ausüben können.[118] Wie in katholischen Kirchen Räume höchster Sakralität getrennt wurden von Bezirken, die dem Gestaltungs- und Repräsentationsbedürfnis der Laien überantwortet blieben, so beanspruchten auch in evangelischen Kirchen die Obrigkeit und die Gemeinde, dass ihre ‚ständischen‘ Ansprüche in der Anordnung des Kirchenraumes zur Geltung kamen. Gleiches gilt für die sakralen Landschaften. Deren mittelalterliche Prägung verschwand nicht einfach, sondern wurde vielschichtig mit neuen Funktionen und Bedeutungen überschrieben.[119]

Die calvinistischen Kirchen hingegen blieben nach den reformierten Bilderstürmen und Bilderentfernungen bild- und schmucklos; der leere Raum, gefüllt aus-

---

118 Dürr, Kultur, 12–27.
119 Vgl. Walsham, Alexandra, The Reformation of the Landscape. Religion, Identity, and Memory in Early Modern Britain and Ireland, Oxford/New York 2011. Whiting, Robert, The Reformation of the English Parish Church, Cambridge 2010.

schließlich durch andächtige Predigthörer und die teils prachtvollen, teils standardisierten Epitaphien, wurde zum Thema der Genremalerei. In den reformiert geprägten Räumen Europas verlagerte sich gleichurspünglich die bildende Kunst aus den Kirchen: Das Haus, die Landschaft und das Stillleben wurden die großen neuen Sujets. Architekturtheorien des Reformiertentums stammten zumeist aus dem hugenottischen Frankreich und aus den Niederlanden, wo der *„temple"* eine hervorragende Stellung im Stadtbild einnehmen, sich aber gleichzeitig vom architektonischen und funktionalen Leitbild mittelalterlicher Kirchen weit konsequenter lösen sollte, als das im Luthertum der Fall war. Man brauchte keinen Altar, und der Abendmahlstisch benötigte keinen festen Ort. Also konnte ein Chorraum entfallen. Fixpunkte der Orientierung wurden daher in reformierten Neuentwürfen die Kanzel und in ihrer unmittelbaren Nähe das Pult für die Schriftlektüre sowie das Gestühl der Gemeinde-Ältesten. Darum herum gewährten aufsteigende Bankreihen und Emporen gute Sicht und Akustik. So strikt wie in Frankreich oder in den Niederlanden ließen sich die Neukonzeptionierungen des reformierten Kirchenraums weder im Reich noch in der Eidgenossenschaft umsetzen, so lange man darauf angewiesen blieb, das weiter zu nutzen, was nun einmal dastand. Erst gegen Ende des 17. Jahrhunderts entstanden im nunmehr von einem calvinistischen Landesherrn geprägten Brandenburg-Preußen, in das sich viele französische Hugenotten nach dem Edikt von Fontainebleau zurückgezogen hatten, erste reformierte Neubauten.

Wo alte Kirchen weiterbenutzt wurden, hat man die Altäre in der Regel abgebrochen und das am situativ aufgestellten Tisch gefeierte Abendmahl zunächst aus dem Chorraum in das nunmehr zum Predigtraum umgestaltete Kirchenschiff verlagert. Johannes a Lasco (1499–1560) legte Wert darauf, dass das Abendmahl als sitzend begangenes *Communio*-Mahl vor den Augen der übrigen Gemeinde stattfand; dieses „vor Augen stellen" (*exhibitio*) sollte auch denen, die nicht teilnahmen, geistliche Frucht bringen. Ob er sich bewusst war, wie nahe diese Vorstellung der mittelalterlichen Augenkommunion kam? Aus ostfriesischen Gemeinden ist aber auch bezeugt, dass für die Herausgehobenheit dieses Gestus bewusst der Chorraum genutzt wurde. Hier wurde die – aus der altgläubigen wie lutherischen Praxis bekannte – besondere Dignität des architektonisch-liturgischen Ortes zu Belehrung und Erbauung bewusst genutzt. Man begann, durch die Nutzung der alten Altarräume zunehmend zwischen Bürgergemeinde und Christengemeinde zu unterscheiden: Der „Registergemeinde" musste das wahre Christentum fort und fort gepredigt werden; die „Kirchenzuchtgemeinde" hingegen versammelte sich als Gruppe der wahrhaft Würdigen. Ausführliche Belehrungen, Sündenkataloge, Gewissenserforschungen, Glaubensskrutinien und Andachtsanleitungen stimulierten die innere Bereitung des Selbst für den Empfang des Abendmahls, um diese geistliche Erfahrung konfessionell und moralisch zu formen. Nicht mehr der sakramental geweihte Priester beanspruchte nun einen herausgehobenen Ort, sondern die reine Abendmahlsgemeinde der wahren Christen; die Scheidung derer, die im

Gericht zur Linken und zur Rechten stehen würden, wurde sichtbar vorweggenommen. Und die zunehmend prunkende Ausstattung des Mobiliars und Geschirrs repräsentierte nicht nur die Ehre der Prediger und Ältesten, sondern gab den Würdigen auch einen Vorgeschmack des himmlischen Thronsaales. Die Systematik der elitären Heiligkeit veränderte sich – das Elitäre als solches blieb oder etablierte sich neu.

4.2.2. Räume der Männlichkeit und der Weiblichkeit

Aber, so der Verdacht, diese Systematik der Heiligkeit etablierte sich auf eine betont männliche Weise. Je mehr wir derzeit über Frauen in Reformklöstern des 15. und frühen 16. Jahrhunderts erfahren – ihre Schreib- und Lesefähigkeit, ihre Latein- und Liturgiekenntnisse, ihre Bücher und Bibliotheken, ihren Status als Chronistinnen und Produzentinnen pragmatischer Schriftlichkeit, nicht zuletzt den Selbstbehauptungswillen ihres geistlichen Engagements –, umso unwahrscheinlicher ist es, dass sie alle aus einem Joch geistlicher Knechtschaft hätten erlöst werden müssen oder wollen. Vielmehr wird zunehmend klar, dass die Reformation den Frauen, wenn es um religiös fundierte Lebensmodelle ging, nicht nur eine ungeliebte Gelübdelast, sondern auch eine Wahlmöglichkeit genommen hat.[120] In den Zusammenhang der Kirchenräume gehört eine solche Überlegung deshalb, weil sie vor der Reformation Orte waren, in denen in höchst differenzierter Weise Frauen teils ausgeschlossen wurden, sich aber im Gegenzug gleichzeitig Devotionsräume sichern und vorbehalten konnten. Zudem hatte ein Großteil ihrer Religiosität mit Texten, aber auch mit dem Zusammenhang der Bücher mit Bildern und Artefakten zu tun. Die Umgestaltung der lutherischen, mehr noch die Purifizierung der reformierten Kirchen ließ sämtliche überkommenen Modelle weiblicher Heiligkeit mit einem Schlag verschwinden; bis dahin für herausragend gehaltene Frauen und deren Figurationen von Tugend und Standhaftigkeit wurden unsichtbar gemacht. Das abwertende, gewollt unverständige Urteil mancher Reformatoren über weibliche Heiligendarstellungen und ihre erotisierende Ästhetik, die „hurenhaft", „schamlos" und „glitzernd" die Männer von den Altären herab zur „Wollust" reizten, setzte ebenso auf die handgreifliche Wirkung von Polemik wie die Abwertung weiblicher Reformmonastik. Sowohl das Heilig-Schöne als auch das Klausu-

---

120 Vgl. Schlotheuber, Eva, Bildung und Bibliotheken in spätmittelalterlichen Frauenklöstern, in: Rode-Breymann, Susanne (Hrsg.), Musikort Kloster. Kulturelles Handeln von Frauen in der Frühen Neuzeit, Köln/Weimar/Wien 2009, 15–30. Corbellini, Sabrina (Hrsg.), Cultures of Religious Reading in the Late Middle Ages. Instructing the Soul, Feeding the Spirit, and Awakening the Passion, Turnhout 2013. Mecham, June L. u. a. (Hrsg.), Sacred Communities, Shared Devotions. Gender, Material Culture, and Monasticism in Late Medieval Germany, Turnhout 2013. Fraeters, Veerle/Gier, Imke de (Hrsg.), Mulieres Religiosae. Shaping Female Spiritual Authority in the Medieval and Early Modern Periods, Turnhout 2014.

riert-Keusche fielen einem einengenden Verdikt anheim, das die verheiratete, gebärende, wirtschaftende, partnerschaftlich-loyale Ehefrau zum Maß aller Dinge erklärte. Aber in der Gestaltung des Kirchenraumes war eine solche Frau als erhöhtes Vorbild nicht mehr sichtbar, sondern nur als hörende Besucherin, die sich dem Erscheinungsbild ihrer Vorgängerinnen auf den Epitaphien nach Möglichkeit anzupassen suchte.

Rein optisch tauchten den Blick leitend fast nur noch Männer auf: körperlich Pastoren, bildlich Evangelisten und Apostel. Die These, mit dieser Bereinigung sei eine generelle „Unterdrückung der religiösen Emotionen"[121] einhergegangen, ist umstritten, jedenfalls nicht leicht zu verifizieren, weil es auch eine Emotionalität und nicht nur eine Rationalität des sich ereignenden Wortes gab. Unbestreitbar aber verschwanden die visuellen Haftpunkte, an denen sich eine verinnerlichte Religiosität im 15. und frühen 16. Jahrhundert entzündet hatte, auch eben jene mit Frauengestalten verknüpfte christozentrische (Passions-)Frömmigkeit, die ihrerseits Voraussetzung der Reformation geworden war. Wenn jene Gefühle und seelischen Innenräume, die die zeitgenössische Anthropologie mit Weiblichkeit verband, in lutherischen und erst recht in reformierten Kirchenräumen kein visuelles und strukturelles Pendant mehr fanden, dann wäre es ein dringendes Desiderat der Forschung herauszufinden, wie das kompensiert wurde. Was stand den männlichen Repräsentationsformen protestantischer Religiosität gegenüber? Wichtige neue Räume der Selbsterfahrung und des Handelns sollten sich Frauen erst durch den Pietismus des späten 17. und des 18. Jahrhunderts neu erschließen.[122] Auffällig ist jedenfalls, dass weibliche Auffassungen von Reformation sich vorwiegend in der Prophetie und im radikalen Dissens Gehör verschaffen konnten.[123]

---

121 Karant-Nunn, Susan C., „Gedanken, Herz und Sinn". Die Unterdrückung der religiösen Emotionen, in: Jussen, Bernhard/Koslofsky, Craig (Hrsg.), Kulturelle Reformation. Sinnformationen im Umbruch 1400–1600 (Veröffentlichungen des Max-Planck-Instituts für Geschichte, Bd. 145), Göttingen 1998, 69–95, 69. Vgl. Karant-Nunn, Susan C., The Reformation of Feeling. Shaping the Religious Emotions in Early Modern Germany, Oxford 2010. Anders: Ryrie, Alec, Being Protestant in Reformation Britain, Oxford 2013.

122 Vgl. Gleixner, Ulrike, Pietismus und Bürgertum. Eine historische Anthropologie der Frömmigkeit; Württemberg 17.–19. Jahrhundert, Göttingen 2005.

123 Vgl. Koloch, Sabine, Kommunikation, Macht, Bildung. Frauen im Kulturprozess der Frühen Neuzeit, Berlin 2011. Brown, Sylvia (Hrsg.), Women, Gender, and Radical Religion in Early Modern Europe, Leiden/Boston 2007. King, Margaret L./Rabil, Albert (Hrsg.), Teaching other voices. Women and Religion in Early Modern Europe, Chicago 2007. Wiesner-Hanks, Merry, Women and Religious Change, in: Po-chia Hsia, Ronnie (Hrsg.), The Cambridge History of Christianity, Bd. 6, Cambridge 2007, 465–482. Dürr, Renate, Prophetie und Wunderglauben. Zu den kulturellen Folgen der Reformation, in: Historische Zeitschrift 281, 3–32. Hacke, Daniela (Hrsg.), Frauen in der Stadt. Selbstzeugnisse des 16.–18. Jahrhunderts, Ostfildern 2004. Marshall, Sherrin (Hrsg.), Women in Reformation and Counter-Reformation Europe. Public and Private Worlds, Bloomington/Ind. 1989.

Kirchenräume waren demnach Orte, in denen die Kraftfelder der christlichen Stände und der Geschlechter in stets sich wandelnden Formationen und Koalitionen aufeinander einwirkten und Autoritätskonflikte nicht leicht zu lösen waren. Darum war der vormoderne Kirchenraum, in dem hartnäckig und teils opfer- wie gewaltbereit um Teilhabe gerungen wurde, in einem emphatischen Sinne öffentlich und politisch.[124]

4.3. Die Logiken der Laienpraxis

Für die Frage nach den Praktiken der Laien und nach den Logiken, die diese Praxis steuerten, bleibt wenig Raum. Deshalb kann hier keine Phänomenologie der Laienreligiosität geboten werden. Katholiken werden hier mit dem ganzen Reichtum an Ausdrucksformen in Verbindung gebracht, denen man gern auch einen Hang zu Veräußerlichung und Gepränge, zu Aberglauben und Wunderseligkeit unterstellt. Bei Protestanten aller Couleur schreibt man der Hausandacht eine ungemein bedeutsame Rolle zu, aber auch der Apokalyptik und der Laienprophetie. Natürlich gewannen in allen Konfessionen die Predigt und das religiöse Buch vom Katechismus bis zum Andachts- und Gesangbuch, von der Postille bis zur Bibel eine alles überragende Bedeutung, aber alles das musste auch stets den Erfordernissen einer harten Alltagswelt vermittelt werden, die von sich aus nichts umsonst gab. Das kann hier nicht im Einzelnen beschrieben werden.[125] Stattdessen ist zu fragen: Wie kann eine innere Logik der Laienreligiosität freigelegt werden, wenn man die Bedeutung des Konfessionellen im 17. Jahrhundert vom Kopf auf die Füße stellt, wenn man also die enorme konfessionelle Positionalität der Frühen Neuzeit nicht auf dessen Beitrag zur Entstehung der Moderne, sondern auf die darin aufbewahrte Praxeologie religiösen Wissens hin befragt (vgl. 2.7)? Entwickelt man den Begriff des Konfessionellen, vielleicht gar der Konfessionalisierung, vom ‚religiösen Wissen' her, dann zeigt sich eine eng korrespondierende, aber gleichzeitig hybrid mehrdeutige Verflechtung der Laienreligiosität: erstens mit den Anstrengungen der Herrschaft, Religion zu steuern, und zweitens mit den Versuchen der Geistlichen, in diesem System persönlich erfolgreich zu sein und gleichzeitig den Laien einen sicheren Weg zum Heil zu eröffnen.

---

124 Vgl. Dürr, Kultur, 16f.
125 Vgl. Hersche, Muße, 383–528, 601–655, 702–845. Holzem, Christentum, 319–559. MacCulloch, Reformation, 713–856. McCullogh, Peter u. a. (Hrsg.), The Oxford Handbook of the Early Modern Sermon, Oxford 2011. Martin, Philippe (Hrsg.), Ephemera Catholiques. L'imprimé au service de la religion, Paris 2012.

4.3.1. Konfession und Herrschaft

Gleichgültig, ob man evangelische oder katholische Länder, Territorien und Regionen betrachtet, ist die seit dem 15. Jahrhundert wachsende, durch die Reformation beschleunigte und in den konfessionellen Kulturen verfestigte Verflechtung von Religion und Herrschaft nicht zu übersehen. Nie zuvor hat politische Herrschaft in einem solchen Maß in die Ausbildung von Amtsträgern investiert, seien es weltliche, seien es geistliche. Nie zuvor hatten die Träger der Herrschaft einen auch nur annähernd vergleichbaren Anspruch erhoben, die Sozialisierung des Nachwuchses in öffentlichen Ämtern inhaltlich und strukturell zu beeinflussen. Und nie zuvor wurde dabei neben anderen Kompetenzen dem religiösen Wissen ein derartiger Stellenwert zugemessen. Das religiöse Wissen spielte eine in entscheidender Weise neuartige Rolle bei der Professionalisierung nicht nur von Priestern und Pfarrern, sondern auch von weltlichen Beamten. Dieser Wandel zeugte sich fort, als sich das religiös durchformte Berufswissen und -handeln in den Amtsträgern selbst multiplizierte. In Zusammenarbeit mit den Trägern der Herrschaft formten sie ein neues Bild davon, was eine Öffentlichkeit der *res publica* ausmacht, wie sie sich versteht, wie sie agiert, und wie sie sich dadurch in routiniertem Alltagshandeln stets neu formiert. Das gilt im Großen und Ganzen für Katholiken, Lutheraner und Reformierte gleichermaßen – selbst dann, wenn man die vielen feinen Unterschiede genau beachtet.

Die Anstrengungen, religiöses Wissen der Laien als konfessionelles Wissen zu reformulieren, schlugen direkt auf das Verhältnis durch, das staatliche und kirchliche Amtsträger zu den religiösen Verhaltensweisen derer entwickelten, die in den Augen der einen Untertanen des Fürsten, in den Augen der anderen die Herde des Hirten waren. Schaut man wiederum aus deren Perspektive, dann erfuhren sie in evangelischen und katholischen Territorien gleichermaßen den Versuch, in nie gekannter Weise ihr Leben zu regulieren. Sie werden das – in der Rückschau zutreffend – als Zusammenhandeln wahrgenommen haben. Von der Mitte des 16. bis zur Mitte des 18. Jahrhunderts konnten herrschaftliche und kirchliche Instanzen einander wechselseitig als Stützmittel gebrauchen, um bis tief in den Alltag hinein – in das Haus, in die Schenke, in den Kirchenraum – Regulierungsansprüche geltend zu machen. Ob dadurch eher der Staat oder eher die Kirche an Bedeutung gewannen, ist die falsche Frage. Denn sie übersieht, dass ohne Bezüge zur Herrschaft weder in ‚nationalen‘ Königs- noch in presbyterialen Gemeindekirchen, weder in konsistorial verfassten Landeskirchen noch in bischöflich regierten Reichskirchenterritorien eine eigenständige körperschaftlich verfasste Kirche existierte. Kirche war darum auch für die Laien stets nur anwesend im Konnex der Pfarrei mit der Herrschaft, wie gebrochen auch immer. Mit den permanenten Eingriffen in das soziale Leben, von der Predigt über die Kirchenzucht bis zur Polizeiordnung, schufen sich weltliche und kirchliche Instanzen einen neuen Gegenstand ihrer diskursiven Dauerpräsenz und brachten sich damit – ihre Gestalt als Institution verfestigend – immer von Neuem zur Geltung. Die Konfessionalisierung erschuf Themen und Gegenstände, an denen für die Vielen der Staat als Staat, die Kirche als Kirche erfahrbar wurde, indem sie ihre Lebensweise und Religiosität bewertete und bewachte.

Derzeit muss offen bleiben, ob dieses Zusammenhandeln weltlicher und geistlicher Personen und Instanzen, das Katholischen und Evangelischen eine gemeinsame Erfahrung war, dennoch unterschiedlich erlebt werden konnte. Es ist durchaus wahrscheinlich, dass sich Katholiken der Bindung an die Pfarrei als geistlicher Erzieherin leichter entziehen konnten, weil es neben ihr eine Vielzahl konkurrierender heiliger Orte gab. Das Verhältnis von religiöser Autorität und obrigkeitlicher Macht blieb diffus. Katholische Parochianen waren es durchaus gewohnt, dass der Landesherr in ihre angestammten Zuordnungen von Religion und Lebenswelt eingriff. Aber er tat das synergetisch und im Rahmen eines deckungsgleichen Symbolsystems. Man kann jedoch allgemein bilanzieren: Konfession und Herrschaft gehörten nicht nur in der Kriegs- und Friedens-, in der Expansions- und Bekenntnispolitik, sondern auch bei der Professionalisierung der Funktionsträger und der Umgestaltung des Herrschaftsanspruchs über den ‚gemeinen Mann' und die ‚gemeine Frau' eng zusammen. Das gilt selbst dann noch, wenn der Vollzugserfolg dieses Anspruchs sektoral eher mager ausfiel. Aber es ist einseitig, nur das Werden der politischen Gemeinwesen für den eigentlichen Effekt zu halten. Auch die Kirchen des 16. und 17. Jahrhunderts festigten sich im Vergleich zum 15. Jahrhundert enorm, wenn auch als gespaltene Teilkonfessionen, in denen das plurale Material der einen westlichen Kirche auf unterschiedliche Weise aufbewahrt blieb.

4.3.2. Die ‚Funktionalisierung' der Religion und das ‚Eigengewicht' des Glaubens

Gegen das Konfessionalisierungsparadigma ist immer wieder eingewandt worden, es verleite dazu, Religion auf ihren funktionalen Beitrag zur Entstehung der modernen Welt zu reduzieren und das Eigengewicht des Glaubens gering zu achten. Wo man das tut, ist die Kritik berechtigt. Denn die Macht, die religiösen Überzeugungen und Handlungen innewohnte, ist unübersehbar. Sie ließ sich politischen Kalkülen nicht einfach unterordnen.

Nun muss aber unterschieden werden, was mit dem ‚Eigengewicht des Glaubens' eigentlich genau gemeint ist. Es kann hier nicht um die hartnäckig verbissene Maschinerie der konfessionellen Rhetoriken gehen. Sie versuchte einen permanenten Diskurs darüber wach zu halten, wie abgrundtief getrennt man doch sei, ohne einzusehen, wie ähnlich man sich war. Man hielt gemeinsam den Dissens für gefährlich, ohne sich einigen zu können und je länger je weniger zu wollen. Wer sich für diese polemische Arbeit am Unterschied interessiert, hat deswegen vom Eigengewicht des Glaubens noch nicht viel zu sehen bekommen; auch alle jüngeren Debatten über die ‚Grenzen der Konfessionalisierbarkeit' laufen dann ins Leere. Trennt man das eine nicht vom anderen, „geht man das Risiko ein, rhetorische Erklärungen der Rechtgläubigkeit als Beschreibungen der kulturellen und sozialen Realität zu nehmen, und daher eine Ära, die verstrickt ist in die Sprache des Bekenntnisses, als ‚Zeitalter des Glaubens' oder ‚konfessionelles Zeitalter' zu betrachten. Wenn wir die konstituierende wie die repräsentative Macht solcher Diskurse anerkennen, dann müssen wir wahrnehmen, dass die nachreformatorische Ära teils gerade deswegen von sich verhärtenden konfessionellen Grenzen bestimmt war, weil es den Europäern so schwer fiel in einer neuen Weise darüber zu sprechen, wie religiöser Glaube in ihren Gesellschaften wirkte. Die ständige Betonung des Gegensatzes zwischen Rechtgläubigkeit und Häresie spiegelte nicht nur, sondern bestärkte auch alle Arten von basalen Spannungen und Konflikten."[126]

Stattdessen geht es darum zu zeigen, ob und wie weit Glaube in der Gesellschaft wirkte. Der Glaube hat nur dann ein Eigengewicht, wenn er der Hoffnung eine Grundlage gibt und die Liebe bestärkt (1 Kor 13). Würde man Parameter der Konformität anlegen, spräche der Schwall der Kanzelkritik eine klare Sprache: Die Professionalisierung der Geistlichen hätte einigermaßen funktioniert, die Laienkonfessionalisierung eher nicht. Dem widerspricht der Befund, dass die verfemten Laien sich nicht nur für gute Christen hielten, sondern für ihre religiöse Orientierung und die Bewältigung ihrer lebensweltlichen Risiken auch einen enormen Aufwand trieben. Hier zeigt sich die Grenze eines Religionsbegriffs, der sich von den Selbstbeschreibungen vormoderner Menschen prinzipiell distanziert: Religion lediglich als soziale Verständigung einer Gesellschaft über Sinnfiguren der Transzendenz zu verstehen, greift zu kurz. Religion ist nicht nur ‚funktional' in dem Sinne, dass die Kommunikation darüber in Texten, Bildern oder Ritualen Ordnungen entweder stabil hält oder zur Veränderung herausfordert. Religiöse Kommunikation, so waren alle Akteure überzeugt, war nicht nur ein Symbolsystem in der Welt, sondern adressierte substanziell die, die eigentlich unverfügbar waren – Gott selbst als Vater, Sohn und Geist oder als Trinität, Maria, die Heiligen – und rechnete mit deren Antwort. Als unvermittelte religiöse Erfahrung aber erschloss sich das nur wenigen; darum brauchte es die vielgestaltige Medialität des Heiligen: Religion wurde dadurch im Alltag zu einem ‚Set von Erfahrungen', und eben diese müssen aus der Kommunikation über jene Wahrnehmungen, Deutungen und Handlungen erschlossen werden, mit denen Menschen wieder in Prozesse der Verständigung einbrachten, was für sie religiöses Erleben war. Man kann also den

---

126 Head, Randolph C., Thinking with the Thurgau: Political Pamphlets from the Villmergerkrieg and the Construction of Biconfessional Politics in Switzerland and Europe, in: Ocker, Christopher u. a. (Hrsg.), Politics and Reformations, Vol. 2: Communities, Polities, Nations and Empires, Leiden – Boston 2007, 239–259, 257 (Orig. engl.).

transzendenten Bezugspunkt der Religion nicht unabhängig von seinen kommunikativen und medialen Symbolisierungen betrachten, aber man kann auch nicht gegen die Akteure einfach voraussetzen, es gebe ihn nicht. Darum bedeutete Teilhabe am Heiligen, soziale Räume einer dreiseitigen Kommunikation auszubauen und sich darin anzuordnen: Nicht nur Geistliche und Laien, sondern auch die Mächte des Himmels übernahmen darin eine gestufte Handlungsträgerschaft. Wie Geistliche und Laien dieses wechselseitige Handeln in Transzendenzbezügen aufgefasst und erfahren haben, wird uns allerdings erneut nur in rituellen Praktiken, kulturellen Überlieferungen und ästhetischen Repräsentationen fassbar. Was wir dann zu sehen bekommen, ist genau jene Konkurrenz religiösen Wissens mit anderen Wissenssystemen, die mit einer je relativ eigenen Logik hervortreten: ökonomische Rationalität, versuchte Naturbeherrschung, politischer Pragmatismus, familiäre und soziale Strategien. In konfessionspolitisch kodierten Lebensräumen war Religion in der Tat überall, aber nicht über allem. Der Glaube hat sein eigenes Gewicht, der Rest des Lebens aber auch. Konfessionalisierungsprozesse gewinnen mit Phantasien von Volkskirchlichkeit kein sinnvolleres Merkmalsraster als mit Machbarkeitsstudien staatlichen Handelns.

Dementsprechend umstritten ist in der Forschung, wie man sich die Welt der Laien in evangelischen und katholischen Ländern, Territorien und Regionen vorzustellen hat. Nicht Akkulturation und Implementierung, sondern Wahl und Einfügung scheinen die entscheidende Rolle gespielt zu haben: Biblische Texte und religiöse Grundeinsichten, die das Leben deuteten und ausrichteten, konnten Transfers aus der Theologen- in die Laienkultur ebenso auslösen wie die bewusste Entscheidung für einen Habitus des guten Christen. Dabei konnte viel gefordert, erzogen und eingeübt, aber wenig erzwungen werden. Solche Transfers transformierten auch, weil sie Alltagsklugheit, Zuträglichkeit und Nutzen in religiöses Verständnis und fromme Praxis einbezogen, ohne sie bloß kalkuliert zu verzwecken. Die Wahl zu betonen bedeutet auch, mit Auswahl zu rechnen, also mit selektiver Aneignung. Darum können die einen in ihren Bräuchen, Gewohnheiten und Verhaltensmustern ‚katholischer‘, ‚lutherischer‘ oder ‚reformierter‘ sein als die anderen, so untereinander verschieden wie das, was diese Begriffe für die Mitglieder einzelner ‚Stände‘ jeweils bedeuteten. Hier liegt eine gewisse Gefahr der Idee von den ‚konfessionellen Kulturen‘: In ihrem Wunsch, das Distinkte der Konfessionen untereinander sichtbar zu halten, müssen die internen Differenzen homogenisiert werden. Dabei können dann leicht die theoretischen Standards des ‚guten Christen‘ wichtiger genommen werden als die tatsächlichen Christen selbst.

Das hat zu Diskussionen geführt. Ist ‚Konfessionalisierung‘ überhaupt ein Paradigma, das etwas erklärt, wenn die Laienreligiosität klerikalen Programmen nicht entsprechen wollte? Schon die Fragestellung verrät ein fast unbegrenztes Vertrauen in die Plan- und Machbarkeit von sozialen Gruppen samt der habituellen Ausstattung ihrer Mitglieder. Und sie offenbart gleichzeitig die Enttäuschung darüber, sie mehr oder minder nirgends in Reinform nachweisen zu können. Dieses

Denken geht davon aus, der Gegensatz zwischen Evangelischen und Katholischen und der je lutherische oder reformierte oder tridentinische Impuls, Religiosität in neuen Formen zu fördern, habe sämtliche Lebensbereiche einer Gesellschaft von dieser einen Grundkonstellation her überformen können und wollen. Aber Geistliche und Laien gehörten, selbst wo das behauptet wurde, nicht strikt getrennten Ständen oder Sphären an. Auch die Kirchen- und Ordensleute waren ihrer Herkunft und Erziehung, ihrer Bildung und ihrem Werdegang nach in adlige Verwandtschaften, bürgerliche Netzwerke und bäuerliche Lebensgemeinschaften eingebunden und vermittelten religiöses Wissen mit dem alltagspraktischen Handlungswissen und dem Weltverständnis der Laien. Nur in dieser angewandten Form wurde religiöses Wissen zu einem Verfahren dessen, was ‚zu tun ist'. Nicht nur dem Konfessionalisierungsparadigma, sondern jedwedem Erklärungsversuch sozialen Wandels ist zu viel zugetraut, wenn der Konstruktions- und Aushandlungscharakter von Ordnungen nicht ernsthaft und kritisch von der unrealistischen Erwartung entlastet wird, aus Programmen ließen sich – ganz ohne Bruchstellen – Prozesse generieren.

Aus diesem Grund sind „unterschiedliche Grade konfessioneller Identität"[127] eher das, was als Ergebnis der Konfessionalisierung zu erwarten, als was kritisch gegen sie zu wenden ist. ‚Identität' ist nicht zu bestimmen als das Maß der Anpassung des Einzelnen an orthodoxe Setzungen: „Die Frühe Neuzeit war nicht individuell, sondern sozial ausgerichtet. Für die Frage nach einer frühneuzeitlichen ‚Subjektivität' trägt die konfessionelle Ambivalenz nur wenig aus."[128] Konfessionelle Identität ist also zunächst einmal als Wissen um Zugehörigkeit und als Praxis der Zugehörigkeit zu rekonstruieren: „In diesem Sinne aber hat die konfessionelle Ambiguität nur wenig mit Identität oder Subjektivität zu tun."[129] Erst an dieser Stelle kann angesetzt werden, um das Eigengewicht des Glaubens in den jeweiligen konfessionellen Kulturen miteinander zu vergleichen. Hier tun sich nun erhebliche Unterschiede auf. Die Bereitschaft, katholische oder lutherische oder reformierte Überzeugungen in die Lebenswelt einzubeziehen und somit der lokalen Öffentlichkeit wie dem häuslichen und persönlichen Leben ein klar erkennbares Profil zu verleihen – das wird sich an Intensität wenig benommen haben. Es gelang nicht einer Konfession eine erfolgreichere Durchdringung der Laienwelt als den ande-

---

127 Kaufmann, Thomas, Einleitung, in: Greyerz, Kaspar von u. a. (Hrsg.), Interkonfessionalität – Transkonfessionalität – binnenkonfessionelle Pluralität. Neue Forschungen zur Konfessionalisierungsthese, Gütersloh 2003, 9–15, 13.
128 Büttgen, Philippe, Was heißt konfessionelle Eindeutigkeit?, in: Pietsch, Andreas/Stollberg-Rilinger, Barbara (Hrsg.), Konfessionelle Ambiguität. Uneindeutigkeit und Verstellung als religiöse Praxis der Frühen Neuzeit, Gütersloh 2013, 27–38, 32. Vgl. Büttgen, Philippe, Qu' est-ce qu'une culture confessionelle? Essai d'Historiographie (1998–2008), in: Ders./Duhamelle, Christophe (Hrsg.), Religion ou confession. Un bilan franco-allemand sur l'epoque moderne (XVIe–XVIIIe siècles), La Rochelle 2010, 415–437.
129 Büttgen, Eindeutigkeit, 37.

ren. Das Gewicht, das Glaube, Hoffnung und Liebe zukam, senkte nicht erkennbar eine Waagschale der Plausibilität. Der Unterschied liegt in den Ausdrucksformen, die es den Laien ermöglichten, als Glaubende aktiv zu handeln.

Lutheraner und Reformierte blieben in hohem Maß an das Wort gebunden. Sie hörten es in der Predigt, und sie lasen es in Andachts- oder Erbauungsbüchern und Postillen, erst zu Beginn des 18. Jahrhunderts vermehrt auch in Bibeln. Sie sangen es auch. Aber sie konnten, neben dem Empfang der Taufe und des Abendmahls, wenig tun. Stätten der Religion waren die Pfarrkirche und das Haus. Die Laienprophetie und die Deutung von Naturzeichen signalisieren einen Drang hin zu unmittelbareren Evidenzen. Der Katholizismus hingegen betonte in seiner Liturgie der täglichen Messfeier und in der vergleichbaren Vielfalt seiner Sakramente das Kultische stärker. Er schrieb dem Priester weniger als Verkünder und Katechet, mehr jedoch als wirkmächtigem Vermittler himmlischer Gnadengaben eine ihn heraushebende Rolle zu. Er machte aber gleichzeitig seine Laien unabhängiger, wenn sie selbst als Glaubende handeln wollten. Den Katholiken standen zahlreichere und vielgestaltigere Medien des Ausdrucks zur Verfügung, die sichtbar und handhabbar waren und den Raum erschlossen. Predigten hörten sie auch (wenn auch vielleicht kürzere). Andachts- und Gesangbücher besaßen und lasen sie auch; Häuser bargen dem Gebet vorbehaltene Winkel. Andächtige oder wenigstens still gestellte Präsenz in der Kirche wurde auch von ihnen erwartet. Aber darüber hinaus konnten sie Wallfahrten und Flurprozessionen unternehmen, Reliquien mitführen und küssen, Bilder beschauen, Rosenkränze halten, Berührungsreliquien und Breverl und Schabmadonnen heimbringen, ihre Häuser und Ställe, ihr Vieh und ihren Acker segnen lassen, die Landschaft mit Wegkreuzen, Bildstöcken und Kapellen sakralisieren. Sie konnten Votive, Eisenopfertiere und Wachs darbringen. Sie konnten Katakombenheilige beschauen und sich mit den spezifischen Zuständigkeiten der Heiligen identifizieren. Das war, anders als das aufgeklärte Verdikt oft lautete und lautet, nicht einfach Aberglaube, sondern das sachkulturelle Gebet und die haptische Fürbitte derer, die ohnehin nicht gewohnt waren viele Worte zu machen. Katholiken waren auch in einem weit geringeren Maß an ihre Pfarrkirche gebunden, weil es zwar einen Pfarrbann und eine Osterpflicht gab, aber darüber hinaus Unmengen naher und ferner heiliger Orte. Der Katholizismus, kurz gesagt, ertrug und duldete und förderte in seiner Mitte ein viel größeres Spektrum an Ausdruckshandlungen und Medien transzendenter Vermittlung, ohne ihren Gebrauch zu fordern. Wer das alles nicht mitmachen wollte, konnte es lassen. Den Gebildeten und Anspruchsvollen machte der intellektuelle und personale Stil der Jesuiten und der anderen Reformorden ein Angebot. Die Ränder des Tragbaren und die Grenzen zur Magie, die nicht überschritten werden durften, waren weit gesteckt.

Das schlug auch auf die Selbstkonfessionalisierung der Laien durch. Konfessionalisierung war kein kultureller Sedimentierungsprozess, sondern handelnde, umformende Aneignung. Sie geschah nicht unbedingt nur freiwillig, sondern reagierte auch auf die geweckte Furcht, den ausgeübten Zwang und die zugemessene Strafe. Laien veränderten unter diesem Eindruck ihr religiöses Leben so, dass sie sich selbst als gute Christen wissen, aber gleichzeitig den Erfordernissen ihres Lebens standhalten konnten. Das verschaffte der Selbstkonfessionalisierung der Laien eine irritierende Uneindeutigkeit, wenn man sie mit der Agenda der politischen und klerikalen Eliten abglich. Das Christentum in evangelisch-reformatorischem oder katholisch-reformerischem Sinne sollte das Überleben sichern und im pietätvollen Umgang mit Gott eine jenseitige Zukunft eröffnen. Der Trost und die Hoffnung werden in den Quellen wie in den Verhaltensweisen immer wieder als zentrale Erfahrungsmomente der Frömmigkeit geschildert. Man nimmt unter den Laien so viel Resistenz gegen ihnen nicht einleuchtende Forderungen und Maßnahmen wahr, dass Konfessionalisierung an stummer widerständiger Hartnäckigkeit gescheitert wäre, hätte sie nicht auch die Bedürfnisse, Gefühle und Gewissheiten des ländlichen und städtischen Habitus getroffen und weiterentwickelt. Nicht vorrangig die Furcht und der Zwang haben diese transformierende Aneignung bestimmt, sondern die Fürsorge für das Selbst und die Gemeinschaft. Für diese Art der Einfügung besaßen Katholiken aber einen wesentlich größeren Spielraum.

Die strukturelle Ähnlichkeit dessen, was geistliche und weltliche Obrigkeiten bei untertänigen Laien an loyaler Einfügung erreichen wollten, lässt sich also nur sehr formal bestimmen. Sie ging mit evidenten konfessionskulturellen Verschiedenheiten einher. Dass die lutherischen und reformierten Orthodoxien im Verlauf des 17. Jahrhunderts vom Puritanismus, vom Pietismus und von zahlreichen Spielarten des Dissenses so herausgefordert werden konnten, hat also möglicherweise weniger mit einer leblosen Starre der ‚Orthodoxien‘ als mit einem hohen Grad an durchgängiger Formung zu tun, die aber in sich wenig variabel war. Der Katholizismus hingegen holte zwischen 1670 und 1730 noch einmal richtig aus, um in der verschwenderischen Formensprache des Barock *sophisticated* und populär zugleich zu sein.

Wenn man im Blick auf diese Unterschiede von „erhöhtem Selektionsdruck konfessioneller Konkurrenz" spricht[130], dann birgt die biologistische Metapher, die Prozesse des 16. und 17. Jahrhunderts nach Evolutionseinsichten des 19. Jahrhunderts modelliert, eine gewisse Gefahr. Hier ging es ja nicht um Überleben und Aussterben, nicht einmal um mehr oder weniger gelungene Anpassung an die Umweltbedingungen konfessioneller Ökosysteme. Nach 1555, vermehrt sogar ab 1590, rieben sich die Bekenntnisse auch bei der Gestaltung der Laienreligiosität hart aneinander; frommen Menschen kam ein Erweischarakter für dogmatische Wahrheit zu. Aber nach 1648 reagierten die Konfessionen kaum noch wechselseitig aufeinander. Kontroversistik wurde im 17. Jahrhundert zunehmend zu einem spezialisierten Sektor theologischer Rhetorik. Zwar konnten viele Segmente der Ge-

---

130 Reinhard, Wolfgang, Reformation als Mutation? Evolution und Geschichte, in: Zeitschrift für Historische Forschung 37, 601–615, 612.

sellschaft und der Kultur erst ab der Mitte des 17. Jahrhunderts teils erstmals, teils neu mit Struktur- und Sinnressourcen versorgt werden. Aber damit ging ein Statuswechsel einher: weg vom Wettlauf *ad extra*, der den Bellizismus in sich trug, hin zum Gestaltungswillen *ad intra*. Die Gestaltungsimpulse der Laienreligiosität arbeiteten sich nicht mehr am Gegner, sondern am Eindruck interner Entwicklungsdefizite ab. Daraus entstanden in evangelischen Territorien Bewegungen wie der Pietismus und die Aufklärung, die zunächst mehr oder minder abgegrenzt vom *Mainstream* ihr Programm entwickelten, bevor sie für einen Teil der Gläubigen in einem emphatischen Sinn selbst *Mainstream* wurden. Die interne Pluralität des Katholizismus hielt demgegenüber größere Dehnungen aus; selbst die Kämpfe um die Aufklärung sollten keine so distinkte Parzellierung von Richtungen nach sich ziehen wie im evangelischen Bereich. Wenn diese Überlegungen zur langfristigen Wirkungsgeschichte der Laienreligiosität halbwegs zutreffen, dann käme ihnen Erklärungskraft für die Frage zu, warum die Ähnlichkeit, mit der evangelische und katholische Laien auf Formierungsanstrengungen reagierten, trotzdem sehr verschiedene Lebensformen begründete: Es waren mit Predigt, Unterweisung und Disziplinierung relativ ähnliche Auslöser und Impulse (,*trigger*') am Werk, die den Wandel dynamisierten, und dennoch war das Ergebnis verschieden.

4.3.3. Die konfessionellen Niemandsländer

Ist die „Vielschichtigkeit frühneuzeitlicher Religionskultur"[131] ein valides Argument gegen die These, zwischen etwa 1550 und 1700 habe eine Agenda der Verchristlichung das religiöse Leben und Erleben der Laien grundlegend umgeformt? Zunächst ja: Denn zu beobachten sind einerseits Prozesse der Geistesgeschichte, die sich vom Konfessionalismus distanzierten. Philosophische Strömungen des Humanismus, des Neostoizismus oder des cartesianischen Rationalismus brachten eine überkonfessionelle Gelehrtenkultur hervor. Die erweiterte, nunmehr globale Welterfahrung ließ den Hader der Bekenntnisse provinziell erscheinen. Die Naturwissenschaft wurde nicht nur durch die Exotik der überseeischen Pflanzen- und Tierwelt an die Grenzen ihrer überkommenen Klassifikationssysteme geführt, sondern wies auch fließende Übergänge zur Alchemie, zum Hermetismus und zu anderen Geheimpraktiken auf. Die Kunst entdeckte und entwickelte, wo die Religion sie brotlos machte, die neuen Sujets und Genres der Landschaftsmalerei, des Stilllebens, des Interieurs und des Portraits. Die Weltbilder der Astrologie und Magie, des Geistersehens und der Dämonenbeschwörung waren mit dem Kirchenglauben schwer vereinbar.[132]

---

131 Kaufmann, Einleitung, 13.
132 Vgl. Greyerz, Kaspar von, Religion und Kultur. Europa 1500–1800, Göttingen 2000. Trepp, Anne-Charlott/Lehmann, Hartmut (Hrsg.), Antike Weisheit und kulturelle Praxis. Hermetismus in der Frühen Neuzeit, Göttingen 2001.

Zu beobachten war zweitens, dass die dissidentischen Sekten und der unkirchliche Indifferentismus nie vollständig überwunden werden konnten. Alle Maßnahmen weltlicher und geistlicher Amtsträger prallten hier ab. Es blieb ein oft sehr leidensbereiter Rest von Menschen, die sich nicht einfügen ließen. Konfessionalisierung stieß an eine definitive Grenze, wo es nicht mehr nur darum ging, Unentschiedene einzubinden oder Entschiedene in ihrer Religionsausübung weiterzuentwickeln. Als Mittel der Bekehrung ernsthaft Abständiger war ihr Instrumentarium schlicht erfolglos.

Zu beobachten war drittens eine nicht unerhebliche Trans- und Interkonfessionalität, die entweder handfesten Pragmatismus oder Konversionen begünstigte. Außerhalb der Konfessionskriege mit ihren vielen Opfern war die gewaltbereite Konfrontation keine zentrale Alltagserfahrung. Je geschlossener die Lebensräume der Bekenntniskulturen waren, umso mehr redete Konfessionspolemik über einen sehr fernen Gegner, dem zu begegnen kaum Anlass und Gelegenheit bestand. Je näher er aber kam, umso näher lagen auch Kooperation und Konversion. Enge Nachbarschaft konnte sich triezen, provozieren und ärgern. Aber ernsthafte Entscheidungen nach dem Prinzip ‚du oder ich' suchte man in den Friedensphasen des konfessionellen Zeitalters in der Regel nicht.

Diese drei Beobachtungen zur Vielschichtigkeit der Religionskultur sind auf der anderen Seite auch ein valides Argument, um die These einer konfessionellen Selbststeuerung der laikalen Lebenswelt zu untermauern. Denn erst der stete Rückbezug dieser kleinen konfessionellen Niemandsländer zu den religionskulturellen Großräumen der Mehrheit macht ihren besonderen Charakter sichtbar. Den Wagnischarakter kognitiver Unabhängigkeit, unkirchlicher Dissidenz und transkonfessioneller Orientierung kann man erst von der Annahme her abschätzen, dass die meisten Menschen diese gefährliche Freiheit weder hatten noch wünschten. Gerade weil ‚Konfession' als „normatives Ordnungs- und Identifikationsprinzip frühneuzeitlicher Gesellschaften" in der Regel erhebliche Zugriffsmöglichkeiten eröffnete, war die bewusste Distanzierung von ihren Setzungen geradezu ein Beleg für deren Wirksamkeit als „obrigkeitlicher Integrationsanspruch".[133] Denn: „Je klarer definierbar und bedeutsamer der Faktor ‚Konfession' für die Gesellschaften ab der zweiten Hälfte des 16. Jahrhunderts wurde, umso größere Aufmerksamkeit wurde jenen Personen geschenkt, die die sorgsam gezogenen Grenzen zwischen den Konfessionen überschritten." In einer makrogeschichtlichen Perspektive wirken die konfessionellen Niemandsländer geradezu als Indikatoren für die hochgradige Formierung der sie umgebenden Großräume. Denn sie zeigen, dass „eine recht erfolgreiche Konfessionalisierung" selbst bei denen, die sie verweigerten oder unterliefen, vor allem aber bei denen, die sich mit den Mehrdeu-

---

133 Bock, Heike, Konversionen in der frühneuzeitlichen Eidgenossenschaft. Zürich und Luzern im konfessionellen Vergleich, Epfendorf/N. 2009, 383. Die folgenden Zitate ebd.

tigkeiten auseinandersetzten, offenkundig den Horizont ihrer eigenen Orientierung absteckte. Gerade die resistente Abweichung lenkt den Blick darauf, dass man „das Bewusstsein für eine Differenzierung von Konfessionen und Konfessionskulturen geschärft und ‚Konfession' als ein Organisations- und Identifikationsprinzip von Gesellschaften relativ fest verankert hatte."

Und schließlich gibt es dann noch die Einwände gegen die Konfessionalisierungsthese, die mit den elementaren Plagen der Stoßgebete zu tun haben: Hunger, Pest und Krieg – und in ihrem Gefolge der Ausrottungskampf gegen die Hexen und die Trostsuche in einer Frömmigkeit, die sich für Konfessionsgrenzen nicht mehr interessierte. Wie kann ein religiöser Entwicklungsschub, der solche Konsequenzen zeitigt, ein Beitrag zur Entstehung der modernen Welt sein? Was bekümmert – am Ende aller dieser Reflexionen – ist der Mangel an Liebe und das Vorherrschen der Strenge. Alle waren überzeugt, das wahre Christentum sei ein Christentum der Freiwilligkeit und des tief internalisierten Erlösungsglaubens. Und trotzdem versuchten alle eben dieses Christentum der Freiwilligkeit mit Erziehung, Druck und Strafe zu erzeugen. Das Medium zwischen dem Christentum der Freiheit und des Zwangs war nicht nur eine Theologie der ungewissen Bangnis, sondern parallel dazu auch eine Theologie der umfassenden Tröstung. Letztere aber war strikt an Konformität gekoppelt und insofern ein Angebot, das nicht bedingungslos gemacht wurde. Wenn sich die konfessionellen Lebenswelten an einer Stelle gemeinsam nichts benommen haben, dann an dieser nur zu betrauernden Spannung.

Literatur

Bamji, Alexandra/Janssen, Geert H./Laven, Mary (Hrsg.), The Ashgate Research Companion to Counter-Reformation, Farnham/Burlington 2013.

Die Geschichte des Christentums, Bd. 8: Venard, Marc/Smolinsky, Heribert (Hrsg.), Die Zeit der Konfessionen (1530–1620/30), Freiburg/Basel/Wien 1992; Bd. 9: Venard, Marc/Smolinsky, Heribert (Hrsg.), Das Zeitalter der Vernunft (1620/30–1750), Freiburg/Basel/Wien 1998.

Geschichte des Pietismus, Bd. 1: Brecht, Martin (Hrsg.), Der Pietismus vom siebzehnten bis zum frühen achtzehnten Jahrhundert, Göttingen 1993; Bd. 4: Lehmann, Hartmut (Hrsg.), Glaubenswelt und Lebenswelten, Göttingen 2004.

Greyertz, Kaspar von/Conrad, Anne (Hrsg.), Handbuch der Religionsgeschichte im deutschsprachigen Raum, Bd. 4: 1650–1750, Paderborn u. a. 2012.

Hersche, Peter, Muße und Verschwendung. Europäische Gesellschaft und Kultur im Barockzeitalter, 2 Bde., Freiburg/Br./Basel/Wien 2006.

Holzem, Andreas, Christentum in Deutschland. Konfessionalisierung – Aufklärung – Pluralisierung, 2 Bde., Paderborn u. a. 2015.

MacCulloch, Diarmaid, Reformation: Europes house divided 1490–1700, London 2003; dt.: Die Reformation 1490–1700, München 2008.

Ökumenische Kirchengeschichte, Bd. 2: Kaufmann, Thomas/Kottje, Raimund (Hrsg.), Vom Hochmittelalter bis zur Frühen Neuzeit, Darmstadt 2008.

The Cambridge History of Christianity, Bd. 6: Po Chia Hsia, Ronnie (Hrsg.), Reform and Expansion 1500–1660, Cambridge 2007; Bd. 7: Brown, Stewart J./Tackett, Timothy (Hrsg.), Enlightenment, Reawakening and Revolution 1660–1815, Cambridge 2006.

Whitford, David M., Reformation and Early Modern Europe. A Guide to Research, Kirksville 2008.

Hungersnot, Seuchen, Krieg: Die dreifache Herausforderung der mitteleuropäischen Christenheit, 1570–1720

Hartmut Lehmann

Es gibt kaum ein Jahrhundert, das von den Historikern in Europa so unterschiedlich beurteilt worden ist wie das 17. Jahrhundert. Französische Historiker waren schon seit den Zeiten Napoleons fasziniert vom atemberaubenden Aufstieg des Absolutismus und der in ganz Europa bewunderten und zugleich gefürchteten Herrschaft ihrer Könige. Spanische Historiker standen dagegen vor der Aufgabe, den unerwartet raschen Niedergang der noch im 16. Jahrhundert eindrucksvollen Macht ihres Landes zu erklären. Englische Historiker mussten dagegen wiederum eine andere Herausforderung meistern: Sie hatten zu erklären, welche Ursachen die Machtkämpfe und die rasche Folge von Machtwechseln in ihrem Land im 17. Jahrhundert hatten. Ihre schwedischen Kollegen, die von den Feldzügen ihres Königs Gustav Adolf zum Schutz des Protestantismus beeindruckt waren, mussten zugleich den Verlust der schwedischen Großmachtstellung in Europa verkraften. Für die deutschen Historiker galt das 17. Jahrhundert schließlich lange Zeit als der absolute Tiefpunkt ihrer nationalen Geschichte, da andere Mächte bestimmten, was in ihrem Land geschah. Heere aus vielen europäischen Ländern trugen während des Dreißigjährigen Krieges in Mitteleuropa eine scheinbar nicht mehr endende Serie von kriegerischen Konflikten aus – mit Millionen von Toten.

Für die Historiker aller genannten Länder waren Kirche und Religion untrennbar mit der allgemeinen politischen Geschichte verbunden. Zum Aufstieg des französischen Absolutismus gehörte ganz selbstverständlich das gegenüber Rom deutlich gezeigte kirchenpolitische Selbstbewusstsein des Gallikanismus, dessen Vertreter eine größere Unabhängigkeit der französischen Bischöfe einforderten. Gegen die romtreuen Jesuiten wandten sich in Frankreich, den Niederlanden und vorübergehend auch in Italien die Jansenisten, eine innerkatholische, romkritische Erneuerungsbewegung, die sich auf die Lehren des flämischen Bischofs und Theologen Cornelius Jansen (1585–1638) berief. Der Niedergang der spanischen Macht wurde kompensiert durch den Siegeszug der spanischen katholischen Kirche in Lateinamerika. Die Wechselfälle der englischen Geschichte des 17. Jahrhunderts ließen sich aus Sicht der englischen Historiker nur verstehen, wenn man den Einfluss des Puritanismus und insbesondere auch der radikalen Puritaner angemessen berücksichtigte und deren theologische Positionen erklärte. Schwedens Größe und Schicksal schien untrennbar mit der Zukunft des Protestantismus in ganz Europa verbunden. Deutsche Historiker sahen dagegen die Schuld am tragischen Schicksal ihres Landes im Dreißigjährigen Krieg in der konfessionellen Spaltung ihres Landes und im unversöhnlichen Gegensatz zwischen der Katholischen Kirche, die sich im Konzil von Trient erneuert hatte, auf der einen Seite und den lutherischen und reformierten Kirchen auf der anderen Seite. Dazu kam die Aufgabe, religiöse Erneuerungsbewegungen wie den Pietismus in die deutsche Geschichte einzuordnen.

Erst seit den 1950er Jahren unternahmen Historiker den Versuch, über die jeweiligen nationalen Grenzen, auch über die jeweils national orientierten Deutungen der Kirchengeschichte, hinaus zu blicken und nach Erklärungen zu suchen, die für ganz Europa Gültigkeit besitzen. Der britische Historiker Eric Hobsbawm war der erste, der neue Akzente setzte. Er führte Anfang der 1950er Jahre aus, das 17. Jahrhundert sei jene universalhistorisch bedeutsame Epoche, in der die Gegensätze zwischen den alten feudalen Kräften und den neuen bürgerlichen Gesellschaftsschichten zu einer schweren Krise führten. Als mit der *Glorious Revolution* in England das Bürgertum gegen den Feudalismus siegte, war nach Hobsbawm auch die Krise überwunden. Damit begann, so Hobsbawms streng marxistische Lesart, eine neue Epoche der Weltgeschichte.[1] Andere britische Historiker widersprachen, so etwa Hugh Trevor-Roper. Auch für ihn gab es keinen Zweifel, dass es im 17. Jahrhundert eine Krise gegeben hatte. Diese Krise war nach Trevor-Roper aber eine Krise im Kampf um die politische Herrschaft, die in den zwei Jahrzehnten zwischen 1640 und 1660 kulminierte und mit der Konsolidierung neuer Herrschaftseliten beendet war.[2] John Elliott und Henry Kamen, zwei weitere bekannte britische Frühneuzeithistoriker, waren mit Trevor-Ropers Deutung nicht einverstanden. Für Elliott war das 17. Jahrhundert ebenso durch Kontinuitäten wie durch Diskontinuitäten charakterisiert. Eine Kulmination von Problemen, für die der Begriff „Krise" angemessen sei, konnte er nicht erkennen.[3] Henry Kamen argumentierte dagegen, er könne im 17. Jahrhundert zwar eine Serie von Krisen erkennen. Aber eine Krise, die ein ganzes Jahrhundert andaure und die den Verlauf der Geschichte eines ganzen Jahrhunderts bestimmte, war für ihn eine grandiose historiographische Fehldeutung.[4] Von Kirche und Religion war in dieser Debatte nicht einmal am Rande die Rede.

Mitte der 1970er Jahre brachte Theodore Rabb, Historiker in Princeton, die diversen Positionen auf den Punkt. Rabb rekurrierte auf den eigentlichen medizinischen Sinn des Begriffs Krise als Zuspitzung und Überwindung einer Krankheit. Schon im 15. und 16. Jahrhundert hätten die Europäer den Sinn für angemessene

1 Hobsbawm, Eric C., „The Crisis of the Seventeenth Century", in: Ashton, Trevor (Hrsg.), Crisis in Europe 1560–1660, London 1965, 5–62.
2 Trevor-Roper, Hugh R., „The General Crisis of the Seventeenth Century", in: Ashton, Crisis in Europe 1560–1660, 63–102.
3 Mousnier, Roland/Elliott, John, „Trevor-Roper's ‚General Crisis' Symposium, in: Ashton, Crisis in Europe 1560–1660, 103–117.
4 Kamen, Henry, The Iron Age. Social Change in Europe 1550–1660, London 1971.

Ordnung sowohl in der Moral wie in der Politik verloren. Viele Europäer seien an Astrologie und Eschatologie mehr interessiert gewesen als an moralischer Ordnung und politischer Stabilität. Dadurch sei es in verschiedenen Ländern zu chaotischen Situationen gekommen. Seit der Mitte des 17. Jahrhunderts konnte Rabb dagegen fast überall einen neuen Sinn für Ordnung und einen neuen Grad an Stabilität beobachten. Damit war, wie er argumentierte, die große europäische Krise überwunden.[5]

1. Die ‚Kleine Eiszeit‘ als Paradigmenwechsel und ihre religiösen Folgen

Etwa zur gleichen Zeit, als Rabb sein Buch *The Struggle for Stability in Early Modern Europe* publizierte, begannen sich mehr und mehr Historiker, zunächst vor allem Franzosen wie Emmanuel Le Roy Ladurie, aber auch Engländer, Skandinavier und Niederländer, für eine neue Deutung der frühneuzeitlichen Geschichte zu interessieren. Diese Deutung stützte sich auf klimahistorische und auf demographische Erkenntnisse. Bald bürgerte sich für ihre Interpretationen der Name „Kleine Eiszeit" („Little Ice Age") ein.[6] Um was ging es? Klimahistoriker legten Beweise vor, die eindeutig zeigten, dass sich das allgemeine Klima in Europa seit dem letzten Drittel des 16. Jahrhunderts kontinuierlich verschlechterte und dass es erst im frühen 18. Jahrhundert wieder zu einer gewissen Besserung der klimatischen Verhältnisse kam. Seit den letzten drei Jahrzehnten des 16. Jahrhunderts waren die Winter länger und kälter, wie Klimaforscher herausfanden, die Sommer dagegen kürzer und regnerischer. Gewiss, nicht jedes Jahr kam es zu einer Missernte. Aber die Missernten häuften sich, da die Vegetationsperioden im Durchschnitt deutlich kürzer waren als früher. Von der Klimaverschlechterung waren besonders Berggegenden betroffen. Aber etwa auch die Menschen in den Niederlanden litten im Winter unter der ungewöhnlichen Kälte. Die Winterbilder des Malers Pieter Breugel zeigen dies auf eindrucksvolle Weise.[7]

---

5 Rabb, Theodore K., The Struggle for Stability in Early Modern Europe, New York 1975. Siehe auch Parker, Geoffrey/Smith, Lesley M. (Hrsg.), The General Crisis of the Seventeenth Century, London 1978.
6 Utterström, Gustaf, Climate Fluctuations and Population Problems in Early Modern History, in: Scandinavian Economic History Review 3, 1955, 3–47; Ladurie, Emmanuel Le Roy, Histoire du climat depuis l'an mil, Paris 1967; Rotberg, Robert I. (Hrsg.), Climate and History. Princeton, N. J. 1981; Fagan, Brian, The Little Ice Age. How Climate made History. New York: Basic Books 2000.
7 Behringer, Wolfgang, Kulturgeschichte des Klimas. Von der Eiszeit bis zur globalen Erwärmung, München 2007, 117–162.

Schlechte Ernten, gelegentlich sogar der Totalausfall von Ernteerträgen, zogen binnen kurzer Frist Versorgungsengpässe nach sich, da die Möglichkeiten fehlten, größere Mengen Getreide zu speichern. Die Menschen mussten in der Regel von dem leben, was im laufenden Jahr angebaut wurde und geerntet werden konnte. In Jahren mit schlechten Ernten stiegen die Getreidepreise deshalb binnen weniger Wochen um das Vielfache. Nur reiche Leute konnten sich noch mit dem versorgen, was sie für das tägliche Leben brauchten. Für arme Leute wurde der Hunger dagegen zu einem unangenehmen Begleiter. Und wer hungerte, dessen Lebenserwartung sank rapide. Personen, deren Gesundheit geschwächt war, waren anfällig für Krankheiten. Seuchen, die aus Europa seit langem verschwunden zu sein schienen, breiteten sich wieder schlagartig aus.

Die Erkenntnisse der Medizin- und Demographiehistoriker ergänzten die Forschungen der Klimahistoriker auf verblüffende Weise. Denn seit langem war klar, dass die europäische Bevölkerung, nachdem sie im 16. Jahrhundert zunächst rasch gewachsen war, schon im ausgehenden 16. Jahrhundert stagnierte, dass sie im 17. Jahrhundert deutlich schrumpfte und in einigen Regionen sogar drastisch zurückging. Erst um die Mitte des 18. Jahrhunderts sollte die europäische Bevölkerung den Stand, den sie in der Zeit um 1600 schon einmal gehabt hatte, wieder erreichen.

Bisher hatten die Historiker die deutlich gestiegene Mortalität allein mit den schlimmen Folgen des Dreißigjährigen Kriegs erklärt. Die Soldaten aller Seiten nahmen auf die Zivilbevölkerung keine Rücksicht. Sie plünderten und raubten, was sie bekommen konnten. Um der gegnerischen Seite zu schaden, vernichteten sie in den Sommermonaten sogar die Ernte auf den Feldern. Durch die herumziehenden Heere wurden Seuchen in viele Regionen verschleppt. Auf der Basis der klimahistorischen Erkenntnisse konnte man die Ursachen der negativen demographischen und medizinhistorischen Veränderungen nun aber sehr viel besser als bisher erklären. Engpässe bei der Versorgung hatten seit dem ausgehenden 16. Jahrhundert ganz offensichtlich dazu geführt, dass sich der Gesundheitszustand breiterer Schichten verschlechterte. Das war der Nährboden für verschiedene Seuchen, die sich nunmehr in vielen europäischen Ländern ausbreiteten. Die ohnehin schwierige Lage wurde durch Kriege zusätzlich außerordentlich erschwert, Kriege, die vom zweiten Jahrzehnt des 17. Jahrhunderts bis zum zweiten Jahrzehnt des 18. Jahrhunderts fast ohne Unterbrechung andauerten und von denen viele europäische Regionen nicht nur einmal, sondern häufig sogar mehrfach betroffen waren.

Erst in den letzten drei Jahrzehnten wurde der Versuch unternommen, die religiösen und kulturellen Folgen dieser schweren Krise beziehungsweise dieser langen Serie von lokalen und regionalen Krisen zu untersuchen. Fast unerwartet, aber mit einem erstaunlichen Maß an Evidenz, standen dabei religiöse Themen und religiöse Fragen im Zentrum des Interesses der Historiker. Denn vor allem in den 1570er, 1580er und 1590er Jahren, also in den ersten Jahrzehnten der Klimaverschlechterung und der folgenden Versorgungsschwierigkeiten, haderten die Menschen über alle nationalen und konfessionellen Grenzen hinweg mit ihrem Schicksal. Was hatte Gott im Sinn? Warum ging es ihnen so viel schlechter als der Generation ihrer Eltern und Großeltern? Warum wollte Gott sie so hart strafen? Hatten sie so viel sündhafter gelebt als ihre Vorfahren? Wer hatte Schuld an dem ganzen Elend?[8]

Der große Barockdichter Andreas Gryphius brachte 1636 die Verzweiflung seiner Zeit in dem Gedicht „Tränen des Vaterlandes" auf beeindruckende Weise zum Ausdruck.[9]

> Wir sind doch nunmehr ganz, ja mehr denn je verheeret!
> Der frechen Völker Schar, die rasende Posaun
> Das vom Blut fette Schwert, die donnernde Karthaun
> Hat aller Schweiß, und Fleiß, und Vorrat aufgezehret.
> Die Türme stehn in Glut, die Kirch' ist umgekehret.
> Das Rathaus liegt im Graus, die Starken sind zerhaun,
> Die Jungfern sind geschänd't, und wo wir hin nur schaun
> Ist Feuer, Pest, und Tod, der Herz und Geist durchfähret.
> Hier durch die Schanz und Stadt rinnt allzeit frisches Blut.
> Dreimal sind schon sechs Jahr, als unser Ströme Flut
> Von Leichen fast verstopft, sich langsam fort gedrungen.
> Doch schweig ich noch von dem, was ärger als der Tod,
> Was grimmer denn die Pest, und Glut und Hungersnot,
> Daß auch der Seelen Schatz so vielen abgezwungen.

Kaum nötig hinzuzufügen, dass die Auswirkungen dieser dreifachen Plage von Land zu Land durchaus unterschiedlich waren. Es gab, wie wir wissen, sogar Gegenden, die von Krieg und Seuchen fast völlig verschont blieben. Das heißt aber nicht, dass die Menschen in diesen Gegenden nichts von der allgemeinen Not ihrer Zeit wussten. Denn die schlechten Nachrichten verbreiteten sich rasch, von

---

8 Lehmann, Hartmut, Das Zeitalter des Absolutismus. Gottesgnadentum und Kriegsnot. Stuttgart 1980, 105–169; ders., „Frömmigkeitsgeschichtliche Auswirkungen der ‚Kleinen Eiszeit'", in: Schieder, Wolfgang (Hrsg.), Volksreligiosität in der modernen Sozialgeschichte, Göttingen 1986, 31–50; Jakubowski-Tiessen, Manfred (Hrsg.), Krisen des 17. Jahrhunderts. Göttingen 1999; Lehmann, Hartmut/Trepp, Anne-Charlott (Hrsg.), Im Zeichen der Krise. Religiosität im Europa des 17. Jahrhunderts. Göttingen 1999; Behringer, Wolfgang/Lehmann, Hartmut/Pfister, Christian (Hrsg.), Kulturelle Konsequenzen der ‚Kleinen Eiszeit'/Cultural Consequences of the ‚Little Ice Age'. Göttingen 2005; Lehmann, Hartmut, Im Sog der Krisen des 17. Jahrhunderts,, in: ders., Transformationen der Religion in der Neuzeit. Beispiele aus der Geschichte des Protestantismus. Göttingen 2007, 11–99; Behringer, Wolfgang, Kulturgeschichte des Klimas, 163–195.
9 Trunz, Erich, „Andreas Gryphius. Tränen des Vaterlandes", in: von Wiese, Benno (Hrsg.), Die deutsche Lyrik. Interpretationen. Vom Mittelalter bis zur Frühromantik, Düsseldorf 1957, 139–144.

Tal zu Tal, von Land zu Land.[10] Und wer noch nicht betroffen war, der lebte in der Furcht, die Zeit relativer Ruhe könne bald ein Ende haben. Zu der dreifachen Herausforderung durch Hungersnot, Seuchen und Krieg gehört somit eine weit verbreitete Angst, eine Angst, die Alte und Junge, Gebildete und Ungebildete aus allen sozialen Schichten erfasste. Nicht falsch ist es deshalb, die Epoche von 1570 bis 1720 als das Zeitalter der Angst zu bezeichnen.[11]

2. Trost- und Erbauungsliteratur

Die erstaunliche Nachfrage nach erbaulicher Literatur beweist, welch große Sorgen sich fromme Christen damals um ihr Seelenheil machten, Frauen ebenso wie Männer.[12] Wenn man allein von der Auflage erbaulicher Bücher ausgeht, ist es nicht falsch, vom 17. Jahrhundert als einer neuen Epoche der Frömmigkeitsgeschichte zu sprechen. Diese neue, intensive Frömmigkeit war nicht allein eine Sache der Protestanten. Auch in katholischen Ländern lässt sich vielmehr in jener Epoche eine Hinwendung zu neuer Frömmigkeit beobachten. Herausragende erbauliche Werke wurden in zahlreiche Sprachen übersetzt und über die konfessionellen Grenzen hinweg verkauft und gelesen. Die eigentliche Attraktivität der neuen Frömmigkeitsliteratur lag darin, dass ihre Autoren den Christen, die unter den Folgen der Krise des 17. Jahrhunderts litten, Trost spendeten und allen jenen, die um ihr Seelenheil besorgt waren, erbauliche Ratschläge erteilten. Die allermeisten Autoren der erbaulichen Werke waren Geistliche, also ausgebildete Theologen. Die Menschen lasen ihre Werke in der Hoffnung, sie könnten Hinweise für die Rettung ihres Seelenheils finden. Zwar besuchten sie in aller Regel weiterhin die von den Kirchengemeinden angebotenen Gottesdienste. Als Leser erbaulicher Werke wurden sie aber gewissermaßen zugleich Mitglieder in einer überregionalen Gemeinde, deren Mitglieder sich unabhängig von den lokalen Pastoren um Gottes Gnade und Zuwendung bemühten.

Die Verbreitung erbaulicher Literatur in der Epoche zwischen Reformation und Aufklärung und speziell die Verbreitung erbaulicher Werke über konfessionelle Grenzen hinweg wurde von der kirchen-, literatur- und frömmigkeitsgeschichtlichen Forschung bisher nur teilweise erfasst. Deshalb ist es schwierig, zusammen-

---

10 Behringer, Wolfgang, Im Zeichen des Merkur: Reichspost und Kommunikationsrevolution in der Frühen Neuzeit, Göttingen 2003.
11 Lehmann, Hartmut, Das Zeitalter des Absolutismus. Gottesgnadentum und Kriegsnot, Stuttgart 1980, 161–169.
12 Zum folgenden Abschnitt siehe Lehmann, Zeitalter des Absolutismus, 114–123 sowie ders., „Zur Bedeutung von Religion und Religiosität im Barockzeitalter", in: Breuer, Dieter (Hrsg.), Religion und Religiosität im Zeitalter des Barock, Wiesbaden 1995, 1–20.

fassend zu beurteilen, wie viele erbauliche Werke damals geschrieben, gedruckt und verbreitet wurden und welche Leser diese Werke fanden. Die Auflagen von einigen herausragenden Werken sind jedoch eindrucksvoll genug.

Unter allen Werken, die der Erbauung empfindsamer und besorgter Seelen dienten, nahm im 17. Jahrhundert das Buch *De Imitatione Christi* des Thomas von Kempen den Spitzenplatz ein. Schon in den 100 Jahren zwischen 1500 und 1600 wurde dieses Werk in über 150 Auflagen in verschiedenen Sprachen herausgebracht. In den 100 Jahren zwischen 1600 und 1700 wurde *De Imitatione Christi*, soweit sich das feststellen lässt, dann aber 124 Mal in einer lateinischen Fassung neu aufgelegt, dazu in 119 französischen Ausgaben, in 43 italienischen, 28 niederländischen, 27 deutschen, 21 spanischen, 14 englischen sowie in 28 Auflagen in weiteren Sprachen und in insgesamt 61 Ausgaben des Stoffes in freier Bearbeitung, von denen diejenige durch Pierre Corneille die berühmteste wurde. Das heißt, dass es die von Thomas von Kempen unter dem Einfluss der Devotio Moderna im 15. Jahrhundert vorgelegte Sammlung von Überlegungen zur praktischen Frömmigkeit und von Erwägungen aus dem Bereich der mystischen Erfahrung in den verschiedenen europäischen Ländern im 17. Jahrhundert auf fast 500 Auflagen brachte, also auf fast fünf Auflagen pro Jahr. Kein anderes Werk wurde damals so oft gedruckt, kein anderes so oft gekauft und gelesen, kein anderes im Lauf des 17. Jahrhunderts in so viele Sprachen übersetzt (soweit bekannt ins Arabische, Armenische, Baskische, Bretonische, Chinesische, Dänische, Gälische, Griechische, Illyrische, Japanische, Polnische, Portugiesische, Russische, Schwedische, Syrische, Tschechische und Ungarische). Interessant ist, dass dabei auch Übersetzungen in außereuropäische Sprachen sind. Kein katholischer Autor fand im Zeitalter der Gegenreformation und der katholischen Erneuerung zudem so viele Leser in den protestantischen Ländern Europas wie Thomas von Kempen.

Aus dem katholischen Europa sind zwei weitere Erfolgsautoren von erbaulichen Schriften zu nennen, Franz von Sales und Miguel de Molinos. Die drei Hauptwerke des 1567 geborenen, 1602 zum Bischof von Genf ernannten und 1622 gestorbenen Franz von Sales, *L'Introduction à la Vie Dévote* (zuerst Lyon 1608), *La Traitté de l'Amour de Dieu* (zuerst Lyon 1616) und *Les Vrays Entretiens Spirituels* (zuerst Lyon 1629) wurden, soweit sich das nachprüfen lässt, im französischen Original und in Übersetzungen (vor allem ins Italienische, Spanische, Englische und Deutsche) bis zum Jahr 1740 insgesamt 100 Mal neu aufgelegt. Miguel de Molinos' 1675 zuerst auf Spanisch publizierter *Guia Espiritual* und bald ins Italienische übersetzte *Guida Spirituale* wurde von zwei berühmten Pietisten ins Deutsche übertragen, 1687 von August Hermann Francke und 1699 von Gottfried Arnold. Diese Beispiele zeigen, dass die gegen die offiziellen Staatskirchen gerichteten religiösen Erneuerungsbewegungen des späten 17. Jahrhunderts sich so nahe waren, oder doch so nahe wähnten, dass sie Ratschläge zur Vertiefung der Frömmigkeit über Konfessionsgrenzen hinweg rezipierten. Puritaner, Jansenisten, Quietisten und Pietisten hatten eine so hohe Achtung voreinander, dass sie sogar in dem für sie selbst entscheidenden Bereich, nämlich der Beratung irrender und suchender christlicher Seelen, Werke aus den anderen Erneuerungsbewegungen übersetzten und ihren Anhängern empfahlen.

Im protestantischen Europa besaßen die englischen Erbauungsschriftsteller einen besonderen Rang. Das zu Beginn des 17. Jahrhunderts verfasste Werk *Praxis of Piety (Praxis Pietatis)* von Lewis Bayly wurde bis ins frühe 18. Jahrhundert fast 60 Mal auf Englisch und in zahlreichen Übersetzungen (18 Auflagen in deutscher Sprache, dazu 12 französische, je vier niederländische und walisische, je zwei ungarische, rumänische und eine italienische Auflage) verbreitet. Kaum weniger einflussreich waren die zahlreichen, meist auch ins Deutsche übersetzten Traktate des Puritaners Joseph Hall. Die zwei Teile von John Bunyans *Pilgrim's Progress* wurden einzeln, zusammen und in Übersetzung (ins Deutsche, Französische, Niederländische und Dänische) von 1678 bis 1740 über 60 Mal aufgelegt. Ebenso populär waren die verschiedenen Erbauungsschriften von Richard Baxter, darunter die umfassende Anleitung zu einem christlichen Leben, das *Christian Directory* von 1673.

In Deutschland übertrafen Johann Arndts *Vier* und später *Sechs Bücher vom wahren Christentum* die Wirkung aller anderen erbaulichen Literatur. Von der ersten Auflage im Jahre 1605 bis zum Jahre 1740 erschienen sie 95 Mal auf Deutsch, dazu noch 28 Mal in Übersetzung (sechs lateinische, fünf englische, vier niederländische, je drei dänische, französische und schwedische sowie zwei tschechische und eine russische und eine isländische Ausgabe). Arndts Werke wurden bis ins 20. Jahrhundert immer wieder aufgelegt. Im 17. Jahrhundert beeinflusste er eine ganze Generation von Erbauungsschriftstellern. Nach Arndt ist vor allem Christian Scriver zu nennen, der zuletzt als Oberhofprediger in Quedlinburg wirkte und dessen *Seelenschatz* von 1675 bis 1692 in fünf Bänden in zahlreichen Auflagen publiziert wurde. Dazu kamen eine große Zahl von mehr oder minder erfolgreichen Erbauungsschriftstellern mit ihren *Herz-Postillen* und *Seelenführern*, und nicht zuletzt die *Pia Desideria* von Philipp Jakob Spener, dem Begründer und Patriarchen des Pietismus, aus dem Jahr 1675.

Erbauungsbücher machten in der Periode, in der die ‚Kleine Eiszeit' die allgemeinen Lebensverhältnisse außerordentlich erschwerte, über die Hälfte aller theologischen Bücher aus, die publiziert wurden und über ein Viertel der gesamten Buchproduktion in Europa. Das ist eine grobe, in der Tendenz aber richtige Schätzung. Da aus erbaulichen Werken, anders als aus vielen anderen Publikationen, häufig vorgelesen wurde, wirkten sie außerdem über den Kreis der Lesekundigen hinaus. Ihr Einfluss war somit von der in Europa damals eher rückläufigen Lesefähigkeit nicht abhängig. Fromme Frauen und Männer, die Rat und Trost suchten, konnten genügend einschlägige Werke finden und, wenn sie selbst nicht lesen konnten, genügend Personen, die ihnen aus diesen Werken vorlasen. Dabei bestand offensichtlich keine signifikante Differenz in der Nachfrage nach Literatur dieser Art zwischen katholischen und protestantischen Ländern.

Neben Büchern und Traktaten sind noch weitere literarische Gattungen zu nennen, die ebenfalls religiös-erbaulichen Zwecken dienten. So hatten zahlreiche Kirchenlieder kein anderes Ziel, als Kranken sowie hochbetrübten Seelen, auch Schwermütigen und Irrenden in ihrem „Kreuz und Leiden" zu helfen, so einige Stichworte aus dem Lied *Nun lasst uns gehn und treten* des bekannten lutherischen Kirchenlieddichters Paul Gerhardt. In keiner Periode entstanden im europäischen Protestantismus mehr Lieder, in denen die Erlösung vom irdischen Leben durch den Tod und die Freuden des ewigen Lebens besungen wurden als damals. Kein Topos war geläufiger als der Weg vom *Irdischen Jammertal* hin in den *Himmlischen Freudensaal*. Außerdem wurden in Tausenden von seelsorgerlichen Briefen die gleichen Fragen behandelt. Sowohl die etwa 20 000 Briefe des französischen „Seelenführers" Franz von Sales wie auch die in fünf dicken Bänden publizierten *Theologischen Bedencken* von Philipp Jakob Spener zeigen, wie auch in dieser ganz persönlichen Form religiöse Anleitung und geistliche Beratung gegeben wurde, die mit konfessioneller Rechtgläubigkeit fast gar nichts, sehr viel dagegen mit der Absicht zu tun hatte, die Frömmigkeit der Adressaten zu vertiefen und diesen einen Weg hin zur Erlangung des ewigen Heils zu zeigen.

Aus der demographischen Forschung sind die rasch steigenden und insgesamt außerordentlich hohen Mortalitätsziffern der Jahrzehnte nach 1570 bis hin ins frühe 18. Jahrhundert bekannt. In Stadt und Land wurde der plötzliche Tod im 17. Jahrhundert – ähnlich wie schon im 14. Jahrhundert in Zeiten der Pest – zu einem Teil des Alltags, mit dem sich alle Menschen auseinandersetzen mussten. Im religiös-literarischen Bereich entsprachen den rasant angestiegenen Mortalitätsstatistiken zahlreiche Trauergedichte, die sogenannten Ewigkeitslieder sowie eine umfangreiche Letzte-Worte-Literatur, in der in der Art eines geistlichen Testaments das letzte Vermächtnis von Sterbenden mitgeteilt wurde. Die Lebenden erwarteten von den Sterbenden, die an der Schwelle des Todes standen, eine Antwort auf die Frage, was für Christen nach dem Tod kommen würde.

Nicht vergessen seien ferner die großen Sammlungen von Gebeten, von Gebeten für alle Tages- und Jahreszeiten sowie für alle Lebenslagen und Berufsstände. Besonders zu erwähnen sind auch die zahlreichen Leichenpredigten, die damals publiziert wurden.

Jesuiten verbreiteten Leichenpredigten ebenso wie ihre kirchenpolitischen Widersacher, die Jansenisten. Leichenpredigten wurden im katholischen Europa, also in Österreich, Spanien, Frankreich, Italien und Polen ebenso geschätzt wie in protestantischen Ländern. Nachdem es im 16. Jahrhundert üblich war, bei Beerdigungen etwa 15 bis 30 Minuten zu reden, kam es seit dem ausgehenden 16. Jahrhundert vor, dass Leichenpredigten über zwei Stunden dauerten. Vor allem aber wuchs nun die Zahl der gedruckten Leichenpredigten ganz gewaltig. An der Universität Marburg besteht seit vielen Jahren ein Forschungsprojekt, das dieses hochinteressante Quellenmaterial erschließt und damit für Wissenschaftler aller Disziplinen zur Verfügung stellt.[13] Im Zeitalter der Reformation hatten die protestantischen Leichenpredigten vor allem dazu gedient, biblische Texte darzulegen. Dazu kamen einige wenige biographische Hinweise. Seit dem ausgehenden 16. Jahrhundert wurde der Lebenslauf der Verstorbenen dagegen ausführlich geschildert. Durch den Vergleich mit biblischen Gestalten wurden die Toten in den Leichenpredigten in eine von der Zeit des Alten Testaments bis in die Gegenwart reichende Reihe von Zeugen des christlichen Glaubens gestellt und als vorbildliche Christen charakterisiert. Deren Leben und Sterben sollte den christlichen Gemeinden und jedem einzelnen Christen zeigen, dass zum Leben eines wahren Nachfolgers Christi die Bereitschaft zum Martyrium gehöre und dass das Leben für fromme Frauen und Männer vor allem Leiden sei, der Lohn dafür aber herrlich. Die Not der Zeit bekam dadurch eine zusätzliche, verheißungsvolle heilsgeschichtliche Bedeutung.

Erst durch eine genauere inhaltliche Analyse des religiösen und ethischen Inhalts der erbaulichen Werke lässt sich aber klären, auf welche Weise diese Werke die Krise der allgemeinen Lebensverhältnisse in jener Zeit reflektierten und wie sie notleidenden Christen zu helfen suchten. Als Beispiel soll hier der lutherische Theologe Johann Arndt dienen. Als im Jahre 1605 der erste Teil seines großen Werks *Von wahrem Christentum/heilsamer Busse/wahrem Glauben/heyligem Leben und Wandel der rechten wahren Christen* erschien, war er fünfzig Jahre alt und wirkte seit 1599 in Braunschweig, einer Stadt, deren religiöse und sittlichen Zustände ihn zutiefst bestürzten. Um dem Zerfall des Christentums in seiner Zeit entgegen zu wirken, hatte Arndt zunächst einige ältere mystische Schriften neu herausgegeben. Seine eigenen, ebenfalls von der Mystik eines Johannes Tauler, eines Thomas von Kempen und der *Theologia Deutsch* sowie vor allem von Valentin Geibel und Paracelsus stark beeinflussten Ansichten legte er ausführlich in den *Büchern vom wahrem Christentum* dar, wobei er einleitend seine Grundsätze und Ziele erklärte und zusammenfasste. Angesichts des schändlichen Missbrauchs, der in seiner Zeit mit dem Evangelium getrieben werde, wolle er zeigen, worin wahres Christentum bestehe und was wahrer, lebendiger Glaube sei. Nichts lehre dies besser als Christi Leben, dem es nachzueifern gelte, wobei man sich des demütigen, armen, sanftmütigen, verachteten und erniedrigten Christus nicht schämen und stattdessen einen stattlichen, prächtigen, reichen und weltförmigen Christus suchen dürfe. Da Gott wegen des gottlosen Lebens der Menschen, wie man allenthalben sehen könne, schon Hunger, Krieg und Pestilenz geschickt habe, sei es höchste Zeit, Buße zu tun und ein neues Leben anzufangen. Wahres Christentum bestehe aber nicht aus Worten, sondern aus lebendigem Glauben, durch den erst die Früchte des Glaubens und die christlichen Tugenden hervorgebracht würden: Hoffnung, Liebe, Geduld,

---

13 Lenz, Rudolf, De mortuis nil nisi bene: Leichenpredigten als multidisziplinäre Quelle unter besonderer Berücksichtigung der historischen Familienforschung, der Bildungsgeschichte und der Literaturgeschichte, Sigmaringen 1990.

Gebet, Demut und Gottesfurcht. Sowohl der Glaube als auch die Werke müssten allein aus Christus entspringen. Ohne Buße und Reue sei nichts zu erreichen. Buße heiße sich selbst hassen und verleugnen und allem, was man besitze, absagen. Nichts anderes als diese ernste, wahrhaftige und innerliche Herzensbuße und die von dieser bewirkte Glaubenspraxis beschreibe sein Buch, damit die Leser die Sünde überwinden und sich ganz Christus hingeben lernten.

In seinen im Laufe der nächsten fünfzehn Jahre auf insgesamt sechs Bände angewachsenen Erörterungen über das wahre Christentum blieb Arndt keine Antwort auf die Frage schuldig, wie man auch in seiner so schweren Zeit christlich leben könne. Ausführlich beschrieb er im ersten Band den Sündenfall und die Sünden. Pedantisch genau legte er dar, dass wahre Christen zwei Mal geboren würden, zunächst fleischlich in der Linie Adams und dann geistlich, Christus folgend. Gründlich ging Arndt auf die christlichen Tugenden ein. Immer wieder kam er darauf zurück, was wahre Buße bedeute, was wahrer Glaube und was wahre Nachfolge Christi. Keinen Zweifel ließ er daran, dass nur jene, die den von ihm aufgezeigten Weg der Buße und des Glaubens einschlugen, am Jüngsten Tag vor Gottes Gericht Gnade finden würden. Der Christen Erbe und Güter lägen nicht in dieser Welt. Um in Christus zu leben, müsse man sich von der Welt lösen. Das heiße, um in Gottes Reich zu gelangen, müsse man sich von weltlicher Gesellschaft trennen. Hier auf Erden werde das ewige Leben entweder gewonnen oder verloren. Ohne ein heiliges, christliches Leben sei deshalb alle Weisheit, alle Kunst und selbst die Wissenschaft von der Heiligen Schrift verloren. Die wahre Lehre werde nicht allein durch das Disputieren erhalten, sondern auch mit wahrer Buße und heiligem Leben.

Im zweiten Buch pries Arndt insbesondere Christi Liebe, Demut, Sanftmut, Geduld, Leiden, Sterben, Kreuz, Schmach und Tod als Arznei und Heilbrunnen, als Spiegel, Regel und Buch des Lebens, das einem wahren Christen helfe, Sünde, Tod und Teufel, Hölle, Welt, Kreuz und alle Trübsal zu überwinden. Im dritten Buch erörterte Arndt ganz im Sinne der Mystik, dass wahre Frömmigkeit innerlich sei, wie die Seele zu Gott streben und wie ein Christ sich im Glauben vervollkommnen könne. Im vierten Buch beschrieb er die Schöpfung und folgerte, der Mensch sei geschaffen, Gott zu dienen. Im fünften Buch unterstrich Arndt noch einmal, wie wichtig es sei, dass dem wahren Glauben ein heiliges Leben entspreche und dass sich die Gläubigen mit Christus als ihrem Haupt vereinigen. Im sechsten Buch fasste Arndt seine Ansichten noch einmal zusammen und verteidigte sie gegen Kritiker.

Aus der Warte des frühen 21. Jahrhunderts wissen wir natürlich nicht genau, was diese mit vielen Beispielen aus der Bibel untermauerten Ansichten Arndts, die er zu Regeln eines wahrhaft christlichen Lebens zusammenfasste, für seine Zeitgenossen bedeuteten. Zu vermuten ist jedoch, dass es für Christen des 17. Jahrhunderts, die unter der Not ihrer Zeit litten, nicht darauf ankam, dass Arndt von orthodoxen Theologen scharf angegriffen wurde. Für seine Leser war die von diesem aufgestellte einfache und klare Alternative zwischen dem alten, äußerlichen, natürlichen Menschen und dem neuen, innerlichen, geistlichen Menschen vielmehr eine außerordentlich tröstliche Aussage. Für sie war es ausschlaggebend, wie Arndt zwischen Fleisch, Natur und Vernunft auf der einen und Geist, Gnade und Glauben auf der anderen Seite unterschied, zwischen Finsternis und Licht, Sünde und Gerechtigkeit, Verdammnis und Seligkeit, Tod und Leben, zwischen dem Reich des Teufels und Gottes Reich. Wie schlecht die äußeren Verhältnisse in ihrer Zeit und in ihrem Leben auch werden mochten, wenn alle Christen, Männer, Frauen und Kinder, den von Arndt beschriebenen Weg zum wahren Glauben folgten, dann gewannen sie das ewige Leben. Das allein zählte, das allein wünschten sich Arndts Leser. Gegen den allenthalben sichtbaren Sieg des Todes setzte Arndt wie viele seiner frommen Zeitgenossen den Glauben an das ewige Leben, gegen das in der zeitgenössischen Malerei und Dichtkunst weit verbreitete Bild des Todes als Triumphator, des *mors triumphans*, setzten sie die Vorstellung vom endgültig besiegten Tod, des *mors devicta*. In zahlreichen literarischen Werken des 17. Jahrhunderts war es üblich, diesen Sieg des Glaubens über den Tod auch durch Emblemata zu zeigen. Für Dichter wie Andreas Gryphius hieß dies: *Mors ultima linea rerum - mors ultima spes.*

Die gleichen Argumente und Motive, die die protestantischen Erbauungsschriften für Christen, die um ihr Seelenheil besorgt waren, so wertvoll machten, sind auch in den zeitgenössischen katholischen Erbauungsschriften zu finden, so beispielsweise bei Franz von Sales. Ausführlich beschrieb Franz von Sales in der *Introduction à la Vie Dévote*, wie sich die Seele zu Gott hinwenden soll, wie alle einer wahrer Frömmigkeit entgegenstehenden Gedanken und Handlungen abzulegen seien und wie die Resultate dieses geistlichen Kampfes, wie wahre Frömmigkeit und der mit dieser verbundene wahre Glaube und die christlichen Tugenden auch weiterhin gefestigt werden könnten. Die Trennung von den Weltkindern („enfants du monde") und die Notwendigkeit, bei der Reinigung des Herzens und der Seele festen Regeln zu folgen, betonte Franz von Sales ebenso sehr wie Arndt, noch mehr als dieser wies er auf die Bedeutung von Gebet und Meditation hin. Im *Traitté de l'Amour de Dieu*, seinem zweiten Hauptwerk, erörterte Franz von Sales dann die Zusammenhänge zwischen dem menschlichen Willen, dem Guten und der Liebe zu Gott sowie das Verhältnis der Liebe zur Hoffnung, zum Glauben, zur Reue, zum Schmerz und zur Caritas. Außerdem ging er auf das Wachstum dieser Liebe ein, auf Stadien der Liebe zu Gott, und beschrieb Übungen, die halfen, diese Liebe Schritt für Schritt zu vertiefen. Das Aufgehen des menschlichen Willens in Gott pries er als die Vollendung der Liebe und als allerhöchste Tugend. In seinem dritten großen Werk, den nach seinem Tod publizierten *Vrays Entretiens Spirituels* erläuterte Franz von Sales schließlich die Tugenden, die einen wahren Christen auszeichnen, speziell die diesem im Leben und im Glauben auferlegte Disziplin. Das sind die Themen, die auch in seinen zahlreichen Briefen immer wieder auftauchen: Die Notwendigkeit für fromme Christen, alle menschlichen Schwächen abzulegen, also Eifersucht, Ichsucht und Eitelkeit zu überwinden und sich durch Gebet und geistliche Besinnung in den christlichen Tugenden zu üben: in Beständigkeit, Demut, Bescheidenheit, Hingabe, Einfalt, Gehorsam, Geduld, Selbstverleugnung und Wachsamkeit.

Selbstverständlich ist nicht zu übersehen, dass Franz von Sales die Absicht verfolgte, den katholischen Glauben im Sinne der Lehren des reformorientierten Konzils von Trient, dem sogenannten Tridentinum (1545–1563) zu stärken und eine in Orden organisierte geistliche Elite zu schaffen ebenso wie Arndt sich im theologischen Kosmos des Protestantismus bewegte. Darin bestand jedoch nur ein Teil ihrer Wirkung. Denn die Werke von Franz von Sales dienten ebenso wie diejenigen von Arndt zugleich dazu, nicht konfessionell, sondern überkonfessionell die Frömmigkeit einfacher Christen zu stärken und zu vertiefen. Obwohl die Erbauungsschriften von Franz von Sales deutlich auf eine Erneuerung des Katholizismus hinwirkten, förderten sie somit zugleich eine vom Konfessionellen losgelöste Form christlichen Lebens. Diese Einschätzung gilt auch für die englischen Erbauungsschriftsteller des 17. Jahrhunderts von Lewis Bayly bis Richard Baxter und John Bunyan. Auch sie bestärkten ihre Leser darin, dass die Welt, in der sie lebten, für wahre Christen eine vorübergehende Periode der Bewährung sei, auf die, wenn sie den Versuchungen des Teufels widerstanden, das ewige Leben, ein Leben in Herrlichkeit bei Gott folge.

Die eigentliche Bedeutung der Erbauungsliteratur des 17. Jahrhunderts lag nicht in neuen dogmatischen Aussagen und in neuen theologischen Erkenntnissen. Was diesen Werken ihren besonderen Rang gab, war vielmehr ihr enger Bezug zu den schwierigen sozialen und politischen Verhältnissen ihrer Zeit. Da das Leben, wie viele Beispiele den Zeitgenossen zeigten, vergänglich und der Tod jederzeit allen Menschen nahe war, warnten die Erbauungsschriftsteller vor einem Leben in Leichtsinn und Oberflächlichkeit und forderten vor allem Buße – tief empfundene, aus dem Herzen kommende und den ganzen Menschen erfassende Buße. Um dieses Ziel zu erreichen, war eine Mitwirkung der kirchlichen Hierarchien nicht zwingend notwendig. Im Gegenteil: Die Autoren der erbaulichen Literatur jener Zeit erklärten vielmehr übereinstimmend, jeder einzelne Gläubige könne auch ohne Vermittlung durch geschulte Theologen das ewige Heil erlangen. Was wir konstatieren können, ist somit eine erstaunliche Individualisierung christlicher Frömmigkeit und, damit zusammenhängend, eine deutliche Trennung des persönlichen Frömmigkeitsstrebens von kirchlichem sowie auch staatlichem Einfluss.[14]

Allerdings ist der Terminus Individualisierung im Kontext der damaligen religiösen Verhältnisse zu verstehen und sollte nicht vorschnell modernisiert werden, indem man etwa von der Erbauungsfrömmigkeit des 17. Jahrhunderts eine direkte

---

14 Hölscher, Lucian, Geschichte der protestantischen Frömmigkeit in Deutschland, München 2005, 49–94.

Linie zum religiösen Individualismus des 20. Jahrhunderts zieht. Wenn im 17. Jahrhundert religiöser Trost nicht mehr nur von Geistlichen vermittelt, sondern in erbaulichen Büchern gesucht wurde, dann waren die von den einzelnen Gläubigen gezogenen Schlussfolgerungen zwar ohne Zweifel individuell verschieden und auf die jeweilige besondere Notlage bezogen. Das Verhältnis eines erbaulichen Autors und eines ratsuchenden Gläubigen war jedoch in den religiösen Kontext der Zeit eingebunden. Die in der Lektüre erbaulicher Literatur angelegte Individualisierung der Frömmigkeit wurde dadurch gewissermaßen wieder aufgehoben. Christen, die ihr Leben nach den Ratschlägen in Erbauungsbüchern richteten, wurden zwar Glieder einer überregionalen Gemeinde, deren einzelne Mitglieder sich nicht kannten und die auf ähnliche Weise wie sie selbst danach strebten, das ewige Heil zu erlangen. Sie blieben zugleich jedoch Untertanen in konfessionell ausgerichteten und in den meisten Fällen absolutistisch regierten Staaten, die religiöse Toleranz nur in Ausnahmefällen praktizierten. In der ganzen westlichen Welt sollte der Weg hin zu multireligiösen Gesellschaften, in denen die einzelnen Religionsgemeinschaften sich gegenseitig respektierten, noch lang und voller Konflikte sein.

Die Vertreter der gegen die Staatskirchen des 17. Jahrhunderts gerichteten religiösen Erweckungs- und Erneuerungsbewegungen kümmerten sich in der Regel ganz besonders um die Verbreitung erbaulicher Literatur. Das galt für die Puritaner ebenso wie für die Jansenisten, besonders für die mit diesen verbundenen und im Frankreich des 17. Jahrhunderts sehr aktiven katholischen Orden wie die Oratorianer, und das galt in besonderem Maße auch für die Pietisten, die sich ganz bewusst in die Nachfolge von Johann Arndt stellten und die in ihren Zirkeln, den *collegia pietatis*, die von Arndt ausführlich beschriebenen Wege hin zu besonders intensiven Frömmigkeitsformen zu gehen suchten. So wurden von den Erneuerungsbewegungen nicht nur die besonderen ethischen Anstrengungen, die erbauliche Autoren von ihren Lesern verlangten, unterstützt. Die religiösen Erneuerungsbewegungen des 17. Jahrhunderts waren die Orte, an denen sich einzelne Christen von den in den Kirchen üblichen Formen des christlichen Lebens zu lösen begannen und in Eigenverantwortung nach dem ewigen Heil strebten. In den Zirkeln der Pietisten schwand beispielsweise auch der theologische Einfluss der Kirchen gegenüber diesen Gläubigen. Erbauungsliteratur und Erneuerungsbewegungen trugen somit gemeinsam dazu bei, die von den Kirchen vertretenen theologischen Lehren im Leben der einzelnen Gläubigen zu relativieren. Unter den erschwerten Lebensbedingungen der ‚Kleinen Eiszeit‘ drifteten in weiten Kreisen christliche Frömmigkeitspraxis und Konfessionsbewusstsein immer weiter auseinander.

Ein Nebeneffekt der Erbauungsliteratur wird häufig übersehen, nämlich der Appell an die Arbeitsethik, der in fast allen erbaulichen Ratgebern zu finden war. Die Christen sollten bei ihrer täglichen Arbeit mehr leisten, weil Arbeit ein von Gott gewollter Weg zur Überwindung der Sünde sei, ferner ein Mittel zur Selbstdisziplinierung sowie auch ein Ausdruck christlicher Tugend. Jeder, der die ihm aufgetragenen Arbeiten fleißig, pünktlich und ordentlich versehe, rette, wie Prediger und Autoren von Erbauungsliteratur immer wieder betonten, aber nicht nur seine eigene Seele vor ewiger Verdammnis, sondern helfe auch seinen Schwestern und Brüdern. Zeit zu verschwenden sei Sünde. Zeit sei ein wertvolles Geschenk Gottes, mit dem man als guter Christ sorgsam umgehen müsse, denn nur in der von Gott den Menschen zur Verfügung gestellten, durchaus begrenzten und möglicherweise sehr kurzen Zeit falle die Entscheidung darüber, ob man das ewige Leben erlangen oder in ewige Verdammnis fallen würde. Da Kriege und Not nichts anderes seien als Gottes Strafgerichte, trage jeder einzelne Christ, wenn er die Zeit „auskaufe" und die von Gott aufgetragenen Pflichten treu erfülle, dazu bei, Gott wieder zu versöhnen und damit der allgemeinen Bedrohung und Unsicherheit ein Ende zu bereiten. Nun mag man einwenden, dass es im abendländischen Christentum eine lange und starke Tradition gab, die Prämien auf innerweltliche Askese setzte. Insofern war die theologische Begründung der Arbeitsethik, die in den Erbauungsschriften des 17. Jahrhunderts gegeben wurde, im Grunde nichts Neues. Neu war jedoch, dass dieses ethische Potential im 17. Jahrhundert durch die Krisenerfahrung mobilisiert und im Kanon der Erbauungsliteratur mit dem Streben nach dem ewigen Heil aufs allerengste verbunden und auch von den verschiedenen Erneuerungsbewegungen als zentraler Teil ihrer Botschaft verkündet wurde. Hier lag der eigentliche Kern der neuen Arbeitsethik, die Max Weber in seiner berühmten Schrift über *Die protestantische Ethik und der ‚Geist' des Kapitalismus* richtig erkannt, freilich, da die Literatur seiner Zeit, auf die er sich in seiner Analyse stützte, von der Krise des 17. Jahrhunderts noch nichts wusste, auf andere Weise erklärt hat.[15]

Wie am Beispiel des lutherischen Theologen Johann Matthäus Meyfart gezeigt werden kann, bestand kein Widerspruch zwischen endzeitlichen Hoffnungen und der Betonung innerweltlicher Leistungsbereitschaft. In seinem 1632 publizierten Buch über das *Jüngste Gericht*[16] erläuterte er, dass es einem Menschen nütze, wenn er sich im Beruf ordentlich erweise. Im Pietismus wurde diese Forderung dann als „Treue im Kleinen" bezeichnet. Auch für die großen Seelenführer im Katholizismus bestand kein Widerspruch zwischen Frömmigkeit und beruflicher Tüchtigkeit, im Gegenteil. Der vom Geist einer katholischen Erneuerung inspirierte Franz von Sales, der leitende Theologe der Jansenisten Antoine Arnauld, der spanische Mystiker Miguel de Molinos und der französische Quietist Francois Fénélon, sie alle empfahlen ihren Anhängern, vorbildliche Religiosität zu ergänzen durch vorbildliche Sittlichkeit, zu der dann auch die vorbildliche Erfüllung der beruflichen Pflichten gehöre. Von den englischen Puritanern wurde vor allem Müßiggang und Zeit-

---

15 Neu und mit allen einschlägigen Materialien ediert von Schluchter, Wolfgang, Max Weber. Asketischer Protestantismus und Kapitalismus. Schriften und Reden 1904–1911. Tübingen 2014.
16 Nürnberg 1632. Teil einer Serie von Ausführungen über das Himmlische Jerusalem (Coburg 1627) und das Höllische Sodoma (Coburg 1630).

verschwendung angeprangert. Jeder Christ sei, so betonten sie, vor Gott direkt verantwortlich für die ihm anvertraute Zeit ebenso wie für den ihm von Gott anvertrauten Besitz. Die sinnlose Verschleuderung von Zeit war für sie eine schwere Sünde, vergleichbar mit der Verschwendung von Besitz. Im Puritanismus können wir deshalb ebenso wie im Jansenismus und später im Pietismus so etwas wie ein Hochspannungsnetz berufsethischer Energien beobachten. Über alle theologisch-konfessionellen Grenzen hinweg wurden in der Phase, in der die klimatischen Veränderungen das Leben gerade der unteren und mittleren sozialen Schichten so außerordentlich erschwerten, somit berufsethische Kräfte mobilisiert. In der Folge wurden diese in weiten christlichen Kreisen in einem so hohen Maße internalisiert, dass berufsethische Tugenden gleichbedeutend mit den elementaren christlichen Tugenden wurden. Es lohnt sich deshalb, die erbaulichen Werke jener Epoche auch als Ausdruck einer Krisenideologie zu lesen, deren Ziel es war, das Überleben unter den Bedingungen der ‚Kleinen Eiszeit' zu ermöglichen.

3. Aus der Angst zur Hoffnung auf das ewige Leben

Zahlreiche Prediger, auch theologisch gebildete und in religiösen Dingen engagierte Laien, begnügten sich in den Jahrzehnten zwischen 1580 und 1720 nicht damit, ihren Zeitgenossen erbauliche Ratschläge zu geben. Überall dort, wo die Not besonders groß war, oder doch besonders groß zu werden drohte, überall dort, wo die Furcht vor der immensen Bedrohung des eigenen Lebens wie der allgemeinen Lebensverhältnisse weder durch sittliche Ermahnungen noch durch Aufrufe zur Buße zurückgedämmt werden konnte, setzte sich bei Gläubigen wie bei vielen ihrer Hirten das Bedürfnis nach einer genaueren heilsgeschichtlichen Orientierung durch. Wann würde der wiederkehrende Christus die große Not beenden, so lautete die entscheidende Frage. Kein Gegenargument hielt den verführerischen Überlegungen von der baldigen Errettung aus allen Übeln dieser Welt stand. Fast alle frommen Christen erwarteten ein Ende der Not ihrer Zeit allein durch Gottes direkte Intervention. Was sie bewegte, war ein einziges, elementares Bedürfnis, die Frage nämlich, wann der wiederkehrende Christus sie von aller Not, Angst und Pein erlösen und aus dem irdischen Jammertal in den himmlischen Freudensaal führen würde.[17]

---

17 Lehmann, Hartmut „Not, Angst und Pein: Zum Begriff der Angst in protestantischen Kirchenliedern des späten 16. und frühen 17. Jahrhunderts", in: Zeitschrift für Kirchengeschichte 117, 297–310; auch in: ders., Transformationen der Religion in der Neuzeit. Göttingen 2007, 85–102, sowie ders., Das Zeitalter des Absolutismus, 123–135.

Insbesondere protestantische Autoren begnügten sich seit dem ausgehenden 16. Jahrhundert nicht mehr damit, von Christi Wiederkunft in allgemeinen Worten zu reden. Vielmehr begannen einige von ihnen zu berechnen, wann das Ende der bestehenden Weltordnung zu erwarten sei. Ihre besondere Aufmerksamkeit galt dabei den sogenannten ‚Zeichen der Zeit'. Das waren in ihren Augen untrügliche heilsgeschichtliche Hinweise und Daten, aus denen man, wenn man sie richtig auslegte, mit einem hohen Maß an Sicherheit schließen konnte, wann sich Christi Wiederkunft ereignen würde. Höchst Unterschiedliches wurde in solchen eschatologischen Rechnungen herangezogen: Unerwartete Ereignisse in der Natur wie Erdbeben oder Sturmfluten, schwer zu erklärende Himmelskörper, auch politische Unruhen. Die einschlägige Argumentation beruhte aber, wie im Rückblick zu erkennen ist, auf einem simplen Muster: Je grösser die Not, je stärker die Verzweiflung, desto verlockender, desto intensiver war die Hoffnung.

Ein Blick auf die Zeitverhältnisse hilft, diese Sichtweise zu verstehen. In der Zeit um 1600 waren insbesondere die Protestanten von den machtpolitischen Erfolgen des Papsttums beeindruckt. Dass ihre Furcht nicht unbegründet war, haben Historiker schon vor über einer Generation nachgewiesen. Während der Protestantismus in Europa um 1600 etwa schon vierzig Prozent der gesamten Bevölkerung erfasst hatte, bekannten sich zwei Generationen später, also in der Zeit um 1650, nur noch gut zwanzig Prozent der Europäer zum neuen Glauben. In Frankreich, wo sich zu Beginn der Hugenottenkriege etwa die Hälfte des Adels und ein Drittel des Bürgertums dem reformierten Glauben angeschlossen hatte, waren die Protestanten bereits 1628 in eine militärisch aussichtslose Minderheitsposition zurückgedrängt. Die Habsburger hatten inzwischen den böhmischen Protestantismus vernichtet. Im Alten Reich litten die protestantischen Territorien besonders unter den Kriegshandlungen. Die Angst der Protestanten vor dem gegenreformatorischen Papsttum war also durchaus real und wohl begründet. Zahlreiche Protestanten, und zwar Protestanten aller Richtungen, glaubten in den Erfolgen der katholischen Seite den letzten und entscheidenden Vorstoß des Antichristen zu erkennen, auf den dann aber dessen entscheidende Niederlage und Christi Wiederkunft folgen würden. Es gab somit für Protestanten durchaus einen realen Grund, der sie hoffen ließ, Christi Wiederkunft könne nicht mehr fern sein. Erst im Rückblick wissen wir, dass im 17. Jahrhundert mit den Niederlanden und mit England die wirtschaftlich stärksten Länder Europas der Sache des neuen Glaubens treu geblieben waren. Außerdem hatten die protestantischen Emigranten die politische und wirtschaftliche Kraft der verbliebenen protestantischen Länder, in denen sie aufgenommen wurden, gewaltig gestärkt.

Protestanten wie Katholiken waren überdies seit dem ersten Drittel des 16. Jahrhunderts und erneut im 17. Jahrhundert erfüllt von einer geradezu panischen Angst vor den Türken. Türkenpredigten und Türkengedichte fanden schon seit den 1530er Jahren und erneut seit dem ausgehenden 16. Jahrhundert reißenden Absatz.[18] Schon Luther hatte die Türken als gefährliche Verbündete des Teufels bezeichnet und seine Ausführungen mit Argumenten aus der Apokalypse begründet. Als die Türken 1683 bis nach Wien vorstießen und die Hauptstadt des Alten Reichs belagerten, erfasste die Türkenfurcht erneut weite Teile der Bevölkerung in Mitteleuropa. Auch hier sind wir erst im Rückblick klüger und wissen, dass mit dem Jahr 1683 die Türken den Höhepunkt ihrer Macht erreicht hatten und dass sie danach binnen relativ kurzer Zeit weit zurückgedrängt wurden.

Auf kaum noch nachvollziehbare Weise waren die Menschen des späten 16. und des 17. Jahrhunderts außerdem von Kometen fasziniert.[19] Kometen galten ihnen als direkte Warnungen eines erzürnten Gottes, der, wie man glaubte, Kometen an den Himmel setzte, um den Menschen schwere Strafen anzukündigen, wenn sie nicht bereit waren, Buße zu tun und sich zu bessern. Kometen wurden von den Zeitgenossen auch als Fackeln gedeutet, die Gott angezündet hatte und demonstrativ aus seinem Himmelsfenster zeigte, um die sündige Menschheit ultimativ vor Strafen zu warnen. Nachdem schon im 16. Jahrhundert jedes Mal, wenn ein Komet am Himmel zu sehen war, eine Reihe von Flugschriften publiziert wurde, nahm die Kometenliteratur im 17. Jahrhundert beeindruckende Ausmaße an. Über die drei Kometen des Jahres 1618 erschienen nicht weniger als 120 Flugschriften, alle erfüllt von den düstersten Prophezeiungen, die dann auch noch durch die militärischen Ereignisse der folgenden Zeit postwendend in Erfüllung zu gehen schienen. Über die Kometen der Jahre 1664/65 wurden etwa 130 Flugschriften publiziert, über den Kometen des Jahres 1680 waren es nicht weniger. Nur die allerwenigsten Autoren, so etwa Pierre Bayle, waren im Jahre 1680 bemüht, diese besondere Himmelserscheinung astronomisch und damit wissenschaftlich zu erklären. Für die weit überwiegende Zahl der Autoren waren Kometen dagegen selbst im späten 17. Jahrhundert immer noch eindeutig unheilbringende Zornruten Gottes. „Schau, ein neuer Schreck-Comet", hieß es auf einem Einblattdruck des Jahres 1680, „uns am Himmel vorgestellt. Als ein Gottes Straff Prophet, wo man nicht zu Füssen fällt. Mit gesamter Herzens Buß, Gott der da erzürnet ist, anderst er sonst straffen muß. Merck, erkenns mein guter Christ".[20]

Schließlich erhoben besorgte Christen auch die religiösen Zustände ihrer Zeit in den Rang von göttlichen Zeichen, die sie zusammen mit anderen Zeitzeichen als Beweis für die bevorstehende Wiederkunft Christi anführten. Der bereits erwähnte Lutheraner Johann Matthäus Meyfart gab beispielsweise in seinem umfangreichen

---

18 Schulze, Winfried, Reich und Türkengefahr im späten 16. Jahrhundert. Zu den politischen und gesellschaftlichen Auswirkungen einer äußeren Bedrohung, München 1978.

19 Lehmann, Hartmut, „Die Kometenflugschriften des 17. Jahrhunderts als historische Quelle", in: Brückner, Wolfgang/Blickle, Peter/Breuer, Dieter (Hrsg.), Literatur und Volk im 17. Jahrhundert. Probleme populärer Kultur in Deutschland, Bd. 2, Wiesbaden 1985, 683–700.

20 Gulyas, Paul, „Vier Einblattdrucke über den Kometen vom Jahre 1680", in: Zeitschrift für Bücherfreunde 3, II, 329.

Werk *Das Jüngste Gericht* 1632 eine lange Liste jener „Vorboten", die vom nahen Ende zeugten. Die Ketzereien vermehrten sich, schrieb er, Krieg und Aufruhr nähmen allenthalben zu: „Darnach ist es am hellen Tag/daß nunmehr der gantze Erdkreiß durch Krieg und Empörung verunruhiget werde. Das ganze Europa führet die mörderische Waffen wider seine Grentze/wider seine Glieder/wider seine Freunde/wider seine Nachbarn/auch wider seine Blutsverwandte und Nächstangehörige". Mehr noch: „Der tyrannische Krieg hat aus der alten nach der neuen Welt übergeschiffet/und daselbst auch schon einen steiffen Fuß gesetzt". So würden in seiner Zeit alte Weissagungen erfüllt, „weil fast kein Wasser ist/das seine Fluthen nicht mit Menschen-Blut färbet/und kein Land/das seine Felder nicht mit Menschen-Blut befeuchtet. Und diese Feindseligkeit währet das volle Jahr durch; und mag durch Bündnisse nicht hingeleget/vielweniger durch Verträge abgewendet werden". Dazu kämen Missernten, Seuchen, Erdbeben: „Der Herr hat unter uns gesendet Unfall/Ungnad und Unglück in allem/was wir für die Hand genommen und gethan haben", klagte Meyfart, „der Herr hat den Menschkindern Sterbdrüsen angehenget/dieselben geschlagen mit Geschwulst/Fieber/Hitz/Brunst/ Dürre/gifftiger Lufft und Geelsucht". Allenthalben würden auch die rechtgläubigen Christen verfolgt: „Dieselben werden geängstigt/verbannet und durchächtet mit Schreckbrieffen/mit Gefängnuß/mit Einziehung der Güter/mit Einlägerung der Kriegs-Gurgeln/mit Verbietung des Landes/mit Schwert und Stricken/mit Wasser und Feuer". Vor allem aber seien schreckliche Laster sowohl im weltlichen als auch im geistlichen Stand zu beobachten, schließlich, so weiter Meyfart, auch ungeheuerliche Zeichen am Himmel, nicht zuletzt das Kreuzeszeichen. Dies alles sei für die Gläubigen ein Grund zu großer Freude, für die Sünder dagegen Anlass zu großer Angst, da es sich um nichts anderes als um die finale Zuspitzung lange vorher angelegter Entwicklungen handle. Wahre Christen sollten erkennen, dass die Heilsgeschichte ihrem entscheidenden Wendepunkt zustrebe.[21]

Den Freuden, die die wahren Christen nach dem Jüngsten Gericht erwarteten, widmete Meyfart eine besondere Schrift: *Das Himmlische Jerusalem oder das ewige Leben der Kinder Gottes*. Drastisch und ebenso ausführlich ging er in einem weiteren Buch über *Das höllische Sodoma* auf die Schmerzen und Qualen in der Hölle ein. Alle drei Bücher brachte er binnen weniger Jahre zum Druck: Zuerst 1627 das Werk über *Das himmlische Jerusalem*, das versprach Verheißung und Erlösung, dann 1630 die Abhandlung über *Das höllische Sodoma*, das war Mahnung und Abschreckung zugleich, schließlich 1632 die Überlegungen zum *Jüngsten Gericht*, die seine eigene Zeit in die Heilsgeschichte einordneten. Alle drei Werke wurden im weiteren Verlauf des 17. Jahrhunderts mehrfach aufgelegt, am häufigsten die Abhandlung über das Jüngste Gericht, von der schon bis zum Jahre 1672, also innerhalb von vierzig Jahren, nicht weniger als acht Auflagen gedruckt wurden.

---

21 Hier benützt die Ausgabe Nürnberg 1710. Zitate 92, 107, 213–216.

Zeitgenossen von Meyfart publizierten präzise und ausführliche Listen mit Zeitzeichen, die vom unmittelbar bevorstehenden Jüngsten Gericht kündeten, so etwa der Dortmunder Superintendent Christoph Scheibler. In seinem 1630 erschienenen *Manuale ad Theologiam Practicam, Vom Ewigen Leben/Hellischen Verdambnuß/Todt/und Aufferstehung/und jüngsten Gericht* beschrieb er Zeichen am Himmel, im Meer und auf der Erde, Kriege, Pest und Teuerung, falsche Propheten, die Bangigkeit der Menschen und deren Sünden. Zum Punkt „Bangigkeit" schrieb er, es sei „auch wahr/daß den Leuten bang ist/die auff Erden wohnen. Sie werden geplagt bey gegenwärtigem geistlichen und leiblichen Betrübnuß". Sie würden „perplex" und wüssten weder Rat noch Hilfe. Aber „noch mehr ist ihnen bang/vor Furcht der Dinge/die da kommen werden/da man sich immer besorget/das große Elendt möchte immer größer werden. Darüber lauffen viel Leut von Hauß und Hof/viel verzweifeln gar/und wer mag alle Bangigkeit/und deren Ursach erzehlen". Dass wahre Christen keinen Grund zu solcher Bangigkeit haben sollten, machte Scheibler klar, wenn er hinzusetzte, die Erlösung sei nahe, auch wenn er keinen genauen Zeitpunkt nennen könne: „Ihr Auserwehlten/und Heiligen eweres Gottes/so erhebet ewer Augen empor/frewet euch/und gedencket/daß sich ewer Erlösung nahet".[22] So lösten die katastrophalen innerweltlichen Zustände bei Scheibler zwar große Sorgen aus, interpretiert als Zeitzeichen lenkten diese Sorgen dann aber seinen Blick auf die mit dem Jüngsten Gericht nahende Erlösung. Aus der Krise der Zeit entsprang für viele fromme Christen des 17. Jahrhunderts somit fast zwangsläufig die Beschäftigung mit den letzten Dingen. Auf diese Weise erhielt die Not der Zeit eine faszinierende heilsgeschichtliche Bedeutung.

Die meisten eschatologischen Zeugnisse des 17. Jahrhunderts stammen aus England, und dort besonders aus der Feder von Puritanern, dann aus dem Alten Reich, und dort neben Lutheranern vor allem von Calvinisten, ferner aus den Niederlanden, aus den protestantischen Gemeinden in Frankreich, aus Polen, Ungarn und Siebenbürgen. Immer wieder wurde versucht, das Datum der Wiederkunft Christi zu bestimmen. Manche Autoren waren einigermaßen vorsichtig, so zum Beispiel Johann Arndt. Im Vorwort zum ersten seiner *Bücher vom wahren Christentum* schrieb er, der „Tag unseres Herrn Jesu Christi" sei „nahe vor der Thür".[23] Das war deutlich und doch zugleich unbestimmt. Andere legten sich dagegen fest, so etwa der durch seine Kirchenlieder heute noch bekannte deutsche lutherische Hofprediger Philipp Nicolai. Nach seinen 1607 publizierten Berechnungen sollten das Weltenende und das Jüngste Gericht im Jahr 1670 stattfinden.[24] Nicht mehr er selbst, wohl aber seine Kinder, wenn sie lange genug lebten, und gewiss seine Enkel würden also Christi Wiederkunft erleben.

---

22 Frankfurt a. M. 1630, 639f.
23 Vier Bücher vom wahren Christentum, Bd. 1, Frankfurt 1605, Vorwort.
24 Commentarium de Regno Christi, Vaticiniis Propheticis et Apostolicis Accomodatorum, Frankfurt 1607.

Das Thema des Jüngsten Tages wurde in vielen deutschen Kirchenliedern des 17. Jahrhunderts behandelt, neben Philipp Nicolai so etwa auch von Johann Rist und Johann Matthäus Meyfart. Naherwartung und Erlösungssehnsucht gingen ebenso in die zeitgenössische Lyrik ein. In dem posthum veröffentlichten Gedicht *Gedanken über die Zeit* klagte der 1640 im Alter von 31 Jahren gestorbene Paul Fleming, einer der bekanntesten deutschen Barockdichter: „Ach daß doch jene Zeit, die ohne Zeit ist, käme und uns aus dieser Zeit in ihre Zeiten nähme".[25] In dem großen poetischen Werk von Andreas Gryphius sind zahlreiche eschatologische Aussagen zu finden. Auch für ihn war der Tag des Jüngsten Gerichts, den er als Tag des Triumphes von Jesus Christus über alle seine Feinde feierte, nicht mehr fern. Entsprechende Überlegungen sind ebenso in den Werken anderer schlesischer Dichter zu finden. In ihren Gedichten spiegelt sich somit das besonders schwere Schicksal ihrer Heimat.

Die theologischen Positionen der einzelnen Personen, deren Gedanken sich auf die Endzeit konzentrierten, waren höchst unterschiedlich. Manche vertraten eine Art spiritualistischen Chiliasmus, erwarteten also ein tausendjähriges messianisches Friedensreich, andere eine politisch orientierte radikale Version des Chiliasmus. So begeisterten sich Calvinisten im Westen des Alten Reichs zuerst für den pfälzischen Kurfürsten Friedrich V. als Heilsbringer, den die böhmischen Stände 1618 zu ihrem König wählten. Nach dessen Niederlage richteten sich ihre Hoffnungen auf den schwedischen König Gustav Adolf. Manche dieser Endzeitpropheten orientierten sich an der Pansophie, der sogenannten Allweisheitskonzeption eines Valentin Weigel oder eines Jakob Böhme, andere vertrauten der Theosophie. In England glaubten viele an den Prämillenarismus, nach dem Christus vor Anbruch des Tausendjährigen Reiches auf die Erde kommen würde, andere dagegen dezidiert an den Postmillenarismus, bei dem Christus erst nach dem Ende des Tausendjährigen Reiches wiederkehre. Und unter jenen, die sich für den Chiliasmus begeisterten, sind noch einmal solche zu unterscheiden, die an ein künftiges einmaliges Millennium glaubten, während andere von einem doppelten Millennium ausgingen. Solche Differenzen sollten aber nicht überbetont werden. Was alle diese Gruppen einte, war die Hoffnung auf ein nahes Ende der Not, die sie tagtäglich erlebten.

Seit den 1630er Jahren hatte sowohl im Alten Reich wie auch in England das eschatologische Lehrbuch *Diatribe de Mille Annis Apocalypticis* des siebenbürgischen Universalgelehrten Johann Heinrich Alsted besonderen Einfluss. Es wurde 1627 zunächst in lateinischer Sprache und dann in Übersetzung in eine Reihe anderer Sprachen publiziert. In diesem *Christlichen und wolgegründeten Bericht von der künfftigen Tausendjährigen Glückseligkeit der Kirchen Gottes auf Erden*, so der Untertitel der deutschen Ausgabe von 1630, sagte Alsted einleitend, dreierlei sei wichtig, um

---

25 Deutsche Gedichte, Stuttgart 1865.

die für seine Zeit maßgeblichen Weissagungen zu verstehen: Erstens „das Licht
und die Gnade des Heiligen Geistes", zweitens „eine gottselige und fleißige Lesung
und gegen einander Haltung der Prophezeyungen" und drittens „die Erfüllung der
Weissagung/und also die Erfahrung", die „gleichsam Schlüssel" sei, „damit die
Prophezeyung eröffnet wird". Durch ausführliche Bemerkungen zur heilsgeschichtlichen Chronologie sowie mit dem Hinweis auf „mancherley Wunderzei-
chen/als Newe Stern und Cometen: Item Erdbeben" begründete Alsted dann seine
Aussage, spätestens im Jahre 1694 werde Christus wiederkommen. Von seiner eigenen Zeit erwartete er, dass „die Kirche durch die Verfolgung/so sie jetzo erduldet/
gleichsam ausgebrand/gereiniget und erleutert (gemeint ist: geläutert) werden
solle", ferner die Bekehrung der Juden und schließlich die Zerstörung des Antichristen. Nicht weniger als 66 Bibelstellen aus dem Alten und dem Neuen Testament zog Alsted heran, um seine Argumente zu begründen und um seine Widersacher zu widerlegen.[26] Alsted verstand sich somit als Wissenschaftler, der auf der
Höhe der theologischen und philosophischen Auseinandersetzungen seiner Zeit
war. Seine Argumentation wies ihn als einen klugen scharfsinnigen Denker aus.
Erst im 19. und im 20. Jahrhundert sollten die Differenzen zwischen Theologie und
sogenannter exakter Wissenschaft schärfer werden. Solche Frontstellungen waren
Alsted und seinen Zeitgenossen fremd.

In dem weiten Netzwerk der Chiliasten und Endzeitpropheten wirkten gelehrte
Theologen wie der württembergische lutherische Theologe Johann Valentin Andreae und der elsässische Reformierte Johannes Piscator, ebenso aber auch Phan-
tasten wie der Schlesier Stephan Kotter, der Pfälzer Johannes Plaustrarius und ein
mystischer Spiritualist wie Paul Felgenhauer sowie Visionäre wie die junge Polin
Christina Poniatovska oder der sächsische Bauer Johann Warner. Kein Geringerer
als der große tschechische Theologe und Pädagoge Johann Amos Comenius war
von Andreae und Alsted beeinflusst. Ehe er seine grundlegenden pädagogischen
Schriften veröffentlichte, publizierte Comenius 1657 die Prophezeiungen von Kotter und Christina Poniatovska zusammen mit den Revelationen des langjährigen
Vorstehers der mährischen Brüderunität Nikolaus Drabik unter dem Titel *Lux in
Tenebris*.[27] Die Hoffnung, Unterstützer für seine Pläne zu einer Generalreform der
Welt zu finden, führte Comenius 1641 von Polen nach England, von dort nach
Schweden und dann zurück nach Polen, wo er seit 1648 als Bischof der Böhmi-
schen Brüder wirkte. Unter dem Einfluss von Nikolaus Drabik richteten sich die
chiliastischen Hoffnungen von Comenius nunmehr auf die Fürsten von Siebenbür-
gen, Georg I. Rákóczy und Georg II. Rákóczy, von denen er den entscheidenden
Schlag gegen die Habsburger und die Jesuiten erwartete, ehe er Mitte der 1650er

---

26 Frankfurt 1630, 16, 132. Siehe Hotson, Howard, Johann Heinrich Alsted. 1588–1638. Be-
    tween Renaissance, Reformation, and Universal Reform. Oxford 2000.
27 O. O. 1657. In erweiterter Fassung als Lux e Tenebris, o. O. 1665.

Jahre den Sieg der Sache der Wahrheit von einem Bündnis zwischen Siebenbürgen, dem Schweden Karl Gustavs und dem England Cromwells erhoffte. 1670 starb Comenius im Exil in Amsterdam. Endzeithoffnungen ließen sich für ihn zu keinem Zeitpunkt von den politischen Konflikten der Zeit trennen.

In keinem europäischen Land war das apokalyptische Denken weiter verbreitet, intensiver und vor allem politisch wirksamer als im England der 1640er und 1650er Jahre. Dort war die Hoffnung auf eine Totalerneuerung der Welt nicht etwa nur das Hirngespinst einer kleinen Gruppe von Sektierern, sondern die Überzeugung breiter Kreise. Gestützt auf John Foxes *Acts and Monuments,* einer umfassenden Würdigung der christlichen Märtyrer, die zuerst 1563 und später in zahlreichen Neuauflagen im Druck erschien, sowie auf Martin Bucers *De Regno Christi* von 1557 bekämpften viele der englischen Protestanten den Papst als den Antichristen, wobei sie, je nach politischer und kirchlicher Einstellung die entscheidenden Taten vom *Godly Prince,* dem englischen König als einem neuen Konstantin, von den *Godly Bishops,* von einer von Gott inspirierten Priesterschaft, vom *Godly People,* von den Engländern als Volk eines neuen Bundes, oder vom *Godly Parliament,* dem Parlament als einer Körperschaft von *Saints,* von Heiligen, erwarteten. Während des englischen Bürgerkriegs beherrschte die Naherwartung alle politischen Debatten. In vielen Kirchen, aber vor allem im Parlament in Westminster wurden Predigten über die nahe Wiederkunft Christi gehalten.[28] Viele fromme Engländer sahen es nun als ihre Aufgabe an, den Antichristen im eigenen Land zu bekämpfen. Zahlreiche Geistliche und Laien beschäftigten sich auf eine geradezu obsessive Weise mit heilsgeschichtlicher Chronologie und den Zeichen der Zeit. Als Zeitpunkt für die Wiederkunft Christi wurden im England der 1620er und 1630er Jahre von verschiedenen Endzeitpropheten unterschiedliche Daten von 1641 bis 1666 genannt, gelegentlich aber auch spätere Jahre, so 1670, 1686. Der feste Glaube, direkt zum Sieg Christi über den Antichristen beizutragen, inspirierte nicht zuletzt den Lordprotektor von England, Schottland und Irland, Oliver Cromwell während des Englischen Bürgerkriegs zur Neuorganisation seines Heeres, der *New Model Army.* Auf dem Höhepunkt des Englischen Bürgerkriegs propagierten die *Fifth-Monarchy-Men* (auch: Quintomonarchisten), eine radikal-chiliastische Richtung, die Lehre, es gelte, um Christi Wiederkunft zu bewirken, die bestehende Weltordnung mit Waffengewalt zu beseitigen. Aus der Endzeiterwartung wurde im damaligen England große Politik. Erst nach Cromwells Tod und nach der Restauration 1660 verloren die eschatologischen Spekulationen einen großen Teil ihrer Faszination. Zu viele der für die Wiederkunft Christi exakt vorhergesagten Daten waren inzwischen verstrichen. Zu kläglich hatten die *Saints* in der Politik Schiffbruch erlitten. Aber erst eine Generation danach, erst im späten 17. Jahrhundert, nach der *Glori-*

---

28 Wilson, John F., Pulpit in Parliament. Puritanism during the English Civil War 1640–1648, Princeton, N. J., 1969.

ous Revolution von 1688, trennten sich die meisten englischen Protestanten von dem Glauben, sie lebten tatsächlich in der Endzeit.

4. Aus der Not zur Repression

Die Seuchen und die Kriege des 14. und frühen 15. Jahrhunderts, die von Historikern häufig mit dem Begriff „Krise des 14. Jahrhunderts" charakterisiert werden, dezimierten die Bevölkerung in weiten Teilen Europas und lösten weitreichende soziale, wirtschaftliche, politische und geistige Veränderungen aus, nicht zuletzt die Verfolgung der in Europa lebenden Juden und ihre Vertreibung aus vielen Städten und Ländern. Ökonomische und religiöse Motive waren dabei ausschlaggebend. Während Prediger den Juden die Schändung von Hostien und die rituelle Tötung von Christenkindern vorwarfen und zum Kampf gegen die Nachfahren jenes Volkes aufriefen, das Christi Botschaft abgelehnt und diesen ans Kreuz geschlagen hatte, entledigten sich christliche Kaufleute und Handwerker kurzerhand der jüdischen Konkurrenz. Vom Jahr 1290, als die Juden aus England vertrieben wurden, bis zu den Jahren 1492 und 1498, als sie Spanien und Portugal verlassen mussten, hatte die jüdische Minorität in vielen europäischen Ländern immer wieder die Rolle des Sündenbocks für all das Unglück zu übernehmen, das ihre christlichen Zeitgenossen nicht verstehen konnten und nicht als den Willen Gottes akzeptieren wollten. Im ausgehenden 14. Jahrhundert wurden in Frankreich die meisten jüdischen Gemeinden aufgelöst. Noch im ausgehenden 15. Jahrhundert und zu Beginn des 16. Jahrhunderts vertrieben viele Städte und Territorien des Alten Reichs die dort lebenden Juden. Selbst dort, wo sich in jener Zeit in West- und Südeuropa Juden halten konnten, wurden sie in rechtlichen Belangen diskriminiert, in ihrer sozialen Stellung diskreditiert, in religiöser Hinsicht diffamiert und oft genug an Leib und Leben bedroht.

Als sich im ausgehenden 16. Jahrhundert die Lebensverhältnisse in vielen Teilen Europas rapide verschlechterten, kam es dort, wo noch Juden wohnten, erneut zu schweren Pogromen, insgesamt jedoch, mit der Ausnahme von Polen, zu keiner neuerlichen Katastrophe, die mit jener des 14. und 15. Jahrhunderts vergleichbar wäre.[29] Die Hetze gegen Juden war aber auch in der Zeit um 1600 schlimm genug. Wieder hieß es, die Juden seien an dem ganzen Elend der Zeit schuld. Von gegenreformatorischem Eifer beseelte Katholiken und treue Protestanten, die sich an

---

29 Battenberg, Friedrich, Die Juden in Deutschland vom 16. bis 18. Jahrhundert, München 2001; Meyer, Michael A./Brenner, Michael, Deutsch-jüdische Geschichte in der Neuzeit, 4 Bde., München 1996/97; Litt, Stefan, Geschichte der Juden Mitteleuropas 1500–1800, Darmstadt 2009.

die Judenschriften des alten Luther erinnerten, standen sich dabei in nichts nach. In Italien hatte Papst Paul IV. mit der 1555 erlassenen Bulle *Cum nimis absurdum* den Auftakt zu erneuter Diskriminierung der Juden gegeben, die nunmehr in wenige Ghettos in Nord- und Mittelitalien zurückgedrängt wurden. Zu Beginn des 17. Jahrhunderts wurden dann aus Spanien und Portugal Tausende von Marranen, zwangsweise zum Christentum bekehrte Juden, vertrieben. Im Alten Reich wurde 1614 das Judenviertel von Frankfurt und 1615 das Ghetto in Worms gestürmt, wobei es dem Kaiser in beiden Fällen erst nach einiger Zeit und nur mit erheblicher Mühe gelang, die Juden zu schützen und an ihre Wohnorte zurück zu bringen. Doch der kaiserliche Schutz war nicht von Dauer. In Wien, wo es 1611, 1645 und 1660 zu Pogromen kam und wo der Magistrat immer wieder vergeblich versuchte, die Juden loszuwerden, stimmte Kaiser Leopold schließlich 1668/70 der Vertreibung der in der Stadt verbleibenden 1600 Juden zu. Überall hatte sich inzwischen im Alten Reich die Lage der Juden verschlechtert. Repressive, meist im Zusammenhang mit Landesordnungen erlassene Judenordnungen schränkten den jüdischen Gemeinden zugebilligten Lebensraum ein. Als Gegenleistung für gewährte Duldung mussten die Juden hohe und immer wieder gesteigerte Abgaben zahlen. Die weit verbreitete Judenfeindlichkeit äußerte sich in Gewalt und vielerlei Schikanen, die von den Obrigkeiten nicht geahndet wurden. Die nach spanischem und italienischem Vorbild auch im Alten Reich gegründeten Totenbruderschaften sorgten sich nicht nur darum, dass ihre Mitglieder ein gut christliches Begräbnis erhielten, sondern bekämpften ebenso eifrig alle Juden. Katholische und evangelische Autoren polemisierten scharf gegen den jüdischen Glauben und warnten Christen, mit Juden irgendwelchen Kontakt zu haben. Sie sollten, um sich zu schützen, nicht in deren Nähe wohnen, keine jüdischen Ärzte konsultieren, keine Geschäfte mit ihnen eingehen. Während der schweren Wirtschaftskrise zu Beginn des Dreißigjährigen Kriegs, der sogenannten Kipper- und Wipperzeit, hatten Juden besonders zu leiden. Viele Leute glaubten, sie seien an der rapiden Geldverschlechterung schuld. In Städten im Osten des Alten Reichs, etwa in Breslau, wurden Juden als Agenten und Spione der Türken verdächtigt und verfolgt. Die Lübecker überfielen 1665 die Juden, die sich 1648 im nahegelegenen Moisling niedergelassen hatten und taten auch in den folgenden Jahrzehnten alles, um deren Leben zu erschweren. Selbst in Hamburg, wo der Senat die zwischen 1601 und 1612 in die Stadt gezogenen Marranen aus ökonomischen Erwägungen heraus schützte, kam es insbesondere in den 1630er und 1640er Jahren zu erheblichen Spannungen zwischen den Einheimischen und den Juden, die nicht zuletzt von der evangelischen Geistlichkeit geschürt wurden.

Zu den schwersten und folgenreichsten Judenverfolgungen im damaligen Europa sollte es um die Mitte des 17. Jahrhunderts in Polen kommen. Als sich 1648 unter der Führung von Bohdan Chmelnyzkyj die Kosaken erhoben, gerieten die Judengemeinden in Podolien, Wolhynien, der Ukraine und Weißrussland in eine fatale Situation. In den Augen der Aufständischen galten die Juden, von denen viele als Pächter auf den Gütern von polnischen Adligen lebten, als Exponenten der polnischen Herrschaft. Außerdem glaubten die Kosaken, die katholischen Polen hätten sich mit den Juden verbündet, um den griechisch-orthodoxen Glauben auszurotten. Die polnischen Adligen dachten aber nicht daran, sich besonders für die jüdischen Gemeinden einzusetzen. Da das polnische Heer den Kosaken zunächst unterlegen war, kam es für die Juden in Polen zur Katastrophe. Binnen weniger Jahre wurden mehr als 250 000 Juden getötet. Mehr als 700 jüdische Gemeinden wurden zerstört. Als wenig später zuerst die Schweden und dann die Russen in Litauen einfielen, blieb von den im 16. Jahrhundert kulturell so bedeutsamen jüdischen Gemeinden Polens nichts mehr übrig. Diejenigen Juden, die sich retten konnten, zogen wiederum nach Westen, wo sich aber nur wenige auf Dauer niederlassen, in Sicherheit leben und wirtschaftlich etablieren konnten. Viele mussten sich als sogenannte Betteljuden durchschlagen und ein Leben am Rand der Gesellschaft führen, was wiederum die Vorurteile gegen die Juden verstärkte.

Wie groß der psychische Druck war, unter dem alle jüdischen Gemeinden im damaligen Europa standen, zeigte sich wenige Jahre nach dem polnischen Pogrom. Als 1665 aus Ägypten die Nachricht nach Mittel- und Osteuropa drang, ein neuer Messias sei erschienen, erfasste eine ungeheure Erregung die jüdischen Gemeinden. In der Stunde der größten Not, so musste es erscheinen, war der Erlöser gekommen. Er hieß Sabbatai Zewi.[30] Von dessen Erleuchtungen kündete Nathan von Gaza, sein Prophet. In vielen jüdischen Gemeinden Europas wurden jetzt Huldigungsschreiben an diesen Messias verfasst. Abgesandte suchten ihn auf. Manche Juden verkauften ihren Besitz und bereiteten ihre Auswanderung in das Gelobte Land vor. Die Erregung erfasste selbst viele Juden in den vergleichsweise wohl situierten großen jüdischen Gemeinden in Hamburg und Amsterdam. Binnen Jahresfrist kam es jedoch zum Eklat. Als Sabbatai Zewi 1666 von Ägypten nach Konstantinopel zog, wurde er von den türkischen Behörden verhaftet. Wenig später trat er, um Strafen zu entgehen, zum islamischen Glauben über. Dieser Schock führte jedoch keineswegs dazu, dass die meisten jüdischen Gemeinden nunmehr ihre endzeitlichen Hoffnungen aufgaben, die sich vorübergehend zu einer konkreten Aussicht auf Rettung aus der Not verdichtet hatten. Manche glaubten, Sabbatai Zewi sei nur für kurze Zeit entrückt und es gelte, sich auf seine Rückkehr vorzubereiten. Andere bezeichneten ihn dagegen als falschen Propheten. Noch im beginnenden 18. Jahrhundert kursierte in jüdischen Kreisen das Gerücht, die Wiederkunft des Sabbatai Zewi, der wie einst Moses vierzig Jahre in der Wüste gewesen sei, stünde unmittelbar bevor.

Wie weit die christliche Endzeiterwartung und der jüdische Messianismus, auch in der zugespitzten Form des Chassidismus,[31] miteinander verbunden waren, sich

---

30 Scholem, Gershom, Sabbatai Zwi, Der mystische Messias, Frankfurt 1992.
31 Dubnow, Simon, Geschichte des Chassidismus, 2 Bde., Berlin 1931.

gar gegenseitig beeinflussten und bestärkten, ist in der Forschung umstritten. Sicher ist, dass Christen und Juden unter dem Eindruck der schweren Zeit, in der sie lebten, in ähnlicher Weise alte Prophezeiungen reaktivierten. Als Angst und Not überhandnahmen, begannen Mitglieder beider Gruppen, Angehörige der Mehrheit ebenso wie Angehörige der Minderheit, die um ihr Seelenheil besorgt waren, sich auf die ihnen verheißene Hoffnung zu konzentrieren. Wenn insbesondere in protestantischen Ländern Europas in der neuerlichen Phase höchst schwieriger wirtschaftlicher und sozialer Verhältnisse die Verfolgung der Juden trotzdem einigermaßen in Grenzen blieb, dann lag das aber nicht an solchen bemerkenswerten und bisher noch nicht genügend erforschten religionspsychologischen Übereinstimmungen. Ausschlaggebend war vielmehr der insbesondere in chiliastisch gesinnten Kreisen verbreitete Glaube, in der Endzeit rückten Christen und Juden, Gottes Volk des Alten Bundes mit Gottes Volk eines Neuen Bundes, näher zusammen. Hans-Joachim Schoeps hat sich vor zwei Generationen mit diesem faszinierenden Thema in seinem Buch *Philosemitismus im Barock*, wie er seine 1952 publizierte einschlägige Studie nannte, gründlich beschäftigt.[32] Verfechter des Chiliasmus wie Paul Felgenhauer argumentierten, im Zusammenhang mit der Wiederkunft Christi würden auch die Juden zum christlichen Glauben bekehrt, um dann, gemeinsam mit den wiedergeborenen Christen, im Tausendjährigen Reich eine führende Rolle zu spielen. Von der Bekehrung der Juden sprachen auch Johann Heinrich Alsted und zahlreiche englische Theologen. In seiner 1667 in Amsterdam publizierten Schrift *Jugement Charitable et Juste sur l'Etat Present des Juifs* warb beispielsweise auch ein so kluger Mann wie der französische Protestant Jean de Labadie um mehr Verständnis für die Juden und drängte diese gleichzeitig, sie sollten Jesus als den wahren Messias, der schon gekommen sei und wiederkommen werde, anerkennen. In den Niederlanden setzten sich Petrus Serrarius und Pierre Jurieu für eine christlich-jüdische Annäherung in der Endzeit ein. Angeregt durch Labadie führte schließlich Philipp Jakob Spener nicht nur eine gemäßigte Form des Chiliasmus in das deutsche Luthertum ein. Teilaspekt der Spener'schen „Hoffnung besserer Zeiten" war vielmehr auch die Überzeugung, nunmehr könnten und müssten die Juden für Christi Botschaft gewonnen werden. Diese Position vertrat auch August Hermann Francke in Halle, wo kurz nach seinem Tod, 1728, mit dem von Heinrich Callenberg geschaffenen *Institutum Judaicum* die pietistische Judenmission ein organisatorisches Zentrum bekam.

Im England des 17. Jahrhunderts sollte auch auf diesem Gebiet die Endzeiterwartung zu einer im Vergleich zum Alten Reich sehr viel spektakuläreren Entwicklung führen. Schon um 1600 erlebte die Hebraistik an englischen Universitäten eine Blüte. Das Studium des Alten Testaments rückte in das Zentrum der calvinistischen Theologie. Seit den 1620er Jahren forderten dann führende Puritaner, in

---

32 Schoeps, Hans-Joachim, Philosemitismus im Barock, Tübingen 1952.

England sollten Juden wieder leben dürfen. Anders als im Alten Reich, wo der Kaiser aus ökonomischen Motiven Judengemeinden seinen speziellen Schutz verlieh, waren in England für die letztendlich politische Entscheidung, dass Juden nach England zurückkehren durften, aber weder ökonomische Motive noch eine Politik der religiösen Toleranz ausschlaggebend, sondern die Überzeugung, das Schicksal der Christen und der Juden sei in der Endzeit aufs engste miteinander verbunden. So argumentierte beispielsweise der schottische Puritaner John Durie, der gleichzeitig eine Union aller Protestanten favorisierte; diese Meinung vertrat auch der aus Ostpreußen stammende und nach England ausgewanderte Samuel Hartlib, der zu den geistigen Führern der Puritaner gehörte, und für solche Überlegungen war nicht zuletzt auch Oliver Cromwell aufgeschlossen. Von Amsterdam aus beobachtete der bedeutendste jüdische Gelehrte jener Zeit, Menasseh ben Israel, die Stimmung in England genau. Als die Puritaner die Macht übernahmen, nutzte er die Gunst der Stunde. In einer zunächst lateinisch geschriebenen und dann auch auf Englisch publizierten und dem englischen Parlament gewidmeten Studie betonte er, überall auf der Erde lebten verstreut Juden, außer in England. Ließe man sie auch dort wieder zu, dann seien die alten Prophezeiungen erfüllt und die Voraussetzungen für eine erneute Sammlung der Juden und damit für die Erneuerung der ganzen Welt gegeben. Solche Erwägungen waren Musik in endzeitlich gestimmten puritanischen Ohren. Als Menasseh ben Israel 1651 nach England reiste, konnte er Cromwell noch nicht überzeugen. Vier Jahre später, 1655/56, als England einen Krieg mit den wirtschaftlich überlegenen Holländern führte, war es aber so weit. Zwar wurde das gegen Juden verhängte Einwanderungsverbot nicht offiziell aufgehoben, Cromwell stimmte aber jetzt stillschweigend dem Zuzug von Juden zu. Dabei leitete ihn nicht zuletzt die Hoffnung, die Juden würden dringend notwendiges Geld ins Land bringen. Selbst bei dem bibelfrommen Cromwell hatten religiöse Gründe also nicht genügt, um das jahrhundertelang für Juden verschlossene England wieder für jüdische Einwanderer zu öffnen. Damit verhielt sich Cromwell ähnlich wie viele der Fürsten auf dem Kontinent, die Juden ausschließlich aus finanziellen Gründen tolerierten. Die Abgaben der Judengemeinden waren gerade in Zeiten, in denen die Steuern nur langsam flossen, für sie eine lukrative Einnahmequelle.

Juden waren aber nicht die einzige Gruppe, die im damaligen Europa besonders leiden musste. Als sich im ausgehenden 16. Jahrhundert die sozialen und ökonomischen Verhältnisse drastisch und rapide verschlechterten, als Not und Angst und in der allgemeinen Misere auch Neid und Habgier zunahmen, hatten nicht nur Juden wieder als Sündenbock herzuhalten, nun erreichte auch in vielen Teilen Europas die Hexenverfolgung einen einmaligen Höhepunkt. Vom ausgehenden 16. bis zum ausgehenden 17. Jahrhundert wurden, Schätzungen zufolge, in Europa mehrere zehntausend Personen als Hexen hingerichtet, davon knapp ein Drittel in protestantischen und die anderen in katholischen Ländern. Besonders früh und besonders nachdrücklich begann die Verfolgung in Bergregionen, das heißt überall dort, wo es unter den klimatischen Bedingungen der ‚Kleinen Eiszeit' früher und ausgeprägter als sonst wo zu Missernten kam. Der Hexenglaube erfasste sukzessive jedoch auch andere Regionen und weite Teile der Bevölkerung. Vielen, die unter der Not der Zeit litten, Jungen und Alten, Gebildeten und einfachen Leuten, schien der Glaube an die Macht der Hexen zu erklären, warum die Verhältnisse nicht mehr so gut waren wie früher.[33]

Es gilt jedoch zu differenzieren. Überall dort, so scheint es, wo sich das Misstrauen primär gegen andere Minderheiten richtete, wie etwa in Spanien gegen die verbliebenen, zum Christentum zwangskonvertierten Mauren, die Morisken, und die zum Christentum ebenfalls mit Zwang konvertierten Juden, die Marranen, da hielt sich der Verfolgungseifer gegen Hexen in Grenzen. Auch in Frankreich, wo die Hexenprozesse relativ früh wegen ihrer Willkürlichkeit in Misskredit gerieten, kam es zu weniger Anklagen und zu weniger Exekutionen als anderswo. Als Ausnahme haben ferner die Niederlande zu gelten, wo Hexenjäger nie wirklich Fuß fassen konnten. In England jedoch, wo führende Anglikaner und führende Puritaner, König Jakob I. ebenso wie Williams Perkins, zur Verfolgung der Hexen aufriefen, oder im Alten Reich, wo sich Protestanten und Katholiken geradezu darin zu übertreffen suchten, mit den Hexen die Agenten des Teufels in dieser Welt zu vernichten, erreichte der Hexenwahn eine epidemische und für die als Hexen beschuldigten Personen eine katastrophale Dimension. Nicht nur Personen, die dem Hexenstereotyp entsprachen, also ältere, auf dem Land lebende heilkundige Frauen wurden angeklagt und hingerichtet, sondern auch junge Frauen und Männer und sogar Kinder. Da die Folter konsequent eingesetzt wurde, um bei Personen, die der Hexerei verdächtig waren, Geständnisse zu erzwingen, wurden von den Gefolterten zahllose Unschuldige denunziert und in die Prozesse hinein gezogen. Ein Hexenprozess erzeugte auf diese Weise gewissermaßen den nächsten. Denn wer konnte unter den Qualen der Folter die stets wiederholte Frage, wer beim Hexensabbat dabei gewesen sei, verneinen. Hexenrichter und Folterknechte verdienten an den Prozessen gut. Ihr materielles Interesse korrespondierte mit dem der Obrigkeiten, die das Vermögen der Verurteilten konfiszierten. Hexenwahn und Habgier, Denunziationen und Folterbrutalität bildeten zusammen mit den von Juristen und Theologen gelieferten Rechtfertigungen etwa ab 1580/90 für ein, zwei Generationen einen wahren Teufelskreis des Terrors. Gegner der Hexenverfolgung erhoben vergeblich ihre Stimme.[34] Wer Personen, die der Hexe-

---

33 Behringer, Wolfgang, Hexen und Hexenprozesse in Deutschland, München 1988; ders., Hexen: Glaube, Verfolgung, Vermarktung, 6. durchgesehene Auflage München 2016; Lehmann, Hartmut, Hintergrund und Ursachen des Höhepunktes der europäischen Hexenverfolgung in den Jahrzehnten um 1600, in: Lorenz, Sönke/Bauer, Dieter (Hrsg.), Hexenverfolgung. Beiträge zur Forschung, Würzburg 1995, 359–373.
34 Lehmann, Hartmut/Ulbricht, Otto (Hrsg.), Vom Unfug des Hexen-Processes. Gegner der Hexenverfolgung von Johann Weyer bis Friedrich Spee, Wiesbaden 1992.

rei angeklagt waren, verteidigte, geriet häufig selbst in den Verdacht, Agent des Teufels zu sein. Umso höher ist der Mut von Gegnern der Hexenprozesse wie Friedrich von Spee auf katholischer Seite und Johann Matthäus Meyfart auf protestantischer Seite einzuschätzen.

Bereits im ausgehenden 15. Jahrhundert hatten spitzfindige Theologen definiert, wer eine Hexe sei. Hexen schlossen einen geheimen Pakt mit dem Teufel, so hieß es beispielsweise in dem von zwei in der Inquisition geschulten Dominikanern verfassten *Hexenhammer* von 1487. Hexen hätten durch einen Pakt mit dem Teufel dem Christentum abgeschworen. Durch Zauberei seien sie in der Lage, Menschen, Tieren und Sachen, so etwa einer auf dem Feld stehenden reifen Ernte, Schaden anzutun. Hexen könnten sich ferner, wie man glaubte, in Tiere verwandeln und durch die Luft fliegen. Prominente Gelehrte gaben diesen Thesen Respektabilität. In dem zuerst 1580 in Paris publizierten und dann von Johann Fischart ins Deutsche übertragenen und 1586 in Straßburg publizierten, dicken, handbuchartigen Werk *De Magorum Daemonomia* legte kein geringerer als der französische Staatstheoretiker Jean Bodin ebenso alle mit Hexen und Hexenverfolgung zusammenhängenden Fragen dar wie wenig später der Spanier Martin Delrio, dessen zuerst 1606 und danach mehrfach aufgelegtes Buch *Disquisitionum Magicarum* zu einer Art Nachschlagewerk für alle katholischen Hexenrichter wurde. Für Bodin wie für Delrio stand eindeutig fest, dass alle Hexen unnachsichtig verfolgt werden mussten. Zugleich war die Hexerei für sie ein wissenschaftlicher Gegenstand, der erforscht und beschrieben werden konnte und der faszinierende Einblicke in das Reich des Teufels ermöglichte. Außerdem gab es um 1600 knappe Anleitungen zur Verfolgung der Hexen wie das 1589 lateinisch und 1590 in Trier deutsch verlegte und mehrfach nachgedruckte *Traktat von Bekanntnuß der Zauberer und Hexen* des Jesuiten Peter Binsfeld, der den Grund für das zunehmende Hexenunwesen in der Unwissenheit der Geistlichkeit, in der Nachlässigkeit der Obrigkeiten, in Aberglauben, Neugierde, Geiz, Unkeuschheit, Verfluchung sowie in unmäßiger Traurigkeit und unmäßigem Zorn sah. Auch Binsfeld forderte, alle Hexen energisch zu verfolgen.

Schon in seinem Vorwort mahnte Binsfeld seine Leser, dass „wir allsamen in diesem unserem lieben Vatterland/von wegen menge der Zauberer und Hexen/ nicht allein in gefahr deß lebens/der Güter/und aller zu erhaltung Menschlichen Lebens nothwendiger ding/sondern auch der Seligkeit gestellet seyn". Für Binsfeld waren Hexen nicht nur die gefährlichsten Feinde des Christentums, sondern auch die gefährlichsten Feinde des Staates. Sie verletzten nicht nur Gottes Majestät, schändeten die Sakramente und waren somit Kirchenräuber und Ketzer, sondern sie waren auch „verächter deß Vatterlands/dann sie machen heimlich Rathschläg/ als die erfahrung außweist/wie sie die weingärten zerstören/die frucht verderben/und ein theuerung im Land anrichten mögen".[35] Zerstörung und das Verder-

---

35 Trier 1590, Vorwort und 75.

ben der elementaren Nahrungsmittel sowie Teuerung, das sind die Stichworte, die den sozialpsychologischen Hintergrund der Hexenverfolgung erhellen. Diesen Argumenten eignete offensichtlich so viel unmittelbare Evidenz, dass die Zeitgenossen Hexenjägern wie Binsfeld nur allzu willig folgten. Wenn diese versprachen, mit der Ausrottung der Hexen auch den für alles Böse verantwortlichen Teufel entscheidend zu treffen, so erschien das für die von so viel Not und Elend geplagten Menschen des späten 16. und des 17. Jahrhunderts als eine geradezu faszinierende Möglichkeit, ihre widrigen Lebensumstände ein und für allemal zu überwinden. Im Kontext der damaligen Zeit konnte die Hexenverfolgung somit als reale, ernstzunehmende Alternative zur Hoffnung auf Christi Wiederkehr erscheinen.

Wie es scheint, konnten Endzeiterwartung und Hexenverfolgung aber auf durchaus verschiedene Weise miteinander in Verbindung gebracht werden. Wie vor allem die britischen Historiker William Lamont und Hugh R. Trevor-Roper betonen,[36] ergänzten und unterstützten sich diese beiden Denkweisen in England. Für Personen, die glaubten, sie stünden im Endkampf mit dem Antichristen, hätte es nahe gelegen, auch alle Verbündeten des Teufels, eben die Hexen, zu verfolgen und zu vernichten. Nicht von ungefähr seien deshalb im Jahre 1645, als die Puritaner zum entscheidenden Kampf um die Macht ansetzten, in England mehr Hexen verbrannt worden als in irgendeinem anderen Jahr. Aus dem künftigen Gottesreich in England, das die Puritaner aufrichten wollten, sollte der Teufel völlig vertrieben werden. Ganz anders war die Situation im Alten Reich. Ein Lutheraner wie Johann Matthäus Meyfart und ein Jesuit wie Friedrich von Spee argumentierten in den 1630er Jahren, eben weil das Ende der Zeiten nahe sei, sollte man Gott das Urteil über die Hexen überlassen und sich nicht als Richter an die Stelle von Gott setzen. Unter den unvorstellbaren Qualen der Folter würden, wie viele Beispiele bewiesen, mehr Unschuldige als Schuldige getötet. Meyfart und Spee vertraten aber nicht die Meinung der Mehrheit ihrer Zeitgenossen. Auch im Alten Reich erreichte die Hexenverfolgung in den 1630er Jahren ihren Höhepunkt. Überall dort, wo die Schweden vorrückten, setzten sie den Hexenprozessen sofort ein Ende. Sie folgten nicht eschatologischen Erwägungen, sondern militärisch-machtpolitischer Logik.

In der Kritik am weit verbreiteten Hexenglauben ging Philipp Jakob Spener ein halbes Jahrhundert später einen entscheidenden Schritt weiter. Für Spener waren Personen, die der Hexerei beschuldigt wurden, Sünder wie andere Sünder und im Prinzip anderen schweren Sündern gleichzustellen. Deshalb sei es auch den der Hexerei Beschuldigten möglich, sich durch tief empfundene Buße und durch eine aus dem Herzen kommende Reue vom Teufel abzuwenden. Geschehe dies, könnten sie ebenso wie andere reuige Sünder wieder in den Kreis der Christen aufgenom-

---

36 Trevor-Roper, Hugh R., Der europäische Hexenwahn des 16. und 17. Jahrhunderts, in: ders., Religion, Reformation und sozialer Umbruch. Frankfurt 1970, 95–179; Lamont, William, Godly Rule. Politics and Religion, 1603–1660, London 1969, 14.

men werden. Wenige Jahre später wurden die Zweifel an dem angeblichen Übel der Hexerei noch von anderer Seite bestärkt. Für einen der frühen Aufklärer wie Christian Thomasius gehörte der Glaube an Hexerei in den Bereich des Aberglaubens. Obwohl vereinzelt bis ins frühe 18. Jahrhundert noch Hexenprozesse stattfanden, wurde dem Glauben, Hexen als Verbündete des Teufels seien an all dem Elend der Welt schuld, im späten 17. und im frühen 18. Jahrhundert Schritt für Schritt der Boden entzogen. Im späteren Verlauf des 18. Jahrhunderts sahen die Aufklärer in der Hexerei nur noch einen Teil der Geschichte der „Rasereien, Torheiten und Irrtümer der Menschen", so etwa Moritz Johann Schwager in seinem *Versuch einer Geschichte der Hexenprozesse* von 1784.[37] Ebenso verurteilten Aufklärer wie der Schweizer Heinrich Corrodi, ein Schüler von Johann Salomo Semler, den Chiliasmus als eine Verirrung des menschlichen Verstands und als eine Ausschweifung seiner Einbildungskraft, so in seiner *Kritischen Geschichte des Chiliasmus* von 1781.[38]

5. Die Suche nach den Grundlagen von Gottes Weltordnung

Im Jahre 1895 veröffentlichte der Heidelberger Staatsrechtler Georg Jellinek ein Werk über *Die Erklärung der Menschen- und Bürgerrechte*, in dem er darlegte, es seien nicht, wie man bisher angenommen habe, die Aufklärer des 18. Jahrhunderts gewesen, denen man die modernen Grund- und Freiheitsrechte verdanke, sondern Vertreter des radikalen Flügels der Puritaner im 17. Jahrhundert. Im Kampf gegen den Absolutismus der Stuarts und das Machtstreben der anglikanischen Kirche hätten sie auf ihrer Religionsfreiheit als einem Grundrecht bestanden. Schritt für Schritt sei diese Religionsfreiheit als Gewissensfreiheit verstanden und schließlich bis zum späten 17. Jahrhundert zu einem Katalog von elementaren politischen Grundrechten erweitert worden.[39] Zehn Jahre später, 1904, als die zweite Auflage von Jellineks Werk herauskam, übernahm dessen Freund und Kollege Max Weber diese Denkfigur. In seinem rasch berühmten Werk über *Die protestantische Ethik und der ‚Geist' des Kapitalismus* argumentierte er, die moderne Wirtschaftsgesinnung sei nicht ein Erbe der Aufklärung. Deren Ursprung sei vielmehr bei den radikalen Puritanern des 17. Jahrhunderts zu suchen. Sie seien es gewesen, die erwirtschafteten Gewinn nicht in luxuriösen Konsum umsetzten. Sie hätten, um Gottes Gebo-

---

37 Berlin 1784.
38 3 Bde., Zürich 1781–1783.
39 Leipzig 1895, 2. Aufl. Leipzig 1904.

ten zu gehorchen, vielmehr persönlich äußerst sparsam gelebt und alles, was sie erwirtschafteten, wiederum in ihre Geschäfte investiert. Dadurch sei eine völlig neue ökonomische Gesinnung entstanden. Wiederum zweieinhalb Jahrzehnte später, 1938, übertrug der amerikanische Soziologe Robert K. Merton in seinem Werk *Science, Technology and Society in Seventeenth Century England* die Argumente, die Jellinek und Weber vorgetragen hatten, auf die Wissenschaftsgeschichte. Nicht die Aufklärer des 18. Jahrhunderts, sondern die radikalen Frommen des 17. Jahrhunderts, Puritaner und Pietisten, hätten nach Merton somit auch die Wege hin zu einer tieferen und besseren Erkenntnis der Welt und zu deren Erforschung gebahnt.[40] Zu fragen ist in unserem Zusammenhang, welche Fragen sie dabei leiteten und zu welchen Schlussfolgerungen sie kamen.

Eine erste Spur führt zu Francis Bacon, der zu jenen Forschern gehörte, die im frühen 17. Jahrhundert überzeugt waren, in der Epoche vor dem Jüngsten Gericht oder vor der Wiederkunft Christi und dem Beginn des Tausendjährigen Reichs schenke Gott bis dahin ungeahnte Einsichten in seinen Weltenplan. Geheimnisse der Geschichte und der Natur, die allen vorhergehenden Generationen verschlossen gewesen seien, könnten jetzt enträtselt werden, auch und gerade auf naturwissenschaftlichem und technischem Gebiet. Häufig wurde in diesem Zusammenhang auf die auf die Endzeit gemünzten Worte im Buch Daniel Kapitel 12 Vers 4 hingewiesen: „Multi pertransibunt et augebitur scientia" („Viele werden es dann durchforschen und große Erkenntnis finden"). Die lateinische Zeile ist auch auf dem Titelbild von Francis Bacons *Novum Organum* zu finden. Wissenschaftliche Einsichten und technische Neuerungen galten als wichtige Zeichen einer bevorstehenden Totalerneuerung der Welt. Wissenschaftlicher Fortschritt und eschatologische Erwägungen waren dabei auf doppelte Weise miteinander verklammert: Endzeitliche Hoffnungen beflügelten jene, die nach neuen Erkenntnissen suchten ebenso wie neue Erkenntnisse, oder das, was man dafür hielt, wiederum den Glauben an das Zeitenende bestärkten. Allgemeiner formuliert: Endzeitliche Theologie und naturwissenschaftliche Forschung waren im Kontext der Krise des 17. Jahrhunderts vorübergehend eine Symbiose eingegangen.

Da heilsgeschichtliche Spekulationen und der Versuch, Einsichten in Gottes Schöpfungsplan zu gewinnen, kein Gegensatz waren, sind unter den Forschern, die sich im 17. Jahrhundert mit physikalischen, astronomischen, chemischen und mathematischen Problemen beschäftigten, besonders viele Theologen zu finden. Zur Studierstube gehörte eine Werkstatt, in der Experimente angestellt werden konnten, zum Regal mit der Bibel ein Brennofen für chemische Versuche. Wir können sogar von einer theologisch-wissenschaftlichen Elite sprechen, deren Aufgabe und Bürde es nach ihrem eigenen Verständnis war, ihre Mitmenschen auf

---

40 Publiziert erst später als: Merton, Robert K., Science, Technology, and Society in Seventeenth Century England, New York 1970.

das neue Paradies vorzubereiten. Alle Unvollkommenheiten, mit denen die Menschheit zwangsläufig seit der Vertreibung aus dem Paradies konfrontiert war, sollten auf diese Weise bereinigt, alle Schwächen, die der Sündenfall gebracht hatte, behoben werden. Konfessionelle Herkunft spielte dabei keine Rolle. Was allein zählte, war die Bereitschaft, sich dieser neuen Bruderschaft anzuschließen, in der gerade neue naturwissenschaftliche Einsichten Gemeingut sein und gemeinsam auf ihre heilsgeschichtliche Bedeutung hin geprüft werden sollten.

Im ersten Jahrzehnt des 17. Jahrhunderts wurden diese Gedanken und Zusammenhänge, soweit sich das rekonstruieren lässt, zum ersten Mal in der evangelischen württembergischen Universitätsstadt Tübingen diskutiert und ausformuliert. Tobias Heß, ein bibelkundiger Schüler von Paracelsus spielte dabei eine führende Rolle. Heß interessierte sich für den Chiliasmus und für apokalyptische Berechnungen sowie zugleich für naturwissenschaftliche Experimente. Zum Kreis um Heß gehörte der württembergische Theologe Johann Valentin Andreae, der von seinen Lehrern Christoph Besold und Matthias Hafenreffer in die erbauliche und mystische Literatur sowie auch in den weiten Bereich der sogenannten Universalwissenschaften eingeführt worden war. Wahre Frömmigkeit galt Andreae und seinen Mentoren mehr als Rechtgläubigkeit. Die Unsittlichkeit der Zeit hielten sie für gefährlicher als die von den meisten orthodoxen Lutheranern kritisierte Beschäftigung mit den „letzten Dingen". In den Jahren nach 1610 wandte sich Andreae vom Chiliasmus seines Lehrers Heß ab. Die endzeitliche Stimmung war aber durchaus noch in einigen der Schriften zu spüren, die er jetzt vorlegte, vor allem in den Rosenkreuzerschriften: in der *Fama Fraternitatis*, die 1614 anonym in Kassel publiziert wurde, in der *Confessio Fraternitatis,* die ein Jahr später am gleichen Ort herauskam, weniger dagegen in der *Chymischen Hochzeit Christiani Rosenkreutz anno 1459,* die 1616 in Straßburg gedruckt wurde, die aber auch nicht mit der gleichen Sicherheit wie die beiden anderen Schriften Andreae zugeschrieben werden kann.

Im Anfang der *Fama Fraternitatis* berichtete Andreae von der Herkunft der Fraternität der Anhänger des Christian Rosenkreutz, die sich eine Generalreformation der Welt zum Ziel setzten. „Nachdem der allein weyse und gnädige Gott in den letzten Tagen sein Gnad und Güte so reichlich über das Menschliche Geschlecht außgegossen", habe sich, wie er bemerkte, „die Erkantnuß, beydes seines Sohnes und der Natur, je mehr und mehr erweitert".[41] Noch deutlicher formulierte Andreae den gleichen Gedanken in den einleitenden Passagen seiner *Confessio Fraternitatis:* „Der Herr Jehovah ist es", so schrieb er, „welcher (nachdem die Welt nunmehr fast den Feyerabend erreicht und nach vollendetem Periodo oder Umblauff wieder zum Anfang eilet) den Lauff der Natur umbwendet, und was hiebevor mit

---

41 Fama Fraternitatis, Frankfurt 1615. Zitiert nach van Dülmen, Richard, Die Utopie einer christlichen Gesellschaft. Johann Valentin Andreä, Stuttgart 1978, 17, 28.

grosser Mühe und unablessiger Arbeit gesucht worden, jetzt unter denen, die es nicht achten oder wohl nicht einmal dran gedencken, eröffnet, andern aber, die es begehren feywillig anbeut (anbietet) und denen die es nicht begehren, gleichsam auffzwinget, auff daß den Frommen zwar alle des menschlichen Lebens Müheseligkeit gelindert und deß unbestendigen Glücks Ungestümmigkeit auffgehoben, den Bösen aber ihre Boßheit und die darauff gehörige Straffen gemehret und gehäuffet werden."[42]

Politische Überlegungen und mystische Spekulationen faszinierten die Anhänger der Rosenkreuzerbewegung ebenso wie okkultistische Praktiken und alchemistische Experimente. Sie unterstützten die antihabsburgische und antikatholische Politik der böhmischen Stände, die 1618 Friedrich V. von der Pfalz zu ihrem König wählten. Sie verbanden mit diesem höchst riskanten politischen Manöver Hoffnungen auf eine Generalreformation der Welt. Andreae sollte sich während des Dreißigjährigen Krieges als Sachwalter evangelischer Interessen in seiner württembergischen Heimat bewähren. In seinen späteren Schriften sind aber immer noch Elemente der Rosenkreuzerbewegung zu finden. In der *Societas Christiana*, die er in den Jahren nach 1620 propagierte, sollten sich wie in der Rosenkreuzerfraternität alle frommen Christen vereinigen, um eine neue Generalreformation zu vollbringen, da die von Martin Luther eingeleitete protestantische Reformation inzwischen ihre Kraft verloren habe. In der von Andreae imaginierten Christenstadt, *Christianopolis,* von der er 1619 handelte, sollten nicht zuletzt die Wissenschaften gepflegt werden, so wie sich das auch schon die Jünger des Christian Rosenkreutz zum Ziel gesetzt hatten.

Wenn sich zu Beginn des 17. Jahrhunderts das endzeitliche und das wissenschaftliche Denken verstärkt gegenseitig befruchteten, ging dies vor allem auf das Erbe des großen englischen Philosophen und Staatsmanns Francis Bacon zurück. Denn anders als Tobias Heß und Johann Valentin Andreae hatte Bacon grundlegende Werke publiziert, in denen er die ältere philosophische Tradition kritisierte und Wege zur Gewinnung neuer Erkenntnisse aufzeigte, so vor allem in seinem Buch *The Advancement of Learning* von 1605, das er in erweiterter und überarbeiteter Form 1623 unter dem Titel *De Dignitate et Augmentis Scientiarum* noch einmal vorlegte. Für Bacon ging es in diesem Werk nicht nur darum, durch neue wissenschaftliche Einsichten die durch den Sündenfall verlorene Macht über die Natur zurück zu gewinnen und dadurch ein wahrhaft christliches Königreich aller Menschen zu errichten. Bacon war vielmehr überzeugt, eine neue Ära der Menschheitsgeschichte stünde unmittelbar bevor. Jede wissenschaftliche Arbeit hatte für ihn somit einen tieferen religiösen Sinn. Sie sollte helfen, die Menschen von der Ursünde zu befreien und das verlorene Paradies wieder herzustellen. Das war die *Magna Instauratio Imperii Humani in Naturam*, die er anstrebte.

---

42 Confessio Fraternitatis, Frankfurt 1615. Zitiert nach van Dülmen, Utopie, 33.

Wenn im England der 1620er Jahre eine von der Eschatologie bestimmte Richtung der naturwissenschaftlichen Forschung einen immer größeren Einfluss ausübte, genügt der Hinweis auf Bacon freilich nicht. Denn Bacons Bücher wurden in einer Zeit gelesen, die für die Rezeption seiner Ideen äußerst günstig war. Das lässt sich an der Geschichte des Rosenkreuzermythos in England zeigen. Denn anders als in Italien, wo die Rosenkreuzerideen möglicherweise zwar Giordano Bruno und Tommasso Campanella beeinflussten, im Übrigen aber langfristig ebenso folgenlos blieben wie in Frankreich, wo Rosenkreuzerfreunde wie Hexen gejagt wurden, war die Rosenkreuzerlegende vielen Engländern durchaus nichts Fremdes. Sie war vermutlich selbst Francis Bacon bekannt. Jedenfalls sind Parallelen zwischen den Rosenkreuzerschriften und seiner posthum, 1627, veröffentlichen utopischen Schrift *Nova Atlantis* nicht zu übersehen. Soweit bekannt, wurden Andreaes Ideen durch Samuel Hartlib und Johann Amos Comenius nach England getragen. Der aus Ostpreußen stammende Hartlib ging 1625 zum Studium nach Cambridge. Bald gehörte er zum engsten Kreis jener Puritaner, die glaubten, sie lebten in der Endzeit und die eine völlige Erneuerung der Wissenschaften anstrebten. Andreaes Vorschlag, die Wissenschaften durch Gründung einer Gesellschaft wahrhafter Christen zu fördern, faszinierte Hartlib zeitlebens. Comenius kannte die Rosenkreuzer seit seinem Aufenthalt in Heidelberg im Jahre 1613. Seither stand er in brieflichem Kontakt mit Andreae. Zwar kam Comenius erst Anfang der 1640er Jahre nach England. Er spielte dann aber im Kreis um Hartlib bald eine dominierende Rolle. Zu der großen Zahl der theologisch engagierten Wissenschaftler beziehungsweise der wissenschaftlich interessierten Theologen gehörten im damaligen England auch der Schotte John Durie und Theodor Haak, der aus der Pfalz stammte.

In den Jahrzehnten zwischen 1630 und 1660, als England im blutigen Bürgerkrieg versank, faszinierte die Eschatologie mehr Engländer als je zuvor und jemals später. Ein Jahr nach Bacons Tod, 1627, waren die beiden einflussreichsten Deutungen der Endzeit publiziert worden: Johann Heinrich Alsteds *Diatribe de Mille Annis Apocalypticis* und Joseph Medes *Clavis Apocalyptica*. Wissenschaftliche Forschungen wurden von Alsted wie von Mede dazu benützt, um den endzeitlichen Hoffnungen Genauigkeit zu verleihen, wie umgekehrt auch die Lehre von den letzten Dingen diesen Wissenschaftlern neue Ideen und Ziele gab. Jedenfalls glaubte damals eine bemerkenswert große Gruppe von Puritanern, der schicksalshafte geistige Niedergang, der mit dem Sündenfall begonnen habe, könne endlich aufgehoben werden. Ihre eigene Zeit sei als die letzte Zeit vor der Wiederkunft Christi jene Periode, in der die Wissenschaftler berufen seien, gewissermaßen im Vorgriff auf das Tausendjährige Reich ein neues Paradies auf Erden zu bauen. Nicht der physikotheologische Gottesbeweis war ihr Anliegen, wenn sie die „Wunder der Natur" erforschten, sondern der Wille, die Herrschaft der Menschen über die Natur wieder herzustellen und an dem großen heilsgeschichtlichen Sprung nach vorn hin zum neuen Paradies mitzuwirken. Die Erforschung der Schöpfung als Gottes Buch der

Natur besaß für sie keinen geringeren Wert als die Beschäftigung mit der Hebräischen Bibel und dem Neuen Testament, Gottes Büchern der Geschichte.

Ähnlich wie bei den Rosenkreuzern, diente auch im damaligen England der Zusammenschluss von frommen Gelehrten dazu, Fortschritte auf dem Gebiet der Forschung zu planen und Reformen voranzutreiben. Mitte der 1640er Jahre nahmen diese Pläne Gestalt an. Was zunächst von Hartlib, Durie und Comenius als „invisible college" und somit als eine den Rosenkreuzern ähnliche Vereinigung geplant war, wurde jetzt von Robert Boyle, John Wilkins, Theodor Haak und dem unermüdlich tätigen Hartlib und anderen als *Universal College* konzipiert: als zentrale Agentur zur Beförderung des wissenschaftlichen Fortschritts. Aus den Außenseitern der 1630er Jahre, die vom nahen Weltenende redeten, waren im Zuge der puritanischen Revolution einflussreiche Propagandisten und Organisatoren geworden. Ihre Planungen umfassten Neuerungen auf dem Gebiet der Pädagogik ebenso wie auf jenem der Medizin. Selbst auf dem Gebiet der Landwirtschaft förderten sie zahlreiche Experimente und Projekte. Dabei diente ihnen bezeichnenderweise der Garten Eden als Vorbild, da, wie sie glaubten, erst nach dem Sündenfall das Unkraut zu wuchern begonnen habe. Der Organisationsplan für ein neues *College*, den Hartlib 1647 vorlegte, sah sechs Sektionen vor: Neben einem „office of divinity" eine Sektion für Mechanik, eine für Landwirtschaft und Verkehr, eine für Medizin, eine für „experimental philosophy" sowie eine „chamber of rarities", in der die Wunder von Gottes Schöpfung ausgestellt werden sollten. Anzumerken bleibt, dass die Diskrepanz zwischen hochfliegenden programmatischen Ankündigungen und der tatsächlichen Umsetzung dieser Pläne bis zum Ende der Ära Cromwell nie überwunden wurde. Das meiste, was Hartlib vorschwebte, wurde nie realisiert. In der *Royal Society of London for Improving Natural Knowledge*, die nach der Restauration 1660 gegründet wurde, spielten Vertreter der ehemaligen puritanischen Reformpartei aber immer noch eine wichtige Rolle. Theologische Spekulationen waren in der Royal Society aber strikt verboten.

Wie das Beispiel des berühmtesten Mitglieds der *Royal Society*, Isaac Newton, zeigt, war theologische Enthaltsamkeit nach den von theologischen Spekulationen durchtränkten Jahren der puritanischen Revolution aber nicht so leicht zu erreichen. Der seit seiner Jugend außerordentlich fromme Newton kannte nicht nur die Rosenkreuzerschriften. Er beschäftigte sich vielmehr über viele Jahre hinweg mit Fragen der Heilsgeschichte und der Bibelkritik. Newton führte aber, wie wir seit einigen Jahren wissen, eine Art Doppelleben. Auf der einen Seite war er der strenge Wissenschaftler, der auf den Gebieten der Physik und der Mathematik grundlegende Einsichten erzielte und bedeutende Werke publizierte. Viele Wissenschaftler anderer Länder rezipierten seine Einsichten. Von Leibniz musste er sich deshalb sogar den Vorwurf gefallen lassen, er verringere durch seine naturwissenschaftlichen Studien die Macht Gottes und untergrabe die Religion. Auf der anderen Seite schrieb Newton aber auch umfangreiche theologische Manuskripte, die er jedoch nicht veröffentlichte. Erst nach Newtons Tod änderte sich das Bild. Sein

Neffe publizierte 1733 in London Newtons zwar bekannte, aber nie veröffentlichte *Observations upon the Prophecies of the Holy Writ; particularly by Prophecies of Daniel and the Apocalypse of St. John.* 1737 erschien von diesem Werk eine lateinische Fassung. 1765 kam schließlich auch eine deutsche Übersetzung heraus. Diese Schrift gab jedoch nur einen unvollständigen Einblick in Newtons theologische Weltsicht. Heute wissen wir, dass Newton schon 1660/61 als Student in Cambridge an das nahe Weltende glaubte und sich intensiv mit biblischer Chronologie und Eschatologie zu beschäftigen begann, ehe er seine ersten naturwissenschaftlichen Entdeckungen machte. Naturgeschichte und Heilsgeschichte, Empirie, Experiment und Theologie waren für Newton zu keinem Zeitpunkt voneinander getrennte Sphären, im Gegenteil: In beiden Bereichen offenbarte sich für ihn Gottes Schöpfung.[43] Ebenso wie er sich auf die Naturforschung konzentrierte, um das Wissen über die Natur als Gottes Werk zu mehren, trieb er ausgedehnte Bibelstudien, um mehr über Gottes Weltregierung zu erfahren. Ebenso wie er auf beeindruckende Weise bestrebt war, den Naturgesetzen auf die Spur zu kommen, wollte er zeitlebens auch die Gesetze der Heilsgeschichte entschlüsseln. Was die für ihn zentrale Interpretation der biblischen Prophezeiungen betrifft, so lobte Newton den einflussreichsten Vertreter des Chiliasmus, Joseph Mede, und sah sich als dessen Nachfolger. Den Bibelstudien widmete sich Newton deshalb ebenso gründlich und systematisch wie der naturwissenschaftlichen Forschung. In politischen Erschütterungen, auch in Erdbeben und Kometen (aus ihrer Bahn geratenen Sternen, wie er sagte), sah auch Newton von Gott gesandte Zeichen, die es ernst zu nehmen galt. Der älter werdende Newton scheute sich freilich, anders als der junge, die Zukunft und damit den Termin der Wiederkunft Christi vorher zu berechnen. Als nach der *Glorious Revolution* mit John Locke und John Toland die ersten Aufklärer in England ihre Bücher publizierten, setzte sich der inzwischen in ganz Europa berühmte Newton für eine gezielte Gegenoffensive gegen diese Freidenker ein, um Gottes wahre Botschaft zu verteidigen. Newton geriet dabei in eine geradezu seltsame Lage: Während er auf naturwissenschaftlichem Gebiet neue Horizonte erschlossen hatte, blieb er weit zurück hinter der Bibelkritik eines Richard Simon, eines Pierre Bayle oder eines Baruch Spinoza. Die für sein Denken konstitutive eschatologische Weite, die zu seinen bahnbrechenden astronomischen, mathematischen und physikalischen Einsichten beitrug, machte ihn gleichzeitig zu einem traditionell, geradezu fundamentalistisch argumentierenden Gegner der Frühaufklärung. Dass im 17. Jahrhundert auch hervorragende Denker wie Galileo Galilei, René Descartes und Thomas Hobbes wirkten, die wissenschaftliche und philosophische Argumente vortrugen, ohne auf die Endzeit zu rekurrieren, sei nicht übersehen.

---

43 Manuel, Frank E., The Religion of Isaac Newton, Oxford 1974; Wagner, Fritz, Isaac Newton im Zwielicht zwischen Mythos und Forschung, Freiburg 1976.

6. Religiöse Transformationen als Folge der Krisen des 17. Jahrhunderts

Die verschiedenen Reaktionen, die von den drastischen klimatischen, demographischen, politischen und sozialen Veränderungen seit dem späten 16. Jahrhundert, kurzum: die von Hungersnot, Seuchen und Krieg ausgelöst wurden, waren von unterschiedlicher Dauer. Sowohl im protestantischen wie im katholischen Europa wurden die erbaulichen Schriften, die seit dem späten 16. Jahrhundert und im Laufe des 17. Jahrhunderts in großen Zahlen verbreitet wurden, auch bis weit ins 18. und teilweise bis weit ins 19. und 20. Jahrhundert hinein gelesen. Im Gegensatz dazu reichten sowohl die Repression der Hexen, denen man ein Bündnis mit dem Teufel unterstellt hatte, wie auch die Hoffnung auf die nahe Wiederkunft Christi nicht über das späte 17. Jahrhundert hinaus. Der Endzeitglauben verlor in dem Masse an Evidenz, wie Termine für Christi Wiederkunft, die angeblich exakt berechnet und vorausgesagt waren, verstrichen, ohne dass etwas passierte. Der Hexenglauben verlor dagegen an Überzeugungskraft, weil immer weiteren Kreisen klar wurde, dass die Anwendung der Folter und die Hexenhysterie auf fatale Weise zusammengewirkt hatten und viele Unschuldige als Hexen hingerichtet worden waren. Die Aufklärer erledigten den Rest, in dem sie die ideologischen Begründungen der Hexenlehre und damit die Basis für die Hexenjagden widerlegten.

Am stärksten war die Reaktion auf die Herausforderung durch Hunger, Seuchen und Krieg in den ersten Jahren nach dem klimatischen Umschwung. Die Veränderung der Lebensverhältnisse traf viele Zeitgenossen wie ein Schock, der erst verdaut werden musste. Das war die Phase, in der sie mit Gott haderten und sich fragten, warum Gott sie so sehr strafe. Je länger die Krise dauerte und mit dem großen Krieg immer weitere Menschen ins Unglück stürzte, desto schwieriger wurden aber einfache Antworten und einfache Lösungen, desto mehr rückte der elementare Wunsch, Möglichkeiten des Überlebens zu finden, in den Vordergrund. Fast scheint es, also ob im Laufe der Zeit immer mehr Menschen ihr Heil nunmehr nicht mehr in einer immer intensiveren Hinwendung zu Gott suchten, sondern in einem innerweltlichen Streben nach Sicherheit und Wohlstand, wobei manche, was viele der Frommen empörte, sich auch den „Freuden des Lebens" hingaben, da das Leben ohnehin nicht mehr lange daure. Dieser neue Sinn für Innerweltlichkeit zeigte sich nicht nur an den Höfen, was nicht verwundert, sondern ebenso in Kreisen des wohlhabenden Bürgertums. Puritaner, Jansenisten und später die Pietisten verurteilten den Lebenswandel dieser ihrer Ansicht nach in christlicher Hinsicht verantwortungslosen Gruppen, da sie Gottes Zorn und Gottes Strafen nur noch mehr herausforderten. Sie forderten von ihren Anhängern einen asketischen Lebenswandel.

Noch bleiben bei einer solchen Interpretation jedoch viele Fragen offen. Lässt sich tatsächlich behaupten, dass die Dauer der Krise, auch die Zentren der schwersten Turbulenzen, wie das Böhmen der 1620er Jahre oder das England der 1630er und 1640er Jahre, weitgehend übereinstimmten mit der Intensität endzeitlicher Hoffnungen und Spekulationen? Wie erfolgte die psychologische Umsetzung von aktueller Not, akuter Angst und von Nachrichten über schreckliche Dinge, die sich anderswo ereignet hatten, in einen heilsgeschichtlichen Erklärungsrahmen? Wie es scheint, verloren die verschiedenen Varianten endzeitlicher Einstellung weitgehend ihre Wirkung, wenn die Not nachließ und die Angst allmählich verschwand. Dann vermochte der Chiliasmus und die Erwartung des Jüngsten Gerichts nicht mehr viele Menschen zu überzeugen. Ohne Zweifel übte in diesem Zusammenhang die Religionspolitik absolutistischer Regierungen einen erheblichen Einfluss aus. Denn absolutistische Herrscher, die bestrebt waren, ihre durch Hunger, Seuchen und Krieg entvölkerten Länder wieder zu „peuplieren", holten jüdische Finanziers ins Land, die ihnen helfen sollten, die maroden Staatsfinanzen zu sanieren, dazu religiöse Minderheiten wie die Mennoniten, die sich am wirtschaftlichen Wiederaufbau beteiligen sollten. Nunmehr war von oben religiöse Toleranz verordnet, und Juden taugten nicht mehr als Sündenböcke, wenn etwas schief lief. Deshalb ist es nicht falsch, wenn man den Absolutismus, also die absolutistische Regierungsform, als eine Art von Krisenmanagement bezeichnet. Anders als in den Jahrzehnten um 1600 waren die Regierungen der meisten europäischen Länder in den Jahrzehnten um 1700 außerdem mit Erfolg bestrebt, Hunger und Seuchen zu bekämpfen. Und selbst den Kriegen setzten sie mit den Friedensschlüssen der Jahre 1713/14 und 1719/20 zumindest vorübergehend ein Ende. Ohne dass es die Zeitgenossen zunächst ahnen konnten, war im zweiten Jahrzehnt des 18. Jahrhunderts eine mehr als ein Jahrhundert andauernde Periode der Angst vorüber. Wie wir im Rückblick wissen, begann eine jahrzehntelange Periode der Prosperität, gar der Hoffnung, die erst mit der Französischen Revolution ein Ende fand.

Literatur

Aston, Trevor (Hrsg.), Crisis in Europe, 1560–1660, London 1965.

Behringer, Wolfgang/Lehmann, Hartmut/Pfister, Christian (Hrsg.), Kulturelle Konsequenzen der Kleinen Eiszeit/Cultural Consequences of the Little Ice Age, Göttingen 2005.

Canning, Joseph/Lehmann, Hartmut/Winter, Jay (Hrsg.), Power, Violence and Mass Death in Pre-Modern and Modern Times, Burlington VT 2004.

Fagan, Brian T., The Little Ice Age. How Climate made History, 1300–1850, New York 2000.

Hagenmaier, Monika/Holtz, Sabine (Hrsg.), Krisenbewußtsein und Krisenbewältigung in der Frühen Neuzeit – Crisis in Early Modern Europe, Frankfurt 1992.

Jakubowski-Tiessen, Manfred (Hrsg.), Krisen des 17. Jahrhunderts. Interdisziplinäre Perspektiven, Göttingen 1999.

Kamen, Henry, The Iron Age. Social Change in Europe 1550–1660, London 1971.

Lehmann, Hartmut, Das Zeitalter des Absolutismus. Gottesgnadentum und Kriegsnot, Stuttgart 1980.

Lehmann, Hartmut, Frömmigkeitsgeschichtliche Auswirkungen der ‚Kleinen Eiszeit‘, in: Schieder, Wolfgang (Hrsg.), Volksreligiosität in der modernen Sozialgeschichte, Göttingen 1986, 31–50.

Lehmann, Hartmut/Trepp, Anne-Charlott (Hrsg.), Im Zeichen der Krise. Religiosität im Europa des 17. Jahrhunderts, Göttingen 1999.

Parker, Geoffrey/Smith, Lesley M. (Hrsg.), The General Crisis of the Seventeenth Century, 2. Auflage London 1997.

Parker, Geoffrey, Global Crisis. War, Climate Change and Catastrophe in the Seventeenth Century, New Haven 2013.

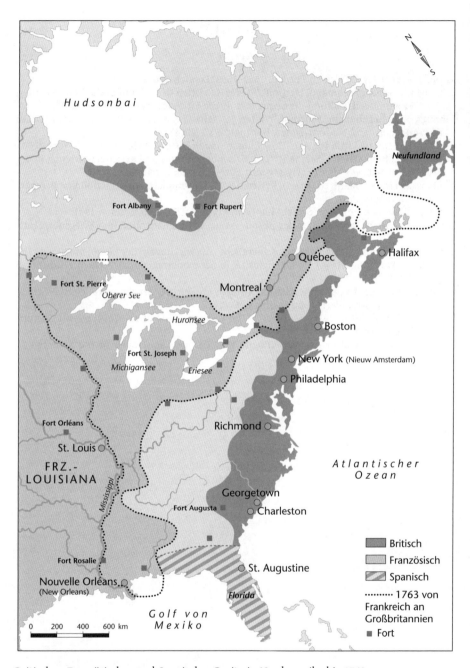

Britischer, Französischer und Spanischer Besitz in Nordamerika bis 1763

CHRISTLICHE KIRCHEN UND GEMEINSCHAFTEN IN NORDAMERIKA BIS 1800

Jan Stievermann

Lediglich ein Vierteljahrhundert liegt zwischen der Landung von Kolumbus in der Karibik und Luthers „Thesenanschlag" in Wittenberg. So verlief die weitere Entdeckung und frühe Kolonialisierung der Neuen Welt parallel zum Auseinanderbrechen des westlichen Christentums im Gefolge der Reformation. Sie ging weiterhin einher mit den tiefgreifenden sozialen, wirtschaftlichen und kulturellen Transformationen der Frühen Neuzeit sowie dem Aufstieg großer zentralisierter Monarchien, die neue imperiale Bestrebungen nach weltumspannenden Reichen entwickelten. All dies hatte enorme Folgen für die Zukunft der Neuen Welt: Die Europäer trugen nicht nur ihre konkurrierenden Modelle des Christentums, ihre Konfessionsspaltungen und Religionskriege nach Amerika, sondern auch ihre politischen Machtkämpfe, sozioökonomischen Umbrüche und ihren unstillbaren Hunger nach Land und Ressourcen.

Bedingt durch die neue Buch- und Gelehrtenkultur waren die territorialen Verteilungskämpfe in Amerika immer auch von „Deutungskriegen" begleitet. Nach Kolumbus entstand eine Fülle von Literatur, in der – häufig in theologischen Kategorien – Fragen nach der Bedeutung und den Verheißungen der Neuen Welt ebenso wie Fragen nach den Herrschaftsansprüchen und den Verpflichtungen diskutiert wurden, die den Europäern aus ihren Entdeckungen erwuchsen. Zugleich entwickelten sich Diskurse über Amerika, in denen sich verschiedene Vorstellungen vom christlichen Glauben und seiner Ausbreitung verbanden mit imperialen Vorstellungen sowie ideologischen Konzepten von gerechtem Krieg, gottgewollter Eroberung, Kolonialisierung und Sklaverei, aber auch mit Idealen der Glaubensfreiheit, der politischen Freiheit und der Menschenrechte. Ja, „Amerika" an sich wurde zur höchst umstrittenen religiösen Idee, die eschatologische Erwartungen, Träume vom irdischen Paradies, Hoffnungen auf die Reform oder Erneuerung des Christentums und alternative Vorstellungen von Kirche und Staat nährte.

Dieses Kapitel konzentriert sich insbesondere auf Nordamerika, oder, um genauer zu sein, auf das kontinentale Festland nördlich des Rio Grande, das heute innerhalb der Grenzen Kanadas und der Vereinigten Staaten liegt. Der Bogen wird gespannt von den ersten Begegnungen zwischen Entdeckern und Ureinwohnern bis zur Amerikanischen Revolution, mit der die dreizehn englischen Kolonien sich vom britischen Empire trennten und die Kirchen der neuen Nation ihr Experiment mit der Religionsfreiheit begannen. Die britischen Kolonien spielen in diesem Kapitel eine herausgehobene Rolle, nicht nur wegen ihrer zunehmenden Dominanz in diesem Teil des Kontinents, sondern auch wegen ihrer besonderen Bedeutung für die Zukunft des Christentums, sowohl innerhalb wie auch außerhalb der Vereinigten Staaten. Es soll aber keine „Meistererzählung" konstruiert werden vom Siegeszug des englischsprachigen Protestantismus, von seinen puritanischen Anfängen bis zur Unabhängigkeitserklärung und dem First Amendment mit seiner Garantie der Religionsfreiheit. Vielmehr bemüht sich dieses Kapitel, die vielfältigen Herkunftsgeschichten des Christentums in Nordamerika nachzuzeichnen, die sich von sehr unterschiedlichen Ursprüngen her durch unerwartete Begegnungen und Entwicklungen, komplexe Verstrickungen und Konflikte hin zu unvorhersehbaren Ergebnissen entfalteten.

Die frühe Geschichte des Christentums in Nordamerika entwickelte sich in den umkämpften, sich immer wieder verschiebenden und vielfach überschneidenden Interessensphären von vier europäischen Mächten: den katholischen Monarchien Spaniens und Frankreichs, der überwiegend reformierten Republik der Vereinigten Provinzen der Niederlande und des im Wesentlichen vom anglikanischen Protestantismus beherrschten England. Diese Einflusssphären waren zugleich Zonen des kulturellen Kontaktes und des Konfliktes mit in sich wiederum sehr heterogenen indigenen Bevölkerungen. Obwohl die Ankunft der Europäer durchweg massive Populationsverluste v. a. durch eingeschleppte Krankheiten mit sich brachte und langfristig durchweg katastrophale Folgen für die indigenen Völker und Zivilisationen hatte, gibt es dennoch kein einheitliches Muster in den Beziehungen zwischen Europäern und Einheimischen in Nordamerika. Vor allem in den frühen Phasen beinhalteten sie nicht nur Unterwerfung, Krieg und Versklavung, sondern auch Handel, Bündnisse und kulturellen Austausch. Zudem waren diese Beziehungen von unterschiedlichen Theologien und Missionsmethoden geprägt. Verschiedene katholische Ordensgemeinschaften und dann auch protestantische Missionare folgten den Eroberern und ersten Siedlern mit dem Ziel, die unzähligen „heidnischen" Seelen in ihrer Reichweite für sich zu gewinnen.

Dabei ging es nicht nur um die Seelen der indigenen Bevölkerung, sondern auch um die Seelen der vielen Afrikaner, die als Sklaven nach Amerika gebracht worden waren. Obwohl es in der christlichen Welt vereinzelte Proteste gab, waren die meisten Europäer nicht der Meinung, dass ihr Glaube Eroberung und Versklavung untersage. Regelmäßig dienten christliche Theologeme zur Legitimation derselben und befeuerten die Unterwerfung fremder Länder und Völker „im Namen Gottes". Zahlreiche Christen betrachteten allerdings die Evangelisierung der Indianer und Afrikaner als ihre heilige Pflicht, und einige Missionare bemühten sich nach Kräften, das Leid dieser Menschen zu lindern. Abhängig von den äußeren Umständen, aber auch von individuellen Entscheidungen, reagierten Indianer und Afrikaner mit Unterwerfung, offenem oder heimlichem Widerstand, freiwilligem Religionswechsel oder mit der Vermischung ihrer ursprünglichen Religion mit Bestandteilen des neuen Glaubens. So wurde Nordamerika zu einem großen Schmelztiegel verschiedener Kulturen und Religionen, was nicht nur entsetzliches

Jan Stievermann

Leid, Tod und Traditionsverlust hervorbrachte, sondern auch die beispiellose Verbindung von indigen-amerikanischen, europäischen und afrikanischen Kulturelementen. Im britischen Nordamerika führte dieses Vermischen zu einer Vielfalt von kreolisierten Formen des Christentums. Manche dieser Glaubensgemeinschaften, wie etwa die schwarzen Baptisten und Methodisten, haben sich seitdem zu wichtigen und lebendigen Zweigen des christlichen Stammbaums entwickelt.

Wie religiöse Faktoren – insbesondere der tiefgreifende Antagonismus zwischen Katholizismus und Protestantismus – einen Antrieb für Kolonisation und die endlosen Kämpfe der Europäer in der Neuen Welt darstellten, so wurden umgekehrt auch die neu entstehenden Kirchentümer, christlichen Praktiken und Identitäten im Kontext kolonialer Konflikte geprägt. Innerhalb ihrer wechselnden Wirkungsbereiche schufen verschiedene Gruppen von Siedlern neuartige kirchliche Kulturräume. Dabei strebten viele Siedlergruppen ursprünglich durchaus die Ausdehnung und innere Homogenität der Formen des konfessionellen Staatskirchentums an, wie sie diese von zu Hause kannten. Das gilt etwa in besonderem Maße für Neuspanien und Neufrankreich, aber auch für die anglikanischen Kirchentümer in den südlichen britischen Kolonien. Zugleich aber brachten die Europäer auch ihre Konfessionsstreitigkeiten mit, wie das Beispiel der Hugenotten in Neufrankreich und der Puritaner in Neuengland zeigt. Pluralisierung war die unweigerliche Folge. Und wie sehr dies die staatlichen und kirchlichen Autoritäten auch zu verhindern suchten: nolens volens veränderte die neue Umgebung die nach Amerika verpflanzten religiösen Institutionen, Praktiken und Theologien überall in mehr oder weniger starkem Maße.

Diese Veränderungen waren besonders deutlich in den englischen Besitzungen. In einer Reihe von Kolonien gab es durchaus etablierte Kirchen (d. h. staatskirchenähnliche Strukturen), die es jedoch kaum schafften, Institutionen hervorzubringen, deren Ressourcen und Autorität mit den Verhältnissen in der alten Heimat vergleichbar waren. Die Gründer von anderen englischen Kolonien wie Rhode Island und Pennsylvania waren radikale Protestanten, die das europäische Staatskirchentum grundsätzlich ablehnten und neue Gemeinwesen zu entwickeln suchten, die auf dem Ideal der Glaubensfreiheit basierten. Ein weiterer Faktor, der im britischen Nordamerika dazu beitrug, den Aufbau bzw. Erhalt in sich geschlossener konfessioneller Kirchentümer zu konterkarieren, war die wachsende religiöse und ethnische Diversität der Bevölkerung, welche die kolonialen Eroberungen und Masseneinwanderungen aus verschiedenen Teilen Europas mit sich brachten. Diese ausgeprägte Diversität, zusammen mit dem Aufkommen der Erweckungsbewegungen und der Ausbreitung aufklärerischen Gedankenguts, ließ die britischen Kolonien Nordamerikas im 18. Jahrhundert zu einem regelrechten religiösen Laboratorium werden. Viele der wichtigsten Entwicklungen, die langfristig das religiöse Leben in der westlichen Moderne prägen sollten – Trennung von Kirche und Staat, konfessionelle Vielfalt und Konkurrenz, individualistische und von Erweckungsbewegungen wie auch rationalistischen Weltanschauungen geprägte Glaubensformen, hauptsächlich von Laien geleitete und auf freiwilligem Engagement basierende Kirchen – wurden hier diskutiert und ausprobiert. Vor allem die Kolonien in der mittelatlantischen Region entwickelten sich zum Versuchsfeld, auf dem mit Formen der „Christenheit nach dem Staatskirchentum" experimentiert wurde.

1. Frühe Spanische Kolonien und Missionen in Nordamerika

Die kontinuierliche europäische Präsenz auf dem nordamerikanischen Festland begann 1513 mit der Entdeckungsfahrt des Konquistadors Juan Ponce de León (1474–1521) in den Gewässern nördlich der spanischen Kolonien in der Karibik. Da er das Land, das er irrtümlicherweise zunächst für eine weitere Insel hielt, während der Osterzeit („Pascua Florida") betrat, wurde es Florida genannt. Als Ponce de León 1521 – im selben Jahr, in dem Cortés das Aztekenreich im Auftrag des Königs unterwarf – dorthin zurückkehrte, wurde er von einem einheimischen Krieger tödlich verletzt. Auf der Suche nach Reichtum und in dem Bestreben, die Herrschaft der spanischen Krone zu erweitern, folgten ihm aber alsbald weitere spanische Eroberer. Wie überall in den Amerikas, waren auch die Konquistadoren, die nach Florida kamen, nicht nur vom Verlangen nach Ruhm und Reichtum angetrieben, sondern auch von einer „Kreuzzugsmentalität" und einer Ideologie des spanischen Exzeptionalismus, wie sie sich während der „Reconquista" herausgebildet hatte.[1]

Im selben Jahr, in dem Kolumbus „Las Indias" entdeckte, wurden auch die letzten Muslime von der Iberischen Halbinsel vertrieben. Der Abschluss der Wiedereroberung stärkte das weit verbreitete Empfinden, dass das vereinte Spanien eine gottgewollte Mission zu erfüllen habe. Die „Katholischen Könige" (so der von Papst Alexander VI. offiziell an Ferdinand und Isabella vergebene Titel) und ihre habsburgischen Nachfolger wurden als von Gott bestellte Verteidiger des rechten Glaubens und der Einheit der Kirche gegen Ungläubige und Ketzer betrachtet. Sie sollten die Herrschaft Christi auf Erden bis in den entlegensten Winkel der neu entdeckten Gebiete zur Geltung bringen. Durch eine Reihe von päpstlichen Entscheidungen und Verträgen, insbesondere den Vertrag von Tordesillas 1494, erlangte Spanien das von Rom garantierte Hoheitsrecht über alle Entdeckungen in Amerika, mit Ausnahme der von Portugal beanspruchten östlichen Küste des heutigen Brasilien. Die diesen Ansprüchen zu Grunde liegende Annahme war, dass

---

1 Einen guten Überblick gibt Elliott, John Huxtable, Imperial Spain, 1469–1716, London 2002.

Christus – vertreten durch den Heiligen Petrus und seine päpstlichen Nachfolger – Vollmacht über den ganzen Erdkreis habe. Die Vollmacht Christi über die neue Welt wurde den spanischen Monarchen von Gottes Gnaden unter der Bedingung übertragen, dass sie die Einheimischen zum rechten Glauben bekehren würden. Von Anfang an verlieh der katholische Glaube dem entstehenden spanischen Weltreich so nicht nur eine Identität, sondern auch die rechtliche und moralische Rechtfertigung für die Eroberung und Kolonisierung in der Neuen Welt.[2] Vor allem in den Anfangsjahren waren dabei nicht nur unter den Franziskanern millenaristische Erwartungen weitverbreitet, denen zufolge die spanischen Entdecker und Missionare den Weg für die Rückkehr Christi und sein Tausendjähriges Reich bereiteten.

Nachfolgende spanische Floridaexpeditionen unter Führung von Pánfilo de Narváez (1478–1528) und Hernando de Soto (ca. 1500–1542) erwiesen sich als Fehlschläge. Sie brachten die Spanier jedoch tief ins Innere Nordamerikas und schafften ein Bewusstsein für die ungeheure Größe der bisher unbekannten Territorien nördlich und östlich von Mexiko. „La Florida" wurde zur Bezeichnung für ein Gebiet, das nicht nur den heutigen Staat gleichen Namens, sondern auch wesentliche Teile von Georgia, Alabama und North Carolina umfasste. Die Spanier erhofften sich von dieser Region große Reichtümer und zahlreiche Konvertiten. Strategisch wurde sie auch als wichtig erachtet, um die Transportwege aus und zu dem Vizekönigreich Neuspanien (gegründet 1535) gegen den Zugriff feindlicher europäischer Mächte abzusichern. Pedro Menéndez des Avilés (1519–1574), der zuvor bereits zwei Siedlungsversuche französischer Hugenotten an der Küste von Florida abgewehrt hatte, errichtete 1565 mit St. Augustine die erste dauerhafte Ansiedlung und Festung einer europäischen Kolonialmacht in Nordamerika. Die Bestrebungen Spaniens, seine Präsenz in den südlichen Teil der Halbinsel auszudehnen, wurden jedoch von Angriffen europäischer Freibeuter und dem Widerstand der einheimischen Stämme, vor allem der kriegerischen Timucua, vereitelt.

In der ersten Hälfte des 17. Jahrhunderts gründeten die Franziskaner entlang der Ostküste Floridas bis hinauf nach St. Catherines Island im heutigen Georgia mehr als dreißig Missionsstationen, die vor allem auf die Guale-Indianer ausgerichtet waren, sowie zahlreiche weitere Posten landeinwärts unter den westlichen Timucua-, Apalachee- und Apalachicola-Völkern. Unter dem Schutz spanischer Garnisonen prosperierten diese Missionen etwa fünfzig Jahre lang. Den offiziellen Berichten zufolge wurden bis zu 20 000 Indianer christianisiert. Genau wie in anderen spanischen Kolonien schadete jedoch die enge Verbindung mit den Garni-

---

2 Garcia, Pablo/Myers, Kathleen Ann, Spanish Catholicism in the Era of Exploration and Early Colonization, in: Stein, Stephen J. (Hrsg.), The Cambridge History of Religions in America. Volume 1: Pre-Columbian Times to 1790, Cambridge 2012, 177–199, 177. Dieser Band der Cambridge History enthält Artikel und Bibliographien zu allen Aspekten der nordamerikanischen Religionsgeschichte während der Kolonialzeit.

sonen den Missionen auch, da das Verhalten der Soldaten oft in direktem Widerspruch zu dem stand, was die Ordensbrüder verkündeten. Eine weitere allgegenwärtige Ursache indianischer Feindseligkeit war die enge Verknüpfung von Christianisierung und erzwungener Akkulturation. Die Franziskaner erklärten nicht nur die „Götzenanbetung" der Eingeborenen für gesetzeswidrig, sondern ließen auch deren Bräuche und Sexualmoral unterdrücken. Noch bevor der immer stärker werdende Druck der Engländer von Norden das Missionsnetzwerk der Spanier in Florida Ende des 17. Jahrhunderts zurückzudrängen begann, war dieses so schon von etlichen einheimischen Aufständen geschwächt worden.

Die andere Region Nordamerikas, in der sich die Spanier dauerhaft ansiedelten, war der Südwesten der heutigen Vereinigten Staaten. Zwischen 1540 und 1542 leitete Francisco Vásquez de Coronado (1510–1554) eine Expedition aus Mexiko in diese Gegend und eroberte Hawikuh, die Hauptsiedlung der ansässigen Pueblo-Indianer. Es sollte aber weitere fünfzig Jahre dauern, bevor die spanische Herrschaft unter Don Juan de Oñate (1550–1626) tatsächlich Gestalt annahm und die Region als Neumexiko („Nuevo México") Teil des Kolonialsystems wurde. Im Auftrag König Philipps II., aber auf eigene Kosten, begann Don Juan de Oñate das Gebiet für Spanien zu kolonisieren. Ab 1598 unterwarf er mit grausamer Gewalt die Pueblo-Völker nördlich des Rio Grande. 1610 gründete sein Nachfolger, der Gouverneur Pedro de Peralta (1584–1666), die Hauptstadt Santa Fe. Als Provinz von Neuspanien wurde Neumexiko auch in das hierarchische Staatskirchensystem eingegliedert, das Spanien in der Neuen Welt errichtete. Die Gouverneure unterstanden dem Vizekönig, die Kirchen und Missionen dem Erzbischof von Mexiko-Stadt. Das „Patronato Real" ermächtigte die spanischen Monarchen, Bischöfe in Amerika zu ernennen, was eine besonders enge Verflechtung von weltlicher und geistlicher Macht zur Folge hatte.

Da keine Bodenschätze gefunden wurden, bestand Spaniens Interesse an Neumexiko hauptsächlich darin, eine Infrastruktur zum Schutz und zur Unterstützung der wertvollen Minen und Plantagen in Mexiko und Peru zu errichten. Es gelang aber nicht, eine bedeutende Anzahl von Siedlern in diese abgelegenen Gebiete Amerikas zu locken. So versuchte man ohne großen Erfolg, die einheimische Bevölkerung durch religiöse und kulturelle Assimilation zu Bauern nach europäischem Vorbild zu machen. 1670 lebten in Neumexiko höchstens 1 000 Spanier, die meisten von ihnen in der Nähe von Santa Fe.[3]

Trotz des häufig angespannten Verhältnisses zwischen der Kolonialverwaltung und den Missionaren, waren Christianisierungsversuche untrennbar mit der Ausübung weltlicher Herrschaft verbunden. Die wachsende Zahl franziskanischer Mis-

---

[3] Soweit nicht anders angegeben, stammen grundlegende historische Hintergrundinformationen (inklusive der Bevölkerungsschätzungen) aus Taylor, Alan, American Colonies: The Settling of North America, New York 2001, und Middleton, Richard, Colonial America: A History, 1565–1776, London 2002.

sionsstationen unter den Acoma-, Hopi- und Zuni-Indianern wurden stets im Umfeld einer Garnison („presidio") erbaut. Der franziskanische Ansatz sah die Hispanisierung der Indianer als notwendige Voraussetzung für ihre Bekehrung. Christliche Indianer und potenzielle Konvertiten wurden in besonderen „congregaciónes" zusammengefasst, die häufig getrennt von der restlichen Pueblo-Gemeinschaft lebten. Katechumenen wurden gemäß der katholischen Lehre unterrichtet, diszipliniert und schließlich zur Taufe geführt. Danach wurde von ihnen erwartet, dass sie die für ein frommes Leben vorgeschriebenen Verhaltensmuster befolgten, regelmäßig die Messe besuchten und zur Beichte gingen. Mit Hilfe der Soldaten überwachten die Mönche die Einhaltung christlicher Sexualnormen und unterdrückten die traditionellen Zeremonien der Pueblo-Indianer, in deren Zentrum die „katsina" (Geistwesen, die zwischen Menschen und Göttern vermitteln) standen. Folglich wuchsen die christlichen Gemeinden in den Pueblos vor allem auch durch den externen Druck, der auf die Stammeskulturen ausgeübt wurde.

Zugleich gab es aber durchaus intrinsische Motivationen, sich für das Christentum zu öffnen. Der neue Glaube wirkte anziehend, nicht zuletzt weil er den christianisierten Indianern den militärischen Schutz vor angestammten Feinden und die geheimnisvollen Kräfte der Europäer verhieß, welche diese vor den grassierenden Krankheiten zu bewahren schienen. Aber auch die Botschaft des Evangeliums und die fremdartige Schönheit der katholischen Rituale und Feste mit ihren üppigen Gewändern, der Musik, den Gemälden und den Heiligenbildern begeisterten viele. Den offiziellen Aufzeichnungen der Kirche zufolge kamen tausende von Pueblo-Indianern zum Christentum. Viele davon waren möglicherweise aber nur „pro forma"-Bekehrungen. Auch mit Blick auf ihre eigenen Gemeinden äußerten die Missionare immer wieder ihren Ärger oder Sorge darüber, dass hier im Verborgenen heidnische Bräuche weiterlebten oder diese unbekümmert mit christlichen Symbolen, Überzeugungen und Ritualen kombiniert wurden.

Manche der Franziskanermissionare versuchten durchaus, das Leid, das die einheimische Bevölkerung durch spanische Herrschaft erleiden musste, zu lindern. Häufiger jedoch waren sie selbst Teil der systematischen Ausbeutung. Neumexiko brachte keinen Fürsprecher der Indianer vom Format eines Bartolomé de las Casas hervor. Unter dem „encomienda"-System wurden Indianer von den Kolonialherren wie auch den Missionaren zu Frondiensten im Straßenbau, bei der Errichtung von Festungen und zum Kirchenbau herangezogen. Diese Arbeiten, zusammen mit den Güterabgaben und der drakonischen Unterdrückung der traditionellen religiösen Praktiken, nährten die Ablehnung und schließlich den Widerstandswillen. Die Lage eskalierte in den 1670er Jahren, als viele Indianer während einer anhaltenden Dürre Hungersnot litten. Unter der Führung des Schamanen Popé erhoben sich 1680 im sogenannten „Pueblo-Aufstand" rund zwei Dutzend Dorfgemeinschaften gegen die Spanier. Santa Fe wurde fast vollständig zerstört. Rund 200 Spanier, unter ihnen vierzig Priester, wurden getötet, viele Kirchen und christliche Symbole entweiht oder zerstört. Spanien verlor für nahezu fünfzehn Jahre die Kontrolle über das Gebiet. Lediglich durch Zugeständnisse bei Landzuteilungen an die Pueblos, die Einführung von Rechtsmitteln gegen Missbräuche und durch mehr Toleranz gegenüber den einheimischen Traditionen konnte die Kontrolle schließlich zurückgewonnen werden.[4]

Wie dies ebenfalls bei anderen Missionen im Kontext europäischer Kolonisierung der Fall war, betrieben auch die Spanier eine umfassende Sozialdisziplinierung, die nicht zuletzt die Verordnung europäischer Normen von Ehe und Sexualität sowie von Genderrollen und -hierarchien umfasste.[5] Anders als in einigen der Stammeskulturen war es eine Grundüberzeugung der allermeisten Europäer der frühen Neuzeit, dass Gott Männer und Frauen nicht nur physiologisch unterschiedlich erschaffen habe, sondern auch hinsichtlich ihrer geistigen Fähigkeiten sowie der moralischen Eigenschaften und Neigungen. Im Rahmen der göttlichen Schöpfungsordnung waren Männer und Frauen deshalb für verschiedene Aufgaben und gesellschaftliche Sphären bestimmt: Grundsätzlich war die Frau dem Mann untergeordnet und wurde hauptsächlich durch ihre reproduktive Funktion und die Rolle als fürsorgliche Mutter und Ehefrau sowie ihre Arbeit im Haushalt und auf dem Feld definiert. Wie ihre kolonialen Rivalen auch, versuchten die Spanier ihren Untertanen in der Neuen Welt diese Auffassungen von Geschlechterrollen, Familie und Ehe zu oktroyieren und die indigenen Frauen der männlichen Autorität zu unterwerfen. Gesellschaftlicher Stand und Rasse konnten diese Geschlechterbeziehungen freilich beträchtlich verkomplizieren, und zwischen verschiedenen Kolonialkulturen gab es signifikante Unterschiede. Im Allgemeinen aber wurde gewöhnlichen Frauen eine untergeordnete Stellung zugeordnet, und sie waren von politischen und kirchlichen Ämtern sowie dem Bildungswesen ausgeschlossen.

Natürlich gab es auch Ausnahmen. Eine ganz berühmte in der Kulturgeschichte des Vizekönigreiches war die Dichterin Sor Juana Inés de la Cruz (1648?–1695), die auch als „die Zehnte Muse" durch ihre herausragende Barockdichtung bekannt wurde.[6] Ihr Werdegang illustriert zugleich die beengenden Grenzen, die durch die Geschlechternormen der Zeit gesetzt waren und die Möglichkeiten einzelner Individuen, diese zu überschreiten. Bei beidem spielte Religion eine zentrale Rolle. Juana Inés de Asbaje y Ramírez de Santillana wurde als uneheliches Kind eines spanischen Hauptmanns und einer „criolla"-Mutter geboren und auf der Hacienda ihres Großvaters mütterlicherseits in der Nähe von Mexiko-Stadt aufgezogen. Sie war bereits während ihrer Kindheit

---

4   Weber, David J., The Spanish Frontier in North America, New Haven 1992; Knaut, Andrew L., The Pueblo Revolt of 1680: Conquest and Resistance in Seventeenth-Century New Mexico, Norman 1997.

5   Einen hilfreichen Überblick bieten die ersten beiden Kapitel in: Cott, Nancy F. (Hrsg.), No Small Courage: A History of Women in the United States, Oxford 2000. Für Neumexiko siehe Gutiérrez, Ramón A., When Jesus Came, the Corn Mothers Went Away: Marriage, Sexuality, and Power in New Mexico, 1500–1846, Stanford 1991.

6   Kirk, Stephanie, Sor Juana Inés de La Cruz and the Gender Politics of Knowledge in Colonial Mexico, London 2016.

tiefreligiös und lernte als junges Mädchen Latein und Griechisch, aber auch die Aztekensprache Nahuatl. Der Zugang zur Akademie in der Hauptstadt wurde ihr verweigert, und sie setzte ihr Studium unter der Anleitung von Doña Leonor Carreto, der Frau des Vizekönigs, fort. Doña Leonor Carreto nahm sich der kultivierten jungen Frau an, wurde zu ihrer lebenslangen Förderin und ermöglichte die Veröffentlichung einiger ihrer späteren Werke in Spanien. Juana gewann bald am vizeköniglichen Hof einen Ruf als Gelehrte in den Feldern der Theologie und der neuen Wissenschaften sowie als begabte Dichterin. Um den Fesseln der Ehe zu entkommen (sie lehnte mehrere Heiratsanträge ab) und ihr Leben als Gelehrte weiterführen zu können, trat sie 1669 dem Orden der Hieronymitinnen bei. Im Santa Paula-Kloster in Mexiko-Stadt trug Sor Juana eine große Bibliothek sowie eine Sammlung musikalischer und wissenschaftlicher Instrumente zusammen. Sie beteiligte sich an akademischen Debatten mit Theologen und verfasste eine Vielzahl an religiösen und weltlichen Gedichten, unter anderem ihr bedeutendstes Werk „Primero sueño" (veröffentlicht 1692). Als Antwort an ihre Kritiker, die diese Aktivitäten als Verstoß gegen vorgeschriebene Geschlechterrollen anprangerten, verfasste sie 1691 die „Respuesta a Sor Filotea", in der sie für Frauenbildung plädierte. Für diese Intervention erteilten die Kirchenbehörden der Nonne einen scharfen Verweis. Ein Jahr, bevor sie 1695 an der Pest starb, leistete Sor Juana offiziell Abbitte und gab all ihre weltlichen Besitztümer auf, darunter auch ihre heißgeliebten Bücher. Heute gilt sie als frühe Verfechterin von Frauenrechten und eine Begründerin der spanischsprachigen mexikanischen Literatur.

Nördlich des Rio Grande schien der Glanz des Goldenen Zeitalters Spaniens nur matt. Diese Gebiete Neuspaniens erreichten weder im wirtschaftlichen noch im kulturellen Sinne jemals eine herausragende Bedeutung innerhalb des spanischen Reiches. Die Bevölkerung stagnierte Mitte des 18. Jahrhunderts bei ungefähr 6 500 Spaniern und vielleicht 10 000 hispanisierten Indianern. Das nach Kriterien von Rasse bzw. Blut gegliederte Kastensystem im spanischen Amerika trennte die christlichen Indianer in rechtlicher Hinsicht nicht nur von anderen Indianern, sondern insbesondere auch von den Spaniern und ihren kreolischen (d. h. in der Neuen Welt geborenen Personen spanischen Blutes) und mestizischen (d. h. Personen gemischten Blutes) Nachfahren. Im Alltag freilich verschwammen diese Trennlinien nicht selten. Innerhalb der katholischen Kirche jedoch schloss dieses System Indianer und Mestizen in aller Regel vom Priester- und Bischofsamt aus. Die von Spaniern dominierte Leitungshierarchie bemühte sich auch darum, dass die kirchliche Praxis in den provinziellen Bistümern nicht allzu weit von den Maßstäben der nachtridentinischen Orthodoxie abwich. Gleichwohl florierten indigenisierte Formen des Katholizismus, in die zahlreiche Elemente der prähispanischen Religion und Kultur eingingen.[7] Als besonders markante Beispiele dieser Art der

---

7 Gruzinski, Serge, The Conquest of Mexico: The Incorporation of Indian Societies into the Western World, 16th–18th Centuries, Cambridge 1993.

Hybridisierung gelten der weitverbreitete Kult der Jungfrau von Guadalupe oder verschiedene lokale Praktiken der Heiligenverehrungen, die indigene Glaubensvorstellungen und Gebräuche (in der Regel mit Bezug zu göttlichen Mittlern und Geistwesen) integriert hatten. Die „fiestas patronales", bei denen katholische Zeremonien und Prozessionen mit einheimischen Trachten, Essen, Liedern und Tänzen gefeiert wurden, waren Höhepunkte im religiösen Leben vieler Gemeinden.

2. Die Anfänge Britisch-Nordamerikas

England wurde erst ein ganzes Jahrhundert nach Kolumbus zum ernsthaften Konkurrenten im kolonialen Wettstreit. Vor Elisabeth I. waren die Tudorherrscher zu sehr mit internen Machtkämpfen und Religionskonflikten beschäftigt. Wichtig war jedoch, dass Heinrich VII. bereits 1497/98 den genuesischen Entdecker Giovanni Caboto (ca. 1450–ca. 1500) beauftragte, Entdeckungsreisen in die Neue Welt zu unternehmen. Auf seiner Suche nach dem Seeweg nach China erkundete Caboto im Namen des Königs die nordöstliche Küste Amerikas, was später zur Untermauerung der englischen Ansprüche auf diese Region herangezogen werden sollte. Ein halbes Jahrhundert nach den Umwälzungen, die auf die von Heinrich VIII. eingeleitete Reformation der Kirche folgten, gelang es Elisabeth I., die Situation in England zu stabilisieren. Der mit ihrem Namen verbundene religiöse Ausgleich („Elizabethan Settlement") perpetuierte Englands Abtrennung von der Römischen Kirche und definierte das besondere Gepräge der Anglikanischen Kirche. Obwohl das Konfessionsprofil (1571 in den 39 Artikeln endgültig festgelegt) evangelisch war und auch deutliche reformierte Akzentuierungen aufwies, behielt England die bischöfliche Hierarchie mit dem Monarchen an ihrer Spitze. Das „Book of Common Prayer" bewahrte auch viele der überkommenen liturgischen Formen. Im Zuge der nationalen Konsolidierung entwickelten sich dann neue Ambitionen und eine tiefgreifende Rivalität mit Spanien, deren Symbol die erfolgreiche Abwehr der spanischen Armada 1588 wurde.

Am Hof von Elisabeth entstand eine wachsende imperiale Lobby, die auf eine aggressive anti-spanische Politik und überseeische Projekte zur Stärkung nationaler Interessen und zur Ausbreitung des Protestantismus drängte. In einer Reihe von einflussreichen Schriften verbreiteten insbesondere Richard Hakluyt (1553–1616) und Samuel Purchas (1575–1626) die Botschaft vom großen Reichtum und den wirtschaftlichen Wachstumsmöglichkeiten, die England erlangen könnte, wenn es endlich in den Wettstreit mit Spanien um die Neue Welt eintreten würde. Man forderte Elisabeth auf, ihre Verantwortung als protestantische Monarchin zu übernehmen, die brutale Ausbeutung der armen Indianer und deren Zwangsbekehrungen zum „Papismus" zu beenden. England solle als benevolente missionarische Macht den wahren Glauben ausbreiten.[8] Aus diesen Diskursen erwuchs nicht nur die hispanophobe „Schwarze Legende" in England. Sie beförderten auch die sich herausbildende Ideologie des englischen Imperialismus, in der sich ein Proto-Nationalismus mit kolonialen Ambitionen und militantem Antikatholizismus verband. Die imperiale Lobby bei Hofe argumentierte dabei mit Nachdruck für eine Herangehensweise, die später tatsächlich die englischen Kolonialprojekte prägen sollte: den Aufbau größerer Siedlerkolonien. Indem England v. a. unerwünschte Untertanen nach Übersee schicke, würde es gleichzeitig seine zunehmenden Probleme mit Armut, Landstreicherei und Kriminalität lösen.

2.1. Die Chesapeake Bay

Vor diesem Hintergrund erhielt Sir Walter Raleigh von seiner Königin mehrere Aufträge für amerikanische Siedlungsprojekte, die jedoch alle scheiterten. Auch die 1585 gegründete Siedlung auf der Insel Roanoke (heute Teil von North Carolina) vor der Küste Virginias (die gesamte atlantische Küste nördlich von Florida und südlich von Akadien wurde von den Engländern zunächst nach ihrer jungfräulichen Königin als Virginia bezeichnet) war ein Misserfolg. Obwohl die Besiedlung von Roanoke fehlschlug, wurden im Kontext des Unternehmens äußerst detailreiche Abbildungen und Beschreibungen der indigenen Bevölkerung, ihrer Kulturen und Religionen für das heimische Publikum hergestellt, die große Wirkungskraft entfalteten.[9] Sie zeigen, dass diese elisabethanischen Entdecker, wie auch ihre spanischen Vorgänger, die Bewohner von Virginia nicht als eine von den Europäern völlig getrennte Rasse, sondern vielmehr als verlorene Nachkommen Noahs, des Patriarchen aller Völker, betrachteten. Die Europäer verstanden die Indianer in aller Regel als „primitive Verwandte", denen es an christlicher Kultur gebrach, die aber auch frei von vielen Zivilisationskrankheiten waren. Angesichts der postulierten Unschuld der Einheimischen, der ihnen zugeschriebenen natürlichen Religion und Vernunftbegabung, waren die Engländer optimistisch, dass ihre Bekehrung zum Christentum und zur englischen Kultur nicht allzu schwer sein würde. Diese Annahme sollte sich mit der Kolonisierung des Festlandes von Virginia bald ändern. Jakob I., der erste englische Monarch aus dem Hause Stuart, erteilte nun neuentstehenden Kapitalgesellschaften Privilegien zur Kolonisierung. Eine dieser Gesellschaften, die „Virginia Company of London", entsandte eine Expedition in die Chesapeake Bay. Im April 1607 wurde eine Festung auf einer Insel in der Mündung des von den Engländern „James River" getauften Flusses erbaut. Diese kleine

---

8 Mancall, Peter C., Hakluyt's Promise: An Elizabethan Obsession for an English America, New Haven 2007.
9 Harriot, Thomas, A Briefe and True Report of the New Found Land of Virginia (1588).

Siedlung Jamestown, die sich sukzessive zur Kolonie Virginia erweitern sollte, war Englands erster dauerhafter Stützpunkt in Amerika.[10]

Die Kolonisierung von Virginia als holprigen Prozess zu bezeichnen, wäre noch untertrieben. In den ersten zwei Jahrzehnten befand sich die Kolonie aufgrund von Krankheiten, Hungersnöten, Konflikten mit den Einheimischen und internen Machtkämpfen ständig am Rande des Ruins. Wirtschaftlich war das Unternehmen zunächst eine Katastrophe. Hoffnungen auf Gold oder Silber wurden nicht erfüllt, und die Kolonisten waren auf Nachschub von zu Hause und die Ressourcen der umliegenden Algonkinstämme angewiesen. Diese gehörten der mächtigen Powhatan-Konföderation an, die bald das Interesse an Handelsbeziehungen mit den Neuankömmlingen verlor und sie als Bedrohung empfand. Ein konzertierter Angriff der Konföderation 1622 tötete 350 Menschen, zu diesem Zeitpunkt fast ein Viertel der englischen Einwohner. Eine unmittelbare Auswirkung des Massakers war der Abbruch sämtlicher Missionsbestrebungen in Virginia, obwohl die Evangelisierung der Einheimischen im ursprünglichen königlichen Patent der Kolonie als zentrales Anliegen hervorgehoben worden war. Um die Kolonie vor dem Untergang zu retten, wurde sie 1625 unter unmittelbare königliche Regierung gestellt. Die neuen Gouverneure setzten auf eine zunehmend brutale „Indianerpolitik", die zu einer Eskalation der Gewalt führte. Im Zusammenspiel mit der kontinuierlichen Ausdehnung der Siedlungsgrenze sowie der Zunahme der englischen Bevölkerung (diese war 1650 bereits auf 13 000 angewachsen und erreichte in den 1670er Jahren 40 000) trieb diese Politik die Küstenstämme immer weiter ins Hinterland zurück.

Wirtschaftlich gelangte Virginia mit der Einführung und dem großangelegten Anbau von Tabak in die Gewinnzone. Später kamen auch weitere Exportfrüchte hinzu. Getrieben vom Tabakhandel und den großzügigen staatlichen Landzuweisungen an Freibauern und adlige Siedler, wuchs Virginia nun sehr rasch rund um weit verstreute Plantagen. Es bildete sich bald eine tiefe Kluft zwischen den Gesellschaftsschichten, mit einer kleinen Aristokratie von Plantagenbesitzern auf der einen Seite sowie der großen Mehrheit von Schuldknechten und Versklavten auf der anderen. Das erste Sklavenschiff kam bereits 1619 an. Die Einführung afrikanischer Sklaven beschleunigte sich aber erst im letzten Drittel des Jahrhunderts rapide, als der Zustrom billiger Arbeitskräfte durch Einwanderung aus England nicht mehr mit dem wirtschaftlichen Wachstum mithalten konnte.[11]

Wie ihre spanischen und französischen Rivalen, verpflanzten auch die Engländer ihr nationales Kirchenwesen in die Kolonie. 1624 wurde die „Church of England" als offizielle Kirche von Virginia etabliert. Sie genoss staatliche Unterstützung und Schutz, hatte das alleinige Recht, öffentlichen Gottesdienst abzuhalten

---

10 Einen allgemeinen Überblick bietet Craven, Wesley Frank, The Southern Colonies in the Seventeenth Century, 1607–1689, Baton Rouge 1970.
11 Horn, James, Adapting to the New World: English Society in the Seventeenth-Century Chesapeake, Chapel Hill 1994.

und „Nonkonformisten" auszuweisen. Nur ihre Mitglieder (sofern sie zu den freien weißen Landeigentümern gehörten) besaßen das Wahlrecht und waren zum öffentlichen Amt berechtigt. Europäischen Mustern folgend, wurde die Kolonie in Gemeindebezirke aufgeteilt. Die gewaltigen Größenverhältnisse der Gemeinden im Zusammenspiel mit der geringen Anzahl von oftmals schlecht bezahlten Pfarrern erwiesen sich jedoch nicht nur in Virginia, sondern auch in anderen Kolonien als ein fortwährendes Problem für die Anglikanische Kirche. 1660 gab es fünfzehn Pfarrer für die fünfzig Gemeinden von Virginia; 1680 hatte sich die Lage mit fünfunddreißig Pfarrern kaum verbessert.

Eine weitere Herausforderung, die die Anglikanische Kirche in der Neuen Welt nie wirklich befriedigend löste, war die der kirchlichen Autorität. Anders als Spanien, schuf England keinen amerikanischen Bischofssitz. Die kolonialen Gemeinden blieben offiziell unter der Aufsicht des weit entfernten und oftmals für ihre Anliegen unempfänglichen Bischofs von London. Die faktische Kontrolle über die anglikanischen Kirchen und ihre Pfarrer in der Chesapeake Bay verlagerte sich so auf die Gemeindevorstände („vestries"), die von denselben Plantagenbesitzern dominiert wurden, die auch in der gesetzgebenden Versammlung die Oberhand besaßen. Diese Aristokraten hatten wenig Interesse an der geistlichen Versorgung der weitverstreuten Siedler, unter denen das religiöse Leben eher verkümmerte. Was die religiöse und politische Krise betrifft, die sich zu Hause zusammenbraute, tendierte die Plantagenelite von Virginia zur Seite der Royalisten. Obwohl der englische Bürgerkrieg (1642–1651) keine großen unmittelbaren Auswirkungen auf Virginia hatte, führte er indirekt zu einem verstärkten Druck auf Nonkonformisten.

Währenddessen war in der oberen Chesapeake Bay eine zweite Kolonie von Virginia abgetrennt und der katholischen Familie Calvert als Eigentum übertragen worden. Die Calverts waren die Lords von Baltimore und treue Anhänger des Königs, der aus persönlicher Neigung und auch bedingt durch seine Heirat mit der Bourbonin Henrietta Maria Sympathien für den Katholizismus hegte. Daher stimmte Karl I. der Gründung der Kolonie von Maryland nicht nur aus wirtschaftlichen Gründen zu, sondern auch, weil er damit seinen zumeist adeligen katholischen Untertanen einen Zufluchtsort bot vor der in England herrschenden Intoleranz. Seit seiner Gründung 1634 entwickelte sich Maryland so zu einem prekären Experiment: Es wurde versucht, ein auf dem Prinzip pragmatischer Religionstoleranz gegründetes Gemeinwesen ohne offizielle Kirche aufzubauen. Katholiken und Protestanten die gleichen Rechte einzuräumen, war für die Calverts der einzige Weg, um das zunehmend von Puritanern dominierte englische Parlament milde zu stimmen, aber auch um mehr Siedler und Arbeiter anzulocken. Marylands katholische Elite praktizierte ihre Religion gleichwohl zum größten Teil im Privaten und mit der Hilfe einer kleinen Zahl von reisenden Jesuitenpriestern. In den frühen Jahren der Kolonie versuchten die Jesuiten auch, unter den Algonkinstämmen eine Mission zu gründen, was aber wegen der sich verschlechternden Beziehungen zwischen Indianern und Weißen in der Chesapeake Bay weitgehend erfolglos blieb.[12]

Die Calverts hatten gehofft, in Maryland das traditionelle Modell der englischen Landadelsherrschaft zu replizieren. Die Kolonie sollte um große Herrenhäuser aufgebaut werden und ökonomisch auf Landwirtschaft sowie dem Pelzhandel basieren. Als diese Vorstellung sich nicht verwirklichen ließ, folgte man dem Beispiel der Tabak- und Exportindustrie in Virginia und verteilte immer mehr Land an kleinere Plantagenbesitzer. Die Mehrheit dieser Gruppe, wie auch der landlosen Bevölkerung, waren Protestanten. 1641 hatte sich ungefähr ein Viertel der Bevölkerung von Maryland zum Katholizismus bekannt; drei Jahrzehnte später machten die Katholiken gerade mal noch zehn Prozent der nun 20 000 Einwohner aus, die, wie auch in Virginia, zum größten Teil Schuldknechte und Arbeiter waren.

Diese Lage führte zu Spannungen mit der Eigentümerregierung. Ausgelöst von den Entwicklungen in England, kam es schließlich zum offenen Konflikt. Nachdem Cecil Calvert eine Machtergreifung der Puritaner (1642–1647) in Maryland mit Mühe und Not vereitelt hatte, bemühte sich der zweite Lord Baltimore (1605–1675), die Rechte der Katholiken durch eine offizielle Toleranzakte (1649) dauerhaft zu sichern. Mit seiner weitreichenden und im damaligen Europa beispiellosen Gewährung von religiösen Freiheitsrechten ist dieser Erlass in die Geschichte eingegangen. Es wurde verordnet, dass kein trinitarischer Christ „wegen oder hinsichtlich seiner Religion gestört, belästigt oder missbilligt werden sollte, ebenso wenig wie in der freien Ausübung derselben".[13] Tatsächlich wurden die Bestimmungen der Toleranzakte aber sehr bald ausgehebelt durch einen weiteren Aufstand von Puritanern, die durch den Zustrom von aus Virginia verdrängten Nonkonformisten an Stärke gewonnen hatten. Erst mit der Stuart-Restauration in England 1660 kehrte die alte Eigentümerregierung und damit ihre Politik nach Maryland zurück.

2.2. Neuengland

Bereits eine Generation zuvor hatten die Puritaner in der schon bald Neuengland genannten Region ihre eigenen Kolonien gegründet. Hier suchten sie Zuflucht vor dem anglikanischen Staatskirchentum in ihrer Heimat, das sie als zunehmend repressiv und „papistisch" empfanden. Die Bezeichnung „Puritaner" war erstmals

---

12 Krugler, John D., English and Catholic: The Lords Baltimore in the Seventeenth Century, Baltimore 2004.

13 „[...] troubled, Molested or discountenanced for or in respect of his or her religion nor in the free exercise thereof", in: Smith, H. Shelton et al. (Hrsg.), American Christianity: An Historical Interpretation with Representative Documents, Volume 1: 1607–1820, New York 1960, 38.

in den 1560ern aufgekommen (wobei es sich ursprünglich um einen Spottnamen handelte, der dann zur Selbstbezeichnung übernommen wurde) und bezog sich auf eine Gruppe strenger Calvinisten innerhalb der Anglikanischen Kirche, die der Überzeugung waren, dass durch den elisabethanischen Ausgleich die Reformation unvollendet geblieben sei.[14] Zwar gab es unter den Puritanern hinsichtlich des genauen Programmes für die Vollendung der Reformation vielfältige Meinungsverschiedenheiten, doch waren sich die meisten von ihnen darin einig, dass die Anglikanische Kirche gereinigt werden müsse, v. a. von ihrer bischöflichen Hierarchie und katholischen Liturgie. Besonderen Anstoß erregten die traditionellen Priestergewänder und bestimmte nichtbiblische Zeremonien wie das Knien am Tisch des Herrn. Die Puritaner waren sich auch einig, dass die Gemeinden Englands dringend wirksamerer Predigtformen, einer strengeren Kirchenzucht (vor allem hinsichtlich der Sonntagsheiligung) und moralischer Disziplinierung bedürften, um eine wahrhaft gottesfürchtige Nation hervorzubringen. Weiterhin war die puritanische Partei einer dezidiert reformierten Theologie verpflichtet. Zu den Puritanern gehörten Geistliche und einige Adelige; die Mehrheit jedoch bildeten Angehörige des Mittelstandes: also Landwirte, Ladenbesitzer und Handwerker, die eine präzisionistische Frömmigkeitspraxis mit der Hingabe an ihren weltlichen Beruf verbanden. Die Thronbesteigung Jakobs I. erweckte anfangs Hoffnungen auf weitere Reformen der Anglikanischen Kirche, doch schon bald enttäuschte der König die gottesfürchtigen Puritaner mit seinem Widerwillen, größere Änderungen am bestehenden System vorzunehmen, das er als grundlegend für seine Herrschaft betrachtete. Die Unzufriedenheit der Puritaner unter Jakob I. wandelte sich während der zunehmend absolutistischen Herrschaft seines Nachfolgers Karl I. in Verzweiflung, als dieser eine hochkirchliche Kamarilla an die Macht brachte, deren Theologie dezidiert „pro-episkopal" und arminianisch war. Der 1663 zum Erzbischof von Canterbury ernannte William Laud (1573–1645) intensivierte als Oberhaupt der Hochkirche den Konformitätsdruck und drängte auf diese Weise viele, die aus Gewissensgründen keine Eide auf die Episkopalkirche schwören oder nicht nach der vorgeschriebenen Liturgie Gottesdienst halten wollten, aus ihren Ämtern. In Verbindung mit dem eskalierenden Konflikt zwischen König und Parlament sowie einem wirtschaftlichen Abschwung, veranlasste diese Situation viele Puritaner dazu, England zu verlassen und in Irland, den Niederlanden oder der Neuen Welt nach Möglichkeiten zu suchen, ihre kirchlichen und sozialen Ideale zu verwirklichen. Um die religiösen Unruhestifter aus seinem Reich zu schaffen, bewilligte der König die Gründung von einigen Ansiedlungen in Amerika.

---

14 Zum Puritanismus siehe Coffey, John und Lim Paul C. H. (Hrsg.), The Cambridge Companion to Puritanism, Cambridge 2008; Collinson, Patrick, The Elizabethan Puritan Movement, Oxford 1990; Webster, Tom, Godly Clergy in Early Stuart England: The Caroline Puritan Movement, c. 1620–1643, Cambridge 1997.

Noch vor der großen Auswanderungswelle zwischen 1630 und 1640 überquerte eine kleine Gruppe radikaler Puritaner den Atlantischen Ozean, nachdem sie mehr als zehn Jahre im niederländischen Exil verbracht hatte. Unter der Leitung von William Bradford (1590–1657) landeten sie 1620 bei Cape Cod und gründeten die „Plymouth Plantation", die als Zufluchtsort der Pilgerväter in der Wildnis mehr als alle anderen Kolonien in die kulturelle Mythologie Amerikas eingegangen ist. Bradfords „Of Plymouth Plantation" (1630–1651) wurde zum bleibenden literarischen Denkmal der Kolonie. Die Siedler von Plymouth waren größtenteils Separatisten, die nicht mit ihren weniger frommen Nachbarn den offiziellen Gottesdienst besuchen wollten und so in Untergrundgemeinden getrieben worden waren. Sie lehnten das englische Modell der umfassenden Staatskirche mit ihrer Vermischung von weltlicher und geistlicher Gewalt als Ausgeburt des Antichristen ab. Sie glaubten nicht mehr an die Reformierbarkeit der Anglikanischen Kirche und betrachteten sich selbst nicht länger als deren Mitglieder. Apokalyptische Erwartungen des bevorstehenden Strafgericht Gottes über Europa waren weitverbreitet. Die Mehrheit der puritanischen Reformer bevorzugte ein presbyterianisches Kirchenmodell nach schottischem Vorbild. Die Plymouth-Kolonie machte hingegen den ersten Versuch mit einer strikt kongregationalistischen Kirchenverfassung ohne jede hierarchische Struktur. Im Zentrum des bewusst einfachen religiösen Lebens von Plymouth standen die Laien, auch weil die Kolonie nur wenige Pfarrer anzog und keine höheren Bildungseinrichtungen entstanden. Nachdem die enttäuschten Aktionäre in London ausgekauft worden waren, blieb die kleine Kolonie größtenteils sich selbst überlassen und so auch von den Unruhen des englischen Bürgerkrieges verschont. Ökonomisch begnügte sich Plymouth mit Subsistenzwirtschaft. Selbst nach der Privatisierung des Landbesitzes wuchs die Kolonie nur langsam, und die Einwohnerzahl lag um 1660 bei etwa 2 000. Als England nach der Glorreichen Revolution seine Besitzungen in Nordamerika umstrukturierte, wurde Plymouth geräuschlos mit der beträchtlich größeren Nachbarkolonie Massachusetts fusioniert.

Die Massachusetts Bay-Kolonie war zehn Jahre nach Plymouth von einer Kapitalgesellschaft gegründet worden. Sie bestand zum größten Teil aus puritanischen Aktionären, die sich um den Juristen und Laientheologen John Winthrop (1588–1649) versammelten, der dann auch als erster Gouverneur fungierte und die politischen Angelegenheiten der Kolonie fast zwei Jahrzehnte lang dominierte. Winthrop verkörperte die besondere Mischung aus religiösem Idealismus und hartgesottenem Pragmatismus, die Massachusetts insgesamt definierte und die auch für den wirtschaftlichen sowie demographischen Erfolg der Kolonie verantwortlich war. 1660 lebten bereits 20 000 Menschen in Massachusetts, und Boston war zu einem bedeutenden Handelshafen geworden. Schon früh hatten sich neben Massachusetts zwei kleinere puritanische Kolonien gebildet. Connecticut (1636) und New Haven (1638) folgten dabei im Großen und Ganzen dem politischen und kirchlichen Modell der Mutterkolonie. Beide wurden 1662 zur Kolonie Connecticut vereint. 1680 trennte sich New Hampshire als eigenständige Kolonie von Massachusetts ab. Die Gesamtbevölkerung Neuenglands war zu diesem Zeitpunkt auf ungefähr 90 000 angewachsen und überholte damit demographisch die Chesapeake Bay, die um 1680 etwa 80 000 Siedler zählte. Neuengland wuchs schneller, obwohl weniger Einwanderer in die nördlichen Kolonien gekommen waren. Die meisten frühen Neuengland-Auswanderer kamen in Familienverbänden, die dem Mittelstand zugehörten. Dies bescherte den Neuenglandkolonien eine höhere Reproduktionsrate, weniger ständische Gegensätze und mehr sozialen Zusammenhalt.[15]

Die Puritaner brachten auch ihre besonderen religiösen Ideale von Ehe und Familie sowie von der Rolle der Frau mit sich in die Neue Welt. Der einzelne Haushalt wurde als Nukleus des gottgefälligen Lebens der Gemeinschaft betrachtet und fungierte gerade angesichts des Fehlens umfassender staatskirchlicher Strukturen als wesentliches Instrument der Konfessionalisierung und Sozialdisziplinierung von unten. Die Ehe wurde in Analogie zur Beziehung zwischen Christus und seiner Kirche gesehen, und sie sollte eine geistliche Verbindung sein, in der sich Mann und Frau wechselseitig Erbauung und Ermahnung zu Teil werden lassen und gemeinsam mit ihren Kindern im Glauben wachsen sollten. Als Oberhaupt des Haushalts war es die Pflicht des Mannes sicherzustellen, dass alle Mitglieder desselben, auch die Bediensteten, ein frommes Leben führten und angemessene religiöse Unterweisung erhielten. Von der vorbildlichen puritanischen Ehefrau („Goodwife") wurde erwartet, dass sie sich freiwillig der Autorität ihres Mannes unterwerfen und ihm in allen Angelegenheiten eine gehorsame Gefährtin sein solle. Gleichzeitig hatte sie aber auch wichtige praktische und religiöse Verantwortung im Haushalt zu übernehmen.[16] Frauen sollten durch Arbeit auf dem Feld und zu Hause zum Einkommen der Familie beitragen und agierten oft in alltäglichen Angelegenheiten als Stellvertreter des Ehemanns. Es wurde auch von ihnen erwartet, dass sie ihre Kinder bei der täglichen Andacht und Bibellektüre anleiteten und ihnen als Vorbild der umfassenden Lebensheiligung dienten. Für die Puritaner galt das Seelenheil der Frau nicht weniger als das des Mannes, und sie betonten dabei das besondere „Frömmigkeitspotential" von Frauen. Auf Grund ihrer zentralen Rolle im Familienleben wurden Frauen in der puritanischen Literatur nicht selten als tragende Säulen von Kirche und Gesellschaft betrachtet. Zugleich teilten die Puritaner jedoch auch viele der herkömmlichen Vorurteile gegenüber dem „schwachen Geschlecht". In den Augen vieler Puritaner waren Frauen von Natur aus weniger vernunftbegabt, ließen sich leichter dazu verleiten, vom rechten Weg

---

15 Anderson, Virginia DeJohn, New England's Generation: The Great Migration and the Formation of Society and Culture in the Seventeenth Century, New York 1991.

16 Siehe Morgan, Edmund S., The Puritan Family: Religion and Domestic Relations in Seventeenth Century New England, New York, 1956; Porterfield, Amanda, Female Piety in Puritan New England, New York 1992; Thatcher Ulrich, Laurel, Good Wives: Image and Reality in the Lives of Women in Northern New England, 1650–1750, New York 1980.

abzukommen, bedurften besonderer Aufsicht und waren im Allgemeinen für Funktionen des öffentlichen Lebens ungeeignet. Demzufolge wurden auch den puritanischen Frauen – wie im damaligen Europa allgemein üblich – wesentliche Rechte und Mitbestimmungsmöglichkeiten versagt. Hinsichtlich der Rolle von Frauen in der Gemeinde hielt man sich an eine strikte Auslegung der paulinischen Anweisungen, die weiblichen Mitgliedern nicht nur Leitungspositionen, sondern selbst das öffentliche Sprechen in der Kirche verboten.

Die meisten puritanischen Familien siedelten in Dorfgemeinschaften, in denen im Wesentlichen die sozialen Strukturen des Lebens im ländlichen England reproduziert wurden. Die natürlichen Bedingungen in Neuengland erlaubten es, dass man Landwirtschaft und Fischerei wie zu Hause betrieb. Obwohl diese Wirtschaftsformen keinen großen Reichtum hervorbrachten, konnten sie die Bevölkerung von Neuengland gut ernähren und sogar einigen Überschuss für den Export erzeugen. Für viele Siedler der ersten Generation war diese bemerkenswerte Prosperität aber kein Selbstzweck. Der Gründungsimpuls und fundamentale Antrieb dieser Kolonien war zunächst das Verlangen nach einer vollständig reformierten Kirche und einem auf biblischen Prinzipien basierenden Gemeinwesen („Bible commonwealth"), das sich, trotz der nominellen Herrschaft des Königs, vor dessen katholischen Tendenzen und tyrannischen Bischöfen sicher fühlen konnte. Noch an Bord des Flaggschiffs „Arbella", erklärte John Winthrop 1630 in seiner berühmten Predigt „A Model of Christian Charity" („Ein Vorbild der christlichen Barmherzigkeit") seine Gründungsvision. Diese stellte ein Bild von Massachusetts als einer Gesellschaft vor Augen, die in christlicher Verbundenheit das gemeinsame Ziel hatte, in jeder Hinsicht nach dem offenbarten Willen Gottes zu leben, ihm zu dienen und ihn anzubeten. Gott würde sein Volk in besonderer Weise segnen, wenn sie dieses Ziel erreichten, und sie furchtbar bestrafen, wenn sie versagten. Die fortwährenden Vergleiche mit Israel in Winthrops Predigt, die in der puritanischen Literatur und Kultur der Zeit insgesamt sehr verbreitet waren, und auch seine berühmte abschließende Ermahnung (mit ihrer Referenz auf Mt 5,14), „Denn wir müssen dessen eingedenk sein, dass wir wie eine Stadt auf dem Berge sein sollen", dürfen aber nicht als eine Frühform des amerikanischen Exzeptionalismus missverstanden werden.[17] Die Puritaner sahen sich nicht in einem exklusivistischen Sinne als Gottes ausgewähltes Volk. Für sie war das geistige „Neue Israel" die gesamte unsichtbare Kirche der Auserwählten Christi. Die ersten puritanischen Siedler glaubten auch nicht, sie hätten eine göttliche Mission, die Welt zu erlösen, oder dass das Neue Jerusalem auf amerikanischem Boden errichtet würde. Hinter Winthrops Formulierung steckt vielmehr die Hoffnung, den Anstrengungen zur weiteren Kirchenreform in England und möglicherweise auch darüber hinaus als Vorbild zu dienen.[18]

---

17 „wee must Consider that wee shall be as Citty upon a Hill", in: Smith, American Christianity, 102.
18 Bremer, Francis J., John Winthrop: America's Forgotten Founding Father, New York 2005.

Denn im Gegensatz zu ihren Glaubensgenossen in Plymouth waren die Puritaner von Massachusetts und Connecticut keine Separatisten und hegten noch Hoffnungen für die Anglikanische Kirche. So kamen auch mehrere hochkarätige akademische Theologen nach Massachusetts und Connecticut, nicht zuletzt John Cotton (1584–1652), Thomas Hooker (1586–1647), Richard Mather (1596–1669) und Thomas Shepard (1605–49), die sehr an den religiösen Entwicklungen und Debatten zu Hause interessiert waren und sich oftmals direkt an ihnen beteiligten.[19] Was den „mainstream" der Puritaner allerdings mit den Pilgervätern verband, war die radikale Rückorientierung ihres Gesellschaftsexperiments auf ein biblisches Urchristentum („biblical primitivism").[20] Wie zahlreiche Texte der Theologen Neuenglands belegen, war dieses Ziel einer Wiederherstellung der Kirche des Neuen Testaments oftmals eng mit eschatologischen Nahzeiterwartungen verbunden. Insbesondere hegten nicht wenige die millenaristische Hoffnung, dass sich in den Gemeinden Neuenglands bereits die erneuerte Kirche Christi zeige, welche dann nach dem Sturz des Antichristen in Rom über den ganzen Erdkreis herrschen würde. So strebten die Gründer von Massachusetts danach, ein Kirchenwesen aufzubauen, das frei von den „papistischen" Makeln sein sollte, die die Puritaner an der Anglikanischen Kirche zu Hause bemängelten: insbesondere die Bischofshierarchie sowie die auf dem „Book of Common Prayer" basierende Gottesdienstordnung und die Zeremonien. Die meisten Neuenglandauswanderer gehörten dem Flügel der „Independents" innerhalb der puritanischen Bewegung an. Sie betrachteten den Kongregationalismus, der auf dem Prinzip der Unabhängigkeit jeder Gemeinde basierte, als die bibelgetreuste Form des Kirchenwesens. Obwohl sie also die Selbstverwaltung der einzelnen Kirchengemeinde befürworteten, bedeutete dies aber nicht eine pauschale Zurückweisung der staatskirchlichen Tradition.

Was in den Kolonien Neuenglands entstand, war eine Art „dritter Weg" des Protestantismus, der das separatistische Ideal der freiwilligen Gemeinschaft der Gläubigen mit dem Modell einer umfassenden territorialen Kirche zu versöhnen suchte. Neuenglands Geistliche begründeten diesen dritten Weg aus der für das Reformiertentum charakteristischen Bundestheologie. Jede Gemeinde wurde als Versammlung von Gläubigen gesehen, die gemeinsam einen Bund mit Gott geschlossen hatten. Als Calvinisten waren die Puritaner auch davon überzeugt, dass der wahre, rettende Glaube ein unverdientes Geschenk sei: nur denen vorherbestimmt, die nach Gottes Ratschluss Anteil am Gnadenbund hatten, der Erlösung im unbedingten Vertrauen auf Christus verhieß. Diese Verheißung wiederum

---

19 Foster, Stephen, The Long Argument: English Puritanism and the Shaping of New England Culture, 1570–1700, Chapel Hill 1991.

20 Zum puritanischen „biblischen Primitivismus" siehe Bozeman, Theodore Dwight, To Live Ancient Lives: The Primitivist Dimension in Puritanism, Chapel Hill, 1988; und Kapitel 3–5 in: Noll, Mark A., In the Beginning Was the Word, The Bible in American Public Life, 1492–1783, New York 2016.

gründete im ewigen, innertrinitarischen Bund der Erlösung, demzufolge der Vater die zu Rettenden und die zu Verwerfenden bestimmte, der Sohn die Erlösung der Auserwählten durch sein Heilswerk am Kreuz ermöglichte, und der Heilige Geist ihre Berufung zum Heil durch die Bekehrung und Erneuerung im Glauben wirksam machte. Allerdings insistierten die Puritaner darauf, dass jeder Mensch, unabhängig davon, ob er seine Berufung erfahren hatte oder nicht, einer Kirchengemeinde angehören und dort auch zum Gottesdienst gehen müsse. Und sie legten fest, dass es in ihren Kolonien nur kongregationalistische Kirchen geben dürfe.[21]

Idealiter sollten nur bekehrte Gläubige den Gemeindebündnissen beitreten. Darüber hinaus sahen die Puritaner die gesamte Kolonie in einer kollektiven Bündnisverpflichtung gegenüber Gott. Entsprechend strebte man danach, eine wahrhaft reformierte Gesellschaft zu schaffen, vereint in der rechten Form des Gottesdienstes und einer frommen Lebensführung. Gleichwohl sahen es die meisten Theologen als gegeben an, dass es diesseits des Tausendjährigen Reiches Christi auf Erden keine vollkommene Kirche oder Gesellschaft geben würde. Nicht einmal Neuengland war frei von den Gottlosen und Bösen, die in Schach zu halten Aufgabe des Magistrats war. Ebenso akzeptierte man, dass den Kirchen auch (noch) nicht berufene Mitglieder angehörten. Deshalb baute man ein zweistufiges System der Gemeindemitgliedschaft in den sogenannten „New England Way" ein. Die Vollmitgliedschaft, und damit auch das Recht, das Abendmahl zu empfangen, war den sogenannten „sichtbaren Heiligen" vorbehalten.[22] Dies waren Menschen, die glaubhaft bezeugen konnten, berufen worden zu sein und die neue Geburt in Christus erfahren zu haben, und deren fortschreitende Lebensheiligung diese Erneuerung im Glauben evident werden ließ.

Nach dem puritanischen Sieg im englischen Bürgerkrieg sahen sich die Architekten des „New England Way" in der Lage, ihre Überzeugungen und Entscheidungen mit den Glaubensgenossen in England diskutieren zu müssen. In den Debatten um die zukünftige Form der Anglikanischen Kirche sprach sich der Großteil der in Westminster versammelten Geistlichen für ein presbyterianisches Modell aus. Ihre ganz überwiegend kongregationalistisch gesinnten amerikanischen Kollegen akzeptierten später eine „independente" Version der „Westminster Confession" (die „Savoy Declaration" von 1658) als Bekenntnisschrift, obgleich diese nie rechtlich verbindlich gemacht wurde. In unmittelbarer Reaktion auf die Verhandlungen in Westminster beriefen sie aber eine eigene Synode nach Cambridge (Mass.) ein. Mit der „Cambridge Platform" (1648) wurde die kongregationalistische Kirchenordnung kodifiziert, wie sie sich in den Kolonien entwickelt hatte.[23] Die Entschei-

---

21 Eine gute Erläuterung des „New England-Way" bietet das Kapitel 15 der klassischen Studie von Miller, Perry, The New England Mind: The Seventeenth Century, Cambridge 1954.

22 Morgan, Edmund S., Visible Saints: History of a Puritan Idea, Ithaca 1963.

23 Walker, Williston, The Creeds and Platforms of Congregationalism, New York 1893, 157-237, 340-408.

dungen der Synode konnten natürlich keine Rechtsverbindlichkeit gegenüber den autonomen Einzelgemeinden beanspruchen, wurden aber von der ganz überwiegenden Mehrheit freiwillig angenommen. Nach dem Sturz der Cromwell'schen Regierung und der Restauration der Stuartmonarchie mitsamt der alten Bischofskirche erschien dann der „New England Way" noch mehr als Sonderweg denn zuvor.[24]

In den neuenglischen Kirchen genossen die männlichen Mitglieder außergewöhnliche Mitbestimmungsrechte – so große, dass der Kongregationalismus von vielen Historikern als wichtige Wurzel der Demokratie betrachtet wird.[25] In ihren Gemeinden konnten sie in Angelegenheiten wie der Einstellung oder Entlassung von Pfarrern, der Zulassung von neuen Mitgliedern und in Entscheidungen bei Fällen von Kirchenzucht mitbestimmen. Das ursprüngliche Patent von Massachusetts gewährte Grundeigentümern auch das Recht, den Gouverneur, seine „assistants" und die Mitglieder der gesetzgebenden Versammlung zu wählen. Um zu garantieren, dass das Staatswesen und seine Regierung nur durch die Entscheidungen guter Christen bestimmt würden, erhielten in Massachusetts ausschließlich Vollmitglieder der Kirche das Wahlrecht. Magistrat und Kirche arbeiteten so eng zusammen. Neuengland war dennoch keine Theokratie. Die Kirche wurde nicht direkt an der staatlichen Macht beteiligt, und weder der Gouverneur noch die Versammlung hatten das Recht, sich in Angelegenheiten der Kirche einzumischen. Es gehörte jedoch zu den Aufgaben des Magistrates, die strengen Sittengesetze durchzusetzen, welche die Kolonien sich als dezidiert christliche Gemeinwesen gegeben hatten (die Gesetzbücher der Kolonien waren eine Mischung aus englischem Common Law und Mosaischen Gesetzen), und die Vorherrschaft des Kongregationalismus zu bewahren. Das hieß u. a. die Überwachung des obligatorischen Gottesdienstbesuchs sowie schwere Bestrafungen für Blasphemie, sexuelles Fehlverhalten, exzessives Trinken, Glücksspiele, unsittliche Vergnügungen und dergleichen. Der Handel wurde reguliert, um überhöhte Preise, Wucherei und Güteranhäufung zu verhindern. Dies beinhaltete auch die Unterdrückung, Ausweisung, oder – wie im Falle der vier Quäker, die nach mehrfachen Mahnungen ihr Missionieren in Massachusetts nicht aufgeben wollten – sogar die Hinrichtung von religiösen „Eindringlingen".[26]

In Neuengland entwickelten sich so einzigartige Gesellschaftsformen, die sich von denen in anderen nordamerikanischen Kolonien deutlich unterschieden. Hier und in Pennsylvania (siehe unten) war zumindest der ursprüngliche Antrieb zur Kolonialisierung eindeutig stärker von religiösen Idealen als von imperialen oder wirtschaftlichen

---

24 Bremer, Francis J., Puritan Crisis: New England and the English Civil Wars, 1630–1670, New York 1989.
25 Siehe z. B. Cooper, James F., Jr., Tenacious of their Liberties: The Congregationalists in Colonial New England, New York 1995; Winship, Michael P., Godly Republicanism: Puritans, Pilgrims, and a City upon a Hill, Cambridge 2012.
26 Breen, T. H., The Character of a Good Ruler: A Study of Puritan Political Ideas in New England, 1630–1670, New York 1974.

Zielen motiviert. Durch Zwang, aber häufiger noch durch freie Entscheidungen der Beteiligten, entfaltete sich in Neuengland eine außerordentlich homogene Kultur, die auf einem streng biblizistischen Protestantismus basierte. Das Studium des Alten Testaments spielte eine besonders wichtige Rolle, denn das „Alte Israel" diente als Vorbild für die wahrhaft fromme Gesellschaft, die durch das „Neue Israel" in der amerikanischen Wildnis erbaut werden sollte.[27] Alle Aspekte dieser Kultur waren um die Bibel zentriert (zumindest in dem Sinne, dass sie ein biblisches Vorbild beanspruchten): von der Struktur des öffentlichen Gottesdienstes und der persönlichen Frömmigkeit, bis hin zu ihren Gesetzen und ihrer Regierungsform sowie auch ihren akademischen und künstlerischen Errungenschaften. Diese sind nicht gering anzusetzen – vor allem, wenn man sich die äußeren Verhältnisse der ersten Jahrzehnte vor Augen führt. Die Puritaner legten großen Wert auf schulische und akademische Bildung, insofern sie als Mittel dienten, Gottes Willen, wie er in der Heiligen Schrift offenbart wurde, besser zu verstehen. Massachusetts war die einzige Kolonie mit einem öffentlichen Schulsystem. Bereits 1636 wurde Harvard College gegründet, um eine gelehrte Pfarrerschaft auszubilden; 1701 folgte Yale College. Die Pfarrer verfassten zahlreiche und umfängliche Predigten, denen ihre Gemeinden während der liturgisch völlig schlichten Gottesdienste stundenlang zuhörten. Oft wurden diese Predigten auch bei den neu in Boston entstehenden Druckereien oder in London verlegt. Nicht wenige Pfarrer veröffentlichten auch theologische, exegetische und erbauliche Bücher. Schon die frühe Geistlichkeit Neuenglands brachte eine reichhaltige religiöse Literatur hervor, wobei insbesondere das Genre der Bekehrungserzählungen in Blüte stand. Andere gingen ihrem Interesse an den neuen Wissenschaften nach oder verfassten Bibeldichtungen, wie zum Beispiel Michael Wigglesworth (1631–1705), dessen „The Day of Doom" (1662) („Der Tag des Gerichts") zum kolonialen Bestseller wurde.[28]

Hervorzuheben ist ferner, dass Laien, darunter auch Frauen, aktiv an dieser bibelzentrierten Kultur in beachtlicher Weise mitwirkten. Die Alphabetisierungs-

---

27 Vgl. David Kling: „In every area of life, private and public, the Puritans, more than any other group in American history, governed their lives by the Bible", in: Kling, David, A Contested Legacy: Interpreting, Debating, and Translating the Bible in America, in: Brekus, Catherine A./Gilpin, Clarke W. (Hrsg.), American Christianities: A History of Dominance and Diversity, Chapel Hill 2011, 214–241, 216. In den frühen Jahren gebrauchten die puritanischen Siedler in New England noch vielfach die Genfer Bibel. Sie wurde aber dann zunehmend durch die King James Bible (1611) ersetzt.

28 Wichtige Studien zur religiösen Kultur und Literatur Neuenglands sind Cohen, Charles Lloyd, God's Caress: The Psychology of Puritan Religious Experience, New York 1986; Elliott, Emory, Early American Literature, Cambridge 2002; Gildrie, Richard, The Profane, the Civil, und the Godly: The Reformation of Manners in Orthodox New England, 1679–1749, University Park 1994; Hall, David A., Worlds of Wonder, Days of Judgment: Popular Religious Beliefs in Early New England, New York 1989; Hambrick-Stowe, Charles, The Practice of Piety: Puritan Devotional Disciplines in Seventeenth-Century New England, Chapel Hill 1982; Monaghan, E. Jennifer, Learning to Read and Write in Colonial America, Amherst 2005.

rate und das religiöse Bildungsniveau der Frauen waren höher als in den meisten zeitgenössischen Gesellschaften in Europa, blieben aber hinter denen der Männer zurück. Die bekanntesten Gedichte aus dem frühen Neuengland stammten gleichwohl aus der Feder einer Frau. Wie Sor Juana Inés de la Cruz in Neuspanien, hatte auch Anne Bradstreet (1612–1672) als Tochter von Thomas Dudley, Gouverneur von Massachusetts, das außergewöhnliche Privileg einer höheren Bildung genossen. Und ähnlich wie Sor Juana, konnte sich auch Bradstreet nur mit der Hilfe von Männern Gehör verschaffen. 1650 reiste der Schwager Bradstreets, ein Bewunderer ihrer Kunst, nach London und veröffentlichte ohne ihr vorheriges Wissen unter dem Titel „The Tenth Muse lately Sprung Up in America" (die zweite erweiterte Fassung erschien 1678) eine Sammlung ihrer Gedichte. Wie in Mexiko-Stadt so auch in Boston wurde dies aber als Überschreitung des Frauen zugemessenen Wirkungskreises empfunden und sorgte für Protest. Genau wie ihre katholischen Zeitgenossen in Spanien und Frankreich, erachteten auch englische Protestanten akademische und künstlerische Bestrebungen von Frauen in aller Regel für unangemessen. In ihrem einleitenden Gedicht hielt es Bradstreet deshalb für notwendig, die weibliche Autorschaft zu verteidigen. Im Gegensatz zu Sor Juana fand Bradstreet jedoch die Möglichkeit, ihre literarischen Talente innerhalb der von Ehe und Mutterschaft definierten häuslichen Sphäre zu entfalten, und konzentrierte sich nur auf religiöse Themen im Rahmen der puritanischen Theologie. In der Tat speisen sich viele von Bradstreets berühmtesten Gedichten aus ihren häuslichen Erlebnissen, der Liebe zu ihrem Mann Simon Bradstreet und ihrer Erfahrungen beim Großziehen von acht Kindern, wobei sie daraus tiefergehende geistliche Themen entwickelt, wie etwa den Glauben an Gottes providentielle Fürsorge und seine Barmherzigkeit angesichts von Unglück und Tod.

Trotz seiner relativ homogenen Kultur, gab es auch in Neuengland vielfältige gesellschaftliche Spannungen. Auch hier blieben Gewalt und menschliche Tragödien nicht aus. Die sogenannte Antinomische Krise von 1636/37 brachte beides hervor. Sie stellte eine viel größere Gefahr für die neu entstehende Ordnung von Massachusetts dar, als ein paar vereinzelte Baptisten oder Quäker.[29] Im Zentrum der Krise stand Anne Hutchinson (1591–1643), eine Anhängerin von John Cotton, die aus seiner Theologie der freien Gnade eigene Schlussfolgerungen zog. Sie argumentierte, dass nur das innere Zeugnis des Geistes Heilsgewissheit bringen könnte und dass der äußere Lebenswandel keinerlei Beweiskraft hätte. Hutchinson bedrohte damit die Autorität der Geistlichen, das reformierte Verständnis des „dritten Gebrauch des Rechtes" und das gesamte Konzept der sichtbaren Heiligkeit.

---

29 Battis, Emery John, Saints and Sectaries: Anne Hutchinson and the Antinomian Controversy in the Massachusetts Bay Colony, Chapel Hill 1962; Hall, David A., The Antinomian Controversy, 1636–1638: A Documentary History, Durham 1990.

Zudem stellte Hutchinson die herrschende Geschlechterhierarchie in einer viel direkteren Weise in Frage als ihre Bekannte Anne Bradstreet es tat. Als Hutchinson im November 1637 vor Gericht gebracht wurde, war einer der Anklagepunkte gegen sie, dass sie in privaten Versammlungen in ihrem Haus religiöse Autorität für sich beansprucht habe, die ihrem Geschlecht nicht zustünde. Während des Verfahrens behauptete sich Hutchinson und übertrumpfte mit ihren theologischen Argumenten John Winthrop bei mehreren Gelegenheiten. Dieser konterte mit dem berühmt-berüchtigten Diktum: „Es liegt uns fern, mit Vertretern eures Geschlechtes zu debattieren" („We do not mean to discourse with those of your sex"). Doch die Zeichen standen gegen Hutchinson, vor allem weil John Cotton sich von ihr distanzierte. Als Winthrop sie und ihre Anhänger aus Massachusetts verbannte, schlossen sie sich einer neuen Gemeinschaft von Exilanten in Rhode Island an. Diese wurde unter der Führung von Roger Williams (1603–1683), einem ehemaligen Pfarrer aus Salem, gegründet, nachdem er wegen seines radikalen Separatismus mit den Behörden in Massachusetts in Konflikt geraten war. Williams erhielt schließlich ein königliches Patent für seine kleine puritanische Kolonie und ärgerte seine größeren Nachbarn damit, dass er jegliche Form von staatskirchlichen Strukturen untersagte und protestantischen Minderheiten, wie auch Katholiken und Juden die Glaubensfreiheit gewährte. Williams ist nicht nur mit Blick auf seine frühe Befürwortung der kompletten Trennung von Staat und Kirche eine bemerkenswerte Figur. Motiviert war diese Trennung durch Williams' extremen „christlichen Primitivismus", d. h. die Rückorientierung auf die Kirche des Neuen Testamentes und die Erwartung der unmittelbar bevorstehenden Neuaufrichtung der reinen Kirche bei der Wiederkehr Christi. Williams tendierte auch zu einer post-konfessionellen Form des Protestantismus. Eine Zeit lang betrachtete er sich als Baptist, doch bald erschien ihm dieses Selbstverständnis als zu eng. Er zog sich aus der baptistischen Kirche zurück und bezeichnete sich als „Suchender" nach der „wahren Kirche".[30]

Der tief verwurzelte Nonkonformismus und die antiautoritären Impulse des Puritanismus waren so Triebfedern für andauernde Unruhen in Neuengland. Probleme verursachten auch die hohen Anforderungen, die die Puritaner an sich selbst stellten. Sie nahmen gleichsam das pietistisch-evangelikale Paradigma des Protestantismus vorweg, demzufolge es nicht genügt, in eine rechtgläubige Gemeinschaft hineingeboren, in ihr als Christ erzogen worden zu sein und als ordentliches Kirchenmitglied ein anständiges Leben zu führen. Wahre Christen mussten der puritanischen Theologie zufolge wiedergeboren werden. Die Erfahrung der Erneuerung im Glauben war entscheidend, wobei diese als unverdientes Geschenk Gottes angesehen wurde, das dieser allein aus Gnade ohne Ansehen menschlichen

---

30 Gaustad, Edwin S., Roger Williams, New York 2005; Gilpin, William Clark, The Millennarian Piety of Roger Williams, Chicago 1979.

Tuns verlieh. Im Zentrum des religiösen Lebens stand so der Wunsch, die göttliche Prädestination zum rettenden Glauben erfahrbar zu machen („experiential predestinarianism"). Dabei beurteilten die Puritaner sich und andere äußerst skrupulös. Dies wuchs sich zur gesellschaftlichen Krise aus, als mehr und mehr Kinder der ersten Generation von „sichtbaren Heiligen" die erwünschten Glaubenserfahrungen nicht bezeugen konnten und somit keine vollen Kirchenmitglieder werden durften. Was aber sollte aus diesen Kindern und aus dem Ideal der umfassenden Kirche werden? Im Jahr 1662 schlug eine zweite große Synode eine Kompromisslösung vor, die dann als „Halfway-Covenant" bekannt wurde. Diese Regelung behielt zwar die vollen Rechte und den Zugang zum Abendmahl den Wiedergeborenen vor, erlaubte es aber auch unbekehrten Mitgliedern, die in gutem Ansehen standen, ihre Kinder taufen zu lassen, in der Hoffnung, dass diese vielleicht irgendwann ihre Berufung erfahren würden. Viele Kirchengemeinden waren jedoch so anspruchsvoll, dass sie sich weigerten, diesem pragmatischen Kompromiss zu folgen.[31]

Die selbstgesteckten Maßstäbe der Puritaner und die zunehmende Diversität der neu ankommenden Einwanderer nach Neuengland brachten die kirchlichen Institutionen zunehmend unter Druck. Schätzungen zufolge waren Anfang der 1660er Jahre nur noch die Hälfte der Einwohner von Boston Kirchenmitglieder. Außerdem richtete der neue Stuartkönig Karl II., der in England unnachgiebig gegen Dissenter vorging, jetzt seine Aufmerksamkeit auf die Kolonien, die so eindeutig die Rebellion gegen seinen Vater unterstützt hatten. Es wurde befürchtet, dass er die alten Privilegien widerrufen würde. Viele der Pfarrer Neuenglands entwickelten so eine Krisenmentalität und wurden Meister der Jeremiade, einer Predigtform, in der Sünden der Bundesgemeinschaft angeprangert wurden, welche den strafenden Zorn Gottes heraufbeschworen hätten. Zugleich mahnten die Jeremiaden an, zum Geist der Gründervater zurückzukehren.[32]

Ein häufiges Thema dieser Predigten waren auch die Feindseligkeiten zwischen den Siedlern und den Algonkinstämmen Neuenglands. Für den modernen Historiker mögen diese in erster Linie als das Ergebnis einer gescheiterten interkulturellen Diplomatie und der zunehmenden Konkurrenz um Land und Ressourcen erscheinen. Die Puritaner jedoch betrachteten ihr Verhältnis zu Indianern stets als Ausdruck der göttlichen Vorhersehung und als Indikator seiner Beziehungen zu seinem Volk. Gott hatte seine Kinder in die Neue Welt geführt und für sie hier Platz geschaffen. So lange sie seinem Willen treu blieben, würde er ihnen Frieden oder Sieg über ihre Feinde gewähren. Allerdings würde Gott auch die Indianer als

---

31 Pope, Robert P., The Half-Way Covenant: Church Membership in New England, Princeton 1970.
32 Stout, Harry S., The New England Soul: Preaching and Religious Culture in Colonial New England, New York 1986.

Instrumente seines Zornes gebrauchen, wie er es einstmals mit den heidnischen Nachbarn des alten Israel getan hatte.

Die erste große Eskalation der Gewalt war der Pequot-Krieg von 1637, in dem eine Expedition von puritanischen Siedlern und ihren Narragansett-Verbündeten den Pequot-Stamm nahezu auslöschte. Doch die Gewalt und die Opferzahlen dieses Konfliktes waren im Vergleich zu „King Philips War" noch gering. 1675 versuchte eine Indianerföderation unter der Führung des Wampanoag-Häuptlings Metacom (ca. 1639–1676) – dessen Vater Massasoit einstmals als erster freundschaftliche Beziehungen mit den Plymouth-Pilgervätern aufgenommen hatte – sich mit einer Reihe von gemeinsamen Angriffen auf Grenzstädte gegen das Vordringen der Siedler zu wehren. Bevor Metacom, der den englischen Namen Philip angenommen hatte, ein Jahr später getötet wurde und seine Föderation sich aufzulösen begann, waren viele Ortschaften der Puritaner ganz oder teilweise zerstört worden. Hunderte Siedler und tausende Indianer kamen ums Leben. Darüber hinaus waren die Beziehungen zwischen Engländern und Indianern nun dauerhaft von Hass und Misstrauen geprägt.[33]

„King Philips War" beschädigte auch die ohnehin bescheidenen Erfolge der puritanischen Missionen sehr nachhaltig. Obwohl die Evangelisierung der Einheimischen Teil des offiziellen Auftrags aller Kolonien von Neuengland war, wurde sie tatsächlich nur von einigen engagierten Einzelpersonen unter der Schirmherrschaft der New England Company ausgeführt. Thomas Mayhew (1593–1682) in Martha's Vineyard und der „Apostel der Indianer", John Eliot (1604–1690), waren die führenden Missionare. Sie gründeten auf dem Festland vierzehn christliche Siedlungen („praying towns") mit anglisierten und bekehrten Indianern. Eliot beaufsichtigte auch die Übersetzung der Bibel ins Algonkin (1663) und die Produktion von katechetischer Literatur in der Sprache der Einheimischen. Im Vergleich zu den Erfolgen, die ihre katholischen Konkurrenten in Nordamerika vermeldeten, war die Anzahl der von den Puritanern bekehrten Indianer aber klein. Einige Faktoren erklären diese magere Bilanz: die politischen Verhältnisse, die knappen finanziellen Ressourcen, aber auch der anglozentrische und ultra-protestantische (d. h. bibelzentrierte) Missionsansatz der Puritaner, sowie ihre hohen Aufnahmestandards für Konvertiten, die sicherlich abschreckend wirkten. Während des Krieges 1675/76 gerieten die christianisierten Indianer zwischen die Fronten und die Gemeinden erholten sich danach nie wieder. Selbst im frommen Neuengland erlahmten so die englischen Missionsanstrengungen bis zum Beginn der Erweckungsbewegung.[34]

---

33 Mandell, Daniel R., King Philip's War: Colonial Expansion, Native Resistance, and the End of Indian Sovereignty, Baltimore 2010; Vaughan, Alden T., New England Frontier: Puritans and Indians, Norman 1995.
34 Gray, Kathryn N., John Eliot and the Praying Indians of Massachusetts Bay: Communities and Connections in Puritan New England, Lanham 2013.

3. Neufrankreich und Neu-Niederlande

Die Beziehungen zwischen den indigenen Völkern und den französisch-katholischen Missionaren entwickelten sich dagegen anders. Dies hatte auch damit zu tun, dass sich die französische Vorgehensweise bei der Kolonisierung in Nordamerika deutlich von der der Spanier und Engländer unterschied. Der große Valoiskönig Franz I. hatte als erster französischer Monarch beschlossen, den Vertrag von Tordesillas zu ignorieren und sich ein Stück vom amerikanischen Kuchen abzuschneiden. In den 1530er Jahren entsandte er Jacques Cartier (1491–1557) auf mehrere Erkundungsreisen entlang der nordöstlichen Küste, die ihn den Sankt-Lorenz-Strom hinauf in das Gebiet der Großen Seen tief im Inneren Nordamerikas führten, das Frankreich dann für sich in Anspruch nahm. Bald stellte sich heraus, dass es in diesem Raum zwar keine Edelmetalle gab, aber vielversprechende Möglichkeiten für den Handel mit wertvollen Pelzen. Weil ihr Hauptinteresse ökonomisch war, konzentrierten sich die Franzosen von Anfang an darauf, gute Beziehungen mit ausgewählten einheimischen Partnern zu pflegen, vor allem mit den Huronen und den algonkinsprachigen Mi'kmaq.[35]

Während des Dreivierteljahrhunderts, in dem in Frankreich religiöser Bürgerkrieg herrschte, wurden allerdings keine dauerhaften Niederlassungen in der Neuen Welt aufgebaut. Aber selbst nach dem Friedensschluss und dem Edikt von Nantes (1598), als die nun herrschende Bourbonendynastie ihre Aufmerksamkeit auf Kolonialprojekte lenken konnte, machte man die Ansiedlung größerer Gruppen französischer Auswanderer nicht zur Priorität. Auch wurde kein Versuch unternommen, umfangreichere Gebiete der Indianer militärisch zu unterwerfen und zu kontrollieren. 1608 gründete Samuel de Champlain (1574–1635) die erste Festung in Quebec und initiierte den Aufbau eines Netzwerkes von Handels- und Missionsposten, die sich später z. T. zu Siedlungen entwickeln sollten. Kardinal Richelieu, Erster Minister Ludwigs XIII., zentralisierte die nordamerikanischen Projekte dann unter dem Dach der Handelsgesellschaft „Compagnie de la Nouvelle France" (1627 gegründet) und verbannte, seiner antiprotestantischen Politik in Frankreich entsprechend, die Hugenotten aus der Kolonie. Ähnlich wie in Neuspanien sollte das Kirchenwesen von Neufrankreich mit den staatskirchlichen Strukturen zu Hause übereinstimmen. Ein entscheidender Schritt in diesem Prozess war die Ankunft von François-Xavier de Montmorency Laval (1623–1708), der 1659 zum „apostolischen Vikar in Neufrankreich" ernannt worden war und anschließend zum ersten Bischof von Quebec geweiht wurde. Unter Laval behauptete die Kirche ihre Autorität gegenüber dem Militär und der Verwaltung, setzte die Erhebung

---

35 Eccles, W. J., France in America, East Lansing 1990; Jaenen, Cornelius J., Friend and Foe: Aspects of French-Amerindian Cultural Contact in the Sixteenth and Seventeenth Centuries, Toronto 1976; Greer, Allan, The People of New France, Toronto 1997.

des Zehnten durch und baute das Séminaire de Québec auf, um eigene Priester für die Mission auszubilden.[36]

Eine Vielfalt an religiösen Orden und Gesellschaften nahm in verschiedenen Teilen Neufrankreichs die Arbeit auf, unter ihnen die Franziskaner-Rekollekten, Kapuziner, Sulpizianer und der weibliche Lehrorden der Ursulinen. Die bedeutendste Rolle aber spielte ohne Zweifel die Societas Jesu. Unter Leitung von Jean de Brébeuf (1593–1649) und Gabriel Lalemant (1610–1649) errichteten die Jesuiten im Gebiet der Huronen („Huronia") um die Großen Seen zahlreiche Missionsposten, wo sie ihre größten Erfolge in den 1630er und 1640er Jahren erzielten. Von ihren Stationen aus suchten die Jesuiten potenzielle Konvertiten auf und lebten mit ihnen zusammen im Umfeld der traditionellen Stammesgesellschaften, anstatt darauf zu drängen, dass diese sich in eigene Dorfgemeinschaften separierten und nach europäischem Vorbild Ackerbau- und Viehzucht betrieben, wie es die spanischen Franziskaner und die Puritaner taten. Sogar nach der Taufe wurde von den Indianern nicht erwartet, dass sie ihre angestammte Lebensweise aufgaben, so lange es keine grundsätzlichen Konflikte mit den christlichen Lehren gab. Diese Missionierungsstrategie „von innen heraus" und die Bereitschaft der Missionare, sprachlich und kulturell in die Stammesgesellschaften einzutauchen, spiegelte die den Jesuiten eigene Philosophie und Mobilität, aber auch spezielle Erfahrungen jesuitischer Missionare in anderen Teilen der nichteuropäischen Welt, wie zum Beispiel in China (Matteo Ricci, 1552–1610) oder Indien (Roberto de Nobili, 1577–1656), wider. Aber es drückten sich in dem Vorgehen der Missionare auch französische Interessen in Huronia aus. Diesen Interessen hätte es eben nicht gedient, die Konvertiten zu zwingen, ihren Lebensstil als Jäger und Krieger aufzugeben. Manche Jesuiten und Ursulinen erwarben sich große Kenntnisse in der Kultur und Sprache der Huronen und nördlichen Algonkin. Sie übersetzten Katechismen sowie Liturgien und fertigten Grammatiken an. Marie Guijart (1599–1672), auch bekannt als Marie de l'Incarnation, machte sich auf diesem Gebiet besonders verdient. Sie erlangte darüber hinaus einige Berühmtheit als Gründerin einer Schule für französische und indianische Mädchen, aber auch durch ihre mystische Frömmigkeit.

Obgleich sie zurückhaltender war als andere Kolonialprojekte, führte die französische Präsenz in der Region doch zu signifikanten Veränderungen unter den indianischen Kulturen, auch im Bereich der Kriegsführung. Sie störte das Gleichgewicht der Kräfte zwischen den Stämmen. Der Wettkampf um Handelsbündnisse mit den Franzosen, die Einführung und der Gebrauch von Schusswaffen sowie die Notwendigkeit, die durch eingeschleppte Krankheiten stark ausgedünnten Stammesverbünde mit Gefangenen aufzufüllen, entfesselten unter den Indianern neue Konflikte. Die Erbfeindschaft zwischen den Huronen und den Haudenosaunee, auch als die „Fünf Stämme der Irokesen" bekannt, eskalierte alsbald in den sogenannten „Trauer-Kriegen" („mourning wars"). In den wiederholten Angriffswellen

---

36 Jaenen, Cornelius J., The Role of Church in New France, Ottawa 1985.

auf Huronensiedlungen in den letzten Jahren der 1640er lösten sich die Missionen beinahe komplett auf. Neben anderen wurden auch Brébeuf und Lalemant gefangengenommen und 1649 langsam zu Tode gefoltert – ein Schicksal, das sie als kanadische Märtyrer in die Geschichte eingehen ließ.[37]

In der zweiten Hälfte des Jahrhunderts erneuerten französische Missionare ihre Anstrengungen unter den Huronen und schafften es sogar, Verbindungen mit den Irokesen im Hinterland New Yorks und den Abenaki im heutigen Maine herzustellen. Diese Unternehmungen wurden jedoch in die Kolonialkriege mit den Engländern und deren einheimischen Verbündeten hineingezogen, brachen schließlich zusammen. Insgesamt brachten die französischen Missionen in Nordamerika zahlreiche Märtyrer und Heilige hervor, unter ihnen auch die erste (im Jahr 2012) von der katholischen Kirche heiliggesprochene indigene Amerikanerin, Kateri Tekakwitha (1656–1680), die Tochter eines irokesischen Häuptlings und einer katholischen Algonkin-Indianerin. Tekakwitha gründete in der Mission Saint-François-Xavier du Sault St. Louis ihren eigenen Konvent, bis die äußerst asketische Lebensweise 1680 ihren Tribut forderte. Die Grabstätte der „Lily of the Mohawks" zog aber bald Pilger an, und ihr werden bis heute viele Wunder zugesprochen.[38]

Das kontinuierliche Wachstum der englischen Kolonien beunruhigte die französischen Kolonialbeamten zunehmend, so dass sie schließlich ihren Ansatz, der bis 1663 nur 3 000 französische Siedler nach Kanada gebracht hatte, grundlegend in Frage stellten. In diesem Jahr wurde Neufrankreich unter königliche Direktverwaltung gestellt, und die Krone begann, die Auswanderung von Schuldknechten zu befördern. Nach Ablauf ihrer vertraglich festgeschriebenen Dienstzeit, konnten diese freie Siedler („habitants") auf eigenen Bauernhöfen im Gebiet zwischen den zwei größeren Siedlungen entlang des Sankt-Lorenz-Stromes, Montreal und Quebec, werden. Allerdings entschieden sich zu wenige dieser „engagés" und „filles du roi" genannten Knechte und Mägde, in der für Europäer eher unwirtlichen Kolonie zu bleiben. Nach 1673 wurde das System nicht weiter betrieben. Danach wuchs das französische Kanada nur noch durch natürliche Vermehrung und fiel so im demographischen Wettlauf immer weiter hinter die englischen Kolonien zurück. 1700 gab es in Kanada nicht mehr als 15 000 französische Siedler.

3.1. Neu-Niederlande und New York

Zu dieser Zeit waren die Niederländer durch England bereits erfolgreich aus Nordamerika verdrängt worden. Bis dahin hatten sie die Gebiete südlich von Neuengland für sich beansprucht, welche die heutigen Staaten New York, New Jersey,

---

37 Delage, Deny, Bitter Feasts: Amerindians and Europeans in Northeastern North America, 1600–1664, übersetzt durch Jane Brierly, Vancouver 1993.
38 Greer, Allan, Mohawk Saint: Catherine Tekakwitha and the Jesuits, New York 2004.

Delaware und ursprünglich auch Connecticut umfassten. Diese Ansprüche gingen zurück auf die Expeditionen von Henry Hudson (1565–1611), einem Engländer im Dienste der niederländischen Vereinigten Ost-Indien-Kompanie. 1609 war Hudson die Delaware-Bucht und dann den Fluss, der heute seinen Namen trägt, hinaufgesegelt; im selben Jahr erlangte die Republik der Vereinigten Provinzen der Niederlande durch den zwölfjährigen Waffenstillstand ihre faktische Unabhängigkeit von den spanischen Habsburgern. Wie die Franzosen, entwickelten auch die Holländer großes Interesse am Pelzhandel mit den ortsansässigen Indianerstämmen und errichteten einige Handelsposten in der Region, unter anderem Fort Nassau in der Nähe des heutigen Albany. Nachdem die niederländischen Generalstaaten ihnen ein Handelsprivileg für „West-Indien" erteilt hatten, brachte die neue West-Indien-Kompanie zahlreiche Unternehmen auf den Weg, unter anderem die Kolonie „Nieuw Nederland", deren Zentrum Neu-Amsterdam (1625 gegründet) auf Manhattan Island bildete. Institutionell an die „classis" von Amsterdam angebunden, war die „Hervormde Kerk" die offizielle Kirche der Kolonie. Dem Usus zu Hause entsprechend, wurde weitgehende religiöse Toleranz geübt, aber nur die „Hervormde Kerk" durfte öffentliche Gottesdienste halten. Trotz ihrer privilegierten Position florierte die Niederländisch-Reformierte Kirche aber nicht. Hinsichtlich der „Heidenmission" (von der Kompanie ursprünglich zu einem der wichtigsten Ziele erklärt) erreichte sie so gut wie nichts. Von Anfang an gab es einen chronischen Mangel an Ressourcen und ordinierten Pfarrern, und häufig mussten Laienprediger einspringen. Als erster Pfarrer kam 1628 Jonas Michaelius (1577–1638) in Neu-Amsterdam an. Als die Neu-Niederlande-Kolonie 1664 von den Engländern annektiert wurde, gab es lediglich sechs niederländische Geistliche unter einer weitverstreuten Bevölkerung von etwa 6 000 Menschen; in den vorhergehenden vier Jahrzehnten hatten darüber hinaus nur sieben andere Pfarrer Dienst getan.[39]

Auch war die Kolonie ethnisch und religiös zunehmend heterogener geworden. Zwischen Wallonen, Deutschen, Skandinaviern und afrikanischen Sklaven machten die Niederländer schließlich weniger als die Hälfte der Bevölkerung aus. Kirchliche Amtsträger und Kolonialverwalter, wie Johannes Megapolensis (1603–1670) und Peter Stuyvesant (1612–1672), versuchten, diese Entwicklung aufzuhalten. Aber die Kompanie hieß jegliche Form von Einwanderung willkommen, da die Anzahl der Siedler niedrig blieb und die Erträge enttäuschend waren. Und so wurde in der Neu-Niederlande-Kolonie eher unwillig eine Gemeinschaft sephardischer Juden toleriert, die 1654 aus Brasilien geflohen waren, als die Portugiesen die niederländische Kolonie dort einnahmen. Auch kamen einige Lutheraner in die Neu-Niederlande, deren Anwesenheit von Megapolensis und anderen besonders kritisch

---

39 DeJong, Gerald F., The Dutch Reformed Church in the American Colonies, Grand Rapids, 1978; Rink, Oliver A., Holland on the Hudson: An Economic and Social History of Dutch New York, Ithaca 1986.

gesehen wurde. Einige von ihnen waren Bewohner der kleinen Kolonie Neu-Schweden am Delaware gewesen, die aus Fort Christina (heutiges Wilmington) und mehreren Handelsposten bestand. Bevor die Holländer 1655 die Kolonie eroberten, lebten hier ein paar hundert Schweden zusammen mit Holländern, anderen Skandinaviern und Deutschen. Es handelte sich hierbei um das erste und einzige Gemeinwesen in Amerika, in dem die offizielle Kirche lutherisch war.[40]

Die Übernahme Neuschwedens trug also dazu bei, die Vorherrschaft der Niederländisch-Reformierten Kirche zu unterminieren. In ähnlicher Weise hatte die englische Annexion der Neu-Niederlande wichtigen Anteil daran, dass das britische Nordamerika ein zunehmend pluralistisches Gepräge entwickelte. Die Machtübernahme erfolgte im Zusammenhang der englisch-holländischen Seekriege, die unter Cromwell begonnen und nach der Restauration von Karl II. weitergeführt wurden. Die unmittelbare Intention der Übernahme war es, die Barriere zwischen den wachsenden englischen Kolonien zu entfernen. Schon in den 1640er und 1650er Jahren hatte der englische Druck die Neu-Niederlande dazu gezwungen, ihre nördlichen Grenzen beträchtlich zurückzunehmen. 1664 wurde Neu-Amsterdam ohne Blutvergießen im Namen von Jakob Stuart, Bruder des Königs und Herzog von York, besetzt und an diesen übertragen. Die Einwohner durften ihr Eigentum und ihre Bürgerrechte behalten, mussten aber der englischen Krone den Treueeid leisten. Die Kolonie und ihre Hauptstadt wurden zu Ehren ihres neuen Besitzers in New York umbenannt.

Nach 1665 galten für New York die sogenannten „Duke's Laws", die auch das Religionswesen der Kolonie grundsätzlich neu ordneten. Allen christlichen Kirchen wurde der freie und öffentliche Gottesdienst garantiert, so lange dem Gouverneur Zeugnisse über die Ordination und das gute Ansehen der entsprechenden Pfarrer vorgelegt werden konnten. Somit verlor die Niederländisch-Reformierte Kirche unter der neuen Regierung ihre privilegierte Stellung. Bis zu den neuen Migrationswellen des 19. Jahrhunderts kam die Einwanderung aus den Niederlanden praktisch zum Erliegen, und die holländischen Gemeinden wuchsen nur noch langsam durch natürliche Vermehrung. Dennoch war die Niederländisch-Reformierte Kirche mit mehr als einhundert Kirchengemeinden um die Mitte des 18. Jahrhunderts die größte Religionsgemeinschaft in New York und stellte auch in den mittelatlantischen Nachbarkolonien eine signifikante und deutlich herausgehobene ethno-religiöse Gruppierung dar.[41] Währenddessen nahm die Diversität der Kolonie weiter zu durch die Einwanderung aus deutschsprachigen Gebieten, Schottland, Irland und auch aus Frankreich, von wo ein kleiner Teil der 1685 von Ludwig XIV. ausgewiesenen Hugenotten ins britische Nordamerika kam.

---

40 Munroe, John A., Colonial Delaware: A History, Millwood 1978.
41 Balmer, Randall H., A Perfect Babel of Confusion: Dutch Religion and English Culture in the Middle Colonies, New York 1989.

4. Die Ausweitung und Transformation Britisch-Nordamerikas bis 1700

In vielerlei Hinsicht zeigen sich an New York allgemeine Trends in der Entwicklung der englischen Kolonialunternehmungen nach der Restauration. England ging nun aggressiver gegen seine Konkurrenten in Amerika vor und versuchte, sie zurückzudrängen oder sogar ihre Territorien zu annektieren. Nachdem sie auf den Thron zurückgekehrt waren, beendeten die Stuarts eine lange Phase der Vernachlässigung der englischen Besitzungen in Übersee. Eine zweite, stark von absolutistischen und merkantilistischen Ideen beeinflusste Phase der Kolonialherrschaft wurde eingeleitet, in der die Krone strengere Kontrolle über die vorhandenen Kolonien und den kolonialen Handel zu gewinnen suchte. Zugleich bemühte man sich um die Erweiterung des Herrschaftsgebietes entlang der atlantischen Küste. Zwischen den 1660er und den 1680er Jahren verlieh Karl II. die Gründungsprivilegien für eine Reihe von neuen Kolonien, die, ähnlich wie New York, zumindest ursprünglich auch von Privateigentümern regiert wurden. Auf diese Weise konnte der König seine Schulden bei treuen Anhängern begleichen und gleichzeitig eine effizientere Verwaltung aufbauen lassen. Das Beispiel von New York verdeutlicht weiterhin, dass die Stuartkönige, teilweise aus politischen Gründen, teilweise aber auch auf Grund ihrer persönlichen Neigungen zum Katholizismus, nicht daran interessiert waren, die Uniformität der unterschiedlichen protestantischen Kirchenwesen in den Kolonien mit Zwangsmitteln durchzusetzen. Vielmehr waren sie dazu bereit, gerade in den neu entstehenden mittelatlantischen Kolonien beispiellose Experimente mit weitgehender Religionsfreiheit zu erlauben.[42] Hierbei spielten die Quäker eine entscheidende Rolle.

Bei den Quäkern (ursprünglich ein Spottname, der sich auf das Zittern im Zustand religiöser Ekstase bezog) handelt es sich um eine radikalspiritualistisch-mystische Gruppierung, die an den Rändern des englischen Puritanismus während der Bürgerkriegszeit entstand. Ihr Gründer war der Wanderprediger George Fox (1624–1691). Zwar teilten sie mit allen Puritanern den Traum, die Einfachheit des Urchristentums wiederherzustellen, doch war ihr Primitivismus in seinem kompromisslosen Antiformalismus und seiner pauschalen Zurückweisung kirchlicher Autoritätsstrukturen besonders extrem. Die Quäker betrachteten alle Konfessionskirchen als Verunreinigungen des ursprünglichen Christentums, wie es Jesus Christus selbst verkündet hatte. Sie lehnten das Priesteramt zu Gunsten eines streng wörtlich verstandenen Priestertums aller Gläubigen ab, kannten keine Sa-

---

42 Craven, Wesley Frank, The Colonies in Transition, 1660–1713, New York 1968; Johnson, Richard R., Adjustment to Empire: The New England Colonies, 1675–1715, New Brunswick 1981.

kramente und feierten keinen liturgisch strukturierten Gottesdienst. Gemäß einer Vision, die Fox 1652 empfangen hatte, lehrten die Quäker, dass alle Menschen potentiell am „Licht Christi" teilhätten und dass sie Erlösung finden könnten in der Realisierung dieser inneren Gegenwart des Herrn und dem Gehorsam gegenüber seinen Gewissensforderungen. Aufgrund ihrer Lehre vom „Inneren Licht" als letztgültiger Instanz religiöser Wahrheit, ihres Bestehens auf einer anti-hierarchischen Form der christlichen Gemeinschaft ohne offizielle Pfarrerschaft, Bekenntnisschriften, Sakramente oder eine vorgeschriebene Liturgie, aber auch wegen ihrer ethischen Forderungen nach einer ständelosen und wehrlosen (d. h. pazifistischen) Gesellschaft, wurden die Quäker von den meisten ihrer Zeitgenossen für gefährliche Ketzer gehalten. Es kam zu zahlreichen Konflikten zwischen der Bewegung und der Obrigkeit, vor allem hinsichtlich der Verweigerung von Ehrerbietung gegenüber Angehörigen der höheren Stände, des Militärdienstes, der Eidesleistung und der Steuerzahlungen. Die „Gesellschaft der Freunde", wie sich Fox und seine wachsende Zahl von Anhängern schließlich nannten, war dabei vielen ein besonderes Ärgernis, weil sie sich verpflichtet fühlten, um jeden Preis Zeugnis von ihrem Glauben abzulegen und diesen zu verbreiten. Bis 1680 waren rund 10 000 Quäker ins Gefängnis geworfen worden, und fast 250 von ihnen waren während ihrer Inhaftierung gestorben. Auch in Massachusetts wurden die ersten Quäker-Missionare verfolgt, aber im toleranten Rhode Island konnte die „Gesellschaft der Freunde" Fuß fassen. 1672 hatte George Fox persönlich die Kolonien bereist und darüber hinaus in Maryland und den Carolinas „Versammlungen" gegründet. Dann aber eröffneten sich unerwartet ganz neue Möglichkeiten in der mittelatlantischen Region.[43]

4.1. New Jersey, Delaware und Pennsylvania

Nach der Eroberung der Neu-Niederlande wurde das Gebiet, aus dem dann die englische Kolonie New Jersey werden sollte, durch Jakob, Herzog von York, zwei treuen Anhängern des Hauses Stuart als Eigentümer übertragen: John Lord Berkeley (1602–1678) und Sir George Carteret (1610–1680). 1674 veräußerte Berkeley seinen Anteil an ein Konsortium von Quäkern, und 1682 verkaufte Carterets Witwe ihren Anteil an eine andere Gruppe von Händlern, die ebenfalls hauptsächlich aus Quäkern bestand. Das Ergebnis war eine zeitweilige Spaltung der Kolonie in ein West- und ein Ost-New Jersey. Beide Eigentümergesellschaften verzichteten auf den Aufbau eines offiziellen Kirchenwesens und gaben ihren Teilen der Kolonie Verfassungen mit beinahe uneingeschränkter Glaubensfreiheit. So zogen die beiden Jerseys nicht nur tausende Quäker, sondern auch andere protestantische Grup-

---

43 Melvin Endy, William Penn and Early Quakerism, Princeton 1973.

pen aus unterschiedlichen Teilen Europas an, die sich neben den altansässigen Niederländisch-Reformierten Gemeinden ansiedelten.[44]

Einer der an dem Jersey-Unternehmen beteiligten Quäker war William Penn (1644–1718). Als Erbe einer reichen Familie war Penn 1667 der „Gesellschaft der Freunde" beigetreten. Jahrelang hatte Penn in England für Toleranz gegenüber den Quäkern geworben und versucht, seine Landsleute zu einem wahrhaft reformierten Glauben im Sinne von Fox zu führen. Penn veröffentlichte auch eine Reihe von theologischen Schiften wie „The Great Cause of Liberty of Conscience" („Die große Sache der Gewissensfreiheit", 1670), ein Buch, in dem er für die Glaubensfreiheit als gottgegebenes Recht plädierte, und „Primitive Christianity Revived" („Wiederherstellung des ersten Christentums", 1696). Da seine Appelle in England weitgehend auf taube Ohren stießen, wandte er seine Aufmerksamkeit Amerika zu. Hier sah er die Möglichkeit, einen Ort zu schaffen, an dem seine Brüder keine Verfolgung mehr würden erleiden müssen und er ungehindert seine religiöse Utopie ins Werk setzen könnte. So bemühte er sich schließlich beim König, ein neues Patent für die noch nicht beanspruchten Gebiete jenseits des Delaware zu bekommen. 1681 gewährte Karl II., dem Penns Vater eine beträchtliche Summe Geld geliehen hatte, diesen Wunsch als Kompensation für seine Schulden. Um Zugang zum Meer zu haben, erwarb Penn auch die sogenannten „Lower Counties on the Delaware" (Newcastle, Kent und Sussex). Diese wurden bis 1704 (als Delaware semi-autonom wurde) von Philadelphia, der Hauptstadt der neuen Kolonie, aus regiert, und es galten dieselben Gesetze und Rechte wie in Pennsylvania. Die Familie Penn war bis zur Revolution Eigentümerin beider Kolonien.

Die Grundlage von Penns „heiligem Experiment" war die prinzipielle Trennung von Kirche und Staat. Niemand, der „den allmächtigen und ewigen Gott als Schöpfer" („the one almighty and eternal God to be the creator") anerkannte und einwilligte, „friedlich und gesetzestreu als Teil der Zivilgesellschaft zu leben" („to live peaceably and justly in civil society"), wie es in Artikel 35 von Penns „Laws Agreed upon in England" („In England vereinbarte Gesetze", 1682) hieß, würde „wegen seiner religiösen Überzeugung oder Praxis in Angelegenheiten des Glaubens und des Gottesdienstes in irgendeiner Weise belästigt oder voreingenommen behandelt werden; und es solle auch niemand jemals gezwungen werden, irgendeinen Gottesdienst, religiösen Ort oder geistlichen Amtsträger aufzusuchen oder zu unterstützen" („[would] in no ways be molested or prejudiced in their religious persuasion or practice in matters of faith and worship, nor shall they be compelled at any time to frequent or maintain any religious worship, place, or ministry whatever.")[45] Die Glaubensfreiheit als Grundrecht für alle

---

44 Einen Überblick über die Geschichte der Region bietet Landsman, Ned C., Crossroads of Empire: The Middle Colonies in British North America, Baltimore 2010.

45 Zitat aus Hutson, James H., Church and State in America: The First Two Centuries, Cambridge 2008, 37. Siehe auch Schwartz, Sally, ‚A Mixed Multitude': The Struggle for Toleration in Colonial Pennsylvania, New York 1988.

Bürger (inklusive Katholiken und Juden) zu gewähren, ging deutlich über die Modelle von Toleranz hinaus, die – wenn überhaupt – nur in wenigen europäischen Staaten oder Städten zu dieser Zeit praktiziert wurden. Wie auch in Rhode Island, wurde die Rolle des Magistrats in religiösen Angelegenheiten auf die Überwachung der allgemeinen Sittenzucht (Wahrung der Gesetze gegen Unzucht, Ehebruch, Trunkenheit, Glücksspiele und Gotteslästerung) beschränkt. Es gab nur einige wenige gesetzliche Vorschriften, die auf spezifischen Lehren der Quäker beruhten, wie zum Beispiel diejenige, welche die Möglichkeit einräumte, vor Gericht eidesstattliche Versicherungen an Stelle von Eidesschwüren auf Gott abgegeben zu können, oder diejenige, welche die Trauung ohne ordinierten Pfarrer ermöglichte. Auch wurden in den ersten Jahrzehnten keinerlei Anstalten zur Schaffung einer Miliz gemacht. Hierin spiegelt sich die politische Kontrolle wider, welche die Quäker bis zur Krise des Siebenjährigen Krieges über alle Teile des Staatswesens hatten. Bis 1685 waren bereits annähernd 10 000 „Freunde" aus England geflohen, um sich in „Penn's Woods" niederzulassen. Bis zur Mitte des 18. Jahrhunderts wuchs ihre Zahl auf rund 50 000 an. Danach verlor Pennsylvania zunehmend seinen ursprünglichen Charakter, und die Quäker selbst waren in wachsendem Maße in eine urbane, eher weltoffene Elite und eine ländliche, streng religiöse Gruppierung gespalten.

Von Anfang an hatte Penn aber auch die Mitglieder anderer protestantischer Minderheiten dazu eingeladen, sich in der Kolonie niederzulassen, sofern sie seine Ideale teilten. Schon vor 1700 erschienen einige englische und walisische Baptisten in Pennsylvania. Weitere frühe Siedlergruppen stammten aus der kontinentaleuropäischen Täufertradition oder gehörten radikal-pietistischen Gruppierungen an, die sich von ihren lutherischen bzw. reformierten Staatskirchen losgesagt hatten oder von diesen vertrieben worden waren. 1683 gründeten ein Verbund von 13 deutschsprachigen und niederländischen Quäker- und Mennonitenfamilien unter der Leitung von Francis Pastorius (1651–1720), einem Pietisten der Saalhof-Gruppe in Frankfurt, eine Siedlung, aus der dann Germantown werden sollte. Im nahegelegenen Wissahickon-Tal fand eine von Johannes Kelpius (ca. 1667–1708) angeführte Gemeinschaft radikaler Pietisten mit apokalyptischen Nahzeiterwartungen, die sich die „Gesellschaft der Frau in der Wildnis" („Society of the Woman in the Wilderness") nannte, einen Zufluchtsort. Hier erwarteten sie Gottes Strafgericht über die „babylonischen" Kirchen Europas und das Hereinbrechen des neuen Zeitalters. Diese ersten deutschsprachigen Siedler in Pennsylvania waren aber nur die Vorläufer späterer Wellen der Massenauswanderung aus dem Reich, die zunehmend weniger aus religiösen und mehr aus sozioökonomischen Gründen erfolgte.[46]

---

46 Zum Pietismus in den Kolonien siehe Roeber, Gregg, Der Pietismus in Nordamerika im 18. Jahrhundert, in: Geschichte des Pietismus, Band 2: Der Pietismus im 18. Jahrhundert, hrsg. von Brecht, Martin/Deppermann, Klaus, Göttingen 1995, 668–700. Siehe auch Stievermann, Jan und Scheiding, Oliver, (Hrsg.), A Peculiar Mixture: German-Language Culture and Identities in Eighteenth-Century North America, University Park 2013.

In dem Maße, wie die Quäker von einer verfolgten Minderheit zu einer etablierten, ja in Pennsylvania dominanten Religionsgemeinschaft wurden, durchlief die „Society of Friends" auch einen Prozess der kirchlichen Institutionalisierung. Die einzelnen Gemeinden („meetings") wurden in ein System monatlicher, vierteljährlicher und jährlicher Versammlungen eingebunden, wobei letztere als oberste Autorität bei Konfliktfällen fungierte. 1685 wurde das „Philadelphia Yearly meeting" (das tatsächlich abwechselnd in Philadelphia und Burlington, New Jersey, abgehalten wurde) vom Londoner „Yearly Meeting" unabhängig. Mit der Institutionalisierung kamen auch die Machtkämpfe zwischen unterschiedlichen Gruppierungen. Einige dieser Konflikte drehten sich eher um dogmatische Fragen, wie etwa das „Keithian schism" (benannt nach George Keith) Anfang der 1690er Jahre, bei dem es primär um christologische Fragen ging. Bei anderen stritt man darum, wie die ursprünglichen ethischen Prinzipien angesichts einer neuen sozialen Situation auszulegen waren, in der viele Quäker-Kaufleute zu Wohlstand und Einfluss gekommen waren. Das Prosperieren der Kolonie erklärt sich nicht zuletzt dadurch, dass Penn bis zu seinem Tod 1718 eine Politik der friedlichen Koexistenz mit den örtlichen Delaware-Stämmen betrieb, die auf fairen Verträgen und Diplomatie beruhte. Zugleich unternahmen weder die Quäker noch die deutschen „Sektierer" größere Anstrengungen zur Missionierung der Indianer. So konnte Pennsylvania kostspielige Konflikte mit den Indianern weitgehend vermeiden, bis es schließlich Mitte des 18. Jahrhunderts von der neuen Realität der britischen Imperialpolitik eingeholt wurde.

4.2. Die Carolinas

Südlich der Chesapeake Bay war mit der Zustimmung Karls II. ein sehr andersgeartetes Kolonialprojekt ins Leben gerufen worden, bei dessen Gründung Religion nur eine untergeordnete Rolle spielte. Vornehmlich aus staatspolitischen Gründen wurde aber auch hier die Ansiedlung einer ethnisch und religiös sehr vielfältigen Bevölkerung zugelassen. 1663 löste der König die gewaltigen Territorien von North- und South Carolina von Virginia ab und übertrug sie an acht treue Anhänger der Stuarts. Die Carolinas sollten dabei auch als „cordon sanitaire" gegen die Spanier in Florida fungieren. Vor ihrer offiziellen Teilung 1712 (1729 abgeschlossen) bildeten die Carolinas eine einzige Eigentümerkolonie, in der die Macht zwischen den Hauptinhabern und einer von der Pflanzeraristokratie dominierten repräsentativen Versammlung geteilt wurde. Die Politik der Landzuteilung war schon für gewöhnliche weiße Ansiedler anziehend, aber für die großen Plantagenbesitzer, die über die Mittel verfügten, die Entwicklung der Kolonie voranzubringen, gestaltete man sie extrem vorteilhaft. Der Sklavenimport wurde besonders gefördert, indem für jeden eingeführten Sklaven 150 zusätzliche Morgen Land bewilligt wurden. Von Anfang an basierte die aufkeimende Wirtschaft der Carolinas auf Sklavenarbeit, die benötigt wurde, um Reis und andere Kulturpflanzen für den Export anzubauen. Die Besiedelung im Norden verlief deutlich langsamer, aber South Carolina wuchs zwischen 1670 und 1700 von 200 Einwohnern auf ungefähr 6 600, von denen 2 800 schwarze Sklaven waren. An der Wende zum 18. Jahrhundert sollten die Sklaven bereits die Mehrheit der Bevölkerung ausmachen. Doch Missionen für Sklaven oder Indianer gab es in den ersten Jahren nach Gründung der Kolonie kaum.[47]

Um weitere Anreize für neue Siedler zu setzen, bot die Verfassung der Carolinas (die mit Hilfe John Lockes und des Earl von Shaftesbury verfasst wurde) großzügige Bestimmungen zur religiösen Toleranz und freien Glaubensausübung für alle Christen. Diese, unter den südlichen Kolonien einmalige Liberalität zog Quäker und andere englischsprachige Dissenters, aber auch eine beachtliche Zahl exilierter französischer Hugenotten an. Insbesondere North Carolina wurde zu einer Hochburg protestantischer Minoritäten. In South Carolina entwickelte sich die Hauptstadt Charleston (1670 gegründet) sogar zu einem kleinen Zentrum jüdischen Lebens. Die Gemeinde, die sich schließlich 1749 offiziell als Beth Elohim konstituierte, hatte ihre Wurzeln im späten 17. Jahrhundert. Gleichwohl war die äußerst mächtige Pflanzeraristokratie fast durchweg anglikanisch und begann im Kontext ihres Dauerkonfliktes mit den Eigentümern die bestehenden Regelungen in Frage zu stellen. Durch neue Gesetze in den ersten Jahren des 18. Jahrhunderts wurde die „Church of England" zur offiziellen Kirche in beiden Carolinas. Dies stärkte das Machtmonopol der anglikanischen Elite und förderte die Vermehrung anglikanischer Gemeinden und Kirchen. Doch in finanzieller wie organisatorischer Hinsicht blieb die „Church of England" vergleichsweise schwach. Letztlich sah man sich aus pragmatischen Überlegungen weiter genötigt, in aller Regel die Politik weitgehender Toleranz fortzusetzen. Die anglikanische Vorherrschaft war so eher nomineller Natur. Dies blieb auch so, nachdem beide Carolinas, am Ende langwieriger Auseinandersetzungen zwischen Gouverneuren und repräsentativer Versammlung, 1729 unter die unmittelbare Herrschaft des Königs gestellt worden waren. Diese Umwandlung der Carolinas in königliche Kolonien markiert einen langfristigen Trend im Gefolge der Glorreichen Revolution von 1688 hin zu einer direkteren und einheitlicheren Kolonialregierung durch den König und seine Beamten. Gleichzeitig gab es auch Bestrebungen, die Rolle der „Church of England" überall im britischen Nordamerika zu stärken. Obwohl diese Entwicklung auf die eine oder andere Weise alle Kolonien betraf, kamen die unmittelbaren Folgen der Glorreichen Revolution in den verschiedenen Regionen doch recht unterschiedlich zum Tragen.

---

47 Bolton, S. Charles, Southern Anglicanism: The Church of England in Colonial South Carolina, Westport 1982; Brinsfield, John W., Religion and Politics in Colonial South Carolina, Easley 1983; Weir, Robert M., Colonial South Carolina: A History, Millwood 1983.

4.3. Die Wende der Glorreichen Revolution

1685 kam Jakob II., ein bekennender Katholik und Bewunderer des bourbonischen Absolutismus, an die Macht. Er intensivierte die Zentralisierung der Kolonialverwaltung, die sein Bruder begonnen hatte. Insbesondere hatte Jakob Neuengland im Visier, nicht nur weil es in seinen Augen schwer zu regieren und zu verteidigen war, sondern auch, weil aus seiner Sicht dieselben protestantischen Fanatiker, die seinen Vater hingerichtet hatten, hier besondere Rechte genossen. Die alten Patente wurden eingezogen und Massachusetts, Plymouth, New Hampshire, Rhode Island und Connecticut in eine königliche Gesamtkolonie unter dem Namen „Dominion of New England" zusammengefasst. 1688 wurden New York und New Jersey hinzugefügt. Diese neue Verwaltungseinheit war der schlimmste Alptraum der Puritaner, ähnelte sie doch eher dem Vizekönigreich von Neuspanien als den ursprünglichen Kolonien. Die Puritaner fürchteten den Verlust ihrer politischen Unabhängigkeit und ihrer Eigentumsrechte, sowie die Durchsetzung einer anglikanischen Staatskirche. Da entschlossen sich jedoch die parlamentarischen Oppositionskräfte in England, die Notbremse zu ziehen, als Maria von Modena, die zweite Frau Jakobs II., unerwartet einen Sohn zur Welt brachte und damit eine katholische Erbfolge und die Fortsetzung des Stuart-Absolutismus drohte. Das Parlament bat Wilhelm III. von Oranien-Nassau, „Statthalter" der Niederlande und Ehemann der protestantische Tochter Jakobs II. aus erster Ehe, Maria, den Thron zu besteigen. Als die Nachrichten von der erfolgreichen Revolution in England Boston erreichten, wurde die „Dominion"-Regierung ohne Blutvergießen abgesetzt.[48]

Eine Wiederherstellung des status quo ante gab es unter Wilhelm und Maria allerdings nicht. Das neue Patent, das Increase Mather (1693–1723) für Massachusetts aushandelte, beruhte auf dem Modell einer starken, aber konstitutionell eingehegten Herrschaft des „Königs im Parlament" („king in parliament"), wie sie in England mit der „Bill of Rights" und der neuen Religionspolitik der Toleranzakte („Toleration Act", 1689) etabliert worden war. Massachusetts (das jetzt auch Plymouth umfasste) wurde nun durch einen vom König ernannten Gouverneur zusammen mit einem Rat regiert, den wiederum das „Unterhaus" des restaurierten „General Court" wählte. Obwohl viele der Privilegien, die die kongregationalistischen Kirchen genossen hatten, einschließlich ihrer finanziellen Unterstützung durch den Zehnten, bewahrt wurden, musste Massachusetts gemäß der Toleranzakte allen Protestanten (Katholiken waren weiter ausgeschlossen) Gewissensfreiheit und ungehinderte Religionsausübung gewähren. Die Koppelung des Wahlrechts an die Kirchenzugehörigkeit wurde verboten. Damit verlor der Kongregationalismus seinen direkten Zugriff auf die Politik von Massachusetts. Die ihn bisher privilegierenden staatskirchlichen Strukturen wurden auch in den nunmehr ebenfalls königlichen

---

48 Sosin, Jack M., English America and the Revolution of 1688, Lincoln 1982.

Kolonien von New Hampshire und Connecticut geschwächt. Letztere konnte allerdings, genau wie Rhode Island, den repräsentativen Charakter ihrer Regierung beibehalten. Bis zum Ende der Kolonialzeit sollte Neuengland in religiöser Hinsicht homogener als alle anderen Regionen im britischen Nordamerika bleiben. Auf lange Sicht führten jedoch die zunehmende innerprotestantische Diversifizierung und die neue, durch die Glorreiche Revolution geschaffene Ordnung, zusammen mit weiteren Einwanderungswellen und anderen Faktoren des sozialen Wandels, dazu, dass der Puritanismus seine alte Rolle als umfassende Gesellschaftsordnung verlor.[49]

Die Krise im Kontext der berüchtigten Hexenprozessen von Salem 1691/92, im Zuge derer eine große Zahl von Menschen der Zauberei und satanischer Verschwörung bezichtigt und zwanzig hingerichtet wurden, muss in diesem Zusammenhang gesehen werden, auch wenn lokale Fehden und Traumata aus den andauernden Indianerkriegen ebenfalls eine wichtige Rolle spielten.[50] Anfang des 18. Jahrhunderts wurden die ehemaligen puritanischen Kolonien dann zunehmend ins britische Kolonialsystem integriert und öffneten sich für viele der neuen sozialen und kulturellen Trends. Zu diesen gehörten nicht zuletzt die philosophischen und theologischen Ideen der Aufklärung, aber auch eine neue Art des Risikokapitalismus sowie eine bisher nicht gekannte Kultur der Luxusgüter. Auch wurden, obwohl in vergleichsweise geringer Zahl, Sklaven eingeführt. Neuengland war eine Provinz des „British Empire" geworden, Boston ein kommerzieller Seehafen mit repräsentativer Architektur und sogar einer anglikanischen Kirche.[51]

Unter den mittelatlantischen Kolonien war New York die einzige, die in der Folge der Glorreichen Revolution gewalttätige Unruhen erlebte. Die Jerseys wurden ab 1702 als königliche Kolonie vereinigt und mit einem neuen Patent weitergeführt, das die Toleranzpolitik ihrer Vorgänger fortsetzte. Als treuem Freund der Stuarts wurden William Penn die Eigentümerrechte bis 1694 entzogen, aber schließlich gelang es ihm, den neuen König zu überzeugen, diese wiederherzustellen. In New York aber lieferten sich nach dem Untergang der „Dominion"-Regierung widerstreitende Fraktionen einen Kampf um die Vormacht, der als „Leisler's Rebellion" in die Geschichte einging. 1691 brachte Wilhelm III. New York durch einen Militäreinsatz unter seine Kontrolle und wandelte es in eine königliche Kolonie um; der Anführer der Rebellion, Jacob Leisler (1640–1691), wurde hingerichtet.

---

49 Zu diesen Veränderungen siehe die Kapitel 4 bis 6 in: Conforti, Joseph, Saints and Strangers: New England in British North America, Baltimore 2005.

50 Die Literatur zu Salem ist äußerst umfangreich. Wichtige Studien sind z. B. Boyer, Paul/ Nissenbaum, Steven, Salem Possessed: The Social Origins of Witchcraft, Cambridge 1996; Norton, Mary Beth, In the Devil's Snare: The Salem Witchcraft Crisis of 1692, New York 2002; Rosenthal, Bernard, Salem Story: Reading the Witch Trials of 1692, Cambridge 1995.

51 Landsman, Ned C., From Colonials to Provincials: American Thought and Culture 1680–1760, Ithaca 1997.

Mit dem „New York Ministry Act" von 1693 versuchte die wohlhabende englische, und hauptsächlich anglikanische, Elite der Kolonie, welche die stark niederländisch-reformiert geprägte Fraktion um Leisler bekämpft hatte, in vier der zehn Grafschaften (Richmond, Westchester, New York und Queens) die „Church of England" als offizielle Kirche zu etablieren. Wie in den Carolinas auch, machte die bestehende religiöse Vielfalt New Yorks es aber sehr schwer, die Alleinherrschaft der Anglikanischen Kirche tatsächlich durchzusetzen.

4.4. Die Chesapeake Bay

Während in den Carolinas und Virginia der Übergang zur neuen Ordnung relativ geräuschlos verlief, löste die Glorreiche Revolution in Maryland den Aufstand eines selbsternannten „Protestantischen Bündnisses" aus, das die Eigentümerregierung stürzte und der Herrschaft der katholischen Calverts für ein Vierteljahrhundert ein Ende setzte. 1700 wurde Maryland als königliche Kolonie neu gegründet, in der die Anglikanische Kirche privilegiert war. Diese staatskirchlichen Strukturen blieben dann auch weiter bestehen, als der konvertierte Charles Calvert 1715 die Eigentümerrechte wiedererlangte. Schon bald wurden Gesetze verabschiedet, die Marylands protestantischen Dissenters die gleiche Religionsfreiheit (wenn auch nicht Gleichrangigkeit) garantierten, die sie nach 1689 auch in England genossen, und zugleich die religiösen wie politischen Rechte der Katholiken einschränkten. Mitte des 18. Jahrhunderts gab es dreimal mehr anglikanische als katholische Gemeinden. Die anti-katholischen Gesetze, welche der Gründungsintention Marylands geradezu Hohn sprachen, sollten bis zur Amerikanischen Revolution in Kraft bleiben.

Maryland verdeutlicht so den übergreifenden Trend zur „Anglikanisierung" von Britisch-Nordamerika. Aber nur für Virginia entwickelte sich tatsächlich ein starkes anglikanisches Staatskirchentum mit entsprechenden Machtmitteln. Wichtige Meilensteine auf dem Weg dahin waren die Ankunft von James Blair (1653–1743) als Abgesandter des Bischofs von London für Virginia im Jahre 1685 und die Gründung des „College of William and Mary" 1693. Unter Blair begann sich die Kirche gegen die Kontrolle der Pflanzeraristokratie über die Kirchenvorstände, die v. a. bei der Ernennung der Pfarrer zum Tragen kam, zu wehren. Im frühen 18. Jahrhundert hatte sich Virginia zum unbestrittenen Zentrum der Anglikanischen Kirche in Nordamerika entwickelt, eine Stellung, die es bis in die Zeit der frühen Republik beibehalten sollte. Einen wichtigen Aufschwung für die „Church of England" in den Kolonien brachten die Aktivitäten zweier durch den anglikanischen Reformer Thomas Bray (1658–1730) gegründeter Gesellschaften. Die eine war die „Society for the Propagation of the Gospel in Foreign Parts" (SPG, 1701) (Gesellschaft für die Verbreitung des Evangeliums im Ausland), die ursprünglich hauptsächlich für Missionen unter den Indianern und afrikanischen Sklaven gedacht war, letztendlich aber die Mehrheit der von ihr finanzierten Pfarrer in reguläre Gemeinden entsandte. Die andere war die „Society for Promoting Christian Knowledge" (SPCK, 1698) (Gesellschaft zur Förderung christlichen Wissens), die Geistliche in den Kolonien mit Literatur versorgte und damit zur Steigerung des theologischen Bildungsniveaus und zur Förderung des geistigen Lebens beitrug.

Im letzten Drittel des 17. Jahrhunderts fand jedoch nicht nur die Glorreiche Revolution, sondern auch eine ganz andersgeartete und ausgesprochen unrühmliche Revolution statt, die aufs Ganze betrachtet, die gesamte Chesapeake-Region noch tiefgreifender veränderte als die politischen Umwälzungen im Kontext von 1688. Virginia und Maryland wandelten sich während dieser Zeit von Gesellschaften, in denen es auch Sklaven gab, zu Sklavenhaltergesellschaften. Genau wie in den Carolinas wurde nun das gesamte Wirtschaftssystem abhängig von der afrikanischen Sklavenarbeit. Bereits nach der Restauration hatten die Stuartkönige England zu einem wichtigen Akteur im lukrativen atlantischen Sklavenhandel gemacht, an dem alle Kolonialmächte der Zeit beteiligt waren.[52] Nachdem 1698 die englische Monopolgesellschaft für den Sklavenhandel aufgehoben worden war, sollte England zur führenden Sklavenmacht werden. Die meisten der Sklaven wurden auf die großen Plantagen der britischen Karibikinseln gebracht, aber ihre Zahl nahm auch in den Festlandkolonien rapide zu. Im Jahr 1634 gab es ungefähr 200 schwarze Sklaven und rund 7 500 weiße Siedler in der Chesapeake Bay. Um 1700 war die Gesamtbevölkerung auf 13 000 gestiegen, wovon ca. 13 % versklavte Afrikaner waren. Ein halbes Jahrhundert später sollten bereits 150 000 Sklaven in der Chesapeake Region leben, was ca. 40 % der Gesamtbevölkerung ausmachte.[53]

Die Kolonien der Chesapeake Bay folgten dem Beispiel der Carolinas und verabschiedeten neue Gesetze, durch welche die afrikanischen Sklaven systematisch jeglicher Grundrechte und letztlich ihres Menschseins beraubt wurden. Man definierte sie juristisch als Eigentum und machte ihre Knechtschaft zu einem zeitlich unbefristeten Status, den Kinder von ihren Müttern erbten. Diese Sklavengesetze trugen wesentlich zu einer immer schärferen Grenzziehung zwischen den Rassen und zur rassischen Definition der Sklaverei bei, insofern unfreie Afrikaner jetzt deutlich von weißen Schuldknechten unterschieden wurden und der Status der Sklaverei mehr und mehr mit Schwarzsein gleichgesetzt wurde. Seit dem letzten Drittel des 17. Jahrhunderts entwickelten sich in den südlichen Kolonien eigene

---

52 Von den ungefähr 10 bis 12 Millionen Sklaven, die zwischen 1450 und 1850 aus Afrika kamen, waren etwa 600 000 zu den englischen Kolonien gebracht worden, bevor der Sklavenhandel im Britischen Empire (1807) und in den Vereinigten Staaten (1808) verboten wurde. Eine ausführliche Darstellung der Sklaverei in den Amerikas bietet Davis, David Brion, Inhuman Bondage: The Rise and Fall of Slavery in the New World, New York 2006.

53 Siehe die Kapitel 1 und 2 in: Berlin, Ira, Generations of Captivity: A History of African-American Slaves, Cambridge 2003; Kulikoff, Allan, Tobacco and Slaves: The Development of Southern Cultures in the Chesapeake, 1680–1800, Chapel Hill 1986.

Gesellschafts- und Kulturformen, deren Grundlage ein zunehmend starres rassisches Kastenwesen bildete, das mit brutaler Gewalt kontrolliert wurde. Auf den Plantagen herrschten entsetzliche Existenzbedingungen und eine niedrige Lebenserwartung. Die Bedingungen der Sklaverei in Nordamerika ließen auch eine Fortführung der kulturellen und religiösen Traditionen aus Afrika kaum zu. Dennoch überlebten einzelne afrikanische Bräuche – wie zum Beispiel Bestattungsriten, aber auch traditionelle Tanz- und Musikformen – und vermischten sich später mit christlichen Elementen. Fast ein ganzes Jahrhundert lang wurde in den südlichen Kolonien allerdings wenig unternommen, um die stetig anwachsende Zahl von Sklaven zu christianisieren, ganz zu schweigen davon, dass sich kaum christliche Stimmen des Protestes gegen die Versklavung und menschenunwürdige Behandlung der unschuldigen Afrikaner erhoben. Vielmehr waren die Kirchen Teil des Systems, sei es, indem sie dieses durch ihr Desinteresse am Schicksal der Afrikaner indirekt stabilisierten, sei es durch ihre aktive Unterstützung und theologische Legitimierung der Sklaverei. Im Anschluss an seine Reisen nach Virginia und Barbados veröffentlichte der anglikanische Geistliche Morgan Godwyn eine der sehr wenigen kritischen Einlassungen zum Thema in dieser Zeit. Sein Buch „The Negro's and Indian's Advocate" („Der Fürsprecher der Afrikaner und Indianer", 1680) berichtet u. a. davon, wie Mitglieder der Sklavenhalterklasse und der mit ihr verbundenen Pfarrerschaft sich theologische Sonderlehren zurechtlegten, in denen sie heterodoxe Theorien aufnahmen, wie die von einer prä-adamitischen Herkunft der Afrikaner oder von der schwarzen Hautfarbe als äußerem Zeichen von Noahs Fluch über die Nachkommen des Ham. Mit Hilfe dieser Sonderlehren suchten sie entweder in Abrede zu stellen, dass Schwarze vollwertige Menschen mit einer vernünftigen Seele seien, um deren Rettung sich die Kirche bemühen müsse, oder ihre ewige Knechtschaft als Zeichen von Gottes Willen zu interpretieren.[54] Jedenfalls legten die Sklavenhalter den wenigen Missionaren, die in dieser Zeit versuchten, auf den Plantagen zu wirken, in aller Regel Steine in den Weg oder blockierten ihre Arbeit ganz. Francis Le Jau (1665–1717), einer der ersten SPG-Missionare, hinterließ einen Bericht, in dem er mit deutlichen Worten beschrieb, wie seine Bemühungen im Grenzgebiet der Carolinas durch den Widerstand der Sklavenhalter behindert wurden, denen offenbar die Vorstellung einer christlichen Gemeinschaft mit ihren Sklaven großes Unbehagen bereitete.[55] Dabei muss man sehen, dass selbst Männer wie Godwyn oder Le Jau, obgleich sie die polygenetische Lehre von einer getrennten Schöpfung der Rassen sowie andere rassistische Theologien als ketzerisch verurteilten und eine christliche Erziehung bzw. überhaupt

---

54 Vaughan, Alden T., Roots of American Racism: Essays on the Colonial Experience, New York 1995.
55 Glasson, Travis, Mastering Christianity: Missionary Anglicanism and Slavery in the New World, New York 2011.

eine menschenwürdige Behandlung für die Sklaven forderten, die Institution der Sklaverei an sich nicht in Frage stellten.

Dasselbe gilt grundsätzlich auch für puritanische Theologen wie Samuel Sewall (1652–1730) und Cotton Mather (1663–1728), die sich mit dem Problem beschäftigten. Sie prangerten zwar die Entführung unschuldiger Afrikaner und den transatlantischen Sklavenhandel als schwere Sünden an. Aber sie gehörten nicht zu der winzigen Minderheit von Kritikern in dieser Zeit, die die Überzeugung vertraten, dass die Einheit und Freiheit in Christus nicht nur geistlich, sondern auch weltlich zu verstehen und folglich die dauerhafte Verknechtung von Menschen nur auf Grund ihrer Hautfarbe grundsätzlich abzulehnen sei. 1688 unterzeichneten Pastorius und drei Quäker aus Germantown eine Petition, die in diese Richtung argumentierte. Sie wurde jedoch sowohl von der monatlichen als auch der vierteljährlichen Versammlung der Quäker abgewiesen und geriet bald in Vergessenheit. Der abtrünnige Quäker George Keith nahm schon früh eine ähnliche Haltung ein und schrieb, dass Christus gekommen wäre, „um die Unterdrückten und die Verzweifelten zu erlösen, ihr Leid zu lindern und ihnen innere und äußere Freiheit zu bringen" („to ease and deliver the Oppressed and Distressed, and bring [them] into Liberty both inward and outward").[56] In der zweiten Hälfte des 18. Jahrhunderts griffen dann immer mehr Quäker diese Argumente auf, und so wurde Pennsylvania zum Nährboden, in dem die Abolitionismus-Bewegung zuerst aufkeimte.[57]

5. Die französischen und spanischen Kolonien im 18. Jahrhundert

Unterdessen wuchs die Bevölkerung Neufrankreichs weiterhin nur langsam. Mitte des 18. Jahrhunderts gab es hier etwa 70 000 Siedler, während die britischen Kolonien zu diesem Zeitpunkt bereits 1,5 Millionen Einwohner zählten. Aber Frankreich hatte seine Gebietsansprüche enorm erweitert. Schon in der ersten Hälfte des 17. Jahrhunderts waren die Jesuiten den französischen Pelzhändlern nach Westen gefolgt und hatten im Raum von Illinois am Lake Michigan und Lake Superior, sowie im Norden von Wisconsin und Michigan, Missionsposten errichtet. Im Gefolge der berühmten Expedition von Pater Jacques Marquettes (1637–1675), der zusammen mit dem Entdecker Louis Jolliet (1645–1700) 1673 den Mississippi bis zu

---

56 An Exhortation and Caution to Friends concerning Buying or Keeping of Negroes, New York 1693, 1.
57 Siehe Kapitel 1 von Sinha, Manisha, The Slave's Cause: A History of Abolition, New Haven 2016.

seiner Mündung hinabfuhr, erweiterte Frankreich seine Kolonialunternehmungen Richtung Süden. 1682 reklamierte René-Robert Cavelier de La Salle (1643–1687) im Namen Ludwigs XIV. das ganze Mississippi-Tal bis zum Golf von Mexiko für Frankreich. Außer dem Handel mit den Einheimischen war es ein wichtiges Ziel der nun neugegründeten königlichen Kolonie Louisiana, die Briten davon abzuhalten, sich weiter nach Osten auszubreiten und einen Keil zwischen die spanischen Besitzungen in Nordamerika zu treiben.[58]

Freilich konnte Frankreich diese gewaltigen Gebiete, die es für sich beanspruchte, nie umfassend kontrollieren. In „Louisiana superior" gab es lediglich ein paar Ansammlungen französischer Siedlungen in der Nähe von Forts, vor allem im Illinois-Gebiet zwischen Lake Huron und Lake Erie. Auch „Louisiana inferior", wo sich zuerst Mobile, Alabama und dann New Orleans (1718 als Hauptstadt gegründet) zu bedeutenderen Siedlungen entwickelten, zog keine große Zahl von französischen Kolonisten an. 1750 gab es im gesamten Louisiana vielleicht 3 300 Siedler und mehr als 4 000 afrikanische Sklaven inmitten zehntausender von Indianern. Da sie nur ein paar hundert Soldaten zur Verfügung hatten, waren die Franzosen sehr auf Bündnisse mit ortsansässigen Stämmen angewiesen. Missionen wurden als wichtiges Mittel gesehen, diese zu schmieden. Wenn auch mit letztlich bescheidenen Ergebnissen, bemühten sich Jesuitenpatres um die Christianisierung der Choctaw (welche die wichtigsten Partner der Franzosen wurden), der Natchez und anderer lokaler Indianervölker. Die Natchez jedoch standen den Franzosen zunehmend feindselig gegenüber, schließlich kam es zum offenen Krieg (1729–1731). Obwohl die Kolonie diesen und andere Konflikte mit den Indianern überstand, blieb sie wirtschaftlich ein Misserfolg, und die Krone musste fortwährend mehr in ihre Erhaltung investieren, als sie einbrachte.

Louisiana entwickelte auch nie ein bedeutendes geistliches Zentrum. Die Kirche bedachte diesen abgelegenen Teil der Diözese von Quebec mit wenig Aufmerksamkeit und Ressourcen. Dennoch sollten New Orleans und der Raum direkt nördlich davon auch nach der Kolonialzeit eine wichtige Nische des Katholizismus bleiben. 1755 nahm die Region Flüchtlinge aus Akadien, dem nordöstlichen Teil Neufrankreichs auf, nachdem England dieses Gebiet schon 1713 annektiert hatte und dann bei Ausbruch des Siebenjährigen Krieges eine „ethnische Säuberung" vornahm. Im Laufe der Zeit wurde aus der akadischen die „Cajun"-Kultur von heute. Mit seiner ethnischen und religiösen Durchmischung brachte Louisiana auch andere synkretistische Religionsformen hervor, wie zum Beispiel „Houdou", eine Hybridisierung afrikanischer und katholischer Traditionen, die sich unter den Sklaven entwickelte.[59]

---

58 Galloway, Patricia (Hrsg.), La Salle and His Legacy: Frenchmen and Indians in the Lower Mississippi Valley, Jackson 1982.
59 Usner, Daniel H. Jr., Indians, Settlers, and Slaves in a Frontier Exchange Economy: The Lower Mississippi Valley before 1783, Chapel Hill 1992.

Obwohl die Spanier um die Jahrhundertwende in Florida bereits zurückgedrängt wurden, trieben sie auf der anderen Seite des Kontinents neue Projekte voran und gründeten 1690 „Tejas" als Provinz von Neuspanien. Als der Konkurrent Frankreich seine Präsenz bis zum Unterlauf des Mississippi und von da aus in die Gebiete jenseits des Flusses ausweitete, begann auch Spanien, sich ernsthaft für diese Region zu interessieren. Die Spanier reagierten in den 1710er Jahren auf die französischen Vorstöße, indem sie mehrere Militärexpeditionen in das Gebiet von Ost-Texas schickten. Mit dabei waren franziskanische Mönche, nicht zuletzt Isidro Espinosa (1679–1755), der erste Chronist von Texas. Es wurden ein „presidio" und etliche neue Missionen für die ortsansässigen Caddo-Völker errichtet, unter ihnen auch San Antonio de Valero, das später als Alamo in die Geschichte einging. Ohne kontinuierliche Unterstützung und umgeben von feindseligen Nomadenvölkern richteten die franziskanischen Missionen in Texas allerdings recht wenig aus.[60]

In den letzten Jahrzehnten des 17. Jahrhunderts hatten die zwei Jesuitenpater Eusebio Francisco Kino (1645–1711) und Juan María Salvatierra (1648–1717) in der Region Pimería Alta (die das heutige Sonora und das südliche Arizona umfasst) begonnen, sich erneut um die Piman- und Yuman-Völker zu bemühen, die sich früheren Missionsanstrengungen der Franziskaner entzogen hatten. Die Herangehensweise der Jesuiten war flexibler und respektvoller gegenüber der angestammten Kultur. Gleichwohl brachten sie den ansässigen Stämmen nicht nur das Evangelium, sondern z. B. auch die Viehzucht. Nach Kinos Tod 1711 zerfielen diese Missionen jedoch wieder. Kino hatte noch erfolglos versucht, die jesuitische Initiative bis nach Alta California (welches den heutigen Bundesstaat Kalifornien umfasst) auszuweiten. Und die Jesuiten sollten auch später hier keine Niederlassungen mehr aufbauen können. Denn 1767 verbot Spanien, dem Beispiel Portugals und Frankreichs folgend, die Societas Jesu und beschlagnahmte ihr Eigentum. Auch in der Neuen Welt hatte man die Macht und den Einfluss der Jesuiten als bedrohlich groß empfunden. 1773 löste Papst Clemens XIV. den Orden ganz auf.

Es waren schließlich die Franziskaner, die von Baja California aus in den Norden vorstießen und so den Einflussbereich des spanischen Katholizismus die kalifornische Küste hinauf erweiterten. Zwischen 1769 und 1823 wurde in einer letzten Blütephase dieses Systems eine von San Diego bis San Francisco reichende Kette von einundzwanzig Missionen unter der Aufsicht nahegelegener „presidios" errichtet. Der Hauptorganisator und „spiritus rector" der Missionen in Alta California war Junípero Serra (1713–1784), dessen Heiligsprechung jüngst heftige Diskussionen auslöste, wobei es nicht zuletzt um das Schicksal der indianischen Bevölkerung ging.[61] Im 18. Jahrhundert erlitten die Stämme Kaliforniens, wie etwa

---

60 John, Elizabeth A. H., Storms Brewed in Other Men's Worlds: The Confrontation of Indians, Spanish, and French in the Southwest, 1540–1795, Norman 1996.
61 Eine ausgewogene Sicht bietet Beebe, Rose Marie/Senkewicz, Robert M., Junípero Serra: California, Indians, and the Transformation of a Missionary, Norman 2015.

die Chumash und Miwok, nicht nur dramatische Bevölkerungsverluste, sondern auch eine tiefgreifende Zerstörung ihrer traditionellen Kulturen. Obwohl sie nicht unbedingt die Haupttäter waren, wirkten die Franziskaner an diesem Prozess mit. An die Missionen waren große Haciendas angeschlossen, auf denen die christianisierten Indianer der „congregaciones" unter oft harten Bedingungen in der Viehzucht und im Obstanbau arbeiten mussten. Auf ihrem Höhepunkt unter Serras Nachfolger Firmín de Lasuén (1736–1804), erwirtschafteten die kalifornischen Missionen erhebliche Profite und umfassten rund 20 000 hispanisierte Indianer. Spanien fühlte sich auch deshalb unter Druck, seine Präsenz in Alta California zu festigen, weil es die Ausbreitung russisch-orthodoxer Missionen von Alaska aus nach Süden zu verhindern suchte. Nachdem eine kleine Gruppe orthodoxer Mönche erstmals 1784 auf den Kodiak-Inseln Fuß fasste, erweiterten sie ihre Bemühungen bald auf die Aleuten und in das Landesinnere Alaskas, wo sie auch einige missionarische Erfolge erzielten. Obwohl Spanien einer weiteren Expansion noch jahrzehntelang einen Riegel vorschieben konnte, legten diese Ansätze den Grundstein für die spätere Ausbreitung der russischen Orthodoxie in Kalifornien und anderen Staaten der Westküste.[62]

6. Der Kampf um die Vorherrschaft in Nordamerika

Das rasante Wachstum der britischen Kolonien und die Ausweitung der französischen Territorialansprüche führten zu einem heftigen Ringen dieser beiden Mächte untereinander und mit Spanien um die Vorherrschaft in der östlichen Hälfte Nordamerikas. Zwischen den 1680er und den 1760er Jahren gab es an verschiedenen Fronten fast durchweg Kämpfe. Diese Kämpfe sind als transozeanische Fortsetzungen der zeitgenössischen Kriege in Europa zu verstehen, in die England, Frankreich und Spanien verwickelt waren, obgleich sie immer auch durch die spezifischen regionalen Umstände und die wechselnden Bündnisse der Kolonialmächte mit den indigenen Stämmen mitbestimmt und verkompliziert wurden. Geprägt wurden alle diese Kriege von einer Mischung aus hegemonialpolitischen und konfessionellen Motiven. Die erste Kraftprobe zwischen England und Frankreich in Nordamerika erfolgte im Kontext des Pfälzischen Erbfolgekrieges („War of the Great Alliance", 1689–1697), die zweite während des Spanischen Erbfolgekrieges (1702–1713). In beiden Fällen griffen französische und indianische Truppen neuenglische Siedlungen in Grenzgebieten von Neufrankreich an. Im Gegenzug eroberten Milizen aus den Neuengland-Kolonien Port Royal auf Kap Breton. Mit

---

62 Erickson, John H., Orthodox Christians in America: A Short History, New York 2008.

dem Frieden von Utrecht (1713) fielen Neufundland (seit den 1580ern umstr.) die Hudson Bay (seit 1670 beanspr.) und das Gebiet von Nova Scotia an England.[63]

Wie sich erweisen sollte, kämpfte Spanien in Nordamerika letztlich einen Kampf, den es nicht mehr gewinnen konnte. Die französische Ostexpansion hatte die Verbindung zwischen Neuspanien und Florida unterbrochen. Die Pueblo-Siedlungen sahen sich fortwährenden Angriffen durch Frankreichs indianische Verbündete im Gebiet der „Great Plains" ausgesetzt. Und die Engländer machten sich von ihren neuen Stützpunkten in den Carolinas daran, systematisch das Netzwerk spanischer Missionen und Garnisonen im Südosten zu zerstören – hauptsächlich, indem sie die Kriegszüge ihrer regionalen indianischen Alliierten förderten. Der entscheidende Wendepunkt war der Spanische Erbfolgekrieg, in dem englische Truppen gemeinsam mit indigenen Verbündeten eine Serie äußerst brutal geführter Vorstöße nach Süden unternahmen, welche die spanische Präsenz in Florida deutlich verringerten. Um das spanische Florida klein zu halten, förderte dann Georg II., der zweite englische König aus dem Hause Hannover, 1733 die Gründung einer neuen Kolonie unter seinem Namen. Georgia sollte das letzte Kolonialprojekt Englands in Nordamerika sein. Die Kolonie regierte eine Gruppe von Treuhändern unter der Führung von James Oglethorpe (1696–1785). Oglethorpe war ein religiöser Reformer und Philanthrop, der hoffte, in Georgia eine vorbildliche Gesellschaft von freien Bauern zu errichten. Die Sklaverei war ursprünglich gesetzlich verboten, da Georgia durch arme, mit wohltätigen Spenden unterstützte Kolonisten aus England (in der Hauptsache ehemalige Sträflinge und Schuldner) bevölkert werden sollte.[64] Hinzu kamen Angehörige protestantischer Minderheiten aus Europa, wobei insbesondere eine Gruppe von mehreren hundert aus dem Erzbistum Salzburg vertriebenen Lutheranern hervorzuheben ist, welche unter der Führung von pietistischen Pastoren aus Halle die Siedlung Ebenezer gründete. Es wurde eine Miliz organisiert, deren erste Probe schon bald erfolgte, als spanische Truppen während des sogenannten „War of Jenkins' Ear" (1739–1742) und „King George's War" (Teil des Österreichischen Erbfolgekrieges, 1740/44–1748) nach Georgia einfielen. Georgias Charakter veränderte sich dramatisch, nachdem es 1751 zur königlichen Kolonie geworden war. Mit der Einführung der Sklaverei entwickelte sich eine Plantagenwirtschaft, bei der eine kleine Elite von weißen Grundbesitzern eine rapide wachsende afrikanische Bevölkerung ausbeutete. 1758 wurde die „Church of England" zur offiziellen Kirche von Georgia.

Während „King George's War" kam es im Norden zu einer weiteren Konfrontation zwischen England und Frankreich. 1745 wurde Louisburg von England erobert, aber

---

63 Einen hilfreichen Überblick liefern die Kapitel 7, 8 und 14 in: Marshall, P. J. (Hrsg.), The Oxford History of the British Empire, Bd. 2, The Eighteenth Century, New York 1998.

64 Rees, Trevor Richard, Colonial Georgia: A Study in British Imperial Foreign Policy in the Eighteenth Century, Athens 1963; Spalding, Phinizy/Jackson, Harvey H. (Hrsg.), Oglethorpe in Perspective: Georgia's Founder After Two Hundred Years, Tuscaloosa 1989.

unter den Bedingungen des Friedens von Aachen dann wieder an Frankreich zurückgegeben. Angesichts der Tatsache, dass britische Kolonisten auf der Suche nach neuen Siedlungsgebieten und Handelsmöglichkeiten mit den westlichen Stämmen nun vermehrt über das Allegheny-Gebirge in das Ohio-Gebiet und damit in Richtung der von Frankreich beanspruchten Territorien vordrangen, war eine weitere Auseinandersetzung der beiden Großmächte in Nordamerika beinahe unvermeidlich. Um die Engländer davon abzuhalten, Neufrankreich von Louisiana abzuschneiden, bauten die Franzosen eine Reihe von Forts östlich des Mississippis. Eine gescheiterte Expedition von Miliztruppen unter der Führung von George Washington, die französische Forts am Ohio hatte erobern sollen, wurde im Jahr 1755 zum Auftakt des in Nordamerika „French and Indian War" (1755–1763) genannten Konflikts, der dann einen Teil des Siebenjährigen Krieges bilden sollte. In den Augen vieler nordamerikanischer Kolonisten auf beiden Seiten war dieser Kampf um die Vorherrschaft in Europa und um globale imperiale Ansprüche durchaus auch ein Religionskrieg. Würde der Katholizismus oder der Protestantismus zur beherrschenden Form des Christentums in der Neuen Welt werden?[65] Zu Beginn der Auseinandersetzungen sah es für die mangelhaft vorbereiteten britischen Kolonien schlecht aus. Von Maine bis Virginia wurden Grenzsiedlungen durch Indianerangriffe schwer getroffen. Das nicht verteidigungsfähige Pennsylvania hatte besonders schwer zu leiden, und nicht-pazifistische Bevölkerungsgruppen gaben vielfach den Quäkern die Schuld für den versäumten Aufbau einer Miliz. Die kriegsbedingte Krise läutete so das Ende der politischen Kontrolle der Quäkerpartei über die Kolonie ein.

Doch das Blatt wendete sich 1758, nachdem England begonnen hatte, große Seestreitkräfte und insgesamt rund 40 000 Soldaten zu Lande (wovon ungefähr die Hälfte aus regulären Einheiten, die andere Hälfte aus kolonialen Milizionären bestand) in die Schlacht um Nordamerika zu werfen. Es wurde eine breitangelegte Offensive gegen Neufrankreich gestartet, bei der zuerst Louisburg, dann Quebec und schließlich Montreal (1760) an England fielen. Die englischen Siege führten auch dazu, dass die meisten der mit Frankreich verbündeten Indianer sich aus der Allianz zurückzogen, um ihren Schaden zu begrenzen. Spanien hingegen versuchte noch sehr spät, aber vergeblich auf Seiten Frankreichs in den Kriegsverlauf einzugreifen und musste dafür den Verlust von Havanna und Manila an die britische Marine hinnehmen. Der Vertrag von Paris (1763) markierte dann den Anfang vom Ende der französischen Kolonialherrschaft in Nordamerika. Neufrankreich und das Ohio-Gebiet wurden an England abgetreten, während die Teile von Louisiana westlich des Mississippi als Entschädigung für seine Kriegsverluste schon 1762 an Spanien übertragen worden waren. Im Austausch gegen Havanna und Manila überließ Spanien wiederum England seine verbliebenen Besitzungen in Florida. Damit beanspruchte England nun den gesamten östlichen Teil

---

65 Pestana, Carla, Protestant Empire: Religion and the Making of the British Atlantic World, Philadelphia 2008.

Nordamerikas, wobei der Mississippi die neue Grenze zu den Territorien bildete, die Spanien für sich reklamierte. Die Vorherrschaft im Nordosten hatte jedoch einen hohen Preis für England. Der Sieg über Frankreich war mit einem gigantischen finanziellen Aufwand für Truppen und Kriegsmaterialien erkauft worden. Um die angehäuften Staatsschulden zu verringern, belastete die Pitt-Regierung die amerikanischen Kolonien mit Abgaben, die bittere Auseinandersetzungen hervorrufen und etwas mehr als zehn Jahre nach Ende des Krieges entscheidend zum Ausbruch der Revolution beitragen sollten. Spaniens Erwerbung des verkleinerten Louisiana erwies sich eher als finanzielle Dauerbelastung denn als Zugewinn. Zwanzig Jahre später tauschte Spanien diese Besitzungen westlich des Mississippi wieder gegen Gebiete in Florida ein. Weitere zwanzig Jahre später wurde das zwischenzeitlich erneut in französischen Besitz übergegangene Louisiana dann von Napoleon im Rahmen des „Louisiana Purchase" (1803) an die noch jungen Vereinigten Staaten verkauft. 1819/21 erwarben diese dann noch Florida von Spanien. Zu diesem Zeitpunkt war der spanische Katholizismus dort aber praktisch bereits auf den Einzugsbereich von St. Augustine und Pensacola zusammengeschrumpft.

6.1. Kanada als Teil des Britischen Empire

Nach der Eroberung von Neufrankreich gab es seitens der katholischen Kirche, aber auch der breiteren Bevölkerung große Sorgen, unter welchen Bedingungen die Eingliederung in das britische Empire erfolgen würde. Der Vertrag von Paris garantierte nur eine sehr beschränkte Form der religiösen Toleranz. Die Ausweisung der Arkadier bereits 1754 und die darauffolgende Ansiedlung von Protestanten (einschließlich deutscher und Schweizer Einwanderer) in „Nova Scotia" ließen Schlimmes befürchten. In der Tat galt für viele Jahre als Richtlinie aus London, dass die 70 000 kanadischen Untertanen der Krone sprachlich, kulturell und religiös assimiliert werden sollten. Allerdings waren der erste Gouverneur James Murray (1721–1794) und sein Nachfolger Guy Carleton (1724–1808) Männer des Ausgleichs, die verstanden, dass eine solche Politik nur in der Katastrophe enden könne und dass Zugeständnisse der einzige Weg sein würden, die Loyalität der 1763 formierten neuen britischen Kolonie Quebec zu sichern. Sie gewährten faktisch die freie Religionsausübung, ließen zu, dass die katholische Kirche mehr oder weniger ungestört ihre Geschäfte fortführte und halfen sogar bei der Auswahl des neuen Bischofs Jean-Olivier Briand (1715–1794). Ihr Pragmatismus wurde schließlich zur offiziellen Politik, als Georg III. 1774 den „Quebec Act" unterzeichnete, welcher de facto die privilegierte Position der katholischen Kirche bewahrte.[66]

---

66 Moir, John S., The Church in the British Era: From the British Conquest to Confederation, Toronto 1972; Murphy, Terrence/Perin, Roberto (Hrsg.), A Concise History of Christianity in Canada, Toronto 1996.

Einerseits nährte diese Entscheidung in den dreizehn „alten" Kolonien die oftmals paranoide Furcht vieler Protestanten vor „Papismus" und königlicher Willkürherrschaft, was letztlich auch zum Ausbruch der revolutionären Krise mit beitrug. Anderseits war der „Quebec Act" ein entscheidender Grund dafür, dass sich Quebec nach Beginn der amerikanischen Revolution in der Tat loyal erwies und noch sehr lange zum britischen Empire gehören sollte. Als revolutionäre Truppen unter Benedict Arnold (1741–1801) die Grenze überquerten, trug Bischof Briand mit seiner Autorität wesentlich dazu bei, dass die Bevölkerung fast geschlossen königstreu blieb. Anhängern der amerikanischen Revolution drohte er mit Exkommunikation. Die „amerikanische Invasion" konnte zurückgeschlagen werden, und Quebec wurde zum Zufluchtsort für mehr als 13 000 Loyalisten, unter ihnen viele Protestanten. In den folgenden Jahrzehnten sollte sich dann mit der Ankunft von englischen, amerikanischen, irischen, schottischen und deutschsprachigen Auswanderern die Präsenz des Protestantismus deutlich verstärken und zugleich diversifizieren. Die Teilung Quebecs in das französischsprachige Niederkanada und das englischsprachige Oberkanada 1791 fing dabei einen großen Teil potentieller Spannungen auf. Insgesamt vereinbarte die kanadische Gesellschaft am Übergang zum 19. Jahrhundert zwei scheinbar gegensätzliche Grundelemente: ein hohes Maß von Loyalität gegenüber einer protestantischen Monarchie und eine katholisch dominierte Kultur und Gesellschaft, obschon letztere dabei war, zunehmend pluraler zu werden.

7. Der Wandel der religiösen Landschaft Britisch-Nordamerikas im 18. Jahrhundert

Zu Beginn des 18. Jahrhunderts lässt sich die religiöse Landschaft Britisch-Nordamerikas bereits in drei deutlich voneinander unterschiedene Regionen einteilen: die südlichen Kolonien, in denen nun durchweg die „Church of England" offizielle Kirche ist, auch wenn ihre Macht in der Realität sehr unterschiedlich ausfällt und protestantische Minderheiten zumindest toleriert werden müssen; die Neuengland-Kolonien (mit Ausnahme der Enklave von Rhode Island) mit ihren geschwächten, aber immer noch staatlich privilegierten und sehr einflussreichen kongregationalistischen Kirchen; und schließlich die mittelatlantischen Kolonien (New York, New Jersey, Pennsylvania und Delaware), in denen es, abgesehen von vier Grafschaften in New York, keinerlei staatskirchliche Strukturen gibt. Vor allem in den mittelatlantischen Kolonien, aber auch in Teilen der anderen zwei Regionen (zum Bespiel in Rhode Island, Maryland und North Carolina) war ein hohes Maß religiöser Pluralität zur alltäglichen Realität geworden. Die in diesen Räumen vorherrschende Religionsfreiheit hatte im zeitgenössischen Europa keine vollständige Entsprechung und fand sich allenfalls ansatzweise etwa in Holland sowie in einigen Städten oder wenigen Territorien des Heiligen Römischen Reiches. Im Laufe des 18. Jahrhunderts sollten alle drei Regionen – bedingt durch eine Reihe von sozialen, kulturellen und religiösen Faktoren – tiefgreifende Wandlungsprozesse durchlaufen. Am bedeutendsten waren dabei das große Bevölkerungswachstum und die Migrationsströme, sowohl freiwilliger als auch unfreiwilliger Natur. Bis zum Siebenjährigen Krieg, der eine gewisse Unterbrechung bewirkte, wuchs die Bevölkerung Britisch-Nordamerikas unaufhörlich und sehr schnell. Bis zur Mitte des Jahrhunderts hatte diese schon die Millionenmarke überschritten. Die erste nationale Volkszählung der USA im Jahr 1790 erfasste dann schon beinahe vier Millionen Einwohner. Dieser demographische Anstieg ließ, wenn auch mit deutlichen Unterschieden, die Mitgliederzahlen aller bestehenden Kirchen wachsen, wobei die Einwanderungswellen des 18. Jahrhunderts auch neue religiöse Gemeinschaften nach Nordamerika brachten. Fast alle diese Kirchen oder Gemeinschaften hatten mit vielen Schwierigkeiten bzw. Konflikten beim Aufbau, Erhalt und der Kontrolle institutioneller Strukturen zu kämpfen. Häufig rangen die Anhänger unterschiedlicher Fraktionen um Autorität, oder es wurde über das Abhängigkeitsverhältnis zwischen den Mutterkirchen in Europa und ihren Ablegern in Amerika gestritten.[67]

Auch wenn die Konkurrenz stetig zunahm, profitierten insgesamt die anglikanischen und kongregationalistischen Kirchen am meisten von dem gewaltigen Bevölkerungswachstum. Um 1700 gab es ungefähr 110 anglikanische und vielleicht 140 kongregationalistische Kirchen in Britisch-Nordamerika; bis 1740 war bereits ein Anstieg auf 240, respektive 340 zu verzeichnen. Die beiden kolonialen Zentren der „Church of England" waren zu dieser Zeit Virginia und Maryland. Die SPG finanzierte den Kirchenbau und unterstützte mehr als 300 Missionare, womit sie zumindest teilweise die fehlenden institutionellen Strukturen der Anglikanischen Kirche in Nordamerika kompensierte. Mit Hilfe der SPG expandierte diese in den Carolinas, Georgia, New York, New Jersey und Delaware, aber auch in Neuengland – sehr zum Verdruss der altansässigen puritanischen Geistlichkeit. Dennoch blieben Massachusetts, Connecticut und New Hampshire Domänen des Kongregationalismus, der auch die Wirren der Revolutionszeit gut, vielfach sogar gestärkt, überstand und 1780 mehr als 730 Kirchen zählte. Im Gegensatz dazu hemmte die Revolution die Entwicklung der „Church of England" deutlich oder schwächte sie sogar; im selben Jahr waren hier nur 310 Kirchen zu verzeichnen.[68] Zwischen 1700 und 1780 nahm aber vor allem in den mittelatlantischen Kolonien und südlich der

---

67 Richtungsweisende Forschungsbeiträge sind u. a. Bonomi, Patricia U., Under the Cope of Heaven: Religion, Society, and Politics in Colonial America, New York 1986; Butler, Jon, Awash in a Sea of Faith: Christianizing the American People, Cambridge 1990.
68 Diese Zahlen und alle anderen Schätzungen zum konfessionellen Wachstum finden sich bei Gaustad, Edwin Scott/Barlow, Philip L., New Historical Atlas of Religion in America, Oxford 2000, 7–9.

Chesapeake Bay auch die religiöse Vielfalt enorm zu. Im 18. Jahrhundert kam die Mehrheit der freiwilligen Immigranten nicht mehr aus England, sondern aus anderen europäischen Ländern. Die größte Gruppe machten dabei die rund 50 000 schottischen und bis zu 200 000 schottisch-irischen (d. h. v. a. aus Ulster stammenden) Auswanderer mit mehrheitlich presbyterianischer Kirchenzugehörigkeit aus, die es nicht zuletzt wegen der Folgen der neuen Wirtschaftspolitik unter dem Haus Hannover nach Amerika zog.[69] Durch diese Auswandererströme wandelte sich die Presbyterianische Kirche in Nordamerika von einer bis dahin sehr kleinen Gemeinschaft hauptsächlich englischer und walisischer Provenienz zu einer bedeutenden konfessionellen Gruppierung mit einer stark schottisch-irischen ethnischen Identität und unabhängigen amerikanischen Strukturen. 1706 hatte Francis Makemie (1658–1708) das erste Presbyterium in Philadelphia etabliert, das zusammen mit anderen Presbyterien aus Delaware und Long Island 1717 dann die Synode von Philadelphia bildete. Von diesem Zentrum aus wuchs die Presbyterianische Kirche in den Kolonien rasant an. Gab es 1700 noch weniger als dreißig Gemeinden, überschritt ihre Zahl vierzig Jahre später bereits 150 und erreichte 1780 beinahe 500. Geographisch gesehen, vollzog sich die Ausweitung der Presbyterianischen Kirche zunächst in westliche und dann verstärkt in südliche Richtung. Die Besiedlung durch schottisch-irische Auswanderer konzentrierte sich zunächst auf die Grenzgebiete von Pennsylvania und verschob sich später in zunehmendem Maße ins Hinterland von Maryland, Virginia und der Carolinas.

Einem ähnlichen Muster der Besiedelung folgten die mehr als 100 000 deutschsprachigen Migranten, die aus der kriegsverwüsteten Pfalz und anderen, v. a. südlichen Territorien des Heiligen Römischen Reiches sowie aus der Schweiz stammten. Die meisten von ihnen, ursprünglich lutherisch oder reformiert, kamen eher aus sozioökonomischen denn aus religiösen Gründen nach Nordamerika. Alle deutschen Einwanderer litten unter einem chronischen Mangel an Ressourcen, fehlender geistlicher Versorgung und Bildungsinstitutionen, nicht zuletzt im religiösen Bereich. Da sie an staatskirchliche Strukturen gewöhnt und auf eine universitär ausgebildete sowie ordinierte Pfarrerschaft angewiesen waren, wogen diese Probleme aber für Lutheraner und Reformierte schwerer als für die Angehörigen deutschsprachiger „Sekten". In den mittelatlantischen Kolonien fanden sie eine Art Vakuum vor, in dem es weder einen schützenden Staat, noch kirchliche Strukturen oder auch nur „ordentliche" Pfarrer gab. Um überhaupt irgendeine Form der Unterstützung oder Betreuung zu bekommen, mussten die verschiedenen deutschsprachigen Siedlergruppen sich aktiv um eine Beziehung mit weit entfernten Institutionen bemühen, die häufig aber nicht interessiert oder in der Lage waren zu helfen. Die Gemeinden vor Ort mussten sich selbst organisieren, um

---

69 Canny, Nicholas (Hrsg.), Europeans on the Move: Studies on European Migration 1500–1800, Oxford 1994.

Kirchen zu bauen, Pfarrer zu rekrutieren, Organisations- und Leitungsstrukturen zu etablieren und Gelder zu sammeln.

Lutheraner und Reformierte sahen sich auch in einer ungewohnt offenen Konkurrenzsituation mit aus ihrer Perspektive sektiererischen Gruppen. Beide Konfessionen durchliefen so eine Phase der Fluidität, Ungewissheit und oft chaotischer Machtkämpfe zwischen widerstreitenden Fraktionen, bevor sie dann in der zweiten Hälfte des 18. Jahrhunderts eine größere institutionelle Stabilität erreichen konnten. Für die deutschen Lutheraner war ein zentraler Faktor in diesem Prozess die unterstützende Rolle, welche die Franckeschen Stiftungen in Halle als eine Art inoffizielle Mutterkirche übernahmen. Mit Hilfe der in Halle ausgebildeten Pastoren, sowie Spendengeldern und anderen Ressourcen der Stiftung, gründete Heinrich Melchior Mühlenberg (1711–1787) 1748 das Pennsylvania-„Ministerium" als erstes Leitungsgremium der lutherischen Kirchen in Amerika. Auf der Grundlage des Augsburger Bekenntnisses und einer neu geschaffenen, eher reformiert anmutenden Kirchenordnung trug das „Ministerium" wesentlich zur wachsenden Einheit des kolonialen Luthertums bei, obwohl seine Einflussmöglichkeiten, im Vergleich mit den kirchlichen Behörden zu Hause, äußerst beschränkt waren und letztlich auf einer freiwilligen Zugehörigkeit der einzelnen Gemeinden beruhte. Nachdem sie als winzige Gruppe in der kurzlebigen Kolonie Neuschweden im 17. Jahrhundert begonnen hatten, zählten die Lutheraner 1740 schon 100 Kirchen, und 1780 waren bereits mehr als 200 mit dem „Ministerium" assoziiert.[70]

Der Weg zur Institutionalisierung des deutschen Reformiertentums begann 1728, als sich in Pennsylvania eine Gruppe von Gemeinden unter der Führung des Laienpredigers Johann Philipp Böhm (1683–1749) erfolgreich um die Anerkennung und Unterstützung seitens ihrer besser situierten niederländischen Glaubensgenossen in New York bemühte. Die niederländisch-reformierten Kirchen selbst unterstanden der „classis" von Amsterdam, strebten aber nach mehr Unabhängigkeit, um im pluralistischen Umfeld der mittelatlantischen Kolonien handlungs- und konkurrenzfähiger zu werden. 1747 wurde ihnen das Recht auf ein „coetus" genanntes, repräsentatives Gremium gewährt, das für die dazugehörigen Gemeinden beratende und vermittelnde Funktionen übernehmen konnte, jedoch immer noch der Autorität der „classis" unterworfen blieb und selber keine Pfarrer ordinieren durfte. Böhms Kurs der Kooperation mit Holland folgend, gründete dann der aus St. Gallen stammende Pfarrer Michael Schlatter (1716–1790) einen eigenständigen deutschsprachigen „coetus" in Philadelphia, der sich ebenfalls der Aufsicht von Amsterdam unterstellte. Diesem Gremium gelang es schließlich, die meisten der deutsch-reformierten Gemeinden unter einer auf dem Heidelberger

---

70 Siehe hierzu Kapitel 3 und 4 in: Granquist, Mark, Lutherans in America, Philadelphia 2015; Wellenreuther, Hermann, Heinrich Melchior Mühlenberg und die deutschen Lutheraner in Nordamerika, 1742–1787, Münster 2013.

Katechismus basierenden Kirchenordnung zu vereinigen. 1780 gab es zusammen ca. 330 niederländisch- und deutsch-reformierte Gemeinden, die in diese „orthodoxen" Kirchenstrukturen eingebunden waren. 1792/93 sollten sie sich dann von Amsterdam abtrennen und als separate nationale Kirchen neu organisieren.[71]

Nicht wenige der deutschsprachigen Auswanderer, die aus den lutherischen oder reformierten Staatskirchen stammten, nutzten aber ihre neue Freiheit und schlossen sich einer anderen Glaubensgemeinschaft an, oder entschieden sich gegen jede religiöse Praxis. Es gab in den Mittelkolonien reichlich Auswahl, einschließlich der deutschsprachigen Täuferkirchen und radikalpietistischer Gemeinschaften. Geschätzte zehn Prozent der deutschsprachigen Bevölkerung sind am Ende der Kolonialzeit solchen Kirchen oder Gruppen zuzuordnen. Die meisten der „sektiererischen" Einwanderer gehörten den Täuferkirchen an, vorwiegend den Mennoniten, ein kleiner Teil aber auch den Amischen. Diese Kirchen wuchsen dann allerdings nur langsam, da sie Missionierung außerhalb ihrer Gemeinden kaum betrieben und sich auf ein Leben in kultureller Abgeschiedenheit im ländlichen Pennsylvania beschränkten. Anders verhielt es sich mit den zahlreichen pietistischen Gruppen, die es in die Kolonie zog. Sie partizipierten sehr aktiv an den kolonialen Erweckungsbewegungen und profitierten auch von ihnen. Die Mehrzahl der pietistischen Gruppen blieben dennoch sehr klein und ephemer, wie zum Beispiel die „Inspirierten" oder die „Neumondler". Größer und dauerhafter waren die „Schwarzenauer Brüder" (heute die „Church of the Brethren"), eine in Sayn-Wittgenstein gegründete und dann nach Pennsylvania ausgewanderte Gemeinschaft, welche pietistische Frömmigkeitsformen und Missionseifer mit einer täuferischen Ekklesiologie verband. Die umfangreichste Missiontätigkeit aber entfalteten zweifelsohne die Herrnhuter, also die von Graf Nikolaus von Zinzendorf (1700–60) erneuerte „Unitas Fratrum" (siehe unten).

Die Pennsylvania gewährte Religionsfreiheit führte sogar mehrere tausend deutsche und irische Katholiken in die Kolonie, die schließlich auch mit Hilfe des Jesuitenordens eigene Institutionen hervorbrachten. Pennsylvania war, abgesehen von Maryland, die einzige englische Kolonie, in der dies geschah. Noch über die Revolutionszeit hinaus sollte Maryland, trotz seiner geringen Größe, auch das Zentrum des katholischen Lebens in den (ehemaligen) dreizehn Kolonien bleiben. 1780 gab es dort insgesamt ca. 25 000 Katholiken und etwa fünfzig organisierte katholische Gemeinden.

---

71 Stievermann, Jan, Old Creeds in a New World: The Heidelberg Catechism and the Struggle for German-Reformed Identity in Mid-Eighteenth Century Pennsylvania, in: Strohm, Christoph/Stievermann, Jan (Hrsg.), Der Heidelberger Katechismus: Neue Forschungsbeiträge anlässlich seines 450. Jubiläums – The Heidelberg Catechism: Origins, Characteristics, and Influences: Essays in Reappraisal on the Occasion of its 450th Anniversary, Gütersloh 2015, 343–388.

So veränderte also im Verlauf des 18. Jahrhunderts die Einwanderung in dramatischer Weise die religiöse Landschaft Britisch-Nordamerikas. Neben den etablierten englischen Kirchen entwickelten sich neue ethnisch-religiöse Gemeinschaften, vor allem in den mittelatlantischen Kolonien, aber auch im Süden, inmitten einer stets wachsenden afrikanischen Sklavenbevölkerung. Ein weiterer Katalysator für tiefgreifende Veränderungen waren die teilweise entgegengesetzten, teilweise sich überschneidenden Impulse der Aufklärung einerseits und der neuen panprotestantischen Erweckung andererseits, welche im Verlauf des 18. Jahrhunderts die gesamte atlantische Welt erfassten. Diese Bewegungen spalteten bestehende Konfessionen, brachten neue Strömungen und Gemeinschaften hervor, erneuerten das religiöse Leben existierender Kirchen und förderten vielfältige Missionstätigkeiten, welche dann die Entwicklung afrikanischer und indigener Formen des Christentums initiierten.

8. Die amerikanische Aufklärung

Die frühe amerikanische Aufklärung war im Wesentlichen ein Ausläufer der britischen, mit ihren spezifischen Debatten über Christentum, Religion, Naturrechte und die Beziehung zwischen Staat und Kirche. In den ersten Jahrzehnten des 18. Jahrhunderts hatten die in Harvard, Yale oder William and Mary ausgebildeten kolonialen Eliten bereits den Empirismus aufgenommen, der von der „Royal Society of London" und durch die Entdeckungen bekannter Naturwissenschaftler der Zeit, wie Sir Isaac Newton (1643–1727), propagiert wurde. Nicht wenige amerikanische Pfarrer und Gentlemen betrieben Naturwissenschaften auch praktisch. In fast allen Kirchen gab es eine Wertschätzung der neuen Art von Physikotheologie, wie sie in populären englischen Werken – zum Beispiel in John Rays (1627–1705) „The Wisdom of God Manifested in the Works of the Creation" („Die Weisheit Gottes durch die Werke der Schöpfung offenbart", 1691) – vertreten wurden. Die religionsphilosophischen Schriften John Lockes (1632–1704) erfreuten sich ebenfalls einiger Beliebtheit, so etwa „The Reasonableness of Christianity" („Die Vernünftigkeit des Christentums", 1695) und sein berühmter „Letter Concerning Toleration" („Ein Brief über die Toleranz", 1689), in dem er für Gewissensfreiheit und gegen die Einschränkung von Bürgerrechten auf Grund der Religion argumentierte. Obgleich also die Grundideen von Newton und Locke breit und in der Regel positiv rezipiert wurden, gab es wenig Konsens, welche genauen Schlussfolgerungen daraus zu ziehen seien. Im höchsten Maße kontrovers waren hingegen die Fundamentalkritiken traditioneller Formen supernaturalistischer Religion und die Theorien des „Priesterbetrugs", wie sie in Publikationen der englischen Deisten formuliert wurden. Beispielhaft wäre hier John Tolands (1670–1722) „Christianity

Not Mysterious" („Christentum ohne Geheimnis", 1696) oder Anthony Collins' (1676–1729) „A Discourse of Free-Thinking" („Eine Abhandlung über das Freie Denken", 1713) zu nennen. In der Auseinandersetzung mit diesen Ideen und Debatten entstanden drei Grundpositionen in der amerikanischen Aufklärung, wobei es natürlich zahlreiche Abstufungen zwischen ihnen gab.[72]

Am weitesten verbreitet war eine programmatisch christliche Aufklärung, die selektiv gewisse Elemente des Aufklärungsdenkens übernahm und diese so deutete, dass sie im Wesentlichen mit den Lehren der protestantischen Orthodoxie in Einklang standen und nur ganz bestimmte Dogmen oder Praktiken im Licht der neuen Zeit als unnötig restriktiv und korrekturbedürftig erschienen. In den südlichen Kolonien lassen sich einige Anglikaner der latitudinarischen Schule dieser Position zuordnen, aber es waren v. a. der amerikanische Kongretionalismus und Presbyterianismus, die eigene Formen einer konfessionell-konservativen Aufklärungstheologie hervorbrachten. Unter den Kongregationalisten ist der berühmteste frühe Vertreter Cotton Mather (1663–1728), ein Nachkomme der einflussreichen Theologendynastien Cotton und Mather, der seine Karriere mit einer unrühmlichen Verteidigung der Hexenprozesse von Salem begonnen hatte. Später schrieb er unter anderem eine Abhandlung zur Vernünftigkeit des biblischen Christentums, in der er auf Locke zurückgriff, und eine Reihe von Schriften, in denen er versuchte, die Dogmatik auf einige wenige Fundamentalartikel zu reduzieren, auf die sich alle Protestanten einigen können sollten. Außerdem verfasste er einen gewaltigen Bibelkommentar, in dem er versuchte, die Ansätze der aufkommenden historisch-kritischen Methode mit einem traditionellen Schriftverständnis zu vereinbaren, sowie das erste in Amerika geschriebene und unter dem Titel „The Christian Philosopher" („Der christliche Philosoph", 1721) veröffentlichte Kompendium der Physikotheologie.[73]

Viele Geistliche und Laien in den Kolonien verfolgten ähnlich wie Mather einen grundsätzlich auf Ausgleich bedachten Ansatz. Weitere namhafte Vertreter einer christlich-moderaten Aufklärung sind etwa die frühen Präsidenten des neugegründeten „College of New Jersey" (später Princeton), Jonathan Edwards (1703–1758) und John Witherspoon (1723–1794), die dann auch Konzepte der schottischen „Common-Sense"-Philosophie und verschiedener anderer Schulen der Aufklärungsphilosophie in ihre Theologien aufnahmen. Edwards' große Werke der syste-

---

72 Einen exzellenten Überblick über die Theologien der Amerikanischen Aufklärung bietet Holifield, E. Brooks, Theology in America: Christian Thought from the Age of the Puritans to the Civil War, New Haven 2003, 79–255. Siehe auch May, Henry F., The Enlightenment in America, New York 1976.

73 Vgl. Cotton Mathers Werke „Reasonable Religion" (1700), „The Stone Cut Out of the Mountain" (1716) und das Manuskript „Biblia Americana" (1693–1728), das erst jetzt veröffentlicht wird. Vgl. Stievermann, Jan, Prophecy, Piety, and the Problem of Historicity: Interpreting the Hebrew Scriptures in Cotton Mather's Biblia Americana, Tübingen 2016.

matischen Theologie und seine umfänglichen Schriftauslegungen sind von besonderer Qualität und Originalität.[74] Edwards verschmolz in sehr kreativer Weise den Traditionsbestand der reformierten Dogmatik mit Elementen der zeitgenössischen britischen Moralphilosophie, des Idealismus und des Okkasionalismus. Bemerkenswert sind auch Edwards' Erweiterung der traditionellen puritanischen Typologie von einem bibelhermeneutischen Verfahren zu einem Prinzip der Naturdeutung sowie sein innovativer Postmillenarismus, der mit seiner Übernahme progressiv-perfektionistischer Vorstellungen aus dem Aufklärungsdenken in die Eschatologie einen großen Einfluss auf die frühe amerikanische Kultur ausübte.[75]

Andere stimmten im Prinzip zu, dass es keinen grundsätzlichen Widerspruch geben könne zwischen einem biblisch begründeten Christentum einerseits sowie den Erkenntnissen der Vernunft und dem natürlichen moralischen Empfinden andererseits, mit denen Gott die Menschheit ausgestattet habe. Sie hielten es jedoch für notwendig, die traditionellen Deutungen der Heiligen Schrift kritisch und im Lichte der Vernunft zu überprüfen. Ebenso müsse die überkommene Dogmatik grundlegend überarbeitet werden, um zu einem wahrhaft aufgeklärten Christentum zu gelangen. Diese zweite Grundposition im Feld der amerikanischen Aufklärung, die man als frühen theologischen Rationalismus oder Protoliberalismus beschreiben könnte, trat auch in Neuengland am deutlichsten hervor. Das Zentrum des frühen Rationalismus und der ihn umgebenden Kontroversen war Harvard. Mitte des 18. Jahrhunderts zeigten sich hier an der wichtigsten Ausbildungsstätte des Kongregationalismus erste Risse, die sich über die nächsten fünfzig Jahre zu tiefen theologischen Gräben ausweiten würden. Unter den Erben des Puritanismus sahen sich einige mehr und mehr im Widerspruch zu den grundlegenden Lehren des Calvinismus. Manche wagten es sogar, mit einer neuen, von ihnen als vernünftiger und humaner deklarierten Form der reformierten Theologie an die Öffentlichkeit zu treten. Die bekanntesten Vertreter dieses aus dem Kongregationalismus hervorgehenden Protoliberalismus waren die Bostoner Pfarrer Charles Chauncy (1705–1787) und Jonathan Mayhew (1720–1766). Beide Männer wurden, genau wie ähnlich gesonnene andere Theologen der Zeit, von ihren Feinden häufig als „Arminianer" gebrandmarkt – also mit einem Begriff, der auf den berühmten Kritiker

---

74 Zu Edwards' exegetischen Arbeiten siehe Brown, Robert E., Jonathan Edwards and the Bible, Bloomington 2002, und Sweeney, Douglas A., Edwards the Exegete: Biblical Interpretation and Anglo-Protestant Culture on the Edge of the Enlightenment, New York 2015.

75 Gute Einführungen in Edwards' Werk bieten Lee, Sang Huyn (Hrsg.), The Princeton Companion to Jonathan Edwards, Princeton 2005, und Stein, Stephen J. (Hrsg.), The Cambridge Companion to Jonathan Edwards, New York 2007. Zur Entwicklung des Milleniarismus in der kolonialen Theologie siehe Smolinski, Reiner, Apocalypticism in Colonial North America, in: The Encyclopedia of Apocalypticism, Band 3. Apocalypticism in the Modern Period and the Contemporary Age, hrsg. von Stein, Stephen J., New York 1998, 36–72.

des klassischen Calvinismus, Jacobus Arminius, Bezug nahm, der auf eine aktivere Rolle des Menschen im Erlösungsprozess insistiert hatte. Der „Arminianismus" des 18. Jahrhunderts ging jedoch deutlich darüber hinaus und bezog sich auf alle grundlegenden Bereiche der Theologie, von der Gotteslehre bis zur Soteriologie.

Unter dem Einfluss des (Neo-)Arianismus in der zeitgenössischen englischen Theologie wandten sich Männer wie Chauncy und Mayhew von der klassischen trinitarischen Gotteslehre ab. Sie betonten stark die Einheit der Gottheit und argumentierten, dass Christus Gott, dem Vater, untergeordnet sei. Vor allem aber – und dies ist auch mit Blick auf die Zukunft der liberalen Theologie besonders bedeutsam – stießen sie sich am calvinistischen Verständnis von Gott als ehrfurchtgebietendem, in seinen Entscheidungen von allen menschlichen Erwägungen oder Handlungen unabhängigem Herrscher. Stattdessen hoben sie auf Gottes Güte, sein moralisches Wesen und seinen väterlichen Wunsch ab, alle seine Kinder zum Heil zu bringen. Über dieses Thema schrieb Chauncy seine einflussreichste Abhandlung „The Benevolence of the Deity" („Die Güte Gottes", 1784). Diese Umformung des Gottesbildes implizierte zugleich eine Zurückweisung der dogmatischen Sätze von der bedingungslosen Gnadenwahl und doppelten Prädestination. Wie konnte ein gütiger und gerechter Vater willkürlich manche seiner Kinder zum Heil erwählen und andere zur ewigen Verdammnis verurteilen? Nein, ein solcher Gott würde in seiner unendlichen Gnade allen seinen gefallenen Geschöpfen die Möglichkeit geben, seinen Willen zu erkennen und sich durch einen tätigen christlichen Glauben zu rehabilitieren. In den Augen dieser Protoliberalen waren die Dogmen von der Anrechnung der Sünde Adams auf seine Nachkommen und von der totalen Sündenverdorbenheit des Menschen unlogisch, unmoralisch und unbiblisch.[76]

Dieses neue Verständnis von Gott und der natürlichen Fähigkeit des Menschen brachte auch eine veränderte Deutung der Rolle Christi als Erlöser mit sich. Sie wurde nun eher im Sinne einer Voraussetzung für die moralische Selbsterneuerung des Menschen, denn im Sinne eines stellvertretenden Strafleidens für die Sünden der Menschheit interpretiert. Gegen Ende seiner Laufbahn veröffentlichte Chauncy sogar eine Schrift „The Mystery Hid from Ages and Generations" („Das den Zeitaltern und Generationen verborgene Geheimnis", 1784), in der er die alte Lehre der „apokatastasis panton" wiederbelebte. Chauncy argumentierte, dass Christus nicht nur für die Sünden aller Menschen gestorben sei, sondern auch, dass am Ende alle Menschen Erlösung erlangen würden, entweder schon in diesem Leben oder dann im Jenseits. Bis zum Ende der Kolonialzeit sollten diese protoliberalen Tendenzen im neuenglischen Kongregationalismus jedoch keine institutionelle Gestalt annehmen. Die Anstrengungen des britischen Wanderpredigers James

---

76 Lippy, Charles H., Seasonable Revolutionary: The Mind of Charles Chauncy, Chicago 1981.

Murray (1741–1815) ließen zwar schon 1779 die erste „Universalisten"-Gemeinde in Massachusetts entstehen, doch die Murrayites waren da noch weit vom Ziel der Gründung einer eigenen Kirche entfernt. Und die Verselbstständigung der arminianischen und arianischen Fraktionen innerhalb des Kongregationalismus zur quasi-kirchlichen „American Unitarian Association" fand auch erst 1825 statt.[77]

Während Theologen wie Chauncy, zumindest ihrem Selbstverständnis nach, immer noch innerhalb der Grenzen des absoluten Wahrheitsanspruchs des biblischen Christentums argumentierten, wurden andere von der Entwicklungsdynamik des aufklärerischen Denkens über diese Grenzen hinausgetrieben. Dabei folgten sie zumeist der vom englischen Deismus vorgezeichneten Spur, der seine radikale Kritik des Christentums mit einem Ideal der natürlichen Religion verband. Eine atheistisch-materialistische Kritik an jedweder Form von Religion wurde im kolonialen Nordamerika nie salonfähig. Im Gegensatz zum Theismus der Bibel, postulierte der Deismus einen distanzierten, unpersönlichen Schöpfer-Gott, den er mit Begriffen wie „die erste Ursache" („the First Cause"), „das oberste Wesen" („the Supreme Being") oder „die Vorsehung" („Providence") bezeichnete. Die meisten Deisten glaubten nicht, dass Gott direkt in den Verlauf der Natur oder in die Angelegenheiten der Menschen eingriff. Diese Überzeugung wurde begleitet von einer tiefgreifenden Skepsis gegenüber den übernatürlichen Elementen der Religionen – wie zum Beispiel der christliche Glaube an prophetische Offenbarungen, die Trinität, Wunder und die körperliche Auferstehung sowie die Inkarnation eines göttlichen Christus als Heilsvermittler und Erlöser der Menschheit. In den Augen der Deisten manifestierte sich der Wille der Gottheit in den universellen Natur- und Sittengesetzen, welche der Schöpfungsordnung zu Grunde lagen und den Lauf der Geschichte lenkten. Die meisten Deisten hielten an einer Vorstellung vom Jenseits fest, in dem gute Taten belohnt, Fehlverhalten bestraft und damit die unvollkommene Gerechtigkeit dieser Welt vervollkommnet werden würde. Größtenteils war jedoch die deistische Religion durch und durch diesseitsorientiert. Religiös zu sein, bedeutete ein tugendhaftes Leben gemäß der in der moralischen Natur des Menschen angelegten göttlichen Gesetze zu führen. Diese Gesetze waren der Vernunft zugänglich und spiegelten sich mehr oder weniger deutlich in den Lehren aller großen Philosophien und Religionen wider. Als erhabensten moralischen Lehrer sah man in der Regel den historischen Jesus und seine Ethik als die wohl (bislang) reinste Verkörperung dieser Gesetze. Wie bei anderen religiösen Traditionen auch, wurde dann, so meinten die Deisten, Jesu Lehre jedoch schnell durch Elemente des Aberglaubens und des Trugs korrumpiert sowie von machthungrigen Priestern und Herrschern in starre dogmatische Systeme und Institutionen überführt.

---

77 Robinson, David M., The Unitarians and Universalists, Westport 1985.

Zu Beginn der 1720er Jahre entfaltete der Deismus in den Kolonien einige Anziehungskraft, vor allem unter den für radikaleres Gedankengut empfänglichen Studenten an denselben kirchlichen Lehreinrichtungen, an denen schon der theologische Rationalismus Einzug gehalten hatte. Einer der ersten und entschiedensten Vertreter des Deismus war jedoch der Autodidakt, Journalist, Verleger und äußerst vielseitige Intellektuelle Benjamin Franklin (1706–90). Obwohl Franklin mit den Kirchen von Philadelphia gute Beziehungen unterhielt, argumentierte er in seinen Schriften in durchaus gewagter Weise, dass die Essenz der Religion letztlich in den individuellen und bürgerlichen Tugenden zu sehen sei. So definierte er einen guten Christen als jemanden, der „ein gutes Elternteil, ein gutes Kind, ein guter Ehemann oder eine gute Ehefrau, ein guter Nachbar, ein guter Untertan oder Bürger" ist.[78] Trotz der letztlich relativ kleinen Anzahl von echten Anhängern und des recht geringen Grades an Institutionalisierung (diese war auf ein paar Gesellschaften und Freimaurerlogen beschränkt), hat der amerikanische Deismus einen unverhältnismäßig großen Einfluss entwickeln können. Jahrzehntelang setzte er immer wieder die Themen für intellektuelle Kontroversen um die Autorität der Bibel und das rechte Verständnis christlicher Lehren, wirkte dabei zumindest indirekt auch stark auf die Argumente der konservativen Apologeten. Dem Vorbild vieler europäischer Kollegen folgend, verwendete etwa Mitte des Jahrhunderts ein kolonialer Theologe wie Edwards enorme Anstrengungen darauf, die neusten Angriffe englischer Deisten überzeugend zu parieren. Noch in den Debatten der Nachrevolutionszeit sollte Amerikas erster radikal antikirchlicher Freidenker Thomas Paine (1737–1809) einen anhaltenden Sturm polemischer Erwiderungen hervorrufen, als er in seiner Schrift „The Age of Reason" („Das Zeitalter der Vernunft", 1794–95) das traditionelle Christentum bezeichnete als „eine Fabel, die in ihrer Absurdität und Extravaganz von nichts übertroffen wird, das man in der Mythologie des Altertums finden kann".[79]

Gerade mit seinem Misstrauen gegenüber der institutionellen Macht der Staatskirchen, seiner antiautoritären Betonung der Autonomie der Vernunft, seinem Postulat universeller Sittengesetze und seinem Glauben an die menschliche Perfektibilität, prägte der Deismus auch das Denken und, zumindest in einem gewissen Maß, die konkreten Zukunftsentwürfe vieler führender Köpfe der Amerikanischen Revolution und nicht weniger Architekten der Vereinigten Staaten. Der Deismus war auch ein wichtiger Faktor in der Entwicklung der neuen Fortschrittsideologie und spezifisch amerikanischen Version des religiösen Utopismus, die davon träumte, die von religiöser Gewalt und Verfolgung bestimmte europäische Geschichte hinter sich zu lassen, um eine neue Gesellschaft auf dem Fundament der aufklärerischen Ideale von Toleranz und republikanischer Tugend zu bauen.

---

78 Zitat aus Holmes, David L., The Faiths of the Founding Fathers, New York, 2006, 56.
79 Ebd., 42.

Historiker schätzen, dass von den sechsundfünfzig Unterzeichnern der Unabhängigkeitserklärung mindestens neun und vielleicht sogar über dreißig mit dem stark vom Deismus geprägten Freimaurertum verbunden waren und zahlreiche Mitglieder des Kontinentalkongresses sowie viele Offiziere der Kontinentalarmee mit deistischen Ideen sympathisierten oder sich sogar stark mit dem Deismus identifizierten.[80] Wenn man die Bezeichnung „Deist" angemessen breit definiert, passt sie im Pantheon der Gründerväter nicht nur auf Franklin, sondern auch auf George Washington (1732–1799), John Adams (1735–1826), Thomas Jefferson (1743–1826), James Madison (1751–1836) und James Monroe (1758–1831).

Die meisten dieser Staatsmänner behielten ihre deistischen Ansichten eher für sich und gingen häufig weiterhin zur Kirche. Sie taten dies aber nicht nur für die Augen der Öffentlichkeit, sondern auch, weil sie häufig tief verwurzelt waren in den kulturellen Traditionen ihrer jeweiligen Glaubensgemeinschaften. Darüber hinaus betrachteten viele von ihnen organisierte Religion als effektives Mittel zur Förderung der öffentlichen Moral und sozialen Ordnung. George Washington, der Oberbefehlshaber der Revolutionsarmee und erster Präsident der Vereinigten Staaten, ist der Inbegriff eines solchen moderaten, kirchenfreundlichen Deisten. Im Gegensatz dazu war Thomas Jefferson schon sehr viel mehr darauf aus, mit dem aufzuräumen, was er als veraltete Mythen und Traditionen betrachtete. Dies zeigt sehr eindrücklich seine bekannte dezidiert anti-supernaturalistische, gleichsam entmythologisierte Evangelienkompilation zu Leben und Lehren Jesu, die sogenannte „Jefferson-Bibel". Als Politiker wusste jedoch auch er, dass es klüger war, eine solche Haltung zum biblischen Christentum nicht öffentlich zu machen.

9. Die protestantische Erweckung

Bereits mehr als ein halbes Jahrhundert bevor Jefferson 1800 zum Präsidenten gewählt wurde, hatte sich, zum Teil als Reaktion auf die vermeintlichen Bedrohungen durch Arminianismus und Deismus, eine mächtige Gegenströmung im amerikanischen Protestantismus entwickelt. Während der mittleren Dekaden des 18. Jahrhunderts erlebte Britisch-Nordamerika eine Reihe von lokalen, aber vielfach miteinander verbundenen Erweckungsbewegungen, welche wiederum Teil einer viele Regionen der atlantischen Welt umfassenden protestantischen Erweckung waren. Erwecklich gesinnte Zeitgenossen deuteten schon bald in vielfältigen Publikationen die Ereignisse in ihren Gemeinden, die dann seit dem 19. Jahrhun-

80 Albanese, Catherine L., A Republic of Mind and Spirit: A Cultural History of American Metaphysical Religion, New Haven 2007, 126.

dert unter der Rubrik „Erste große Erweckung" („First Great Awakening") subsumiert wurden, als unterschiedliche örtliche Manifestationen eines einzigen großen Werkes Gottes, einer neuen Ausgießung des Geistes. Unabhängig von der Frage nach der Legitimität dieser terminologischen und genealogischen Konstruktionen des sogenannten „First Great Awakening" lässt sich sagen, dass die kolonialen Erweckungen zweifellos eine Tradition der Revivals in Amerika begründeten und sie in vielerlei Hinsicht als Geburtsstunde des modernen amerikanischen Evangelikalismus betrachtet werden können.[81]

Der frühe Evangelikalismus fühlte sich einem strengen Biblizismus und dem dogmatischen Erbe der Reformation verpflichtet; zugleich verband er beides mit einer neuartigen, erfahrungs- und affektzentrierten Konversionstheologie. Dieser Theologie zufolge ging einer authentischen Bekehrung eine tiefe emotionale Krisenerfahrung voraus, aus welcher dann ein neuer, lebendigmachender Glaube und eine andauernde enge innere Beziehung zu Christus erwuchsen. Der in der persönlichen Erfahrung wurzelnde Glaube markierte das wesentliche Unterscheidungsmerkmal zwischen den wiedergeborenen, wahren Christen und den unbekehrten „Namenschristen". Man zog also eine scharfe Trennlinie zwischen einem rein verstandesgemäßen „Kopfwissen" theologischer Lehrbestände und einer persönlichen Aneignung der christlichen Heilswahrheiten. Letztlich war also für den erwecklichen Protestantismus die persönliche Erfahrung wichtiger als akademische Bildung oder auch die Standeszugehörigkeit. Indem er die Deutungsoffenheit der Schrift für fromme Laien betonte, konnte der evangelikale Biblizismus als Quelle der Selbstermächtigung für Angehörige der unteren Stände und sogar von marginalisierten Gruppen dienen. In der eigenständigen Auslegung der Schrift sowie ihren persönlichen religiösen Erfahrungen fanden sie nicht nur Hoffnung und Trost, sondern auch ein neues Selbstwertgefühl, sogar geistliche Autorität. Neuere Forschungen zur Entwicklung afro-amerikanischer Baptisten- und Methodistengemeinden und der „Großen Indianischen Erweckung" („Indian Great Awakening") haben dieses emanzipatorische Potenzial ebenso hervorgehoben wie Arbeiten zur Rolle von Frauen in der Erweckungsbewegung, die wie z. B. Sarah Osborn in Newport, Rhode Island, aufgrund ihrer Frömmigkeit in informelle Führungspositionen ihrer Gemeinden aufsteigen konnten.[82] Die evangelikale Neudeutung des *sola scriptura* trug nicht nur dazu bei, die Grenzen zwischen den protestantischen Kirchen in den Kolonien durchlässiger zu machen und die Bedeutung konfessioneller Ei-

---

81 Einen guten Überblick bietet Kidd, Thomas S., The Great Awakening: The Roots of Evangelical Christianity in Colonial America, New Haven 2007.
82 Siehe z. B. Raboteau, Albert J., The Black Experience in American Evangelicalism, in: African American Religion: Interpretative Essays in History and Culture, hrsg. von Fulop, Timothy E./Raboteau, Albert J., New York 1997, 89–106; Brekus, Catherine A., Sarah Osborne's World: The Rise of Evangelical Christianity in Early America, New Haven 2013; Fisher, Linford D., The Indian Great Awakening: Religion and the Shaping of Native Cultures in Early America, New York 2012.

gentraditionen zu verringern, sondern schwächte letztlich auch jede Form des Staatskirchentums. Wie Mark Noll es formuliert hat, „unterminierte das Vertrauen in eine persönliche, existenziell gedeutete Bibel auf indirekte und eher unbeabsichtigte Weise die patriarchalen, kirchlichen und klerikalen Strukturen des traditionellen Christentums."[83]

Vermittelt wurden diese neuen Möglichkeiten der Teilhabe auch durch einen offeneren und „volksnaheren" Stil in Predigt und Gottesdienst, sowie durch eine starke Ausrichtung auf ein tätiges Christentum, bei dem jeder dazu aufgerufen war, am Bau des Reiches Gottes auf Erden mitzuwirken. Dabei war der aufkommende Evangelikalismus nicht an eine bestimmte Kirche gebunden, sondern hatte den Charakter einer überkonfessionellen Bewegung, die durch Netzwerke von erwecklichen Geistlichen und Laien getragen wurde. Wie die Aufklärung spaltete sich aber auch die evangelikale Bewegung von Anfang an in verschiedene Fraktionen und Positionen auf. Was die verschiedenen Gruppen einte, war nicht zuletzt die häufig eschatologisch aufgeladene Vorstellung vom Kampf gegen gemeinsame Feinde: die katholischen Mächte des Antichristen außerhalb und die „Ungläubigen" und rationalistischen Kritiker im Inneren. Umgekehrt trug die Ablehnung des in den Revivals wahrgenommenen ungezügelten „Enthusiasmus" wesentlich dazu bei, dass eher liberale bzw. rationalistische Anglikaner und Kongregationalisten, wie z. B. Charles Chauncy, noch mehr die Rolle der Vernunft und der Mäßigung für eine gesunde Entwicklung der Religion betonten.

Trotz aller faktischen Unterschiede, die sich in den wechselseitigen Polemiken im Umfeld der Erweckungsbewegung artikulierten, gab es aber nicht nur im britischen Nordamerika zugleich signifikante Überschneidungen zwischen Erweckung und Aufklärung – sowohl mit Blick auf wesentliche Ideen bzw. philosophische Grundannahmen als auch mit Blick auf konkrete Netzwerke und Akteure. Die Befürworter einer konservativen christlichen Aufklärung propagierten nicht selten ebenso die neue evangelikale Erfahrungstheologie und Frömmigkeitskultur. Cotton Mather ist in dieser Hinsicht ein schlagendes Beispiel. Er war einerseits Mitglied der für die anglophone Aufklärung so wichtigen „Royal Society", lässt sich andererseits aber mit guten Gründen als Amerikas erster evangelikaler Theologe kennzeichnen. Ebenso sah Jonathan Edwards keinen Widerspruch zwischen dem erwecklichen Calvinismus, den er predigte, und seinen intensiven Interessen an der Naturphilosophie und der newtonschen Physik. Auf intellektueller Ebene stellten sowohl die Aufklärung als auch der Evangelikalismus das Individuum und seine Erfahrung in den Vordergrund. Wenn auch in unterschiedlicher Weise, tendierten beide dazu, das Gewicht bestimmter kirchlicher Traditionen zu verringern. Beide waren eher überkonfessionell und stark international ausgerichtet. Mit seinem panprotestantischen Geist ebnete der frühe Evangelikalismus so entscheidend den

---

83 Noll, Mark, In the Beginning Was the Word, 195.

Weg für die großen kirchenübergreifenden religiösen Reformbewegungen im Amerika des 19. Jahrhunderts. Auf ihre je eigene Art hatten sowohl die Aufklärung wie die Erweckung das Potenzial, einfache Menschen und auch Angehörige von Minderheiten gegenüber den traditionellen Eliten zu ermächtigen, sei es unter Berufung auf die universelle Autorität der Vernunft, sei es im Namen des Priestertums aller wahren Gläubigen. Gemeinsam war beiden weiterhin, dass sie der praktisch-tätigen Religion den Vorrang gaben und die Notwendigkeit betonten, die Gesellschaft umfassend zu reformieren. Dies führte nicht zuletzt zu innovativen Formen voluntaristischer Vereinigungen und Gesellschaften. Diesen Zusammenhang bezeugt kein geringerer als Benjamin Franklin, wenn er in seiner „Autobiographie" (begonnen 1771) Mathers „Bonifacius: An Essay Upon the Good" („Bonifatius: Ein Versuch über das Gute", 1710) als einen entscheidenden Impuls für die eigene lebenslange Neigung zu wohltätigen Projekten bezeichnete.

Die Erweckungsbewegung in den Kolonien lässt sich nicht auf einen einzelnen Ursprung zurückführen. Vielmehr entstand sie in verschiedenen regionalen Zentren Neuenglands wie auch der mittelatlantischen Kolonien, in denen schon in den 1720er und 1730er Jahren religiöse „Glutnester" schwelten, die dann in der darauffolgenden Dekade mehr oder minder heftig aufflammten. Der Süden war wegen seiner Bevölkerungsstruktur und des Widerstandes der dominanten Anglikanischen Kirche im Allgemeinen weniger beteiligt. Die Erweckungen weisen in den verschiedenen Zentren durchaus eigene Charakteristika auf, in denen sich die spezifischen ethnisch-kulturellen und theologischen Traditionen der jeweiligen Region widerspiegeln. Die meisten Bewegungen fanden in kongregationalistischen, presbyterianischen und baptistischen Gemeinden statt. Darüber hinaus gab es innerhalb der Anglikanischen Kirche einen kleinen evangelikalen Flügel und die aufkommende methodistische Bewegung (siehe unten). Aber auch die nicht-englischsprachige Bevölkerung war durchaus beteiligt. Tatsächlich gehören niederländische und deutsche Gemeinden bzw. Gruppen mit pietistischer Ausrichtung zu den Vorreitern der kolonialen Erweckungsbewegung. So gab es im mittelatlantischen Raum schon früh ein kleines, aber sehr aktives Netzwerk reformierter Pfarrer, die eine Tradition des konfessionell geprägten Pietismus mit sich in die Neue Welt gebracht hatten und nun in diesem Sinne auf die Erneuerung ihrer amerikanischen Gemeinden hinwirkten, indem sie die Notwendigkeit der „neuen Geburt" predigten und auf eine strengere Kirchenzucht drängten. Ein Pionier dieses reformierten Pietismus war Theodorus Jacobus Frelinghuysen (ca.1691–ca.1748), dessen Wirken Mitte der 1720er zu einer kirchlich höchst umstrittenen Erweckung im Raritan-Tal von New Jersey führte und spätere erweckliche Aktivitäten in dieser Gegend anregte.[84]

---

84 Frantz, John B., The Awakening of Religion Among the German Settlers in the Middle Colonies, in: William and Mary Quarterly 34, 1976, 266–288.

Beinahe zeitgleich erlebten verschiedene Gruppen radikaler Pietisten ihre eigenen geistlichen Aufbrüche. Die „Schwarzenauer Brüder" (auch „Tunker" genannt) etwa durchliefen gleich mehrere Erweckungen. Um 1730 spaltete sich eine Gruppe unter Johann Conrad Beissel (1691–1768) ab und begründeten die berühmte quasi-monastische Gemeinschaft von Ephrata, deren Kerngruppe im Streben nach spiritueller Vollkommenheit zölibatär und asketisch lebte, dabei den Sonnabend als Sabbat heiligte.[85] Um 1735 dehnten die Herrnhuter (bzw. die erneuerte „Unitas Fratrum") ihre internationalen Aktivitäten nach Britisch-Nordamerika aus. Dort sollte die Zinzendorf'sche Form pietistischer „Herzensreligion" durch verschiedene Missionsprojekte eine erhebliche Gefolgschaft sowohl unter weißen Siedlern als auch unter den Indianern gewinnen. Unter August Gottlieb Spangenberg (1704–1792) wurde eine erste Missionsstation in Georgia gegründet.[86] In diesem Zusammenhang hatten Spangenberg und andere Herrnhuter auch Kontakte mit dem SPG-Missionar John Wesley (1703–1791), die einen tiefen Eindruck auf den zukünftigen Gründer der methodistischen Bewegung machten. Von hier führte ihn der Weg zu seiner berühmten Aldersgate-Bekehrungserfahrung im Anschluss an einen Herrnhuter Gottesdienst in London im Jahr 1738.[87] Ab 1740 verlagerten die Herrnhuter ihre Aktivitäten in die mittelatlantischen Kolonien, wo sie mehrere größere „kommunitaristische" Siedlungen gründeten, unter ihnen Bethlehem und Nazareth in Pennsylvania. Dazu kamen weitere Außenposten, von denen aus Missionare sich um die Delawaren und Mahicans, aber auch um Siedler, speziell deutschsprachige Einwanderer, bemühten.

Die Aktivitäten der Herrnhuter riefen Kontroversen und, bei Teilen der Bevölkerung, auch aggressive Ablehnung hervor. Ein Grund hierfür war sicherlich die drastische, vielfach auch feminine Bildlichkeit und Konzeptionalisierung von Zinzendorfs Theologie und die Rolle von Frauen in der Bewegung.[88] Zinzendorf griff u. a. die Tradition der Brautmystik mit ihrer Vorstellung von Jesus als göttlichem Bräutigam wieder auf und akzentuierte dabei die weibliche Natur aller menschlichen Seelen. Zugleich wurde der Heilige Geist wegen seines „mütterlichen Amtes" von den Herrnhutern auch im liturgischen Kontext „Mutter" genannt. Mehr noch als andere religiöse Gemeinschaften der Zeit verstanden die Herrnhuter die Ehe zwischen Mann und Frau als geistige Partnerschaft. Dieses Ideal war ansatzweise schon früher im Pietismus artikuliert worden, aber weder in der Alten noch in der Neuen Welt hatte man je wirklich versucht, es in die Praxis umzusetzen.[89]

---

85 Bach, Jeff, Voices of the Turtledove: The Sacred World of Ephrata, University Park 2003.
86 Sommer, Elizabeth Watkins, Serving Two Masters: Moravian Brethren in Germany and North America, 1727–1801, Lexington 1999.
87 Rack, Henry D., Reasonable Enthusiast: John Wesley and the Rise of Methodism, Nashville 1992.
88 Siehe Fogleman, Aaron Spencer, Jesus is Female: Moravians and Radical Religion in Early America, Philadelphia 2008.
89 Roeber, A. Gregg, Hopes for Better Spouses: Protestant Marriage and Church Renewal in Early Modern Europe, India, and North America, Grand Rapids 2013.

Außergewöhnlich war zudem die Bereitschaft der Herrnhuter, Frauen Leitungs-funktionen zu übertragen, auch wenn diese in der Regel auf den Bereich der Führung von anderen Frauen in der Gemeinschaft beschränkt blieben. Einigen wenigen Frauen wurde es aber zumindest in der Anfangsphase der Bewegung erlaubt, in der Kirchenleitung mitzuwirken. Frauen arbeiteten als Erzieherinnen und in der Mission, manche sogar im Priesteramt mit besonderen liturgischen Aufgaben oder als Kirchenälteste, die wie Bischöfe fungierten und auch andere Frauen ordinieren durften. Faszinierende Beispiele prominenter Frauen in Lei-tungsfunktionen sind vor allem Zinzendorfs Tochter Henriette Benigna Justine (1725–1789), die u. a. das Herrnhuter Seminar in Germantown, Pennsylvania, grün-dete, und Anna Nitschmann (1715–1760), Zinzendorfs engste Beraterin und spätere zweite Frau, die als Oberin der Herrnhuter Brüdergemeinde mit Verantwortung für Mädchen und Frauen diente und die in den 1740er Jahren auch einige Zeit als umstrittene Missionarin in Pennsylvania verbrachte.

Im ethnisch-religiösen Mischmasch der mittelatlantischen Kolonien entstanden schon bald vielfältige Wechselwirkungen zwischen diesen Entwicklungen inner-halb der niederländischen und deutschsprachigen Bevölkerung und den Erneue-rungsbestrebungen in den schottisch-irischen Einwanderergemeinden. Diese hat-ten ihre eigenen erwecklichen Traditionen aus den presbyterianischen Kirchen der alten Heimat nach Amerika gebracht, nicht zuletzt die sogenannten „holy fairs" („Heiligen Messen"), bei denen die Gemeinden feierlich ihr Bündnis mit Gott erneuerten. Wesentliche Impulse zu einer echten Erweckungsbewegung in-nerhalb der presbyterianischen Gemeinden gingen von der neueingewanderten Familie Tennent aus. William Sr. (1673–1746), ihr Patriarch, gründete das berühmte „Log College" in Pennsylvania, um hier eine wahrhaft fromme Pfarrerschaft auszu-bilden. Während seiner Zeit als Pfarrer in New Brunswick, New Jersey, arbeitete sein Sohn Gilbert (1703–1764) mit Frelinghuysen zusammen, und er wurde später zum nicht selten polemischen Wortführer der erwecklichen Fraktion innerhalb der presbyterianischen Kirche.[90]

Zur gleichen Zeit gab es bereits seit mehreren Jahren immer wieder örtliche Erweckungen im Connecticut-Flusstal, wo auch Jonathan Edwards im Dorf North-ampton, Massachusetts, Pfarrer war. Solche Erweckungen waren im puritanischen Neuengland nichts grundsätzlich Neues. Geistliche Erneuerungen ihrer Gemeinden hatten schon viele Pfarrer der vorhergehenden Generation – einschließlich Mather und Edwards' Großvater Solomon Stoddard (1643–1729) – systematisch betrieben, nicht zuletzt auch, weil der Kongregationalismus mehr und mehr seine Monopol-stellung in Neuengland verlor, die Anzahl der Mitglieder schwand und die Kirchen zunehmend auf aktive Strategien zurückgreifen mussten, um ihre Zukunft zu si-

---

90 Coalter, Milton T., Gilbert Tennent, Son of Thunder: A Case Study of Continental Pie-tism's Impact on the First Great Awakening in the Middle Colonies, Westport 1986.

chern und wieder zu wachsen.[91] Edwards Darstellung der Seelenernte in und um Northampton in seinem „A Faithful Narrative of the Surprising Work of God" („Glaubwürdige Nachricht von dem herrlichen Werk Gottes", 1737) machte ihn in evangelikalen und pietistischen Kreisen bekannt. Dieser Text wurde sehr breit rezipiert, immer wieder neu veröffentlicht und übersetzt. Er erzeugte nicht nur bei vielen Lesern das Bewußtsein, dass etwas wirklich Außerordentliches, ja Wunderbares in ihrer Zeit geschehe, sondern lieferte auch eine wichtige Blaupause für die Organisation, Interpretation und Verschriftlichung von Erweckungen. Edwards Bericht ermutigte so auch den populären calvinistisch-anglikanischen Prediger George Whitefield (1714–1770), erneut von England nach Amerika zu reisen.[92]

Zwischen Oktober 1739 und Januar 1741 bereiste Whitefield die Kolonien von Maine bis Georgia und hielt zahllose Predigten in seinem innovativen dramatischen Stil. Whitefields Kampagne wurde auch begleitet von einer Fülle von Zeitungsartikeln und Abhandlungen, die den ohnehin prominenten Erweckungsprediger noch bekannter machten. Teils auf Einladung der Ortspfarrer, teils gegen den erklärten Willen der etablierten Kirchen, redete er weitgehend ohne Manuskript in einfacher Sprache, aber mit ausladender Gestik und hoher emotionaler Intensität. Tenor sämtlicher Predigten Whitefields war, dass alle Menschen Sünder seien, denen die ewige Verdammnis drohe, es sei denn, sie erführen durch Gottes Gnade ihre Bekehrung zum rettenden Glauben an Christus. In überfüllten Kirchen oder auf offenem Feld zog der „Große Wanderprediger" („the Great Itinerant") zehntausende Leute an (in Philadelphia allein versammelten sich einem Bericht Franklins zufolge ungefähr 20 000), von denen viele durch das Gehörte zutiefst ergriffen wurden. Die zeitgenössischen Quellen berichteten regelmäßig über Menschen, die von Tränen, Zittern, sogar Ohnmachtsanfällen überwältigt wurden oder auch in Verzückung aufschrien, wenn sie, wie es heißt, zu Christus fanden. Whitefields Predigtreise wirkte so als eine Art Katalysator, welcher die bereits an vielen Orten stattfindenden Erweckungen auf eine neue Stufe der Intensität hob und an vielen Stellen zu einer explosionsartigen Ausbreitung führte. Whitefield fungierte auch als Verbindungsglied zwischen den verschiedenen erwecklichen Netzwerken innerhalb der Kolonien und bis nach Europa. Über regionale, konfessionelle und, mit Hilfe von Dolmetschern, selbst über sprachliche Grenzen hinweg kooperierte er mit verschiedensten Vorkämpfern der neuen bekehrungsorientierten Erfahrungsfrömmigkeit, darunter die Tennents und Jonathan Edwards. Eine große Dynamik wurde freigesetzt. Kurz nach Whitefields Aufenthalt hielt Edwards mit be-

---

91 Crawford, Michael J., Seasons of Grace: Colonial New England's Revival Tradition in its British Context, New York 1991.
92 Lambert, Frank, Inventing the Great Awakening, Princeton 2001; Stout, Harry S., The Divine Dramatist: George Whitefield and the Rise of Modern Evangelicalism, Grand Rapids 1991.

achtlicher Wirkung seine bekannteste Erweckungspredigt „Sinners in the Hand of an Angry God" („Sünder in der Hand eines zornigen Gottes", 1741).[93]

Zinzendorf spielte für die Deutschen in Pennsylvania eine ähnliche katalysatorische Rolle, als er 1741 für mehrere Monate nach Amerika kam. Aus den verschiedenen deutschsprachigen Gruppen sammelte und mobilisierte er viele pietistisch Gesinnte und bemühte sich sogar um eine ökumenische Einigungsbewegung. Einerseits begeisterten Zinzendorfs Aktivitäten zahlreiche Menschen und trugen dazu bei, die Erweckungen weiter anzuheizen. Andererseits brachte er, genau wie Whitefield, auch sehr viel Unfrieden in die Kirchengemeinden, mit denen er in Berührung kam. Diese spalteten sich häufig in Unterstützer und Gegner. Konfessionell konservative Kirchenmänner ebenso wie Vertreter des theologischen Rationalismus publizierten gegen diese beiden Männer eine Flut von Schriften, welche wiederum mit zahlreichen Apologien und Gegenpolemiken beantwortet wurden. Durch Whitefield und Zinzendorf bzw. die von ihnen erzeugte mediale Aufmerksamkeit wurde aus den örtlichen Erweckungen ein genuin interkoloniales, ja sogar auch transatlantisches Ereignis, das in Europa viel Interesse weckte.

Einige Kirchen durchlebten als Folge der Erweckungen bittere Kontroversen und sogar Spaltungen. In den presbyterianischen Kirchen hatte es schon lange unterschwellige Spannungen gegeben zwischen einer eher konservativen Partei, die Ordnung und dogmatische Korrektheit betonte, und dem von den Tennents geleiteten, erwecklich-orientierten Presbyterium von New Brunswick. 1740 kamen diese Spannungen zum offenen Ausbruch, als Gilbert Tennent seine heftig umstrittene Predigt „The Danger of an Unconverted Ministry" („Die Gefahr einer unbekehrten Pfarrerschaft", 1740) veröffentlichte. Der sich anschließende Konflikt führte zum Ausschluss des rebellischen Presbyteriums aus der Synode von Philadelphia. Fünf Jahre später gründete die New Brunswick-Fraktion zusammen mit einigen gleichgesinnten Presbyterien die konkurrierende Synode von New York sowie das „College of New Jersey", um ihre eigenen Pastoren auszubilden. Zwar konnte dieses institutionelle Schisma 1758 überwunden werden, aber der grundlegende Streit zwischen dem Presbyterianismus der „Old Side" und der erwecklichen „New Side" dauerte an, auch weil letztere v. a. in den Grenzgebieten der Kolonien weiteren Zuwachs erhielt. In ähnlicher Weise polarisierte sich der neuenglische Kongregationalismus zwischen den sogenannten „Old Lights" und „New Lights", blieb aber von einer institutionellen Spaltung verschont. Die meisten „Old Lights" waren tatsächlich eher liberal denn konfessionell-konservativ. Ihr prominentester Vertreter war Chauncy, der auf Edwards apologetische Schrift „Some Thoughts Concerning the Present Revival of Religion in New England" („Einige Überlegungen hinsichtlich der gegenwärtigen Erweckung der Religion in Neuengland", 1742) mit seinen „Seasonable Thoughts on the State of Religion in New England" („Zeitgemäße Überlegungen zum Zustand der Religion in Neuengland", 1743)

---

93 Siehe Kapitel 13 in: Marsden, George, Jonathan Edwards: A Life, New Haven 2003.

reagierte. In dieser Schrift argumentierte Chauncy, dass die Erweckungen weniger das Werk Gottes, denn ein allzu menschliches Phänomen seien: ein massenhafter Ausbruch von Emotionen, der wenig dazu beitrüge, die Menschen in irgendeiner an ihren Taten ablesbaren Weise zu besseren Christen zu machen, aber überall die Kirchen ins Chaos stürze.

In vielen niederländisch- und deutsch-reformierten Gemeinden hatte es schon länger Streitigkeiten zwischen Pietisten und den selbsternannten Verteidigern der Orthodoxie gegeben. Im Gefolge der Erweckungsbewegung erklärten sich 1755 die niederländischen Pietisten unter der Führung Frelinghuysens und anderer erwecklicher Pastoren von der konservativen Amsterdamer „classis" für unabhängig. Ihre Gegner wollten weiterhin unter der Aufsicht der Mutterkirche bleiben und bildeten als Reaktion die sogenannte „Conferentie"-Partei. Die mit dem „coetus" verbundenen deutsch-reformierten Gemeinden sahen die Bindung an Amsterdam als überlebensnotwendig, um als eigenständige Kirche fortzubestehen. In der Tat waren ein wesentlicher Antrieb, den deutschen „coetus" zu bilden, die jüngsten Erfahrungen im Kontext der Erweckungen, als Separatisten, zum Entsetzen von Kirchenmännern wie Johann Philipp Böhm, viele Mitglieder abspenstig machten und sich ganze Gemeinden Zinzendorfs Einigungsbewegung anschlossen. Heinrich Melchior Mühlenberg kam 1741, kurz nach Zinzendorf, in Philadelphia an. Er sah es als seinen wesentlichen Auftrag, die Pläne der Herrnhuter zu konterkarieren, die amerikanischen Lutheraner vor den Auswüchsen der Erweckung zu schützen und eine stabile lutherische Kirche in den Kolonien aufzubauen. Obgleich in Halle ausgebildet, förderten Mühlenberg und sein „Ministerium" ein Luthertum, das allenfalls moderat pietistisch war.

Was die Kontroversen der 1740er Jahre zusätzlich schürte, waren die vielfach zu Tage tretenden „schwärmerischen" Tendenzen und angeblichen übernatürlichen Phänomene (wie Visionen oder Heilungen) sowie die im Laufe der Erweckungen zunehmenden antiautoritären Tendenzen in vielen Gemeinden. Männer und Frauen aus dem einfachen Volk fühlten sich von ihren ekstatischen Erfahrungen oder gar außerbiblischen Offenbarungen dazu ermächtigt, selbst vor Versammlungen zu sprechen und in einigen Fällen auch sich von ihren Pfarrern loszusagen. Radikale Wanderprediger wie James Davenport (1716–1757) auf Long Island stifteten Unmut gegen das kirchliche und soziale Establishment.[94] Die populistischen Tendenzen des amerikanischen Evangelikalismus, die im 19. Jahrhundert dominant hervortreten sollten, wurden von diesem radikalen Flügel der kolonialen Erweckung vorweggenommen. Dazu gehörten auch deutschsprachige Gruppen wie die „Tunker", mit ihrer starken Emphase auf der Vollmacht persönlicher religiöser Erfahrung und ihrer kompromisslosen Ablehnung der offiziellen Kirchen.

---

94 Hall, Timothy D., Contested Boundaries: Itineracy and the Reshaping of the Colonial American Religious World, Durham 1994.

Die Vertreter einer gemäßigten Erweckung positionierten sich sehr scharf gegen das, was aus ihrer Sicht bedauerliche Exzesse darstellten. Männer wie Edwards oder der Presbyterianer Samuel Blair (ca. 1712–1751) betonten in ihren Schriften zwar die unvermeidliche Rolle starker Emotionen bei einer Erweckung, verurteilten zugleich aber alle in ihren Augen ungebührlichen Formen des religiösen Enthusiasmus und bestanden auf einer angemessenen kirchlichen Ordnung und geistlichen Aufsicht durch eine gebildete Pfarrerschaft. Mit größter theologischer Tiefe wird diese gemäßigte Position in Edwards Schriften zur Bewertung der amerikanischen Revivals formuliert – darunter, bereits erwähnt, „Some Thoughts" und „The Distinguishing Marks of the Works of a Spirit of God" („Die Unterscheidungsmerkmale eines durch den Geist Gottes gewirkten Werkes", 1741), hier werden Kriterien zum Erkennen authentischer Erweckungen entwickelt, sowie „A Treatise Concerning Religious Affections" („Eine Abhandlung über religiöse Affekte", 1746), wo eine innovative Philosophie der Religion als eine in ihrem innersten Wesenskern eher emotional-affektive denn rationale Kraft entfaltet wird.[95]

Nachdem er 1750 im Zuge einer Auseinandersetzung um die Zulassung Unbekehrter zum Abendmahl von seiner Gemeinde in Northampton entlassen worden war, nahm Edwards eine Stellung in der Grenzsiedlung von Stockbridge, Massachusetts, an, die eine Mission unterhielt. Hier verfasste er einige umfassende systematisch-theologische Werke, die seine bis heute bestehende Reputation als vorrangiger Denker eines intellektuellen Evangelikalismus in der puritanisch-reformierten Tradition begründeten. Die wichtigsten unter diesen sind „The Nature of True Virtue" („Das Wesen der wahren Tugend", posthum 1765) und „Freedom of the Will" („Freiheit des Willens", 1754). Im letztgenannten Werk versuchte Edwards, die reformierten Lehren von der doppelten Prädestination und der gänzlichen Sündenverderbtheit des Willens mit der sowohl für die Aufklärung als auch die Erweckungen so wichtigen Agensrolle des Menschen zusammenzudenken. Dabei operierte er mit der für seine gesamte Theologie zentralen Unterscheidung zwischen der natürlichen Handlungsfreiheit des Menschen und seiner moralischen Unfähigkeit (auf Grund der Fesselung des Willens durch die Sünde), sich aus eigener Kraft für den rettenden Glauben an Christus zu entscheiden. Dazu, so Edwards, würde der Mensch nur durch den gnädigen Einfluss des Geistes befähigt, welcher seine gesamte verdorbene Natur, einschließlich des Willens, verändere und dessen Neuausrichtung auf Gott ermögliche. Genau wie Chauncys Schriften viele Argumente der nachfolgenden Generationen liberaler Theologen antizipierten bzw. beeinflussten, finden sich deutliche Rezeptionsspuren der Werke Edwards' in der Entwicklung der evangelikalen Theologie im 19. Jahrhundert und darüber hinaus.

Zwar begannen die Erweckungsbewegungen ab Mitte der 1740er Jahre schwächer zu werden, doch erwies es sich als unmöglich, selbst in Neuengland, die

---

95 Siehe Kapitel 16 bis 18 in: Marsden, Jonathan Edwards.

antiautoritären Geister wieder einzufangen, die entfesselt worden waren. Mit Blick auf zukünftige Entwicklungen war hierbei das Entstehen separatistisch-evangelikaler Baptistengemeinden am bedeutendsten. Im gesamten Nordosten und bis nach New York sowie New Jersey hinein trennten sich in den 1740er und 1750er Jahren mehr als einhundert ursprünglich kongregationalistische Gemeinden von den offiziellen Kirchenstrukturen ab. Angetrieben vom alten puritanischen Ideal der reinen Kirche, machten sie die Bekehrung zum entscheidenden Qualifikationskriterium für das geistliche Amt, wählten dabei nicht selten Laien als ihre Prediger und bestanden v. a. auf einer exklusiven Mitgliedschaft in ihren Gemeinden. In den meisten Fällen nahmen diese sogenannten „Separates" die Gläubigentaufe an.[96] Ein bekanntes Beispiel ist Isaac Backus (1724–1806), ein Bauer aus Connecticut ohne formale Bildung, der seine Bekehrung auf dem Höhepunkt der Erweckung 1741 erlebte. Er wurde als Prediger einer Separatistengemeinschaft in Middleborough, Massachusetts, berufen und bewegte schließlich im Jahr 1751 Teile seiner Gemeinde dazu, sich entsprechend baptistischer Grundsätze neu zu konstituieren. Solche Übertritte vergrößerten in erheblichem Maße die bis dahin kleine und regional hauptsächlich auf Rhode Island und die Mittelkolonien konzentrierte Familie der Baptistenkirchen. Viele der älteren baptistischen Gemeinden nahmen dabei im Kontext der Erweckung ein erwecklich-evangelikales Gepräge an. Theologisch teilten sich die Baptisten des 18. Jahrhunderts, ähnlich wie die Kongregationalisten, in strenge Anhänger der calvinistischen Prädestinationslehre (dieser Flügel nannte sich „Particular" oder „Regular Baptists") und Befürworter einer eher arminianischen Auffassung („General Baptists" genannt) von der Freiheit des Menschen, sich für das Heil zu entscheiden.

In der zweiten Hälfte des 18. Jahrhunderts waren es gerade auch diese evangelikalen Baptisten, welche zur Verbreitung eines erwecklichen Protestantismus in den südlichen Kolonien beitrugen. Obwohl Whitefield bei seinen Predigten in Charleston und Savannah ein durchaus empfängliches Publikum angetroffen hatte, unterdrückte die „Church of England" während der 1740er Jahre recht erfolgreich größere geistliche Aufbrüche durch die Erweckungsbewegung. Im Gefolge der Einwanderung schottisch-irischer Siedler in die westlichen Grenzgebiete Marylands, Virginias und der Carolinas waren es allerdings presbyterianische Geistliche der „New Side", welche die ersten Zentren evangelikalen Dissentertums im Süden bildeten. In den späten 1750er Jahren förderte der „Log College"-Absolvent Samuel Davies (1723–1761) in Hanover County, Virginia, örtliche Erweckungen. Die Baptisten sollten dann noch weiter in das „Hoheitsgebiet" der Anglikanischen Kirche vordringen. Der Weg dafür wurde von Shubal Stearns (1706–1771) und Daniel Marshall (1706–1784), zwei Konvertiten Whitefields aus Connecticut, gebahnt, die erst

---

96 McLoughlin, William G., New England Dissent, 1630–1833: The Baptists and the Separation of Church and State, 2 Bde., Cambridge 1971.

in Virginia, dann auch in den Carolinas und Georgia Gemeinden aufbauten. Viele der neu entstehenden „Regular Baptist"-Kirchen schlossen sich der „Philadelphia Baptist Association" (ursprünglich 1707 gegründet) an, die somit zum ersten Kern einer übergreifenden institutionalisierten Struktur der Baptisten wurde. Ein zweiter Kern im Süden wurde 1758 mit der „Sandy Creek Baptist Association" in North Carolina etabliert. Die „Philadelphia Baptist Association" gründete 1764 dann auch das „College of Rhode Island" (später Brown University), um selbst Geistliche auszubilden. Somit erreichten die Baptisten kurz vor der Revolution eine Wachstumsdynamik, welche sie dann im 19. Jahrhundert zur zweitgrößten protestantischen Glaubensgemeinschaft in den USA werden lassen sollte. 1740 hatte es gerade einmal rund 90 Baptistengemeinden gegeben. Bis 1780 war diese Zahl schon auf ungefähr 450 gestiegen, und innerhalb des folgenden Jahrzehnts würde sie 1 000 überschreiten.

Aus der „Church of England" heraus entwickelte sich eine eigene, zuerst eher „innerkirchliche" Form der Erweckung, die sich schließlich auch über den Süden der amerikanischen Kolonien hinaus verbreitete. In den 1760er Jahren entstand eine erweckliche Strömung in der Anglikanischen Kirche, deren bekanntester amerikanischer Kopf Devereux Jarratt (1733–1801), ein Pastor in Bath, Virginia, war. Als die ersten methodistischen Gesellschaften Mitte der 1770er Jahre in dieser Region auftauchten, unterstützte Jarratt sie bereitwillig in ihren Bemühungen um eine Erneuerung der Kirche und die Ausbreitung einer wahren Herzensreligion. Die Mitglieder dieser Gesellschaften waren Anhänger John Wesleys, der während seiner Zeit in Oxford einen Studentenkonventikel geleitet hatte, dessen Mitglieder wegen ihrer disziplinierten Frömmigkeitspraxis mit regelmäßigem Gebet, Bibelstudien und einer strengen Lebensheiligung verächtlich als „Methodisten" bezeichnet worden waren. Nachdem er unter dem Einfluss Herrnhuter Frömmigkeit seine Bekehrung erfahren hatte, verschrieb sich John Wesley, zusammen mit seinem Bruder Charles (1707–1788), der Aufgabe, mit ganzer Kraft an der geistlichen Erneuerung der Anglikanischen Kirche zu arbeiten. Die methodistische Bewegung wuchs in England durch großangelegte Evangelisierungsversammlungen und v. a. die Ausbreitung kleiner, von Laien geleiteter „Gesellschaften" („Societies"), die sich in örtliche, jeweils nach Geschlechtern getrennte „classes" (für Bekehrungssuchende) und „bands" (für bereits Bekehrte, die nach vollkommener Heiligkeit strebten) unterteilten. Im Gegensatz zum calvinistisch geprägten Evangelikalismus von Whitefield oder Edwards, lehrte die wesleyanische Theologie, wie sie durch diese Gesellschaften verbreitet wurde, dass durch Gottes „vorauseilende Gnade" („prevenient grace") allen Menschen die Freiheit gegeben sei, ihren Erlöser anzunehmen. Sie betonte auch, dass diejenigen, die im Glauben an Christus erneuert wurden, grundsätzlich in der Lage seien, vollkommene Heiligkeit in ihrem irdischen Leben zu erlangen. Bald entstanden methodistische Gesellschaften in vielen Teilen Englands und Irlands sowie in den Kolonien, vor allem in Maryland und Virginia, aber auch in New York und Philadelphia. Wesley erkannte das große

Potenzial in Amerika und schickte weitere Prediger, um die Bewegung voranzubringen, unter ihnen auch Francis Asbury (1745–1816), der in Anerkennung seiner erfolgreichen Arbeit 1772 zum „Superintendenten der amerikanischen Kolonien" gemacht wurde. Unter Asbury entwickelten die Methodisten das amerikanische „circuit"-System (etwa: „Bezirksrouten"), in dem die von Laien betriebenen Gesellschaften zu einer regionalen „Route" zusammengeschlossen wurden, damit sie regelmäßig von reisenden Geistlichen („circuit riders") besucht werden konnten. Dieses System sollte sich für die Situation in Amerika mit einer gerade in den Grenzgebieten sehr weit verstreuten Bevölkerung als ideal erweisen.[97]

Die methodistische Bewegung war stark von der Krise der Anglikanischen Kirche während der Revolutionszeit betroffen (siehe unten). Viele der Gesellschaften blieben ohne geistliche Aufsicht und Zugang zu den Sakramenten. Schließlich stimmte Wesley zu, den amerikanischen Methodisten den Weg in die Unabhängigkeit zu ermöglichen. Bei der „Christmas Conference" in Baltimore im Jahr 1784 wurde die „Methodist Episcopal Church" begründet, wobei Asbury und Thomas Coke (1747–1814) zunächst als Superintendenten und dann als erste Bischöfe fungierten.

Fünf Jahre später machten auch die amerikanischen Anglikaner den Schritt in die nationale Unabhängigkeit und gründeten die „Protestant Episcopal Church of the United States of America". Ihr von der amerikanischen Geistlichkeit gewählter Bischof erhielt nach seiner Weihe in England das Ordinationsrecht. Die amerikanische Episkopalkirche trennte ihre Verbindung zum König von England und versuchte, ihrer vormaligen Privilegien beraubt, sich dem neuen gesellschaftlich-kulturellen Kontext der amerikanischen Republik so gut wie möglich anzupassen. Der evangelikale Flügel innerhalb der Kirche blieb jedoch klein. Diese Tatsache sollte neben ihrer Affinität zur Oberklasse, ihrer eher unflexiblen hierarchischen Struktur, ihrem Sakramentalismus und ihrer liturgisch-formalistischen Ausrichtung die amerikanische Episkopalkirche zu einem relativ schwachen Wettbewerber im neuen „religiösen Markt" der Vereinigten Staaten machen. Hier wurden antiformalistische und erwecklich orientierte Spielarten des Protestantismus bevorzugt, die auf Laienbeteiligung und dem Prinzip der Gemeindeautonomie beruhten, dabei an das Leben in den Grenzgebieten sowie die Selbstorganisation unter schwierigen Bedingungen gewöhnt waren.

Die Methodistische Episkopalkirche passte sich diesen Herausforderungen gut an. Ihr geistliches Leben wurde zunehmend weniger sakramental und übernahm das Gepräge des populären Evangelikalismus. Bei ihrer Gründung hatte sie ungefähr 9 000 Mitglieder; ein Jahrzehnt später waren es schon fast 60 000. Während

---

97 Heitzenrather, Richard P., Wesley and the People Called Methodists, Nashville 2013; Hempton, David, Methodism: Empire of Spirit, New Haven 2006; Wigger, John H., Taking Heaven by Storm: Methodism and the Rise of Popular Christianity in America, New York 1998.

der ersten Hälfte des 19. Jahrhunderts sollte sich der Methodismus auf einen regelrechten Höhenflug begeben und zur größten protestantischen Glaubensgemeinschaft in den USA werden, vor den Baptisten an zweiter Stelle. Nach der Öffnung der Gebiete im Westen jenseits der Appalachen waren diese beiden Denominationen, zusammen mit den evangelikalen Presbyterianern, am besten für die folgende Epoche der Westausdehnung vorbereitet. Methodismus und Baptismus waren dazu am ehesten bereit, Angehörigen der Unterschicht, aber auch der in den Kirchen bislang eher marginalisierten Gruppen, einschließlich Frauen sowie afroamerikanischen und indigenen Konvertiten, einen Platz und z. T. sogar aktive Rollen zuzubilligen.

10. Afroamerikanische und indigene Formen des Christentums

Vor der „Großen Erweckung" war die Christianisierung der Sklaven in Britisch-Nordamerika nur langsam vorangegangen, obwohl neue Gesetze den widerwilligen Eigentümern zugesichert hatten, dass die Taufe rechtlich gesehen keine Befreiung nach sich ziehe. Die Erweckungsbewegungen schwächten diesen Widerstand der Sklavenhalter zumindest teilweise ab und regten eine neue Generation von Predigern dazu an, das Evangelium auch unter den Niedrigsten der Kolonialgesellschaft zu verbreiten. In den letzten Jahrzehnten des 18. Jahrhunderts wurden so mehrere tausend Sklaven bekehrt. Schon Whitefield und Wesley war das Seelenheil der Sklaven ein besonderes Anliegen, und sie kritisierten beide deren geistliche Vernachlässigung und physische Misshandlung. Auch in dieser Hinsicht waren sie Vorbild für viele spätere Exponenten der Erweckungsbewegungen in den südlichen Kolonien. Doch akzeptierten die meisten frühen Evangelikalen die Institution der Sklaverei als gegeben. Sie betonten sogar, dass die Bekehrung zum Christentum die Knechte, im Sinne der paulinischen Worte (Eph 6,5; Kol 3,22), ihren Herren gegenüber gehorsamer machen würden, wenn diese sie wiederum mit christlicher Nächstenliebe behandelten. Viele von ihnen, einschließlich Whitefield und Edwards, glaubten fest an dieses paternalistische Ideal eines christlichen „Herr-Knecht"-Verhältnisses und besaßen auch selbst Sklaven. Andere dagegen, wie etwa Wesley, entwickelten eine intensive Abneigung gegen die Sklaverei und engagierten sich in der transatlantischen Bewegung zur Abschaffung des Menschenhandels. Eine kompromisslose Anti-Sklaverei-Haltung, wie z. B. die des universalistischen Baptistenpredigers Elhanan Winchester (1751–1797), bildete aber unter frühen Evangelikalen die Ausnahme. Vor der Revolution waren es v. a. reformorientierte Quäker, die an der Spitze des aufkommenden Abolitionismus standen.

In „Some Considerations on the Keeping of Negroes" („Einige Überlegungen über das Besitzen von Negern", 1754) erklärte John Woolman (1720–1772), dass die Sklaverei mit dem Christentum grundsätzlich unvereinbar sei, und sein Freund Anthony Benezet (1713–1784) aus Philadelphia gründete 1775 die erste abolitionistische Gesellschaft.[98] Obgleich also die frühen Evangelikalen in aller Regel nicht bereit waren, das Bibelwort „nicht Sklave noch Freier" (Gal 3,28) als sozialreformerischen Imperativ zu deuten, übte ihre bekehrungsorientierte Frömmigkeitskultur dennoch eine besondere Anziehungskraft auf die schwarzen Sklaven aus. Denn in dieser Frömmigkeitskultur lag ein besonderer Akzent darauf, dass jeder Mensch gleichermaßen sündenverdorben und der neuen Geburt im Glauben bedürftig war. Zugleich wurde die Bekehrung weniger als Entscheidung für eine dogmatisch-konfessionelle Position und damit als Sache theologischer Bildung verstanden, sondern eher als übernatürlicher Prozess der Verwandlung von Herz und Verstand durch die Macht des Heiligen Geistes. Die im Evangelikalismus kultivierten emotionalen Glaubenserfahrungen spendeten diesen Konvertiten nicht nur Trost und Hoffnung auf ein besseres Leben im Jenseits. Zumindest potentiell waren diese Erfahrungen auch die Quelle für ein neues, den Sklaven ansonsten verschlossenes Gefühl des Selbstwertes, ja der Selbstermächtigung – nicht zuletzt dann, wenn sie, wie im Evangelikalismus üblich, das mit Gott Erlebte sogar vor Weißen öffentlich bezeugten. Zudem lag es für die Sklaven nahe, die ihnen verkündete Botschaft von der geistlichen Gemeinschaft und Freiheit in Christus in eine Botschaft der auch äußerlichen Gleichheit und Befreiung zu übersetzen.[99]

Die größte Zahl schwarzer Konvertiten gewannen Baptisten und Methodisten, die es am besten verstanden, das Evangelium in einfacher Form an die Sklaven zu vermitteln, denen ja in der Regel jede Bildung vorenthalten wurde. Sie waren auch am ehesten bereit, die z. T. aus ursprünglich afrikanischen Traditionen erwachsenen Gottesdienstformen der christianisierten Sklaven zu akzeptieren, bei denen ekstatisch gesungen, geschrien und getanzt wurde. Zusammen mit bestimmten theologischen Leitmotiven, wie dem Auszug aus Ägypten und dem kommenden Reich Gottes, wurden diese Formen wesentlicher Bestandteil des sich entwickelnden afroamerikanischen Christentums. Obgleich Baptisten- und Methodistenkirchen oft nach Rassen getrennt blieben, waren diese Denominationen bereit, Schwarzen die volle Gemeindemitgliedschaft und z. T. sogar Führungspositionen als Laienprediger oder Diakone in ihrem Teil der Gemeinde zu gewähren. In einigen außergewöhnlichen Fällen dienten in den ersten eigenständigen afroamerika-

---

98 Jackson, Maurice, Let This Voice Be Heard: Anthony Benezet, Father of Atlantic Abolitionism, University Park 2008.
99 Frey, Sylvia R./Wood, Betty, Come Shouting to Zion: African American Protestantism in the American South and British Caribbean to 1830, Chapel Hill 1998, v. a. 63–99; Raboteau, Albert J., Slave Religion: The „Invisible Institution" in the Antebellum South, New York 1978, v. a. 96–133.

nischen Gemeinden auch freie bzw. befreite Schwarze als Pastoren. George Liele (1750–1820) zum Beispiel, ein ehemaliger Sklave, der von seinem bekehrten Herrn freigelassen worden war, gründete 1777 in Savannah die erste schwarze Baptistenkirche. Bis 1800 entstanden an verschiedenen Stellen der Vereinigten Staaten mindestens ein Dutzend solcher unabhängiger afrikanischer Baptistengemeinden.

Die Amerikanische Revolution brachte nur einem kleinen Anteil der schätzungsweise 700 000 Sklaven, die in den ehemaligen Kolonien lebten, die Freiheit. Zwar sah sie ein Verbot des transatlantischen Sklavenhandels in naher Zukunft vor, aber die neue Verfassung der Vereinigten Staaten duldete die Institution der Sklaverei. Nur in den nördlichen Bundesstaaten wurde sie ganz abgeschafft. Hier entwickelten sich im Kontext einer kleinen Subkultur freier Schwarzer auch die ersten unabhängigen afroamerikanischen Denominationen. Schwarze Prediger, wie zum Beispiel „Black Harry" Hosier (1750–1806) und Richard Allen (1760–1831), spielten in der nachrevolutionären Bewegung afroamerikanischer Methodisten eine bedeutende Rolle. Als Reaktion auf die Rassendiskriminierung in seiner von Weißen kontrollierten Methodistenkirche baute Allen 1794 eine separate schwarze Gemeinde in Philadelphia auf, aus der dann die Denomination der „African Methodist Episcopal Church" (1816 organisiert) hervorging. Allen und andere Pioniere seiner Generation legten so den Grundstein für den bemerkenswerten Aufstieg des afroamerikanischen Baptismus und Methodismus in der zweiten Hälfte des 19. Jahrhunderts.[100]

Der von den Erweckungsbewegungen des 18. Jahrhunderts erzeugte missionarische Eifer führte zu neuen protestantischen Initiativen zur Evangelisierung der noch im britischen Einflussbereich verbliebenen Indianer. Umgekehrt entstand während dieser Zeit auch bei den Indianern selbst ein neues Interesse am Christentum. Dies war vor allem unter den Mitgliedern jener Stämme der Fall, die bereits innerhalb der kolonialen Siedlungsgrenzen lebten und angesichts schwindender Lebensgrundlagen und schrumpfenden Landbesitzes um ihre nackte Existenz rangen. In den Küstenregionen waren die überlebenden Indianer schon vielfach in spezielle Reservatsiedlungen eingewiesen worden. In dieser Situation versprach der Übertritt zum Christentum nicht zuletzt auch die Gleichheit mit weißen Glaubensgenossen, Schutz (übernatürlicher, aber auch sehr praktisch-irdischer Art) sowie den Zugriff auf neue Ressourcen, darunter nicht zuletzt Bildungsmöglichkeiten. Diese Verheißungen waren es, die etwa Gruppen von Mahicans und Mohawks zum Missionsdorf von Stockbridge zogen, wo Jonathan Edwards eine Schule für Indianer betreute. Edwards Schwiegersohn in spe, der presbyterianische Evangelikale David Brainerd (1718–1747), arbeitete vor seinem frühzeitigen Tod auch als Missionar, v. a. bei den Delawaren (1743–1746), wo er eine der dörflichen

---

100 George, Carol V. R., Segregated Sabbaths: Richard Allen and the Emergence of the Independent Black Churches, 1740–1840, New York 1973.

Erweckungen in Gang setzte, die auf dem Höhepunkt des „Great Awakening" eine ganze Reihe von indianischen Siedlungen ergriffen.

Der kongregationalistische Pfarrer Eleazar Wheelock (1711–1779) leitete zuerst in Lebanon, Connecticut, und später in New Hampshire eine spezielle Schule zur Ausbildung indianischer Prediger, aus der dann später Dartmouth College werden sollte. Sein Musterschüler war der Mohegan Samson Occom (1723–1792), der bei verschiedenen Indianergemeinden in Neuengland und New York Dienst tat und dessen Predigten und geistliche Lieder die ersten englischsprachigen Veröffentlichungen eines indigenen Amerikaners sind. Weder Occom noch andere Missionare (einschließlich der Baptisten- und Methodistenprediger im Süden) konnten jedoch eine wirklich große Zahl von Indianern bekehren. Dies lässt sich teilweise durch die widrigen Umstände erklären. Ein weiterer Grund war, dass die an den Übertritt zum Christentum geknüpften Hoffnungen sich oftmals nicht erfüllten, zumindest nicht mit Blick auf das Leben in dieser Welt. Auch Occom musste schließlich lernen, dass der Glaube an die geistliche Einheit in Christus keineswegs volle Gleichberechtigung oder auch nur Gleichbehandlung bedeutete, lebte er doch in einer von jahrzehntelangen Kriegen mit den Indianern geprägten und zunehmend vom Rassendenken beherrschten Gesellschaft.[101]

Die deutschsprachigen Herrnhuter betrieben während dieser Zeit die erfolgreichsten protestantischen Missionen. Sie waren weniger in die Politik und Ideologie des britischen Imperialismus verstrickt. In mancher Hinsicht den Jesuiten ähnlich, folgten auch sie einer Strategie des sprachlichen und kulturellen „Eintauchens", um ihre Botschaft von der erlösenden Liebe Christi für die gesamte Menschheit durch lebendiges Beispiel zu vermitteln. Nach zaghaften Anfängen begann Zinzendorf während der 1740er und 1750er Jahre zeitgleich Missionsprojekte unter der Sklavenbevölkerung in der britischen Karibik und bei verschiedenen indigenen Stämmen auf dem amerikanischen Kontinent. Am bedeutendsten waren die Mission unter den Mahicans in Shekomeko (New York, in der Nähe der Grenze zu Massachusetts) sowie die von David Zeisberger (1721–1808) geleiteten Missionen unter den Delawaren, zunächst in Pennsylvania und später in den Ohio-Gebieten. Bis zu einem gewissen Grad eigneten sich alle indigenen Konvertiten das Christentum in selektiver Weise für ihre eigenen Zwecke an und veränderten dabei das Übernommene gemäß ihrer vorherigen Weltanschauungen. Die Herrnhuter Missionare waren jedoch toleranter als andere gegenüber solchen transkulturellen Adaptionen. Ihre Theologie und Frömmigkeitspraktiken erwiesen sich als außerordentlich anpassungsfähig. Auch wenn dies sicherlich so nicht intendiert war, vermischten sich unter den Herrnhuter Indianern etwa die Zinzendorfsche Verehrung der Wunden Christi mit traditionellen indigenen Vorstellungen über die magischen Kräfte des Blutes gemarterter Krieger. Auch verbanden sich bei ihnen die im Pietismus weit verbreiteten Vorstellungen von prophetischen Träumen

---

101 Fisher, The Indian Great Awakening.

mit solchen aus den schamanischen Traditionen. Gleichwohl waren die Herrnhuter nicht in der Lage, „ihre" Indianer vor der im Kontext des Siebenjährigen Krieges und später des Revolutionskrieges entfesselten Gewalt zu schützen, die dann zur beinahe vollständigen Zerstörung der Missionen führte.[102]

11. Religion in der Amerikanischen Revolution

Die Behauptung des britischen Historikers J. C. D. Clark, die Amerikanische Revolution sei der „letzte große Religionskrieg in der westlichen Welt" gewesen,[103] ist in dieser überspitzten Form sicherlich problematisch. Denn in den Debatten und Konflikten während der Dekade vor dem Ausbruch der Revolution von 1776 ging es v. a. auch um sehr weltliche Probleme, wie die Sonderabgaben zur Tilgung der Schulden aus dem Siebenjährigen Krieg, eine parlamentarische Repräsentation, den Besiedlungsstopp in den Gebieten jenseits der Appalachen (nach dem vom Ottawa-Häuptling Pontiac angeführten, verlustreichen Aufstand von 1763 hatte England beschlossen, die weitere Expansion in das Ohio-Territorium zu verbieten, um die westlichen Stämme zu beschwichtigen), die Zwangseinquartierungen von britischen Truppen und um die den Kolonien auferlegten restriktiven Handelsgesetze. Wie die im Wesentlichen von Jefferson verfasste Unabhängigkeitserklärung (1776) bezeugt, waren die Anführer des „American Cause" stark von der politischen Ideologie der englischen Whigs und der Philosophie John Lockes beeinflusst, deuteten sie doch die angezeigten Missstände als Verstöße gegen konstitutionell verbürgte und natürliche Rechte. Religion war also nicht der Hauptauslöser für den Aufstand gegen die britische Monarchie. Dennoch stellte sie einen bedeutsamen Faktor in der eskalierenden Krise dar und spielte dann auch eine wichtige Rolle im Unabhängigkeitskrieg selbst. Kirchen dienten durchgehend als Kommunikations- und Unterstützungsnetzwerke, die Kontinentalarmee ebenso wie die Milizen wurden von vielen freiwilligen Militärgeistlichen begleitet. Geistliche waren im Kontinentalkongress sowie in den verfassungsgebenden Versammlungen des Bundes und der Einzelstaaten vertreten. Vor allem aber dienten religiöse Ideen als Deutungsmuster, durch die Politik, Gewalt, Leid und Tod einen höheren Sinn bekamen.

Die größte Nähe zu den aufständischen „Patrioten" hatten sicherlich die Kongregationalisten und Presbyterianer. Die meisten Baptisten sowie weite Teile der

---

102 Olmstead, Earl P., David Zeisberger: A Life Among the Indians, Kent 1997; Wheeler, Rachel, To Live Upon Hope: Mohicans and Missionaries, Ithaca 2008.

103 Clark, Jonathan Charles Douglas, The Language of Liberty, 1660–1832, Cambridge 1994, 305.

nicht-englischen reformierten Kirchen unterstützten aber ebenfalls die Revolution. Dies ist nicht völlig überraschend, wenn man sich das föderale Modell der Kirchenregierung und die biblisch begründete Vorstellung von einem Widerstandsrecht gegen gottlose Herrscher in der calvinistischen Theologie vor Augen führt. Insbesondere die britischen Dissenters blickten ja auch auf eine lange Geschichte des bewaffneten Widerstandes zurück, und die amerikanischen „Patrioten" beriefen sich häufig sehr explizit auf die Puritanische und die Glorreiche Revolution.[104] Weniger eindeutig ist es, ob die Erweckungsbewegungen in diesen Kirchengemeinschaften einen so entscheidenden Einfluss auf ihre revolutionäre Orientierung hatten, wie es von manchen Historikern behauptet wurde. Die alle Kolonien miteinander verbindende öffentliche Sphäre, deren Entstehung das „Great Awakening" befördert hatte, war aber zweifellos eine Grundvoraussetzung für die Entwicklung einer gemeinsamen Bewegung. Außerdem liegt es nahe, dass sich zumindest etwas von dem antiautoritären und populistischen Geist, der die kirchlichen Konflikte während der Erweckungen prägte, auch in den politischen Diskurs übertrug. Gleichwohl waren evangelikale Geistliche im Allgemeinen nicht mehr involviert als ihre liberalen Kollegen.[105] Und die führenden Köpfe der Revolution gelten zum Großteil als Deisten. Einer der frühesten und radikalsten Aufrufe zur christlichen Pflicht zum Widerstand gegen Tyrannen stammt von dem theologisch liberalen kongregationalistischen Pfarrer Jonathan Mayhew, dessen „Discourse Concerning Unlimited Submission" („Abhandlung über den bedingungslosen Gehorsam") erschien 1750; sie beruht auf einer im Vorjahr anlässlich des einhundertsten Jahrestags der Enthauptung Karls I. gehaltenen Predigt. Das revolutionäre Motto „No taxation without representation" („Keine Steuern ohne Repräsentation") wurde angeblich auch von Mayhew als Reaktion auf das Steuermarkengesetz („Stamp Act", 1765) geprägt.

Geistliche der Dissenter-Tradition trugen entscheidend dazu bei, im Volk die Opposition gegen die britische Regierung zu mobilisieren und zu legitimieren, indem sie diese in Predigten und gedruckten Traktaten als eine heilige Sache darstellten. In den zwei Jahrzehnten vor den ersten Scharmützeln von Lexington und Concord waren es v. a. diese Geistlichen, die den neuen Diskurs des Whig-Republikanismus mehr und mehr mit der althergebrachten Rhetorik des Puritanismus zusammenführten, welche traditionell die Gefährdung der Freiheit des Volkes Gottes durch die korrupte Macht von Krone und Mitra beschwor. Die unerträgli-

---

104 Bell, James B. A., War of Religion: Dissenters, Anglicans, and the American Revolution, New York 2008. Siehe auch Byrd, James P., Sacred Scripture, Sacred War: The Bible and the American Revolution, New York 2013.

105 Zu den gegensätzlichen Interpretationen siehe z. B. Heimert, Alan, Religion and the American Mind, from the Great Awakening to the Revolution, Cambridge 1966; Butler, Jon, Enthusiasm Described and Decried: The Great Awakening as Interpretative Fiction, in: Journal of American History 69:2 (1982), 305–25.

chen Steuergesetze und die neuerliche Initiative der SPG in den 1760er Jahren zur Schaffung eines amerikanischen Bischofssitzes, das alles verband man zu einem großen angsterfüllten Krisenszenario, in dem die Kolonien planmäßig ihrer bürgerlichen und religiösen Rechte beraubt werden sollten. Die unlängst im Kontext des Siebenjährigen Krieges aufgepeitschte antikatholische Aggression brach sich nun eine neue Bahn und richtete sich gegen die britische Monarchie, die, wie nicht zuletzt der „Quebec Act" zu belegen schien, wieder dem Katholizismus zuneigte. Und nachdem aus den Protesten offener Kampf geworden war, wurde im Medium der Predigten ein die Revolution unterstützendes Geschichtsbild transportiert, in dem der überkommene Vorhersehungsglaube und die apokalyptische Eschatologie des Puritanismus mit aufklärerischen Ideen von Freiheit und Fortschritt verschmolzen.[106] In Samuel Sherwoods (1730–1783) „The Church's Flight into the Wilderness" („Die Flucht der Kirche in die Wildnis, 1776") erscheint König Georg III. so in charakteristischer Weise als die endzeitliche Manifestation des apokalyptischen Tieres, und der „Plan des Drachens" ist es, „ein System des absolutistischen Despotismus und der Tyrannei auf Erden zu errichten und die gesamte Menschheit in die Fesseln von Sklaverei und Leibeigenschaft zu legen" („to erect a scheme of absolute despotism and tyranny on the earth, and involve all mankind in slavery and bondage"). Amerika war zum Zufluchtsort für die verfolgte wahre Kirche geworden, die jene „Freiheitsrechte und Unabhängigkeit" zu verwirklichen suchte, „die Gottes Sohn für uns zu erwerben vom Himmel kam und sie den Menschen gnädiglich verlieh" („that liberty and freedom which the Son of God came from heaven to procure for, and bestow on them"). Gottes Heilsplan entsprechend, sollten die Patrioten den Sieg behalten. Amerika würde der Sitz eines „großen, blühenden Imperiums" („a great and flourishing empire") werden, in dem „ein unverfälschtes Christentum, Freiheit und Frieden" („where unadulterated Christianity, liberty and peace would thrive together") zusammen gedeihen sollten.[107]

Zeigten also die pro-revolutionären Geistlichen wenig Bedenken, den Revolutionskrieg zu theologisieren und mit heilsgeschichtlicher Bedeutung aufzuladen, befleißigten sich umgekehrt auch die eigentlich eher weltlich denkenden politischen und militärischen Anführer der Bewegung wie Washington der traditionellen Rhetorik des Protestantismus. Selbst der radikale Deist Thomas Paine zögerte nicht, die im Prinzip naturrechtlich begründeten Argumente für die Loslösung von England in seinem ungeheuer populären Traktat „Common Sense" (1776) mit zahlreichen biblischen Verweisen auszuschmücken, um die Unrechtmäßigkeit der britischen Monarchie zu unterstreichen. Aus dieser Konvergenz von politischen,

---

106 Siehe Hatch, Nathan, The Sacred Cause of Liberty: Republican Thought and the Millennium in Revolutionary New England, New Haven 1977; Bloch, Ruth H., Visionary Republic: Millennial Themes in American Thought, 1756–1800, Cambridge 1985.
107 Sherwood, Samuel, The Church's Flight into the Wilderness, New York 1776, 17–19.

philosophischen und theologischen Diskursen entwickelte sich so eine neue Sprache des christlichen Republikanismus, die grundlegend werden sollte für die zukünftige Zivilreligion Amerikas. Mit ihr wurde die alte puritanische Bundestheologie auf die Nation als Ganzes übertragen und zugleich eine besondere Verbindung zwischen Republikanismus und dem wahren Christentum beschworen.[108]

Im Kontext dieser Konvergenz sollte später auch eine neue, insbesondere die Mittel- und Oberschicht der USA bis in die zweite Hälfte des 19. Jahrhunderts und darüber hinaus prägende Geschlechterideologie entstehen, in deren Zentrum das Leitbild der „republikanischen Mutterschaft" stand. Wurde den Frauen in der neuen Nation die Gleichberechtigung und das Wahlrecht weiterhin verwehrt, deutete dieses ideologische Konstrukt die soziale Unterordnung der Frau als eine Aufwertung ihrer moralischen Rolle. Die Aufgabe der Mutter wurde zunehmend in der geistlichen, moralischen und pädagogischen Formung ihrer Kinder und des gesamten Haushaltes gesehen. Auf diese Weise sollte die Frau ihren tugendhaften „weiblichen Einfluss" auf Familie, Ehemänner und insbesondere ihre Söhne ausüben. Indem sie also ihre Familien im Sinne bürgerlicher und christlicher Tugenden prägte, so die Vorstellung, stellte die „republikanische Mutter" gleichsam das Überleben des nationalen Experiments mit einem demokratischen Gemeinwesen sicher.[109]

Schwang die eine Seite in diesem zum Bürgerkrieg eskalierten imperialen Konflikt also Kriegsfahnen mit der Aufschrift „Widerstand gegen Tyrannen ist Gehorsam gegen Gott" („Resistance to Tyrants is Obedience to God"), führte die Gegenseite nicht minder die Bibel ins Feld, um ihre Position zu begründen. Hieß es nicht bei Paulus, dass alle Obrigkeit von Gott sei? Und war demnach das Aufbegehren gegen einen rechtmäßigen König nicht ein sündhafter Verstoß gegen die göttliche Ordnung? Diese Art von Bedenken wurde nicht nur von Geistlichen und Laien artikuliert, die sich dezidiert als Loyalisten verstanden, sondern auch von solchen, die zwischen den Lagern standen. Diese Menschen mochten zwar unzufrieden sein mit der britischen Politik, stellten aber dennoch die Recht- und Zweckmäßigkeit einer bewaffneten Rebellion in Frage. Naturgemäß gehörte die größte Zahl loyalistischer Geistlicher der „Church of England" bzw. ihrem methodistischen Reformflügel an. Gleichwohl unterstützte in den anglikanischen Hochburgen von Virginia und Maryland die Mehrheit der Geistlichen schließlich die Revolution. Viele Katholiken bemühten sich ebenfalls darum, ihren Patriotismus unter Beweis zu stel-

---

108 Noll, Mark A., America's God: From Jonathan Edwards to Abraham Lincoln, New York 2002.

109 Siehe Kerber, Linda, Women of the Republic: Intellect and Ideology in Revolutionary America, Chapel Hill 1980. Auf Grund der ihnen zugeschriebenen pädagogischen und (indirekt) auch politischen Rolle, beeinflusste diese neue Gender-Ideologie auch die Entwicklung der Bildungsmöglichkeiten für Frauen und öffnete den Weg für eine kleine, aber wachsende Anzahl von Frauen, die im frühen 19. Jahrhundert nach höherer Bildung strebten.

len. Charles Carroll (1737–1832), Mitglied einer der führenden Familien von Maryland, war einer der Unterzeichner der Unabhängigkeitserklärung, und sein Bruder John (1735–1815) sollte 1789 der erste amerikanische Bischof der neu geschaffenen Diözese von Baltimore werden. Carroll führte seine Kirche dann auch auf einen Kurs des Ausgleichs mit dem republikanischen System.

Angesichts ihrer starken Tradition des Obrigkeitsgehorsams wurden die Lutheraner durch die Revolution in tiefgreifende Konflikte gestürzt. Letztlich fügten sie sich aber nach der Unabhängigkeit in die neuen Verhältnisse. Der Patriarch des amerikanischen Luthertums Heinrich Melchior Mühlenberg fuhr während des Revolutionskrieges einen Kurs der Neutralität, während sein Sohn Johann Peter Gabriel (1746–1807) General in der Kontinentalarmee wurde.[110] Für die pazifistischen Kirchen war der Konflikt eine wahre Glaubensprüfung: Innerhalb der Gemeinden wurde darum gerungen, was und wieviel das Prinzip der christlichen Widerstandslosigkeit von ihren Mitgliedern verlange. Zugleich wurden diese nicht selten von den selbsternannten „Patrioten" drangsaliert, weil die Haltung der Pazifisten in deren Augen als Verrat an der Bewegung erschien. Viele Quäker, Mennoniten, Tunker und Herrnhuter litten in beträchtlichem Maße, und etliche deutsche Pazifisten sollten dann auch die Vereinigten Staaten verlassen. Sie gesellten sich damit zu den 70 000 Loyalisten, die 1783 mit der Besiegelung der nationalen Unabhängigkeit durch den Friedensvertrag von Paris ihre Heimat verloren.[111]

Unter ihnen befanden sich zahlreiche anglikanische Geistliche, so dass ungefähr ein Drittel der Pfarrstellen in der neuen Episkopalkirche zunächst vakant war. Auch musste die Episkopalkirche im Gefolge der Revolution den schmerzlichen Verlust ihrer einstmaligen Privilegien hinnehmen. Die tatsächliche oder nur unterstellte Loyalität der Anglikanischen Kirche gegenüber der Krone und die traditionelle Verbindung ihrer Hierarchie mit der Monarchie hatten sie besonders anfällig für Angriffe auf diese Privilegien gemacht. Das Hauptschlachtfeld war dabei Virginia. 1776 startete der damalige Gouverneur Thomas Jefferson, für den Religion im Prinzip eine Privatangelegenheit war, eine Initiative zur Trennung der Anglikanischen Kirche vom Staat, die dann von James Madison weitergeführt wurde. Nachdem sie jahrelang behindert und schikaniert worden waren, sahen die Presbyterianer und v. a. die Baptisten nun ihre Chance gekommen, sich aus dem Würgegriff der staatskirchlichen Strukturen zu befreien. Durch sie erlangte die Initiative, die in der gesetzgebenden Versammlung von Virginia auf massive Opposition stieß, breite Unterstützung im Volk. Mit dem „Virginia Statute for Religious Freedom" von 1786 wurde die Auseinandersetzung dann im Sinne einer weitreichenden Interpretation der Religionsfreiheit beendet, durch die das Kirchenwesen

---

110 Wellenreuther, Heinrich Melchior Mühlenberg, 503–519.
111 Stievermann, Jan, Defining the Limits of American Liberty: Pennsylvania's German Peace Churches during the Revolution, in: Stievermann/Scheiding, A Peculiar Mixture, 207–245.

von Virginia auf eine gänzlich voluntaristische Grundlage gestellt wurde. Dieser Umsturz in Virginia löste im Süden einen Erdrutsch aus, und innerhalb weniger Jahre wurden auch in den anderen ehemals anglikanischen Kolonien die staatskirchlichen Strukturen beseitigt. Im immer noch vorwiegend kongregationalistischen Neuengland wurden ebenfalls Kampagnen mit demselben Ziel auf den Weg gebracht, wobei dem Baptistenführer Isaac Backus eine herausragende Bedeutung zukam. Hier aber behielt die etablierte Geistlichkeit einstweilen die Oberhand. In Connecticut und Massachusetts wurden staatskirchenähnliche Strukturen, wenn auch in modifizierter Form, noch bis 1818 beziehungsweise 1833 weitergeführt.[112]

In der von den dreizehn ehemaligen Kolonien zwischen 1787 und 1790 ratifizierten demokratischen Verfassung der USA spielte Religion lediglich eine untergeordnete Rolle. Der sechste Artikel legte allerdings fest, dass in den neubegründeten Vereinigten Staaten von Amerika niemand für die Übernahme bundesstaatlicher Ämter einer religiösen Überprüfung unterzogen werden dürfe. In den 1789 von Madison durch den Kongress gebrachten zehn Zusatzartikeln zur Verfassung, mit denen die unverbrüchlichen Rechte der amerikanischen Bürger fixiert wurden, stand die Religion dann allerdings buchstäblich an erster Stelle. Noch vor der Meinungs- und Versammlungsfreiheit wurde im ersten Verfassungszusatz festgelegt, dass der Kongress kein Gesetz erlassen solle, „das die Privilegierung einer Religion zum Gegenstand hat oder deren freie Ausübung beschränkt" („Congress shall make no law respecting an establishment of religion, or prohibiting the free exercise thereof"). Die grundsätzliche Bedeutung dieser zwei wahrhaft revolutionären Bestimmungen war eindeutig: Im Gegensatz zu fast allen europäischen Staaten der Zeit würden die USA als Nation keine Staatskirche haben und darüber hinaus eine umfassende Religionsfreiheit verbürgen. Diese Trennung von Kirche und Staat auf Bundesebene war einerseits eine pragmatisch-politische Entscheidung, mit der die Gründerväter der faktischen Religionsvielfalt, wie sie sich im Laufe der Geschichte in Britisch-Nordamerika entwickelt hatte, Rechnung trugen, insofern diese Vielfalt eine gemeinsame Staatskirche nahezu unmöglich machte. Andererseits besaß die Zerschlagung der staatskirchlichen Strukturen sowohl für die Deisten als auch die evangelikalen Dissenterkirchen – diese beiden so ungleichen Gruppierungen bildeten bei der Gründung der Vereinigten Staaten eine höchst einflussreiche Allianz – prinzipielle Bedeutung. Keine kirchliche Gemeinschaft sollte Sonderrechte genießen oder direkten Einfluss auf die Bundesregierung haben. Umgekehrt hatte diese kein Recht, sich in die religiösen Angelegenheiten ihrer Bürger einzumischen. Weniger eindeutig waren die genauen Implikationen des ersten Verfassungszusatzes in Bezug auf zahlreiche schwierige Fragen, wie etwa die Stellung von nichtchristlichen Religionen in den Vereinigten Staaten, die Rolle von Religion im öffentlichen Raum und im Bildungswesen sowie die Reichweite des Schutzes freier Religions-

---

112 Siehe Kapitel 3 bis 5 in: Witte, John, Jr./Nichols, Joel A., Religion and the American Constitutional Experiment, New York 2016.

ausübung, wo diese in Konflikt mit anderen Interessen und Rechten geriet. Diese Fragen rückten im Laufe des 19. Jahrhunderts in den Vordergrund, und um die Antworten wird bis heute gestritten.[113]

Gleichermaßen unklar waren die langfristigen Konsequenzen der Trennung von Staat und Kirche für das religiöse Leben der jungen Republik. Der Unabhängigkeitskrieg hinterließ in allen Kirchen materielle Schäden und warf z. T. ihre überkommenen Strukturen völlig über den Haufen. Glaubensgemeinschaften, die von Mutterinstitutionen in Europa abhängig gewesen waren, hatten nun damit zu kämpfen, sich auf nationaler Ebene neu zu organisieren. Selbst in den schon länger besiedelten Gebieten war die Zahl der Kirchgänger auf einem Tiefpunkt, und die Amerikaner sahen sich nun mit der enormen Herausforderung konfrontiert, das Christentum in den neu erschlossenen westlichen Grenzgebieten überhaupt erst zu etablieren. Vor allem nach dem Ausbruch der Französischen Revolution befürchteten viele, dass ohne die Unterstützung der bundesstaatlichen Regierung das Christentum auch in den USA gefährdet wäre. Andere wiederum träumten vom Tausendjährigen Friedensreich Christi auf Erden, das aus dem apokalyptischen Chaos ihres Zeitalters erstehen und in dem Amerika eine zentrale Rolle spielen würde. Diese Befürchtungen und Hoffnungen flossen in neue Erweckungsbewegungen ein, die in den 1790er Jahren zu gären begannen. Sie markierten den Beginn des sogenannten „Second Great Awakening". In dieser zweiten großen Erweckung würde sich die besondere Dynamik eines von Voluntarismus und freiem religiösen Wettbewerb angetriebenen protestantischen Revivalismus in aller Deutlichkeit zeigen. Die zweite große Erweckungsbewegung brachte nicht nur den amerikanischen Denominationalismus zur vollen Entfaltung, sondern sollte zugleich auch die „Demokratisierung des Christentums" in den USA vorantreiben. Damit erhielt diese aus der Antike stammende Religion endgültig ihren bis heute für Amerika typischen modernen Charakter, der gekennzeichnet ist von populären und auch populistischen Zügen, einem starken Anti-Traditionalismus, der Ausrichtung auf die religiöse Suche des Individuums sowie experimentellen und utopischen Tendenzen.[114]

---

113 Siehe dazu die Essays in: Gunn, Jeremy T. und Witte, John, Jr., No Establishment of Religion: America's Original Contribution to Religious Liberty, New York 2003; Dreisbach, Donald L./Hall, Mark David (Hrsg.), Faith and the Founders of the American Republic, New York / Oxford 2014; Den Hartog, Jonathan, Patriotism and Piety: Federalist Politics and Religious Struggle in the New American Nation, Charlottesville 2015.
114 Hatch, Nathan, The Democratization of American Christianity, New Haven 1989.

Literatur

Bonomi, Patricia U., Under the Cope of Heaven: Religion, Society, and Politics in Colonial America, New York 1986.

Bremer, Francis J., The Puritan Experiment: New England Society from Bradford to Edwards, 2. Auflage, Hanover (NH) und London 1995.

Dolan, Jay P., The American Catholic Experience: A History from Colonial Times to the Present, New York 1985.

Edmunds, David R./Hoxie, Frederick E./Salisbury, Neal, The People: A History of Native America, Boston 2007.

Holifield, E. Brooks, Theology in America: Christian Thought from the Age of the Puritans to the Civil War, New Haven 2003.

Hutson, James H., Religion and the New Republic: Faith in the Founding of America, Lanham 2000.

Noll, Mark A., Das Christentum in Amerika. Kirchengeschichte in Einzeldarstellung Bd. 4/5, Leipzig 2000.

Ward, W. R., The Protestant Evangelical Awakening, Cambridge 1992.

Wellenreuther, Hermann, Niedergang und Aufstieg. Die Geschichte Nordamerikas vom Beginn der Besiedlung bis zum Ausgang des 17. Jahrhunderts, Münster 2000.

--. Ausbildung und Neubildung. Die Geschichte Nordamerikas vom Ausgang des 17. Jahrhunderts bis zum Ausbruch der Amerikanischen Revolution 1775, Münster 2001.

CHRISTENTUM IM EUROPA DES 18. JAHRHUNDERTS

Carsten Bach-Nielsen

Die Geschichte des Christentums im Europa des 18. Jahrhunderts war eine Geschichte der Trennung, in der konfessionelle Staaten, ob römisch-katholisch oder protestantisch, um ihre Identität und sogar um ihr Überleben rangen. Obwohl sich Frankreich nicht als konfessionell verstand, bediente es sich des römischen Katholizismus' sowohl zur Bildung eines Nationalstaates unter Ludwig XIV., als auch zur Abwehr gegen das päpstliche Rom und dessen Streben nach europäischer Vorherrschaft. Der Nationalstaat Frankreich ließ keinen Raum für mögliche Feinde, weder des Staates, noch der absolutistischen Herrschaft. So kam es, dass Frankreich seine Macht gegen seine eigenen Kinder, die Hugenotten, einsetzte. Die Nation blutete, als ihr König beschloss, die protestantischen Geistlichen auszuweisen, und die hugenottischen Laien dazu zwang, „französisch" – sprich, zu französischen Katholiken – zu werden.

In England herrschte dagegen Toleranz, und andere Kirchen und Gemeinden erhielten neue Möglichkeiten, sich neben der etablierten anglikanischen Kirche zu organisieren, die nach zwei Jahrzehnten innerer Konflikte für breite Schichten der Bevölkerung ihre Anziehungskraft verloren hatte.

Offensichtlich kann die klassische Frage der Beziehung zwischen Kirche und Staat im 18. Jh. nicht einlinig beantwortet werden. Mit dem sich verändernden Verständnis von Kirche und ihrer Ausdrucksformen war dieses Verhältnis im Laufe der Geschichte beständig im Fluss. Ebenso, wie Staaten immer wieder neue Formen annehmen, findet Kirche neue Identitäten und Aufgaben, entwickelt neue Sozialstrukturen oder etabliert sich sogar als Zivilreligion. Religiöse Erneuerungsbewegungen oder „Erweckungen" können auf unterschiedliche Art und Weise mit Staat und Gesellschaft zusammenwirken, wofür der deutsche Pietismus und der britische Methodismus im 18. Jh. als Beispiele dienen können. Nach mehr als zwei Jahrhunderten Kontrolle durch die staatskirchlich organisierte reformierte Kirche in den Niederlanden, konstituierte sich die Kirche als „Zivilreligion" mit einem streng puritanischen inneren Kreis und einer ansonsten bürgerlichen Ausrichtung neu.[1]

Moderne Staatstheorien wiederum wurden im späten 17. Jahrhundert in Deutschland, Frankreich und England entwickelt. Themen wie Naturrechte, Gesell-

---

1 Ward, William Reginald, Christianity under the Ancien Régime 1648–1789, Cambridge 1999.

schaftsverträge, und die Frage der Theokratie waren wichtige Elemente in der theoretischen Debatte. Wie würden solche Themen in einem neuen Jahrhundert verwirklicht werden? Europa ging durch einen Prozess des Experimentierens, und wichtige Inspirationen hierfür erreichten es aus der Neuen Welt, wo es die Freiheit gab, eine Gesellschaft praktisch ganz neu aufzubauen. Andererseits wurden Einzelne und Gruppen mit neuen Vorstellungen von Kirche, Staat und Gesellschaft, oft aus Europa ausgewiesen oder fühlten sich genötigt, auszuwandern. Minderheiten wurden gezwungen katholische Länder zu verlassen, um als Einwanderer in liberaleren protestantischen Ländern aufgenommen zu werden. Europa – mit neuen konfessionellen Grenzen – war noch im Entstehen.

Während sich die kirchliche Orthodoxie und der moderne Staat diesem neuen Druck ausgesetzt sahen, fand eine Veränderung der Orientierung nicht nur unter den Geistlichen und dem Königtum statt, sondern auch in diversen philosophischen Schulen, welche sowohl die Theologie, als auch die grundsätzlichen Theorien der Staatsbildung und -führung umgestalteten. Dies war eine Entwicklung, die ängstliche Aufmerksamkeit hervorrief. Sie trug möglicherweise auch zu der pietistischen Sicht bei, nach der das Christentum ausschließlich aus der Erfahrung und nicht durch rationales Denken begründet werden sollte.[2] So kam es, dass der Pietismus der Herausforderung der Rationalität, wie sie in der Aufklärung zum Ausdruck kam, nicht vollständig standhalten konnte, obwohl er eine prägende Form der christlichen Frömmigkeit und Theologie blieb.

Das 18. Jahrhundert war sowohl eine Zeit der geographischen Expansion, als auch der Frühphase der Industrialisierung.[3] Das Wissen über neue Welten, Staaten, Gesellschaften und Religionen veränderte den europäischen Geist auf Dauer. Die europäische Christenheit sah sich der Herausforderung gegenüber, auf – zum Teil sehr alte – Kulturen zu treffen, deren Sitten und Gebräuche denen der Europäer völlig fremd waren. Gleichzeitig machten die Europäer die Erfahrung, dass sich auch in diesen Kulturen – ohne christlichen Einfluss – moralisch und kulturell hochstehende Gesellschaften entwickelt hatten. Nicht nur dadurch gelangte viele zu der Überzeugung, dass das herkömmliche Christentum durch eine neue universelle Konzeption von Religion ersetzt werden müsse.[4] Andere Religionen besaßen ihre eigenen Erzählungen, ihre eigenen Theologien (oder gar keine Theologie), ihre eigenen Bräuche, die oft von der Natur und von ihrem Umfeld bestimmt wurden. Europa war nicht die ganze Welt. Zudem war diese Expansion nicht auf die äußere Welt beschränkt. Die „innere Welt" wurde durch den Mystizismus, Spiritualismus, durch Meditationspraktiken und die Theosophie geweitet. Neue Dimensionen wurden inmitten der Komplexität der „modernen Welt" entdeckt. Manche Arten des Pietismus schienen auf diese Verunsiche-

---

2 Siehe den Artikel von Andreas Holzem in diesem Band.
3 Hobsbawm, Eric, Industry and Empire: an economic history of Britain since 1750, London 1969; Pollard, Sidney, The Idea of Progress: History and Society, Harmondsworth 1971.
4 Hick, John/Knitter, Paul F. (Hrsg.), The Myth of Christian Uniqueness, London 1988.

rung zu reagieren, indem sie universelle Werte und Wahrheiten betonten. Andererseits wurden die Denkweisen und Theorien der Aufklärung für das Verstehen der neuen Welt, oder von Welten, die entdeckt, aber noch nicht ausführlich erforscht worden waren, notwendig.

Das 18. Jahrhundert galt als ein Jahrhundert der Befreiung, d. h. eine Zeit der Trennung von den Ungewissheiten der Prädestination und der Angst vor der Willkür göttlich legitimierten Rechts zugunsten einer zivilen und säkularen Gesetzgebung. Justiz und natürliches Recht trennten sich von der Religion, ihren Zwecken und Mitteln. Freiheit und Libertinismus kennzeichneten dieses Jahrhundert, in dem auch ein neues Verständnis des Körpers und seiner Sexualität entweder positiv aufgenommen, oder im Gegenteil in konservativen christlichen Kreisen mit aufwendigen Strategien der Kontrolle, Unterdrückung und Ablehnung gebannt wurde.

So war das 18. Jahrhundert letztlich nicht nur ein Jahrhundert der Trennung, sondern auch eines philosophischer und wissenschaftlicher Aufbrüche. Denker der Aufklärung vermittelten Lösungen im Spannungsfeld zwischen Bewahrung hergebrachter Traditionen und Offenheit gegenüber einer unbekannten Zukunft. Neue Konzepte waren notwendig, als eine hauptsächlich friedliche Epoche schließlich durch gewalttätige politische Revolutionen aufgerüttelt wurde. Dies war eine brutale Infragestellung der neuen Ideen über das menschliche Individuum, den Staat und die Gesellschaft, und – vor allem für Christen – das Wesen Erlösung.

1. Kirche und Staat

1.1. Autokratie und Ausweisung: Frankreich und die Idee des Nationalstaates

In den 1670er Jahren hatten französische Protestanten Anlass zur Sorge, da Ludwig XIV. (1638–1715) nahezu davon besessen war, überall in der Gesellschaft und in allen Lebensbereichen die Präsenz und den Einfluss des Königshauses zu verstärken. Dies beeinträchtigte besonders die Hugenotten, die entschlossen waren, ihre eigene Form des christlichen Lebens zu bewahren. Wie sie umzusetzen versuchten, dass sie von Seiten des Königs zur Unterordnung aufgefordert waren, hielt dieser von Anfang an für unzulänglich. Die Hugenotten durften keine eigenen nationalen kirchlichen Synoden abhalten, ihre Kirchen wurden zerstört, und Entführungen waren so häufig, dass sich letztlich sogar die Regierung gezwungen sah, dem ein Ende zu bereiten. Allmählich wurden die vom Edikt von Nantes gewährten Freiheiten von neuen Gesetzen untergraben, welche die Glaubensfreiheit, den Rechtsstatus und sogar die wirtschaftliche Existenz der Protestanten einschränkten. Die Friedensverträge von Nimwegen (1678–1679) – welche den sich überlappenden Kriegen ein Ende setzten, in die Frankreich, die Republik der Sieben Vereinigten Republiken der Niederlande, Spanien, Brandenburg, Schweden, Dänemark, der Fürstbischof von Münster und das Heilige Römische Reich verwickelt waren,– machten Ludwig zum mächtigsten Herrscher in Europa. Der König favorisierte die Jesuiten und gab seiner Innenpolitik den Anschein, im Einklang mit dem römischen Papsttums zu handeln. In seiner Außenpolitik verteidigte er jedoch die französische Unabhängigkeit gegenüber Rom. Im Jahr 1683 entließ er seinen Ersten Minister, Jean-Baptiste Colbert, weil dieser demokratische Entscheidungen gegen die Feudalaristokratie durchgesetzt hatte, und ersetzte ihn durch François Michel Louvois. Mit Vollmachten ausgestattet, intensivierte er die Flut an Gesetzen gegen die Hugenotten, und forcierte vor allem die Schließung von Schulen und Akademien. Bereits 1681 hatte er als Kriegsminister die sogenannten Dragonaden eingeführt: die gewaltsame Einquartierung katholischer Soldaten in von Hugenotten bewohnte Dörfer und Häuser. Dies mag zu einigen Bekehrungen geführt haben, doch es blieb dabei, dass sich diese Protestanten in weiten Teilen dem König nicht fügten.[5] Deshalb beschloss Ludwig drastischere Maßnahmen und erließ im Oktober 1685 das Edikt von Fontainebleau (auch als *Révocation,* d. h. Widerrufserklärung des Edikts von Nantes bekannt). Dieser neue Erlass behauptete, dass sich der Großteil der Hugenotten bekehrt habe, und die Vorschriften der Edikte von Nantes und Nîmes daher überflüssig waren. Der Protestantismus wurde verboten, alle Kirchgebäude und Schulen sollten abgerissen werden, die Schulbildung aller hugenottischer Kinder sollte katholisch sein, und den hugenottischen Geistlichen wurde befohlen, Frankreich zu verlassen. Gewöhnlichen Laien war es untersagt, das Land zu verlassen. Dennoch gelang es ungefähr 300 000 Hugenotten heimlich zu fliehen, vor allem nach Brandenburg, aber auch in die Niederlande, die Schweiz, nach England und in seine Kolonien. In Berlin machten Hugenotten um 1700 ein Sechstel der Bevölkerung aus, wo viele von ihnen in die neugegründete Akademie der Wissenschaften aufgenommen wurden, die sich zu einer Wiege der modernen Wissenschaft und Forschung entwickelte. Eine Auswirkung dieser Entwicklung war, dass sich Frankreich als unfähig erwies, seine kulturelle und politische Vorherrschaft in Europa aufrechtzuerhalten.[6]

Parallel zu den Vorgängen in Frankreich leitete der Herzog von Savoyen die Unterdrückung der dortigen Hugenotten an. Viele von ihnen flohen in die Schweiz und nach Deutschland, wo sie neue Gemeinden bildeten. 1689 kehrte jedoch eine Gruppe von etwa neunhundert Flüchtlingen, in der sogenannten „la glorieuse rentrée" („die glorreiche Rückkehr"), in ihre Täler zurück, da diese Rückkehrer

---

5   Adams, Geoffrey, The Huguenots and French Opinion 1685–1787. The Enlightenment Debate on Toleration, Waterloo 1991.
6   Glozier, Matthew/Onnekink, David, War, Religion and Service. Huguenot Soldiering, 1685–1713, Burlington 2007.

mit dem Herzog einen Kompromiss schlossen, der allen inhaftierten Hugenotten die Freiheit gewährte und ihnen erlaubte, ihre Kirchen wieder aufzubauen. Anders als im autonomen Savoyen strebte Ludwig XIV. jedoch weiterhin danach seine absolutistischer, katholischer Herrschaft auszubauen. Im Rahmen dieser Politik verfolgte er die Hugenotten besonders im Elsass und in Orange und besetzte 1688 die Pfalz und Köln.

Die 1702 von den Hugenotten gegen die römisch-katholische Vormacht initiierte Aufstand der *Camisards* in den Cevennen im südlich-zentralen Teil Frankreichs steht beispielhaft für die Spannungen, die sich aus der Unterdrückung religiöser Gruppen im 18. Jahrhundert ergaben. Ungefähr eine halbe Million Hugenotten verblieben auch nach 1685 innerhalb der Grenzen Frankreichs, größtenteils der Verfolgung ausgesetzt. Dennoch hielten sie am Glauben ihrer Vorfahren fest und versammelten sich nach dem Vorbild der Christen der römischen Antike an unzugänglichen Orten – auf Heiden, in Wäldern, Schluchten, Höhlen. Sie nannten sich „assemblées du désert" und suchten in der spärlich besiedelten Landschaft des Languedoc, vor allem in den Cevennen, Schutz. Voll von missionarischem Eifer traten hier Hugenotten, einschließlich Frauen und Kinder, mutig auf, um ihre Visionen und Prophezeiungen vom Ende der Welt und der endgültigen Strafe zu verkünden, die Gott der römisch-katholischen Kirche und ihren Geistlichen, sowie der französischen Nation und ihrem König erteilen würde. Von Dorf zu Dorf, von Berg zu Berg, breiteten sich geistlich inspirierte Botschaften, und wohl auch Gerüchte aus. Diese hugenottischen Rebellen zögerten nicht, sich den Behörden zu widersetzen, was zu überfüllten Gefängnisse voller enthusiastischer, oft Hymnen singender Menschen führte. Im November 1701 wurden zweihundert „Propheten" in den Cevennen verhaftet und zur Galeerenstrafe oder langjährigem Militärdienst verurteilt. 1702 wurde geschätzt, dass es in den Cevennen achttausend dieser „Propheten" gab, von denen viele – erstaunlicherweise – Kinder waren, die in perfektem Französisch Bußpredigten hielten.

Pierre Laporte, auch Rolland genannt, aus Alais, – obwohl eigentlich in Mas Souberan geboren – galt als der Anführer der Rebellion und behauptete der „höchste Anführer der Kinder Gottes, die Gewissensfreiheit verlangen" zu sein. Seine Botschaften erhielt er angeblich vom „Lager Jehovas". Laporte starb im Kampf gegen die königlichen Truppen und Jean Cavalier, einer der Anführer im Aufstand der *Camisards*, wurde sein Nachfolger. Die „Camisards" gaben sich ihren Namen aufgrund der sogenannten „camises", der Bauernblusen, die sie anstelle von Uniformen trugen. Obwohl die Franzosen in Nîmes mit Reitern und Kavallerie auf die Rebellen trafen, siegten die Bauern, Hymnen singend, im Kampf. Lange gelang es dem General der königlichen Truppen ebenfalls nicht, den Aufstand niederzuschlagen. Mit Baville, dem königlichen Gouverneur, vereinbarte er, die gesamten Cevennen in ein Ödland zu verwandeln, um die *Camisards* zu bezwingen. 466 Dörfer wurden verbrannt und 20 000 Menschen umgebracht. Am 14. Dezember 1702 wurden die letzten Dörfer zerstört, obwohl vereinzelte Kämpfe bis 1705 weitergeführt wurden.

In den protestantischen Nationen Europas war dieser radikale Kampf gegen die Hugenotten bekannt, und in England und den Niederlanden wurde Unterstützung für ihre Sache mobilisiert. Die protestantischen Mächte versuchten, die leidenden *Camisards* zu ermutigen, doch der Krieg zog sich weiter hin. Es bildete sich ein katholisches Freikorps aus vierhundert Männern, unter der Führung eines Müllers namens Florimond, die sich die „Kreuzritter" nannten. Diese Männer wurden sogar von der katholischen Bevölkerung, die sie zu beschützen beabsichtigten, gefürchtet. Schließlich gaben die Militärführer den Kampf auf, doch die *Camisards* waren nicht bereit, sich mit einem Friedensvertrag zufriedenzugeben. Manche ihrer Anführer suchten im schweizerischen Lausanne – und später in Bern und im protestantischen Zürich – Zuflucht. Von dort gingen sie nach Württemberg und brachten ihre Bräuche und ihren religiösen Enthusiasmus mit. Andere gingen nach London, um sich um protestantische Unterstützung zu bemühen. Der Bischof von London gestattete es dem Konsistorium der ansässigen französischen Gemeinde, sie zu befragen. Es erklärte 1707 die Überzeugungen der *Camisards* zu spiritualisischen und „fleischlichen" Irrlehren, was zu neuen Kontroversen gegen sie in England führte. Was in den Cevennen begonnen hatte, wurde jetzt zum europäischen Konflikt. Allmählich fand der Krieg dort zwar ein Ende, einen formalen Friedensschluss gab es jedoch nicht.

Der Aufstand der *Camisards* ist nicht mit herkömmlichen „Glaubenskriegen" vergleichbar. Er ist eher mit dem politisch und sozial motivierte deutschen Bauernkrieg des 16. Jahrhunderts vergleichbar. Wie die Wiedertäufer in Deutschland beanspruchten die *Camisards* für sich über autoritative Offenbarungen und Prophezeiungen zu verfügen, Wunder zu vollbringen und ekstatische Erlebnisse zu haben. Ihr Aufstand war wegen der festen Überzeugung seiner Anhänger bemerkenswert; einer Überzeugung, die oft im Märtyrertod mündete. Die moralischen Maßstäbe, von denen ihre Armee bestimmt war, waren vergleichbar mit denen der böhmischen Truppen – der „Taboriten" – während der Hussitenkriege des 15. Jahrhunderts, so wie denen der von Oliver Cromwell angeführten „Ironsides" im englischen Bürgerkrieg. Den Kriegern war es z.B. vorgeschrieben, drei Mal am Tag am gemeinsamen Gebet teilzunehmen, das Fluchen war streng verboten. Die protestantische Armee galt als „die Armee des Herrgottes".[7] Der ursprünglich traditionelle Protestantismus der französischen Hugenotten hatte sich, getrieben von der Angst um ihre bloße Existenz und um ihr Wohnrecht in ihrem Heimatland, das sie sich nur durch die Anwendung von Gewalt sichern konnten und immer wieder neu erkämpfen mussten, zunehmend radikalisiert.

---

7 Siehe den Artikel von Holzem in diesem Band.

Als große Organisator der hugenottischen Bewegung, als „Restaurator des Protestantismus in Frankreich", galt Antoine Court (1696–1760). Ein Jahr nach dem Tod Ludwigs XIV. (1715) rief er in Nîmes eine Synode der Geistlichen und Laien zusammen. Dort wurde als erster Hugenotte seit der Aufhebung des Edikts von Nantes in Frankreich ordiniert. Angesichts der drohenden Verfolgung floh er in die Schweiz, wo er ein Seminar zur Ausbildung von Geistlichen für die „Kirche der Wüste" gründete. In den darauf folgenden Jahren erwiesen sich die Versuche des neuen Königs, Ludwig XV., und der französischen Bischöfe, die Hugenotten auszurotten, ebenfalls als vergebens.

1.2. Absolutistisches Frankreich

Ludwig XIV. wuchs unter dem Einfluss des Italieners Jules Raymond Mazarin (1602–1661) auf, dem es gelungen war, während des sogenannten „Fronde" (1648–1653) den Aufstand des Adels in einer Reihe von Bürgerkriegen, die mitten im Französisch-Spanischen Krieg stattfanden, niederzuschlagen. Beeindruckt von Mazarins Erfolg, reagierte der König während seiner Herrschaft empfindlich gegen jede fremde Macht, die seine Position zu gefährdeten drohte. Mazarin blieb als französischer Außenminister bis zu seinem Tod in 1661 im Amt und unterstützte Ludwig bei der Ausweitung der Kontrolle über sein Königreich und seine Untertanen. Tatsächlich war Ludwigs Staatsdoktrin, eine monarchisch-theokratische Idee, von Mazarin geschmiedet worden. Damit konnte Ludwig die Unterstützung der Massen gewinnen, die unter der „feudalen" Herrschaft des Adels litten. Diese, als privilegierte Klasse, leisteten dem König zwar etwas Widerstand, doch die ranghöchsten der französischen Adligen vernachlässigten ohnehin ihre Untertanen auf dem Land und in der Provinz, indem sie nach Paris zogen, um das Leben am neuen und opulenten Königshof zu genießen. Auf diese Weise wurde Ludwig zu einem autokratischen Herrscher, der sich dennoch großer Beliebtheit im Volk erfreute.

Gemäß der von Mazarin entwickelten absolutistischen und theokratischen Theorie, nahm der König tatsächlich an der Sphäre des Heiligen teil. Den Körper des Königs z.B. hielt man für eine Verkörperung der Macht Gottes. Diese Art des Absolutismus gab neue juristische Möglichkeiten, die Einheit der Kirche, jenseits von den theologischen oder religiösen Streitigkeiten, zu sicher zu stellen.

Das Bild, in dem Ludwig XIV. sich zeigte, war in der modernen Geschichte so gut wie beispiellos. Er identifizierte sich mit der Sonne, und nannte sich „le Roi-Soleil", „der Sonnenkönig". Der Apollo-Springbrunnen im Königsschloss von Versailles machte dies deutlich: er selbst war die Sonne, die jeden Morgen von Apollo aus dem Meer entnommen wurde, um ihr göttliches Licht auf die Erde zu werfen. Eine besondere Faszination übten die römischen Kaisern auf den König aus, allen voran Augustus, dessen Herrschaft, zum Zeitpunkt der Geburt des Erlösers, ein goldenes Zeitalter des Friedens im ganzen Reich einleitete. Andere Kaiser, die sich als „sol invictus", als „unbesiegte Sonne" verehren, waren für den König und für diejenigen, die seine Propaganda entwarfen, eine Quelle der Inspiration.[8]

Doch die Ansprüche des französischen Königs blieben nicht ohne Widerspruch: Der Gallikanismus, der die Eigenständigkeit der französischen Kirche gegenüber Rom betonte und die päpstliche Kontrolle einzuschränken sowie die Verwaltungsbefugnisse der nationalen Kirche zu erweitern strebe, führte ab 1673 zum sog. Regalienstreit zwischen Papst und französischem König, der 1682 damit endete, dass Rom durch den verstärkten Einfluss des Jesuitenordens einen Sieg errang. Am Anfang des neuen Jahrhunderts versuchten Jansenisten Anerkennung zu finden, und erhielten dabei die Unterstützung der Universität von Paris. Clemens XI. (Papst, 1700–1721), forderte jedoch absoluten Gehorsam gegenüber Rom, und Ludwig XIV. stand darin fest hinter ihm. Die Zisterzienserinnen von Port-Royal, deren Kloster als Mittelpunkt des Jansenismus betrachtet wurde, weigerten sich eine päpstliche Bulle zu unterzeichnen, in der sie sich der Unterordnung unter der Papst verpflichten sollten, weshalb ihr Kloster 1709 zerstört wurde. Der Erzbischof von Paris, Louis Antoine de Noailles, sowie der gesamte französische Klerus, unterstützten zwar die Umsetzung der Bulle, wollten aber auch die Übersetzung des Neuen Testaments von Pasquier Quesnel, einem mutmaßlichen Jansenisten, schützen, was nicht gelang: 1713 verurteilte Clemens XI. in der Bulle „Unigenitus" 101 Verse des Neuen Testaments in Quesnels Übersetzung als jansenistisch oder auf andere Art ketzerisch. Mit dieser Bulle wurde das augustinische Christentum zugunsten eines jesuitischen Semipelagianismus nahezu ausgerottet. Der französische Klerus war jedoch hierüber gespalten: Viele waren bereit, jede päpstliche Entscheidung zu akzeptieren; andere, geprägt vom Geist des Gallikanismus forderten einen Generalrat. Eine dritte Gruppe wandte sich schließlich komplett gegen den Jesuitenorden, die Monarchie und die katholische Kirche – manche sogar ganz gegen den christlichen Glauben.

Die französische römisch-katholische Kirche hatte durch den Mystizismus von Franz von Sales (1567–1622) und andere, oft als „Quietisten" bezeichnete Autoren, Einfluss auf die gelehrte Welt und die führenden Familien Frankreichs. Solange solche Tendenzen das sakramentale System der Kirche unterstützten und als Wege zur mystischen Einheit mit Gott betrachtet wurden, stellten sie keine Gefahr für die katholische Kirche dar. In der vom spanischen Quietisten Miguel de Molinos (1628–1696) in seiner „Guía spiritual" (1675) entwickelten Version des Quietismus, wurden die inneren Werte des Individuums jedoch auf Kosten des Vertrauens in äußerliche kirchliche Formen betont. Diese Befreiung des Geistes und der Seele gefährdete den Einfluss der Kirche, vor allem das Instrument des Bußsakraments. Nach 1680 intensivierte sich die Diskussion über den quietistischen Mystizismus und gipfelte einem Urteil der Inquisition, die 68 Sätze seines Buches verdammte. Molinos widerrief sie.

---

8 Burke, Peter, The Fabrication of Louis XIV, New Haven 1992.

In Frankreich jedoch lebte der Quietismus weiter, wo er in Madame Guyon (1648–1717, geborene de la Motte) eine bemerkenswerte Fürsprecherin fand. Verwitwet, wendete sie ihr gesamtes Vermögen für Taten der christlichen Nächstenliebe unter den Armen auf, während sie gleichzeitig auch ein Traktat über das Beten schrieb. Dieses führte zu einer neuen „mystischen" Erweckung, die für viele eine Alternative zur „moralischen" Erweckung der Jesuiten darstellte. Madame Guyon wurde von den Jesuiten angegriffen, fand jedoch im Erzbischof von Cambrai, François Fénelon (1651–1715), einen Verbündeten, Freund und Unterstützer. Dieser Geistliche war ein gebildeter Weltbürger, Erzieher des Dauphins und bei Hofe hochangesehen. Dort konkurrierte er mit dem Bischof Jacques-Bénigne Bossuet (1627–1704), der mit den Jesuiten sympathisierte und Fénelon daher als gefährlichen Rivalen betrachtete. Madame Guyons Schriften wurden 1695 von der Konferenz von Issy verurteilt und sie wurde – in verschiedenen Klöstern und letztendlich in der Bastille – fast zehn Jahre lang inhaftiert. Sie selbst war durch die Haft geistig und körperlich gebrochen und widerrief ihre Schriften, doch ihr Vorkämpfer Fénelon nahm die Ideen des Quietismus als wichtigen Impuls für die Erneuerung des katholischen Lebens auf. In seinem Buch „Maximes des saints sur la vie intérieure" („Grundsätze der Mystiker", 1698), stellte er Madame Guyons Ideen vor, und betonte die ethische Dimension des Quietismus. Er wurde unmittelbar von Bossuet angegriffen, was den König dazu veranlasste, ihn vom Königshof zu verbannen. Unter dem Druck des Königs verurteilte Papst Innozenz XII. 1699 die dreiundzwanzig Thesen aus Fénelons Buch als „fehlgeleitet", jedoch nicht als ketzerisch. Fénelon, der nach Cambrai zurückgekehrt war, veröffentlichte das päpstliche Urteil in seiner ganzen Diözese, um zu zeigen, wie er einer Religion des bedingungslosen Gehorsams eine evangelische Gewissensreligion entgegensetzen.

Nach dem Sieg über den Jansenismus und dem quietistischen Mystizismus war Frankreich der Vorherrschaft der Jesuiten ausgesetzt, die ihre Frömmigkeitsformen verbreiteten. Frankreich wurde im Spanischen Erbfolgekrieg, der 1714 zu Ende ging, bezwungen und verlor Teile seiner Territorien in Nordamerika sowie Marinestützpunkte im Mittelmeer. Wie zuvor erwähnt, sah sich König Ludwig als die Sonne – und die gesamte Symbolik des Königs wurde erzeugt, um den König im Bild der Sonne zu gestalten, die als natürliches Phänomen normalerweise während ihres Flugs über den Himmel der Erde Licht und Leben schenkt. So passt es ins Bild zu sagen, dass die Sonne mit dem Tod des Sonnenkönigs Ludwig XIV. im Jahr 1715 über Frankreich unterging.

1.3. Religiöse Orden

Das innere Leben der französischen Kirche hatte den Initiativen des 17. Jahrhunderts, vor allem der Reform der Mönchsorden, aber auch der Geburt moderner, freier kirchlicher Gemeinschaften und Kongregationen viel zu verdanken. Die wichtigste dieser Initiativen war vielleicht die Arbeit von Vincent von Paul (1581–1661), der 1625 die Kongregation der, „Lazaristen" oder „Vincentiner" für die Missionsarbeit im ländlichen Frankreich und die Ausbildung von Priestern begründete. Zusammen mit Luise von Marillac (1591–1660) gründete er den Orden „Filles de la Charité", die Schwestern der Barmherzigkeit. In diesem Orden legten die nicht-klösterlichen Frauen keine ewigen Gelübde ab und konnten so weiterhin auf eine Weise, die den Nonnen anderer Orden nicht möglich war, unter den Armen und Kranken arbeiten.

Während des 18. Jahrhunderts existierten diese und viele andere Gemeinschaften weiter, neue Kongregationen wurden aber nicht gegründet. Eine bedeutende Initiative wurde jedoch von den Jesuiten ergriffen, nämlich die Gründung der Gesellschaft vom Heiligen Herzen Jesu, „Sacré Coeur", der v. a. durch seine spezifischen Andachtspraktiken hervorstach. Diese rezipierten hauptsächlich die Offenbarungen der Nonne Margareta-Maria Alacoque (1647–1690), in denen ihr Christus erschien und den Wunsch äußerte, sich mit ihr zuverloben. In einer Vision von 1674 hatte ihr Christus sein mit Liebe entflammtes Herz gezeigt und dazu aufgefordert es am zweiten Freitag nach Fronleichnam jeden Jahres zu verehren. Der daraufhin entstehende Herz-Jesu-Kult wurde von den Jesuiten, vor allem vom jesuitischen Theologen Joseph de Gallifet (1663–1749), gefördert. Er war davon überzeugt, dass die Liebe Gottes in allen Gliedern Jesu, einschließlich seines Herzens, präsent sei. Auf diese Weise wurde der religiöse Spiritualismus in eine Art Materialismus transformiert.[9] Schließlich wurde der Herz-Jesu-Kult vom Papst anerkannt.

1.4. Mitteleuropa

1683 siegten die vereinten Heere des Heiligen Römischen Reiches, Polen-Litauens, des Kirchensataates und Venedigs in der Schlacht am Kahlenberg vor Wien endgültig über die Truppen des Osmanischen Reichs. Die katholischen Mächte sahen darin sofort die Chance, in Ungarn nicht nur die muslimische Herrschaft, sondern auch den Protestantismus auszurotten, da die kaiserliche Regierung in Wien freie Hand gegen die Protestanten hatte; nur im abgelegenen Siebenbürgen konnten sie standhalten. Die Zwangskonvertierung zum Katholizismus wurde von den Österreichern in Schlesien schon 1680 betrieben, 1707 jedoch mit der Altranstädter Konvention vom schwedischen König Karl XII. beendet. Eine kleinere Gruppe Lutheraner blieb in Salzburg; während des Winters 1685 wurden ungefähr eintausend von ihnen aus des Landes verwiesen, sogar ihre Kinder mussten sie zurücklassen. August I. von Sachsen, zunächst lutherischer Führer des „Corpus

---

9 Bächtold-Stäubli, Hanns/Hoffmann-Krayer, Eduard (Hrsg.), Handwörterbuch des deutschen Aberglaubens, Berlin 1927–1942, 683.

Evangelicorum", bekehrte sich 1697 zum römischen Katholizismus und wurde zum König von Polen gewählt. Dadurch verstärkte der Katholizismus seine Position in Ostmitteleuropa. In Verbindung mit der französischen Expansion in Nordamerika, stellten diese Entwicklungen eine Gefahr für den britischen und mitteleuropäischen Protestantismus dar.

Die Vielfalt der Spielarten des Protestantismus bildeten ein bleibendes Problem für Herrscher, die mitteleuropäische Einheit durch eine gemeinsame Konfession stärken wollten. 1727 begann der neue Fürsterzbischof von Salzburg Leopold von Firmian mit Unterstützung der Jesuiten, die mehr als zwanzigtausend Protestanten in seinem Machtbereich ausfindig zu machen mit dem Ziel, sie in die Katholische Kirche zurückzuführen. Die Protestanten organisierten sich jedoch und verfassten einen „Treueschwur der evangelischen Salzburger", das Schwarzacher Salzlecken (vgl. 2. Chr 13,5), in dem sie das Recht das Land zu verlassen forderten, falls ihnen die freie Religionsausübung unter Leitung ihrer eigenen Pastoren nicht gewährt werde. Dies wurde abgelehnt, die Grenzen durch Soldaten aus Wien abgeriegelt und die Salzburger Protestanten gefangen genommen. Es gelang ihnen jedoch die Anführer des „Corpus Evangelicorum" in Regensburg um Unterstützung zu bitten, indem sie ihnen Listen der 20 677 einzelnen Protestanten im Gebiet von Salzburg zukommen ließen. Das „Corpus Evangelicorum" griff ihre Sache auf und forderte ein Ende der Inhaftierung und Abschiebungen, kam damit aber zu spät. Der Erzbischof hatte schon den Ausweisungsbefehl unterzeichnet, der am Reformationstag, am 31. Oktober 1731 ausgeführt werden sollte. Personen ohne Grundbesitz wurde befohlen, innerhalb von acht Tagen das Land zu verlassen. Bauern und Handwerkern wurde drei Monate eingeräumt, um ihr Eigentum zu verkaufen und das Land zu verlassen. Dies hätte bedeutet, dass sie Österreich zu einer Jahreszeit, in der die Bergpässe wegen Schneefalls geschlossen werden mussten, hätten verlassen müssen. Das widersprach jedoch nach Meinung der Protestanten dem Westfälischen Frieden von 1648, der eine Warnfrist von drei Jahren vor einer Ausweisung festlegte. Der Erzbischof argumentierte jedoch seinerseits, dass es sich bei den Protestanten um Rebellen handele, die somit nicht unter die Bedingungen des Westfälischen Friedens fielen. Die ersten Protestanten wurden Ende November 1731 vom Militär an die Grenze eskortiert. Nach weiteren Verhandlungen mit protestantischen Anführern wurde das endgültige Datum der Ausweisung aus Österreich auf den 24. April 1732 festgelegt.

Der preußische König griff ein und unterzeichnete ein auf den 2. Februar 1732 datiertes Einladungspatent an alle österreichischen Protestanten. Er bot diesen Flüchtlingen Land im dünn besiedelten und vielerorts noch nicht urbar gemachten Ostpreußen und drängte auch andere protestantische Fürsten und Städte dazu, den Flüchtlingen zu helfen, indem sie ihnen den Durchzug durch ihre Länder gewährten und sie – die sogenannten „Exulanten" – mit Nahrung und Unterkunft versahen. Erhebliche Geldbeträge wurden von protestantischen Gemeinden in England, den Niederlanden, Dänemark und den deutschen Staaten gesammelt. Die

Ausweisung der Protestanten aus Österreich diente auch als massive Propaganda-quelle für die „humanen" protestantischen Regierungen. Zeitungen wurden in großen Mengen gedruckt, Medaillen herausgegeben und das „Exulantenlied" wurde allgemein bekannt. Dass als biblisches Leitbild der Exodus der Israeliten aus Ägypten diente, mag nicht verwundern.[10]

Die Aufnahme vertriebener Protestanten, wie beispielsweise der Salzburger Ex-ulanten, waren für protestantische Herrscher eine willkommene Methode zur Sta-bilisierung der ökonomischen und religiösen Struktur der Bevölkerung. So kamen auch in Skandinavien über Jahrzehnte immer neue Flüchtlingswellen, vor allem aus Hessen und der Pfalz, an. Die Könige versprachen sich durch die Aufnahme der Flüchtlinge eine Bewirtschaftung bislang brach liegender Gebiete. Dort führten die Neuankömmlinge jedoch ein hartes Leben als isolierte deutschsprachige Paral-lelgesellschaft. Die Zeiten, in denen hugenottische Eliten in den protestantischen Hauptstätten begrüßt worden waren, waren vorbei.

1.5. Toleranz und Dissens in England

Nach der „Glorreichen Revolution" von 1689 war es für Wilhelm III. (1650–1702), dem niederländischen Statthalter, der zusammen mit seiner englischen Ehefrau Maria II. den königlichen Thron von England bestiegen hatte, notwendig die Bezie-hung zwischen Staat und Kirche neu zu regeln.

Innerhalb der siegreichen Partei[11] gab es drei Fraktionen. Erstens die Dissenter, die eine vollständige Trennung zwischen Staat und Kirche und die volle Religions-freiheit, außer für Katholiken oder Unitarier anstrebten. Zweitens die hochkirchli-chen Anglikaner, die sich den Tories anschlossen, um die vom Erzbischof von Canterbury, William Laud, vor seiner Hinrichtung 1645 geförderte Rechtsordnung zu bewahren. Und drittens die liberalen Anglikaner, die zusammen mit der Partei der Whigs als Mittelweg einerseits die anglikanische Kirche als Staatskirche be-wahren wollten, andererseits Dissens gestatten wollten.

Toleranz war für die Briten eine Notwendigkeit, da der Handel auf dem der britische Wohlstand beruhte ein gewisses Maß an Liberalismus und Freiheit benö-tigte, um grenzüberschreitend agieren zu können. Die klassische Formulierung der Toleranz wurde von John Locke in seiner „Epistola de tolerantia" („Brief über die Toleranz", 1689, 1690, 1692) dargelegt. Wilhelm III. folgte, mit gewissen Anpassun-gen, Lockes Plädoyer, und im Frühling 1689 verabschiedete das Parlament die soge-nannte Toleranzakte, ein Gesetz zur „Freiheit und Nachsicht für protestantische Dissenter" („Liberty and Indulgence to Protestant Dissenters"). Durch dieses Ge-

---

10 Marsch, Angelika, Die Salzburger Emigration in Bildern und einem Verzeichnis der zeit-genössischen Kupferstiche, Salzburg 1986.
11 Siehe den Artikel von Holzem in diesem Band.

setz wurde die anglikanische Kirche als Staatskirche Englands bestätigt, mit einer Regelung, die manchen der königlichen Untertanen Ausnahmen von der kirchlichen Gerichtsbarkeit und hinsichtlich gewisser Bußverfahren gestattete. Somit wurde die „Church of England" in der Tat qua Gesetz geteilt, da die Toleranzakte den Nonkonformisten die Versammlungs- und Kultusfreiheit gewährte, unter der Voraussetzung, dass deren Klerus den Oath of Supremacy and Allegiance leistete, einen Widerruf der Transsubstantiatonslehre unterschrieb und sich an siebenunddreißig der „Neununddreißig Artikel" anpasste. Ausgenommen waren jene Artikel, die sich mit der Kindertaufe befassten.

Dissenter sollten weiterhin Kirchensteuern zahlen und es war ihnen untersagt, öffentliche Pflichten aufgrund ihrer Religion zu verweigern. Alle religiösen Versammlungen sollten öffentlich sein, und die Gotteshäuser der Nonkonformisten sollten vom Klerus der Staatskirche registriert und genehmigt werden. Im öffentlichen Leben wurden jedoch die religiösen Toleranz nicht umfassend umgesetzt: die Testakte und der „Corporation Act" blieben in Kraft, und Dissenter durften kein ziviles Amt übernehmen. Die letztgenannte Bestimmung blieb bis 1828 gültig.

Die englische Toleranzakte unterschied sich von dem Edikt von Nantes (1598) und dem Westfälischen Frieden (1648) insofern, dass sie sich nicht auf Mitglieder einer bedeutenden Konfession beschränkte, sondern tatsächlich Freikirchen erlaubte im Rahmen des Staates zu existieren.[12] Zusammen mit der englischen Übersetzung von Lockes (lateinischer) „Epistola", stellte die Toleranzakte nicht nur in der öffentlichen Wahrnehmung sondern auch im Verhalten des Staates gegenüber seinen Untertanen, die Grundlage für eine prinzipientreue und praktische Religionsfreiheit in England. Die Akte wurde von den Whigs und den Freidenkern unterstützt, mit der Folge, dass das Christentum de facto auf eine eng begrenzte Zahl grundlegender moralischer und religiöser Wahrheiten reduziert wurde. Das „sittliche Leben" nahm eine größere Bedeutung ein als die übernatürliche Offenbarung, die wiederum nur dann vertretbar blieb, wenn man sie für im Einklang mit der Vernunft hielt.

Der Berater Wilhelms III. in Religionsangelegenheiten war Gilbert Burnet (1643–1715), Bischof von Salisbury. Er sah in der neuen Struktur der Beziehungen zwischen Staat und Kirche drei Problemgruppen, mit denen man sich auseinandersetzen musste: die Dissenter, die Katholiken und die Eidverweigerer. Burnet war für eine größere Freiheit für Dissenter, was zum berüchtigten „Occasional Conformity Act" (1711) führte, der festlegte, dass ein Dissenter unter der Bedingung einmal in der Staatskirche das Abendmahl erhalten zu haben, zur Bekleidung eines öffentlichen Amts berechtigt war, selbst wenn er Mitglied seiner eigenen religiösen Gesellschaft blieb. Gegen die Katholiken agierte Burnet mit strengen anti-katholi-

---

12 Kamen, Henry, The Rise of Toleration, London 1967, 193–215.

schen Gesetzen, die sowohl von den Tories, als auch den Whigs unterstützt wurden. Seine Ansicht speiste sich wohl – zumindest teilweise – aus Berichten über die Gräueltaten gegen evangelische Christen auf dem europäischen Kontinent. Der Spanische Erbfolgekrieg (1701–1714) wurde als Religionskrieg betrachtet, und die Siege des englischen Herzogs und Feldmarschalls John Churchill, 1. Duke of Marlborough (1650–1722), der ein Unterstützer Wilhelms III. war und der Führer der britischen Armee im Krieg gegen das katholische Spanien, wurden als erkennbare Zeichen des triumphierenden Protestantismus gesehen.

Das schwierigste Problem, mit dem sich Burnet zu beschäftigen hatte, war das der Eidverweigerer. Hierbei handelte es sich um Geistliche, die sich vom Treueeid zu Jakob II. nicht entbunden fühlten und deshalb Wilhelm nicht als König anerkennen wollten, obwohl sie bereit waren, ihn als Regenten zu respektieren. Bischof Burnet und John Tillotson, der Dekan der St. Pauls Kathedrale in London, versuchten zunächst, diese Eidverweigerer mittels Toleranz für die neue Regierung zu gewinnen, doch die Whigs bestanden auf die Entlassung dieser neun Bischöfe und vierhundert weiterer Klerikern aus ihren Ämtern.

Toleranz auf der innerprotestantischen Seite und der „Sieg" über den römischen Katholizismus auf der anderen Seite, setzte während der Herrschaft Wilhelms III. und Marias neue nationale und kulturelle Kräfte frei, die in Bereichen außer der Religion zu finden waren. Die Literaturkritik (z. B. Alexander Pope und Joseph Addison), Kunst und Architektur (z. B. Christopher Wren), und Musik (z. B. Georg Friedrich Händel) erblühten. Religionsphilosophie hatte, unter anderem mit dem Adligen und Philosophen Lord Anthony Ashley Cooper, 3. Earl of Shaftesbury (1671-1713), dem Enkel des Politikers Lord Anthony Ashley Cooper, 1. Earl of Shaftesbury (1621-1683), an der Spitze großen Erfolg. Shaftesbury ging davon aus, dass der Mensch ein moralisches Empfinden besitze, eine gegebene Fähigkeit, zwischen Gut und Böse unterscheiden zu können.

Das religiöse Leben war von einem praxisorientierten Zugang zu den Problem der Zeit geprägt. Etliche religiöse und philanthropische Gesellschaften wurden gegründet, die bedeutendsten unter ihnen waren die Society for Promoting Christian Knowledge (SPCK, 1698) („Gesellschaft zur Förderung des christlichen Wissens") und die Society for the Propagation of the Gospel (SPG, 1701) („Gesellschaft für die Verbreitung des Evangeliums"). Einen Rückschlag gab es 1713–1714 mit der Veröffentlichung des „Established Church Act", allgemein auch als „Schism Act" bekannt, der es Nonkonformisten untersagte, sowohl in öffentlichen als auch in privaten Schulen zu unterrichten. Der Erlass wurde jedoch rasch durch den „Religious Worship Act" von 1718 aufgehoben.

Die Könige aus dem Haus Hannover, Georg I. (1660–1727, Kg. ab 1714) und Georg II. (1683–1760) waren keine Briten und hatten wenig Interesse an der „Church of England". Die Politik ihres Ministers, Sir Robert Walpole (1676–1745), seit 1730 erster Premierminister, wurde generell als antireligiös betrachtet. Synoden von Geistlichen, „Houses of Convocation" genannt, wurden als unergiebige Zeitverschwendungen angesehen, und aufgelöst. Sie sollten sich für die nächsten einhundertfünfzig Jahre nicht wieder einberufen werden. Dies erstickte jede kirchliche Reform und trug dazu bei, dass die Kirche ihr Recht und die Möglichkeit einstimmig zu sprechen verlor. Die höchsten kirchlichen Ämter wurden als politische Belohnungen angesehen, und die meisten der religiösen Gesellschaften wurden unterdrückt. Bereits 1730 existierten nur noch die SPCK und die SPG.

2. Entstehung und Verbreitung des Pietismus

Nach fünf Jahren in Dresden wurde Philipp Jakob Spener (1635–1705) 1691 in Berlin zum Probst an der Nikolaikirche ernannt. In Dresden und Berlin unterließ er die Gründung von Konventikeln, die er in Frankfurt am Main, mit dem „Collegium Pietatis" gefördert hatte, drängte jedoch andere lutherische Geistliche dazu. In Dresden hatte Spener den jungen Theologen und Orientalisten August Hermann Francke (1663–1727) kennen gelernt. Von Speners Spiritualität tief beeindruckt suchte Francke ihn als Mentor auf. Derart geprägt trug Francke, der 1692 an der Universität zu Halle Theologieprofessor wurde, daher entscheidend dazu bei, dass der Pietismus in Brandenburg-Preußen, das sich zum fortschrittlichsten und mächtigsten deutschen Einzelstaat entwickeln sollte, Wurzeln schlug. Von diesem Zentrum aus sollte die kirchliche und theologische Szene, durch den von Spener beeinflussten Francke, der ein hervorragender Pastor, Prediger, Theologe, Pädagoge und Organisator war, völlig umgewandelt werden. Als ein geborener Lübecker war er zudem vom lutherischen mystischen Schriftsteller Johann Arndt (1555–1621) beeinflusst.

1687 wurde zum entscheidenden Jahr für Francke, zu dieser Zeit Professor in Leipzig, da er intensiv mit dem Gefühl rang, den Glauben an die lutherische Bekenntnisse, an die Bibel als Wort Gottes, und sogar seine Überzeugung der Existenz Gottes, verloren zu haben. Doch dieser „Bußkampf" führte zu einer Bekehrung, die ihn für den Pietismus zum Prototyp werden ließ.[13] In einer Nacht der Verzweiflung gewann Francke sein Vertrauen in den lebendigen Gott und die Überzeugung, dass Gott sein Vater war. Dies geschah, laut Francke, im Handumdrehen. Später beharrte er nicht darauf, dass ein derartiges Erlebnis für alle Christen zwingend sei, doch war er von der Notwendigkeit eines zum Bekehrungszustand hinführen-

---

13 Kramer, Gustav, August Hermann Francke. Ein Lebensbild, Halle 1880, 34.

den bußbereiten Kampfes überzeugt. Ein wahrer Christ zu sein bedeutete für Francke, bekehrt, verändert zu sein.

In Leipzig geriet er jedoch in schwere Meinungsverschiedenheiten mit der lutherisch-orthodoxen theologischen Fakultät. Um gegen die vom ihm als steril betrachtete Orthodoxie zu kämpfen, gründete er mit seinen Freunden Konventikel, welche die „praxis pietatis" anstrebten. Diese wurden jedoch von den Geistlichen der Stadt nicht geduldet, und so ging Francke, auf Speners Drängen hin, nach Halle. Hier wurde er Professor für orientalische Sprachen und Pastor in Glaucha, einer Stadt mit vielen sozialen Problemen. In Glaucha gründete er eine Schule für arme Kinder, die später zum Internat wurde. Hinzu kam ein „Waisenhaus", eine Einrichtung die Spener in den Niederlanden kennengelernt hatte, als eine Kombination von Waisenhaus, Internat und Kloster.

Wohltätige Werke waren für Francke wichtig, doch noch dringender war Bildung für die Jugend. Während seiner Amtszeit in Glaucha schuf Francke die Voraussetzungen für die berühmten Franckeschen Stiftungen. In einer von der Einteilung in soziale Schichten geprägten Gesellschaft gründete er öffentliche Grundschulen, die sogenannten Deutschen Schulen, eine Lateinschule für die mittleren Klassen und ein auf höhere Bildung der Führungsschicht und der Beamten ausgerichtetes „Paedagogicum regium", die königliche Schule.

Die neue, in den ersten Jahren der 1690er Jahren gegründete Universität zu Halle bot zahlreiche Spielräume für pädagogische Innovation. Francke gestattete den jungen Theologiestudenten, an den Franckeschen Stiftungen zu unterrichten, und gab ihnen somit schon früh einen Vorgeschmack auf die Realität. Francke musste auch Fachlehrer ausbilden, und errichtete zu diesem Zweck ein pädagogisches „Seminarium" sowie eine Bibelgesellschaft und eine Druckerei für Bibeln und Schulbücher. Schließlich entstand wegen des Mangels an Ärzten und Medizin die Apotheke des Waisenhauses. Francke und seine Kollegen empfanden den Erfolg dieser Initiativen, der Franckeschen Stiftungen, als Beweis der Gnade des lebendigen Gottes.

Als Professor an der Universität leitete Francke, in Übereinstimmung mit den Plänen Speners, eine Reform des theologischen Studiums ein. Studenten sollten im Studium in ein Leben der Frömmigkeit, die „praxis pietatis" angeführt werden. Die biblische Theologie sollte Vorrang über die Lehre der Dogmatik haben. Der Aristotelismus fiel aus dem Curriculum und wurde durch ein philologisch orientiertes Theologiestudium ersetzt. Praktische Theologie wurde gefördert, wohingegen die konfessionelle Polemik eingeschränkt werden sollte.

Diese Innovationen im Bereich der Pädagogik bescherten Francke Ruhm. Vor allem unter seinem Einfluss wurde Preußen zum ersten Land, das den obligatorischen Schulbesuch einführte. Der Unterricht sollte nicht nur mittels Wörtern und sturer Routine, sondern durch den Einsatz von „realia" erfolgen. Daher errichtete Halle

2. Entstehung und Verbreitung des Pietismus

ein Observatorium, und erwarb auch eine große Sammlung von heimischen und ausländischen landwirtschaftlichen Exponaten. Franckes Ansicht nach sollten Kinder als verantwortungsvolle Individuen, die sich ihrer Unterwerfung unter Gott bewusst waren, erwachsen werden. Dementsprechend war ein gewisses Maß an Disziplin notwendig, um den naturbedingten Eigensinn zu bändigen. Junge Menschen wurden gelehrt, aufgeschlossen und bereitwillig zum Dienst an anderen zu sein. Francke stellte sich die Arbeit nicht als Berufung, sondern als Pflicht vor. Untätigkeit und Nachlässigkeit sollten entschlossen bekämpft werden; es sollte für Christen keine Adiaphora geben. Das Tanzen, Singen, Kartenspielen und das Theater wurden nicht an sich als Sünden betrachtet, sie waren jedoch Zeichen, die darauf hinwiesen, ob jemand bekehrt worden war oder nicht. Solche „Konversion" – und die Obsession damit – brachte sogar einen neuen literarischen Stil, das Tagebuch, hervor. Dies war nicht ein Bericht zufälliger Gedanken oder Erlebnisse, sondern eher eine religiöse, autobiographische Darstellung der Erkenntnis des inneren Bußkampfes.

Die pietistischen Erweckungen in Halle hatten nicht nur in Brandenburg-Preußen, sondern auch in Osteuropa, England, Nordamerika und den nordischen Ländern erheblichen Einfluss. Nach der Niederlage des schwedischen Königs Karl XII. 1709 zu Poltava in Russland wurden ungefähr 30 000 Schweden in sibirische Sträflingslager gebracht. Hier bildeten sie eine Gemeinde in Übereinstimmung mit dem schwedischen Kirchengesetz. Weil sie die Schriften von Johann Arndt und August Hermann Francke kannten, verbreitete sich eine pietistische Erweckung unter ihnen. 1713 setzten sich diese Schweden – als „Karoliner" bezeichnet – mit Francke in Verbindung, und erhielten während der restlichen Zeit ihrer Inhaftierung von den Franckeschen Stiftungen Materialien und geistige Unterstützung. Als sie 1721 nach Schweden zurückkehrten, brachten sie einen von Francke gestalteten, Halleschen Pietismus mit. Dieser wurde zum wichtigen Antrieb für die Ausbreitung des Pietismus in Schweden.[14]

1705 plante der dänische König Friedrich IV. Missionare nach Tranquebar, an die sogenannte Koromandelküste im Osten Indiens, zu schicken, eine Kolonie, die Dänemark nach 1618 gegründet hatte. Der König konnte jedoch weder einen Dänen, noch einen Norweger finden, der hierzu bereit gewesen wäre. Die Universität und die Franckeschen Stiftungen zu Halle willigten jedoch ein, Missionare zur Verfügung zu stellen. So wurden zwei Deutsche, Bartholomäus Ziegenbalg (1682–1719) und Heinrich Plütschau (1676–1752), beide Schüler Franckes, nach Indien geschickt. Das gemeinsame Unternehmen bestand darin, dass Halle die Missionare schickte, und Dänemark für den Transport sorgte. 1714 wurde eine Hochschule

---

14 Lindhardt, Poul Georg, Kirchengeschichte Skandinaviens, Göttingen 1983, 69–70.

für Auswärtige Mission in Kopenhagen gegründet, obwohl sie eigentlich von Francke und später seinem Sohn Gotthilf August (1696–1769) von Halle aus geleitet wurde. Die meisten der Missionare waren Deutsche. In Halle wurden die „Berichte aus Ostindien" veröffentlicht, um Interesse und Unterstützung für die Mission aufzubauen. Der Großteil der Mittel für die Tranquebar Mission kam aus Deutschland, obwohl auch die britische SPCK einen Beitrag leistete.

Es gab jedoch auch Probleme zwischen den königlichen dänischen Behörden und den pietistischen Missionaren, die auf typisch lutherische Weise, durch die Unterscheidung zwischen dem geistigen und dem weltlichen Regiment, gelöst wurden. Eine neue Kirche, die Kirche des Neuen Jerusalem, wurde zum Zwecke der Mission in Tranquebar errichtet, während die bestehende Zionskircheden weißen europäischen Kolonisten vorbehalten blieb. Bald wurden in Halle die Bibel und der „Kleine Katechismus" auf Tamil übersetzt und gedruckt, und in die indische Kolonie gebracht.

Die Tranquebar Mission erwies sich auch insofern von besonderer Bedeutung, da sie viele Informationen über die Religion(en) Indiens hervorbrachte – über Gottheiten, Sitten und Verhaltensweisen, die bislang im protestantischen Westen unbekannt waren. Die sogenannte „Malabarische Korrespondenz" zwischen den Missionaren Bartholomäus Ziegenbalg und Johann Ernst Gründler bestand aus einer Diskussion über die indische Kultur und Religion, beruhend auf Gesprächen mit einheimischen Indern. Die Tranquebar Mission war ein eindrucksvolles Symbol des jetzt expandierenden Protestantismus, der in der Lage war, römisch-katholische missionarische Unternehmen herauszufordern, die über wesentlich mehr Erfahrung verfügten.

2.1. Ein neues Konzept des Staates: Preußische Werte

Der Hallesche Pietismus spielte bei der Bildung des neuen preußischen Staates eine wichtige Rolle. König Friedrich III. (reg. 1688–1713), Kurfürst von Brandenburg und Herzog von Preußen, war ein Anhänger des Reformierten Glaubens. Hierin folgte er seinem Vater, Friedrich Wilhelm von Brandenburg, dem „Großen Kurfürsten" (1620–1688), der eine Leitfigur im deutschen Calvinismus war. Im Jahre 1704 hatte der Calvinismus jedoch nur bei Hofe, im Dom zu Berlin und an der Universität zu Frankfurt an der Oder Einfluss. Friedrich III. versuchte, die zwei dominierenden Konfessionen, das Luthertum und den Calvinismus, die schon friedlich miteinander zusammenlebten und sogar Kirchengebäude teilten, mittels Liturgie zu vereinigen. Er ließ das „Book of Common Prayer" vom Englischen ins Deutsche übersetzen und beauftragte den Theologen Daniel Ernst Jablonski (1660–1741), auf eine Vereinigung zwischen den Lutheranern und den Calvinisten hinzuwirken und durch die Liturgie eine gemeinsame Brandenburgische Kirche zu bilden. Es gelang ihm nicht, und er wählte stattdessen die Lösung, beide Konfessionen zu schwächen und ihre Verbindungen zu den traditionellen Gesellschaftsschichten zu kappen. Dies sollte tatsächlich den Staat stärken. Die junge Universität zu Halle war für diese Zwecke des Königs nützlich, da sie als fähig erachtet wurde, nicht nur das Luthertum der brandenburgischen Junker, sondern auch die Vorherrschaft des konservativen sächsischen Luthertums aufzubrechen.

Der Pietismus war eine Triebkraft der sozialen Veränderung, weil er dynamisch die belanglosen konfessionellen Streitigkeiten überschritt. Da es notwendig war, nicht nur Calvinisten, sondern auch Lutheraner im öffentlichen Dienst einzustellen, erhielt die Universität erhebliche finanzielle Unterstützung vom Staat. Halle wurde, mit allein mehr als eintausend Theologiestudenten, zur größten Universität in Deutschland. Sie war eine moderne lutherische Universität unter der Leitung von Menschen, die sich der calvinistischen Idee, dass die Welt verändert werden könnte, und dass Menschen fähig waren, auf die Verbesserung der Welt hinzuwirken (keinesfalls eine lutherische Idee), verpflichtet fühlten. Heiligkeit und Vollkommenheit schienen miteinander im Einklang zu sein, und es gelang der Universität, durch ihren Lehrplan und ihren gesamten Ethos, das Christentum auf einen gemeinsamen Nenner zu bringen: nämlich Pflichtbewusstsein, Treue, Loyalität und Aufopferung. Schließlich führte dies zur Säkularisierung des theologischen Inhaltes des Halleschen Pietismus.

Im Mittelpunkt der Veränderung standen auch die Hofprediger, da sie aus den Reihen der Calvinisten ausgewählt wurden. Ihr Auftrag war es, Lehrer auszubilden und Verantwortung für Gemeindebesuche zu übernehmen. Zusätzlich wurden sie damit beauftragt, die intelligentesten und begabtesten Studenten für eine Karriere im öffentlichen Dienst auszuwählen.

Die Probleme mit denen sich Brandenburg konfrontiert sah, waren seine Größe, seine Armut und seine geringe Bevölkerungsdichte. Dennoch wuchs das Land als Folge seiner aggressiven militärischen Außenpolitik. Die Industrie war allerdings kaum entwickelt, und folglich war die Volkswirtschaft, wegen der teureren Importabhängigkeit des Landes, geschwächt. Die Einwanderung der Hugenotten aus Frankreich schien eine Lösung zu sein, und daher wurden auch Personen aus anderen Ländern – Schotten, Schlesier, Waldenser und Böhmische Brüder – nach Brandenburg eingeladen. Der Kurfürst rekrutierte einen großen Teil seines Offizierscorps aus hugenottischen Familien und auch durch die Teilnahme Preußens am Spanischen Erbfolgekrieg wurde das Militär weiter professionalisiert. Offizieren im Ruhestand wurden Adelstitel verliehen und entweder Ländereien in Ostpreußen oder Positionen in den Zivilbehörden angeboten. Auf diese Weise glich der Kurfürst, König Friedrich III., die Macht der lutherischen Junker aus.[15]

---

15 Beyreuther, Erich, August Hermann Francke und die Anfänge der Ökumenischen Bewegung, Leipzig 1957.

Es blieb jedoch die Frage der Vereinigung der zwei Konfessionen. Friedrich war der Meinung, dass es das Recht des Staates sei, die Konfessionen zu vereinigen, und dass dies durch die Hinzufügung einer Kirchenabteilung in der Regierungsstruktur erreicht werden könne. Dies führte zu Gesetzen, Akten, Verordnungen und der Schaffung einer riesigen Bürokratie, durch die der Staat Kontrolle über die Kirche gewann. Ein Land, in dem es zwei Konfessionen gab, konnte nur existieren, weil der Staat vollständige Kontrolle über die Kirchenregierung ausübte. Eine solche Strategie war nicht in Übereinstimmung mit dem Westfälischen Frieden (1648), doch da sich Friedrich zum König von Preußen wählen ließ, konnte er diesen Friedensvertrag umgehen; einem Gebiet außerhalb des Reiches, das nicht an Reichsgesetze gebunden war.

Der Nachfolger von Friedrich III., Friedrich Wilhelm I. (reg. 1713–1740), griff bei der Einrichtung der für das kriegerische Preußen notwendigen Institutionen aktiv auf die pietistische Ideologie zurück, zum Beispiel bei der Versorgung der Militär-Witwen und Waisen, Veteranen und verwundeten Soldaten. Zudem wurden ein Bildungssystem und etliche unabhängige und produktive wohltätige Institutionen benötigt. Selbstdisziplin und Selbstbeherrschung, von der Pietistenbewegung entwickelte Eigenschaften, wurden auf die Staatsverwaltung, das Militär und die Industrie übertragen. Allmählich wurde die Staatsregierung vom Pietismus beeinflusst – Treue, Loyalität, und Ausdauer sollten nicht nur Gott und der Familie gegenüber, sondern auch gegenüber dem Staat, als erhabene Idee und Institution, ausgeübt werden. Folge dieser Entwicklung war eine Steigerung der Produktivität und eine starke Kontrolle des Staates über die Wirtschaft, insbesondere in Kriegszeiten. Alle Einwohner waren angehalten, für Gott, Staat, und Militär zu arbeiten.[16]

So kam es, dass die Armee zum Hauptinstrument des nationalen Sozialisierungsprozesses wurde. Darüber hinaus wurde die Kirche umgestaltet, und ein eigenes Militärkonsistorium wurde, unter der Leitung des ehemaligen Direktors des Halleschen Pädagogikums, gebildet. Er rekrutierte als Personal pietistische Pfarrer und verwandelte diese in ein Führungsteam. Das Garnisonsystem, mit Kasernen in abgelegenen Gebieten des Landes, verlangte noch mehr Geistliche und pietistische Schulen für die Bildung der Kinder von Soldaten wurden im ganzen Land errichtet. Allmählich wurden die Zivilverwaltung und das Militär eng miteinander verzahnt. Offiziere wurden Bürokraten, die als Vermittler zwischen der Zivilbevölkerung und den bislang gefürchteten Soldaten dienten. Ein brandenburgisch-preußischer Offizier zu sein, wurde als Berufung betrachtet; dieser Standard wurde von den Militärakademien gesetzt, deren Methoden der Halleschen Pädagogik ähnelten.

---

16 Gawthrop, Richard L., Pietism and the making of Eighteenth Century Prussia, Cambridge 1993.

1713 versicherte Francke dem König, dass die pietistischen Schulen und Akademien die Jugend nicht in Pazifisten verwandeln würden. Krieg war problematisch, doch wenn er christlichen Zwecken diente, war er nicht moralisch falsch. Das Militärwaisenhaus in Potsdam wurde nach dem Vorbild des Waisenhauses in Halle aufgestellt. 1720 gab Francke den an der Universität zu Halle ausgebildeten Theologen seine Zustimmung, Militärgeistliche zu werden. Später machte der König eine zweijährige theologische Ausbildung in Halle zur Mindestvoraussetzung für Militärseelsorger.

Gesellschaftliche Entwicklungen in Preußen, verbunden mit pietistischen Strategien, schufen ein Ethos der Pflicht Gott, König, Kirche und Militär gegenüber, innerhalb eines sicheren Staates, in dem es keine Verdorbenheit gab, und in dem der Dienst am Staat zu dienen, gleichbedeutend mit der Förderung von Gottes Plänen für die Welt war. Der König war nicht ein absolutistischer Herrscher, sondern eher ein König, dessen Untertanen durch einen Pakt an ihn gebunden waren. Die christliche Religion und der Staat arbeiteten zusammen, um den schwachen Staat zu einem starken, toleranten, modernen Staat neu auszurichten. So wurde die moderne Staatskirche geboren, und ausnahmsweise hatten Lutheraner eine aktive Rolle in der Schaffung neuer nationaler Strukturen gespielt. Die Disziplin der Massen konnte jedoch zum blinden Gehorsam dem Staat gegenüber und zu einem hohen Grad von Nationalchauvinismus führen.

2.2. Dänemark: Erweckung, Kontrolle, Mission

Anfang des 18. Jahrhunderts schien der Pietismus in Dänemark mit Kopenhagen und Schleswig zwei Zentren zu haben: . Die Pietistische Bewegung in Hamburg beeinflusste wahrscheinlich die Pastoren im westlich der Stadt Hamburg gelegenen Altona, das zu dieser Zeit unter dänischer Kontrolle stand. Die Superintendenten des dänischen Herzogtums Holstein-Gottorf waren der pietistischen Theologie und Praxis gegenüber freundlich eingestellt, während die Bischöfe und Dekane, die dem Königshaus treu waren, die lutherische Orthodoxie bevorzugten. In Flensburg trat um 1700 eine radikalere Form des Pietismus auf.[17]

1703 kam Heinrich Wilhelm Ludolf (1655–1712), ein ehemaliger Angestellter des dänischen Prinzgemahles in London, in Kopenhagen an. Er kam aus einer pietistisch-deutschen Familie und hatte die ganze Welt bereist, um, in Vorbereitung auf eine universelle Kirche, mit „wahren Christen" in Kontakt zu kommen. Seine Botschaft fand unter den deutschen Pastoren und Lehrern in der dänischen Hauptstadt großen Anklang und bald wurden Konventikel etabliert. Aus diesen Gruppen

---

17 Lindhardt, Kirchengeschichte Skandinaviens.

kam schnell heftige Kritik am „offiziellen Christentum" weshalb sie daher bald von den Behörden unterdrückt wurden. Dennoch erhielten pietistische Pastoren oft hohe Posten in den Kirchen von Kopenhagen. Ludolf selbst brachte den Königshof dazu, die ersten protestantischen Missionare – die Deutschen Ziegenbalg und Plütschau – nach Tranquebar in Indien zu schicken. Der Erfolg dieser Mission führte 1714 zur Gründung des „Missionskollegiet", einer Ausbildungsstätte für Auslandsmissionare, wo gemäßigte Pietisten Einfluss hatten. Die Hochschule kooperierte mit den Franckeschen Stiftungen zu Halle, offiziell um religiöse Konformität zu schaffen, jedoch auch im Hinblick auf die Judenbekehrung. Diese Verbindung wurde auch von den chiliastischen Ideen Speners beeinflusst.[18]

1711 wurde der Pietismus in den Herzogtümern Holstein-Gottorf und Schleswig verboten; im folgenden Jahr auch im Rest der Provinz. 1718 brach jedoch eine große pietistische Erweckung in West-Schleswig aus und Anführer der Bewegung fanden ihre Wege in die höchsten kirchlichen Ämter Kopenhagens, sowie in den Königshof selbst. 1727 wurde das Waisenhaus von Kopenhagen gegründet, ein mächtiger und umstrittener Mittelpunkt des religiösen Lebens der Hauptstadt. Der radikale Pietist Johann Konrad Dippel (1673–1734) kam in dieses Zentrum und wurde bald nach Schweden abgeschoben, wo er zum Initiator einer pietistischen Erweckung wurde.

Als Prinz Christian 1730 zum König Christian VI. gekrönt wurde, war der Pietismus in Dänemark stark, und Graf Nikolaus Ludwig von Zinzendorf (1700–1760) wurde zur Krönung eingeladen. Hier versuchte er, den neuen König zu überzeugen, eine universelle Universität in Kopenhagen zu gründen, um die „ganze Welt mit dem Evangelium von Christus zu füllen."[19] Der Graf hatte mit seinem Vorschlag keinen Erfolg, doch er ebnete den Weg für die erste, 1732 gegründete Mission der Herrnhuter Brüder in der dänischen Kolonie St. Thomas in den Westindischen Inseln. 1733 begannen die Herrnhuter ihre Missionen auf Grönland, ein Land das zu dieser Zeit unter der dänisch-norwegischen Krone war.

Der Einfluss der Herrnhuter am dänischen Königshof ließ nach, als sich der König entschloss, den Halleschen Pietismus zu bevorzugen, was zu einem sogenannten „Staatspietismus" führte; eine Erweckung, die von einer stark ethischen Sichtweise geprägt war, – ohne die Spur von chiliastischen Ideen –, welche die Staatsinstitutionen beeinflussen und modernisieren sollten. Jetzt nahmen religiöse Ideen und Praktiken in der Reformation des Landes eine entscheidende Rolle ein. Die Jugendkonfirmation wurde im Jahr des zweihundertjährigen Jubiläums der

---

18 Jeyaray, Daniel, Inkulturation in Tranquebar. Der Beitrag der frühen dänisch-halleschen Mission zum Werden einer indisch-einheimischen Kirche (1706–1730), Erlangen 1996; Nørgaard, Anders, Mission und Obrigkeit. Die Dänisch-hallesche Mission in Tranquebar (1706–1845), Gütersloh 1988.

19 Jens Møller, Mnemosyne, Kopenhagen 1830–1832, Bd. II, 271 und Bd. IV, 188 und 304.

dänischen Reformation eingeführt. Dieses Konfirmationsritual wurde als gesetzlicher und verbindlicher Pakt zwischen jungen Menschen und Gott betrachtet; es gewährte den Konfirmierten Bürgerrechte, und enthielt diese Rechte den Nichtkonfirmierten vor. Dasselbe galt auch in Bezug auf das Eherecht, den Militärdienst, das Erbrecht und die Bewegungsfreiheit innerhalb des Reiches. Ein staatliches Collegium wurde gegründet, um Bischöfe zu kontrollieren, und so ihre Macht zu schwächen. Das „ius reformandi" lag allein in den Händen des Königs.

1715 machte sich das kürzlich gegründete MissionskollegietHochschule der Mission in Kopenhagen auf die Suche nach Ideen zur Einführung einer Mission in Lappland oder Finnmark, der nördlichen Teile Norwegens, an den Grenzen Schwedens und Finnlands. Die einheimische Sami-Bevölkerung war schon lange christlich, doch wurden sie als anfällig betrachtet, in ihre alten religiösen Bräuche zurückzufallen. Die Bedeutung von Lappland erhöhte sich während des Großen Nordischen Krieges zwischen Dänemark und Schweden (1709–1720). Die Autorität, Grenzen zu überwachen, spielte bei der Errichtung von umsetzbaren Missionen eine Rolle. 1715 wurde der Norweger Thomas von Westen (1682–1727) als Missionar berufen. Er durchquerte die nördlichen Gebiete dreimal, lernte die örtliche Sprache, baute Kirchen und gründete das „Seminarium Lapponicum" in Trondheim als Schule für Missionare. Westens Prinzip war, der gesamten Bevölkerung eine Sprache, nämlich Dänisch, beizubringen. Bei seinem Tod im Jahre 1727 wurde die Führung Eiler Hagerup (1685–1743) übergeben, der die Missionsbemühungen fallen ließ, und es den örtlichen Pastoren überließ, mindestens formelle kirchliche Standards im gewaltigen Gebiet aufrechtzuerhalten.

In Grönland starben die nordischen Siedler während des 16. Jahrhunderts aus. Es war den Behörden in Kopenhagen klar, dass eine Mission nach Grönland eine Mission zur Inuit-Bevölkerung sein würde. Eine solche Mission würde ohne einen Stützpunkt, wie zum Beispiel ein Handelsunternehmen, nicht möglich sein; eine Herausforderung, die bis 1720 bewältigt wurde. Von den alten Legenden des Landes sowie dem Erfolg der Tranquebar Mission inspiriert, ging Hans Egede (1686–1758) 1721 mit seiner Familie nach Grönland.[20] Er ließ sich an einem Ort im Westen Grönlands, den er Gute Hoffnung, „Godthåb" (heute: Nuuk) nannte, nieder. Er forderte, dass die Inuit Dänisch lernen sollten, während er sich selbst die einheimische Inuit Sprache beibrachte. Als orthodoxer lutherischer Pastor wollte er erreichen, dass die Ortsässigen die korrekten lutherischen Lehren verstanden und annahmen. Daher führte er nur ungern Taufen durch, und errichtete keine wirklich örtliche Gemeinde. Die effizienteren Herrnhuter, die ebenfalls in Grönland

---

20 Fenger, Hans M., Bidrag til Hans Egedes og den grønlandske Missions Historie 1721–1760 efter utrykte Kilder, Copenhagen 1879; Ny Herrnhut i Nuuk 1733–2003. Missionsstation. Rævefarm. Embedsbolig. Museum. Universitet, Ilisimatusarfik, Nuuk 2005.

wirkten, hatten kein großes Verständnis für das „reine" Luthertum. Sie kamen Anfang 1730 nach Grönland und waren unmittelbar erfolgreich. Nach dem Tod seiner Frau und heftigen Attacken der Herrnhuter, verließ der ernüchterte Hans Egede im Jahre 1736 Grönland, blieb aber ein Bischof zur Mission. Sein Sohn, Paul Egede (1708–89), übernahm die Aufgabe der Übersetzung der Bibel und der dänischen Liturgie ins Inuit. Der dänische Staat unterstützte die Mission, und – möglicherweise als Folge der Dänischen Hochschule der Mission, sowie auch der Herrnhuter – in den 1740er Jahren fand eine Erweckung statt. Bis 1791 hatte die dänische Regierung ihr Interesse an jeder Missionsarbeit, einschließlich in den nördlichen Herrschaftsgebieten, verloren. Die Missionskirche in Grönland wurde dazu gezwungen, einheimische Katechismen zu verwenden, was sich während der oft langen Zeiträume, in denen es keine dänischen Geistlichen oder anderen Missionare gab, als praktikabel erwies; dies war vor allem während der Napoleonischen Kriege, als Kontakt zwischen Kopenhagen und Grönland nicht möglich war, der Fall.

2.3. Schweden in einem Zeitalter der Freiheit

Mit dem Tod König Karls XII. (1682–1718), war Schwedens Zeit als europäische Großmacht sowie sein königlicher Absolutismus vorbei. Dieses neue, sogenannte „Zeitalter der Freiheit" beruhte auf Demokratie mit beschränkter königlicher Macht und einem Rat, der dem Parlament gegenüber verantwortlich war. Der Rat setzte sich aus Vertretern der vier Stände, die die tatsächliche Regierungsmacht hielten, zusammen. Eine, vom kirchlichen Stand aufgeworfene, grundlegende Frage war, ob die Regierung vorwiegend oder sogar ausschließlich auf dem Kirchenrecht, oder auf der Legislative durch die vier Stände basiert sein sollte. Schließlich wurde eine dritte Alternative gewählt, und zwar die, zur Politik der Freiheit, die vor der Periode des Absolutismus geherrscht hatte, zurückzukehren. Der Klerus als ein auf göttlicher Anerkennung und nicht auf dem Staat beruhender Stand forderte jedoch Anerkennung. Mit gewissen Einschränkungen wurde diese Sichtweise 1723 angenommen. Bischöfe und Diözesen wurden als gesetzliche Staatsorgane anerkannt, und manchen Gemeinden wurde sogar, unter der strengen Führung Geistlicher, Unabhängigkeit gewährt. Dies blieb fast zweihundert Jahre lang die wirtschaftliche und gesetzliche Grundlage der Kirche. Vor diesem Hintergrund blühte der Pietismus in seinen extremsten Formen in Schweden auf. Es wurde schwierig, die Autorität der Kirche durchzusetzen, obwohl ein Gesetz zur Einschränkung des radikalen und chiliastischen Pietismus 1735 verabschiedet worden war. 1752 verboten die Kirchenbehörden die religiösen Praktiken der Herrnhuter und verhinderten so tatsächlich ein erneutes Aufleben der Herrnhuter oder anderer radikaler Erweckungsbewegungen.

2.4. Die Schweizerische Eidgenossenschaft: Eine Nation ohne einen Staat?

Die Schweiz im 18. Jahrhundert war kaum ein Staat; sie war eher ein Staatenbund der Kantone. Zur Zeit der Reformation war das Land in religiösen Fragen tief gespalten, die auch die inner-schweizerischen Machtkämpfer jener Epoche mitbestimmten. Diese Spaltung führte zu einer uneinheitlichen Außenpolitik, die sich in separaten und teilweise sich widersprechenden Bündnissen der einzelnen Kantone ausdrückte. Die protestantischen Kantone, mit Bern an der Spitze, blieben dem 1516 mit Frankreich geschlossenen Bündnis treu. Die umliegenden katholischen habsburgischen Mächte hielten den militärischen Druck konstant aufrecht. Im Veltlin, einem Tal in der Region Lombardei, unterstützte Frankreich die Schweizer Protestanten gegen Österreich und Spanien, die mit den katholischen Schweizer Kantonen verbündet waren. Die Eidgenossenschaft war eindeutig gespalten. Der Dreißigjährige Krieg belastete das Land stark, doch es blieb in diesem europäischen Konflikt neutral. Durch ihre Vertreter bei den Verhandlungen zum Westfälischen Frieden sicherte sich die Schweiz 1648 europäische Anerkennung, die eigentlich schon 1501 beim Baseler Friedenskongress gewährt worden war. Die Protestanten erreichten nach 1712 eine führende Position in der Republik, als die katholischen „Inneren Orte" mit dem Fürstabt von St. Gallen an der Spitze den Protestanten im Toggenburgerkrieg unterlagen. Die wohlhabende Eidgenossenschaft verkam danach zu einem Land, welchem es an Demokratie mangelte. Es entwickelte eine große Vielfalt an Regierungen, da die Kantone und Städte alle ihre eigenen Räte etablierten, geleitet von Oligarchen, deren Ämter schließlich erblich werden würden. Städte wie Zürich überließen die Regierung den Handwerkerinnungen, während die Waldkantone der Zentralschweiz, welche bislang als die demokratischsten galten, eine Militäraristokratie entwickelten. Während des 17. und 18. Jahrhunderts erhoben sich die Bauern mehrfach gegen ihre Herrscher. Dies, genährt durch ein hohes Maß an Toleranz im 18. Jahrhundert, ebnete den Weg für eine Revolution zum Ende dieses Jahrhunderts.

2.5. Herrnhuter und Methodisten

Die Idee eines Konfessionsstaates sowie einer etablierten Staatskirche wurde im 18. Jahrhundert durch neue Formen des Christentums, am deutlichsten von der Herrnhuter Brüdergemeine und von den Methodisten, hinterfragt. Beide Denominationen entstanden als Zusammenschlüsse, die sich nicht in Konkurrenz zu den etablierten Kirchen sahen, und legten Wert auf die Überschreitung herkömmlicher Konfessionsgrenzen.

2.5.1. Zinzendorf, Herrnhut und die evangelische Brüder-Unität

Nikolaus Ludwig Reichsgraf von Zinzendorf (1700–1760) entstammte einer langen österreichischen Abstammungslinie. Die Familie war jedoch nach Sachsen geflohen, um der Verfolgung der Lutheraner im habsburgischen Österreich zu entkommen. Er besuchte das „Pädagogicum Regium" in Halle, wo er unter den Einfluss des Pietismus kam. Er studierte jedoch nicht Theologie, sondern Jura, was ihm eine hochrangige Position als Justizrat in der sächsischen Zivilverwaltung sichern sollte. Im Privatleben wurde er Mitglied eines „collegium pietatis", eines Konventikels Spenerscher Tradition.

1722 suchten Flüchtlinge aus Mähren, die von der alten Gemeinschaft der Böhmischen Brüder („Unitas Fratrum") abstammten, auf Zinzendorfs Landgut Berthelsdorf Zuflucht. Er erlaubte ihnen, eine eigene Gemeinschaft zu errichten, und sie nannten sie „Herrnhut", da sie sich als unter „in der Obhut des Herrn" lebend sahen. Diese Gemeinschaft zog bald Pietistengruppen aus ganz Deutschland an. Konfessionelle Konflikte wurden bis 1727 gelöst, seither feierte die Gemeinschaft gemeinsam das Abendmahl – konfessionelle Unterschiede schienen zu verschwinden.

Zinzendorf gründete eine geistige wie weltliche Gemeinschaft, die als „Neue Brüder", oder häufiger als „Herrnhuter Brüdergemeine" bekannt wurde; eine neue und experimentelle Form des religiösen Lebens. Zinzendorf richtete den Ältestenrat ein, und ernannte sich selbst, mit zwölf Ältesten an seiner Seite, zum Vorsteher. Regelmäßige Gottesdienste enthielten Fußwaschungen sowie das Abendmahl, oder ein „Liebesmahl", das die altkirchliche Tradition von Agape-Mählern aufnahm. Gemeinden hatten meist Abendgottesdienste mit Liedern, in welchen die Praxis der „Losung" entstand: Zitate aus der Bibel wurden ausgelost, von Hand aufgeschrieben, und den Alten und Armen gebracht. 1728 begonnen, wurden diese „Täglichen Losungen" oder „Täglichen Texte" immer weiter verbreitet und werden bis heute weltweit in vielen Sprachen veröffentlicht.

Evangelisierung war für die Herrnhuter nicht nur im Ausland, sondern auch in der Mission zuhause wesentlich. 1734 ließ Zinzendorf selbst seine Theologie von einer Sonderkommission überprüfen, die ihm erlaubte, als Geistlicher zu wirken, jedoch ohne Ordination. Als ein „freier Theologe" reiste er durch Deutschland, die Niederlande, England, Dänemark, die Baltischen Staaten, Russland, die Karibik und Nordamerika. Sein Ziel war es, „die Kinder Gottes überall sichtbar zu machen"; die Folge davon war die Gründung neuer Gemeinden und Gemeinschaften nach dem Herrnhuter Muster.

Die Herrnhuter wollten keine freie Kirche oder eigene Konfession sein. Laut Zinzendorf war die Gemeinde die Repräsentation der ökumenischen Kirche Christi.[21] Anhänger jeder Konfession sollten den Herrnhutern beitreten können,

---

21 Burkhardt, Guido, Die Brüdergemeine, Erster Teil, Gnadau 1905, 76–78.

ohne ihre eigene Kirche verlassen zu müssen. Während seiner Zeit in Amerika wurde Zinzendorfs Idee der kleinen Kirche innerhalb der etablierten Kirche – „ecclesiola in ecclesia" – von der Entwicklung in Frage gestellt, dass Herrnhuter Gemeinden 1742 in Preußen als unabhängige Kirche unter eigenen Bischöfen anerkannt wurden. Das war gegen sein Ideal, und so versuchte er bei seiner Rückkehr so viel wie möglich von seiner ursprünglichen Idee zu retten. So behauptete er, dass es drei „Tropen" gab, durch die Gotte seine Berufung zum Ausdruck brachte: den lutherischen, den reformierten und die Herrnhuter. Es seien diese Bekenntnisse – die Zinzendorf als Lehrmethoden sah – die Gott verwendete, um das Christentum zu verbreiten. Doch der Tendenz, eine eigene Konfession zu werden, war schwer zu widerstehen, und so nahmen die Herrnhuter in Deutschland die Augsburger Konfession von 1530 als Glaubensbekenntnis an und wurden 1749 als Kirchengemeinschaft anerkannt. Im selben Jahr wurde die Bruderschaft in England als „Moravian Church" anerkannt.

Mit der Zeit entwickelten die Herrnhuter Brüder eine enthusiastische Frömmigkeit, die von einer übertriebenen spirituellen Verehrung des mystischen Blutes geprägt war. Hymnen und Gedichte, Andachtsübungen und Meditation – oft mit sexuellen Metaphern und solchen von Zärtlichkeit und körperlicher Liebe – richteten sich auf Jesu Wunden und auf das purpurfarbene Blut, das aus dem „heiligen" Lamm ausströmt. Zinzendorfs Frömmigkeit und Hingabe ist hauptsächlich christologisch. Er distanzierte sich von Francke, weil er die Notwendigkeit des Kampfes für die Bekehrung nicht einsah. Ein Theologe aus Halle warf ihm vor, nicht bekehrt oder durch ein geistiges Ringen mit Sünde verändert, und somit kein authentisches Kind Gottes zu sein. Zinzendorf erwiderte, dass der entscheidende Kampf endgültig von Jesus gewonnen worden sei; eine Ansicht, die mit den Lehren Luthers zur Rechtfertigung aus Gnade durch den Glauben in Übereinstimmung stünde. Er meinte jedoch auch, dass Christentum eine sichtbare Tatsache sein sollte, und nicht nur ein innerer, privater Geisteszustand. Der Christ sollte seine Freude über die Wirklichkeit der Erlösung stolz an den Tag legen. Der Glaube der Herrnhuter war eine Religion des Herzens. Die Fokussierung des Halleschen Pietismus auf das verborgene, innere und „geheime" Leben der Gläubigen war der offenen und aktiven Art der Herrnhuter Christen entgegengesetzt.

Die Herrnhuter Brüdergemeine kann als intellektueller Zufluchtsort betrachtet werden, der sowohl mit der Aufklärung, als auch mit dem unbeugsamen, exklusivistischen Halleschen Pietismus konfrontiert wurde. Sie beeinflusste Denker des späten 18. Jahrhunderts wie Gotthold Ephraim Lessing, Johann Gottfried Herder und Johann Wolfgang von Goethe. Nach Zinzendorfs Tod übernahm August Gottlieb Spangenberg (1704–1792), ein strenger Theologe, die Leitung der Herrnhuter. 1764 erließ er die Verfassung der Bewegung, die die Synode als höchste Autorität und eine Ältestenversammlung als Verwaltungsinstanz zwischen den Sitzungen der Synode etablierte. Die Einzelgemeinden standen unter der Aufsicht eines Vorstandes und der Ältesten. Zusätzlich verfasste Spangenberg eine Reihe fester Lehrsätze für die Brüder. Er war der „zweite Vater" der Herrnhuter, der Einfluss auf spätere Theologen wie Friedrich Schleiermacher und Søren Kierkegaard ausüben sollte.

2.6. Methodismus: Wesley, Whitefield, und die breiten Massen Englands

Die Lage in Großbritannien mit seinen überseeischen Besitzungen war kaum mit der Situation im provinziellen Halle oder mit den übrigen europäischen Ländern vergleichbar. Neue Milieus nahmen Gestalt an, als die von Arbeitern bevölkerten Städte und ihre Industrie wuchsen. Die sozialen und wirtschaftlichen Strukturen der alten englischen Gesellschaft fielen auseinander. Englands Position als Weltmacht machte auch Veränderungen im Bereich der Religion notwendig. Man war der Meinung, dass die anglikanische Kirche die klare Verpflichtung habe, sich den neuen Herausforderungen zuhause und im Ausland zu stellen. Sie kam dieser Verpflichtung jedoch nicht nach; sie schlug keine neuen Maßnahmen vor, sie blieb passiv. Das sollte sich als fatal erweisen, als der Methodismus aufkam und zunächst zu einer weltweiten Erweckungsbewegung, schließlich aber zu einer eigenen Kirche zu werden – der Grundstein der globalen englischen Missionsarbeit.[22]

John Wesley (1703–1791) wurde in einem Pfarrhaus in Epworth in Lincolnshire geboren. Auf seinem Weg als Theologiestudent in Oxford entwickelte er eine Faszination für den hochkirchlichen Anglikanismus. Zunächst studierte er Werke von Jeremy Taylor (1613–1667),[23] dann die Schriften William Laws (1686–1761), die ihn prägten. Law war ein Eidverweigerer, der durch sein Studium des deutschen Mystizismus und des Theosophen Jakob Böhme (1575–1624) zum führenden Mystiker des 18. Jahrhunderts in England wurde. Er versuchte, Konventikel zu gründen, die in ein heiliges Leben führten, und entwickelte in einer Reihe von Schriften, vor allem in „A Serious Call to a Devout and Holy Life" (1728) („Ein ernsthafter Aufruf zum frommen und heiligen Leben"), sen Frömmigkeitsideal. Dieses Buch enthielt ein Programm, das dem christlichen Leben hohe Disziplin abverlangte, um den Menschen von der Versklavung in seiner sündhaften Natur zu befreien

---

22 Kent, John, Wesley and the Wesleyans: Religion in Eighteenth-century Britain, Cambridge 2002.

23 Jeremy Taylor (1613–1667) studierte Theologie in Cambridge. Während des englischen Bürgerkrieges führte er ein ruhiges Leben als Hauskaplan und verfasste einflussreiche Bücher wie „The Rule and Exercise of Holy Living" (1650) und „The Rule and Exercise of Holy Dying" (1651). Nach der Restauration wurde er Bischof in Down und in Connock in Irland wo seine liberale Einstellung gegenüber Katholiken und Dissentern herausgefordert wurde. Sein Werk „A Discourse for the Liberty of Prophesying" (1646) war einer der ersten Beiträge zur Debatte über die Religionsfreiheit.

und zu reinigen. Laws Lehren bezüglich der Heiligkeit und Vollkommenheit inspirierten Wesley zutiefst. Der „Holy Club" in Oxford, in dem John und sein Bruder Charles sowie George Whitefield Mitglieder waren, schrieb eine ritualisierte, asketische Methode der Lebensführung vor, was zu dem Spitznamen „Methodisten" führte.[24]

Durch William Law angeregt, begann John Wesley, die Erbauungsliteratur des Mystizismus zu studieren, die sich auf innere Werte und geistiges Wachstum konzentrierte. Law selbst drängte die Weasley-Brüder dazu, als Pfarrer praktisch tätig zu werden, besonders als Missionare für die amerikanischen Ureinwohner in Georgia. Auf seinem Weg nach Amerika traf Wesley eine Gruppe von Herrnhutern, die bemerkenswerterweise während eines heftigen Sturms keinerlei Angst vor dem Tod zu haben schienen. Dies machte tiefen Eindruck auf John Wesley. In Georgia traf er August Spangenberg, den Leiter der Herrnhuter, der ihn fragte, was er von Christus und dem Glauben, der fromm macht, wisse. Wesley hing jedoch noch fest an dem, was er selbst als seinen „heiligen Egoismus" bezeichnete. Bei seiner Rückkehr nach England schien er jedoch das Vertrauen in die hochkirchlichen Ausdrucksformen des Christentums verloren zu haben. Die Wesley Brüder fühlten sich von der Gemeinschaft der Herrnhuter in London – einer kleinen Gesellschaft, die von Zinzendorf, als er zu Besuch war, selbst gegründet worden war – angezogen und erwogen beizutreten.

Für die zwei Wesley-Brüder wurde die Frage nach der Rechtfertigung durch den Glauben allein aus Gnade zum brennenden Thema. Am Abend des 24. Mai 1738 ging John Wesley zur Kirche der Herrnhuter in Aldersgate in London, wo er einen Vortrag über Abschnitte aus Luthers „Vorwort zum Brief an die Römer" besuchte. Um 8.45 Uhr an diesem Abend konnte Wesley spüren, wie sich sein „Herz seltsam erwärmte".[25] Seitdem bezeichnete er diesen Moment als seine wahre Bekehrung zu Christus.

Ein Fundament des geistigen Lebens im Methodismus bildete das Vermächtnis von Martin Luther, sowie auch, zumindest anfangs, der Herrnhuter. Nach seinem Erlebnis in Aldersgate besuchte John Wesley 1738 zwei Zentren der Herrnhuter Bewegung: Marienborn und Herrnhut. Er lehnte jedoch den Gefühlsüberfluss der Herrnhuter und ihrer Überbetonung des Blutes Christi ab. Weil ihm eine gewisse Bodenständigkeit fehlte, begann er später, sich von den Herrnhutern zu distanzieren. Er schätzte noch immer Luther und seine Botschaft der Erlösung aus Gnade durch den Glauben sehr, doch meinte er, dass die lutherische Rechtfertigungslehre an einer zu schwachen Betonung der Heiligkeit litt. Wesleys Ansicht nach sollte

---

24 Hattersley, Roy, The Life of John Wesley. A Brand from the Burning, New York 2003; Tomkins, Stephen, John Wesley. A Biography, Grand Rapids 2003; Tomkins, Stephen, William Wilberforce. A Biography, Grand Rapids 2007.
25 Cragg, Gerald R., The Church and the Age of Reason 1648–1789, Harmondsworth 1970, 142.

die Erlösung von Sünde zu einem Zustand der ständigen Heiligkeit, und sogar zu einem Grad der Vollkommenheit, führen. Er lehrte, dass der Eintritt in den Bereich der Religion durch einen Kampf erfolgte. Der Glaube öffne die Tür, doch Heiligkeit sei das Wesen der Religion. Dies sollte auch die Botschaft der Methodistenbewegung werden.

Die Wesley-Brüder waren Anglikaner; sie waren von der rationalen Vorgehensweise, dem Interesse an Kult und Organisation, und nicht zuletzt von der Betonung der praktischen Aspekte des christlichen Glaubens der anglikanischen Kirche angezogen. Mit der Absicht, eine „Erweckung" herbeizuführen, fingen John und Charles 1738 an zu predigen, wobei sie biblische Texte über Heiligkeit in den Vordergrund stellten. Viele Geistliche der etablierten Kirche reagierten negativ auf den Enthusiasmus der neuen Prediger und weigerten sich, ihnen ihre Kanzeln anzubieten.

George Whitefield (1714–70), der von seiner ersten Rundreise als Prediger in Amerika zurückgekehrt war, war ebenfalls ein anglikanischer Geistlicher, der sich den Neununddreißig Artikeln angepasst hatte, obwohl seine grundlegenden Überzeugungen eher calvinistisch als anglikanisch waren. Er achtete kaum auf die kirchenrechtliche Vorrangstellung des Bischofsamtes oder auf traditionelle kirchliche Formen, Regeln und Verfahren. Er war der Meinung, dass das Evangelium ohne Rücksicht auf die Vorschriften von Behörden gepredigt werden müsse. Er begann eine neue Predigtkampagne in England, doch wurde ihm die Möglichkeit, in der Diözese von Bristol zu predigen, verwehrt. In den dicht besiedelten Gebieten, wo seit langer Zeit keine neuen Kirchen mehr gebaut wurden, gewöhnte er sich das Predigen unter freiem Himmel an. Aus zweihundert Zuhörern wurden bald zwanzigtausend. Whitefield übernahm die Methoden der mittelalterlichen Wanderprediger und reiste durch das ganze Land. Blieben ihm Kirchen verschlossen – oder gab es keine – wurden in kurzer Zeit Kapellen errichtet. Als er John Wesley aufforderte, ihm zu helfen, folgte dieser ihm zurückhaltend. Bald erkannte Wesley jedoch, dass Whitefields Vorgehensweise die beste war, und als Whitefield nach Amerika zurückkehrte, setzte er die Kampagnen fort. Innerhalb von neun Monaten hielt Wesley fünfhundert Predigten, oft vor Ansammlungen von bis zu fünfzigtausend Männern, Frauen und Kindern. Der Methodismus wurde zur Erweckungsbewegung innerhalb der anglikanischen Kirche. Er war ein Aufruf zur Bekehrung an große Versammlungen, nicht als eine pietistische Reform der inneren Person, die sich in ihrer Abgeschiedenheit von der Welt abwandte und Einzelpersonen in separatistischen Konventikeln versammelte. Der Methodismus wurde zur Massenbewegung mit einem Ziel, das dem eines Kreuzzuges ähnlich war: Seelen aus dem Griff des Teufels, von der Tyrannei der Welt und des Leibes zu befreien.

Wesley hatte bemerkenswerte organisatorische Fähigkeiten und er beabsichtigte, eine kontinuierliche Bewegung zu schaffen. Deshalb knüpfte er mit bereits bestehenden Gruppen frommer Personen Kontakt und organisierte sie entsprechend Herrnhuter Prinzipien. 1739 wurden die ersten Gesellschaften in London gegründet. Als sich, wie es oft geschah, größere Gruppen für ein religiöses Leben versammeln wollten, wurde es notwendig Kapellen zu bauen. 1741 wurden die Mitglieder mit Einlasskarten versorgt, die regelmäßig erneuert werden mussten. Diese Maßnahme sollte verhindern, dass rückfällige oder unwürdige Personen Teil der Gruppen wurden. 1742 wurden die neuen Gemeinden in „Klassen" von zwölf Personen aufgeteilt, die unter die moralische Anleitung von Anführern gestellt wurden, die scharf zwischen bedingten und vollständigen Mitgliedern unterschieden. Der Methodismus bot – wie der Name andeutet – eine Struktur für das geistige Leben. Andererseits übernahm Wesley relativ offen verschiedenste Formen und Methoden unterschiedlichster Herkunft. Als Geistlicher hielt er es nie für notwendig, in einer Diözese zu bleiben. Einmal, als ihm von einem anglikanischen Bischof vorgeworfen wurde, dass er unerlaubt in seine Diözese eingedrungen war, erwiderte er mit dem bekannten Ausspruch: „Ich betrachte die Welt als meine Gemeinde."[26] Hierin erschallt das Echo von Graf Zinzendorfs Einfluss auf den Methodistenführer.

Für die Anführer der Methodistenbewegung wurde es bald notwendig, ihre Beziehung zur etablierten Kirche zu bestimmen. Es wurde beschlossen, dass die Methodisten nicht mit dem Anglikanismus konkurrieren oder rivalisieren sollten. Wesley zweifelte anfangs, ob Laien als Wanderprediger eingestellt werden sollten, doch im Laufe der Zeit zeigte sich, dass diese unverzichtbar waren. Wesley sah sich gezwungen, ein Leitungsorgan zu etablieren, das diese Prediger kontrollieren konnte: die jährliche Konferenz. Durch Laienprediger und die jährliche Konferenz wurde das Land in Bezirke unter der Leitung von Superintendenten aufgeteilt.

Im Laufe der Zeit geriet die wesleyanische Bewegung in Konflikte, zum Beispiel mit den von Lady Selina Huntingdon (1707–1791) angeführten evangelischen „low church" Calvinisten. 1739 war sie den Methodisten beigetreten („Lady Hunting-don's Connexion") und eröffnete 1768 das Trevecca House bei Talgarth in Wales als methodistisches Seminar unter der Leitung von John Fletcher (1729–1785), einem frommen Theologen, der John Wesley nahe stand. Ihrer Bewegung wurde „Enthusiasmus" vorgeworfen. Ihrer Meinung nach konnte sie, als „Peeress", also Angehörige des britischen Adels, so viele Priester der Church of England in den Rang eines Kaplans erheben, wie sie nur wollte. Dies wurde 1779 vom Londoner Kirchenrat zurückgewiesen, was dazu führte, dass sie ihre Kapellen unter der Toleranzakte als nonkonformistische Gotteshäuser registrierte. Vor ihrem Tod brachte sie diese Kapellen zu einer Vereinigung zusammen, viele ihrer Anhänger wurden jedoch von anderen Gruppen außerhalb der Methodisten aufgenommen.

Kurz vor seinem Tod gestaltete Wesley 1784 die Methodistenkonferenz um, so dass sie nun aus 100 Predigern („The Legal Hundred") mit umfangreichen Befugnissen bestand. Im selben Jahr ordinierte er Geistliche und einen Superintenden-

---

26 Heitzenrater, Richard P., Wesley and the People called Methodists, Nashville 1995, 112.

ten für den Dienst in Amerika. Die neuen Vereinigten Staaten erlaubten keine Staatskirche, so wurde der Methodismus dort als Freikirche gestaltet. Dies war ein Bruch mit dem Recht der Bischöfe zur Ordination, und damit unterminierte Wesley tatsächlich die Autorität der etablierten Kirche und vollzog dadurch nicht eine Reformation, sondern eine Revolution der Kirche. John Wesley starb 1791 und vier Jahre später beschloss die Konferenz, die Einsetzung des Abendmahls durch Predigern in den Kapellen zu erlauben, was den Abbruch der verbleibenden Bindungen mit der etablierten Kirche bedeutete. Nach den späten 1790er Jahren wurde der Methodismus zu einer vollständig eigenständigen Freikirche, die in England keine Bischöfe hatte, während in Amerika ein Amt mit diesem Titel existierte.

3. Radikale spirituelle Gemeinschaften

Spener und Francke mögen der etablierten Kirche zwar kritisch gegenüber gestanden haben, aber sie sagten sich nicht von ihr los. Im Gegensatz zum Methodismus in England änderte ihr Pietismus nicht die soziale Welt und ihre allgemein anerkannten Sitten. Der Hallesche Pietismus blieb eine „Klangfarbe", beziehungsweise setzte „Akzente", und übte dadurch innerhalb der kirchlich partikularistischen Kleinstaaten Deutschlands einen bemerkenswerten Einfluss aus; ebenso in Skandinavien, wo es die nahezu absolutistische Herrschaft der Kirche jedoch nicht ernsthaft bedrohte. Seine Anführer verlangten keine tiefgreifenden sozialen Reformen. Vielmehr glaubten sie, dass der Pietismus dadurch, dass er an ihr Herz appellierte, die Lebenswelt der Christen allmählich verändern würde, und dass diese Veränderung sich im bürgerlichen Leben durch das kontinuierliche Wachsen in Heiligkeit und Selbstdisziplin manifestierte. War die Bewegung einerseits dem in Konventikeln ausgeübten Mystizismus und individuellen Frömmigkeitsstil zugeneigt, so sie leistete andererseits ihren Beitrag zur Unterstützung einer hierarchischen Kirchenstruktur des landesherrlichen Kirchenregiments durch säkulare Machthaber.

Spener rechnete damit, dass sein Reformprogramm die extremeren Trends in den radikaleren Kreisen der Kirche in Frankfurt, in der Gemeindemitglieder vom mystischen Spiritualismus und dem sittenstrengen Biblizismus in den Bann gezogen waren, beschränken würde. Nichtsdestotrotz tendierte diese radikale Flanke der Erweckungsbewegung eher zum Separatismus, der „die lasterhafte Kirche Babylons" ablehnte. Speners Bemühungen, die radikalen Gläubigen in der offiziellen Kirche zu halten, waren daher nur zum Teil erfolgreich: Viele von ihnen kehrten den Landeskirchen den Rücken und hinterließen trotz ihrer eher kleinen Zahl einen bleibenden Eindruck in der Kirchengeschichte.

Ein junger Rechtsanwalt und guter Freund Speners, Johann Jakob Schütz (1640–1690) war in den frommen Frankfurter Kreisen aktiv. Unter dem Einfluss der mystisch orientierten Gruppen und der Kreise von Jean de Labadie[27] kam es jedoch zum Bruch mit Spener. Schütz verweigerte die Teilnahme am Abendmahl mit angeblich „Unwürdigen" und kritisierte die Rechtfertigungslehre zugunsten einer „Wiedergeburtslehre". Seine Anhänger gründeten ihr eigenes Konventikel, nahmen mit den Quäkern Verbindung auf und schlossen sich zusammen in der Absicht in Pennsylvania Land zu kaufen, um einen „Exodus" aus dem europäischen „Babylon" in Gang zu bringen.

Johann Petersen (1649–1727) und seine Frau Johanna Eleonora Petersen (1644–1722) waren ebenfalls der frühen Erweckungsbewegung in Frankfurt geprägt. Sie widmeten ihr Leben der Lehre, dass die Befreiung aller Menschen von Schuld durch Christus weltweit wirkte. Sie übernahmen auch Schütz' chiliastische Ansichten, die unter dem Einfluss der Engländerin Jane Leade (1623–1704) und ihrer „Philadelphian Society for the Advancement of Piety and Divine Philosophy ("Philadelphische Gesellschaft für den Fortschritt der Frömmigkeit und der Göttlichen Philosophie") weiterentwicklelt wurde. Ziel dieser Gruppe war es, alle Christen auf der Welt zu vereinen. Dabei bekannten sie sich zu einer Art naturreligiösem Pantheismus, demzufolge alle Seelen direkt vom Heiligen Geist erleuchtet würden.

Der von den Petersens adaptierte Chiliasmus rief Widerstand hervor und er wurde seines Amtes als Superintendent in Lüneburg enthoben und war gezwungen, seinen Lebensunterhalt mit dem Schreiben von mystischen und exegetischen Schriften zu verdienen. Mithilfe seiner Bücher hatte er sogar auf jene Gläubigen großen Einfluss, die mit dem Spenerschen Pietismus konform gingen.

In einigen Kongregationen in der Wetterau und in Berleburg hatten Mitglieder Erfahrungen einer direkten Gottespräsenz, die sich durch ekstatische Verkrampfungen, Zungenreden und Prophezeiungen ausdrückte. Diese besonderen Gruppen standen vermutlich in Verbindung zum radikalen Spiritualismus der radikalen französischen Hugenotten, die sich, zusammen mit den *Camisards*, einigen pietistischen Kreisen in Deutschland angeschlossen hatten. Durch diese verschiedenen radikalen Gruppen bekam der Pietismus insgesamt einen immer stärker mysti-

---

27 Jean de Labadie (1610–1674) war ein französischer Mystiker und Separatist. Er war von Jesuiten ausgebildet worden, konvertierte jedoch 1650 zum Calvinismus und wurde reformierter Pfarrer in Montauban. Er wurde aus dieser Stadt ausgewiesen und ging dann nach Genf, wo er keinen Erfolg hatte. Seine mystisch-asketische Lehre brachte ihn nach Middelburg in Zeeland in den Niederlanden. 1669 zog er nach Amsterdam um, um dort eine reine Gemeinde neugeborener Christen zu begründen. Aus Amsterdam verbannt, suchte er Exil am Hof von Elisabeth von der Pfalz, die als Äbtissin in Herford in Westfalen einer kleinen Gemeinde von 55 Personen und fünf Pfarrern Schutz gab. Diese Gemeinde entwickelte eine Form christlichen Kommunismus, der durch ekstatische Phänomenen und Praktiken gekennzeichnet war. 1672 floh die Gemeinde – oder Sekte – nach Altona.

schen und spiritualistischen Charakter – und distanzierte ihn von den verfassten Landeskirchen und ab etwa 1690 den ursprünglich eher konventionellen Ausdruck der Bewegung. Eifrig lasen seine Anhänger die Schriften Johann Arndts, Jakob Böhmes, und Madame Guyons. Unter den Radikalen stach Ernst Christoph Hochmann von Hochenau (1670–1721) durch seine unermüdlichen Reisen durch Deutschland hervor, auf denen er die bevorstehende Rückkehr und die Errichtung des Königreichs Christi predigte. Er gründete in Berleburg eine Kommune von Anhängern und verwandelte somit die Gegend in eine Hochburg des mystischen Spiritualismus. Ein weiterer wichtiger Repräsentant des radikalen Pietismus war Gottfried Arnold (1666–1714). Als Student in Wittenberg fühlte er sich von der lutherischen Orthodoxie abgestoßen und verbündete sich deshalb mit Spener, der jedoch nicht in der Lage war, Arnold in der etablierten lutherischen Kirche zu halten.

Arnold lehnte die ordinierte Pfarrerschaft und auch die Ehe ab, gab seine Anstellung als Pastor auf und sagte den Untergang der lutherischen Landeskirchen voraus. Zeitgleich mit diesen Entscheidungen verließ er seine Stelle als Universitätsprofessor, da er sich von der „akademischen Logik" und den müßigen Diskussionen, die diese in der akademischen Welt hervorbrachte, abgestoßen fühlte. Damit wandte er sich gegen das gesamte kirchliche Leben seiner Zeit und gewann an Bekanntheit unter einer Gruppe von Spiritualisten sie sich „Engelsbrüder" nannten. 1699/1700 veröffentlichte Arnold seine umfangreiche, zweibändige „Unparteiische Kirchen- und Ketzer-Historie". Seine persönlichen Idole waren Personen, die in der Kirchengeschichte als prominente Vertreter eines dynamischen, nichtkirchlichen, emanzipierten und rebellischen Christentums. Er beabsichtigte, der „Ketzerei" – oder jeglicher Strömung, die von der Mehrheitskirche unterdrückt wurde – eine Möglichkeit zu bieten, als die reale, wahrhaftige Kirche angesehen zu werden. „Ketzer" sollten als die wahren Träger individueller Frömmigkeit und unter Umständen sogar eines normativ-objektiven Glaubens angesehen werden. Als Ausdruck ihrer bitteren Feindseligkeit gegenüber dem Konfessionalismus verwendeten die mystischen Spiritualisten das deutsche Wort „Partei" oft in einem abwertenden Sinne. Arnold war der Ansicht, dass die Gräben und Klüfte der Vergangenheit durch unverfälschte Liebe und mithilfe von vernichtenden Angriffen auf die verkrustete Orthodoxie überbrückt werden könnten. Seine Verwendung des Wortes „unparteiisch" ist also nicht im heutigen Sinne neutral sonders als Kampfbegriff. Er zeichnete die Kirchengeschichte vielmehr in schwarz und weiß, doch sind seine Maßstäbe nicht konfessionalistisch geprägt. Er beurteilt die Geschichte der Kirche in einer Gesamtschau von ihrem Beginn bis ins Jahr 1688 aufgrund des persönlichen, individuellen und inneren Lebens, sowie aufgrund der Frömmigkeit. Nicht einmal die angesehensten Lehrer der Kirche – wie etwa Luther – entkommen dabei Arnolds heftiger Kritik. Gleichwohl qualifiziert bei ihm Unstimmigkeit mit der Kirche nicht automatisch zum Heiligen: Arius und Pelagius werden von Arnold aufs Schärfste kritisiert.

Arnolds Idealbild des Christen war das des einsamen, weltfremden Mystikers. Das Individuum im Streben nach Frömmigkeit standen für ihn im Mittelpunkt der Geschichte. Dies führte einige moderne Historiker und Philosophen – wie etwa Goethe – dazu, ihn als den „wahren Erlöser" des freien Individuums zu preisen. Seine Leidenschaft galt der persönlichen und der privaten Sphäre, da sich Gott und Mensch in der stillen, nach innen gerichteten Frömmigkeit des Herzens begegnen. Der Kontakt mit dem Göttlichen würde dann in Werken und im Handeln sichtbar werden, nicht in einer formalisierten Organisationsstruktur. Jüngerschaft werde in der verwirklichten Frömmigkeit offensichtlich da jeder und jede Einzelne nach der Bekehrung das Abbild Christi in sich trage. Dieses spirituelle wie ethische „Christentum der Weisheit" passte nicht in die Formen einer Organisation oder Institution. Sein Konzept wurde für die Gelehrten des nächsten Jahrhunderts, wie etwa Schleiermacher, bedeutend. In seinen reifen Jahren einigte sich Arnold mit der institutionalisierten Kirche, kehrte zum Pastorenamt zurück und heiratete. Sein Schüler, Johann Konrad Dippel (1673–1734), startete einen literarischen Angriff auf das „Papsttum der Orthodoxie". Er rief dazu auf, nicht nur das Leben zu reformieren, sondern auch Dogmen, vor allem die orthodoxe Rechtfertigungslehre zu erneuern. Als ausgebildeter Arzt und Naturwissenschaftler war Dippel rationalistischer und kritischer eingestellt als sein Mentor Arnold. In vielerlei Hinsicht deutet sich bei ihm schon die bevorstehende Theologie der Aufklärung an. Stärker als Arnold war Dippel ein Mann des Wortes, und sein Stil war gleichermaßen elegant und satirisch. Angetan von einem mystischen Konzept des „inneren Wortes" waren für ihn weder die heiligen Schriften noch die Sakramente maßgeblich und er beschränkte religiöse Wahrheit auf Erfahrung und das Streben nach moralischer Erneuerung.

Dippel war nicht nur ein praktizierender Mediziner, sondern auch Alchemist, doch seine Radikalität verwickelte ihn überall, wo er war, in Konflikte. 1714 kam er nach Dänemark, wo er einen königlichen Titel erhielt und im damals dänischen Altona als Arzt praktizierte, wurde aber schließlich aufgrund von Konflikten mit der Regierung verhaftet. Er kam auf der Ostseeinsel Bornholm ins Gefängnis, von wo er nach seiner Freilassung 1726 nach Oslo und schließlich Stockholm weiterzog. In Schweden erregte seine Formulierung einer Versöhnungslehre, welche die „satisfactio vicaria", das stellvertretende Sühneopfer Christi, leugnete, den Widerstand der orthodoxen lutherischen Geistlichkeit. Erlösung konnte seiner Meinung nach nie durch Leistungen oder Verdienste einer anderen Person erreicht werden, sie sei einzig und allein durch individuelle Heiligkeit zu erlangen. Daraufhin wurde er aus Schweden verbannt. Nach einer kurzen Zeit in Dänemark kehrte er nach Deutschland zurück und ließ sich in Berleburg nieder. Aufgrund seines Rufes nannte man ihn dort den „Freigeist aus dem Pietismus". Zinzendorf versuchte, ihn von der Gültigkeit der herkömmlichen Versöhnungslehre zu überzeugen, doch Dippel verweigerte sich und wandte sich von den Herrnhutern ab, überzeugt von den subjektivistischen Positionen des radikalen Pietismus.

Gerhard Tersteegen (1697–1769), ein Mitglied der reformierten Kirche in Deutschland, fühlte sich ebenfalls von dieser Art des Pietismus angezogen. Schon in jungen Jahren war er vor allem vom Mystizismus und Quietismus der katholischen Kirche beeinflusst und stieg aus seinem Beruf als Schleifenweber aus, um sich dem Schreiben von Werken über Liebe und Seelsorge zu widmen. Eine 1729 veröffentlichte Sammlung seiner Gedichte und Hymnen unter dem Titel „Geistliches Blumengärtlein" brachte ihm großes Lob ein und verschaffte ihm einen Platz unter den großen Liederdichtern wie Paul Gerhardt. Während sich seine Grundüberzeugungen anfangs noch vor allem auf die „Demütigung" unter der erhabenen Majestät Gottes konzentriert hatten, entwickelten sich diese dann zu einer Art nichtkonfessionellem Mystizismus. Obwohl sich Tersteegen gegen den Legalismus der halleschen Pietisten wandte, trat er der lutherischen und halleschen Orthodoxie nicht offen entgegen. Durch seine Dichtkunst verschaffte er dem radikalen Pietismus Anerkennung in der Kulturlandschaft.

In den meisten Ländern wurde der radikale Pietismus von den kirchlichen Autoritäten abgelehnt. Hauptargument gegen diese Bewegung ihre Nähe zur Theosophie, ihre informelle Bibellektüre und ihre Affinität zu einer Art frühchristlichen Kommunismus'. Ein spektakulärer Moment dieser Opposition ereignete sich 1736 in Schleswig: Ungefähr zwanzig Männer und Frauen verschiedenen Alters hatten angefangen sich tagelang zu versammeln um „Visionen" von Gott zu erhalten. In Anlehnung an den „heiligen Kuss" in Röm 16,16 wurden zu Beginn dieser Zusammenkünfte Küsse ausgetauscht. Vor einem Flensburger Gericht wurde die Gruppen wegen expliziterer sexueller Praktiken angeklagt. Die Separatisten entgegneten auf die Beschuldigungen, dass Geschlechtsverkehr zwischen Brüdern und Schwestern nicht verboten sei, wenn er in der Gegenwart Gottes stattfände und Herz und Geist aufeinander abgestimmt seien. Könne man, wenn Fleisch und Blut besiegt seien, einen solchen Geschlechtsakt Sünde nennen? Trotz ihrer rationalisierenden Argumente wurden die Anführer der Schleswig Gruppe inhaftiert; ihr sexuelles Fehlverhalten wurde nach dem Zivilrecht bestraft.[28]

Trotz mancher radikaler Ausformungen und dem Konflikt mit den Landeskirchen, bereicherte, wie schon bei Teersteegen gezeigt, der Pietismus das kulturelle Leben in Europa. Die weite Verbreitung der heiligen Schriften vermehrte das biblische Wissen des Laienstandes. Pietistische Versammlungen boten Gelegenheit, die offizielle Kirche zu kritisieren, und ebneten den Weg für die Entstehung von neuen liturgischen Formen. Pietistisches Liedgut förderten eine authentische Erneuerung, indem sie am Seelenleben des Individuums ansetzten – an persönlichen Bedürfnissen, Wünschen, Visionen, Sehnsüchten, Träumen und selbstverständlich

---

28 Breul, Wolfgang/Meier, Marcus/Vogel, Lothar (Hrsg.), Der radikale Pietismus. Perspektiven der Forschung, Vogel, Göttingen 2010.

Hoffnung auf den Himmel und Angst vor der Hölle. Das traditionelle Dogma konnte nur schwer in diese Lieder einfließen. Verfasst von Personen wie Friedrich Richter, Gottfried Arnold, Graf Zinzendorf und Johann Scheffler, genannt Angelus Silesius („Schlesischer Engel"), waren diese Lieder nicht unbedingt für den liturgischen Gebrauch gedacht, sondern dienten als Teil einer neuen Andachtskultur, die auf individuellem oder gemeinschaftlichem Singen in eng umgrenzten Interessengruppen basierte. Sie konnten in institutionellen Gottesdiensten genutzt werden, und waren wegen ihrer universellen Anziehungskraft sowohl in evangelischen, wie auch in katholischen Zusammenkünften anzutreffen. Im Gegensatz zu den älteren Traditionen waren die Melodien schnell und lebhaft. Wegen der regionalen Vielfalt der Konfessionen gab es in Deutschland so gut wie keine Zensur. Es wurden einzigartige und neue musikalische Formen entwickelt, wie etwa die „Singstunde" der Herrnhuter, bei der die Versammlung dem Pfarrer auf seine Predigt im Gesang antwortete. Der Gottesdienst wurde interaktiver und lebhafter als der herkömmliche lutherische Gottesdienst mit seinen düsteren Chorälen und Melodien.

Da die Menschen das Lesen erlernten – und viele gewöhnliche Menschen wurden in der Tat sehr gut im Lesen – konnten sie allmählich „nach innen", in Stille für sich lesen. Dies bedeutete, dass für viele die Aufmerksamkeit in erster Linie auf den Geist gerichtet war und nicht auf einen Dienst in oder an „der Welt". Im Geist eröffnete sich eine neue Landschaft, die unzugänglich für Bevormundung war; neue Arten der Erfahrung und neue Inspirationen wurden möglich. Im Inneren kämpften Angst und Unsicherheit mit Empfindungen der Glückseligkeit. Berichte solcher heiligen Kämpfe wurden in Tagebücher geschrieben und riefen den Gläubigen ihre spirituellen Fort- oder Rückschritte in Erinnerung. Diese Tagebücher waren Vorreiter des modernen Romans, wie auch eines vertieften Interesses an der wissenschaftlichen Beschäftigung mit der Psyche.

Ein weiterer bedeutungsvoller Charakterzug des Pietismus war seine dualistische Sicht der menschlichen Wirklichkeit. Der Unterschied zwischen den „Erlösten" und den „Kindern dieser Welt" zog Grenzen, die das Schicksal der Einzelperson reflektierten und nach außen trugen: In der kurzen Zeit hier auf Erden sei jeder gezwungen, in derselben Welt zu leben, doch wenn „die Posaune erschallt", würden die erlösten Christen triumphieren, während die Kinder der Welt ins ewige Feuer geworfen würden. Eine solche Perspektive unterstützte pietistische Gruppen, die in ihrem irdischen Dasein erfahrene Unterdrückung und Verhöhnung zu erdulden.

Obwohl der Pietismus die bildenden Künsten kritisch gegenüberstand, entwickelten sich auch neue Ausdrucksformen, wie etwa die zur Andacht anregende Darstellung der Wunden Christi, die aus der Bilderwelt des Spätmittelalters oder des Brigittenordens übernommen wurde. Auch wurde es in vielen Kirchgebäuden Mode, das apokalyptische Lamm als zentrales Motiv darzustellen. Das Theater aber wurden mitsamt neuer Musikgattungen, wie der des Oratoriums, abgelehnt, denn es galt als unangemessen, in Verkleidung etwas vorzuführen oder eine andere Person darzustellen. Auch sollte es einer Person nicht gestattet sein, in der Rolle als Christus zu singen oder ihn darzustellen und ein anderes Mal als Judas aufzutreten; – Stilblüten des nach Beständigkeit und Klarheit strebenden pietistischen Geist. Der Pietismus schuf in Nordeuropa eine außergewöhnliche Kultur, aber die von ihm initiierte und lange anhaltende Trennung zwischen „gewöhnlichen" und „wahrhaftigen" Christen brachte ihn nachhaltig in theologische Kritik.

4. Das 200. Reformationsjubiläum 1717: ein internationales Festspiel

Das Jahr 1717 mit dem 200. Jahrestag von Luthers Thesenanschlag war ein Meilenstein in der Geschichte des europäischen Luthertums und die erste international begangene Feierlichkeit. Um die internationale Bedeutung und geographische Reichweite der dadurch entstandenen Bewegung und Konfession zu dokumentieren, veröffentlichte der Gothaer Theologe Ernst Salomon Cyprian (1673–1745) in Leipzig einen prächtigen Band mit dem Titel „Hilaria evangelica oder Theologisch-Historischer Bericht vom Anderen Evangelischen Jubel-Fest". Die „Hilaria" bieten einen Überblick über die Feierlichkeiten zum 200. Jahrestag der Reformation in verschiedensten Ländern, Städten, Universitäten, Landeskirchen und evangelischen Bistümern.[29]

Da der dänische König in den Kreisen der lutherischen Monarchen in Mitteleuropa als „Erster unter Gleichen" galt, stand Dänemark der erste Rang unter den lutherischen Ländern zu. An zweiter Stelle der Dignität wäre aus historischen Gründen wohl Sachsen gekommen, es war jedoch seit dem 16. Jahrhundert in kleinere Staaten zersplittert und nicht einmal das Kurfürstentum Sachsen hatte seine lutherische Identität bewahren können. In Schweden dagegen nahm von man den „Hilaria" keine Kenntnis, da dort bereits kurz zuvor das 100-jährige Jubiläum der Synode von Uppsala von 1593 gefeiert worden war und den 200. Jahrestag des Thesenanschlags von Wittenberg in den Schatten stellte.

Der Reformation wurde mit kirchlichen und akademischen Feierlichkeiten in Dänemark, Kiel, Greifswald, Schleswig, Holstein mitsamt Pinneberg, Rügen und dem königlichen Teil von Pommern sowie auch in der Grafschaft Oldenburg und ihren Hoheitsgebieten gedacht. Der königliche Erlass dazu war in Schloss Gottorf, in der Stadt Schleswig ausgestellt worden. Vor dem Hintergrund des Großen Nor-

---

29 Cordes, Harm, Hilaria evangelica academica. Das Reformationsjubiläum von 1717 an den deutschen lutherischen Universitäten, Göttingen 2006.

dischen Krieges (1700–21), insbesondere der Rivalität zwischen Dänemark-Norwegen und Schweden, wurde das Fest streng und nüchtern inszeniert. Der König von Dänemark musste seine Macht in all seinen Herrschaftsgebieten unter Beweis stellen – der Absolutismus verlangte nach Einheitlichkeit. Die Texte für die offiziellen Gottesdienste wurden von der Regierung in Kopenhagen verordnet. Dort war das Gedenkfest der Reformation eine Feierlichkeit voller Prunk und Pracht, bei dem der König und sein Hofstaat wie Halbgötter behandelt wurden. Beim königlichen Bankett in Kopenhagen wurde eine anti-katholische Komposition des italienischen Hofkomponisten Bernardi mit dem Titel „Der Fall des geistlichen Babels" aufgeführt. Der laufende Krieg regte zur Rhetorik gegen den fremden Feind an und es war schwer, keine Feindseligkeit gegenüber Schweden hinter den Angriffen auf das römische Papsttum zu hören. Geschichte war in diesem Fest eindeutig die „Geschichte der Erlösung", in der die Menschheit ein Zeichen von Gottes Plan für die Welt in der vergänglichen Zeit und in der Ewigkeit wahrnehmen konnte.

Obwohl sich die Universität zu Kiel wegen des Verrats des Hauses Gottorp an Dänemark in einer Krise befand – die Herzöge hatten insgeheim Schweden im Krieg unterstützt –, wurde die Reformation in dieser Universität mit akademischen Vorträgen von Professoren und Studenten gewürdigt. Unter den Studenten, die Lobreden auf Luther und seine Errungenschaften hielten, befand sich auch der blutjunge Johann Lorenz von Mosheim (1693–1755), der spätere Kirchenhistoriker und Kanzler der Universität zu Göttingen.

In den Gebieten Osteuropas waren es Städte wie Riga und Tallinn, die den 200. Jahrestag begingen.[30] Die Feierlichkeiten in den baltischen Ländern wurden auf ähnliche Weise wie in Kopenhagen inszeniert: von Kirchtürmen aus kündigten Glocken, Oboen, Posaunen und sogar Geigen das Fest an. Am 31. Oktober, dem Tag der Reformation, erklangen die Kirchglocken für eine ganze Stunde zwischen 6 und 7 Uhr morgens über den Dächern der Städte.

In Thorun und Marienburg in Ostpreußen fand der 200. Jahrestag dagegen nur wenig Beachtung. Über eine Feierlichkeit in Polen weiß man kaum etwas, außer, dass König August II. („der Starke") fünf evangelische Kirchen niederriss, was zu heftigem Protest des Bischofs von Wilda (heute ein Stadtteil Posens) führte. Aus Lübeck, an der westlichen Küste der Ostsee, gibt es lediglich einen zusammenfassenden Bericht über Predigten und öffentliche Gebete in den großen Kirchen der Stadt, während die Gedenkfeier in Mecklenburg eine gänzlich akademische Veranstaltung an der Universität zu Rostock gewesen zu sein scheint: Jugendliche und Studenten, die feierlich durch die Straßen marschierten und im Schatten von Triumphbögen, die zu Ehren der Reformation errichtet wurden, und Choräle sangen. Diese Feste wurden ausschließlich zur Ehre Luthers und seiner Errungen-

---

30 Ern. Sal. Cypriani Hilaria Evangelica, oder Theologisch-Historischer Bericht vom Andern Evangelischen Jubel-Fest, Gotha 1719, 871–977.

schaften gefeiert, Melanchthon und andere Reformatoren schienen völlig in Vergessenheit geraten zu sein. Geehrt wurde lediglich das Werkzeug Gottes, der Prophet, der neue Elijah, der Erlöser: Martin Luther. Die „Hilaria" sammelte auch Informationen über die 200-Jahrfeier der Reformation in abgelegeneren Gebieten Europas sowie in den Niederlanden, in London und sogar in Irland. Dies dokumentiert auch die Ausbreitung der lutherischen Konfession – Amerika jedoch hatte sie noch nicht erreicht.

Bei der 1736 stattfindenden, ersten Gedenkfeier der Reformation in Dänemark wollte der pietistische König Christian VI. deutlich machen, dass das Luthertum seiner Zeit dem römischen Katholizismus in jeglicher Hinsicht ebenbürtig war. In den frühen 1730er Jahren hatten sich die lutherischen Fürsten energisch dem Salzburger Erzbischof entgegengestellt, indem sie die evangelischen Flüchtlinge aus Salzburg in den Grenzgebieten Nordeuropas, nicht zuletzt Ostpreußens, willkommen geheißen hatten. Die Religionskriege waren damit endlich an ihr Ende gekommen, und der wahrhaftige Geist war und die letzten der Vertriebenen des Volkes Gottes der Knechtschaft in Ägypten entkommen. Christian VI. ließ eine Medaille aus kostbarem Silber prägen, auf der der Heilige Geist den Petersdom in Rom verließ – Sinnbild des römischen Katholizismus'. Die Zukunft und der Geist des wahren Christentums waren nun im Norden anzutreffen, wo er über den neuen Siedlern im verheißenen Land schwebte; das Land, das ihnen die evangelischen Herrscher angeboten hatten.

5. Das Christentum zwischen Theologie und Philosophie

Das trinitarische Christentum befand sich zu Beginn des 18. Jahrhunderts in einer Krise. In England war die Ablehnung der Göttlichkeit Jesu in den Vordergrund der religiösen Vorstellungswelt gerückt. Dieser „neue Arianismus" erwuchs aus dem Spiritualismus, der das von Toleranz und Liberalität geprägte Ethos der Kirche zu durchdringen schien. Die Toleranzakte von 1688, die den Dissentern die Religionsfreiheit garantierte, schloss insbesondere Sozinianer und Unitarier von derselben Freiheit aus. Das Dreifaltigkeitsdogma war mit einer neuen Betonung der Vernunft, der „Philosophie des gesunden Menschenverstandes", und einer höheren Wertschätzung der Naturwissenschaften konfrontiert. In diesem Kontext wurde der Anspruch geltend gemacht, dass der Arianismus die wahre und ursprüngliche Form des altkirchlichen Christentums sei. Der bekannte Liederdichter und Dissenter Isaac Watts vereinte einen moderaten Calvinismus mit dem Arianismus. Isaac Newton, ein ansonsten sich zum Christentum bekennender Wissenschaftler, lehnte die Dreifaltigkeitslehre offiziell ab. Zu einer Vorherrschaft des Arianismus kam es jedoch nicht; allmählich entwickelte er sich hin zu einem Unitarismus, von dem sich die Dissenter angesprochen fühlten.

Einflussreicher als der Arianismus war der Deismus. Ziel der auf naturwissenschaftlichen Belege basierenden Bewegung war es, die übernatürliche Offenbarung als ein Element des christlichen Denkens zu beseitigen, während sie gleichzeitig anstrebte, das Christentum zu einer „Naturreligion" zurückzuführen, die man für ursprünglich und allen Wesen gleichermaßen innewohnend hielt. Eine solche Religion konnte mithilfe des Verstandes und empirischer Erfahrung bewiesen werden, denn ihr Wert lag im Moralischen. Die Deisten behaupteten nicht Feinde des Christentums zu sein, im Gegenteil, sie wollten das Christentum gegen den Atheismus verteidigen. Dazu beschränkten sie das Christentum praktisch auf drei Elemente, nämlich Gott, Tugend und Unsterblichkeit, und bezeichneten sich oft als „Freidenker".

Lord Edward Herbert (1582–1648) wird zu den frühen Deisten gezählt, aber der erste echte britische Deist war der irische Philosoph John Toland (1670–1722), dessen Hauptwerk „Christianity Not Mysterious" („Christentum ohne Geheimnis") 1696 veröffentlicht wurde. Nach Tolands Auffassung sei das Evangelium im Einklang mit dem Verstand aufzufassen und keine christliche Lehre könne als „Mysterium" bezeichnet werden. Jesus stellte er sich als Prophet dieser Naturreligion vor. Toland wurde scharf kritisiert, doch er verteidigte sich mit dem Argument, dass er die Menschheit von Spekulationen über Offenbarungsgeheimnisse zu befreien beabsichtigte. Sein Wunsch war, Männer und Frauen von fruchtloser Spekulation zur segensreichen Praxis zu führen.

Ein zweites wichtiges Werk des Deismus veröffentlichte Anthony Collins (1676–1729) im Jahre 1713 unter dem Titel „Discourse of Freethinking" („Abhandlung vom Freidenken"). In diesem Band wurden der göttliche Charakter des Christentums und sein Anspruch, Erfüllung alttestamentlicher Prophezeiung zu sein, erbittert angegriffen. Diesem Buch war es hauptsächlich zu verdanken, dass der Deismus unter den Freimaurern, vor allem in der 1717 gegründeten Großloge von London, Verbündete fand.[31] Die radikalste Position innerhalb des Deismus nahm 1733 Matthew Tindal (1655–1733) mit seinem Werk „Christianity as Old as the Creation, or the Gospel a Republication of the Religion of Nature" ein. Nach Tindal beinhaltete eine offenbarte Religion nichts, was nicht schon in der natürlichen Religion enthalten sei; folglich bestritt er auch die Wunder Jesu. Sein Werk provozierte die Veröffentlichung von mindestens hundert Pamphleten, die gegen ihn und seine Ansichten gerichtet waren. Trotz allem aber misslang der Versuch der Deisten, das Christentum durch seine Beschränkung auf eine natürliche Religion

---

31 Jacob, Margaret C., Living the Enlightenment: Freemasonry and Politics in Eighteenth-Century Europe, Oxford 1971.

aufrechtzuerhalten. Selbst in England erreichte der Deismus nicht die breiten Massen und verlor nach 1740 schnell an Einfluss.

Der Philosoph David Hume startete einen erneuten Angriff auf das Christentum, und warf ihm innere Widersprüche und einen grundlegenden Mangel an Vernunft vor. Mit philosophischen und empirischen Begründungen demontierte er das Christentum und alle anderen Religionen, indem er eine extrem skeptische Einstellung annahm. Die von Intoleranz und Fanatismus gekennzeichneten europäischen Religionskriege waren in seinen Augen die Bestätigung der Untauglichkeit von Religion.

Es war aber nicht David Humes Skeptizismus, der den Deismus in England zu Fall brachte, sondern vielmehr der Widerstand der traditionellen Theologen, die an der Realität der Offenbarung festhielten. Der führende Verfechter einer supranaturalistischen Theologie war Joseph Butler (1692–1752), dessen großes Werk „The Analogy of Religion, Natural and Revealed, to the Constitution and Course of Nature" 1736 veröffentlicht wurde. Zu jener Zeit hatte sich Butler in ein ländliches Pfarrhaus zurückgezogen, um sich der Abfassung apologetischer Schriften zu widmen. Er wollte das Christentum von allen Anzeichen und Ausdrucksformen eines religiösen Enthusiasmus' säubern und stellte die Übereinstimmung von Natur und Religion in den Mittelpunkt seiner Apologetik. Da die Natur offensichtlich von einem weisen und wohltätigen Gott erschaffen wurde, sei es „plausibel und wahrscheinlich" – so das Schlüsselkonzept Butlers – anzunehmen, dass Religion auch von Gott stamme. Aus dem Leben der Natur könne man die Schlussfolgerung ziehen, dass es ein Leben nach dem Tod gebe. So glichen sich natürliche Religion und offenbarte Religion, woraus wiederum die Glaubwürdigkeit der Offenbarung resultiere. Demnach bietet Butlers Theologie keine absolute Sicherheit, sondern gründet vielmehr in seiner Devise, dass „für uns gerade die Wahrscheinlichkeit der Wegweiser ist".[32] Diese Plausibilität oder Wahrscheinlichkeit finde ihre ethische Bestätigung im menschlichen Gewissen.

In Deutschland erlangte der theologische Rationalismus an der Halleschen Universität, durch das Werk von Christian Wolff (1679–1754), den Status einer akademisch funktionsfähigen – und sogar populären – Philosophie. Wolff war ein Schüler von Gottfried Wilhelm Leibniz (1646–1716), dessen Unterscheidung zwischen den Wahrheiten der Vernunft und dem faktischem Wissen von großer Bedeutung war. Die Menschen können ihre Welt nicht begreifen, da es zwischen Ursache und Wirkung keinen logischen Zusammenhang gibt. Der Geist des Menschen ist jedoch nicht auf sich allein gestellt, da ihm Vorstellungen von der Wahrheit innewohnen, die auf Erfahrungen beruhen. Die Vernunft erkennt diese Wahrheiten an, sobald

---

32 Butler, Joseph, Analogy of Religion, hrsg. von Crooks, George Richard, New York 1860, 84.

sie sich ihrer bewusst wird. So besteht die Welt aus einer endlosen Sequenz von immateriellen Einzelsubstanzen, die, wie auch die Seele, in ihrem Wesen dynamisch sind. Leibniz postulierte eine stabile Beziehung zwischen diesen Wesenheiten, die er „Monaden" nannte. Gott muss diese Stabilität, diese alles durchfließende Harmonie zwischen Körper und Seele, Natur und Unsterblichkeit, Natur und Gnade erschaffen haben. Diese Harmonie ist die Quelle eines gewissen Optimismus. Die moralische Sünde stammt nicht von Gott, sondern aus dem freien Willen des Menschen; Gott weist die Menschen immer in Richtung des Guten. Da die Menschen weder Gott in seiner Wesenheit wahrnehmen noch die Existenz des Bösen in einer vernünftigen Welt begreifen können, müssen sie an dem Glauben an einen guten, weisen und liebevollen Gott festhalten.

Christian Wolff verwandelte die Philosophie von Leibniz in eine besser verständliche „Schulphilosophie", die an allen evangelischen Universitäten Deutschlands und in den nordischen Ländern, wie Kopenhagen, Uppsala oder Kiel gelehrt wurde. Sein Vertrauen in die Vernunft veranlasste 1723 die Pietisten, angeführt von Francke, bei Kurfürst Friedrich Wilhelm I. auf Wolffs Entlassung aus Halle zu drängen. Die Pietisten waren der Auffassung, dass Wolffs „moralischer Determinismus" – wie er in einem Buch über chinesische Moral zum Ausdruck kam[33] – vor allem dem Militär schaden würde. Hier könne man zu der Folgerung kommen, dass Fahnenflucht und die damit verbundenen moralischen Werte gerechtfertigt seien. Nach einigen Jahren brachte Friedrich der Große 1740 Wolff unter Erbietung hoher Ehren zurück nach Halle, das sich bis dahin zum Zentrum der Aufklärung entwickelt hatte.

Im Mittelpunkt von Wolffs Beliebtheit stand zweifellos seine Ausrichtung auf das moralische Leben, oder anders gesagt, auf die Tugend. Seine Philosophie war klarer und einfacher als die von Leibniz. Er beseitigte die Idee der Monaden und damit das idealistische Element in der leibnizschen Weltsicht. Er behauptete, dass die Naturwissenschaft die Theologie bald überholen würde, wenn man ihr erlauben würde, im Bereich des Glaubens zu forschen. Anstelle von Dogma und Theologie entwickelte Wolff eine mathematisch-logische Methodik. Die so abgeleitete natürliche Religion wurde der offenbarten Religion gegenüber als höhergestellt angesehen. Das Wort Gottes in den heiligen Schriften war demnach nicht entscheidend, da dieselbe Wahrheit bereits in der natürlichen Religion vorhanden war. Wolff war der Meinung, dass die natürliche Religion Fragen zur Existenz Gottes, zur Unsterblichkeit der Seele, zur Liebe Gottes, zur Abscheu vor Sünde und des gesamten moralischen Lebens an sich beantwortete. Die Wolff'sche Philosophie machte die Moral und das Streben nach Glückseligkeit zu den wichtigsten Angelegenheiten der Religion. Er betonte die Rationalität des Christentums so nach-

---

33 Oratio de Sinarum philosophia Sacra,1721 wurde 1750 auf Englisch als Rede über die praktische Philosophie der Chinesen publiziert

drücklich, dass die wesentlichen Ideen des Christentums, wie etwa Sünde und Gnade, eigentlich verschwanden. Das Christentum wurde intellektualisiert.

Die Vernunft wurde nun zum Mittelpunkt einer Religion, die auf einige sehr allgemeine Konzepte reduziert war. Der Respekt für die Bibel als die Offenbarung Gottes in Wort und Schrift ging verloren. Waren protestantische Theologen mit dem Motto „Sola Scriptura" in ein neues Zeitalter aufgebrochen, so offenbarte gerade die historische Forschung am Bibeltext immer deutlicher, dass in den Texten im Lauf der Überlieferung viele unterschiedliche Interessen eingeflossen waren. Die Schrift wurde daher zum Spiegelbild ihres eigenen Ursprungs in einem primitiven, von Folklore geprägten Universum. Als eine Sammlung von heterogenen Quellen wies die Bibel wenig Einheitlichkeit und Zusammenhang auf. Zusammen mit den neuen philologischen Forschungen lehnten die rationalistischen Theologien die Autorität der Schrift ab. Was übrig blieb war lediglich eine natürliche Theologie, die ihre Unterstützung in den Naturwissenschaften fand.

6. Der Württembergische Pietismus, Swedenborg

Der Württembergische Pietismus hat in diesem Kapitel einen besonderen Stellenwert, da sich Widerstand gegen den von der Aufklärung vertretenen Vorrang der Vernunft anfänglich im süddeutschen Württemberg geregt hatte. Zwei lutherische Theologen des 16. Jahrhunderts, Johannes Brenz (1499–1570) und Jakob Andreae (1528–1590), waren entscheidende Wegbereiter des Pietismus nicht zuletzt dadurch, dass sie es verstanden die Polemik orthodoxer Lutheraner gegen die Pietisten zu dämpfen. Der Pietismus verankerte sich schnell im Adel, unter Theologen, bei Bürger und Bauern. Ein „Bekehrungskampf" wie in anderen Spielarten des Pietismus war für diese süddeutsche Form untypisch und so gedieh er in der akademischen Theologie und wurde von den kirchlichen Autoritäten gefördert. Konventikel wurden 1703 genehmigt und entwickelten sich zu einem verbreiteten Bestandteil des kirchlichen Lebens.

Johann Albrecht Bengel (1687–1752) war ein württembergischer Pietist und, als Professor der neu gegründeten theologischen Fakultät in Denkendorf, mit der Universität Tübingen verbunden. Er war zudem ein hoch angesehener Staatsbeamter und Honorarprofessor an der Stuttgarter Universität. Bengel vertrat die Ansicht, dass die Vernunft bzw. die Philosophie die Bibel und das Christentum nicht verstehen könnten, denn die einzige Quelle der Gotteserkenntnis sei die Bibel selbst. Er machte es sich zur Aufgabe, die Bibel anhand historischer und textkritischer Methoden zu erforschen. Sein hermeneutisches Interesse konzentrierte sich nicht nur auf die Bibel in ihrer kanonischen Form, sondern er betonte auch die Geschichtlichkeit der biblischen Auslegung. Sein kritisches Werk kennzeichnete den Beginn der modernen, wissenschaftlichen Exegese und seine 1734 veröffentlichte Ausgabe des griechischen Neuen Testaments beinhaltete zum ersten Mal einen textkritischen Apparat. Sein Hauptwerk, „Gnomon Novi Testamenti" (1742) gilt als Wegweiser zum geschichtlichen und textkritischen Verständnis der Bibel und ihres Geistes.

Bengel sah in der Schrift die perfekte Wiedergabe der „Heilsökonomie" Gottes – sein Lenken der menschlichen Geschichte von Anfang bis Ende – in einem einzigen kohärenten System: die Heilsgeschichte. Besondere Aufmerksamkeit richtete er auf die Offenbarung des Johannes. Seine Arbeit war von seinem pietistischen Chiliasmus und der Hochschätzung Spener gegenüber geprägt. Anhand von mathematischen und spekulativen Methoden sagte er sogar die Wiederkunft Christi voraus. Viele nahmen seine Datierung ins Jahr 1836 ernst; aber sie sollten enttäuscht werden. Außerhalb der Kreise des Württembergischen Pietismus wurden Bengels Theorien der „Apokatastasis", sowie des Blut-Opfers Jesu an Gott im himmlischen Tempel allerdings nicht viel Beachtung geschenkt.

Friedrich Oetinger (1702–1782) war ein lutherischer Theologe, der von dem Theosophen Jakob Böhme (1575–1624) inspiriert war. Während Bengel seinen Ausgangspunkt in der Schrift genommen hatte, strebte Oetinger danach, die Schrift mit seiner allgemeinen Philosophie in Einklang zu bringen. Er nahm wahr, dass die traditionelle Theologie nicht in der Lage sein würde, der Wolff'schen Aufklärung mit Antworten auf die religiösen Probleme des neuen Zeitalters zu begegnen. Anstatt sich mit Traditionen aus der Vergangenheit zu beschäftigen, richtete Oetinger sein Augenmerk auf die Zukunft und formulierte seine Weltansicht im Rahmen einer „heiligen Philosophie" („philosophia sacra"). Er glaubte, dass „Aufklärung" die sinnliche Welt und ihre Phänomene – die menschliche Person inbegriffen – begrifflich fassen konnte. Von dieser Position aus kehrte er zur Bibel zurück und lehrte, dass es in der Bibel um Tatsachen ginge, deren Realität jedoch schwer zu begreifen sei. Oetinger veröffentlichte 1776 ein *Biblisches und Emblematisches Wörterbuch* als Hilfsmittel zum Verständnis von göttlichen Geheimnissen und Gleichnissen. Für ihn war die Natur ein Sinnbild Gottes: „Meine Religion ist die Parallelität von Natur und Gnade". Diese Überzeugung brachte ihn dazu, chemische Experimente durchzuführen, die er als „theologisch" bezeichnete. Er hielt auch an einer Eschatologie fest, welche die Erlösung aller Dinge in Christus bestätigte: „Apokatastasis". Dies verwickelte Oetinger in einen theologischen Revisionismus, der die Ablehnung von herkömmlichen Prädestinationslehren einschloss. Darüber hinaus war Oetinger von den Ideen Emanuel Swedenborgs angezogen. Er übersetzte einige seiner Werke, lud ihn nach Deutschland ein und veröffentlichte 1765 „Swedenborgs und anderer Irrdische und himmlische Philosophie" im Selbstverlag.

Emanuel Swedenborg (1688–1772) wurde in Stockholm geboren und wuchs in einer Atmosphäre auf, die von der lutherischen Orthodoxie geprägt war. Sein Vater, Jesper

Swedberg, war Professor der Theologie und zugleich Bischof der schwedischen Kirche. König Karl XII. ernannte E. Swedenborg 1716 zum juristischen Assessor am Bergwerkskolleg in Stockholm. In dieser Position aus nahm er viele wissenschaftliche Entdeckungen und Erfindungen vorweg. Mit der Zeit war er zunehmend daran interessiert, anhand von physikalischen Analysen nachzuweisen, dass das Universum eine grundlegend spirituelle Struktur besitzt.

Während seines Aufenthaltes in London (1743–1745) kam es zu einer plötzlichen und fundamentalen Veränderung von Swedenborgs Weltsicht. Er spürte, dass ihm die Augen von Gott geöffnet wurden, und dass er mit Engeln kommunizieren konnte. Er verließ seinen Regierungsposten, bezog aber auf königliche Anordnung hin weiterhin ein Gehalt. Ab diesem Zeitpunkt konzentrierte er sich auf die Erforschung himmlischer Geheimnisse. Nach 1747 verbrachte er den Rest seines Lebens in Schweden, in den Niederlanden, sowie in England und schrieb über seine neuen spirituellen Einsichten und verfolgte auch seine naturwissenschaftlichen Interessen weiter.

Swedenborgs Lehren und Theorien muten obskur an, da sie die Realität in ihrer Ganzheit zu erfassen suchen. Erwähnenswert ist dabei, dass er seinen Ausgangspunkt nicht ausschließlich in der Heiligen Schrift nahm, sondern er wusste sich unmittelbar von Engeln und den Geistern der Vorfahren unterrichtet. Des Weiteren war er davon überzeugt, dass die Lehren der Engel nicht im Gegensatz zur Bibel standen, aber dass die tiefergründigen Wahrheiten der Schrift nur anhand jener Engelslehren verstanden werden konnten. Die Bibel, so wie sie den Menschen überliefert wurde, sei lediglich ein ungenaue Wiedergabe von „Engelsschriften", die Swedenborg für die Vorläufer der Bibel hielt. So wie es eine innere und eine äußere Welt gebe, genauso verhalte es sich mit der Bibel: Die äußere Welt der Bibel benötige eine spirituelle Einführung, um die innere, mystische Bedeutung ihrer Botschaft verständlich zu machen. Erst wenn die von gewöhnlichen Lesern vernachlässigten Zahlen, Symbole und andere ausschmückenden Details aufgedeckt würden, könne die wahre Botschaft der Bibel, und mit ihr die Übereinstimmung zwischen dem Geist und der wörtlichen Bedeutung erkannt werden. Im Altertum sei die Ausübung dieser Wissenschaft der „Korrespondenz" im Orient weit verbreitet gewesen. Die drei Weisen hätten bei ihrer Begrüßung des neugeborenen Erlösers durch die äußere Realität hindurchsehen können, die Juden hätten sich aber, so Swedenborg, an das geschriebene Wort gehalten und ihre Fähigkeit der Innenschau verloren und daher sie Christus nicht als den Messias willkommen hießen. Das Wissen, das auf dieser Art der „Korrespondenz" gründete, sei in der frühen Kirche verloren gegangen und selbst den Reformatoren unbekannt gewesen. Erst zur Zeit Swedenborgs sei es wieder mit erneuter Klarheit aufgetaucht. Die wahre Kirche, das Neue Jerusalem, könne nicht vollständig verwirklicht werden, bevor nicht die ganze Wahrheit der heiligen Schriften offengelegt worden sei, was sich zur gleichen Zeit wie die Wiederkunft Christi ereignen sollte. Swedenborg lehnte einen Großteil der kirchlichen Lehren, insbesondere die Trinitätslehre, ab. Von den Engeln unterwiesen behauptete er, dass es keine drei Personen in der Gottheit gäbe, vielmehr sei die Gott in Gänze einzig in der Person des göttlich-menschlichen Christus konzentriert. Zusätzlich wies Swedenborg die Auffassung zurück, dass die Menschheit durch die Verdienste eines anderen Wesens gerechtfertigt werden müssten. Die Leiden Christi seien ein Abbild seines Sieges, so wie die Auferstehung der Menschen der Aufstieg zu einem göttlichen Dasein sei. Christus habe keine menschliche Schuld auf sich genommen noch habe er die Sünden der Christen gesühnt; vielmehr habe er ihnen ein neues himmlisches Leben verheißen. Die Seelen befänden sich nun in einer Wartestellung, bis sie sich für Himmel oder Hölle entschieden haben. Als Engelskörper befänden sie sich in einem fortwährenden Gespräch über ihr Schicksal. Swedenborg und seine Lehren regten die Entwicklung des „Spiritismus" an.

7. Die Aufklärung

Der englische Deismus hatte auf die Aufklärung einen bemerkenswerten Einfluss, als sich diese auf dem Kontinent entwickelte. Die deutsche Aufklärung im evangelischen Deutschland und Skandinavien war gekennzeichnet von Neologismus und Rationalismus, während die französische Aufklärung zum Atheismus, Antiklerikalismus und Materialismus führte. Im römisch-katholischen absolutistischen Frankreich verursachte die Aufklärung zudem kirchenpolitische Probleme, während dies im toleranteren England und Deutschland nicht der Fall war. Die Auseinandersetzungen in Frankreich sollten die Kluft zwischen dem „Ancien Régime" und der modernen Aufklärung überbrücken.

Baron Charles-Louis de Montesquieu (1689–1755) war ein Mitglied des Parlaments in Bordeaux, der den alten Widerstand des Adels gegen den Absolutismus vertrat. Zugleich war er ein Vertreter des neuen Zeitalters und seines Erkenntnisstrebens, das soziale, historische und politische Angelegenheiten mit einer empirischen und wissenschaftlichen Methodik anging. Seine erste Publikation, die „Lettres persanes" („Persische Briefe") von 1721, eine Satire auf den politischen und sozialen Zustand Frankreichs, erschien anonym. Seine Kritik richtete sich gegen die Regierung Ludwigs XIV., die römisch-katholische Kirche, den Zölibat, die monastischen Orden und die christliche Dogmatik, insbesondere die Dreifaltigkeitslehre und die Transsubstantiationslehre. Er zog nach Paris, um eine literarische Karriere zu verfolgen, und kam auf einer Reise nach England mit John Locke und der deistischen Philosophie in Berührung. Sein Hauptwerk, „De l'Esprit des Lois" („Vom Geist der Gesetze"), erschien 1748 in zwei Bänden. In diesem Werk betonte er, dass Gesetze nicht von Einzelpersonen, wie etwa von Moses, gegeben würden, sondern, dass sie vielmehr aus einem allgemeinen Gerechtigkeitskonzept der Menschen entstünden – aus einem Konzept, dass nicht universell gilt, sondern sich je nach Land, Gesellschaft und Klimazone ändert. So glaubte er nicht an ein Ideal des allgemeinen Verfassungsrechts: Die Monarchie könne in einem warmen Klima gedeihen, während sich der Republikanismus in kälteren klimatischen Verhältnissen durchsetzen könne. Über alle unterschiedlichen klimatischen Verhältnissen hinweg sei jedoch die Garantie von Freiheit wesentlich. Der beste Umstand dafür sei die Gewaltenteilung zwischen Gesetzgebung, Rechtsprechung und Regierungsgewalt. Durch Montesquieu wurden Lockes Ideen in breiten europäischen Kreisen bekannt und angenommen. Im Hinblick auf die Religion war Montesquieu relativ ambivalent: er schien ein Deist gewesen zu sein, der an einen weisen Erschaffer glaubte. In „De l'Esprit des Lois" betrachtete er das Christentum als eine positive moralische Kraft in der Gesellschaft, auch wenn er den Zölibat des Klerus und die Intoleranz gegenüber Andersgläubigen stark anfocht. Das Werk kam 1752 auf den Index der römisch-katholischen Kirche. Montesquieus Ansicht war, dass der Staat die bestehenden Religionen tolerieren, aber das Einführen oder die Gründung neuer Religionen untersagen sollte.

Eine durchaus radikalere Form des Aufklärungsgedankens vertrat François-Marie de Voltaire (1694–1778). Obwohl er von Jesuiten erzogen worden war, lehnte er sich heftig gegen das Christentum, die Kirche und die Bibel auf. In einem Flugblatt kritisierte er den Absolutismus und wurde deswegen elf Monate lang in der Bastille eingekerkert. Anschließend ging er von 1726 bis 1729 ins Exil nach England, wo er sich mit der Theorie der konstitutionellen Monarchie auseinandersetzte, und von John Locke und Isaac Newton beeinflusst wurde. Diese Erfahrung machte ihn zu einem lebenslangen Verfechter einer Form des Humanismus, die Vernunft, Freiheit, Gerechtigkeit und Toleranz als Voraussetzungen für die – spezifisch in Frankreich benötigten – politischen und sozialen Veränderungen erkannte. Den Mittelpunkt seiner religiösen Ansichten bildete ein überzeugter Deismus. Seit 1758 widmete er sich jenen Werken, die ihn in der gelernten Welt berühmt machten. Inspiriert von den Enzyklopädisten wandte sich Voltaire im Laufe der 1750er Jahre mit erneutem Elan gegen die Kirche. Mit dem Können und der Geschicklichkeit eines modernen Publizisten kämpfte er leidenschaftlich gegen das Christentum und die Kirche. Er zog vor allem die Passion und die Kreuzigung Jesu ins Lächerliche und machte sich über den Heiligen Paulus als einem jüdischen Feigling lustig: Er wolle zu Boden reißen, was zwölf Fischer aufgebaut hätten. Seiner Ansicht nach war Jesus ein Reformer, dessen Interessen Opfer von fanatischen Anhängern geworden waren. In Wirklichkeit sei er ein jüdischer Deist gewesen, so wie Sokrates ein athenischer – keiner von beiden hatte jemals etwas geschrieben. Er behauptete, Jesus hätte sich lediglich den religiösen und kulturellen Praktiken seiner Zeit angepasst und niemals etwas gelehrt, was den späteren Glaubenssätzen des Christentums auch nur im Entferntesten ähnlich war. Er habe auch nie das Wort „Christ" verwendet, eine Bezeichnung, die etwa dreißig Jahre nach seinem Tod von einigen seiner Jünger erfunden worden sei. Dass ein einfacher Jude als Herr der Welt angesehen werden sollte, kam Voltaire nicht in den Sinn. Seine Leitfrage lautete: Was bleibt übrig, wenn man all die Traditionen, Geschichten, Ratschläge und Glaubenssätze, die man Jesus angehängt hatte, entfernt? Seine Antwort war: ein Anhänger Gottes, der die Tugend predigte, ein Feind der Pharisäer, ein vorurteilsloser Mensch, ein Deist. Demzufolge bestand Voltaire darauf ein Gläubiger zu sein – er bekräftigte, dass diese Religion Jesu, die einzige wahre Religion, zu allen Zeiten und überall auf der Welt aufzufinden sei.

Voltaires Motto, das er vom preußischen König übernommen hatte, war „écrasez l'infâme" („Zermalmt das Niederträchtige"). Als ein Deist wollte er in erster Linie ein Gotteskonzept entwickeln, in dem Gott nicht mit der Menschheit und ihrer Moral involviert war. Religion, so meinte er, war ein ausgezeichnetes Mittel, um die breiten Massen des ungehobelten Volkes zu regieren. Das Erdbeben von Lissabon 1755 erschütterte jedoch seinen Optimismus und stärkte seine materialistischen Ansichten. Seine Romane und Theaterstücke blieben gegen das Christentum gerichtet und sein 1764 veröffentlichtes „Dictionnaire philosophique portative" („Philosophisches Taschenwörterbuch") wurde zur Bibel des antichristlichen Glaubens.[34] Voltaires Kampf gegen Unterdrückung und für Gerechtigkeit führte ihn dazu, post mortem die Verteidigung des Hugenotten Jean Calas (1698–1762) aus Toulouse, zu übernehmen, der 1762 verurteilt und hingerichtet worden war. Calas war vorgeworfen worden, seinen Sohn erwürgt zu haben, um ihn am Übertritt zur Katholischen Kirche zu hindern. Er überzeugte Calas' Witwe davon, die Justizbehörden anzuklagen. Nach dreijährigen Mühen und spektakulärem Engagement gelang es Voltaire und Frau Calas, Entschädigungsleistungen für die Exekution zu erlangen und das Familienvermögen wieder herzustellen. Dies war ein ernsthafter Schlag für die römisch-katholische Kirche. Nach weiteren ähnlichen Fällen juristischer Verfolgung von Hugenotten wurde die religiöse Toleranz zu einem Hauptanliegen der Vertreter der französischen Aufklärung.

Während Voltaire und die Enzyklopädisten ihre Angriffe auf Kirche und Religion starteten, unternahm es Jean-Jacques Rousseau (1712–1778), der Sohn einer französischen Flüchtlingsfamilie, die im calvinistischen Genf lebte, die Probleme der Zeit mit philosophischen Mitteln zu lösen. Rousseau gehörte zur Spitze der französischen Aufklärung, aber sein Einfluss reichte weit darüber hinaus. In seiner Jugend lebte er als ein Vagabund ohne Haus und Heimat. Nach einer Reihe von Affären siedelte er sich in Paris an und wurde katholisch. Er beschloss, an einem Preisausschreiben der Akademie von Dijon teilzunehmen, zu dem Thema: „Hat das Wiederaufleben der Wissenschaften und der Kunst zum Verfall oder zur Verbesserung der Moral geführt?"[35] Seine Absicht war es, die Wissenschaften anzupreisen, aber sein Freund Denis Diderot (1713–1784) gab ihm den zynischen Ratschlag, dass

---

34 Vovelle, Michel, The Revolution against the Church. From Reason to Supreme Being, Oxford 1991.
35 Wokler, Robert, Rousseau. A very Short Introduction, Oxford 2001, Kapitel 2 (ohne Seitenzahlen).

es eine größere Sensation sei, die Frage von der umgekehrten Perspektive her zu beantworten. Beim Schreiben seines Aufsatzes merkte er, dass er die Hochschätzung der Vernunft in der Aufklärung kritisierte. Das Ergebnis war sein 1750 veröffentlichtes Werk „Discours sur les sciences et les arts" („Abhandlung über die Wissenschaft und Künste"). Hier stellte er eine bedeutende These auf: dass die Kultur selbst die Menschheit immer mehr verderbe. Erweitert und ausgearbeitet wurde diese kritische Sicht auf Kultur und Gesellschaft in einem anderen, ebenfalls für ein Preisausschreiben verfassten Werk: „Discours sur l'origine et les fondements de l'inégalité parmi les hommes" („Abhandlung über den Ursprung und die Grundlagen der Ungleichheit unter den Menschen"). Er erklärte darin die Notwendigkeit, zur Natur zurückzukehren; der wahre Kern werde im Leben des Individuums wie auch der Gesellschaft erst dann sichtbar werden, wenn die Reinheit der Natur erreicht worden sei. Gefühl und Phantasie müssen freigesetzt werden. Rousseaus Schlussfolgerung war, dass diejenige Gesellschaftsschicht die Führung in der Staatsregierung übernehmen sollte, die kulturell am wenigsten benachteiligt war. Sein Plädoyer für einen gesellschaftlichen Wandel hin zur Demokratie betonte Unabhängigkeit, Gleichwertigkeit und persönliche Freiheit.

Als er 1754 nach Genf und zum Protestantismus zurückkehrte, vertrat er diese Sicht von Demokratie, indem er sich „citoyen de Genève" nannte – ein Bürger im politischen Sinne, nicht „bourgeois", im Sinne der Zugehörigkeit zu einer Gesellschaftsschicht. 1762 schrieb er das gefeierte Werk „Du contract social" („Der Gesellschaftsvertrag"), das zu einer Inspiration für die Französische Revolution werden sollte. In diesem Werk vertrat er die Auffassung, dass „der Vertrag" zwischen dem Individuum und der Gesellschaft die Grundlage für eine gute Zivilregierung bilde. Rousseau mag zwar Deist gewesen sein, aber er hatte große Wertschätzung für die Person Jesu. Rousseau blieb – abschließend gesagt – ein Mensch, der konsequent von seinem Gewissen geführt durchs Leben ging. Im Mittelpunkt seiner Ansichten stand weder Vernunft noch Erfahrung, sondern vielmehr Gewissen, Herz und Intuition. Er sah die Probleme der Moderne voraus: die Beziehung des Individuums zu Gesellschaft, Natur und Zivilisation. Sein Ideal war es, dass es jeder Einzelperson erlaubt sein solle, sich gemäß seines oder ihres persönlichen Charakters zu entwickeln. Ein Programm dieses pädagogischen Manifests war sein 1762 erschienener Roman „Émile".

8. Entwicklungen in der römisch-katholischen Kirche

Die 1740er Jahre markierten einen Wendepunkt für die römisch-katholische Kirche. Der von 1740 bis 1758 amtierende Papst Benedikt XIV. widmete sich der Restauration der humanistischen Tradition des Papsttums und tat viel, um sein Amt der Aufklärung anzuempfehlen. Er unterstützte die Arbeit des Bibliothekars Ludovico Antonio Muratori (1672–1750) – dessen Arbeit an antiken Manuskripten beachtenswert war –, betrieb die wirtschaftliche Reform des päpstlichen Kirchenstaates und lehnte die Übernahme von „heidnischen" Praktiken ins Christentum, nicht zuletzt durch Jesuiten in China, entschieden ab. Es war während seiner Regierungszeit, als die Prinzipien der Aufklärung ihren Weg in die inneren Kreise des Vatikans fanden und dadurch den Jesuitenorden fast gänzlich zerstörten, obwohl die offizielle Aufhebung der Gesellschaft Jesu erst 1773 erfolgte.

Die Jesuiten verloren bei der gebildeten Öffentlichkeit Europas immer mehr an Boden, hauptsächlich deshalb, weil sich das Parlament und die Universität von Paris gegen sie zusammengeschlossen hatten. Den ersten Schlag erhielten sie durch den portugiesischen Minister Sebastião José de Carvalho e Mello, dem ersten Marquis von Pombal (1699–1782), sie eine Rebellion in Paraguay gegen die Portugiesen unterstützten. Es war die Unterdrückung der Jesuiten in Portugal, die den portugiesischen Sieg in Paraguay nach zehn Jahren Krieg besiegelte. Im Januar des Jahres 1759 wurden alle Mitglieder des Jesuitenordens in den Kirchenstaat ausgewiesen, nachdem sie des versuchten Mordes am König bezichtigt worden waren. Einige Jesuiten blieben in Portugal und wurden während der Restaurationsperiode zu Märtyrern.

Frankreich folgte dem Beispiel Portugals. Ein Jesuit auf der Insel Martinique wurde wegen Insolvenz angeklagt und der Orden weigerte sich, seinen Gläubigern Rückzahlungen zu geben. Das Parlament in Paris verklagte den Orden, da seine Statuten mit der staatlichen Gesetzgebung in Konflikt stünden. Weder der König noch der Klerus waren in der Lage, die Jesuiten zu verteidigen. Das Ergebnis war, dass der Jesuitenorden in Frankreich, nach Verhandlungen mit Papst Clemens XIII., suspendiert wurde und König Ludwig XV. sämtliches Eigentum des seit 200 Jahren in Frankreich bestehenden Ordens beschlagnahmte.

Clemens XIII. und der General der Jesuiten setzten ihren Kampf im Namen des Ordens fort; schließlich wurde 1765 eine päpstliche Bulle, mit dem Titel „Apostolicum pascendi", erlassen. Die Bulle stellte alle Länder, in denen die Jesuiten unterdrückt worden waren, unter Bann, was besonders für die spanischen Bourbonen eine Herausforderung bedeutete. Diese setzten ihre antijesuitische Politik fort und ließen 1767 über 6000 Jesuiten in einer einzigen Nacht verhaften und nach Italien deportieren. Der Kirchenstaat sah sich bereits mit den portugiesischen Flüchtlingen überfordert und so wurden die Schiffe, die spanische Jesuiten an Bord hatten, von Italien weg- und in Richtung Korsika umgeleitet. Die Könige von Neapel und Sizilien folgten dem Beispiel anderer Herrscher und wiesen ebenfalls die Jesuiten aus. Als Antwort auf den päpstlichen Widerstand gegen das Gesetz der Jesuitenausweisung marschierten bourbonische Truppen in den Kirchenstaat ein und forderten die päpstliche Zustimmung zur Unterdrückung des Ordens. Clemens XIII. starb während dieses Ereignisses und sein Nachfolger Clemens XIV. versuchte, den Orden durch eine Art Beschwichtigungspolitik zu retten. Die bourbonischen Könige von Frankreich und Spanien zwangen ihn jedoch, 1773 ein Breve mit dem Titel „Dominus ac Redemptor noster" zu veröffentlichen, in dem erklärt wurde, der Jesuitenorden habe im ganzen römisch-katholischen Einflussgebiet aufgehört zu existieren. Lorenzo Ricci, der General der Jesuiten, wurde in der Engelsburg eingekerkert und starb 1775 in der Haft. Die Mitglieder des Ordens wurden anderen Orden überwiesen oder zu Weltpriestern erklärt. Viele fanden Zuflucht in dem neuen, 1732 gegründeten Orden der Redemptoristen. Im Russischen Reich, unter Katharina der Großen, wurde die päpstliche Entscheidung nicht anerkannt, auch wenn die Residenz des jesuitischen Generalvikars nach Polen verlegt wurde.

9. Deutschland: Neue Zugangsweisen zur Religion

Mit der Rückkehr Christian Wolffs an die Universität zu Halle und der gleichzeitigen Thronbesteigung durch Friedrich den Großen in Preußen, wurde 1740 die Aufklärung sowohl in den gebildeten Kreisen wie auch in der Öffentlichkeit zu einer Realität. Gesetze, die einen Kirchenbesuchszwang verordneten, wurden abgeschafft, Zeitungen und Zeitschriften machten neue Ideen einem breiten Kreis zugänglich und Religion bekam einen neuen Platz im alltäglichen Leben zugewiesen.

Mittelpunkt der Aufklärung in Deutschland war Berlin. Der jüdische Kaufmann und Philosoph Moses Mendelssohn (1729–1786) erweiterte die Reichweite der Forschungen über das Christentum und seine Geschichte, um die Geschichte und die Religion des jüdischen Volkes nach der Antike darin aufzunehmen. Mendelssohn selbst stand der Kirche neutral gegenüber, die gängige Philosophie jedoch blieb gegenüber dem Christentum positiv eingestellt. Mendelssohns Freund, der Buchhändler Christoph Friedrich Nicolai, brachte 1765 die Erstausgabe der Zeitschrift „Allgemeine Deutsche Bibliothek" heraus. Im Laufe der darauffolgenden 50 Jahre sollte diese Zeitschrift in 250 Bänden veröffentlicht werden – mit einem erheblichen Einfluss auf die Wahrnehmung von Religion und Kirche in der Öffentlichkeit. In Deutschland dominierte ein optimistisches Vertrauen in die göttliche Vorsehung, das sich gelegentlich mit Rationalismus vermischte, wie aus der weiten Verbreitung der Werke des englischen Dichters Edward Young (1683–1765) in deutscher Übersetzung ersichtlich wird. Sein in viele Sprachen übersetztes, etwas langatmiges Gedicht „Night Thoughts" („Nachtgedanken") übte vor allem auf den jungen Goethe große Wirkung aus, wie sein Werk „Die Leiden des jungen Werther" von 1774 zeigt.

Im Bereich der Pädagogik war der Hamburger Theologe und Philosoph, Johann Bernhard Basedow (1724–1790), höchst einflussreich. Ursprünglich Lehrer in Holstein, wurde er 1753 Professor für Moralphilosophie und Literatur an der dänischen Akademie von Sorø. Er war der Meinung, dass ein Lehrer seinen Studenten die gesamte natürliche Welt anhand der Illustrationen seines vierbändigen „Elementarwerks" (1770–1774) verständlich machen könnte. Dieser Band, mit Illustrationen des polnisch-deutschen Künstlers und Kupferstechers Daniel Chodowiecki (1726–1801), war das erste illustrierte Lehrbuch für Kinder seit dem im 17. Jahrhundert erschienenen „Orbis Pictus" von Comenius. Basedows Werk erwies sich jedoch bei den Lehrern als nicht besonders erfolgreich.

Gemäß den Gedanken und Ausdrucksweisen der Aufklärung sollte man Pfarrer „Lehrer" nennen, denn ihre Aufgabe war es, ihr Volk in allen Aspekten der positiven und wohltätigen Religion zu unterrichten. Man erwartete von ihnen zusätzlich, dass sie Experten in den neuen Methoden der Landwirtschaft, Gesundheit, Impfung und anderer praktischer Angelegenheiten waren. Nichtsdestotrotz verlor die Kirche ihre Anziehungskraft auf das Volk. Kirchen wurden als große Hörsäle gebaut und weitreichende liturgische Reformen durchgeführt. Der Beichtvater am königlichen Hof in Dänemark, Christian Bastholm (1740–1819), machte den Vorschlag, dass die Kirche mit dem Theater wetteifern sollte, und dass Gottesdienste kürzer und vielfältiger, und im Allgemeinen unterhaltsamer gestaltet werden sollten. In Bruderschaften und Clubs setzten sich aufgrund von Voltaires Angriffen negative Ansichten über die Kirche durch, die für den Rest des Jahrhunderts bestehen blieben.

10. Kritische Bibelforschung

Während des ganzen 18. Jahrhunderts war die Theologie gezwungen, sich mit den neu aufkommenden Themen der Aufklärung zu beschäftigen und darauf zu reagieren. Aus dieser Auseinandersetzung mit der Philosophie der Zeit entstand die sogenannte Neologie, die althergebrachten Begriffen und Konzepten neue Bedeutung einzuflößen versuchte. Kritische Untersuchungen über den Charakter von Religion und des Christentums an sich – auch in Beziehung zu anderen Religionen, vor allem zum Judentum – wurden unternommen. Man war der Meinung, dass solche Untersuchungen über Religion losgelöst von Fragen nach Rechgläubigkeit oder der Frömmigkeit ausgeführt werden sollten. Das Phänomen der Neologie war nicht in der Lage, die Frage nach dem „Wesen" des Christentums zu beantworten, aber aus ihr entwickelten sich neue Impulse für die Geschichtsforschung. Johann Georg Walch (1693–1775), Professor in Jena, besorgte die erste Ausgabe Luthers veröffentlichter Werke in vierundzwanzig Bänden von 1740–1752. Der Kanzler der Universität Göttingen, Johann Lorenz von Mosheim (1693–1755), entwickelte einen Ansatz, moderne, wissenschaftlich fundierte Kirchengeschichtsschreibung ohne Dogmatik und Polemik zu betreiben.

Haupterrungenschaften der Neologie waren Ergebnisse im Bereich der Bibelforschung, die auf Einsichten von Johann Ernesti (1707–1781), Johann David Michaelis (1717–1791) und Johann Salomo Semler (1725–1791) beruhten. Ernesti lehnte die christlichen Lehrsätze nicht ab, unternahm seine kritische Arbeit jedoch im Einklang mit Origenes' Diktum, nach dem die Bibel wie jedes andere Buch gelesen und interpretiert werden sollte. Michaelis kritisierte die Moral des Alten Testaments und fühlte sich veranlasst, seinen Charakter als göttliche Offenbarung in Frage zu stellen. Semler ging weiter noch einen Schritt weiter als Michaelis, indem er mit einer kritischen Erforschung des christlichen Kanons begann und die Meinung vertrat, dass es einen offenkundigen Unterschied zwischen dem Kern des Christentums und dessen historisch kontingenten Formen gebe. Er behauptete, dass Jesus vieles den Umständen seiner Zeit angepasst habe, und dass deswegen gegenwärtige Gläubigen nicht alles, was Jesus tat und sagte, für obligatorisch halten sollten.

Es war die Bibel, die zur primären Zielscheibe der radikalen Kritik der Aufklärung wurde. Die Philosophie des 18. Jahrhunderts betrachteten Moral, Tugend und das Streben nach Glückseligkeit als Kern des Christentums, während viele herkömmliche Konzepte der Offenbarungsreligion – Sünde, Tod, Vergebung – in den Hintergrund rückten. Die Bibel wurde nicht mehr als Offenbarung Gottes, seiner Existenz, Herrschaft und seines Willens aufgefasst. Im Mittelpunkt der neuen kritischen Sicht auf die Bibel stand die Frage nach der Überlieferung des Evangeliums im Verlauf der Jahrhunderte. Neue Probleme kamen auf: Welche Verbindung besteht zwischen dem Christentum und der Schrift? Und was ist die Verbindung zwischen Dogma, Doktrin und Schrift? Diese neuen Fragestellungen bedeuteten eine weitgehende Abkehr von traditionellen Positionen konfessioneller Apologetik zugunsten einer nüchterne Betrachtung theologischer Überlieferungen.

Der radikalste Bibelkritiker des 18. Jahrhunderts war zweifellos Hermann Samuel Reimarus (1694–1768), ein Theologe und Orientalist aus Hamburg. Als einer der ersten vergleichenden Anthropologen wurde er jedoch im Bereich der Bibelstudien berühmt. Seine Werke, welche die biblische Überlieferung offen kritisierten, wurden als so radikal angesehen, dass er sich nicht wagte, sie an die Öffentlichkeit zu bringen. Sie wurden erst nach seinem Tod bekannt, als der Bibliothekar und Philosoph Gotthold Ephraim Lessing (1729–1781) sie unter dem Titel „Wolfenbütteler Fragmente" von 1774–1778 (auch „Fragmente eines Ungenannten") veröffentlichte. Reimarus hatte eine Verschwörungstheorie skizziert, nach der Jesus, ein erfolgloser messianischer Prediger, als gewöhnlicher Krimineller hingerichtet wurde. Jesu Jünger hatten sich an ein glückliches und angenehmes Leben in seinem Gefolge gewöhnt, und entwarfen sie nach seinem Tod den Plan, seinen Körper der Grabstätte zu entwenden und verstecken. Fünfzig Tage später behaupteten sie, Jesus wäre von seinem Grab als Christus auferstanden und in den Himmel emporgestiegen. Sie versicherten ihrer Zuhörerschaft auch, dass er bald als Richter zurückkehren würde. Reimarus meinte also, die Jünger den wirklichen, jüdischen Jesus neu erfunden, in dem sie ihn in den Versöhner und Richter der

Welt verwandelt. Das Problem der ausgebliebenen Rückkehr Christi überließen sie Paulus. Im Grunde genommen behauptete Reimarus auf diese Weise, dass die Jünger, um ihren Betrug zu vertuschen und die Gläubiger zu trösten, eine komplizierte Theologie entwickelt hätten, welche die Christen für die kommenden Jahrhunderte mit unnützen Spekulationen beschäftigt hatte.

11. Natur, Kultur und Kunst

Der religiöse Optimismus des 18. Jahrhunderts brachte eine neue Art religiöser Dichtung hervor: Naturlyrik, das Lob des Schöpfers und Meisters der Natur. Diese Poesie war sowohl von der Theologie durchdrungen, dass Gott sich in der Natur offenbart, als auch inspiriert von poetischen Texten der Bibel und deren Gottes- und Naturvorstellungen. Das Heldengedicht „Der Messias" des deutschen Dichters Friedrich Gottlieb Klopstock (1724–1803) bietet ein eindrückliches Beispiel. Eine mystische und symbolische Schilderung der Natur gekennzeichnet prägt diese Werke. Inspiration für viele weitere gaben der Schotte James Thomson (1700–1748), und der deutsche Dichter Christian Fürchtegott Gellert (1715–1769) – beides Dichter, die die Schönheit der Natur als einen Ausdruck der Liebe und Allgegenwärtigkeit Gottes priesen. Für sie trugen die Schöpfung sowie das menschliche Wesen Spuren des Göttlichen, und sie zielten in ihren Hymnen und Meditationen über die Natur darauf ab, die Erkenntnis dieser Tatsache zu vermitteln. Dieses religiöse Naturverständnis brachte auch der österreichische Komponist Franz Joseph Haydn (1732–1809) in seinen Oratorien „Die Schöpfung" (1799) und „Die Jahreszeiten" (1801), letzteres basierend auf dem gleichnamigen Gedicht von James Thomson, zum Ausdruck. Ein Gefühl der Ganzheit, das die Stimmung der späten Aufklärung insgesamt prägt, spiegelt sich in diesen Texten: eine ehrfürchtige Begegnung dem „Ganzen", der unendlichen Sphäre Gottes. Diese Poesie und Musik war ein Vorreiter dessen, was sich dann zur Zeit der Romantik entwickeln sollte.

Die Naturtheologie des Zeitalters entsprang dem Supranaturalismus. Gleichwohl erwies es sich als schwierig zu apologetischen Zwecken in der Natur einen Anhaltspunkt zu zeigen, an dem Spuren Gottes und der Schöpfungsordnung entdeckt werden konnten. So forschten Herrnhuter und andere Missionare auf Grönland, auf einem Kontinent, der bislang praktisch vom Christentum unberührt, aber durch den Willen und die Macht Gottes erschaffen wurde, danach, was für „Spuren" der Existenz und Allgegenwart Gottes für die künftige Forschung waren dort hinterlassen worden?

Eine der frühen Aufklärungsfiguren in Schweden war Carl von Linné (1707–1778), vor seiner Erhebung in den Adelsstand Carl Linnæus, dem „Vater der Taxonomie". Er war davon überzeugt, dass die Naturwissenschaften Religion und Glauben bestätigten und dass sie ein Wegweiser zur wahren Erkenntnis der Majestät, Macht, Allgegenwärtigkeit und Gnade des Schöpfers seien. In den nahezu vierzig Jahren als Professor an der Universität Uppsala beeindruckte er nicht nur die wissenschaftliche Welt, sondern hatte auch auf Geistliche und Laien, die in seinem Werk eine tiefe Feinfühligkeit für die Natur und göttliche Vorsehung sahen, einen nachhaltigen Eindruck.

12. Skandinavien

In Dänemark-Norwegen fand der ursprünglich englische Deismus seinen Wortführer in dem norwegischen Autor und Professor Ludvig Holberg (1684–1754). Holberg folgte allerdings nicht den englischen Deisten in Bezug auf Freidenkertum und Moral; für ihn war Moral der Mittelpunkt von Religion. Im Laufe seiner Forschungen zur natürlichen Religion lehnte er einen Großteil des hergebrachten Christentums ab. Dass er ein Denker der Aufklärung war, geht aus seinen Aufsätzen und vor allem aus seinem Roman „Niels Klims unterirdische Reise" deutlich hervor. Sein Roman wurde auf Lateinisch veröffentlicht und erschien erst später auf Dänisch und Deutsch. In ihm findet sich der Reisende in seinen Träumen, in Potu (im Dänischen ist „i Potu" das rückwärts geschriebene „Utopi") wider, einer auf der natürlichen Religion beruhenden Gesellschaft. Das Werk war eine harsche Abrechnung mit dem Absolutismus im lutherischen Dänemark-Norwegen.

Der Wolffianismus erreichte Schweden in den 1730er Jahren; einer Zeit, in der die Ansichten der Aufklärung allmählich akzeptiert wurden. Bis 1741 beeinflussten die Ideen Christian Wolffs die Studenten in Kopenhagen sehr; der Supranaturalismus wurde für die kommenden 30 Jahre zum dominanten Trend in der Theologie. Zu jener Zeit wurde der Versuch unternommen, einige der als unnütz erachteten, kirchlichen Feiertage abzuschaffen, was jedoch erst 1772 gelang. Der französischen und deutschen reformierten Gemeinden, die seit dem 17. Jahrhundert in Kopenhagen und in Fredericia bestanden hatte, wurde Glaubensfreiheit oder Toleranz garantiert und die Gesetze, die Konventikel beschränkten, ruhten nach den 1740er Jahren.

Ein Wendepunkt in der dänischen Geschichte war die Struensee-Ära. Der in Halle geborene Johann Friedrich Struensee (1737–1772) war der königliche Arzt des psychisch kranken Christian VII. Als Kabinettsmitglied und Regent regierte er das Land 17 Monate lang, von 1771–1772, und setzte weitreichende Sozialreformen in Gang. Im Verlauf dieser Zeit und im Einklang mit dem wachsenden Antiklerikalismus seiner Zeit, brach Struensee mit seiner vom halleschen Pietismus geprägten Erziehung und sagte sich von jeglicher Religion los. Eine Palastrevolte führte zur Verhaftung Struensees, der auch wegen seiner Affäre mit der in England geborenen Königin Caroline Matilda in Verruf geraten war. Er wurde 1772 hingerichtet, nachdem er aufgrund der Bemühungen von Bischof Balthasar Münter (1735–1793) erneut zum Christentum konvertiert war. Münter schrieb später das Werk „Count Struensee: The Skeptic and the Christian" („Bekehrungsgeschichte des vormaligen Grafen Johann Friedrich Struensee"), das mit der Zeit in verschiedene Sprachen übersetzt wurde und als Bestseller die Sache des religiösen Supernaturalismus vorantrieb. Nach Struensees Tod übernahm eine ultrakonservative Regentschaft die Regierung für den kranken Christian VII. Dies stellte den Absolutismus in Frage, denn in der absolutistischen Ideologie wurde vorausgesetzt, dass Gott die weltlichen Könige als seine Statthalter einberufen würde. Wie konnte Gott den „verrückten" Christian VII. als König auserwählen?

Die Aufklärung in Schweden und Dänemark war einflussreich. Die Inspiration dafür kam hauptsächlich aus Deutschland, obwohl Ideale – wie etwa Engagement für das Gemeinwohl, Erziehung und die Befreiung des Bauernstandes aus der Leibeigenschaft – auch aus der englischen und französischen Aufklärung einströmten. Dänemark, das wirtschaftlich stark vom Überseehandel profitierte, unternahm eine Neubewertung seiner Beteiligung am Sklavenhandel, indem der potentielle Nutzen von afrikanischer Zwangsarbeit für die Zukunft des dänischen West-Indiens numerisch berechnet wurde. Der Sklavenhandel wurde demnach 1792 eingestellt, obwohl die Sklaverei in den dänischen Kolonien bis 1848 weiterbestand.

Der schwedische König Gustav III. (1746–1792) wurde im Geist der französischen Aufklärung erzogen und zeigte keine persönlichen Sympathien für die Kirche. Durch einen Staatsstreich erweiterte er seine Macht auf Kosten des Reichstags und der Stände und berief eine „Zeit der Freiheit" aus, in der zahlreiche Forderungen nach einer verstärkt zentralisierten Macht erhoben wurden. Viele soziale Reformen wurden eingeleitet, die moderne „neo-klassische Kunst" wurde eingeführt – z. B. die Skulpturen von Johan Tobias Sergel (1740–1814) – und 1781 wurde die allgemeine Religionsfreiheit eingeführt. Trotz seiner Kirchenferne erhielten Personen, die in der Gunst des Königs standen, lukrative Positionen in der Kirche und bei der Besetzung von Pastoren- und Dekansstellen war Korruption immer wieder ein Problem. Der König antwortete mit einer Neuorganisierung der Kirche und ihrer Regierung. Da er sich soziale Gleichstellung wünschte, bemächtigte er sich der Regierungsgewalt. Der Adel reagierte darauf mit heftigem Widerstand, bis schließlich 1792 der König bei einem Maskenball im Stockholmer Schloss ermordet wurde.

13. Angriffe auf das Papsttum

Das Konzil von Trient (1545–48, 1551–52, 1562–63) brachte keine Lösung auf die alte Frage von Episkopalismus gegen Papismus. Im späten Mittelalter wurde der

Episkopalismus, der den Grundsatz vertritt, dass die höchste kirchliche Regierungsautorität nicht bei einer Einzelperson, sondern bei der Ganzheit der Bischöfe liegt, als Grundvoraussetzung für Reformen angesehen. Nun, im 18. Jahrhundert, tauchte diese Diskussion in Deutschland, in der Form des sogenannten Febronianismus, wieder auf. Der Weihbischof von Trier, Johann Nikolaus von Hontheim, veröffentlichte 1742, unter dem fiktiven Namen Justinus Febronius, eine Abhandlung von nationalen und bischöflichen Kirchentheorien, „De statu ecclesiae et legitima potestate Romani pontificis", in der behauptet wurde, dass der Papst seine Macht von der Kirche erhalte, und dass er, als ein römischer Bischof, lediglich den Status des „primus inter pares" habe. Er unterstehe immer der Autorität eines Kollegiums. Papst Clemens XIII. (1693–1769) war nicht in der Lage, diese Sicht zu unterdrücken, aber seinem Nachfolger, dem effizienteren und rücksichtsloseren Papst Pius VI. (1717–1799) gelang es, den Febronianismus zu besiegen. Mit der vollen Autorität Roms zwang er Hontheim, seine Behauptung zu widerrufen. Einige deutsche Fürstbischöfe beschlossen, sich der päpstlichen Macht zu widersetzen, und veröffentlichten 1786, nach einer Beratung in Bad Ems, die „Emser Punktation" (eine „Punktation" ist ein vorläufiges Abkommen oder Vertrag). Diese Bewegung hatte Parallelen zum französischen Gallikanismus und setzte sich dafür ein, dass Kirchenangelegenheiten, so weit wie möglich, in der Hand der Bischöfe und Bürger bleiben sollten. Der Papst war sich der Tatsache bewusst, dass dieser Schritt in seinen Forderungen genauso politische wie ekklesiologische Ausmaße hatte, und er reagierte mit der Drohung, die Erzbischöfe über die Bischöfe und die gegenwärtigen Kirchenstrukturen zu erheben. Die „Emser Punktation" erzielte keine praktischen Resultate.

Die Verfasser der „Punktation" erhielten jedoch Unterstützung aus einer anderen Strömung, dem Josephinismus, eine von Experten des Kirchenrechts entworfene Theorie. Hier wurde die absolutistische Monarchie als der bischöflichen und päpstlichen Autorität vorrangig angesehen. Dementsprechende Kirchenreformen wurden von Joseph II. (1741–1790), Kaiser der Heiligen Römischen Reichs Deutscher Nation, in der Zeit ab 1765 , in die Wege geleitet. Der Kaiser war von den während der Aufklärung verbreiteten Reformtheorien überzeugt; er schenkte Geschichte und Tradition wenig Beachtung und war bestrebt das Naturrecht unabhängig von den Gesetzen, die von der Kirche akzeptiert wurden, durchzusetzen. 1781 erließ er ein Toleranzpatent zugunsten der Anhänger des Augsburger und des Helvetischen Bekenntnisses und wurde damit der erste römisch-katholische Herrscher, der auf diese Weise die Autorität der römisch-katholischen Kirche herausforderte. Eine organisierte protestantische Kirche wurde gegründet und in Österreich, Ungarn und Siebenbürgen wurde die Einrichtung von sechshundert lutherischen, und zweihundert reformierten Gemeinden gestattet. Joseph II. erweiterte seine Reformen, indem er alle religiösen Orden der Überwachung durch österreichische Bischöfe unterstellte – „unnötige" Klöster wurden erbarmungslos geschlossen, und Priester sollten in staatlichen Akademien ausgebildet werden.

Zudem machte der Herrscher neue Gesetze, die die Liturgie und Frömmigkeitsformen betrafen. Papst Pius VI. widersetzte sich diesen Reformen, sein Widerstand traf jedoch auf wenig Gegenliebe, nicht zuletzt weil er sehr plötzlich, fast schon überstürzt anmutete. In den österreichischen Niederlanden, dem heutigen Belgien, rief dieser Widerstand einen Aufstand hervor, der, wenn auch nicht gänzlich von Priestern angestiftet, aber doch von ihnen unterstützt wurde. Josephs Nachfolger, Kaiser Leopold II. (1747–1792), schaffte die religiöse Toleranz während seiner zweijährigen Herrschaft wieder ab. In Österreich wurden die Reformen jedoch bis Mitte des 19. Jahrhunderts fortgesetzt. Ohne die positive Rezeption der aufklärerischen Weltsicht, die sogar in der römisch-katholischen Andachtspraxis und Theologie zum Ausdruck kam, wäre der Josephinismus nicht möglich gewesen. Viele Theologen und kirchliche Lehrer setzten sich dafür ein, die Scholastik und alle Formen von Aberglauben zurück zu drängen, indem sie sie durch ethische Aussagen ersetzten und auf eine natürliche Religion bezogen. Ihr Ziel war es, die Bibel und Erbauungsliteratur in deutscher Sprache zu verbreiten und friedliche Beziehungen mit den Protestanten herbeizuführen. Jesuiten, wie auch das klösterliche Leben, der Asketismus und Sakramentalismus verloren ihren Reiz. Diese aufgeklärte Form des römischen Katholizismus hatte aber auch bizarre Ausdrucksformen, wie etwa die 1776 vollzogene Gründung des nach dem Vorbild der Jesuiten organisierten Illuminaten-Ordens, dessen Programm darin bestand, das Christentum durch eine Ideologie zu ersetzen, die sich um Vernunft und den Staat drehte. Die Freimaurer unterstützten diesen neuen Orden, dennoch überlebte er lediglich zehn Jahre.

14. Philosophie: Lessing, Herder und Kant

Gotthold Ephraim Lessing (1729–1781) wollte ursprünglich Theologe werden, begann dann aber eine literarische Karriere und machte sich als Theater- und Kunstkritiker sowie als Dramatiker einen Namen. In seinen späteren Jahren beschäftigte er sich mit theologischen und philosophischen Themen, vor allem mit Reimarus' Fragmenten, die Lessing als Bibliothekar in Wolfenbüttel 1774 bis 1778 bearbeitet hatte. Wie die Humanisten der Renaissance suchte er nach den Wurzeln der menschlichen Zivilisation in der Antike. Sein Medium war das Theater, denn auf der Bühne konnte er religiöse und humanistische Themen erörtern und zu seinem Publikum „predigen", als wäre die Bühne eine Kanzel. In seinem berühmten Theaterstück „Nathan der Weise" diskutiert er das Thema der religiöse Toleranz, basierend auf dem Gedanken, dass alle drei monotheistischen Religionen – Judentum, Christentum, und Islam – einen einzigen Gott verehren. Die Unterschiede zwischen diesen Religionen waren für ihn historisch bedingt, vordergründig und daher unwesentlich. Sein Credo als Bürger der Aufklärung formulierte er in seinem

Werk „Erziehung des Menschengeschlechts" (1780), ein Text voller optimistischen Vertrauen in die göttliche Vorsehung, die die Menschheit in eine bessere und glücklichere Zukunft führen würde. Er wollte die Menschheit von der Bürde der Kontingenz der Geschichte befreien, und sie zur Einsicht bringen, dass die zufälligen Wahrheiten in der Geschichte niemals die notwendigen Wahrheiten der Vernunft beweisen könnten. Geschichtlich entstandener Glaube müsse demnach jenen Wahrheiten untergeordnet sein, die von der Vernunft als ewige erkannt würden.

Lessing konnte nicht an Wunder, wie Jesus und seine Jünger sie im Kontext ihrer Zeit vollbracht haben sollten glauben. Jenes Zeitalter sei vergangen, die breite und garstige Kluft zwischen jenem Glauben und dem modernen Bewusstsein nicht zu überqueren – Lessings berühmter „garstiger Graben". Das sich historisch entwickelte Christentum und die Bibel verlangten nach einer kritischen Beurteilung aus aktueller Perspektive. Lessing gab das Christentum nicht auf und trat nicht aus der Kirche aus. Seiner Meinung nach musste jedes Zeitalter versuchen, nach dem Sinn zu haschen, um die Probleme der Gegenwart zu lösen. Das Dogma war für ihn ein zeitgebundener Versuch, Sinn zu stiften, aber die Dogmen der Vergangenheit konnten in der Moderne keine Zustimmung mehr einfordern, wo neue Fragestellungen neue Antworten erforderten. Lessing war aber davon überzeugt, dass die Lehren Jesus eine neue Grundlage für den Humanismus bilden könnten und Antworten geben auf die Frage nach der Verortung des Menschen zwischen Natur und Geschichte – sofern man diese Lehren der historischen Kritik durch die Vernunft unterzog. Damit legte er den Grundstein der liberalen Theologie, die Deutschland während des 19. Jahrhunderts prägen sollte.

Ein deutscher Theologe, Johann Gottfried Herder (1744–1803), war enorm wichtig für die Entwicklung einer Sicht der Geschichte, die Natur- und Kulturgeschichte verknüpft sieht. Er kam aus Ostpreußen und verfolgte anfangs eine Karriere in Riga, wurde dann Hofprediger am Hof von Bückeburg in Westfalen und schließlich 1776 Generalsuperintendent und Hofprediger in Weimar, wo er den Rest seines Lebens verbrachte. Im Zentrum von Herders Denken stand die Idee einer Universalgeschichte: ein Blick auf die Geschichte der Menschheit über alle Zeiten hinweg, der es ermöglichte, übergreifende Entwicklungen im Verhältnis der Menschheit zu Natur und Universum nachzuzeichnen und zu verstehen. Für Herder war die Natur das große Bilderbuch der Schöpfung, das Szenen und Bilder von Gottes schöpferischen Taten darstellte Öffne man dieses Buch für die Menschheit, so wären Männer und Frauen in der Lage, ihren Platz im großen Gefüge einzunehmen. Die Ursprungsidee, der göttliche Anfang des Universums, die Geschichte menschlicher Macht und Fähigkeiten und die göttliche Vorherbestimmung der nach Gottes Ebenbild erschaffenen Menschheit, all dies sei in diesem Buch enthalten. In seinem Werk „Ideen zur Philosophie der Geschichte der Menschheit" (1784–1791) behauptete er, die Bestimmung der Menschheit sei es, zur Humanität gebildet zu werden, was wiederum nur durch einen göttlichen Offenbarungsakt in der Geschichte ermöglicht werden könne. Weiterhin entwickelte

Herder die Vorstellung, dass der universelle göttliche Geist die verschiedenen Epochen unverwechselbar gestaltet habe, indem er Völkern und Kulturen je nach ihrer Bestimmung prägte. Dies manifestiere sich laut Herder im jeweiligen „Nationalgeist", der in der Sprache und Geschichte verschiedener und spezifischer Volksgruppen sich manifestiert und vernommen werden könne. Für Christen z.B. sei es offensichtlich, dass die Juden ihre Vorläufer oder Ahnen waren, da sie geschichtliche, sprachliche und kulturelle Gemeinsamkeiten besäßen. Herders Konzept vom „Nationalgeist" war für ihn die Grundlage seines Verständnisses dessen, was ein Volk konstituiert. Schließlich sei darauf hingewiesen, dass für Herder die Vernunft allein nicht ausreicht, um die göttliche Bestimmung zu erfassen; Menschen sind gehalten, ihre Phantasie und Intuition zu nutzen, um ihr Wesen und ihre Rolle in der Universalgeschichte zu erkennen.

Der philosophische Rationalismus war das Kind der Aufklärung. Alle metaphysischen Elemente des Christentums wurden darin aufgegeben und alle Phänomene und alle Behauptungen oder Äußerungen mussten mithilfe der „ratio", der Vernunft, ermittelt werden. Kritiker haben in dem Philosophen Immanuel Kant (1724–1804), von der Königsberger Universität in Ostpreußen, oft das maßgebliche Musterbeispiel dieser Strömung gesehen. Unter dem Einfluss von Isaac Newton, war Kant anfangs ein reiner Materialist: die Welt an sich war auf mechanische Weise zu erklären, und Wunder oder sonstiges Eingreifen eines allmächtigen Gottes in der gegenwärtigen Welt, waren zu verwerfen. Von Leibniz übernahm er eine optimistische Weltsicht, ein Vertrauen in Gottes adäquate und gerechte Steuerung der Welt. Durch Christian Wolff und Alexander Baumgarten (1714–1762), dessen „Metaphysik" (1739) er oft als Lehrbuch verwendete, öffnete Kant den Weg für eine neue „aristotelische Scholastik" des Luthertums, was aus der Wortwahl und den Fachbegriffen in seinen späteren Werken ersichtlich wird. 1770 hat Kant schließlich eine scharfe Zäsur gegenüber Baumgarten gesetzt mit dem Anspruch, dass es sich bei der Unterscheidung des Erkenntnisvermögens der Realität in sinnliche Wahrnehmung und kognitive Einordnung unter Begriffe nicht um zwei Stufen eines Vermögens handle (so Baumgarten), sondern es um zwei gänzlich unterschiedliche Arten von Erkenntnis. Dazu kam für Kant ein weiteres Problem: Wie kann eine Person in der Lage sein, eine Idee der Dinge zu bekommen, nicht nur so wie sie uns erscheinen, sondern so wie sie „als Dinge an sich" sind? Nach 1772 ist Kant bewusst geworden, dass es für den Begriff der Erkenntnis einer vollständigen „Umkehr der Blickrichtung" bedarf. Mit dem Skeptizismus des Schotten David Hume (1711–1776) in Kontakt gekommen, erreichte Kant 1781, mit der Erstausgabe seiner Abhandlung „Kritik der reinen Vernunft", den Durchbruch. Kants Wende war vergleichbar mit dem Durchbruch Luthers im Bereich des Glaubens und mit dem des Kopernikus in der Naturwissenschaft. Traditionell hatte man sich an einem Urgrund hinter der Welt, welche die Welt zu einem wahrnehmbaren Ganzen machte, orientiert. Kant nun lenkt die Aufmerksamkeit auf das Abbild der Welt im menschlichen Verstand als subjektive Größe ist. Das „Denken" kann nicht in das Wesen der Dinge eindringen, nur die äußeren Phänomene können so wahrgenommen werden, wie sie sich dem subjektiven Verstand zeigen. Der Verstand kann die Welt der Phänomene nicht überschreiten. Die Suche nach einer metaphysischen Realität hinter dem Phänomen wurde von Kant durch die Analyse der menschlichen Vernunftkategorien ersetzt, die die Menschen befähigen, sich in der Welt zurechtzufinden. Wir können Gott, oder das Göttliche an sich, nicht wahrnehmen. Die Wahrnehmung formt die Realität.

Auf die Religion bezogen bedeutete Kants Revolution, dass die „scholastische" Theologie, mit ihren vermeintlich beweiskräftigen Beweisen der Existenz Gottes, kein sicherer Grund mehr war. Er wies die Dogmen zurück und glaubte nicht mehr an die Wirkkraft der kirchlichen Gottesdienste und Gebete. Gebete mögen Menschen bewegen, aber sie bewegen nicht Gott. Kant war jedoch als Pietist erzogen worden, und dies zeigt sich darin, dass er sich gegen den Eudämonismus der Aufklärung wandte, und betonte den Wert von Moral und Pflicht. Er bekräftigte auch, dass das in der Menschheit nicht zu leugnende, radikal Böse das optimistische Vertrauen der Aufklärung zerstört hatte. Gute Taten sollten nicht wegen ihrer Nützlichkeit oder zum Nutzen der Allgemeinheit verrichtet werden, sondern weil das Gesetz des Gewissens sie unzweifelhaft auferlegte. Moral ist die Grundvoraussetzung und die Garantie für Religion, und so werden die theologischen Grundkonzepte der Unsterblichkeit der Seele, der Willensfreiheit, und der Existenz Gottes zu einem Postulat der praktischen Vernunft. Theoretisch kann die Wahrheit dieser Postulate nicht bewiesen werden, aber genauso wenig kann bewiesen werden, dass sie falsch sind. Da die praktische Vernunft sie als Notwendigkeiten erfordert, müssen Personen sich so verhalten, als wäre die Seele unsterblich, als wäre der Wille frei, und als würde Gott existieren. So kann das metaphysisches Element im Christentum auf eine ganz neue Art fortbestehen. Die wurde häufig so interpretiert, als habe er einem positivistischen System der transzendentalen Philosophie den Weg bereitet hätte, deren abschließenden Zweck die Theologie darstellt. Im Leben der Kirche brachte Kants Rationalismus viele Pastoren dazu, der Metaphysik und der Offenbarung im Christentum den Rücken zu kehren. Die meisten jedoch blieben der Autorität der Bibel verpflichtet, so lange sich ihre Aussagen vernünftig herleiten ließen. Man hielt an der Überlegenheit des Christentums fest, solange es Fragen der Moral nicht tangierte, ob Jesus oder seine Jünger ihre Ansichten an die damals vorherrschende Kultur und Religion angepasst hatten oder nicht. Die neuen Rationalisten waren überzeugt, dass sie das Christentum auf eine vernünftige, nützliche und akzeptable Weise verteidigten. Ihnen gehörte die Zukunft.

15. Die Französische Revolution

Die große soziale und wirtschaftliche Ungleichheit in Frankreich während der letzten Jahre des Ancien Régime bauten immer mehr sozialen Druck auf, der sich schließlich ab 1789 in der Revolution entlud. Ein extravaganter Hofstaat, der in Unproduktivität verharrte, war mehr als nur ein Ärgernis für die Vertreter der niederen Gesellschaftsschichten, die den Großteil der Einnahmen erwirtschafteten. Der dritte Stand hatte in der streng hierarchischen französischen Gesellschaft keine Möglichkeit unmittelbar an der Regierung mitzuwirken. Trotz ihrer Steuerabgaben hatten sie keinen Einfluss oder Privilegien.[36]

1789 versuchte König Ludwig XVI. (1754–1793) die Steuern zu erhöhen. Der König berief zu diesem Zweck zum ersten Mal seit 1604 die Generalstände ein. Nach langen Debatten um die Geschäftsordnung, in der vor allem der dritte Stand, der die Mehrzahl der Bewohner Frankreichs repräsentierte, nicht angemessen berücksichtigt wurde, kam es zum Eklat. Der dritte Stand, dem sich eine beträchtliche Anzahl Geistlicher aus dem zweiten Stand anschlossen, erklärte sich zur Nationalversammlung und begann mit der Erarbeitung einer Verfassung. In dieser angespannten Lage wurden die Einwohner von Paris durch königliche Truppen eingeschüchtert, die mobilisiert wurden um die öffentliche Ordnung aufrechtzuerhalten. Am 14. Juli griffen die Pariser zu den Waffen und befreiten Häftlinge aus dem Staatsgefängnis „La Bastille". Im Oktober desselben Jahres brach eine Revolte aus und die königliche Familie wurde in Versailles verhaftet und nach Paris gebracht. Die katholische Kirche geriet zu dieser Zeit stark unter Druck: den Priestern wurde versprochen, dass sie nicht verfolgt würden, aber nur unter der Bedingung, dass sie sich freiwillig dem Dritten Stand anschlossen. Von der Kirche wurde auch verlangt, ihre ererbten Privilegien, die sie als Besitzer von riesigen Ländereien angehäuft hatten, aufzugeben.

Die neue Nationalversammlung war während der Revolution von den amerikanischen Bürgern und ihrer neuen Verfassung inspiriert worden. Marquis de Lafayette (1757–1834) brachte die Erklärung der Menschen- und Bürgerrechte in die Nationalversammlung ein, die im August 1789 von der verabschiedet wurde. Diese Erklärung war noch von den Traditionen der römisch-katholischen Kirche geprägt und die Religionsfreiheit nahm einen geringeren Stellenwert ein als in den Dokumenten der amerikanischen Unabhängigkeitserklärung. Sie wurde jedoch erwähnt und zum ersten Mal in einer europäischen Verfassung zu einem universellen Prinzip erhoben. Die Revolution schmiedete neue Beziehungen zwischen Staat und Kirche. Da sie dringend Gelder benötigten, konzentrierten sich die führenden Politiker, Charles-Maurice de Talleyrand (1754–1838) und Graf Mirabeau auf die Besitztümer der kürzlich verstaatlichten Kirche. Der Staat musste nun die Gehälter der Kirche bezahlen. Die meisten klösterlichen Orden wurden unterdrückt und kirchliche Gebäude von zum Teil großer kultureller und geschichtlicher Bedeutung niedergerissen. Die Frage war nun, ob die zukünftige französische Kirche als Teil der römisch-katholischen Kirche oder als eine nationale Staatskirche angesehen werden sollte. Im Jahre 1790 wurde die „Constitu-

---

36 McManners, John, The French Revolution and the Church, London 1969.

tion civile du clergé" (Zivilverfassung des Klerus) verabschiedet und die Kirche der Zivilverwaltung unterstellt. Pfarrer und Bischöfe sollten nun durch politische Behörden, die ohne päpstlichen Einfluss walteten, gewählt und ernannt werden. Die Rechtsprechung durch die Römische Kurie wurde abgeschafft, die Struktur der Diözesen wurde den zivilen Départements weitgehend angepasst und alle Entscheidungen in Bezug auf die Kirche mussten von staatlichen Behörden getroffen werden. Dies rief heftige Proteste seitens des Klerus hervor, worauf die Nationalversammlung als Antwort vom Klerus einen Treueeid auf die Verfassung abverlangte. Dies wurde zum Wendepunkt der Revolution, und veranlasste den Papst, die Verfassung zu verurteilen und dem Klerus trotz ihres geleisteten Eides das verfassungsgemäße Verhalten zu untersagen. Es herrschte offener Konflinkt zwischen dem Papst und Frankreich. Der Staat reagierte prompt und verleibte sich die bis dahin päpstliche Stadt Avignon wieder ein. Viele Geistliche blieben dem Papst treu und viele Priester, die den Eid auf die Verfassung verweigerten, wurden des Landes verwiesen.[37]

Im Jahre 1792 spitzte sich die Situation zu, und sowohl Österreich als auch Preußen waren auf eine Intervention vorbereitet, wodurch sich die neu Gewählten Mitglieder der Nationalversammlung, nicht zuletzt die sogenannten Girondisten, provoziert fühlten und eine noch verschärftere, revolutionäre Haltung einnahmen. Die älteren Mitglieder der Versammlung wurden von einer neuen Generation unterdrückt, die eher von Voltaire als von Rousseau inspiriert war. Die Unterdrückung der Religion übernahm die Macht, So wurde der christliche Kalender durch einen Revolutionskalender ersetzt, der mit dem Jahr 1792 begann und zum Ärgernis der Arbeiterklasse eine zehn-Tage Woche einführte.

1793 begann der „Terreur", die „Herrschaft des Schreckens": Jean Paul Marat (1743-1793) rief das Volk dazu auf, das Gesetz in die eigenen Hände zu nehmen. Der Tuilerien-Palast wurde angegriffen und die königliche Familie musste bei der Nationalversammlung Zuflucht suchen. Der Mob stürmte die Gefängnisse, befreite die Gefangenen und ermordete inhaftierte Mitglieder des Adels. Die neue Regierung, angeführt von Georges Danton (1759-1794), war praktisch in der Hand des Volkes. Die Königsfamilie wurde Anfang 1793, als die französische Armee in den Revolutionskriegen an Boden verlor, hingerichtet. Die radikalen Jakobiner übernahmen die Macht unter der Führung von Maximilien Robespierre (1758-1794), der keinen Widerspruch oder Kritik duldete. Seine Regierungszeit war geprägt von willkürlichen und standrechtlichen Hinrichtungen von Personen, die auch nur der leichtesten anti-revolutionären Handlungen bezichtigt wurden.

Der bis 1794 andauernde Terror gab jedoch dem erneuerten religiösen Glauben eine Kraft, die zum Beginn einer neuen französischen Kirche beitrug. Die atheistische Zivilregierung und ihr vom Staat eingerichteter Kult der „inkarnierten Vernunft", waren ein Fehlschlag. Als Deist behauptete Robespierre, dass das französische Volk an

---

37 McManners, The French Revolution and the Church.

das „Höchste Wesen" und die Unsterblichkeit der Seele glaube. Er arrangierte eine riesige Veranstaltung auf dem Marsfeld, wo eine gigantische Figur, die den „Atheismus" repräsentierte, vor einer großen Menschenmenge verbrannt wurde. Nach dieser Zeit des Terrors begann die Zeit des „Direktoriums". Eine neue Verfassung trat 1795 in Kraft, die die gesetzgebende Gewalt in zwei Kammern aufteilte und die Religionsfreiheit wieder gewährte. Die Urheber der neuen Verfassung hofften, dass Religion allmählich dahinwelken, und schließlich ganz aus dem Leben des Volkes verschwinden würde. Ein erfolgloser Versuch wurde unternommen, eine neue Staatsreligion zu erschaffen: Theophilanthropismus, eine Lehre vom göttlichen Willen, welche die menschlichen Brüder zur Ausübung gegenseitiger Liebe antreiben sollte.

Die französische römisch-katholische Kirche versammelte sich 1797 zu ihrem ersten Nationalkonzil nach der Revolution, an dem einhundert Bischöfe teilnahmen. Eidverweigernde Priester wurden noch immer staatlich verfolgt, und so zeigte die traditionelle katholische Kirche ihre Stärke und Widerstandskraft durch ihre Märtyrer; sie blieb trotz Unterdrückung bestehen. Der endgültige Schlag gegen das Papsttum sollte auf der politischen Bühne stattfinden. Die französische Agitation gegen Papst Pius VI. (1717–1799) wurde von einem französischen General in Rom, Léonard Mathurin Duphot (1769–1797) angeführt, der während Unruhen in der Stadt ermordet wurde. Dies gab den Franzosen Anlass zum Handeln. Französische Truppen besetzten Rom, und der Papst wurde gefangen genommen. Es war unklar, was mit dem alten und schwachen Mann geschehen sollte und so wurde er zunächst nach Siena und Florenz verbannt und schließlich in das französische Valence verschleppt. Dort starb er 1799 als Staatsgefangener. Ein Jahr später, zu Beginn der Regierungszeit Napoleons, begannen Verhandlungen um eine Versöhnung – und schließlich ein Konkordat – zwischen der römischen Kirche und dem französischen Staat.

16. Das 18. Jahrhundert. Eine Zusammenfassung

Im Verlauf des 18. Jahrhunderts verloren die Kirchen einen Großteil ihrer Macht und ihres Einflusses in der Gesellschaft, wie auch ihrer Rolle als Unterstützerinnen des Staates. Allerdings war die Religion während dieser Zeit auch von ihrer Funktion befreit, Staatsideologien theologisch zu legitimieren. Das Christentum machte viele Wandlungsprozesse durch: von etablierten Kirchen zu kleinen Gruppen, abgespaltenen Kirchengemeinden und subversiven spiritualistischen Protest- oder Interessengruppen. In manchen Ländern wurden die Kirchen als „Religionsabteilung" in der Staatsverwaltung subsumiert. Neue Staatstheorien und neue Konzepte einer auf dem Naturgesetz beruhenden Zivilgesellschaft verlangten, dass Kirchen und Christen verschiedenster Konfession und Orientierung geduldet wurden. Universelle Rechte wurden nicht durch Bekenntniskirchen, sondern oftmals von Menschen gewährt, die mit revolutionären Taten alte Muster durchbrachen. Das 18. Jahrhundert war ein Jahrhundert der Revolution.

Während der Aufklärung versuchten Kirchen und Staaten den Vernunftgebrauch abzusichern, indem natürliche Religion und offenbarte Religion als eins betrachtet wurden. Die Vernunft jedoch gebot, dass alte kirchliche Strukturen als nicht mehr zweckdienlich angesehen wurden, da sie sich nicht in der Sprache der Gegenwart mitteilen konnten und sich nicht mit den führenden zeitgenössischen Ideen beschäftigten. Der Respekt für die Vergangenheit, einst Markenzeichen der Renaissance, wich nun einer fundamentalen Geringschätzung der Geschichte. Geschichte wurde als etwas betrachtet, das dem dynamischen und optimistischen Fortschritt zu neuartigen, den neuen Gesellschaften besser entsprechenden Ausübungsformen im Weg stand. Die Last der Tradition war abgeworfen und manche Philosophen rieten sogar, die Bürde der Kultur an sich abzuwerfen.

Philosophische Systeme, wie die von Lessing und Herder, brachten spalteten durch ihre Entwürfe: zunächst mit kritischer Religionsphilosophie auf der einen und dem althergebrachten Dogma der Kirche auf der anderen Seite. Solche Entwürfe waren eine Antwort auf die Probleme der Moderne. Kant dann befreite die Menschen von den überholten Versuchen, das Heilige als habhaft oder verfügbar aufzufassen. Die Distanz des Menschen zum „Ding an sich", die die Philosophie auf die Beschäftigung mit dem Erkenntnisvermögen statt auf eine Realität außerhalb von ihm verwies, potenzierte sich im Blick auf Gott: Er war gleichzeitig unbeweisbar entfernt und gegenwärtig.

Am Ende des Jahrhunderts stellt das Christentum auch im Bewusstsein der Europäer nur noch eine von vielen Religionen dar. Neue Welten waren entdeckt worden, sowohl innerhalb und außerhalb des menschlichen Körpers wie auch innerhalb Europas und darüber hinaus. Würde die Kirche in der Lage sein, den neuen Bestrebungen gerecht zu werden? Würde das Christentum und seine Art, die Welt und ihre Geheimnisse zu erklären, aus dem Leben von gewöhnlichen Menschen verschwinden? Der Kampf zwischen Individuum und Institution sollte sich in einem neuen Jahrhundert fortsetzen, in dem die verfassungsrechtlich gewährte und gesicherte Religionsfreiheit seine Vorstufe, die im Jahrhundert der Aufklärung gewährte Toleranz ersetzen sollte. Für all dies hatte das 18. Jahrhundert das Fundament gelegt.

Übersetzung: Priska Komaroni

Literatur

Asche, Matthias/Schindling, Anton (Hrsg.), Dänemark, Norwegen und Schweden im Zeitalter der Reformation und Konfessionalisierung. Nordische Königreiche und Konfession 1500 bis 1600, Münster 2003.

Brecht, Martin (Hrsg.), Geschichte des Pietismus, Band 1, Der Pietismus vom siebzehnten bis zum frühen achtzehnten Jahrhundert, Göttingen 1993.

Bradley, James E., Religion, Revolution, and English Radicalism. Nonconformity in Eighteenth-Century Politics and Society, Cambridge 1990.

Bradley, James E./van Kley, Dale K. (Hrsg.), Religion and Politics in Enlightenment Europe, Notre Dame 2001.

Cragg, C. R. The Church in the Age of Reason 1648–1798, Harmondsworth 1970.

Gleixner, Ulrike, Pietismus und Bürgertum. Eine historische Anthropologie der Frömmigkeit. Württemberg 17.–19. Jahrhundert, Göttingen 2005.

Hope, Nicholas, German and Scandinavian Protestantism 1700–1918, Oxford 1999.

Scott, H. M. (Hrsg.), Enlightened Absolutism. Reform and Reformers of Later Eighteenth-Century Europe, Basingstoke 1990.

Wallmann, Johannes, Der Pietismus, Göttingen 2005.

Ward, W. Reginald, Early Evangelicalism: A Global Intellectual History, 1670–1789, Cambridge 2006.

Zusammenfassung und Ausblick

Hartmut Lehmann

In den drei Jahrhunderten von 1500 bis 1800 wurde die Geschichte des Weltchristentums durch höchst unterschiedliche und zum Teil widersprüchliche Entwicklungen bestimmt, durch bemerkenswerte Kontinuitäten ebenso wie durch nicht minder bemerkenswerte Diskontinuitäten. Schon die Zeitgenossen staunten über das gewaltige Maß an Pluralisierung. Nachdem im frühen 16. Jahrhundert auch die Einheit der westlichen Christenheit zerbrochen war, kam es in der Folge zu immer weiteren Abspaltungen und immer weiteren Teilungen. Nicht einmal der Römisch-Katholischen Kirche gelang es, in dem von ihr nach wie vor beherrschten Bereich der Welt die zentrifugalen Kräfte zu bändigen. Noch viel dramatischer und weitgehender war die Diversifikation in den Bereichen der Kirchen und der kirchlichen Gemeinschaften, die sich von der Römischen Kirche getrennt hatten.

Zu den hervorstechenden Charakteristika der Epoche gehört das Tempo, mit dem europäische christliche Gemeinden sich in anderen Kontinenten ausbreiteten. Im Zentrum standen zunächst Mittel- und Südamerika, wenig später Asien, schließlich Afrika und Nordamerika, wobei die Europäer in Afrika und Asien die Erfahrung machten, dass dort schon sehr viel ältere christliche Gemeinschaften bestanden. Gewaltige Energien entfalteten insbesondere die Kirchen und die Ordensgemeinschaften aus Spanien und Portugal. Erst später entdeckten auch Franzosen, Engländer und Niederländer die Welten jenseits von Europa als Felder missionarischer Aktivität. Die drei Jahrhunderte vom späten 15. bis zum späten 18. Jahrhundert wurden somit bestimmt durch Globalisierung und Pluralisierung.

Jedes Jahrhundert hatte seine eigene Signatur. Schon im späten 15. Jahrhundert gewann die Russisch-Orthodoxe Kirche im Osten Europas die Gestalt, die sie bis ins frühe 18. Jahrhundert besitzen sollte. Nach dem Fall von Konstantinopel arrangierten sich die Christen im Südosten Europas mit der Osmanischen Herrschaft. Seit dem frühen 16. Jahrhundert bauten Portugiesen und Spanier in Lateinamerika, in der Karibik und in Asien ihre Weltreiche auf, in denen die Katholische Kirche ganz selbstverständlich nicht nur das religiöse, sondern auch das kulturelle, das soziale und das politische Leben bestimmte. In Europa stand dagegen der Konflikt zwischen Neugläubigen, die man seit den späten 1520er Jahren Protestanten nannte, und den Mitgliedern der Römischen Kirche, den Altgläubigen, in der ersten Hälfte des 16. Jahrhunderts im Zentrum. Nachdem beide Seiten, mehr aus Erschöpfung denn aus innerer Einsicht, 1555 im Augsburger Religionsfrieden einem Modus Vivendi und einer vorläufigen Koexistenz zugestimmt hatten, widmeten sich die Neugläubigen vornehmlich dem Aufbau eigener Kirchen, während die Altgläubigen mit dem Konzil von Trient die Reform ihrer Kirche in die Wege leiteten. Als Ergebnis entwickelten sich unterschiedliche religiös-kulturelle Formationen, das heißt Konfessionskirchen mit je eigenen Hierarchien und Mentalitäten, mit einer je eigenen Kultur, je eigenen Vorurteilen und mit einem je eigenen Geschichtsverständnis. Als Ergebnis entstanden in Europa neue Zentren und neue Grenzen.

Paul Tillich, selbst ein Grenzgänger zwischen Theologie und Philosophie, zwischen Europa und Amerika, formulierte 1936, als er, aus Deutschland vertrieben, am *Union Theological Seminary* in New York lehrte: „Die Grenze ist der eigentlich fruchtbare Ort der Erkenntnis".[1] Dieser Satz lässt sich mit Gewinn auf die kirchlich-religiöse Lage im 16. Jahrhundert anwenden. Neue Erkenntnisse über den christlichen Glauben und die christlichen Kirchen gewannen Alt- wie Neugläubige in der seit den 1520er Jahren intensiv geführten politischen und theologischen Auseinandersetzung. Dadurch wurde auf altgläubiger Seite die Reaktivierung der eigenen Traditionen und auf neugläubiger Seite eine Neuaneignung christlicher Glaubenswahrheiten ermöglicht. Nicht minder wichtige Erkenntnisse gewannen auch die spanischen und portugiesischen Geistlichen, die sich in Lateinamerika und in der Karibik um den Aufbau christlicher Gemeinden bemühten ebenso wie die jesuitischen Missionare in China. In fast allen Fällen wurden die neuen Erkenntnisse nicht für den Dialog mit den Vertretern anderer Kulturen verwendet, sondern zur Stärkung der eigenen religiös-konfessionellen Identität eingesetzt. Gerade in China und in Lateinamerika und in der Karibik führten neue Erkenntnisse aber auch dazu, eigene Positionen in Frage zu stellen. Genannt seien zum Beispiel der Dominikanermönch Bartolomé de Las Casas, der sich für die Rechte der Indios einsetzte,[2] und Matteo Ricci, der in China wirkte und sich intensiv mit Grundfragen der chinesischen Tradition beschäftigte[3]. Die Begriffe Pluralisierung und Globalisierung gilt es deshalb durch Begriffe wie Vitalität und Innovation zu ergänzen. In Europa war das Konfliktmanagement in den Jahren nach 1517 allerdings höchst mangelhaft. Führende Vertreter beider Seiten suchten nicht den Kompromiss und somit die Einheit unter dem Dach einer Kirche, sondern Abgrenzung und die Schärfung des eigenen Profils. Staatliche Machtinteressen trugen wesentlich zu den Gegensätzen bei. Glaubensfragen wurden deshalb mit höchster Intensität und nicht selten mit großer Aggressivität ausgetragen. Die theologischen und kirchenpolitischen Auseinandersetzungen des 16. Jahrhunderts besaßen eine besondere Schärfe.

---

1 Tillich, Paul, „Auf der Grenze" (1936), in: Ders., *Begegnungen. Gesammelte Werke XII*, Berlin 1992, 13.
2 Vgl., *Kurzgefasster Bericht von der Verwüstung der westindischen Länder*, Frankfurt a. M. 2006; Las Casas, Bartolomé, *Werkauswahl in vier Bänden*, hrsg. v. Delgado, Mariano, Paderborn 1994–1997.
3 Po-Chia Hsia, Ronnie, *A Jesuit in the Forbidden City. Matteo Ricci 1552-1610*, Oxford 2010.

Im 17. Jahrhundert gerieten die Konfessionskulturen in Europa in eine schwere Krise. Völlig unvorbereitet mussten sich die Vertreter der verschiedenen konfessionellen Milieus mit den Folgen einer klimatischen und auch einer Serie von demographischen, wirtschaftlichen, politischen und sozialen Krisen und Katastrophen auseinandersetzen. In allen Lagern hatten neue Formen der Religiosität Konjunktur. Die von ethischen Überlegungen getragene *Praxis Pietatis* zählte nun mehr als die Rechtgläubigkeit, die Suche nach dem persönlichen Heil mehr als das Vertrauen in die Hierarchien. Geradezu desaströs waren die Auswirkungen der großen, unerbittlich geführten Kriege des Zeitalters. Diese Kriege begannen 1618 und sollten erst hundert Jahre später enden. Von Anfang an waren die großen, etablierten Konfessionskirchen an den Konflikten beteiligt. Für drei Generationen gehörten Krieg und Gewalt zum Alltag der Christen. Nur einige Splittergruppen glaubten an den Pazifismus als Möglichkeit, die Gewaltphantasien ihrer Zeitgenossen zu bändigen und die sich unaufhaltsam ausbreitende Gewaltbereitschaft zu beenden, so etwa die Quäker – freilich erst, nachdem sie die erste turbulente Phase ihrer Geschichte überstanden hatten. Für alle Christen waren der plötzliche Tod und die Angst vor dem Tod tägliche Begleiter.

In allen konfessionellen Lagern wuchs seit dem späten 16. Jahrhundert die Unzufriedenheit mit den kirchlichen Hierarchien, da diese sich überall in Europa mit den nach absoluter Macht strebenden Herrschern verbündet hatten. Zum Teil suchten die Unzufriedenen das Heil im Rückgriff auf die Lehren der Alten Kirche, wobei die Theologie des Augustin höchste Aufmerksamkeit erhielt, zum Teil auch im Rückgriff auf die Hebräische Bibel, das Alte Testament. Dabei stellten manche von ihnen die seit dem Spätmittelalter in allen europäischen Ländern weit verbreiteten Vorurteile gegen die Juden in Frage, konnte es doch möglich sein, dass Gott in ihrer Zeit – möglicherweise der letzten Zeit vor der Wiederkunft Christi – einen besonderen Plan mit dem Volk des Alten Bundes hatte. In der Sequenz der interkonfessionellen europäischen Erneuerungsbewegungen machten die gegen die Anglikanische Kirche opponierenden Puritaner den Anfang. Es folgten die Jansenisten, die sich gegen die Vorherrschaft der Gallikanischen Kirche und der Jesuiten wandten. Diesen folgten wiederum die Pietisten, die das Kirchensystem der lutherischen Orthodoxie zu reformieren suchten. Neben dem *Memento Mori* wurde somit der Satz *Ecclesia Semper Reformanda* („Die Kirche muss ständig erneuert werden") zum Stichwort einer ganzen Epoche.

Während die europäischen Kirchen in Streit und teilweise im Chaos versanken, erlahmten mit wenigen Ausnahmen auch ihre Kräfte in Übersee. War das 16. Jahrhundert ein Jahrhundert der Expansion, wurde das 17. Jahrhundert somit eher zum einem Jahrhundert der Konsolidierung. Zu den Ausnahmen zählten Missionare aus den Niederlanden, die zusammen mit Kaufleuten den Weg über das südliche Afrika und in den Fernen Osten nahmen, sowie dissentierende Puritaner aus England, die die religiösen Freiheiten, die ihnen zu Hause verwehrt wurden, im Norden des amerikanischen Kontinents zu verwirklichen suchten. Abgesehen von

Australien und Neuseeland hatte die europäische Expansion nach Übersee damit eine beinahe unbeschränkte globale Dimension erreicht.

Die Grenzen der europäischen Expansion sollten freilich nicht übersehen werden. Denn in aller Regel beschränkte sich die europäisch-christliche Präsenz in Übersee auf einige wenige Stützpunkte, meist an den Küsten. Dort, wo Handel getrieben wurde, fanden die interkulturellen Kontakte statt. Erst im Laufe des 19. Jahrhunderts wurde von dieser punktuellen Präsenz aus der Versuch gemacht, ganze Länder in Übersee zu erschließen und deren Völker zu missionieren. Eine Ausnahme bildete allein Lateinamerika. Getrieben vor allem aus ökonomischen Gründen zogen Portugiesen und Spanier weit ins Landesinnere. Die Kirchen, die sie gründeten, unterstanden der Krone in Madrid und nach der Trennung der beiden Reiche auch der Krone in Lissabon. Rom hatte nicht einmal einen indirekten Zugang.

Nach dem Ende des Spanischen Erbfolgekriegs und dem Ende des Nordischen Kriegs im zweiten Jahrzehnt des 18. Jahrhunderts engagierten sich die europäischen Kirchen und Glaubensgemeinschaften wieder mit neuem Elan in Übersee. Ihre Aktivitäten wurden durch wirtschaftliche Interessen ebenso unterstützt wie durch wissenschaftliche Explorationen. Binnen weniger Jahrzehnte lernten die Europäer nun den besonderen Charakter außereuropäischer Religionen kennen. Neue Einsichten, aber auch neue Vorurteile waren die Folge. Während der Respekt vor den Religionen im Fernen Osten, den schon die Missionare des 16. Jahrhunderts in Europa verbreitet hatten, weiter wuchs, blickten die Europäer nunmehr mit immer stärkerer Herablassung auf die Religionen in Afrika. Gebildete Europäer unterschieden im Laufe des 18. Jahrhunderts zwischen alten Hochkulturen und deren Religionen in Asien auf der einen Seite und unzivilisierten „Heiden" in Afrika auf der anderen Seite. Diesen Heiden galt es, wie man glaubte, zusammen mit dem Christentum auch die Segnungen der europäischen Zivilisation zu bringen. Die Kontakte zu den alteingesessenen christlichen Kirchen und Gemeinschaften in Äthiopien und im Kongo blieben auch im 18. Jahrhundert spärlich. Das gleiche gilt auch für die Beziehungen zu den Thomas-Christen in Indien und den älteren christlichen Gemeinden in China und Japan.

In Europa erreichte der Kampf gegen das Osmanische Reich mit der Befreiung des belagerten Wien im Jahre 1683 einen Höhepunkt. Große Teile der europäischen Christenheit fühlten sich mit den Habsburgern solidarisch. Weit über die Kreise der direkt Betroffenen hinaus hatten antitürkische und antimuslimische Vorurteile nunmehr populäre Konjunktur. Freie, aufgeklärte Geister wie Gotthold Ephraim Lessing waren es, die im letzten Teil des 18. Jahrhunderts neue Akzente setzten. In seinem bahnbrechenden Theaterstück „Nathan der Weise" plädierte Lessing für wechselseitige Toleranz zwischen Christen, Juden und Muslimen, ohne dass alle Zeitgenossen seinen klugen, geradezu weisen Ausführungen gefolgt wären. Wie schon Heinrich Heine erkannte, setzte Lessing aber einen Meilenstein, an dem sich alle, die sich der Aufklärung verpflichtet fühlten und deshalb antijüdische und antimuslimische Vorurteile ablehnten, künftighin orientieren konnten[4].

In allen europäischen Kirchen blieb im 18. Jahrhundert das Thema Reform auf der Tagesordnung. Auch drei Generationen nach dem Beginn der jansenistischen Streitigkeiten in der Mitte des 17. Jahrhunderts blieben in der Katholischen Kirche die theologischen Überlegungen des Jansenius und seiner Nachfolger vor allem in Frankreich von höchster Aktualität. Bis in die Mitte des 18. Jahrhunderts hinein waren es die Nachfolger von Philipp Jakob Spener, dem Begründer des Pietismus, die immer wieder innerhalb des mitteleuropäischen Protestantismus für Furore sorgten. Enge Beziehungen entstanden damals zwischen Kirchenreformern in Deutschland, in den Niederlanden, in England und von dort aus in den britischen Kolonien in Nordamerika. Nikolaus Ludwig Graf Zinzendorf und die von ihm gegründete Gemeinschaft der Herrnhuter wollte sich ebenso wenig mit den Gegebenheiten eines routinierten kirchlichen Lebens abfinden wie John Wesley und die Methodisten. Binnen weniger Jahre faszinierten Glaubenslehren und Glaubenspraxis des Methodismus weite Teile des englischen Kirchenvolks. Erweckung und Wiedergeburt waren die Stichworte, die nunmehr das Leben in vielen Kirchengemeinden bestimmten, zugleich jedoch auch viele Kirchengemeinden spalteten. Das war in den vom Pietismus beeinflussten Ländern nicht anders. Denn nicht alle Kirchenmitglieder waren davon überzeugt, dass *Awakening* und *Revival* den Weg zum ewigen Heil öffnen würden.

Eine noch grundlegendere Reform des christlichen Lebens versprachen die Vertreter der Aufklärung. Waren bis ins frühe 18. Jahrhundert viele Gläubige überzeugt, Christi Wiederkunft stünde, wenn schon nicht unmittelbar, so doch in absehbarer Zeit bevor, so öffneten die Aufklärer den Blick weit in die Zukunft. Reformen sollten das Leben verbessern, in der Landwirtschaft, im Handwerk und im Handel ebenso wie im kirchlichen Leben. Jedwede Form von Aberglauben sollte endlich verschwinden, der Glaube an die Hexerei ebenso wie der Glaube an einen Zusammenhang von Missernten und göttlicher Strafe. Im Zentrum aller Überlegungen stand nunmehr die Überzeugung, Gott habe den Menschen die Vernunft geschenkt und es gelte, diese Vernunft in allen Lebensbereichen richtig einzusetzen. Es ist nicht falsch, hier von innerweltlichen Heilsversprechen zu reden. Denn in der Gesellschaft, so wie sie bestand, konnte und sollte der Weg in eine bessere Zukunft beginnen. Alle Teile der Gesellschaft sollten an diesen Reformen teilnehmen und von ihnen profitieren, nicht nur in einem konfessionsübergreifenden Sinn die Christen, sondern auch die fortschrittlich gesinnten Juden. Zwar war von Ökumene noch nicht die Rede, wohl aber von Toleranz. Diese Toleranz sollte alle Teile der Gesellschaft durchdringen.

---

4   Heine, Heinrich, Zur Geschichte der Religion und Philosophie in Deutschland. Erste Auflage 1834. Jetzt u. a. Heine, Heinrich, *Zur Geschichte der Religion und Philosophie in Deutschland*, München 1997.

Die Grenzen des aufgeklärten Optimismus sind im Rückblick deutlich zu erkennen. Denn fast überall in Europa sicherten sich die Herrscher das Recht, die Grenzen von Toleranz und die Reichweite von Reformen zu kontrollieren. Der aufgeklärte Absolutismus war somit höchstens ein halber Schritt in eine bessere Zukunft. In den britischen Kolonien in Nordamerika und wenig später im Frankreich des Ancien Régime eskalierten die Konflikte. In beiden Fällen, in den jungen Vereinigten Staaten ebenso wie im republikanischen Frankreich, wurden danach im Zuge der politischen Umwälzungen Grundrechte formuliert, die die Vorrechte, die sogenannten Prärogativrechte der Krone abschafften und mit einer Trennung von Kirche und Staat eine völlig neue Form von Herrschaft intendierten. Nicht zuletzt wurde nunmehr auch das Recht auf Religionsfreiheit postuliert. Es waren im 17. Jahrhundert bezeichnenderweise Dissidenten gewesen, die dieses Grundrecht zunächst konzipiert und für sich reklamiert hatten. Festzuhalten ist somit, dass ein wesentlicher Teil des politischen und kirchenpolitischen Erbes der frühneuzeitlichen Christenheit, eben die Grundrechte und speziell das Recht auf Religionsfreiheit, gegen die Staatskirchen erkämpft werden musste.

Überblickt man die globale Geschichte des Christentums in den drei Jahrhunderten, ist zunächst zu beobachten, dass die Verbindungen zwischen den christlichen Kirchen und Gemeinden in Europa und den christlichen Kirchen und Gemeinden auf anderen Kontinenten in der Epoche vor der Französischen Revolution noch relativ schwach waren. Der vergleichsweise intensivste Austausch fand zwischen christlichen Gruppierungen in England, Spanien und Portugal auf der einen und den Christen in Nord-, Mittel- und Südamerika auf der anderen Seite statt. Viel seltener, um nicht zu sagen sporadisch, waren dagegen die Kontakte von Europa in den Mittleren und Fernen Osten. Ebenso wenig kann von einem regelmäßigen und produktiven Austausch zwischen den mittel-, nord- und westeuropäischen Christen und ihren Brüdern und Schwestern unter osmanischer Herrschaft oder in der Russisch-Orthodoxen Kirche gesprochen werden. Kontakte zu afrikanischen Christen waren höchst selten. Das Christentum war in der Frühen Neuzeit somit zwar durchaus global, zugleich jedoch auch dezentral organisiert mit unterschiedlichen regionalen Zentren und Schwerpunkten. Es ist deshalb problematisch, in jener Epoche von einer Weltchristenheit zu sprechen.

Das religiöse, theologische, spirituelle und kulturelle Erbe jener frühneuzeitlichen Christenheiten lässt sich, das ist ein weiterer Punkt, nicht auf einen Nenner bringen, schon gar nicht auf einen positiven Nenner. Zwar lässt sich nicht leugnen, dass sich das Christentum in jener Phase in alle Weltteile ausbreitete, so dass man von Globalisierung sprechen kann. Globalisierung bedeutet jedoch nicht, dass man auch von einer Erfolgsgeschichte sprechen sollte. Denn nicht nur in Europa gelang es den christlichen Kirchen und Gruppierungen in aller Regel nicht, Konflikte gewaltlos zu lösen. Auch die Expansion nach Übersee war meistens eine Geschichte von Gewalt und immer wieder neu einsetzender Gewalt sowie in der Folge eine Geschichte von Vertreibung und von Exil. Das gilt nicht nur für das

16. und 17. Jahrhundert, sondern auch für das 18. Jahrhundert. Pazifistisch gesinnte Gruppen wie die Quäker waren und blieben Außenseiter. Selbst für die Aufklärer war die Verwendung von Gewalt keineswegs ein Tabu. Keiner der Herrscher, die sich dem aufgeklärten Absolutismus verpflichtet fühlten, schreckte vor der Anwendung von kriegerischer Gewalt nach außen und zur Verteidigung der staatskirchlichen Rechte auch nicht vor Polizeigewalt gegen kirchliche Gruppen im Innern zurück. Kirche und Staat wurden erst gegen Ende des 18. Jahrhunderts in den USA voneinander getrennt. Die Freiwilligkeitskirchen, die seit der Mitte des 17. Jahrhunderts in den britischen Kolonien in Nordamerika entstanden, hatten die neue Entwicklung eingeleitet. Noch war es jedoch ein weiter Weg, bis Freiwilligkeitskirchen sich auch in Europa und in den anderen Erdteilen etablieren konnten und als gleichberechtigt neben den Staatskirchen anerkannt wurden.

Die Kirchenspaltung des 16. Jahrhunderts konnte in den folgenden Jahrhunderten auch durch eine Reihe gut gemeinter Vermittlungsversuche nicht überwunden werden. Im Gegenteil: Unübersehbar prägten Prozesse der kirchlich-religiösen sowie der kirchenpolitischen Differenzierung beziehungsweise der Binnendifferenzierung das christliche Leben der frühen Neuzeit, und zwar sowohl in Europa wie jenseits von Europa. Der Streit zwischen Altgläubigen und Neugläubigen war nur der Beginn immer weiterer Abspaltungen und Umgruppierungen. Schon nach kurzer Zeit nahmen auch die Spannungen innerhalb der Konfessionskirchen zu. Sowohl innerhalb des Katholizismus wie auch innerhalb der protestantischen Kirchen erweiterte sich dadurch das Spektrum der theologischen Positionen und der religiösen Praxis. Differenzen innerhalb von Europa wurden selbstverständlich auch nach Übersee exportiert. Im 18. Jahrhundert erhielten die Differenzierungsprozesse noch einmal eine neue Qualität, weil sich nun Bereiche wie Wissenschaft und Schule, auch die Medizin, aus der Vorherrschaft der Theologie befreiten. Militär, Diplomatie und Wirtschaft hatten sich schon viel früher emanzipiert. Selbst im Alltagsleben entglitten katholischen wie protestantischen Geistlichen, wenn sie Aufsicht führen wollten, die Verhältnisse nun immer mehr, und zwar in allen Schichten.

Gleichzeitig standen Säkularisierungstendenzen und Tendenzen einer religiösen Intensivierung in einem spannungsgeladenen Wechselverhältnis. Es war der absolute Staat, der überall dort, wo er sich durchsetzte, die Säkularisierung vorantrieb. Im Zuge der Konfessionskonflikte des 16. Jahrhunderts hatten europäische Herrscher gelernt, sich kirchlichen Besitz anzueignen, um ihre Staatsfinanzen aufzubessern. Damit war eine wichtige Schranke gefallen. Insofern besteht eine Analogie zwischen der staatskirchlichen Machtpolitik Heinrichs VIII. im England des 16. Jahrhunderts und entsprechenden antikirchlichen Gewaltakten Josephs II. im Österreich des späten 18. Jahrhunderts. Überall in Europa und auch in Übersee, wo absolut regierende Herrscher ihre Interessen verfolgten, galten ihre politischen und finanziellen Interessen mehr als die Fürsorge für kirchlich-religiöse Angelegenheiten. Dass diese Herrscher nicht allein agierten, sondern von einer großen

Schar von Personen umgeben waren, die ebenfalls ihre eigenen Interessen verfolgten, versteht sich von selbst. Akte der Säkularisation wurden deshalb nachhaltig ergänzt von Tendenzen, die eine Säkularisierung der gesamten Gesellschaft förderten.

Mit Hinweis auf Beispiele aus dem 20. Jahrhundert haben die amerikanischen Religionssoziologen Pippa Norris und Ronald Inglehart vor einigen Jahren dargelegt, in Gesellschaften mit prekärer Sicherheit steige die Bereitschaft, religiösen Lehren zu folgen, während umgekehrt dort, wo soziale Sicherheit bestehe, das Interesse an Religion nachlasse.[5] Diese These trifft auch auf das Christentum in der Frühen Neuzeit zu. Denn Not und Angst beherrschten in weiten Teilen Europas im 17. Jahrhundert das tägliche Leben. Entsprechend hoch war in jener Periode die Bereitschaft, Zuflucht in der Religion zu suchen – nicht unbedingt in der kirchlich geprägten Form von Religion, sondern in allerlei Sonderlehren, die von den offiziellen Kirchen als Aberglauben und Sektiererei verurteilt wurden. In unserem Zusammenhang ist die Beobachtung wichtig, dass der im 16. Jahrhundert einsetzende Trend zur Säkularisierung im 17. Jahrhundert für etwa drei, vier Generationen unterbrochen wurde.

Falsch wäre es deshalb, vom späten 15. und frühen 16. Jahrhundert bis hin zum späten 18. Jahrhundert eine weithin geradlinige Entwicklungslinie zu konstruieren. Denn so kontinuierlich verlief die frühneuzeitliche Christentumsgeschichte nicht, weder in Europa noch in den anderen Kontinenten. Es gab immer wieder unvorhersehbare Zwischenfälle und Konflikte; weit seltener Kontinuität und Harmonie. Gegenbewegungen waren jederzeit möglich. So wandten sich zum Beispiel signifikante Teile der Bevölkerung in Deutschland schon vor Beginn der Industrialisierung vom Christentum ab, wie Klagen über den nachlassenden Kirchgang zeigen. Umgekehrt begannen sich in England just in der Phase der frühen Industrialisierung viele Personen für christliches Leben in der Form des Methodismus zu interessieren.

Schließlich ist es nicht möglich, das 15. und das 16. Jahrhundert als Zeiten einer zwar konfliktreichen, aber doch religiös intensiven Periode vom 17. und 18. Jahrhundert als Zeiten nachlassenden christlichen Engagements zu unterscheiden. Denn ein goldenes Zeitalter ungetrübter Frömmigkeit war das Zeitalter der Renaissance und des Humanismus keineswegs. Weite Teile der Bevölkerung waren im späten Mittelalter religiös uninteressiert, Kleriker in religiösen Fragen ungebildet, die Päpste mehr an der demonstrativen Repräsentation ihrer Macht als am Seelenheil der Gläubigen interessiert. Genau so, oder so ähnlich, könnte man jedoch auch die Lage des Christentums im späten 18. Jahrhundert charakterisieren. Für Teile der europäischen Bevölkerung bedeutete das kirchliche Leben in der

---

5 Norris, Pippa/Inglehart, Ronald, *Sacred and Secular. Religion and Politics Worldwide*, Cambridge 2004.

Epoche der Französischen Revolution nicht mehr viel. Viele Menschen mussten sich zwischen Frühindustrialisierung und Pauperismus ums nackte Überleben kümmern. Ihre Herrscher interessierten sich für Machtpolitik und Wirtschaftsentwicklung weit mehr als für das religiöse Wohlergehen ihrer Untertanen. Geistliche beschäftigten sich mehr mit Themen aus dem Bereich der aufgeklärten Philosophie als mit ihren eigentlichen seelsorgerlichen Aufgaben. Weder in Europa noch anderswo auf der Welt hatten sich gegen Ende des 18. Jahrhunderts feste Formen christlichen Lebens herausgebildet, die auf eine stete, gar konstruktive weitere Entwicklung hinwiesen. Am Ende der in diesem Band behandelten turbulenten Phase der Christentumsgeschichte bleiben somit viele Fragen offen. Als die Französische Revolution ausbrach, war durchaus unklar, welche Rolle das Christentum in der dann folgenden Zeit spielen würde.

Kurzbiographien der beteiligten Personen in alphabetischer Reihenfolge

Carsten Bach-Nielsen ist Dozent am Institut für Kirchengeschichte und Praktische Theologie der Universität Aarhus. Er forscht schwerpunktmäßig zur Skandinavischen Kirchengeschichte.

Alfons Brüning ist Associate Research Professor am Institute of Eastern Christian Studies der Radboud University Nijmegen. Er forscht zur Kirchengeschichte und Kultur des Christentums in Osteuropa ab der frühen Neuzeit.

Mariano Delgado lehrt Mittlere und Neuere Kirchengeschichte an der Theologischen Fakultät der Universität Fribourg/Schweiz. Seine Forschungsschwerpunkte sind unter anderem Kirchengeschichte als Missionsgeschichte und christliche Religions- und Kulturgeschichte, Studien zu Bartolomé de Las Casas und Johannes vom Kreuz und Politische Theologien im 16. Jahrhundert.

Norman Hjelm ist lutherischer Pastor und senior theological editor in Wynnewood/PA.

Andreas Holzem ist Professor für Mittlere und Neuere Kirchengeschichte an der Katholisch-Theologischen Fakultät der Eberhard-Karls Universität Tübingen. Schwerpunkt seiner Forschung bildet die Konfessionalisierung in Deutschland und Europa ab dem 16.Jahrhundert.

Ronnie Po-Chia Hsia ist Edwin Erle Sparks Professor of History an der Pennsylvania State University. Er arbeitet schwerpunktmäßig zur Geschichte der Reformation und Gegenreformation, Anti-Semitismus und Europäisch-Asiatischen Beziehungen.

Thomas Kaufmann ist Professor für Kirchengeschichte an der Georg-August-Universität Göttingen. Er ist Spezialist für Reformationsgeschichte.

Katharina Kunter ist promovierte und habilitierte Historikerin. Ihr Forschungsschwerpunkt ist die Kirchliche Zeitgeschichte sowie die neuere Christentumsgeschichte.

Hartmut Lehmann ist Professor Emeritus für Kirchengeschichte und war Leiter der Deutschen Historischen Instituts in Washington D. C., sowie Direktor des Max-Planck-Instituts für Geschichte in Göttingen. In seiner weitgefächerten Forschung widmet er sich besonders transnationalen Themen, sowie der Geschichte der frühen Neuzeit.

Bruce A. Masters ist John E. Andrus Professor of History an der Wesleyan University, Middletown CT. Er forscht zur Geschichte des Osmanischen Reichs und zum Christentum in islamisch dominierten Kulturen.

Jens Holger Schjørring ist Prof. Emeritus der Universität Aarhus. Er forscht schwerpunktmäßig zur Kirchengeschichte Europas der Neuzeit und Gegenwart.

Jan Stievermann ist Professor für die Geschichte des Christentums in den USA an der Universität Heidelberg. Einer seiner Forschungsschwerpunkte liegt auf der Amerikanischen Religionsgeschichte (spez. Puritanismus und früher Evangelikalismus) in transatlantischer Perspektive.

Kevin Ward ist Senior Lecturer in African Religious Studies an der University of Leeds. Er forscht schwerpunktmäßig zu Geschichte und Spiritualität des Christentums in Ostafrika.

ORTSREGISTER

PERSONENREGISTER

ABBILDUNGSVERZEICHNIS

Reihenübersicht

Die Religionen der Menschheit

Leseproben und weitere Informationen unter www.kohlhammer.de

W. Kohlhammer GmbH · 70549 Stuttgart
vertrieb@kohlhammer.de

Reihenübersicht Fortsetzung

Leseproben und weitere Informationen unter www.kohlhammer.de

W. Kohlhammer GmbH · 70549 Stuttgart
vertrieb@kohlhammer.de

Kohlhammer

Reihenübersicht Fortsetzung

Leseproben und weitere Informationen unter www.kohlhammer.de

W. Kohlhammer GmbH · 70549 Stuttgart
vertrieb@kohlhammer.de

Kohlhammer